AF880880

RITTER-ABRAHAM · DAS RECHT DER SEEVERSICHERUNG

DAS RECHT DER SEEVERSICHERUNG

Ein Kommentar zu den
Allgemeinen Deutschen Seeversicherungs-Bedingungen

Im Jahre 1919 herausgegeben von den
deutschen Seeversicherern nach Beratungen mit deutschen Handelskammern
und Fachverbänden unter Vorsitz der Handelskammer Hamburg

Begründet von
DR. CARL RITTER
Senatspräsident am Hanseatischen Oberlandesgericht

2. Auflage
von

Dr. jur. Hans Jürgen Abraham, o. Professor an der Universität Frankfurt a. Main

ZWEITER BAND

CRAM, DE GRUYTER & CO. / HAMBURG
1967

©

1966 by Cram, de Gruyter & Co., Hamburg

(Printed in Germany)

Alle Rechte, insbesondere das der Übersetzung in fremde Sprachen, vorbehalten. Ohne ausdrückliche Genehmigung des Verlages ist es auch nicht gestattet, dieses Buch oder Teile daraus auf photomechanischem Wege (Photokopie, Mikrokopie) zu vervielfältigen.

Satz und Druck: Walter de Gruyter & Co., Berlin 30

Inhaltsübersicht

zum zweiten Bande

Zweiter Abschnitt

Besondere Bestimmungen über die Versicherung einzelner Gegenstände

Erster Titel: Kaskoversicherung

Zweiter Titel: Güterversicherung

Vierter Abschnitt. **Schlußbestimmungen**

Anhang

ZWEITER ABSCHNITT

Besondere Bestimmungen über die Versicherung einzelner Gegenstände

Erster Titel

Kaskoversicherung

Vorbemerkung. Kaskoversicherung (insurance on ship, assurance sur corps) ist die Versicherung des Schiffes, d. h. des Eigentümerinteresses am Schiff (§ 1 Anm. 34). Nicht auch die Versicherung sonstiger Interessen, die sich auf das Schiff beziehen. § 79 wird daher durch die Überschrift des Titels nicht gedeckt.

Das Wort Kasko (aus dem Italienischen, dort von cassis, Helm, Gefäß, Schiffsgefäß, über Spanien und die Niederlande eingewandert) wird im Verkehr auch im engeren, ursprünglicheren Sinne gebraucht, nämlich in der Bedeutung von Schiffskörper im Gegensatz zu anderen Bestandteilen des Schiffes, insbesondere zur Maschine, und zum Zubehör (vgl. § 7 Anm. 9, auch AHO 1731 I 3: „das sogenannte Casco oder Gebäude der Schiffe", PreußAHO § 27: „Das Schiff- und Schifs-Gefäß, oder das so genannte Casco und Gebäude").

§ 58

Seetüchtigkeit

(1) Der Versicherer haftet nicht für einen Schaden, der dadurch verursacht wird, daß das Schiff nicht seetüchtig, insbesondere nicht gehörig ausgerüstet, bemannt oder beladen oder ohne die zum Ausweise von Schiff, Besatzung und Ladung erforderlichen Papiere in See gesandt ist. Entsteht ein Schaden, bevor das Schiff in See gesandt ist, so haftet der Versicherer nicht, wenn der Schaden dadurch verursacht wird, daß das Schiff nicht geeignet ist, die mit dem Schiffsbetriebe verbundenen Gefahren zu bestehen.

(2) Ist das Schiff verlorengegangen oder beschädigt, ohne daß dabei ein äußeres Ereignis mitgewirkt hat, so gilt der Schaden im Zweifel als durch einen der im Absatz 1 bezeichneten Umstände verursacht.

1. Vgl. HGB § 821 Nr. 1 Halbs. 1, ASVB § 70 Nr. 1 in der Fassung der AlteKZP, AlteKRP (Mat. 2. 103, 107), § 83, BSVB § 36 Abs. 1, VVG § 132 Abs. 1. Anm. 1

2. **Literatur:** Ballin, Die Verantwortlichkeit des Verfrachters für Seetüchtigkeit unter Einbeziehung der anglo-amerikanischen Rechtsprechung, Diss. Hamburg 1965. Boyens ZfVW 1901. 107 (Schiffsexperten und Institute zur Klassifizierung von Seeschiffen in ihrer Bedeutung für die Seeversicherung). Crome ZHR 28. 1 (Die Seetüchtigkeit des Schiffs unter dem Gesichtspunkt der Anzeigepflicht und der Garantie Anm. 2

§ 58 des Versicherten). Friedemann ITVMitt 1935. 140 (Totalverlust und Versicherer). Goebel ZfVW 1911. 937 (Beziehungen zwischen Kaskoversicherung und Schiffbautechnik). Hagen SVR 29f. Hochgräber ITVMitt 1927. 16 (Der Beweis der Seeuntüchtigkeit), 1935. 34 (Der Einwand der Seeuntüchtigkeit). Kreutziger VersR 1964. 995 (Zur Seeuntüchtigkeit im Seeversicherungsrecht). Salander HRZ 1925. 457 (Seeuntüchtigkeit im Falle der Kaskoversicherung). Schaps-Abraham II zu § 559 HGB. Schlegelberger SVR zu § 58 ADS. Schlegelberger-Liesecke zu § 559 HGB. Sturm HansRGZ 1931 A 385—402 (Die Sorge für die Seetüchtigkeit der Handelsschiffe). Ulrich ZfVW 1904. 143 (Die Haftung des Seeversicherers bei Seeuntüchtigkeit des Schiffes), ZfVW 1905. 1 (Die neueren Fortschritte der Schiffbautechnik in ihrer Bedeutung für die Transportversicherung). Werneburg VersArch 1934. 1021 (See- und Ladungstüchtigkeit des Schiffes im Sinne des Fracht- und Seeversicherungsrechts).

Anm. 3 3. Seeschiffe sind Seeschiffe, — Schiffe, welche die See zu befahren, die See zu halten imstande sind, Schiffe, die seefähig, seetüchtig sind. Die Versicherung eines Seeschiffs ist also die Versicherung eines seetüchtigen Schiffes. Man hielt dies früher für so „selbstverständlich", die Seetüchtigkeit des versicherten Schiffes so sehr für ein „einverstandenes Erfordernis aller" Policen, daß man darüber im allgemeinen kein Wort verlor (Nolte 1. 396, 2. 158, Voigt 446). Diesen Standpunkt vertrat ausdrücklich noch § 36 BSVB: „Bei der Versicherung eines Schiffes ... wird vorausgesetzt, ... daß das Schiff seefähig sei" (auch wohl AllgPlan 1847: Lewis 2. 372, Voigt 445 gegen OAG Lübeck Kierulff 1. 1148, auch PreußALR II 8. 2031). Diesen Standpunkt vertritt insbesondere das englische Recht heute noch. Anknüpfend an Lloyd's Police (the good ship or vessel) bestimmt MIA § 39: There is an implied warranty that ... the ship shall be seaworthy (über warranties: § 23 Anm. 74). Denn there is nothing in the law of marine insurance more important to commerce and the preservation of human life than a strict compliance with this warranty (Arnould 658 s. 695). Nach diesem Standpunkt ist der Versicherer frei, wenn das Schiff seeuntüchtig ist. Der Standpunkt ist grundsätzlich richtig und klar. Er kann freilich, je weiter man den Begriff der Seeuntüchtigkeit faßt, um so leichter zu Härten führen.

Nach einer anderen Auffassung trägt der Versicherer nur die „äußeren Gefahren" (Mot. z. PreußE 343), nur die „Gefahren der See" (Pöhls 4. 315), insbesondere nicht „die Schäden, die ... in der Beschaffenheit des versicherten Gegenstandes ... ihren Grund haben" (Mot. z. PreußE 343), die der versicherte Gegenstand „aus seiner eigenen fehlerhaften Beschaffenheit", insbesondere das versicherte Schiff aus seiner Seeuntüchtigkeit erleidet (Benecke 3. 259, Pöhls 4. 316; so auch noch ROHG 7. 399; dagegen Lewis 2. 373). Dies war z. B. der Standpunkt des PreußSeerecht VI. 32: „Aller Schaden und Verlust, so durch ... selbst eigene oder aus seiner inneren Beschaffenheit allein, und ohne andern Zufall von außen herrührende Verderbung oder Verminderung des versicherten Gutes oder Schiffes entstehet, soll von dem Assurirten selbsten getragen, und von den Assuradeurs nicht erstattet werden ...". Diesen Standpunkt vertritt insbesondere das französische Recht heute noch: Les déchets, diminutions et pertes qui arrivent par le vice propre de la chose ... ne sont point à la charge des assureurs (C. de com. Art. 352, fast wörtlich ebenso schon Ord. de la mar. III 6. 29, vgl. dazu Pothier Nr. 66, Valin 2. 80, auch Baldasseroni 2. 68). Der Ausgangspunkt dieser Anschauung ist falsch gewählt (vgl. § 28 Anm. 8, 9, 11). Die Anschauung liegt gleichwohl auch dem HGB und den ADS zugrunde.

Anm. 4 4. **Abs. 1. Der Versicherer haftet nicht für den Schaden, der dadurch verursacht wird, daß das Schiff seeuntüchtig in See gesandt ist.** Das versicherte Schiff. Ist zwar das versicherte Schiff (z. B. der versicherte Seeleichter) seetüchtig, der unversicherte Schlepper des versicherten Schiffes aber seeuntüchtig und der Schaden durch die Seeuntüchtigkeit des Schleppers verursacht, so kann der Versicherer sich nicht auf § 58 (aber natürlich auf § 33) berufen (HGZ 1914. 58). § 58

a) Das HGB unterscheidet in den §§ 513, 514, 559 Seetüchtigkeit im engeren Sinne (Seetüchtigkeit des Schiffskörpers), gehörige Einrichtung, gehörige Ausrüstung, gehörige Bemannung, Ausstattung mit gehörigen Ausweispapieren, Ausstattung mit gehörigem Ballast und gehörige Garnierung, — im § 821 Nr. 1 Seetüchtigkeit, gehörige Ausrüstung, gehörige Bemannung und gehörige Ausstattung mit Schiffspapieren. Seetüchtigkeit (Seefähigkeit) eines Schiffes im engeren Sinne ist seine Fähigkeit, die See zu halten und die Gefahren der Seeschiffahrt, soweit sie nicht ganz außergewöhnlicher Art sind, zu bestehen (Wüstendörfer SHR 238, Schaps-Abraham II Anm. 2 zu § 513, Schlegelberger SVR Bem. 1 zu § 58 ADS, Schlegelberger-Liesecke Anm. 1 zu § 513 HGB, Ballin 1). Das Schiff muß so beschaffen sein, daß es imstande ist, bei Eintritt jener Gefahren von sich und der Ladung ungewöhnlichen Schaden fernzuhalten; der Ausschluß jeder noch so entfernt liegenden Gefährdungsmöglichkeit kann natürlich nicht gefordert werden (HansOLG HGZ 1906. 295). Zuviel verlangt die Definition von Pappenheim HB II. 49, der das HansOLG HGZ 1910. 137 beigetreten ist („ein Zustand, der das Schiff befähigt, den Einwirkungen der See erfolgreich Widerstand zu leisten"), weil sie auch Widerstandsfähigkeit gegen ganz außergewöhnliche Gefahren fordert. Auch die in RG 67. 202 übernommene Definition von Wittmaack ZHR 53. 348, das Schiff müsse imstande sein, die beabsichtigte Reise ohne einen durch unmittelbare Einwirkung der See oder des Seewassers auf Schiff oder Ladung entstehenden ungewöhnlichen Schaden an Schiff oder Ladung auszuführen, berücksichtigt den Fall der ganz ungewöhnlichen Gefahren nicht. Dagegen betont diesen Gesichtspunkt zutreffend das HansOLG HGZ 1906. 295, auch HGZ 1906. 226 = OLGRechtspr 14. 385 („nicht anormale Seegefahren"). Zu eng sind andererseits die Definitionen, nach denen es genügen soll, daß das Schiff die gewöhnlichen Gefahren der Seefahrt zu überwinden imstande sei (so z. B. Wüstendörfer Studien zur modernen Entwicklung des Seefrachtvertrags, I 1905—1909. 416 — anders ders. SHR 238 (siehe oben) — und RG 70. 96, 115. 67, HansOLG Hamburg Sasse Nr. 473, auch die Vorauflage dieses Kommentars). Doch mag es sein, daß es sich bei den „gewöhnlichen Gefahren" und den „Gefahren, soweit sie nicht ganz außergewöhnlicher Art sind", im wesentlichen um die gleichen Gefahren handelt, die gemeint sind, wenn die Seetüchtigkeit vorhanden sein soll. — Dieser Begriff der Seetüchtigkeit im engeren Sinne, der lediglich durch die Haltbarkeit und Brauchbarkeit der zu einem Ganzen verbundenen Schiffsteile, also des Schiffskörpers (Wüstendörfer Studien 469ff., HansOLG HGZ 1883. 295, auch LG Hamburg HGZ 1915. 170) bedingt ist, erfährt eine Ausweitung durch den der Seetüchtigkeit im weiteren Sinne. Dieser umfaßt außer der Tüchtigkeit des Schiffskörpers auch noch die Reisetüchtigkeit des Schiffes. Reisetüchtig ist das Schiff, wenn es nicht nur seetüchtig im engeren Sinne ist, sondern dazu gehörig eingerichtet, ausgerüstet, bemannt, verproviantiert, ordnungsgemäß gestaut, richtig beladen ist. — Dieser weitere Begriff der Seetüchtigkeit liegt wie den §§ 513, 514, 559 HGB auch dem Seeversicherungsrecht zugrunde. Vgl. für das englische Recht MIA § 39 Abs. 4: A ship is deemed to be seaworthy, when she is reasonably fit in all respects to encounter the ordinary perils of the seas of the adventure insured. Ähnlich schon früher AllgPlan 1847 § 47, BSVB § 36: Das Schiff muß seefähig sein, „d. h. dicht, hecht (fest), wohl calfatert, mit allem Nöthigen in seiner Ausrüstung versehen, um die vorhabende Reise antreten und mit Sicherheit Güter über See bringen zu können". So jetzt auch ausdrücklich § 58 Abs. 1: Das Schiff muß seetüchtig, „insbesondere" gehörig ausgerüstet, bemannt, beladen, mit Ausweispapieren versehen sein. Seetüchtig im Sinne der ADS ist das Schiff, wenn es in allen Beziehungen imstande Anm. 5

§ 58 ist, die Fährlichkeiten der versicherten Unternehmung zu überwinden, soweit diese nicht ganz ungewöhnlicher Art sind.

Anm. 6 b) Man unterscheidet beschränkte und unbeschränkte Seetüchtigkeit (Ritter Pflichten 12, Schaps-Abraham II Anm. 2 zu § 513 HGB). Die Seetüchtigkeit ist unbeschränkt, wenn das Schiff allen gewöhnlichen Gefahren der See trotzen kann; beschränkt, wenn es nur für gewisse Fahrten (z. B. nur für kleine Fahrt) oder nur für Fahrten bestimmter Art (z. B. nur bei gutem Wetter: SE 7. 204, oder nur mit bestimmter Ladung: LZ 1912. 242) geeignet ist. — Die Unterscheidung ist für die ADS ohne grundsätzliche Bedeutung (vgl. aber auch oben Anm. 5).

Anm. 7 c) Man unterscheidet absolute und relative Seetüchtigkeit (Ritter Pflichten 12, Schaps-Abraham a. a. O., Kreutziger VersR 1964. 995; nach Ballin a. a. O. 29f. ist die Unterscheidung zwischen beschränkter und relativer Seeuntüchtigkeit unnötig, da nur geringe Unterschiede vorhanden seien). Das Schiff ist absolut seetüchtig, wenn es im allgemeinen, ohne Rücksicht auf die besonderen Umstände des Falles, seetüchtig ist; relativ seetüchtig, wenn es nach den besonderen Umständen des Falles, der vorhabenden Unternehmung, tüchtig ist. Für die ADS kommt der Begriff in dieser letzteren Bedeutung in Betracht (oben Anm. 5). Das ist zwar nicht besonders ausgesprochen (wie z. B. im § 39 Abs. 1 und 4 MIA: seaworthy for the purpose of the particular adventure insured — fit to encounter the ordinary perils of the seas of the adventure insured), ergibt sich aber aus dem Zwecke des § 58 (wie des § 821 Nr. 1 HGB). There is no fixed standard of seaworthiness, the degree of seaworthiness required depends on the nature of the adventure (Arnould 667 s. 705). Die „Seetüchtigkeit bestimmt sich nach den Umständen der einzelnen Reise, insbesondere dem jedesmaligen Ziel derselben und der Zeit ihrer Ausführung" (SE 8. 681; vgl. auch OAG Lübeck Kierulff 5. 612, HG Hamburg HGZ 1874. 219). Das Schiff kann für die eine Reise geeignet, seetüchtig, für die andere ungeeignet, seeuntüchtig sein.

Anm. 8 d) Das Schiff braucht natürlich nicht imstande zu sein, allen Gefahren der See zu widerstehen. Solche Schiffe gibt es nicht, und, wenn es sie gäbe, gäbe es keine Kaskoversicherung. Es muß den Gefahren, soweit diese nicht ganz außergewöhnlicher Art sind, widerstehen können (siehe dazu oben Anm. 5). HGB und ADS sprechen sich auch hierüber nicht besonders aus. Das bedeutet namentlich nicht, daß das Schiff nur den Gefahren muß widerstehen können, die auch unter gewünschten oder vorausgesetzten Umständen drohen. Zur „Seetüchtigkeit gehört mehr, als daß das Schiff imstande sei, bei günstigem Wind und Wetter die Reise in gewöhnlicher Zeit zu vollenden; es muß auch bei längerer Fahrt dem Sturm und den Wellen widerstehen können" (OAG Lübeck HambS 1. 739). Es muß insbesondere „stabil, d. h. fähig sein, in ruhigem Wasser in der Gleichgewichtslage zu verharren und sich wieder aufzurichten, wenn Wind und Wetter den Schiffskörper zur Seite gedrückt haben", mag das Schiff beladen sein oder in Ballast fahren (RG 70. 96). Als außergewöhnliche Gefahren kommen etwa Taifun, Eisberge u. dergleichen in Betracht.

Anm. 9 e) Die Anschauungen über die Anforderungen an die Seetüchtigkeit des Schiffes sind natürlich nach Ort und Zeit verschieden. Die jeweils geltenden Anschauungen sind maßgebend (RG 117. 391 = HGZ 1927 H Nr. 116 = JRPV 1927. 243 = APV 1927. 271, Ritter Pflichten 11, Arnould 680 s. 720). Insbesondere kommt es bei der Versicherung eines ausländischen Schiffes auf die in der Heimat des Schiffes geltenden Anschauungen an (Arnould 681 s. 720). — Der Rechtsbegriff der Seetüchtigkeit wird natürlich durch die wechselnden Anschauungen über die Anforderungen an die Seetüchtigkeit nicht beeinflußt (Schaps-Abraham II Anm. 7 zu § 513 HGB).

Anm. 10 f) Wichtige, wenn auch nicht unbedingt maßgebende Anhaltspunkte für die an die Seetüchtigkeit zu stellenden Anforderungen geben die bezüglich der Sicherheit des

Schiffes und seiner Einrichtungen erlassenen Vorschriften. Zu erwähnen sind hier vornehmlich die auf dem Internationalen Schiffssicherheitsvertrag London 1948 (vgl. dessen Wiedergabe bei Schaps-Abraham I 587—738; an seine Stelle ist während der Drucklegung der Schiffssicherheitsvertag London 1960 getreten; vgl. dessen Wiedergabe im Nachtragsband zu Schaps-Abraham 1967) beruhende VO über Sicherheitseinrichtungen für Fahrgast- und Frachtschiffe (SchiffssicherheitsVO) v. 31. 5. 1955 (Wiedergabe bei Schaps-Abraham I 745), die ebenfalls auf dem Schiffssicherheitsvertrag beruhende VO über die Funkausrüstung und den Sicherheitsfunkwachdienst der Schiffe (FunksicherheitsVO) v. 9. 9. 1955 (Wiedergabe bei Schaps-Abraham I 833), die VO über den Freibord der Kauffahrteischiffe v. 12. 12. 1932 (Wiedergabe bei Schaps-Abraham I 977ff. und III 1429ff.), die Unfallverhütungsvorschriften der See-Berufsgenossenschaft für Dampf-, Motor- und Segelschiffe (Kauffahrteischiffe) (Neudruck 1962; Wiedergabe bei Schaps-Abraham III 1284), die Unfallverhütungsvorschriften der See-Berufsgenossenschaft für Fischereifahrzeuge (Wiedergabe bei Schaps-Abraham I 944), die Vorschriften der Klassifikationsgesellschaften, insbesondere die des Germanischen Lloyd. Über Schiffsdampfkessel vgl. Schaps-Abraham I 976. Siehe über weitere hiermit in Zusammenhang stehende Fragen unten Anm. 33. § 58

g) Im Einzelnen: Anm. 11

aa) Das Schiff (der Schiffskörper und seine wesentlichen Bestandteile) muß tight, sound, staunch and strong sein (Arnould 628 s. 722; vgl. auch die üblichen Klauseln in den englischen Chartepartien und dazu HGZ 1889. 113). Beispiele von der Rechtsprechung gerügter Mängel:

hohes Alter (SE 1. 674, 2. 39, 439, 442, 613, 789, 837, 3. 341, 665, 733, 4. 646, 6. 141, 315, 12. 9, 13. 421, 683, 16. 477);

ungeeignete Bauart (SE 2. 499, 698, 3. 422, 8. 689, 10. 72, 14. 792; eines zum Seeschiff umgebauten Flußschiffs: SE 15. 1), insbesondere ungenügende Stabilität (RG 70.96; vgl. auch oben Anm. 8, unten Anm. 15) und schlechte Steuerfähigkeit (SE 12. 180, 14. 260);

durchgebogenes Kielschwein (HGZ 1891. 278);

gebrochene Decksbalken (SE 12. 196);

schlechte Beschaffenheit der Holzplanken (SE 12. 196, 13. 699);

verrottete Konstruktions- und Verbandteile (SE 14. 131);

schlechte Beschaffenheit der Außenhaut (SE 5. 242, 298, 327, 16. 477); insbesondere verrostete Außenplatten (HGZ 1896. 272), durch Diebstahl eines Bullauges entstandene, schlecht gedichtete Öffnung (SE 15. 405);

fehlende Stützen und Kniee unter den Decksbalken (SE 10. 69);

schlechte Beschaffenheit des Klüverbaums und der Großstange (SE 12. 196);

fehlerhafte Verbindung des Quarterdecks mit einem Schott (HGZ 1899. 121);

undichtes Deck (HGZ 1902. 151, SE 11. 641, 18. 247);

undichte Naht unter dem Schandeckel (SE 20. 27);

undichte Stellen an der Kimmnaht und in der Nut der Bünnschornsteinklappe (SE 21. 83);

schwache Lukendeckel (HGZ 1914. 58);

schlechte Beschaffenheit des Ruders (OAG Lübeck Kierulff 3. 462, SE 9. 485);

undichte Ladepforten und Bunkerdeckel (RG HansRGZ 1929 B 790 = JRPV 1929. 432 = Sasse Nr. 43, HansOLG HansRGZ 1931 B 371 = JRPV 1931. 110 = Sasse Nr. 416);

Fehlen einer Niete (RG 115. 67 = HGZ 1927 Nr. 104 = Sasse Nr. 20, HansOLG HansRGZ 1932 B 433 = Sasse Nr. 423);

§ 58 Verschmutzung der Brennstofftanks, die vor Antritt der Reise nicht genügend gereinigt waren (RG 118. 13, HansOLG HGZ 1927 Nr. 7 = HRZ 1927. 179 = Sasse Nr. 366);
Nicht ordnungsgemäßer Verschluß der Trimmluken (HansOLG HansRGZ 1931 B 331);
Mängel an der Motorenanlage (OLG Hamburg Sasse Nr. 435);
Bruch und Beschädigung mehrerer Zähne des Quadranten der Ruderanlage (HansOLG HansRGZ 1932 B 575 = Sasse Nr. 426);
unklare Kommandoelemente (BOSA Hansa 1952. 379);
Funktionsunfähigkeit der Notlenzvorrichtung (HansOLG HansRGZ 1934 B 707 = Sasse Nr. 434);
Fehlende Eisverstärkung und Scheinwerferanlage bei einer Eis- und Polarfahrt (HansOLG HansRGZ 1941 B 190 = Sasse Nr. 456, RG 169. 24 = JRPV 1942. 21);
Fehlende Schwerter und zu schwacher Motor (OLG Hamburg HansRGZ 1937 B 27);
Achterlastigkeit und Undichtigkeit der Bunkerdeckel in Verbindung mit starkem Regen (OLG Hamburg HansRGZ 1932 B 465);
Undichtigkeit der Außenhaut (OLG Hamburg HansRGZ 1935. 298);
zu großes Ruderblatt (SE 12. 347; vgl. auch RG 43. 1, HGZ 1898. 256);
schlechte Beschaffenheit des Segel- und Tauwerks (SE 3. 435, 733, 8. 243, 12. 196);
fehlender fester Zusammenhang zwischen Maschine und Maschinenständer (SE 19. 587);
schlechtes Material des Kessels (SE 12. 624), insbesondere schlecht reparierter Riß an der Krampe des Kessels (SE 12. 624), starke Korrosionen des Kessels und mangelhafte Sicherheitsvorrichtungen (SE 18. 203), zu schwache Wandungen der Rohre des Wasserrohrkessels (SE 20. 729);
schlechte Beschaffenheit der zur Kontrolle des Kesselwassers erforderlichen Sicherheitsvorrichtungen (SE 15. 515);
mangelhafte Speisevorrichtungen (SE 19. 789);
falscher Wasserstand und Steuerlastigkeit des (Flußschiff-) Kessels (SE 19. 624);
schlechtes Material, ungenügende Schweißung, falsche Dimensionierung oder sonstige Mängel der Welle (SE 10. 34, 11. 178, 571, 12. 1, 5, 230, 367, 13. 168, 16. 466, 625, 17. 730, 18. 33, 19. 4, 780, 20. 395);
unrichtige Lage der Wellenleitung (SE 21. 42);
schlechte Konstruktion und Beschaffenheit des Kreuzkopfbolzens der Hochdruckmaschine (SE 11. 462);
ungenügende Stärke des Niederdruckkurbelzapfens (SE 17. 560);
schlechtes Material eines im elektrolytischen Elmore-Verfahren hergestellten Dampfrohrs (SE 18. 656, 19. 525);
fehlerhafte Konstruktion eines Manometers (SE 18. 99);
schlechte Beschaffenheit des Stevenrohrs (SE 19. 594);
schlechte Verbindung der Kupplungsbolzen mit den Löchern des Kuppelungsflansches der Schraubenwelle (SE 21. 42);
Fehler in der Krümmung eines S-Kupferrohrs (SE 15. 303);
schlechte Beschaffenheit der Stopfbüchse (HG Hamburg HGZ 1873. 348, SE 19. 594);
fehlerhafte Ventile (HGZ 1896. 272, 1907. 91, SE 18. 307);
undichter Kohlenschacht (HGZ 1905. 32);
ungenügende Trennung von Lade- und Maschinenraum (HG Hamburg HGZ 1878. 255);
ungenügende Isolierung des Ladeschotts gegen den benachbarten Kessel (SE 16. 406);
undichter Abschluß des Raumes für Kohlenladung nach den Bunkern (SE 15. 689);
gefährliche Führung eines Dampfrohrs durch den Laderaum (HGZ 1893. 294, 1894. 151);
undichte Petroleumzuführung beim Motorschiff (SE 15. 181).

Unter Umständen macht schon ein an und für sich geringfügiger Mangel das Schiff seeuntüchtig (vgl. auch Schaps-Abraham II Anm. 13 zu § 513 HGB). So z. B. wenn einige Bohlen am Kiel verrottet sind, was weder bei der Reparatur noch bei der amtlichen Untersuchung bemerkt wurde (Lee v. Beach 1762 bei Park 1. 468). Andererseits begründen die in den Beispielfällen angeführten Mängel Seeuntüchtigkeit im Sinne des § 58 nur dann, wenn infolgedessen das Schiff nicht imstande ist, die gewöhnlichen Fährlichkeiten der versicherten Unternehmung zu überwinden, nicht schon dann, wenn das Schiff infolge davon nur nicht imstande ist, die Ladung ungefährdet zu befördern (was in einzelnen der angeführten Fälle zutraf, vgl. z. B. HGZ 1910. 136). — Keine Seeuntüchtigkeit wurde z. B. erblickt in einem unbedeutenden Leck (ES 1. 209, 211 usw.), in einer unbedeutenden Schlagseite nach Beladung (ES 2. 919, HGZ 1909. 225), in zu tiefer Lage der Kohlenpforten, an deren Stelle andere, höher gelegene, Pforten benutzt werden konnten (RG HGZ 1911. 133, HGZ 1909. 217, SE 18. 175). § 58

bb) Das Schiff muß gehörig eingerichtet, d. h. mit den für den Schiffskörper nicht wesentlichen Bestandteilen und Zubehörstücken versehen sein, die es befähigen, die Fährlichkeiten der versicherten Unternehmung, abgesehen von solchen ungewöhnlicher Art, zu überwinden (näheres Ritter Pflichten 14). Beispiele von der Rechtsprechung gerügter Mängel: Anm. 12

schlechte Beschaffenheit eines Tanks (HGZ 1898. 225, 1907. 297), insbesondere altersschwaches Luftrohr eines Tanks (HGZ 1920. 54), schlechte Beschaffenheit eines Tankfüllrohrs (HGZ 1891. 71);
schlechte Beschaffenheit eines Abflußrohrs (HGZ 1896. 272, 1916. 84);
fehlerhafte oder unbrauchbare Pumpenanlage (HGZ 1916. 61, HG Hamburg HGZ 1870. 339, SE 16. 762, 18. 247, 19. 602);
schlechte Beschaffenheit der Pumpen und Peilvorrichtungen (SE 3. 435, 514, 4. 174, 5. 166, 6. 93, 592, 10. 70);
ungenügende Stärke des Pumpensoods und der Schotten bei loser Asphaltladung (SE 15. 639);
ungenügendes Kollisionsschott (SE 11. 143);
undichte Trinkwasser-Tanks (SE 12. 347);
schlechte Beschaffenheit von Ankern, Ankerketten, Trossen (SE 4. 411, 10. 128);
fehlende Reserveanker, -Ankerketten, -Taue (OAG Lübeck Wunderlich 1. 339);
fehlende Reservesegel (SE 12. 734);
undichter Petroleumtank (SE 14. 687);
fehlende Vorrichtung zur Auffüllung des Petroleumtanks und zur Ableitung von Petroleumgasen (SE 13. 642);
undichtes Klosettrohr (HGZ 1921. 21, RG HGZ 1921. 205);
undichter Verschlußkasten eines Klosettrohrs (RG 67. 300);
schlechte Konstruktion, insbesondere ungenügende Sichtweite der Lichter (SE 12. 793, 13. 149, 188, 237, 520, 16. 165, 17. 774, 18. 345, 394, 19. 545);
fehlende Not- und Lotsensignaleinrichtungen (SE 10. 590);
zu schwache Nebelinstrumente (SE 12. 511);
ungenügende Feuerlöscheinrichtungen (SE 12. 102);
fehlende oder ungenügende Kompaß, Logg und Lot (SE 2. 254, 338, 718, 721, 4. 37, 223, 271, 5. 159, 6. 44, 528, 606, 9. 44, 484, 10. 590, 11. 649, 14. 731, 16. 764, 17. 522, 18. 12, 25. 52, OLG Kiel HansRGZ 1936 B 220; über die englisch-amerikanische Rechtspr.: Arnould 685 s. 725), insbesondere fehlende Peilvorrichtung am Steuerkompaß (SE 19. 154);
fehlende Chronometer (SE 3. 176; vgl. aber auch SE 9. 142);
fehlende Sicherheitslampen auf Kohlenschiffen usw. (SE 13. 310, 382, 14. 686, 701);

§ 58 zu enge Peilrohre für Temperaturmessungen auf Kohlenschiffen (SE 16. 415);
fehlende geschlossene Laternen und Schlagpützen (SE 11. 423);
fehlende oder mangelhafte, insbesondere veraltete, Karten und Segelanweisungen, Leuchtfeuerverzeichnisse, Deviationstabellen (LZ 1914. 860, HGZ 1913. 160, SE 1. 151, 576, 658, 2. 718, 3. 176, 467, 4. 272, 637, 5. 455, 482, 615, 6. 112, 115, 7. 844, 8. 258, 9. 636, 10. 299, 12. 46, 58, 225, 665, 669, 748, 13. 91, 113, 454, 547, 14. 188, 324, 482, 15. 535, 643, 651, 711, 776, 16. 249, 745, 17. 354, 416, 424, 18. 50, 78, 161, 410, 446, 683, 19. 279, 382, 689, 20. 770; vgl. aber auch unten Anm. 13);
mangelhafte Lade- und Löschgerätschaften (RG 10. 19: Windetauwerk, HGZ 1890. 274, 1891. 216, 1906. 214: Kran- und Windeketten, HGZ 1904. 9, 1909. 57, 1913. 156: Drahtseile);
fehlende oder mangelhafte Ventilationseinrichtungen (SE 12. 321, 13. 310, 382, 14. 523, 15. 767; vgl. auch unten Anm. 15).

Schon ein an und für sich geringfügiger Mangel kann das Schiff seeuntüchtig machen (vgl. oben Anm. 11). So z. B., wenn die einzige auf dem Schiff befindliche Pumpe am Schiffsboden so befestigt ist, daß, wenn sie unklar wird und herausgenommen werden muß, ein Loch im Boden entsteht (HG u. OG Hamburg HGZ 1870. 399, 1871. 103). Andererseits begründen die in den Beispielfällen angeführten Mängel Seeuntüchtigkeit im Sinne des § 58 nur dann, wenn infolgedessen das Schiff nicht imstande ist, die gewöhnlichen Fährlichkeiten der versicherten Unternehmung zu bestehen. Das kann zweifelhaft sein, wenn der Mangel zwar vor der Ausreise vorhanden ist, im regelmäßigen Schiffsbetrieb aber mit seiner baldigen Entdeckung und Behebung zu rechnen ist (vgl. Schaps-Abraham II Anm. 13 zu § 513 HGB, Arnould 686 s. 726, Hagen SVR 33, Müller, Seeuntüchtigkeit und management of the ship, 1937, HansRGZ 1937 A 371—392, Ballin 34ff.). Dann muß bei der Frage nach dem Vorhandensein der Seetüchtigkeit davon ausgegangen werden, daß normalerweise von dem Schiff und seinen Einrichtungen während der Reise ein ordnungsgemäßer Gebrauch gemacht werden wird, z. B. daß bei Reiseantritt noch offene Schiffspforten, Luken und Bullaugen bei eintretendem Schlechtwetter geschlossen werden, eine ungünstige Trimmlage durch richtige Bedienung der Balasttanks rechtzeitig beseitigt wird. Stellt man das bei der Beurteilung der an die anfängliche Seeuntüchtigkeit zu stellenden Anforderungen in Rechnung, dann kann die bloße Möglichkeit ordnungswidriger Schiffsbedienung während der Reise zur Feststellung einer anfänglichen Seeuntüchtigkeit nicht immer herangezogen werden, vielmehr nur dann, wenn eine gehörige Bedienung aus subjektiven oder objektiven Gründen unwahrscheinlich war (wie in HansOLG HansRGZ 1931 B 371, wo Trimmluken vor Beginn der Reise nicht ordnungsgemäß verschlossen waren und auch während der Reise nicht geschlossen werden konnten, weil die Deckladung den Zugang zu ihnen versperrte). Diese Unwahrscheinlichkeit ist besonders dann anzunehmen, wenn der gefahrdrohende Zustand dem für seine Beachtung verantwortlichen Mitgliede der Schiffsbesatzung unbekannt ist (so z. B., wenn bei Reiseantritt ein Seehahn nicht bewußt, sondern versehentlich offengelassen wurde) oder seine Beseitigung vor Eintritt der Gefahr wegen Vorliegens äußerer Hindernisse nicht oder wegen plötzlich auftretender Hindernisse nicht rechtzeitig zu erwarten ist. Siehe die Angaben über das Schrifttum und die Rechtsprechung im einzelnen bei Schaps-Abraham a. a. O.

Anm. 13 cc) Das Schiff muß gehörig ausgerüstet, d. h. mit solchen Gegenständen versehen sein, die zwar keine Bestandteile oder Zubehörstücke, aber doch nötig sind, damit das Schiff die gewöhnlichen Fährlichkeiten der versicherten Unternehmung bestehen kann (näheres: Ritter Pflichten 14). — Insbesondere müssen maschinengetriebene Schiffe mit genügendem Treibstoff versehen sein (OAG Lübeck Kierulff 1. 1147, HGZ 1897. 38, SE 12. 698). Der Treibstoff braucht nicht bis zum Ende der Reise zu reichen, sondern nur bis zum nächsten Hafen, in dem Ergänzung möglich ist, muß aber so reichlich sein, daß er auch längere als die erwartete Zeit reicht (vgl. Wittmaack ZHR 53. 367, RG HGZ 1911. 72, 1913. 44, HGZ 1909. 300, 1912. 119, OG Hamburg HGZ 1864. 264). Bei Zweckreisen von unbestimmter Dauer, z. B. Fangreisen eines Fischereifahrzeugs, muß sich regelmäßig die Dauer der Reise nach dem Treibstoffvorrat richten (Sieveking 104, LG Bremen HGZ 1904. 34; unrichtig HGZ 1904. 35: Weil die Kohlen tatsächlich nicht gereicht hätten, sei das Schiff seeuntüchtig gewesen; richtig RG HGZ 1904. 252: Dem Kapitän sei überlassen, sich so einzurichten, daß er mit den Kohlen auskomme; unrichtig ebenda: Der Reeder müsse es vertreten, wenn der Kapitän mit den Kohlen nicht auskomme und durch sein Verschulden der Versicherungsfall herbeigeführt werde; vgl. hierzu § 33 Anm. 41, 43). Anders bei Rundreisen, die das Schiff von Hafen zu Hafen führen; das Schiff ist seeuntüchtig, wenn der Kohlenvorrat nicht bis zum nächsten Kohlenhafen reicht (The Vortigern 1899 bei Arnould 677 s. 716; vgl. auch oben). — Nach denselben Grundsätzen, wie mit Treibstoff, muß das Schiff mit Proviant, insbesondere Trinkwasser und Arzneimitteln ausgerüstet sein (ROHG 17. 342, HG u. OG Hamburg, OAG Lübeck HGZ 1868. 15, 134, 1877. 197, SE 4. 330, 14. 450, 15. 49; sachwidrige Aufbewahrung des Proviants im Laderaum: SE 14. 441). — Es braucht aber nicht „von allem Notwendigen, Zubehör, Instrumenten, Karten usw. stets das denkbar Beste und Neueste sich an Bord zu befinden. Es muß genügen, daß das Notwendige vorhanden ist und sich in einem Zustand befindet, der eine sichere Navigierung ermöglicht" (Recht 1914 Nr. 820). — Siehe auch die VO über die Einrichtung von Auswandererschiffen v. 21. 12. 1956 (BGBl. II S. 2145; Wiedergabe bei Schaps-Abraham II 855 ff.). § 58

dd) Das Schiff muß gehörig bemannt sein (OLG Hamburg Sasse Nr. 475, RG 122. 233 = HansRGZ 1929 B 324 = JW 1929. 927, KG HansRGZ 1928 A 347: Die gehörige Bemannung einer offenen Motor-Barkasse ist zu beurteilen nach den besonderen Umständen der Reise selbst, nach Dauer, Ziel und Zeit ihrer Ausführung, sowie nach den herrschenden Witterungs-, Wasser- und Beleuchtungsverhältnissen). Die Schiffsbesatzung muß nach Art und Zahl genügen. Vgl. auch die Schiffsbesetzungsordnung v. 29. 6. 1931 sowie die Bemannungsrichtlinien für deutsche Seeschiffe (beide wiedergegeben bei Schaps-Abraham III 298 und 325). Siehe auch Ritter Pflichten 28, SE 12. 733, 13. 125, 15. 1, 16. 70, 172, 179, 17. 631, 19. 160, 217, 279, 294. Über die englisch-amerikanische Rechtsprechung: Arnould 687 s. 727. The crew must be adequate to discharge the usual duties, and to meet the usual dangers to which she is exposed (Hunter v. Potts 1815 bei Arnould 689 s. 729). Die einzelnen Reiseabschnitte können verschiedenartige Bemannung erfordern (Wittmaack ZHR 53. 354; vgl. auch unten Anm. 28). — Das Schiff ist z. B. seeuntüchtig, wenn der Kapitän schwerkrank und ohne geeignete Vertretung in See geht (Arnould 688 s. 728, vgl. auch HG u. OG Hamburg HGZ 1873. 347). — Vgl. HansOLG HansRGZ 1934 B 707 = Sasse Nr. 434: Schwachsinn des Kapitäns und leitender Maschinist mit vier Jahren Zuchthaus vorbestraft. Siehe ferner Rheinschiffahrtsobergericht Köln Hansa 1957. 1737, HansOLG Sasse Nr. 475. — Daß die Schiffsoffiziere kein Befähigungszeugnis haben, ist nicht ohne weiteres entscheidend (Arnould a. a. O.). Ob ein Arzt an Bord sein muß, richtet sich nach den gesetzlichen Bestimmungen (§ 11 der VO über die Krankenfürsorge auf Kauffahrteischiffen v. 21. 12. 1956 (BGBl. II 2102; siehe die Wiedergabe bei Schaps-Abraham I 1221) und § 25 Abs. 3 der VO über die Einrichtung von Auswandererschiffen v. 21. 12. 1956 (BGBl. II 2145, Wiedergabe bei Schaps-Abraham I 855). — Verlangt Gesetz oder Gebrauch, mit einem Lotsen in See zu gehen, so ist das Schiff Anm. 14

§ 58 seeuntüchtig, wenn kein Lotse an Bord ist (vgl. SE 12. 59; Arnould 691 s. 730: Der Lotse braucht kein Befähigungszeugnis zu besitzen, wenn er nur tüchtig sei).

Anm. 15 ee) Das Schiff muß gehörig beladen sein (vgl. OLG Hamburg Sasse Nr. 473, auch Deutsches Seeschiedsgericht HansRGZ 1939 B 151). § 821 Nr. 1 HGB hebt es nicht besonders hervor. § 70 ASVB verbietet nur die Überladung. Man hat aber niemals bezweifelt, daß auch unsachgemäße Beladung das Schiff seeuntüchtig machen kann (Voigt 453). Näheres: Ritter Pflichten 47, Rühl ZfHW 1908. 406; vgl. ferner: SE 13. 15 (schlechte Stauung einer Steinladung), SE 13. 21 (schwere Ladung im nicht mehr klassifizierten Schiffe), Gruchot 46. 982 (schwere, die Fugen der Planken des alten Schiffes auseinandertreibende Ladung), SE 14. 460 (zu hohe Deckladung, die bewirkt, daß das Schiff übermäßig überholt und infolgedessen Kesselwasser durch die Hauptdampfleitung in den Zylinder gelangt und dieser springt), SE 14. 475, 546 (fehlende Längsschotten bei Weizenladungen; vgl. über die Stauung von Getreideladungen §§ 157—159 UVV, auch Schiffssicherheitsvertrag London 1960 Anlage A Kapitel VI), SE 14. 456 (schlechte Trimmung der losen Weizenladung), SE 14. 731 (schlechte Steuerfähigkeit infolge schlechter Trimmung), SE 14. 645, 706 (fehlende Längsschotten bei feuchten Tonerderückständen; siehe für die Verladung von Tonerderückständen und Schüttladungen, die während der Reise breiartig werden können, § 160 UVV), RG 120. 39 = HRR 1928 Nr. 1136 = JRPV 1928. 72 = JW 1928. 1771 (Anm. Ritter) und OLG Kiel HRZ 1927. 673 = JRPV 1927. 263 = Sasse Nr. 372 (unsachgemäße Stauung von Kupferplatten), KG HansRGZ 1936 B 405 (ordnungsgemäße Stauung von Tabakballen), SE 16. 448 (Verladung von Ölfässern an Deck eines Schleppers), SE 19. 493 (fehlendes Querschott und ungenügende Abdeckung bei einer Weizenladung), SE 20. 188 (ungenügende Abdeckung und Beschwerung der Roggenladung). — Insbesondere dürfen nicht die leichteren Güter mittschiffs, die schwereren vorn und hinten verstaut werden (SE 2. 688; Schaps-Abraham II Anm. 3 zu § 514 HGB) oder schwere nur in der Mitte (SE 9. 644), besonders leichte Güter dürfen nicht so verstaut werden, daß der Systemschwerpunkt des Schiffes zu tief liegt und das Schiff zu steif wird (SE 9. 644), besonders leichte Güter nicht so, daß der Schwerpunkt zu hoch liegt und das Schiff rank wird. Der Gefahr des Überschießens leichter Massengüter muß das Schiff mit Längs- und Querschotten begegnen (SE 3. 324, 6. 274, 680, 5. 821, 11. 16, 660, 14. 473, 475, 546, 645, 706, 19. 493, HGZ 1903. 142, 1913. 85; anders bei kleineren Schiffen: SE 3. 326, 719, 7. 255, 10. 55). Bei Kohlenladungen sind Schotten nicht unbedingt erforderlich (SE 7. 392). Die Kohlen müssen aber gehörig getrimmt (SE 13. 746; § 161 UVV: Kohlenladungen sind so zu trimmen, daß ein Übergehen der Ladung unmöglich ist; vgl. über Steinkohlenladungen weiter §§ 162—165 UVV und Klasse VIII D der Anlage 1 zur VO über gefährliche Seefrachtgüter i. d. F. der 4. ÄnderungsVO v. 14. 6. 1966), gleichmäßig verteilt und mittschiffs gehäuft (SE 1. 204; vgl. auch SE 12. 427: unsachgemäße Verteilung über Raum und Zwischendeck, SE 15. 404: unsachgemäße Verstauung von Bunkerkohlen auf dem Hüttendeck), die Schiffe insbesondere mit Sicherheitslampen, Einrichtungen für Temperaturmessungen und Oberflächenventilation versehen sein (§ 164 UVV; SE 5. 435, 7. 233, 275, 8. 331, 10. 485, 501, 11. 264, 641, 12. 321, 13. 310, 382, 14. 346, 688, 15. 683, 16. 516). — Siehe über „gefährliche Seefrachtgüter" die VO über gefährliche Seefrachtgüter v. 4. 1. 1960 i. d. F. der 4. ÄnderungsVO v. 14. 6. 1966. Gefährliche Güter im Sinne dieser VO sind die in ihrer Anlage 1 genannten und in Klassen eingeteilten Stoffe und Gegenstände. Diese Güter dürfen gemäß § 1 Abs. 2 der VO nur unter den in der Anlage angegebenen Bedingungen verladen werden. Überhaupt ist nach § 1 Abs. 1 der VO bei der Beförderung gefährlicher Güter auf Seeschiffen alles an Vorkehrungen zu treffen, um Schäden für Menschenleben, Schiff oder Ladung nach Möglichkeit auszuschließen. Gemäß § 2 Abs. 1 der VO dürfen gefährliche Güter mit-

einander oder mit anderen Gütern in einem Versandstück nur zusammengepackt § 58
werden, soweit dies nach den Vorschriften der Anlage 1 der VO ausdrücklich gestattet ist. Siehe wegen weiterer Einzelheiten die VO und ihre Anlagen. Siehe ferner das Gesetz über die friedliche Verwendung der Kernenergie und den Schutz gegen ihre Gefahren (Atomgesetz) v. 23. 12. 1959 (BGBl. I 814) und die 1. VO über den Schutz vor Schäden durch Strahlen radioaktiver Stoffe v. 24. 6. 1960 (BGBl. I 930). Aus der älteren Rechtsprechung siehe noch: Leicht entzündliche Güter dürfen nicht in feuergefährdeten Räumen verladen werden (HGZ 1893. 296), Güter, die „auch nur entfernt zu Selbstentzündung neigen", nicht über oder neben dem Kesselraum (SE 13. 588), feuergefährliche Güter nicht in der Nähe des Kesselschotts (SE 14. 581), Petroleum nicht in Reservebunkern, die gegen den Maschinen- und Heizraum nicht wasserdicht abgeschlossen sind (SE 15. 658), ätzende Güter nicht so, daß sie, ausfließend, die Schiffswand berühren müssen (SE 11. 770). — Die Ladung muß gegebenenfalls garniert werden, damit das Schiff nicht zu steif wird (Ritter Pflichten 66, Schaps-Abraham II Anm. 11 zu § 514 HGB gegen RG 25. 106), oder damit die Pumpen sich nicht verstopfen können (SE 1. 512, 2. 440; vgl. auch SE 1. 279: Eisenladung, SE 7. 74: Brennholzladung). Über den Einfluß der Ladung, insbesondere auch der Decklast, auf die Stabilität des Schiffes vgl. auch ITVMitt 1911. 20, 1912. 6, Neugrön Hansa 1911. 914, SE 17. 691, auch oben Anm. 8, 11). Über Isoliermaßnahmen bei Eisladungen vgl. ITVMitt. 1920. 39. Über die Gefährlichkeit leerer Tanks zwischen Kiel und Ladung vgl. SE 4. 302. — Die Beladung darf nicht so sein, daß Luken und Ventilatoren nicht geschlossen werden können. Deshalb allein, weil eine Luke oder ein Ventilator offengeblieben ist, obwohl sie hätten geschlossen werden können und sollen, ist das Schiff nicht seeuntüchtig. Vgl. Arnould 686 s. 726, Wittmaack ZHR 53. 352, 366, ITVMitt 1914. 29 und dort angef. englisch-amerikanische Rechtspr., auch RG 70. 97, 85. 130, RG HGZ 1886. 19, HGZ 1904. 129, 1914. 6, 160, 237, 1915. 276, LG Hamburg HGZ 1915. 170, teilw. abw. HGZ 1915. 7. Ebenso ist das Schiff seeuntüchtig, wenn die Öffnung der Back offengeblieben ist, und zwar Dichtungsmaterial sich an Bord befindet, die Stabilität des Schiffes aber so gering ist, daß die Öffnung im Falle der Neigung des Schiffes nicht schnell genug geschlossen werden kann (HGZ 1909. 66). — Im einzelnen entscheiden Seemannsbrauch (vgl. HGB § 514 Abs. 1), allgemein befolgte Stauregeln (vgl. z. B. Lloyd's Regeln über Stauung gemischter Ladungen und dazu SE 3. 326) und etwaige gesetzliche Vorschriften. Auf Seemannsbrauch kann der Versicherungsnehmer sich auch dann berufen, wenn der Brauch fehlerhaft ist (vgl. Prot. 1756, ROHG 19. 265, SE 2. 907, 6. 680; Schaps-Abraham Anm. 4 zu § 514 HGB), aber nicht dann, wenn er Mißbrauch ist (vgl. Prot. 1756, HGZ 1889. 98). — Natürlich machen Beladungsmängel das Schiff nicht seeuntüchtig im Sinne des § 58, wenn infolge davon das Schiff nur nicht imstande ist, die Ladung ungefährdet zu befördern (vgl. z. B. HGZ 1897. 233: ladungsgefährliche Verstauung von Öl- und Sirupfässern, HGZ 1896. 255: ladungsgefährliche Garnierung).

Nicht gehörig beladen ist das Schiff namentlich, wenn es überladen ist. Über- Anm. 16
laden ist das Schiff, „wenn seine Belastung mit Rücksicht auf die konkrete Beschaffenheit des Schiffes und der Ladung von der Art ist, daß es den gewaltsamen Einwirkungen von Wind und Wetter aus diesem Grunde den erforderlichen Widerstand nicht zu leisten vermag" (RG HGZ 1891. 119), — wie sich freilich aus dem Begriff der Seeuntüchtigkeit von selbst ergibt. Dabei kommen nicht nur Art, Umfang und Gewicht der Ladung in Betracht, sondern auch Alter und Beschaffenheit des Schiffes, die Art der Belastung, das Verhältnis des Tiefgangs zur Auswässerung, das spezifische Gewicht des Baumaterials, aus dem das Schiff hergestellt ist (RG 70. 94; HGZ 1909. 63: „Ein beladenes Seeschiff, das unter der ihm gegebenen Beladung ein so geringes Maß von Stabilität

§ 58 besitze, daß es schon infolge der Einwirkung geringfügiger überneigender Kräfte in eine bleibende Schieflage von mindestens 25 Grad gerate und welches bei einer Neigung von 25 Grad mit einer Öffnung der Back den Wasserspiegel erreiche", sei seeuntüchtig; vgl. auch RG HGZ 1891. 118, HGZ 1883. 289, SE 3. 231, 5. 698, 6. 385, 8. 237, 13. 21). Durch die VO über den Freibord der Kauffahrteischiffe v. 25. 12. 1932 (vgl. die Wiedergabe bei Schaps-Abraham I 1129) ist die Anbringung einer Freibordmarke am Schiff vorgeschrieben. Gemäß § 8 Abs. 1 dieser VO darf kein Schiff tiefer als bis zur vorgeschriebenen Freibordmarke beladen werden. Wenn jedoch bei der Beladung bis zur Freibordmarke die Stabilität des Schiffes nicht gesichert ist, so darf es nur so weit weggeladen werden, daß es für die bevorstehende Reise hinreichende Stabilität behält. Siehe die Sondervorschrift in Art. 8 Abs. 2 der FreibordVO. Vgl. § 27 SSV (siehe diesen bei Schaps-Abraham I 762), wonach die Stabilität des unbeschädigten Schiffes unter allen Umständen so groß sein muß, daß sie beim Endstadium der Überflutung irgendeiner Hauptabteilung, die innerhalb der Grenzen der flutbaren Länge bleiben muß, ausreicht. Siehe aus der neueren Rechtsprechung betr. Überladung und dadurch verursachte mangelnde Stabilität des Schiffes insbesondere auch BGHZ 27. 79 = MDR 1958. 487 = Hansa 1958. 1337 (Fall „Irene Oldendorff"). Aus dieser Entscheidung ist hervorzuheben (siehe zum Fall „Irene Oldendorff" auch Ballin 109f.): Die in glattem Wasser vorhandene Stabilität genügt den auf offener See vorhandenen Verhältnissen nicht immer, besonders wenn bei schwerem Wetter überkommendes Wasser zwischen den Koksstücken der Decksladung nur schwer abfließen kann. Ein Schiff hat keine ausreichende Stabilität, wenn sein Schwerpunkt so hoch (oder) soweit seitlich der Mittelschiffsebene liegt, also sein von dem Produkt aus Gewicht und Hebelarm bestimmtes Aufrichtevermögen so gering ist, daß die Gefahr des Kentern besteht. Die Stabilität muß in jedem Falle ohne Rücksicht auf den Tiefgang gewährleistet sein. Insoweit kommt es auch nicht auf eine Sondergenehmigung an, das Schiff für bestimmte Fahrten bis zur Frischwassermarke abzuladen. Jedes Schiff muß gegenüber der Stabilität im glatten Wasser eine gewisse Reservestabilität besitzen, die auch bei schlechtem Wetter die Gefahr des Kenterns ausschließt. Dabei ist insbesondere die Deckslast in Rechnung zu stellen. Nach § 21 UVV darf nicht mehr Deckslast genommen werden, als mit der Stabilität des Schiffes vereinbar ist. Die Höhe der Deckslast ist so zu bemessen, daß das Schiff auch während der Reise keine erhebliche Schlagseite aus ungenügender Stabilität erhält, wobei besondere Rücksicht auf die Gefahr der Gewichtszunahme infolge der Wasseraufsaugung durch die Deckslast zu nehmen ist. Vgl. auch SE 18. 786 („Ein Schiff, welches so beladen sei, daß es in der aufrechten Lage bei ganz stillem Wetter überhaupt nicht stehen könne und sich ohne seitliche Krafteinwirkungen auf 14½ Grad überlege und welches ferner bei schwerem Wetter über 40 Grad hinaus schlingern könne, sei... überladen, trotzdem die Freibordmarke noch nicht voll erreicht sei").

Anm. 17 Nicht gehörig beladen ist das Schiff insbesondere, wenn es unterladen ist, wenn es nicht den gehörigen Ballast hat. Auch hier entscheidet in erster Linie der Seemannsbrauch über Art und Umfang des Ballastes, seine Verstauung und Garnierung. Sandballast verstopft leicht die Pumpen und kann, wenn das Schiff auch Ladung fährt, auch sonst gefährlich sein (SE 7. 32, 8. 80, 19. 718). Ballasttanks sind, wenn das Schiff mit Getreide oder ähnlichen Gütern beladen ist, zu füllen (SE 4. 306). — Näheres: Ritter Pflichten 48, ferner SE 18. 216. Über ungenügende Befestigung von Ballast vgl. SE 6. 142, 9. 194, 12. 66, insbesondere über ungenügende Befestigung von Steinballast SE 12. 767, 17. 103, 18. 216. Vgl. Schaps-Abraham II Anm. 10 zu § 514 HGB.

Anm. 18 ff) Das Schiff muß mit den nötigen Ausweispapieren versehen sein. Näheres: Schaps-Abraham II Anm. 17—40 zu § 513 HGB, auch Ritter Pflichten 78. Für das Schiff erforderliche Papiere sind das Schiffszertifikat oder ein vom Registergericht § 58 beglaubigter Auszug aus ihm (vgl. § 3 Abs. 2 FlaggRG, § 60 Abs. 1 und 3 SchRO) oder Flaggenzeugnis (§ 3 Abs. 3 FlaggRG) oder ein Flaggenschein (§ 12 Abs. 1 FlaggRG), der Schiffsmeßbrief (§ 6 der VO über die Schiffsvermessung v. 28. 11. 1962, BGBl. II 2262), das Klassenzertifikat (vgl. § 19 Abs. 2 Satz 2 UVV, nach welchem klassifizierte Schiffe auch das Klassenzertifikat an Bord haben müssen), den Fahrterlaubnisschein der See-Berufsgenossenschaft (§ 19 Abs. 2 Satz 1 UVV) und damit in Zusammenhang stehende Urkunden, insbesondere unter den Voraussetzungen des § 11 Abs. 2 SSV für Frachtschiffe das Ausrüstungs-Sicherheitszeugnis, unter denen des § 11 Ziff. 1 SSV für Fahrgastschiffe das Sicherheitszeugnis, ferner jedes Schiff, dem von der See-Berufsgenossenschaft von den Vorschriften der SSV eine Ausnahme gewährt worden ist, ein Ausnahmezeugnis (§ 11 Abs. 3 SSV), das Freibordzeugnis (Art. 12 FreibordVO v. 25. 12. 1932, RGBl. II 278), das Telegraphiefunk-Sicherheitszeugnis (§ 8 FunksicherheitsVO v. 9. 9. 1955, BGBl. II 860), gegebenenfalls das Sprechfunk-Sicherheitszeugnis, die Genehmigungsurkunde zur Errichtung und zum Betrieb einer Seefunkstelle (§ 4 des Gesetzes über Fernmeldeanlagen v. 14. 1. 1928, RGBl. I 8), die Genehmigungsurkunde zur Errichtung und zum Betrieb einer Ortungsfunkanlage, das Besichtigungsattest für Logis- und Waschräume (§ 16 der Bek. betr. die Logis-, Wasch- und Baderäume sowie die Aborte für die Schiffsmannschaft auf Kauffahrteischiffen v. 2. 7. 1905, RGBl. 563), die Entrattungsbescheinigung oder Bescheinigung über die Befreiung von der Entrattung (vgl. Art. 52 der Internationalen Gesundheitsvorschriften). Außer den bisher genannten Papieren hat eine Reihe von Papieren an Bord zu sein, die aber regelmäßig nicht als Ausweispapiere anzusehen sind und deren Abwesenheit gegebenenfalls nur einen Einwand aus § 33 rechtfertigen würde, namentlich das Schiffstagebuch (§§ 519, 520 HGB) und das Maschinentagebuch (VO der Bundesländer, siehe die Einzelheiten bei Schaps-Abraham II Anm. 19 zu § 519 HGB), das Funktagebuch (§ 9 Abs. 1 FunksicherheitsVO), das Peilfunkbuch und das Öltagebuch. Für die Ausrüstung erforderliche Papiere sind insbesondere das Ladegeschirrzeugnis (vgl. § 79 UVV), die Bescheinigung über Arzneimittelausrüstung und Krankenräume (vgl. § 15 VO über die Krankenfürsorge auf Kauffahrteischiffen v. 21. 12. 1956, BGBl. II 2102), das Prüfungszeugnis für Positionslaternen (vgl. §§ 8, 9 VO über Positionslaternen v. 11. 7. 1958, BGBl. I 226). Für die Besatzung kommt insbesondere die Musterrolle (§ 13 SeemG) in Betracht, für die Ladung das Manifest, ein vom Kapitän oder seinem Vertreter zu unterschreibendes Verzeichnis aller verladenen Güter, das als Unterlage für die Zollerklärung und als Ausweis im Falle der Untersuchung durch ein Kriegsschiff dient und dessen Inhalt im einzelnen nach den in Betracht kommenden Zollgesetzen und sonstigen behördlichen Vorschriften variiert, ein Verzeichnis der geladenen gefährlichen Güter (§ 7 VO über gefährliche Seefrachtgüter v. 4. 1. 1960, BGBl. II 9). Schließlich ist noch das Gesundheits- und Krankenbuch nach § 13 der VO über die Krankenfürsorge auf Kauffahrteischiffen v. 21. 12. 1956, BGBl. II 2102, zu erwähnen. — Die Ausweispapiere sind im Frieden, vornehmlich aber auch im Kriege von Bedeutung. Der Begriff der Seetüchtigkeit umfaßt auch die Fähigkeit des (kriegsversicherten) Schiffes, der Kriegsgefahr zu begegnen, wie der Begriff der „Gefahren der Seeschiffahrt" auch die Kriegsgefahr umfaßt (§ 1 Anm. 38, § 28 Anm. 11). Ohne besondere Vereinbarung braucht das „auch für Kriegsgefahr" versicherte Schiff in Kriegszeiten keine Bescheinigung zu besitzen, daß die Ladung neutrales Eigentum ist (HG Hamburg HH 440). Über die Policenklausel „Neutrale Verladpapiere": HGZ 1916. 107. — Über das englische Recht vgl. Arnould 692 s. 732: „There is no implied warranty as to the nationality of a ship, or that her nationality shall not be changed during the risk. But where a ship is expressly warranted ‚neutral', there is also an implied condition that, so far the assured

§ 58 can control the matter, she shall be properly documented, that is to say, that she shall carry the necessary papers to establish her neutrality, and that she shall not falsify or suppress her papers, or use simulated papers. If any loss occurs through breach of this condition, the insurer may avoid the contract", und 693 s. 734: „Again, the implied condition that the ship shall be properly documented does not extend to any document except those required by the general law of nations or by subsisting international treaties; for the purpose of this defence, therefore, it must clearly be made out that the documents, for want of which the ship was condemned, fell within one or other of these two categories," und 694 s. 735: „Finally, the want of proper documents only discharges the underwriter when the matter was within the control of the assured." Siehe über gefälschte Papiere Arnould 695 s. 736.

Anm. 19 h) Der Versicherer haftet nicht. Die Haftung des Versicherers ist durch den Vertrag objektiv beschränkt (vgl. auch Kreutziger VersR 1964. 998).

aa) Es kommt also insbesondere „auf Wissen und Willen des Versicherten... nicht an" (ASVB § 70 Nr. 1 a. F.; vgl. Benecke 3. 260, Gruchot 46. 983, HGZ 1891. 279, 1893. 143, 1896. 273, HansOLG HansRGZ 1941 B 190 = JRPV 1941. 103 = Sasse Nr. 456). Der Versicherer haftet selbst dann nicht, wenn der Versicherungsnehmer die Seeuntüchtigkeit nicht kennen kann, der Mangel z. B. selbst bei der Ausbesserung und Besichtigung des Schiffes nicht bemerkt ist (RG 115. 67 = HGZ 1927 H Br. 104 = JRPV 1927. 9 = Sasse Nr. 20, RG 118. 13, 120. 39, HansOLG 1896. 273, OG Hamburg HGZ 1871. 103; Arnould 659 s. 697). Der Versicherungsnehmer „garantiert" Seetüchtigkeit (Prot. 4336, Brodmann 194, Lewis 2. 372). — Kennt der Versicherungsnehmer die Seeuntüchtigkeit bei der Schließung des Vertrags (oder mußte er sie ohne grobe Fahrlässigkeit kennen), so muß er regelmäßig anzeigen (näheres: § 19 Anm. 26). Weiß er, daß infolge der Seeuntüchtigkeit Schaden entstehen muß, so ist der Vertrag unwirksam (§ 5 Anm. 6). Schickt er das versicherte Schiff seeuntüchtig in See, so hat er die Gefahrstandspflicht verletzt (näheres: § 23 Anm. 35); § 58 ist kein Freibrief für den Versicherungsnehmer, das Schiff (mit der einzigen Beschränkung des § 58 Abs. 1) in seeuntüchtigem Zustand in See zu senden.

Anm. 20 bb) Es kommt also auch insbesondere nicht darauf an, ob die Schiffsbesatzung, namentlich den Kapitän, die Schuld an der Seeuntüchtigkeit des Schiffes trifft oder nicht (§ 28 Anm. 33, § 33 Anm. 36, RG 118. 13 = HansRGZ 1928 B 35 = JRPV 1928. 118 = JW 1927. 2305, RG 120. 39 = HRR 1928 Nr. 1136 = JRPV 1928. 72 = JW 1928. 1731 (Anm. Ritter) = APV 1928. 255 und die Vorentscheidung OLG Kiel HRZ 1927. 673 = JRPV 1927. 263 = APV 1927. 280, RG HGZ 1904. 252, HGZ 1903. 143, 1904. 35, 1914. 8, OAG Lübeck Kierulff 1. 1147, HG u. OG Hamburg HGZ 1864. 264, 1866. 139, 288, HH 525, Kreutziger VersR 1964. 999; abw. HG Hamburg HGZ 1864. 156 und für den Fall der Überladung HG Hamburg HH 526; offenbar irrig: RG 85. 131: „Das englische Recht gehe weiter. Es lege dem Reeder schlechthin die Garantie für Seetüchtigkeit auf, ohne in der hier in Rede stehenden Richtung [ob Verschulden des Papitäns von Bedeutung oder nicht] Unterscheidungen zu machen. Aber es bürde damit — entgegen dem Grundgedanken jeder Versicherung — dem Versicherten die Gefahr von Verfehlungen des Schiffers und der Schiffsmannschaft auf, gegen die er nach den obwaltenden tatsächlichen und rechtlichen Verhältnissen schlechthin machtlos sei. Das deutsche Recht habe... von jeher auf dem entgegengesetzten Standpunkt gestanden"!). Ausdrücklich heißt es demgegenüber in RG 120. 39: „Die in § 58 ADS geregelte Haftungsbeschränkung des Versicherers ist objektiver Natur und wird von der Sondervorschrift des § 33 Abs. 3 nicht berührt. In RG 118. 13 ist auch bereits betont, daß gegenüber den Vorschriften der ADS die Erörterungen nicht in

Betracht kommen können, die in RG 85. 125ff. auf Grund der Allgemeinen Seeversicherungs-Bedingungen von 1867 angestellt worden sind." **§ 58**

cc) Es kommt also auch insbesondere nicht auf das Wissen des Versicherers an (LG Hamburg HGZ 1896. 273). Der Versicherer, der weiß, daß das Schiff seeuntüchtig ist, mag erwarten, daß es seetüchtig gemacht wird. Er mag auch die Versicherung nur unter Ausschluß der Haftung für Seeuntüchtigkeits-Schäden übernehmen wollen. Weiß der Versicherer (und der Versicherungsnehmer) nicht, daß infolge der Seeuntüchtigkeit Schaden entstehen muß, so ist der Vertrag zwar wirksam (§ 5 Anm. 6), aber die Haftung des Versicherers gemäß § 58 beschränkt. — Aber: Anm. 21

dd) Die Parteien können abweichendes vereinbaren, zwar nicht durch Versicherungsvertrag, daß durch die Seeuntüchtigkeit sicher entstehender Schaden zu ersetzen ist: § 5 Anm. 6, wohl aber, daß von der Seeuntüchtigkeit nicht erwarteter, aber möglicherweise entstehender Schaden zu ersetzen ist. Eine Ausnahme findet sich in Ziff. 22 der Klein-Kasko-Klauseln 1954, wonach eine Aufhebung oder Änderung des § 58 unzulässig ist. Siehe über die Klausel „§ 58 Abs. 2 ADS ist aufgehoben. Im Zweifel gilt ein Schaden nicht durch Seeuntüchtigkeit verursacht. Die Seeuntüchtigkeit befreit die Versicherer nur von dem unmittelbar durch sie entstandenen Schaden. Die Versicherer bleiben jedoch haftbar, wenn der Versicherte nachweist, daß er die erforderlichen Vorkehrungen für die Seetüchtigkeit getroffen hat und wenn ihm die Seeuntüchtigkeit nicht zur Last zu legen ist" HansOLG HansRGZ 1932 B 465 = JRPV 1932. 159 = Sasse Nr. 422, OLG Hamburg Sasse Nr. 473, Schiedsspr. Deutsches Seeschiedsgericht HansRGZ 1939 B 151 = JRPV 1939. 47 = Sasse Nr. 906, Schlegelberger SVR Anm. 20 zu § 58 ADS, Kreutziger VersR 1964. 999. Die Klausel kehrt die Vermutung des § 58 Abs. 2 in ihr Gegenteil. Die Klausel enthält eine Abweichung von dem Grundsatz der objektiven Haftungsbefreiung, indem der Versicherungsnehmer den Nachweis seiner Schuldlosigkeit erbringen kann mit der Wirkung, daß die Haftungsbefreiung des Versicherers entfällt. Nach der Klausel kann es auch nicht nur auf das persönliche Verschulden des Reeders ankommen. § 278 BGB ist anzuwenden, allerdings mit enger Auslegung des Begriffs des Erfüllungsgehilfen (zweifelnd Enge Transportvers., der auf die Unklarheit der Worte „zur Last legen" hinweist, die einer Makler-Klausel entstammten, aber mit Recht meint, daß im Ergebnis der Reeder jedenfalls ein Verschulden des Kapitäns und des Ersten Ingenieurs hinsichtlich der Herstellung der Seetüchtigkeit zu vertreten habe). — Die abweichende Vereinbarung kann ausdrücklich oder stillschweigend erfolgen (teilw. abw. MIA § 33 Abs. 3: subject to any express provision in the policy). Wenn der Versicherer nicht nur weiß, daß das Schiff seeuntüchtig in See gesandt werden soll, sondern auch weiß, daß der Versicherungsnehmer mit dieser Kenntnis rechnet, ist sein Stillschweigen als Zustimmung auszulegen. Wenn der Versicherer weiß, daß das Schiff, das für die Reise von Elbing nach Rotterdam versichert wird, ein Schlepper ist, der, als Flußschiff gebaut, auf dem Rhein verwendet werden soll, kann er sich nicht darauf berufen, daß Flußschiffe nicht seetüchtig sind (RG 43. 5, RG HGZ 1898. 253, 1912. 235, 1913. 180). Wenn ein eisernes Schleppboot für die Reise von Duisburg nach Harburg versichert wird, das, „da es repariert werden muß, von einem anderen Boote geschleppt wird", kann er nicht einwenden, daß das versicherte Boot nicht seetüchtig ist (LZ 1910. 785). Ist das Schiff dem Versicherer bei der Schließung des Vertrags nach Größe, Tiefgang, Wert usw. so beschrieben, daß die Eigenschaft des Schiffes als eines Flußschiffes ohne weiteres erkennbar ist, so kann dem Versicherer überlassen bleiben, die Schlußfolgerung zu ziehen, daß das Schiff ein Flußschiff ist, kann der Versicherer sich nicht darauf berufen, daß Flußschiffe nicht seetüchtig sind (HG u. OG Hamburg HGZ 1873. 346). Auch wird der Versicherer regelmäßig nicht einwenden können, daß das Schiff überladen gewesen sei, wenn es ihm Anm. 22

§ 58 mitgeteilt ist; aber die bloße Kenntnis des Versicherers von der Art der Ladung (z. B. Schwergut) vermittelt natürlich noch nicht einmal die Kenntnis von der Überladung (RG HGZ 1891. 119). Ebensowenig kann § 58 etwa schon dann als wegbedungen gelten, wenn der Reeder nur gewisse Eigenschaften des Schiffes (z. B. Kupferhaut, neue Segel) besonders zugesichert hat. — Wenn § 58 wegbedungen, wenn insbesondere ein Flußschiff seeversichert ist, muß der Versicherungsnehmer jedoch das Schiff so weit seetüchtig machen, als es vernünftigerweise bei einem Schiff derartigen Typs ohne unverhältnismäßige Aufwendungen möglich ist. Das gilt auch dann, wenn bei der Seereise eines Binnenschiffes § 58 nicht ausdrücklich wegbedungen ist (RG 115. 67, 118. 14, HansOLG HGZ 1927 H Nr. 7 = HRZ 1927. 179 = Sasse Nr. 366, HansRGZ 1930 B 515 = Sasse Nr. 412, 1941 B 305 = Sasse Nr. 458; siehe auch unten Anm. 27 und 30). — Auch im Rahmen des § 58 kann § 13 zur Anwendung gelangen (Kreutziger VersR 1964. 997, Schlegelberger SVR Anm. 17 zu § 58 ADS). Doch kann das nur unter besonders sorgfältiger Würdigung der gesamten Umstände des konkreten Falles geschehen und dann ausnahmsweise dazu führen, daß der Versicherer sich nicht auf Leistungsfreiheit wegen anfänglicher Seeuntüchtigkeit berufen kann, z. B. wenn laufend gleichartige Schäden bei einem Schiff auftreten, das jahrelang bei demselben Versicherer versichert war, dieser immer gezahlt hat und er sich dann bei dem später wieder auftretenden gleichen Schaden auf Seeuntüchtigkeit berufen würde; oder der Seeversicherer kennt bestimmte Mängel des Schiffes, erklärt aber, der Versicherungsnehmer könne unbesorgt weitere Fahrten mit dem Schiff unternehmen, der Mangel könne später beseitigt werden (Kreutziger a.a.O.).

Anm. 23 i) Der Versicherer haftet nicht, wenn das Schiff seeuntüchtig in See gesandt ist. Nach Entw. ADHGB Art. 716 sollte der Versicherer nicht für den Schaden haften, der dadurch entsteht, „daß der Versicherte das Schiff in einem nicht seetüchtigen Zustand in See sendet". Die Fassung ist absichtlich in die Passivform verändert. Es sollte die Auffassung hintangehalten werden, als ob der Versicherer nur dann nicht hafte, wenn „der Versicherte...selbst das Schiff in See sende" (Prot. 4336). Der Versicherer haftet auch dann nicht, wenn ein anderer, insbesondere nicht, wenn der Kapitän das Schiff seeuntüchtig in See sendet (RG 115. 67, 118. 13 = HansRGZ 1928 B 35 = JRPV 1928. 118 = JW 1927. 2305: es kommt auf Wissen und Willen des Versicherten in bezug auf die fehlerhafte Beschaffenheit des Schiffes nicht an, 120. 48, RG HGZ 1904. 252, HansOLG HGZ 1904. 35, HansRGZ 1941 B 305 = Sasse Nr. 458, vgl. auch oben Anm. 20 und für ein Binnenschiff gemildert oben Anm. 22). Aber er haftet, wenn die Inseesendung den Versicherungsfall oder die Folge (vgl. dazu Anm. 17ff. zu § 28) des Versicherungsfalls bildet, wenn z. B. die Schiffsmannschaft meutert, sich des Schiffes bemächtigt und es „in See sendet" (vgl. § 28 Anm. 17ff.). Er haftet auch, wenn die Inseesendung pflichtgemäß, wenn z. B. der Versicherungsnehmer verpflichtet war, das „Auch für Kriegsgefahr" versicherte Schiff seeuntüchtig in See zu senden, um es vor der Nehmung zu bewahren (vgl. § 32 Anm. 8). Er haftet in diesem Falle wie in anderen Fällen, in denen vom versicherten Gegenstand aufgeopfert wird, um Versicherungsschaden abzuwenden; also z. B. auch, wenn den Versicherungsnehmer nur leichtes Verschulden trifft, oder wenn den Kapitän ein (leichtes oder grobes) Verschulden trifft (§ 33 Anm. 44, § 41 Anm. 7). Und er haftet schließlich ebenso, wenn die Inseesendung durch das Interesse des Versicherers oder durch ein Gefahrereignis geboten war (anal. § 24 Abs. 2).

Anm. 24 aa) Das Schiff muß in erster Linie seetüchtig sein, wenn es beim Beginn der versicherten Unternehmung in See gesandt wird. Es muß aber auch sonst jedesmal seetüchtig sein, wenn es wieder in See gesandt wird, insbesondere wenn es einen Zwischenhafen verläßt, mag dieser ein gewöhnlicher Zwischenhafen oder ein Nothafen sein (Voigt 451, ROHG 17. 347, HGZ 1891. 278, 1896. 186, 273, OAG Lübeck HambS 1. 729, HG u. OG Hamburg HGZ 1866. 139, 288, HH 739, LG Bremen HGZ 1896. 183; nach AllgPlan 1847 § 47 zweifelnd: Voigt NafHR 4. 188, OG Hamburg Seebohm 558; ansch. abw. HGZ 1885. 2). Anders natürlich, wenn der Versicherungsnehmer das seeuntüchtige Schiff in See sendet und damit eine aus dem Versicherungsverhältnis sich ergebende Pflicht erfüllt (vgl. auch oben Anm. 23). Wenn insbesondere das Schiff den Hafen seeuntüchtig verlassen muß, um Versicherungsschaden abzuwenden oder zu mindern, das versicherungsbeschädigte Schiff z. B. im Nothafen nicht so ausgebessert werden kann, daß es wieder seetüchtig wird, und deshalb, um nicht als reparaturunfähig zu erscheinen, nach einem Ausbesserungshafen versegeln muß, haftet der Versicherer (vgl. auch §§ 24 Abs. 2, 75 Abs. 4). Der Versicherungsnehmer muß aber, wenn tunlich, die Weisungen des Versicherers einholen (§ 41 Abs. 1), und das Schiff muß wenigstens, soweit tunlich, seetüchtig gemacht werden (zu weit gehend und nicht zu begründen: Voigt 450 und, folgend, Gerhard 521, Sieveking 103: Wenn das Schiff einen Nothafen verlasse, genüge in jedem Falle, daß es, „soweit es möglich sei", seetüchtig gemacht werde; noch weiter gehend HGZ 1896. 186: Selbst wenn der Zustand des Schiffes derart sei, daß vor der Ausreise aus dem Heimathafen die Reparatur geboten erscheinen würde, könne es sich „empfehlen, dieselbe Reparatur in einem Zwischenhafen nicht vorzunehmen, sondern bis zur Beendigung der Reise aufzuschieben, weil in dem Zwischenhafen keine genügenden Garantien für gute Ausführung und Verwendung zuverlässigen Materials gegeben seien und die Reise trotz des vorhandenen Mangels ohne erhebliche Steigerung der Seegefahr ausführbar erscheine. Man werde daher die Seefähigkeit eines Schiffes nur dann für ausgeschlossen halten dürfen, wenn ein Mangel vorliege, von dem man annehmen könne, daß die überwiegende Mehrzahl ordentlicher und vorsichtiger Schiffer bei Kenntnis und vor Beseitigung desselben die...Reise nicht angetreten haben würde"). Das englische Recht weicht in dieser Beziehung zwar grundsätzlich, aber im Ergebnis nur wenig ab. Das Schiff muß at the commencement of the voyage seetüchtig sein (MIA § 39 Abs. 1). Aber where the policy relates to a voyage which is performed in different stages, during which the ship requires different kinds of or further preparation or equipment, there is an implied warranty that at the commencement of each stage the ship is seaworthy in respect of such preparation or equipment for the purposes of that stage (MIA § 39 Abs. 3). Ein neuer Reiseabschnitt beginnt insbesondere, wenn das Schiff in einem Zwischenhafen bekohlt oder sonst neu ausgerüstet oder bemannt wird (näheres: Arnould 677 s. 1716, auch Wittmaack ZHR 53. 365). Geht das Schiff seeuntüchtig in See, so kann sich der Versicherungsnehmer nicht darauf berufen, daß im Abgangshafen die gehörige Instandsetzung des Schiffes nicht möglich war. — Ob das Schiff von der Reede aus oder vom Hafenbecken des Abgangs- oder des Zwischenhafens aus in See gesandt wird, kann keinen Unterschied machen (LG Hamburg HGZ 1891. 278; abw. Sieveking 103, HGZ 1891. 278). § 58

bb) Der Versicherungsnehmer steht natürlich nicht dafür ein, daß das Schiff seetüchtig bleibt, insbesondere nicht dafür, daß das Schiff nicht infolge des Verhaltens der Schiffsbesatzung seeuntüchtig wird. Das ist vom Standpunkt des englischen Rechtes, das Seetüchtigkeit nur beim Beginn der Reise und der Reiseabschnitte verlangt, wichtiger als vom Standpunkt des deutschen Rechtes (Arnould 662 s. 700). Für die Erhaltung der Seetüchtigkeit des Schiffes haftet der Versicherungsnehmer nur nach den Grundsätzen über die Gefahrstands- oder die Schadenverhütungs-Pflicht (§§ 23, 33; vgl. z. B. OG Hamburg Seebohm 558). Anm. 25

k) Der Versicherer haftet nicht für den Schaden, der dadurch verursacht wird, daß das Schiff seeuntüchtig in See gesandt wird. Das Schiff muß in seeuntüch- Anm. 26

§ 58 tigem Zustand in See gesandt, der Schaden durch eben diesen Zustand adäquat verursacht sein. Es muß also eine bestimmte, nämlich die bereits bei Inseesendung vorhanden gewesene, Seeuntüchtigkeit des Schiffes die Ursache des Schadens im Sinne der Adäquanztheorie sein. Wird das Schiff unterwegs seeuntüchtig, haftet der Versicherer. Wenn das Schiff zwar bei Inseesendung seeuntüchtig war, unterwegs aber in seetüchtigen Zustand gebracht ist und wieder seeuntüchtig wird, haftet der Versicherer. Wenn das Schiff bei Inseesendung seeuntüchtig war (z. B. ein Leck hatte), unterwegs noch aus einem anderen Grunde (z. B. infolge einer Kesselexplosion) seeuntüchtig wird und aus dieser letzteren Ursache untergeht, haftet der Versicherer, wenn die letztere Ursache nach der Regel „causa proxima, non remota spectatur" als Ursache für den Schaden anzusehen ist. Mit anderen Worten: Wenn ein Schiffsschaden durch ein Ereignis, für das der Seeversicherer haftet, und zugleich durch Seeuntüchtigkeit, für welche der Seeversicherer nach § 58 nicht haftet, entstanden ist, dann ist zunächst zu fragen, ob das Ereignis oder die Seeuntüchtigkeit für den Schaden adäquat kausal ist. Ist adäquate Kausalität in beiden Fällen gegeben, so kommt es auf die causa proxima an (HansOLG Hamburg Sasse Nr. 482, Kreutziger VersR 1964. 998). Vgl. auch § 28 Anm. 23; RG HansRGZ 1929 B 790 = JRPV 1929. 422 = Sasse Nr. 43. Die (bestimmte), schon bei der Inseesendung vorhanden gewesene Seeuntüchtigkeit muß dann die nächste Ursache des Schadens gewesen sein, wenn der Versicherer nicht haften soll (§ 28 Anm. 25; vgl. auch HansOLG HansRGZ 1941 B 190 = JRPV 1941. 103 = Sasse Nr. 456). Das ist natürlich auch dann der Fall, wenn ein Sturm den Untergang des seeuntüchtigen Schiffes herbeigeführt hat und ihn nicht herbeigeführt haben würde, falls das Schiff seetüchtig gewesen wäre. Zwar ist der Sturm die causa proxima des Untergangs; aber die Seeuntüchtigkeit ist es gleichfalls. Zwei nächste Ursachen haben im Verein den Untergang des Schiffes bewirkt (Droz 1. 242; vgl. auch § 28 Anm. 26 unter gg). Wenn aber durch die Seeuntüchtigkeit des Schiffes die Reise verzögert wird und das Schiff mit einem anderen Schiffe zusammenstößt, dem es nicht begegnet wäre, falls es nicht seeuntüchtig gewesen wäre und deshalb keine Reiseverzögerung gehabt hätte, ist die Seeuntüchtigkeit des Schiffes nicht die nächste Ursache des Kollisionsschadens, und der Versicherer haftet, es sei denn, daß der Schaden infolge der Seeuntüchtigkeit auch ohne den Zusammenstoß entstanden wäre (Sieveking 104). Wenn das Schiff ungenügend ausgerüstet und deshalb seeuntüchtig in See gesandt wird, infolgedessen eine Reiseverzögerung erleidet, der Kessel explodiert, das Schiff also aus einem zweiten Grunde seeuntüchtig wird und infolge der Kesselexplosion untergeht, haftet der Versicherer, selbst wenn das Schiff ohne die Reiseverzögerung den Hafen erreicht haben und nicht untergegangen sein würde (abw. OAG Lübeck Kierulff 1. 1151; dagegen mit Recht Sieveking 104). Immer aber nur, wenn und soweit das Schiff nicht auch ohne den Unfall infolge der ursprünglichen Seeuntüchtigkeit Schaden genommen hätte (§ 28 Anm. 23). — Über den Begriff des Schadens: § 28 Anm. 36. Der Versicherer hat insbesondere auch keinen Havariegrosse-Schaden zu ersetzen, der durch die Inseesendung des seeuntüchtigen Schiffes verursacht ist (§ 29 Abs. 1 Satz 2), und keine Aufwendungen, die durch Abwendung, Minderung oder Feststellung des dadurch verursachten, gewöhnlichen Versicherungsschadens entstanden sind (§ 32; HGZ 1906. 10).

Anm. 27 5. Das Schiff muß bei „Inseesendung" seetüchtig sein. Das bedeutet natürlich nicht, daß es außerhalb der See untüchtig sein darf. Fraglich könnte nur sein, ob der Versicherungsnehmer für Tüchtigkeit außerhalb der See, für Stabilität, Einrichtung, Ausrüstung, Bemannung, Beladung des Schiffes im Hafen und in Flußgebieten ebenso einstehen muß, wie für die Seetüchtigkeit bei Inseesendung. Man hat dies, wohl mit Recht, angenommen (Sieveking 103, Wittmaack ZHR 53. 355). Ebenso die englische Rechtsprechung (Arnould 670 s. 708, 672 s. 710, 711). Ausdrücklich jetzt § 58 Abs. 1 Satz 2: **Vor Inseesendung** haftet der Versicherer nicht für den Schaden, der dadurch verursacht wird, daß das Schiff nicht **geeignet** ist, **die mit dem Schiffsbetrieb verbundenen Gefahren zu bestehen.** Indessen betrifft das nur die Betriebstüchtigkeit. Ist ein Schaden beim Abwracken eines Schiffes entstanden, so haftet der Versicherer an sich nur, wenn die Abwrackgefahr besonders übernommen ist (LG Bremen JRPV 1927. 119 = Sasse Nr. 707; LG Berlin JRPV 1927. 129 = Sasse Nr. 709). **§ 58**

a) Nach dem Wortlaut des § 58 Abs. 1 Satz 2 müßte der Zeitpunkt entscheiden, in dem das Schiff die Bestimmung erhält, in See zu gehen, oder wenigstens der Zeitpunkt, in dem diese Bestimmung in die Tat umgesetzt wird, in dem die Reise beginnt. Das Schiff, das in Hamburg die Reise nach New York über Cuxhaven antritt, müßte auch während der Reise Hamburg—Cuxhaven „seetüchtig", imstande sein, die See zu halten, vorher reviertüchtig. Das ist natürlich nicht die Meinung. Aus dem Zusammenhang der beiden Sätze ergibt sich, daß das Schiff zwar seetüchtig sein muß, wenn es die Reise beginnt, aber nur so, daß es die jeweils gewöhnlichen Gefahren der Schiffahrt zu überwinden imstande ist (Wittmaack ZHR 53. 354). Erfordert z. B. die Fahrt von Hamburg nach Cuxhaven eine geringere Besatzung, so genügt, daß die Besatzung in Cuxhaven vervollständigt wird. — Übrigens sind die Anforderungen an die Reviertüchtigkeit des Schiffes keineswegs immer geringer, als die Anforderungen an die eigentliche Seetüchtigkeit. Insbesondere kann der niedrigere Wasserstand in Häfen oder auf Reeden besondere Anforderungen an die Tüchtigkeit des Schiffes stellen. Deshalb liegt es auch im Begriff der Seetüchtigkeit, daß das Schiff in solchem Stande in See gesandt wird, daß es auch die besonderen Gefahren des Einlaufens in den Bestimmungshafen zu überwinden imstande ist (Benecke 3. 273 mit einem freilich bedenklich behandelten Beispielfall). Anm. 28

b) Über den Begriff der Inseesendung vgl. oben Anm. 23, 24. Der Ausdruck kann im § 58 Abs. 1 Satz 2 natürlich in keinem anderen Sinne gemeint sein, als im § 58 Abs. 1 Satz 1. Das Schiff muß also insbesondere auch im Zwischenhafen betriebstüchtig sein, aus dem es wieder in See gesandt werden soll. Ebenso im Bestimmungshafen, von dem es wieder unter dem Schutze der Versicherung in See gehen soll. Für Betriebsuntüchtigkeit im Zwischenhafen und Bestimmungshafen hat der Versicherungsnehmer nur dann nicht einzustehen, wenn die Betriebsuntüchtigkeit die Folge von Ereignissen ist, die dem Versicherer zur Last fallen, insbesondere die Folge der gewöhnlichen Entwicklung der versicherten Unternehmung, und solange diese Folge nicht nach Seemannsbrauch zu beseitigen ist. Anm. 29

c) Seeversicherungs-Bedingungen werden auch oft Fluß- und Revierversicherungen zugrunde gelegt. Dann gelten sie (soweit überhaupt: § 1 Anm. 21) natürlich nur sinngemäß. Das Schiff muß also demgemäß und gemäß § 58 betriebstüchtig, „in einem seinem Zwecke entsprechenden tauglichen Zustand" (HGZ 1902. 35) sein (vgl. OLG Hamburg Sasse Nr. 473, HGZ 1890. 135: Donkeyschute, HGZ 1892. 304: Leichter, HGZ 1896. 273: Schlepper, RG HGZ 1900. 103, HGZ 1899. 247: Prahm, HGZ 1902. 36: Kastenschute). Anm. 30

6. **Abs. 2.** Beweislast. Der Versicherer trägt alle Gefahren, die Schadensfolgen aller Gefahrereignisse (§ 28). Der Versicherungsnehmer braucht deshalb nur den Schaden, nicht seine Ursache, nicht das Gefahrereignis, nicht ein „äußeres Ereignis", nicht einen bestimmten Unfall zu beweisen (§ 28 Anm. 8, 9, 30, 31). Der Versicherer muß beweisen sowohl, daß das Schiff seeuntüchtig in See gesandt, wie auch, daß der Schaden hierdurch entstanden ist (vgl. Lewis 2. 376, Voigt 447, 455, Wittmaack ZHR 53. 383, RG 70. 95, 84. 384, HGZ 1882. 52, 1885. 3, 1890. 135, 136, 1891. 278, 1896. 185, 1899. 247, OAG Lübeck Wunderlich 1. 338, HG u. OG Hamburg Anm. 31

§ 58 HH 740, HGZ 1873. 348; vgl. freilich auch oben Anm. 3). Es genügt nicht, daß der Versicherer sich auf Sachverständige dafür beruft, daß das Schiff „nach den Akten" seeuntüchtig gewesen und der Schaden hierdurch entstanden sein müsse (OAG Lübeck Wunderlich 1. 340: „Den Sachverständigen würden erwiesene Tatsachen vorgelegt und es sei nur ihre Aufgabe, aus denselben einen Schluß auf die Seefähigkeit des Schiffes zu ziehen"). — Beweisen heißt: die Wahrscheinlichkeit erbringen, die im gewöhnlichen Leben als Gewißheit hingenommen wird. Hieraus folgt regelmäßig ohne weiteres, daß, wenn Schaden entsteht, ohne daß ein äußeres Ereignis mitgewirkt hat, bewiesen ist, daß das Schiff seeuntüchtig in See gesandt und der Schaden hierdurch entstanden ist (§ 28 Anm. 9, Sieveking 104, Voigt 455, ROHG 23. 23, HGZ 1890. 136, 1896. 273, OAG Lübeck Wunderlich 1. 338, HG u. OG Hamburg HGZ 1864. 156, 264, 1873. 348, 1875. 317; vgl. auch BSVB § 36 wenn das Schiff „ohne äußeren Unfall leck oder sonst schadhaft wird und dieserhalb einer Ausbesserung bedarf, oder gänzlich verloren geht", und hierzu HGZ 1889. 109). Ebenso die englische Rechtsprechung bei Arnould 691 s. 731; vgl. auch Wittmaack ZHR 53. 381, auch Pickup v. Insurers 1878 ZHR 26. 516 („Hätten Ereignisse alsbald nach dem Antritt der Reise stattgefunden, aus welchen man begründeterweise auf eine zu jener Zeit vorhanden gewesene ungenügende Beschaffenheit des Schiffes schließen könne, so werde zwar die Beweislast nicht verändert; allein die aus den vorgekommenen Tatsachen... abzuleitende Vermutung für eine vorhanden gewesene Seeuntüchtigkeit des Schiffes könne unter Umständen so stark sein, daß den Versicherern kein Beweis aufzulegen, und es nur dem Versicherten freizustellen sei, seinerseits die bei Antritt der Reise vorhanden gewesene Seetüchtigkeit des Schiffes durch einen von seiner Seite zu führenden Beweis darzutun"). Es hätte daher auch nicht bestimmt zu werden brauchen, was § 58 Abs. 2 besonders bestimmt: **„Ist das Schiff verlorengegangen oder beschädigt, ohne daß dabei ein äußeres Ereignis mitgewirkt hat, so gilt der Schaden im Zweifel als durch die Betriebsuntüchtigkeit,** insbesondere die Seeuntüchtigkeit, **des Schiffes verursacht".** Vgl. dazu RG 115. 67 = HGZ 1927 H Nr. 104 = JRPV 1927. 9 = Sasse Nr. 690: Ist durch den Versicherer der Beweis geführt, daß der Schadensfall nicht in ursächlichem Zusammenhang mit einem äußeren Ereignis steht, so tritt die Vermutung des § 58 Abs. 2 ein. Es ist dann Sache des Versicherungsnehmers, zu beweisen, daß entgegen der vertraglichen Vermutung Seeuntüchtigkeit nicht die Ursache des Schadens war. Siehe dazu auch OLG Hamburg HansRGZ 1936 B 431. — Siehe wegen vereinbarungsgemäßer Änderung des § 58 Abs. 2 oben Anm. 22.

Anm. 32 a) Der Versicherer muß beweisen, daß kein „äußeres Ereignis" mitgewirkt hat (RG 115. 67 = HGZ 1927 H Nr. 104 = JRPV 1927 = Sasse Nr. 20; anders ASBV § 70 Nr. 1 a. F.: „ohne ein seitens des Versicherten erweisliches außerordentliches Elementarereignis oder einen besonderen sonstigen Seeunfall", — der Stein des Anstoßes, der, unrichtigerweise, zur Beseitigung der ganzen, der Natur der Sache gemäßen, Beweisregel des § 70 Nr. 1 ASVB Anlaß gab: Mat. 2. 103, 107). Aber der Versicherungsnehmer muß Auskunft erteilen (§ 43). Wenn in dieser Auskunft kein äußeres Ereignis behauptet wird, hat der Versicherer seiner Beweispflicht genügt („spricht die evidentia facti" gegen den Versicherungsnehmer: Voigt 455, Hagen SVR 32; vgl. dazu auch LG Hamburg Sasse Nr. 720, ferner HansOLG Sasse Nr. 422: Hat der Versicherungsnehmer mehrere äußere Ereignisse wahlweise vorgetragen, dann reicht das nicht aus, wenn für das Vorliegen der Ereignisse keine Anhaltspunkte gegeben sind; OLG Hamburg HansRGZ 1937 A 27: Ist das Schiff infolge mangelhafter Eintragungen auf der Fahrt zur Aufklärung nicht imstande, muß es auch bloße Vermutungen gegen sich gelten lassen). Aber auch wenn dem Versicherer der Nachweis gelingt, daß das Schiff seeuntüchtig in See gesandt ist, und der Schaden durch die Seeuntüchtigkeit verursacht sein kann, wird regelmäßig ausreichend wahrscheinlich sein, daß der Schaden durch die Seeuntüchtigkeit verursacht ist (HGZ 1890. 136, OG Hamburg HGZ 1874. 220). Deshalb auch für die Regel zutreffend: OAG Lübeck Kierulff 4. 416: „Schon eine als möglich anzuerkennende mittelbare Verbindung zwischen dem Mangel und dem Unfall genüge, ohne daß es notwendig sei, den ursächlichen Zusammenhang in seinen Einzelheiten darzulegen und zu erweisen", und hierzu RG SA 47 Nr. 50: „Wolle man von dem Versicherer den Nachweis fordern, daß die Verabsäumung der notwendigen Vorkehrungen inbezug auf Ausrüstung oder Bemannung die wirkliche Ursache des Schadens gewesen sei, so würde die Geltendmachung der Garantiepflicht in den allermeisten Fällen, namentlich aber dann, wenn die unmittelbare Ursache des Unfalls nicht festgestellt werden könne, an dem fehlenden Beweis des Kausalzusammenhangs scheitern; ein solches Ergebnis würde weder dem Sinne des HGB noch derjenigen Stellung entsprechen, welche § 287 ZPO dem Richter bei der Würdigung von Schadensersatzansprüchen anweise" (zustimmend Brodmann 195, RG 84. 385; mißverstanden von Sieveking 104; abw. Lewis 2. 376). Nach RG Sasse Nr. 53 (Leitsatz abgedruckt JW 1937. 1320) liegt Seeuntüchtigkeit vor, wenn der Versicherungsnehmer als einziges zur Erklärung des Schiffsunfalls geeignetes äußeres Ereignis anführt, daß durch die Auswechslung von Scherbrettern ein Leck entstanden sei, ein seetüchtiger Fischdampfer aber dadurch nicht so schwer beschädigt werden kann, daß er sinkt. Klassifikationsatteste haben für die Feststellung der Seetüchtigkeit eines Schiffes keine weitergehende Bedeutung als die eines vom Gericht nach seinem Wert zu würdigenden Beweismittels (RG a.a.O.). Die Frage nach der Verteilung der Beweislast ist derjenigen in Schiffskollisions-Streitigkeiten ähnlich. Hier gelten im Falle der Verletzung gewisser Vorschriften des Seestraßenrechts Verschulden und Kausalzusammenhang als prima facie bewiesen, weil sie erfahrungsgemäß im Falle der Verletzung der Vorschriften wahrscheinlich sind (vgl. Schaps-Abraham II Anm. 54 bis 93 zu § 735 HGB). Ebenso ist auch hier, wenn der Versicherer nachgewiesen hat, daß die „Garantiepflicht" verletzt ist, und der Schaden dadurch verursacht sein kann, erfahrungsgemäß wahrscheinlich und in diesem Sinne gewiß, daß das seeuntüchtige, den Gefahren der Seeschiffahrt nicht gewachsene Schiff diesen Gefahren erlegen ist, und der Kausalzusammenhang als prima facie erwiesen anzusehen. Über die Entkräftung des prima-facie-Beweises Schaps-Abraham II Anm. 94 bis 100 zu § 735 HGB. — Ist bewiesen, daß der Schaden entweder durch die Seeuntüchtigkeit des Schiffes oder durch das Verschulden des Versicherungsnehmers entstanden ist, so braucht der Versicherer natürlich nicht noch zu beweisen, daß der Schaden nicht durch das Verschulden des Versicherungsnehmers, sondern durch die Seeuntüchtigkeit des Schiffes entstanden ist (HGZ 1896. 273, 1911. 165). — Kann der Versicherungsnehmer die ihm nach § 43 an und für sich obliegende Auskunftspflicht nicht erfüllen, weil das Schiff verschollen ist, so kann natürlich auch der Versicherer nicht beweisen, daß kein „äußeres Ereignis" mitgewirkt hat und sich mithin insoweit auch nicht auf § 58 Abs. 2 berufen (wohl aber beweisen, daß das Schiff seeuntüchtig in See gesandt ist, und sich auf die nach Sachlage daraus zu ziehenden Schlußfolgerungen berufen). Vgl. RG JRPV 1942. 128 = Sasse Nr. 58: Zu dem Nachweis, daß ein für eine Überführung über See zu den ADS versichertes, unterwegs ohne Mitwirken eines äußeren Ereignisses gesunkenes Binnenschiff entgegen der Vermutung des Abs. 2 die Reise seeuntüchtig angetreten hat, kann die Aussage des Aufsichtsbeamten der See-Berufsgenossenschaft genügen, daß er bei der Besichtigung vor Ausstellung des Fahrterlaubnisscheins das Schiff seetüchtig befunden habe. § 58

b) Insbesondere die Klassifikationsatteste der Klassifikationsinstitute (Germanischer Lloyd, Lloyd's Register of British and Foreign Shipping, Bureau Veritas, Norske Veritas). Die Atteste sind wichtige Beweismittel, — nicht mehr, aber auch nicht Anm. 33

§ 58 weniger (Pappenheim Seerecht 1. 50, Schaps-Abraham II Anm. 10 zu § 513 HGB, ROHG 21. 163, RG JW 1937. 1920 = Sasse Nr. 53, HansOLG HansRGZ 1936 B 341 = Sasse Nr. 444 und 1941 B 305 = Sasse Nr. 458, Kreutziger VersR 1964. 997, 1001, Hagen SVR 109, Ballin 90f., auch der amerikanische Fall ITVMitt 1920. 56: Das Schiff erhält nach Reparatur wieder die Höchstklasse und wird ohne äußeres Ereignis leck, die Untersuchung ergibt, daß Spanten verrostet und durchgebrochen sind, das Schiff wird für seeuntüchtig erklärt, obgleich der Rost bei der Reparatur bemerkt, aber nicht für nachteilig erachtet war. A. A. Schlegelberger SVR Anm. 2 zu § 58: Das Klassifikationsattest weise die Seetüchtigkeit grundsätzlich nach; anders nur, wenn der Versicherungsnehmer Anlaß hatte, damit zu rechnen, daß den Beamten der Klassifikationsgesellschaft wesentliche Mängel entgangen seien). — Die Ablehnung der Klassenerteilung ist eine ebenso beweiserhebliche Tatsache wie die Erteilung der Klasse (SE 6. 710). — Die Angabe der Klasse in der Police bedeutet nicht, daß der Versicherungsnehmer die Klasse ebenso garantiert, wie die Seetüchtigkeit (vgl. Pappenheim Seerecht 1. 51, ROHG 21. 163, HG Hamburg HGZ 1863. 306). Wenn freilich das Schiff bei der Schließung des Vertrags die angegebene Klasse nicht hat, so ist, je nach Lage des Falles, entweder keine Einigung über den Gegenstand des versicherten Interesses erzielt (vgl. ROHG 13. 83: „Die Klassifikation sei wegen der von ihr abhängigen Höhe der Versicherungsprämien... von so wesentlicher Bedeutung..., daß das Schiff infolge des Verlustes seiner bisherigen Klasse gewissermaßen nicht mehr dasselbe bleibe“) oder der Versicherer wegen Verletzung der vorvertraglichen Anzeigepflicht frei (vgl. auch § 20 Anm. 28 unter ee, Anm. 39). — Gleiches wie für das Klassifikationsattest gilt auch für den Fahrterlaubnisschein der See-Berufsgenossenschaft (Kreutziger a.a.O., auch hier anderer Ansicht Schlegelberger a.a.O.). Über die Bedeutung von Klassifikationsattest und Fahrterlaubnisschein bei der Klausel „§ 58 Abs. 2 ADS gilt für diese Versicherung als aufgehoben. Im Zweifelsfall gilt ein Schaden als nicht durch Seeuntüchtigkeit verursacht. Eine Befreiung tritt jedoch nicht ein, wenn dem Versicherten die Seeuntüchtigkeit nicht zur Last zu legen ist“ siehe Kreutziger VersR 1964. 1002: Dann ist grundsätzlich davon auszugehen, daß bei Vorliegen der genannten Dokumente der Versicherungsnehmer den ihm möglichen Entlastungsbeweis geführt hat.

Anm. 34 c) Die Beweislast kehrt sich nach allgemeinem Grundsatz um, wenn der Versicherungsnehmer dem Versicherer schuldhaft die Beweisführung erschwert (Ritter HGB 572, ferner ROHG HGZ 1879. 394, HGZ 1908, 268), wenn er insbesondere vorsätzlich oder fahrlässig die Auskunftspflicht des § 43 verletzt, sich etwa ohne Grund weigert, das Schiffstagebuch vorzulegen (HG Hamburg Seebohm 617) oder bei der Feststellung der Schadensursache mitzuwirken (HGZ 1890. 135). Siehe andererseits aber auch HansOLG HansRGZ 1930 B 515 = Sasse Nr. 412: Danach kann der Versicherer Seeuntüchtigkeit gemäß Treu und Glauben nicht geltend machen, wenn auf Grund des Versicherungsvertrages das Schiff vor der Unternehmung von einem von ihm akzeptierten Experten geprüft und das positiv ausgefallene Ergebnis von ihm nicht beanstandet ist. — Fordert der Versicherer eine gezahlte Entschädigungssumme als zu Unrecht gezahlt zurück, so ist er auch im Fall des § 58 beweispflichtig für das Negativum, daß ein Versicherungsfall nicht vorgelegen habe (OLG Hamburg HansRGZ 1932 B 433).

Anm. 35 d) „Äußeres Ereignis“. Die Bestimmung dieses Begriffs ergibt sich ohne weiteres aus der allgemein gültigen Beweisregel (oben Anm. 31). Das Ereignis braucht nicht gerade von außen zu kommen (z. B. Feuer im Schiff). Es muß ein Ereignis sein, das den Schaden auch bei einem seetüchtigen Schiffe erklärlich macht. Der Umstand, daß Wasser in das Schiff eindringt, mag etwas „äußeres“ und mag auch ein „Ereignis“ sein, ist aber darum natürlich noch kein „äußeres Ereignis“ im Sinne des § 58 Abs. 2 (HGZ 1911. 166). Der Ausdruck deckt also den Gedanken nicht. Man hat, wohl

unbewußt, an den dem § 58 wie dem § 59 zugrunde liegenden Gedanken angeknüpft § 58
(oben Anm. 3), an den Gedanken, daß der Versicherer billigerweise nicht für den durch die natürliche Beschaffenheit der versicherten Sache entstehenden, nicht für den inneren Schaden (inherent vice: § 59 Anm. 21) haftet, nicht haftet, wenn das versicherte Schiff oder Gut durch sich selbst, ohne Hinzukommen äußerer Ursachen verdirbt. In diesem Gedankengange liegt die Annahme nahe, daß, wenn ein Schaden entsteht, ohne daß sich die Ursache feststellen läßt, „innerer Verderb" die Ursache bildet, nicht ein „äußeres Ereignis", daß „der Schaden dem inneren Fehler als der nächsten und natürlichsten Ursache zugeschrieben werden müsse, wenn der Versicherte nicht von einer äußeren und zufälligen Ursache überzeugende Beweise beibringe" (Benecke 3. 267). Vgl. zum Begriff des „äußeren Ereignisses" auch RG 115. 67 = HGZ 1927 H Nr. 104 = JRPV 1927. 9 = Sasse Nr. 20: In dem neuerbauten Schoner „Christel V" wurden, nachdem tags zuvor das Schiff noch dicht gewesen war, unterwegs 9 Fuß Wasser im Raum gepeilt. Im Nothafen stellte sich heraus, daß ein Niet an der Backbordbilge fehlte und dadurch das Wasser in das Schiff eingedrungen war. Ein äußeres Ereignis hatte bei dem Schadensfall nicht mitgewirkt, vielmehr beruhte die Lockerung und das Herausfallen des Niets auf einem Konstruktionsfehler. Eine Gefahr solcher Art sei vom Versicherer nicht übernommen, wobei es ohne Bedeutung sei, ob bei Stahlschiffen derartige Fehler unvermeidlich seien; HansOLG HansRGZ 1941 B 305 = JRPV 1941. 163 = Sasse Nr. 458, HansOLG Sasse Nr. 473 (heftige Böen mit ungewöhnlich hohen, in den Laderaum hineinschlagenden Wellen auf der Oberelbe), OLG Bremen Hansa 1959. 2168. — Hat der Versicherer bewiesen, daß der Schaden nicht in ursächlichem Zusammenhang mit einem äußeren Ereignis steht, so wird vermutet, daß er seine Ursache in der Seeuntüchtigkeit hat (Abs. 2). Es ist dann Sache des Versicherungsnehmers, diese Vermutung zu widerlegen (RG 115. 67 = Sasse Nr. 20). Doch ist der Versicherungsnehmer verpflichtet, den Versicherer durch Auskunft über den Unfall so zu unterstützen, daß der Versicherer in der Lage ist, seiner Beweispflicht zu genügen (siehe dazu auch RG JW 1937. 1920 (Leitsatz) = Sasse Nr. 53).

e) Die Beweisregel des § 58 Abs. 2 gilt ihrem Wortlaut nach nur, wenn „das Schiff Anm. 36
verlorengegangen oder beschädigt" ist. Also insbesondere nicht, wenn Güter einen Havariegrosse-Schaden erlitten haben, z. B. geworfen sind. Aber die Beweisregel beruht auf dem Wesen des Beweises (oben Anm. 31). Aus diesem würde sich auch ergeben, daß, wenn Güter geworfen sind, ohne daß ein äußeres Ereignis mitgewirkt hat, angenommen werden muß, daß die Havariegrosse-Maßregel infolge ungehöriger Beladung, insbesondere Überladung, notwendig geworden ist.

7. § 58 gilt für Reise- wie für **Zeitversicherungen** (vgl. z. B. HG u. OG Hamburg, Anm. 37
OAG Lübeck HambS 1. 730, Seebohm 558, HH 739). Das englische Recht hat, nach anfänglichem Schwanken (Arnould 668 s. 706), unterschieden und sich für Reiseversicherungen zum warranty-System bekannt (oben Anm. 3), für Zeitversicherungen dagegen (der Hauptmasse der Kaskoversicherungen: Mat. 1. 223) sich der Grundanschauung des kontinentalen Rechtes angeschlossen. Bei Zeitversicherungen übernimmt der Versicherungsnehmer kein implied warranty of seaworthiness, but where, with the privity of the assured, the ship is sent to sea in an unseaworthy state, the insurer is not liable for any loss attributable to unseaworthiness (MIA § 39 Abs. 5). With the privity of the assured: Das englische Recht geht also bei Zeitversicherungen zum Schutze des Versicherungsnehmers über das deutsche Recht hinaus (vgl. oben Anm. 19; ähnlich das französische Recht: unten Anm. 42), — wie weit, ist zweifelhaft (Arnould 668f. s. 706f.). Übrigens kommen auch Klauseln vor, welche die Zeitversicherung der Reiseversicherung angleichen, z. B.: This policy shall be subject to the same warranties

§ 58 of seaworthiness as if the vessel were insured separately for each voyage, andererseits freilich auch, namentlich bei der Versicherung hochklassiger Schiffe, bei Reiseversicherungen die Klausel: Allowed to be seaworthy for the voyage (Arnould 665 s. 703) und bei Zeit- wie bei Reiseversicherungen die Klausel: Seaworthiness admitted (Arnould 691 s. 731; vgl. auch Vorb. vor § 80). — Nach ASVB § 83 sollte der Versicherungsnehmer die Seetüchtigkeit des auf Zeit oder für mehrere Reisen versicherten Schiffes nur bei der Inseesendung des Schiffes zu einer neuen Reise im Sinne des § 34 Abs. 3 ADS garantieren. Diese Bestimmung war folgewidrig. Denn das Schiff mußte auch im Falle einer gewöhnlichen Reiseversicherung von jedem Zwischenhafen seetüchtig in See gesandt werden (oben Anm. 24), und es besteht kein Grund, die Zeitversicherung usw. in dieser Beziehung von der gewöhnlichen Reiseversicherung zu unterscheiden. Aus diesem Grunde ist § 83 ASVB insoweit in die ADS nicht übernommen.

Anm. 38 8. § 58 gilt natürlich auch im Falle einer **Vergangenheitsversicherung.** Ebenso auch im Falle einer Gegenwartsversicherung, wenn diese (z. B. eine Zeitversicherung) beginnt, während das Schiff auf See ist. Der Versicherungsnehmer steht in diesem Falle dafür ein, daß das Schiff (vor dem Beginn der Versicherung) seetüchtig in See gesandt ist. Dies entspricht jedenfalls der Verkehrsanschauung und übrigens ja auch dem Wortlaut des § 58. Zweifelnd: Arnould 678 s. 718. Dagegen steht der Versicherungsnehmer nicht (insbesondere auch im Falle einer Vergangenheitsversicherung nicht) dafür ein, daß das Schiff beim Abschluß des Versicherungsvertrags, also auf See, seetüchtig ist (Gibson v. Small 1853 bei Arnould 678 s. 718).

Anm. 39 9. § 58 gilt nicht nur für die Kaskoversicherung, auch nicht nur für Kasko- und Frachtversicherungen (so HGB § 821 Nr. 1, ASVB § 70 Nr. 1, auch für die Versicherung der Unterfracht: Prot. 4337). § 58 gilt auch für **andere Versicherungen, die sich auf das Schiff beziehen** (§ 79; vgl. Mat. 1. 223: anders für ASVB: HGZ 1888. 255, OAG Lübeck Kierulff 3. 1012 für die Versicherung von Vorschußgeldern). — Dagegen gilt § 58 nicht für die Versicherung von Güterinteressen (Vorb. vor § 80). § 58 behandelt daher auch die Seetüchtigkeit nur vom Standpunkt der Schiffsinteressen. Vom Standpunkt der Güterinteressen aus betrachtet ist der Begriff der Seeuntüchtigkeit weiter. Er umfaßt hier auch die Ladungstüchtigkeit des Schiffes, also außer der Fähigkeit des Schiffes, die Güter durch die gewöhnlichen Gefahren der Seeschiffahrt hindurch an das Ziel zu bringen (siehe dazu Ballin a. a. O. 3ff., der dies als „Ladungsfähigkeit" im eigentlichen Sinne bezeichnet), auch die Geeignetheit des Schiffes zur unversehrten Erhaltung der konkreten Ladung im Hinblick auf andere Transportgefahren als Seegefahren. Vgl. § 559 Abs. 1 HGB: „. . . sowie daß sich die Laderäume einschließlich der Kühl- und Gefrierräume in dem für die Aufnahme, Beförderung und Erhaltung der Güter erforderlichen Zustand befinden (Ladungstüchtigkeit)" und dazu Schaps-Abraham II Anm. 5 zu § 513 HGB und Anm. 2 zu § 559 HGB. Das Schiff ist danach ladungsuntüchtig, wenn es nicht mit den für den Transport der konkreten Ladung erforderlichen Spezialeinrichtungen, z. B. Kühl- und Gefrierräumen, Ventilatoren, diebessicheren Räumen für Edelmetalle, ordnungsgemäß schließbaren Ventilen der Ölpumpe an Tankeinrichtungen bei Öltransporten (Schiedsgutachten HansRGZ 1941 B Nr. 59) eingerichtet ist, desgleichen, wenn die Güter durch im Schiff verbliebene Reste früherer Güter Schaden nehmen (z. B. ein von einer Kohlen-Vorreise beschmutzter Dampfer für die Beförderung einer Bretterladung (HGZ 1906. 266), oder ein Petroleum-Tankdampfer für die Beförderung von Sesamsaat (HGZ 1912. 110), oder durch im Schiff verbliebene Reste von Steinkohlenteer (OLG Hamburg HansRGZ 1932 Nr. 50). Vgl. auch BGH VersR 1960. 244 = Hansa 1960. 904 = MDR 1960. 378: wurden vorher Chemikalien (Dichlorphenol) befördert, so kann unter Umständen Rückfrage bei Handelschemikern wegen der besonderen Geruchsempfindlichkeit der neuen Ladung (Kaffee) erforderlich sein. Auch dürfen sich die schädlichen Eigenschaften von Ladungsgütern auf in anderen Räumen untergebrachte Güter nicht nachteilig auswirken (Wüstendörfer SHR 239, Gramm Anm. I 1 c zu § 559 HGB). Hierher gehört auch der Fall, daß einige Bolzen, die zur Befestigung der Gallion dienen, locker sind und infolge hiervon Wasser an die in der Vorpieck verstauten Güter gelangen kann, mag auch das Schiff durch diesen Mangel nicht gefährdet sein (Wittmaack ZHR 53. 343, OLG Hamburg Rspr. 22. 61), oder der, daß bei einem Schiff, unter dessen Laderaum sich der Wasserballast-Tank befindet, der Mannlochdeckel des Tanks nicht gehörig abgedichtet ist (HGZ 1913. 253). Vgl. auch HGZ 1914. 237: Schiff ohne genügende Ventilationseinrichtung für die Beförderung von Sesamsaat und Erdnüssen, HGZ 1914. 1: Schiff ohne genügende Einrichtungen für die Befestigung der Deckladung. Beförderungstüchtigkeit für die Güter setzt also voraus, daß the ship is not only seaworthy as a ship, but also that she is reasonably fit to carry the goods or other moveables to the destination contemplated by the policy (MIA § 40 Abs. 2 für die Güterversicherung). Damit haben wir es hier nicht zu tun. Auch nicht im Falle einer Versicherung der Fracht. Allerdings ist die Fracht nicht nur von der Seetüchtigkeit, sondern auch von der Beförderungstüchtigkeit des Schiffes abhängig. Aber dieser Umstand allein berechtigt nicht, dem Begriff der Seetüchtigkeit im Sinne des § 58 einen verschiedenen Inhalt zu geben, je nachdem es sich um eine Fracht- oder um eine andere, auf das Schiff sich beziehende, Versicherung handelt. Zumal die Fracht auch noch von anderen, der Interessenlage nach ähnlichen, Umständen (z. B. der gehörigen Stauung der Güter, deren Mangel weder die Beförderungstüchtigkeit des Schiffes im allgemeinen noch seine Seetüchtigkeit im besonderen zu beeinträchtigen braucht) abhängig ist, ohne daß ein solcher Mangel der Seeuntüchtigkeit gleichgestellt werden darf. **§ 58**

10. § 58 gilt auch für die **Rückversicherung** (§ 79, § 1 Anm. 136, HG Hamburg HGZ 1866. 53). — Haftet der Vorversicherer gemäß § 58 nicht, so haftet auch der Rückversicherer nicht. Ist der Vorversicherer (wie gewöhnlich) abwicklungsberechtigt, so haftet der Rückversicherer gleichwohl, wenn der Vorversicherer dem Vorversicherten gegenüber sich nicht auf § 58 beruft und auch ein nicht rückversicherter Versicherer sich verständiger- und billigerweise auf § 58 nicht berufen würde (§ 1 Anm. 154). Anm. 40

11. Über das Verhältnis des § 58 zu §§ 19, 20: § 19 Anm. 26, zu §§ 23, 24: § 23 Anm. 35, zum § 60: § 60 Anm. 2, zum § 121 Abs. 5: § 121 Anm. Anm. 41

12. **Fremde Rechte.** a) Englisches Recht: oben Anm. 3, 5, 7, 9, 12—14, 18, 19, 22, 24, 25, 27, 31, 32, 37, 38. Anm. 42

b) Französisches Recht. Seeuntüchtigkeit ist vice propre (oben Anm. 3). Vice propre geht nur den Versicherungsnehmer an. Denn der Versicherer trägt nur die „äußeren Gefahren" (oben Anm. 3): L'assuré ne peut prétendre à une indemnité pour un dommage qui ne provient pas de la navigation; il n'y a pas risque de mer (Ripert Nr. 2707). Aber die durch vice propre, also auch die durch Seeuntüchtigkeit verursachten Schäden werden anders behandelt, und zwar im Zusammenhang mit den durch Verschulden des Versicherungsnehmers verursachten Schäden: Les déchets, diminutions et pertes qui arrivent par le vice propre de la chose, et les dommages causés par le fait et faute des propriétaires, affréteurs ou chargeurs, ne sont point à la charge des assureurs (C. de com. Art. 352). Dieser Zusammenhang hat die Rechtsentwicklung entscheidend beeinflußt. Obgleich der Versicherer nach dem Wortlaut des Art. 352 für vice-propre-Schäden nicht haftet, legt man ihm Schäden zur Last, die durch geheime Mängel verursacht sind, d. h. durch Mängel, die der Versicherungsnehmer bei gehöriger Sorgfalt nicht zu erkennen brauchte. Il faut que l'on retrouve sous le vice propre la faute de l'assuré. Si les dommages arrivés par vice propre ne sont

§ 58 point à la charge de l'assureur, c'est qu'on ne peut laisser à l'assuré le droit de causer par son incurie le risque prévu au contrat (Ripert Nr. 2708). Nach der Kaskopolice Art. 4 Nr. 2 sind von der Haftung des Versicherers ausgeschlossen des dommages et pertes provenant de vice propre ou de vétusté, indessen auf ce qui est dit à l'article premier au sujet du vice caché. Nach diesem haftet der Versicherer für Schäden und Verluste provoqué par un vice caché du corps ou des appareils moteurs, pourvu que ces dommages et pertes ne soient pas le résultat d'une faute caractérisée des armateurs, ou de l'un deux, de leurs directeurs, chefs d'agences, capitaines d'armement ou chefs du service technique. Der Versicherer muß beweisen. Cette preuve est très difficile pour l'assureur, et elle est presque impossible au cas de perte totale du navire (Ripert Nr. 2710). Man kehrt daher die Beweislast um, wenn der Versicherungsnehmer kein certificat de visite vorlegen kann, das die Seetüchtigkeit vor Beginn der Reise bescheinigt. Solches Certificat sich zu beschaffen, ist der Kapitän durch Art. 225 C. de com. verpflichtet. Näheres hierüber Droz 1. 246, Ripert Nr. 2710; vgl. auch Benecke 3. 269, Nolte 2. 159.

c) Über Versuche der Aufstellung internationaler Regeln über die Haftung des Versicherers für Seeuntüchtigkeits-Schäden: Intern. Marine Insurance Rules der Intern. Law Association, Rouen Conf. 1900, Glasgow Conf. 1901.

§ 59

Abnutzung, Alter usw.

Der Versicherer haftet nicht für einen Schaden, der nur eine Folge der Abnutzung des Schiffes im gewöhnlichen Gebrauch ist oder nur durch Alter, Fäulnis Rost oder Wurmfraß verursacht wird. Als Folge der Abnutzung im gewöhnlichen Gebrauche gilt es, wenn Segel, sei es auch infolge Prangens, wegwehen oder zerreißen oder in anderer Weise beschädigt werden oder wenn Anker, Taue, Ketten oder laufendes Tauwerk beschädigt werden oder wenn infolge eines solchen Schadens die Taue oder Segel weggeschnitten oder die Anker, Ankertaue oder Ankerketten geschlippt oder gekappt werden müssen. Als Folge der Abnutzung gilt es jedoch nicht, wenn Segel durch Sturzseen oder dadurch, daß Rundhölzer brechen, oder wenn festgemachte Segel durch einen Unfall beschädigt werden.

Anm. 1 1. Vgl. HGB § 821 Nr. 2, ASVB § 70 Nr. 2, § 129 Nr. 2d Abs. 2, BSVB §§ 37, 58 Nr. 5c, VVG § 132 Abs. 2. — **Literatur:** Hagen SVR 27f.

Anm. 2 2. Der Versicherer trägt die Gefahr, die Möglichkeit der Entstehung von Schäden, nicht die (objektive und subjektive) Gewißheit ihrer Entstehung (§ 5 Anm. 6, § 28 Anm. 4). Gewiß ist, daß jedes Schiff sich im Gebrauch abnutzt (früher gewöhnliche Slitage genannt; vgl. z. B. Plan 1800 § 6). Deshalb versteht es sich im allgemeinen von selbst: **Der Versicherer haftet nicht für den Schaden, der eine Folge der Abnutzung ist** (vgl. aber auch unten Anm. 4ff.). Das heißt: Der Kaskoversicherer haftet dem Kaskoversicherten nicht. Nicht als ob Abnutzungsschäden nicht den Untergrund für ein versicherbares Interesse bilden könnten. Ihn können sogar schon entstandene Schäden bilden. Der Geschädigte hat ein Interesse daran, daß sie wieder gutgemacht werden, daß seine Unternehmungen glücken, die auf Wiedereinholung des Schadens abzielen. Solche Unternehmungen sind hier insbesondere Frachtunternehmungen. Sie sollen auch die Abnutzungsschäden wiedereinbringen. Daran, daß sie gelingen und daß insbesondere dies gelingt, hat der Frachtunternehmer ein berechtigtes und versicherbares Interesse. Auf Ausgaben und Schäden kann kein Geschäft gedeihen. Deshalb darf man nicht sagen: „Die Versicherbarkeit der Bruttofracht liefere einen Beweis dafür, daß das Assekuranzrecht den Grundsatz, daß der Versicherte durch die Assekuranz nicht besser gestellt werden dürfe, als er bei glücklichem Ausgang der Reise stehen würde, nicht mit Strenge durchgeführt habe... Denn die Bruttofracht werde im Falle eines Totalverlustes zum Vollen ersetzt, obwohl doch bei glücklicher Ankunft des Schiffes der Reeder aus derselben Deckung für die regelmäßige Abnutzung seines Schiffes... hätte entnehmen müssen" (so HGZ 1890. 302; dagegen auch RG HGZ 1891. 255). Jener angebliche Grundsatz des Assekuranzrechts (vgl. darüber Vorb. vor § 1 Anm. 69) würde selbst dann nicht durchbrochen sein, wenn der Kaskoversicherer für Alters- und Abnutzungsschäden haftete (wie ein seltsamer Antrag der HK Magdeburg wollte: Mat 1. 229). Die Frachtunternehmung als solche hat mit den Alters- und Abnutzungsschäden nicht mehr zu tun, als mit anderen, im Schiffsbetrieb vorkommenden Schäden und Kosten, z. B. mit den allgemeinen Verwaltungskosten; sie wird durch diese regelmäßig nur mit motiviert. Der Frachtversicherungs-Vertrag hat nicht das „Interesse" am Ersatz von Alters- und Abnutzungsschäden zum Zweck, zur causa, sondern nur (teilweise) zum Motiv. § 59

a) Der Versicherer haftet nicht. Die Haftung des Versicherers ist durch den Vertrag objektiv beschränkt (soweit sich die Beschränkung nicht wegen der objektiven und subjektiven Gewißheit der Entstehung des Schadens von selbst versteht: oben Anm. 2). Es kommt also insbesondere nicht darauf an, ob den Versicherungsnehmer ein Verschulden trifft oder nicht. Anm. 3

b) Der Versicherer haftet nicht für den Schaden, der eine Folge der Abnutzung ist, für den Schaden, der durch die Abnutzung verursacht ist. Über den ursächlichen Zusammenhang im allgemeinen: § 28 Anm. 17ff. Im besonderen: Anm. 4

α) Der Schaden kann die alleinige, unmittelbare und adäquate Folge der Abnutzung sein. Der Versicherer haftet z. B. nicht für die während der Dauer der Versicherung verfaulten Schiffsplanken. Aber auch ebensowenig für den Schaden, der dadurch entsteht, daß an der Faulstelle Wasser in das Schiff eindringt (vgl. Gruchot 46. 983). Allerdings bestimmt § 59 (ebenso wie HGB § 821 Nr. 2) den Kausalzusammenhang besonders: Der Schaden muß **„nur"** die Folge der Abnutzung sein, damit der Versicherer frei sei. Er ist es im Beispielfall aber auch. Schaden, der allein und, ohne daß ein anderes Ereignis mitgewirkt hat, also ausschließlich durch Abnutzung verursacht ist, kann „nur" die Folge der Abnutzung sein (vgl. auch § 28 Anm. 39). Anm. 5

β) Der Schaden kann eine mittelbare adäquate Folge der Abnutzung sein. Die Abnutzung kann z. B. zur adäquaten Folge haben, daß die Fahrt verlangsamt und das „Auch für Kriegsgefahr" versicherte Schiff vom Feinde genommen wird. Nach der Regel causa proxima, non remota spectatur würde der Versicherer dann möglicherweise nicht haften (vgl. Anm. 21 zu § 28). Hier greift die besondere Kausalitätsregel des § 59 ein. Der Versicherer haftet, weil der Schaden nicht **„nur"** die Folge der Abnutzung ist. Der Versicherer haftet für den durch die Nehmung verursachten Schaden natürlich nicht, wenn das Schiff „Frei von Kriegsgefahr" versichert ist. Anm. 6

c) Der Abnutzungsschaden kann aber auch seinerseits die adäquate unmittelbare oder mittelbare Folge eines bestimmten Ereignisses, durch ein bestimmtes Ereignis verursacht sein. Ist der Abnutzungsschaden die adäquate Folge eines Gefahrereignisses, so würde sich die Haftung des Versicherers an sich nach den allgemeinen Kausalitätsregeln des Seeversicherungsrechts (vgl. Anm. 17ff. zu § 28) richten. Nach der Ausnahmebestimmung des § 59, nach der er von Abnutzungsschäden frei sein soll, würde der Versicherer nicht haften. Hier greift wieder die besondere Kausalitätsregel Anm. 7

§ 59 des § 59 ein: Der Versicherer soll von Abnutzungsschäden nur dann frei sein, wenn der Schaden **„nur"** die Folge der Abnutzung ist. Der Versicherer haftet also, wenn die Abnutzung die adäquate (unmittelbare oder mittelbare) Folge eines Gefahrereignisses, wenn der Schaden auch die Folge dieses Gefahrereignisses ist. Wenn das Schiff aufläuft, die Kupferhaut beschädigt wird und infolge hiervon der Seewurm eindringt, haftet der Versicherer auch für den Wurmschaden (Sieveking 105, RG HGZ 1890. 5, HGZ 1889. 92, über die Gleichstellung des Wurmschadens mit dem Abnutzungsschaden: unten Anm. 18). Wenn das Schiff durch einen Sturm verschlagen und die Reise hierdurch erheblich verzögert wird, haftet der Versicherer auch für den Schaden, der (unmittelbar oder unvermeidlich) infolge der durch die Verzögerung verursachten Abnutzung entstanden ist (Prot. 4414, Benecke 3. 256; anders MIA § 55 Abs. 2b; vgl. auch § 28 Anm. 35). Wieweit in solchen Fällen der Schaden die Folge der Abnutzung, wieweit er die Folge der unvermeidlichen Reiseverzögerung ist, wird zwar meist schwer festzustellen sein. Eben deshalb gilt für die Güterversicherung (in teilweisem Gegensatz zu ASVB § 70 Nr. 3, HGB § 821 Nr. 3, VVG § 131 Abs. 2) vielmehr, daß der Versicherer für den durch Abnutzung usw. verursachten Schaden überhaupt nicht haftet (§ 86; Begr. z. E 1910 § 81). Aber das Wort „nur" bestimmt eben den Kausalzusammenhang für § 59 besonders.

Anm. 8 d) Die Abnutzung kann auch im untrennbaren Zusammenwirken mit einem anderen Ereignis den Schaden verursacht haben (vgl. § 58 Anm. 26, OLG Frankfurt Recht 1903. 268, OLG München EisenbE 25. 159). Nach der Ausnahmebestimmung, daß der Versicherer für den durch Abnutzung verursachten Schaden nicht haftet, würde der Versicherer frei sein, auch wenn das andere Ereignis ein Gefahrereignis wäre. Er haftet, weil er nur dann frei sein soll, wenn „nur" die Abnutzung den Schaden verursacht hat. Er haftet z. B., wenn das Schiff im Sturm aufläuft, ein Leck erhält, das ohne die Faulstelle nicht entstanden wäre, und Wasser eindringt (zwar nicht für die verfaulten Planken, wohl aber) für den Wasserschaden (vgl. HGZ 1886. 30, 1887. 142 und dazu unten Anm. 19).

Anm. 9 e) Der Versicherer haftet für den Schaden nicht. Über den Begriff des Schadens: § 28 Anm. 36. Der Versicherer hat insbesondere auch keinen Havariegrosse-Schaden zu ersetzen, der nur durch Abnutzung im Sinne des § 59 verursacht ist (z. B. keinen Schaden, der dadurch entstanden ist, daß im Havariegrosse-Fall Segel oder Taue weggeschnitten sind: unten Anm. 13), und keine Aufwendungen, die durch Abwendung, Minderung oder Feststellung eines Abnutzungsschadens verursacht sind (vgl. § 58 Anm. 26). — Wird der abgenutzte Gegenstand von einem Versicherungsschaden betroffen, der gemäß §§ 74—76 zu ersetzen ist, so ist der Abnutzungsschaden nicht besonders, sondern nur gemäß §§ 75 Abs. 3, 76 zu berücksichtigen. Anders, wenn der Abnutzungsschaden für sich geblieben ist und deshalb „gehörig ausgeschieden" (HGB § 884 Nr. 4) werden kann und gemäß § 74 Abs. 5 Nr. 4 „gehörig ausgeschieden" werden muß, wenn der Schaden in diesem Sinne „nur" die Folge der Abnutzung ist. Wenn z. B. Segel wegwehen, zerreißen oder sonstwie beschädigt werden, Anker, Taue, Ketten, laufendes Tauwerk beschädigt werden, oder infolge solchen Schadens Taue oder Segel weggeschnitten, Anker, Ankertaue, Ankerketten geschlippt oder gekappt werden müssen, ist der Schaden besonders zu behandeln und vom Versicherer nicht mit zu ersetzen.

Anm. 10 f) Haftet der Versicherer nicht, so haftet er insbesondere auch dann nicht, wenn das Schiff später infolge eines Gefahrereignisses total verlorengeht. Denn der Totalverlust verschlingt den Partialschaden nicht (§ 28 Anm. 24; vgl. auch RG 89. 147, RG HGZ 1919. 15, OAG Lübeck SA 11 Nr. 170). Abnutzungsschäden werden sich freilich im Falle des Totalverlustes nur selten feststellen lassen.

g) Der Versicherer muß beweisen. Auch, wenn er einwendet, daß es sich um objektiv oder subjektiv gewissen Schaden handelt, er also insoweit sich wirksam gar nicht habe verpflichten können. Denn § 59 gibt sich als Ausnahme von der Regel, daß der Versicherer alle Gefahren trägt. — Der Versicherer hat aber genug bewiesen, wenn feststeht, daß das Schiff untergegangen ist, ohne daß ein „äußeres Ereignis" mitgewirkt hat (vgl. § 58 Anm. 31). In solchem Falle kann nur zweifelhaft sein, ob das Schiff nicht bei Inseesendung seeuntüchtig war und der Versicherer deshalb nicht schon nach § 58 frei ist. Aber auf Zweifel dieser Art kann der Versicherungsnehmer sich natürlich nicht berufen. Anm. 11

h) Ob ein Schaden Abnutzungsschaden ist, wird also oft zweifelhaft, der dem Versicherer obliegende Beweis oft schwierig sein. Few things in the law of Marine Insurance have been found more difficult in practice than to discriminate between damage occasioned by the ordinary service of the voyage and that caused by the perils of the sea (Arnould 714 s. 759). Deshalb ist die Versuchung groß, dem Versicherer Abnutzungsschäden zur Last zu legen. Deshalb kam die Übung auf, alle größeren Beschädigungen durch schweres Wetter (außergewöhnliche Slitage) zunächst gar nicht, später nur zur Hälfte zu ersetzen, außer „wenn ein Schiff stößt" (Plan 1800 § 6; Kießelbach 143). Deshalb ließ man den Versicherer von Bagatellschäden frei (§ 34). Deshalb stellen für den Fall, daß versicherungsfreier Abnutzungs- (oder Alters-) Schaden mit Versicherungsschaden zusammentrifft, §§ 75 Abs. 3, 76 in Form fester Abzüge klar, was regelmäßig als Abnutzungs- (oder Alters-) Schaden anzusehen ist. Allerdings sind diese Abzüge nach dem Unterschied des Wertes neuer und alter Sachen bemessen. Aber in diesem Unterschied steckt auch der während der Dauer der Versicherung entstandene Abnutzungs- (und Alters-) Schaden. — Gesetz und ADS fügen zur Erläuterung hinzu, daß es sich um die **Abnutzung** des Schiffes **im gewöhnlichen Gebrauch** handeln muß. Gemeint ist etwas anderes. Wenn der Reeder vom Schiffe außergewöhnlichen Gebrauch macht, haftet der Versicherer natürlich gleichfalls nicht für Abnutzungsschaden. Gemeint ist: „gewöhnliche Abnutzung", ordinary wear and tear (MIA § 55 Abs. 2c), gewöhnliche Slitage. Die gewöhnliche Abnutzung kann bis zum Verlust führen (vgl. PreußAHO § 69: „Alles was unterwegs von dem Schiffe nicht gekappt und gekerbet wird, sondern an dessen Gerätschaften durch den ordentlichen Gebrauch bricht oder abgenutzt oder zernichtet wird, fällt dem Versicherer nicht zur Last..."; ähnlich PreußALR II 8. 2220). — Jedenfalls bleibt auch so die Grenze zwischen Abnutzungsschaden und Versicherungsschaden flüssig. Mit dem Behelf, daß der Versicherer sich auf den Grundsatz des § 59 nur berufen kann, „wenn der Schaden nicht durch Sturm, oder sonst durch außerordentliche Zufälle veranlaßt wird" (so PreußALR a. a. O.), oder nicht berufen kann, wenn der Schaden takes place out of the common course of things, or appears to be the effect of the unusual and violent operation of a peril insured against (so Phillips Nr. 1105), ist wenig gewonnen. § 59 bestimmt deshalb besonders: Anm. 12

aa) Als gewöhnliche Abnutzung gilt es, **wenn Segel wegwehen** oder **zerreißen** oder **sonstwie** (anders, als durch bloße Abnutzung) **beschädigt werden** (anders früher z. B. PreußAHO § 69). Beschädigung an Segeln wird grundsätzlich nie, Verlust von Segeln nur dann ersetzt, wenn der Verlust nicht darauf beruht, daß die Segel wegwehen oder zerreißen. Das Sonnensegel eines Passagierdampfers ist nicht als „Segel" im Sinne des § 59 anzusehen (HansOLG HansRGZ 1928 B 512 = Sasse Nr. 388). — Über den Begriff der Beschädigung: § 28 Anm. 39. — Ob ein gewöhnliches oder ein außergewöhnliches Ereignis die Ursache ist, gilt gleich. Auch wenn der Schaden durch Maßnahmen zur Abwendung oder Minderung von Versicherungsschaden entstanden ist, haftet der Versicherer nicht (HGZ 1882. 133, 1884. 155). — Der Versicherer haftet Anm. 13

§ 59 insbesondere nicht, wenn **Prangen** die Ursache des Schadens ist. Das ist im § 59 besonders hervorgehoben, weil man früher im Havariegrosse-Fall Schaden durch Prangen dispachierte und damit auch trotz der sonst beschränkten Haftung des Versicherers diesem zur Last legte (Kießelbach 144; vgl. jetzt HGB § 707 Nr. 3, YAR 6; anders in England: Arnould 770 s. 814). Prangen (carrying press of sail) ist Hartsegeln, übermäßiges Segelsetzen (vgl. auch Prot. 3231). Wird im Havariegrosse-Fall (z. B. zur Abbringung eines absichtlich auf den Strand gesetzten Schiffes) als Havereifolge (also nicht als Havereimaßregel) geprangt, so wird der Schaden in Havariegrosse vergütet (Schaps-Abraham II Anm. 3 zu § 707 HGB). — Dem Prangen steht die Überanstrengung der Maschine als Havereimaßregel nicht gleich (Schaps-Abraham II Anm. 3 zu § 707 HGB, Anm. 77 zu § 706 HGB). Das Interesse des Versicherers ist insoweit durch § 65 gewahrt. — Als gewöhnliche Abnutzung gilt es ferner, **wenn die beschädigten Segel weggeschnitten werden müssen** (und weggeschnitten werden). So schon AllgPlan 1847 § 104 Abs. 2. Anders, wenn unbeschädigte Segel weggeschnitten werden müssen. Aber der Versicherer haftet wiederum nicht, wenn unbeschädigte Segel deshalb weggeschnitten werden müssen (und werden), weil sie sonst beschädigt werden würden. — **Ausnahmen (§ 59 Satz 3):**

1. **wenn Segel durch Sturzseen beschädigt werden.** Der Beschädigung steht (wie § 59 Satz 2 erkennen läßt) der Verlust (ASVB § 129: „Fortführung") gleich. — Die Ausnahmebestimmung ist nach allgemeiner Regel eng auszulegen. Werden Segel beschädigt, um einer Sturzsee zu entgehen, so haftet der Versicherer nicht; sonst würden alle Segelbeschädigungen hierauf zurückgeführt werden. Dagegen haftet der Versicherer, wenn die durch Sturzsee beschädigten Segel weggeschnitten werden müssen. — Der Versicherungsnehmer muß beweisen.

2. **wenn Segel dadurch beschädigt werden** (oder verlorengehen), **daß Rundhölzer brechen.** Der Versicherungsnehmer muß beweisen.

3. **wenn festgemachte Segel durch einen Unfall beschädigt werden** (oder verlorengehen). Der Unfall muß natürlich ein solcher sein, für den der Versicherer haftet. Über den Begriff des Unfalls: § 40 Anm. 10. — Der Versicherungsnehmer muß beweisen.

Anm. 14 bb) Als gewöhnliche Abnutzung gilt es, **wenn Anker, Taue, Ketten oder laufendes Tauwerk beschädigt werden** (anders früher z. B. PreußAHO § 69). — Über den Begriff der Beschädigung: § 28 Anm. 39. — Die Ursache der Beschädigung ist gleichgültig (oben Anm. 13). Der Versicherer haftet insbesondere auch dann nicht, wenn zu der Beschädigung „ein äußerer Unfall . . . Veranlassung gab" (anders insoweit BSVB § 37; vgl. hierzu HGZ 1882. 134). — In dem (mit $66^2/_3\%$ verglichenen) Falle des Schiffes Minister Cruchaga wollte das Schiff, um nicht in schwerem Sturm an Land getrieben zu werden, vor Anker gehen. Dabei bricht der Schäkel. Anker und Kette gehen verloren. Der zweite Anker wird ausgebracht. Nach einiger Zeit bricht in schwerer Böe die Kette; Anker und Teil der Kette gehen verloren. Haftet der Versicherer? Oder kann er sich auf § 59 berufen? Nach ASVB § 129 Nr. 2d haftete der Versicherer nicht, „wenn Anker, Taue, Ketten oder laufendes Tauwerk beschädigt worden oder gebrochen sind" (ähnlich schon AllgPlan 1847 § 104: „wenn Anker, Taue Ketten . . . beschädigt werden oder brechen"). Hiernach haftet der Versicherer auch nicht, wenn Ketten usw. brachen und infolgedessen verlorengingen. Hierüber war kein Zweifel. E 1910 § 61 Abs. 2 verwies (am Rande) lediglich auf ASVB § 70 Nr. 2, § 129 Nr. 2d. Man hat also an dem bisherigen Rechtszustand nichts ändern wollen. Schon dies würde entscheiden (BGB § 133, Vorb. vor § 1 Anm. 11). Der Versicherer haftet nicht nur nicht für eine Beschädigung der Ketten usw., sondern auch nicht für einen durch Bruch herbeigeführten Verlust. Dies folgt aber notwendig auch noch aus einem zweiten Umstand. Nach alter, fest begründeter Auffassung haftet der Versicherer, soweit er sich (insbesondere mit den Klauseln „Frei von Beschädigung" oder „Frei von Beschädigung außer im Strandungsfall") von der Haftung für Beschädigungsschaden freigezeichnet hat, auch nicht für Bruchverlust. Bruch wird in diesem Zusammenhang schlechthin als ein Unterfall der Beschädigung angesehen (näheres: § 113 Anm.). **§ 59**

cc) Als gewöhnliche Abnutzung gilt es, **wenn beschädigte Taue weggeschnitten werden müssen** (und weggeschnitten werden). Aber der Versicherer haftet auch dann nicht, wenn unbeschädigte Taue deshalb weggeschnitten werden müssen, weil sie sonst beschädigt werden würden (vgl. aben Anm. 13). Anm. 15

dd) Als gewöhnliche Abnutzung gilt es, **wenn beschädigte Anker, Ankertaue oder Ankerketten geschlippt oder gekappt werden müssen** (und werden). Aber der Versicherer haftet auch dann nicht, wenn Anker, Ankerketten usw. deshalb geschlippt oder gekappt werden müssen (und werden), weil sie sonst beschädigt werden würden, insbesondere, weil die Taue oder Ketten sonst brechen würden (vgl. oben Anm. 14). Denn Bruch wird in diesem Zusammenhang als ein Unterfall der Beschädigung angesehen (oben Anm. 14, § 113 Anm.). Anm. 16

3. Gewiß (objektiv und subjektiv gewiß) ist auch, daß das Schiff mit dem Alter verliert. Deshalb versteht sich ebenfalls im allgemeinen von selbst: **Der Versicherer haftet nicht für den Schaden, der nur durch Alter verursacht wird** (vgl. aber auch oben Anm. 4ff.). — Nach RG HGZ 1890. 5 ist Abnutzungsschaden der allgemeinere Begriff, Altersschaden (ebenso wie Schaden durch Rost, Fäulnis oder Wurmfraß: unten Anm. 18) nur ein Beispielfall des Abnutzungsschadens. Diese Auffassung steht mit dem klaren Wortlaut des Gesetzes (und der ADS) ebensosehr in Widerspruch wie mit der Welt der Tatsachen und der Entstehungsgeschichte des Gesetzes. Nicht, weil ein Mitglied der ADHGB-Kommission dafür hielt, daß Altersschäden usw. im allgemeinen im Abnutzungsschaden einbegriffen seien, hat man hinzugefügt, daß der Versicherer auch für Altersschäden usw. nicht hafte (so RG a. a. O.), sondern weil mehrere Kommissionsmitglieder im Gegensatz hierzu und mit Recht der Ansicht waren, daß „sehr dahinstehe, ob der Ausdruck ‚Abnutzung im gewöhnlichen Gebrauch' in dem eben dargelegten Sinne werde verstanden werden" (Prot. 4414). Über die Bedeutung der Streitfrage vgl. unten Anm. 18. — Für Altersschäden gilt im übrigen grundsätzlich dasselbe wie für Abnutzungsschäden. Vgl. daher oben Anm. 3—11. Anm. 17

4. Gewiß (objektiv und subjektiv gewiß) ist dagegen nicht oder doch nicht immer, daß **Fäulnis, Rost oder Wurmfraß** Schaden verursachen. Der durch Fäulnis usw. verursachte Schaden kann Abnutzungsschaden (und demgemäß gewiß) sein; er braucht es nicht zu sein. Auch im letzteren Falle soll der Versicherer nicht haften (abw. RG HGZ 1890. 5: oben Anm. 17). — Die Natur der Bestimmung verträgt keine Ausdehnung. Wie den Ratten und Mäusen des § 821 Nr. 3 HGB nicht ohne weiteres sonstiges Ungeziefer gleichgestellt werden darf (§ 86 Anm.), so werden hier den Würmern nicht ohne weiteres Ratten, Mäuse und ähnliche Schädlinge gleichgestellt werden dürfen (anders MIA § 55 Abs. 2c). Aber Ratten- und Mäuseschaden wird oft, wie sich etwa aus der Reisegegend oder der Art der Ladung ohne weiteres ergeben wird, gewöhnlicher Abnutzungsschaden sein und als solcher dem Versicherer nicht zur Last fallen. — Die Natur der Bestimmung duldet aber auch keine Einschränkung. Zwischen Holz- und Seewürmern oder „innerem" und „äußerem" Wurmfraß zu unterscheiden (so RG HGZ 1890. 6), ist willkürlich (so anscheinend auch Sieveking 105). — Wenn der Fäulnisschaden usw. gewöhnlicher Abnutzungsschaden ist und der Versicherer für den davon betroffenen Gegenstand gemäß §§ 74—76 zu entschädigen hat, ist der Fäulnisschaden usw. nur gemäß §§ 75 Abs. 3, 76 zu berücksichtigen. In anderen Fällen muß Anm. 18

§ 59 er bei der Feststellung des Schadens besonders berücksichtigt und „ausgeschieden" werden (vgl. oben Anm. 9).

Anm. 19 5. § 59 gilt nicht nur für die Kaskoversicherung, sondern auch für **andere Versicherungen, die sich auf das Schiff beziehen** (§ 79). Nach § 821 HGB gilt nichts anderes (Voigt 458, Schlegelberger SVR Bem. 5 zu § 59 ADS, HGZ 1888. 255, offenbar auch RG HGZ 1889. 247; ebenso MIA § 55 Abs. 2c; abw. Brodmann 195, Burchard Baumgartners Hdwbuch 341, Gareis-Fuchsberger 1204, Sieveking 105, HGZ 1886. 30, 1887. 142, 1889. 303; dahingest. RG HGZ 1888. 259). Es folgt ohne weiteres aus dem Wesen der Versicherung, die objektiv und subjektiv gewisse Schäden nicht deckt, und daraus, daß es sich hier (wenigstens der Hauptsache nach) um solche Schäden handelt (oben Anm. 2). Wenn das Schiff 100000 wert und für 100000 verpfändet ist und infolge von Abnutzungs- und Altersschäden beim Pfandverkauf nur 90000 erzielt werden, kann der versicherte Schiffspfandgläubiger natürlich vom Versicherer nicht 10000 verlangen (vgl. HGB § 800). Wenn das Schiff total verlorengeht, kann der Versicherer natürlich auch einwenden, daß das Schiff Abnutzungs- und Altersschäden erlitten hatte, die den Wert um 10000 vermindert hatten, — wenn ihm auch (ebenso wie dem Kaskoversicherer im entsprechenden Falle: oben Anm. 10) der Beweis selten gelingen wird. Dasselbe gilt, wenn das Schiff, etwa infolge eines Zusammenstoßes, einen Teilschaden von 50000 erleidet. Natürlich kann der Versicherer der Pfandforderung in solchem Falle nicht verlangen, daß das Drittel des § 75 Abs. 3 wegen des Unterschiedes zwischen neu und alt abgezogen wird; denn wenn dieses Drittel auch zur Deckung von Alters- und Abnutzungsschäden dient (oben Anm. 9), so dient es doch der Hauptsache nach zur Vorteilsausgleichung (Vorb. vor § 1 Anm. 70, § 75 Anm. 28). Wenn eine Faulstelle im Schiffsboden Wasser einläßt, das Wasser das Schiff beschädigt und die Ladung vernichtet, und die Fracht „nur" infolge hiervon verlorengeht, kann der Frachtversicherer ebensowenig haften, wie der Kaskoversicherer (was HGZ 1886. 30, 1887. 142 verkennen). Zu allem Überfluß läßt § 821 HGB hierüber keinen Zweifel. HGB § 821 Nr. 1 und 2 (Ausschluß der Haftung für Seeuntüchtigkeits- und für Abnutzungs- und Altersschäden) unterscheidet ausdrücklich zwischen der „Versicherung von Schiff und Fracht" und „einer auf das Schiff sich beziehenden Versicherung" und bestimmt nicht für jene, sondern gerade für diese, daß der Versicherer für Abnutzungs- und Altersschäden nicht haftet. HGZ 1889. 303 kann „nicht einsehen, warum man die Scheidung der Punkte 1 und 2, wie geschehen, vorgenommen haben sollte, wenn sich der zweite Punkt auch auf die Frachtversicherung zu beziehen hätte" (ebenso anscheinend Sieveking 105, der auf die „Disposition des § 821" verweist). Es ist aber leicht einzusehen: Nr. 2 soll nicht nur für Kasko- und Frachtversicherungen, sondern auch für andere auf das Schiff sich beziehende Versicherungen, z. B. für die Versicherung von Bodmereigeldern, gelten. Es fehlt also (nicht nur jeder äußere, sondern) auch jeder Anhalt für die Annahme, daß „die abweichende Ausdrucksweise (der Nr. 2) lediglich aus redaktionellen Gründen gewählt sei" (so HGZ 1889. 303), daß man „aus redaktionellen Gründen", statt einfach von der „Versicherung des Schiffes" zu sprechen, umständlich von einer „auf das Schiff sich beziehenden Versicherung" gesprochen hat. Von scheinbar größerer Bedeutung ist der andere Einwand: § 821 Nr. 2 HGB lasse den Versicherer frei vom „Schaden an Schiff und Zubehör, welcher nur eine Folge der Abnutzung des Schiffes im gewöhnlichen Gebrauch ist", nicht auch „von Schäden an anderen Interessen, welche mittelbar durch die Abnutzung des Schiffes entstanden sein könnten" (Sieveking 105). In Wirklichkeit beruht der Einwand auf der petitio principii, daß das Gesetz, indem es vom „Schaden an Schiff und Zubehör" spricht, die Beeinträchtigung des Kaskointeresses meint. In Wirklichkeit hat ausgesprochen sein sollen und ist ausgesprochen, daß „dem Versicherer . . . der Schaden an Schiff und Zubehör, welcher nur eine

Folge der Abnutzung des Schiffes im gewöhnlichen Gebrauch ist, . . . nicht zur Last fallen soll", — weder unmittelbar (wie etwa bei der Versicherung des Kaskos oder der Bodmereigelder) noch mittelbar (wie bei der Frachtversicherung). Wie Prot. 4466 ergeben, hat die ADHGB-Kommission wohl erwogen, für welche Arten von Versicherungen die im § 821 HGB ausgesprochenen Beschränkungen der Haftung des Versicherers gelten sollten, und gerade durch die besondere Ausdrucksweise „andeuten wollen, auf welche Arten von Versicherungen die betreffenden Vorschriften anwendbar seien". Nach Burchard BaumgartnersHdwbuch 341 ist es unbillig, anderen als Kaskoversicherten den Ersatz des durch Abnutzung usw. verursachten Schadens vorzuenthalten. Der Frachtversicherte „laufe bei Konkurrenz von Alters- und ähnlichen Schäden, die natürlich zum Eintritt ebensowohl einer Reparaturunwürdigkeit wie einer Reparaturunfähigkeit mitgewirkt haben könnten, Gefahr, ohne jeden Ersatz zu bleiben, wenn auch noch so sehr wirkliche Seeunfälle das Schiff in die Lage gebracht hätten, in welcher unter bloßer Mitwirkung von Alters- und ähnlichen Schäden aus dem einen oder anderen Grunde die Condemnation und der Verkauf desselben habe erfolgen müssen". Der Irrtum ist offenbar: Gerade um dieser Unbilligkeit vorzubeugen, verlangen Gesetz und ADS, daß der Schaden „nur" durch Abnutzung usw. verursacht sein muß (vgl. auch oben Anm. 6—8). Auch dem § 132 VVG kann kein Einwand entnommen werden. Allerdings bestimmt § 132 VVG nur für den Fall der „Versicherung eines Schiffes", daß der Versicherer für Abnutzungs- und Altersschäden nicht haftet. Aber das VVG hat auch nur die „Versicherung eines Schiffes" geregelt und die weitere Ausgestaltung anderer auf das Schiff sich beziehender Versicherungen der Vereinbarung oder den Bedingungen überlassen (Begr. z. VVG § 129). Daß andererseits auch das VVG unter einer „auf eine Sache sich beziehenden Versicherung" jede auf die Sache sich beziehende Versicherung versteht, lehrt § 52 VVG. Vgl. auch § 857 HGB, wonach versicherte Bodmerei- und Havereigelder nur dann als total verloren gelten, wenn der Deckungsgegenstand vom Totalverlust oder „von anderen Unfällen" betroffen ist, und § 880 HGB, wonach bei teilweisem Verlust von versicherten Bodmerei- oder Havereigeldern der Ausfall zu ersetzen ist, der sich ergibt, weil der Deckungsgegenstand „infolge späterer Unfälle" nicht mehr deckt (und hierzu Voigt Zum SeeAssRecht 170). § 59

6. § 59 gilt auch für die **Rückversicherung** (§ 79; näheres: § 1 Anm. 136, § 58 Anm. 40). Anm. 20

7. **Fremde Rechte** (vgl. auch oben Anm. 5, 7, 12, 18, 19). Anm. 21

a) Englisches Recht. Der Versicherer ist (bei jeder Art von Versicherung) not liable for ordinary tear and wear, ordinary leakage and breakage, inherent vice or nature of the subject-matter insured, or for any loss proximately caused by rats or vermin, or for any injury to machinery not proximately caused by maritime perils (MIA § 55 Abs. 2c, vgl. dazu Arnould 755 s. 801 und oben Anm. 12; über die Haftung für Maschinenschaden: § 28 Anm. 43 und § 65 Anm. 9). Vgl. hierzu RPAssAvAdj 49 (Rigging injured by straining or chafing is not charged to underwirters, unless such injury is caused by blows of the sea, grounding, or contact; or by displacement through sea peril, of the spars, channels, bulwarks, or rails) und 50 (Sails split by the wind, or blown away while set, unless occasioned by the ship's grounding or coming into collision, or in consequence of damage to the spars to which the sails are bent, are not charged to underwriters) bei Arnould 1346.

b) Französisches Recht. Der durch Abnutzung oder Alter herbeigeführte Zustand ist vice propre. Der Versicherer haftet dafür nicht. Für die durch vice propre verursachten Schadensfolgen haftet er, es sei denn, daß den Versicherungsnehmer ein Verschulden trifft. Näheres § 58 Anm. 42. Außerdem ist der Versicherer nach der Kasko-

§ 59 police befreit de la piqûre des vers sur les parties du navire non protégées par un doublage métallique (Art. 4 Ziff. 3).

c) Über Versuche der Aufstellung internationaler Regeln über die Haftung des Versicherers für Schäden, die durch die natürliche Beschaffenheit des versicherten Gegenstandes verursacht sind: Intern. Marine Insurance Rules der Intern. Law Association, Rouen Conf. 1900, Glasgow Conf. 1901.

§ 60

Gefährliche Ladungen

(1) Der Versicherer haftet nicht für einen Schaden, der dadurch verursacht wird, daß explosionsgefährliche oder selbstentzündliche Gegenstände verladen sind, die nach den Verordnungen der deutschen Seeuferstaaten über die Beförderung gefährlicher Gegenstände mit Kauffahrteischiffen von der Beförderung ausgeschlossen sind, sowie für einen Schaden, der dadurch verursacht wird, daß bedingungsweise zur Beförderung mit Kauffahrteischiffen zugelassene Gegenstände verladen sind und dabei gegen die Vorschriften der Verordnungen verstoßen ist; findet die Verladung in einem ausländischen Hafen statt, für den Vorschriften über die Beförderung gefährlicher Gegenstände mit Kauffahrteischiffen bestehen, so sind diese Vorschriften maßgebend. Die Haftung des Versicherers bleibt jedoch bestehen, wenn der Versicherungsnehmer die Verladung oder den Verstoß gegen die Verladungsvorschriften weder kannte noch kennen mußte. Bleibt die Haftung bestehen, so gebührt dem Versicherer eine Zuschlagsprämie.

(2) Der Versicherer haftet nicht für einen Schaden, der dadurch verursacht wird, daß das Schiff auf der versicherten Reise zu einem größeren als dem dritten Teile seiner Tragfähigkeit mit Dungstoffen, Eisen, insbesondere Eisenbahnschienen und Eisenträgern, Erde, Erz, Gestein, insbesondere Fliesen, Marmor, Schiefer und Steinen, Heu, Kalk, Knochen, Knochenasche, Knochenschwärze, Kohlen, Kreide, lose verladenen Feldfrüchten oder sonstigem lose verladenen Schüttgut, Salz, Ton, Tonrückständen oder Zement beladen ist. Die Bestimmungen des Absatzes 1 Satz 2 und 3 finden entsprechende Anwendung.

Anm. 1 1. Vgl. ASVB §§ 38, 39 in der Fassung der AlteKZP, AlteKRP (Mat. 2. 103, 107), BSVB § 42 Abs. 1 Nr. 5, § 43.

Anm. 2 2. Der Befrachter darf, auch wenn er Güter beliebiger Art abladen kann, nicht auf seinem Schein bestehen und dem Verfrachter Güter andienen, die mit besonderen Gefahren für das Schiff verbunden sind (Pappenheim Seerecht 2. 20). Auch der Kaskoversicherer braucht sich nicht gefallen zu lassen, daß das Schiff mit solchen Gütern beladen wird. Er darf nicht nur erwarten, daß das Schiff im allgemeinen gehörig beladen wird, sondern auch, daß es mit Gütern beladen wird, die nicht wegen ihrer besonderen Natur das Schiff in besonderem Maße gefährden, und, wenn es doch geschieht, die Gefahr als geändert und sich als frei oder doch gemäß § 58 das Schiff als seeuntüchtig und seine Haftung als beschränkt betrachten. In diese Lage greift aber § 60 ein. Er geht als besondere Bestimmung derjenigen des § 58 vor (HGZ 1903. 143). Auf die besondere Gefährdung des Schiffes durch explosionsgefährliche usw. Gegenstände kann der Versicherer sich nur unter den besonderen Voraussetzungen des § 60 berufen. Der Versicherer kann sich auch nicht auf die §§ 23, 24 berufen. Zwar hat der Versicherungsnehmer, der die Verladung explosionsgefährlicher usw. Gegenstände kennt und sie nicht verhindert oder wieder beseitigt, die Gefahr geändert. Aber gerade für diesen Sachverhalt bestimmt § 60 besonderes, und die besondere Bestimmung geht der allgemeinen vor (vgl. auch § 23 Anm. 35, aber auch unten Anm. 4 und 5). Der Versicherer kann sich dagegen auf §§ 19, 20 berufen, wenn der Versicherungsnehmer bei der Schließung des Vertrags verschweigt, daß das Schiff dem § 60 zuwider beladen ist oder beladen werden soll (§ 19 Anm. 26; vgl. aber auch unten Anm. 4 und 5). Der Versicherer ist in solchem Falle nicht etwa darauf beschränkt, nachzuweisen, daß der Schaden durch die Zuwiderhandlung verursacht ist. **§ 60**

3. **Abs. 1.** Zur Zeit der Abfassung der ADS bestanden von den deutschen Seeuferstaaten übereinstimmend erlassene Verordnungen über die Beförderung gefährlicher Gegenstände mit Kauffahrteischiffen (z. B. die HambVO v. 24. Mai 1912 mit Nachträgen). Dies führte zu der entsprechenden Formulierung des Abs. 1. Nunmehr kommt die **VO über gefährliche Seefrachtgüter** vom 4. Januar 1960 (BGBl. II 9 = Schaps-Abraham III 1467) i. d. F. der 1. ÄnderungsVO v. 30. Juli 1962 (BGBl. II 883), der 2. ÄnderungsVO v. 3. April 1963 (BGBl. II 231), der 3. ÄnderungsVO v. 1. August 1964 (BGBl. II 1037) und der 4. ÄnderungsVO v. 14. Juni 1966 (BGBl. II 429) in Betracht. Nach § 1 der VO sind bei der Beförderung gefährlicher Güter mit Seeschiffen alle Vorkehrungen zu treffen, um Schäden für Menschenleben, Schiff oder Ladung nach Möglichkeit auszuschließen. Gefährliche Güter im Sinne der VO sind die in ihren Anlagen (die 1. Anlage jetzt i. d. F. der 3. ÄnderungsVO) genannten und in Klassen eingeteilten Stoffe und Gegenstände. Sie dürfen auf Seeschiffen nur unter den in der Anlage 1 angegebenen Bedingungen verladen werden. Explosive Stoffe und Gegenstände, mit explosiven Stoffen geladene Gegenstände, Zündwaren, Feuerwerkskörper und ähnliche Güter, verdichtete, verflüssigte oder unter Druck gelöste Gase, Stoffe, die in Berührung mit Wasser entzündliche Gase entwickeln, selbstentzündliche Stoffe, radioaktive Stoffe und organische Peroxyde dürfen, soweit sie in den Anlagen der VO nicht genannt sind, vorbehaltlich des § 5 Abs. 1 der VO nicht verladen werden. Nach § 2 Abs. 1 der VO dürfen gefährliche Güter miteinander oder mit anderen Gütern in einem Versandstück nur zusammengepackt werden, soweit dies nach den Vorschriften der Anlage 1 der VO ausdrücklich gestattet ist. Über ausländische Durchfuhrgüter, die im Geltungsbereich der VO auf Seeschiffe weiter verladen werden, finden sich in § 5 der VO besondere Bestimmungen. Anm. 3

Vgl. über den Anwendungsbereich der VO deren § 14. Danach gilt sie für alle Seeschiffe, welche die Bundesflagge führen, also für Kauffahrteischiffe, aber auch für Schiffe im öffentlichen Dienst. Werden solche Seeschiffe außerhalb des Bundesgebietes beladen, so darf von den Vorschriften der §§ 1 bis 4 und des § 6 abgewichen werden, soweit das maßgebende Recht des Ladehafens Abweichungen vorschreibt oder zuläßt. Doch gilt dies nicht für die Beladung mit radioaktiven Stoffen. Bei Seeschiffen im öffentlichen Dienst darf auch innerhalb des Bundesgebiets von den Vorschriften der VO abgewichen werden, soweit die besonderen Aufgaben des öffentlichen Dienstes Abweichungen erfordern. Im Falle der Versicherung solcher Schiffe kann also insoweit auch von einer Gesetzwidrigkeit und den sich daraus ergebenden Rechtsfolgen keine Rede sein. Siehe darüber, inwieweit die VO für ausländische Schiffe gilt, § 14 Abs. 2 der VO. Anm. 4

Der VO ähnliche Vorschriften sind von Seestaaten des Auslands erlassen. Diese sollen nach Abs. 1 zur Anwendung kommen, wenn die Verladung in einem ausländischen Hafen stattfindet. Daneben gelten dann aber für deutsche Seeschiffe noch die Vorschriften der VO nach Maßgabe des § 14 Abs. 1 Satz 2 der VO. Anm. 5

§ 60 Anm. 6 4. **Der Versicherer haftet nicht für den durch die Verbotswidrigkeit verursachten Schaden.** Das Risiko des Versicherers ist vertragsmäßig beschränkt. Es ist aber nicht (wie in den §§ 58, 59) objektiv beschränkt. Sondern es ist (ähnlich, wie im § 33) nur subjektiv beschränkt. Es ist nur **für den Fall** beschränkt, **daß der Versicherungsnehmer die verbotswidrige Verladung kannte oder kennen mußte.**

a) Über den Begriff der Kenntnis und des Kennenmüssens: § 5 Anm. 19, 20, § 19 Anm. 39. — Der Versicherungsnehmer muß „die Verladung oder den Verstoß gegen die Verladungsvorschriften" gekannt oder fahrlässig nicht gekannt haben. Es kommt also nicht darauf an, ob er auch gewußt oder fahrlässig nicht gewußt hat, daß die Güter zu den in der VO über gefährliche Seefrachtgüter erwähnten Gütern gehören, oder daß ihre Verladung oder Verpackung gegen diese Verordnung verstößt. — § 60 Abs. 1 bestimmt nicht besonders darüber, zu welcher Zeit der Versicherungsnehmer gekannt oder fahrlässig nicht gekannt haben muß. Nach dem erkennbaren Zwecke des § 60 Abs. 1 wird maßgebend sein müssen, daß der Versicherungsnehmer zu einer Zeit gekannt oder fahrlässig nicht gekannt hat, als die Güter noch zurückgewiesen, wieder ausgeladen oder sonstwie entfernt werden konnten (vgl. auch § 121 Anm.). Dabei kommt in Betracht, daß Güter, die das Schiff gefährden, schlimmstenfalls über Bord geworfen oder vernichtet werden dürfen (vgl. HGB §§ 564 Abs. 5, 564a, 564b, 673 Abs. 3, SeemG § 14 Abs. 3). Damit ist auch als wesentliche Bedeutung des § 60 Abs. 1 erkannt: Der Versicherungsnehmer ist dem Versicherer gegenüber verpflichtet, die Verordnung über gefährliche Seefrachtgüter zu befolgen; schuldlose Verletzung dieser Verpflichtung verpflichtet den Versicherungsnehmer zur Zahlung einer Zuschlagsprämie; schuldhafte Verletzung befreit den Versicherer von der Verpflichtung zum Ersatz des durch die Verletzung verursachten Schadens. Wenn die Güter eingeladen werden und der Versicherungsnehmer nunmehr erst von der Verbotswidrigkeit Kenntnis erlangt (und zu erlangen braucht), wird der Versicherer gleichwohl haften müssen, bis die Güter wieder ausgeladen sind oder ohne schuldhaftes Zögern ausgeladen sein würden.

Anm. 7 b) Der Versicherungsnehmer muß gekannt oder fahrlässig nicht gekannt haben. Über den Begriff des Versicherungsnehmers: § 3 Anm. 4. — Ist der Versicherungsnehmer gesetzlich vertreten, so wird es regelmäßig nur auf die Kenntnis und fahrlässige Unkenntnis des gesetzlichen Vertreters ankommen; der Versicherungsnehmer muß aber in den Grenzen seiner Verantwortlichkeit auch eigene Kenntnis oder fahrlässige Unkenntnis vertreten (Vorb. vor § 1 Anm. 61). Er muß auch die Kenntnis oder fahrlässige Unkenntnis Dritter gegen sich gelten lassen, die mit der Erfüllung seiner Pflicht zur Befolgung der Verordnungen usw. betraut sind (Vorb. VIII vor § 1). Deshalb ist nicht mehr besonders bestimmt, daß der Versicherer nicht haftet, wenn „die Verladung ohne Wissen des Schiffers stattgefunden" hat, und wenn die Verladung „dem Versicherten oder dessen Vertreter ungeachtet der aufzuwendenden gehörigen Sorgfalt unbekannt geblieben" ist (so ASVB §§ 38, 39, Mat. 2. 103, 107). Daß der Versicherer nicht haftet, wenn „die Verladung mit Wissen des Schiffers stattgefunden" hat, oder wenn „dem Vertreter (des Versicherten) ungeachtet der aufzuwendenden gehörigen Sorgfalt unbekannt geblieben" ist, folgt nunmehr ohne weiteres aus § 278 BGB (über den Kreis der Personen, deren Verhalten der Versicherungsnehmer hiernach gegen sich gelten lassen muß, vgl. § 23 Anm. 23, § 33 Anm. 15). Insbesondere kann der Versicherungsnehmer sich nicht darauf berufen, daß er nach § 33 Abs. 3 des Verhalten des Kapitäns als solchen nicht zu vertreten habe. Zwar kann der Versicherungsnehmer sich auch dann auf § 33 Abs. 3 berufen, wenn der Kapitän als solcher die Gefahrstandspflicht verletzt hat (§ 23 Anm. 24, § 33 Anm. 44).

Zwar handelt es sich hier um eine ähnliche Pflicht (oben Anm. 2, 8). Aber § 60 bestimmt über diese Pflicht auf eine Weise, welche die Anwendung des § 33 Abs. 3 ausschließt. — Im Falle der Versicherung für fremde Rechnung ist auch der Versicherte verpflichtet (vgl. § 52 Anm. 8). **§ 60**

c) Der Versicherer haftet nicht für den durch die Verbotswidrigkeit verursachten Schaden. Über den Begriff des Schadens: § 28 Anm. 36. Der Versicherer hat insbesondere keinen Havariegrosse-Schaden zu ersetzen, der durch die Verbotswidrigkeit verursacht ist (§ 29 Abs. 1 Satz 2), und keine Aufwendungen, die durch Abwendungen, Minderung oder Feststellung des dadurch entstandenen (oder davon drohenden) gewöhnlichen Versicherungsschadens verursacht sind (§ 32). — Über den Kausalzusammenhang: § 28 Anm. 17ff. Anm. 8

d) Der Versicherer muß beweisen, daß verbotswidrig verladen und der Schaden hierdurch verursacht ist. Aber die Regeln der Erfahrung muß der Richter von Amts wegen berücksichtigen. Der Versicherer wird daher regelmäßig genug bewiesen haben, wenn feststeht, daß verbotswidrig Güter verladen sind und der Schaden ohne erkennbare andere Ursache entstanden ist (vgl. § 58 Anm. 31, § 59 Anm. 11). — Der Versicherer braucht nicht zu beweisen, daß der Versicherungsnehmer die verbotswidrige Verladung gekannt hat oder hat kennen müssen. Der Versicherungsnehmer muß beweisen, daß er (oder der Dritte, dessen Kenntnis usw. er gegen sich gelten lassen muß, insbesondere der Kapitän) nicht gekannt hat und nicht hat kennen müssen. Satz 1 und Satz 2 des § 60 Abs. 1 verhalten sich, deutlich erkennbar, wie die Regel zur Ausnahme. Anm. 9

e) Kenntnis und Kennenmüssen des Versicherers sind grundsätzlich ohne Bedeutung (vgl. aber auch oben Anm. 4, 5). Der Versicherungsnehmer kann insbesondere nicht einwenden, daß der Versicherer bei der Schließung des Vertrags gewußt habe oder habe wissen müssen, daß gefährliche Güter an Bord seien oder verladen werden sollten. Der Versicherer, der weiß, daß gefährliche Güter verladen sind oder verladen werden sollen, mag die Versicherung nur unter Ausschluß der Haftung für den dadurch verursachten Schaden haben übernehmen wollen. Nur unter besonderen Umständen könnte aus der Kenntnis des Versicherers geschlossen werden, daß der Versicherer auch die Haftung für den durch die gefährlichen Güter verursachten Schaden hat übernehmen wollen (soweit dies überhaupt zulässig ist: oben Anm. 4, 5; vgl. § 58 Anm. 21). Anm. 10

5. Bleibt die Haftung des Versicherers gemäß § 60 Abs. 1 Satz 2 bestehen, so gebührt dem Versicherer eine **Zuschlagsprämie**. Insbesondere auch dann, wenn die versicherte Unternehmung glücklich abläuft; freilich wird in diesem Falle der Versicherungsnehmer wohl behaupten, daß er die unzulässige Beladung — gekannt habe oder habe kennen müssen. — Zuschlagsprämie ist die der höheren Gefahr entsprechende höhere Prämie (§ 20 Abs. 3). Genauer: eine Vergütung, welche die Vertragsprämie (mit Einschluß von Prämienzulagen) um ebensoviel übersteigt, wie die Gefahr infolge der Verladung der gefährlichen Güter größer ist, als sie sonst sein würde. Sie gebührt dem Versicherer auch dann, wenn er die Verladung kennt (vgl. oben Anm. 10). Sie gebührt ihm sofort, wenn seine Haftung beginnt. Sie gebührt ihm auch dann, wenn seine Haftung vor der Zeit erlischt, etwa weil die Güter wieder ausgeladen werden oder wieder ausgeladen werden mußten; doch wird hierauf bei der Bestimmung der Höhe Bedacht zu nehmen sein. Näheres über die Zuschlagsprämie: § 25 Anm. — Schadensersatz-Ansprüche gegen Ladungsbeteiligte (§§ 564—564b HGB), Reisende (§ 673 HGB), Schiffer (§ 515 HGB) oder Seeleute (wegen Verletzung des § 111 Abs. 2 SeemG) gehen gemäß § 45 auf den entschädigenden Versicherer über. Anm. 11

6. § 60 Abs. 1 gilt für Reiseversicherungen wie für Zeitversicherungen. Anm. 12

7. **Abs. 2.** Gewisse Güter sind nicht so sehr wegen ihrer Beschaffenheit, als vielmehr in ihrer Massenhaftigkeit besonders gefährlich. **Der Versicherer haftet** deshalb Anm. 13

§ 60 **nicht für den Schaden, der dadurch verursacht wird, daß Massengüter** der im § 60 Abs. 2 bezeichneten Art **gefahren werden und mehr als ⅓ der Tragfähigkeit des Schiffes ausmachen.**

a) Ob das Schiff mit nur einer Art dieser Massengüter oder mit mehreren Arten über das zulässige Maß hinaus beladen ist, gilt gleich (Mat. 1. 233, Voigt 245). — Zur Tragfähigkeit vgl. insbesondere die VO über den Freibord der Kauffahrteischiffe vom 25. Dezember 1932 (RGBl. II 278). Diese Regeln sind aber ebensowenig unbedingt maßgebend, wie die für ausländische Abladehäfen etwa geltenden entsprechenden Vorschriften. Durch das Internationale Übereinkommen über den Freibord der Kauffahrteischiffe vom 5. Juli 1930 ist für die Freibordregeln weitgehend internationale Rechtsvereinheitlichung erzielt. Siehe über die Mitgliedstaaten des Übereinkommens Schaps-Abraham I 977.

Anm. 14 b) Nach dem Grunde des § 60 Abs. 2 müßte diese Bestimmung sowohl bei Zeit- wie bei Reiseversicherungen Anwendung finden. Deshalb machte auch E 1910 § 61 Abs. 4 keinen Unterschied (vgl. auch Begr. z. E 1910 § 61). Da aber viele Schiffe oft Massengüter (insbesondere lose verladene Feldfrüchte oder sonstiges lose verladenes Schüttgut und Kohlen) in größerem Umfang fahren müssen, auch die obligatorischen Tarife besondere Bestimmungen für Dampfer in der Kohlenfahrt enthalten, gilt § 60 Abs. 2 nur für die Reiseversicherung (verb. „**auf der versicherten Reise**"; gegen diese übliche und leicht verständliche Bezeichnung der „Reise, für deren Dauer die Versicherung genommen ist", ohne Grund Kisch 2. 83; vgl. auch § 37 Anm. 5, VVG § 134 Abs. 1, RG 7. 28). Ebenso bisher ASVB §§ 38, 39 (Mat. 2. 103, 107). Da die Zeit-Kaskoversicherung bei weitem überwiegt (Mat. 1. 223), ist also die Bedeutung des § 60 Abs. 2 nicht groß. — Der Versicherer muß also damit rechnen, daß das zeitversicherte Schiff während der Dauer der Versicherung Massengüter über die im § 60 Abs. 2 bestimmte Grenze hinaus fährt. Der Versicherungsnehmer braucht auch nicht bei der Schließung des Vertrags anzuzeigen, daß das Schiff gelegentlich Massengüter über die im § 60 Abs. 2 bestimmte Grenze hinaus fahren soll. Anders, wenn er beabsichtigt, das Schiff ausschließlich oder auch nur in größerem Umfang in dieser Weise fahren zu lassen.

Anm. 15 c) Der Versicherer haftet nicht. Das Risiko des Versicherers ist vertragsmäßig beschränkt. Der Versicherer haftet nicht für den durch die übermäßige Beladung verursachten Schaden. Solcher Schaden kann insbesondere auch entstehen, nachdem die Beladung wieder auf das zulässige Maß zurückgeführt ist. — Das Risiko des Versicherers ist aber nicht objektiv, sondern subjektiv beschränkt (anders, etwa wenn die Police die Klausel enthält: „Dem Versicherer fällt kein Schaden zur Last, wenn loses Schüttgut als namentlich Getreide, Saat usw. in Mengen über 750 Kilo per Register-Ton verladen sind, ohne daß das Schiff bei solcher Ladung mit nach Seemannsgebrauch eingerichteten Längsschotten versehen ist": HGZ 1903. 141; vgl. ASVB §§ 38, 39, Mat. 2. 103, 107). Der **Versicherungsnehmer kann einwenden, daß er** die übermäßige Beladung **nicht kannte und nicht zu kennen brauchte.** Das wird ihm freilich kaum je gelingen, zumal er Kenntnis und Kennenmüssen des Kapitäns zu vertreten hat. Ist jedoch die Haftung des Versicherers nicht beschränkt, so gebührt ihm eine **Zuschlagsprämie.** Näheres über alles dies: oben Anm. 6—11.

Anm. 16 d) **Abweichende Vereinbarungen** kommen vor. Vgl. z. B. HG Hamburg HGZ 1876. 105: „In Ballast oder mit Ladung gleichviel welcher Art": Das Schiff kann unter dem Schutze dieser Klausel auch Bulkladung fahren. Der Versicherungsnehmer braucht auch nicht bei der Schließung des Vertrags anzuzeigen, daß er beabsichtigt, Bulkladung zu nehmen; denn die Klausel weist darauf hin, daß er gegebenenfalls auch Bulkladung nehmen will. Aber er muß bei der Schließung des Vertrags anzeigen, wenn es gewiß ist, daß das Schiff Bulkladung fährt oder fahren wird; denn der Versicherer kann nach der Klausel doch noch mit der Möglichkeit rechnen, daß das Schiff ungefährlichere Güter fährt oder fahren wird. Siehe als Beispiel für die Abbedingung auch HansOLG HansRGZ 1932 B 465 = Sasse Nr. 422. Siehe ferner die DTV Erz-Klausel: „Für die Beladung des versicherten Schiffes mit einer einheitlichen Erzladung sind die Belade-Empfehlungen der Klassifikationsgesellschaft des betreffenden Schiffes vom Reeder oder Ausrüster einzuholen und dem Kapitän zur Beachtung vorzuschreiben. Der Kapitän ist anzuweisen, die Belade-empfehlungen zu den Schiffspapieren zu nehmen. Wenn der Kapitän aus von ihm für wichtig erachteten Gründen glaubt, von dieser Empfehlung abweichen zu müssen, so ist er befugt, dieses zu tun, hat aber dann diesen Tatbestand unverzüglich nach Abgang von dem Ladehafen im Schiffstagebuch unter Angabe seiner Gründe festzuhalten." **§ 60**

8. § 60 gilt nicht nur für die Kaskoversicherung, auch nicht nur für Kasko- und Frachtversicherungen (so ASVB §§ 38, 39), sondern auch für **andere Versicherungen, die sich auf das Schiff beziehen** (§ 79; vgl. § 105 Anm.). § 60 hat aber nicht bei allen anderen Versicherungen, die sich auf das Schiff beziehen, die gleiche Bedeutung. In vielen Fällen (z. B. bei der Versicherung von Bodmereigeldern) hat der Versicherungsnehmer keinen Einfluß auf die Beladung des Schiffes, kann er also nicht verhindern, daß das Schiff dem § 60 zuwider beladen wird (vgl. oben Anm. 6), gehört insbesondere auch der Kapitän nicht zu den Dritten, deren Verhalten der Versicherungsnehmer gegen sich gelten lassen muß (vgl. oben Anm. 7, § 33 Anm. 42). In solchen Fällen kommt es also nur darauf an, ob der Versicherungsnehmer bei der Schließung des Vertrags gewußt oder fahrlässig nicht gewußt hat. Hat er bei der Schließung des Vertrags gewußt oder (wenigstens grobfahrlässig) nicht gewußt und nicht angezeigt, so ist der Versicherer schon gemäß §§ 19, 20 frei (vgl. oben Anm. 2). Anm. 17

9. § 60 gilt auch für die **Rückversicherung** (§ 79, § 1 Anm. 136; vgl. aber auch oben Anm. 17). — Wenn der Vorversicherer gemäß § 60 nicht haftet, haftet auch der Rückversicherer nicht. Ist der Vorversicherer (wie gewöhnlich) abwicklungsberechtigt, so haftet der Rückversicherer gleichwohl, wenn der Vorversicherer dem Vorversicherten gegenüber sich nicht auf § 60 beruft und ein nicht rückversicherter Versicherer sich verständiger- und billigerweise auf § 60 nicht berufen würde (§ 1 Anm. 154). — Im Falle einer laufenden Rückversicherung kann der abwicklungsberechtigte Vorversicherer auch die Haftung für den im § 60 bezeichneten Schaden übernehmen, wenn auch ein nicht rückversicherter Versicherer sie verständiger- und billigerweise übernehmen würde (§ 1 Anm. 161). — Über den Anteil des Rückversicherers an der Zuschlagsprämie, die der Vorversicherer erhält: § 16 Anm. 30, 31. Anm. 18

10. Den **fremden Rechten** sind Bestimmungen gleich derjenigen des § 60 im allgemeinen unbekannt. Anm. 19

§ 61

Durchbruch durch feststehendes Eis

Der Versicherer haftet nicht für einen Schaden, der dadurch verursacht wird, daß das Schiff feststehendes Eis durchbricht, es sei denn, daß es zur Abwendung oder Minderung eines dem Versicherer zur Last fallenden Schadens erforderlich ist.

1. Vgl. ASVB § 70 Nr. 1 unter 2 in der Fassung der AlteKZP, AlteKRP (Mat. 2. 103, 107). Anm. 1

§ 61 Anm. 2 2. Der Versicherer trägt alle Gefahren, also auch die Eisgefahr (§ 28). Das Bewußtsein, versichert zu sein, macht leicht sorglos. Die Fälle häuften sich, daß Schiffe festes Eis ohne Not forcierten und dadurch Schaden nahmen, der Versicherer solchen Schaden ersetzen mußte. Zwar war der Versicherer frei, wenn der Versicherungsnehmer oder seine Hilfspersonen es unternahmen, Eis ohne Not zu forcieren, und hierdurch die Gefahr erhöhten (vgl. §§ 23, 24, insbesondere § 23 Anm. 13, 46) oder gar hierdurch vorsätzlich oder fahrlässig den Versicherungsfall herbeiführten (vgl. auch unten Anm. 7). Aber das Verhalten der Schiffsbesatzung, insbesondere des Kapitäns als solchen, brauchte der Versicherungsnehmer nicht zu vertreten (vgl. § 23 Anm. 24, § 33 Anm. 36, 44). § 70 ASVB erhielt daher einen „Zusatz": Bei der Versicherung von Schiff und Fracht sollte dem Versicherer der Schaden nicht zur Last fallen, „der durch das Forcieren von feststehendem Eis verursacht ist, es sei denn, daß solches Forcieren zur Rettung von Schiff oder Ladung notwendig gewesen sein sollte" (Mat. 2. 103, 107; vgl. HansOLG HansRGZ 1930 B 755 = Sasse Nr. 411). In wesentlicher Übereinstimmung hiermit bestimmt § 61: Der **Versicherer haftet nicht für den Schaden, der dadurch verursacht wird, daß das Schiff feststehendes Eis durchbricht, es sei denn, daß es zur Abwendung oder Minderung eines** dem Versicherer zur Last fallenden **Schadens erforderlich ist.**

Anm. 3 a) „Feststehendes" Eis muß durchbrochen sein. „Eine kontinuierliche und definitiv stehende Eisdecke" (LG Hamburg HGZ 1892. 303; HansOLG HansRGZ 1930 B 755 = Sasse Nr. 411; siehe auch Schlegelberger SVR Bem. 1 zu § 61 ADS). Ob die Eisdecke stark oder schwach ist, gilt gleich. Eisgeschiebe, das großenteils zum Stehen gekommen ist, ist noch kein feststehendes Eis (LG Hamburg HGZ 1892. 303). Auch große Eisschollen bilden noch kein feststehendes Eis, wenn sie nicht etwa so groß sind, daß sie im Verhältnis zum Schiff „feststehen". Um den Versicherer auch von den Folgen des Durchbruchs durch Eisschollen von oft außerordentlicher Größe und Stärke zu befreien, bestimmte E 1910 § 25, daß der Durchbruch durch „zusammenhängendes" Eis als Gefahränderung angesehen werden solle. Auf den Wunsch der Reeder, die besorgten, daß als „zusammenhängendes" Eis auch Staueis und Packeis angesehen werden möchte, ist diese Bestimmung aufgegeben (Mat. 1. 235). Von feststehendem Eis kann man also nur sprechen, wenn das Eis mit dem Lande unbeweglich zusammenhängt oder wie solches Eis erscheint und wirkt. Der Durchbruch durch gewöhnliche Eisschollen oder sonstiges Treibeis befreit den Versicherer nur, wenn der Versicherungsnehmer damit die Gefahr erhöht (§§ 23, 24) oder die Schadenverhütungs-Pflicht verletzt (§ 33). Insbesondere darf aus dem Umstand, daß einerseits der Versicherer nach § 28 für Eisschäden haftet, andererseits die Haftung des Versicherers nach § 61 nur im Falle des Durchbruchs durch feststehendes Eis ausgeschlossen wird, nicht etwa gefolgert werden, daß der Versicherungsnehmer niemals die Gefahr ändert, insbesondere erhöht, wenn er bei Treibeis die Reise antritt (§ 23 Anm. 11, § 33 Anm. 6). Deutlich erkennbarer Zweck des § 61 ist ja auch nur, die Haftung des Versicherers zu beschränken, nicht etwa, sie zu erweitern.

Anm. 4 b) Das Schiff muß das Eis durchbrochen haben. Wird das versicherte Schiff geschleppt, so genügt, daß zunächst der Schlepper das Eis durchbricht (HGZ 1892. 303, 1914. 33). Denn die mit dem Durchbruch verbundene besondere Gefahr wirkt auch auf das geschleppte Schiff (HGZ 1892. 304). Anders wenn der Schlepper das Eis ohne den versicherten Anhang forciert: HansOLG HansRGZ 1930 B 755.

Anm. 5 c) Durchbrechen muß das Schiff das Eis. Natürlich braucht das Eis nicht vollständig durchbrochen zu werden. Es genügt, daß das Schiff mit dem Durchbruch beginnt, das Eis „forciert". Nicht erforderlich ist, daß es „wirklich die Absicht gewesen" ist, das Eis zu forcieren (so LG Hamburg HGZ 1892. 303).

d) Der Versicherer haftet nicht. Die Haftung des Versicherers ist durch den Vertrag objektiv beschränkt. Es kommt also insbesondere nicht darauf an, ob den Versicherungsnehmer oder die Schiffsbesatzung ein Verschulden trifft oder nicht. — Der Versicherer haftet nicht für den Schaden, der dadurch verursacht wird, daß das Schiff feststehendes Eis durchbricht. Über den Kausalzusammenhang: § 28 Anm. 17ff. Über den Begriff des Schadens: § 28 Anm. 36. Der Versicherer hat insbesondere keinen Havariegrosse-Schaden zu ersetzen, der dadurch verursacht wird (§ 29 Abs. 1 Satz 2). Wenn z. B. das Schiff infolge des Durchbruchs beschädigt wird und einen Nothafen anlaufen muß, so haftet der Versicherer weder für den durch die Beschädigung verursachten Schaden noch für den durch die Havariegrosse-Handlung entstandenen Havariegrosse-Beitrag. Der Versicherer hat auch keine Aufwendungen zu ersetzen, die durch Abwendung oder Minderung des durch den Durchbruch entstandenen oder von seinen Folgen noch drohenden Schadens verursacht sind (§ 32). **§ 61** Anm. 6

e) Der Versicherungsnehmer, der es unternimmt, ohne Not feststehendes Eis zu forcieren, erhöht die Gefahr. Die §§ 23, 24 sind anwendbar (gerade so, wie im Falle des § 58: § 58 Anm. 19, § 23 Anm. 35). § 61 beschränkt die Haftung des Versicherers in jedem Falle, insbesondere ohne Rücksicht auf den Willen des Versicherungsnehmers. §§ 23, 24 bestimmen über die Entschädigungspflicht des Versicherers nur für den Fall, daß die Gefahr mit dem Willen des Versicherungsnehmers geändert ist (§ 23 Anm. 19). Die §§ 23, 24 einerseits, § 61 andererseits schließen einander nicht (völlig) aus. Die Frage ist übrigens im wesentlichen nur für die Beweislast von Bedeutung. Denn wenn der Versicherungsnehmer das Eis ohne Nachteil forcieren läßt, bleibt der Versicherer gemäß § 24 Abs. 2 verpflichtet. — Der Versicherungsnehmer, der feststehendes Eis forciert und damit die Ursache für den Schaden im Sinne der Anm. 17ff. zu § 28 setzt, verletzt die Schadenverhütungs-Pflicht des § 33 (vgl. auch oben Anm. 2, 3). Der Haftungsauschluß des § 61 geht aber über die Grenzen des durch § 33 bestimmten Haftungsausschlusses hinaus; § 61 schließt also als besondere Bestimmung die Anwendung des § 33 aus. Anm. 7

f) Der Versicherer haftet gleichwohl, wenn der Durchbruch zur Abwendung oder Minderung von Versicherungsschaden erforderlich ist. Da das Unternehmen, feststehendes Eis zu durchbrechen, die Gefahr erhöht, wäre richtiger zu bestimmen gewesen, daß der Versicherer haftet, wenn der Durchbruch durch sein Interesse veranlaßt oder durch ein Ereignis, für das er haftet, geboten ist (vgl. § 24 Abs. 2). § 61 stellt auf die causa proxima des Schadens, den Durchbruch selbst ab, und knüpft demgemäß an § 41 an. Das Ergebnis ist im wesentlichen dasselbe. Es kommt darauf an, ob der Durchbruch erforderlich, geboten war, und dies richtet sich danach, wie der objektive, nicht beteiligte Beurteiler die Sachlage angesehen haben würde (vgl. § 32 Anm. 19). — Das Unternehmen des Durchbruchs kann aber auch eine wirkliche Schadenabwendungs-Maßregel sein, zu welcher der Versicherungsnehmer gemäß § 41 verpflichtet ist, — wie etwa die Inseesendung des seeuntüchtigen Schiffes eine pflichtmäßige Schadenabwendungs-Maßregel sein kann (§ 58 Anm. 23). So etwa, wenn das „Auch für Kriegsgefahr" versicherte Schiff auf der Flucht vor dem Feinde, um der Nehmung zu entgehen, feststehendes Eis durchbricht. Für diesen Fall versteht sich die Ausnahme des § 61 von selbst (§ 58 Anm. 23). In diesem Falle haftet der Versicherer wie in anderen Fällen, in denen zur Schadensabwendung vom versicherten Gegenstand aufgeopfert wird, also z. B. auch dann, wenn den Versicherungsnehmer leichtes Verschulden trifft, oder wenn den Kapitän (leichtes oder schweres) Verschulden trifft (§ 41 Anm. 5, 7). Anm. 8

g) Daß der Durchbruch zur Abwendung usw. auch nicht versicherten Schadens erforderlich ist und erfolgt, schadet nicht (vgl. § 32 Anm. 13ff.). Aber er Anm. 9

§ 61 darf nicht nur zur Abwendung usw. unversicherten Schadens erforderlich sein und erfolgen. Anders scheinbar ASVB § 70 Abs. 1 (in der Fassung der AlteKZP, AlteKRP Mat. 2. 103, 105): Das Forcieren mußte „zur Rettung von Schiff oder Ladung notwendig gewesen sein". Aber eben wohl nur scheinbar. Man wird daran gedacht haben, daß im Havariegrosse-Fall zur Rettung von Schiff und Ladung forciert sein kann, und daß für die Frachtversicherung schon die Abwendung bloßen Ladungsschadens von Bedeutung sein kann (vgl. auch die frühere Fassung des § 70 Abs. 1 ASVB bei Voigt 444: „es sei denn, daß solches Forcieren zur Rettung von Schiff und Ladung oder des in Ballast fahrenden Schiffes notwendig gewesen sein sollte").

Anm. 10 h) Der Versicherer muß beweisen, daß feststehendes Eis durchbrochen und hierdurch der Schaden verursacht ist, dessen Ersatz der Versicherungsnehmer verlangt (HGZ 1892. 304). Der Versicherungsnehmer muß beweisen, daß der Durchbruch zur Abwendung oder Minderung von Versicherungsschaden erforderlich war; er müßte es auch, wenn § 61 (verb. „es sei denn") es nicht besonders bestimmte.

Anm. 11 3. § 61 gilt nicht nur für die Kaskoversicherung, auch nicht nur für die Kasko- und die Frachtversicherung (so ASVB § 70 Abs. 1, AlteKZP, AlteKRP, Mat. 2. 103, 105), sondern auch für **andere Versicherungen, die sich auf das Schiff beziehen** (§ 79).

Anm. 12 4. § 61 gilt auch für die **Rückversicherung** (§ 79, § 1 Anm. 136). — Wenn der Vorversicherer gemäß § 61 nicht haftet, haftet auch der Rückversicherer nicht. Ist der Vorversicherer (wie gewöhnlich) abwicklungsberechtigt, so haftet der Rückversicherer gleichwohl, wenn der Vorversicherer dem Vorversicherten gegenüber sich nicht auf § 61 beruft und ein nicht rückversicherter Versicherer sich verständiger- und billigerweise auf § 61 nicht berufen würde (§ 1 Anm. 154).

Anm. 13 5. Den **fremden Rechten** sind Bestimmungen gleich derjenigen des § 61 im allgemeinen unbekannt.

§ 62

Aufopferung von Decksgütern

Der Versicherer haftet nicht für Beiträge zur großen Haverei, soweit auf Deck verladene Güter aufgeopfert sind.

Anm. 1 1. Vgl. ASVB § 107 Abs. 3 Satz 2.

Anm. 2 2. Die Verladung von Gütern auf Deck ist für das versicherte Schiff unter Umständen gefährlicher als die Verladung unter Deck (über Verbote der Deckladung in älteren Seerechten vgl. v. Duhn NAfHR 1. 201, Pappenheim Seerecht 2. 202). Deckladung kann den Gewichtsschwerpunkt des Schiffes an die unrichtige Stelle verlegen, zu großen Tiefgang des Schiffes herbeiführen, das Schiff rank machen, die Besatzung behindern usw. Das Schiff kann in solchen Fällen nicht gehörig beladen, insbesondere überladen, und mithin seeuntüchtig sein. Dann ist § 58 anwendbar (§ 58 Anm. 15). Aber an und für sich begründet Deckladung keine Vermutung der nicht gehörigen Beladung, insbesondere der Überladung (HGZ 1891. 143; anders früher: v. Duhn NAfHR 1. 204).

Anm. 3 3. Weit gefährlicher ist die Verladung auf Deck für die Güter. Deshalb dürfen die Güter ohne Zustimmung des Abladers nicht auf Deck verladen werden, soweit nicht solche Verladung für die Küstenschiffahrt von den Landesgesetzen zugelassen ist (HGB § 566), was nicht geschehen ist. Deshalb bleiben im Havariegrosse-Fall Beschädigungen und Verluste an Decksgütern außer Ansatz (§ 708 HGB). Deshalb haftet regelmäßig der Güterversicherer nur beschränkt, wenn die Güter auf Deck verladen sind (ADS § 85). Daß die Verladung auf Deck für die Güter besonders gefährlich ist, ist aber auch für die Kaskoversicherung von Bedeutung. Denn im Havariegrosse-Fall wird es oft notwendig, gerade und nur die Decksgüter zu werfen, und Schiff und Fracht müssen gegebenenfalls vergüten. Deshalb müßte der Versicherungsnehmer bei der Schließung des Vertrags anzeigen, daß Güter auf Deck verladen sind oder verladen werden sollen (§ 19), würde er die Gefahr geändert haben, wenn er nach dem Abschluß des Vertrags Güter auf Deck verlüde (§ 23). Aber hier greift § 62 ein. Der Gegenstand wird unter dem Gesichtspunkt der vertragsmäßigen objektiven Beschränkung des Risikos behandelt: **Der Versicherer haftet nicht für Havariegrosse-Beiträge, die der Versicherungsnehmer für Decksgüter entrichten muß.** Vgl. auch § 19 Anm. 26, § 23 Anm. 35. § 62

a) Im Rahmen der Havereigrosse-Regelung des HGB hat § 62 keine Bedeutung, wenn man den § 708 Ziff. 1 HGB wörtlich auslegt. Danach erhalten Decksgüter keine Havereigrosse-Vergütung, und zwar auch nicht in der Küstenschiffahrt, denn von der Möglichkeit, im Wege der Landesgesetzgebung für die Verladung an Deck in der Küstenschiffahrt Ausnahmen zu schaffen, ist, wie oben ausgeführt, kein Gebrauch gemacht worden. Anm. 4

Nun wird zwar für § 708 HGB die Ansicht vertreten, Decksgüter erhielten trotz des Wortlauts des § 708 HGB immer dann eine Havariegrosse-Vergütung, wenn die Aufopferung mit der Verladung an Deck nicht zusammenhinge, wenn z. B. zur Errettung von Schiff und Ladung aus gemeinsamer, durch Reiseverzögerung verursachter Gefahr ein Teil der Decksladung zum Ersatz für die verbrauchten Kohlen verfeuert werden muß (so insbesondere Heck 247, Sieveking 236, Schaps-Abraham II Anm. 3 zu § 708 HGB, Schlegelberger-Liesecke Anm. 1 zu § 708 HGB). Eine solche einschränkende Interpretation ist am § 62 unzulässig. Denn die §§ 62, 85 setzen sich im Interesse einer klaren und einfachen Regelung über Erwägungen der bezeichneten Art hinweg, weichen bewußt und deutlich erkennbar von der teilweise andersartigen Regelung des § 107 ASVB ab und können deshalb eine einschränkende Interpretation, die nichts anderes als eine Entscheidung gegen den Vertrag wäre, keinesfalls vertragen. — § 708 Nr. 1 HGB gilt aber meistens nicht. Denn regelmäßig werden die YAR vereinbart. Und nach Nr. 1 dieser Regeln no jettison of cargo shall be made good as general average, unless such cargo is carried in accordance with the recognized custom of the trade. Danach ist es einerlei, ob die Verladung auf oder unter Deck erfolgt. Doch ist immer Voraussetzung dafür, daß Seewurf als vergütungsberechtigt anerkannt wird, daß die Ladung in landesgebräuchlicher Weise befördert wird, und zwar kommt es dabei auf die Gebräuche des Abladehafens an (Schaps-Abraham II Anm. zu Regel I YAR). Wenn gleichwohl § 62 noch besonders bestimmt, daß der Kaskoversicherer für Havariegrosse-Beiträge nicht haften soll, wenn Decksgüter „aufgeopfert" sind, so ist klar, daß § 62, über seinen eigentlichen Zweck (oben Anm. 3) hinausgehend, im Interesse einer einfachen, alle Zweifel des Einzelfalls ausschließenden Regelung alle Aufopferungen, mögen sie durch die Natur der Deckladung verursacht sein oder nicht, vom Kaskoversicherer ferngehalten wissen will. — Die Havariegrosse-Interessenten können auch vereinbaren, daß Decksgüter, entgegen dem Gesetz und den YAR vergütungsberechtigt sein sollen. Solche Vereinbarung würde für den Kaskoversicherer regelmäßig schon ohne weiteres nicht maßgebend sein (vgl. § 87 Anm.). Jedenfalls haftet er nach § 62 nicht für die vom Schiffe zu entrichtenden Beiträge. Übrigens sind solche Vereinbarungen selten. Insbesondere enthält die Vereinbarung der Verladung auf Deck noch nicht die Vereinbarung, daß die Decksgüter vergütungsberechtigt sein sollen.

b) Auf Deck verladene Güter sind, dem Zwecke des § 62 nach, alle nicht im Raume verladenen Güter. Auch Spardecks sind Decks. Im übrigen entscheiden die Umstände Anm. 5

§ 62 des Falles und die seemännische Auffassung, was als Deck zu betrachten ist (Prot. 1759, 1868: „auf dem Verdeck eingedeckte Räume“, Schiffshäuser, Schiffshütten, dunettes, Boyens Seerecht 2. 128, Pappenheim Seerecht 2. 201, HG Hamburg HGZ 1870. 36: Aufbauten „im festen Verband mit Inhölzern“ dem Schiffsraum gleichzuachten, Schaps-Abraham II Anm. 1 zu § 566 HGB: Verladung „auf dem Verdeck“ im Sinne des § 566 HGB bedeutet eine solche auf dem obersten Deck außerhalb der Luken oder geschlossenen Räume, die oberhalb der Luken mit dem Schiffskörper fest verbunden sind). Siehe HansOLG HGZ 1925 Nr. 52 = HRZ 1925. 433 = APV 1926. 26 = Sasse Nr. 336: Die Unterbringung von Tigern im Kohlenbrückendeck ist keine Deckverladung.

Anm. 6 c) Der Versicherer haftet nicht. Die Haftung des Versicherers ist durch den Vertrag objektiv beschränkt. Ob den Versicherungsnehmer ein Verschulden trifft oder nicht, ob er um die Deckladung gewußt hat oder nicht, gilt gleich. Er kann sich auch nicht darauf berufen, daß den Kapitän ein Verschulden trifft. Ebenso ist ohne Bedeutung, ob der Versicherer um die Deckladung gewußt hat. Näheres hierüber: § 58 Anm. 19—21.

Anm. 7 d) Der Versicherer haftet nicht für Havariegrosse-Beiträge, für die vom Versicherungsnehmer zu entrichtenden Beiträge (vgl. § 29 Anm. 8). Die uneigentliche Havariegrosse, auf die § 107 Abs. 3 ASVB zu verweisen scheint (verb. „Beiträge zur großen Haverei, oder was derselben gleichsteht“) kommt nicht in Betracht.

Anm. 8 e) Der Versicherer haftet nicht, wenn Decksgüter aufgeopfert sind. Aufopferung bedeutet nicht nur Preisgabe, sondern auch Beschädigung (§ 29 Anm. 12; vgl. auch ASVB § 107 Abs. 3: „verlorene oder beschädigte Decksgüter“).

Anm. 9 f) § 62 ist unanwendbar, wenn es durch das Interesse des Versicherers oder durch ein Gefahrereignis oder durch die Schadenabwendungs-Pflicht des Versicherungsnehmers geboten war, die Güter auf Deck zu verladen (§ 58 Anm. 23).

Anm. 10 4. § 62 gilt nicht nur für die Kaskoversicherung, auch nicht nur für Kasko- und Frachtversicherungen (so ASVB § 107 Abs. 3 Satz 2), sondern, sinngemäß, auch für **andere Versicherungen, die sich auf das Schiff beziehen** (§ 79). Der versicherte Bodmereigläubiger z. B. kann keine Entschädigung verlangen, soweit er wegen der von dem Schiffe (oder der Fracht) zu entrichtenden Havariegrosse-Beiträge nicht befriedigt wird.

Anm. 11 5. § 62 gilt auch für die **Rückversicherung** (§ 79, § 1 Anm. 136, § 58 Anm. 40).

Anm. 12 6. Den **fremden Rechten** sind Bestimmungen gleich derjenigen des § 62 im allgemeinen unbekannt.

§ 63

Aufopferung bei Ballastreisen

Der Versicherer haftet, wenn das Schiff auf der versicherten Reise in Ballast fährt oder fahren soll und dem Versicherer hiervon nicht bei der Schließung des Vertrags Anzeige gemacht worden ist, nicht für Aufopferungen, die zur großen Haverei gehören würden, wenn Güter geladen wären.

Anm. 1 1. Vgl. ASVB §§ 38, 39 Nr. 3 in der Fassung der AlteKRP (Mat. 2. 107), §§ 41, 42 Abs. 2, BSVB §§ 42, 43, 50 Abs. 1 Satz 3, 51 Abs. 2. — Literatur: § 29 Anm. 2.

Anm. 2 2. Der Umstand, daß das Schiff während der Dauer der Versicherung in Ballast fährt oder fahren soll oder (im Falle der Vergangenheitsversicherung) gefahren ist, ist für die Übernahme der Gefahr deshalb erheblich, weil See-Erwerbsschiffe Ladung zu fahren pflegen, der Versicherer mithin damit rechnen darf, daß Rettungsaufwand in großer Haverei verteilt wird, Retttungsaufwand des Ballastschiffes dagegen ihm allein zur Last fällt (§ 29 Anm. 29). Deshalb ist „die Tatsache, daß das Schiff in Ballast fährt, von solcher Wichtigkeit, daß sich der Versicherte einer Verletzung der Anzeigepflicht schuldig macht, wenn er es unterläßt, dem Versicherer bei Eingehung des Vertrags von diesem Umstand Kenntnis zu geben" (Prot. 4277, wenngleich im Hinblick auf die Versicherung von Bodmereigeldern: ohne weiteres vorausgesetzt in BSVB §§ 42, 43). Man hat dies früher wohl bestritten (Benecke 3. 44, Pöhls 4. 172). Deshalb bestimmten §§ 38, 39 ASVB (AlteKRP Mat. 2. 107) ausdrücklich, daß der Versicherungsnehmer anzeigen müsse, widrigenfalls der Versicherer nur für den halben Schaden hafte (ähnlich schon Plan 1800 § 6 Satz 2: die halben „in Havarie-Grosse gehörenden Kosten"). Deshalb bestimmte E 1910 § 23 Abs. 2 ausdrücklich, daß „insbesondere der Umstand, daß das Schiff in Ballast fahre oder fahren solle, als erheblich gelte", also angezeigt werden müsse. Deshalb bestimmt § 63 ADS: **Der Versicherer haftet, wenn das Schiff in Ballast fährt oder fahren soll und dem Versicherer dies nicht** bei der Schließung des Vertrags **angezeigt ist, nicht für Aufopferungen,** die im anderen Falle **zur großen Haverei** gehören würden. **§ 63**

a) Wenn das Schiff in Ballast fährt, — das kann der Fall sein, wenn die Versicherung in der Vergangenheit oder mit dem Vertragschluß beginnen soll. — Wenn das Schiff in Ballast fahren soll, — das ist der Fall, wenn der Versicherung in der Zukunft oder auch in der Vergangenheit oder mit dem Vertragschluß beginnen soll und der Versicherungsnehmer beabsichtigt, es während der Versicherung in Ballast fahren zu lassen (über Absichten als anzeigebedürftige Umstände: § 19 Anm. 23). — Es kann aber auch der Fall sein, daß die Versicherung für die Vergangenheit genommen und das Schiff (zwar nicht mehr in Ballast fährt, etwa gar bereits total verlorengegangen ist, wohl aber früher während der Dauer der Versicherung) in Ballast gefahren ist, — auch dieser Fall wird natürlich von § 63 betroffen. — Es kann auch der Fall sein, daß der Versicherungsnehmer beim Vertragschluß beabsichtigt, das Schiff mit Ladung fahren zu lassen, später aber diese Absicht aufgibt und das Schiff in Ballast fahren läßt. Auch dieser Fall wird natürlich von § 63 betroffen. Der Fall soll nicht etwa (was sonst nötig wäre: § 23 Anm. 9 unter dd) als Fall der Gefahränderung behandelt werden (vgl. auch ASVB § 38 und dazu Voigt 245). — Schließlich kann auch der Fall sein, daß der Versicherungsnehmer beim Vertragschluß beabsichtigt, das Schiff in Ballast fahren zu lassen, dies nicht anzeigt, seine Absicht später aufgibt und das Schiff mit Ladung fahren läßt. § 63 setzt, erkennbar, voraus, daß das Schiff tatsächlich in Ballast fährt, ist also unanwendbar. Aber auch auf die Verletzung der vorvertraglichen Anzeigepflicht wird der Versicherer sich nicht berufen können (vgl. unten Anm. 5). Anm. 3

b) Wenn dem Versicherer hiervon nicht bei der Schließung des Vertrags Anzeige gemacht ist, haftet er nicht. — Über den Begriff der „Schließung des Vertrags": § 19 Anm. 16ff. — Über den Begriff der „Anzeige": § 19 Anm. 21, 22. — Dem Versicherer ist anzuzeigen. Hierüber: § 19 Anm. 15. — Wessen Anzeige erforderlich und genügend ist, sagt § 63 nicht. Aus dem inneren Zusammenhang des § 63 mit § 19 aber ergibt sich ohne weiteres, daß nur die Anzeige einer Person genügt, deren Anzeigen die vorvertragliche Anzeigepflicht des Versicherungsnehmers erfüllen (daher näheres: § 19 Anm. 10ff.). — Aus welchem Grunde die Anzeige unterblieben ist, ob den Versicherungsnehmer ein Verschulden trifft oder nicht, ob er weiß oder nicht weiß, daß das Schiff in Ballast fährt usw., ist ohne Bedeutung. Ob der Versicherer dies weiß oder nicht weiß, gilt ebenfalls gleich. Denn wenn er es weiß, mag er davon ausgehen, daß der Versicherungsnehmer sich mit der durch § 63 beschränkten Haftung begnügt. Anders, wenn er auch weiß, daß der Versicherungsnehmer mit seiner Kennt- Anm. 4

§ 63 nis rechnet und den § 63 wegbedungen wissen will; dann wäre Stillschweigen als Zustimmung auszulegen (Vorb. vor § 1 Anm. 17, 18, § 13 Anm. 5; vgl. auch § 58 Anm. 22, unten Anm. 9).

Anm. 5 c) Der Versicherer haftet nicht. Die Haftung des Versicherers ist durch den Vertrag objektiv beschränkt. Auf Verschulden oder Wissen des Versicherungsnehmers kommt es nicht an (oben Anm. 4). Der Versicherungsnehmer, der zu spät erfährt, daß das Schiff in Ballast fährt usw., kann nicht durch nachträgliche Anzeige und Prämienzulage die Haftung des Versicherers wieder zu Kräften bringen (anders: ASVB §§ 38, 39 in der Fassung der AlteKRP). — Der Versicherer haftet nicht für Aufopferungen, die zur großen Haverei gehören würden, wenn Güter geladen wären. Denn von großer Haverei kann keine Rede sein, wenn das Schiff in Ballast fährt (§ 29 Anm. 29). Über den Begriff der „Aufopferung": § 29 Anm. 12. (vgl auch HansOLG HGZ 1923 Nr. 72). — Ob eine Havariegrosse-Gefahr, also eine Schiff und Ladung gemeinsame Gefahr, besteht, hängt oft von der Art der Ladung ab. Besteht z. B. für das Schiff die Gefahr der Beschädigung, so kann damit für eine Salzladung die Gefahr der Beschädigung oder Vernichtung, für eine Erzladung dagegen keine Gefahr verbunden sein. Man wird unseren Fall behandeln müssen, wie wenn Güter geladen wären, wie sie das Schiff auf der versicherten Reise gewöhnlich fährt. Zweifel werden gegen den Versicherungsnehmer, der die Anzeige unterlassen hat, ausschlagen müssen. — Der Versicherer haftet für solche Aufopferungen überhaupt nicht. Er haftet insbesondere auch insoweit nicht, wie er gehaftet haben würde, wenn Güter an Bord gewesen wären (vgl. HansOLG HGZ 1923 Nr. 72 = Sasse Nr. 304: Bei Ballastreisen ist deshalb der Versicherer in solchen Fällen auch nicht zum Ersatz von Heuer und Kostgeldern im Nothafen verpflichtet, die nach § 706 Ziff. 4 HGB zur großen Haverei gehören würden). Aber er wird haften müssen, wenn es durch sein Interesse oder durch ein Gefahrereignis oder durch die Schadenabwendungs-Pflicht des Versicherungsnehmers geboten war, das Schiff in Ballast fahren zu lassen (§ 58 Anm. 23). Der Versicherer kann sich daneben nicht auf §§ 19, 20 berufen (§ 19 Anm. 26, 27). Läßt der Versicherungsnehmer nach Vertragschluß das Schiff in Ballast fahren, so kann sich der Versicherer außer auf § 63 nicht auch auf §§ 23, 24 berufen (§ 23 Anm. 35).

Anm. 6 3. Die Erwägung, die dem § 63 zugrunde liegt, trifft auf Zeitversicherungen ebenso zu, wie auf Reiseversicherungen (oben Anm. 2). Aber zeitversicherte Schiffe müssen während der Versicherungszeit nicht selten in Ballast fahren. Deshalb beschränkte nur die AlteKRP (Mat. 2. 107), nicht die AlteKZP (Mat. 2. 103) die Haftung des Versicherers. Deshalb gilt auch § 63 **nur für Reiseversicherungen** (verb. „auf der versicherten Reise", über diesen Ausdruck: § 60 Anm. 16). § 63 gilt also nicht für Zeitversicherungen. Für Zeitversicherungen müßten also die allgemeinen Grundsätze gelten. Danach wäre der Versicherer an und für sich gemäß §§ 19, 20 frei, wenn der Versicherungsnehmer nicht anzeigt, daß das Schiff in Ballast fährt oder fahren soll, und gemäß §§ 23, 24 frei, wenn der Versicherungsnehmer das Schiff nach Vertragschluß in Ballast fahren läßt. Aber es ist „allgemein bekannt", daß zeitversicherte Schiffe während längerer Zeit hin und wieder in Ballast fahren müssen und fahren; Ballastreisen gehören in diesen Grenzen zu den versicherten Unternehmungen (§ 19 Abs. 1 Satz 1, § 23 Anm. 9, 11; offenbar irrig: Mat. 1. 235: Die Reeder hätten ihren Antrag, bei Jahresversicherungen nicht anzeigen zu brauchen, fallen lassen). — Da die Zeit-Kaskoversicherungen überwiegen (Mat. 1. 223), ist also die Bedeutung des § 63 nicht groß.

Anm. 7 4. Die Erwägung, die dem § 63 zugrunde liegt, trifft nicht nur zu, wenn das Schiff in Ballast fährt oder fahren soll, sondern auch, wenn es mit geringer oder geringwertiger oder aus anderen Gründen im Havariegrosse-Fall wenig in Betracht kommender Ladung fährt oder fahren soll. Deshalb behandelte man auch früher diese Fälle gleich (Plan 1800 § 6, AllgPlan 1847 § 18, ASVB § 38). Anders § 63. Die sinngemäße Anwendung des § 63 auf Schiffe, die geringe Ladung usw. fahren oder fahren sollen, wäre unstatthaft. Vgl. aber auch § 19 Anm. 25. **§ 63**

5. Der Umstand, daß das Schiff auf der versicherten Reise in Ballast fährt oder fahren soll, ist auch deshalb von Bedeutung, weil der indirekte Kollisionsschaden gemäß § 78 Abs. 2 auf Kasko- und Frachtversicherer zu verteilen ist und der Kaskoversicherer (möglicherweise) den Schaden allein tragen muß, wenn das Ballastschiff kollidiert. § 63 behandelt den Fall (absichtlich) nicht. Im Versicherungsverkehr legt man dem Falle keine besondere Bedeutung bei. Der Umstand, daß das Schiff in Ballast fährt (oder fahren soll) und deshalb keine Fracht verdient, braucht deshalb auch nicht gemäß § 19 angezeigt zu werden (vgl. § 19 Anm. 31). Der Versicherungsnehmer, der das Schiff in Ballast fahren läßt, ohne Fracht zu verdienen, ändert deshalb auch die Gefahr nicht. Anm. 8

6. Beweislast. Der Versicherer muß beweisen, daß das Schiff in Ballast gefahren, und daß nicht angezeigt ist. Aber der Versicherungsnehmer muß gemäß § 43 aufklären und muß im Prozeß behaupten, daß, wann, wie und wo er angezeigt hat. Näheres: § 20 Anm. 4. Anm. 9

7. Zeigt der Versicherungsnehmer an, daß das Schiff in Ballast fährt oder fahren soll (oder auch nur möglicherweise fahren wird), so haftet der Versicherer. Es bedarf deshalb keiner besonderen Wegbedingung des § 63, um den Versicherer auch für Aufopferungen haften zu lassen. Gleichwohl kommen solche besonderen Vereinbarungen (insbesondere aus Beweisgründen) vor. Z. B. HGZ 1907. 205, 1908. 261 („Das Schiff hat Freiheit, in Ballast zu segeln"), HGZ 1909. 266 („Abänderung der Beladungsweise ist eingeschlossen gegen seiner Zeit nach Billigkeit zu regulierende Prämie"), HGZ 1904. 281 („Die versicherte Summe bleibt für jede Reise voll in Kraft, gleichviel ob das Schiff leer liegt oder in Ballast und/oder mit Ladung fährt oder liegt"), HG Hamburg HH 405 („In Ballast oder mit Ladung", vgl. dazu auch § 23 Anm. 39). — Andererseits hat aber auch der Sturz der deutschen Währung nach dem 1. Weltkrieg die DTV-Ballastschiff-Klausel vom Oktober 1922 (Vorb. vor § 113) hervorgerufen, die für Reise- und Zeitversicherungen gilt: „Fährt das Schiff ohne Ladung, so haften die Versicherer für Schäden, die dem Schiffe zum Zwecke der Errettung aus einer der versicherten Gefahren von dem Schiffer oder auf dessen Geheiß vorsätzlich zugefügt werden, sowie für die durch solche Maßregeln ferner verursachten Schäden und Kosten, die zu demselben Zwecke aufgewendet werden, insbesondere für Schlepplöhne, Hilfslöhne und Bergelöhne, nur bis zur Höhe der Versicherungssumme. Auch haften die Versicherer für solche Aufwendungen, falls der Wert des Schiffes am Ende der Reise größer ist als die Versicherungssumme, nur im Verhältnis der Versicherungssumme zu dem Werte, den das Schiff in dem Zustand am Ende der Reise hat. Dieser Wert ist durch Sachverständige gemäß § 74 ADS festzustellen. Kost- und Monatsgelder im Nothafen werden nicht ersetzt. Für Aufopferungen wird nach der Teilhaftungsklausel gehaftet. Durch diese Bestimmungen wird die Vorschrift des § 63 ADS nicht aufgehoben." Vgl. zu dieser Klausel auch § 70 Anm. 9. Anm. 10

8. § 63 gilt nicht nur für die Kaskoversicherung, sondern auch für **andere Versicherungen, die sich auf das Schiff** beziehen. Insbesondere auch für Frachtversicherungen (vgl. auch § 105 Abs. 1); so etwa, wenn das Schiff auf der versicherten Reise zur Erfüllung eines Frachtvertrags in Ballast zum Abladehafen fährt, um hier das Frachtgut abzuholen. Insbesondere auch für die Versicherung von Bodmerei- oder Havereigeldern: Anm. 11

§ 63 a) Wenn das Ballastschiff verbodmet ist, die Bodmereigelder versichert werden und dabei Einverständnis besteht, daß nur das Schiff verbodmet ist, haftet der Versicherer, dem nicht angezeigt ist, daß das Schiff in Ballast fährt oder fahren soll, nicht, soweit das Schiff deshalb die Bodmereigelder nicht deckt, weil Aufopferungen gemacht sind, die zur großen Haverei gehören würden, wenn Güter geladen wären. Hätten Güter und Fracht vergüten müssen, hätte die Vergütung die Bodmereigelder mit gedeckt (HGB § 775 Abs. 1).

b) Wenn das Ballastschiff verbodmet ist, die Bodmereigelder versichert werden und der Versicherungsnehmer die durch das Schiff gedeckten, der Versicherer dagegen durch Schiff, Ladung und Fracht gedeckte Bodmereigelder meint, ist der Vertrag wegen versteckten Dissenses nicht zustande gekommen (Prot. 4277: „eigentlich kein beiderseitiger Konsens über den Vertragsgegenstand“). Insbesondere besteht nicht etwa deshalb Konsens, weil nach § 111 „anzunehmen ist, daß Schiff, Fracht und Ladung verbodmet sind“. Denn § 111 gilt nur für den Fall, daß das Schiff Ladung fährt (und nicht alle drei, Schiff, Fracht und Ladung, verbodmet sind); vgl. § 111 Anm. — Der Versicherungsnehmer, der nicht anzeigt, daß das Schiff in Ballast fährt oder fahren soll, hat aber regelmäßig keine Ursache anzunehmen, daß der Versicherer etwas anderes meint, als die Versicherung von Bodmereigeldern, für die Schiff, Fracht und Ladung haften. Die Erklärungen der Parteien decken sich also. § 63 würde an und für sich Anwendung finden können. Aber das würde natürlich nicht genügen. Der Versicherer würde zwar nicht haften, soweit das Schiff die Bodmereigelder deshalb nicht deckt, weil Aufopferungen gemacht sind. Aber alle sonstigen Versicherungsschäden, die den Deckungsgegenstand, das Schiff, unzulänglich machen, würden dem Versicherer zur Last fallen, obgleich er darauf vertraut hat und hat vertrauen dürfen, daß auch Ladung und Fracht zur Deckung dienen. In Wirklichkeit ist ein Interesse am Schiffe, an Gütern und an Fracht versichert, obgleich der Versicherungsnehmer nur ein Interesse am Schiffe hat. Das versicherte Interesse besteht teilweise nicht. Dem Vertrag liegt teilweise kein Interesse zugrunde (§ 2 Anm. 22). Und zwar wird dieser Teil durch den Wert des Schiffes auf der einen, den Wert einer üblichen Ladung und einer üblichen Fracht auf der anderen Seite zu bestimmen sein. Anders die herrschende Ansicht (Prot. 4227, Lewis 2. 311, Sieveking 48, vgl. auch Schlegelberger SVR Anm. 4 zu § 63 ADS): Der Versicherungsnehmer, der dem Versicherer der Bodmereigelder nicht anzeige, daß das Schiff in Ballast fahre (daß also nur das Schiff verbodmet sein könne, die Versicherung sich nicht auf Schiff, Fracht und Ladung, sondern nur auf das Schiff beziehe), verletze die vorvertragliche Anzeigepflicht. Die Ansicht ist unbegründet und berücksichtigt auch nicht den (hier freilich seltenen) Fall, daß der Versicherer trotz Nichtanzeige des gefahrerheblichen Umstandes haftet. Sie beruft sich mit Unrecht auf ASVB § 41, BSVB § 50 Abs. 1; denn nach diesen Bestimmungen war der Versicherer frei, wenn ihm nicht angezeigt war, daß das Schiff in Ballast fuhr, mochte dies dem Versicherungsnehmer bekannt sein oder nicht. — Für die Versicherung von Havereigeldern gilt ähnliches (ADS § 111, ASVB § 42).

Anm. 12 9. § 63 gilt auch für die **Rückversicherung** (§ 79, § 1 Anm. 136). Der Rückversicherer haftet also nicht, wenn der Vorversicherer ihm nicht angezeigt hat, daß das Schiff in Ballast fährt oder fahren soll. So jedenfalls, wenn der Vorversicherte dem Vorversicherer angezeigt hat. Hat der Vorversicherte nicht angezeigt, so haftet der Rückversicherer schon deshalb nicht, weil der Vorversicherer nicht haftet; aber er haftet in diesem Falle gleichwohl, wenn der Vorversicherer (wie gewöhnlich) abwicklungsberechtigt ist, dem Vorversicherten gegenüber sich nicht auf § 63 beruft und auch ein nicht rückversicherter Versicherer sich verständiger- und billigerweise auf § 63 nicht berufen würde (§ 1 Anm. 154). — Im Falle einer laufenden Rückversicherung kann der abwicklungsberechtigte Vorversicherer auch die Haftung für Aufopferungen des Ballastschiffes übernehmen, wenn auch ein nicht rückversicherter Versicherer sie verständiger- und billigerweise übernommen hätte (§ 1 Anm. 161). **§ 63**

10. Den **fremden Rechten** sind Bestimmungen gleich derjenigen des § 63 im allgemeinen unbekannt. Anm. 13

§ 64

Anrechnung von Leichter-, Schlepp-, Hilfslohn

Der Versicherer haftet für einen Schaden, der bei Gelegenheit der Verwendung des Schiffes zum Leichtern oder Schleppen anderer Fahrzeuge oder zu einer Hilfeleistung entsteht, insoweit nicht, als die für die Verwendung zu entrichtende Vergütung zur Ausgleichung des Schadens dient.

1. Vgl. AlteKZP, AlteKRP, Zusatz zu ASVB § 69 (Mat. 2. 103, 107). Anm. 1

2. Das Schiff ist beim Schleppen oder Leichtern anderer Fahrzeuge, bei Bergungen und überhaupt Hilfeleistungen jeder Art besonderen Gefahren, namentlich in besonderem Maße der Gefahr des Zusammenstoßes, ausgesetzt. Ob das Schiff solchen Gefahren ausgesetzt werden darf, oder ob darin Gefahränderungen liegen, die den Versicherer gemäß §§ 23, 24 befreien, richtet sich nach dem Versicherungsvertrag, insbesondere nach der Art der versicherten Unternehmung; ob der Versicherer trotz der Gefahränderung haftet, richtet sich nach § 24 Abs. 2. Wenn z. B. eine Bugsiergesellschaft ihre Schlepper versichert, versteht es sich von selbst, daß die versicherten Schiffe schleppen, regelmäßig auch, daß sie Hilfe leisten dürfen. Im allgemeinen aber können solche besonderen Unternehmungen nicht als mit versichert gelten (vgl. § 23 Anm. 11); deshalb auch ausdrücklich ITC und IVC. . . . with leave . . . to tow and assist vessels or craft in all situations, and to be towed . . . Ist der Versicherer nach § 24 Abs. 1 frei, so kommt § 64 natürlich nicht in Betracht. Nicht umgekehrt: § 64 ist kein Freibrief für die Verwendung des Schiffes zum Schleppen, Leichtern usw., so daß daneben § 24 nicht in Betracht käme. Anm. 2

3. Schlepp- und Leichterlöhne umfassen (zwar keine volle Entschädigung für die bei solchen Gelegenheiten oft vorkommenden Schäden, wohl aber) auch eine Prämie, die vom Unternehmer nach den erfahrungsgemäß vorkommenden Schäden kalkuliert wird, Berge- und Hilfslöhne die volle Entschädigung (vgl. HGB § 745). Der Versicherungsnehmer würde, wenn er vom Versicherer entschädigt würde, ganz oder teilweise zweimal entschädigt werden. Solcher doppelten Entschädigung beugt nun zwar, wenn der Versicherungsnehmer den Schlepp-, Leichter-, Berge- oder Hilslohn bereits erhalten hat, der Grundsatz der Vorteilsausgleichung (Vorb. IX vor § 1), wenn er ihn noch nicht erhalten hat, § 45 (Übergang des Ersatzanspruchs auf den entschädigenden Versicherer) vor. Die Auseinandersetzung auf dieser Grundlage würde aber oft verwickelt und die Quelle von Streitigkeiten sein. **Der Versicherer kann** deshalb nach § 64 nicht nur im ersten, sondern auch im zweiten Falle, von der Entschädigung gleich **abziehen, was in der Vergütung für Leichtern oder Schleppen oder für eine Hilfeleistung** (mit Einschluß einer Bergung) **als Ersatz für den Versicherungsschaden enthalten** ist. Für den Fall, daß der Versicherungsnehmer die Vergütung bereits erhalten hat, sagt § 64 also nur selbstverständliches aus. Für den Fall, daß er die Vergütung noch nicht erhalten hat, enthält § 64 eine Abweichung vom § 45 (§ 45 Anm. 5). Anm. 3

a) Die Vergütung muß für die Verwendung des Schiffes zu entrichten sein. Die Entschädigung z. B., die das eine Schiff dem anderen, versicherten, Schiffe im Falle Anm. 4

§ 64 des Zusammenstoßes, sei es auf Grund des Schleppvertrages usw., sei es außerhalb dieses Vertrags, zahlen muß, ist keine anrechenbare „Vergütung". Insoweit würde nur § 45 anzuwenden sein.

Anm. 5 b) Von der „zu entrichtenden Vergütung" wird ein Teil von der Entschädigung abgezogen. Die Vergütung ist an und für sich auch dann „zu entrichten", wird auch dann geschuldet, wenn der Schuldner nicht haftet, wenn etwa nur Schiff und Fracht haften und auf der Haftungsreise verlorengegangen sind oder zwar nicht verlorengegangen sind, auch haften, aber vorgehenden Schiffsgläubigern zur Deckung dienen und für den Vergütungsberechtigten demnach nichts mehr übrigbleibt. Gemeint ist aber natürlich, daß abzuziehen ist nicht nur, wenn und soweit die Vergütung geschuldet, sondern auch, wenn und soweit für sie gehaftet wird. Im übrigen ist ohne Bedeutung, ob die Vergütung tatsächlich entrichtet wird oder nicht.

Anm. 6 c) Der Schaden muß „bei Gelegenheit" der Verwendung des Schiffes entstanden sein. Ob dies der Fall ist, ist bei Bergungen oder Hilfeleistungen meist leicht festzustellen. Hier können nur solche Schäden in Betracht kommen, die bei der Bemessung des Berge- oder Hilfslohns in Anschlag kommen (vgl. HGB § 745). Auch in anderen, in den gewöhnlichen Fällen, in denen das versicherte Schiff gegen Werklohn schleppt oder leichtert, wird es festzustellen regelmäßig nicht schwierig sein. Wenn z. B. die Schiffsschraube beim Schleppen auf schwimmende Eisstücke stößt und beschädigt wird, ist der Schaden gewiß bei Gelegenheit des Schleppens entstanden (vgl. HGZ 1892. 109). Um so schwieriger wird aber in solchen Fällen festzustellen sein (vielleicht nicht, ob in dem Schlepplohn oder Leichterlohn ein zum Ausgleich des Schadens dienender Betrag enthalten ist, wohl aber), welcher Teil des Schlepp- oder Leichterlohns zum Ausgleich des Schadens dient. Wenigstens dann, wenn man den Standpunkt vertritt, daß nur die in jedem Schlepp- oder Leichterlohn enthaltene zur Deckung von Schleppschäden dienende Prämie zur Ausgleichung zu verwenden ist (oben Anm. 3). Dieser Standpunkt ist freilich scheinbar nicht begründet. Denn der Reeder erhält in jedem Schlepp- oder Leichterlohn die Schadensprämie, also auch dann, wenn ein Schaden nicht entsteht, und würde mithin, wenn im Schadensfall nur die Schadensprämie abgezogen würde, in allen Fällen, in denen kein Schaden entsteht, die Schadensprämie gewinnen. Jede Vergütung dient zum Ausgleich des ganzen Schadens. Aber dies würde zu dem zwar folgerichtigen, aber verkehrsmäßig absurden Ergebnis führen, daß der Versicherer (wenigstens bis zur Höhe der Vergütung) überhaupt nicht haftet. Das ist natürlich nicht die Meinung des § 64; es stände auch nicht in Einklang mit den Grundsätzen über Vorteilsausgleichung, nach denen Vorteile, die aus einer anderen, mit der Schadensunternehmung nicht zusammenhängenden Unternehmung erwachsen, nicht ausgeglichen werden. Mit diesen Grundsätzen steht ja nicht einmal in Einklang, daß die im einzelnen Schlepp- oder Leichterlohn enthaltene Schadensprämie von der Entschädigung abgezogen wird (oben Anm. 3). Es kann also von der Entschädigung nur abgezogen werden, was gerade in der Vergütung, die für die Schadensunternehmung zu entrichten ist, als Ausgleich für vorkommende Schäden enthalten ist.

Anm. 7 d) Der Schaden muß bei Gelegenheit der Verwendung des Schiffes zum Leichtern, Schleppen oder Retten entstanden sein. Wenn er bei der Verwendung des Schiffes zum Befördern von Gütern entstanden ist, findet kein Abzug statt. Zwar steckt auch in der für die Güterbeförderung zu entrichtenden Vergütung eine Schadensprämie, ebenso wie auch in der Schiffsmiete. Der dem § 64 zugrunde liegende Gedanke müßte also auch in diesen Fällen wirksam sein. Aber er ist es nicht. Die praktischen Schwierigkeiten der Ermittlung der Schadensprämie sind schon beim Schlepp- und Leichterlohn groß; sie fallen nicht besonders ins Gewicht, weil die Fälle, in denen die im Schlepp-

oder Leichterlohn enthaltene Schadensprämie von der Entschädigung abzuziehen ist und abgezogen wird, selten sind. Der Abzug der in der Fracht enthaltenen Schadensprämie wäre fast in jedem Schadensfall nötig und unerträglich. Überdies ist der Abzug in diesem wie in jenem Falle unbegründet und insbesondere durch die Grundsätze über Vorteilsausgleichung nicht geboten (oben Anm. 3). § 64

e) Wenn dem Versicherungsnehmer beide Schiffe, das versicherte Schiff und das „andere Fahrzeug", gehören, ist regelmäßig keine Vergütung „zu entrichten", § 64 also unanwendbar. Doch wird im Falle der Bergung oder Hilfeleistung der durch diese erzielte Vorteil nach den Grundsätzen über Vorteilsausgleichung auf die Entschädigung angerechnet werden müssen. Ist die Schwesterschiff-Klausel vereinbart, so ist in den Fällen der Bergung und Hilfeleistung § 64 anzuwenden (vgl. § 45 Anm. 5). Anm. 8

f) „Fahrzeuge" sind Werkzeuge, die dazu bestimmt sind, auf dem Wasser sich zu bewegen oder bewegt zu werden. Näheres: § 1 Anm. 23, § 114 Anm. Anm. 9

4. § 64 ist auf **andere Versicherungen, die sich auf das Schiff beziehen,** sinngemäß anzuwenden (§ 79). Insbesondere auch Frachtversicherungen (vgl. auch § 105 Abs. 1). So etwa, wenn infolge einer Hilfeleistung Fracht verlorengeht und im Berge- oder Hilfslohn zu ersetzen ist. In anderen Fällen fehlt die Voraussetzung der Analogie. So insbesondere im Falle der Versicherung von Bodmereigeldern. Dies wäre anders, wenn „die zu entrichtende Vergütung" dem Bodmereigläubiger haftete. Aber dies ist nicht der Fall (vgl. HGB § 775). Anm. 10

5. § 64 gilt auch für die **Rückversicherung** (§ 79, § 1 Anm. 136). Anm. 11

6. Den **fremden Rechten** sind besondere Bestimmungen gleich derjenigen des § 64 im allgemeinen unbekannt. Anm. 12

§ 65

Kajüts- und Maschinenschaden

Der Versicherer haftet für eine Beschädigung des Kajütsinventars nur im Falle einer Strandung. Das Gleiche gilt von der Haftung des Versicherers für eine Beschädigung der maschinellen Einrichtungen. Zu diesen Einrichtungen gehören insbesondere die Hauptmaschine (einschließlich der zu ihrem Betrieb erforderlichen Hilfsmaschinen und Einrichtungen, der Kesselanlage mit Schornstein, Wellenleitung, Schraube und Rad), Decksmaschinen, Dampfsteuer mit Ruderleitung bis zum Quadranten, Pumpen für Bordzwecke, elektrische Lichtanlage, Anlage für drahtlose Telegraphie und Kühlmaschinenanlage. Die Bestimmungen des § 114 Abs. 1 und 2 über die Haftung des Versicherers im Strandungsfalle finden entsprechende Anwendung.

1. Vgl. ASVB § 130 Abs. 8 in der Fassung der AlteKZP, AlteKRP (Mat. 2. 104, 108). Anm. 1

2. Zu denjenigen Teilen des Schiffes, die besonders empfindlich und in besonderem Maße sowohl Beschädigungen überhaupt wie insbesondere Abnutzungsschäden ausgesetzt sind, gehört die **Maschine.** Deshalb ist die Gefahr, daß dem Versicherer Abnutzungsschäden und kleinere Beschädigungen der Maschine, wie sie im gewöhnlichen Laufe der Dinge regelmäßig vorkommen, insbesondere „gewöhnlicher Bruch" (vgl. § 86 Abs. 1), zur Last gelegt werden, besonders groß. Ebenso groß ist die Gefahr, daß die Schiffsbesatzung im Interesse der Beschleunigung der Reise die Maschine überanstrengt und hierdurch Schäden entstehen. Deshalb wird seit langem (vgl. AlteKZP, AlteKRP Mat. 2. 104, 108) die Maschine nur mit der Klausel **„Frei von Beschädigung außer** Anm. 2

§ 65 **im Strandungsfall"** versichert. Aus ähnlichen Gründen galt und gilt dasselbe vom **Kajütsinventar.** Diesem Vorgang folgt § 65.

Anm. 3 3. Als Maschine gelten alle maschinellen Einrichtungen. Auch solche auf Segelschiffen (anders früher: Mat. 2. 104, 108). Auch Motoreinrichtungen auf Motorschiffen (HGZ 1910. 22: Benzinmotor einer Barkasse). — § 65 Satz 3 führt nur Beispielfälle auf (verb. „insbesondere"). Damit ist aber auch bezweckt, Zweifel darüber auszuschließen, ob einzelne Einrichtungen (z. B. Schornstein mit Schornsteinaufsatz, Decksmaschinen, Dampfsteuer: Mat. 1. 237) zu den maschinellen Einrichtungen zu rechnen sind.

Anm. 4 4. Kajütsinventar. E 1910 § 64 sprach von „Kajütseinrichtungen". Damit würden auch Bestandteile der Kajüte, z. B. Wandbekleidungen, von der Beschränkung umfaßt gewesen sein (Mat. 1. 236; vgl. § 58 Anm. 12). Das liegt aber nicht im Sinne der Beschränkung. — Kajütsinventar bilden die zur Ausstattung der Aufenthaltsräume für Schiffsbesatzung und Passagiere und der damit zusammenhängenden Räume (z. B. der Schiffsküche) dienenden beweglichen Gegenstände (Zubehörstücke).

Anm. 5 5. Der Versicherer haftet nicht für Beschädigung, insbesondere für Bruch, und nicht dafür, daß infolge einer Beschädigung, insbesondere eines Bruches, etwas verlorengeht, insbesondere in seiner ursprünglichen Beschaffenheit zerstört wird. Er haftet aber für Aufopferungen, die in einer Beschädigung bestehen, und er haftet überhaupt im Strandungsfall. § 34 (keine Haftung für Kleinschäden) bleibt natürlich unberührt. — Nur § 114 Abs. 1 und 2 sind anwendbar, nicht § 114 Abs. 3. Der Versicherer haftet nicht, wenn das Schiff bloß auf Grund stößt oder festgerät und durch gewöhnliche Maßregeln abgebracht werden kann (über die Zweifel, die entstehen, wenn vereinbart ist, daß der Versicherer auch haftet, wenn das Schiff bloß auf Grund stößt: HGZ 1891. 264, 1892. 110, 1914. 78). Die analoge Anwendung des im § 114 Abs. 3 für die Güterversicherung enthaltenen Grundsatzes, der HGZ 1892. 112 für den Fall „das Wort redet, wenn es sich um einen angeblich durch Stoßen entstandenen Schaden an der im Innern des Schiffes, einer verladenen Ware gleich (?), befindlichen Maschine handelt", ist angesichts des § 65 natürlich unstatthaft. Der Versicherer haftet auch nicht (wie der Güterversicherer nach § 114 Abs. 3), wenn das Schiff mit anderen Gegenständen als Fahrzeugen, z. B. mit einer Kaimauer oder einem Wrack, zusammenstößt (auch nicht nach der Kollisionsklausel, die sich nur auf § 78, nicht auch auf § 65 bezieht: Vorb. vor § 113). Er haftet endlich nicht (wie der Güterversicherer nach § 114 Abs. 3), wenn das Schiff durch Eis beschädigt wird. Anders natürlich immer, wenn das Schiff infolge eines dieser Ereignisse kentert, sinkt, scheitert usw. (§ 114 Abs. 2). Andererseits aber haftet der Versicherer auch dann, wenn der Schiffskörper infolge des Unfalls keinen so erheblichen Schaden erlitten hat, daß sich die Beschädigung der Maschine oder des Kajütsinventars daraus erklären läßt. Auch insoweit ist § 114 Abs. 3 (Satz 2) nicht analog anwendbar (wiederum früher anders: HGZ 1892. 112). — Nach der Klein-Kasko-Klausel für Fracht- und Motorschiffe und Fracht-Segelschiffe mit Motor von 300 BRT und weniger gelten die Motoren nur zur Bedingung „frei von Beschädigungen außer im Strandungsfalle" versichert. Hier ist dann auch § 114 Abs. 3 anzuwenden, so daß der Versicherer auch haftet, wenn das Schiff auf Grund stößt oder auf Grund fest gerät, mit anderen Sachen als Fahrzeugen zusammenstößt und hierdurch Schaden erleidet oder durch Eis beschädigt wird. Ebenso die Stoßklausel für die in der Hochseefischerei beschädigten Schiffe. Doch ist hier die Beschädigung durch Eis ausgenommen.

Anm. 6 6. Über „separate" Versicherungen von „Kasko" und Maschine oder von Kasko, Maschine und Einrichtung: § 7 Anm. 9.

Anm. 7 7. § 65 gilt nicht nur für die Kaskoversicherung, sondern auch für **andere Versicherungen, die sich auf das Schiff beziehen** (§ 79). Insbesondere auch für Frachtversicherungen (vgl. auch § 105 Abs. 1). Der Frachtversicherer haftet für Frachtverlust nicht, wenn dieser durch die Beschädigung der Maschine usw. und die Beschädigung nicht durch einen Strandungsfall oder, was ihm gleichsteht, verursacht ist. **§ 65**

8. § 64 gilt auch für die **Rückversicherung** (§ 79, § 1 Anm. 136; vgl. auch § 58 Anm. 40). Anm. 8

9. **Fremde Rechte.** a) Englisches Recht. Nach MIA § 55 Abs. 2c the insurer is not liable . . . for any injury to machinery not proximately caused by maritime perils. Damit ist der Inchmaree-Fall (§ 28 Anm. 43) legalisiert (näheres: Arnould 813 s. 854). Aber die ITC und ITV enthalten die sog. Inchmaree clause: This insurance also specially to cover (subject to the free of average warranty) loss of or damage to hull or machinery directly caused by accidents in loading, discharging or handling cargo, or caused through the negligence of Master, Mariners, or Pilots, or through explosions, bursting of boilers, breakage of shafts, or through any latent defect in the machinery or hull, provided such loss or damage has not resulted from want of due diligence by the owners of the Ship, or any of them, or by the Manager . . . (über free of average warranty: § 34 Anm. 13, § 113 Anm.). Aber: refrigerating machinery and insulation not covered unless expressly included in this Policy (ITC, IVC a.a.O.). Und: donkey boilers, winches, cranes, winlasses, steering gear and electric light apparatus shall be deemed to be part of the hull, and not part of the machinery (ITC, IVC a.a.O.); diese Bestimmung will bewirken, daß im Falle einer „separaten" Versicherung des Schiffskörpers und der Maschine die besonders gefährdeten Decksmaschinen zum regelmäßig wertvolleren Schiffskörper gerechnet werden und die Franchise deshalb nicht so leicht erreicht wird (vgl. auch die entsprechende Bremer Übung: § 7 Anm. 9). Anm. 9

b) Dem französischen Rechte sind Bestimmungen gleich derjenigen des § 65 unbekannt.

§ 66

Dauer der Versicherung

(1) Die Versicherung beginnt, wenn sie für eine Reise genommen ist, mit dem Zeitpunkt, in dem mit der Einnahme der Ladung oder des Ballastes angefangen wird, oder, wenn Ladung oder Ballast nicht einzunehmen ist, mit der Abfahrt. Sie endigt mit dem Zeitpunkt, in dem die Löschung der Ladung oder des Ballastes am Bestimmungsorte beendigt ist, oder, wenn Ladung oder Ballast nicht zu löschen ist, mit dem Zeitpunkt, in dem das Schiff am gehörigen Orte die Anker hat fallen lassen oder befestigt ist. Wird die Löschung von dem Versicherungsnehmer ungebührlich verzögert, so endigt die Versicherung mit dem Zeitpunkt, in dem die Löschung beendigt sein würde, falls die Verzögerung nicht stattgefunden hätte.

(2) Wird vor der Beendigung der Löschung für eine neue Reise Ladung oder Ballast eingenommen, so endigt die Versicherung mit dem Zeitpunkt, in dem mit der Einnahme angefangen wird.

(3) Wird nach dem Beginne der Versicherung die versicherte Reise aufgegeben, so tritt in Ansehung der Beendigung der Versicherung der Ort, wo die Reise aufhört, an die Stelle des Bestimmungsorts.

1. Vgl. HGB §§ 823, 827, 828 Abs. 1, ASVB §§ 72, 76, 77 Abs. 1, BSVB § 4 Abs. 1, 2, VVG § 138. Anm. 1

§ 66 Anm. 2 2. Die Versicherung beginnt — endigt — dauert. Früher sagte man im Anschluß an die ausländische Rechts- und Verkehrssprache: Die Gefahr oder das Risiko beginnt — endigt — läuft (vgl. HGB §§ 823ff.; the risk attaches, the risk continues, the risk ceases: MIA §§ 43, 44, Lloyd's Police; les risques courent, cessent: franz. Kaskopolice). Diese Ausdrucksweise verdient den Vorzug. Denn die „Versicherung" (Tätigkeitswort) ist die Schließung des Versicherungsvertrags, und „versichert" ist die Sache schon mit dem Vertragschluß, mag auch (bei der Zukunftsversicherung) die Gefahr für den Versicherer erst später beginnen, und erst mit dem Vertragschluß, mag auch (bei der Vergangenheitsversicherung) die Gefahr für den Versicherer schon früher begonnen haben (vgl. § 49 Anm. 11). Gemeint ist hier wie dort die Bestimmung des Zeitpunkts, von dem an und bis zu dem Schäden zulasten des Versicherers sind, „dem Versicherer zur Last fallen", insbesondere bei Reiseversicherungen die Bestimmung des Anfangs- und des Endtermins der versicherten Reise, um die Bestimmung des Zeitpunkts, in dem die gefährdete und deshalb versicherte Unternehmung — nicht genau, aber kurz, leicht faßlich und verkehrsgemäß als Gefahr bezeichnet — beginnt und endigt (§ 28 Anm. 4; über die Bedeutung der Kausalität für den Lauf der Gefahr, die Dauer der Versicherung: § 28 Anm. 28).

Anm. 3 3. Über diesen Zeitpunkt entscheidet der Vertrag. Die Versicherung kann auf Zeit genommen sein (Zeitversicherung, time policy: MIA § 25 Abs. 1; näheres: § 39 Anm. 2, 3) oder für eine Reise (Reiseversicherung, voyage policy: MIA § 25 Abs. 1), für eine einzige Reise, für mehrere Reisen, für zusammenhängende Reisen, insbesondere Hin- und Rückreise oder Zureise in Ballast und Frachtreise (vgl. RG 7. 27), für kombinierte See- und Binnenreisen (§ 125), für Ziel- oder für Zweckreisen (§ 23 Anm. 51). § 66 bezieht sich nur auf **die Reiseversicherung.**

Anm. 4 4. **Abs. 1.** Die Versicherung **beginnt.** (Eine Ausnahme gilt nach der Transport-Klausel für die in der Hochseefischerei beschäftigten Schiffe für Heringslogger: Danach ist der Transport von Ausrüstung vom Lager des Reeders an Bord des Heringsloggers und umgekehrt sowie der Transport des Fangs von Bord des Schiffes zum Lager der Reederei mitversichert):

a) **wenn mit der Einnahme der Ladung angefangen wird.** Die Versicherung beginnt insbesondere nicht schon, wenn das Schiff am Ladeplatz anlegt (vgl. HGB § 560) oder sich ladebereit erklärt (vgl. HGB § 567). — Über den Begriff der „Ladung" § 1 Anm. 27.

b) **wenn mit der Einnahme des Ballastes angefangen wird.** Wird außer der Ladung Ballast (z. B. Wasserballast: § 58 Anm. 17) eingenommen, so entscheidet der Zeitpunkt, in dem mit der Einnahme der Ladung oder des Ballastes angefangen wird.

c) **mit der Abfahrt,** falls Ladung und Ballast nicht einzunehmen sind, d. h. mit Rücksicht auf den Zustand des Schiffes oder den Zweck der Reise nicht eingenommen werden sollen. Fährt das Schiff ab, ohne Ladung und Ballast einzunehmen, so folgt hieraus nicht notwendig, daß „Ladung oder Ballast nicht einzunehmen" war; wohl aber muß dies, vorbehaltlich des Gegenbeweises, zunächst als erwiesen gelten. — Mit der Abfahrt beginnt die Versicherung auch dann erst, wenn keine Ladung und kein Ballast, sondern nur Reisende „einzunehmen" sind (abw. Reatz EndemannsHdbch 4. 398; vgl. auch § 1 Anm. 27, 38).

Anm. 5 5. Die Versicherung beginnt natürlich nur, wenn die Ladung usw. an dem Orte eingenommen wird, das Schiff von dem Orte abfährt, von dem aus die versicherte Reise angetreten werden soll (§ 23 Anm. 20). Über den Fall, daß der Versicherungsnehmer unter mehreren Abgangsorten wählen kann: § 23 Anm. 65.

Anm. 6 6. Wird Ladung oder Ballast nicht zur Ausführung der versicherten, sondern einer anderen Reise eingenommen, oder fährt das Schiff nicht zur Ausführung der

versicherten, sondern einer anderen Reise ab, so beginnt die Versicherung gleichwohl. **§ 66**
Der Versicherer wird (gemäß § 24) erst frei, wenn und wo die Reise tatsächlich nach einem anderen als dem versicherten Bestimmungsort gerichtet wird (§ 23 Anm. 64).

7. Wird der Beginn der Versicherung, die Einnahme der Ladung oder des Ballastes oder die Abfahrt, erheblich verzögert, so ist die Gefahr geändert (§ 23). Über den Fall, daß die Verzögerung dem Kapitän zur Last fällt: § 23 Anm. 24, § 33 Anm. 44. Vgl. auch AHO 1731 V. 13 (unten Anm. 10) und dazu Pöhls 4. 378. Anm. 7

8. **Die Reiseversicherung endigt.** (Eine Ausnahme gilt nach der DTV-Beendigungsklausel, vgl. Vorbem. vor § 113): Anm. 8

a) **wenn die Löschung der Ladung oder des Ballastes am Bestimmungsort beendigt ist.** Ist eine zusammengesetzte Reise versichert, so ist der letzte Bestimmungsort maßgebend. Ist z. B. die Hin- und Rückreise versichert, so ist der Abgangsort auch der Bestimmungsort (vgl. auch § 69). Darf der Versicherungsnehmer unter mehreren Bestimmungsorten wählen, so ist der von ihm gewählte Ort maßgebend (RG 13. 89; vgl. HGB § 832; näheres: § 23 Anm. 65). — Bei Zweckreisen kann man, genau genommen, von einem Bestimmungsort nicht sprechen. Doch muß im Sinne des § 66 als Bestimmungsort im Zweifel der Abgangsort gelten. Vgl. § 23 Anm. 68.

b) **für den Fall, daß** Ladung oder Ballast **nicht zu löschen ist: wenn das Schiff am Bestimmungsort,** und zwar hier **am gehörigen Orte, die Anker hat fallen lassen oder befestigt ist.** Am gehörigen Orte, d. h. an dem Platze, an dem es endgültig bleiben soll und darf. Geht das Schiff vorläufig auf der Reede zu Anker, weil der Bestimmungshafen überfüllt ist, so endigt die Versicherung nicht. Die Reede kann aber auch (z. B. weil das Schiff so tief geladen hat, daß es den eigentlichen Hafen nicht erreichen kann) der „gehörige Ort" sein (RG 14. 8). — Fährt das Schiff wieder ab, ohne Ladung oder Ballast zu löschen, so folgt hieraus zwar nicht notwendig, daß „Ladung oder Ballast nicht zu löschen war". Wohl aber muß dies, vorbehaltlich des Gegenbeweises, zunächst als erwiesen gelten. — Verzögert das Schiff die Löschung des Ballastes (etwa weil es noch keine neue Fracht hat), so endigt die Versicherung gemäß § 66 Abs. 1 Satz 3 (Sieveking 110; abw. Voigt 475, aber wohl nur mit Rücksicht auf die vom § 823 HGB abweichende Fassung des § 72 ASVB). — Da die etwaige neue Versicherung nach § 66 Abs. 1 Satz 1 regelmäßig erst einige Zeit nach dem Zeitpunkt beginnen würde, in dem das Schiff die Anker hat fallen lassen oder befestigt ist, muß der Versicherungsnehmer rechtzeitig für eine Versicherung sorgen, die schon mit diesem Zeitpunkt beginnt. Dabei kann er leicht etwas versehen. Deshalb wird regelmäßig vereinbart, daß das Schiff, wenn Ladung oder Ballast nicht zu löschen ist, noch 15 Tage lang versichert sein soll (vgl. die DTV-Beendigungsklausel: Vorb. vor § 113). Die Versicherung endigt jedoch auch in diesem Falle vor dem Ablauf des fünfzehnten Tages gemäß § 66 Abs. 2 mit der Einnahme von Ladung oder Ballast für eine neue Reise und, sinngemäß, nach § 66 Abs. 1 mit der Abfahrt (Sieveking 110, RG 13. 94). Sie endigt aber vor dem Ablauf des fünfzehnten Tages nicht lediglich deshalb, weil vor Ablauf dieser Frist eine neue Versicherung beginnt (anders nach der früher üblichen Klausel: „Der Risiko dieser Versicherung bleibt nach Ankunft und Entlöschung des Schiffes am Endbestimmungsort, falls keine neue Versicherung genommen ist, noch 15 Tage in Kraft": RG 13. 87). Anm. 9

c) **für den Fall, daß die Löschung** (der Ladung oder des Ballastes) vom Versicherungsnehmer **ungebührlich verzögert wird: wenn die Löschung ohne die Verzögerung beendigt wäre.** — Der Versicherungsnehmer darf die Löschung nicht ungebührlich verzögern (vgl. § 23 Abs. 2 Nr. 1). Er ist dem Versicherer gegenüber verpflichtet, in angemessener Frist zu löschen (vgl. § 23 Anm. 14). Er muß also insbesondere das Verhalten derjenigen, deren er sich bei der Erfüllung seiner Ver- Anm. 10

§ 66 bindlichkeit, die Güter rechtzeitig zu löschen, bedient, vertreten (vgl. Vorb. VIII vor § 1, § 23 Anm. 20ff.). Natürlich nicht ohne weiteres das Verhalten derjenigen, z. B. der Schauerleute, welche die Güter löschen. Auch nicht das Verhalten des Kapitäns „als solchen", weil § 33 Abs. 3 sinngemäß anzuwenden ist (vgl. § 23 Anm. 24, § 33 Anm. 43, 44, auch Prot. 4338). Wohl aber das Verhalten des „Korrespondenten des Schiffes", des Schiffsmaklers, dem der Versicherungsnehmer die Erledigung der Schiffsgeschäfte aufgetragen hat und der mithin insoweit an Stelle des Versicherungsnehmers steht (vgl. jedoch auch Prot. 4338, wo zwar das Verhalten des „Vertreters" dem Versicherungsnehmer zugerechnet wird, aber anscheinend — nicht sicher — der Korrespondent des Schiffes nicht als „Vertreter" angesehen wird; wie die Prot. Sieveking 110). — Im Falle der Versicherung für fremde Rechnung darf weder der Versicherungsnehmer noch der Versicherte die Löschung ungebührlich verzögern (vgl. § 23 Anm. 25, § 52 Anm. 8). — Nach der Veräußerung des Schiffes darf der Erwerber die Löschung nicht ungebührlich verzögern (vgl. §§ 49 Abs. 1, 50 Abs. 2 Satz 2). — Ungebührlich ist die Verzögerung, wenn sie erheblich ist und „nicht durch genügende Gründe gerechtfertigt" werden kann (Prot. 3187, Brodmann 187, Lewis 2. 351, RG 3. 146, RG HGZ 1882. 196, 1889. 119, HG u. OG Hamburg HGZ 1870. 96, 264, Seebohm 118, HH 405; vgl. auch AHO 1731 V. 11, 12, AllgPlan 1847 § 43: zu löschen, „so bald es füglich und möglich ist", auch AHO 1731 V. 13, AllgPlan 1847 § 44: „Wann die Rheder oder Einlader des Schiffes sich desselben gleichsam anstatt eines Packraumes im Hafen bedienen, z. B. da es füglich geschehen könnte, die Güter nicht löschen, oder das Schiff zu dem Ende in dem Hafen liegen lassen, um Güter aus anderen daselbst befindlichen Schiffen einzunehmen und von da aus oder in andere Schiffe zu bringen . . ., so sind die Assecurirenden für keine Gefahr gehalten, sondern es kommt dieselbe denen zur Last, mit deren Wissen und Willen obiges geschehen", und hierzu Pöhls 4. 378, Voigt NAfHR 4. 184). Nach ASVB § 72 Abs. 2 galt die Verzögerung als ungebührlich, wenn die Ladung nicht in 28 Tagen, Ballast nicht in 8 Tagen gelöscht war und der Versicherte nicht die Unmöglichkeit früherer Löschung beweisen konnte (ähnlich BSVB § 4 Abs. 1). Die Bestimmung ist nicht übernommen, weil die Fristen den Fortschritten der Schiffahrtstechnik nicht mehr entsprechen.

Anm. 11 9. Die Versicherung endigt am Bestimmungsort auch dann, wenn dem Versicherungsnehmer Gefahränderungen gestattet sind. Vgl. RG 13. 87 (Vorentscheidung unvollständig in HGZ 1884. 5; vgl. auch § 23 Anm. 72 unter f): Das Segelschiff war versichert für die Reise „von Montevideo in Ballast und/oder mit Ladung irgendwelcher Art ohne Ausnahme nach Valparaiso oder eventuell einem südlicheren Hafen Chiles mit Erlaubnis, beliebige Plätze in und außer der Route und gleichviel zu welchem Zwecke anzulaufen", und mit der Klausel: „Abweichungen von der obigen Reise und/oder andere Bestimmungen des Schiffes und/oder sonstige Veränderungen des Risikos sind stillschweigend und ohne Unterbrechung des Risikos hier mitgedeckt gegen eventuelle Prämienregulierung nach Billigkeit". Das Schiff fuhr in Ballast nach Coronel und von Coronel weiter nach San Antonio (eine Tagereise südlich von Valparaiso), nahm in San Antonio eine Gersteladung für Iquique ein und ging kurz nach der Abfahrt von San Antonio total verloren. Die versicherte Reise war beendigt. Die Fahrt von San Antonio nach Iquique war keine Abweichung vom Wege der versicherten Reise. Sie war auch keine „andere Bestimmung des Schiffes" und keine „sonstige Veränderung des Risikos". Das Schiff hätte nach der Klausel zwar nach Java oder sonstwohin und also auch nach Iquique bestimmt werden können. Es war aber nicht sonstwohin, sondern eben „nach einem südlicheren Hafen Chiles" (San Antonio) bestimmt worden.

Anm. 12 10. **Abs. 2. Wird vor der Beendigung der Löschung** am Bestimmungsort **für eine neue Reise Ladung oder Ballast eingenommen,** so würde, wenn auch die neue Reise (bei einem anderen Versicherer) versichert ist, Doppelversicherung vorliegen. Das wäre unzweckmäßig, und zwar nicht nur nach dem früheren Prioritätsprinzip, sondern auch nach dem Ausgleichsprinzip des § 10. Deshalb **soll die alte Versicherung endigen,** wenn die neue beginnt oder beginnen würde (ebenso schon PreußALR II 8. 2181, 2183, AllgPlan 1847 § 43; anders noch AHO 1731 V. 14, PreußAHO § 54; vgl. auch Regusse bei Émérigon ch. 13 s. 20: Le Navire ne peut périr en même temps d'entrée et de sortie). Deshalb endigt die (alte) Versicherung auch nicht, wenn unterwegs Ladung nach dem Bestimmungsort oder auch darüber hinaus eingenommen wird (vgl. HGZ 1885. 181: Versicherung für eine Reise „von Hamburg nach einem oder mehreren Plätzen der Westküste Afrikas" mit der Klausel: „Die Versicherung valediert bis zur Entlöschung des Schiffes am letzten Bestimmungsort der Ausreise an der Westküste Afrikas", hierzu: § 23 Anm. 65). Deshalb endigt die Versicherung der Hinreise nicht, wenn schon unterwegs Ladung für die (nicht oder bei einem anderen Versicherer versicherte) Rückreise, eingenommen wird (vgl. die Entscheidungen bei Émérigon ch. 13 s. 18, 20 und dazu Benecke 2. 246, Nolte 1. 686).

11. **Abs. 3. Wenn der Versicherungsnehmer** nach dem Beginn der Versicherung **die versicherte Reise aufgibt,** ist die Reise verändert (vgl. § 23 Abs. 3), die Gefahr weggefallen (vgl. § 23 Anm. 66, § 5 Anm. 5, 15: sinngemäße Anwendung des § 4 Abs. 2). Aber der Fall wird weder nach den Grundsätzen über Gefahränderung noch nach denjenigen über den Wegfall der Gefahr behandelt. **Die Versicherung endigt,** und zwar so, wie wenn der Ort, an dem die Reise aufhört, der vereinbarte Bestimmungsort wäre, also **mit der Löschung der Ladung usw.** an diesem Orte. Anm. 13

a) Nach der Wortbedeutung und nach dem inneren Zusammenhang der §§ 23, 66 Abs. 3 ist die Reise „aufgegeben", wenn sie mit dem Willen des Versicherungsnehmers nicht fortgesetzt wird (vgl. § 23 Anm. 19). Aus dem Zusammenhang der §§ 23, 66 Abs. 3 folgt auch, daß die Reise dann als „aufgegeben" anzusehen ist, wenn sie von einem Dritten beendigt wird, dessen Verhalten der Versicherungsnehmer bei der Erfüllung seiner Gefahrstandspflicht gegen sich gelten lassen muß (vgl. § 23 Anm. 21). Als solcher Dritter kommt insbesondere der Kapitän in Betracht (vgl. § 23 Anm. 24). Aber wenn der Kapitän „als solcher" die Reise aufgibt, endigt die Versicherung nur, wenn der Versicherungsnehmer zustimmt. Der Versicherungsnehmer braucht das Verhalten des Kapitäns „als solchen" nicht gegen sich gelten zu lassen. Denn auch dies muß sich aus dem Zusammenhang der §§ 23, 66 Abs. 3 ergeben, daß der Versicherungsnehmer, wie er bei der Erfüllung der Gefahrstandspflicht das Verhalten des Kapitäns „als solchen" nicht zu vertreten hat (§ 23 Anm. 24, § 33 Anm. 44), es auch nicht gegen sich gelten zu lassen braucht, wenn der Kapitän „als solcher" die Reise aufgibt. Der Kapitän gibt „als solcher", „in dieser Eigenschaft" die Reise auf, wenn er sie in Ausführung seiner gesetzlichen Dienstverrichtungen aufgibt (vgl. § 33 Anm. 43). Der Kapitän gibt in Ausführung seiner gesetzlichen Dienstverrichtungen die Reise auf, wenn er sich durch einen Zufall verhindert glaubt, die Reise fortzusetzen und die Reise aus diesem Grunde abbricht (vgl. HGB § 536). Die Versicherung endigt nicht, mag den Kapitän ein Verschulden treffen oder nicht. Der Versicherer wird aber nunmehr gemäß §§ 23, 24 frei, wenn der Versicherungsnehmer nicht die Wiederaufnahme der Reise betreibt und infolgedessen die Vollendung der versicherten Reise erheblich verzögert wird (so auch Schlegelberger SVR Bem. 5 zu § 66 ADS). Die Versicherung endigt, wenn der Kapitän außerhalb seiner Dienstverrichtungen, befugt oder unbefugt, die Reise aufgibt (vgl. § 33 Anm. 43, 44). Teilweise anders Voigt 501 auf Grund seiner Teilung der „Funktionen" des Kapitäns in „nautische" und „administrative" (hierüber näheres: § 33 Anm. 37 ff.): „Der Beschluß des Schiffers (die Reise aufzugeben) sei das Ergebnis einer der Funktionen, welche . . . von ihm (nicht als nautischen Diri- Anm. 14

§ 66 genten, sondern) als geschäftlichen Vertreter des Reeders ausgeführt würden; deshalb seien die Versicherer nicht dafür verantwortlich, wenn der Schiffer die Reise rechtswidriger oder geschäftlich unzweckmäßiger Weise aufgegeben haben sollte". Folgend: Gerhard 553. — Die Versicherung endigt insbesondere, wenn der Versicherungsnehmer durch Kriegsgefahr veranlaßt wird, die Reise aufzugeben (deshalb ungenau: § 35 Anm. 34). Der Versicherungsnehmer kann nicht gemäß § 35 Abs. 2 erklären, daß die Versicherung fortdauern solle; man würde ja auch nicht wissen, wie lange sie nunmehr fortzudauern hätte. Wenn der Versicherungsnehmer die Reise infolge der Kriegsgefahr nicht aufgibt, sondern nur nicht zu der Zeit fortsetzt, zu der sie fortgesetzt werden soll, wird der Versicherer gemäß § 35 Abs. 2 frei. Der Versicherungsnehmer kann aber gemäß § 35 Abs. 2 erklären, daß die Verpflichtung des Versicherers bestehen bleiben soll. Bleibt sie bestehen, so kann der Versicherungsnehmer nunmehr die Reise aufgeben und so der Versicherung ein Ende machen.

Anm. 15 b) Von einer „Aufgabe" der Reise kann man also eigentlich nicht sprechen, wenn die Reise unterwegs aufhört, weil das Schiff den Bestimmungsort nicht erreichen kann (vgl. § 96 Abs. 1: weil die Reise „aus einem anderen Grunde", als dem der Aufgabe, „nicht vollendet werden kann"). Ebensowenig, wie man in einem solchen Falle von einer Veränderung der Reise sprechen kann. „Ohne Zutun des Versicherten wird die versicherte Sache der von dem Versicherer übernommenen Gefahr nicht (mehr) ausgesetzt" (HGB § 894 Abs. 1). Aber das Gesetz (HGB § 828 Abs. 1) spricht auch in solchem Falle von einer („gezwungenen") Aufgabe der Reise und behandelt diesen Fall ebenso, wie denjenigen der „freiwilligen" Aufgabe der Reise: Die Versicherung endigt, wo die Reise aufhört. Ebenso will § 66 Abs. 3 verstanden sein, dessen Wortlaut sich an § 138 Abs. 3 VVG anschließt. Vgl. auch § 50 Anm. 10, 13. — Die Versicherung endigt auch, wenn das Schiff infolge der Kriegsgefahr die Reise „gezwungen" aufgibt. Der Versicherungsnehmer kann nicht etwa gemäß § 35 Abs. 2 erklären, daß die Versicherung fortdauern solle. Dabei ist aber zu berücksichtigen, daß die Reise erst dann als „aufgegeben" zu betrachten ist, wenn das Schiff den Bestimmungsort nicht erreichen kann, wenn mit der Wahrscheinlichkeit, die wegen der Beschränktheit menschlicher Erkenntnis als Gewißheit angenommen werden muß, anzunehmen ist, daß das Schiff die Reise nicht mehr, insbesondere auch nicht nach Behebung der Kriegsgefahr, wird fortsetzen können.

Anm. 16 c) Wird vor dem Beginn der Versicherung die versicherte Reise aufgegeben, so entstehen die an den Wegfall der Gefahr geknüpften Rechtsfolgen. Es sind dieselben, die entstehen, wenn das versicherte Interesse vor dem Beginn der Versicherung wegfällt (§ 4 Abs. 1, § 5 Anm. 5, 15).

Anm. 17 12. „Die begonnene Gefahr läuft für den Versicherer während . . . der versicherten Reise ununterbrochen fort". So ausdrücklich HGB § 827 Abs. 1. Es ergibt sich unmittelbar aus § 66 ADS (Begr. z. E 1910 § 65). Die Gefahr läuft insbesondere auch ununterbrochen fort, wenn das Schiff in den Abgangshafen als Nothafen zurückkehrt (vgl. HGZ 1899. 148 und § 68 Anm. 3). — „Wird das Schiff zur Ausbesserung an das Land gebracht, so trägt der Versicherer die Gefahr auch für die Zeit, während welcher sich . . . das Schiff am Lande befindet". So ausdrücklich HGB § 827 Abs. 2. Auch dies ergibt sich unmittelbar aus § 66 ADS (Begr. z. E. 1910 § 65). Der Versicherer trägt die Gefahr aber natürlich nur dann, wenn der Aufenthalt des Schiffes auf dem Lande sich innerhalb des gewöhnlichen und deshalb vorausgesetzten Schiffsbetriebs hält und demnach als von der versicherten Unternehmung umfaßt anzusehen ist. Z. B. regelmäßig nicht für Teile oder Zubehörstücke, etwa Maschinenteile, die vom Schiffe getrennt und an Land gebracht oder gar über Land befördert werden (LZ 1909. 937; näheres: § 1 Anm. 36). — „Die Vorschriften der §§ 827, 828 (insbesondere die Vorschriften über Beginn und Ende der Versicherung) gelten nur unbeschadet der Vorschriften der §§ 814, 816" (über Gefahränderungen). So ausdrücklich HGB § 829. Dies versteht sich gleichfalls von selbst (Begr. z. E 1910 § 65; vgl. aber auch oben Anm. 13). § 66

13. Beweislast. Der Versicherungsnehmer muß beweisen, daß der Versicherungsfall während der Dauer der Versicherung eingetreten ist (§ 28 Anm. 31), also insbesondere, wann die Versicherung begonnen hat und beendigt ist. Daß die Löschung ungebührlich verzögert, vor Beendigung der Löschung für eine neue Reise Ladung eingenommen, die versicherte Reise aufgegeben ist, muß jedoch der Versicherer beweisen. Denn es handelt sich insoweit um Ausnahmefälle. Anm. 18

14. § 66 findet auf **andere Versicherungen, die sich auf das Schiff beziehen,** entsprechende Anwendung (§ 79). Über Beginn und Ende der Frachtversicherung: § 106. Über Beginn und Ende der Versicherung von Passagiergeldern: § 109 Abs. 2. Über den Beginn der Versicherung von Bodmerei- und Havereigeldern: § 112. Anm. 19

15. § 66 gilt auch für die **Rückversicherung** (§ 79, § 1 Anm. 136). — Die laufenden Rückversicherungs-Verträge enthalten durchweg die Bestimmung, daß „die Verbindlichkeit des Rückversicherers stets in vollem Umfang gleichzeitig mit derjenigen des Rückversicherten beginnt und erlischt" oder ähnlich (vgl. § 1 Anm. 131). Das versteht sich für die obligatorischen Verträge von selbst. Von Bedeutung sind solche Bestimmungen dagegen für die fakultativen Verträge. Hier erstrecken sie, wenn eine Versicherung unter den laufenden Vertrag gebracht wird, die Rückversicherung gegebenenfalls auch auf die Vergangenheit (näheres: § 1 Anm. 132, § 5 Anm. 44). Anm. 20

16. **Fremde Rechte.** a) Englisches Recht. Der MIA enthält keine Vorschriften über Beginn und Ende der Versicherung. Aber Lloyd's Police bestimmt darüber. Man unterscheidet im englischen Versicherungsverkehr den Versicherungsbeginn from a port und at and from a port. Soll die Versicherung from a port beginnen, so beginnt sie, wenn das Schiff vom Abgangsort abfährt (Arnould 479 s. 506: Thus, if the ship be insured simply „from" a port, or if the adventure on the ship be made by the policy „to begin on the ship from A B," the risk does not commence until the ship sails on her voyage „from" such port; i. e., until she quits her moorings and breaks ground, being in a state of perfect equipment and readiness for her voyage). Where subject-matter is insured „from" a particular place, the risk does not attach until the ship starts on the voyage insured (RCP 2). Soll die Versicherung at and from a port beginnen, so beginnt sie schon vorher. Die Versicherung at and from ist die allgemeine übliche. Sie schützt den Versicherungsnehmer insbesondere dagegen, daß er in dem Hafen, in dem die alte Versicherung endigt und die neue beginnt, zeitweise unversichert ist (vgl. oben Anm. 9). Demgemäß beginnt auch nach Lloyd's Police die Versicherung at and from. Dazu bestimmen RCP 3a und b: Where a ship is insured „at and from" a particular place, and she is at that place in good safety when the contract is concluded, the risk attaches immediately. If she be not at that place when the contract is concluded the risk attaches as soon as she arrives there in good safety, and, unless the policy otherwise provides, it is immaterial that she is covered by another policy for a specified time after arrival. Die Versicherung beginnt also im Abgangshafen nur oder erst, wenn das Schiff dort in good safety ist (darüber vgl. Arnould 481f. s. 510). Ist das Schiff beim Abschluß des Vertrags bereits abgefahren, so hängt die Wirksamkeit der at-and-from-Klausel davon ab, ob die Police auch die lost-or-not-lost-Klausel enthält (§ 5 Anm. 46; näheres: Arnould 480f. s. 508). — Nur in einer Beziehung bestimmt der MIA (§ 42 Abs. 1) selbst über die Bedeutung der at-and-from- und der from-Klausel: Where the subject-matter is insured by a voyage policy „at and from" or „from" a particular place, it is not necessary that the ship should be at that place Anm. 21

§ 66 when the contract is concluded, but there is an implied condition that the adventure shall be commenced within a reasonable time, and that if the adventure be not so commenced the insurer may avoid the contract. The question what is reasonable is a question of fact (MIA § 88; näheres: Arnould 484f. s. 512). — Über die Versicherung at and from an island oder at and from an other district containing several ports: Arnould 488 s. 516. — Die Versicherung endigt, wenn das Schiff hath moored at anchor 24 Stunden in good safety (Llody's Police). Näheres über die Bedeutung der Worte mooring in good safety: Arnould 490 s. 519; über Verlängerungsklauseln, z. B. die Klausel and for 30 days in port after arrival: Arnould 495 s. 523; über die Klausel to her port or ports of discharge und to her final port of discharge: Arnould 500 s. 529. — Die at-and-from-Klausel kommt übrigens hin und wieder auch im hansestädtischen Versicherungsverkehr vor. Vgl. HGZ 1885. 2: „Zu und von Manzanillo und einem oder mehreren Häfen der Westküste Mexikos ... nach einem ... Hafen Europas", HGZ 1909. 265: „Zu und von Antwerpen nach San Francisco . . . zu und von dort zurück". Da es sich um eine Klausel des englischen Versicherungsverkehrs handelt, muß auch die Bedeutung maßgebend sein, welche die Klausel im englischen Versicherungsverkehr hat (Vorb. vor § 1 Anm. 16). Daß die Klausel in die deutsche Sprache übersetzt ist, kann hieran nichts ändern. Anders, wenn die „Zu-und-von"-Klausel sich auch im deutschen Versicherungsverkehr eingebürgert und hier eine selbständige Bedeutung erlangt haben würde oder wird.

b) Französisches Recht. Nach C. de com. Art. 341 (328) si le temps des risques n'est point déterminé par le contrat, il court, à l'égard du navire . . . du jour que le navire a fait voile jusqu'au jour où il est ancré ou amarré au port ou lieu de sa destination. Nach der Kaskopolice dagegen les risques de l'assurance au voyage courent du moment où le navire a démarré ou levé l'ancre et cessent au moment où il a été ancré ou amarré au lieu de sa destination. Toutefois, s'il a reçu des marchandises à bord, les risques courent dès le moment où il a commencé à embarquer la marchandise, et cessent aussitôt le débarquement terminé, sans excéder un délai de 15 jours après l'arrivée au lieu de destination, à moins quil' n'ait chargé dans ce lieu des marchandises pour un autre voyage avant l'expiration de ce délai, auquel cas les risques cesseront aussitôt (Art. 7 Abs. 1).

§ 67

Verlängerung der Versicherung

(1) Trifft das Schiff am Bestimmungsorte mit einer Beschädigung ein, für die der Versicherer haftet, so gilt das Versicherungsverhältnis als verlängert bis zu dem Zeitpunkt, in dem die Ausbesserung des Schiffes beendigt ist; wird die Ausbesserung von dem Versicherungsnehmer ungebührlich verzögert, so tritt an die Stelle dieses Zeitpunkts der Zeitpunkt, in dem die Ausbesserung beendigt sein würde, falls die Verzögerung nicht stattgefunden hätte. Der Versicherungsnehmer kann die Verlängerung durch eine gegenüber dem Versicherer abzugebende Erklärung ausschließen; die Erklärung muß jedoch unverzüglich abgegeben werden, sobald der Versicherungsnehmer von der Beschädigung Kenntnis erlangt. Im Falle der Verlängerung gebührt dem Versicherer eine der längeren Dauer entsprechende Prämie.

(2) Die Bestimmungen des Absatzes 1 finden keine Anwendung, wenn die Ausbesserung an einem anderen Orte als dem Bestimmungsort erfolgen muß und

nicht auf die im § 74 bestimmte Weise festgestellt ist, daß das Schiff die Reise nach dem anderen Orte machen kann. **§ 67**

1. Vgl. ASVB §§ 72, 80 und Zusatz in AlteKZP, AlteKRP (Mat. 2. 103, 107), BSVB § 4 Abs. 3, § 6 Abs. 4. Anm. 1

2. Der Versicherer haftet nicht nur für den während der Dauer der Versicherung entstehenden Schaden, sondern auch für später entstehenden Schaden, wenn dieser die adäquate Folge des Versicherungsfalls ist (§ 28 Anm. 21, 28; richtig Voigt 475, mißverstanden von Sieveking 110). Ob solcher Schaden zu Lasten des Versicherers ist oder nicht, wird leicht zweifelhaft sein. Deshalb bestimmte § 72 Abs. 1 Satz 3 ASVB, daß die Versicherung des reiseversicherten Schiffes auch dann mit der Löschung usw. endigen solle, „wenn das Schiff den Bestimmungshafen in beschädigtem Zustand erreicht". Man glaubte damit den „gänzlichen Ausschluß der Haftbarkeit der Versicherer für den betreffenden Zeitraum", d. h. für Nachversicherungs-Schaden erreicht zu haben (Voigt 475). Offenbar mit Unrecht. Das Kausalitätsproblem wurde von § 72 ASVB nicht berührt. Es wäre auch unrecht gewesen, den allgemeinen versicherungsrechtlichen Kausalitätsgrundsatz auf diesem Teilgebiet zum Nachteil des Versicherungsnehmers zu verlassen. Man änderte deshalb den § 72 ASVB und bestimmte: „Wenn das Schiff den Bestimmungsort in beschädigtem Zustand erreicht, so dauert der Risiko bis zur beendigten Reparatur fort" (bei Voigt 473; so auch BSVB § 4 Abs. 3); ob der „beschädigte Zustand" des Schiffes dem Versicherer zur Last fiel oder nicht, galt gleich. Damit war man, wiederum wider Willen, auf der anderen Seite zu weit gegangen. Die Änderung wäre durch die Erwägung zu rechtfertigen gewesen, daß es im allgemeinen schwerer und teurer ist, ein beschädigtes Schiff zu versichern als ein unbeschädigtes. Aber dieser Gesichtspunkt war nicht der entscheidende. Man änderte deshalb den § 72 ASVB abermals und bestimmte, daß die Versicherung nur in dem Falle fortdauern solle, daß das Schiff „in einem den Versicherern zur Last kommenden beschädigten Zustand" im Bestimmungshafen eintrifft (Mat. 2. 107). So auch § 67. Anm. 2

3. **Abs. 1. Trifft das Schiff am Bestimmungsort** mit einer Beschädigung **ein,** so gilt das Versicherungsverhältnis als verlängert. Wird die versicherte Reise unterwegs aufgegeben, so tritt der Ort, wo die Reise aufhört, auch für § 67 an die Stelle des Bestimmungsorts (vgl. § 66 Abs. 3). — § 67 gilt aber nicht nur für Reiseversicherungen, sondern auch für Zeitversicherungen (Begr. z. E 1910 § 66). Freilich kann man bei Zeitversicherungen von einem Bestimmungsort eigentlich nicht sprechen. Was gemeint ist, ergibt sich jedoch aus dem Verhältnis des § 67 zum § 68. Ist das Schiff beim Ablauf der Versicherungszeit unterwegs, auf einer Reise, zu der es von neuem ausgerüstet ist, oder die es auf Grund eines neuen Frachtvertrags oder nach vollständiger Löschung der Ladung angetreten hat, so wird die Versicherung gemäß § 68 verlängert (vgl. § 68 Anm. 3). Wenn das Schiff nicht mehr unterwegs, wenn es also am Ziele dieser Reise und am Bestimmungsort im Sinne dieser Reise angekommen ist und nun die Versicherungszeit abläuft, wird die Versicherung gemäß § 67 verlängert (Begr. z. E 1910 § 66). Anm. 3

4. Das Schiff muß **mit einer Beschädigung, für die der Versicherer haftet,** am Bestimmungsort eingetroffen sein. Trifft das Schiff am Bestimmungsort mit einer anderen Beschädigung ein, so wird das Versicherungsverhältnis nicht verlängert. Trifft das Schiff mit einer versicherungsmäßigen und einer versicherungsfreien Beschädigung am Bestimmungsort ein, so wird die Versicherung nur bis zur Beseitigung der versicherungsmäßigen Beschädigung verlängert. Werden versicherungsmäßige und versicherungsfreie Beschädigungen zur gleichen Zeit beseitigt, so ist der Umstand, daß auch versicherungsfreie Beschädigungen beseitigt sind, ohne Bedeutung. Daß die Anm. 4

§ 67 Beseitigung der versicherungsmäßigen Beschädigungen durch die Beseitigung der versicherungsfreien Beschädigungen verzögert wird, schadet nicht; aber sie darf durch die Beseitigung der versicherungsfreien Beschädigungen nicht „ungebührlich" verzögert werden (unten Anm. 6). — Über den Begriff der Beschädigung: § 28 Anm. 39.

Anm. 5 5. Dann **gilt das Versicherungsverhältnis als verlängert.** Das Verhältnis: Hiermit wollte man ausdrücken, daß nicht nur die Haftung des Versicherers, sondern das ganze Verhältnis mit allen Rechten und Pflichten beider Parteien als verlängert gelten sollte. Man hätte dies Ziel aber auch wohl erreicht, wenn man nur bestimmt hätte, daß die Versicherung als verlängert gelten soll; jedenfalls, wenn man (wie im § 67 Abs. 1 Satz 3 geschehen) ausdrücklich erklärt hätte, daß auch die Prämienpflicht des Versicherungsnehmers als verlängert gelten soll.

Anm. 6 6. **Die Versicherung endigt** nunmehr, **wenn das Schiff ausgebessert ist. Wird die Ausbesserung ungebührlich verzögert,** so endigt die Versicherung, **wenn sie ohne diese Verzögerung beendigt gewesen sein würde.** Folgerichtig wäre gewesen, die Versicherung endigen zu lassen, wenn die Ausbesserung vom Versicherungsnehmer „erheblich" verzögert wird (vgl. § 23 Abs. 2 Nr. 1; so auch E 1910 § 66 Abs. 1 Satz 1). — Über den Begriff der „Ungebührlichkeit": § 66 Anm. 10. — Der Versicherungsnehmer ist also verpflichtet, das Schiff in angemessener Frist ausbessern zu lassen. Er muß daher auch die durch seine gesetzlichen Vertreter und seine Erfüllungsgehilfen herbeigeführte ungebührliche Verzögerung gemäß § 278 BGB gegen sich gelten lassen (näheres: § 66 Anm. 10). — Der Versicherungsnehmer kann sich aber unter Umständen der Ausbesserungspflicht entziehen. Er kann gemäß § 75 Abs. 5 erklären, daß er nicht ausbessern werde, und demgemäß die Ausbesserung unterlassen. Dann fällt mit der Erklärung die verlängerte versicherte Unternehmung und damit die versicherte Gefahr weg. Die Versicherung endigt mit der Erklärung. Der Versicherer erhält also auch nur bis dahin die Verlängerungsprämie des § 67 Abs. 1 Satz 3. — Der Versicherungsnehmer kann auch, wenn das Schiff nicht nur beschädigt, sondern auch reparaturunfähig oder reparaturunwürdig ist, gemäß § 77 das Schiff versteigern lassen und den Unterschied zwischen Versicherungssumme und Erlös verlangen. Die Versicherung endigt in diesem Falle mit der Versteigerung. Der Versicherer erhält also auch in diesem Falle die Prämienzulage nur bis dahin (so ausdrücklich auch § 77 Abs. 1 Satz 4).

Anm. 7 7. **Der Versicherungsnehmer kann** jedoch **die Verlängerung ausschließen.** Das Recht steht freilich mit dem Zwecke der Verlängerung (oben Anm. 2) nicht ganz in Einklang.

a) Der Versicherungsnehmer kann ausschließen. Über den Begriff des Versicherungsnehmers: § 3 Anm. 4. Über den Fall, daß mehrere Versicherungsnehmer beteiligt sind: Vorb. VI vor § 1. Insbesondere wird im Falle der Versicherung des im Miteigentum der Versicherungsnehmer stehenden Schiffes jeder Versicherungsnehmer für sich ausschließen können. — Bei der Versicherung für fremde Rechnung kann der Versicherungsnehmer ausschließen. Auch der Versicherte, wenn er die Zustimmung des Versicherungsnehmers oder die Police besitzt (§ 53 Abs. 2). — Nach der Veräußerung des unterwegs befindlichen Schiffes kann nur der Erwerber ausschließen (§ 49 Abs. 1, § 50 Abs. 2). Schließt er nicht aus, so haften Veräußerer und Erwerber für die Verlängerungsprämie des § 67 Abs. 1 Satz 3 als Gesamtschuldner (§ 49 Anm. 23). — Erklärung durch Vertreter: BGB §§ 174, 180. Der Schiffs- oder Assekuranzmakler ist nicht ohne weiteres ermächtigt, die Verlängerung auszuschließen.

Anm. 8 b) Der Versicherungsnehmer kann **durch Erklärung gegenüber dem Versicherer** ausschließen. Die Erklärung ist eine empfangsbedürftige (im übrigen keiner besonderen Form bedürfende) rechtsgestaltende, nämlich rechtsaufhebende Willenserklärung (näheres über empfangsbedürftige Erklärungen: Vorb. vor § 1 Anm. 33). Sie muß (gleich allen rechtsgestaltenden Erklärungen) bestimmt sein. Der Versicherer muß wissen, woran er ist. Sie darf daher auch nicht bedingt sein, wenn die Bestimmtheit unter Bedingtheit leidet. Unwirksam würde z. B. die Erklärung sein, daß die Verlängerung für den Fall ausgeschlossen sein solle, daß während der Ausbesserung kein Schaden entsteht, oder auch nur für den Fall, daß der Versicherer sich nicht auf eine Ermäßigung der Prämie einlasse (doch wird in diesem letzten Falle die Erklärung oft als unbedingte Ausschließungserklärung in Verbindung mit einem Antrag auf Abschluß oder einer Anregung zum Abschluß eines Verlängerungsvertrags aufrechtzuerhalten sein). Wirksam dagegen die Erklärung, daß die Verlängerung ausgeschlossen sein solle, wenn sich bewahrheiten würde, daß die Beschädigung dem Versicherer zur Last falle; denn dies würde ohnehin Rechtsvoraussetzung für die Wirksamkeit der Erklärung sein. — Der Versicherer braucht die Erklärung nicht anzunehmen oder sich mit ihr einverstanden zu erklären. Die Verlängerung wird nicht erst durch Vereinbarung ausgeschlossen, sondern unmittelbar durch die einseitige Erklärung. — Anfechtung wegen Irrtums usw.: BGB §§ 119ff. — Rücknahme der Erklärung ex tunc oder ex nunc ist natürlich unstatthaft. — Gegenüber dem Versicherer ist zu erklären. Erklärung gegenüber einem Vertreter, insbesondere gegenüber einem Gesamtvertreter, des Versicherers: § 3 Anm. 18. Sind mehrere Versicherer beteiligt, so kann und muß der Versicherungsnehmer gegenüber jedem einzelnen erklären. Ist ein Versicherer „Führer", so ist Erklärung gegenüber dem Führer genügend, aber auch erforderlich, wenn sich aus der Police nichts anderes ergibt. Näheres hierüber: Vorb. V vor § 1. § 67

c) Der Versicherungsnehmer muß, **sobald er von der Beschädigung Kenntnis erlangt, unverzüglich** erklären. — „Unverzüglich" bedeutet: ohne schuldhaftes Zögern (BGB § 121). Näheres: § 3 Anm. 20. Das Verschulden seines gesetzlichen Vertreters und seiner Hilfspersonen muß der Versicherungsnehmer in den Grenzen des § 278 BGB gegen sich gelten lassen; über die sinngemäße Anwendung des § 278 BGB: Vorb. vor § 1 Anm. 67. — Über den Begriff der Kenntniserlangung: § 2 Anm. 15. Insbesondere genügt nicht Kennenmüssen. Doch kann der Versicherungsnehmer sich auf seine Unkenntnis nicht berufen, wenn er sich der Kenntnis arglistig entzogen hat (näheres: § 5 Anm. 19). Der Versicherungsnehmer muß „von der Beschädigung" Kenntnis erlangt haben; also nicht nur von einer Beschädigung, sondern von „einer Beschädigung, für die der Versicherer haftet". — Über den Fall, daß mehrere Versicherungsnehmer beteiligt sind: Vorb. VI vor § 1. Insbesondere schadet im Falle gemeinschaftlicher Versicherung des im Miteigentum der Versicherungsnehmer stehenden Schiffes Kenntnis und Verschulden des einen Versicherungsnehmers den übrigen nicht (vgl. oben Anm. 7). — Bei der Versicherung für fremde Rechnung kommen gegebenenfalls auch Kenntnis und Verschulden des Versicherten in Betracht (vgl. oben Anm. 7). Anm. 9

d) Rechtsfolge der Erklärung: Die Versicherung endigt gemäß § 66, bei Zeitversicherungen mit dem Ablauf der Zeit. Hat sich zwischen der Beendigung und der (späteren) Erklärung ein Versicherungsfall ereignet, so haftet der Versicherer nicht. — Anders natürlich, wenn die Erklärung unberechtigt, insbesondere nicht unverzüglich, ist. Die unberechtigte Erklärung hat im allgemeinen keine Rechtsfolgen. Aber der Versicherer kann sie als Antrag auf Aufhebung des Verhältnisses betrachten und behandeln. Schweigt er, so liegt darin noch nicht ohne weiteres Zustimmung (vgl. Vorb. vor § 1 Anm. 18). Anm. 10

8. **Im Falle der Verlängerung** erhält der Versicherer eine **„der längeren Dauer entsprechende" Prämie.** Also keine Zuschlagsprämie (vgl. § 20 Abs. 3; anders E 1910 § 66 Abs. 1 Satz 3). Ob die Gefahr während der Ausbesserung größer oder kleiner als früher ist, kommt nicht in Anschlag. Nur das Verhältnis der vereinbarten Anm. 11

§ 67 Dauer zur wirklichen Dauer der Versicherung entscheidet. Bei Zeitversicherungen ist dies Verhältnis leicht festzustellen. Anders bei Reiseversicherungen. Man wird aber zweckmäßig in der Regel die Dauer der Ist-Reise zugrunde legen, also wenn die versicherte Reise zwei Monate, die Ausbesserung einen Viertelmonat gedauert hat, die Verlängerungsprämie mit $^1/_8$ bemessen müssen. Nicht die Soll-Reise, die Zeit, die das Schiff nicht wirklich gebraucht hat, sondern unter gewöhnlichen Verhältnissen hätte gebrauchen sollen. Nur bei großen Unterschieden, so z. B. wenn das Schiff lange Zeit im Nothafen hat verbringen müssen, wird man zu der letzterwähnten, folgerichtigeren Berechnungsart greifen müssen. — Über die Fälligkeit der Verlängerungsprämie vgl. § 16 Anm. 10.

Anm. 12 9. Der Versicherer kann die Verlängerung der Versicherung nicht ausschließen. Er kann aber gemäß § 38 abandonnieren.

Anm. 13 10. **Abs. 2.** Die Versicherung wird, ausnahmsweise, **nicht** verlängert, **wenn die Ausbesserung an einem anderen Orte** als dem Bestimmungsort **erfolgen muß und nicht auf die im § 74 bestimmte Weise festgestellt ist, daß das Schiff die Reise nach dem anderen Orte machen kann.**

a) Ob das Schiff die Reise nach dem Ausbesserungsort machen kann, richtet sich nach den Umständen des Falles, insbesondere nach Art und Umfang der Beschädigung, Dauer und Art der Ausbesserungsreise usw., sowie nach seemännischer Anschauung und Erfahrung. Es ist dieselbe Frage, wie die gemäß § 77 Abs. 1 Satz 2 zu entscheidende, ob das Schiff „nach dem Orte, an dem die Ausbesserung möglich ist, gebracht werden kann". Es kommt nur auf die physische, nicht auf die wirtschaftliche Möglichkeit oder Unmöglichkeit an (vgl. § 77 Anm. 5).

Anm. 14 b) Es muß auf die im § 74 bestimmte Weise festgestellt sein, daß das Schiff die Reise nach dem Ausbesserungsort machen kann. Der Versicherungsnehmer muß also dafür sorgen, daß die unverzüglich zu ernennenden Sachverständigen auch mit der Feststellung beauftragt werden, ob das Schiff die Ausbesserungsreise machen kann. — Insbesondere ist auch § 74 Abs. 8—10 sinngemäß anwendbar.

Anm. 15 c) Wird festgestellt, daß das Schiff die Ausbesserungsreise machen kann, so steht damit nicht auch fest, daß das Schiff die Ausbesserungsreise machen muß (und nicht vielmehr am Bestimmungsort ausgebessert werden kann). Die Versicherung wird verlängert. Der Versicherungsnehmer darf aber das Schiff die Ausbesserungsreise nur machen lassen, wenn es die Reise machen muß. Sonst ist die Gefahr geändert und der Versicherer gemäß § 24 frei, mag es sich um eine Reise- oder um eine Zeitversicherung handeln.

Anm. 16 d) Wird festgestellt, daß das Schiff die Ausbesserungsreise nicht machen kann, so steht damit gleichfalls noch nicht fest, daß die Ausbesserung an einem anderen Orte als dem Bestimmungsort erfolgen muß (und nicht vielmehr am Bestimmungsort erfolgen kann). Für die Beantwortung dieser Frage ist das Gutachten der Sachverständigen nicht maßgebend. Ist die Frage zu bejahen, so ist das Schiff reparaturunfähig (§ 77 Abs. 1 Satz 2). Wird auch diese Frage von den Sachverständigen bejaht, so kann der Versicherungsnehmer das Schiff öffentlich versteigern lassen und den Unterschied zwischen Versicherungssumme und Erlös verlangen. Er kann in diesem Falle aber auch Teilschaden-Entschädigung verlangen. Verlangt er Teilschaden-Entschädigung, so mag er es unternehmen, das Schiff nach dem Ausbesserungsort bringen und hier ausbessern zu lassen; er mag auch die Ausbesserung unterlassen (vgl. § 75 Abs. 5). Unternimmt er, das Schiff nach dem Ausbesserungsort bringen und ausbessern zu lassen, so wird die Versicherung nicht verlängert; das Schiff reist also nicht auf Gefahr des Versicherers. Geht das Schiff auf der Ausbesserungsreise verloren, so mag der Versicherungsnehmer gemäß § 75 Abs. 5 Teilschaden-Entschädigung verlangen.

e) Die Feststellung der Sachverständigen soll Zweifel darüber abschneiden, ob das Schiff die Ausbesserungsreise machen kann. Solche Zweifel können aber auch entstehen und von Bedeutung sein, wenn das Schiff beschädigt am Bestimmungsort eintrifft und die Versicherung (z. B. die Zeitversicherung) nicht abläuft, oder wenn das Schiff beschädigt im Zwischenhafen eintrifft, hier nicht ausgebessert werden kann und die Versicherung fortdauert. Der Versicherungsnehmer muß sich die Frage, ob das Schiff die Ausbesserungsreise machen kann, selbst beantworten. Läßt er das Schiff die Ausbesserungsreise machen, obgleich das Schiff die Reise nicht machen kann, so ist die Gefahr geändert und der Versicherer gemäß § 24 frei. Läßt er das Schiff die Reise machen, weil es die Reise machen kann (und muß), so ist die Reise (hin und zurück) in die versicherte Unternehmung eingeschlossen, durch die Ausbesserungspflicht des Versicherungsnehmers (§ 75) sogar geboten und deshalb mitgedeckt (vgl. auch § 75 Abs. 4, auch die teilweise abw. Zusätze zu ASVB § 80 in AlteKZP, AlteKRP, Mat. 2. 103, 107). Anm. 17

f) Hat der Versicherer der Überführung des Schiffes nach dem Ausbesserungsort zugestimmt, so ist § 67 Abs. 2 unanwendbar, kommt es natürlich nicht darauf an, ob das Schiff die Ausbesserungsreise machen mußte und konnte. Anm. 18

11. § 67 ist an und für sich gemäß § 79 auf **andere Versicherungen, die sich auf das Schiff beziehen,** sinngemäß anzuwenden. So etwa auf die Versicherung von Mehrwert. Anders, wenn der Versicherungsnehmer (z. B. der Bodmereigelder-Versicherte) nicht auszubessern hat, die Ausbesserung also auch nicht verzögern kann, eine wesentliche Voraussetzung für die Anwendung des § 67 also fehlt. Übrigens pflegt in solchen Fällen auch nur „Für behaltene Ankunft" des Schiffes Versicherung genommen zu werden. — Anders auch im Falle der Frachtversicherung. Die Gefahr, die der Fracht vom Schiffe droht, besteht nach dem gemäß § 66 maßgebenden Zeitpunkt regelmäßig auch nicht mehr (und Frachtversicherung auf Zeit kommt nicht vor). Die Anwendung des § 67 würde daher auch dann der Interessenlage zuwider sein, wenn der Frachtversicherte ausbessern könnte. Anm. 19

12. § 67 gilt sinngemäß auch für die **Rückversicherung** (§ 79, § 1 Anm. 136). Zwar hat der Vorversicherer nicht auszubessern, Aber sein Verhalten kann dafür maßgebend sein, ob die Verzögerung der Ausbesserung durch den Vorversicherten als ungebührlich anzusehen ist oder nicht. Er darf nicht ungebührlich dazu mitwirken, daß die Ausbesserung verzögert wird. Sonst endigt die Rückversicherung unter Umständen, bevor die Vorversicherung endigt. — Die Rückversicherung deckt die Haftpflicht des Vorversicherers natürlich nur insoweit, als diese sich aus dem Vorversicherungs-Vertrag und den danach zulässigen rechtsgestaltenden Erklärungen des Vorversicherten ergibt. Wenn der Vorversicherte gemäß § 67 Abs. 1 Satz 2 die Verlängerung der Versicherung ausschließt, wirkt dies ohne weiteres auch für die Rückversicherung; die rückversicherte Gefahr ist ja teilweise weggefallen. Der Vorversicherer braucht nicht auch dem Rückversicherer gegenüber die Verlängerung der Rückversicherung auszuschließen. Er kann auch nicht, wenn der Vorversicherte die Verlängerung der Vorversicherung nicht ausschließt, seinerseits die Verlängerung der Rückversicherung ausschließen und so bewirken, daß die Verlängerungsprämie des § 67 Abs. 1 Satz 3 nur ihm, nicht auch dem Rückversicherer zugute kommt. Vgl. auch § 35 Anm. 48. — Ist der Vorversicherer (wie regelmäßig) abwicklungsberechtigt, so kann er ordnungswidrige, insbesondere nicht rechtzeitige, Ausschließungserklärungen des Vorversicherten als ordnungsmäßig behandeln, wenn auch ein nicht rückversicherter Versicherer verständiger- und billigerweise sie so behandeln würde (§ 1 Anm. 154). — In England ist streitig, ob die continuation clause (§ 68 Anm. 10) sich ohne weiteres auf die Rückversicherung erstreckt (Arnould 349 s. 380). Anm. 20

§ 67 Anm. 21 13. **Fremde Rechte.** a) Englisches Recht. Die Versicherung wird nicht verlängert. Doch wird der Zweck der Verlängerung teilweise dadurch erreicht, daß die Versicherung des Schiffes dauert until she has moored at anchor 24 hours in good safety (§ 66 Anm. 21). — Über die bei Zeitversicherungen übliche continuation clause: § 68 Anm. 10.

b) Französisches Recht: § 68 Anm. 10.

§ 68

Verlängerung der Zeitversicherung

Ist ein auf Zeit versichertes Schiff bei dem Ablaufe der vereinbarten Versicherungszeit unterwegs, so gilt das Versicherungsverhältnis als verlängert bis zu dem Zeitpunkt, in dem nach den §§ 66 und 67 die Versicherung am nächsten Bestimmungsort endigen würde. Der Versicherungsnehmer kann die Verlängerung, solange das Schiff noch nicht unterwegs ist, durch eine gegenüber dem Versicherer abzugebende Erklärung ausschließen. Im Falle der Verlängerung gebührt dem Versicherer eine der längeren Dauer entsprechende Prämie; ist das Schiff verschollen, so gebührt ihm die Prämie bis zum Ablaufe der Verschollenheitsfrist.

Anm. 1 1. Vgl. HGB § 831, ASVB § 80 und Zusatz in AlteKZP (Mat. 2. 103), BSVB § 6 Abs. 2, 3, VVG § 139. — Literatur: Leo HRZ 1919. 480 (der Versicherungsfall D. „Kehdingen"), Nizze NAfHR 1. 327 (Von welchem Zeitpunkt an ist ein Schiff unterwegs?).

Anm. 2 2. **Satz 1. Ist ein zeitversichertes Schiff beim Ablauf der Versicherungszeit unterwegs,** so endigt, ausnahmsweise, die Versicherung nicht mit dem Ablauf der Zeit (ähnlich schon AllgPlan 1847 § 51; anders noch AHO 1731 V. 15). Denn dem Versicherungsnehmer würde unter Umständen schwer fallen, für ein unterwegs befindliches, insbesondere für ein überfälliges, Schiff Deckung zu erhalten (Prot. 3239). Und auch wenn er Deckung fände, würde es oft nicht leicht sein, festzustellen, ob ein Versicherungsfall, ein Schaden dem ersten oder dem zweiten Versicherer zur Last fiele (Prot. 3248, 3415).

Anm. 3 3. Der Begriff des „Unterwegsseins" ist streitig. Nach Voigt 507, NAfHR 4. 198 ist „der assekuranzrechtliche Begriff des Unterwegsseins jetzt durch ADHGB Art. 827 (= HGB § 823) festgestellt; ein Schiff ist unterwegs von dem Zeitpunkt an, wo mit der Einnahme der Ladung resp. des Ballastes angefangen wird, eventuell wo das Schiff abfährt, bis zum Ende der Löschung der Ladung resp. des Ballastes am Bestimmungsort". Voigt sind gefolgt Brodmann 200, Leo 197, Sieveking 121, Ulrich 141, RG 12. 30, HG u. OG Hamburg HGZ 1878. 315. „Von größter Bedeutung sei das Allegat des § 831 HGB" (RG 12. 30). Indem § 831 HGB (= § 68 ADS) den § 823 HGB (= § 66 ADS) anrufe, erläutere es den Begriff des „Unterwegsseins" im Sinne des § 823 HGB, also im Sinne des Sich-auf-der-Versicherungsreise-Befindens. Der Irrtum ist offenbar. § 823 HGB ist im § 831 HGB ganz unmißverständlich nur deshalb angeführt, um festsustellen, bis zu welchem Zeitpunkt die Versicherung verlängert wird. Um dies noch deutlicher zu machen, hat § 68 ADS die Art der Anführung geändert und ausdrücklich ausgesprochen, daß die für die Dauer der Reiseversicherung maßgebenden Bestimmungen (§§ 66, 67; § 67 gilt übrigens auch für die Zeitversicherung: § 67 Anm. 3) nur für die Dauer der Verlängerung maßgebend sein sollen, dagegen nicht für die Frage, ob die Versicherung überhaupt verlängert wird (irrtümlich allerdings Begr. z. E 1910 §§ 52, 53; anders auch, offenbar im Anschluß an RG 12. 30: Zusatz zu ASVB § 80 in AlteKZP, Mat. 2. 103). Gegen die Auffassung Voigts spricht entscheidend, daß seine „Auslegung gegen den natürlichen Sinn des Wortes verstößt"; so mit Recht RG 12. 31, das nur, wieder mißverständlich, sich auf § 823 HGB beruft, wo der Begriff „Reise" ebenfalls auf eine gegen den natürlichen Sinn des Wortes verstoßende Weise verwendet werde, — obgleich doch offenbar das Gegenteil der Fall ist, § 823 HGB nämlich gerade bestimmt (nicht, daß die Reise, sondern vielmehr), daß die Gefahr mit der Einnahme der Ladung beginnen soll. Gegen die Auffassung Voigts spricht ferner, daß die Vorarbeiten zum ADHGB nirgend erkennen lassen, daß man mit dem Ausdruck „unterwegs" einen widernatürlichen Sinn hat verbinden wollen (so wiederum mit Recht RG 12. 31), und schließlich entscheidend, daß auch die Verkehrsauffassung mit dem Ausdruck seinen natürlichen Sinn verbindet, — wie am besten durch die dem § 68 entsprechende ITC bewiesen wird. Should the vessel at the expiration of this policy be at sea, or in distress, or at a port of refuge or of call, she shall . . . be held covered at a pro rata monthly premium, to her port of destination. Oder durch BSVB § 6 Abs. 3: „Wenn das Schiff bei Ablauf der Versicherungszeit auf einer Reise begriffen ist, jedoch nur, wenn es zu der Zeit den damaligen Lade- und Expeditionsplatz wirklich verlassen hat, . . . dann soll die Versicherung bis zum Ende der Gefahr solcher Reise . . . unter Prämienzulage pro rata der Zeitprämie fortdauern". Oder durch die französische Verlängerungsklausel: Si le navire se trouve . . . au cours d'un voyage (vgl. unten Anm. 10). Auch die geschichtliche Entwicklung gibt Voigt unrecht. Die Bestimmung ist aus der Regelung der zeitlich beschränkten Reiseversicherung entstanden; daß die Reise beim Ablauf der Zeit wenigstens angetreten war, verstand sich von selbst (vgl. Ord. de la Mar. III 6. 35: Mais si le voyage est désigné par la police, l'assureur courra les risques du voyage entier, à condition, toutefois, que si sa durée excede le temps limité, la prime sera augmentée à proportion . . .). Richtig auch Schiedsgericht Rostock (NAfHR 1. 329): „Als unterwegs müsse das Schiff nach der natürlichen Wortbedeutung dann betrachtet werden, wenn es seine volle Ladung eingenommen und sich segelfertig vom Landeplatz entfernt habe; dabei sei es einerlei, ob das Schiff sich noch auf dem Flußgebiet befinde oder bereits die See erreicht habe, und ob es, nach seiner Entfernung vom Ladeplatz, wegen seichten Wassers oder aus irgendeinem sonstigen Grunde genötigt sei, noch auf dem Flußgebiet einen Teil seiner Ladung wieder in Leichter zu löschen, um so ein Hindernis, von welchem dasselbe unterwegs betroffen sei, zu beseitigen" (zustimmend Nizze NAfHR 1. 327 mit der Maßgabe, daß das Schiff sich, wenn es an mehreren Stellen zu laden habe, vom letzten Ladeplatz entfernt haben müsse; ebenso auch Lewis 2. 399). „Wer völlig reisefertig ist, ist damit noch nicht unterwegs" (Nizze NAfHR 1. 339). Für den Fall der Veräußerung des Schiffes bestimmt freilich § 900 HGB ausdrücklich (nicht sowohl, daß es darauf ankommt, ob das Schiff „unterwegs" ist, sondern), daß es darauf ankommt, ob es „während der Reise" veräußert wird, und daß „Anfang und Ende der Reise sich nach § 823 HGB (= § 66 ADS) bestimmen". Dies beweist aber nur wieder, daß der Ausdruck „unterwegs" eine andere Bedeutung haben muß. Übrigens hat § 50 ADS den § 900 HGB gerade insoweit nicht übernommen. — „Unterwegs" ist hiernach das Schiff, wenn es die Reise angetreten und noch nicht beendigt hat (vgl. Prölß Anm. 1 zu § 139 VVG, Schlegelberger SVR Anm. 1 zu § 68 ADS). Daß es nothalber in den Antrittshafen zurückgekehrt ist, ändert natürlich noch nichts daran, daß es die Reise angetreten hat, also „unterwegs" ist (Hansa 1916. 527). „Hat ein Schiff den Abgangshafen verlassen, so hat die Reise begonnen und es gibt für dasselbe nur noch Zwischen- und Bestimmungshäfen" (HGZ 1899. 148; vgl. auch RG 14. 35,

§ 68

§ 68 HG u. OG Hamburg HGZ 1876. 134, 1879. 101). Aber was ist eine Reise? Dampfer Kehdingen war für die Zeit vom 24. Februar 1909 bis zum 24. Februar 1910 versichert, fuhr, um gemäß Frachtvertrag Ladung zu holen, am 22. Februar 1910 in Ballast von Specia nach Malaga, traf in Malaga am 26. Februar 1910 ein, lud Güter und ging auf der Frachtreise nach England am 3. März 1910 unter. Hierzu LG Lübeck (HRZ 1919. 481): Das Schiff sei am 24./25. Februar 1910 nicht „unterwegs" d. h. auf der Reise nach England unterwegs, gewesen, OLG Hamburg, RG dagegen: Das Schiff sei „unterwegs" gewesen. Nach E 1910 § 41 sollte als Reise im Sinne der ADS jede Fahrt gelten, „zu der das Schiff von neuem ausgerüstet oder die auf Grund eines neuen Frachtvertrags oder nach vollständiger Löschung der Ladung angetreten werde, sowie jede Zureise in Ballast" (vgl. auch über Frachtreise: HGB § 580, Bodmereireise: HGB § 679, Schiffsgläubiger-Reise: HGB § 757, Versicherungsreise früher: ASVB § 83). E 1910 § 41 ist, wohl voreilig, gestrichen worden, weil man glaubte, einer Bestimmung des Begriffs „Reise" nur für die Franchisereise (§ 34 Abs. 3) und die Haftungsreise (§ 37 Abs. 1 Satz 2) zu bedürfen. Die Begriffsbestimmung des E 1910 § 41 entspricht im allgemeinen der Anschauung des Seeverkehrs; doch wird die Zureise in Ballast nicht als besondere Reise angesehen. Die Versicherungsreise würde sich also mit der Schiffsgläubiger-Reise (HGB § 757) decken (so auch Schlegelberger SVR Anm. 1 zu § 68 ADS). Vgl. aber auch unten Anm. 4.

Anm. 4 4. Das Versicherungsverhältnis gilt als verlängert (hierüber: § 67 Anm. 5). **Die Versicherung endigt** nunmehr:

a) **wenn die Ladung oder der Ballast am nächsten Bestimmungsort gelöscht ist.** Vom Bestimmungsort kann man bei Zeitversicherungen eigentlich nicht sprechen (§ 67 Anm. 3). Was gemeint ist, ergibt sich jedoch aus dem Begriff des Unterwegsseins. Bedeutet „unterwegs", daß das Schiff die Reise angetreten, aber noch nicht beendigt hat, und bedeutet „Reise" dasselbe wie Schiffsgläubiger-Reise, so ist Bestimmungsort das Ziel dieser Reise. — Nun soll aber nicht der bloße Bestimmungsort, sondern der „nächste" Bestimmungsort maßgebend sein. Damit sollte das Gegenteil, von dem ausgesprochen werden, was § 80 ASVB (Zusatz in AlteKZP, Mat. 2. 103) bestimmte: „Ist das Schiff . . . unterwegs, so wird . . . die Versicherung prolongiert, und zwar bei einer Reise nach mehreren Plätzen bis zur Ankunft und Entlöschung im letzten derselben". Läßt sich auch nicht verhindern, daß der Versicherungsnehmer das Schiff kurz vor Ablauf der Versicherungszeit auf eine lange Reise schickt, so soll er es doch nicht in der Hand haben, eine Reise nach mehren Plätzen zu unternehmen und hierdurch die Versicherung übermäßig zu verlängern (Begr. z. E 1910 § 67). Maßgebend ist also der Ort, an dem das Schiff zuerst löschen soll. Fährt das Schiff von Hamburg über Antwerpen nach New York, so ist Antwerpen der „nächste" Bestimmungsort, wenn dort gelöscht werden soll (anscheinend ebenso RG 12. 32). — Zweckreisen haben, genau genommen, keinen, also auch keinen nächsten Bestimmungsort (vgl. § 23 Anm. 51, 68). Im Sinne des § 67 wird als nächster Bestimmungsort der Ort anzusehen sein, an dem Ladung oder Ballast gelöscht werden soll.

b) **für den Fall, daß** Ladung oder Ballast **nicht zu löschen ist: wenn das Schiff am nächsten Bestimmungsort die Anker hat fallen lassen oder befestigt ist.** Ist bestimmt, daß das Schiff über Antwerpen nach New York fahren, in Antwerpen aber nicht löschen, sondern nur Ladung einnehmen soll, so ist Antwerpen der nächste Bestimmungsort (anscheinend ebenso RG 12. 32). Insbesondere ist, wenn das Schiff auf einer Zureise in Ballast unterwegs ist, nächster Bestimmungsort der Ort, an dem diese Zureise endigt. — Nächste Bestimmungsorte im Sinne des § 68 sind also im wesentlichen nur solche Zwischenhäfen nicht, die als Orderhafen oder als Nothafen oder als Ausklarierungshafen angelaufen werden. Zwar wird das Schiff auch nach einem Orderhafen usw. „bestimmt"; doch kommt solche „Bestimmung" nach der Verkehrsauffassung und nach dem Zwecke des § 68 nicht in Betracht. § 68

c) **für den Fall, daß die Löschung** am nächsten Bestimmungsort **ungebührlich verzögert wird: wenn die Löschung** ohne die Verzögerung **beendigt gewesen wäre.**

d) **für den Fall, daß** vor Beendigung der Löschung **für eine neue Reise Ladung oder Ballast eingenommen wird:** wenn **mit der Einnahme** begonnen wird.

e) **für den Fall, daß die Reise aufgegeben wird: wenn** an dem Orte, an dem die Reise aufhört, **einer der Tatbestände a—d sich verwirklicht.**

f) **für den Fall, daß das Schiff** am nächsten Bestimmungsort **mit einer Beschädigung eintrifft,** für die der Versicherer haftet: **mit der Beendigung der Ausbesserung** oder mit dem Zeitpunkt, in dem die Ausbesserung beendigt gewesen wäre, wenn man sie nicht ungebührlich verzögert hätte. Der Versicherungsnehmer kann aber diese weitere Verlängerung durch eine Erklärung ausschließen, die, sobald er von der Beschädigung Kenntnis erlangt, unverzüglich abgegeben werden muß (§ 67 Abs. 1 Satz 2).

5. **Satz 2. Der Versicherungsnehmer kann** jedoch **die Verlängerung ausschließen.** Anm. 5

a) Der Versicherungsnehmer kann ausschließen. Über den Begriff des Versicherungsnehmers: § 3 Anm. 4. — Über den Fall, daß mehrere Versicherungsnehmer beteiligt sind: Vorb. VI vor § 1. Insbesondere wird im Falle der Versicherung des im Miteigentum der Versicherungsnehmer stehenden Schiffes jeder Versicherungsnehmer für sich ausschließen können. — Bei der Versicherung für fremde Rechnung kann der Versicherungsnehmer ausschließen. Auch der Versicherte, wenn er die Zustimmung des Versicherungsnehmers oder die Police besitzt (§ 53 Abs. 2). — Nach der Veräußerung des Schiffes kann nur der Erwerber ausschließen (§ 49 Abs. 1, § 50 Abs. 2). Schließt er nicht aus, so haften Veräußerer und Erwerber für die Verlängerungsprämie des § 68 Satz 3 als Gesamtschuldner (§ 49 Anm. 23). — Erklärung durch Vertreter: BGB §§ 174, 180. Der Schiffs- oder Assekuranzmakler ist nicht ohne weiteres ermächtigt, die Verlängerung auszuschließen.

b) Der Versicherungsnehmer kann **durch Erklärung gegenüber dem Versicherer** ausschließen. Die Erklärung ist eine empfangsbedürftige (im übrigen keiner besonderen Form bedürfende), rechtsgestaltende, nämlich rechtsaufhebende Willenserklärung. Näheres hierüber: § 67 Anm. 8.

c) Der Versicherungsnehmer muß, **solange das Schiff noch nicht unterwegs ist,** erklären. — Über den Begriff des „Unterwegsseins": oben Anm. 3. — Es kommt nur darauf an, daß die Erklärung dem Versicherer zugeht, solange das Schiff noch nicht unterwegs, solange es sich nicht auf der nach § 68 maßgebenden Unterwegs-Reise befindet. Geht die Erklärung dem Versicherer später oder überhaupt nicht zu, so kann der Versicherungsnehmer sich nicht darauf berufen, daß ihn kein Verschulden trifft.

d) Rechtsfolgen der Erklärung: Die Versicherung endigt mit Ablauf der Versicherungszeit. Läuft die Verschollenheitsfrist nach Ablauf der Versicherungszeit ab, so haftet der Versicherer natürlich nicht (so ausdrücklich HGB § 831 Abs. 3; vgl. Begr. z. E 1910 § 67). — Anders natürlich, wenn die Erklärung unberechtigt ist, die Ausschließung insbesondere erst erklärt wird, während das Schiff schon unterwegs ist. Die unberechtigte Erklärung hat im allgemeinen keine Rechtsfolgen. Aber der Versicherer kann sie als Antrag auf Aufhebung des Verhältnisses betrachten und behandeln. Schweigt er, so liegt hierin noch nicht ohne weiteres Zustimmung (vgl. Vorb. vor § 1 Anm. 18).

e) Der Versicherer kann die Verlängerung der Versicherung nicht ausschließen.

§ 68 Anm. 6 6. **Satz 3. Im Falle der Verlängerung** der Versicherung **verlängert sich auch die Prämienpflicht** des Versicherungsnehmers (näheres: § 67 Anm. 11). Im Falle der Verschollenheit des Schiffes ist die Prämie nicht bis zur Abandonerklärung, sondern nur bis zum Ablauf der Verschollenheitsfrist zu zahlen. Taucht das verschollene Schiff nach Ablauf der Verschollenheitsfrist und vor Abandonerklärung wieder auf, so endigt die Versicherung demnächst gemäß § 68 Satz 1 (wenn sie nicht schon vorher, insbesondere gemäß § 68 Satz 2 beendigt ist). Endigt sie demnächst gemäß § 68 Satz 1, so gebührt dem Versicherer die Verlängerungsprämie bis zum Ende. Wenn sich herausstellt, daß die Versicherung des abandonnierten Schiffes vor Ablauf der Verschollenheitsfrist beendigt ist, gebührt dem Versicherer doch die Prämie bis zum Ablauf der Verschollenheitsfrist. Taucht das Schiff vor dem Ablauf der Verschollenheitsfrist wieder auf, so gebührt dem Versicherer die Prämie bis zu dem Zeitpunkt, in dem die Versicherung gemäß § 68 Satz 1 endigt. — Über die Fälligkeit der Verlängerungsprämie vgl. § 16 Anm. 10.

Anm. 7 7. Beweislast. Der Versicherungsnehmer, der Entschädigung verlangt, der Versicherer, der Verlängerungsprämie verlangt, muß beweisen, daß die Versicherung verlängert ist. Der Versicherer, der die Zahlung der Entschädigung, der Versicherungsnehmer, der die Zahlung der Versicherungsprämie verweigert, muß beweisen, daß die Verlängerung gemäß § 68 Satz 2 ausgeschlossen ist.

Anm. 8 8. § 68 ist auf **andere Zeitversicherungen, die sich auf das Schiff beziehen,** sinngemäß anzuwenden (§ 79). Solche anderen Zeitversicherungen kommen jedoch kaum vor (vgl. aber auch Prot. 3253).

Anm. 9 9. § 68 gilt auch für die **Rückversicherung** (§ 79, § 1 Anm. 136; vgl. auch § 67 Anm. 20).

Anm. 10 10. **Fremde Rechte.** a) Englisches Recht. Die früher in England bestehenden Beschränkungen für die Dauer von Zeit-Policen sind seit der Finance Act, 1959, beseitigt, indem deren s. 30 s. 93 der Stamp Act, 1891, und s. 25 Abs. 2 MIA aufhob. Vgl. Arnould 455 s. 482. Eine Verlängerungsklausel findet sich unter den ITC: Should the Vessel at the expiration of this policy be at sea, or in distress, or at a port of refuge or of call, she shall, provided previous notice be given to the Underwriters, be held covered at a pro rata monthly premium, to her port of destination. Die Klausel geht von dem umgekehrten Grundsatz aus, wie das deutsche Recht: Die Versicherung wird (ähnlich, wie nach ADS § 35 Abs. 2, 3) nur verlängert, wenn der Versicherungsnehmer es vor der Unterwegs-Reise verlangt. Es kommen aber auch Klauseln vor, welche die Verlängerung nicht von einer vorherigen Erklärung des Versicherungsnehmers abhängig machen (Arnould 456 s. 482).

b) Französisches Recht. Siehe die Verlängerungsklausel in Art. 9 der Kaskopolice.

§ 69

Versicherung für mehrere Reisen

Ist die Versicherung für mehrere aufeinanderfolgende Reisen genommen, so erstreckt sie sich auf die zwischen den Reisen liegende Zeit.

Anm. 1 1. Vgl. HGB § 827 Abs. 1 Satz 2, ASVB § 76.

Anm. 2 2. Die **Versicherung** kann **für mehrere aufeinanderfolgende Reisen** genommen werden (§ 66 Anm. 3), z. B. für Hin- und Rückreise (HGB § 827 Abs. 1; vgl. AllgPlan § 52, wenngleich in anderem Zusammenhang: „Aus und zu Haus", „Tour und Retour", auch den Fall HG u. OG Hamburg HGZ 1876. 134: „Nach Lagos und/oder

Palma und zurück"; siehe HansOLG HRZ 1926. 895 = Sasse Nr. 359: Ist bei der Versicherung einer Hin- und Rückreise dem Schiff gestattet, nach Löschung im Bestimmungshafen Ladung für die Rückreise aus einem anderen Hafen zu holen, so ist auch diese Zureise in Ballast mitversichert). Das kann so gemeint sein, daß die mehreren Reisen selbständig versichert sein sollen, Beginn und Ende jeder Reise also nach §§ 66, 67 zu bestimmen sind. Dies ist aber regelmäßig nicht die Meinung, weil der Versicherungsnehmer sonst für die durch §§ 66, 67 nicht gedeckte Zwischenzeit nicht versichert wäre. Insbesondere dann nicht, wenn die Versicherung zu einheitlicher Prämie genommen ist (während im anderen Falle freilich eine tatsächliche Vermutung dafür spricht, daß die Reisen besonders versichert sein sollen). Deshalb bestimmt § 69, daß die **Zwischenzeit** zwischen den mehreren Reisen **mitversichert** sein soll (ähnlich bereits PreußAHO § 56; wohl ohne weiteres vorausgesetzt in AHO 1731 V. 14). — Die Zwischenzeit darf natürlich nicht beliebig verlängert werden. Wird sie „erheblich" gestreckt, so ist die Gefahr geändert (§ 23 Abs. 1, Abs. 2 Nr. 1). **§ 69**

3. § 69 gilt auch für **andere Versicherungen, die sich auf das Schiff beziehen** (§ 79), insbesondere auch im Falle der Rückversicherung (§ 79, § 1 Anm. 136). Anm. 3

4. Die **fremden Rechte** stimmen hiermit im allgemeinen überein. The voyage insured (viaggium) is one, though the passages (itinera: Casaregis Disc. 67 Nr. 28) made by the ship are several (Arnould 402 s. 430). Z. B.: Versicherung eines Schiffes at and from Honfleur to the coast of Angola, during her stay and trade there, at and from thence to her port or ports of discharge in St. Domingo, and at and from St. Domingo back again to Honfleur (Bermon v. Woodbridge 1781 bei Arnould 403 s. 430). — Ähnlich auch im französischen Versicherungsverkehr. Dans l'assurance dite à prime liée, le voyage de retour est assuré en même temps que le voyage d'aller, et le contrat couvre les risques de séjour au port de destination entre l'aller et le retour, sans limitation de durée (Ripert Nr. 2728). Anm. 4

§ 70

Versicherungswert

(1) Als Versicherungswert gilt der Wert, den das Schiff bei dem Beginne der Versicherung hat. Der Wert umfaßt nicht die Ausrüstungskosten, die Heuer und die Versicherungskosten.

(2) Dieser Wert gilt auch bei dem Eintritte des Versicherungsfalls als Versicherungswert.

1. Vgl. HGB §§ 795, 796, ASVB §§ 18, 19, BSVB § 31, VVG § 141 Abs. 1. — Literatur: § 6 Anm. 2, auch Suckau HGZ 1906. 273 (Auslegung der Policenklausel: „Der versicherte Betrag soll als Totalschaden bezahlt werden"). Anm. 1

2. **Versicherungswert** ist der Wert des versicherten Interesses (§ 6 Abs. 1), hier: der Wert des versicherten Schiffseigentümer-Interesses (Vorb. vor § 58). Der Wert eines Interesses wird durch Art, Ort und Zeit bestimmt. Gesetz (HGB §§ 795, 796) und ADS bestimmen hierüber nur wenig. Anm. 2

a) Art des Interesses. Es handelt sich um das Eigentümerinteresse. Es ist also unzulänglich, wenn Gesetz (HGB § 795) und ADS bestimmen, daß **„der Wert, den das Schiff hat"**, als Versicherungswert angesehen werden soll. Dieser Wert kann Gebrauchswert, Ertragswert, Verkaufswert, Anschaffungswert, Herstellungswert sein. Erst aus dem Wesen des Eigentümerinteresses läßt sich bestimmen, welcher dieser Werte maßgebend sein muß. Es ist der Wert, den das Schiff für den Eigentümer als

§ 70 solchen hat. Das ist gewöhnlich der gemeine Wert, der Verkäuflichkeitswert (RG 97. 46). Den Verkäuflichkeitswert können aber Gesetz und ADS hier nicht gemeint haben (nur scheinbar abw. Voigt 117: „Selbstverständlich sei hier unter dem Worte ‚Wert' der gemeine Wert zu verstehen"; die weiteren Ausführungen ergeben, daß der Ausdruck im Gegensatz zum Affektionswert gebraucht ist). Sonst wäre nicht zu verstehen, warum zwar ADS § 90, VVG § 140 und, dem Sinne nach, auch HGB § 799 für den Fall der Güterversicherung den „gemeinen Wert" zugrunde legen, Gesetz (HGB § 795, VVG § 141) und ADS dagegen für den Fall der Schiffsversicherung nur auf den „Wert" abstellen. Den Verkäuflichkeitswert zugrunde zu legen, wäre auch unzweckmäßig gewesen, weil der Versicherungsnehmer gewöhnlich das Schiff nicht zum Verkaufen, sondern zum Gebrauchen hat. Zwar macht das Frachtrecht zwischen Sachen, die zum Verkaufen, und Sachen, die zum Gebrauchen bestimmt sind, keinen Unterschied; in allen Fällen wird nur der gemeine Wert ersetzt (vgl. z. B. HGB §§ 430, 611). Aber die Interessenlagen sind im Frachtrecht und im Rechte der Schiffsversicherung verschieden. Die Berufung auf die Regelung für den Frachtverkehr wäre daher unberechtigt. Dagegen hat im Versicherungsverkehr und auch im Versicherungsrecht (VVG §§ 86, 88) der Gedanke festen Fuß gefaßt, daß bei Gebrauchsgegenständen der Anschaffungs- oder der Herstellungswert maßgebend ist, — natürlich nicht der Anschaffungs- oder Herstellungswert einer neuen Sache schlechthin, sondern dieser Wert unter Abzug eines dem Unterschied zwischen neu und alt entsprechenden Betrags (so VVG § 86 für bewegliche Sachen) oder eines dem Zustand der Sache, insbesondere ihrem Alter und ihrer Abnutzung entsprechenden Betrags (so VVG § 88 für Gebäude). Ein solcher Wert wird daher auch als Versicherungswert des Schiffes angenommen werden müssen. Im Ergebnis ebenso Sieveking 42, Ulrich 143. An der Feststellung des Schiffswerts zu verzweifeln (so Gerhard 538, Hagen 2. 244 offenbar im Anschluß an Voigt 122: „Durchgreifende Regeln für die Bestimmung des Schiffswerts ließen sich nicht aufstellen .... Das richterliche Ermessen habe hier einen weiten Spielraum"), besteht also kein Grund. Auch bei uns wird es möglich sein, daß der Wert is estimated by a certain standard, and in case of loss is made out by proof (Arnould 390 s. 419), ohne daß dabei dem richterlichen Ermessen ein weiterer Spielraum eröffnet wird, als es die Grundsätze des Prozeßrechts gestatten. Und zwar wird je nach den Umständen der Anschaffungswert oder der Herstellungswert maßgebend sein müssen. Der Herstellungswert insbesondere bei der Versicherung von Baurisiken (vgl. Oblig. Beschl. des VHA: „Die zwischen dem Bauherrn und dem Erbauer vertraglich vereinbarte ... Bausumme bildet die Grundlage der Versicherung. Sollte sich die Bausumme im Verlaufe der Bauzeit erhöhen, so ist der Versicherungsnehmer verpflichtet, die erhöhte Bausumme der Versicherung nachträglich zugrunde zu legen .... Für Schiffe, welche auf Grundlage der Selbstkosten erbaut werden, ist bei Beginn der Versicherung der Ablieferungswert zu schätzen .... Bei erfolgter Ablieferung des Schiffes ist die tatsächliche Bausumme zu ermitteln ..."). Sonst ist der Anschaffungswert maßgebend, d. h. der Wert, zu dem der Versicherungsnehmer ein Schiff wieder kaufen oder herstellen lassen kann. Nur in diesem Sinne richtig Voigt 122: „In der Praxis pflege man neuerbaute Schiffe nach dem Betrag zu schätzen, welchen ihre Herstellung gekostet habe; komme es auf den Wert eines älteren Schiffes an, so kürze man wegen des infolge von Alter und Abnutzung anzunehmenden Minderwerts auf die ursprünglichen Herstellungskosten einen den Umständen nach veranschlagten Belauf". Willkürlich OLG Hamburg (ZfVW 1906. 544; dagegen auch Gerhard 538): Maßgebend sei der Verkaufswert des (verlorengegangenen) Leichters zuzüglich des Wertes, den der Leichter für den Versicherten als werbendes Kapital (Teil seines Betriebsmaterials) gehabt habe. Vgl. auch OLG Hamburg JRPV 1935. 271 = Sasse Nr. 438: Für die Schätzung des Versicherungswertes eines Schiffes ist nicht allein sein mutmaßlicher Verkaufswert maßgebend, vielmehr ist in erster Linie zu berücksichtigen der Wert des Schiffes als Erwerbsquelle durch Schiffahrtsbetrieb, als Verdienstmöglichkeit. — Ist der Wert streitig, so hat das Gericht „unter Berücksichtigung des gesamten Inhalts der Verhandlungen und des Ergebnisses einer etwaigen Beweisaufnahme nach freier Überzeugung zu entscheiden" (ZPO § 286). So insbesondere, wenn der Versicherer Herabsetzung der angeblich erheblich übersetzten Taxe verlangt und deshalb der wirkliche Versicherungswert ermittelt werden muß (§ 6 Anm. 29). Anders, wenn der Versicherungsnehmer als Entschädigung vollständigen oder teilweisen Ersatz des Versicherungswerts verlangen kann und verlangt, also streitig ist, „wie hoch sich der Schaden beläuft", dessen Ersatz der Versicherungsnehmer verlangen kann. So etwa, wenn das Schiff total verlorengegangen und keine Versicherungssumme vereinbart ist, der Versicherungsnehmer also Ersatz des Versicherungswerts verlangen kann (§ 71 Anm. 13). Ebenso auch wohl, wenn der Versicherungsnehmer gemäß § 71 die Versicherungssumme verlangt und der Versicherer einwendet, daß die Versicherungssumme den Versicherungswert übersteige, der Schaden sich also nicht bis zur Höhe der Versicherungssumme, sondern niedriger „belaufe" (vgl. § 6 Anm. 11). Für den Fall eines solchen Streites soll nach § 287 ZPO das Gericht „unter Würdigung aller Umstände nach freier Überzeugung entscheiden", bleibt insbesondere seinem „Ermessen überlassen, ob und inwieweit eine beantragte Beweisaufnahme oder von Amtswegen die Begutachtung durch Sachverständige anzuordnen sei". **§ 70**

Über den Begriff des Schiffes, seine Bestandteile und seine Zubehörstücke: § 1 Anm. 23, 35, 36. Gesetz und ADS bestimmen darüber nicht besonders (anders das englische Recht: unten Anm. 21). Sie bestimmen nur, was nicht zum Schiff gerechnet, was **vom Versicherungswert nicht umfaßt** werden soll. Dies sind: Anm. 3

1. **Die Ausrüstungskosten.** Da es sich hier um die Versicherung des Eigentümerinteresses handelt, sind natürlich nicht Kosten, sondern die, regelmäßig mit Kosten angeschafften, Ausrüstungsgegenstände (früher Ausrhedung des Schiffes genannt; vgl. aber auch PreußAHO § 27: „Ausrhedung, Ausrüstung und Zubehör") gemeint (Prot. 3073). Über den Begriff der Ausrüstungsgegenstände (insbesondere Kohlen, Maschinenbedürfnisse, Mundvorräte): § 1 Anm. 36, § 58 Anm. 13. Diese Gegenstände sind selbstverständlich nicht mitversichert (vgl. auch Helberg 26; anders freilich noch AllgPlan 1847 § 11 und im Ausland: unten Anm. 21). Denn sie sind weder Bestandteile des Schiffes noch Zubehörstücke (§ 1 Anm. 35, 36). Überdies sind es Gegenstände, die nicht zum Gebrauch, sondern zum Verbrauch bestimmt sind, die, mag die versicherte Unternehmung glücklich oder unglücklich verlaufen, jedenfalls (wenn auch im Falle des glücklichen Verlaufs nicht in juristischem Sinne) verlorengehen, an denen der Eigentümer also ein ganz anderes Interesse hat, als am Schiff, und die man deshalb sogar als „an und für sich gar nicht versicherbar" bezeichnet hat (Prot. 3074; frühere Verbote: Pöhls 4. 81, HambS 2. 569).

2. **Die Heuer.** Sie ist selbstverständlich nicht mitversichert. Denn insoweit kann von einem Eigentümerinteresse überhaupt nicht die Rede sein.

3. **Die Versicherungskosten** (Prämie und Nebenkosten, auch Courtage: § 1 Anm. 17, § 16 Anm. 12). Sie sind selbstverständlich nicht mitversichert. Denn auch insoweit kann von einem Eigentümerinteresse nicht die Rede sein.

Der Wert des Schiffes kann aber auch diese Dinge umfassen. Ausrüstungskosten, Heuer und Versicherungskosten können zusammen mit dem Schiffe versichert werden (vgl. HGB § 796 Satz 2, ADS § 1 Anm. 17, 36):

§ 70
Anm. 4

1. Ausrüstungskosten, richtiger: Ausrüstungsgegenstände (oben Anm. 3). Der Eigentümer hat regelmäßig ein versicherbares Interesse. Denn die Ausrüstungsgegenstände werden nicht zum Vergnügen angeschafft. Der Reeder schafft sie an, um damit Fracht zu gewinnen. Geht die besegelte oder, im Falle einer Ballastreise, die unbesegelte oder gar nur die erhoffte Fracht verloren, so sind die Ausrüstungsgegenstände umsonst angeschafft, die Ausrüstungskosten umsonst aufgewendet. Das Interesse ist also regelmäßig ein Frachtinteresse (vgl. die auch sonst vortreffliche Entscheidung RG HGZ 1891. 255) Deshalb werden (in Deutschland wenigstens) die Ausrüstungskosten auch regelmäßig in der Fracht (Bruttofracht) versichert. Deshalb würde, wenn die Ausrüstungskosten mit dem Schiffe und außerdem die Bruttofracht versichert würden, teilweise Doppelversicherung entstehen. Deshalb besteht auch wegen der Ausrüstungskosten nur noch ein beschränktes Interesse, wenn die Fracht — sei es nach dem Gesetz (vgl. z. B. HGB § 618), sei es auf Grund besonderer Vereinbarung — endgültig bezahlt, und ein noch beschränkteres Interesse, wenn die Fracht subject to insurance endgültig bezahlt ist (vgl. § 1 Anm. 76, 77). Deshalb können aber auch die Ausrüstungskosten (ohne daß auch nur teilweise Doppelversicherung entsteht) neben dem Schiffe und neben der Bruttofracht besonders versichert werden, wenn das Schiff für mehrere Reisen ausgerüstet und nur die Bruttofracht einer einzelnen Reise versichert ist, — natürlich nur, soweit die Ausrüstungskosten auf die anderen Reisen entfallen (ROHG 8. 86; vgl. auch die im übrigen bedenkliche Entscheidung LG Hamburg HGZ 1883. 312). Deshalb ist auch die Auffassung von HGZ 1890. 302 unrichtig: Die Versicherbarkeit der Ausrüstungskosten bilde eine Ausnahme von dem Grundsatz des Assekuranzrechts, „daß der Versicherte durch die Assekuranz nicht besser gestellt werden dürfe, als er bei glücklichem Ausgang der Reise stehen würde", weil auch „bei günstigem Verlauf der Reise Ausrüstungsgegenstände sich abnutzen und Proviant verzehrt wird" (vgl. auch RG HGZ 1891. 255; näheres: Vorb. vor § 1 Anm. 70, § 59 Anm. 2). — Andererseits deckt sich das Interesse an den Ausrüstungsgegenständen oder -kosten nicht vollständig mit dem Frachtinteresse (deshalb unrichtig Pöhls 4. 81; vgl. auch Prot. 4269, Lewis 2. 302). Die Versicherung der Bruttofracht deckt den gewöhnlichen Verbrauch; sie schützt dagegen, daß die Ausrüstungskosten umsonst ausgegeben sind oder werden. Die Versicherung der Bruttofracht deckt daneben auch wirklichen Sachschaden. Wenn Schiff und Güter total verlorengehen, erhält der Frachtversicherte in der Frachtentschädigung nicht nur Ersatz für die umsonst verbrauchten, sondern auch Ersatz für die noch nicht verbrauchten, mit dem Schiffe verlorengegangenen Ausrüstungsgegenstände. Die Versicherung der Bruttofracht deckt aber nicht jeden Sachschaden. Wenn Ausrüstungsgegenstände verlorengehen und ersetzt werden müssen, Fracht aber nicht verlorengeht, hat der Frachtversicherer den Schaden nicht zu ersetzen; insbesondere auch nicht etwa gemäß § 32 als Aufwendung zur Abwendung von Frachtverlust. Die Versicherung der Bruttofracht deckt Sachschaden nur insoweit, als Fracht verlorengeht und der Frachtversicherte in der Fracht Ersatz für den Schaden gefunden haben würde. Die Versicherung der Ausrüstungskosten dagegen deckt nur wirklichen Sachschaden; diesen aber ganz, nicht nur für die Fälle, in denen die Versicherung der Bruttofracht ihn deckt, sondern auch für andere Fälle. Gehen Schiff und Güter total verloren, so haftet nicht nur der Frachtversicherer, sondern auch der Versicherer der Ausrüstungskosten. Gehen infolge eines Unfalls (nur) Bunkerkohlen verloren, so haftet nur der Versicherer der Ausrüstungskosten. Für solche Fälle hat also die Versicherung der Ausrüstungskosten neben der Frachtversicherung wirtschaftliche Bedeutung.

Diese Bedeutung ist natürlich noch größer, wenn die Fracht nicht versichert ist, oder wenn, wie etwa bei einer Lustyacht, Fracht gar nicht verdient wird. Gehen in solchem Falle Ausrüstungsgegenstände verloren, so kommt nur die Haftung des Versicherers der Ausrüstungskosten in Betracht. Dabei ist freilich auch zu berücksichtigen, daß das versicherte Interesse nach und nach wegfällt. Geht die Lustyacht bei ihrer Rückreise in den Ausgangshafen total verloren, nachdem der versicherte Mundvorrat aufgezehrt ist, so war das versicherte Interesse weggefallen, ist also nichts zu ersetzen. Geht der Dampfer verloren, nachdem die versicherten Bunkerkohlen zur Hälfte bestimmungsgemäß verbrannt sind, so war das versicherte Interesse zur Hälfte weggefallen, ist also auch nur die Hälfte zu ersetzen. Der Grundsatz, daß der Versicherungswert fest bleibt, daß der Wert beim Beginn der Versicherung auch beim Eintritt des Versicherungsfalls als Versicherungswert anzusehen ist (§ 70 Abs. 2), kann hieran nichts ändern. Die Festigkeit des Versicherungswerts muß zwar als allgemeiner Grundsatz des Transportversicherungs-Rechts betrachtet werden (vgl. § 6 Anm. 9) und auch für die Versicherung von Ausrüstungskosten gelten (vgl. auch § 79). Aber dieser Grundsatz bleibt auch unberührt. Denn nicht der Wert des versicherten Interesses verändert sich; sondern dieses Interesse selbst fällt ganz oder teilweise fort. — Die Ausrüstungskosten können natürlich auch „besonders" (HGB § 796) oder „selbständig" (HGB § 800) versichert werden, d. h. nicht mit dem Schiffe und nicht in der Fracht (vgl. den Fall HG u. OG Hamburg, OAG Lübeck HambS 2. 561: Die Versicherung von „Provision" des Schiffes sei nicht als Versicherung von Proviant und anderen Schiffsbedürfnissen zu verstehen, vgl. jedoch auch AHO 1731 XXII. 7: „Provision des Schiffs, Kriegsmunition . . . contribuiren im Falle von Werfung nichts", auch französ.: provisions de guerre, de bouche usw.). Dann gilt überall dasselbe wie im Falle der gemeinschaftlichen Versicherung des Schiffes und der Ausrüstungskosten. — Nach § 800 HGB leistet der Versicherer für den Teil der Ausrüstungskosten keinen Ersatz, der „infolge eines Unfalls erspart wird", d. h. er haftet nicht für die Kosten, die der Versicherungsnehmer nicht hat auszugeben brauchen und nicht ausgegeben hat, weil dem Schiffe ein Unfall zugestoßen ist. Das ist selbstverständlich, wenn man berücksichtigt, daß es sich in Wirklichkeit nicht um Ausrüstungskosten, sondern um Ausrüstungsgegenstände handelt. Für Gegenstände, die, sei es wegen eines Unfalls, sei es aus anderen Gründen, nicht da und infolgedessen auch nicht verlorengegangen sind, wird natürlich nichts gezahlt. Interesse, Gefahr, Schaden fehlen (vgl. auch oben). Nach ASVB § 23 ist „jedoch in solchem Falle die Prämie für denjenigen Betrag, der an Kosten erspart wurde, zur Hälfte zu ristornieren". Über und gegen diese Bestimmung vgl. die, jedenfalls nicht erschöpfenden, Ausführungen bei Voigt 151 (dazu auch Begr. z. E 1910 § 69, ferner Ehrenberg ZfVW 1906. 408). Ob die Prämie zu „ristornieren" ist, richtet sich nach allgemeinen Grundsätzen. Sind z. B. Ausrüstungskosten selbständig für 10000 versichert, so ist die Prämie zu ristornieren, wenn das Schiff vor dem Beginn der Ausrüstungskosten-Versicherung untergeht (§ 4 Abs. 1). Zweifelhaft könnte sein, ob die Prämie auch dann zu ristornieren ist, wenn das Schiff zwar erst nach dem Beginn der Kaskoversicherung, aber unausgerüstet untergeht, oder teilweise zu ristornieren ist, wenn die Ausrüstungskosten für die Reise Hamburg—Antwerpen—Rio versichert sind, das Schiff in Antwerpen Bunkerkohlen einnehmen soll und auf der Reise Hamburg—Antwerpen untergeht. In solchem Falle ist die Versicherung teilweise für ein künftiges, erst in Antwerpen entstehendes Interesse genommen und dieses Interesse wegen des Untergangs „nicht zur Entstehung gelangt" (§ 4 Abs. 1). Die Prämie müßte also teilweise ristorniert werden. In Wirklichkeit ist hiervon keine

§ 70 Rede. Die Versicherung der Ausrüstungskosten, der Ausrüstungsgegenstände ist (ähnlich, nicht gleich, der Versicherung des Schiffes, seiner Bestandteile und seiner Zubehörstücke: § 1 Anm. 36) die Versicherung einer wirtschaftlich zusammengehörenden Menge von Sachen, eines Inbegriffs, für dessen Versicherung die Prämie ebenso vereinbart wird und zu zahlen ist, wie für die Versicherung des Schiffes. Die Versicherung der Ausrüstungskosten beginnt also ebenso wie die Kaskoversicherung (vgl. auch § 79, auch § 106), bei Reiseversicherungen also gemäß § 66. Soweit dann etwa das Schiff nicht vollständig ausgerüstet ist und wird, wird die Prämie ebensowenig ristorniert, wie die Prämie für die Versicherung des Schiffes ristorniert wird, wenn Bestandteile oder Zubehörstücke des Schiffes gefehlt haben. — Über eine verkappte Ausrüstungskosten-Versicherung, die Versicherung von „Vorschußgeldern nach ihrer passiven Seite": § 1 Anm. 122. — Über Havereigelder-Versicherungen als Ausrüstungskosten-Versicherung: § 1 Anm. 113.

Anm. 5 2. Heuer. Wer sie ausgegeben hat oder ausgeben muß, hat regelmäßig ein versicherbares Interesse. Denn er will sie nicht umsonst ausgegeben haben. Der Reeder erwartet Ersatz in der Fracht. Das Interesse ist deshalb regelmäßig ein Frachtinteresse, — ähnlich dem Interesse wegen der Ausrüstungskosten (vgl. daher oben Anm. 4). Auch wenn die Heuer durch die Fracht nicht wieder eingebracht werden soll, wird regelmäßig eine versicherbares Interesse anzunehmen sein. Geht freilich die Lustyacht kurz nach Antritt der versicherten Reise verloren, so ist der Versicherungsnehmer vielleicht nur um sein Vergnügen gekommen. Aber auch etwa um seine notwendige Erholung. Da läßt sich schwer unterscheiden. Jedenfalls fällt aber auch hier (wie bei den Ausrüstungskosten: oben Anm. 4) das versicherte Interesse nach und nach weg. Geht also die Lustyacht kurz vor der Rückkunft verloren, so hat die Heuer ihren Zweck erfüllt, der Versicherer nichts zu ersetzen. — Die Heuer kann natürlich auch „besonders" (HGB § 796), „selbständig" (HGB § 800) versichert werden. Dann gilt überall dasselbe (vgl. oben Anm. 4). — „Ersparte" Heuer ist natürlich ebensowenig, wie ersparter Ausrüstungsaufwand, zu ersetzen (vgl. oben Anm. 4).

Anm. 6 3. Versicherungskosten. Der Versicherungsnehmer hat regelmäßig ein versicherbares Interesse (§ 1 Anm. 17). Er will sie nicht umsonst ausgegeben haben. Der Reeder erwartet Ersatz in der Fracht. Das Interesse ist also regelmäßig ein Frachtinteresse (näheres: oben Anm. 4). — Auch wenn die Versicherungskosten nicht durch Fracht wieder eingebracht werden sollen, wird regelmäßig ein versicherbares Interesse anzunehmen sein (vgl. oben Anm. 5). Geht freilich die versicherte Lustyacht kurz vor Beendigung der versicherten Reise oder Zeit verloren, so ist nicht einzusehen, welches Interesse noch bestanden haben könnte. Geht aber die für die Zeit vom 1. Januar 1964 bis 31. Dezember 1964 versicherte Yacht am 2. Januar 1964 verloren, so muß der Versicherungsnehmer für die neuanzuschaffende Yacht von neuem Versicherungskosten aufwenden. Das Interesse ist also auch in solchen Fällen ein nach und nach schwindendes. — Die Versicherungskosten können natürlich auch „besonders" (HGB § 796), „selbständig" versichert werden. Dann gilt überall dasselbe (vgl. oben Anm. 4). — „Ersparte" Versicherungskosten sind ebensowenig wie „ersparte" Ausrüstungskosten oder „ersparte" Heuer zu ersetzen. § 800 HGB (überhaupt überflüssig) bestimmt hierüber nichts Besonderes. Aber es versteht sich ohnedies von selbst (oben Anm. 4). So etwa, wenn die Versicherungszeit in Perioden eingeteilt ist, das Schiff in der ersten Periode total verlorengeht und infolgedessen die Prämie für die folgenden Perioden „erspart" wird. — Bei der Mitversicherung von Versicherungskosten muß berücksichtigt werden, daß für den Betrag der Versicherungskosten wieder Versicherungskosten entstehen (die sog. „Prämie von der

Prämie", deren AllgPlan 1847 § 11 für den Fall der Güterversicherung besonders gedenkt). Betragen z. B. bei einem Schiffswert von 1000 die Versicherungskosten 50, also 5%, so würde, wenn die Versicherungskosten mitversichert würden, die Prämie von der Prämie aber unberücksichtigt bliebe, der Versicherungsnehmer im Verlustfall 1050 erhalten, aber an Versicherungskosten 5% von 1050 = 52.50 ausgeben und mithin für 2.50 unentschädigt bleiben. Volle Entschädigung erhält der Versicherungsnehmer nur, wenn er auch die Prämie der Prämie versichert und die hiernach sich ergebende Gesamtprämie zahlt. Bezeichnet x die Gesamtprämie, y den Schiffswert plus Gesamtprämie, also die Versicherungssumme, so sind $1000 + x = y$. An Gesamtprämie soll der Versicherungsnehmer 5% der Versicherungssumme zahlen, also $^5/_{100}y$. y ist also $= 20x$. Hieraus ergibt sich für die Gleichung: $1000 + x = 20x$ oder $x = 52.63$ oder $y = 1052.63$. Als the simplest practical rule zur Ermittlung der Versicherungssumme (y) bezeichnet Arnould 390 s. 420 (nach ihm: Voigt 148, Sieveking 43; vgl. insbesondere auch Benecke 1. 431) diese Regel: Wie sich der Unterschied von 100 und $5 = 95$ zu 100 verhalte, so verhalte sich 1000 zu y. Also: $95:100 = 1000:y$. Also: $y = 100000:95 = 1052.63$. Diese Errechnungsart versagt aber, wenn, wie regelmäßig oder stets, die Versicherungskosten nicht nur aus einer Prämie vom Hundert, sondern aus der Prämie und Nebenkosten ($^5/_{100}y + 10$) bestehen. In solchem Falle sind $100x = 5y + 1000$ und $y = 20x - 200$. Dies in die Gleichung eingestellt, ergibt: $1000 + x = 20x - 200$ oder: $x = 1200:19 = 63.16$ und $y = 1063.16$. — Sind die Ausrüstungskosten usw. mitversichert, so können auch die auf sie entfallenden Versicherungskosten mitversichert werden (Benecke 1. 474). § 70

b) Bedeutung der Zeit für die Wertbestimmung. Der Wert einer Sache und damit der Wert des Interesses schwankt fortwährend. Man hat sich daher, und zwar insbesondere wegen der Bemessung der Entschädigung, entscheiden müssen, welcher Zeitpunkt für die Bemessung des Wertes maßgebend sein soll. Und zwar schienen „nur zwei Wege denkbar: Der Versicherte kann entweder nach vorgefallenem Unglück durch den Versicherer in den Stand gesetzt werden, worin er bei glücklicher Ankunft des versicherten Gegenstandes am Bestimmungsort gewesen sein würde; oder er kann von demselben in die Lage gebracht werden, worin er sich befunden haben würde, wenn er die durch das Unglück vereitelte Spekulation gar nicht unternommen hätte" (Benecke 1. 404, danach ebenso: Voigt 118, Sieveking 42, LG Hamburg HGZ 1897. 138; Arnould 361 s. 392: to put the assured in such position as he would have been in if no loss have been incurred oder in the same situation he was in at the commencement of the risk). Im allgemeinen wird der erste Weg beschritten, die Entschädigung nach dem Werte bestimmt, der sich im Versicherungsfall ergibt (VVG § 55). Das entspricht dem Wesen der Schadensversicherung, die nicht mehr und nicht weniger als Schaden ersetzen will. Aber es ist nicht verkehrsgemäß und deshalb für die Transportversicherung nicht geeignet. Denn man würde sich, wollte man den Versicherer verpflichten, den wirklichen Schaden, nur ihn, aber auch ihn ganz, zu ersetzen, kaum je über den Versicherungswert, über die Entschädigung einigen; die Leistung des Versicherers würde (wenigstens, wenn keine Versicherungssumme und keine Taxe vereinbart wäre) ins Ungewisse gestellt, und, wenn eine Taxe vereinbart wäre, ihre Anfechtung zu häufig zulässig sein. Man hat deshalb für die Transportversicherung eine Ausnahme gemacht. **Der Versicherungswert beim Beginn der Versicherung entscheidet** ein für allemal. So § 70 Abs. 1; § 70 Abs. 2 (nach VVG § 141 Abs. 1 Satz 2) spricht, überflüssigerweise, dasselbe noch einmal aus. (Nach der zu § 141 VVG ergangenen Entscheidung RG 112. 384 bleibt bei Zeitversicherungen mit stillschweigender Verlängerung der ursprüngliche Beginn der Versicherung maßgebend). Der Versicherungsnehmer erhält also regelmäßig mehr Anm. 7

§ 70 oder weniger als den Ersatz des wirklichen Schadens; der Kasko- und der Frachtversicherte regelmäßig mehr, der Güterversicherte regelmäßig weniger (Arnould 362 s. 392). Doch wirken in Deutschland meist nicht zu hoch gehaltene Kaskotaxen, bei der Güterversicherung die Berechnung des Versicherungswerts nach dem gemeinen Wert (statt, wie z. B. in England, nach den Gestehungskosten) entgegen. Soweit § 70 den Versicherer zu mehr als zum Schadensersatz verpflichtet, schöpft er seine Kraft natürlich aus dem Gesetz. Ohne das Gesetz hätte § 70 keine Versicherung zulassen können, die im Grunde eine Überversicherung ist. — Das Interesse kann beim Beginn der Versicherung vorübergehend teilweise nicht bestanden haben oder weggefallen sein. Das am 1. Dezember 1963 für die Zeit vom 1. Januar 1964 bis zum 31. Dezember 1964 versicherte Schiff wird etwa am 30. Dezember 1963 beschädigt. In solchen Fällen gilt (wenigstens für die Zeit nach der Ausbesserung) als Versicherungswert des Schiffes natürlich nicht der Wert, den das Schiff beim Beginn der Versicherung, also am 1. Januar 1964 hat, sondern der Wert, den es damals gehabt haben würde, wenn es nicht beschädigt worden wäre (also auch nicht der Wert, den es nach der Ausbesserung gehabt hat oder am 1. Januar 1964 ausgebessert gehabt haben würde).

Anm. 8 c) Der Ort, an dem sich das Schiff beim Versicherungsbeginne befindet, ist für die Bestimmung seines Wertes grundsätzlich ohne Bedeutung (Gerhard 538, Lewis 2. 300, Voigt 121). Er kann gar keine Bedeutung haben, wenn man nicht den Verkäuflichkeitswert, sondern den Anschaffungswert zugrunde legt. Gesetz und ADS haben deshalb wohlbedacht hier (im Gegensatz zu HGB 799, ADS § 90) über den Ort als Maßstab für die Wertbestimmung nichts angeordnet. Damit ist nun freilich nicht gesagt, daß die Beteiligten der Wertbemessung die Verhältnisse irgendeines Ortes zugrunde legen dürfen. Der Anschaffungswert ist nicht an jedem Orte derselbe. Verständigerweise wird es darauf ankommen, zu welchem Preis ein Schiff gleicher Art in dem Wirtschaftsgebiet angeschafft werden kann, in dem der Heimathafen des Schiffes liegt, der Hafen also, von dem aus die Seefahrt mit dem Schiffe betrieben wird (vgl. HGB § 480).

Anm. 9 3. **Abweichende Vereinbarungen.** Die Parteien können „eine andere Grundlage für die Schätzung (des Schiffswertes) vereinbaren" (HGB § 795 Abs. 1).

a) Die Parteien können z. B. vereinbaren, daß der jeweilige Wert des Schiffes maßgebend sein, insbesondere, daß die Entschädigung nach dem Werte bestimmt werden soll, der sich im Versicherungsfall ergibt (wie gemäß VVG § 55). In diesem Sinne war wegen der Labilität der Reichsmark im September 1922 die Flußkasko-Police geändert worden (DTVMitt 1922. 185):

> „Als Versicherungswert gilt der jeweilige Wert des Schiffes. Der Wert umfaßt nicht die Ausrüstungskosten, die Heuer und die Versicherungskosten. Versicherer und Versicherungsnehmer können im Versicherungsfall verlangen, daß der Wert auf die im § 35 (= ADS § 74) bestimmte Weise verbindlich festgestellt wird."

Die Seeversicherung suchte sich zunächst mit der Kasko-Teilschaden-Klausel, jetzt kurz DTV-Teilschaden-Klausel (Vorb. vor § 113) genannt, zu behelfen:

> „Im Falle eines Teilschadens am versicherten Schiffe haften die Versicherer, falls der wahre Wert des Schiffes größer ist als die Versicherungstaxe, nur im Verhältnis der Versicherungssumme zum wahren Werte des Schiffes. Als solcher gilt an Stelle der Taxe der Wert des Schiffes im beschädigten Zustand am Ort und zur Zeit des Beginns der endgültigen Reparatur zuzüglich der Reparaturkosten."

Diese Klausel war durch die im Ersten Weltkrieg entstandenen Verhältnisse notwendig geworden (ähnlich die englische average clause bei Witherby 103: This Policy is subject to the condition of average, that is to say, if the property covered by this Insurance shall at the time of any loss be of greater value than the sum insured hereby, the Assured shall only be entitled to recover hereunder such proportion of the said loss as the sum insured by this Policy bears to the total value of the said property). Die Werte der Schiffe stiegen in kurzer Zeit um das Vielfache, teils infolge der Knappheit des Frachtraums, teils (insbesondere während des Krieges, nach dem Kriege) infolge des Sturzes der deutschen Währung. Die Marktaxen der zeitversicherten Schiffe blieben daher oft weit hinter dem wirklichen Werte der Schiffe zurück. Den Unterschied konnte der Versicherungsnehmer billiger durch Mehrwert-Versicherung (unten Anm. 13) oder durch Versicherung des Restes „Nur für Totalverlust" (vgl. § 123) oder „Für behaltene Ankunft" (vgl. § 120) decken. Gegen Teilschaden war er regelmäßig voll gedeckt, weil die Taxe für die Ausbesserungskosten ausreichte. Die Versicherer konnten nicht die Heraufsetzung der Taxe verlangen (§ 6 Anm. 26). Sie mußten Ausbesserungskosten zahlen, die außer allem Verhältnis zu der Prämie standen, welche nach einem viel zu niedrigen Versicherungswert bemessen war. Die Versicherung wurde insoweit im wirtschaftlichen Ergebnis zu einer überaus gefährlichen Unterversicherung au premier risque. Zwar hatten die Reeder schon vor dem Ersten Kriege zur Ersparung von Prämien niedrige Taxen vereinbart und den Rest anderweit „Nur für Totalverlust" oder „Für behaltene Ankunft" oder durch Mehrwert-Versicherung gedeckt. Große Verluste während des Ersten Weltkrieges machten diese Form des Versicherungsgeschäfts unerträglich. Gegen sie schützt die Teilschaden-Klausel. Sie öffnet im Teilschadens-Fall die Taxe: Der Versicherer haftet nur im Verhältnis des „wahren Wertes" zur Versicherungssumme; als „wahrer Wert" aber gilt der Schadenswert des Schiffes plus Ausbesserungskosten. Die Teilschaden-Klausel wirkt nicht über ihren Zweck und Wortlaut hinaus. Sie öffnet nicht etwa allgemein die Taxe, macht nicht etwa die Versicherung überhaupt zur Unterversicherung, bei welcher der „wahre Wert des Schiffes" als Versicherungswert zur Versicherungssumme ins Verhältnis zu setzen wäre. Wenn Taxe und Versicherungssumme 100000, der „wahre Wert" 150000, der Teilschaden 4000 betragen, ist der Versicherer nicht etwa gemäß § 34 ganz frei; er haftet (wenn auch nicht für 4000, so doch) für $^2/_3$ von 4000 = 2666.66. Wenn Taxe und Versicherungssumme 100000, der „wahre Wert" 150000, die Hebungskosten des (gesunkenen, aber unbeschädigten) Schiffes 20000 betragen, sind die Hebungskosten ganz zu ersetzen; ist das Schiff für 15000 beschädigt, so hat der Versicherer $^2/_3$ von 15000 = 10000 + 20000 = 30000 zu ersetzen, der Exzedentversicherer also nur 5000. Wenn Taxe und Versicherungssumme 100000, der „wahre Wert" 150000, die Kosten der Abschleppung des aufgelaufenen Schiffes 20000 betragen und das Schiff nur zur Vermeidung der Entstehung oder Vergrößerung eines Teilschadens, nicht zur Abwendung des Totalverlustes, abgeschleppt wird, hat der Versicherer gleichwohl 20000 zu zahlen. Nur in beschränktem Umfang, nämlich nur für Ballastschiffe und auch für diese nur in gewissen Grenzen, sucht insoweit die (im Oktober 1922 eingeführte, unmittelbar durch den Fall Travemünde — § 29 Anm. 40 — veranlaßte) DTV-Ballastschiff-Klausel (Vorb. vor § 113; vgl. auch § 63 Anm. 10) zu helfen: § 70

> „Fährt das Schiff ohne Ladung, so haften die Versicherer für Schäden, die dem Schiffe zum Zwecke der Errettung aus einer der versicherten Gefahren von dem Schiffer oder auf dessen Geheiß vorsätzlich zugefügt werden, sowie für die durch solche Maßregeln ferner verursachten Schäden und Kosten, die zu demselben Zwecke aufgewendet werden, . . . falls der Wert des Schiffes am Ende der Reise größer ist als die Versicherungssumme, nur im Verhältnis der Versicherungssumme zu dem Werte, den das Schiff in dem Zustand am Ende der Reise hat . . . Dieser Wert ist durch Sachverständige gemäß § 74 ADS festzustellen . . .".

Wenn Taxe und Versicherungssumme 100000, der „wahre Wert" 150000, der indirekte Kollisionsschaden 50000 betragen, hat der Versicherer trotz der Teilschaden-Klausel

§ 70 50000 zu zahlen. Hier hilft aber die (gleichfalls im Oktober 1922 eingeführte) DTV-Kollisions-pro-rata-Klausel (Vorb. vor § 113):

„Im Falle eines durch die Police gedeckten Schadensersatzes an Dritte, haften die Versicherer, falls der Gesundwert des Schiffes zur Zeit des Versicherungsfalles größer ist als die Versicherungstaxe, nur im Verhältnis der Versicherungssumme zum Gesundwert des Schiffes. Der Gesundwert des Schiffes zur Zeit des Versicherungsfalles ist durch Sachverständige gemäß § 74 ADS festzustellen".

Siehe auch die DTV-Teilhaftungsklausel: „Für jeden Schaden einschl. Aufwendung, Havariegrosse, mittelbarem Kollisionsschaden, haftet der Versicherer nur im Verhältnis der Versicherung zum Wert des Schiffes. Als solcher gilt a) wenn das Schiff unbeschädigt ist, der Wert im unbeschädigten Zustande vor dem Schadensereignis, b) wenn das Schiff beschädigt ist, der Wert im beschädigten Zustande am Ort und zur Zeit der endgültigen Reparatur zuzüglich Reparaturkosten. Die Werte sind durch Sachverständige gemäß § 74 ADS festzustellen."

Die Verhältnisse können sich wenden, der „wahre Wert" des Schiffes kann unter die Taxe sinken. Wenn Taxe und Versicherungssumme 100000, der wirkliche Versicherungswert beim Beginn der Versicherung 150000, der „wahre Wert" beim Beginn der Ausbesserung 80000 betragen, muß der Versicherer trotz der Teilschaden-Klausel den Teilschaden ganz ersetzen (natürlich nur bis 100000). Aber er braucht den Teilschaden nicht zu ersetzen, wenn der Teilschaden 2500 beträgt, weil der Schaden 3% von 100000 nicht erreicht und obgleich der Schaden 3% von 80000 übersteigt.

Anm. 10 b) Die Parteien können auch etwa vereinbaren, daß der Verkaufspreis des vom Versicherungsnehmer verkauften und auf seine Gefahr die versicherte Reise zum Ablieferungsort zurücklegenden Schiffes als Versicherungswert gelten soll (Sieveking 42; vgl. auch den Fall HGZ 1891. 24). Aber sie können natürlich keine Schätzungsgrundlage vereinbaren, auf welcher der Versicherer in weiterem Umfang, als § 795 HGB es gestattet, tatsächlich nicht entstandenen Schaden zu ersetzen hat (Lewis 2. 301; abw., übrigens in Verkennung des Verhältnisses der Versicherungsbedingungen zum Gesetz, Voigt Erläuterungen 1863. 9: „Durch die Verstattung beliebig zu vereinbarender Grundlagen der Schätzung von Schiff und Gütern werde den Überversicherungen und resp. Wettassekuranzen freier Zugang in die Praxis eröffnet"; eingeschränkt: Voigt 123; vgl. auch Ehrenberg ZfVW 1906. 398).

Anm. 11 c) im Falle RG 102. 209 war vereinbart: „Als Versicherungswert des Schiffes gilt der Wert, den das Schiff beim Beginn der Versicherung hat . . . Der Versicherer ist jedoch berechtigt, im Schadensfalle den Wert von Sachverständigen feststellen zu lassen; in diesem Falle gilt der so ermittelte Wert als Versicherungswert". Die Vereinbarung betrifft in ihrem zweiten Teile nur die Form der Feststellung eines Tatbestands, nicht den für die Bestimmung des Versicherungswerts maßgebenden Zeitpunkt. Verlangt der Versicherer, daß der Wert durch Sachverständige festgestellt wird, so ist der Wert beim Beginn der Versicherung, nicht der Wert zur Zeit des Versicherungsfalls, auch nicht der Wert zur Zeit der Feststellung festzustellen und maßgebend.

Anm. 12 4. Das Schiffseigentümer-Interesse kann trotz des § 70 Abs. 1 schon beim Beginn der Versicherung nicht voll gedeckt sein. So, wenn der Versicherungswert des Schiffes taxiert und die Taxe zwar zur Zeit des Vertragsschlusses den wirklichen Versicherungswert deckt, der Wert des Schiffes aber zwischen dem Abschluß des Vertrags und dem Beginn der Versicherung gestiegen ist. Ebenso, wenn die Taxe von vornherein untersetzt, niedriger ist als der wirkliche Versicherungswert. Solche Untersetzung ist namentlich deshalb beliebt, weil der Reeder, je weiter die Taxe hinter dem wirklichen Versicherungswert des Schiffes zurückbleibt, um so mehr Aussicht hat, daß ein etwaiger Teilschaden die Franchise überschreitet, und der ungedeckte Teil für sich allein billiger gedeckt werden kann (vgl. oben Anm. 9). — Das vollversicherte Eigentümerinteresse kann ferner im Laufe der Versicherungsdauer unterdeckt werden, wenn die Schiffswerte steigen oder die Versicherungswährung fällt (vgl. oben Anm. 9). § 70

a) In solchen Fällen besteht von vornherein oder entsteht im Laufe der Versicherung ein ungedeckter Teilwert, der sogenannte **Mehrwert.** Natürlich kann auch dieser Mehrwert versichert werden, sei es beim Hauptversicherer, sei es bei einem anderen Versicherer. Solche Versicherungen kommen auch in Deutschland wie im Ausland oft vor. OLG Hamburg meint zwar in der HGZ 1903. 63 abgedruckten Entscheidung (die Stelle fehlt im Abdruck): „Dieser Mehrwert könne nicht in rechtswirksamer Weise anderweit versichert werden; eine solche Versicherung sei als Überversicherung ungültig (HGB § 786)". Von einer Überversicherung kann indessen nicht die Rede sein (Sieveking 2). Überversichert ist das Schiff nur, wenn die Versicherungssumme größer ist als der wirkliche Versicherungswert. Der Versicherungswert, der im Vertrag mit irgendeinem anderen Versicherer als Taxe oder Versicherungssumme vereinbart wird, hat für die Mehrwert-Versicherung keine Bedeutung. Wird die Mehrwert-Versicherung beim Hauptversicherer genommen, so ist die Versicherung natürlich erst recht keine Überversicherung (anders Sieveking 3 ohne Begründung). Anm. 13

b) Der Mehrwert muß selbstverständlich als Mehrwert versichert werden. Würde der Mehrwert unter gewöhnliche Versicherung gebracht, also nicht angezeigt werden, daß es sich um Mehrwert handelt, so wäre die Versicherung eine gewöhnliche Hauptwert-Versicherung und das Ergebnis wäre ganze oder teilweise Doppelversicherung. Anm. 14

c) Wenn Hauptwert und Mehrwert bei demselben Versicherer versichert sind, können im Verhältnis des Versicherers zum Versicherungsnehmer keine Schwierigkeiten entstehen (wohl aber im Verhältnis zwischen Vorversicherer und Rückversicherer, wenn nur die Hauptwert-Versicherung oder nur die Mehrwert-Versicherung rückgedeckt ist). Anders, wenn Hauptwert- und Mehrwert-Versicherung bei verschiedenen Versicherern genommen sind. Hauptwert- und Mehrwert-Versicherer können z. B. sich widersprechende Weisungen zur Abwendung oder Minderung des Schadens erteilen (§ 41 Anm. 24, § 96 Anm.) oder bei der Verfolgung von Schadensersatz-Ansprüchen gegen Dritte konkurrieren (§ 45 Anm. 23). Insbesondere ist von Bedeutung, ob oder wieweit der Mehrwertversicherer im Falle des Totalverlustes an dem Werte der vor Zahlung der Versicherungssumme geretteten Sachen teilnimmt und mit der Zahlung der Versicherungssumme oder mit dem Abandon die Rechte an dem Schiffe oder an dem, was von ihm übrig ist (das sog. Provenü), auf den Mehrwert-Versicherer übergehen (vgl. §§ 71 Abs. 2, 3, 72 Abs. 3, 73). Die Frage wäre einfach zu beantworten, wenn beide Versicherungen Unterversicherungen wären, die erst zusammen eine Vollversicherung ergäben (vgl. § 8). Sie wäre auch einfach zu beantworten, wenn beide Versicherungen zwar nicht gewöhnliche Unterversicherungen, aber die eine Versicherung, die Hauptwert-Versicherung, eine Unterversicherung au premier risque, die andere, die Mehrwert-Versicherung, eine Unterversicherung au dernier risque wäre. Wären sie Unterversicherungen, so müßten natürlich auch, wenn der Mehrwert nicht versichert ist, Versicherer und Versicherungsnehmer, jener als Versicherer des Hauptwerts, dieser als Selbstversicherer des Mehrwerts, sich in das Provenü teilen (vgl. hierzu insbesondere Mat. 1. 247). Aber von alledem kann keine Rede sein. Die Hauptwert-Versicherung ist als Versicherung des Versicherungswerts, des vollen Wertes des versicherten Interesses vereinbart. Dem Versicherer des Hauptwerts gebührt daher auch vereinbarungsgemäß das volle Provenü. Dem Versicherer des Hauptwerts „steht von Rechtswegen nach Bezahlung eines Totalschadens der Anspruch auf das Gerettete zu . . . , und zwar ausschließlich, obwohl ihm damit unter Umständen ein höherer Wert zufließt, als es bei genauer Sonderung und Berechnung gerechtfertigt sein möchte" (RG 77. 307, Anm. 15

§ 70 RG HGZ 1912. 214, HGZ 1910. 282; vgl. auch RG 83. 171: Die Mehrwert-Versicherung sei keine Kaskoversicherung). Dem Versicherer des Mehrwerts würde das Provenü auch dann nicht gebühren, wenn der Hauptwert-Versicherer im Versicherungsfall gemäß § 38 abandonnieren, also durch Zahlung der Versicherungssumme keine Rechte am Schiffe erwerben würde. Anders und teilweise widerspruchsvoll Sieveking 3: Der Hauptwert-Versicherer habe „Anspruch auf die ganzen geretteten Werte und der Mehrwert-Versicherer Anspruch auf einen verhältnismäßigen Teil derselben; daraus folge, daß die Rechte des einen oder des anderen Versicherers beeinträchtigt seien, wenn nicht Mehrwert-Versicherer und Versicherungsnehmer vereinbart hätten, daß der erstere keinen Anspruch auf das Gerettete haben solle; hierbei werden auch dem Anspruch auf das Gerettete Schadensersatz-Ansprüche gegen Dritte gleichgestellt; schließlich wird S. 162 erklärt, daß beide, Hauptwert-Versicherer und Mehrwert-Versicherer, an dem Geretteten verhältnismäßig beteiligt seien. — Das vor der Zahlung der Versicherungssumme Gerettete ist für den Mehrwert-Versicherer nur insoweit von (freilich nur theoretischer) Bedeutung, wie der Wert des Geretteten den Hauptversicherungs-Wert übersteigt (vgl. unten Anm. 16).

Anm. 16 d) § 70 ist im übrigen auf die Versicherung des Mehrwerts entsprechend anzuwenden (§ 79). Als Versicherungswert gilt also der Wert, den das Schiff beim Beginn der Versicherung hat, unter Ausschluß von Ausrüstungskosten, Heuer und Versicherungskosten und unter Abzug des Hauptversicherungs-Wertes.

Anm. 17 5. § 70 bestimmt den „wirklichen" Versicherungswert (§ 6 Anm. 28), den Wert, der, zur Versicherungssumme ins Verhältnis gesetzt, ergibt, ob Unter-, Über- oder Doppelversicherung vorliegt, der für die Höhe der Entschädigung maßgebend ist und regelmäßig auch für die Bemessung der Prämie, der, wenn eine **Taxe** vereinbart ist, darüber entscheidet, ob die Taxe erheblich übersetzt ist. Dieses letzte hebt § 795 Abs. 2 HGB überflüssigerweise, noch besonders hervor: „Diese Vorschrift (d. h. § 70 Abs. 1 ADS) kommt auch zur Anwendung, wenn der Versicherungswert des Schiffes taxiert ist" (vgl. dazu RG 11. 13, HGZ 1883. 189, 298). — Die Vereinbarung einer Taxe bedeutet natürlich nicht ohne weiteres auch die Vereinbarung „einer anderen Grundlage für die Schätzung" des Versicherungswerts (Sieveking 43). Wenn die Taxe den gemäß § 70 Abs. 1 zu errechnenden wirklichen Versicherungswert erheblich übersteigt, kann der Versicherungsnehmer nicht einwenden, daß er Ausrüstungskosten, Heuer, Versicherungskosten, erwarteten Mehrwert oder Gewinn usw. eingerechnet habe und bei solcher Einrechnung die Taxe den wirklichen Versicherungswert nicht mehr erheblich übersteige (anders in England: unten Anm. 21). — Über Separattaxen für Schiff, Maschine usw. vgl. § 7 Anm. 9.

Anm. 18 6. § 70 gilt für **Zeit-** wie für **Reise**versicherungen. Insbesondere wird die Zeitversicherung nicht etwa (wie gemäß § 34 Abs. 3 für die Berechnung der Franchise, so hier) für die Bemessung des Versicherungswerts in Reiseabschnitte eingeteilt.

Anm. 19 7. § 70 ist auf **andere Versicherungen, die sich auf das Schiff beziehen,** sinngemäß anzuwenden (§ 79). Maßgebend ist der Wert, den das Interesse beim Beginn der Versicherung hat. Vgl. MIA § 16 Nr. 4: In insurance on any other subject-matter, the insurable value is the amount at the risk of the assured when the policy attaches, plus the charges of insurance. — Über die Anwendung des § 70 auf Mehrwert-Versicherungen: oben Anm. 16. Über den Versicherungswert der Fracht, der Schiffsmiete, der Überfahrtsgelder: §§ 107, 108 Abs. 2, 3, 109 Abs. 1. Über den Versicherungswert von Bodmereigeldern usw.: § 110 Abs. 1.

Anm. 20 8. § 70 gilt auch für die **Rückversicherung** (§ 79, § 1 Anm. 136). Freilich nur sinngemäß (§ 79). Denn der Wert des rückversicherten Interesses wird nicht nur durch den Versicherungswert des Schiffes, sondern auch durch die Vorversicherungs-Summe und durch die Haftung des Vorversicherers für die Aufwendungen des § 32 und in den Fällen des § 37 Abs. 3 bestimmt (näheres: § 6 Anm. 41). Aber soweit der Rückversicherungs-Wert durch den Versicherungswert des Schiffes bestimmt wird, ist regelmäßig der Wert maßgebend, den das Schiff beim Beginn der Versicherung (nicht für alle Fälle notwendig beim Beginn der Vorversicherung, aber doch tatsächlich durchweg beim Beginn der Vorversicherung, bei deren Beginn durchweg auch die Rückversicherung beginnt) hat, umfaßt dieser Wert auch nicht die Ausrüstungskosten, die Heuer und die Vorversicherungs-Kosten. Die Rückversicherungs-Kosten kann er überhaupt nicht umfassen. Denn der Vorversicherer hat sie ausgegeben, und zwar ohne Aussicht, für sie Ersatz zu erhalten (§ 2 Anm. 25). — Bei laufenden Rückversicherungs-Verträgen, die Kaskoversicherungen betreffen, wird der Vorversicherer regelmäßig auch berechtigt sein, Ausrüstungskosten, Heuer und Versicherungskosten in die Vorversicherung einzuschließen (vgl. auch § 1 Anm. 161). **§ 70**

9. **Fremde Rechte** (vgl. auch oben Anm. 2, 6, 7, 9, 19). Anm. 21

a) Das englische Recht weicht vom deutschen teilweise ab. In insurance on ship, the insurable value is the value, at the commencement of the risk, of the ship, including her outfit, provisions and stores for the officers and crew, money advanced for seamen's wages, and other disbursements (if any) incurred to make the ship fit for the voyage or adventure contemplated by the policy, plus the charges of insurance upon the whole; the insurable value, in the case of a steamship, includes also the machinery, boilers, and coals and engine stores, if owned by the assured, and, in the case of a ship engaged in a special trade, the ordinary fittings requisite for that trade (MIA § 16 Nr. 1). Vgl. Lloyd's Police und RCP 15, § 1 Anm. 103). Die Folgen dieser Regelung in Verbindung mit dem Grundsatz des englischen Rechtes, daß die Bezeichnung des Schiffes genügt, um alle Interessen zu decken, die auf das Schiff Bezug haben und vom Versicherungsnehmer gedeckt sein wollen (§ 1 Anm. 13), und in Verbindung mit dem Umstand, daß die Versicherung nach Lloyd's Police den Interessenten deckt, den der Versicherungsnehmer versichert wissen will (§ 52 Anm. 22), haben jedoch zu Einschränkungen geführt. ITC und IVC enthalten nämlich nunmehr die Klausel: Warranted that...the amount insured for account of assured and/or their managers on Premiums, Freight, Hire, Profit, Disbursements, Commissions, or other interests policy proof of interest or full interest admitted or on excess or increased value of Hull or Machinery, however described, shall not exceed 15% of the values of the hull and machinery as stated herein...

b) Nach französischem Recht ist (wie auch sonst überall) der Wert des Schiffes beim Beginn der Versicherung maßgebend. Aber alle für die versicherte Unternehmung gemachten Aufwendungen, insbesondere Ausrüstungskosten und Heuervorschüsse, sind eingeschlossen, tous ses accessoires, notamment les victuailles, avances à l'équipage, armement et toutes mises dehors... (Kaskopolice Art. 12). Das ist natürlich auch für die Frachtversicherung von Bedeutung (vgl. § 107 Anm. und oben Anm. 4).

§ 71

Totalverlust

(1) Im Falle des Totalverlustes kann der Versicherungsnehmer die Versicherungssumme verlangen. Er muß sich jedoch den Wert der vor Zahlung der Versicherungssumme geretteten Sachen und desjenigen anrechnen lassen, was er anderweit zur Ausgleichung des Schadens erlangt hat. Der Wert der geretteten

§ 71 Sachen ist auf Verlangen des Versicherers durch öffentliche Versteigerung festzustellen.

(2) Als total verloren gilt das Schiff auch, wenn es dem Versicherungsnehmer ohne Aussicht auf Wiedererlangung entzogen, insbesondere unrettbar gesunken, oder wenn es in seiner ursprünglichen Beschaffenheit zerstört ist.

(3) Hat der Versicherer den Versicherungsnehmer befriedigt, so gehen die Rechte des Versicherungsnehmers an dem Schiffe auf den Versicherer über. Der Versicherungsnehmer ist verpflichtet, dem Versicherer die zur Geltendmachung der Rechte erforderliche Auskunft zu erteilen und ihm die zum Beweise der Rechte dienenden Urkunden, soweit sie sich in seinem Besitze befinden, auszuliefern, ihm auch auf Verlangen eine öffentlich beglaubigte Urkunde über den Übergang der Rechte auszustellen; die Kosten hat der Versicherer zu tragen.

(4) Der Versicherungsnehmer bleibt auch nach dem Übergange der Rechte verpflichtet, für die Minderung des Schadens zu sorgen, soweit der Versicherer hierzu nicht imstande ist. Er hat, sobald er eine für die Geltendmachung der Rechte erhebliche Nachricht erhält, dem Versicherer unverzüglich Anzeige zu machen und ihm auf Verlangen die zur Erlangung und Verwertung des Schiffes erforderliche Hilfe zu leisten. Die Kosten hat der Versicherer zu tragen und auf Verlangen vorzuschießen.

Anm. 1 1. Vgl. HGB § 854, 858, 859, 870, 871, ASVB §§ 109, 113, 114, 125, 126, BSVB §§ 58, 65.

Anm. 2 2. **Literatur:** Fuld BaumgartnersHdwbuch. 140 (Abtretung der Rechte auf das versicherte Objekt). Friedemann ITVMitt. 1935. 140 (Totalverlust und Versicherer). Helberg, Der Abandon in der Seeversicherung auf rechtsvergleichender Grundlage, Überseestudien Heft 3, 1925. Hochgräber ITVMitt 1928. 145 (Zum Begriff „Totalverlust"), ITVMitt 1934. 65 (Über den Totalverlust in der Kaskoversicherung). Johannsen VersR 1961. 869 (Der Seeversicherer hat keinen Anspruch auf einen Mehrwert, der sich infolge Währungsveränderung ergibt). Leo JW 1929. 2575 (Ein eigenartiger Fall des Totalverlustes in der Seeversicherung: Ein Schiff wird durch eine Sturmflut an Land geworfen, ohne wesentliche Beschädigungen zu erleiden. Es kann aber lediglich durch eine ähnlich starke Sturmflut oder durch unwirtschaftliche Maßnahmen, z. B. Graben eines eigenen Kanals, wieder abgebracht werden). Martin HansRGZ 1935 A 289 (Die Regelung des „Totalverlustes" in der Seeversicherung und ihre Mängel). Müller HansRGZ 1935 A 169 (Totalverlust. Zum Begriff „Ohne Aussicht auf Wiedererlangung entzogen" im Sinne von § 71 II ADS). Voigt NAfHR 3. 390 (Abwendung von Totalschaden durch Restituierung des versicherten Gegenstandes). Wittmaack ZHR 76. 337 (Wann tritt der Totalverlust des Schiffes ein?). Vgl. auch § 72 Anm. 2.

Anm. 3 3. L'objet de l'Assurance est de procurer à l'Assuré l'indemnité des pertes et des dommages qu'il souffre; mais pour parvenir à cette indemnité, il n'est pas nécessaire, suivant le droit des gens, que l'Assuré abdique le domaine de sa chose, quoique, si la chose assurée périt, elle périsse pour le compte des Assureurs (Émérigon ch. 17 s. 1). Der Seeversicherungs-Verkehr hat sich aber schon früh einer anderen Art der Schadensliquidation zugewandt: Im Falle des Totalverlustes kann der Versicherungsnehmer dem Versicherer die versicherte Sache oder, was von ihr noch übrig ist, überlassen und die Versicherungssumme verlangen.

§ 71

4. **Abs. 1, 2. Im Falle des Totalverlustes kann der Versicherungsnehmer die Versicherungssumme verlangen.** Dabei ist natürlich vorausgesetzt, daß der Versicherungsnehmer überhaupt Entschädigung verlangen kann. § 71 bestimmt nicht über den Grund des Entschädigungsanspruchs, sondern nur über die Höhe der Entschädigung. Der Versicherungsnehmer kann die Versicherungssumme nur verlangen, wenn das Schiff total verlorengegangen ist und ein Gefahrereignis den Totalverlust nach den Grundsätzen der versicherungsrechtlichen Kausalität verursacht hat (§ 28 Anm. 10, 34; vgl. auch § 105 Anm.). Anm. 4

a) Das Schiff ist total verloren, wenn es nicht mehr da, wenn es untergegangen, vernichtet ist. Anm. 5

1. Das Schiff ist auch total verloren, wenn es **„in seiner ursprünglichen Beschaffenheit zerstört"** ist (§ 28 Anm. 38). Der Fall hätte als Beispielfall eigentlich im § 71 Abs. 1, nicht im § 71 Abs. 2 angeführt werden müssen (er ist übrigens für die Güterversicherung von größerer Bedeutung als für die Kaskoversicherung, vgl. § 113). In ihrer ursprünglichen Beschaffenheit zerstört ist eine Sache, wenn sie zwar noch da, aber nicht mehr das ist, was sie sein soll; versicherungsrechtlich: wenn sie nicht mehr das ist, als was sie versichert ist (Mot. z. PreußE 352, HG u. OG Hamburg Ullrich Nr. 37, Chalmers 80). Ein Wrack ist kein Schiff mehr (§ 1 Anm. 23; vgl. auch HGB § 873: Kondemnation „des Schiffes oder des Wrackes", StrO § 25: Beeinträchtigung der Schiffahrt durch „ein Schiff oder Wrack"), mag man es auch noch, weil es den Gegenstand der Versicherung gebildet hat, als das versicherte Schiff bezeichnen (§ 71 Abs. 3; vgl. auch § 50 Anm. 10); the ship has perished, only the wreck remains (Arnould 1032 s. 1056). Sind noch Bestandteile oder Zubehörstücke, Einrichtungsgegenstände, Planken übrig, so mögen sie noch gewisse Zwecke erfüllen; aber sie sind nicht länger als Schiff anzusehen, können höchstens noch als Einbaumaterial für ein anderes Schiff betrachtet werden. Les débris du Navire naufragé existent, mais le Navire n'existe plus (Émérigon ch. 17 s. 2).

2. Nach diesen Grundsätzen müßte auch ein reparaturunfähiges, vielleicht gar ein reparaturunwürdiges Schiff als total verloren gelten. If a ship is so injured that it cannot sail without repairs, and cannot be taken to a port at which the necessary repairs can be executed, there is an actual total loss, for that has ceased to be a ship which never can be used for the purposes of a ship (Barker v. Janson 1868 bei Arnould 1029 s. 1052). Nach deutschem Recht können reparaturunfähige oder reparaturunwürdige Schiffe aber nicht schlechthin als total verloren behandelt werden (HGZ 1890. 176, 1893. 42, 1904. 244, HG Hamburg HH 240, HansOLG HansRGZ 1934 B 395 = Sasse Nr. 431). Denn Gesetz und ADS behandeln die Fälle der Reparaturunfähigkeit und der Reparaturunwürdigkeit nicht als Fälle des Totalverlustes, sondern besonders (§§ 77, 123). Der Versicherungsnehmer kann in diesen Fällen nicht gemäß § 71 die Versicherungssumme verlangen, sondern muß gemäß § 77 verfahren (HGZ 1904. 244, HG u. OG Hamburg HGZ 1879. 220, Ullrich Nr. 37), wenn er sich nicht mit Teilentschädigung begnügen will (§ 75 Anm. 42, § 77 Anm. 13).

3. Sind einzelne Teile des Schiffes (z. B. Schiffskörper und Maschine) besonders taxiert, so können sie auch besonders total verlorengehen. Aber der Versicherungsnehmer kann gegebenenfalls wählen, ob sie als besonders taxiert und deshalb besonders versichert behandelt werden sollen (§ 7 Anm. 7). Ist z. B. die separat taxierte Maschine auch während ihrer Ausbesserung an Land versichert (vgl. § 1 Anm. 37, § 66 Anm. 17), zur Ausbesserung an Land gebracht und durch Brand vernichtet, so kann der Versicherungsnehmer nach Totalverlust-Grundsätzen

§ 71 die Versicherungssumme für die Maschine verlangen oder aber Entschädigung nach Teilschadens-Grundsätzen (§§ 74—76). Ebenso wohl Sieveking 159.

Anm. 6 b) Das Schiff ist auch total verloren, wenn es zwar noch da, aber **„dem Versicherungsnehmer ohne Aussicht auf Wiedererlangung entzogen“** ist. Das Seeversicherungs-Recht hat nicht etwa, wie RG 47. 178 meint, den „natürlichen Begriff des Totalverlustes“ (als einer „körperlichen Zerstörung oder Vernichtung durch faktische Vorgänge“) erweitert (ähnliche Gedankengänge in HGZ 1921. 244). Vielmehr entspricht es dem „natürlichen Begriff des Totalverlustes“ und dem gemeinrechtlichen Begriff des Verlustes überhaupt, daß eine Sache auch dann verloren ist, wenn sie dem Beteiligten ohne Aussicht auf Wiedererlangung entzogen ist (§ 28 Anm. 38; die Folgen der unrichtigen Auffassung des RG sind nicht ausgeblieben, vgl. HGZ 1910. 116: „Ohne Aussicht auf Wiedererlangung entzogen“ sei das Schiff auch dann, wenn es „vom Reeder aus freier Entschließung einem Gläubiger — dem Kollisionsgläubiger — preisgegeben werde“ und hierzu unten Anm. 8). Wenn nur Sachen, die „durch faktische Vorgänge körperlich zerstört oder vernichtet“ sind, „verloren“ wären, könnte man „verlorene“ Sachen nicht „finden“. Es ist deshalb auch, vom Standpunkt des gemeinen Rechtes aus, nicht richtig, wenn § 71 Abs. 2 bestimmt, daß Schiff solle „auch“ als total verloren „gelten“, wenn es dem Versicherungsnehmer ohne Aussicht auf Wiedererlangung entzogen sei, — so wenig, wie es richtig ist, daß das Schiff nach § 71 Abs. 2 „auch als total verloren gilt“, wenn es in seiner ursprünglichen Beschaffenheit zerstört ist (oben Anm. 4). Das Schiff ist im einen wie im anderen Falle verloren, total verloren, sowohl nach dem natürlichen wie nach dem Rechtsbegriff des Verlustes. Vom versicherungsrechtlichen Standpunkt dagegen ist es richtig, daß § 71 Abs. 2 den Fall der Entziehung ohne Wiedererlangungs-Aussicht nur als Totalverlust-Fall „gelten“ läßt, ihn dem Falle des wirklichen Totalverlustes nur an die Seite stellt. Denn versicherungsrechtlich besteht allerdings zwischen dem Falle, daß das Schiff aufbrennt, und dem Falle, daß das Schiff aufläuft und zunächst nicht abgebracht werden kann, ein erheblicher Unterschied (unten Anm. 14ff.). Auch erhält der Begriff der „Entziehung ohne Aussicht auf Wiedererlangung“ im Versicherungsrecht dadurch eine besondere Färbung, daß der Versicherungsnehmer verpflichtet ist, für die Wiedererlangung der ihm entzogenen Sache zu sorgen, und demgemäß das Schiff als „ohne Aussicht auf Wiedererlangung entzogen“ anzusehen ist, wenn der Versicherungsnehmer es in Erfüllung seiner Schadenabwendungs-Pflicht nicht wiedererlangen kann (näheres: unten Anm. 10).

Anm. 7 1. Das Schiff kann dem Versicherungsnehmer auf mannigfache Weise „entzogen“ sein. Es kann ihm wie jedem anderen unzugänglich, z. B. „unrettbar gesunken“ sein. Es kann aber auch nur oder gerade ihm entzogen sein. So etwa, wenn es ihm enteignet, weggenommen, zwangsweise verkauft wird. Zwischen diesen und jenen Fällen zu unterscheiden, ist wertlos und führt schließlich nur zu der seltsamen Vorstellung, „das Seeversicherungs-Recht habe den natürlichen Begriff des Totalverlustes . . . auf solche Fälle erstreckt, wo durch juristische Vorgänge der Wert des Gegenstandes dem Versicherten völlig entzogen sei“; „es behandle die durch juristische Akte (Verbodmungen oder sonstige Belastungen) herbeigeführte, nur im Verhältnis zum Versicherten vorhandene Aufzehrung des Wertes der Sache . . . als Totalverlust“ (so RG 47. 178; gegen RG mit Recht Sieveking 159; richtig auch bereits HG Hamburg HGZ 1872. 295, 1879. 220); das Schiff sei insbesondere schon dann total verloren, wenn es „zum vollen Werte mit einer Kollisionsschuld belastet“ sei (so RG 83. 170; dagegen mit Recht schon HGZ 1913. 54, vgl. auch HG Hamburg HGZ 1872. 295, 1879. 220), also teilweise verloren, wenn es mit einer den vollen Wert des Schiffes nicht erreichenden „Kollisionsschuld belastet“ sei(!), — Irrtümer der Zeit, ähnlich demjenigen, in dem die englische Rechtsprechung zur Zeit Lord Mansfield's befangen war und glaubte daß die Unausführbarkeit der versicherten Reise (loss of voyage) Sachverlust sei (näheres: unten Anm. 53, § 91 Anm., § 96 Anm.). — Nach Sieveking 158 „liegt ein Totalverlust nicht vor", wenn das Schiff „auf Betreiben von Gläubigern verkauft wird". „Denn der Umstand, daß das Schiff wegen Geldmangels zum Verkauf gebracht werde, sei nicht eine Gefahr der Seeschiffahrt". Diese Begründung zeigt, daß etwas anderes gemeint als gesagt ist, nämlich: das Schiff sei zwar total verloren, nämlich dem Versicherungsnehmer ohne Aussicht auf Wiedererlangung entzogen (was nicht zu leugnen ist), aber dieser Totalverlust sei nicht durch ein Gefahrereignis verursacht, weil der Verkauf nicht zu den Gefahren der Seeschiffahrt gehöre. Aber auch diese Meinung ist irrig (RG 47. 178 gegen HGZ 1900. 177). Denn Gefahren der Seeschiffahrt sind nicht nur Gefahren der See, sondern alle Gefahren, die mit der durch die Seeversicherung gedeckten Unternehmung überhaupt verbunden sind (§ 28 Anm. 11; aber der Versicherer trägt nunmehr, ausnahmsweise, nach § 36 die Gefahr „des Verkaufs auf Betreiben von Gläubigern" nur in beschränktem Umfang, und in diesem Umfang wird auch noch eine Schadenabwendungs-Pflicht besonders bedeutsam). Die Berufung Sievekings 158 auf Voigt 369 scheint auf einem Irrtum zu beruhen; seine Berufung auf HGZ 1879. 220, 1890. 134, Ullrich Nr. 64, HH 240 ist jedenfalls in diesem Zusammenhang unbegründet. Nicht ganz zutreffend daher auch die Formulierung in HansOLG HRZ 1926. 375 = JRPV 1926. 108 = Sasse Nr. 352, wo es heißt: „Versicherungsrechtlich betrachtet, ist ein tatsächlich noch vorhandenes Schiff für den Reeder nur dann total verloren, wenn die Entziehung auf ein unter eine Seeversicherung (Kaskoversicherung) fallendes Ereignis zurückzuführen ist, d. h. auf einer Gefahr beruht, die nach dem natürlichen Verlauf der Dinge ein die Seeschiffahrt ausübendes Schiff treffen kann (RG 101. 331; vgl. Sieveking 158). Davon kann hier aber nicht gesprochen werden. Versicherungsrechtlich haben nicht das Feuer und der Arrest den Verkauf und damit den Verlust des Schiffes veranlaßt, ... sondern allein maßgebliche nächste Ursache des Verlustes ... war die Nichtbefriedigung der Gläubiger durch den Reeder. Diese unterlassene Zahlung stand aber mit den Gefahren der Seefahrt in keinem Zusammenhang, sondern ist wahrscheinlich auf mangelnde Zahlungsfähigkeit des Reeders zurückzuführen, da von der Arrestierung bis zur Versteigerung unstreitig mehrere Monate vergangen sind. Hiernach liegt kein Totalverlust vor, der Versicherungsfall ist also nicht gegeben." Zutreffend dagegen die Revisionsentscheidung RG 115. 397 = HRZ 1927. 180 = JRPV 1927. 41 = JW 1921. 1685 (Anm. Sebba) = Sasse Nr. 22, wo zum Ausdruck gebracht ist, der Totalverlust eines Schiffes erfordere nicht nur, sondern auch, daß dies durch ein seeversicherungsrechtliches Ereignis erfolge, das geeignet sei, unter die Seeversicherung zu fallen. § 71

2. Insbesondere ist daran zu erinnern, daß man mit seinem Willen zwar einen Schaden, mit seinem Willen auch einen Verlustschaden erleiden kann (etwa, indem man die Sache vernichtet), daß man aber eine Sache nicht „verliert", wenn man sich ihrer selbst freiwillig entäußert, daß die Sache nicht ohne Aussicht auf Wiedererlangung abhanden kommt, wenn man sie freiwillig weggibt (§ 28 Anm. 36, 38). Die Pergamon-Fälle bilden hierzu gute Illustrationen. Anm. 8

α) Die mit einer Taxe von 180000, einer Versicherungssumme von 162000 und einem wirklichen Versicherungswert von etwa 85000 kaskoversicherte Pergamon war vor Bari mit einem Bagger zusammengestoßen, der Zusammenstoß von der Pergamon verschuldet, der Bagger verlorengegangen; der indirekte Kollisionsschaden der Pergamon betrug etwa 300000. Nach damaligen italieni-

§ 71 schem Rechte haftete der Reeder für Kollisionsschäden unbeschränkt; er konnte sich aber durch Hingabe (Abandonnierung) von Schiff und Fracht aus der Schlinge der unbeschränkten Haftung ziehen. Der Versicherungsnehmer abandonnierte und verlangte vom Versicherer die Versicherungssumme, weil das Schiff total verlorengegangen sei. LG Hamburg hielt für „zweifellos", daß von einem Totalverlust nur die Rede sein könne, wenn das Schiff „durch einen Seeunfall . . . seinem Eigentümer ohne Aussicht auf Wiedererlangung entzogen sei", nicht aber, wenn „der Eigentümer sein Schiff freiwillig fortgegeben habe" (HGZ 1910. 111). Anders OLG Hamburg (HGZ 1910. 116), verleitet durch RG 47. 178 (oben Anm. 6, 7): „Auch hier stehe ein juristischer Vorgang (nämlich die Belastung des Schiffes mit der Kollisionsschuld) in Frage, der dem Versicherten den Wert des Gegenstandes völlig und dauernd entzogen" habe; „rein äußerlich betrachtet liege also Totalverlust des Schiffes vor", und „dieser sei zu Lasten des Versicherers, weil er durch die Gefahr des Zusammenstoßes, gegen welche Versicherung genommen sei, mittelbar verursacht sei".

β) Die Pergamon war außerdem mit 35000 für „Interesse durch Mehrwert des Kasko und/oder sonstige Interessen, gleichviel welcher Art, ohne weiteren Beweis als die Police" versichert, und zwar „Frei von Havarie grosse und particulière". LG Hamburg wies die Klage auf Zahlung der Versicherungssumme ab, weil ein Fall der besonderen Haverei, kein Fall des Totalverlustes vorliege. OLG Hamburg ebenso (HGZ 1913. 54): „Immer müsse es sich (beim Totalverlust) um einen Schaden handeln, welcher in der Entziehung der versicherten Sache selbst bestehe"; die Haftung für Kollisionsschaden „bedeute aber schon begrifflich keinen als Totalverlust der Sache selbst anzusehenden Schaden; abgesehen hiervon habe der Abandon aber auch für den Versicherungsnehmer keine Rechtsnotwendigkeit gebildet; vielmehr habe es in seinem freien Ermessen gestanden, ob er von ihm habe Gebrauch machen wollen oder nicht; damit, daß er es getan habe, möge er wirtschaftlich verständig gehandelt haben; rechtlich bleibe es dabei, daß er sein Schiff seinem Kollisionsgegner aus seiner eigenen freien Willensentschließung hingegeben habe und eine solche Hingabe könne niemals als eine Entziehung angesehen werden".

γ) Hierzu RG 83. 168 zunächst für die Kaskoversicherung: „Wenn das Schiff mit einem Schiffsgläubigerrecht belastet werde, mindere sich das der Seegefahr ausgesetzte Interesse am Schiffe entsprechend, andererseits sei aber auch . . . damit der Versicherungsfall gegeben: ein teilweiser Schaden, wenn die Schuld nicht über einen Teilbetrag des Versicherungswerts hinausgehe, ein Totalschaden im entgegengesetzten Falle; habe sich das versicherte Schiff mit einer Kollisionsschuld belastet, die seinen Wert überschreite, so sei dem Versicherungsnehmer nicht zwar das vielleicht ganz unversehrte Schiff, wohl aber der versicherte Gegenstand unwiederbringlich entzogen; . . . dem Reeder sei das Schiff, richtiger der sein Interesse an dem Schiffe und damit den Gegenstand der Versicherung ausmachende Wert des Schiffes verloren". — Demnächst für die Mehrwert- oder Interessenversicherung (RG 83. 171): „Der Begriff des Totalverlustes sei kein absoluter", sondern werde dadurch „bestimmt, um welches Interesse es sich handle"; hier „handle es sich jedenfalls nicht um das Interesse am Sachwert des Schiffes, vielmehr um ein Interesse, demgegenüber die Belastung mit einer Kollisionsschuld keinen Versicherungsfall bedeute"; „der Reeder würde vielmehr in allen übrigen Interessen, an die man, abgesehen vom Kaskointeresse, denken könne, überhaupt keinen Schaden erlitten haben", „sei der Reeder nicht in der Lage, die Sicherheit für die Kollisionsschuld zu leisten, und gehe ihm dadurch das Schiff zunächst durch Arrest und im weiteren Verlauf endgültig erloren, dann seien die weiteren Schäden, die er dadurch erleide, nicht auf den Seeunfall, sondern auf den Mangel an bereiten Mitteln des Reeders zurückzuführen, und die Sache liege nicht anders, als wenn dem Reeder wegen irgendwelcher Schulden das Schiff im Wege der Zwangsvollstreckung genommen worden wäre". § 71

δ) Die Gerichte haben sich die Entscheidung durch unnötige Konstruktionen unnötig schwergemacht. Die Kollision des kaskoversicherten Schiffes ist ein Versicherungsfall, auch wenn das Schiff unbeschädigt bleibt. Denn für diesen Fall hat der Versicherer versprochen, den indirekten Schaden zu ersetzen (HGB § 821 Abs. 2 Nr. 7, ADS § 78). Der Versicherer muß dem Versicherungsnehmer den Schaden ersetzen, den dieser dem Gegensegler ersetzen muß. Dieser Schaden betrug 300000. Der Versicherer mußte also an und für sich 300000 ersetzen. Die Versicherungssumme betrug aber nur 162000. Also mußte der Versicherer 162000 ersetzen. So jedenfalls, wenn der Versicherungsnehmer dem Gegensegler 300000 oder 200000 oder 162000 gezahlt hätte. Nun hat der Versicherungsnehmer nicht gezahlt, sondern dafür ein Schiff hingegeben. Dies Schiff hatte einen Wert von 85000. Der Versicherungsnehmer konnte also jedenfalls 85000 verlangen. Das Schiff, das er hingab, war aber gerade das versicherte Schiff und dies Schiff war auf 180000 taxiert, also im Verhältnis des Versicherungsnehmers zum Versicherer 180000 wert. Für dieses Verhältnis also hatte der Versicherungsnehmer dem Gegensegler 180000 gezahlt. Der Versicherungsnehmer konnte also vom Versicherer 162000 verlangen. Der Versicherer konnte auch nicht etwa einwenden, daß der Versicherungsnehmer seine Verpflichtung zur Abwendung des Schadens verletzt habe. Denn der Versicherungsnehmer konnte sich von seiner Kollisionsschuld mit keinem Geldbetrag von weniger als 300000 und mit der Hingabe keines anderen Schiffes als gerade des versicherten befreien. Würde der Schaden des Gegenseglers nur 100000 betragen haben, so würde der Versicherer natürlich auch nur 100000 zu ersetzen gehabt haben. So auch Sieveking 159, LG Hamburg HGZ 1910. 113. Alle übrigen Erörterungen sind ebenso unrichtig wie müßig. Der indirekte Kollisionsschaden ist natürlich in keinem Sinne Verlust. Das Schiff ist weder total noch teilweise verloren. Wäre es „verloren", so hätte es der Vorschriften über die Haftung des Versicherers für indirekten Kollisionsschaden nicht bedurft, müßte insbesondere das Schiff auch dann als total verloren und der Versicherer als verpflichtet angesehen werden, die Versicherungssumme zu zahlen, wenn etwa das Schiff mit einer Kaimauer zusammenstößt, der Versicherungsnehmer den Schaden wegen Verschuldens der Schiffsbesatzung ersetzen muß und der Schaden den Wert des Schiffes übersteigt. Insbesondere ist die bloße Belastung des Schiffes mit einem Schiffsgläubigerrecht kein Verlust des Schiffes (vgl. auch Sieveking 158, HG Hamburg HGZ 1879. 220). Dagegen ist mit dem Versicherungsfall und der Belastung des Schiffes mit dem Schiffsgläubigerrecht des Gegenseglers das versicherte Interesse (ganz oder teilweise) weggefallen (vgl. § 1 Anm. 10). Das RG verwechselt diesen Verlust des Interesses mit dem Verlust des Schiffes. Ist das Interesse ganz weggefallen, so kann natürlich (einstweilen wenigstens) kein Versicherungsfall mehr eintreten (§ 1 Anm. 10). So wenigstens, wenn (wie nach deutschem Rechte) dem Gegensegler nur Schiff und Fracht haften. Anders, wenn etwas nach dem anzuwendenden ausländischen Recht der Reeder auch mit seinem sonstigen Vermögen haftet. Würde der Gegensegler das Schiff arrestieren und versteigern lassen, so würde ein neuer Versicherungsfall eingetreten sein. Denn der Versicherer hat auch für diesen Fall versprochen zu entschädigen (§§ 28, 36); daß der Versicherer regelmäßig für den Gesamtschaden nur bis zur

§ 71 Versicherungssumme haftet (§§ 37 Abs. 1, 34 Abs. 3), ist dafür ohne Bedeutung. Das Schiff ist nunmehr dem Versicherungsnehmer ohne Aussicht auf Wiedererlangung entzogen. Der Versicherer haftet also nach Totalverlust-Grundsätzen. Der Versicherungsnehmer ist aber verpflichtet, Versicherungsschaden abzuwenden (§ 41). Er braucht dies regelmäßig nicht mit eigenen Mitteln zu tun, sondern kann Vorschuß verlangen (§ 32; vgl. auch § 36 Anm. 11). Verletzt er schuldhaft die Schadenabwendungs-Pflicht, läßt er es vorsätzlich oder fahrlässig zur Versteigerung kommen, so haftet der Versicherer nicht (§ 41 Abs. 3). Gibt der Versicherungsnehmer gar das Schiff freiwillig dem Gegensegler zur Befriedigung des Kollisionsanspruchs hin, so hat er nicht nur seine Schadenverhütungs-Pflicht verletzt, nicht nur vorsätzlich den Versicherungsfall herbeigeführt; er hat das Schiff überhaupt nicht „verloren"; denn, was man freiwillig weggibt, ist nicht verloren (vgl. oben). Zwar mußte der Versicherungsnehmer abandonnieren, um sich von der unbeschränkten Haftung für die Kollisionsschuld zu befreien. Aber das Motiv der freiwilligen Hingabe ist ohne Bedeutung, wenn es nicht das ist, Versicherungsschaden abzuwenden (vgl. § 32 Anm. 8). Zwar würde der Versicherer auch für die freiwillige Hingabe des Schiffes haften, wenn der Versicherungsnehmer auch gegen die unbeschränkte Haftung für Kollisionsschulden versichert wäre. Aber die Versicherung gegen solche unbeschränkte Haftung hatte der Versicherer nicht übernommen. Insoweit war der Versicherungsnehmer „Selbstversicherer". Nicht um vom Versicherer, sondern um von sich selbst Schaden abzuwenden, nicht um Versicherungsschaden, sondern um versicherungsfreien Schaden zu mindern, hat er das Schiff dem Kollisionsgläubiger abandonniert. Der Versicherungsnehmer hat schließlich durch die Hingabe des Schiffes nicht nur nicht verloren, sondern auch (im Ergebnis wenigstens) keinen Schaden erlitten und sogar gewonnen: Dieselbe Tatsache, die ihm Schaden zugefügt, hat ihm einen, größeren, Vorteil, nämlich die Befreiung von einer den Wert des Schiffes übersteigenden Schuld eingebracht. — Im Falle der Mehrwert-Versicherung liegt die Sache grundsätzlich ebenso. Insbesondere haftet der Mehrwert-Versicherer auch für den indirekten Kollisionsschaden (§ 78 Anm. 24). Im Pergamon-Falle freilich kam für die zweite Versicherung Mehrwert nicht in Betracht. Denn die Kaskotaxe war sogar übersetzt. Außerdem sollte der Versicherer für besondere Haverei, also auch für indirekten Kollisionsschaden nicht haften. Es handelte sich offenbar um eine Interessenversicherung nach § 120 oder § 123. Der Versicherer haftete also gemäß § 120 oder § 123 (vgl. HGB § 850) nicht für den indirekten Kollisionsschaden und für den Abandonschaden nicht, weil er kein Verlust war. — § 78 ADS war im E 1910 der § 60, der den Titel über die Kaskoversicherung einleitete. Er ist an den Schluß dieses Titels gestellt worden, damit nicht etwa aus der Anordnung der in diesem Titel enthaltenen Bestimmungen geschlossen werden kann, indirekter Kollisionsschaden könne in irgendeinem Sinne als Totalverlust betrachtet werden.

Anm. 9 3. Das Schiff ist also insbesondere nicht verloren, wenn der Versicherungsnehmer es freiwillig weggibt. Namentlich nicht, wenn er es veräußert. Also auch nicht, wenn ein anderer in seinem Auftrag oder sonstwie mit seiner Zustimmung es veräußert. Also auch nicht, wenn ein anderer sonstwie dem Versicherungsnehmer gegenüber befugterweise, wenn insbesondere der Kapitän auf Grund der ihm vom Gesetz (HGB § 530) erteilten Befugnis das Schiff veräußert (§ 33 Anm. 40). Anders, wenn der Versicherungsnehmer (oder der Kapitän für ihn) das Schiff gemäß § 77 wegen Reparaturunfähigkeit oder Reparaturunwürdigkeit, oder wenn er das Schiff zur Minderung des Versicherungsschadens veräußert (§ 32 Anm. 8, § 33 Anm. 40, § 41 Anm. 16; anders Schlegelberger SVR Bem. 2 zu § 71 ADS).

§ 71

Wenn das Schiff zur Minderung des Schadens veräußert werden muß, wird es jedoch regelmäßig schon vor der Veräußerung „total verloren", nämlich „dem Versicherungsnehmer ohne Aussicht auf Wiedererlangung entzogen" sein. In diesem Falle ist die Veräußerung natürlich kein Totalverlust, sondern eine Schadenminderungs-Maßregel, die nur dazu führt, daß der Erlös gemäß § 71 Abs. 1 auf die Versicherungssumme angerechnet wird. Zwar betrachtet die englische Rechtsprechung auch in diesem Falle erst die Veräußerung als den Totalverlust (Arnould 1034 s. 1058). Aber nur deshalb, weil das englische Recht zwischen actual total loss und constructive total loss unterscheidet (unten Anm. 53), nur für den Fall des constructive total loss, nicht aber für den Fall des actual total loss die Abandonnierung des versicherten Gegenstandes verlangt und den Fall der Entziehung ohne Aussicht auf Wiedererlangung nicht ohne weiteres als einen Fall des actual total loss betrachtet; da, wenn das Schiff veräußert werden muß und veräußert wird, nichts mehr zu abandonnieren ist, bleibt nur übrig, den Fall der Veräußerung zur Minderung des Schadens den Fällen des actual total loss, nicht den Fällen des constructive total loss zuzuzählen (unten Anm. 53). The „right sale" of a vessel will convert a constructive total loss into an absolute total loss. In Wirklichkeit ist es auch nach englischer Auffassung nicht der Verkauf als solcher, der den Fall des Totalverlustes begründet. That which entitles the assured to treat the loss . . . as absolutely total, is the sale supervening upon the state to which the ship has been reduced by the perils insured against previous to the sale, and which alone justified the master in selling. The loss . . . before the sale must be constructive total, in order to enable the assured after the sale, to recover for it as an absolute total loss, without notice of abandonment. The mere fact of the sale will not have the effect of converting an average into a total loss (Arnould 1034f. s. 1058). Im Sinne des § 71 ist das Schiff nur dann total verloren, wenn der Versicherungsnehmer oder der Kapitän schadenabwendungsweise das noch nicht total verlorene Schiff verkauft, z. B. wenn er das kriegsversicherte Schiff verkauft, um es der sonst sicheren Beschlagnahme zu entziehen (vgl. § 41 Anm. 16). Und dann hat der Versicherungsnehmer to make it clear beyond all reasonable doubt, . . . that the ship could never be extricated at all, . . . mere bona fides in the master or owner who sold would not justify the sale nor bear out the assured in his claim for a total loss (Arnould 1081 s. 1108). — Hat der Kapitän unbefugt veräußert, so haftet der Versicherer, wenn der Kapitän „als solcher", in Ausführung seiner Dienstverrichtung verkauft hat, mag den Kapitän auch ein Verschulden treffen. Sonst nicht. Näheres: § 33 Anm. 43, 44.

4. Keine Aussicht auf Wiedererlangung muß bestehen. Als Beispielfall (verb. „**insbesondere**") wird der Fall angeführt, daß das Schiff „**unrettbar gesunken**" ist. Daß das Schiff gesunken ist, genügt nicht (RG 10. 18, 15. 163, HGZ 1886. 19, 1890. 134, OLG Stettin APV 1904. 155). „Gesunkene Schiffe können mitunter ohne unverhältnismäßig große Kosten gehoben werden" (Prot. 3354, OLG Stettin APV 1904. 154). Andererseits wird nicht „eine absolute Unmöglichkeit, sondern vielmehr nur die Unwahrscheinlichkeit der Wiedererlangung" verlangt (RG 15. 164, 77. 304, HGZ 1886. 19, HansOLG HGZ 1925 Nr. 117 für den Fall eines gestrandeten Schiffes, HansOLG HRZ 1926. 89 = Sasse Nr. 345), oder, daß für die Wiedererlangung keine „begründete greifbare Aussicht" (Sieveking 157, HGZ 1917. 215) oder keine „wirklich greifbare Aussicht" (HG OLG Hamburg HGZ 1880. 37) bestehe. Dabei soll schließlich auch noch in Betracht kommen, ob die Wiedererlangung „nur mit verhältnismäßig großen Kosten möglich ist" (HGZ 1904. 244, 1910. 281; vgl. auch Prot. 3354, RG 10. 18) oder nur „unter Aufwendung außerordentlicher Mittel und Kosten, wodurch das Rettungswerk zu einer gewagten Anm. 10

§ 71 Spekulation werden würde" (HGZ 1890. 176; vgl. auch HGZ 1886. 20), aber doch auch wieder ein Totalverlust nicht ohne weiteres anzunehmen sein, wenn die Kosten der Wiedererlangung den Wert der versicherten Sache übersteigen (ROHG 18. 289, HGZ 1904. 244, OG Hamburg HGZ 1875. 45). Daß später, nach Zahlung der Versicherungssumme, das Schiff doch noch wiedererlangt wird, ist ohne Belang (RG 77. 305, HGZ 1890. 179, 1910. 282). Ebenso, daß noch eine entfernte Möglichkeit besteht, daß Schiff wiederzuerlangen (RG u. OLG Hamburg HGZ 1880. 27). Ebenso, daß der Versicherungsnehmer der Ansicht ist, das Schiff sei nicht wiederzuerlangen (HGZ 1904. 245). Ebenso, daß Aussicht besteht, für die Besitzentziehung vom Entzieher eine Entschädigung zu erlangen (HGZ 1917. 215, RG HGZ 1917. 232, wenngleich nur zögernd: die Aussicht, eine Entschädigung zu erlangen, „schließe den Totalverlust nicht unter allen Umständen aus"; vgl. auch RG HGZ 1918. 42 und Hagens HRZ 1918. 686). Bei der Beurteilung der Frage, ob die Wiedererlangung wahrscheinlich ist oder nicht, kommen nicht nur die dem Versicherungsnehmer selbst zur Verfügung stehenden Wiedererlangungs-Mittel in Betracht, sondern auch diejenigen, die sich aus der Mitwirkung der sonstigen Beteiligten ergeben, und diejenigen, die dem Versicherungsnehmer vom Versicherer zur Verfügung gestellt werden (HGZ 1904. 245). Ist es dem Versicherer gelungen, das Schiff wiederzuerlangen, so kann der Versicherungsnehmer zwar nicht einwenden, daß ohne die Mitwirkung des Versicherers das Schiff total verloren gewesen wäre (Sieveking 157, HGZ 1904. 245); andererseits kann der Versicherungsnehmer, solange die Wiedererlangung unmöglich erscheint, die Versicherungssumme verlangen und verliert dieses einmal ausgeübte Recht nicht wieder, wenn und weil die Verhältnisse sich ändern und das Schiff wiedererlangt wird (HansOLG HansRGZ 1934 B 395 = Sasse Nr. 431), oder gar dadurch, daß er die Unmöglichkeit der Wiedererlangung nicht sofort beweisen kann (RG 15. 163, HGZ 1886. 20). — Mit Umschreibungen dieser Art ist die Aufgabe indessen nicht gelöst. Der Versicherungsnehmer muß im Versicherungsfall Versicherungsschaden abwenden und mindern (§ 41). Er ist dazu verpflichtet (§ 41 Anm. 5). Er muß deshalb auch dafür sorgen, daß er die ihm entzogene versicherte Sache wiedererlangt. Er muß deshalb auch alle, aber auch nur die Maßregeln zur Wiedererlangung anwenden, deren Anwendung ihm seine Schadenabwendungs-Pflicht gebietet (OG Hamburg HGZ 1875. 44). Er muß für die Wiedererlangung sorgen, „wie Treu und Glauben mit Rücksicht auf die Verkehrssitte es erfordern" (BGB § 242) und dabei „Treu und Glauben im höchsten Maße betätigen" (ADS § 13). Andererseits aber auch nur „nach Möglichkeit", nicht „bis an die äußersten Grenzen der menschlichen Möglichkeit" (Prot. 4425). Nicht mit Opfern an Zeit, Kraft und Mitteln, die ihm billigerweise nicht zuzumuten sind. In matters of business a thing is said to be impossible, when it is not practicable; and a thing is impracticable, when it can only be done at an excessive or unreasonable cost (Moss v. Smith 1850 bei Arnould 1055 s. 1081). Der Versicherungsnehmer muß in diesen Grenzen selbst Aufwendungen machen. Er muß sich der Hilfe der Havariegrosse-Beteiligten bedienen. Er muß den Versicherer instand setzen, zu helfen, und seine Weisungen befolgen. Näheres über alles dies: § 41 Anm. 7, 10. Ist das Schiff auf diese Weise nicht wiederzuerlangen, so ist es dem Versicherungsnehmer „ohne Aussicht auf Wiedererlangung entzogen" (vgl. schon Le Guidon de la Mer VII. 1: Le délais n'est pas de nécessité, mais qu'il dépend de la volonté du Marchand Chargeur, qui peut en user comme d'extrême remede, quand par son travail il n'a scu remettre ni recouvrer ce qui était perdu, ou en voie de perdre, auch AHO 1731 XI. 4, PreußAHO § 150). Natürlich ist das Schiff dem Versicherungsnehmer auch dann ohne Aussicht auf Wiedererlangung entzogen, wenn der Versicherungsnehmer es bei gehöriger Erfüllung seiner Schadenabwendungs-Pflicht hätte wiedererlangen können, seine Schadenabwendungs-Pflicht aber verletzt hat und infolge hiervon das Schiff dem Versicherungsnehmer entzogen geblieben ist und nunmehr trotz gehöriger Erfüllung der Schadenabwendungs-Pflicht nicht wiedererlangt werden kann. Der Versicherungsnehmer kann auch in diesem Falle die Versicherungssumme verlangen, der Versicherer aber gemäß § 41 Abs. 3 den Unterschied zwischen der Versicherungssumme und demjenigen Betrag abziehen, den er zu zahlen gehabt haben würde, wenn der Versicherungsnehmer die Schadenabwendungs-Pflicht erfüllt hätte. § 71

5. Beispiele aus der Rechtsprechung: Anm. 11

aa) ROHG 18. 281. Das versicherte Schiff wird wegen Krankheit der Besatzung auf den Strand gesetzt und kann mit Kosten, die zwar den Schiffswert übersteigen, aber in Havariegrosse zu verteilen wären, abgebracht werden. Es ist dem Versicherungsnehmer nicht ohne Aussicht auf Wiedererlangung entzogen. Vgl. auch § 41 Anm. 11.

bb) RG 15. 161, HGZ 1886. 19. Das versicherte Schiff sinkt bei Kopenhagen mit dem Deck 25—30 Fuß unter den Meeresspiegel. Nach Monatsfrist ist die Hebung noch nicht versucht. Switzers Bergungsunternehmen erklärt sich freibleibend für 42 ½ % des Schiffswerts zur Bergung bereit, als der Versicherungsnehmer die Versicherungssumme verlangt. Das Schiff ist dem Versicherungsnehmer ohne Aussicht auf Wiedererlangung entzogen.

cc) HGZ 1890. 133. Die versicherte Donkeyschute ist gesunken, gehoben und vom Berger wegen der Hebungskosten zurückgehalten. Sie ist dem Versicherungsnehmer nicht ohne Aussicht auf Wiedererlangung entzogen. — Der Versicherer muß, wenn Verkauf durch den Berger und demgemäß Totalverlust droht, die Hebungskosten vorschießen (vgl. ADS §§ 32, 36).

dd) HGZ 1890. 169. Die versicherte Bark kommt bei Lissabon auf felsigen Grund und bis an die Luken ins Wasser. Sachverständige erklären ohne nähere Untersuchung, daß der Schiffsboden von Steinen durchschnitten sein müsse. Die Bark wird verkauft, vom Käufer nach kurzer Zeit abgebracht, ausgebessert und in Fahrt gesetzt. Nach Ansicht des OLG Hamburg hat sie „unabbringbar auf dem Felsengrund gesessen". „Die etwaige Möglichkeit, unter Aufwendung außerordentlicher Mittel und Kosten das gesunkene Schiff zu heben oder das gestrandete Schiff abzubringen, hebe den Begriff des Totalverlustes nicht auf; sie werde unter Umständen eine verkäufliche spes sein, welche ebenso wie die Rettung einzelner Schiffsteile den Totalverlust mildere, aber nicht beseitige". Vgl. hierzu den entsprechenden, aber gründlicher geprüften Fall Cambridge v. Anderton 1824 bei Arnould 1032 s. 1057: Das Schiff ist auf ein Riff gelaufen, von der Besatzung verlassen, exposed to a heayv sea, by surveyors and, amongst others, a Lloyd's agent from Quebec, . . . examined and found to be so damaged that although still retaining the form of a ship, she was only saved from going to pieces by the timber which formed the greater part of the cargo.

ee) HGZ 1904. 241. Das versicherte Schiff ist im Januar bei Zoppot 1000 m vom Strande entfernt bei 6 m Tiefe gesunken und nach vielen vergeblichen Versuchen mit großen Kosten im September gehoben. Es war nach der (kaum zutreffenden) Ansicht des Gerichts dem Versicherungsnehmer nicht ohne Aussicht auf Wiedererlangung entzogen gewesen. Nach einem der Hebungsversuche habe der Versicherungsnehmer freilich „sehr wohl glauben können und dürfen, daß das Schiff nicht wiedererlangt werde": aber er „habe keine Veranlassung gehabt, an der

§ 71 Auffassung, daß die Hebung durchaus unwahrscheinlich sei, festzuhalten, nachdem ihm der Entschluß der Assekuradeure bekannt geworden sei, die Bergungsarbeiten fortzusetzen". Auf solche „Entschlüsse" kommt es offenbar für den Begriff des Totalverlustes, insbesondere der Entziehung ohne Wiedererlangungs-Aussicht, nicht an. — Vgl. dazu auch OLG Stettin APV 1904. 154: Das Schiff ist am 30. Juli in einem Haff der Ostsee gesunken und am 16. September „mit einer Arbeitszeit von kaum einem Tage" gehoben. Es war dem Versicherungsnehmer nicht ohne Aussicht auf Wiedererlangung entzogen.

ff) HG u. OG Hamburg, OAG Lübeck NAfHR 3. 390. Das auf 75000 taxierte Schiff stößt mit einem anderen Schiffe zusammen, muß dem Gegensegler 122000 zahlen, wird auf Veranlassung des Gegenseglers gerichtlich versteigert und vom Versicherer, dem der Versicherungsnehmer die Interessenwahrung überlassen hat, für 24000 ersteigert und dem Versicherungsnehmer zur Verfügung gestellt. Der Versicherungsnehmer verlangt die Versicherungssumme. Mit Unrecht. Das Schiff war nicht total verloren, dem Versicherungsnehmer nicht ohne Aussicht auf Wiedererlangung entzogen. Die Kollisionsschuld konnte abgelöst, das Schiff konnte vom Versicherungsnehmer oder für ihn vom Versicherer ersteigert werden. Letzteres ist ja auch geschehen. Der Versicherungsnehmer hätte nur nach §§ 36, 73 ADS (anders HGB § 850 Abs. 1 Nr. 2) abandonnieren können. OAG Lübeck hat die Klage mit Recht abgewiesen.

gg) HG Hamburg HGZ 1879. 219. Das versicherte, mit Holz beladene, Schiff wird auf der Reise von Sveaborg nach Westhartlepool leck, von der bei den Pumpen erschöpften Besatzung verlassen, geborgen und von den Bergern nach dem Bestimmungshafen gebracht. Es ist natürlich dem Versicherungsnehmer nicht ohne Aussicht auf Wiedererlangung entzogen. Auch „dadurch nicht, daß es, mit Ansprüchen belastet, in den Händen englischer Behörden sich befand . . . Denn gegen Bezahlung der auf dem Schiffe haftenden Ansprüche stand der Wiedererlangung nichts entgegen, und kann es dem Versicherer nicht präjudizieren, wenn der Versicherte die Wiedererlangung unterließ (und vielmehr das geborgene Schiff versteigern ließ), weil die Wiedererlangung nicht in seinem Interesse war oder ihm die nötigen Geldmittel fehlten". Vgl. hierzu oben Anm. 8.

hh) RG 77. 302, HGZ 1910. 280. Das Schiff strandet und zerbricht. Bei der Bergung der Stückgut-Ladung kommt das versicherte Antimon nicht zum Vorschein. Nach monatelangen Bergungsversuchen kam man zur Überzeugung, daß das Antimon nicht zu bergen sei; die Versicherungssumme wurde bezahlt. Bald darauf wird das (inzwischen im Werte gestiegene) Antimon dennoch geborgen. Es war dem Versicherungsnehmer ohne Aussicht auf Wiedererlangung entzogen gewesen.

ii) HG u. OG Hamburg HGZ 1880. 37. Das mit dem versicherten Petroleum beladene Schiff wird auf der Reise von New York nach Bremen im Sturm so schwer beschädigt, daß die Besatzung die Masten kappen muß und schließlich das Schiff verläßt, das, durch die Ladung über Wasser gehalten, später noch gesehen ist. Über das weitere Schicksal von Schiff und Ladung ist nichts bekannt. Die versicherte Ladung ist dem Versicherungsnehmer ohne Aussicht auf Wiedererlangung entzogen, da „wirtschaftlich vernünftige Mittel dem Versicherten zur Wiedererlangung des ihm entzogenen Gegenstandes nicht zu Gebote stehen". Der Versicherungsnehmer braucht also nicht wegen Verschollenheit zu abandonnieren. Vgl. auch unten Anm. 32.

kk) HGZ 1915. 65. Die versicherten Güter sind in Italien während des Ersten Weltkriegs angehalten und bei einem Spediteur eingelagert worden. Sie sind damit noch nicht dem Versicherungsnehmer ohne Aussicht auf Wiedererlangung entzogen. § 71

ll) HGZ 1917. 215, RG HGZ 1918. 42. Die versicherten Güter sind im Ersten Weltkrieg von England beschlagnahmt und verkauft, der Erlös hinterlegt. Sie sind dem Versicherungsnehmer sebstverständlich ohne Aussicht auf Wiedererlangung entzogen.

mm) HG Hamburg Seebohm 685. Der Kahn mit versicherten 82 Kisten (mit Gewehren) geht unter. Die Gewehre werden vom Versicherer geborgen, getrocknet und gereinigt. Sie waren dem Versicherungsnehmer niemals ohne Aussicht auf Wiedererlangung entzogen.

nn) Supreme Court of New Zealand ITVMitt 1922. 74. Die versicherte Kiste (mit Filmen) war angeblich bei einem Brande über Bord geworfen worden. Der Versicherer zahlte. Bald darauf wurde die Kiste in einem Lagerhaus des Bestimmungsorts ermittelt. Der Versicherer kondizierte mit Recht. Die Kiste war dem Versicherungsnehmer niemals ohne Aussicht auf Wiedererlangung entzogen gewesen.

oo) RG u. OLG Hamburg bei Hasselmann 44 und Hagens HRZ 1918. 734. Die versicherten Güter sind im Ersten Weltkrieg von England beschlagnahmt, den englischen Pfandgläubigern (Banken) zur Deckung ihrer Pfandforderungen überwiesen und damit dem Versicherungsnehmer ohne Aussicht auf Wiedererlangung entzogen.

pp) Ob schon die Wegnahme der kriegsversicherten Sache durch eine kriegführende Macht Entziehung ohne Aussicht auf Wiedererlangung bedeutet, richtet sich im übrigen nach den Umständen des Falles. Näheres: § 35 Anm. 11.

qq) HansOLG HRZ 1926. 89 = Sasse Nr. 345: Totalverlust eines an der Südküste von Island gestrandeten Schiffes.

6. Nach Veräußerung der versicherten Sache muß diese dem Erwerber entzogen sein. Ist der Versicherungsfall vor der Veräußerung eingetreten, so muß sie (auch) dem Veräußerer entzogen sein. — Bei der Versicherung für fremde Rechnung muß die versicherte Sache sowohl dem Versicherungsnehmer wie dem Versicherten entzogen sein. Das ergibt sich schon aus dem Zusammenhang mit der, beiden Beteiligten obliegenden, Schadenabwendungs-Pflicht (vgl. oben Anm. 10, § 41 Anm. 4). Anm. 12

c) Der Versicherungsnehmer kann die Versicherungssumme verlangen. Wäre die Versicherungssumme nur die Summe, über die hinaus der Versicherer nicht haftet, so wäre § 71 Abs. 1 nicht genau (vgl. Begr. z. E 1910 § 70). In Wirklichkeit erblickt der Versicherungsverkehr in der Vereinbarung der Versicherungssumme auch eine Vereinbarung über den Wert des Interesses (§ 6 Anm. 11). Der Versicherungsnehmer kann im Falle des Totalverlustes ohne weiteres als den Ersatz dieses Wertes, als Entschädigung, die Versicherungssumme verlangen. Ohne weiteres: ohne nachweisen zu müssen, daß der Versicherungsschaden der Versicherungssumme entspricht, insbesondere, daß der Versicherungswert ebenso groß ist wie die Versicherungssumme (oder größer). Der Versicherer muß beweisen, daß der Versicherungsschaden kleiner ist als die Versicherungssumme (§ 6 Anm. 11). Die Aufklärungspflicht des Versicherungsnehmers (§ 43) wird hierdurch natürlich nicht berührt. — Andererseits darf daraus, daß der Versicherungsnehmer, auch wenn er die Versicherungssumme verlangen kann und verlangt, doch nur entschädigt werden soll, nicht gefolgert werden, daß er etwa, wenn und weil er den Kaufpreis für die versicherte Sache noch nicht gezahlt hat und auch erst später zu zahlen braucht, auch die Versicherungssumme erst später verlangen kann, oder gar, daß der Versicherungsnehmer in solchem Falle (wenn nicht die Versicherungssumme, so doch) Sicherheitsleistung verlangen kann Anm. 13

§ 71 (so RG 88. 242, zurückgenommen von RG 97. 321). Die obligatorischen Verhältnisse, die sich auf die versicherte Sache beziehen, gehen den Versicherer nichts an, sofern sie nicht etwa Bestand oder Art des versicherten Interesses betreffen (vgl. HGZ 1916. 16). — Eine Versicherungssumme braucht nicht vereinbart zu sein. Dann gilt im Versicherungsverkehr die Taxe als Versicherungssumme (§ 6 Anm. 13, 22). Aber auch eine Taxe braucht nicht vereinbart zu sein. Das Schiff kann zur Prämie von 1000 versichert sein. Dann tritt der gemäß § 70 zu ermittelnde Versicherungswert an die Stelle der Versicherungssumme. Denn diese Versicherungssumme bildet im Sinne des § 71 ja auch nur den vereinbarten Versicherungswert (vgl. oben, auch § 93 Abs. 1, § 6 Anm. 7). Genauer jedenfalls ASVB § 113: „Der Versicherer hat die Taxsumme der Police, respektive den Versicherungswert, . . . in dem Maße zu zahlen, in welchem er sich für den Schaden verbindlich gemacht hat", und MIA §§ 67, 68: Where there is a total loss of the subject-matter insured . . ., if the policy be an unvalued policy, the measure of indemnity is the insurable value of the subject-matter insured. — Zahlung der Versicherungssumme kann der Versicherungsnehmer natürlich nicht sofort, sondern nur gemäß § 44 verlangen.

Anm. 14 d) Der Versicherungsnehmer kann die Versicherungssumme verlangen. Wenn es ihm gut scheint (so schon ausdrücklich Amsterdamer Ver. von 1598 Art. 25, auch schon Le Guidon de la Mer VII. 1: Le délais n'est pas de nécessité usw.). Der Versicherungsnehmer braucht die Versicherungssumme nicht zu verlangen. Das ist ohne Bedeutung, wenn das Schiff oder das Schiff als solches nicht mehr da, wenn es etwa vernichtet ist. Aber es ist von Bedeutung, wenn das Schiff zwar noch da, aber dem Versicherungsnehmer „ohne Aussicht auf Wiedererlangung entzogen" ist. Der Versicherungsnehmer kann auch in diesem Falle die Versicherungssumme verlangen. Er kann aber auch warten, ob Aussicht auf Wiedererlangung des Schiffes entsteht und damit das Recht, Teilschaden-Entschädigung gemäß §§ 74—76 oder Entschädigung gemäß § 77 zu verlangen. Der Totalverlust macht also in solchen Fällen das Rechtsverhältnis nicht endgültig fest. Das versicherte Interesse fällt nicht weg. Vielleicht fällt die versicherte Gefahr weg: Das reiseversicherte Schiff gibt infolge des Totalverlustes „gezwungen" die versicherte Reise auf. Dann endigt die Versicherung gemäß § 66 Abs. 3; aber dies ändert nichts daran, daß der Versicherer für die Schadensfolgen des vorher eingetretenen Versicherungsfalls gemäß § 71 oder gemäß §§ 74—76 oder gemäß § 77 haftet. Einstweilen ist in der Schwebe, ob der Totalverlust-Fall nicht noch ein Teilschaden-Fall usw. wird. Das Verhältnis ist ebenso, wie im Falle der Verschollenheit (oder im Falle des § 73); auch in diesen Fällen kann der Versicherungsnehmer wählen, kann die Versicherungssumme verlangen, kann aber auch warten. ob das verschollene Schiff nicht noch zum Vorschein kommt (das weggenommene Schiff nicht wieder freigelassen wird usw.) und sich damit für den Versicherungsnehmer die Aussicht eröffnet, das Schiff zu behalten und, gegebenenfalls, Teilschaden-Entschädigung zu erhalten. — Der Versicherer kann den Versicherungsnehmer auch nicht zur Ausübung seines Wahlrechts zwingen, ihn nicht etwa unter Bestimmung einer angemessenen Frist zur Vornahme der Wahl auffordern (vgl. BGB § 264 Abs. 2), ihm insbesondere nicht die Versicherungssumme mit der Wirkung anbieten, daß der Fall nunmehr endgültig als Fall des Totalverlustes zu behandeln ist. Der Versicherer kann, wenn der Versicherungsnehmer die Versicherungssumme nicht haben will, nur von dem Rechte des Versicherer-Abandons Gebrauch machen und in oder nach Ausübung dieses Rechtes die Versicherungssumme anbieten, erwirbt dann aber keine Rechte am Schiffe (§ 38). Nimmt jedoch der Versicherungsnehmer die auf Grund des § 71 angebotene Versicherungssumme an, so hat er sie natürlich auch „verlangt". — Andererseits kann der Versicherungsnehmer im Falle des Totalverlustes aber auch nichts anderes als die Versicherungssumme verlangen. Er kann nicht Teilschaden-Entschädigung verlangen; die §§ 74—76 gelten nur im Falle des Teilschadens, nicht im Falle des Totalverlustes. Er kann auch nicht gemäß § 77 verfahren; § 77 gilt nur in den Fällen der Reparaturunfähigkeit oder Reparaturunwürdigkeit des Schiffes, und total verlorene Schiffe sind (solange der Zustand des Verlorenseins dauert) weder reparaturunfähig noch reparaturunwürdig (oben Anm. 5). § 71

e) Der Versicherungsnehmer kann die Versicherungssumme verlangen. Anm. 15

1. Ist das Schiff oder das Schiff als solches nicht mehr da, etwa vernichtet, so macht der Versicherungsnehmer, wenn er die Versicherungssumme verlangt, nur den Entschädigungsanspruch geltend. Das Verlangen gestaltet das Verhältnis nicht anders, als es vorher war. Der Versicherungsnehmer kann von seinem Verlangen wieder abstehen, der Versicherer sich in solchem Falle z. B. nicht darauf berufen, daß nunmehr „die Rechte des Versicherungsnehmers an dem Schiffe" gemäß § 71 Abs. 3 auf ihn überzugehen hätten.

2. Anders, wenn das Schiff dem Versicherungsnehmer nur „ohne Aussicht auf Wiedererlangung entzogen" ist. Der Versicherungsnehmer, der die Versicherungssumme verlangt hat, hat gewählt (oben Anm. 14). Das Verhältnis ist also neu gestaltet. Versicherer und Versicherungsnehmer sind daran gebunden. Eröffnet sich später wieder die Aussicht auf Wiedererlangung des Schiffes oder wird gar das Schiff unmittelbar darauf wider Erwarten wiedererlangt, so kann sich weder der Versicherer noch auch der Versicherungsnehmer darauf berufen, insbesondere Teilschaden-Entschädigung anbieten oder verlangen (vgl. auch oben Anm. 11 unter hh). Die Rechtslage ist in solchem Falle ebenso und muß im Interesse der Verkehrssicherheit ebenso sein, wie wenn der Versicherungsnehmer in den Fällen der §§ 72, 73, 77 die Versicherungssumme verlangt. Anm. 16

α) Das Verlangen ist also eine rechtsgestaltende, nämlich rechtsbegründende und rechtsändernde, Willenserklärung. Die Erklärung muß (gleich allen rechtsgestaltenden Erklärungen) bestimmt sein. Der Versicherer muß wissen, woran er ist. Die Erklärung darf daher insbesondere nicht bedingt sein, wenn die Bestimmtheit unter der Bedingtheit leidet (vgl. hierzu insbesondere auch § 73 Anm. 12). Der Versicherungsnehmer kann z. B. die Versicherungssumme nicht unter der Bedingung verlangen, daß das ohne Aussicht auf Wiedererlangung entzogene Schiff nicht wider Erwarten wiedererlangt wird. Wohl aber unter der Bedingung, daß das Schiff (nicht sowohl ohne Aussicht auf Wiedererlangung entzogen bleibt, als vielmehr) ohne Aussicht auf Wiedererlangung entzogen ist; denn das wäre eine bloße Rechtsbedingung. Der Versicherungsnehmer braucht auch nur „die Versicherungssumme" zu verlangen, nicht einen bestimmten Betrag. Aber er wird den Grund seines Verlangens angeben, also erklären müssen, daß er die Versicherungssumme wegen des Totalverlustes verlange. Anm. 17

β) Das Verlangen ist, seinem natürlichen Begriff nach, eine empfangsbedürftige (im übrigen keiner besonderen Form bedürfende) Willenserklärung (näheres über empfangsbedürftige Erklärungen: Vorb. vor § 1 Anm. 33). Es muß dem Versicherer gegenüber erklärt werden. Sind mehrere Versicherer beteiligt, so kann und muß der Versicherungsnehmer gegenüber jedem einzelnen Versicherer erklären. Ist ein Versicherer „Führer", so ist Erklärung gegenüber dem Führer genügend, aber auch erforderlich. Damit ist nicht gesagt, daß der Versicherungsnehmer nur von allen Mitversicherern oder garnicht die Versicherungssumme verlangen kann. Er kann vom einen Versicherer die Versicherungssumme verlangen, dem anderen Versicherer gegenüber abwarten, ob Aussicht auf Wiedererlangung entsteht, und in diesem Falle vom anderen Versicherer Teilschaden-Entschädigung Anm. 18

§ 71 verlangen. Näheres: Vorb. V vor § 1. — Erklärung gegenüber einem Vertreter, insbesondere einem Gesamtvertreter des Versicherers: § 3 Anm. 18.

Anm. 19 γ) Der Versicherungsnehmer muß erklären. Über den Begriff des Versicherungsnehmers: § 3 Anm. 4. Über den Fall, daß mehrere Versicherungsnehmer beteiligt sind, vgl. Vorb. VI vor § 1. Insbesondere wird im Falle der Versicherung des im Miteigentum der Versicherungsnehmer stehenden Schiffes jeder Versicherungsnehmer für sich erklären können. Gehört das Schiff einer Reederei, so können in der Regel alle Mitreeder zusammen oder die Partenmehrheit für die Reederei erklären (HGB §§ 489—491). Der Korrespondentreeder ist als solcher nicht ermächtigt, zu erklären. Denn solche Erklärungen gehören nicht zum „gewöhnlichen" Geschäftsbetrieb der Reederei (HGB § 493). Auch der Schiffs- oder der Assekuranzmakler ist als solcher nicht ermächtigt (siehe über die rechtliche Bedeutung von Zahlungen auf die Versicherungssumme, die der Versicherer an den Versicherungsmakler leister, RG 109. 230 = JRPV 1925. 132 = JW 1925. 616: Die Entscheidung verneint das Recht des Maklers, mit verbindlicher Kraft für den Versicherungsnehmer die Entschädigungssumme in Empfang zu nehmen, namentlich wenn die Zahlung nur vergleichsweisen Charakter trägt und die Rückforderung vorbehalten ist). Vgl. im übrigen über Erklärungen durch Vertreter BGB §§ 174, 180. — Ist das Schiff unterwegs veräußert, so kann nur der Erwerber erklären (§§ 49 Abs. 1, 50 Abs. 2); anders wohl, wenn der Versicherungsfall vor der Veräußerung eingetreten ist und die Entschädigung deshalb dem Veräußerer gebührt (vgl. § 49 Anm. 25; beim Abschluß des Veräußerungsvertrags ist also darauf Bedacht zu nehmen, daß der Versicherer nur zu zahlen braucht, wenn damit die Rechte am Schiffe auf ihn übergehen). — Hat der Versicherungsnehmer die Entschädigungsforderung abgetreten, so kann doch nur der Versicherungsnehmer, nicht der Zessionar erklären, wenngleich diesem die Entschädigung zu zahlen ist; anders wohl, wenn der Zessionar auch das Schiff erworben hat (vgl. § 49 Anm. 25). — Bei der Versicherung für fremde Rechnung kann der Versicherungsnehmer gemäß § 54 Abs. 1 erklären (aber gemäß § 54 Abs. 2 die Entschädigung nur annehmen, wenn er die Police oder die Zustimmung des Versicherten besitzt). Der Versicherte kann nur erklären, wenn er die Police oder die Zustimmung des Versicherungsnehmers besitzt (§ 53 Abs. 2). — Anfechtung der Erklärung wegen Irrtums usw.: BGB §§ 119ff.

Anm. 20 δ) Ist die Erklärung unberechtigt, das Schiff nicht (überhaupt nicht, noch nicht oder nicht mehr) ohne Aussicht auf Wiedererlangung dem Versicherungsnehmer entzogen, so entstehen im allgemeinen keine Rechtsfolgen. Aber der Versicherer kann die Erklärung als Antrag auf eine dem § 71 entsprechende Abwicklungsvereinbarung betrachten und behandeln (wenigstens, wenn kein abweichender Wille des Versicherungsnehmers erhellt; vgl. auch oben Anm. 71). Schweigt er, so liegt darin noch nicht ohne weiteres Zustimmung, unter Umständen sogar unmißverständliche Ablehnung (vgl. Vorb. vor § 1 Anm. 18; abw. HGZ 1910. 117, vgl. aber auch HGZ 1913. 54, HG u. OG Hamburg HGZ 1875. 237). Dem deutschen Rechte ist die acceptance of abandonment des englischen Rechtes (vgl. unten Anm. 53) unbekannt, unbekannt erst recht die „Annahme" des Verlangens der Versicherungssumme. Und selbst im englischen Rechte the mere silence of the insurer after notice (of abandonment) is not an acceptance (MIA § 62 Abs. 5). Selbst wenn der Versicherer zahlt, ohne zu wissen, daß zur Zeit des Verlangens Aussicht auf Wiedererlangung bestand, kann er kondizieren. Andererseits bildet die ausdrückliche oder stillschweigende Anerkennung des Falles als eines Totalverlust-Falles durch den Versicherer natürlich ein starkes Argument dafür, daß tatsächlich keine Aussicht auf Wiedererlangung des Schiffes bestand. — Das unberechtigte Verlangen wird nicht ohne weiteres wirksam, wenn später seine Voraussetzungen eintreten, also etwa die Aussicht auf Wiedererlangung schwindet. Es muß wiederholt oder doch erkennbar aufrechterhalten werden. Näheres: § 72 Anm. 12. § 71

5. Der Versicherungsnehmer kann im Falle des Totalverlustes die Versicherungssumme verlangen. Das bedeutet zwar (auch), daß der Versicherungsnehmer die Zahlung der Versicherungssumme verlangen kann (wenn auch nicht die sofortige Zahlung: oben Anm. 13). Aber es bedeutet nicht, daß er in jedem Falle Zahlung der ganzen Versicherungssumme verlangen kann, daß er in jedem Falle einen Anspruch auf Zahlung der ganzen Versicherungssumme hat, sondern nur, daß er dem Versicherer überlassen kann, nachzuweisen, daß der Versicherungsschaden und demgemäß auch die Entschädigungssumme kleiner ist als die Versicherungssumme. Übersteigt z. B. die Versicherungssumme den Versicherungswert, so braucht der Versicherer nur den Versicherungswert zu ersetzen (§ 6 Anm. 11; vgl. auch oben Anm. 13). Wenn mit dem Schiffe die Ausrüstungskosten versichert sind, das Schiff aber unausgerüstet total verlorengeht, werden die Ausrüstungskosten von der Versicherungssumme abgezogen (§ 70 Anm. 4). Wenn die Ausrüstungskosten mitversichert sind, und zwar Schiff und Ausrüstungsgegenstände total verlorengehen, aber die ganze Fracht oder doch Distanzfracht verdient wird, werden die Ausrüstungskosten ganz oder teilweise abgezogen. Hat das Schiff vor dem Totalverlust einen versicherungsfreien, nicht ausgebesserten Schaden erlitten, z. B. die Maschine eine Beschädigung, für die der Versicherer gemäß § 65 nicht haftet, so wird der Schadensbetrag von der Versicherungssumme abgezogen. Genauer: Das versicherte Interesse ist teilweise weggefallen. Versicherungsinteresse, Versicherungswert und Versicherungssumme haben sich verhältnismäßig vermindert. So insbesondere auch, wenn das „Nur für Totalverlust" versicherte Schiff mit einem anderen Schiffe zusammenstößt, beschädigt, aber nicht ausgebessert wird und später total verlorengeht; der Versicherer zahlt nur für den total verlorengegangenen Rest. Die Mat. 1. 276 erörterte Frage, ob die vom Gegensegler gezahlten 30000 anzurechnen seien oder nicht, ist gar nicht zu stellen. — Ist das Schiff mit einem Schiffs-Pfandrecht belastet, so bleiben Versicherungsinteresse, Versicherungswert und Versicherungssumme unberührt (vgl. § 1 Anm. 10). Anders, wenn das Schiff mit einem Schiffsgläubiger-Recht ohne persönliche (unbeschränkte) Haftung belastet ist, mag die Last durch ein Gefahrereignis oder durch ein versicherungsfreies Ereignis entstanden sein. Wenn das Schiff mit einem Pier zusammenstößt und den Schaden ersetzen muß, geht für den Schadensbetrag das versicherte Interesse verloren (so richtig die, sonst bedenkliche, Entscheidung RG 83. 168, vgl. oben Anm. 8). Geht später das Schiff total verloren, so braucht der Versicherer nur die Versicherungssumme weniger die (versicherungsfreie) Kollisionsschuld zu zahlen (vgl. auch § 28 Anm. 24). Wenn das Schiff mit einem anderen Schiffe zusammenstößt und den Schaden ersetzen muß, fällt wieder für den Schadensbetrag das versicherte Interesse weg; geht später das Schiff total verloren, so braucht der Versicherer nur die Versicherungssumme weniger den Schadensbetrag zu zahlen. Der Versicherer hat natürlich auch den Kollisionsschaden zu ersetzen; aber nicht gemäß § 71, sondern gemäß § 78. Daß der Versicherungsnehmer nach dem Totalverlust nicht mehr haftet und insofern nicht mehr „den einem Dritten entstandenen Schaden zu ersetzen hat" (§ 78), ist ohne Bedeutung. Wenn das Schiff nach einem Schiffszusammenstoß, der es mit einer Kollisionsschuld belastet hat, infolge eines versicherungsfreien Ereignisses, z. B. infolge einer Nehmung, total verlorengeht, muß der Versicherer ja auch den Kollisionsschaden ersetzen, obgleich der Gegensegler nicht entschädigt wird. Der Totalverlust verschlingt eben im allgemeinen nicht den Partialschaden (§ 28 Anm. 24). Wenn der Kapitän das Schiff verbodmet, ist es ähnlich. Wenn Anm. 21

§ 71 der Bodmereifall ein Versicherungsfall ist und der Kapitän die Bodmereigelder zur Ausbesserung des beschädigten Schiffes verwendet hat, muß der Versicherer gemäß § 75 die Ausbesserungskosten ersetzen und, falls das Schiff später total verlorengeht, nur die Versicherungssumme weniger den Betrag der Bodmereischuld zahlen. Hieran ändert natürlich auch § 37 Abs. 3 nichts (§ 37 Anm. 11).

Anm. 22 a) Insbesondere kann der Versicherungsnehmer „die Versicherungssumme verlangen", wenn er anderweit etwas zur Ausgleichung des Schadens erlangt hat. Aber **der Versicherungsnehmer muß sich** vom (beweispflichtigen) Versicherer **den Wert desjenigen anrechnen lassen, was er anderweit zur Ausgleichung des Schadens erlangt hat.** Dies versteht sich also von selbst (vgl. auch Vorb. vor § 1 Anm. 70). Man hat es (unnötiger- und unrichtigerweise) im § 71 Abs. 1 Satz 2 (ebenso im § 96 Abs. 2) nur deshalb besonders hervorgehoben, weil der Versicherungsnehmer nach § 71 nicht die Entschädigungssumme, sondern die „Versicherungssumme" verlangen kann.

Anm. 23 b) Insbesondere kann der Versicherungsnehmer „die Versicherungssumme verlangen", wenn vom versicherten Schiffe etwas gerettet ist. Aber **der Versicherungsnehmer muß sich** vom (beweispflichtigen) Versicherer **den Wert desjenigen anrechnen lassen, was vor Zahlung der Versicherungssumme** (vor vollständiger Befriedigung des Versicherungsnehmers: unten Anm. 34) **gerettet ist,** d. h. wohl: was als solches nicht total verloren ist. Dies würde sich zwar gleichfalls vom Standpunkt des gemeinen Versicherungsrechts von selbst verstehen und ist deshalb auch im VVG nicht besonders bestimmt. Denn der Versicherer soll nur entschädigen, den wirklich entstandenen Schaden ersetzen, und nicht entschädigen, soweit kein Schaden entstanden ist. Anders vom Standpunkt des Seeversicherungs-Rechts. Der Versicherer zahlt die ganze Versicherungssumme und übernimmt Gerettetes (§ 71 Abs. 3). Hiervon macht § 71 Abs. 1 Satz 2 eine Ausnahme: Vor der Zahlung der Versicherungssumme Gerettetes wird vom Versicherer nicht übernommen, sondern nach seinem Werte auf die Versicherungssumme angerechnet. Und zwar wird der gemeine Wert, also der Verkäuflichkeitswert maßgebend sein müssen (hierüber: § 90 Anm.; vgl. auch § 70 Anm. 2 und unten Anm. 24), der gemeine Wert zur Zeit der Zahlung der Versicherungssumme. Wenn in der Zwischenzeit gerettete Sachen infolge des Versicherungsfalls beschädigt werden oder verlorengehen, so wird nur der Wert des noch Geretteten abgezogen. Die geretteten Sachen können aber auch in der Zwischenzeit infolge eines versicherungsfreien Ereignisses verlorengegangen oder beschädigt sein, — sei es infolge eines überhaupt versicherungsfreien Ereignisses, sei es infolge eines Ereignisses, das zwar ein Gefahrereignis sein würde, wenn die Versicherung noch nicht beendigt wäre, aber kein Gefahrereignis mehr ist, weil die Reiseversicherung (insbesondere wegen erzwungener Aufgabe der versicherten Reise) beendigt oder die versicherte Zeit verstrichen war. Da der Versicherer für solchen in der Zwischenzeit entstandenen Schaden nicht haftet, ist anzurechnen, was die Sachen zur Zeit der Zahlung der Versicherungssumme wert gewesen wären, wenn sie keinen Schaden genommen hätten. So auch insbesondere, wenn die Versicherung zur Zeit der Beschädigung oder des Verlustes noch nicht beendigt war, der Versicherungsnehmer aber den Schaden schuldhaft herbeigeführt hat (§ 33). Wenn nach Zahlung der Versicherungssumme vorher gerettete Sachen beschädigt werden oder verlorengehen, kann der Versicherungsnehmer auch dann keinen Ersatz verlangen, wenn etwa die versicherte Zeit bei Entstehung des Schadens noch nicht verstrichen war. Der Versicherungsnehmer ist (trotz des Abzugs) vollständig „befriedigt" (vgl. § 71 Abs. 3), das Versicherungsverhältnis durch Zahlung der Versicherungssumme abgewickelt. — Im Falle der Unterversicherung „wird nur ein verhältnismäßiger Teil des Geretteten von der Versicherungssumme abgezogen". So ausdrücklich HGB § 859 Abs. 1 Satz 2. Es ergibt sich nunmehr aus § 8 ADS. **§ 71**

c) Nach § 859 HGB soll „der Erlös des Geretteten" von der Versicherungssumme abgezogen werden. Hiernach muß also das Gerettete unter allen Umständen verkauft werden. Das ist unzweckmäßig. Denn Zwangsverkäufe führen oft zur Verschleuderung. Deshalb muß der Versicherungsnehmer sich nach § 71 Abs. 1 Satz 2 ADS den Wert des Geretteten anrechnen lassen. Einigen sich Versicherer und Versicherungsnehmer nicht über den Wert, so muß das Gericht entscheiden (über die Anwendbarkeit des § 287 ZPO vgl. § 70 Anm. 2). Die Feststellung des Wertes durch Sachverständige ist hier (anders als in den Fällen der §§ 74, 77) nicht vorgesehen. Aber **der Versicherer kann verlangen, daß der Wert der geretteten Sachen durch öffentliche Versteigerung festgestellt wird.** Anm. 24

1. Der Versicherer kann verlangen. Sind mehrere Versicherer beteiligt, jeder einzelne, nicht der eine für den anderen. Der eine kann Versteigerung verlangen, der andere nicht. Ist ein Versicherer „Führer", so kann er auch für die anderen verlangen (Vorb. vor § 1 Anm. 46). — Der Versicherer kann auch dann verlangen, wenn ein Teil des Versicherungswerts nicht versichert, insbesondere, wenn mehr als die Hälfte des Versicherungswerts unversichert ist. § 41 Abs. 2 Satz 2 ist hier unanwendbar. — Erklärung durch Vertreter: BGB §§ 174, 180, insbesondere durch Havariekommissare: Anm. zum § 74 Abs. 10. — Anfechtung der Erklärung wegen Irrtums usw.: BGB §§ 119ff. Anm. 25

2. Der Versicherer kann, wenn das Schiff nicht mehr da ist, ohne weiteres verlangen. Anders, wenn das Schiff zwar noch da, aber dem Versicherungsnehmer ohne Aussicht auf Wiedererlangung entzogen ist. In diesem Falle kann ja der Versicherungsnehmer wählen, ob er die Versicherungssumme verlangen oder warten will, ob Aussicht auf Wiedererlangung des Schiffes entsteht (oben Anm. 14). Der Versicherer kann deshalb auch Versteigerung des Geretteten erst verlangen, wenn der Versicherungsnehmer die Versicherungssumme verlangt hat. — Der Versicherer kann Versteigerung des Geretteten auch noch verlangen, wenn ihm bereits die Schadensrechnung des § 44 mitgeteilt ist. Die Schadensrechnung muß dann gegebenenfalls geändert werden. Der Versicherer kann so die Fälligkeit des Entschädigungsanspruchs hinausschieben. Geschieht dies gegen Treu und Glauben, so hat der Versicherungsnehmer die replica doli (BGB § 826, ADS § 13; vgl. § 44 Anm. 2). — Der Versicherer kann Versteigerung des Geretteten auch noch verlangen, wenn die Monatsfrist des § 44 Abs. 1 verstrichen, der Entschädigungsanspruch also fällig geworden ist. Aber die Fälligkeit des Entschädigungsanspruchs wird davon nur insoweit berührt, wie die Entschädigung infolge der Versteigerung kleiner wird. Auch der Zahlungsverzug des Versicherers wird durch das Verlangen der Versteigerung nur insoweit gehindert oder geheilt, wie verständigerweise Streit über den Wert des Geretteten bestehen kann; der Versicherungsnehmer ist also in solchem Falle nicht etwa auf die Mindestentschädigung des § 44 Abs. 1 Satz 2 beschränkt. — Der Versicherer kann Versteigerung des vor der Zahlung der Versicherungssumme Geretteten auch noch nach der Zahlung verlangen. Die Rechte an den vor der Zahlung geretteten Sachen gehen nicht gemäß § 71 Abs. 3 auf den entschädigenden Versicherer über. Der Versicherer kann, wenn sich nachträglich herausstellt, daß etwas gerettet ist, Versteigerung verlangen und konzidieren. Anders, wenn der Versicherer die Versicherungssumme zahlt, obgleich die Parteien wissen, daß etwas gerettet ist. Darin würde regelmäßig die Vereinbarung zu erblicken sein, daß die Rechte an den geretteten Sachen ebenso auf den Versicherer übergehen sollen, wie die Rechte an den nicht geretteten. Anm. 26

§ 71
Anm. 27 3. Das Verlangen ist, seinem natürlichen Begriff nach, eine empfangsbedürftige (im übrigen keiner besonderen Form bedürfende) rechtsgestaltende, nämlich rechtsbegründende, Willenserklärung (über empfangsbedürftige Erklärungen: Vorb. vor § 1 Anm. 33). Es ist natürlich regelmäßig dem Versicherungsnehmer gegenüber zu erklären. Über den Begriff des Versicherungsnehmers: § 3 Anm. 4. Über den Fall, daß mehrere Versicherungsnehmer beteiligt sind, vgl. Vorb. VI vor § 1. Insbesondere wird im Falle der Versicherung des im Miteigentum der Versicherungsnehmer stehenden Schiffes der Versicherer den einzelnen Versicherungsnehmern gegenüber erklären können und müssen. Gehört das versicherte Schiff einer Reederei, so genügt Erklärung gegenüber der Partenmehrheit (vgl. oben Anm. 19). Der Korrespondentreeder ist als solcher nicht ohne weiteres ermächtigt, die Erklärung zu empfangen; anders natürlich, wenn er in besonderer Vollmacht das Schiff versichert hat (vgl. § 52 Anm. 12), oder wenn er für Rechnung der Reederei Versicherung genommen hat. — Bei der Versicherung für fremde Rechnung kann der Versicherer gegenüber dem Versicherungsnehmer erklären (§ 54 Abs. 1); auch gegenüber dem Versicherten, wenn dieser die Police oder die Zustimmung des Versicherungsnehmers besitzt (§ 53 Abs. 2). — Ist das Schiff unterwegs veräußert, so ist regelmäßig dem Erwerber gegenüber zu erklären; dem Veräußerer gegenüber, wenn dieser Zahlung der Versicherungssumme verlangen kann (beim Abschluß des Veräußerungsvertrags wird hierauf Bedacht zu nehmen sein; vgl. auch oben Anm. 19). — Hat der Versicherungsnehmer die Entschädigungsforderung abgetreten, so ist nicht dem Zessionar, sondern dem Versicherungsnehmer gegenüber zu erklären. — Erklärung gegenüber einem Vertreter, insbesondere einem Gesamtvertreter des Versicherungsnehmers: § 3 Anm. 18. — Die Erklärung muß (gleich allen rechtsgestaltenden Erklärungen) bestimmt sein. Der Versicherungsnehmer muß wissen, woran er ist. Die Erklärung darf also nicht bedingt sein, wenn die Bestimmtheit unter der Bedingtheit leidet. Der Versicherer kann aber die Versteigerung für den Fall verlangen, daß er für den Schaden haftet; denn das ist ohnehin Rechtsvoraussetzung für die Wirksamkeit des Verlangens.

Anm. 28 4. Öffentliche Versteigerung ist Versteigerung durch einen Gerichtsvollzieher des Versteigerungsorts oder durch einen anderen Versteigerungsbeamten oder durch einen öffentlich angestellten Versteigerer (BGB § 383 Abs. 3), im Ausland nach den dortigen Vorschriften. — Ein Recht zur Mitwirkung ist dem Versicherer hier (anders, als im § 96 Abs. 1) nicht besonders eingeräumt. Aber aus der, auch noch während der Schadensfeststellung bestehenden, Schadenabwendungs-Pflicht des Versicherungsnehmers ergibt sich ohne weiteres, daß der Versicherungsnehmer dem Versicherer, wenn tunlich, Ort und Zeit der Versteigerung mitteilen muß, und zwar so früh, daß der Versicherer sich an der Versteigerung beteiligen kann. Ebenso, daß der Versicherungsnehmer dafür sorgen muß, daß Interessenten nach Ortsrecht und Ortsgebrauch Zutritt zur Versteigerung und Gelegenheit haben, sich vorher über die zu versteigernden Gegenstände gehörig zu unterrichten (LG Hamburg HGZ 1884. 26). Aus der Schadenabwendungs-Pflicht des Versicherungsnehmers ergibt sich auch, daß der Versicherungsnehmer sich bei der Auswahl von Ort und Zeit der Versteigerung vom Interesse des Versicherers leiten lassen muß. Daß die Versteigerung „unverzüglich" erfolgen muß, ist hier (anders, als im § 96 Abs. 1) nicht bestimmt. — Das Gebot braucht kein Bargebot zu sein. Es handelt sich ja auch nur um die Feststellung „des Wertes der geretteten Sachen", des von der Versicherungssumme abzuziehenden Betrags, in besonderer Form. Der Versicherer haftet natürlich nicht für den Eingang des Kaufpreises.

5. Der Versicherungsnehmer muß auf Verlangen versteigern lassen. Er ist dazu verpflichtet. Er muß also das Verschulden Dritter gemäß § 278 BGB vertreten (Vorb. VIII vor § 1). Unterbleibt die Versteigerung infolge eines Umstandes, den der Versicherungsnehmer nicht zu vertreten hat, so muß der Wert des Geretteten anderweit festgestellt werden. Unterbleibt die Versteigerung infolge eines Umstandes, den der Versicherungsnehmer zu vertreten hat, so kann der Versicherer die Zahlung der Versicherungssumme verweigern (§ 44; vgl. aber auch oben Anm. 26). Kann das Gerettete infolge eines Umstandes, den der Versicherungsnehmer zu vertreten hat, nicht versteigert werden, so muß der Versicherungsnehmer sich (mindestens) anrechnen lassen, was die Versteigerung voraussichtlich ergeben haben würde (§41 Abs. 3). Ebenso, wenn der Versicherungsnehmer die für die Versteigerung geltenden Verfahrensvorschriften verletzt. Beweispflichtig ist in solchen Fällen der Versicherungsnehmer; denn er hat den sonst dem Versicherer obliegenden Beweis erschwert. — Der Versicherungsnehmer ist aber nur und erst verpflichtet, versteigern zu lassen, wenn der Versicherer es verlangt. Vorher ist er in der Verfügung über gerettete Sachen nicht beschränkt. Er kann sie verwerten, wie es ihm beliebt. Insbesondere ist er durch seine Schadenabwendungs-Pflicht nicht gehindert, sie zu verwerten. Denn nicht der Verwertungserlös, sondern der wirkliche Wert der geretteten Sachen ist auf die Versicherungssumme anzurechnen. Der Versicherungsnehmer kann aber auch durch seine Schadenabwendungs-Pflicht verpflichtet sein, die geretteten Sachen vorher zu verkaufen (§ 41 Anm. 16). Dann ist natürlich der Erlös auf die Versicherungssumme anzurechnen. § 71 Anm. 29

6. Der Versteigerungserlös wird von der Versicherungssumme ganz abgezogen. Aber die Versteigerungskosten sind Schadenfeststellungs-Kosten und deshalb vom Versicherer gemäß § 32 Abs. 1 Nr. 3 zu ersetzen (Begr. z. E 1910 § 70). Anm. 30

7. Mit der Versteigerung endigt die Versicherung (spätestens). Freilich ist dies hier nicht, wie im § 96 Abs. 1, besonders ausgesprochen. Aber es folgt daraus, daß die Versteigerung der Abwicklung des Versicherungsverhältnisses dient (vgl. oben Anm. 28). Anm. 31

6. Zur Beweislast (vgl. auch oben Anm. 13, 21—23. 29). Der Versicherungsnehmer muß beweisen, daß das Schiff total verloren ist, und, wenn er behauptet, daß es ihm ohne Aussicht auf Wiedererlangung entzogen ist, beweisen, daß dies der Fall war, als er die Versicherungssumme verlangte, oder nunmehr der Fall ist. Allgemeine Erfahrungssätze muß der Richter von Amts wegen berücksichtigen. Wenn der Dampfer die Schraube verloren hat und die Besatzung die Ventile und Luken öffnet, um das Schiff zu versenken, und dann auf hoher See das Schiff verläßt, ist nach 8 Tagen anzunehmen, daß das Schiff gesunken und dem Versicherungsnehmer ohne Aussicht auf Wiedererlangung entzogen ist (HGZ 1904. 147). Der Versicherungsnehmer kann gemäß § 71 die Versicherungssumme verlangen und braucht nicht gemäß § 72 zu abandonnieren (HG u. OG Hamburg HH. 535). Ebenso, wenn die Besatzung das dem Versinken nahe Schiff verlassen und schon eine Viertel-Seemeile entfernt nicht mehr bemerkt hat (HG Hamburg HH 132), oder wenn die Besatzung das sinkende Schiff verlassen hat, weil es nicht mehr auf den Pumpen gehalten werden konnte (HG u. OG Hamburg Ullrich Nr. 262, HH 461). Der Gegenbeweis ist in solchen Fällen nicht geführt, wenn nur bewiesen wird, daß das Schiff später noch einmal treibend gesehen ist (HGZ 1880. 38). Als das Schiff mit kriegsversicherten Därmen 1915 nach London statt nach Hamburg gegangen war und die Güter in London gelöscht waren, mußte 1918 angenommen werden, daß die Därme nicht mehr da, und jedenfalls, daß sie dem deutschen Versicherungsnehmer ohne Aussicht auf Wiedererlangung entzogen waren (abw. HGZ 1918. 117; abw. auch HGZ 1919. 95, als kriegsversicherte Sardinen im Frühjahr 1916 Anm. 32

§ 71 von den Engländern beschlagnahmt worden waren, LG Hamburg HGZ 1916. 87, als das mit kriegsversicherter Baumwolle beladene Schiff kurz nach Ausbruch des Ersten Weltkriegs nach London gegangen und hier die Ware des deutschen Versicherungsnehmers gelöscht war; vgl. auch über die Berücksichtigung des erfahrungsmäßigen Verhaltens des Feindes in solchen Fällen: RG HGZ 1918. 42, HGZ 1917. 215, auch Hagens HRZ 1918. 733; vgl. ferner § 35 Anm. 11 unter cc). — Der Versicherer muß beweisen, daß und was der Versicherungsnehmer sich auf die Versicherungssumme anrechnen lassen muß. Der Versicherungsnehmer muß aber gemäß § 43 aufklären (§ 43 Anm. 21).

Anm. 33 7. Sonstige Rechtsfolgen des Totalverlustes. — Mit dem Totalverlust des Schiffes kann auch das versicherte Interesse weggefallen („die Police erloschen": HGZ 1886. 20) sein. Das versicherte Interesse braucht aber nicht (oder nicht ganz) weggefallen zu sein. Es ist nur dann ganz weggefallen, wenn der Totalverlust „total", wenn das Schiff z. B. vom Feuer vollständig vernichtet ist. Ist das Schiff „unrettbar gesunken", vom Feinde „ohne Aussicht auf Wiedererlangung" genommen, so bleibt das Eigentum, das versicherte Eigentümerinteresse, zunächst (teilweise oder ganz) bestehen. Die Versicherung dauert zunächst weiter (wenn sie nicht aus anderen Gründen, z. B. infolge der erzwungenen Aufgabe der versicherten Reise des Schiffes endigt) und kann insbesondere weiterdauern, wenn das gesunkene Schiff wider Erwarten gehoben, das genommene Schiff wider Erwarten zurückgenommen wird. Ähnlich ja auch im Falle eines Teilschadens. Das versicherte Eigentümerinteresse ist teilweise weggefallen, im übrigen bestehen geblieben. Aber es kann wiederhergestellt, das Schiff ausgebessert werden. Dann ist auch die Versicherung wieder im früheren Umfang wirksam. Sowohl wenn der Schaden ein Versicherungsschaden, wie wenn er ein versicherungsfreier Schaden war. — Mit dem Totalverlust kann auch (nur) die versicherte Gefahr weggefallen sein. So etwa, wenn das reiseversicherte Schiff infolge des Totalverlustes die versicherte Reise „gezwungen" aufgibt. Aber in diesem Falle gelten nicht die Grundsätze über den Wegfall der Gefahr (§ 5 Anm. 5, 15). Die Versicherung endigt vielmehr gemäß § 66 Abs. 3 (näheres: § 66 Anm. 13ff.).

Anm. 34 8. **Abs. 3. Wenn der Versicherer den Versicherungsnehmer befriedigt hat, gehen die Rechte des Versicherungsnehmers am Schiffe auf den Versicherer über.**

a) Der Versicherungsnehmer muß befriedigt sein. Über den Begriff des Versicherungsnehmers: § 3 Anm. 4. — Über den Fall, daß mehrere Versicherungsnehmer beteiligt sind, vgl. Vorb. VI vor § 1. Insbesondere wird im Falle der Versicherung des im Miteigentum des Versicherungsnehmers stehenden Schiffes jeder einzelne Versicherungsnehmer mit der Wirkung befriedigt werden können, daß sein Recht am Schiffe auf den Versicherer übergeht. Gehört das Schiff einer Reederei, so kann der Versicherer nur diese befriedigen, nur an alle Mitreeder oder an die Partenmehrheit zahlen. Der Korrespondentreeder als solcher ist zum Empfang der Versicherungssumme nicht ermächtigt (vgl. HGB § 493). — Ist das Schiff unterwegs veräußert, so ist regelmäßig der Erwerber zu befriedigen (§§ 49 Abs. 1, 50 Abs. 2). Anders, wenn der Versicherungsfall vor der Veräußerung eingetreten ist (vgl. § 49 Anm. 25). — Bei der Versicherung für fremde Rechnung kann der Versicherer mit der Wirkung der „Befriedigung" an den Versicherungsnehmer nur zahlen, wenn dieser die Police oder die Zustimmung des Versicherten besitzt (§ 54 Abs. 2; ohne Beschränkung, wenn keine Police ausgestellt ist: § 54 Abs. 1), an den Versicherten nur, wenn dieser die Police oder die Zustimmung des Versicherungsnehmers besitzt (§ 53 Abs. 2). Vgl. jedoch auch unten Anm. 41.

§ 71 Anm. 35

b) Die Rechte gehen über, wenn der Versicherer den Versicherungsnehmer befriedigt. Nicht, wenn der Versicherer die Versicherungssumme zahlt (so, ungenau, HGB § 859 Abs. 2). Sondern, wenn er zahlt, was er zu zahlen hat, — sei es die Versicherungssumme, sei es mehr oder weniger (oben Anm. 13). Auch nicht, soweit er den Versicherungsnehmer befriedigt. Der Versicherer rückt nicht mit jeden 1000 DM, die er zahlt, um einen entsprechenden Bruchteil in die Rechte des Versicherungsnehmers ein. Er rückt erst ein, wenn er den Versicherungsnehmer vollständig befriedigt hat (anders im Falle des § 45, wonach Ersatzansprüche gegen Dritte auf den Versicherer übergehen, „soweit" dieser zahlt). Hieraus folgt, daß alles, was vor vollständiger Befriedigung des Versicherungsnehmers, sei es auch nach teilweiser Zahlung der Entschädigung, gerettet wird, gemäß § 71 Abs. 1 anzurechnen ist, nicht gemäß § 71 Abs. 3 auf den Versicherer übergeht, daß also die Worte des § 71 Abs. 1 „vor Zahlung der Versicherungssumme" dasselbe bedeuten wie „vor vollständiger Befriedigung des Versicherungsnehmers". Das kann zu Verwicklungen führen, wenn der Versicherer zum Teil zahlt, zum Teil Zahlung verweigert, und erst im Rechtsstreit durch rechtskräftiges Urteil sich herausstellt, ob der Versicherungsnehmer bereits vollständig befriedigt ist oder nicht. Bis zum Erlaß des Urteils würde ungewiß sein, wem die Rechte am Schiffe zustehen. Dabei ist jedoch zu berücksichtigen, daß Streitigkeiten über die Höhe der Entschädigung regelmäßig die Frage betreffen werden, ob Erspartes anzurechnen ist. In solchem Falle aber hat der Versicherer trotz des Streites den Versicherungsnehmer vollständig befriedigt. Denn wenn etwa der Reeder die Ausrüstungskosten oder die Heuer mitversichert hat (vgl. § 70 Abs. 1 Satz 2) und darüber Streit ist, ob von diesen Ausgaben etwas „erspart" ist, liegt die Sache nicht anders, als wenn nur der gewöhnliche Versicherungswert des Schiffes versichert wäre und die Ausrüstungskosten bei einem anderen Versicherer versichert wären. Dieser andere Versicherer hätte so wenig, wie etwa der Mehrwert-Versicherer (oder noch weniger) Anspruch auf die Rechte am Schiffe (§ 70 Anm. 15; nur Anspruch auf die Rechte an den Ausrüstungsgegenständen). Für die Rechte am Schiffe ist also der Versicherungsnehmer vollständig befriedigt. Die Rechte müssen also auch auf den Versicherer übergehen. — Die Befriedigung braucht nicht notwendig durch Zahlung zu erfolgen. Zahlungssurrogate stehen der Zahlung gleich: Hingabe an Zahlungs Statt (BGB § 364), unwiderrufliche Hinterlegung (BGB § 378), Aufrechnung (HGB § 387). — Der Versicherer muß den Versicherungsnehmer „befriedigt" haben. Er muß also gemäß dem Versicherungsvertrag gezahlt haben. Zahlt der Versicherer, weil er irrtümlich glaubt, daß der Schaden Totalverlust sei oder daß der Totalverlust Versicherungsschaden sei, so gehen keine Rechte am Schiffe auf ihn über. Der Versicherer kann nur kondizieren. Anders, wenn der Versicherer zahlt, obgleich er weiß oder doch damit rechnet, daß er nicht zu zahlen braucht. Dann muß es verständigerweise so angesehen werden, wie wenn die Parteien darüber einig wären, daß die Rechte am Schiffe jedenfalls auf den zahlenden Versicherer übergehen sollen. Näheres: § 45 Anm. 11.

Anm. 36

c) Die Rechte am Schiffe gehen über. Das Schiff kann noch unversehrt sein. So etwa, wenn das kriegsversicherte Schiff vom Feinde ohne Aussicht auf Wiedererlangung genommen ist. Es kann aber auch nur noch ein Wrack sein, und es können gar nur noch Bestandteile oder Zubehörstücke des Schiffes übrig sein. Auch die Rechte an diesen Sachen sind noch Rechte „an dem Schiffe" im Sinne des § 71 Abs. 3 (vgl. § 50 Anm. 10; auch Begr. z. E 1910 § 70: „Rechte an dem versicherten Schiffe oder an dem, was von dem Schiffe übrig geblieben ist"). Andererseits kommen natürlich nur Rechte an Sachen in Betracht, die versichert sind (vgl. HGB § 859 Abs. 2: „Rechte des Versicherten an der versicherten Sache"). Also z. B. nicht die Rechte an den nicht mit-

§ 71 versicherten Ausrüstungsgegenständen, insbesondere Kohlen, Proviant usw. (abw. Voigt 663; vgl. auch oben Anm. 35).

Anm. 37 d) „Die Rechte" werden, da es sich hier um die Kaskoversicherung, also um die Versicherung des Eigentümerinteresses handelt, regelmäßig das Eigentum sein müssen. Der Eigentümerinteressent braucht aber nicht Eigentümer zu sein (§ 1 Anm. 10, 34). Versicherungsnehmer und Versicherter kann der Treugeber, Eigentümer der Treuhänder sein. Versicherungsnehmer und Versicherter kann der Käufer sein, auf den die Gefahr des Schiffsverlustes, aber noch nicht das Eigentum am Schiffe übergegangen ist, Eigentümer noch der Verkäufer. In solchen Fällen hat der Versicherungsnehmer, strenggenommen, keine „Rechte am Schiffe". Das Gesetz will aber nicht strenggenommen sein. Gemeint sind die Rechte in bezug auf das Schiff. Darauf deutet das Gesetz (HGB § 859 Abs. 3) mit der, im übrigen überflüssigen, Bemerkung hin, daß auf das erst nach der Zahlung der Versicherungssumme Gerettete nur der Versicherer „Anspruch" habe, und durch die Vorschrift des § 868 Abs. 1 HGB, daß durch die Abandonnierung des verschollenen Schiffes auf den Versicherer die Rechte übergehen, die dem Versicherten „in Ansehung" des Schiffes zustehen (HG Hamburg HGZ 1872. 16). Wenn also der Versicherungsnehmer zwar das Eigentümerinteresse hat, aber nicht Eigentümer ist, gehen die Eigentumsverschaffungs-Ansprüche des Versicherungsnehmers gegen den Eigentümer auf den Versicherer über (Wirkung: BGB § 412). Der Versicherungsnehmer muß dem Versicherer bei der Geltendmachung dieser Ansprüche helfen (§§ 71 Abs. 4, 41), der Käufer insbesondere den Kaufpreis zahlen, gegen dessen Zahlung der Verkäufer das Eigentum nur zu übertragen braucht. — Zu den Rechten an der versicherten Sache gehört natürlich nicht der Erlös, der etwa beim Verkauf für sie erzielt und zugunsten des Berechtigten hinterlegt ist. Wenn die kriegsversicherte Sache vom Feinde beschlagnahmt und verkauft und der Erlös für den Berechtigten hinterlegt ist, geht der Anspruch auf Zahlung des Erlöses nicht gemäß § 71 Abs. 3, sondern nur gemäß § 45 Abs. 1 auf den Versicherer über (§ 45 Anm. 8; unrichtig RG 97. 321). Ist dieser Erlös vor Zahlung der Versicherungssumme zur Deckung von Schulden des Versicherungsnehmers verwendet worden, so ist er gemäß § 71 Abs. 1 auf die Versicherungssumme anzurechnen. Ist der Erlös nach Zahlung der Versicherungssumme zur Deckung von Schulden des Versicherungsnehmers verwendet worden, so kann der Versicherer kondizieren; für das Verwendete ist „der rechtliche Grund (der Entschädigung) später weggefallen" (BGB § 812; vgl. § 45 Anm. 17; mit unrichtiger Fragestellung dahingestellt von RG 97. 322); der Versicherer ist beweispflichtig.

Anm. 38 e) Die Rechte gehen von Gesetzes wegen über, nämlich gemäß § 859 Abs. 2 HGB. Die ADS hätten nicht oder doch nicht für alle Fälle den Rechtsübergang anordnen können. — Freilich sollen nach § 126 ADS die Vorschriften über Transportversicherung keine Anwendung finden. Aber in diesem besonderen Falle hat § 71 Abs. 3, deutlich erkennbar, die Vorschrift des Gesetzes aufgenommen und bestehen lassen wollen. — Die Rechte gehen also auch ohne den Willen des Versicherers auf ihn über. Anders natürlich, wenn die Parteien vereinbaren, daß sie nicht übergehen sollen.

Anm. 39 f) Die Rechte gehen in den Zustand über, in dem sie sich zur Zeit des Übergangs befinden, insbesondere mit den etwa auf ihnen ruhenden Lasten, z. B. mit der Last des Bergelohns oder der Last einer Kollisionsschuld oder der Last eines gewöhnlichen Schiffspfandrechts. Da die Überreste des Schiffes den Gegenwert desjenigen bilden, was der Versicherer in der Versicherungssumme über die ihm eigentlich nur obliegende Entschädigung leistet, muß der Versicherungsnehmer dem Versicherer die Überreste natürlich frei von Rechten Dritter verschaffen (vgl. BGB § 445, Begr. z. E 1910 § 70). Sonst kann der Versicherer einen entsprechenden Betrag abziehen (vgl. auch

Prot. 3448, Reatz EndemannsHdbch 4. 458, OG Hamburg Seebohm 460; unrichtig OAG Lübeck Seebohm 464). So grundsätzlich auch, wenn der Versicherer für die Last, z. B. für die Kollisionsschuld, haftet. Da er aber eben haftet, z. B. besonders zu zahlen hat, was der Versicherungsnehmer dem Gegensegler ersetzen muß, kommt die Last praktisch nicht in Betracht. — Mit der Belastung der Rechte am Schiffe gehen natürlich nicht auch die den Belastungen etwa entsprechenden persönlichen Haftungen auf den Versicherer über (so auch Helberg 24), z. B. nicht auch die persönliche Schuld des Versicherungsnehmers gegenüber dem eingetragenen Schiffshypothekar. Hat der Güterversicherer als Rechtsnachfolger des Güterversicherten die geborgenen Güter erhalten, so haftet er dem Verfrachter für die von den Gütern zu entrichtende Fracht, insbesondere Distanzfracht, nicht etwa, weil er mit dem Eigentum an den Gütern auch die persönliche Frachtschuld überkommen hätte, sondern entweder auf Grund des auf den Gütern ruhenden Verfrachter-Pfandrechts mit den Gütern oder persönlich, weil er als Empfangsberechtigter vom Verfrachter die Güter angenommen hat (vgl. HGB §§ 614, 623; LG u. OLG Hamburg RG HGZ 1903. 229). Nimmt der Güterversicherer die Güter nicht an (weil sie etwa beschädigt und weniger wert sind als die Fracht), so schuldet er dem Verfrachter keine Fracht (vgl. Nolte 2. 558, Helberg 24; abw. Aschenheim 41). Aber er hat keinen Grund, die Annahme der Güter zu verweigern. Denn der Güterversicherte steht ihm für die Last des Verfrachter-Pfandrechts ein. Die Fracht wird also von der Versicherungssumme abgezogen. Würde der Güterversicherer die Fracht nicht zahlen und der Güterversicherte sie zahlen müssen, so würde jener sie diesem erstatten müssen. — Fällt die auf dem Rechte an der versicherten Sache ruhende Last, z. B. das Schiffspfandrecht, weg, etwa weil der Versicherungsnehmer die Pfandschuld bezahlt, so ist damit dem Versicherer das Recht lastenfrei verschafft, die Voraussetzung für den Abzug von der Versicherungssumme weggefallen, der Abzugsbetrag mithin zu zahlen (HGZ 1916. 15). Da aber gerade dieser Betrag unter Umständen den Versicherungsnehmer erst in den Stand setzen wird, die Last abzulösen, kann der Versicherungsnehmer durch den Abzug in Verlegenheit geraten. Der Konflikt ist für den gewöhnlichen Totalverlust-Fall von geringer Bedeutung, da das Übriggebliebene regelmäßig von geringem Wert sein wird. Das Gesetz löst ihn daher auch nicht, läßt es also bei dem einstweiligen Abzug von der Versicherungssumme bewenden. Anders RG 88. 242: Der Versicherer dürfe nicht abziehen, sondern müsse die ganze Versicherungssumme zahlen; denn das Vermögen des Versicherungsnehmers sei „mit einer fälligen Forderung (des Pfandgläubigers) in Höhe des Kaufpreises (gemeint ist: in Höhe der durch Zahlung des Kaufpreises entstandenen Pfandschuld) belastet, während ihm die Deckung dafür in Gestalt . . . (der versicherten Sache) entzogen sei". Die Folge wäre, daß der Versicherer sich mit wertlosen Rechten begnügen müßte, insbesondere leer ausgehen würde, wenn der Versicherungsnehmer die Versicherungssumme nicht zur Ablösung des Pfandrechts verwendete, der Pfandgläubiger Befriedigung aus der geretteten Sache suchte und der Versicherungsnehmer nicht imstande wäre, das ihm Gezahlte zurückzuerstatten. Der Auffassung des RG fehlt daher auch jede Stütze im Gesetz. Die Erklärung, das Vermögen des Versicherungsnehmers sei mit der Pfandschuld belastet, während ihm die Deckung für diese Schuld entzogen sei, ist keine Begründung. Gegen solche Belastungen seines Vermögens hat der Versicherungsnehmer keine Versicherung genommen. Das Gesetz hat den Konflikt für den regelmäßig wichtigeren Fall, den des Abandons, geregelt. Es hat sich aber natürlich nicht dazu entschließen können, den Versicherer der Zahlungswilligkeit und Zahlungsfähigkeit des Versicherungsnehmers auszuliefern. Es löst den Konflikt für den Abandonfall so, daß der Versicherer zwar die Versicherungssumme zahlen muß, aber nur gegen „Gewährleistung wegen der auf dem abandonnierten Gegenstande . . . haftenden dinglichen Rechte" (HGB § 868 Abs. 2). Es kann also

§ 71 keine Rede davon sein, daß der Versicherer ohne Rücksicht auf die auf der versicherten Sache ruhende Last die Versicherungssumme zu zahlen hätte. Das RG hat für den Fall, daß der Pfandgläubiger die Pfandforderung noch nicht geltendmachen kann, eine Ausnahme gemacht und den Versicherer nicht zur Zahlung der Versicherungssumme, sondern nur zur Sicherheitsleistung verurteilt, weil dem Versicherungsnehmer „die Entziehung eines nutzbaren Kapitals zur Zeit nur drohe "(RG 88. 243), — wieder ohne jeden Anhalt im Gesetz (LG Hamburg HGZ 1915. 59; vgl. auch Pauly Kriegsklausel 35), wie das RG übrigens später selbst erkannt hat (RG 97. 321). — Nach den ADS bleibt es in allen Fällen Sache des Versicherungsnehmers, die auf den übergehenden Rechten ruhenden Lasten abzulösen, was ihm im übrigen regelmäßig nicht schwer fallen wird, da er regelmäßig nur den Entschädigungsanspruch dem Pfandgläubiger wird abzutreten brauchen.

Anm. 40 g) „War nicht zum vollen Wert versichert, so gebührt dem Versicherer nur ein verhältnismäßiger Teil des Geretteten", der Rechte an dem Schiffe. So ausdrücklich HGB § 859 Abs. 3. Es folgt für die ADS aus § 8. — Befriedigt der Unterversicherer den Versicherungsnehmer, so entsteht Bruchteilsgemeinschaft, insbesondere gegebenenfalls Bruchteilseigentum (BGB §§ 741—758, 1008—1011), eine Gemeinschaft, in der jedoch die besondere Schadenabwendungs-Pflicht des Versicherungsnehmers wirksam bleibt (§ 71 Abs. 4).

Anm. 41 h) Auch im Falle der Versicherung für fremde Rechnung gehen die Rechte des Versicherungsnehmers über. Hat z. B. der Verkäufer für Rechnung des die Reisegefahr tragenden Käufers Versicherung genommen, aber das Eigentum behalten, so geht das Eigentum des Versicherungsnehmers über. — Aber auch die Rechte des Versicherten gehen über. Ob der Versicherer an den legitimierten Versicherungsnehmer oder an den (legitimierten oder nicht legitimierten) Versicherten zahlt, gilt gleich (vgl. § 53 Anm. 10). Zahlt der Versicherer an den legitimierten Versicherungsnehmer, ohne daß der Versicherte der Versicherung zugestimmt hat, so kann der Versicherte den Übergang seiner Rechte an der versicherten Sache dadurch unwirksam machen, daß er die Rechte aus dem Versicherungsvertrag zurückweist (§ 53 Anm. 4). In diesem Falle würden die Rechte für die Zwischenzeit dem Versicherer gehört haben. Durch die Versicherung für fremde Rechnung könnten also für solche Zwischenzeit einem Dritten Rechte gegen seinen Willen weggenommen werden. Das wird nicht im Sinne des Gesetzes liegen. Rechte des Versicherten (Rechte an der versicherten Sache oder Ersatzansprüche gegen Dritte) werden nur auf den Versicherer übergehen können, wenn der Versicherte der Versicherung zugestimmt hat oder zustimmt (vgl. auch § 45 Anm. 13).

Anm. 42 i) § 71 Abs. 3 Satz 2 entspricht dem § 45 Abs. 1 Satz 2. Näheres daher: § 45 Anm. 24.

Anm. 43 k) Der Versicherungsnehmer darf nach § 45 Abs. 2 Ersatzansprüche gegen Dritte nicht aufgeben; sonst wird der Versicherer in entsprechendem Umfang frei. Das ergibt sich schon aus der Schadenabwendungs-Pflicht des Versicherungsnehmers (§ 45 Anm. 25). Gesetz und ADS bestimmen nicht auch, daß der Versicherungsnehmer die Rechte am Schiffe, die mit seiner Befriedigung auf den Versicherer übergehen sollen, nicht aufgeben darf. Er darf sie aufgeben. Aber er steht dafür ein, daß die Rechte auf den Versicherer übergehen, wie er dafür einsteht, daß das Schiff lastenfrei ist (oben Anm. 39). Anders, wenn er auf Grund seiner Schadenabwendungs-Pflicht verpflichtet ist, die Rechte am Schiffe aufzugeben, insbesondere zu veräußern (vgl. auch § 41 Anm. 16). Was er auf diese Weise erlangt hat, muß er sich gemäß § 71 Abs. 1 auf die Versicherungssumme nachträglich anrechnen lassen (vgl. auch oben Anm. 29).

Anm. 44 9. **Abs. 4.** entspricht im wesentlichen dem § 46. Näheres daher: § 46 Anm. — Abweichend von § 46 und im Anschluß an HGB § 870 Abs. 1 bestimmt § 71 Abs. 4, daß der Versicherungsnehmer für Schadensminderung nur zu sorgen hat, soweit der Versicherer hierzu nicht imstande ist. „Nicht imstande sein" bedeutet nicht: überhaupt nicht können, sondern mit den Mitteln nicht können, deren Anwendung dem Versicherer billigerweise zuzumuten ist. Insbesondere muß der Versicherungsnehmer der Schiffsbesatzung die erforderlichen Anweisungen erteilen, da der Versicherer weder als solcher noch als Schiffseigentümer dazu in der Lage ist (Prot. 3460). — Abweichend von § 46 verpflichtet § 71 Abs. 4 den Versicherungsnehmer nicht, die Rechte im eigenen Namen geltend zu machen. Der Versicherer wird es deshalb auch im allgemeinen nicht vom Versicherungsnehmer verlangen können. — § 125 Abs. 3 ASVB sprach dem Versicherungsnehmer ausdrücklich das Recht ab, „sich eine Provision für seine Mühewaltungen zu berechnen". Mit Recht: in solchen Verhältnissen soll man sich nicht jeden Handgriff bezahlen lassen. Mit Unrecht: denn es versteht sich von selbst (§ 32 Anm. 6, 23, § 46 Anm. 7). Anders Sieveking 171: Der Versicherungsnehmer könne gemäß § 354 HGB Provision verlangen, weil er „Geschäfte besorge, welche an sich dem Versicherer obliegen würden, falls er dazu imstande wäre". Hierauf kommt es nicht an. Der Versicherungsnehmer hat sich durch einen Vertrag, der über die Leistungen beider Parteien bestimmt, unter anderem verpflichtet, den Schaden sowohl vor wie nach Zahlung der Versicherungssumme zu mindern; er kann also auch keine anderen als die ihm versprochenen Leistungen verlangen. Überdies ist hier die Leistung des Versicherers sogar besonders bestimmt: er soll die Kosten tragen, — nicht weniger, aber auch natürlich nicht mehr. § 71

10. Es wird kaum vorkommen, daß der Versicherer, der gemäß § 71 die Versicherungssumme gezahlt hat, nicht nur das Schiff wiedererlangt, sondern auch mit ihm und seiner Ladung die Frachtreise fortsetzt. Sollte es doch geschehen, so würde die Frage entstehen, wem die Fracht gebührt. Der Verlust des Schiffes hat zur Folge, daß das Frachtverhältnis endigt und der Befrachter für die geretteten Güter Distanzfracht zu zahlen hat (HGB § 630). Auf die Distanzfracht hat nur der Versicherungsnehmer Anspruch. Ebenso auf endgültig vorauszubezahlende Fracht. Werden die Güter auf Grund neuen Frachtvertrags weiterbefördert, so gebührt die neue Fracht natürlich dem Versicherer. Werden die Güter ohne neuen Frachtvertrag weiterbefördert, so kann der Versicherer nach den Grundsätzen über auftraglose Geschäftsführung Vergütung verlangen. Vgl. auch § 72 Anm. 20, MIA 63 Abs. 2. Anm. 45

11. § 71 ist auf **andere Versicherungen, die sich auf das Schiff beziehen,** „entsprechend", sinngemäß, anzuwenden (§ 79). So etwa auf eine Versicherung des Reeders, die das Interesse an der Erhaltung des Schiffes zum künftigen Frachtverdienst deckt (§ 1 Anm. 54). Oder auf eine Mehrwert-Versicherung des Reeders (§ 70 Anm. 12). Oder auf die Versicherung erwarteter Schiffsmakler-Provision. Anm. 46

a) Die „entsprechende" Anwendung bedeutet: Der Versicherungsnehmer kann, wenn das Schiff total verloren ist, ohne weiteres gegen Überlassung des versicherten Interesses oder desjenigen, was von ihm noch übrig ist, die Versicherungssumme verlangen; der Versicherer mag nachweisen, daß der Schaden kleiner ist, und takes over the interest of the assured in whatever may remain of the subject-matter so paid for (MIA § 79 Abs. 1; vgl. auch unten Anm. 53).

b) Total verloren ist das Schiff insbesondere, „wenn es dem Versicherungsnehmer ohne Aussicht auf Wiedererlangung entzogen ist" und zwar durch ein Ereignis, das geeignet ist, unter die Seeversicherung zu fallen (RG 115. 397 und HansOLG HRZ 1926. 375: Erleidet das Schiff einen Unfall, gelangt es aber zur Zwangsversteigerung, weil der Reeder die durch die Beseitigung des Unfalls entstandenen Kosten nicht bezahlt, so liegt ein Totalverlust im seeversicherungsrechtlichen Sinne nicht vor; siehe auch oben Anm. 7). Das macht z. B. bei der Mehrwert-Versicherung als einer Nebenversicherung Anm. 47

§ 71 der Kaskoversicherung keine Schwierigkeiten. Wohl aber in anderen Fällen, nämlich in allen Fällen, in denen der Versicherungsnehmer das Schiff nicht besessen hat, dem Versicherungsnehmer also das Schiff auch nicht entzogen werden kann, vielmehr ein anderer, nämlich der Reeder, es ist, der das Schiff besessen hat, und dem es „ohne Aussicht auf Wiedererlangung entzogen" ist. So etwa, wenn der Schiffsmakler die von der Ankunft des Schiffes am Bestimmungsort zu verdienende Provision, oder wenn der Befrachter sein Interesse an der Ankunft des Schiffes im Abladehafen, in dem es die zum Bestimmungsort zu befördernden Güter einnehmen soll, versichert hat (vgl. den Fall HGZ 1872. 159: Versicherung von Provision für den Verkauf von Kaffee, der in Cap Haiti in das dort erwartete Schiff verladen und nach Hamburg gebracht werden soll, den Fall HGZ 1903. 41, 227: Versicherung des von einer Ladung Kaffee erwarteten Gewinns „auf die behaltene Ankunft bzw. den behaltenen Zustand des Schiffes von Rio Grande do Sul einschließlich des Aufenthalts daselbst nach Santos und des Aufenthalts dort bis zur Beladung", und den Fall See- und HG Kopenhagen ITVMitt 1919. 47: Versicherung des Charterers für die Ballastreise des Schiffes von Südgeorgien nach Buenos Aires, wo das Schiff Getreide für eine Reise nach Dänemark einnehmen soll. Siehe ferner RG 115. 397 = HRZ 1927. 180 = JRPV 1927. 41 = JW 1927. 1685 und HansOLG HRZ 1926. 375 = Sasse Nr. 352: Versicherung eines Schiffes durch den Charterer auf behaltene Ankunft). Oder wenn etwa eine Forderung, z. B. eine Vorschuß- oder eine Reparaturforderung versichert ist, zu deren Deckung das Schiff dient. Ist in solchen Fällen das Schiff „dem Versicherungsnehmer ohne Aussicht auf Wiedererlangung entzogen", wenn der versicherte Nebeninteressent keine Aussicht hat, es wiederzuerlangen, d. h. wenn etwa für den provisionsversicherten Schiffsmakler keine Aussicht besteht, daß das Schiff den Bestimmungsort erreicht und Provision verdient werden kann, oder für den Gläubiger keine Aussicht besteht, das Schiff zur Deckung seiner Forderung heranzuziehen, keine Aussicht auf Wiederherstellung einer Sachlage, welche die Befriedigung des Gläubigers aus dem Schiffe ermöglicht? Dies nimmt das RG an. Nach der (auch sonst bedenklichen: oben Anm. 8) Entscheidung RG 83. 171 ist „der Begriff des Totalverlustes kein absoluter, sondern er wechselt und richtet sich unter anderem auch danach, welches Interesse Gegenstand der Versicherung ist". Wenn eine Werft ihre Reparaturforderung auf die behaltene Ankunft des Schiffes versichere, also ihr Interesse „daran, daß ihr Haftungsobjekt, d. h. das Schiff, die Gefahren der Seereise bestehe", so sei das Schiff dem Versicherungsnehmer ohne Aussicht auf Wiedererlangung entzogen, wenn für den Versicherungsnehmer keine Aussicht bestehe auf „Wiedererlangung so, daß das Schiffsgläubigerrecht (gemeint ist: die Reparaturforderung) geltendgemacht werden könne" (RG 47. 177 gegen HGZ 1900. 176), wenn also etwa der Reeder (oder der für ihn dazu ermächtigte Kapitän: RG HGZ 1903. 227) das Schiff verkauft oder an den Kaskoversicherer abandonniert oder dergl. Gesetz und ADS hätten so bestimmen können, vielleicht so bestimmen sollen. Gesetz und ADS haben auch für gewisse Fälle so bestimmt. Im Falle der Versicherung imaginären Gewinns oder von der Ankunft der Güter erwarteter Provision gelten die Güter auch dann als total verloren, wenn sie aus anderen Gründen als infolge des Totalverlustes den Bestimmungsort nicht erreichen (HGB § 856, ADS §§ 103 Abs. 1, 104; vgl. RG 115. 397), wenn also die Güter dem Versicherungsnehmer so „entzogen" sind, daß jede Aussicht auf Gewinn oder Provision geschwunden ist. Aber so gewiß es auf Grund der ausdrücklichen Bestimmungen des Gesetzes und der ADS ist, daß in diesen Fällen die Güter schon dann als total verloren gelten, wenn sie aus anderen Gründen als demjenigen ihres Totalverlustes den Bestimmungsort nicht erreichen, so gewiß ist es, daß in allen anderen Fällen das Schiff, die Güter nur dann „dem Versicherungsnehmer ohne Aussicht auf Wiedererlangung entzogen" sind, wenn sie dem Kasko-, dem Güterversicherten ohne Aussicht auf Wiedererlangung entzogen sind. Das ergeben ohne weiteres schon eben jene Sondervorschriften über die Versicherung von imaginärem Gewinn oder Güterprovision. Es ergibt sich aber insbesondere auch aus den Bestimmungen über die Versicherung „Für behaltene Ankunft" (HGB § 850, ADS § 120). Gerade im Falle einer „Für behaltene Ankunft" genommenen Versicherung sollte man annehmen, daß, wie im Falle der Versicherung von imaginärem Gewinn oder Güterprovision, Schiff und Güter auch dann als total verloren gelten müßten, wenn sie aus anderen Gründen als demjenigen ihres Totalverlustes nicht ankommen. Daß aber eine solche Annahme mit dem klaren Wortlaut und mit dem nicht minder klaren Sinne der Klausel „Für behaltene Ankunft" mit einer fast eingewurzelten Verkehrsanschauung und mit einer unveränderten hansestädtischen Rechtsprechung in unvereinbarem Widerspruch stehen würde, ist von dem ehemaligen ersten Präsidenten des Hanseatischen Oberlandesgerichts, einem der erfahrensten Kenner des Seeversicherungs-Rechts und der Seeversicherungs-Wirtschaft, mit Ausführungen nachgewiesen worden, über die RG 83. 171 nicht mit der Bemerkung, auf sie „brauche hier nicht eingegangen werden", hätte hinweggehen dürfen (ZfVW 1906. 604; vgl. auch Sieveking 146, HGZ 1903. 41, HG u. OG Hamburg HH 159). Könnte man noch zweifeln, was es bedeutet, wenn § 850 Abs. 2 HGB (der über die Klausel „Für behaltene Ankunft" bestimmt) den Versicherer für den Fall haften läßt, daß „ein Totalverlust eintritt", so kann man doch nicht zweifeln, was es bedeutet, wenn diese Vorschrift den Versicherer ferner für den Fall haften läßt, daß „das Schiff abandonniert" wird, — denn nur der verfügungsberechtigte Kaskoversicherte kann abandonnieren — oder für den Fall, daß „das Schiff . . . wegen Reparaturunfähigkeit oder Reparaturunwürdigkeit verkauft" wird, — denn nur der verfügungsberechtigte Kaskoversicherte, nicht der provisionsversicherte Schiffsmakler oder der frachtversicherte Unterverfrachter usw., kann verkaufen. Aber noch mehr: „Bei der auf die Güter sich beziehenden Versicherung" ist (in Anlehnung an die für die Versicherung von imaginärem Gewinn und Güterprovision geltenden Grundsätze) im § 850 HGB weiter bestimmt, daß der Versicherer nur haftet, „wenn die Güter . . . den Bestimmungshafen nicht erreichen". Hier, für den Fall der auf die Güter sich beziehenden Versicherung, hat man sich also „danach gerichtet, welches Interesse Gegenstand der Versicherung ist", nämlich Rücksicht darauf genommen, daß regelmäßig nicht „die Güter" mit der Klausel „Für behaltene Ankunft" versichert werden, sondern andere Interessen, insbesondere Gewinninteressen, und daß bei der Versicherung dieser anderen Interessen der Versicherer regelmäßig nicht nur im Falle des Totalverlustes der Güter, sondern schon dann haftet, wenn die Güter nicht am Bestimmungsort ankommen. Für die Versicherungen, die sich auf das Schiff beziehen, bedurfte es solcher Rücksichten und solcher Bestimmung nicht, weil der Versicherer in den Fällen dieser Versicherungen nicht schon haftet, wenn das Schiff am Bestimmungsort nicht ankommt, wenn nur die Aussicht auf den durch das versicherte Interesse bezeichneten Vorteil geschwunden ist. Vgl. auch § 77 Anm. 47, § 120 Anm. Siehe RG 115. 397 = HRZ 1927. 180 = JRPV 1927. 41 = JW 1927. 1685 (Anm. Sebba), HansOLG HRZ 1926. 375 = JRPV 1926. 108 = Sasse Nr. 352. § 71

c) Der Wert des vor Zahlung der Versicherungssumme Geretteten ist zwar grundsätzlich auch auf die Mehrwert-Versicherungssumme anzurechnen, aber nur dann, wenn und soweit der Wert des Geretteten die Hauptwert-Versicherungssumme (etwa im Falle einer besonders stark untersetzten Kaskotaxe) übersteigt, also praktisch kaum jemals (vgl. § 70 Anm. 15. 16). Von der Anrechnung des Geretteten wird auch bei anderen Versicherungen, die sich auf das Schiff beziehen, kaum je die Rede sein können. Im Falle der Versicherung von Ausrüstungskosten etwa die Anrechnung des Wertes geretteter Ausrüstungsgegenstände (vgl. auch oben Anm. 35, 36). Im Falle Anm. 48

§ 71 der Versicherung von Schiffsmakler-Provision etwa die Anrechnung eines Teiles der vom Schiffsmakler in Ansehung des Geretteten verdienten Provision.

Anm. 49 d) Rechte an der versicherten Sache gehen auf den Mehrwert-Versicherer nicht über (näheres: § 70 Anm. 15). Das führt freilich unter Umständen zu scheinbar sachwidrigen Ergebnissen. Wenn Güter für 100000 hauptwertversichert, für 50000 mehrwertversichert und total verloren sind, der Versicherungsnehmer von beiden Versicherern Zahlung der Versicherungssumme verlangt, und nun, vor Zahlung der Versicherungssummen, für 120000 gerettet wird, werden 100000 auf die Hauptwert-Versicherungssumme, 20000 auf die Mehrwert-Versicherungssumme angerechnet, so daß der Versicherungsnehmer vom Hauptwert-Versicherer nichts, vom Mehrwert-Versicherer 30000 erhält. Wenn aber der Versicherungsnehmer vom Hauptwert-Versicherer 100000, vom Mehrwert-Versicherer 50000 erhalten hat, kommen die nunmehr geretteten 120000 ausschließlich dem Hauptwert-Versicherer oder, wenn der Versicherungsnehmer für die 100000 Selbstversicherer ist, also nur den Mehrwert versichert hat, ausschließlich dem Versicherungsnehmer zugute. Indessen, die Lage ist auch eine andere, wenn das Versicherungsverhältnis abgewickelt ist, eine andere, wenn es noch nicht abgewickelt ist. Auch insoweit gilt: „Die Sätze des Seeversicherungs-Rechts . . . nehmen häufig auf eine glatte Erledigung des Schadensfalles mehr Rücksicht als auf absolute Korrektheit" (RG 77. 307). Und einen Grundsatz, daß die Versicherung für den Versicherungsnehmer niemals zu einem Gewinn führen darf, gibt es nicht (Vorb. vor § 1 Anm. 69). — Auch auf den Gewinnversicherer gehen keine Rechte über. Ebensowenig auf den Provisionsversicherer. Wenigstens lassen sich nur schwer Fälle vorstellen, in denen etwas übergehen könnte (vgl. oben Anm. 48). Anders im Abandonfall, wenn etwa die versprochene Schiffsmakler-Provision versichert ist, der Versicherungsnehmer die Versicherungssumme verlangt, das verschollene Schiff wieder zum Vorschein kommt oder das genommene Schiff wieder freigegeben wird und die Provision doch noch verdient wird.

Anm. 50 e) Auch auf Frachtversicherungen ist § 71 sinngemäß anzuwenden. Der Versicherungsnehmer kann ohne weiteres die Versicherungssumme verlangen, wenn das Schiff total verlorengeht (anders Mohr 49, Möller ITVMitt 1936. 131, Argyriadis 189, nach denen es auf den Totalverlust der Fracht, nicht den des Schiffes ankommt). Erspartes muß er sich anrechnen lassen. Gerettetes ebenso; sind unterwegs Reedersgüter gerettet, einen der Distanzfracht entsprechenden Betrag. Die Frachtforderung geht auf den zahlenden Versicherer über. Näheres: § 105 Anm.

Anm. 51 f) Über die Anwendung des § 71 auf die Versicherung von Bodmerei- und Havereigeldern usw.: § 110 Anm.

Anm. 52 12. § 71 gilt sinngemäß auch für die **Rückversicherung** (§ 79, § 1 Anm. 136). Insbesondere kann der Vorversicherer ohne weiteres die Rückversicherungs-Summe verlangen, wenn das Schiff nicht mehr (überhaupt nicht mehr oder als solches nicht mehr) da, etwa vollständig vernichtet ist, und zwar auch, bevor er selbst gezahlt hat. Aber nicht, bevor der Vorversicherte die Vorversicherungssumme verlangt hat. Denn die Rückversicherung ist Haftpflichtversicherung. Solange der Vorversicherte keinen begründeten Entschädigungsanspruch geltendmacht, ist der Rückversicherungsfall (d. h. hier das die Entschädigungspflicht des Rückversicherers auslösende Gefahrereignis) nicht eingetreten (§ 1 Anm. 147, § 5 Anm. 45). Dies gilt erst recht, wenn das Schiff dem Vorversicherten (vgl. dazu oben Anm. 47) ohne Aussicht auf Wiedererlangung entzogen ist. Denn in diesem Falle hängt auch die Art der Haftung des Vorversicherers davon ab, wie der Vorversicherte wählt, ob er gemäß § 71 die Versicherungssumme verlangt, oder ob er wartet, ob Aussicht auf Wiedererlangung des Schiffes entsteht und damit die Möglichkeit das Schiff zu behalten und Teilschaden-Entschädigung zu verlangen. —

Dem Versicherungsnehmer „ohne Aussicht auf Wiedererlangung entzogen" ist das Schiff, wenn es dem Vorversicherten ohne Aussicht auf Wiedererlangung entzogen ist (vgl. oben Anm. 47). — Wie die Ersatzansprüche gegen Dritte gemäß § 45, so gehen die Rechte am Schiffe gemäß § 71 Abs. 3 vom Vorversicherer auf den Rückversicherer über (§ 45 Anm. 28). Aber wie der abwicklungsberechtigte Vorversicherer auch die Verhältnisse zu dritten Ersatzverpflichteten abzuwickeln hat (§ 45 Anm. 29), so hat er auch die Verwertung des Schiffes zu besorgen (Ehrenberg RV 155, 157; vgl. § 1 Anm. 154; ähnlich und noch weitergehend Bigham, J., bei Arnould 347 s. 378: Der Rückversicherer must then pay. There is nothing in his contract either express or implied which entitles him to have the ship or to deal with it in any way: though he is, no doubt, entitled to require that the original underwriter should realise it in such a way as to reduce the loss as much as may be reasonably possible). § 71 Abs. 3, 4 ist also in diesem Falle nur mit der dem Abwicklungsrecht des Vorversicherers entsprechenden Beschränkung anwendbar. § 71

13. **Fremde Rechte** (vgl. auch oben Anm. 4, 9, 10, 11, 13, 20, 46, 52). Anm. 53

a) Englisches Recht. Das deutsche Recht teilt die Schadensfälle der Hauptsache nach in folgende Gruppen auf: Totalverlust, Teilschaden (Teilverlust, Beschädigung), Verschollenheit, Wegnahme durch Verfügung von Hoher Hand oder Seeräuber, Reparaturunfähigkeit und Reparaturunwürdigkeit. Das englische Recht disponiert anders und einfacher. Es unterscheidet total loss und partial loss und teilt die Fälle des Totalverlustes ein in actual (oder absolute) total losses und constructive total losses (MIA § 56 Abs. 1, 2; Wittmaack ZHR 76. 339 verkennt den Unterschied zwischen loss of ship und dem ihm von Lord Mansfield fälschlich gleichgestellten loss of voyage, vgl. hierüber Arnould 1069 s. 1097, näheres: § 96 Anm.). Sachlich sind die Unterschiede zwischen dem deutschen und dem englischen Rechte verhältnismäßig gering, — natürlich, denn auch die Fälle der Verschollenheit usw. sind ja schließlich nur Totalverlust-Fälle besonderer Art.

1. Actual total loss ist, where the subject-matter insured is destroyed, or so damaged as to cease to be a thing of the kind insured, or where the assured is irretrievably deprived thereof (MIA § 57 Abs. 1). Dahin gehört auch der Fall der Reparaturunfähigkeit; for that has ceased to be a ship which never can be used for the purposes of a ship (Willes J. bei Arnould 1029 s. 1052). Auch der Fall der Verschollenheit wird hierher gerechnet: an actual total loss may be presumed (MIA § 58), und zwar it will be presumed that the cause of loss was foundering at sea (Houstmann v. Thornton 1816 bei Arnould 1028 s. 1051). Der Versicherungsnehmer kann ohne weiteres Entschädigung verlangen (MIA § 57 Abs. 2).

2. Constructive total loss (früher auch total loss by construction genannt) ist, where the subject-matter insured is reasonably abandoned on account of its actual total loss appearing to be unavoidable, or because it could not be preserved from actual total loss without an expenditure which would exceed its value when the expenditure had been incurred. Insbesondere ist es constructive total loss (MIA § 60 Abs. 2):

α) where the assured is deprived of the possession of his ship or goods by a peril insured against, and it is unlikely that he can recover the ship or goods, as the case may be, or the cost of recovering the ship or goods, as the case may be, would exceed their value when recovered;

β) in the case of damage to a ship, where she is so damaged by a peril insured against that the cost of repairing the damage would exceed the value of the ship when repaired. In estimating the cost of repairs, no deduction is to be made in respect of general average contributions to those repairs payable by other interests,

§ 71 but account is to be taken of the expense of future salvage operations and of any future general average contributions to which the ship would be liable if repaired;

γ) in the case of damage to goods, where the cost of repairing the damage and forwarding the goods to their destination would exceed their value on arrival.

Hierher gehören also namentlich die Fälle der Wegnahme durch Verfügung von Hoher Hand, der Reparaturunwürdigkeit des Schiffes und des § 96 Abs. 1 ADS. Die Fälle der Entziehung ohne Aussicht auf Wiedererlangung sind unter die Fälle des actual total loss und des constructive total loss aufgeteilt. Der Hauptsache nach bilden sie actual total losses, Fälle, in denen the assured is irretrievably deprived thereof. Zum kleineren Teile bilden sie constructive total losses: where the thing insured subsists in specie and there is a chance of its recovery (Lord Ellenborough bei Arnould 1031 s. 1055). — Die Grenzen sind nicht gerade scharf gezeichnet, die Grenzen zwischen actual total losses und constructive total losses so wenig, wie diejenigen zwischen constructive total losses und partial losses; the outlines of the law are somewhat blurred.

3. Der Versicherungsnehmer kann im Falle des constructive total loss either treat the loss as a partial loss, or abandon the subject-matter insured to the insurer and treat the loss as if it were an actual total loss (MIA § 61). Aber er darf nicht warten. Er muß abandonnieren with reasonable diligence after the receipt of reliable information of the loss (MIA § 62 Abs. 3). If he fails to do so the loss can only be treated as a partial loss (MIA § 62 Abs. 1). Da der Versicherungsnehmer also unverzüglich abandonnieren muß, kann er den Abandon auch widerrufen. Erst where notice of abandonment is accepted the abandonment is irrevocable (MIA § 62 Abs. 6). Deshalb ist auch der Versicherer durch den Abandon nicht schlechthin gebunden. Freilich where notice of abandonment is properly given, the rights of the assured are not prejudiced by the fact that the insurer refuses to accept the abandonment (MIA § 62 Abs. 4). The acceptance of an abandonment may be either express or implied from the conduct of the insurer; the mere silence of the insurer after notice is not an acceptance (MIA § 62 Abs. 5). The acceptance of the notice conclusively admits liability for the loss and the sufficiency of the notice (MIA § 62 Abs. 6). Sufficient ist der Abandon, wenn er schriftlich oder mündlich erklärt ist in any terms which indicate the intention of the assured to abandon his insured interest in the subject-matter insured unconditionally to the insurer (MIA § 62 Abs. 2). Wenn nichts zu abandonnieren ist, braucht auch kein Abandon erklärt zu werden: Notice of abandonment is unnecessary where, at the time when the assured receives information of the loss, there would be no possibility of benefit to the insurer if notice were given to him (MIA § 62 Abs. 7). Freilich liegt gerade im Begriff des constructive total loss, daß etwas zu abandonnieren da ist; sonst ist der Verlust eben ein actual total loss. Man hat § 62 Abs. 7 MIA immerhin für nötig gehalten, um Zweifel zu zerstreuen, ob z. B. der Frachtversicherte abandonnieren muß, wenn das Schiff von constructive total loss betroffen und infolge hiervon die Fracht ganz verloren ist (Arnould 1162f. s. 1185). — Der Versicherer kann natürlich auf unverzügliche Abandonerklärung verzichten (MIA § 62 Abs. 8). Aber nach Lloyd's Police sollen Schadenabwendungs-Maßregeln weder als Verzicht des Versicherers (oder des Versicherungsnehmers) auf Abandonerklärung noch als Annahme des Abandons gelten (waiver clause): No acts of the insurer or insured in recovering, saving, or preserving the property insured shall be considered as a waiver, or acceptance of abandonment. — Where an insurer has re-insured his risk, no notice of abandonment need be given by him (MIA § 62 Abs. 9). Denn der Vorversicherer hat nach englischer Auffassung nichts zu abandonnieren, bevor

er die Abandonerklärung des Vorversicherten angenommen hat; ihn unter allen Umständen zu zwingen, sich dem Vorversicherten gegenüber die Hände zu binden, würde nicht im Interesse des Rückversicherers liegen (Arnould 1163 s. 1185). § 71

4. Der Versicherer ersetzt im Falle des Totalverlustes (MIA §§ 67, 68):

α) if the policy be a valued policy . . . the sum fixed by the policy;

β) if the policy be an unvalued policy . . . the insurable value of the subject-matter insured.

5. Wenn der Versicherer zahlt, he thereupon becomes entitled to take over the interest of the assured in whatever may remain of the subject-matter so paid for (MIA § 79 Abs. 1; siehe zu der Rechtslage, wenn das Interesse mehr wert ist als die Entschädigung: Arnould 1194ff s. 1217–1219, Johannsen VersR 1961. 869). Ähnlich im Falle des Abandons: The insurer is entitled to take over the interest of the assured in whatever may remain of the subject-matter insured, and all proprietary rights incidental thereto. Upon the abandonment of a ship, the insurer therof is entitled to any freight in course of being earned, and which is earned by her subsequent to the casualty causing the loss, less the expenses of earning it incurred after the casualty; and where the ship is carrying the owner's goods, the insurer is entitled to a reasonable remuneration for the carriage of them subsequent to the casualty causing the loss (MIA § 63; vgl. hierzu auch § 72 Anm. 20). Über das Verhältnis dieses Rechtsüberganges zur subrogation vgl. § 45 Anm. 30. — Versicherungen mit der Klausel without benefit of salvage (oder without benefit of abandonment) werden als Wettassekuranzen und unwirksam betrachtet, provided that, where there is no possibility of salvage, a policy may be effected without benefit of salvage to the insurer (MIA § 4). Klausel und Klauselverbot stammen aus der Blütezeit der englischen Wettassekuranz, die sich der Klausel bediente, weil es bei Wettassekuranzen eben nichts gibt, was im Falle des Totalverlustes gegen Zahlung der Versicherungssumme auf den „Versicherer" übertragen werden kann (näheres: § 2 Anm. 12). Eine deutsche Versicherung mit der Klausel würde regelmäßig teilweise und gemäß § 139 BGB ganz unwirksam sein, weil man sich durch einen Versicherungsvertrag nicht verpflichten kann, auch insoweit zu entschädigen, als kein Schaden entstanden ist. Die Klausel „Wenn das Schiff seinen Bestimmungsort nicht erreicht oder kondemniert wird, ist die versicherte Summe als Totalschaden zu bezahlen" ist aber solche Klausel nicht (HG u. OG Hamburg HH 614; weiteres über diese Klausel: § 120 Anm.).

b) Französisches Recht. Das Gesetzesrecht ist ebenso dürftig wie kontrovers. Anm. 54
C. de comm. gibt dem Versicherungsnehmer das Recht, zu abandonnieren (délaissement, früher auch délais, auch abandon genannt: Émérigon ch. 17 Einl.) in 7 Fällen: 1. prise, 2. naufrage, 3. échouement avec bris, 4. innavigabilité par fortune de mer, 5. arrêt d'une puissance étrangère (oder, nach Beginn der Reise, de la part du gouvernement — über die Unterscheidung: Droz 2. 273, der sie auf un véritable lapsus zurückführt), 6. perte ou détérioration, si la détérioration ou la perte va au moins à trois quarts (Art. 369), 7. Verschollenheit (Art. 375). Vgl. für die Kaskopolice die Regelung in deren Art. 22. Der Abandon muß binnen bestimmter Fristen erklärt werden (C. de comm. Art. 373, 375, 387). — Der Abandon kann widerrufen werden, bis er vom Versicherer angenommen ist). Der abandonnierende Versicherungsnehmer erhält die Versicherungssumme. Dagegen gehören die versicherten Gegenstände dem Versicherer, à partir de l'époque du délaissement (C. de comm. Art. 385). — Als abandon bezeichnet das französische Recht die Hingabe des Haftungsobjekts an die Gläubiger, insbesondere die Hingabe des Schiffes an den ersatzberechtigten Gegensegler: L'abandon est fait par un débiteur, le délaissement est fait

§ 71 par un créancier (Desjardin Droit comm. 7. 166). Abandonniert der Versicherte das Schiff seinen Gläubigern, so ist dies noch kein Grund, das Schiff dem Versicherer zu abandonnieren. Der Versicherungsnehmer wird aber durch den Abandon an seinen Gläubiger auch nicht gehindert, dem Versicherer zu abandonnieren, wenn hierfür die Voraussetzungen vorliegen.

Anm. 55 c) Über Versuche der Aufstellung internationaler Regeln über die Entschädigung im Falle des Totalverlustes: Intern. Marine Insurance Rules der Intern. Law Association, Rouen Conf. 1900, Glasgow Conf. 1901.

§ 72

Verschollenheit

(1) Der Versicherungsnehmer kann auch dann die Versicherungssumme verlangen, wenn das Schiff verschollen ist. Das Schiff ist verschollen, wenn innerhalb der Verschollenheitsfrist das Schiff den nächsten Bestimmungshafen nicht erreicht hat und keine Nachricht von dem Schiffe eingegangen ist. Die Verschollenheitsfrist beträgt das Dreifache der Zeit, die das Schiff von dem Orte aus, von dem die letzte Nachricht eingegangen ist, unter gewöhnlichen Verhältnissen zur Zurücklegung des Weges bis zum nächsten Bestimmungshafen gebraucht haben würde, jedoch bei Dampfschiffen mindestens zwei, bei Segelschiffen mindestens drei Monate. An die Stelle der zweimonatigen und der dreimonatigen Frist tritt eine solche von sechs Monaten, wenn der Eingang von Nachrichten infolge eines Krieges verzögert sein kann.

(2) Das Verlangen kann nicht unter einer Bedingung oder einer Zeitbestimmung erklärt werden.

(3) Durch die Erklärung gehen die Rechte des Versicherungsnehmers an dem Schiffe auf den Versicherer über (Abandon). Die Bestimmungen des § 71 Abs. 3 Satz 2 und Abs. 4 über die Unterstützung des Versicherers bei Geltendmachung der Rechte finden entsprechende Anwendung.

(4) Das im Absatz 1 Satz 1 bezeichnete Recht erlischt, wenn vor seiner Ausübung eine Nachricht von dem Schiffe eingeht.

Anm. 1 1. Vgl. HGB §§ 861 Abs. 1 Nr. 1, 862—867, 868 Abs. 1—3, 869—871, ASVB §§ 116 Abs. 1 Nr. 1, 117—122, 123 Abs. 1—3, 124—126, BSVB §§ 64, 65.

Anm. 2 2. **Literatur:** Aschenheim, Der Abandon des Versicherten in der Seeversicherung, 1893 (vgl. dazu Pappenheim ZHR 44. 602, Rehme JurLitBl 1894. 178). Barkhausen, Voraussetzungen und Wirkungen des Abandon bei der Seeversicherung Diss. 1895. Bewer ZHR 38. 372 (Das Herrschaftsgebiet des Abandon). Bruschettini AssJB 26. 173 (Die Lehre des Abandons in der Seeversicherung). Burchard BaumgartnersHdwbuch 2 (Abandon). v. D. NeumannsZ 1915. 197 (Der Abandon im Transportversicherungsrecht). Hagen SVR 136—138. Helberg, Der Abandon in der Seeversicherung auf rechtsvergleichender Grundlage, Überseestudien Heft 3, 1925. Hochgräber JRPV 1925. 262—264 (Der Abandon nach französischem Seeversicherungsrecht). Kitada, Der Abandon in der Seeversicherung unter besonderer Berücksichtigung des japanischen Rechts, 1905, ZfVW 1908. 646 (Der Begriff des Abandons). Linsmayer ZHR 63. 395 (Der Abandon). Niemeyer HRZ 1918. 74 (Die Unwiderruflichkeit des Abandon). Nourney, Das Recht des Abandon, Diss. 1905.

3. Wenn ein Schiff verschollen ist, kann man nicht sagen, daß es verloren ist. § 72
Es kann untergegangen, kann vernichtet, kann dem Versicherungsnehmer ohne Aussicht Anm. 3
auf Wiedererlangung entzogen sein. Es kann aber auch noch da und wiederzuerlangen sein. Man weiß es nicht. Diese Ungewißheit ist das Eigentümliche des Falles. Deshalb gibt es keine Rechtsordnung, die ohne weiteres unterstellte, ein verschollenes Schiff sei verloren. Schon deshalb unrichtig: Pauly Kriegsklausel 27: „Der Abandon sei als zum Totalverlust gehörig aufzufassen" (dagegen auch HGZ 1917. 214). Richtiger, aber ohne praktische Bedeutung: Niemeyer HRZ 1918. 75: Der Abandon sei ein „antizipierter Totalverlust", oder Kitada 11, HGZ 1917. 161: ein „präsumtiver Totalverlust". Freilich ist auch, wenn dem Versicherungsnehmer das Schiff ohne Aussicht auf Wiedererlangung entzogen ist, das Schicksal des Schiffes ungewiß (§ 71 Anm. 10). Aber diese Ungewißheit ist von anderer Art. Die gewissen Umstände, die dabei obwalten, und die Erfahrung verwandeln die Ungewißheit verkehrsgemäß und deshalb auch im Rechtssinn in Gewißheit. Hier aber ist alles ungewiß. Zunächst wenigstens. Ist so lange Zeit verstrichen, daß mit der Wahrscheinlichkeit, die im gewöhnlichen Leben als Gewißheit hingenommen werden muß, der Totalverlust anzunehmen ist, so kann der Versicherungsnehmer (auch) gemäß § 71 die Versicherungssumme verlangen (vgl. HGB § 865 Abs. 2, aber auch ADS § 42 Abs. 1). Freilich bleibt in diesem Falle ungewiß, ob der Totalverlust durch ein Gefahrereignis verursacht ist. Aber das schadet dem Versicherungsnehmer nur, wenn er bloß gegen einzelne Gefahren versichert ist (vgl. § 35 Anm. 47; unrichtig Ehrenberg JW 1919. 931: Wenn die Police die Klausel „Ohne Abandon" enthalte, könne der Versicherungsnehmer im Falle der Verschollenheit überhaupt keine Entschädigung verlangen).

Die durch die Verschollenheit verursachte Ungewißheit (Ist sicher, daß das Schiff Anm. 4
total verloren ist, besteht also Gewißheit und nicht Ungewißheit, so ist für die Anwendung des § 72 kein Raum und nur § 71 anzuwenden, BGH VersR 1955. 733, Schlegelberger SVR Bem. 1 zu § 72 ADS; vgl. auch Helberg 42) wirkt wirtschaftlich nicht anders als die Ungewißheit im Falle der Entziehung ohne Aussicht auf Wiedererlangung. Deshalb hat man von jeher den Versicherungsnehmer berechtigt, den Zustand der Ungewißheit zu seinen Gunsten in Gewißheit zu verwandeln, ihn auf den Versicherer abzuwälzen (vgl. Bewer ZHR 38. 372; Kießelbach 119; Guidon de la Mer VII, PreußSeerecht VI. 27, AHO 1731 XI, PreußAHO XIII), das Versicherungsverhältnis ohne eigentlichen Versicherungsfall zu liquidieren (vgl. Molt 37). Der Wege hierzu waren in der Hauptsache zwei. Entweder man gestattete dem Versicherungsnehmer die versicherte Unternehmung in den Schoß des Versicherers zu legen, die versicherte Sache dem Versicherer „anzudienen" (AllgPlan 1847 § 120), sie oder die Rechte an ihr an den Versicherer „abzutreten" (HGB § 861), die Sache zu abandonnieren (franz. délaissement: § 71 Anm. 54) — und dagegen die Versicherungssumme zu verlangen. So z. B. HGB § 861. Oder man machte aus dem Sachverhalt eine Fiktion oder Präsumtion des Totalverlustes. So z. B. das englische Recht: Where the ship concerned in the adventure is missing, and after the lapse of a reasonable time no news of her has been received, an actual total loss may be presumed (MIA § 58). Übrigens ist der sachliche Unterschied gering. Zwar spricht § 861 HGB noch von einer „Abtretung der in Ansehung des versicherten Gegenstandes dem Versicherten zustehenden Rechte". In Wirklichkeit aber gehen diese Rechte auch nach dem HGB (§ 868) im gegebenen Augenblick (und zwar schon mit der Abandonerklärung, nicht erst, wie im englischen Rechte, mit der Entschädigung) ohne weiteres auf den Versicherer über (vgl. auch unten Anm. 12, 16, 17).

§ 72 **4. Abs. 1, 2. Das Schiff ist verschollen.**

Anm. 5 a) **wenn die Verschollenheitsfrist verstrichen** ist. Diese Frist beträgt:

1. **das Dreifache der Zeit, die das Schiff von dem Orte aus, von dem die letzte Nachricht eingegangen ist, unter gewöhnlichen Verhältnissen zur Zurücklegung des Weges bis zum nächsten Bestimmungshafen gebraucht haben würde.** Der Ort kann ein Ort am Lande, aber auch ein Ort auf hoher See sein, z. B. der Ort, der in einer Flaschenpost angegeben ist, welche die Nachricht enthält, daß das Schiff mit schwerem Sturm kämpfe. — Die letzte Nachricht muß eine Nachricht „von dem Schiffe" gewesen sein. Eine Nachricht natürlich, aus der hervorgeht, daß das Schiff nicht total verloren ist. Die Nachricht, die ergibt, daß das Schiff total verloren ist, berechtigt den Versicherer nicht, nach Ablauf der Verschollenheitsfrist gemäß § 72 die Versicherungssumme zu verlangen; z. B. nicht die Flaschenpost: Oriole, torpedo, sinking (Gen. Steam Nav. Co. c. Comm. Union Ass. Co. 1915. ITVMitt 1915. 56 und bei Pauly Kriegsgefahr 244). Die Ungewißheit hat sich in Gewißheit verwandelt. Der Versicherungsnehmer kann gemäß § 71 die Versicherungssumme verlangen, wenn ein Gefahrereignis es ist, das den Totalverlust herbeigeführt hat; wenn nicht, nichts. — Nicht jede Nachricht genügt. Die Nachricht muß zuverlässig sein (Voigt 653). Die letzte zuverlässige Nachricht setzt die Verschollenheitsfrist in Lauf. — Von wem die Nachricht kommt, an wen sie gerichtet ist, gilt gleich (Voigt 653). Auch Nachrichten, von denen der Versicherungsnehmer nichts weiß, unterbrechen die nach früheren Nachrichten laufende Frist und setzen die Verschollenheitsfrist von neuem in Lauf. — Der Begriff des „nächsten Bestimmungshafens" wird hier ebenso bestimmt werden müssen, wie der Begriff des „nächsten Bestimmungsorts" im § 50 Abs. 2 und im § 68. Vgl. daher § 68 Anm. 4.

Anm. 6 2. **mindestens zwei Monate bei Dampfschiffen, mindestens drei Monate bei Segelschiffen.** — Den Dampfschiffen sind Motorschiffe gleichzuachten. — Der Anfangstag wird nicht mitgerechnet (BGB § 187 Abs. 1). Die Frist endigt mit dem Ablauf des entsprechenden Monatstages oder, wenn der Monat den Tag nicht hat, mit dem Ablauf des letzten Monatstages (BGB § 188 Abs. 2, 3). — An die Stelle der zwei- und dreimonatigen Frist tritt eine **sechsmonatige, wenn der Eingang von Nachrichten infolge eines Krieges verzögert sein kann.** Der Versicherer muß beweisen, daß die Voraussetzungen für die Verlängerung der Verschollenheitsfrist gegeben sind. Aber er braucht (entgegen den allgemeinen Beweisregeln und entgegen den allgemeinen Kausalitätsregeln) nur zu beweisen, daß es möglich ist, daß der Krieg und das Ausbleiben von Nachrichten in (sei es auch nur entfernten) ursächlichem Zusammenhang stehen (vgl. § 24 Anm. 28, 29). — Über den Begriff des Krieges: § 35 Anm. 7, 8.

Anm. 7 b) **und, wenn in der Frist keine Nachricht vom Schiffe eingegangen ist.** D. h. keine zuverlässige Nachricht über das Schiff, von wem und an wen immer (oben Anm. 5). Daß die „Beteiligten" keine Nachricht erhalten haben (so HGB § 862 Abs. 1, vgl. dazu Prot. 3472, Aschenheim 16, Lewis 2. 449, Sieveking 165, Voigt 654), genügt nicht. Immerhin muß die Nachricht „eingegangen" sein; d. h. wohl in dem Wirtschaftsgebiet, von dem aus die Seefahrt mit dem Schiffe betrieben wird, bekannt geworden sein (so auch Helberg 45). Ist der Versicherungsnehmer selbst auf dem verschollenen Schiffe, so kann natürlich keine Rede davon sein, daß bei ihm „eine Nachricht von dem Schiffe eingegangen", oder daß ihm, wie § 862 HGB sich ausdrückt, „eine Nachricht über das Schiff zugegangen" ist (mit welcher Erwägung der Johann-Orth-Streit ohne weiteres zu erledigen gewesen wäre: RG HGZ 1893. 223, HGZ 1893. 122, vgl. dazu auch § 43 Anm. 13).

5. Der Versicherungsnehmer kann die Versicherungssumme verlangen. **§ 72**

a) Der Versicherungsnehmer. — Über diesen Begriff: § 3 Anm. 4. Über den Fall, daß mehrere Versicherungsnehmer beteiligt sind, daß eine Reederei versichert ist, daß das Schiff veräußert ist, daß die Versicherung für fremde Rechnung genommen ist, daß ein Vertreter verlangt, daß die Entschädigungsforderung abgetreten ist: § 71 Anm. 19. Anm. 8

b) Der Versicherungsnehmer kann die Versicherungssumme verlangen. Die Vereinbarung einer Versicherungssumme ist (auch) eine Vereinbarung über den Versicherungswert, den Wert des versicherten Interesses. Der Versicherungsnehmer kann in der Versicherungssumme ohne weiteres den Ersatz dieses Wertes verlangen. Ist keine Versicherungssumme vereinbart, also ohne weiteres den Ersatz des Versicherungswerts. Dem Versicherer bleibt überlassen nachzuweisen, daß der Versicherungsschaden kleiner ist oder durch anderweit zur Ausgleichung des Schadens Gegebenes kleiner geworden ist. Näheres: § 71 Anm. 13. Bedenklich Martin 48: „Der wahre Charakter des Abandon" sei „eine begrifflich von der Schadensversicherung scharf zu unterscheidende Summenversicherung". — Zahlung der Versicherungssumme kann der Versicherungsnehmer natürlich nicht sofort, sondern nur gemäß § 44 verlangen (vgl. auch HGB § 869: binnen angemessener Frist nach Mitteilung der Belege). Anm. 9

c) Der Versicherungsnehmer kann die Versicherungssumme verlangen. Er braucht sie nicht zu verlangen. Er kann auch warten, ob das Schiff nicht wieder zum Vorschein kommt. Er kann wählen. Der Ablauf der Verschollenheitsfrist macht das Rechtsverhältnis nicht fest. Dem Versicherungsnehmer ist auch (ebenso wie im Falle der Entziehung des Schiffes ohne Aussicht auf Wiedererlangung: § 71 Anm. 14) zur Ausübung seines Wahlrechts keine Frist gesetzt (ebenso das englische Recht; anders HGB § 864 und andere kontinentale Rechte). Der Versicherer kann den Versicherungsnehmer auch nicht unter Bestimmung einer angemessenen Frist zur Vornahme der Wahl auffordern (vgl. BGB § 264 Abs. 2), ihm auch nicht die Versicherungssumme mit der Wirkung anbieten, daß der Fall nunmehr endgültig als Verschollenheitsfall zu behandeln ist. Er kann ihm nicht einmal die Versicherungssumme mit der Wirkung des § 38 anbieten, also mit der Wirkung, daß zwar die Rechte am Schiffe beim Versicherungsnehmer bleiben, er selbst aber frei wird. Denn man weiß ja nicht, ob der Versicherungsfall eingetreten ist. Die bloße Tatsache, daß die Verschollenheitsfrist abgelaufen ist und der Versicherungsnehmer, ausnahmsweise, obgleich kein Versicherungsfall eingetreten ist, die Versicherungssumme verlangen kann, bildet noch nicht den Versicherungsfall (vgl. auch § 73 Anm. 11). Man braucht auch im allgemeinen nicht zu befürchten daß der abwartende Versicherungsnehmer „auf Gefahr des Versicherers auf die Zukunft spekuliert" (so Prot. 3429 zur Begründung der Befristung des Abandonrechts). Denn der Versicherungsnehmer verliert die Zwischenzinsen. Die „Spekulation auf Gefahr des Versicherers" ist jedenfalls für diesen ohne Nachteil, wenn die Kaskotaxe nicht untersetzt ist. — Nimmt der Versicherungsnehmer die auf Grund § 72 angebotene Versicherungssumme an, so hat er sie „verlangt". — Natürlich kann der Versicherungsnehmer die Versicherungssumme nur verlangen, wenn die Versicherung beim Ablauf der Verschollenheitsfrist noch nicht beendigt war (HG Hamburg HH 617). Deshalb wird eben die Beendigung der Zeitversicherung durch § 68 hinausgeschoben, wenn das Schiff beim Ablauf der Versicherungszeit unterwegs ist (vgl. insbesondere § 68 Satz 3). Das französische Recht hilft sich auf andere Weise: La perte du navire est présumée arrivée dans le temps de l'assurance (C. de comm. Art. 376). Der Versicherer kann beweisen, daß das Schiff in Wirklichkeit nach Ablauf der Versicherungszeit verlorengegangen ist (vgl. aber auch § 68 Anm. 10). Anm. 10

§ 72 Anm. 11 d) Der Versicherungsnehmer kann die Versicherungssumme verlangen. Verlangt er sie, so hat er gewählt. Das Verhältnis ist neu gestaltet. Versicherer und Versicherungsnehmer sind daran gebunden (unrichtig Niemeyer HRZ 1918. 74: Nur der Versicherte, nicht der Versicherer sei gebunden, denn der Abandon sei kein Vertrag; richtig HGB § 867 Satz 2: „für beide Teile verbindlich"). Das zeigt auch ganz klar § 72 Abs. 2 ADS. Kommt das Schiff später wieder zum Vorschein, so kann weder der Versicherer noch der Versicherungsnehmer die neugestaltete Rechtslage ändern. Stellt sich insbesondere später heraus, daß das Schiff total verloren ist, so ist doch nur § 72, nicht § 71 anwendbar (v. D. NeumannsZ 1915. 197, HGZ 1916. 13). „Die Abandonerklärung ist unwiderruflich". Dieser Ausspruch des § 866 HGB ist ebenso überflüssig, wie es der Ausspruch wäre, die Kündigung oder der Rücktritt sei unwiderruflich (Begr. z. E 1910 § 71). Und er ist unvollständig. Denn auch der Versicherer ist gebunden. „Durch die Abandonerklärung wird der Zeitpunkt fixiert, nach welchem in der Folge alles zu beurteilen ist" (Prot. 3457). Ebenso versteht sich von selbst, daß, wenn der Versicherungsnehmer unberechtigt widerruft, der Versicherer sich damit, mit der Rückgängigmachung der durch das Verlangen herbeigeführten Rechtsgestaltung, einverstanden erklären kann. Ebenso andererseits, daß, wenn der Versicherungsnehmer berechtigterweise die Versicherungssumme verlangt, der Versicherer das Verlangen unberechtigterweise zurückweist, der Versicherungsnehmer sich hiermit einverstanden erklären kann (vgl. § 71 Anm. 20).

Anm. 12 1. Das Verlangen ist also nicht die bloße Geltendmachung eines Anspruchs (vgl. BGB § 194 Abs. 1), sondern auch eine rechtsgestaltende, nämlich rechtsbegründende und rechtsändernde, Willenserklärung. Der Abandon ist insbesondere kein Vertrag (Niemeyer HRZ 1918. 74, auch Helberg 19). Die Auffassung Voigts 649, 659, „jede Abandonnierung setze die vom Versicherer erteilte Erklärung voraus, die gefährdete Angelegenheit in der damaligen Lage übernehmen zu wollen", wird allgemein abgelehnt (teilweise anders der englische Abandon im Falle des constructive total loss und der französische délaissement: § 71 Anm. 53, 54). Der Abandon braucht auch nicht, um wirksam zu sein, vom Versicherer „angenommen" zu werden (vgl. § 71 Anm. 53). Natürlich kann durch Vereinbarung des Versicherers und des Versicherungsnehmers die frühere Rechtslage wiederhergestellt werden. Erklärt z. B. der Versicherer den berechtigten Abandon für unberechtigt, so kann der Versicherungsnehmer nachgeben und zustimmen, daß der Abandon als unberechtigt oder als nicht erklärt behandelt werden soll (Lewis 2. 455, Niemeyer HRZ 1918. 74, Voigt 659 im Anschluß an Prot. 3444 mit freilich teilweise bedenklicher Begründung; auch LG u. OLG Hamburg, RG HGZ 1915. 58, 1917. 214, 1918. 42: Solange der Versicherer erkennbar bei seinem Widerspruch beharre, könne der Versicherungsnehmer zustimmen); allerdings würde solche Vereinbarung den Versicherungsnehmer nicht hindern, neuerdings zu abandonnieren. Wenn also insbesondere der Versicherer im Prozeß die Berechtigung des Abandons bestreitet, kann der Versicherungsnehmer zustimmen. Stützt er aber nunmehr neu die Klage auf die Behauptung, daß die versicherte Sache total verloren sei, so hat er die Klage geändert (abw. Niemeyer HRZ 1918. 74). Denn der (gewöhnliche) Fall der Verschollenheit ist kein Totalverlust-Fall, sondern ein besonderer, dem Totalverlust-Fall nur durch besondere Vorschrift in wichtigen Beziehungen gleichgestellter Fall. Wer in der Klage angeführt hat, daß das Schiff verschollen sei, und daß er deshalb abandonniert habe, „ergänzt" oder „berichtigt" diese Ausführungen nicht, sondern ändert sie, wenn er sie fallen läßt und an ihre Stelle die Behauptung setzt, das Schiff sei unrettbar gesunken oder gestrandet oder vom Feinde unwiederbringlich genommen (vgl. ZPO § 268). Der Klagvortrag ist in einem wesentlichen Punkte geändert, der Tatbestand, der die Berechtigung des Anspruchs auf Zahlung der Versicherungssumme ergeben soll, ein anderer geworden. Daß dort, wie hier, „der Versicherungsvertrag die eigentliche Grundlage der Klage ist" (so Niemeyer a.a.O.), versteht sich von selbst, ist aber nicht entscheidend. Ob gleichwohl die Klagänderung zuzulassen ist, richtet sich nach ZPO § 264. — Das Verlangen muß (gleich allen rechtsgestaltenden Willenserklärungen) bestimmt sein. Die Bestimmtheit einer solchen Erklärung braucht nicht immer darunter zu leiden, daß die Erklärung an eine Bedingung oder Zeitbestimmung geknüpft ist (vgl. § 71 Anm. 17). § 72 Abs. 2 bestimmt jedoch (im Anschluß an HGB § 866 Abs. 1) über die allgemeinen Grundsätze hinaus, daß der Abandon **nicht unter einer Bedingung oder Zeitbestimmung** erklärt werden darf. Insbesondere wäre eine Erklärung, die Versicherungssumme werde unter der Bedingung verlangt, daß das Schiff verschollen bleibe, unwirksam. Der Versicherungsnehmer braucht aber nur „die Versicherungssumme" zu verlangen, nicht auch einen bestimmten Betrag. Er wird jedoch den Grund seines Verlangens, also angeben müssen, daß er die Versicherungssumme wegen der Verschollenheit verlange (vgl. auch oben Anm. 5, § 71 Anm. 17). — Nach § 866 Abs. 1 HGB „muß sich die Abandonerklärung auf den ganzen versicherten Gegenstand erstrecken". Das versteht sich im allgemeinen von selbst (Begr. z. E 1910 § 71). Für den Fall, daß einzelne Teile (z. B. Schiffskörper und Maschine) besonders taxiert sind, sagt § 866 Abs. 1 HGB zu viel (OAG Lübeck SA 3 Nr. 96). Ebenso für den Fall der Unterversicherung (Voigt 659). Im Falle der Mitversicherung kann der Versicherungsnehmer dem einen Versicherer gegenüber abandonnieren, dem anderen gegenüber noch warten (§ 71 Anm. 18). — Der Versicherungsnehmer braucht nicht notwendig „gegen Abtretung der in Ansehung des versicherten Gegenstandes ihm zustehenden Rechte" die Versicherungssumme zu verlangen (so HGB § 861). Allerdings muß der Versicherungsnehmer sich auch damit einverstanden erklären, daß die Rechte am Schiffe auf den Versicherer übergehen. Die Erklärung, man verlange wegen der Verschollenheit des Schiffes die Versicherungssumme, wolle aber die Rechte am Schiffe behalten, wäre contradictio in adjecto. Aber in der bloßen Erklärung, daß man wegen der Verschollenheit des Schiffes die Versicherungssumme verlange, liegt ohne weiteres auch die Erklärung, daß man mit dem Übergang der Rechte einverstanden sei.

2. Das Verlangen ist, seinem natürlichen Begriff nach, eine empfangsbedürftige (im übrigen keiner besonderen Form bedürfende) Willenserklärung (näheres über empfangsbedürftige Erklärungen: Vorb. vor § 1 Anm. 33). Es muß dem Versicherer gegenüber erklärt werden. Erklärung gegenüber Mitversicherern, gegenüber Vertretern: § 71 Anm. 18. Anm. 13

3. Ist das Verlangen unberechtigt, das Schiff nicht verschollen, so entstehen im allgemeinen keine Rechtsfolgen (so ausdrücklich HGB § 867 Satz 1; vgl. dazu Begr. z. E 1910 § 71). Aber der Versicherer kann das Verlangen als Antrag für eine dem § 72 entsprechende Abwicklungsvereinbarung betrachten und behandeln. Schweigt er, so liegt darin noch nicht ohne weiteres Zustimmung (anscheinend ebenso Niemeyer HRZ 1918. 75; näheres § 71 Anm. 20). Auch darin noch nicht, daß er zahlt, ohne zu wissen, daß das Schiff nicht verschollen war, daß insbesondere Nachrichten eingegangen waren (anscheinend abw. Niemeyer HRZ 1918. 75). Er kann kondizieren. — Das unberechtigte Verlangen wird nicht ohne weiteres wirksam, wenn später seine Voraussetzungen sich erfüllen, — so wenig, wie etwa eine unwirksame Kündigung aus wichtigem Grunde ohne weiteres wirksam wird, wenn später ein wichtiger Grund eintritt (unrichtig HGZ 1917. 161). Aber es genügt natürlich, daß der Versicherungsnehmer nach Eintritt der Voraussetzungen sein Verlangen „aufrechterhält" (HGZ 1917. 161) oder „hierbei andauernd beharrt" (RG 92. 252, RG HGZ 1919. 28). Zu welcher Zeit in solchem Falle das Verlangen wirksam wird, insbesondere gemäß § 72 Abs. 3 die Rechte am Schiffe übergehen, ist nach den Umständen des Falles zu beurtei- Anm. 14

§ 72 len. Wenn der Versicherungsnehmer bei seinem Verlangen „dauernd beharrt", wird regelmäßig der Ablauf der Verschollenheitsfrist entscheiden (RG 92. 252, RG HGZ 1919. 28).

Anm. 15 e) Zur Beweislast. Der Versicherungsnehmer muß beweisen. Auch, daß keine Nachrichten vom Schiffe eingegangen sind. Denn es handelt sich um eine rechtsbegründende Tatsache, nicht um eine rechtshindernde Einwendung (HGZ 1893. 122). Die Beweislage des Versicherungsnehmers ist insoweit schwierig. § 884 HGB hilft mit der Bestimmung, daß „im allgemeinen glaubhafte Bescheinigungen über die Zeit, in welcher das Schiff den Abgangshafen verlassen hat, und über die Nichtankunft des Schiffes im Bestimmungshafen während der Verschollenheitsfrist genügen" (vgl. dazu Prot. 3566, auch Helberg 45). Die französische Kaskopolice hilft, indem sie den Versicherungsnehmer nur verpflichtet, de justifier de la non-arrivée (Art. 22 Abs. 1). AllgPlan 1847 § 120 half mit einer eidesstaatlichen Erklärung des Versicherungsnehmers, „wann ihm die letzte Nachricht vom Schiffe zugekommen". Regelmäßig wird genügen müssen, daß die Angestellten des Versicherungsnehmers bezeugen, es seien nach der als letzte bezeichneten Nachricht keine weiteren Nachrichten eingegangen, gegebenenfalls kommt Parteivernehmung in Betracht. — Über den Fall der Verschollenheit des „Frei von Kriegsgefahr" versicherten Schiffes während eines Krieges: § 35 Anm. 47.

Anm. 16 6. **Abs. 3. Mit dem Verlangen** nach der Versicherungssumme **gehen die Rechte des Versicherungsnehmers am Schiffe über.** Die ADS nennen dies **„Abandon"**. Sie stellen damit den Anschluß an das Gesetz (HGB § 861 Abs. 1) her. Sie beseitigen damit etwa mögliche Zweifel an der Wirksamkeit des Rechtsüberganges, den so, wie er angeordnet ist, eben nur das Gesetz anordnen kann (§ 71 Anm. 38). Allerdings sagt § 861 HGB, der Versicherte sei „befugt, die Zahlung der Versicherungssumme ... gegen Abtretung der ... Rechte zu verlangen (Abandon"). Es scheint also, als ob das Gesetz unter „Abandon" „das Recht des Versicherten versteht, in bestimmten Fällen Bezahlung der vollen Versicherungssumme ... zu verlangen "(so Sieveking 164). Gleichwohl ist nicht anzunehmen, daß das Gesetz den Ausdruck in diesem verderbten Sinne hat gebrauchen wollen. Vielmehr geht aus den folgenden Vorschriften (z. B. HGB § 865: „der Abandon unstatthaft", HGB §§ 866 usw.: „Abandonnierung des versicherten Gegenstandes") deutlich hervor, daß das Gesetz an der dem Wortsinn entsprechenden Bedeutung festhält: Abandon ist die Hingabe des versicherten Gegenstandes zum Übergang der daran bestehenden Rechte des Versicherungsnehmers und zur Erlangung der Versicherungssumme (vgl. auch Helberg 19). Im englischen Rechtsverkehr wird der Ausdruck abandonment zwar in verschiedenem Sinne gebraucht, aber niemals in dem Sinne des Rechtes, unter Abtretung des versicherten Gegenstandes die Versicherungssumme zu verlangen. Er bezeichnet die Abtretung der Rechte oder den gesetzlichen Rechtsübergang oder die Abandonerklärung.

Anm. 17 a) Die Rechte gehen nicht erst (wie gemäß § 71 Abs. 3) mit der Befriedigung des Versicherungsnehmers über, sondern (gemäß § 868 HGB) schon mit der Abandonerklärung, genauer: in dem Zeitpunkt, in dem die Abandonerklärung dem Versicherer zugeht. Von Gesetzes wegen (§ 71 Anm. 38, HGZ 1916. 14). Natürlich nur, wenn überhaupt Rechte da sind, insbesondere das Schiff und mit ihm die Rechte nicht schon vernichtet sind. Von einer Anrechnung des vor Zahlung der Versicherungssumme Geretteten (vgl. § 71 Abs. 1 Satz 2, § 71 Anm. 23) kann keine Rede sein. Was nach der Abandonerklärung gerettet wird, wird dem Versicherer gerettet. Aber was der Versicherungsnehmer anderweit zur Ausgleichung des Schadens erlangt hat, muß er sich natürlich anrechnen lassen (vgl. § 71 Abs. 1 Satz 2, § 71 Anm. 22). — **Nicht nur** die Rechte „am Schiffe", sondern die Rechte „in Ansehung des abandonnierten Gegenstandes" (des Schiffes oder desjenigen, was etwa von ihm noch übrig ist) gehen über (HGB §§ 861, 868; näheres: § 71 Anm. 36, 37). — Die Rechte gehen in dem Zustand über, in dem sie sich zur Zeit des Übergangs befinden, insbesondere mit den auf ihnen ruhenden Lasten. Der Versicherungsnehmer hat dem Versicherer wegen solcher Lasten keine besondere Gewähr zu leisten (so auch Helberg 80; anders HGB § 868 Abs. 2; vgl. dazu Begr. z. E 1910 § 71 und, nicht unbedenklich, Voigt 662, dagegen, freilich mit teilweise unrichtiger Begründung, Aschenheim 48), insbesondere keine Gewähr wegen etwa nur möglicherweise auf den Rechten ruhender Lasten. Für die Beseitigung der bekannten Lasten muß der Versicherungsnehmer sorgen. Früher braucht der Versicherer den entsprechenden Teil der Versicherungssumme nicht zu zahlen. Näheres: § 71 Anm. 39. — Den Fall der Unterversicherung regelt § 8 (vgl. HGB § 866 Abs. 2, ADS § 71 Anm. 40). — Über den Fall der Versicherung für fremde Rechnung: § 71 Anm. 41. § 72

b) Der Versicherungsnehmer muß dem Versicherer Auskunft erteilen, Beweisurkunden ausliefern, auf Verlangen eine Urkunde über den Rechtsübergang (hier Abandonrevers genannt: HGB § 871) ausstellen. Einen Abandonrevers braucht der Versicherungsnehmer aber natürlich nur auszustellen, wenn der Versicherer die Rechtmäßigkeit des Abandons nicht bestreitet; im anderen Falle wäre das Verlangen des Versicherers contradictio in adjecto (Prot. 3462). Näheres: § 45 Anm. 24. — Nach § 869 Abs. 1 HGB muß der Versicherungsnehmer dem Versicherer insbesondere „eine glaubhafte Bescheinigung über die Zeit, in welcher das Schiff den Abgangshafen verlassen hat, und über die Nichtankunft des Schiffes im Bestimmungshafen während der Verschollenheitsfrist“ mitteilen. Entsprechendes ergibt sich nunmehr aus der allgemeinen Auskunftspflicht des § 43 (die zwar noch nicht durch den Ablauf der Verschollenheitsfrist, wohl aber durch die Abandonerklärung ausgelöst wird) und aus der besonderen Auskunftspflicht des § 72 Abs. 3 in Verbindung mit § 71 Abs. 3. — Nach § 869 Abs. 2 HGB muß der Versicherungsnehmer auch mitteilen, „ob und welche andere den abandonnierten Gegenstand betreffende Versicherungen genommen sind“. Dies ergibt sich jetzt, soweit Doppelversicherungen in Betracht kommen, aus § 12. Soweit andere Versicherungen, insbesondere Mitversicherungen (Vorb. V vor § 1), aber auch Fracht- und Güterversicherungen in Betracht kommen, fehlt es an einer besonderen Bestimmung. Doch wird schon die Schadensabwendung-Pflicht des § 41 den Versicherungsnehmer nötigen, mitzuteilen, welche Versicherer sonst noch an Schiff und Ladung beteiligt sind, damit der Versicherer sich mit ihnen zu gemeinsamen Maßregeln verbinden kann. — § 869 Abs. 2 HGB verpflichtet den Versicherungsnehmer schließlich, mitzuteilen, „ob und welche Bodmereischulden oder sonstige Belastungen darauf (auf dem versicherten Gegenstande) ruhen“. Die Verpflichtung ergibt sich nunmehr aus § 43 ADS. Anm. 18

c) Der Versicherungsnehmer bleibt trotz Übergangs der Rechte verpflichtet, den Schaden zu mindern (vgl. HGB § 870), insbesondere auch Erkundigungen einzuziehen. Näheres: § 71 Anm. 44. Anm. 19

d) Nach § 868 Abs. 3 HGB erhält der Kaskoversicherer von der Nettofracht den nach dem Abandon verdienten und nach den Vorschriften über Distanzfracht zu berechnenden Teil. Nach § 868 Abs. 4 HGB muß der Frachtversicherer diesen Teil ersetzen. Anm. 20

α. Das Problem ist schwierig. Die Versuche zu seiner Lösung waren in Deutschland wie im Ausland mannigfach. Der PreußE (Art. 656) sprach sich darüber nicht aus (wie nunmehr wieder die ADS). Nach dem Referentenentwurf des ADHGB (Art. 751 Abs. 2) sollte der Versicherer „die erst nach der Abandonerklärung verdienten Fracht- und Überfahrtsgelder“ erhalten (Prot. 3421). Die ADHGB-Kommission war zunächst der entgegengesetzten Ansicht und beschloß, der Versicherer

§ 72 solle „die zur Zeit des Abandons schwebende Fracht, wenn dieselbe auch erst später verdient werden möge", nicht erhalten (Prot. 3455). In der zweiten Lesung entschloß man sich, zum Referentenentwurf zurückzukehren und den Frachtausfall dem Frachtversicherer zur Last zu legen (Prot. 4395). Dabei ist es geblieben; nur ist, was gemeint war (Prot. 3452), besonders ausgesprochen, nämlich, daß dem Versicherer nur von der Nettofracht ein entsprechender Teil gebührt. — Das französische Recht hat sich im Kreise bewegt. Zunächst wurde dem Kaskoversicherer die Fracht versagt. Nach der Deklaration vom 17. August 1779 dagegen le fret à faire appartiendra aux assureurs, comme faisant partie du délaissement . . . Und nach C. de comm. Art. 386 le fret des marchandises sauvées, quand même il aurait été payé d'avance, fait partie du délaissement du navire, et appartient également à l'assureur . . . Das Gesetz vom 12. August 1885, das die (bis dahin verboten gewesene) Versicherung der Fracht gestattete, hob den Art. 386 C. de comm. auf. Damit ist das französische Recht zu seinem Ausgangspunkt zurückgekehrt: Der Kaskoversicherer hat an der Fracht keinen Teil: En cas de délaissement, les assureurs du navire n'ont pas droit au fret sauvé (loi du 12 aout 1885). Näheres: Aschenheim 38, Arnould 1150 s. 1174, Droz 2. 363, 383, Pöhls 4. 364, Ripert Nr. 2500. — Auch in England war das Problem für den Fall des Abandons (§ 71 Anm. 53) once a subject of vexed discussion (Arnould 1145 s. 1169). Nunmehr entscheidet MIA § 63 Abs. 2 (§ 71 Anm. 53): Der Kaskoversicherer erhält für die Zeit nach dem Versicherungsfall die ganze Fracht (nur less the expenses of earning it incurred after the casualty) und für Reedersgüter eine angemessene Vergütung. Vgl. Arnould 1145 ff. s. 1169 f. — In den Vereinigten Staaten von Amerika wird die Fracht pro rata itineris zwischen Kasko- und Frachtversicherer geteilt (Arnould 1149 s. 1173). — Auch nach E 1910 § 71 Abs. 3 sollte pro rata itineris geteilt werden. Dieser Standpunkt berücksichtigt die Interessenlage am besten (ebenso, wenngleich mit anfechtbarer Begründung, Voigt 663; abw. Aschenheim 36). Der erste Teil der Reise wird mit Mitteln des Versicherungsnehmers ausgeführt, die er, wenigstens nach der Regel des Rechtes (§ 70 Abs. 1; anders nach englischem und französischem Rechte: § 70 Anm. 21), vom Versicherer nicht mit ersetzt erhält. Der auf diesen Teil der Reise entfallende Teil der Fracht gebührt daher dem Versicherungsnehmer. Der zweite Teil der Reise wird mit Mitteln ausgeführt, die der Versicherer aufzuwenden oder dem Versicherungsnehmer nach allgemeinen Grundsätzen zu erstatten hat. Der auf den zweiten Teil der Reise entfallende Teil der Fracht, und zwar der ganzen Fracht, nicht bloß der Nettofracht, gebührt daher dem Versicherer (siehe dazu kritisch Helberg 107). Das wäre anders, wenn zu den Rechten, die auf den Versicherer übergehen, auch die Rechte an Ausrüstungsgegenständen, an Kohlen, Proviant, vielleicht gar an der Schiffskasse gehörten (so Voigt 663). In diesem Falle wäre es gerechtfertigt, nur die Nettofracht zu teilen (Aschenheim 36). Aber davon ist nicht die Rede. Was nicht versichert ist, wird natürlich auch nicht mit abandonniert (§ 71 Anm. 36, 48).

β) E 1910 § 71 Abs. 3 ist gestrichen, weil man das Problem nicht zu lösen vermochte (vgl. Mat. 1. 254, 352). Die ADS schweigen. Nach § 476 HGB ist, wenn ein unterwegs befindliches Schiff veräußert wird, mangels abweichender Vereinbarung anzunehmen, daß dem Erwerber der (ganze) Gewinn der laufenden Reise gebührt und daß ihm ebenso der (ganze) Verlust der laufenden Reise zur Last fällt. Der Abandon ist aber keine Veräußerung, sondern eine Entäußerung. Dem Versicherer kann so wenig, wie der ganze Verlust zur Last fallen, der ganze Gewinn gebühren. Dagegen entspricht der Interessenlage der im § 101 Nr. 2 BGB enthaltene Rechtsgedanke, wonach die Vergütung für die Überlassung des Gebrauchs einer Sache dem Berechtigten zu einem der Dauer seiner Berechtigung entsprechenden Teile gebührt.

Hiernach ist die Bruttofracht unter Versicherungsnehmer und Versicherer pro rata itineris zu teilen (vgl. auch Kitada 63). Eine Lücke freilich bleibt. Der Frachtversicherer haftet nicht für den dem Kaskoverischerer gebührenden Frachtanteil. Der Versicherungsnehmer hat diesen Frachtanteil nicht verloren, sondern aus freiem Entschluß durch den Abandon weggegeben (§ 28 Anm. 36, 38, § 71 Anm. 8, 9; vgl. auch Voigt 663: „Folge einer geschäftlichen Maßregel des Frachtversicherten", Sieveking 169: „Folge einer geschäftlichen Disposition des Versicherten", wie hier auch Argyriadis 185, Helberg 106f., anders Bene 58ff.), genauer: sich zur Erstattung eines dem Frachtanteil entsprechenden Betrages verpflichtet. Aber die darin liegende Unbilligkeit ist gering und wird durch den Vorteil einer nicht zu schwierigen Teilung der Fracht, wie sie in der Berechnung und Teilung der Nettofracht liegen würde, reichlich aufgewogen. Denn der Versicherungsnehmer erhält dafür vom Kaskoversicherer Ersatz für die zur Zeit des Abandons an Bord befindlichen, nicht mitversicherten Ausrüstungsgegenstände und büßt also nur einen Teil seines in dem Frachtanteil etwa enthaltenen Nettogewinns ein (vgl. auch Helberg 26). Nach diesen Gesichtspunkten wird auch der Frachtanteil oder die Vergütung zu bestimmen sein, die dem Kaskoversicherer gebühren, wenn die Fracht endgültig bezahlt ist oder Reedersgüter verschifft sind. Aber, wenn oder solange das Schiff verschollen bleibt, wird natürlich keine Fracht geteilt. Wenn das Schiff verschollen bleibt, ist regelmäßig überhaupt keine Fracht zu teilen. Solange das Schiff verschollen ist, kann die Fracht nicht pro rata itineris geteilt werden. § 72

γ) Alles dies gilt nur im Verhältnis des Kaskoversicherers zum Kaskoversicherten. Wenn der Frachtversicherte dem Frachtversicherer die Fracht abandonniert, muß der Frachtversicherer zahlen (Argyriadis 188, Helberg 103f., Bene 56ff.). Dafür geht die Frachtforderung auf den Frachtversicherer über. Der Frachtversicherer erhält vom Befrachter die ganze Fracht; zahlt der Empfänger an den Verfrachter, so muß dieser herausgeben. Von der vom Frachtversicherer erhaltenen Fracht gibt der Frachtversicherte, der zugleich kaskoversichert ist, dem Kaskoversicherer pro rata itineris ab.

7. **Abs. 4. Das Abandonrecht erlischt, wenn vor seiner Ausübung** (d. h. bevor die Abandonerklärung dem Versicherer zugeht) **eine Nachricht vom Schiffe eingeht** (d. h. eine solche Nachricht, daß das Schiff nicht mehr als verschollen betrachtet werden kann: oben Anm. 5). Das versteht sich von selbst (Begr. z. E 1910 § 71, v. D. NeumannsZ 1915. 197). Es ist nur ausgesprochen, um Zweifel zu vermeiden, die sich aus dem Wortlaut des Abs. 1 („Das Schiff ist verschollen, wenn innerhalb der Verschollenheitsfrist das Schiff den nächsten Bestimmungshafen nicht erreicht hat und keine Nachricht . . . eingegangen ist") ergeben könnten. Bei allen rechtsgestaltenden Willenserklärungen müssen die Voraussetzungen ihrer Zulässigkeit noch bei ihrer Abgabe gegeben sein. — In England scheint die Frage nicht in Betracht zu kommen. Man behandelt ja den Fall der Verschollenheit nicht als einen Fall des constructive total loss und mithin nicht als einen Abandonfall, sondern als einen (präsumtiven) Fall des actual total loss (§ 71 Anm. 53; vgl. auch Helberg 42). Freilich wäre nun zu entscheiden, ob der Versicherungsnehmer, wenn das Schiff zwischen dem Ablauf der Verschollenheitsfrist und dem Entschädigungsverlangen oder der Entschädigung oder zwischen dem Entschädigungsverlangen und der Entschädigung wieder zum Vorschein kommt, noch Entschädigung verlangen oder bei seinem Entschädigungsverlangen beharren kann. Da aber das Schiff nur als verschollen gilt, wenn after a lapse of a reasonable time no news of her has been received (MIA § 58), und dann Schiffe kaum jemals wieder zum Vorschein gekommen sein werden und jedenfalls nicht gerade zwischen dem Entschädigungsverlangen und der Entschädigung zum Vorschein gekommen zu sein scheinen, Anm. 21

§ 72 wird die Frage als gegenstandslos betrachtet. If however such ship should ultimately chance to turn up, this would be for the benefit of the underwriters, who might claim her as salvage (Arnould 1028 s. 1051). — In Frankreich ist die Frage streitig. Nach herrschender Ansicht erlischt das Abandonrecht nicht, wenn sich ergibt, daß das Schiff noch da ist. Le délaissement est possible malgré le sauvetage, parce que le droit au délaissement a été acquis . l'assuré . . . (Ripert Nr. 2807, Droz 2. 236, 310; unrichtig Lewis 2. 456: Das deutsche und das französische Recht stimmten überein).

Anm. 22 8. Der Versicherungsnehmer hat das Abandonrecht natürlich nur in den Fällen der §§ 72, 73. Insbesondere nicht in den Fällen der Reparaturunfähigkeit oder Reparaturunwürdigkeit des Schiffes (§ 77); nicht, wenn in anderen Fällen als denjenigen der §§ 72, 73, its actual total loss appearing to be unavoidable, or because it could not be preserved from actual total loss without an expenditure which could exceed its value, oder wenn aus anderen als den in §§ 72, 73 bezeichneten Gründen it is unlikely that the assured can recover the ship (z. B. weil die Besatzung gemeutert und sich des Schiffes bemächtigt hat, vgl. Prot. 3357) or the cost of recovering the ship . . . would exceed (her) value, oder in the case of damage to a ship, where she is so damaged . . . that the cost of repairing would exceed the value of the ship (so MIA § 60; vgl. § 71 Anm. 53); nicht im Falle des Schiffbruchs (so C. de comm. Art. 369; vgl. § 71 Anm. 54); nicht im Falle der Aufgabe des Schiffes durch die Schiffsbesatzung auf hoher See (so dänische Konvention Art. 168); vgl. Aschenheim 20, Martin 90, Voigt 634 und NAfHR 3. 417, ROHG 18. 286, HGZ 1917. 161, OAG Lübeck HambS 2. 868, LG Hamburg HGZ 1916. 85. Vielmehr: „In anderen Fällen stehet dem Assecurirten nicht frey, ein versichertes Schiff oder Gut zu abandonniren, sondern es soll derselbe . . . allen Schaden abzuwenden, das Schiff und Gut zu conserviren und desselben Bestes zu befördern nach Möglichkeit sich angelegen seyn lassen" (AHO 1731 XI. 4, AllgPlan 1847 § 121, PreußAHO § 150). Aber der Versicherungsnehmer kann gemäß § 71 die Versicherungssumme verlangen, wenn ihm das Schiff „ohne Aussicht auf Wiedererlangung entzogen" ist.

Anm. 23 9. § 72 ist auf **andere Versicherungen, die sich auf das Schiff beziehen,** sinngemäß anzuwenden (§ 79). Näheres: § 71 Anm. 46 ff.

Anm. 24 10. § 72 gilt sinngemäß auch für die **Rückversicherung** (§ 79, § 1 Anm. 136). Aber der Vorversicherer kann natürlich nicht schon die Rückversicherungs-Summe verlangen, wenn das Schiff verschollen ist. Denn es steht noch dahin, ob er selbst haftet, die Vorversicherungs-Summe zu zahlen hat, wie der Vorversicherte wählt, ob der Vorversicherte die Vorversicherungs-Summe verlangt oder ob er wartet, ob das Schiff wieder zum Vorschein kommt. Der Vorversicherer kann die Rückversicherungs-Summe erst verlangen, wenn der Vorversicherte die Vorversicherungs-Summe verlangt hat (vgl. § 71 Anm. 52). — Die sinngemäße Anwendung des § 72 Abs. 4 ergibt, daß, nachdem der Vorversicherte wirksam abandonniert hat, der Vorversicherer auch dann noch abandonnieren kann, wenn inzwischen Nachrichten von dem Schiffe eingegangen sind. — Die Rechte am Schiffe gehen gemäß § 72 Abs. 3 Satz 1 vom Vorversicherer auf den Rückversicherer über (näheres: § 71 Anm. 52).

Anm. 25 11. **Fremde Rechte.** Vgl. oben Anm. 4, 10, 13, 15, 16, 19—22 und § 71 Anm. 53, 54, ferner Helberg, Der Abandon in der Seeversicherung auf rechtsvergleichender Grundlage. Bemerkenswert ist, daß das englische Recht, im Gegensatz zu den kontinentalen Rechten keine festen Verschollenheitsfristen bestimmt, sondern nur verlangt, daß after the lapse of a reasonable time no news of her (the ship) has been received (MIA § 58), und den Fall der Verschollenheit als einen präsumierten Fall des actual total loss behandelt (§ 71 Anm. 53). — Über Versuche der Aufstellung internationaler Regeln über den Abandon vgl. Intern. Marine Insurance Rules der Intern. Law Association, Rouen Conf. 1900, Glasgow Conf. 1901.

§ 73

Verfügung von Hoher Hand. Nehmung durch Seeräuber

Die Bestimmungen des § 72 über die Verschollenheit des Schiffes finden entsprechende Anwendung, wenn das Schiff durch Verfügung von Hoher Hand angehalten oder zurückgehalten oder durch Seeräuber genommen wird. Jedoch tritt an die Stelle der Verschollenheitsfrist eine Frist von zwei Monaten.

1. Vgl. HGB §§ 861 Abs. 1 Nr. 2, 864—867, 868 Abs. 1—3, 869—871, ASVB §§ 116 Abs. 1 Nr. 2, 119, 120 Abs. 1, 121, 122, 123 Abs. 1—3, 124—126, BSVB § 65. Anm. 1

2. **Literatur:** § 72 Anm. 2, ferner: Bruck HRZ 1918. 19 (Schiffsladungen in italienischen und portugiesischen Häfen), HRZ 1921. 86 (Kann der Reeder bei einer Kasko-Zeitversicherung den Abandon nur dann erklären, wenn die Frist des § 73 ADS ihrer ganzen Dauer nach in die Versicherungszeit fällt?). Kersten, Die politischen Gefahren im Versicherungsrecht, Diss. Hamburg 1950. Martin, Die Haftung des Versicherers für Güter aus den Schiffen in italienischen und portugiesischen Häfen, 1918. Weinberger ZfVW 1919. 81 (Der Abandon in der Seeversicherung bei Anhaltung von Hoher Hand). Anm. 2

3. **Der Versicherungsnehmer kann die Versicherungssumme verlangen, wenn das Schiff durch Verfügung von Hoher Hand angehalten oder zurückgehalten und binnen zwei Monaten nicht freigegeben wird.** Anm. 3

a) Wenn eine Sache durch Verfügung von Hoher Hand angehalten oder zurückgehalten wird, kann man nicht ohne weiteres sagen, daß sie verloren ist. Allerdings kann die Sache zwecks endgültiger Wegnahme festgehalten sein, können die Verhältnisse auch so liegen, daß nach der Festhaltung (zunächst oder demnächst) keinerlei Aussicht auf Wiedererlangung besteht (§ 35 Anm. 11, § 71 Anm. 10). Aber die Verhältnisse können auch anders liegen. Es kann bloß unwahrscheinlich sein, daß die Sache wiederzuerlangen ist. Und es kann überhaupt ungewiß sein, ob sie wiederzuerlangen ist. Diese bloße Unwahrscheinlichkeit oder diese Ungewißheit ist das Eigentümliche des Falles (eine Eigentümlichkeit, die derjenigen im Falle der Verschollenheit des Schiffes ähnlich, aber keineswegs gleich ist: § 72 Anm. 3). § 73 betrifft in erster Linie diese Fälle, in denen die Wiedererlangung bloß unwahrscheinlich oder ungewiß ist, das Schiff also nicht total verloren ist. In erster Linie: § 73 ist auch anwendbar, wenn nach der Festhaltung keine Aussicht auf Wiedererlangung besteht. Der Versicherungsnehmer kann in diesem Falle wählen, ob er gemäß § 71 oder gemäß § 73 die Versicherungssumme verlangen will. Und er muß wählen. Denn die Rechtswirkungen sind im einen Falle andere als im anderen. Verlangt er die Versicherungssumme gemäß § 71, so muß er sich bis zur Befriedigung Gerettetes auf die Versicherungssumme anrechnen lassen, gehen die Rechte am später Geretteten erst mit seiner Befriedigung auf den Versicherer über. Verlangt er die Versicherungssumme gemäß § 73, so gehen die Rechte an der versicherten Sache mit der Abandonerklärung über.

b) Im Falle einer Kriegsversicherung soll § 73 gemäß § 121 Abs. 6 „insbesondere" auch dann angewendet werden, wenn die versicherte Sache von einer kriegführenden oder einer ihr nach § 121 Abs. 1 Satz 2 gleichstehenden Macht angehalten, aufgebracht, genommen, zurückgehalten, angefordert oder beschlagnahmt wird. § 121 Abs. 6 hätte sich besser nicht mit dem Worte „insbesondere" eingeführt. Denn andere Abandonfälle, als die in den §§ 73, 121 Abs. 6 (und § 72) bestimmten, kommen nicht in Betracht (näheres: § 72 Anm. 22). Das Wort „insbesondere" erklärt sich nur daraus, daß § 73 sich auch auf den Fall der Nehmung durch Seeräuber bezieht. Anm. 4

§ 73 Anm. 5 c) Verfügungen von Hoher Hand sind Anordnungen der öffentlichen Gewalt, durch die über Personen oder Gegenstände, sei es aus Gründen des öffentlichen Wohls, sei es im Einzelinteresse, Beschränkungen verhängt werden (vgl. auch Helberg 45, Martin 61, Kersten 67, Voigt 399ff.). Der Versicherer trägt alle Gefahren, also auch die Gefahr der Verfügung von Hoher Hand (§ 28 Anm. 33), soweit seine Haftung für sie nicht ausdrücklich ausgeschlossen ist, wie insbesondere, sofern nicht Gegenteiliges vereinbart ist, für die Kriegsgefahr (§ 35). An sich fällt auch die Kriegsgefahr unter den Begriff der Verfügung von Hoher Hand (so auch Helberg 49; anders Reatz 362, Plaß 419, Rausnitz 111ff., RG 25. 94, weil in § 820 HGB sich eine Nebeneinanderstellung von „Gefahr des Krieges" und „Verfügungen von Hoher Hand" finde), denn es ist für den Begriff an sich nebensächlich, ob die Verfügung seitens der eigenen Regierung oder seitens einer fremden, feindlichen Kriegsmacht erfolgt, weil sie in beiden Fällen von Hoher Hand ausgeht (so auch Helberg 49, Kersten 67). Unter „Verfügungen von Hoher Hand" hat man immer durch den Krieg oder durch andere Verhältnisse veranlaßte Maßnahmen verstanden (so schon Benecke 3. 342: „Verluste von höherer Hand", d. h. „alle Schäden, welche einem versicherten Gegenstand von irgendeiner authorisierten Gewalt, sei es auf eine rechtmäßige oder unrechtmäßige Weise und in welcher Absicht es immer wolle, zugefügt werden. Dahin gehören Arreste, Untersagung des Handels, Aus- und Einfuhrverbote, Gebrauch der Schiffe oder Waren zum Dienste des Staates, feindliche Anhaltung, Aufbringung und Nehmung" (abw. Rausnitz NeumannsZ 1916. 112, HGZ 1916. 148). Bei der Verfügung von Hoher Hand kann es sich um eine Spezialverfügung oder um eine allgemeine Anordnung handeln. So auch Helberg 49. Anders A. Sieveking Seerecht 87 (folgend Sieveking 91, 164): Verfügungen von Hoher Hand seien absolute Hindernisse; nicht etwa Hindernisse, die nur im Tatbestand des einzelnen Falles ihren Grund hätten. Um sich als eine Verfügung von Hoher Hand darzustellen, müsse die Maßregel nicht nur das einzelne Schiff als solches oder die Ladung als solche haben treffen wollen, sondern umgekehrt: das Schiff oder die Ladung müsse von der Maßregel deshalb getroffen werden, weil das Schiff oder die Ladung die Bedingungen erfülle, unter denen die Maßregel Platz greifen solle. Als eine solche Verfügung sei auch der Ausbruch eines Krieges anzusehen, der Schiff oder Ladung nicht mehr als frei erscheinen lasse. Begründet und zu begründen ist diese Ansicht nicht. Insbesondere ist der Ausbruch eines Krieges natürlich keine Verfügung von Hoher Hand, wie sich auch unmittelbar aus dem Gesetz (HGB § 629) ergibt. Als Verfügung bezeichnet man, im Gegensatz zur Verordnung, sowohl die allgemeine Anordnung wie die besondere Anordnung. Das Gesetz selbst bezeichnet in § 629 die Beschlagnahme des Schiffes als Verfügung von Hoher Hand. Auch gerichtliche Verfügungen sind deshalb „Verfügungen von Hoher Hand", denn es sind Vollstreckungsmaßnahmen, durch die Beschränkungen verhängt werden, in § 36 kurz „Arreste" genannt (Begr. zu E 1910 § 29, Prot. 3218, 3986, 3987, Brodmann 84, Lewis 2. 369, Makower 2. 240, Pappenheim 2. 572, Ritter ZfVW 1911. 780, Helberg 49; anders für § 629 HGB Schaps-Abraham Anm. 1 zu § 629 HGB = Bd. II 527 und Schlegelberger-Liesecke Anm. 2 zu § 629 HGB). Es kann auch nicht geleugnet werden, daß es sich bei den durch den Arrest bewirkten Beschränkungen um eine Anhaltung oder Zurückhaltung handelt. Dennoch ist es zweifelhaft, aber doch zu bejahen, ob man den Arrest unter die Abandonereignisse einreihen kann. Bejahend Ritter auch in ZfVW 1911. 780. Folgerichtig verneinend Sieveking 164 von seinem Standpunkt aus (siehe dazu oben). Die Frage wird verneint auch von Helberg 50f. Helberg weist darauf hin, daß der Arrest wegen seiner besonderen Regelung in § 36 eine Sonderstellung unter den Verfügungen von Hoher Hand einnehme. Bei der Abfassung der ADS hätte unter keinen Umständen ein ausdrücklicher Hinweis unterbleiben dürfen, daß der Arrest unter die Abandonereignisse falle (vgl. dazu § 93 Ziff. 2 ME). In den seltensten Fällen stehe wohl, bevor das Gericht seine Entscheidung gefällt habe, fest, ob der Arrestanspruch einem versicherten Ereignis entspringe. Wenn aber hierüber noch keine Klarheit bestehe, so sei die Haftpflicht des Versicherers noch nicht begründet und ein Abandon erst recht nicht am Platz. Praktische Bedeutung werde die Frage indessen kaum erlangen, da der Versicherte die Abwendung des Schadens, zu der er nach § 41 verpflichtet sei, regelmäßig durch Sicherheitsleistung gemäß § 925 Abs. 2 ZPO werde erreichen können. — Über den Begriff der Anhaltung siehe § 35 Anm. 15, über den der Zurückhaltung § 35 Anm. 18. Eine Verfügung von Hoher Hand ist also z. B. die Verweigerung der (notwendigen) Segelerlaubnis aus zollrechtlichen Gründen (Schaps-Abraham Anm. 1 zu § 629 HGB = Bd. II 526f., wo sich weitere Angaben und Beispiele finden). Auch die Quarantäne ist Verfügung von Hoher Hand (anders Schaps-Abraham a. a. O. für § 629 HGB, wie hier Helberg 66, der sie zwar als Verfügung von Hoher Hand ansieht, aber die Abandonerklärung ablehnt, weil er das von ihm geforderte Moment des drohenden Totalverlustes (siehe dazu unten Anm. 7) als nicht gegeben ansieht. § 73

d) Der Versicherungsnehmer kann die Versicherungssumme aber erst verlangen, wenn seit der Festhaltung zwei Monate (im Falle des § 121 Abs. 6: sechs Monate) verstrichen sind. Die Frist beginnt mit der An- oder Zurückhaltung, nicht erst mit dem Tage, an dem der Versicherungsnehmer die Festhaltung dem Versicherer anzeigt (so HGB § 861 und C. de comm. Art. 387). Sie endigt mit dem Ablauf des entsprechenden Monatstages oder, wenn der Monat den Tag nicht hat, mit dem Ablauf des letzten Monatstages (BGB § 188 Abs. 2, 3). Anm. 6

e) Von weiteren Voraussetzungen ist der Abandon des § 73 nicht abhängig. Die ADS gehen damit über das deutsche Gesetzesrecht und über das englische Recht hinaus und schließen sich dem französischen Rechte an (vgl. § 71 Anm. 53, 54, aber auch unten Anm. 22). In Deutschland stand man dem Abandon lange mit Mißtrauen gegenüber: „Das Abandonniren als ein dem Assecuradeur odieuses und beschwerliches Mittel ... ist nach unserer Praxi sehr restringiret, und zwar auf den einigen Fall, wenn ein Schiff innerhalb der Gräntzen Europae eine geraume Zeit... tardiret, und zu arriviren manquiret", teilt Langenbeck 411 mit (vgl. auch Pöhls 4. 595). Hierüber gingen AHO 1731 (XI) und AllgPlan 1847 (119—127) nur wenig hinaus. Noch nach BSVB § 65 war „ein eigentlicher Abandon des versicherten Gegenstandes nicht zulässig"; selbst im Falle der Verschollenheit hatte der Versicherungsnehmer, wenn „der als verloren angenommene Gegenstand ganz oder teilweise wieder zutage kommt, das empfangene Geld dem Versicherer zurückzuzahlen und dagegen etwaige Ansprüche für partiellen Schaden abzurechnen". „Die exorbitante Wirkung, welche das französische Recht dem Abandon-Ereignisse beilegt" (Voigt NAfHR 4. 326; vgl. auch 3. 416), scheute auch das HGB. Aber es gestattete doch den Abandon, „wenn der Gegenstand der Versicherung dadurch bedroht ist, daß das Schiff oder die Güter... durch Verfügung von hoher Hand angehalten oder durch Seeräuber genommen sind". So HGB § 861 Nr. 2. Diese Vorschrift hat zu vielen Zweifeln Anlaß gegeben (vgl. auch Prot. 3349, 3401, 3474). Muß die Sache, auf die sich die Versicherung bezieht, mit Totalverlust bedroht sein (so Aschenheim 19, Hagens HRZ 1918. 736, Martin 75, 83, Helberg 60ff., RG HGZ 1918. 39, 1919. 26, 28, HGZ 1917. 160, LG Hamburg HGZ 1918. 66)? Genügt es, daß die Sache mit Beschädigung bedroht ist (so Lewis 2. 448, HGZ 1917. 194, 1918. 6; dahingestellt von RG 96. 312, RG HGZ 1918. 38)? Genügt es, daß die Sache mit innerem Verderb bedroht ist (so Lewis 2. 448, Weinberger ZfVW 1919. 84, HGZ 1907. 194, 1918. 6; vorsichtig: RG 92. 254; dahingestellt von RG 96. 312; dagegen Martin 85, 91; — als ob innerer Verderb nicht auch insbesondere Totalverlust Anm. 7

§ 73 sein könnte)? Oder genügt es wenigstens, daß die Sache mit solchem inneren Verderb bedroht ist, der dem Versicherer zur Last fällt (so RG 90. 146, HGZ 1918. 67; vgl. Martin 86, RG 94. 219)? Genügt es, daß der Schaden nur droht, muß er wahrscheinlich oder „höchst wahrscheinlich" sein (Martin 86, Voigt 634)? Muß der Schaden noch bei der Abandonerklärung gedroht haben, (so, natürlich mit Recht, Martin 89, RG 90. 145, HGZ 1920. 224)? Muß der Schaden als nächste Folge der Verfügung von Hoher Hand drohen, kann z. B. der Versicherungsnehmer auch dann die Versicherungssumme verlangen, wenn von der Unzuverlässigkeit feindlicher Beamter Feuerschaden droht, oder wenn infolge der durch die Anhaltung veranlaßten Ortsveränderung oder, umgekehrt, gerade infolge der Festhaltung Schaden durch Fliegerbomben, Geschosse usw. droht (Martin 86, 89, RG 94. 220)? Man hat gar erwogen, ob für die Güterversicherung die Bedrohung nur des Schiffes genüge (Martin 52, Weinberger ZfVW 1919. 83, RG HGZ 1918. 38, HGZ 1917. 194). Und man hat schließlich auch die Ansicht geäußert, daß das Gesetz überhaupt keine Bedrohung mit Versicherungsschaden voraussetze, eine Ansicht, die sich sowohl auf den Wortlaut des Gesetzes (verb. „dadurch bedroht, daß durch Verfügung von hoher Hand angehalten") als auch auf Prot. 3349, 3401, 3475 stützen kann (Weinberger ZfVW 1919. 84; vgl. hierzu auch HGZ 1920. 298). Praktische Ergebnisse hat die Untersuchung dieser Zweifel nicht gehabt. Außerhalb der Kriegsversicherung hat der Festhaltungsabandon überhaupt keine Rolle gespielt. Und innerhalb der Kriegsversicherung ist es der Rechtsprechung in allen Fällen der Festhaltung gelungen, auch die Bedrohung festzustellen. Die ADS haben das Erfordernis der Bedrohung fallen lassen. Es kommt nur darauf an, daß die Sache durch Verfügung von Hoher Hand festgehalten wird, daß der Versicherer die Gefahr dieser Verfügung von Hoher Hand trägt, und daß die Festhaltungsfrist verstrichen ist. Der dem Rechtsinstitut des Abandons zugrunde liegende Gedanke, daß eine länger dauernde Ungewißheit über das Schicksal der versicherten Sache ebenso schlimm oder schlimmer ist als die Gewißheit des Verlustes und deshalb wie dieser behandelt werden muß (vgl. RG 88. 242), ist zwar nicht aufgegeben, aber auf eine einfache Formel gebracht (dagegen Helberg 65). Ob von der Festhaltung der Sache ihr Totalverlust oder auch nur irgendein sonstiger Schaden droht, ob insbesondere its actual total loss appearing to be unavoidable oder it could not be preserved from actual total loss without an expenditure which would exceed its value, namentlich ob it is unlikely that the assured can recover the ship or goods... or the cost of recovering the ship or goods... would exceed their value when recovered (MIA § 60, § 71 Anm. 53), ist ohne Bedeutung. Der Versicherungsnehmer kann auch dann die Versicherungssumme verlangen, wenn von vornherein feststeht, daß die Festhaltung nur drei Monate, im Falle des § 121 Abs. 6 sieben Monate dauern wird (dagegen Helberg 64). Ist nur die Festhaltung ein Versicherungsfall (im Sinne des Gefahrereignisses: § 5 Anm. 27), so gilt gleich, ob der von ihr drohende Schaden Versicherungsschaden oder versicherungsfreier Schaden ist. Droht von der Festhaltung der versicherten Güter nur ihr innerer Verderb, so kann der Versicherungsnehmer gleichwohl die Versicherungssumme verlangen (dagegen Helberg 63). Von der Abandonerklärung an trägt der Versicherer als Eigentümer der Güter auch die Gefahr des inneren Verderbs. Bis dahin trägt er sie natürlich nicht (§ 86). Waren die Güter schon zur Zeit der Abandonerklärung ganz oder teilweise verdorben, so hat der Versicherer nicht die ganze Versicherungssumme zu zahlen, sondern gar nichts oder nur einen entsprechenden Teil (§ 86 Anm.). Totalverlust verschlingt keinen Teilschaden (§ 28 Anm. 34). Abandon noch weniger einen Total- oder einen Teilschaden. Hatten die Güter schon zur Zeit der Abandonerklärung infolge inneren Verderbs den „Todesstoß" erhalten, waren sie schon zur Zeit der Abandonerklärung in einem Zustand, der sie dem sicheren, unvermeidlichen

Totalverderb zuführte, so haftet der Versicherer gleichfalls nicht (vgl. § 28 Anm. 23). § 73
Die Abandonerklärung wird insbesondere nicht auf den Zeitpunkt des Ablaufs der Festhaltungsfrist zurückbezogen. Verderben die versicherten Güter nach Ablauf der Festhaltungsfrist, aber vor der Abandonerklärung, so haftet der Versicherer nicht.

f) Die Bestimmungen der §§ 73, 121 Abs. 6 sind, an den Erfahrungen der Weltkriege Anm. 8
gemessen, für die Kriegsversicherung ohne Bedenken. Für die Versicherung gegen bloße Seegefahr gehen sie jedenfalls sehr weit. Der Versicherungsnehmer würde z. B., wenn das Schiff für länger als zwei Monate unter Quarantäne gelegt wird oder wegen einer Kollisionsschuld arrestiert bleibt, abandonnieren können (§ 36 Anm. 5, 8). Doch ist daran zu erinnern, daß der Versicherungsnehmer auch im Falle der Festhaltung Schaden abwenden, also für Freilassung des Schiffes besorgt sein muß (§ 41), und daß insbesondere der Güterversicherte die Weiterbeförderung der Güter nötigenfalls mit einem anderen Schiffe oder zu Lande betreiben muß (vgl. § 95).

g) Der Versicherungsnehmer kann verlangen. — Über den Begriff des Ver- Anm. 9
sicherungsnehmers: § 3 Anm. 4. Über den Fall, daß mehrere Versicherungsnehmer beteiligt sind, daß eine Reederei versichert ist, daß das Schiff veräußert ist, daß die Versicherung für fremde Rechnung genommen ist, daß ein Vertreter verlangt, daß die Entschädigungsforderung abgetreten ist: § 71 Anm. 19.

h) Der Versicherungsnehmer kann die Versicherungssumme verlangen. Unter Anm. 10
Umständen mehr oder weniger. Näheres: § 72 Anm. 9.

i) Der Versicherungsnehmer kann die Versicherungssumme verlangen. Er braucht Anm. 11
sie nicht zu verlangen. Er kann auch warten, ob das Schiff nicht freigegeben wird. Er kann wählen. Der Versicherer kann ihn auch nicht zur Ausübung des Wahlrechts zwingen (näheres: § 72 Anm. 10). Der Versicherer kann auch nicht seinerseits gemäß § 38 abandonnieren. Denn der Versicherungsfall im Sinne des § 38, der Fall, daß die Entschädigungspflicht des Versicherers begründet wird, ist, solange der Versicherungsnehmer die Versicherungssumme nicht verlangt, noch nicht eingetreten (vgl. auch § 5 Anm. 32, auch § 72 Anm. 10). — Natürlich kann der Versicherungsnehmer die Versicherungssumme nur verlangen, wenn die Versicherung beim Ablauf der Festhaltungsfrist noch nicht beendigt war (näheres: § 72 Anm. 10). Wenn das versicherte Schiff im März angehalten wird und die Versicherung am 14. April endigt, kann der Versicherungsnehmer die Versicherungssumme nicht verlangen. Das haben RG HGZ 1918. 38, HGZ 1917. 193 verkannt (wie diese Entscheidungen auch Helberg 71). Im Dampfer Milos in Lissabon liegende Kleie war bis zum 14. April 1916 revierversichert. Auf Grund eines Gesetzes vom 7. Februar 1916 erließ die portugiesische Regierung am 23. Februar 1916 ein Dekret, das deutsche Schiffe unter portugiesische Flagge stellte. Am 9. März 1916 erklärte Deutschland an Portugal den Krieg. Am 21. April 1916 erklärte ein Dekret der portugiesischen Regierung gewisse deutsche Schiffe für beschlagnahmt; „die an Bord deutscher Schiffe befindlichen Güter sollten in Verwahrung und Verwaltung gegeben und, nachdem der Krieg beendigt, ohne Entschädigung zurückgegeben werden", „sie können jedoch... requiriert werden", „die dem Verderb unterworfenen oder schwer zu verwahrenden oder zu konservierenden Waren können... verkauft werden, und ist der Reinertrag zu hinterlegen" (bei Martin 148). Am 26. Oktober 1916 abandonnierte der Versicherungsnehmer die Kleie. HGZ 1917. 194 beschränkt sich auf die Erwägung, daß die Güter seit dem Dekret vom 23. Februar 1916 mit dem Totalverlust, „mindestens aber dem Verderb oder der Beschädigung" bedroht gewesen seien. Hierauf kam es natürlich nicht an oder wenigstens nicht in erster Linie. Sondern es kam in erster Linie darauf an, ob die Güter „durch Verfügung von hoher Hand angehalten" waren. Das waren sie, wenn überhaupt, erst später, etwa am 21. April 1916, oder auch früher, jedenfalls nicht so früh, daß die Festhaltungsfrist am

§ 73 14. April 1916, dem Zeitpunkt der Beendigung der Versicherung, abgelaufen wäre (so richtig HGZ 1917. 161). So wenig aber der Versicherer im Falle der Verschollenheit haftet, wenn die Versicherung vor dem Ablauf der Verschollenheitsfrist endigt (§ 72 Anm. 10), so wenig haftet der Versicherer im Festhaltungsfall, wenn die Versicherung vor dem Ablauf der Festhaltungsfrist endigt. Der Versicherungsnehmer konnte nicht abandonnieren. Aber er konnte im Falle des Totalverlustes durch Requisition oder Verkauf die Versicherungssumme verlangen, obgleich zur Zeit der Requisition oder des Verkaufs die Versicherung beendigt gewesen sein würde. Denn nach Lage der Verhältnisse hatte die Kleie bereits am 14. April 1916 den „Todesstoß" erhalten (§ 28 Anm. 27ff.). Nach Lage der Verhältnisse konnte kein Zweifel sein, daß die portugiesische Regierung die Kleie requirieren oder verkaufen würde, war also der Versicherungsschaden, der Totalverlust schon vor dem Ablauf der Versicherung unvermeidlich geworden. — Anders auch Bruck HRZ 1921. 87: „Durch die Anhaltung sei der Versicherungsfall gegeben"; mit dem Ablauf der Zweimonatsfrist des § 73 „werde der präsumtive Verlust, der durch die Anhaltung geschaffen sei, zu einem unwiderlegbaren"; „ebensowenig, wie sich beim Totalverlust alle Wirkungen des schadenbringenden Ereignisses in der Versicherungszeit vollenden müßten, müßten beim Abandon die Fristen ganz in der Versicherungszeit ablaufen". Gewiß ist die Anhaltung ein Versicherungsfall. Aber ebenso gewiß ist die bloße Anhaltung nur ein Versicherungsfall in der einen Bedeutung dieses mehrdeutigen Ausdrucks, nämlich in der Bedeutung des Gefahrereignisses, nicht auch in der Bedeutung des die Entschädigungspflicht des Versicherers auslösenden Ereignisses (vgl. § 5 Anm. 26ff.), und noch viel weniger in der Bedeutung eines „präsumtiven Verlustes". Gewiß hat der Versicherer den Schaden zu ersetzen, der die adäquate Folge der Anhaltung ist, insbesondere die Versicherungssumme zu zahlen, wenn der Totalverlust die adäquate Folge der Anhaltung ist, mag der Totalverlust vor oder nach Ablauf der Versicherungszeit eintreten. Aber ebenso gewiß ist, daß die bloße Anhaltung kein Verlust, Verlust in keinem Sinne und insbesondere kein „präsumtiver" Verlust ist, daß also der Versicherungsnehmer nicht mehr abandonnieren kann, wenn die Versicherungszeit endigt, bevor die Abandonfrist abläuft. „Gesetzt den Fall (meint Bruck a. a. O.), eine Zeit-Kaskoversicherung ist während des Krieges auf einen Monat genommen, so muß dem Versicherten das Abandonrecht ebenso wie bei Versicherungen für längere Zeiträume zustehen". Warum? Mag dem Versicherungsnehmer nicht genügen, daß der Versicherer für alle Schäden haftet, welche die unvermeidlichen Folgen der in die Monatsfrist fallenden Anhaltung sind? Und werden nicht auch Versicherungen mit der Klausel „Ohne Abandon" genommen (vgl. z. B. HGZ 1919. 94, 170 und dazu die, teilweise bedenklichen, Ausführungen Ehrenbergs JW 1919. 931, auch § 72 Anm. 3)? Und ist nicht gerade die Verlängerung der Zeitversicherung für unterwegs befindliche Schiffe (§ 68) auch dazu bestimmt, dem Versicherungsnehmer trotz Ablaufs der Versicherungszeit das ihm sonst etwa verlorengehende Abandonrecht zu erhalten? Auch Bruck ist offenbar von der Besorgnis geleitet, daß der Versicherungsnehmer, der nicht gemäß § 73 abandonnieren kann, den Ersatz des Schadens nicht verlangen kann, der die Folge der Anhaltung bildet. Die Besorgnis ist, wie gezeigt, grundlos.

Anm. 12 k) Der Versicherungsnehmer kann die Versicherungssumme verlangen. Näheres hierüber: § 72 Anm. 11, 12. Das Verlangen muß insbesondere bestimmt und darf gemäß §§ 73, 72 Abs. 2 in keinem Falle bedingt sein (§ 72 Anm. 12). Der Versicherungsnehmer kann z. B. nicht unter der Bedingung abandonnieren, daß das Schiff nicht total verloren ist. Aber er kann (unbedingt) die Versicherungssumme sowohl gemäß § 71 wie gemäß § 73 verlangen. Freilich nur, wenn das eine der beiden Verlangen unberechtigt und deshalb unwirksam ist (was nicht notwendig der Fall zu sein braucht:

oben Anm. 3). In diesem Fall berührt die Unwirksamkeit des einen nicht die Wirksamkeit des anderen Verlangens. Klagt der Versicherungsnehmer auf Zahlung der Versicherungssumme, so muß er freilich den Grund des Anspruchs, also auch angeben, ob er gemäß § 71 oder gemäß § 73 die Zahlung der Versicherungssumme verlangt. Aber er kann die Klage in erster Linie auf § 71, in zweiter Linie auf § 73 gründen oder auch umgekehrt (HGZ 1916. 14, 1918. 67, OLG Köln und dazu Gerhard JW 1919. 1000; vgl. auch Niemeyer HRZ 1918. 75; teilw. abw. LG Hamburg HGZ 1915. 59). § 73

Anm. 13 l) Über den Fall, daß das Verlangen unberechtigt ist: § 72 Anm. 14. — Hat der Versicherungsnehmer gemäß § 71 berechtigterweise die Versicherungssumme verlangt, so kann er nicht mehr gemäß § 73 abandonnieren. Hat er gemäß § 73 berechtigterweise abandonniert, so kann er nicht mehr gemäß § 71 die Versicherungssumme verlangen (oben Anm. 3). Aber er kann natürlich gemäß § 71 berechtigterweise die Versicherungssumme verlangen und außerdem gemäß § 73, nunmehr unberechtigter- und deshalb unwirksamerweise, abandonnieren oder, umgekehrt, gemäß § 73 berechtigterweise abandonnieren und außerdem gemäß § 71, nunmehr unberechtigter- und deshalb unwirksamerweise, die Versicherungssumme verlangen. Der Versicherer mag die Berechtigung der ersten Erklärung anerkennen, die unberechtigte zweite Erklärung zurückweisen. Wenn er, umgekehrt, die berechtigte Erklärung zurückweist, die Berechtigung der unberechtigten Erklärung anerkennt, wird damit das Rechtsverhältnis auf der Grundlage der unberechtigten Erklärung festgemacht, da in der widerspruchsvollen Doppelerklärung im Zweifel ein entsprechender Vertragsantrag zu erblicken ist. Vgl. auch oben Anm. 3, 12.

m) Mit dem Verlangen nach der Versicherungssumme gehen die Rechte des Versicherungsnehmers am Schiffe auf den Versicherer über. Näheres: § 72 Anm. 16, 17. Anm. 14

n) Über die Verpflichtung des Versicherungsnehmers Auskunft zu erteilen, Beweisurkunden vorzulegen, einen Abandonrevers auszustellen: § 72 Anm. 18. — Über seine Verpflichtung, auch weiterhin den Schaden zu mindern: § 71 Anm. 44, § 72 Anm. 19. Anm. 15

o) Über die Beteiligung des Kaskoversicherers an der Fracht: § 72 Anm. 20. Anm. 16

p) Das Abandonrecht erlischt, wenn vor seiner Ausübung das Schiff freigegeben wird (§ 73, § 72 Abs. 4). Näheres: § 72 Anm. 21; vgl. auch Aschenheim 28, Martin 89, RG 90. 145, 96. 313). Anm. 17

4. Der Versicherungsnehmer kann die Versicherungssumme auch dann verlangen, **wenn das Schiff durch Seeräuber genommen wird.** Doch wird das Schiff dann regelmäßig bereits total verloren, dem Versicherungsnehmer nämlich „ohne Aussicht auf Wiedererlangung entzogen" sein, der Versicherungsnehmer also schon gemäß § 71 die Versicherungssumme verlangen können (Prot. 3356, Aschenheim 20). — Vgl. den Fall des Dampfers Bürgermeister Schröder, der von Kommunisten nach Rußland verschleppt wurde, und dazu HGZ 1920. 222. Anm. 18

5. Der Versicherungsnehmer kann nur in den Fällen der §§ 72, 73 abandonnieren. Näheres: § 72 Anm. 22. Anm. 19

6. § 73 ist auf **andere Versicherungen, die sich auf das Schiff beziehen,** sinngemäß anzuwenden (§ 79). Näheres: § 71 Anm. 46ff. Anm. 20

7. § 73 gilt sinngemäß auch für die **Rückversicherung** (§ 79, § 1 Anm. 136, § 71 Anm. 52, § 72 Anm. 24). Anm. 21

8. **Fremde Rechte.** Vgl. § 71 Anm. 53, 54. Die Festhaltungsfristen des C. de comm. (Art. 387) sind erheblich länger. Die französische Police läßt jedoch den Abandon wegen Festhaltung überhaupt nicht zu, weil die Festhaltung namentlich im Kriege vorkommt, nach heutiger französischer Auffassung deshalb auch l'arrêt wie la prise Anm. 22

§ 73 sont des risques de guerre (Ripert Nr. 2814; vgl. aber auch § 36 Anm. 3), und die französische Police die Kriegsgefahr ausschließt (§ 35 Anm. 49). Wird die Kriegsgefahr eingeschlossen oder allein versichert, so kann abandonniert werden. — Über Versuche der Aufstellung internationaler Regeln über den Abandon vgl. Intern. Marine Insurance Rules der Intern. Law Association, Rouen Conf. 1900, Glasgow 1901.

§ 74

Teilschaden

(1) Ein Teilschaden ist durch Sachverständige festzustellen.

(2) Der Versicherer und der Versicherungsnehmer oder für diesen der Schiffsführer haben unverzüglich je einen Sachverständigen zu ernennen.

(3) Können die Sachverständigen sich über die Feststellung nicht einigen, so ernennen sie einen dritten Sachverständigen als Obmann; die Ernennung kann auch vor der Feststellung erfolgen. Können sie sich auch über die Person des Obmanns nicht einigen, so bezeichnet jeder von ihnen einen dritten Sachverständigen; unter den so Bezeichneten entscheidet das Los. Befindet sich das Schiff im Auslande, so ersucht, wenn eine Einigung nicht stattfindet, der Versicherungsnehmer oder für ihn der Schiffsführer den Konsul des Staates, in dessen Gebiet der Heimathafen des Schiffes liegt, oder wenn ein solcher Konsul nicht vorhanden oder der vorhandene nicht bereit ist, einen anderen Konsul, oder wenn auch ein solcher nicht vorhanden oder bereit ist, einen für die Ernennung zuständigen Beamten des Staates, in dessen Gebiete sich das Schiff befindet, um die Ernennung des Obmanns.

(4) Wenn der Versicherer trotz Aufforderung einen Sachverständigen nicht ernennt, so kann der Versicherungsnehmer oder für ihn der Schiffsführer die Handelskammer, in deren Bezirke sich das Schiff befindet, um die Ernennung ersuchen. Befindet sich das Schiff im Auslande, so ist in diesem Falle die Ernennung auf dem im Absatz 3 Satz 3 bezeichneten Wege herbeizuführen.

(5) Die Sachverständigen besichtigen den Schaden, stellen ihn fest und erstatten hierüber ein Gutachten. Zu der Besichtigung sind, soweit tunlich, die Beteiligten hinzuzuziehen. Das Gutachten muß enthalten:

1. die Bezeichnung der Sachverständigen und der zu der Besichtigung hinzugezogenen Beteiligten;
2. die Bezeichnung derjenigen, welche die Sachverständigen ernannt haben;
3. Die Bezeichnung des Ortes und der Zeit der Besichtigung und der Feststellung;
4. die Bezeichnung der einzelnen Schäden und, soweit tunlich, ihrer Ursache, insbesondere die Angabe, ob die Schäden durch Seeunfälle während der letzten Reise oder durch andere Umstände verursacht sind;
5. die Schätzung der Kosten, die zur Beseitigung jedes einzelnen, während der letzten Reise durch Seeunfälle entstandenen Schadens aufzuwenden sind.

(6) Die Erstattung des Gutachtens erfolgt nach Stimmenmehrheit. Bestehen über Summen mehr als zwei Meinungen, deren keine die Mehrheit für sich hat,

so ist die für die größte Summe abgegebene Stimme der für die zunächst geringere abgegebenen hinzuzurechnen. § 74

(7) Das Gutachten ist von den Sachverständigen und, wenn ein Beauftragter des Versicherers an der Besichtigung teilgenommen hat, zur Anerkennung der Beteiligung auch von diesem zu unterschreiben.

(8) Die von den Sachverständigen getroffene Feststellung ist nicht verbindlich, wenn sie offenbar von der wirklichen Sachlage erheblich abweicht. Die Feststellung erfolgt in diesem Falle durch Urteil. Wenn die Sachverständigen die Feststellung nicht treffen können oder wollen oder sie ungebührlich verzögern, so ist die Ernennung anderer Sachverständiger gemäß den Bestimmungen der Absätze 2 bis 4 herbeizuführen.

(9) Der Versicherer kann die Zahlung verweigern, bis der Schaden gemäß den vorstehenden Bestimmungen festgestellt ist. Ist die gehörige Feststellung infolge eines Umstandes unterblieben, den der Versicherungsnehmer nicht zu vertreten hat, so kann der Versicherer die Zahlung verweigern, bis der Schaden in anderer geeigneter Weise festgestellt ist.

(10) Der für den Bezirk des Havereiorts bestellte Havariekommissar des Versicherers gilt als bevollmächtigt, Erklärungen des Versicherungsnehmers, welche die Feststellung des Teilschadens betreffen, entgegenzunehmen und Geschäfte und Rechtshandlungen solcher Art für den Versicherer vorzunehmen.

1. Vgl. HGB §§ 872, 884 Nr. 4 Halbs. 2, ASVB §§ 127—129, 146 Nr. 4 Satz 2, BSVB § 58 Nr. 1—8, VVG § 64 Abs. 1. Anm. 1

2. **Literatur**: Anon. WallmannsZ 51. 113 (Anfechtung eines Schiedsgutachtens), OestRev 1907. 97 (Offenbare Unbilligkeit einer Schätzung). Asmus ZfVW 1962. 197 (Sachverständigenverfahren und Sachverständigenfeststellung). Biedermann MittöffFVA 1911. 12 (Die Schiedsgerichtsbestimmungen des Versicherungsvertragsrechts usw.). Blumhardt OestRev 1912. 81 (Das Schiedsgericht im Versicherungsvertrag). Burchard BaumgartnersHdwbuch. 712 (Besichtigungs-Dokumente), 713 (Besichtigungskosten). Damm MittöffFVA 1911. 209 (Zur Auslegung usw.). Eberhard, Schadensnachweis in der Versicherung, Diss. 1917. Ehlers VW 1949. 514 (Nachträglicher Totalschaden und Teilentschädigung). Ehrenzweig JRPV 1929. 105, 183 (Die Ausbesserungspflicht des Kaskoversicherten). Elperting JW 1911. 394 (Zur prozessualen Geltendmachung der Versicherungsansprüche). Ewald HansRGZ 1930 A 347 (Die Ausbesserungspflicht in der Seeversicherung). Fricke NeumZ 1925. 329 (Ein Beitrag zur Teilschadenklausel). Fuld AssJB 33. 21 (Schiedsgutachten und ihre Anfechtung). Hochgräber NeumZ 1930. 766 (Die Ausbesserungspflicht in der Seeversicherung), ITVMitt 1934. 38 (Die Rechtsfolgen verzögerter Schadensfeststellung und Ausbesserung), ITVMitt 1939. 6 (Teilschaden am Schiff). Josef ZfVW 1911. 801 (Die Ablehnung der Schiedsgutachter usw.), AssJB 39/40. 64 (Der Spruch der... Kommission als Voraussetzung der Beschreitung des Rechtsweges), AssJB 39/40. 68 (Rechtliche Natur des Schiedsgutachter-Vertrags), AssJB 41. 80 (Weigerung der Abgabe des Gutachtens seitens eines Schiedsgutachters). Kisch RheinZfZuPR 1907. 12 (Die rechtliche Bedeutung des Schiedsgutachtens in Versicherungssachen), Der Schiedsmann im Versicherungsrecht, 1924, WuRVers 1932. 1 (Verfahren zur Ermittlung des Versicherungsschadens). Kohler, Gesammelte Beiträge zum Civilprozeß 259 (Über Schiedsmann und Schiedsrichter). Kreutziger, Die Kommandobrücke 1963. 303 (DTV-Ausbesserungsklausel), VersR 1965. 833—837 (Zum Zusammentreffen mehrerer Seekasko- Anm. 2

§ 74 Schadentaxen). Littmann, OestRev 1913. 302 (Die Rechtsstellung der Havariekommissionäre und die Bedeutung ihrer Zertifikate). Meier BuschA 30. 27 (Bemerkungen über den Sachverständigenbeweis in Assekuranzsachen). Möller MDR 1950. 393 (Unausgebesserte Teilschäden und nachträglicher Totalverlust in der Seekaskoversicherung). Pfeiffer JRPV 1929. 137 (Die Ausbesserungspflicht des Kaskoversicherten). Prölß VersPrax 1935. 134f. (Formelle Mängel des Sachverständigenverfahrens), Anm. zu § 64 Abs. 1 VVG. Rau ZfVW 1905. 275 (Die Schiedsgerichtsklausel in Versicherungsverträgen). Ritter JRPV 1929. 89 (Die Ausbesserungspflicht des Kaskoversicherten). Salinger Recht 1908. 143 (Zur prozessualen Geltendmachung der Versicherungsansprüche). Schneider LZ 1909. 903 (Das Schiedsgutachter-Verfahren nach § 64 VVG). Schweighäuser OestZ 1909. 116 (Die Schätzungskommission im Privatversicherungsrecht). T. WallmannsZ 46. 1169, SaskiZ 1913. 189, OestRev 1911. 333 (Wirkung des Rücktritts eines Sachverständigen). Tasch LZ 1911. 260 MittöffFVA 1911. 268 (Das...Sachverständigenverfahren). Wangner, Der Schiedsgutachter, 1908 (Heft 4 der „Zivilprozeßrechtlichen Forschungen" von Schmidt). Wedemeyer WuRVers 1913. 100 (Von der Schiedsgutachter-Klausel und vom Rücktritt eines Schiedsgutachters). Weismann AfcP 72. 269 (Das Schiedsgutachten), AfcP 74. 422 (Leistung nach Ermessen eines Dritten „Arbitrator"). Wolff ZfVR 2. 363 (Stipulationen, betreffend das Verfahren bei... Eintritt von Unglücksfällen).

Anm. 3 3. Die Schadensliquidation ist die Quelle von Streitigkeiten. Diese, soweit möglich, zu verstopfen, muß eine der vornehmsten Aufgaben des Kaufmanns sein, dessen Betrieb auf die Ausgleichung von Schäden gerichtet ist. Dieser Aufgabe dienen die Bestimmungen über die Feststellung des Versicherungswerts, die Vereinbarung einer Taxe, einer Versicherungssumme usw. Insbesondere aber die Bestimmungen über die Feststellung von Versicherungsschäden nach Umfang und Ursache. Für den Fall des Totalverlustes ist das Interesse des Versicherungsnehmers vorangestellt. Der Versicherungsnehmer braucht nicht, wie nach allgemeinen Grundsätzen, seinen Schaden nachzuweisen, sondern kann ohne weiteres die Versicherungssumme verlangen (vgl. § 71 Anm. 3); nur wenn versicherte Güter „in ihrer natürlichen Beschaffenheit zerstört" und aus diesem Grunde total verloren sind, bedarf es besonderer Feststellung der „Zerstörung" (§ 91 Abs. 1 Satz 2). Auch im Falle des Teilverlustes versicherter Güter kann der Versicherungsnehmer ohne weiteres einen entsprechenden Teil der Versicherungssumme verlangen (§ 92). Für die Feststellung von anderen Schäden (anderen Teilverlusten und Beschädigungen) sind andere Methoden nötig. Sie so einfach, schnell sicher und billig wie möglich zu gestalten, war man von je bemüht. Kaskoschäden wurden in Hamburg vor und nach der AHO 1731 (XII. 1) „durch die dazu bestellten Alten der Schiffs-Zimmerleute, Reepschläger und Segelmacher taxiret", die dabei „darauf, ob ein Schiff und dessen Geräthschaften alt oder neu gewesen" sehen und „die Taxation danach einrichten" sollten. Beschädigte Güter aber sollten „nach Gutdünken des Assecuradeurs entweder durch den beeydigten Taxator geschätzet oder durch einen öffentlichen Ausruf verkaufet werden" (AHO 1731 XII. 2; vgl. auch Langenbeck 412). — Diese Sachverständigen sind nicht zu verwechseln mit den beiden „guten Männern" (auch „gute Mannschaft" genannt: Plan 1800 Nr. 3, Klefecker 580, Kosegarten AfHR 1. XVII, Langenbeck 580), an die „alle streitige Assecuranz-Sachen, ehe und bevor sie bei der Admiralität gerichtlich eingeklaget werden, bey 100 Rthlr. Strafe, so fort als der Schade bekannt ist", gebracht werden mußten, die von beiden Parteien ernannt wurden und, wenn sie sich nicht einigen konnten, einen Obmann ernennen mußten (AHO 1731 XIX. 1, 2, 4). Die „guten Männer" sollten die Sache tunlichst im Güteverfahren erledigen (AHO XIX. 3) und im übrigen nach alter Übung (Kießelbach 121, 129) schiedsrichterlich entscheiden. Doch waren „die Assecuradeurs wider ihren Willen sich bei den guten Männern einzulassen nicht schuldig" (AHO XIX. 5). Ließen sie sich nicht ein, so mußte beim Admiralitätsgericht geklagt werden. § 74

Anm. 4 4. **Abs. 1. Teilschäden sind durch Sachverständige festzustellen** (vgl. HansOLG HansRGZ 1931 B 467 = JRPV 1931. 182 = Sasse Nr. 417 zu der Frage der Ordnungsmäßigkeit von Surways in kleinen Überseehäfen).

a) Teilschaden ist Teilverlust oder Beschädigung (vgl. § 28 Anm. 36ff.). Insbesondere sind auch Havariegrosse-Aufopferungen Teilschäden im Sinne des § 74 (§ 31 Abs. 1). Ebenso Aufopferungen vom Schiffe, die keine Havariegrosse-Aufopferungen sind (§ 32 Anm. 8). — Teilschaden und Totalschaden sind einander ausschließende Tatbestände und Begriffe. Der Versicherungsnehmer kann also im Falle des Totalverlustes nur gemäß § 71, nicht gemäß §§ 74—76 Entschädigung verlangen (§ 71 Anm. 14). Aber er kann auch dann gemäß §§ 74—76 Entschädigung verlangen, wenn das Schiff nicht total verloren, sondern nur reparaturunfähig oder reparaturunwürdig ist (§ 75 Anm. 42, § 77 Anm. 13).

Anm. 5 b) Nach § 71 „kann der Versicherungsnehmer im Falle des Totalverlustes die Versicherungssumme verlangen". Dabei ist als selbstverständlich vorausgesetzt, daß der Versicherer für den Totalverlust haftet (§ 71 Anm. 4). Ebenso setzt § 74 Abs. 1 als selbstverständlich voraus, daß der Versicherer für den Teilschaden haftet. Teilschäden, für die der Versicherer nicht haftet, festzustellen, hätte keinen vernünftigen Sinn. Die Feststellung solcher Schäden „müßte nutzlos und zweckwidrig sein und namentlich unnötige Kosten verursachen" (ROHG 6. 153, wo gleichwohl der Versicherer, der seine Haftung leugnet, wegen der angeblich dazu nötigenden Fassung der Versicherungsbedingungen zur Ernennung von Sachverständigen verurteilt wird). Wenn der Versicherer wegen Verletzung der vorvertraglichen Anzeigepflicht, der Gefahrstandspflicht, der Schadenverhütungs-Pflicht, der Schadenabwendungs-Pflicht oder aus anderen Gründen frei ist, ist § 74 ebenso unabwendbar, wie § 71. Wenn der Versicherungsnehmer behauptet, daß der Versicherer hafte, der Versicherer das Gegenteil behauptet und sich weigert, an der Feststellung des Schadens teilzunehmen, mag der Versicherungsnehmer gemäß § 74 verfahren, insbesondere gemäß § 74 Abs. 4 für den Versicherer einen Sachverständigen ernennen lassen, oder auf Ernennung eines Sachverständigen klagen oder auf Feststellung klagen, daß der Versicherer haftet. Prölß Anm. 3 zu § 64 VVG hält im Rahmen des § 64 Abs. 1 VVG, wenn der Versicherer den Versicherungsfall oder seine Ersatzpflicht bestreitet, nur die Feststellungsklage für zulässig, selbst wenn der Versicherer dem Grunde nach abgelehnt hat, die Entscheidung über die Höhe oder sonstige Umstände oder einer Sachverständigenkommission vorbehalten ist (in diesem Sinne auch KG JR 1925. 289, 1941. 46, OLG Frankfurt LZ 1916. 61, 1931 Nr. 2268, OLG Hamburg VersR 1952. 49, wohl auch BGH Vers R1954. 388). Nach RG JR 1925. 175 soll zu unterscheiden sein, ob der Versicherer den Versicherungsfall dem Grunde nach bestreitet, ohne den Schadensersatzanspruch endgültig abzulehnen oder ob er formell ablehnt; im ersten Fall soll der Versicherungsnehmer nur die Feststellungsklage haben, während über die Höhe die Sachverständigen entscheiden, im zweiten Fall soll die Zahlungsklage möglich sein (so auch OLG Düsseldorf JR 1940. 102, OLG Hamburg JR 1937. 329 = JW 1937. 3169, VersR 1956. 42). Mit Recht meint Prölß, diese Entscheidung sei unbegründet; sie knüpfe an zufällige Äußerlichkeiten an. Nach Kisch RheinZfZuPR 1917. 30 braucht sich der Versicherer nur dann nicht am Schadensfeststellungs-Verfahren zu beteiligen, wenn „die Nichtexistenz des Versicherungsanspruchs anderweitig festgestellt sei". Da es an solcher „anderweitigen Feststellung" stets fehlen wird, könnte der Versicherungsnehmer den Versicherer in jedem Falle eines Teilschadens zwingen, an der Feststellung des Schadens

§ 74 teilzunehmen, — ein offenbar unleidliches Ergebnis. Abw. ohne Begr. auch Hagen 1. 599. — Andererseits vergibt sich der Versicherer natürlich nichts, wenn er einen Sachverständigen ernennt, obgleich er auf dem Standpunkt steht, daß er nicht haftet (vgl. ROHG 6. 152). Ist sein Standpunkt unrichtig, so ist das Gutachten der Sachverständigen natürlich auch für ihn verbindlich.

Anm. 6 c) Durch Sachverständige ist der Teilschaden festzustellen. Durch Experten, Taxatoren, Schätzer, Schiedsmänner, Schiedsgutachter; durch „Arbitratoren" (so zuerst in der Glosse in proposita ad 1. 78 D. pro socio 17. 2, während z. B. 1. 24 pr. D. loc. cond. 19. 2, 1. 76 D. pro socio 17. 2 noch von arbitri, PreußALR I. 11. 51 von „Schiedsrichtern" spricht), durch „Sachverständige, die nach dem Vertrag einzelne Voraussetzungen des Anspruchs aus der Versicherung oder die Höhe des Schadens feststellen sollen" (so VVG §§ 64, 184). Dieser Vertrag, der Schiedsgutachten-Vertrag (vgl. auch BGH VersR 1965. 280) auf vielen anderen Gebieten (z. B. im Exportgeschäft als Arbitrage- oder Surveyklausel: Ritter ArchBürgR 37. 174) heimisch, hat hauptsächlich zwei Rechtswirkungen. Die eine (negative): daß der Versicherungsnehmer regelmäßig vor der Feststellung keine Entschädigung verlangen kann (ebenso HGB §§ 872, 884). Die andere (positive): daß die Beteiligten die Feststellung betreiben können und daß diese Feststellung für die Beteiligten verbindlich ist (unten Anm. 40; anders HGB §§ 872, 884).

Anm. 7 α) Der Schiedsgutachten-Vertrag ist also kein Schiedsvertrag im Sinne des § 1025 ZPO (BGHZ 6. 335, BGH VersR 1952. 35, OLG Hamburg VersR 1952. 49, OLG Hamm VersR 1951. 258, Prölß Anm. 2 zu § 64 VVG), das Schiedsgutachten kein Schiedsspruch, der Schiedsgutachter kein Schiedsrichter, kein arbiter. Freilich könnte, was den Gegenstand des Schiedsgutachtens bildet, auch den Gegenstand (wie eines Urteils, so auch) eines Schiedsspruchs bilden (nicht umgekehrt; vgl. insbesondere Weismann AfcP 72. 269). Auch Schiedsrichtern kann durch Schiedsvertrag übertragen sein, Tatsachen gemäß Wahrnehmung oder Schlußfolgerung im Schiedsspruch festzustellen. Ob die Parteien das eine oder das andere gewollt und vereinbart haben, muß die Auslegung ergeben. Im Zweifel ist anzunehmen, daß sie den Schiedsgutachten-Vertrag mit seinen weniger weitreichenden Wirkungen gewollt haben. So insbesondere, wenn sie (wie im Falle des § 74) „ausdrücklich auf den Ausspruch von Sachverständigen Bezug nehmen" (Weismann AfcP 72. 308). § 74 Abs. 8, 9 stellt vollends außer Zweifel, daß § 74 nur eine Schiedsgutachten-Klausel, keine Schiedsgerichts-Klausel enthält, mag auch etwa gerade streitig, und zwar ausschließlich streitig, sein, was die Sachverständigen nach § 74 feststellen sollen: Dasein, Umfang und Ursache des Schadens (vgl. Kisch RheinZfZuPR 1917. 22 und JW 1918. 137, Wedemeyer WuRVers 1913. 105, Weismann AfcP 72. 269, RG 87. 193). Der verklagte Versicherer hat also insbesondere, solange der Schaden nicht gemäß § 74 festgestellt ist, nicht etwa die prozeßhindernde Einrede des Schiedsvertrags (ZPO § 274 Nr. 3; Prölß Anm. 3 zu § 64 VVG). Die Sachverständigen haben nicht die Stellung von Schiedsrichtern (vgl. aber auch unten Anm. 20). Das Verfahren der Schiedsgutachter richtet sich nicht nach den Vorschriften über das schiedsrichterliche Verfahren; namentlich gilt nicht die Vorschrift, daß „vor Erlassung des Schiedsspruchs die Parteien zu hören" sind (ZPO §§ 1034, 1041, Weismann AfcP 72. 302; RG 152. 201, BGHZ 6. 335; vgl. aber auch unten Anm. 26, 29). Das Schiedsgutachten ist kein Schiedsspruch, hat keine materielle Rechtskraft, führt nicht zum Vollstreckungsurteil des § 1042 ZPO.

Anm. 8 β) Der Schiedsgutachten-Vertrag ist auch kein Beweisvertrag, kein Vertrag, durch den der Richter verpflichtet werden soll, sich nur durch das gemäß

§ 74 herbeizuführende Gutachten von Sachverständigen überzeugen zu lassen. **§ 74**
Eine solche Verpflichtung könnte ihm durch solchen Vertrag gar nicht auferlegt werden (vgl. § 43 Anm. 35, Kisch RheinZfZuPR 1917. 16, RG 20. 402, Bolze 9 Nr. 289, HGZ 1882. 49, 1885. 5, 1887. 150, 1892. 101, 1893. 67, 1898. 19; siehe BGH VersR 1965. 280: Wenn nautisch-fehlerhaftes Verhalten einer Schiffsführung nachgewiesenermaßen den heftigen Anprall eines fremden Schiffes gegen die Kaimauer eines Seehafens herbeigeführt hat, so ist die Frage, ob hierdurch auch Unterwasserschäden an diesem Schiff verursacht sind, die erst bei einer zweiten Schadenstaxe in Erscheinung treten, nach § 287 ZPO zu entscheiden). Überdies soll durch den Schiedsgutachten-Vertrag gerade vermieden werden, daß die Sache vor den Richter kommt, oder vielmehr, daß sie überhaupt streitig wird; indem die Parteien sich dem Schiedsgutachten, der Meinung des Schiedsgutachters unterwerfen, verzichten sie (zunächst jedenfalls) auf das eigene Gutachten, die eigene Meinung und können mithin auch in keiner (oder doch keiner rechtserheblichen) Meinungsverschiedenheit sein (vgl. Weismann AfcP 72. 302, 310; dagegen ohne Grund Kohler Gesamm. Beiträge 264).

γ) Der Schiedsgutachten-Vertrag im Sinne des § 74 ist schließlich auch kein Vertrag, durch den „die Bestimmung der Leistung (des Schuldners) einem Dritten überlassen ist", der die Bestimmung, sei es „nach billigem Ermessen", sei es nach seinem freien Belieben treffen soll (BGB § 317, Eberhard 86, Rau ZfVW 1905. 288, Schneider LZ 1909. 904, Weismann AfcP 74. 422, OLG Dresden SA 65 Nr. 4; abw. Gerhard 305, Hagen 1. 598, SA 64 Nr. 208). Denn die Sachverständigen sollen nicht eine Leistung bestimmen, die im Versicherungsvertrag nicht oder nicht ausreichend bestimmt ist, insbesondere solche Bestimmung nicht nach billigem Ermessen oder gar nach freiem Belieben treffen, sondern nach pflichtmäßigem Ermessen durch sachverständige Wahrnehmung und Schlußfolgerung einen Sachverhalt feststellen, der, möglicherweise, für das Versicherungsverhältnis von Bedeutung ist. Immerhin sind die Ziele verwandt, die Interessenlagen ähnlich, die §§ 317—319 BGB deshalb zur sinngemäßen Anwendung wohl geeignet (Oppelt Recht 1906. 434, JW 1906. 35, 1910. 836, KG, OLG Dresden, Hamm Rspr 17. 378, 22. 197, 25. 237, 40. 438; vgl. auch Weismann AfcP 74. 422), aber freilich in der Hauptsache durch § 74 ersetzt. Anm. 9

d) Ob die Versicherung Voll- oder nur Teil-, insbesondere Unterversicherung ist, gilt gleich. Auch wenn nur ein kleiner Teil des Versicherungswerts versichert ist, der größere unversichert oder bei anderen Versicherern (bei diesen nach den ADS oder nach anderen Bedingungen oder nach den §§ 872, 884 Nr. 4 HGB) versichert ist, muß der Teilschaden gemäß § 74 festgestellt werden. Anders ausdrücklich früher BSVB § 58 Nr. 8 für den Fall, daß „nur der geringere Teil (des Versicherungswerts) auf Grundlage der vorstehenden Bedingungen (der BSVB), der größere Teil dagegen auf Grundlage anderer Bedingungen oder Gesetze versichert ist". In diesem Falle genügt es, „wenn der Versicherte . . . bei Ermittlung des Schadens und seines Umfangs, sowie der Art seiner Entstehung nur so verfährt, wie es entweder das deutsche HGB oder dasjenige Assekuranzrecht vorschreibt, nach welchem . . . der größere Teil des Kaskos versichert ist". Anm. 10

5. **Abs. 2. Versicherer und Versicherungsnehmer haben unverzüglich je einen Sachverständigen zu ernennen.** Sie sind einander hierzu verpflichtet (Hagen 1. 599, Weismann AfcP 72. 318; vgl. auch HGZ 1882. 49: „Es handle sich um die Erfüllung der Vertragspflichten"; KG JRPV 1930. 116 = Sasse Nr. 405; HansOLG HansRGZ 1937 B 247 = Sasse Nr. 445; HansOLG VersR 1950. 23 = Sasse Nr. 466: Wenn der Versicherungsnehmer die Schadensfeststellung erst nach Beginn der Anm. 11

§ 74 Reparaturarbeiten einleitet und diese schon so weit fortgeschritten sind, daß eine ordnungsgemäße Schadensfeststellung nicht mehr möglich ist, so kann der Versicherer nach Abs. 9 die Zahlung verweigern; anders RG 121. 396; vgl. dazu Anm. 13 zu § 75). Für eine Schadensfeststellung „in anderer geeigneter Weise“ (Abs. 9 Satz 2) ist bei dieser Sachlage kein Raum. § 74 Abs. 2 sagt es ausdrücklich. Darüber kommt man nicht mit der Behauptung hinweg, daß es sich um keine„ selbständige und erzwingbare Rechtspflicht“ handle. So Lenne 130 (der sich übrigens ohne Grund auf RG 58. 346 beruft; denn diese Entscheidung betrifft die Verpflichtung des Versicherungsnehmers zur Aufstellung eines Schadensverzeichnisses). „Rechtspflichten“ brauchen nicht notwendig „selbständig“ oder „erzwingbar“ zu sein (Vorb. vor § 1 Anm. 62). Überdies sind die Verpflichtungen des Versicherers und des Versicherungsnehmers zur Ernennung von Sachverständigen „erzwingbar“. Versicherer und Versicherungsnehmer haben unter Umständen ein dringendes Interesse daran, daß der Schaden alsbald festgestellt wird, und können deshalb auch gegeneinander auf Ernennung von Sachverständigen klagen (Eberhard 89, Fuld AssJB 33. 34, Gerhard 302, Hagen 1. 599, Rau ZfVW 1905. 285, Weismann AfcP 72. 318, ROHG 6. 151, Bolze 1 Nr. 889, APV 1905 II. 61, KG JR 1941. 46). So etwa der Versicherungsnehmer gegen den Versicherer, wenn er den Standpunkt vertritt, daß ein Teilschaden vorliegt, der Versicherer den Standpunkt, daß ein Totalschaden vorliegt, und der Versicherungsnehmer nicht das Risiko laufen will oder kann, den Schaden gemäß § 74 Abs. 4 gegen den Versicherer feststellen zu lassen, sondern Gewißheit haben will und muß, sei es auch nur eine vorläufige Gewißheit im Verfahren der einstweiligen Verfügung, daß sein Standpunkt richtig ist. Oder der Versicherer gegen den Versicherungsnehmer, wenn er den Standpunkt vertritt, daß Teilschaden vorliegt, der Versicherungsnehmer den Standpunkt, daß Totalschaden vorliegt, und Gefahr besteht, daß bei längerem Warten der Tatbestand verdunkelt wird. Auch muß die Nichterfüllung der Ernennungspflicht den Säumigen zum Schadensersatz verpflichten (Weismann AfcP 72. 319), soweit die Rechtsfolge der Nichterfüllung nicht (durch die Bestimmung des § 74 Abs. 9 Satz 1) besonders bestimmt wird. Deshalb ist auch § 278 BGB anwendbar (Vorb. VIII vor § 1; so auch Gerhard 253, 540, Voigt 423, 672; auch HGZ 1915. 199: Wenn der vom Versicherten Beauftragte von der Schadensaufstellung „Abstand nehme, so sei das ein Verschulden, das dem durch ihn vertretenen Versicherten zur Last falle“, selbst wenn dieser dem Beauftragten bestimmte, dem Versicherungsvertrag entsprechende Weisungen erteilt habe). Freilich ist das Interesse des Versicherers an unverzüglicher Schadensfeststellung viel geringer als dasjenige des Versicherungsnehmers. Denn die Unterlassung unverzüglicher Schadensfeststellung befreit den Versicherer unter Umständen von der Entschädigungspflicht (§ 74 Abs. 9).

Anm. 12 a) der Versicherer ist verpflichtet. Wenn mehrere Versicherer beteiligt sind, jeder einzelne für sich (HG u. OG Hamburg Ullrich Nr. 243). So kann es unter Umständen zu mehreren Feststellungen mit verschiedenen Ergebnissen kommen. Ist ein Versicherer „Führer“, so kann er auch für die übrigen einen Sachverständigen ernennen (Vorb. V vor § 1; vgl. auch Mat. 1. 362: Ablehnung des Antrags, zu bestimmen, daß „die Versicherung maßgebend sein solle, die in der Police an erster Stelle stehe“).

Anm. 13 b) Der Versicherungsnehmer ist verpflichtet. Über den Begriff des Versicherungsnehmers: § 3 Anm. 4. — Über den Fall, daß mehrere Versicherungsnehmer beteiligt sind: Vorb. VI vor § 1. Auch in solchem Falle kann es unter Umständen zu mehreren Feststellungen mit verschiedenen Ergebnissen kommen. — Auch bei der Versicherung für fremde Rechnung ist der Versicherungsnehmer verpflichtet. Aber auch der Versicherte (§ 52 Anm. 8: jedenfalls, soweit die Nichterfüllung der Verpflichtung nur den Entschädigungsanspruch beeinträchtigt), mag er im Besitz der

Police oder der Zustimmung des Versicherungsnehmers sein oder nicht. — Ist durch die Veräußerung der Erwerber in das Versicherungsverhältnis eingetreten, so ist der Erwerber verpflichtet (§ 49 Abs. 1, § 50 Abs. 2 Satz 2). Ist der Versicherungsfall vor der Veräußerung eingetreten, so wird der Veräußerer verpflichtet sein (vgl. § 49 Anm. 25). — Über die Verantwortlichkeit des Versicherungsnehmers für dritte gemäß § 278 BGB oben Anm. 11. § 74

c) Die Ernennung ist, dem natürlichen Begriff nach, eine empfangsgedürftige (im übrigen keiner besonderen Form bedürfende), die Rechtsgestaltung durch die Sachverständigen vorbereitende und damit selbst rechtsgestaltende Willenserklärung (über empfangsbedürftige Erklärungen: Vorb. vor § 1 Anm. 33). Als solche macht sie das Rechtsverhältnis fest. Wer (rechtswirksam) ernannt hat, kann die Ernennung natürlich nicht widerrufen (Weismann AfcP 72. 318). — Die Ernennung ist der Gegenpartei gegenüber zu erklären (vgl. auch ZPO § 1029 Abs. 1). Bei der Versicherung für fremde Rechnung kann der Versicherer sowohl gegenüber dem Versicherungsnehmer wie gegenüber dem Versicherten erklären (vgl. § 53 Anm. 12). Nach der Veräußerung des Schiffes regelmäßig gegenüber dem Erwerber, ausnahmsweise gegenüber dem Veräußerer (oben Anm. 13). Bei der Mitversicherung muß der Versicherungsnehmer gegenüber jedem Mitversicherer erklären; ist ein Versicherer „Führer", so ist Erklärung ihm gegenüber genügend, aber auch erforderlich (Vorb. V vor § 1; vgl. auch oben Anm. 12). — Ernennung durch Vertreter: BGB §§ 164ff. Insbesondere durch Havariekommissare: unten Anm. 61. Schiffs- und Assekuranzmakler sind nicht ohne weiteres ermächtigt für den Versicherungsnehmer zu ernennen. Auch der **Schiffsführer** ist durch das Gesetz nicht ermächtigt, für den Versicherungsnehmer einen Sachverständigen zu ernennen (vgl HGB §§ 526ff.). Er wird aber leicht in die Lage kommen, für den Versicherungsnehmer ernennen zu müssen. Deshalb wird er durch § 74 Abs. 2 **vertragsgemäß ermächtigt.** Weil diese Vollmacht vertragsgemäß erteilt ist, kann sie dem Schiffsführer auch nicht entzogen werden. Aber sie gilt nur für den Schiffsführer als solchen, nur so lange, wie der Schiffsführer das Schiff führt. Im Verhältnis zum Reeder ist der Schiffsführer natürlich an die Weisungen des Reeders gebunden. Wo das Schiff sich befindet, ob im Heimathafen oder außerhalb, ist für die Ermächtigung des Schiffsführers ohne Bedeutung. — Ist der jeweilige Schiffsführer auch ermächtigt, einen Sachverständigen zu ernennen, so ist er darum doch nicht ohne weiteres eine Person, deren Verhalten der Versicherungsnehmer auch gemäß § 278 BGB gegen sich gelten lassen müßte. Dies ist nur der Fall, wenn der Kapitän auch beauftragt ist, bei der Feststellung des Teilschadens mitzuwirken, also insbesondere von der ihm durch § 74 Abs. 2 erteilten Vollmacht Gebrauch zu machen und einen Sachverständigen zu ernennen. Würde er den Sachverständigen nicht unverzüglich, also ohne schuldhaftes Zögern, ernennen, so würde der Versicherungsnehmer es gegen sich gelten lassen müssen. Er würde sich insbesondere nicht darauf berufen können, daß er gemäß § 33 Abs. 3 (nicht nur bei der Schadensverhütung sondern auch sonst: § 33 Anm. 44) das Verhalten der Schiffsbesatzung als solcher nicht zu vertreten hat. Denn der Kapitän wirkt nicht „als solcher", nicht in Ausführung seiner gesetzlichen Dienstverrichtungen, bei der Schadensfeststellung mit, sondern eben kraft besonderen Auftrags (vgl. § 33 Anm. 43). Anm. 14

d) Die Sachverständigen müssen unverzüglich ernannt werden. (Siehe auch oben Anm. 11; vgl. HansOLG HansRGZ 1937 B 247 = Sasse Nr. 445, KG JRPV 1930. 116 = Sasse Nr. 405). Ohne schuldhaftes Zögern (BGB § 121; näheres: § 3 Anm. 20). Mit der Schadensfeststellung darf nicht gewartet werden, bis das Schiff den Ort erreicht, an dem es ausgebessert werden soll, oder den Ort, an dem die Reise endigt (teilweise anders HGB § 872 in Verbindung mit HGB § 709: Feststellung, „wenn die Ausbesserung während der Reise erfolgt, am Orte der Ausbesserung . . ., sonst an dem Orte, wo die Anm. 15

§ 74 Reise endet"). Der Schaden muß bei nächster Gelegenheit, d. h. sobald wie möglich und am nächsten Orte, an dem es möglich ist, festgestellt werden (HGZ 1886. 203). — Insbesondere ist es nicht fahrlässig, wenn der Versicherungsnehmer zögert, weil der Versicherer sich weigert, zu ernennen (vgl. unten Anm. 25). Daß der Versicherungsnehmer gemäß § 74 Abs. 4 für den Versicherer ernennen lassen kann, ändert hieran nichts.

Anm. 16 e) Die Sachverständigen müssen „sachverständig", „sachkundig" (ASVB § 127) sein (OAG Lübeck Seebohm 222, Schlegelberger SVR Bem. 3 zu § 74 ADS; anders Prölß Anm. 5 zu § 64 VVG: Soweit nicht die Allgemeinen Versicherungs-Bedingungen besondere Vorschriften über die Tauglichkeit zum Sachverständigen erhielten, sei jeder zum Sachverständigen geeignet, der überhaupt physisch und geistig in der Lage sei, ein Gutachten abzugeben: wie Prölß auch OLG Hamm JR 1929. 149). Die Ernennung eines Sachunverständigen würde unverbindlich, das Gutachten, das unter Mitwirkung des Sachunverständigen zustande gekommen wäre, aus diesem Grunde gleichfalls unverbindlich sein (diese Möglichkeit räumen auch Prölß und OLG Hamm a. a. O. ein). Aus diesem Grunde: nicht etwa deshalb, weil die von einem Sachunverständigen getroffene Feststellung ohne weiteres, ohne Rücksicht auf ihre Sachgemäßheit oder Sachwidrigkeit, als „offenbar von der wirklichen Sachlage erheblich abweichend" und deshalb gemäß § 74 Abs. 8 Satz 1 als unverbindlich angesehen werden könnte, so daß nunmehr gemäß § 74 Abs. 8 Satz 2 die Feststellung durch Urteil zu erfolgen hätte (vgl. auch unten Anm. 17). „Der Sachverständige" ist noch nicht ernannt; er muß noch ernannt werden. — Die Gegenpartei kann aber natürlich auch der Ernennung des Sachunverständigen zustimmen. Kennt sie den Mangel des Sachverstands, so muß sie unverzüglich der Ernennung widersprechen, den Ernannten „ablehnen" (z. B. Weismann AfcP 72. 318); sonst gilt sie als zustimmend. Denn unter solchen Umständen ist nach Treu und Glauben zu reden Pflicht und die Versäumung dieser Pflicht wird im Verkehr als Zustimmung ausgelegt. — Nur scheinbar abweichend HG Hamburg HGZ 1872. 14: Das Gutachten könne „nicht deshalb angefochten werden, weil es auf mangelhafter Sachkunde beruhe". Gemeint ist (wie ferner ausgeführt wird): Der Versicherer „könne nicht damit gehört werden, daß die Sachverständigen irrtümlich eine Seebeschädigung angenommen hätten, wo keine solche vorhanden sei, so wenig, wie der Versicherungsnehmer, wenn der Ausspruch der Sachverständigen ungünstig für ihn ausgefallen sein würde, mit der entgegengesetzten Behauptung zu hören gewesen wäre" (vorausgesetzt natürlich, daß es sich nicht um einen „offenbaren" Irrtum handelt, § 74 Abs. 8).

Anm. 17 f) Die Sachverständigen müssen auch unbefangen, unparteiisch sein. § 74 bestimmt dies zwar nicht besonders, gewährt insbesondere für den Fall der Befangenheit auch nicht ausdrücklich ein Ablehnungsrecht der Gegenpartei (wie ZPO §§ 42, 406, 1032). Aber es versteht sich von selbst. Denn in einem befangenen Sachverständigen verkehrt sich der Sachverstand in sein Gegenteil. Ist die Ernennung eines Sachunverständigen unwirksam, so muß es die Ernennung eines befangenen Sachverständigen erst recht sein. Das unter seiner Mitwirkung zustande gekommene Gutachten ist unwirksam (Josef ZfVW 1911. 804, Rau ZfVW 1905. 282, JW 1899. 727), mag das Ergebnis durch den befangenen Sachverständigen beeinflußt sein oder nicht (Rau ZfVW 1905. 281, RG 45. 350; abw. RG bei Fuld AssJB 33. 31 und bei Rau a. a. O.). Es muß ein anderer Sachverständiger ernannt werden. Das Gutachten ist nicht etwa ohne weiteres als sachwidrig anzusehen, die Feststellung nunmehr nicht etwa gemäß § 74 Abs. 8 Satz 2 durch Urteil zu treffen (oben Anm. 16; so wohl auch Gerhard 306; abw. ohne Grund Hagen 1. 604, Josef ZfVW 1911. 804 und anderswo, auch wohl Weismann AfcP 72. 299; vgl. auch MasiusRundschau 1920. 266: dahinstellend, „ob die Feststellung eines Sachverständigen als nicht verbindlich aus Gesichtspunkten anzufechten ist, die aus seiner Persönlichkeit entnommen werden, ob nicht eine solche

Anfechtung jetzt allein nur darauf gestützt werden könne, daß das Gutachten objektiv von der wirklichen Sachlage erheblich abweiche"). — Kennt die Gegenpartei die Befangenheit des ernannten Sachverständigen, so muß sie unverzüglich widersprechen; ihr Schweigen würde als Zustimmung gelten (oben Anm. 16; Rau ZfVW 1905. 282 unter unzutreffender Berufung auf ZPO § 43, Josef ZfVW 1911. 806 unter unzutreffender Berufung auf ZPO § 406, OLG Jena Gerhards Praxis 1. 347, 352 unter unzutreffender Berufung auf ZPO § 1032; vgl. auch JW 1899. 727, 1905. 90, OAG Lübeck Seebohm 217). — Die Parteien können also selbstverständlich nicht sich selbst oder Mitglieder ihrer Organe zu „Sachverständigen ernennen" (Gruchot 30. 134, OTr Berlin SA 23 Nr. 133). Im übrigen müssen die Sachverständigen soweit unbefangen sein, wie es mit dem Umstand vereinbar ist, daß sie von einer Partei ernannt sind und unbewußt dem Standpunkt dieser Partei zuneigen. Unbegründet ist also auf der einen Seite die Auffassung, daß, weil die Parteien „die Schiedsbegutachtung vereinbart hätten, um außergerichtlich dasselbe zu erreichen, was sie auf dem (umständlicheren) Wege der gerichtlichen Beweisaufnahme erreichen könnten, als stillschweigend vereinbart gelten müsse, daß jede Partei nur solche Sachverständige benennen dürfe, die bei einer gerichtlichen Beweisaufnahme als taugliche Sachverständige gälten" (Josef ZfVW 1911. 803 und AssJB 39/40. 75). Nicht das Gericht, sondern die Partei ernennt den Sachverständigen, und die aus dieser Sachlage sich ergebende Befangenheit muß hingenommen werden, wenn man nicht die ganze Einrichtung der Schadensfeststellung durch Sachverständige unfruchtbar machen will (Hagen 1. 602; vgl. auch JW 1905. 30: „Eine gewisse Subjektivität auf Seiten der beiden, von jeder der Parteien ernannten, Sachverständigen sei unvermeidlich"). Ebenso unbegründet (wenngleich aus einer verbreiteten und mißleiteten Meinung zu erklären) ist aber auch auf der anderen Seite der Standpunkt, daß „die von den Parteien berufenen Sachverständigen weniger objektive Gutachter als vielmehr Parteivertreter seien" (so Eberhard 80), oder der Standpunkt, daß das Gutachten nur dann unwirksam sei, „wenn Betrug vorliege, oder wenn die Sachverständigen von einer Partei zu ungunsten der anderen Partei beeinflußt seien" (so Gerhard 253, 539, Sieveking 173 unter irrtümlicher Berufung auf ROHG 3. 86, 4. 91, 14. 380, 20. 61, RG 44. 24, HGZ 1897. 131 und unter jedenfalls nach § 319 BGB unzutreffender Berufung auf ROHG 12. 402, 16. 110; vgl. auch OAG Lübeck BremSamml 5. 148, Kierulff 3. 352). Im allgemeinen richtig dagegen, wenn auch zu eng, RG 69. 169: „Jeder Partei müsse das Recht gewährt werden, einen vom Gegner berufenen Sachverständigen abzulehnen, wenn erhebliche Gründe für seine Befangenheit sprächen, wenn er also in einem besonderen Abhängigkeits- und Unterordnungsverhältnis zu der anderen Partei stehe" (vgl. auch Gerhard 304, Josef ZfVW 191. 803, Rau ZfVW 1905. 282, JW 1899. 727, OAG Lübeck Seebohm 222; abw. Schneider LZ 1909. 904, RG bei Rau ZfVW 1905. 28). In ähnlichem Sinne auch Prölß Anm. 5 zu § 64 VVG: „Ebensowenig ist es nötig, daß der Sachverständige von einer Partei vollkommen unabhängig ist oder daß er nicht schon eine für die eine Partei ungünstige Meinung geäußert hat, doch darf er nicht in einem völligen Abhängigkeits- und Unterordnungsverhältnis zu der ihn ernennenden Partei stehen". Ähnlich auch BHG VersR 1957. 122 = APV 1957. 70, OLG Königsberg JR 1941. 217 = HRR 1942 Nr. 395, OLG Schleswig VersR 1954. 506, OLG Frankfurt VersR 1955. 641. § 74

g) Die Sachverständigen brauchen nicht bereit zu sein, das Amt des Schiedsgutachters zu übernehmen, noch weniger es bereits übernommen zu haben (KG Rspr. 40. 439, vgl. dazu Josef AssJB 41. 81). Versicherer und Versicherungsnehmer dürfen aber keinen Sachverständigen ernennen, der die Feststellung nicht treffen will, d. h. bereits erklärt hat, das Amt des Schiedsgutachters nicht übernehmen zu wollen (vgl. Anm. 18

§ 74 unten Anm. 56). Ebensowenig einen Sachverständigen, der die Feststellung nicht treffen kann. Denn statt solcher unfähiger oder unwilliger Sachverständiger sollen nach § 74 Abs. 8 Satz 3 „andere", willige und fähige, Sachverständige ernannt werden. Überdies versteht es sich nach dem vernünftigen Sinne des Schiedsgutachten-Vertrags von selbst.

Anm. 19 h) Sind keine Sachverständigen vorhanden oder die vorhandenen nicht bereit, so muß der Versicherungsnehmer den Schaden in anderer geeigneter Weise feststellen lassen (§ 74 Abs. 9 Satz 2). Die Feststellung erfolgt also in diesem Falle nicht etwa durch Urteil.

Anm. 20 i) Über das Rechtsverhältnis zwischen den Sachverständigen und den Parteien bestimmen die ADS (natürlich) nichts. Die Parteien und die Sachverständigen können besonderes vereinbaren. Gewöhnlich geschieht dies nicht (was vom RG 87. 193 übersehen wird). Dann kann (z. B. im Falle der Kündigung des Sachverständigen oder einer Partei oder beider Parteien oder auch im Falle der Unverbindlichkeit des Gutachtens wegen offenbarer und erheblicher Sachwidrigkeit für den Honoraranspruch des Sachverständigen) von Bedeutung sein, von welcher Art das Rechtsverhältnis zwischen Parteien und Sachverständigen ist. Will man es in eine der vom BGB besonders behandelten Arten von Schuldverhältnissen einreihen, so wird man es, wenn unentgeltlich, zu den Auftrags-, wenn entgeltlich, zu den Dienst- oder Werkvertrags-Verhältnissen (in diesem Falle insbesondere zu den Geschäftsbesorgungs-Verhältnissen des § 675 BGB) rechnen müssen (dahingestellt von RG 87. 195). Die für diese Verhältnisse geltenden Vorschriften eignen sich aber für das Sachverständigen-Verhältnis offenbar besonders wenig (vgl. insbesondere Wedemeyer WuRVers 1913. 113). So etwa § 671 Abs. 1 BGB, wonach die ernennende Partei die Bestellung des beauftragten Sachverständigen jederzeit widerrufen, der beauftragte Sachverständige jederzeit kündigen könnte. Oder § 627 Abs. 1 BGB, wonach der dienstverpflichtete Sachverständige jederzeit kündigen könnte. Oder § 649 BGB, wonach die ernennende Partei die Bestellung des werkverpflichteten Sachverständigen jederzeit kündigen könnte, während dem werkverpflichteten Sachverständigen, selbst wenn ein wichtiger Kündigungsgrund vorliegt, kein Kündigungsrecht zustehen würde. Man wird daher, wie das Schiedsrichter-Verhältnis (RG 41. 252, 59. 248, 74. 323, 94. 211), so auch das Schiedsgutachter-Verhältnis als ein besonderes, durch die besondere Aufgabe bestimmtes Verhältnis betrachten (Wedemeyer WuRVers 1913. 131) und die für jenes geltenden Regeln in der Hauptsache auch für dieses gelten lassen müssen (Hagen 1. 600, KG Rspr. 40. 439, Baumbach-Lauterbach, ZPO 28. Aufl., Vorbem. zum 10. Buch D). Sind die Sachverständigen auch keine Schiedsrichter (oben Anm. 7), so sind sie doch gleich diesen unabhängige Dritte, die festzustellen haben, was festzustellen sonst dem Staatsrichter obliegt, „also eine Tätigkeit entfalten, an deren Erledigung beide . . . Parteien" (regelmäßig wenigstens) „in gleicher Weise ein Interesse haben" (RG 94. 211 für das Schiedsrichter-Verhältnis; abw. RG 87. 193 aus dem kaum maßgebenden Grunde: Der Schiedsgutachter solle nicht gleich dem Schiedsrichter „den Rechtsstreit gleich wie der Staatsrichter entscheiden"). Demgemäß stehen alle Sachverständigen (insbesondere auch der etwa ernannte Obmann) zu den Parteien im Schuldverhältnis (so auch RG 87. 194 für das Schiedsgutachter-Verhältnis; ebenso schon Weismann AfcP 72. 320). Insbesondere kann jede Partei von jedem Sachverständigen, der die Feststellung übernommen hat, Erfüllung verlangen (vgl. BGB § 432), auch gegen jeden Sachverständigen auf Erfüllung klagen (auch wohl gemäß § 888 ZPO die Zwangsvollstreckung betreiben: Wedemeyer WuRVers 1913. 118), von jedem Sachverständigen Schadenersatz wegen Nichterfüllung oder nicht gehöriger Erfüllung verlangen (Weismann AfcP 72. 320; RG 59. 249, 94. 212, Gruchot 44. 191, 51. 406, 54. 1160 für das Schiedsrichter-Verhältnis,

RG 87. 194 für das Schiedsgutachter-Verhältnis; anscheinend abw. Gerhards Praxis 2. 20; vgl. auch RG 65. 176: Haftung des Schiedsrichters nur gemäß stillschweigend vereinbartem § 839 BGB). Jeder Sachverständige kann von den Parteien als Gesamtschuldnern die ihm gebührende Vergütung verlangen (BGB § 427, RG 94. 211, KG SA 74. Nr. 77; abw. Weismann AfcP 72. 322). Beide Parteien können zusammen kündigen, werden dann aber die dem Sachverständigen gebührende Vergütung wie bei einem Dienstverhältnis zahlen müssen. Keine Partei kann allein kündigen. Der Sachverständige kann (nur) wegen wichtigen Grundes kündigen (Gruchot 54. 1160, Recht 1913 Nr. 396 für das Schiedsrichter-Verhältnis). § 74

6. **Abs. 3. Können die Sachverständigen sich nicht einigen, so ernennen sie einen Obmann, — einen „dritten Sachverständigen"** (vgl. HG Hamburg Seebohm 372: Ohne solche Bestimmung oder Vereinbarung sei die Ernennung eines Obmanns unzulässig). Sie können den Obmann aber auch vor der Feststellung (oder dem Versuch der Feststellung) für den Fall, daß sie sich nicht einigen würden, ernennen. Anm. 21

a) Die Sachverständigen ernennen den Obmann. Nicht die Parteien. — Die Sachverständigen ernennen den Obmann gemeinschaftlich. — Über den Begriff der Ernennung: oben Anm. 14. Der Obmann wird durch Erklärung gegenüber den Parteien ernannt. Die Ernennung kann, wenn sie auch nur einer Partei gegenüber erklärt ist, nicht widerrufen werden. — Die Sachverständigen brauchen die Parteien vor der Ernennung und über die Ernennung nicht zu hören (vgl. OAG Lübeck Seebohm 223). — Über das Rechtsverhältnis des Obmanns zu den Parteien: oben Anm. 20.

b) Auch der Obmann muß sachverständig (oben Anm. 16) und muß unbefangen (oben Anm. 7) sein. Und zwar in höherem Grade unbefangen als die von den Parteien ernannten Sachverständigen. Denn hier kommt die Erwägung, daß der Sachverständige immerhin von der Partei ernannt ist, nicht zu Raum. Der Obmann steht ganz über den Parteien. Also „eignet sich zu einem Obmann, der bei einander widersprechenden Gutachten der beiden von den streitenden Parteien berufenen Sachverständigen die Entscheidung regelmäßig allein in seiner Hand hat, ohne dabei durch einen ihm gleichgeordneten Sachverständigen kontrolliert zu werden, . . . nur eine bei dem Streite der Parteien bisher nicht beteiligte, ihm völlig unbefangen gegenüberstehende Person" (RG 69. 170, 45. 350, JW 1905. 90, BGH VersR 1957. 122 = APV 1957. 70, Prölß Anm. 5 zu § 64 VVG, wobei indessen daran zu erinnern ist, daß es sich hier einstweilen noch gar nicht um einen „Streit der Parteien" handelt oder zu handeln braucht, vgl. oben Anm. 8). — Ist der Obmann nicht sachverständig, nicht unbefangen, so ist die Ernennung und ist das unter seiner Mitwirkung abgegebene Gutachten unwirksam (oben Anm. 16, 17). Die Parteien müssen aber, wenn sie den Mangel in der Person des Obmanns kennen, unverzüglich widersprechen; sonst gelten sie als einverstanden (oben Anm. 16, 17). Anm. 22

c) **Können die Sachverständigen der Parteien sich über den Obmann nicht einigen,** so bezeichnet jeder von ihnen einen (nur einen) dritten Sachverständigen. Unter den so Bezeichneten **entscheidet das Los.** In welcher Weise das Los zu ziehen ist, bestimmen die Sachverständigen. Können sich sich auch hierüber nicht einigen, so müssen andere Sachverständige ernannt werden (§ 74 Abs. 8 Satz 3). Vgl. HansOLG HansRGZ 1935 B = Sasse Nr. 435, wo ein Gutachten für unverbindlich erklärt wurde, weil die Sachverständigen den Obmann durch die Handelskammer hatten ernennen lassen. Dazu kritisch Schlegelberger SVR Bem. 4 zu § 74 ADS, daß in diesem Verfahren eine Einigung der Sachverständigen über die Person des Obmanns liegen könnte, die nach Abs. 3 in erster Linie herbeizuführen zu versuchen sei. — Wenn sich das Schiff **im Ausland** befindet, tritt an die Stelle der Losziehung ein anderes Verfahren. Der Versicherungsnehmer oder für ihn der Schiffsführer (oben Anm. 14) ersucht den Anm. 23

§ 74 **Konsul** des Heimatstaates oder, hilfsweise, einen anderen Konsul oder, hilfsweise, einen zuständigen **Beamten** des Aufenthaltsstaates um Ernennung des Obmanns. Ist der Konsul usw. Partei, so kann er nicht ernennen. Ebensowenig, wenn er befangen, z. B. Angestellter einer Partei, ist (abw. Sieveking 173, HG Hamburg HGZ 1879. 100). Denn da der Obmann „völlig unbefangen" sein muß (oben Anm. 22), muß das Ernennungsorgan es erst recht sein. Die ernennende Stelle braucht die Parteien vor der Ernennung nicht zu hören (vgl. OAG Lübeck Seebohm 223). Ist auf keine dieser Weisen ein Obmann zu erlangen, so muß der Versicherungsnehmer den Schaden in anderer geeigneter Weise feststellen lassen (§ 74 Abs. 9 Satz 2; oben Anm. 19).

Anm. 24 d) Sind die Sachverständigen der Parteien zum Teil einig, nur zum Teil uneinig, so hat der Obmann es nur mit dem Teil zu tun, über den die Sachverständigen sich nicht einigen können (Gerhards Praxis 2. 20). Es schadet aber natürlich nicht, daß der Obmann auch den nichtstreitigen Teil der Feststellung mit trifft und das ganze Gutachten unterzeichnet.

Anm. 25 7. **Abs. 4.** Wenn der Versicherungsnehmer nicht unverzüglich einen Sachverständigen ernennt, braucht der Versicherer nicht zu entschädigen (§ 74 Abs. 2, 9; vgl. auch oben Anm. 11). Der Versicherer ist also im praktischen Ergebnis frei. — Anders, **wenn der Versicherer nicht unverzüglich** einen Sachverständigen **ernennt.** Der Versicherungsnehmer hat in diesem Falle die Wahl. Er kann, ohne sich etwas zu vergeben, warten (oben Anm. 15). Er kann den Schaden in anderer geeigneter Weise feststellen lassen (§ 74 Abs. 4 Satz 2). Er kann den Versicherer auf Ernennung eines Sachverständigen verklagen (oben Anm. 11). Er kann aber auch den Versicherer zur Ernennung eines Sachverständigen **auffordern** und, wenn der Versicherer der Aufforderung (in angemessener Frist) nicht entspricht, **von der Handelskammer,** in deren Bezirk das Schiff sich befindet, einen Sachverständigen **ernennen lassen.** — Für den Versicherungsnehmer kann **der Schiffsführer** auffordern (vgl. dazu oben Anm. 14). — Die Aufforderung ist eine der Mahnung (BGB § 284) entsprechende, empfangsbedürftige (im übrigen keiner besonderen Form bedürfende) Willenserklärung (über empfangsbedürftige Erklärungen vgl. Vorb. vor § 1 Anm. 33). Sind mehrere Versicherer beteiligt, so kann und muß die Aufforderung an jeden einzelnen gerichtet werden. Ist ein Versicherer „Führer", so ist Aufforderung an ihn genügend, aber auch erforderlich (näheres: Vorb. V vor § 1). Aufforderung an Vertreter, insbesondere Gesamtvertreter: § 3 Anm. 18. Aufforderung an Havariekommissare: unten Anm. 61. — Ist das Schiff **im Ausland,** so tritt an die Stelle des Aufforderungsverfahrens das im § 74 Abs. 3 bestimmte Verfahren. — Der Versicherungsnehmer kann also, wenn der Versicherer mit der Ernennung des Sachverständigen im Verzug ist, nicht etwa ohne weiteres auf Entschädigung klagen (anders für den Fall des Fehlens von Hilfsbestimmungen RG 45. 352, APV 1907 II. 95).

Anm. 26 8. **Abs. 5.** Das Feststellungsverfahren wird im allgemeinen von den Sachverständigen selbst bestimmt. Die Sachverständigen können insbesondere die ihnen nötig erscheinenden Ermittlungen anstellen und die Parteien zu Aufklärungen auffordern (vgl. APV 1904. 73, aber auch unten Anm. 29). Die Vorschriften der ZPO über das schiedsrichterliche Verfahren finden keine, auch keine nur sinngemäße Anwendung (Rau ZfVW 1905. 278, ROHG, 3. 76, RG 45. 352, Bolze 6 Nr. 1290, APV 1904. 73, KG APV 1904. 145, BGH VersR 1952. 35, BGHZ 6. 335, Prölß Anm. 2 zu § 64 VVG, Baumbach-Lauterbach, ZPO 28. Aufl., Vorbem. vor § 1025 ff. E; abw. Weismann AfcP 72. 317; unklar Wagner 48; vgl. auch oben Anm. 7). Ist das Gutachten der Sachverständigen erkennbar unvollständig, so kann jede Partei seine Ergänzung bezüglich der nicht behandelten Punkte verlangen (BGH VersR 1965. 332 und dazu Anm. Prölß VersR 1965. 436 mit Zustimmung für den BGH).

a) In einigen Beziehungen bestimmen aber die ADS über das Verfahren. Diesen Bestimmungen müssen die Sachverständigen entsprechen. Sonst ist ihr Gutachten unwirksam, kann der Versicherer gemäß § 74 Abs. 9 „die Zahlung verweigern". Anm. 27

1. **Die Sachverständigen müssen den Schaden besichtigen.** Es genügt nicht, daß sie ihn besichtigen lassen und daß sie sich darüber berichten lassen, oder daß sie Zeugen vernehmen. Vgl. auch Weismann AfcP 72. 303, siehe auch HansOLG HansRGZ 1939 B = 89 Sasse Nr. 451, wonach es ausnahmsweise genügen kann, daß sich die Sachverständigen mit Berichten der Beteiligten und urkundlicher Belegung ihrer Darstellung begnügen). Anm. 28

2. Die Sachverständigen müssen **die Beteiligten, soweit tunlich,** zur Besichtigung **zuziehen,** d. h. ihnen Gelegenheit geben, an der Besichtigung teilzunehmen und dabei die zur Feststellung des Schadens dienlichen Erläuterungen zu geben. — Beteiligt sind Versicherer und Versicherungsnehmer, im Falle der Versicherung für fremde Rechnung auch der Versicherte. Soweit diese durch Bevollmächtigte, insbesondere der Versicherer durch einen Havariekommissar (§ 74 Abs. 10), vertreten sind, sind die Vertreter zuzuziehen. — „Soweit tunlich", — d. h. soweit die Beteiligten oder ihre Vertreter erreichbar, insbesondere den Sachverständigen bekannt sind (vgl. auch unten Anm. 33). Auch wenn die Beteiligten vom Besichtigungsort so weit entfernt sind, daß sie zur Besichtigung nicht rechtzeitig eintreffen können, sind sie, wenn tunlich, zuzuziehen. Denn sie können sich durch Ortsansässige vertreten lassen. — Die Parteien sind einander nicht verpflichtet, an der Besichtigung teilzunehmen. Aber aus der gegenseitigen Verpflichtung zur Mitwirkung bei der Schadensfeststellung folgt, daß sie die gehörige Besichtigung durch die Sachverständigen nicht beeinträchtigen dürfen, und insbesondere, daß der Versicherungsnehmer den Sachverständigen Gelegenheit geben muß, ihre Aufgabe zweckgemäß zu lösen. Verletzt der Versicherungsnehmer diese Verpflichtung, so muß er Schadensersatz leisten (BGB § 276; vgl. auch oben Anm. 11, § 13 Anm. 9). Ist das Gutachten der Sachverständigen infolgedessen offenbar erheblich sachwidrig, so ist es gemäß § 74 Abs. 8 Satz 1 unverbindlich. Haben die Sachverständigen sich infolgedessen geirrt, so kann der Versicherer anfechten (unten Anm. 54). Dagegen verliert der Versicherungsnehmer deshalb, weil er insoweit die Mitwirkungspflicht fahrlässig oder gar vorsätzlich oder gar arglistig verletzt hat, nicht ohne weiteres seinen Entschädigungsanspruch (Behrend ZfVW 1906. 168, APV 1905 II. 80). Anm. 29

3. Die Sachverständigen müssen **den Schaden feststellen,** und zwar soweit, wie es das von ihnen abzugebende Gutachten erfordert, aber auch, selbstverständlich, nur, soweit es möglich ist. Sie müssen selbst feststellen; es genügt nicht, daß sie durch andere feststellen lassen (oben Anm. 28). Über das Zusammentreffen mehrerer Seekasko-Schadenstaxen vgl. Kreutziger VersR 1965. 833. Ein solches Zusammentreffen kann eintreten, wenn sich die Sachverständigen bewußt auf den begutachteten Teil beschränkt haben oder ihnen mit oder ohne Fahrlässigkeit das Vorhandensein weiterer Schäden entgangen ist. Eine solche nur teilweise Begutachtung kann dann noch ein neues oder ein ergänzendes Gutachten erforderlich machen. Vgl. auch BGH VersR 1965. 332: Ist das Gutachten der Sachverständigen erkennbar unvollständig, so kann jede Partei seine Ergänzung bezüglich der nicht behandelten Punkte verlangen. Siehe auch BGH VersR 1965. 280: Wenn nautisch-fehlerhaftes Verhalten einer Schiffsführung nachgewiesenermaßen den heftigen Anprall eines Schiffes gegen die Kaimauer eines Seehafens herbeigeführt hat, so ist die Frage, ob hierdurch auch Unterwassenschäden an diesem Schiff verursacht sind, die erst bei einer zweiten Schadenstaxe in Erscheinung treten, nach § 287 ZPO zu entscheiden. Anm. 30

§ 74

Anm. 31 4. Die Sachverständigen müssen über das Ergebnis der Besichtigung und Feststellung ein **Gutachten erstatten.** Selbst erstatten. Sie können sich dabei nicht vertreten lassen. Das folgt ohne weiteres aus der nahen Verwandtschaft, die zwischen Schiedsrichtern und Schiedsgutachtern besteht, aus dem besonderen Vertrauen, dem beide ihr Amt verdanken (vgl. auch oben Anm. 28, 30, übrigens auch BGB §§ 613, 664, Wedemeyer WuRVers 1913. 118). — Das Gutachten muß enthalten:

α) Die **Bezeichnung der Sachverständigen und der** zur Besichtigung **zugezogenen Beteiligten** (oder ihrer Vertreter), mögen diese an der Besichtigung teilgenommen haben oder nicht.

β) Die Bezeichnung **derjenigen, welche die Sachverständigen ernannt haben** (des Versicherungsnehmers, des Versicherers, des Versicherten, eines Vertreters usw.).

γ) Die Bezeichnung **des Ortes und der Zeit** der Besichtigung und der Feststellung.

Anm. 32 δ) Die Bezeichnung **der einzelnen Schäden,** d. h. derjenigen Schäden, die festzustellen, die Sachverständigen von beiden Parteien beauftragt sind, und, soweit ihnen kein Auftrag erteilt ist, derjenigen Schäden, für die der Versicherungsnehmer Entschädigung verlangt, mögen dies Versicherungsschäden oder versicherungsfreie Schäden sein. — Im Falle eines Teilverlustes, etwa des angeblichen Verlustes von Rettungsbooten, wird es den Sachverständigen nicht immer möglich sein, den Schaden festzustellen. In solchen Fällen kann der Versicherungsnehmer, wenn er die Unmöglichkeit der Feststellung nicht zu vertreten hat, „den Schaden in anderer geeigneter Weise" feststellen lassen (§ 74 Abs. 9 Satz 2; vgl. auch Weismann AfcP 72. 305, Bolze 2 Nr. 848, 13 Nr. 336, Gruchot 30. 1028).

Anm. 33 ε) Die Bezeichnung der **Schadensursachen, insbesondere die Angabe, ob die Schäden** (für die der Versicherungsnehmer Entschädigung verlangt) **durch Seeunfälle während der letzten Reise oder durch andere Umstände** (auf früheren Reisen, durch Alter, Abnutzung usw.; vgl. auch HGB § 884 Nr. 4 und dazu Voigt 695, 720, ROHG 4. 89, RG HGZ 1891. 226, 1897. 276, HGZ 1897. 134, HG Hamburg HGZ 1879. 159) und durch welche Seeunfälle (vgl. z. B. § 64) sie **verursacht sind,** — alles, **soweit tunlich** (siehe dazu auch OLG Hamburg JRPV 1938. 29). Tunlich ist, was mit der Beschleunigung, die selbstverständliche Pflicht der Sachverständigen ist, und mit den Mitteln getan werden kann, die den Sachverständigen zu Gebote stehen. Diese Mittel sind beschränkt. Der Versicherungsnehmer hat zwar dem Versicherer gegenüber die besondere Aufklärungspflicht des § 43, nicht aber den Sachverständigen gegenüber. Immerhin müssen die Beteiligten auch im Schadensfeststellungs-Verfahren Treu und Glauben im höchsten Maße betätigen (§ 13). Insbesondere muß der Versicherungsnehmer die Sachverständigen so unterstützen, wie es die Treuepflicht erfordert (vgl. auch oben Anm. 29). — Die Sachverständigen haben also insbesondere, soweit tunlich, auch festzustellen, ob der Schaden durch ein Verschulden des Versicherungsnehmers verursacht ist (vgl. Weismann AfcP 72. 295) oder dadurch, daß das Schiff seeuntüchtig in See gesandt ist. Ersteres festzustellen wird freilich selten, letzteres festzustellen schon eher „tunlich" sein. Kommen mehrere adäquate Ursachen in Betracht, so werden die Sachverständigen regelmäßig nicht nur die zeitlich nächste Ursache festzustellen haben, weil auch eine entferntere Ursache als wirksamste die nächste sein kann (§ 28 Anm. 17ff.). — Über den Begriff des Seeunfalls: unten Anm. 34. Handelt es sich um eine Kriegsversicherung, so ist § 74 „entsprechend" anzuwenden (§ 121 Abs. 2), also „insbesondere" festzustellen, ob der

Schaden durch Kriegsereignisse verursacht ist. — Als „letzte Reise“ wird die letzte Franchisereise im Sinne des § 34 Abs. 3 anzusehen sein. Denn die Schadensfeststellung soll insbesondere ergeben, ob die Franchise überschritten ist. Demgemäß bestimmte auch AllgPlan 1847 § 53, daß „die Havarie einer jeden Reise separat dispachirt“ werden solle, und wollte auch § 129 ASVB, an den § 74 ADS angeknüpft, offenbar, wie § 83 ASVB ergibt, als „letzte Reise“ die letzte Franchisereise verstanden wissen. § 74

ζ) Die **Schätzung der Ausbesserungskosten**, und zwar nur der Kosten, **die zur Beseitigung der einzelnen, während der letzten Reise durch Seeunfälle entstandenen Schäden aufzuwenden sind.** Schäden, die vor der letzten Reise entstanden sind, kommen regelmäßig nicht in Betracht, weil sie früher hätten festgestellt werden können und müssen. Über den Begriff der „letzten Reise“: oben Anm. 33. — Besonderes Gewicht legen die Assekuradeure mit Recht darauf, daß „jeder einzelne Schaden“, daß jeder Schaden einzeln behandelt wird. Denn nur dann ist eine gehörige Nachprüfung des Gutachtens auf Sachgemäßheit möglich (vgl. auch unten Anm. 36, 48). Nur die Kosten, die zur Beseitigung der „durch Seeunfälle entstandenen Schäden“ erforderlich sind, müssen geschätzt werden. Der Ausdruck ist nicht genau. Der Versicherer haftet ja auch für andere als Seeunfall-Schäden, z. B. für Brand- oder Explosionsschäden. Es sollen nur solche Schäden nicht geschätzt werden, die, wie bloße Alters- oder Abnutzungsschäden, dem Versicherer offenbar nicht zur Last fallen (vgl. HGB § 884 Nr. 4: „Die Kostenanschläge genügen nur dann, wenn die etwaigen Schäden, die sich auf Abnutzung, Alter, Fäulnis oder Wurmfraß gründen, gehörig ausgeschieden sind“). Alters- und Abnutzungsschäden an den durch Seeunfall beschädigten Sachen, die bei der Ausbesserung durch neue zu ersetzen sind, sind jedoch nicht auszuscheiden; sie werden im Abzug des Unterschieds zwischen neu und alt (§ 75 Abs. 3 Nr. 1) berücksichtigt (§ 59 Anm. 9). Auch dieser Abzug ist nicht zu berücksichtigen. Ebensowenig ist für den Wert der durch neue zu ersetzenden, alten Sachen (§ 75 Abs. 3) etwas abzuziehen. Andererseits sind Kosten zuzuziehen, die aufgewendet werden müssen, um das Schiff nach dem Ausbesserungsort zu bringen (RG 43. 11, HGZ 1899. 150). Denn auch diese Kosten sind Kosten, die zur Beseitigung des Schadens aufzuwenden sind. Daß sie im § 75 Abs. 4 Satz 1 besonders erwähnt sind, kann hieran nichts ändern. Dagegen werden Aufwendungen, die der Versicherungsnehmer zur Beschaffung der Ausbesserungsgelder macht (§ 75 Abs. 4 Satz 2), als Kosten die zur Beseitigung des Schadens aufzuwenden sind, nicht anzusehen sein; überdies würde die Beseitigung dieser Aufwendungen kaum je „tunlich“ sein. — Näheres über Ausbesserungskosten: § 75 Anm. 20. Anm. 34

b) Sind einzelne Gegenstände (z. B. Schiffskörper und Maschine) besonders taxiert und deshalb gemäß § 7 als besonders versichert zu betrachten, so müssen die Sachverständigen hierauf besonders hingewiesen werden und besonders Bedacht nehmen. Vgl. auch oben Anm. 34. Anm. 35

c) Soweit die Sachverständigen Wahrnehmungen zu machen und im Gutachten aufzuzeichnen, festzustellen haben, hat es dabei der Natur der Sache nach im allgemeinen sein Bewenden. Anders, soweit die Sachverständigen Schlußfolgerungen zu ziehen haben und ziehen. Dann insoweit handelt es sich um die Ableitung eines Urteils aus mehreren Schlüssen, namentlich aus mehreren anderen gegebenen Urteilen (Vordersätzen oder Prämissen). Hieraus, aus dem Begriffe des Gutachtens und daraus, daß das Gutachten sonst nicht auf Sachgemäßheit nachgeprüft werden kann (was es doch gemäß § 74 Abs. 8 muß), folgt, daß das Gutachten insoweit begründet werden muß. „Bei der Endgültigkeit der betreffenden, in der großen Mehrheit der vorkommen- Anm. 36

§ 74 den Fälle im fernen Ausland vorzunehmenden Akta — in Bezug auf welche die Versicherer bei weitem nicht immer erwarten können, daß ihre Rechte und Interessen gleich denjenigen der Versicherten werden gewahrt werden, — ist es eine durch die Vorsicht notwendig gebotene Kontrolle, die Sachverständigen zu nötigen, nicht etwa nur mit irgendeinem kategorischen Ausspruch hervorzutreten, sondern durch Darlegung ihrer Gründe zu bekunden, daß ihnen ein richtiges Verständnis des gebrauchten Ausdrucks innegewohnt habe, und sie der Pflicht, ein gewissenhaft erwogenes und wirklich begründetes Urteil abzugeben, sich bewußt und im Stande gewesen seien, die Gründe, durch welche sie zu ihrem Ausspruch bestimmt wurden, anzugeben". So mit Recht ROHG 16. 107 (vgl. auch ROHG 4. 89, 14. 381, 20. 61, Gruchot 50. 831, RG HGZ 1891. 226, 1897. 276, HGZ 1897. 134, HG Hamburg HGZ 1879. 159, auch JW 1905. 91 und APV 1904. 73, wo ohne weiteres vorausgesetzt wird, daß das Gutachten begründet ist; ähnlich, wie hier, auch Weismann AfcP 72. 306, 317, auch Rau ZfVW 1905. 279: Zwar sei „Begründung nicht nötig, doch solle die tatsächliche Grundlage angegeben" werden, von der die Sachverständigen ausgegangen seien; anscheinend abw. OLG Colmar Baumgartners Gerichtspraxis 703). An der Maßgeblichkeit dieser Ausführungen wird dadurch nichts geändert, daß die ADS nicht (wie ASVB § 131) die Begründung besonders vorschreiben, sondern ihre Notwendigkeit in anderer Weise zum Ausdruck bringen (ebenso für HGB § 530: Schaps-Abraham II Anm. 5 zu § 530 HGB). Ob die Begründung richtig oder unrichtig ist, ist natürlich in diesem Zusammenhang ohne Bedeutung (vgl. JW 1905. 91, APV 1904. 73; aber auch unten Anm. 48).

Anm. 37 9. **Abs. 6.** Das Gutachten muß von allen Sachverständigen zusammen erstattet werden (APV 1910 II. 98). Die einzelnen Sachverständigen dürfen keine Sondergutachten erstatten (vgl. den Fall bei Rau ZfVW 1905. 278). Dies schließt aber nicht aus, daß in dem gemeinschaftlichen Gutachten auch abweichende Stimmen zu Worte kommen. Kommt es nicht zu einem gemeinschaftlichen Gutachten, so ist nach § 74 Abs. 8 Satz 3 zu verfahren. — **Stimmenmehrheit entscheidet** (vgl. auch Bolze 2 Nr. 849; aber auch RG 87. 195). So auch, wenn es sich um Meinungsverschiedenheiten über Summen handelt. Wenn z. B. die Ausbesserungskosten von zwei Sachverständigen auf 50000, von einem Sachverständigen auf 60000 geschätzt werden, sind sie auf 50000 geschätzt. Sind aber die drei Sachverständigen sämtlich verschiedener Ansicht über Summen, so ist die **mittlere Summe maßgebend** (nicht etwa der Durchschnitt, so ROHG 3. 76; vgl. auch GVG § 198 Abs. 2). Schätzt der eine Sachverständige die Kosten auf 50000, der zweite auf 55000, der dritte auf 75000, so sind 55000 maßgebend, nicht (50000 + 55000 + 75000): 3 = 60000.

Anm. 38 10. **Abs. 7.** Das Gutachten ist schriftlich zu erstatten, nämlich **von den Sachverständigen zu unterschreiben,** eigenhändig durch Namensunterschrift zu unterzeichnen. Ort und Zeit der Abfassung brauchen nicht angegeben zu werden (vgl. auch § 74 Abs. 5 Nr. 3). Kann oder will ein Sachverständiger nicht unterschreiben, so ist an seiner Stelle ein anderer Sachverständiger zu ernennen (§ 74 Abs. 8 Satz 3); ZPO § 315 (ersatzweise Unterzeichnung durch einen anderen Mitwirkenden) ist im Schadensfeststellungs-Verfahren so wenig wie im schiedsrichterlichen Verfahren anzuwenden. — Hat ein **Beauftragter des Versicherers** an der Besichtigung teilgenommen, so muß auch er unterzeichnen, — nicht zur Anerkennung der Verbindlichkeit des Gutachtens, sondern nur **zur Anerkennung seiner Beteiligung,** seiner Zuziehung (vgl. auch ROHG HGZ 1879. 394). Die Bestimmung beruht im wesentlichen auf Gründen des inneren Versicherungsdienstes, hätte daher als bloße Soll-Vorschrift gefaßt werden müssen und wird auch so in diesem Sinne verstanden werden dürfen.

11. Das Gutachten ist den Parteien mitzuteilen. Selbstverständlich (Rau ZfVW 1905. 288; vgl. auch BGB § 318 Abs. 1). Es muß beiden Parteien mitgeteilt werden. Aber erstattet ist es, wirksam wird es bereits, wenn es der ersten Partei mitgeteilt wird. Das ergibt sich aus dem Wesen der Feststellung als einer Rechtsgestaltung. Das Verhältnis ist ebenso, wie wenn ein Beteiligter selbst die Leistung des Schuldners zu bestimmen hat und durch seine Bestimmung, rechtsgestaltend, die Schuld festmacht (ROHG 11. 248, OLG Hamburg SA 56 Nr. 46, OLG Celle Rspr. 16. 367; vgl. aber auch unten Anm. 42, 43). Insbesondere können numehr die Sachverständigen ihr Gutachten nicht mehr aus eigenem Antrieb ändern (Rau ZfVW 1905. 288, Weismann AfcP 72. 316, ROHG 4. 431, HGZ 1903. 130, LG Hamburg HansRGZ 1934 B 276 = Sasse Nr. 719; anders für den Fall der Havariegrosse: Prot. 2702, RG HGZ 1885. 169). Bloße Schreibfehler, Rechenfehler oder ähnliche offenbare Unrichtigkeiten werden jedoch von den Sachverständigen berichtigt werden können (vgl. ZPO § 319). Ebenso offenbare Unvollständigkeiten (näheres: unten Anm. 42, 43; BGH VersR 1965. 332). Das Gutachten ist aber nicht deshalb unvollständig, weil der Versicherungsnehmer wegen eines weiteren Teilschadens Entschädigung verlangt, mit dessen Feststellung die Sachverständigen nicht betraut waren. In solchem Falle muß das Feststellungsverfahren von neuem beginnen (vgl. Gerhard 306, APV 1904. 34, 72), wenn nicht etwa die Unverzüglichkeitsfrist verstrichen ist (vgl. auch OLG München Rspr. 32. 211). § 74 Anm. 39

12. **Abs. 8 Satz 1 und 2.** Die von den Sachverständigen getroffene Feststellung, das Gutachten ist für die Parteien verbindlich (vgl. auch OLG Hamburg VersR 1963. 449 = Sasse Nr. 482). Das ist nicht besonders ausgesprochen, weil es sich von selbst daraus ergibt, daß das Gutachten nach § 74 Abs. 8 Satz 1 nur in einem bestimmten Falle nicht verbindlich sein soll. Anm. 40

a) Das Gutachten ist nicht so verbindlich, wie der Schiedsspruch. Ihm fehlt die Wirkung der Rechtskraft (ZPO § 1040). Es ist in ähnlicher Weise verbindlich, wie die Bestimmung der Leistung des Schuldners durch einen Dritten (BGB § 317). Es ist ebenso verbindlich, wie wenn die Feststellung von den Parteien selbst im Vertrag getroffen wäre. Dieser Art der Verbindlichkeit entspricht die Wirkung des Gutachtens im Versicherungsprozeß. Der Richter ist an das Gutachten ebenso gebunden, wie an den Vertrag oder an sonstige Rechtsgestaltungen, die nach dem Abschluß des Vertrags eingetreten sind. Das Gutachten beweist nicht etwa die Richtigkeit der darin festgestellten Tatsachen oder die Unrichtigkeit der darin als unrichtig bezeichneten Tatsachen (wenn es sie natürlich auch beweisen kann). Es beweist vielmehr einen Teil der Grundlagen des Vertragsverhältnisses. Keine Partei wird zum Gegenbeweis der Unrichtigkeit oder der Richtigkeit der als richtig oder unrichtig bezeichneten Tatsachen zugelassen. Erscheint die Klage auf Grund des Gutachtens begründet, so muß der Verklagte verurteilt werden. Erscheint die Klage auf Grund des Gutachtens unbegründet (etwa, weil die Sachverständigen festgestellt haben, daß der Schaden die Franchisegrenze nicht erreicht, oder daß der Schaden durch das Verschulden des Versicherungsnehmers oder durch die Inseesendung des seeuntüchtigen Schiffes verursacht ist), so muß sie abgewiesen werden. Vgl. insbesondere Kisch RheinZfZuPR 1917. 24, Weismann AfcP 72. 285ff.

b) Das Gutachten ist natürlich nur soweit verbindlich, wie der Feststellungsauftrag der Parteien reicht, also insbesondere regelmäßig nur in den durch § 74 Abs. 5 Nr. 4, 5 bestimmten Grenzen. Das Gutachten, das feststellen würde, daß der Versicherungsnehmer die vorvertragliche Anzeigepflicht verletzt hat, wäre insoweit nicht verbindlich. Ebensowenig das Gutachten, das feststellen würde, daß der Versicherer nach dem Versicherungsvertrag für den festgestellten Schaden nicht haftet (Molt 133; vgl. Anm. 41

§ 74 aber auch oben Anm. 33). Die teilweise Unverbindlichkeit des Gutachtens macht aber regelmäßig nicht das ganze Gutachten unverbindlich. Anders, wenn von den unverbindlichen Feststellungen die übrigen abhängen (zuweit gehend Kisch RheinZfZuPR 1917. 29).

Anm. 42 c) Das Gutachten kann andererseits auch hinter dem Feststellungs-Auftrag zurückbleiben, insbesondere nicht vollständig feststellen, was es nach § 74 Abs. 5 Nr. 4, 5 feststellen soll. Die bloße Unvollständigkeit macht das Gutachten nicht unverbindlich (HansOLG HansRGZ 1939 B 89 = Sasse Nr. 451). Das Gutachten z. B., das nur den Schaden feststellt und die Beseitigungskosten schätzt, aber trotz Tunlichkeit die Ursache des Schadens nicht feststellt, oder ein Gutachten, das nur „Besichtigungs- und nicht Taxations-Dokument" (HGZ 1897. 134) ist, ist doch, soweit es feststellt, verbindlich. „Dieser Mangel (der Vollständigkeit) ergreift nicht das ganze Attest" (RG HGZ 1897. 276, HansOLG Sasse Nr. 451, OLG Hamburg VersR 1963. 449 = Sasse Nr. 482). Die Parteien müssen die Sachverständigen veranlassen, das Gutachten zu vervollständigen (BGH VersR 1965. 332, HansOLG HGZ 1927 Nr. 65 = HRZ 1927. 527 = Sasse Nr. 370) und gegebenenfalls gemäß § 74 Abs. 8 Satz 3 neue Sachverständige zu ernennen. Die Sachverständigen können das Gutachten regelmäßig auch ohne Aufforderung der Parteien vervollständigen (HGZ 1903. 130; oben Anm. 39).

Anm. 43 d) Das Gutachten kann auslegungsbedürftig sein. Hierdurch verliert es noch nicht seine verbindliche Kraft. Allerdings sollen Rechtsgestaltungs-Erklärungen bestimmt sein. Aber auch eine auslegungsbedürftige Rechtsgestaltungs-Erklärung kann bestimmt sein. Andererseits muß das Gutachten natürlich auslegungsfähig, und zwar fähig sein, aus sich selbst und den bekannten Umständen des Falles ausgelegt zu werden (Gruchot 50. 830). Sonst wäre es in dem auslegungsbedürftigen Punkte unvollständig. Die Sachverständigen müßten das Gutachten vervollständigen (vgl. auch HG u. OG Hamburg HGZ 1879. 274: „nachträglich erläutern", auch HG Hamburg 1873. 101, 1879. 159). Sie können es aus eigenem Antrieb vervollständigen, wenn es sich um eine offenbare Unvollständigkeit handeln würde; sonst auf Veranlassung der Parteien, die einander zu solcher Veranlassung verpflichtet sind (näheres: oben Anm. 39, 42). — Besonderes Gewicht haben die Assekuradeure immer darauf gelegt, daß ihnen nicht Alters- oder Abnutzungsschäden, durch Seeuntüchtigkeit entstandene Schäden oder alte (vor Beginn der Versicherung entstandene) Schäden zur Last gelegt würden. Deshalb wies § 129 ASVB die Sachverständigen besonders an, festzustellen, welche Schäden, „als Folge... etwa der Abnutzung im gewöhnlichen Gebrauch, des Alters, der Fäulnis im Holz, des Wurmfraßes, einer fehlerhaften Bauart des Schiffes oder einer vor Antritt der letzten Reise erlittenen Beschädigung anzusehen seien" (vgl. auch HGB § 884 Nr. 4: „...die etwaigen Schäden, die sich auf Abnutzung, Alter, Fäulnis oder Wurmfraß gründen, gehörig ausgeschieden..."). Deshalb sollen die Sachverständigen nach § 74 Abs. 5 Nr. 4 insbesondere angeben, ob die Schäden „durch Seeunfälle oder durch andere Umstände verursacht sind". Nach Lage des Falles kann das Gutachten, obgleich es über die Ursache des Schadens nichts aussagt, dahin auszulegen sein, daß die festgestellten Schäden ohne Ausnahme die Folge von Gefahrereignissen, insbesondere keine Alters- oder Abnutzungsschäden, sind (vgl. Voigt 721, ROHG 4. 89, HG u. OG Hamburg, ROHG HGZ 1870. 342, 1873. 101, 1874. 175, 1875. 129, 1879. 159, RG HGZ 1891. 226, HGZ 1882. 68, 1889. 303, 1895. 235, auch OG Hamburg HGZ 1871. 120: Das Gutachten brauche nur „zu distinguieren, wenn überall Veranlassung zu solcher Distinktion vorliege").

Anm. 44 e) Das Gutachten ist auch insoweit verbindlich, als es feststellt, daß die Feststellung nicht „tunlich" war (vgl. oben Anm. 33). Der Versicherungsnehmer braucht nicht „den Schaden in anderer geeigneter Weise festzustellen" (§ 74 Abs. 9

Satz 2). Die Feststellung der Sachverständigen ist vielmehr auch in diesem Falle „gehörig". So selbst dann, wenn die Untunlichkeit der Feststellung darauf beruht, daß der Versicherungsnehmer die Sachverständigen nicht so unterstützt hat, wie es die Treuepflicht des § 13 erfordert hätte (vgl. oben Anm. 29, 33). Aber der Versicherer kann in solchem Falle Schadensersatz verlangen (§ 13 Anm. 9), und die ihm etwa obliegende Beweislast wird ihm abgenommen (vgl. auch ROHG HGZ 1879. 394, HGZ 1898. 268). Auch ist das Gutachten, wenn die Feststellung der Untunlichkeit offenbar erheblich sachwidrig ist, gemäß § 74 Abs. 8 unverbindlich. Ist sie durch Irrtum usw. beeinflußt, so ist sie anfechtbar (unten Anm. 54). **§ 74**

f) Das Gutachten ist für diejenigen verbindlich, die an dem Versicherungsverhältnis beteiligt sind, in dem das Gutachten erstattet ist, den Versicherer, den Versicherungsnehmer, den Versicherten, auch für den Doppelversicherer, der Ausgleichung verlangen kann oder ausgleichen soll, auch für die allgemeinen oder besonderen Rechtsnachfolger der Beteiligten, insbesondere für denjenigen, dem der Versicherungsnehmer die Entschädigungsforderung, sei es vor, sei es nach dem Versicherungsfall, abgetreten hat. Anm. 45

g) Nach § 319 Abs. 1 BGB ist, wenn ein Dritter die Leistung des Schuldners nach billigem Ermessen bestimmen soll, die Bestimmung für die Beteiligten nicht verbindlich, wenn sie „offenbar unbillig" ist, wenn sie von manifesta iniquitas ist, wie man früher sagte (z. B. ROHG 4. 429, RG 10. 130, JW 1900. 671, PucheltsZ 20. 79, WallmannsZ 39. 833, HGZ 1903. 208; vgl. 1. 79 D. pro socio 17. 2: unde si Nervae arbitrium ita pravum est, ut manifesta iniquitas ejus appareat, corrigi potest per judicium bonae fidei; C. civil Art. 1854: évidemment contraire à l'équité). Um die Bestimmung der Leistung des Schuldners handelt es sich hier nicht (oben Anm. 9). Aber es handelt sich um etwas ähnliches. Deshalb hat man auch in den Fällen der Feststellung des Schadens durch Dritte immer die Feststellung für unverbindlich erklärt, wenn sie „tatsächlich unrichtig", „offenbar unrichtig", „nachweisbar sachwidrig und unrichtig", „ungerecht", „als ein Akt der Willkür oder offenbar ungerecht oder in hohem Grade unbillig", „als Mißbrauch der den Sachverständigen übertragenen Befugnisse und grober Irrtum", nicht „gewissenhaft" erschienen ist (vgl. z. B. ROHG 4. 429, ROHG Baumgartners Gerichtspraxis 641, RG 6. 202, 10. 131, 24. 359, 69. 167, JW 1888. 130, 1891. 475, 1899. 124, 1900. 671, 739, 1906. 35, 1910. 836, SA 64 Nr. 208, Bolze 1 Nr. 746, 891, 3 Nr. 575, 5 Nr. 533, 9 Nr. 289, APV 1904. 73, OLG Hamburg, Dresden Rspr 17. 378, 22. 197, OLG Karlsruhe, Köln PucheltsZ 12. 599, 20, 79; auch OAG Lübeck Seebohm 227: bei „Unfähigkeit, Befangenheit oder offenbarem Irrtum" der Sachverständigen, dazu aber oben Anm. 16, 17). Denn, muß man auch offenbar sachwidrige Urteile und auch offenbar sachwidrige Schiedssprüche hinnehmen, — offenbar sachwidrige Schiedsgutachten haben die Parteien im Zweifel nicht gemeint, als sie sich dem Gutachten unterwarfen. Anm. 46

1. An diese Entwicklung schließen §§ 64, 184 VVG, § 74 ADS an. **Das Gutachten ist nicht verbindlich, wenn es offenbar von der wirklichen Sachlage erheblich abweicht.** Jedenfalls hiermit ist auch für die Seeversicherung die Auffassung überholt, daß, wenn „die Besichtigungs- und Begutachtungsdokumente in formell tadelloser Weise aufgenommen seien, abgesehen von den Fällen behaupteten und zu erweisenden Betrugs oder ähnlicher Vorkommnisse, weder die Richtigkeit des Urteils der Sachverständigen angefochten, noch auch Gegenbeweis gegen dasselbe geführt werden könne" (so ROHG 4. 89, 12. 402, OAG Lübeck BremS 5. 148, Seebohm 213, Kierulff 3. 352, OG Hamburg HGZ 1879. 11 usw., insbesondere noch für BSVB § 58: HGZ 1885. 5, 1893. 68). Anm. 47

§ 74 Anm. 48 2. Sachwidrig ist das Gutachten, wenn es dasjenige, was die Sachverständigen feststellen sollen, also insbesondere (falls die Parteien nichts anderes vereinbart, namentlich den Sachverständigen gemeinschaftlich aufgetragen haben) was nach § 74 Abs. 5 Nr. 4, 5 festgestellt werden soll, ganz oder teilweise unrichtig feststellt. — Die teilweise Unrichtigkeit macht nicht ohne weiteres das ganze Gutachten unverbindlich. Wenn die Sachverständigen z. B. sich nur in der Ursache des Schadens geirrt haben, kann die Schätzung der Beseitigungskosten doch verbindlich sein. Zwar bestimmt § 74 Abs. 8 nicht besonders, daß das Gutachten nur unverbindlich sein soll, „soweit" es sachwidrig ist. Aber dies ist der vernünftige und verkehrsmäßige Sinn der Bestimmung (so, wenngleich für das frühere Recht, RG HGZ 1897. 276, HGZ 1897. 134). Anders natürlich, wenn die teilweise Unrichtigkeit den übrigen Teil des Gutachtens beeinflußt hat. — Das Gutachten kann schließlich voller Sachwidrigkeiten und im Ergebnis doch richtig sein. Auf das Ergebnis kommt es nicht an (Gerhard 305, Hagen 1. 606; abw. Eberhard 86 unter unrichtiger Berufung auf Gruchot 50. 830). — Es kommt nur auf die objektive Sachwidrigkeit an (OLG Hamburg VersR 1963. 449 = Sasse Nr. 482). Nicht darauf, ob die Sachverständigen sich der Sachwidrigkeit bewußt waren oder doch hätten bewußt sein müssen (Molt 132, Weismann AfcP 72. 299, RG 10. 131, ZfVW 1914, JW 1900. 671, DJZ 1904. 554), oder ob sie „flüchtig und oberflächlich" gearbeitet haben (LZ 1909. 78, Gruchot 50. 830). Doch ist dies natürlich dafür von Bedeutung, ob die Sachwidrigkeit „offenbar" war (JW 1906. 35, ZfVW 1914. 851).

Anm. 49 3. Die Sachwidrigkeit muß offenbar sein, d. h. „nach Sachlage zweifellos", „in die Augen springend", mit Händen zu greifen (HRZ 1918, ZfVW 1914. 851, SA 64 Nr. 208). Nicht notwendig für jedermann, insbesondere für die Parteien oder den Richter, sondern für jeden Sachverständigen (HRZ 1918. 237, LZ 1909. 77, ZfVW 1914. 851, OLG Karlsruhe Rspr. 32. 210). Deshalb kann das Gericht hierüber auch Sachverständigen-Beweis erheben, über die Sachwidrigkeit natürlich auch anderen Beweis (HRZ 1918. 237, SA 64 Nr. 208, OLG Karlsruhe Rspr 32. 210). — Die Sachwidrigkeit muß zur Zeit der Feststellung offenbar gewesen sein (Anon. WallmannsZ 51. 113, Fuld AssJB 33. 21, Josef AssJB 39/40. 72, OLG Hamburg VersR 1963. 449 = Sasse Nr. 482). Sonst hätten Gesetz und ADS überhaupt nicht auszusprechen brauchen, daß die Feststellung „offenbar" von der wirtschaftlichen Sachlage abweichen müsse.

Anm. 50 4. Die Sachwidrigkeit muß erheblich sein. Im großen und ganzen geringfügige Sachwidrigkeiten beeinträchtigen die Verbindlichkeit des Gutachtens nicht. Sonst wäre kein Gutachten vor der Unverbindlichkeit sicher und „die ganze... wohlbewährte Einrichtung ihres Wertes beraubt" (KommB z. VVG 64). — Wie die Sachwidrigkeit selbst, so muß auch ihre Erheblichkeit „offenbar" sein. Hierüber oben Anm. 49. Vgl. auch HansOLG HansRGZ 1932 B 99 = Sasse Nr. 421.

Anm. 51 h) Die Unverbindlichkeit des Gutachtens ist heilbar. Die Beteiligten können darauf verzichten, sie geltend zu machen. Schweigen sie längere Zeit trotz Kenntnis vom wirklichen Sachverhalt, so wird regelmäßig Verzicht anzunehmen sein (vgl. Ritter JW 1905. 91). Zwar kann das Schweigen des Versicherers auch durch sein Vertrauen auf die Kontrolle des Gutachtens durch die Ausbesserung begründet sein (vgl. § 75 Abs. 3). Aber dieses, nur mögliche, Motiv seines Schweigens wäre ohne Bedeutung.

Anm. 52 i) Wenn oder soweit das Gutachten unverbindlich ist, fällt das Erfordernis der Schadensfeststellung nicht etwa weg. Zwar: eine außergerichtliche Feststellung des Schadens mit bindender Wirkung für Parteien und Gericht findet nicht mehr statt (ähnlich schon früher: z. B. Weismann AfcP 72. 324, RG 10. 132). Aber **die Fest-**

stellung erfolgt durch Urteil. Behauptet der Versicherungsnehmer, daß das Gutachten offenbar sachwidrig und deshalb unverbindlich sei, so ist seine Klage (wie in den Fällen der §§ 315, 319 BGB) Rechtsgestaltungs-Klage, das Urteil Rechtsgestaltungs-Urteil. Ebenso die Klage des Versicherers und das darauf ergehende Urteil. Der Versicherungsnehmer kann mit der Rechtsgestaltungs-Klage die Leistungsklage nur verbinden, wenn und soweit der Versicherer gemäß §§ 75, 44 zahlen muß. Stellt sich der Versicherungsnehmer auf den Boden des Gutachtens, so kann er, wenn der Versicherer die Unverbindlichkeit des Gutachtens einwendet, Feststellungsklage erheben. Er kann auch Leistungsklage erheben, wenn und soweit der Versicherer gemäß §§ 75, 44 zahlen muß. — Die Kosten des Rechtsgestaltungs-Prozesses fallen als Schadensfeststellungs-Kosten dem Versicherer zur Last (§ 32 Abs. 1; natürlich nur, wenn das Gutachten als unverbindlich befunden und der Schaden durch Urteil festgestellt wird). Über die Kosten des Leistungsprozesses ist lediglich nach prozeßrechtlichen Grundsätzen zu entscheiden. **§ 74**

k) Das Gutachten ist auch dann unverbindlich, wenn Verfahrensvorschriften verletzt sind, insbesondere, wenn die Sachverständigen nicht sachverständig oder befangen sind (oben Anm. 16, 17) oder nicht gemäß § 74 Abs. 5 verfahren haben (KG JRPV 1930. 116 = Sasse Nr. 405, HansOLG HansRGZ 1939 B 89 = Sasse Nr. 451), denn die Sachverständigen können das Verfahren nur insoweit bestimmen, als die ADS nicht bestimmt haben: oben Anm. 26, 27, ROHG 20. 61). In solchen Fällen wird der Schaden nicht durch Urteil festgestellt (ROHG 16. 110, 20. 61; abw. APV 1912 II. 74). Die Sachverständigen müssen aufgefordert werden, etwa Versäumtes nachzuholen (HansOLG HansRGZ 1939 B 89 = Sasse Nr. 451, Rau ZfVW 1905. 279, JW 1891. 416, 1897. 9, vgl. auch Bolze 1 Nr. 1712 und für Havariegrosse-Fälle: RG HGZ 1885. 169: auch ohne Aufforderung, dazu oben Anm. 39, 42, 43), so z. B. eine fehlende oder unzureichende Begründung (vgl. oben Anm. 36, 43, auch Mat. 1. 261: „Formfehler, die bei der Abschätzung begangen seien, könnten jederzeit nachgeholt werden"). Sind sie sachunverständig oder befangen, so müssen andere Sachverständige ernannt werden, wenn nicht die Unverzüglichkeitsfrist des Abs. 2 verstrichen ist (oben Anm. 16, 17). — Ob das Gutachten infolge der Verletzung von Verfahrensvorschriften unrichtig oder trotzdem richtig ist, ist ohne Bedeutung. Das kann in diesem Zustand der Dinge nicht geprüft werden (zweifelnd Gerhard 304; abw. Hagen 1. 604, APV 1913 II. 62, 1917 II. 26; vgl. auch oben Anm. 17). — Auch Verfahrensmängel können durch Verzicht der Beteiligten auf ihre Geltendmachung geheilt werden. Schweigen die Beteiligten trotz Kenntnis vom Mangel längere Zeit, so wird regelmäßig Verzicht anzunehmen sein (vgl. oben Anm. 16, 17, 51). Anm. 53

l) Das Gutachten ist schließlich unverbindlich, wenn die Beteiligten es wegen Irrtums, Drohung oder arglistiger Täuschung mit Recht anfechten (anal. BGB § 318 Abs. 2). Die Folge der Anfechtung ist, daß die Sachverständigen, vom Irrtum usw. befreit, das Gutachten von neuem erstatten müssen (Wagner 36; abw. Eberhard 89, Gerhard 302: Feststellung durch Urteil; ältere Auffassung: Weismann AfcP 72. 301, 322). — Die Anfechtbarkeit ist ohne große praktische Bedeutung. Denn, wenn das Gutachten anfechtbar ist, wird es regelmäßig auch offenbar erheblich sachwidrig sein, der Anfechtungsberechtigte also meist nicht anfechten, sich vielmehr auf die Unverbindlichkeit des Gutachtens berufen und Feststellung durch Urteil verlangen. Hieraus folgt aber natürlich nicht, daß die Beteiligten das Gutachten nicht anfechten können, wenn es offenbar erheblich sachwidrig ist. Anm. 54

m) Beweislast. Wer sich auf die Unverbindlichkeit des Gutachtens wegen Sachwidrigkeit oder Anfechtung beruft, muß beweisen; denn § 74 Abs. 8 Satz 1 ADS und § 318 Abs. 2 BGB sind Ausnahmebestimmungen. Er muß aber, wenn er sich auf Sach- Anm. 55

§ 74 widrigkeit beruft, auch bestimmte Sachwidrigkeiten behaupten; er kann nicht allgemein Sachwidrigkeit behaupten und sich dafür auf das Gutachten Sachverständiger berufen (LZ 1909. 78). — Wer Verletzung von Verfahrensvorschriften behauptet, braucht nicht zu beweisen. Denn die Beobachtung der Verfahrensvorschriften ist nach der Regelbestimmung Voraussetzung für die Verbindlichkeit des Gutachtens und muß daher von demjenigen bewiesen werden, der sich auf die Verbindlichkeit beruft.

Anm. 56 13. **Abs. 8 Satz 3. Wenn** (oder soweit) **die Sachverständigen** den Teilschaden **nicht feststellen können, müssen andere Sachverständige ernannt werden.** Der Schaden ist nicht etwa durch Urteil festzustellen (so VVG § 64, BGB § 319). Der Versicherungsnehmer kann auch nicht etwa gemäß § 74 Abs. 9 Satz 2 den Schaden anderweit feststellen lassen und Zahlung verlangen. — Aus welchem Grunde die Sachverständigen nicht feststellen können (Tod, Krankheit usw.), ist ohne Bedeutung. Trifft jedoch den Versicherungsnehmer daran, daß die Sachverständigen nicht feststellen können, insbesondere daran, daß er einen Sachverständigen ernannt hat, der nicht feststellen kann, die Schuld, so wird regelmäßig die Unverzüglichkeitsfrist des § 74 Abs. 2 verstrichen sein und der Versicherer demgemäß und gemäß § 74 Abs. 9 nicht zu zahlen brauchen. — Anders, wenn auch andere Sachverständige den Schaden nicht feststellen können. Das Feststellungsverfahren ist erschöpft. Der Schaden braucht insbesondere nicht gemäß § 74 Abs. 9 Satz 2 „in anderer geeigneter Weise" festgestellt zu werden. Der Versicherungsnehmer kann klagen und beweisen.

Ebenso, **wenn die Sachverständigen** den Schaden **nicht feststellen wollen.** Die Parteien (oder auch eine Partei) können zwar die Sachverständigen, die das Amt des Schiedsgutachters übernommen haben, auf Erfüllung verklagen (oben Anm. 20); insbesondere können die Sachverständigen, die nicht feststellen wollen, sich nicht etwa darauf berufen, daß nach § 74 Abs. 8 Satz 3 „die Ernennung anderer Sachverständiger herbeizuführen ist" (vgl. auch Wedemeyer WuRVers 1913. 122). Aber auf das Ergebnis solcher Klage können die Parteien, kann insbesondere der Versicherungsnehmer regelmäßig nicht warten. Übrigens genügt natürlich nicht, daß der Sachverständige nicht „will", sondern nur, daß er nicht zu wollen (ausdrücklich oder stillschweigend) erklärt (über unbestimmte Erklärungen des Nichtwollens: Wedemeyer WuRVers 1913. 123). — Selbstverständlich dürfen die Parteien keinen Sachverständigen ernennen, der erklärt hat, das Amt des Schiedsgutachters nicht übernehmen zu wollen (vgl. auch oben Anm. 18), auch keinen Sachverständigen, von dem sonstwie gewiß ist, daß er nicht will. Insbesondere läuft der Versicherungsnehmer, der gleichwohl einen solchen Sachverständigen ernennt, Gefahr, die Unverzüglichkeitsfrist des § 74 Abs. 2 zu versäumen.

Ebenso, **wenn die Sachverständigen die Feststellung ungebührlich verzögern.** Ungebührlich ist die Verzögerung, wenn sie erheblich ist und nicht durch genügende Gründe gerechtfertigt werden kann (näheres: § 66 Anm. 10). — Die Sachverständigen können sich den Parteien gegenüber, die Erfüllung verlangen oder kündigen (vgl. oben Anm. 20) oder Schadenersatz wegen nicht gehöriger Erfüllung verlangen, natürlich nicht darauf berufen, daß wegen ihrer ungebührlichen Verzögerung nach § 74 Abs. 8 Satz 3 „die Ernennung anderer Sachverständiger herbeizuführen ist".

Wenn ein Sachverständiger nicht kann oder will oder ungebührlich verzögert, braucht natürlich nur er, nicht auch der andere Sachverständige ersetzt zu werden. Haben die beiden Sachverständigen bereits einen Obmann ernannt, so muß der Obmann nunmehr gemäß § 74 Abs. 3 von neuem ernannt werden (abw. Hagen 1. 603).

Anm. 57 14. **Abs. 9 Satz 1.** Der Versicherungsnehmer kann nach § 44 Zahlung der Entschädigungssumme nicht eher verlangen, als er dem Versicherer eine Schadensrechnung mitgeteilt hat. Eine der wesentlichsten Grundlagen der Schadensrechnung bildet das Gutachten der Sachverständigen (im Falle der § 74 Abs. 8 Satz 2: das Urteil). Solange der Schaden nicht gemäß § 74 Abs. 1—8 festgestellt ist, ist der Entschädigungsanspruch des Versicherungsnehmers jedenfalls nicht fällig (Weismann AfcP 72. 311, Prölß Anm. 3 zu § 64 VVG, OLG Bremen VersR 1960. 842, OLG Frankfurt VersR 1959. 593, OLG München VersR 1959. 302; siehe auch HansOLG HGZ 1924 Nr. 148 = HRZ 1925. 23 = Sasse Nr. 323). Er wird es nicht einmal mit der Feststellung. Denn der Versicherer hat nach § 44 noch eine einmonatige Prüfungsfrist, und überdies wird die Entschädigung des Versicherers in erster Linie nicht sowohl durch die Feststellung als vielmehr durch die Ausbesserungskosten bestimmt (§ 75 Abs. 3). Der verklagte Versicherer, der deswegen die Abweisung der Klage beantragt, erhebt keine Einrede, macht kein Gegenrecht geltend, sondern erhebt eine Einwendung, bestreitet, daß der Kläger (jedenfalls zur Zeit) Entschädigung verlangen kann. Die Entschädigungsklage muß, wenn dies erhellt, auch ohne Einwendung (als jedenfalls verfrüht) abgewiesen werden (Elperting JW 1911. 395, Kisch RheinZfZuPR 1917. 17, Molt 132, Weismann AfcP 72. 311, JW 1891. 415, 1901. 304, 1904. 493; siehe auch RG 121. 396 = HansRGZ 1928 B 643 = HRR 1929 Nr. 326 = JW 1928. 3178 und die oben angeführten Entscheidungen der Oberlandesgerichte; abw. Marcus Recht 1912. 93, Salinger Recht 1908. 144). Ob der Versicherer, ob der Richter den Entschädigungsanspruch des Versicherungsnehmers für begründet oder für unbegründet hält, gilt gleich. — Soweit die Parteien im übrigen, also abgesehen von dem durch das Gutachten festzustellenden Sachverhalt, im Streite sind, können sie gegen einander Feststellungsklage erheben (Kisch RheinZfZuPR 1917. 20, Weismann AfcP 72. 305). So etwa, wenn der Versicherer bestreitet, daß das Ereignis, das unstreitig den Schaden herbeigeführt hat, ein Gefahrereignis ist (JW 1904. 493), oder bestreitet, daß ein wichtiger Grund, das Schiff nicht auszubessern, vorliegt (§ 75 Abs. 5, 6; vgl. RG HGZ 1897. 275, HGZ 1897. 131). § 74

a) Es ist also nicht genz genau, wenn § 74 Abs. 9 Satz 1 bestimmt: „**Der Versicherer kann die Zahlung verweigern, bis der Schaden gemäß den vorstehenden Bestimmungen festgestellt** ist“, — wie es z. B., umgekehrt, nicht genau ist, wenn § 55 bestimmt, daß der Versicherungsnehmer „nicht verpflichtet ist, dem Versicherten . . . die Police auszuliefern, bevor er wegen (gewisser) Ansprüche befriedigt ist“. Wie es sich in diesem Falle trotz des Wortlauts nur um eine Einrede, die Retentionseinrede, handelt (§ 55 Anm. 2, 3), handelt es sich im Falle des § 74 Abs. 9 Satz 1 trotz des Wortlauts um keine Einrede, sondern darum, daß der Versicherer „nicht verpflichtet ist“.

b) Daß der Versicherungsnehmer im Falle der Feststellung des Schadens durch Urteil bis zum Erlaß eines (rechtskräftigen) Urteils warten muß, scheint hart. Die Härte wird aber dadurch gemildert, daß der Versicherer auch verpflichtet ist, die zur Beschaffung der Ausbesserungsgelder nötigen Aufwendungen zu ersetzen (§ 75 Abs. 4), und diese Aufwendungen nach der (insoweit durch § 74 Abs. 9 nicht beeinflußten) Bestimmung des § 44 Abs. 1 Satz 2 zum größten Teile vorschießen muß.

c) § 27 Abs. 3 Satz 2 ASVB bestimmte das Verhältnis anders: Der Schaden brauchte nicht notwendig festgestellt zu werden; dafür sollte der Versicherungsnehmer, wenn der Schaden nicht festgestellt wurde, mit gewissen Beweismitteln ausgeschlossen sein, insbesondere mit der Berufung auf das Zeugnis des Kapitäns. Vgl. über die auf einem Kompromiß beruhende, ebenso unzulängliche wie unzweckmäßige Bestimmung Voigt 679, HGZ 1892. 100, 1898. 18.

15. **Abs. 9 Satz 2.** Die Feststellung durch Sachverständige kann überhaupt nicht möglich sein, etwa weil Sachverständige nicht vorhanden oder die vorhandenen nicht bereit sind, oder weil das Schiff inzwischen total verlorengegangen ist. Und die gehörige, insbesondere die vollständige Feststellung kann nicht möglich sein, etwa weil das Schiff Anm. 58

§ 74 zur Abwendung weiteren Schadens vorläufig hat ausgebessert werden müssen, vor dieser Ausbesserung die Feststellung nicht möglich war und nach der Ausbesserung die einzelnen Schäden nicht mehr gehörig erkennbar sind. Die gegenseitige Verpflichtung der Parteien, den Schaden durch Sachverständige gehörig feststellen zu lassen, kann nicht erfüllt werden. Die Verpflichtung wäre damit nach allgemeinen (Unmöglichkeits-) Grundsätzen weggefallen. Der Versicherungsnehmer könnte also ohne weiteres Entschädigung verlangen, wenigstens wenn ihn kein Verschulden trifft, und natürlich nur gemäß § 75, 44. Anders nach § 74 Abs. 9 Satz 2: Ist die gehörige (insbesondere auch die rechtzeitige) Feststellung infolge eines Umstandes unterblieben, den der Versicherungsnehmer zu vertreten hat, so bewendet es dabei, daß der Versicherer nicht zu zahlen braucht. Vgl. dazu RG 109. 363: Das ist regelmäßig der Fall, wenn die Schadensfeststellung nach § 74 an sich möglich und zumutbar war, der Versicherungsnehmer aber nichts getan hat, um diese Schadensfeststellung zu veranlassen und durchzuführen, insbesondere die unverzügliche Anzeige des Schadensfalls nach § 40 sowie die Bestellung eines Sachverständigen nach § 74 unterlassen hat, und der Versicherer ohne sein Verschulden von dem Versicherungsfall und dem Erfordernis einer Schadensfeststellung nach § 74 keine Kenntnis erhalten hat. Ist die gehörige Feststellung aber infolge eines Umstandes unterblieben, **den der Versicherungsnehmer nicht zu vertreten hat,** so kann der Versicherungsnehmer nicht ohne weiteres Entschädigung verlangen, sondern muß den **Schaden** (die einzelnen Schäden, soweit tunlich auch ihre Ursachen, und die Beseitigungskosten) **in anderer geeigneter Weise** (etwa durch „urkundliche Erklärungen des Schiffers", sonstige Zeugen und unbeteiligte Sachkundige, vgl. ASVB § 127 Abs. 3) **feststellen;** bis dahin braucht der Versicherer nicht zu entschädigen.

a) Als Umstände, die der Versicherungsnehmer zu „vertreten" hat, kann nach Sachlage nur schuldhaftes, also vorsätzliches oder fahrlässiges, Verhalten des Versicherungsnehmers in Betracht kommen. Der Versicherungsnehmer muß das Verschulden Dritter gemäß § 278 BGB vertreten. Bei der Versicherung für fremde Rechnung kommt auch das Verschulden des Versicherten in Betracht, der gleichfalls verpflichtet ist, bei der Feststellung des Schadens mitzuwirken (oben Anm. 13).

b) Die anderweitige Feststellung steht dem Gutachten der Sachverständigen nicht völlig gleich. Zwar hat sie mit ihm gemeinsam, daß der Versicherer vor der Feststellung nicht zu entschädigen braucht (hierüber: oben Anm. 57). Aber sie ist nicht wie das Schiedsgutachten, verbindlich. Der Versicherungsnehmer kann nunmehr gemäß §§ 75, 44 Entschädigung auf der Grundlage der Ausbesserungskosten verlangen oder, wenn der Schaden nicht ausgebessert werden kann oder nicht ausgebessert zu werden braucht, auf der Grundlage der sonstwie zu ermittelnden Ausbesserungskosten (§ 75 Anm. 26, 39).

c) Beweislast. Der Versicherungsnehmer muß behaupten und beweisen, infolge welchen Umstandes die Feststellung unterblieben ist, und daß er diesen Umstand nicht zur vertreten hat.

Anm. 59 16. **Abs. 10.** Schon früh waren „an den mehrsten vornehmsten Handels-Plätzen und Häven Commissarien von den Assecuradeurs angesetzt, um sich bei Havarien und Strandungen der Schiffe und Güter anzunehmen" (Plan 1800 a. E.). Später bestellten die Vereine der Seeversicherer für die wichtigsten Seeplätze der Erde solche Havariekommissare (oder Havarieagenten oder Korrespondenten). Vielfach haben die Vereine besondere Instruktionen erteilt. Diese von den Vereinen bestellten Kommissare gelten auch als Kommissare der den Vereinen angeschlossenen Versicherer (ROHG 16. 109; vgl. auch HGZ 1882. 67).

Anm. 60 a) Ob und in welchem Umfang diese Kommissare ermächtigt sind, den Versicherer in Schadensfällen zu vertreten, ist oft streitig geworden. Die Rechtsprechung hat angenommen, daß die Havariekommissare „durch ihre Erklärungen oder ihr Verhalten wohl Abweichungen von den das Konstatierungsverfahren am Havarieplatze betreffent den Vorschriften der (Versicherungsbedingungen) bewilligen könnten, nicht aber befugseien, über die Rechtsfolgen des Konstatierten Erklärungen, welche für den Versicherer verbindlich seien, abzugeben“ (ROHG 14. 381, 16. 110, 18. 380 HGZ 1895. 40; vgl. ferner ROHG HGZ 1879. 394, OAG Lübeck Seebohm 235, HG u. OG Hamburg HGZ 1866. 341, 1870. 267, 406, 408, 1871. 39, 1872, 14, 1873. 100, 1874. 44, 319, 1879. 158 und Begr. z. E. 1910 § 73 über ASVB § 127 Abs. 4 Nr. 2). § 74

b) An diese Entwicklung knüpft § 74 Abs. 10 an. **Der für den Bezirk des Havereiorts** (des Ortes, an dem der Schaden festzustellen ist) **bestellte Havariekommissar gilt** in ähnlicher Weise **als Bevollmächtigter des Versicherers,** wie nach § 74 Abs. 2, 4 der Schiffsführer als Bevollmächtigter des Versicherungsnehmers, — mag er vom Versicherer selbst, mag er nur vom Verein des Versicherers für den Bezirk (also allgemein, nicht für den einzelnen Fall) zum Havariekommissar bestellt sein. — Da die Ermächtigung durch den Versicherungsvertrag erteilt ist, kann sie nicht widerrufen werden. Da sie aber nur dem Havariekommissar als solchem erteilt ist, erlischt sie ohne weiteres, wenn der Bevollmächtigte die Eigenschaft des Havariekommissars verliert. Der Versicherungsnehmer kann sich insbesondere nicht darauf berufen, daß er den Verlust der Eigenschaft des Havariekommissars und damit das Erlöschen der Vollmacht nicht gekannt habe und nicht habe zu kennen brauchen. — **Die Vollmacht umfaßt** aber nach § 74 Abs. 10 (der insoweit den § 54 HGB näher ausführt) nur (vgl. dazu auch OLG Kiel SchlHAnz. 1925. 154 = Sasse Nr. 335): Anm. 61

1. die Ermächtigung, **Erklärungen des Versicherungsnehmers** (oder des Versicherten), **welche die Schadensfeststellung betreffen, entgegenzunehmen,** z. B. die Mitteilung über die Ernennung eines Sachverständigen oder die Aufforderung zur Ernennung eines Sachverständigen;

2. die Ermächtigung, **Geschäfte oder Rechtshandlungen, welche die Schadensfeststellung betreffen, für den Versicherer vorzunehmen,** z. B. Sachverständige zu ernennen, den Versicherungsnehmer zur Ernennung aufzufordern, über Art, Ort und Zeit der Besichtigung, über Form und Inhalt des Schiedsgutachtens mit dem Versicherungsnehmer (oder dem Versicherten) Vereinbarungen zu treffen, welche die Bestimmungen des § 74 Abs. 5—7, 8, 9 Satz 3 ändern oder ergänzen, auch wohl zu vereinbaren, daß der Schaden überhaupt nicht auf die im § 74 Abs. 1—8 bezeichnete, sondern auf andere Weise festgestellt wird. Über einen Fall stillschweigender Zustimmung des Havariekommissars zu einem, von dem allgemein vorgeschriebenen abweichenden, Feststellungsverfahren: HG Hamburg HGZ 1873. 100 (vgl. dazu auch OAG Lübeck Seebohm 218). — Ob die Geschäfte oder Rechtshandlungen gegenüber dem Versicherungsnehmer oder gegenüber Dritten, insbesondere den Sachverständigen, vorzunehmen sind, gilt gleich. — Aus dieser Ermächtigung zur Vornahme von Geschäften und Rechtshandlungen würde sich übrigens auch bereits ergeben haben, daß der Havariekommissar ermächtigt ist, „Erklärungen des Versicherungsnehmers, welche die Feststellungen des Teilschadens betreffen, entgegenzunehmen“. Denn wer ermächtigt ist, gewisse Geschäfte und Rechtshandlungen vorzunehmen, ist im Zweifel auch ermächtigt, entsprechende Erklärungen entgegenzunehmen. Der Havariekommissar ist deshalb auch z. B. ermächtigt, das Schiedsgutachten von den Sachverständigen entgegenzunehmen.

c) Die Vollmacht des Havariekommissars bezieht sich also nur auf die Schadensfeststellung. Hierüber hinaus ist der Havariekommissar nicht ermächtigt. Er kann nicht mit dem Versicherungsnehmer vereinbaren, daß der Schaden überhaupt nicht Anm. 62

§ 74 festgestellt wird. Noch weniger kann er anerkennen, daß der Versicherer verpflichtet ist, den festgestellten Schaden zu ersetzen, oder anerkennen, daß die von den Sachverständigen oder sonstwie getroffene Feststellung richtig ist. Deshalb ist ihm vorsichtigerweise zur Pflicht gemacht, das Schiedsgutachten nur „zur Anerkennung der Beteiligung" zu unterschreiben (§ 74 Abs. 7; vgl. auch HG Hamburg HGZ 1879. 159). Aber auch so ist die Vollmacht des Havariekommissars umfangreich. Denn die Schadensfeststellung, auf die der Havariekommissar mitzuwirken ermächtigt ist, ist ja für den Versicherer, grundsätzlich wenigstens, verbindlich. Jedenfalls kann der Havariekommissar das Schiedsgutachten nicht mehr mit dem Vermerk unterzeichnen: „Ausgefertigt unter Vorbehalt sämtlicher Rechte des Versicherers, wie sie in der Police ausbedungen sind" (so Instruktion im SVJB 1914. 75) und noch weniger mit dem Vermerk: „Richtig befunden, im übrigen ohne Präjudiz für Umfang und Verbindlichkeit der Versicherung". Im übrigen wird das Verhältnis zwischen Versicherer und Havariekommissar durch § 74 Abs. 10 natürlich nicht berührt, — so wenig, wie, umgekehrt, das Vollmachtverhältnis des § 74 Abs. 10 durch das Verhältnis zwischen Versicherer und Havariekommissar berührt wird (teilw. abw. ROHG 18. 287). Der Versicherer kann insbesondere den Havariekommissar anweisen, keine Geschäfte oder Rechtshandlungen vorzunehmen, welche die Schadensfeststellung betreffen. Anweisungswidrige Geschäfte usw. würden zwar im Verhältnis zwischen dem Versicherer und dem Dritten wirksam sein, aber den Havariekommissar zum Schadensersatz verpflichten. Vollmachtwidrige Geschäfte usw. gehen den Versicherer nicht an. Der Versicherer kann sie aber genehmigen und dadurch wirksam machen (BGB §§ 177, 180, 184). Die Genehmigung kann auch stillschweigend erteilt werden und wird in Fällen der vorliegenden Art regelmäßig als erteilt angesehen werden müssen, wenn der Versicherer von dem vollmachtwidrigen Verhalten des Havariekommissars erfährt und nicht unverzüglich widerspricht. — Ist der Havariekommissar zugleich Versicherungsnehmer oder sonstwie Beteiligter, so kann er den Versicherer sich selbst gegenüber nur insoweit vertreten, als es sich um ein Rechtsgeschäft handelt, das ausschließlich in der Erfüllung einer Verbindlichkeit besteht (BGB § 181). — Über einen Fall von Untreue des Havariekommissars: HGZ 1912. 33 (vgl. dazu ITVMitt 1912. 42).

Anm. 63 d) Die ADS ermächtigen den Havariekommissar nur, bei der Feststellung von Teilschäden (und in einigen anderen, besonderen Fällen: §§ 67 Abs. 2, 77, 91 Abs. 1, 92, 93 Abs. 2, 94 Abs. 2) mitzuwirken. Die Ermächtigung wird jedoch nach der Verkehrssitte auf Erklärungen, Geschäfte und Rechtshandlungen zu erstrecken sein, die überhaupt mit der Feststellung von Versicherungsschäden zusammenhängen. So z. B. auf Erklärungen usw., welche die Feststellung des Wertes der im Falle des Totalverlustes geretteten Sachen betreffen (§ 71 Abs. 1 Satz 3). Dagegen ist der Havariekommissar nicht ohne weiteres ermächtigt, den Versicherer bei der Abwendung oder Minderung des Schadens zu vertreten, z. B. gemäß § 41 Abs. 1 Weisungen zu erteilen oder gemäß § 96 Abs. 1 den Verkauf der versicherten Güter zu verlangen oder die Havariegrosse-Dispache zu „genehmigen" und damit auf die Ansprüche gegen Havariegrosse-Genossen des Versicherungsnehmers wegen der Unrichtigkeit der Dispache zu verzichten (HG u. OG Hamburg Seebohm 502).

Anm. 64 e) Der Versicherer kann auch einen anderen, „einen speziellen Vertreter" (ASVB § 127 Abs. 4 Nr. 2) mit der Wahrnehmung seiner Interessen betrauen. Auf solche Dritte findet § 74 Abs. 10 keine Anwendung (Begr. z. E 1910 § 73). Ob und inwieweit sie den Versicherer vertreten können, richtet sich lediglich nach der ihnen erteilten Vollmacht (vgl. OAG Lübeck HambS 2. 869). — Über Vollmachterteilung: BGB §§ 167ff. Die Erteilung einer Vollmacht kann nicht schon ohne weiteres darin erblickt werden, daß der Dritte in einem früheren Schadensfalle als Vertreter des Versicherers tätig gewesen ist (OAG Lübeck HambS 2. 869; insofern bedenklich HGZ 1895. 39, wo aber immerhin als „ausschlaggebend" die stillschweigende Vollmachterteilung im Schadensfeststellungs-Falle behandelt wird). — Vollmachtwidriges Verhalten von Bevollmächtigten wird (wie vollmachtwidriges Verhalten von Havariekommissaren: oben Anm. 62) als genehmigt gelten müssen, wenn der Versicherer nicht unverzüglich widerspricht. § 74

f) Mit dem Abschluß oder der Vermittlung von Versicherungsgeschäften betraute Agenten des Versicherers sind natürlich nicht ohne weiteres auch als Havariekommissare des Versicherers zu betrachten. Sie können aber Erklärungen des Versicherungsnehmers entgegennehmen, welche die Schadensfeststellung betreffen, so z. B. die Ernennung des Sachverständigen oder die Aufforderung zur Ernennung eines Sachverständigen (HGB § 86 Abs. 2). Anm. 65

17. Die Kosten der Schadensfeststellung fallen gemäß § 32 Abs. 1 Nr. 3 dem Versicherer zur Last. Aber natürlich nur, wenn und soweit er für den Schaden haftet, der, festgestellt oder nicht, Gegenstand des Feststellungsverfahrens war (§ 32 Anm. 24). Ergibt sich, daß der Schaden 3% des Versicherungswerts nicht erreicht, so hat der Versicherer die Kosten überhaupt nicht zu ersetzen (§ 34). Ergibt sich, daß der Versicherer nur für einen von drei „einzelnen" Schäden haftet, deren Feststellung der Versicherungsnehmer verlangt hat, so braucht er die Kosten insoweit nicht zu ersetzen, als die Kosten nicht entstanden wären, wenn der Versicherungsnehmer nur Entschädigung für den einen Schaden verlangt hätte. Die Kosten sind in solchen Fällen nicht etwa nach prozeßrechtlichen Grundsätzen verhältnismäßig zu teilen (vgl. VVG-Entwurf von 1903 § 60 Abs. 4, Gerhard 307). Daß vom geschätzten Betrag oder von den Ausbesserungskosten gemäß § 75 Abs. 3 wegen des Unterschiedes zwischen neu und alt usw. Abzüge gemacht werden müssen, kommt nicht in Betracht. — Wenn der Vertrag die Klausel „Frei von den ersten 10%" enthält und der Schaden mehr als 10% beträgt, wird der Versicherer die ganzen Kosten ersetzen müssen. Denn die Kosten sind nur durch die Versicherung veranlaßt. — Kosten, die dadurch entstehen, daß der Versicherungsnehmer einen Interessenvertreter zum Schadenfeststellungs-Verfahren zugezogen hat, werden im allgemeinen nicht ersetzt (§ 32 Abs. 1 Nr. 3; vgl. auch HG, LG Hamburg HGZ 1879. 361: Provision des Assekuranzmaklers für das „Inkasso der Police"). Provision für seine eigene Beteiligung am Schadenfeststellungs-Verfahren kann der Versicherungsnehmer natürlich nicht verlangen (§ 32 Anm. 23; vgl. auch AlteKZP, AlteKRP Mat. 2. 104, 108). — Zu den Kosten der Schadensfeststellung gehört insbesondere die den Sachverständigen gebührende Vergütung. Für diese Vergütung aber haften Versicherer und Versicherungsnehmer als Gesamtschuldner (oben Anm. 20). Nach § 426 BGB sind Gesamtschuldner im Verhältnis zueinander zu gleichen Anteilen verpflichtet, soweit nicht ein anderes bestimmt ist. Ein anderes ist hier durch § 32 für den Fall bestimmt, daß der Versicherer den Schaden zu ersetzen hat. Ein anderes ist aber nicht für den Fall bestimmt, daß der Versicherer den Schaden nicht zu ersetzen hat. In diesem Falle muß also die Vergütung geteilt werden oder, im praktischen Ergebnis, jede Partei die Vergütung ihres Sachverständigen und die halbe Vergütung des Obmanns zahlen (so auch schon HG Hamburg Ullrich Nr. 277). Anders, wenn der Versicherungsnehmer etwa treuwidrig Feststellung des Schadens verlangt haben würde (§ 13 Anm. 9). Anders natürlich auch, wenn der Versicherungsnehmer gemäß § 74 Abs. 4 den Sachverständigen für den Versicherer hat ernennen lassen. Anm. 66

18. **Abweichende Vereinbarungen.** Die Parteien können natürlich Abweichendes vereinbaren (vgl. auch OLG Hamburg VersR 1963. 449 = Sasse Nr. 482). Auch stillschweigend. Aber solche stillschweigende Vereinbarung kann nicht schon daraus Anm. 67

§ 74 abgeleitet werden, daß der Versicherer in früheren Schadensfällen sich auf die Vertragswidrigkeit der Schadensfeststellung nicht berufen hat. Ebensowenig aus einer Verkehrssitte, nach der es mit der Schadensfeststellung nicht so genau genommen wird. Näheres: Vorb. vor § 1 Anm. 10, 15 ff.; vgl. auch OLG Hamburg HRZ 1923. 293 und HansRGZ 1931 B Nr. 239, 1932 B 115 = Sasse Nr. 420. Siehe über Schadensfeststellung durch den Havariekommissar HansOLG HGZ 1926 Nr. 40 = Sasse Nr. 354, LG Hamburg HansRGZ 1934 B 276 = Sasse Nr. 719. Vgl. ferner KG JRPV 1930. 117 = Sasse Nr. 405 (Lloyd's Agents), HansOLG JRPV 1931. 182 = Sasse Nr. 417 (Gemeindevorsteher in Choconia [Columbien] mit Zeugen), auch die Schadensfeststellungsklausel 21 der Zusatzbestimmungen und Fischer JRPV 1925. 249.

Anm. 68 19. § 74 ist auf **andere Versicherungen, die sich auf das Schiff beziehen**, sinngemäß anzuwenden (§ 79). Dazu wird sich im allgemeinen nur selten Gelegenheit bieten. Denn die nach § 74 festzustellenden Schäden gehen als solche im allgemeinen nur den Kaskoversicherer an, und Teilschäden an anderen als Kaskointeressen im Schiedsgutachter-Verfahren (allgemein oder wenigstens für den Fall eines Teilschadens am Schiffe) festzustellen besteht im allgemeinen kein Bedürfnis, wäre daher auch der Interessenlage nicht gemäß (vgl. auch für die Frachtversicherung: § 75 Anm. 49, § 105 Anm., für die Versicherung von Bodmereigeldern usw.: § 110 Anm.). — Im Falle der Mehrwert-Versicherung ist § 74 anwendbar, aber nur von Bedeutung, wenn der Teilschaden den Hauptversicherungs-Wert übersteigt. Die Feststellung im Hauptversicherungs-Verhältnis ist nicht ohne weiteres auch für das Mehrwert-Versicherungsverhältnis maßgebend (oben Anm. 45). Deshalb wird im Mehrwert-Versicherungsvertrag wohl vereinbart, daß die Feststellung im Hauptversicherungs-Verhältnis auch für das Mehrwert-Versicherungsverhältnis maßgebend sein soll (Vorb. vor § 1 Anm. 49). In solchem Falle fallen dem Mehrwert-Versicherer natürlich keine Kosten der Schadensfeststellung zur Last.

Anm. 69 20. § 74 gilt sinngemäß auch für die **Rückversicherung** (§ 79, § 1 Anm. 136). Aber die Rückversicherung ist Haftpflichtversicherung (§ 1 Anm. 145). Die sinngemäße Anwendung des § 74 ergibt also nur, daß der Rückversicherer nur haftet, wenn der Teilschaden am vorversicherten Schiff im Vorversicherungs-Verhältnis gemäß § 74 festgestellt ist, und daß das im Vorversicherungs-Verhältnis erstattete Schiedsgutachten auch für das Rückversicherungs-Verhältnis verbindlich ist (§ 1 Anm. 148). Ob der Vorversicherer sich dem Vorversicherten gegenüber auf die offenbare erhebliche Sachwidrigkeit des Gutachtens und seine hieraus sich ergebende Unverbindlichkeit berufen muß, wird durch die Schadenabwendungs-Pflicht des Vorversicherers bestimmt. Braucht er sich hiernach auf die Unverbindlichkeit nicht zu berufen, so kann sich auch der Rückversicherer darauf nicht berufen. — Der abwicklungsberechtigte Vorversicherer kann von der Schadensfeststellung teilweise oder ganz absehen, wenn ein nicht rückversicherter Versicherer verständiger- und billigerweise davon absehen würde (§ 1 Anm. 154), — was bei kleineren Schäden leicht der Fall sein wird.

Anm. 70 21. **Fremde Rechte.** a) Englisches Recht. Das verbindliche Schiedsgutachten ist unbekannt. Der Versicherungsnehmer erhält Ersatz der Ausbesserungskosten oder, wenn das Schiff nicht ausgebessert wird, der Wertverminderung (näheres: § 75 Anm. 51). Wenn nötig, läßt der Versicherungsnehmer oder sein Makler (§ 44 Anm. 17) den Schaden durch average adjusters schätzen (vgl. Rules of Practice of the Association of the Average Adjusters, die sich im Anschluß an die Rechtsprechung gebildet, auch Customs of Lloyd's in sich aufgenommen haben und laufend ergänzt werden (Fassung von 1960 bei Arnould 1333 App. 4, vgl. insbesondere Nr. 45 ff. über Particular average on ship). Vgl auch die Tender clause: § 75 Anm. 51.

b) Französisches Recht. Auch ihm ist das verbindliche Schiedsgutachten unbekannt. Der Versicherer ersetzt die Ausbesserungskosten. Wird nicht ausgebessert, zahlt er sur devis estimatif, sans que l'assureur puisse exiger une justification du devis par l'exécution effective des réparations (Ripert Nr. 2748). Siehe für die in der französischen Praxis geltende Regelung Art. 23 der Kaskopolice. § 74 Anm. 71

c) Über Versuche der Aufstellung internationaler Regeln über die Entschädigung im Falle des Teilschadens: Intern. Marine Insurance Rules der Intern. Law Association, Rouen Conf. 1900, Glasgow Conf. 1901. Anm. 72

§ 75

Ausbesserung

(1) Nach Feststellung eines Teilschadens ist das Schiff unverzüglich auszubessern. Der Versicherungsnehmer hat in Ansehung der Ausbesserung auch das Interesse des Versicherers wahrzunehmen. Vor dem Abschlusse des Ausbesserungsvertrags ist der Versicherer unter Vorlegung eines Vertragsentwurfs wenn tunlich zu hören.

(2) Der Versicherer kann die Ausbesserung beaufsichtigen. Der Versicherungsnehmer hat dem Versicherer auf Verlangen über den Stand der Ausbesserung Auskunft zu erteilen und nach der Ausbesserung über die durch sie erforderten Aufwendungen Belege vorzulegen, insbesondere auch mitzuteilen, welche Abzüge oder Nachlässe von den in den Belegen angegebenen Beträgen ihm bewilligt sind.

(3) Die Ersatzpflicht des Versicherers wird durch die für die Ausbesserung aufgewendeten Kosten bestimmt. Übersteigt der Gesamtbetrag dieser Kosten den von den Sachverständigen geschätzten Betrag, so wird die Ersatzpflicht durch den geschätzten Betrag bestimmt. Von diesen Beträgen werden abgezogen:

1. zunächst ein Betrag, der dem aus dem Unterschiede zwischen neu und alt sich ergebenden Minderwert entspricht;
2. demnächst ein Betrag, der dem Werte der durch neue ersetzten Sachen entspricht. Der Wert dieser Sachen ist auf Verlangen des Versicherers durch öffentliche Versteigerung festzustellen.

(4) Dem Versicherer fallen auch die Aufwendungen zur Last, deren es bedarf, um das Schiff an den Ort, an dem es ausgebessert werden soll, und erforderlichenfalls zurückzubringen. Das Gleiche gilt von den Aufwendungen, die der Versicherungsnehmer zur Beschaffung der für die Ausbesserung erforderlichen Gelder macht.

(5) Der Versicherungsnehmer kann, wenn ein wichtiger Grund, der in seinen besonderen Verhältnissen liegt und von ihm nicht zu vertreten ist, vorliegt, unter Angabe dieses Grundes unverzüglich nach Feststellung des Schadens dem Versicherer erklären, daß er das Schiff nicht ausbessern werde; als ein wichtiger Grund ist es auch anzusehen, wenn der Versicherungsnehmer das Schiff vor dem Beginne der Ausbesserung veräußert, ohne daß der Erwerber in das Versicherungsverhältnis eintritt. Die Ersatzpflicht des Versicherers wird in diesem Falle durch den festgestellten Betrag des Schadens bestimmt. Von diesem Betrag ist

§ 75 der im Absatze 3 Nr. 1 bezeichnete Betrag und ein Betrag, der dem im Absatze 3 Nr. 2 bezeichneten Werte entspricht, abzuziehen.

(6) Streitigkeiten darüber, ob ein wichtiger Grund im Sinne des Absatzes 5 vorliegt, werden durch ein Schiedsgericht entschieden. Jede Partei hat einen Schiedsrichter zu ernennen. Können die Schiedsrichter sich nicht einigen, so erwählen sie einen Obmann. Können sie sich auch über die Person des Obmanns nicht einigen, so wird der Obmann von dem zur Vertretung des Handelsstandes berufenen Organ ernannt, in dessen Bezirk sich die gewerbliche Niederlassung des Versicherers oder seines Vertreters befindet, von der aus der Vertrag geschlossen ist.

Anm. 1 1. Vgl. HGB § 872, ASVB §§ 127 Abs. 1, 130, AlteKZP, AlteKRP Zusatz zu § 130 (Mat. 2. 104, 108), BSVB §§ 58 Nr. 9, 59 Abs. 1—8.

Anm. 2 2. **Literatur:** Ehrenzweig JRPV 1929. 105—114, 183f. (Die Ausbesserungspflicht des Kaskoversicherten). Ewald HansRGZ 1930 A 347—362 (Die Ausbesserungspflicht in der Seeversicherung). Fricke NeumZ 1925. 329 (Ein Beitrag zur Teilschadenklausel). Hochgräber NeumZ 1930. 766 (Die Ausbesserungspflicht in der Seeversicherung), ITVMitt 1934. 38 (Die Rechtsfolgen verzögerter Schadensfeststellung und Ausbesserung), ITVMitt 1939. 6 (Teilschaden am Schiff). Kreutziger, Die Kommandobrücke 1963. 303 (DTV-Ausbesserungsklausel). Kisch WuRVers 1920. 1 (Die Wiederherstellungsklausel beim Versicherungsvertrage). Möller MDR 1950. 393 (Unausgebesserte Teilschäden und nachträglicher Totalverlust in der Seekaskoversicherung). W. Pe. NeumannZ 1916. 275 (Über den Abzug neu für alt bei Schiffsreparaturen). Pfeiffer JRPV 1929. 137 (Die Ausbesserungspflicht des Kaskoversicherten). Ritter JRPV 1929. 89—94 (Die Ausbesserungspflicht des Kaskoversicherten). Zdiarsky Das Schiff 1916. 151 (Über den Abzug neu für alt bei Schiffsreparaturen).

Anm. 3 3. Güter sind regelmäßig zum Verkauf, Schiffe regelmäßig zum Gebrauch bestimmt. Für den Fall der Beschädigung versicherter Güter empfiehlt sich daher als Grundlage der Entschädigung der Vergleich zwischen Gesundwert und Schadenswert (§ 93). Für den Fall des Teilschadens am Schiffe dagegen empfiehlt sich, darauf Rücksicht zu nehmen, daß das Schiff regelmäßig wieder zum Gebrauch hergerichtet, ausgebessert werden muß, also die Ausbesserungskosten zur Grundlage der Entschädigung zu wählen. Deshalb sind bei der Feststellung des Teilschadens die Ausbesserungskosten zu schätzen (§ 74 Abs. 5 Nr. 5). „Erfahrungsgemäß werden die Reparaturkosten, namentlich an überseeischen Plätzen, stets reichlich hoch taxiert, und nicht selten bleiben die aufgewandten Kosten der vollzogenen Reparatur erheblich unter der Taxe" (Voigt 700). Deshalb ist die Kontrolle der Schätzung durch die Ausbesserung nicht zu entbehren (vgl. auch RG 121. 396 = HansRGZ 1928 B 643 = HRR 1929 Nr. 326 = JRPV 1928. 245 = JW 1928. 3178 (Anm. Ehrenzweig)). Freilich braucht der Versicherer Schätzungen, die „offenbar von der wirklichen Sachlage erheblich abweichen", nicht gelten zu lassen (§ 74 Abs. 8). Aber er ist beweispflichtig (§ 74 Anm. 55), und zu beweisen, daß eine Kostenschätzung offenbar erheblich sachwidrig ist, ist schwer (vgl. HGZ 1912. 33). — Aber auch die Kontrolle der Ausbesserung durch die Schätzung ist notwendig. Denn Ausbesserungen auf fremde Kosten pflegen teurer auszufallen als Ausbesserungen auf eigene Kosten (vgl. auch die Aufsätze Knittel's im Hamb. Corr. 10. 2. 1912 Abd.-Ausg.: „Die Retourkommission" und 27. 3. 1912 Abd.-Ausg.: „Der neue Hut", sowie HGZ 1912. 33). Deshalb hat man auch nirgend die Ausbesserungskosten allein maßgebend sein lassen. Nur the reasonable cost of the repairs ist nach MIA § 69 maßgebend (unten Anm. 51), nur le coût des remplacements et réparations reconnus nécessaires par les experts pour remettre le navire en bon état de navigabilité nach Art. 23 der französischen Kaskopolice. Nur die „aufzuwendenden", die notwendigen Kosten der Ausbesserung sind nach § 74 Abs. 5 Nr. 5 zu schätzen, nur die notwendigen Ausbesserungskosten nach § 75 Abs. 1 Satz 2 zu ersetzen (HGZ 1886. 202). Aber im übrigen weichen die ADS vom englischen und französischen Rechte ab. Diese beiden Rechtssysteme lassen es bei den verständigen oder notwendigen Ausbesserungskosten im wesentlichen bewenden. Nach den ADS ist die Schätzung der Sachverständigen verbindlich, selbst wenn sie zu hoch ist. Nur wenn die wirklichen Ausbesserungskosten niedriger sind als die Schätzung, sind sie maßgebend. Und wenn sie höher sind, als die Schätzung, ist die Schätzung maßgebend (vgl. auch HGB §§ 872, 709). — Die ADS fügen (dem Grundgedanken des deutschen Rechtes folgend, das die Schadenabwendungs-Pflicht des Versicherungsnehmers mehr betont als das englische) als besondere Kontrolle hinzu: Der Versicherungsnehmer muß bei der Ausbesserung auch das Interesse des Versicherers wahrnehmen, den Versicherer vor Abschluß des Ausbesserungsvertrags hören, dem Versicherer die Beaufsichtigung der Ausbesserung gestatten und dem Versicherer Auskunft und Belege über die Ausbesserung erteilen (§ 75 Abs. 1, 2). § 75

4. **Abs. 1 Satz 1.** Die Kontrolle der Schätzung durch die Ausbesserung kann auf den Fall beschränkt sein, daß ausgebessert wird. So HGB §§ 872, 709. Nach diesen Vorschriften kommt außerdem nur die Schätzung, nicht der Ausbesserungsaufwand in Betracht, wenn das Schiff nicht unterwegs, sondern am Orte, wo die Reise endigt, ausgebessert wird. Anders ASVB § 130 in der Fassung der AlteKZP und AlteKRP (Mat. 2. 104, 108): in jedem Falle „mußte ohne Verzug zur Reparatur geschritten werden". Damit schien die Kontrolle der Schätzung durch die Ausbesserung gewährleistet zu sein. Die Rechnung war aber ohne die Rechtsprechung gemacht. Die schlecht gefaßte Bestimmung des § 131 Abs. 5 ASVB bot die Handhabe, die Ausbesserungspflicht des Versicherungsnehmers zu leugnen (Begr. z. E 1910 § 74, RG 56. 250, HGZ 1897. 135, 1899. 16, 1903. 178; vgl. auch RG HGZ 1899. 152, HGZ 1899. 150). Auch die ADS müssen anerkennen, daß es Fälle gibt, in denen dem Versicherungsnehmer nicht zuzumuten ist, auszubessern (§ 75 Abs. 5). Aber grundsätzlich steht nunmehr fest: **Nach Feststellung des Teilschadens ist das Schiff auszubessern.** Die Feststellung erfolgt durch Sachverständige (§ 74 Abs. 1) oder durch Urteil (§ 74 Abs. 8 Satz 2) oder auf andere Weise (§ 74 Abs. 9 Satz 2). Anm. 4

a) Vor der Feststellung auszubessern ist der Versicherungsnehmer nicht verpflichtet. Er ist im allgemeinen dazu auch nicht berechtigt (Sieveking 173). Zwar ist dies weder im Gesetz noch in den ADS ausdrücklich ausgesprochen. Aber Zweck und Zusammenhang der §§ 74, 75 ergeben es ohne weiteres (vgl. auch § 93 Abs. 4 und einerseits Ehrenberg 443, andererseits Hagen 1. 593). Wenn der Schaden beseitigt ist, ist er nicht mehr da, kann er also auch nicht mehr „besichtigt", nicht mehr festgestellt werden. Hieraus ergibt sich aber auch die (in den ADS gleichfalls nicht ausgesprochene) Beschränkung. Bis zur Feststellung durch Urteil braucht der Versicherungsnehmer mit der Ausbesserung nicht zu warten. Ist der Schaden von den Sachverständigen festgestellt, so ist er „festgestellt", mag auch die Feststellung für die Beteiligten nicht verbindlich sein. Für die weitere Feststellung durch Urteil ist nunmehr wenigstens eine solche Unterlage vorhanden, daß das Schiff unbedenklich ausgebessert werden kann. Deshalb kann das Schiff nach der Feststellung durch die Sachverständigen auch dann ausgebessert werden, wenn die Feststellung deshalb nicht verbindlich ist, weil Verfahrensvorschriften verletzt sind oder die Feststellung mit Recht angefochten ist (§ 74 Anm. 53, 54). § 75 Abs. 1 Satz 1 bedeutet also: Das Schiff Anm. 5

§ 75 ist unverzüglich auszubessern, wenn der Teilschaden gemäß § 74 Abs. 1 durch Sachverständige oder gemäß § 74 Abs. 9 Satz 2 in anderer geeigneter Weise festgestellt ist. — Bei den Verhandlungen über den Entwurf der ADS ist freilich die Ansicht geäußert, daß die ADS dem Versicherungsnehmer nicht verböten, vor der Schadensfeststellung mit der Ausbesserung zu beginnen (Mat. 1. 265). Diese Ansicht ist aber aus den angegebenen Gründen nur für den Fall richtig, daß der „Beginn" der Ausbesserung die Feststellung nicht beeinträchtigt, sowie natürlich auch insoweit, als Notreparaturen, d. h. Ausbesserungen, die bis zur Schadensfeststellung nicht aufgeschoben werden können, zulässig, und zwar nicht nur zulässig, sondern auch nach den Grundsätzen über die Schadenabwendungs-Pflicht des Versicherungsnehmers geboten sind.

Anm. 6 b) Der Versicherungsnehmer ist verpflichtet, auszubessern. Über den Begriff des Versicherungsnehmers: § 3 Anm. 4. Über den Fall, daß mehrere Versicherungsnehmer beteiligt sind: Vorb. VI vor § 1. Haben insbesondere Miteigentümer das Schiff gemeinschaftlich versichert, so ist jeder einzelne verpflichtet. Daß einer die Ausbesserung schuldhaft verzögert, schadet nicht ohne weiteres auch den übrigen (vgl. BGB § 425). — Auch bei der Versicherung für fremde Rechnung ist der Versicherungsnehmer verpflichtet. Aber auch der Versicherte (vgl. § 74 Anm. 13). Das Verhältnis zwischen Versicherungsnehmer und Versichertem wird durch die Ausbesserungspflicht nicht berührt. Insbesondere hat der Versicherungsnehmer trotz der Ausbesserungspflicht die Rechte aus § 55. Zahlt der Versicherer dem Versicherten, der weder die Zustimmung des Versicherungsnehmers noch die Police besitzt, so ist die Zahlung dem Versicherungsnehmer gegenüber unwirksam (§ 53 Abs. 2); auch dann, wenn das Gezahlte zur Ausbesserung verwendet ist. — Ist durch die Veräußerung des Schiffes der Erwerber in das Versicherungsverhältnis eingetreten, so ist der Erwerber verpflichtet (§§ 49 Abs. 1, 50 Abs. 2 Satz 2). Ist der Versicherungsfall vor der Veräußerung eingetreten, so wird der Veräußerer verpflichtet sein (vgl. § 49 Anm. 25).

Anm. 7 c) Der Versicherungsnehmer muß **unverzüglich** ausbessern. Ohne schuldhaftes Zögern (näheres: § 3 Anm. 20). Schäden werden dadurch nicht kleiner, daß man mit ihrer Beseitigung wartet. Schon die Schadenabwendungs-Pflicht gebietet, so schnell wie möglich auszubessern. Natürlich muß der Versicherungsnehmer die Ausbesserung nicht nur unverzüglich beginnen, sondern auch unverzüglich beendigen (Mat. 1. 265).

Anm. 8 d) Ob das Schiff mit dem Teilschaden in einem Zwischenhafen oder im Bestimmungsort ankommt, gilt gleich. Auch wenn das Schiff in einem Zwischenhafen (endgültig oder vorläufig) nur mit höheren Kosten als daheim ausgebessert werden kann, muß es ausgebessert werden, muß also auch der Versicherer die Kosten ersetzen. Aber der Versicherungsnehmer muß „auch das Interesse des Versicherers wahrnehmen" (§ 75 Abs. 1 Satz 2). Er darf deshalb im Zwischenhafen mit höheren Kosten nur dann und soweit ausbessern, wenn und wie es sich zur Fortsetzung der Reise nicht vermeiden läßt.

Anm. 9 e) Zur Ausbesserung des „Schiffes" gehört natürlich auch die Ersetzung verlorengegangener Bestandteile und Zubehörstücke, z. B. die Anschaffung neuer Rettungsboote (vgl. auch § 1 Anm. 35, 36).

Anm. 10 f) **Abs. 1 Satz 2, 3. Der Versicherungsnehmer muß bei der Ausbesserung auch das Interesse des Versicherers wahrnehmen.** Er darf nicht auf fremde Kosten „liberal" sein. Dies ergibt sich aus der Schadenabwendungs-Pflicht des Versicherungsnehmers nicht ohne weiteres. Zwar dauert die Schadenabwendungs-Pflicht des Versicherungsnehmers während der Ausbesserung fort. Auch kann die Ausbesserung zur Abwendung von (weiterem) Schaden dienen (vgl. oben Anm. 7). Aber im übrigen dient die Ausbesserung weder zur Abwendung noch zur Minderung des durch die Ausbesserung zu beseitigenden Schadens, sondern vielmehr zu seiner Feststellung (RG 121. 396 = HansRGZ 1928 B 643 = HRR 1929 Nr. 326 = JRPV 1928. 245 = JW 1928. 3178 [Anm. Ehrenzweig]). An und für sich könnte daher auch der Versicherungsnehmer ohne Rücksicht auf den Versicherer ausbessern. Deshalb braucht der Versicherungsnehmer bei der Ausbesserung auch nicht das Interesse des Versicherers dem seinigen voranzustellen (wie im allgemeinen bei der Erfüllung der Schadenabwendungs-Pflicht: § 41 Anm. 10). Er muß es nur „auch" berücksichtigen. Deshalb ist auch eine besondere Nebenverpflichtung des Versicherungsnehmers seine Pflicht, **den Versicherer vor Abschluß des Ausbesserungsvertrags, wenn tunlich** (d. h. soweit es mit der gebotenen Beschleunigung verträglich ist) **zu hören und dabei den Entwurf des Ausbesserungsvertrags,** also regelmäßig eine Offerte der Werft über die Einzelheiten der Ausbesserung, **vorzulegen.** Weisungen (die Offerte anzunehmen oder abzulehnen oder anderweit ausbessern zu lassen usw.) kann der Versicherer dem Versicherungsnehmer nicht erteilen (HGZ 1879. 291). „Hören" bedeutet: dem Versicherer Gelegenheit geben, Einwendungen geltendzumachen (vgl. ZPO § 1034); der Versicherungsnehmer muß also auch (wenn tunlich) mit dem Abschluß des Ausbesserungsvertrags so lange warten, bis solche Einwendungen angemessenerweise geltend gemacht sein können. § 75

g) Der Versicherungsnehmer muß auch das Interesse des Versicherers wahrnehmen, also die billigste Ausbesserungsofferte annehmen. Aber er braucht nur solche Offerten anzunehmen, die eine dem Versicherungsvertrag entsprechende Ausbesserung gewährleisten (HG u. OG Hamburg HGZ 1879. 223, 291). Dem Versicherungsvertrag würde, genau genommen, eine Ausbesserung entsprechen, die das Schiff so wiederherstellt, daß sein Wert dem Versicherungswert entspricht, genauer: dem Werte, der als Versicherungswert anzunehmen wäre, wenn das Schiff zur Zeit der Ausbesserung unbeschädigt wäre und versichert würde (noch genauer: diesem Werte plus den durch den Unterschied zwischen neu und alt gebildeten Wertbetrag). Betrüge also der Versicherungswert (also der Wert beim Versicherungsbeginn: § 70 Abs. 1) 100000, der Wert zur Zeit der Ausbesserung infolge gestiegener Konjunktur 110000, so könnte der Versicherungsnehmer verlangen, daß ein Wert von 110000 wiederhergestellt wird (natürlich unbeschadet der durch die Versicherungssumme bestimmten Haftungsbeschränkung). Wäre der Versicherungswert taxiert und betrüge die Taxe 100000, der wirkliche Versicherungswert 150000, so könnte der Versicherungsnehmer nur verlangen, daß ein Wert von 100000, und, wenn der Wert durch die Konjunktur um 10% gestiegen ist, das Schiff also zur Zeit der Ausbesserung 165000 wert ist, daß ein Wert von 110000 wiederhergestellt wird. Die Verkehrsanschauung folgt aber nicht immer den Gesetzen der Logik. Sie öffnet die Taxe und berechtigt den Versicherungsnehmer zu verlangen, daß der wirkliche Versicherungswert wiederhergestellt wird, im Falle einer Konjunktursteigerung sogar der wirkliche Versicherungswert plus Mehrwert (hiergegen die Teilschaden-Klausel: § 70 Anm. 9), im Beispielfall also 150000 bzw. 165000 (immer natürlich unbeschadet der durch die Versicherungssumme bestimmten Haftungsbeschränkung). Der Versicherungsnehmer kann insbesondere das Schiff so ausbessern lassen, daß es die alte Klasse wiedererlangen kann (natürlich nur, wenn es sie auch unter anderen Umständen behalten oder wiedererhalten haben würde); er braucht es nicht nur so ausbessern zu lassen, daß das Schiff „nur überhaupt wieder seetüchtig wird" (HGZ 1897. 133; vgl. auch § 76 Abs. 3 Satz 3; im Ergebnis ebenso wohl Voigt 722 trotz Ablehnung einer „Garantie" für die Klasse; vgl. auch § 77 Anm. 7). Es schadet daher auch nicht, wenn das Schiff durch die Ausbesserung eine durch diese bedingte „Verstärkung erhält, welche der Reederei auch für spätere Reisen zugute kommt" (HG u. OG Hamburg HH 538); sie wird durch den Abzug des Drittels berück- Anm. 11

§ 75 sichtigt (§ 75 Abs. 3 Nr. 1). Wenn aber das Schiff früher als Passagierschiff gedient und ein Salondeck hat, jedoch nur als Frachtschiff verwendbar und verwendet, und das Salondeck durch Feuer zerstört ist, kann der Versicherungsnehmer nicht verlangen, daß er auch für das bei Bemessung des Versicherungswerts nicht zu berücksichtigende Salondeck entschädigt wird (Bristol Steam Nav. Co. v. Indemnity Mut. Mar. Ins. Co. 1887 bei White 39; vgl. auch oben Anm. 3 über die Notwendigkeit der Ausbesserungskosten und ASVB § 130 Abs. 11 in AlteKZP, AlteKRP Mat. 2. 104, 108).

Anm. 12 h) Die ADS haben den gewöhnlichen Fall vor Augen, daß der Versicherungsnehmer nicht selbst ausbessert. Wenn z. B. eine Werft ihren Schlepper nach den ADS versichert hat und selbst ausbessert, sind die Bestimmungen, welche die Ausbesserung durch einen Dritten voraussetzen, nicht oder nur sinngemäß anzuwenden. In solchem Falle kann natürlich auch die Werft in die Ausbesserungskosten den üblichen Verdienst einrechnen, obgleich der Versicherungsnehmer im allgemeinen für seine Mitwirkung bei der Schadensfeststellung keine Vergütung verlangen kann (§ 74 Anm. 66).

Anm. 13 i) Der Versicherungsnehmer muß unverzüglich ausbessern, das Interesse des Versicherers wahrnehmen, den Versicherer hören (nach § 75 Abs. 2 ferner: dem Versicherer die Beaufsichtigung gestatten, Auskunft erteilen und Belege vorlegen). Er ist dazu verpflichtet (RG 121. 396 = HansRGZ 1928 B 693 = HRR 1929 Nr. 326 = JW 1928. 3178 [Anm. Ehrenzweig]). Ebenso ist er verpflichtet, bei der Schadensfeststellung nach § 74 mitzuwirken (§ 74 Anm. 11). Deshalb muß die Verletzung der Ausbesserungspflicht auch dieselbe Rechtsfolge haben wie die Verletzung der Mitwirkungspflicht des § 74: Der Versicherer braucht nicht zu zahlen (vgl. jedoch auch § 75 Abs. 4 Satz 2). A. A. RG 121. 396 = HansRGZ 1928 B 693 = HRR 1929 Nr 326 = JW 1928. 3178: Sei der Teilschaden nicht in der durch § 75 vorgesehenen Weise ausgebessert worden, obwohl weder die in § 75 Abs. 5 erwähnte Ausnahme von der Ausbesserungspflicht, noch eine vom Versicherungsnehmer nicht zu vertretende Unmöglichkeit gehöriger Ausbesserung vorliege, so könne der Versicherungsnehmer zwar nicht schlechthin die nach § 74 Abs. 1—7 festgestellte Schadenssumme, wohl aber den Betrag verlangen, auf den er bei gehöriger und rechtzeitiger Ausbesserung gemäß § 75 Abs. 3, 4 Anspruch hätte. Gegen diese von Schlegelberger SVR Bem. 1 zu § 75 ADS als bedenklich bezeichnete Entscheidung Ritter JRPV 1929. 89 und Ehrenzweig JRPV 1929. 105 u. 183. Eher im Sinne des RG Pfeiffer JRPV 1929. 137 und Hochgräber ZfVW 1929. 376 u. 654. Siehe zu der Frage auch Ewald HansRGZ 1930 A 347 und gegen ihn Hochgräber NeumZ 1930. 766. Nach der DTV-Ausbesserungsklausel ist der Anspruch des Versicherten auf Ersatz eines Teilschadens — unbeschadet der Vorschrift des § 75 Abs. 5 — bedingt durch die Ausführung der Ausbesserung. Siehe dazu Möller MDR 1950. 393, der mit Recht die Ansicht vertritt, daß auch bei dieser Klausel die Leistungsfreiheit des Versicherers nicht eintritt, wenn die Ausbesserung ohne Vorsatz oder grobe Fahrlässigkeit des Versicherungsnehmers nicht erfolgt ist (so auch Schlegelberger SVR Bem. 1 zu § 75 ADS in entsprechender Anwendung des § 6 Abs. 3 VVG). — Auch § 278 BGB ist anwendbar (§ 74 Anm. 11). Insbesondere:

Der Versicherungsnehmer braucht das Verhalten des Kapitäns nicht ohne weiteres gegen sich gelten zu lassen. Zwar hat er ihm die versicherte Unternehmung anvertraut. Aber er hat ihm nicht auch allgemein für den Fall der Beschädigung des Schiffes die Ausbesserung überlassen. Anders, wenn er sich des Kapitäns zur Erfüllung seiner Ausbesserungspflicht bedient (vgl. § 33 Anm. 43, § 74 Anm. 14). Anders, wiederum, wenn und soweit der Kapitän „als solcher", in Ausführung seiner gesetzlichen Dienstverrichtungen ausbessern läßt, wenn es sich also um „gewöhnliche" Reparaturen oder um „außergewöhnliche Reparaturen im Falle der Notwendigkeit" handelt (vgl. HGB § 534 Abs. 3); dann braucht der Versicherungsnehmer das Verhalten des Kapitäns gemäß der besonderen, auch hier wirksamen Bestimmung des § 33 Abs. 3 nicht gegen sich gelten zu lassen (vgl. § 33 Anm. 44). Der Versicherer kann sich also im allgemeinen nicht darauf berufen, daß die Ausbesserung schuldhaft verzögert sei, weil „der Schiffer um Verhaltungsmaßregeln (des Versicherungsnehmers) nachsucht" (Mat. 1. 266); anders in diesem Falle, wenn der Kapitän vom Versicherungsnehmer mit der Ausbesserung beauftragt ist und die Ausbesserung schuldhaft dadurch verzögert, daß er Verhaltungsmaßregeln einholt. § 75

5. **Abs. 2. Der Versicherer kann die Ausbesserung beaufsichtigen.** Der Versicherungsnehmer muß den Ausbesserungsvertrag so schließen, daß der Versicherer von dieser Befugnis, „die Reparaturarbeiten durch seine Experten kontrollieren zu lassen" (ASVB § 130: Mat. 2. 104, 108), auch der Werft gegenüber Gebrauch machen kann. Anm. 14

Der Versicherungsnehmer muß dem Versicherer auf Verlangen über den Stand der Ausbesserung (also noch während der Ausbesserung) Auskunft erteilen und nach der Ausbesserung Auskunft erteilen und Belege vorlegen. Näheres hierüber: § 43 Anm. 4ff. So z. B. (verb.: „insbesondere") muß er mitteilen, welche Abzüge oder Nachlässe („Rabatte, Diskonto und sonstige Nachlässe": ASVB § 130: Mat. 2. 104, 108) ihm bewilligt sind. Eigentlich muß er diese Abzüge usw. ohne weiteres von den Ausbesserungskosten abziehen. Aber die Erfahrung lehrt, daß die „Retourkommission", der „neue Hut" und dgl. unausrottbar sind (vgl. Knittel oben Anm. 3).

Über die rechtliche Natur dieser Verpflichtung: oben Anm. 13.

6. Die durch den Ausbesserungsfall geschaffene Lage ist der Lage im Schadenabwendungs-Fall ähnlich. Deshalb werden durch Vereinbarung die Rechte des Versicherers für den Ausbesserungsfall oft erweitert. Besonders üblich ist die aus dem englischen Rechtsverkehr überkommene DTV-Tenderklausel (Vorb. vor § 113; englische Tenderklausel: unten Anm. 51), nach welcher der Versicherer insbesondere selbst Ausbesserungsofferten einholen und verlangen kann, daß der Versicherungsnehmer Ausbesserungsofferten einholt, die Ausbesserung dem Versicherer überläßt und das Schiff zunächst einer Notausbesserung unterziehen, demnächst zur endgültigen Ausbesserung an einen anderen Ort bringen läßt. Anm. 15

7. **Abs. 3.** Der Versicherer hat nicht die Ausbesserungskosten zu ersetzen. Aber die Ausbesserungskosten bilden die Grundlage für die Bemessung der Entschädigung: **Die Entschädigungspflicht des Versicherers wird** durch die Ausbesserungskosten **bestimmt.** Genauer: **durch die für die Ausbesserung aufgewendeten Kosten.** Die Ausbesserung muß beendigt, die Ausbesserungskosten müssen aufgewendet sein, bevor der Versicherungsnehmer dem Versicherer die Schadensrechnung mitteilen kann. Dies außer Zweifel zu stellen, ist E 1910 § 74 Abs. 3 („durch die Ausbesserungskosten bestimmt") gerade geändert worden. Anm. 16

a) Die Ausbesserungskosten kommen natürlich nur in Betracht, wenn und soweit der Teilschaden die versicherungsrechtliche Folge eines Gefahrereignisses ist. Wenn die Ausbesserungskosten sowohl Versicherungsschaden wie versicherungsfreien Schaden betreffen, kann die Ausrechnung schwierig sein. Die Schwierigkeit ist in England im Falle The Vancouver (1886 bei Arnould 1015 s. 1038), demnächst im Falle The Ruabon (1897 bei Arnould 1017 s. 1040) hervorgetreten. Im ersten Falle war das Schiff ins Trockendock gebracht, um notwendig gereinigt, geschrapt und gestrichen zu werden; dabei stellte sich ein versicherungsmäßiger Teilschaden heraus. Im zweiten Falle war die Sachlage umgekehrt; das Schiff wurde ins Trockendock gebracht, um wegen eines Versicherungsschadens ausgebessert zu werden; bei dieser guten Gelegenheit wurde das Schiff überholt und auch versicherungsfreier Anm. 17

§ 75 Schaden beseitigt, ohne daß deshalb höhere Dockkosten entstanden, als wenn das Schiff nicht überholt worden wäre. In beiden Fällen entstand die Frage, ob die Dockkosten und die durch Einbringung in das Dock und Ausbringung aus dem Dock entstandenen Kosten nur dem Versicherer oder nur dem Versicherungsnehmer oder beiden verhältnismäßig zur Last fallen. Im Vancouver-Falle wurde entschieden, daß die Dockkosten, soweit gleichzeitig versicherungsmäßige und versicherungsfreie Schäden beseitigt seien (und demgemäß auch die Kosten der Ein- und Ausbringung, die übrigens nicht im Streite waren), zur Hälfte dem Versicherer, zur Hälfte dem Versicherungsnehmer zur Last fielen. Denn so würde auch die Werft haben verfahren müssen, wenn zwei verschiedene Personen, die eine die Beseitigung der versicherungsfreien, die andere die Beseitigung der versicherungsmäßigen Schäden bestellt hätten und, notwendig, hätten bestellen müssen. Auf diesen Fall bezieht sich RPAssAvAdj 52 (bei Arnould 1347, vgl. § 74 Anm. 70): That where repairs on owners account which are immediately necessary to make the vessel seaworthy and which can only be effected in dry dock are executed concurrently with other repairs, for the cost of which the underwriters are liable, and which also can only be effected in dry dock, the cost of entering and leaving the dry dock, in addition to so much of the dock dues as is common to both repairs, shall be divided equally between the shipowner and the underwriters. Vgl. dazu Arnould 1015—1020 s. 1038—1043 und die dort näher angeführten Entscheidungen The Vancouver und The Ruabon. Im Ruabon-Fall wurden (schließlich) die gesamten Dockkosten mit Einschluß der Ein- und Ausbringungskosten dem Versicherer zur Last gelegt. Wenn die Dockkosten usw. nur zur Beseitigung eines Versicherungsschadens notwendig sind, fallen sie dem Versicherer auch dann ganz zur Last, wenn bei dieser Gelegenheit auch sonstige Arbeiten ausgeführt werden, deren wegen das Schiff nicht oder doch nicht schon jetzt hätte zu docken brauchen. Dieser Standpunkt ist auch für das deutsche Recht zu billigen. Man wird insbesondere die für gemeinschaftliche Zwecke notwendig aufgewendeten Dockkosten verhältnismäßig, d. h. im Verhältnis der Zeit, die für die besondere Beseitigung des Versicherungsschadens einerseits, des versicherungsfreien Schadens andererseits zu verwenden gewesen wäre, teilen und demgemäß die Kosten der Ein- und Ausbringung hälften müssen (so wohl auch Sieveking 175: „Verteilung nach billigem Ermessen"; vgl. auch Heck 509, der, wohl zuweit gehend, auch berücksichtigt wissen will, daß eine längere Dockung verhältnismäßig weniger kostet, als eine kurze, ferner § 32 Anm. 18). Man wird auch nicht etwa daraus, daß die Ausbesserungskosten für die Höhe der Entschädigung maßgebend sein sollen, ableiten wollen, daß solche Dockkosten dem Versicherer ganz zur Last fallen. Und man wird endlich daraus, daß der Versicherungsnehmer Vorteile, die durch den Versicherungsfall verursacht sind, sich auf die Entschädigung anrechnen lassen muß, nicht ableiten wollen, daß solche Dockkosten dem Versicherer überhaupt nicht zur Last fallen (vgl. Vorb. IX vor § 1). Soweit Dockkosten nur durch die Beseitigung von Versicherungsschäden entstehen, fallen sie natürlich nur dem Versicherer, soweit sie nur durch die Beseitigung versicherungsfreier Schäden entstehen, nur dem Versicherungsnehmer zur Last (Sieveking 175; vgl. auch Arnould a. a. O.). Wenn der Versicherungsnehmer bei Gelegenheit der Beseitigung von Versicherungsschäden im Dock auch andere Schäden beseitigen läßt, die auch ohne Docken hätten beseitigt werden können und ohne Verzögerung der Beseitigung des Versicherungsschadens beseitigt werden, fallen die Dockkosten dem Versicherer ganz zur Last (vgl. oben). In diesem Sinne auch Schaps-Abraham II Anm. 139 zu § 735 HGB: „Der Grundsatz der Vorteilsausgleichung kann auch dahin führen, daß, wenn der Geschädigte anläßlich der Reparatur des Kollisionsschadens noch ältere Schäden beseitigen, das Schiff überholen, den Boden reinigen oder neu malen läßt, Nutzungsverlust sowie

Kosten, welche für alle vorgenommenen Arbeiten gemeinsam aufgewendet worden sind, § 75
die aber auch dann erforderlich geworden wären, wenn nur die Kollisionsschäden beseitigt worden wären (z. B. Kosten der Dockung), zwischen dem Reeder und dem Schädiger angemessen aufgeteilt werden (OLG Hamburg HansRGZ 1928 B Nr. 298, 1941 B Nr. 99, BGH VersR 1960. 902 = Hansa 1961. 2260).“ Vgl. BGH VersR 1960. 902 = Hansa 1961. 2260 zu der Frage, ob zur Vorteilsausgleichung bei gleichzeitig ausgeführten Reparaturen von den für die Beseitigung der verschiedenen Schäden entstandenen Kosten oder vom Verhältnis der Reparaturzeit auszugehen ist. Die Aufteilung nach dem Kostenumfang kann danach für die Ansprüche der Geschädigten gegen den Schädiger nicht maßgeblich sein. Fehlen genauere Berechnungsmöglichkeiten für die Aufteilung, so ist diese notfalls vom Gericht gemäß § 287 ZPO zu schätzen. Die besonderen Kosten für die Beseitigung früherer Schäden, soweit sie sich gesondert feststellen lassen (also z. B. Arbeit und Material für den Bodenanstrich), gehören nicht zu den auf Grund der Kollision zu ersetzenden Schäden. Wurde die Zeitdauer der Dockung durch Beseitigung der früheren Schäden verlängert, so hat der Geschädigte den Mehrbetrag an Dockkosten zu tragen. Werden gleichzeitig mit Kollisions- und anderen Reparaturen Arbeiten an der Maschine durchgeführt, so kann der Schädiger eine Vorteilsausgleichung für die Maschinenarbeiten nicht verlangen, wenn sie innerhalb derjenigen Zeitdauer durchgeführt werden konnte, die schon wegen der sonstigen Instandsetzungen zu Lasten des Reeders geht (BGH a. a. O.).

b) Die Ausbesserungskosten bilden natürlich auch nur dann die Grundlage für Anm. 18
die Bemessung der Entschädigung, wenn bei der Ausbesserung auch das Interesse des Versicherers wahrgenommen ist (§ 75 Abs. 1, oben Anm. 11, 13), oder, was ungefähr auf dasselbe hinauskommt, the reasonable cost of repairs (oben Anm. 3) aufgewendet ist. — Anderweit zur Ausgleichung des Schadens Erlangtes muß sich der Versicherungsnehmer anrechnen lassen (Vorb. IX vor § 1). — Über die durch § 37 bestimmte Grenze hinaus sind die Ausbesserungskosten nicht maßgebend (RG HGZ 1891. 236).

c) Die Ausbesserung muß unter Umständen in eine vorläufige unterwegs (Not- Anm. 19
reparatur) und eine endgültige am Bestimmungsort zerfallen (vgl. oben Anm. 8). Dann sind die Kosten beider Ausbesserungen zusammenzurechnen und der Versicherer haftet gemäß § 37 sogar über die Versicherungssumme hinaus. Aber auch von den Notreparatur-Kosten werden die Abzüge nach § 75 Abs. 3 Nr. 1 und 2 gemacht, insbesondere der Abzug wegen des Unterschiedes zwischen neu und alt (vgl. auch HGB § 709 und dazu Boyens Seerecht 2. 518, Schaps-Abraham II 929f.). Anders, wenn die Notreparatur nicht erfolgt, um die Reise fortzusetzen, sondern nur, weil das Schiff an dem Orte, wo es notdürftig ausgebessert wird, nicht endgültig ausgebessert werden kann und deshalb noch eine Reparaturreise nach dem Orte machen muß, wo es endgültig ausgebessert wird (so mit Recht ASVB § 130 Abs. 4 A 1d, BSVB § 59 Abs. 7 Nr. 1a). In diesem Falle gehören auch die Kosten der vorläufigen Ausbesserung zu den Aufwendungen, deren es bedarf, um das Schiff zum Ausbesserungsort zu bringen (§ 75 Abs. 4). Diese Aufwendungen sind aber ohne Abzug zu erstatten (unten Anm. 28; anders in England: RPAssAvAdj 47 und unten Anm. 31).

d) Ausbesserungskosten sind alle durch die Ausbesserung verursachten Kosten, Anm. 20
gleichviel ob Kosten für Sachen oder für Arbeit, insbesondere auch Dockkosten (oben Anm. 17), Kosten, die notwendig sind, um das Schiff in das Dock hinein oder wieder heraus zu schleppen (oben Anm. 17, HG Hamburg Seebohm 694), Slipkosten (HGZ 1904. 296, vgl. dazu W. Pe. NeumannsZ 1916. 275, Zdiarsky Das Schiff 1916. 151), Pumplohn (HG Hamburg Seebohm 694). Auch die Kosten, die dadurch entstehen, daß die Ladung wegen der Ausbesserung gelöscht und wieder eingeladen werden muß;

§ 75 doch werden diese Kosten regelmäßig nicht in Betracht kommen, weil sie regelmäßig in Havariegrosse zu verteilen sind und Havariegrosse- und Partikularschäden einander ausschließen. — Auch die Kosten, die dadurch entstehen, daß das Schiff am Aufenthaltsort nicht ausgebessert werden kann und deshalb nach einem anderen Orte hin- und wieder zurückgebracht werden, eine Reparaturreise machen muß, sind durch die Ausbesserung verursacht (vgl. aber auch unten Anm. 31). Sieveking 174 will (im Anschluß an HGZ 1886. 202) unterschieden wissen: Beginne die Reparaturreise in einem Nothafen, so seien die Reisekosten als Ausbesserungskosten anzusehen; anders, wenn die Reparaturreise im Bestimmungsort beginne, weil der Versicherungsnehmer den Bestimmungshafen selbst gewählt habe. Das Gesetz läßt nicht erkennen, daß maßgebend sein soll, ob der Versicherungsnehmer den Ort, an dem die Reparaturreise beginnt, selbst gewählt hat oder nicht. Aus ASVB § 130 Abs. 4 A 1 d ergab sich, daß die Verkehrsanschauung nicht unterscheidet; denn danach sollte nur für den Abzug des Unterschiedes zwischen neu und alt maßgebend sein, ob das Schiff von einem Nothafen oder von einem anderen Hafen aus die Reparaturreise antrat. Für die ADS ist die Frage jedenfalls durch § 75 Abs. 4 Satz 1 zugunsten des Versicherungsnehmers entschieden. — Wenn die versicherte Reise in Glückstadt endigt, das Schiff beschädigt in Glückstadt eintrifft, hier ausgebessert werden kann, aber zur Ausbesserung nach Hamburg fährt, weil es für eine Weiterreise von Hamburg nach Brasilien verfrachtet ist, war die Reise von Glückstadt nach Hamburg zur Ausbesserung natürlich nicht notwendig, fallen daher auch die Reisekosten dem Versicherer nicht zur Last (auch nicht nach englischem Recht: abw. ohne Begr. ME 314).

Anm. 21 e) Zu den Ausbesserungskosten gehören nicht die Kosten, die der Versicherungsnehmer zur Beschaffung der Ausbesserungsgelder aufwenden muß (Sieveking 174, HansOLG HGZ 1927 Nr. 6 = JRPV 1927. 31 = Sasse Nr. 364; ebenso für HGB § 479: Boyens Seerecht 1. 153, Pappenheim Seerecht 1. 59, Schaps-Abraham II Anm. 8 zu § 479 HGB, Schlegelberger-Liesecke Anm. 5 zu § 479 HGB). Zwar sind auch sie durch die Ausbesserung verursacht. Aber nicht die Ausbesserung ist die nächste Ursache der Entstehung dieser Kosten, sondern der Umstand, daß der Versicherungsnehmer nicht die nötigen Mittel besitzt. Die Ausbesserungsgelder zu beschaffen, ist, jedenfalls nach dem Gesetz, Sache des Versicherungsnehmers (LG Hamburg HGZ 1890. 196, HG Hamburg Ullrich Nr. 352, Seebohm 588; vgl. auch § 77 Anm. 8), nicht Sache des Versicherers. Der Versicherer würde nur in den Grenzen des § 44 Abs. 1 Satz 2 Vorschuß zu leisten haben. Und nur, wenn er mit der Zahlung dieses Vorschusses in Verzug käme, hätte er etwa die Beschaffungskosten unter dem Gesichtspunkt des Schadensersatzes zu erstatten. Doch ist nunmehr der Gegenstand durch § 75 Abs. 4 Satz 2 zugunsten des Versicherungsnehmers geregelt, und zwar im Anschluß an die englisch-amerikanische Praxis und im teilweisen Anschluß an ASVB § 130 Abs. 2 (Mat. 2. 104, 108; näheres unten Anm. 32).

Anm. 22 f) Zu den Ausbesserungskosten gehören auch nicht die Kosten, die dadurch entstehen, daß das auszubessernde Schiff gesunken ist und gehoben wird. Zwar sind auch sie durch die Ausbesserung verursacht. Aber auch in diesem Falle ist nicht die Ausbesserung die nächste Ursache der Entstehung der Kosten, sondern die Schadensabwendung (LZ 1909. 782, HGZ 1904. 248).

Anm. 23 g) Durch die Ausbesserung verursacht können auch Schadenfeststellungs-Kosten sein, z. B. Slipkosten, die aufgewendet werden müssen, um zunächst den Schaden feststellen, demnächst ihn beseitigen zu können. Man kann in solchem Falle wohl nicht sagen, daß die Schadensfeststellung die nächste, die Ausbesserung die entferntere Ursache der Aufwendung ist, der Versicherer also für die Kosten nur insoweit haftet, als sie Schadenfeststellungs-Kosten sind. Die Folge wäre, daß er nicht haftete, wenn der

Schaden zwar mit den Kosten, aber nicht ohne die Kosten die Franchise erreichte, § 75
und daß, wenn er haftete, von den Kosten wegen des Unterschiedes zwischen neu und alt nichts abzuziehen wäre. Die eine Folge wäre so unangemessen wie die andere (HGZ 1904. 296). Schadensfeststellung und Ausbesserung sind zwei gleich nahe Ursachen. Die Kosten sind also sowohl als Schadenfeststellungs- wie als Ausbesserungskosten zu behandeln.

h) Zu den Ausbesserungskosten gehören auch sächliche Aufwendungen des Versicherungsnehmers selbst. Nach RPAssAvAdj 48 the cost of replacing coals and engine room stores consumed either in the repair of damage to a steamer, in working the engines or winches to assist in the repairs of damage, or in moving her to a place of repair within the limits of the port where she is lying, shall be charged to the underwriters on ship as particular average. Diese Regel ist auch vom Standpunkt des deutschen Rechtes aus für die Bestimmung der Ausbesserungskosten verwendbar. — Ebenso gehört, wenn der Versicherungsnehmer selbst ausbessert, der übliche Nettoverdienst zu den Ausbesserungskosten (oben Anm. 12). Dagegen kann sich der Versicherungsnehmer im übrigen für seine Beteiligung bei der Ausbesserung keine Vergütung berechnen (§ 30 Anm. 23, § 32 Anm. 6, 23, § 74 Anm. 66). Anm. 24

i) Die Ausbesserungskosten sind auch dann maßgebend, wenn die Taxe untersetzt ist, auch dann, wenn sie erheblich untersetzt ist. Hierüber, über die gegenwirkende Teilschaden-Klausel und über die, die Lücke wieder füllende, Teilschaden-Exzedenten-Versicherung: § 70 Anm. 9. Anm. 25

k) **Abs. 3 Satz 2.** Die Ausbesserungskosten sind nicht maßgebend, **wenn der von den Sachverständigen geschätzte Betrag kleiner ist. Dann ist der Entschädigung nur dieser kleinere Betrag zugrunde zu legen.** Zu vergleichen sind aber nicht die einzelnen Schäden und die einzelnen für ihre Beseitigung geschätzten Kosten einerseits und die für die Beseitigung der einzelnen Schäden tatsächlich verwendeten Kosten andererseits, sondern nur die Gesamtbeträge der Schätzung und der Ausbesserungskosten. Auch dann, wenn etwa mehrere, nicht zur selben Zeit entstandene Teilschäden beseitigt sind. — Maßgebend ist der von den Sachverständigen geschätzte Betrag oder, wenn das Gutachten der Sachverständigen gemäß § 74 Abs. 8 Satz 1 nicht verbindlich ist, der durch das Surrogat des Gutachtens, das Urteil festgestellte Betrag. Dieser Betrag aber natürlich nur, soweit er sich auf Versicherungsschäden bezieht, nicht auch, soweit er sich auf Schäden bezieht, für die der Versicherer nicht haftet. Mit einer Ausnahme. In dem geschätzten Betrag stecken auch Alters- und Abnutzungsschäden an den durch neue zu ersetzenden Sachen (§ 59 Anm. 9, 12). Diese versicherungsfreien Schäden sind aus dem geschätzten Betrag nicht auszuscheiden, sondern werden durch den Abzug des Unterschiedes zwischen neu und alt mit berücksichtigt (§ 59 Anm. 9, § 74 Anm. 34). — Maßgebend ist nur der von den Sachverständigen des § 74 Abs. 1—4 geschätzte Betrag. Nicht der gemäß § 74 Abs. 9 Satz 2 anderweit festgestellte Betrag. Haben die Sachverständigen nicht geschätzt, so sind (wenn der Versicherer überhaupt zu entschädigen braucht) nur die Ausbesserungskosten maßgebend (vgl. HGB §§ 872, 709 Abs. 2; RG 121. 396 = HansRGZ 1928 B 643 = HRR 1929 Nr. 326 = JRPV 1928. 245 = JW 1928. 3178 mit Anm. Ehrenzweig). Anm. 26

l) **Abs. 3 Satz 3.** Ausbesserungskosten oder geschätzter Betrag sind für die Entschädigung maßgebend. Sie bilden aber nicht den Entschädigungsbetrag, den der Versicherer zu zahlen hat. Sonst würde der Versicherungsnehmer sich im Schadensfall regelmäßig besser stehen, als er vorher gestanden hat (Vorb. vor § 1 Anm. 70). Deshalb werden **abgezogen:** Anm. 27

1. ein **Betrag für den Unterschied zwischen neu und alt** (regelmäßig ein Drittel; daher das „Drittel", le tiers, thirds genannt; näheres: § 76; vgl. Anm. 28

§ 75 auch VVG § 86). Denn unless where the ship is quite new, the substitution of new for old material is a benefit to the shipowner, who gets the ship the better for the repairs by the substitution of new work for old, and would consequently be a gainer if the whole expense of labour and repairs were regarded as so much pure loss to him (Arnould 1001 s. 1026; vgl. auch Vorb. IX vor § 1). — Das Drittel wird von den gesamten Ausbesserungskosten abgezogen (oben Anm. 20), sowohl von den Sachkosten wie von den Arbeitsvergütungen (HGZ 1886. 202, 1897. 135, 1904. 296, HG Hamburg Seebohm 694; Arnould 1001 s. 1026; vgl. auch HGB § 710 und dazu Boyens Seerecht 2. 521, Schaps-Abraham II Anm. 2 zu § 710 HGB; abw. Heck 371). An und für sich wäre daher das Drittel auch von den Kosten abzuziehen, die aufgewendet werden müssen, um das Schiff zur Ausbesserung nach einem anderen Orte und wieder zurück zu bringen (so auch die englische Rechtsprechung und RPAssAvAdj oben Anm. 19, unten Anm. 31). Doch bestimmen die ADS hierüber besonderes (§ 75 Abs. 4). In England und den VerSt. von Amerika wird das Drittel auch von den Kosten abgezogen, die für die Beschaffung der Ausbesserungsgelder aufgewendet werden müssen, aber anerkannt, daß this practice appears difficult to support in principle (Arnould 1004 s. 1028, Mc. Arthur 214). Auch hierüber bestimmen die ADS anders (§ 75 Abs. 4; vgl. auch oben Anm. 21). — Abweichende Vereinbarungen sind nicht selten. Sie kamen im englischen Rechtsverkehr zunächst bei der Versicherung von Schiffen mit Eisenteilen auf (vgl. Arnould 1001 s. 1026). Jetzt bestimmen ITC und IVC: Average payable on each valuation separately or on the whole, without deduction of thirds, new for old, whether the average be particular or general. Im deutschen Rechtsverkehr kommt wohl die Klausel vor: „Es findet kein Abzug neu für alt statt, gleichviel ob der Schaden Havariegrosse oder Havarie particulière". Solche Vereinbarungen sind im allgemeinen wirksam. Zwar erleidet der Eigentümer als solcher in Höhe des Drittels im allgemeinen keinen Schaden, fehlt es also auch für den Eigentümer als solchen an der versicherbaren Gefahr. Und soweit im Drittel (Alters- und Abnutzungs-) Schaden enthalten ist, ist es objektiv und subjektiv gewisser und aus diesem Grunde unversicherbarer Schaden. Aber der Versicherungsnehmer erleidet im Falle eines Teilschadens am Schiffe regelmäßig auch Schaden durch Zeitverlust, und dieser, durch die Kaskoversicherung nicht gedeckte (vgl. auch § 28 Anm. 34), Schaden ist es, der durch Klauseln, welche den Abzug des Drittels verbieten, nach der Verkehrsanschauung gedeckt wird. Wenn diese Voraussetzung nicht zutrifft, der Versicherungsnehmer keinen Schaden durch Zeitverlust erleidet, der Teilschaden am Schiffe z. B. ohne weiteren Nachteil ausgebessert werden kann, während das Schiff löscht und ladet, kann sich der Versicherungsnehmer deshalb auch nicht auf die Klausel berufen. — Das Drittel kann natürlich auch besonders versichert werden. Von dieser Versicherung des Drittels zu unterscheiden ist die Versicherung des Drittels nach der Ausbesserung, d. h. die Versicherung des durch die Ausbesserung entstandenen Mehrwerts; über diese als Versicherung von „Havariegeldern" übliche Versicherung vgl. RG HGZ 1891. 253, HGZ 1890. 302, auch § 1 Anm. 112, § 79 Anm. 12. — Unter Umständen gewinnt übrigens das Schiff durch die Ausbesserung nicht, verliert es vielmehr an Wert. Wenigstens wird oft eine ausgebesserte Sache im Verkehr nicht so hoch bewertet, wie eine unversehrte. Die französische Rechtsprechung spricht dem Versicherungsnehmer auch eine Entschädigung für la dépréciation commerciale du navire zu (Ripert Nr. 723). Dagegen richtet sich die französische Police (Art. 23 § 1: l'assuré ne pouvant prétendre à aucune autre indemnité, ni pour dépréciation, ni pour chomâge, ni pour une autre cause quelconque, vgl. hierzu Ripert et Audouin Revue int. du droit mar.

30. 136). Nach deutschem und englischem Rechte, insbesondere nach den ADS ist für dépréciation commerciale keine Entschädigung zu zahlen. § 75

2. **Ein Betrag, der dem Werte der durch neue Sachen ersetzten Sachen entspricht.** Auch dann, wenn die alten Sachen nach dem Ausbesserungsvertrag dem Ausbesserer kostenlos zu überlassen und die Ausbesserungskosten entsprechend niedriger sind, als sie sonst gewesen wären. Anders, wenn der Versicherer mit dem Abschluß eines solchen Vertrags einverstanden ist (Mat. 1. 266). — **Der Versicherer kann verlangen, daß der Wert der alten Sachen durch öffentliche Versteigerung festgestellt wird.** Hierüber näheres: § 71 Anm. 24ff.

Zuerst wird das Drittel, dann der Wert der alten Sachen abgezogen (ebenso HGB §§ 812, 710). Natürlich; denn zwei Drittel der Ausbesserungskosten stellen die Entschädigungssumme dar, der die Versicherungssumme entspricht, welche der Versicherungsnehmer nach § 71 Abs. 1 Satz 1 im Totalverlust-Falle zu zahlen hat und von welcher gemäß § 71 Abs. 1 Satz 3 der Wert des Geretteten abzuziehen ist, the value of the old materials being accepted in part payment of the cost of the repairs (Arnould 1003 s. 1028; vgl. auch Prot. 4099). Ebenso in England; anders in den VerSt. von Amerika (Arnould a. a. O.). Betragen die Ausbesserungskosten (oder der geschätzte Betrag) 30000, der Wert der alten Sachen 6000, so erhält der Versicherungsnehmer $^2/_3$ von 30000 = 20000—6000 = 14000, nicht 30000—6000 = 24000 × $^2/_3$ = 16000. Anm. 29

Außerdem wird abgezogen, was der Versicherungsnehmer anderweit zur Ausgleichung des Schadens, was er z. B. vom Gegensegler zur Ausgleichung des Kollisionsschadens erlangt hat (Vorb. IX vor Anm. 1). Natürlich, wie der Wert der alten Sachen, nach Abzug des Drittels. Anm. 30

8. **Abs. 4 Satz 1.** Wenn das Schiff unterwegs notdürftig ausgebessert werden muß, dann zum Bestimmungsort weiterfährt und hier endgültig ausgebessert wird, bilden die Kosten der Notreparatur und die Kosten der endgültigen Ausbesserung die Ausbesserungskosten, welche nach § 75 Abs. 3 die Höhe der Entschädigung bestimmen (oben Anm. 19). Anm. 31

Wenn das Schiff, sei es im Zwischenhafen, sei es am Bestimmungsort, ausgebessert werden und zu diesem Zwecke von seinem gewöhnlichen Liegeplatz an einen anderen Platz oder in ein Dock gebracht werden muß, gehören die Verbringungskosten zu den Ausbesserungskosten des § 75 Abs. 3 (oben Anm. 20).

Wenn das Schiff, sei es im Zwischenhafen, sei es am Bestimmungsort, ausgebessert werden muß, aber nicht ausgebessert werden kann, weil es dort an einer Gelegenheit überhaupt oder an einer geeigneten Gelegenheit fehlt, und deshalb zur Ausbesserung nach einem anderen Orte gebracht (und gegebenenfalls wieder zurückgebracht) wird, eine sog. Reparaturreise oder Ausbesserungsreise machen muß, gehören die Reisekosten an und für sich auch zu den Ausbesserungskosten (oben Anm. 20). Demnach wäre an und für sich das Drittel auch von den Kosten der Ausbesserungsreise abzuziehen. So auch z. B. in England. Dort bestimmt RPAssAvAdj 47 (bei Arnould 1346): Where a vessel in need of repair at any port, and is removed thence to some other port for the purpose of repairs, either because the repairs cannot be effected, or cannot be effected prudently:

a) The necessary expenses incurred in moving the vessel to the port of repair shall be allowed as part of the cost of repair, and where the vessel after repairing forthwith returns to the port from which she was removed, the necessary expenses incurred in so returning shall also be allowed.

b) Where by moving the vessel to the port of repair any new freight is earned, or any expenses are saved in relation to the current voyage of the vessel, such net earnings or savings shall be deducted from the expenses of moving her, and where

§ 75 the vessel loads a new cargo at the port of repair no expenses subsequent to the completion of repair shall be allowed.

The expenses of removal include the cost of temporary repair, ballasting, wages and provisions of crew and/or runners, pilotage, towage, extra marine insurance, port charges, and, in case of a steamer, coal and engineroom stores.

c) This rule shall not admit any ordinary expenses incurred in fulfillment of a contract of affreightment, though such expenses are increased by the removal to a port of repair.

Diese Regeln sind an und für sich auch vom Standpunkt des deutschen Rechtes begründet. Gleichwohl wird das Drittel von den Kosten der Ausbesserungsreise nicht abgezogen. Denn die feste Berechnung des Unterschiedes zwischen neu und alt geht von dem gewöhnlichen Falle aus, daß eine Ausbesserungsreise nicht erforderlich ist, und würde unbillig sein, wenn man sie auch im Falle der Notwendigkeit einer Ausbesserungsreise zugrunde legte. Und eine besondere Berechnung des Unterschiedes für diesen Fall wäre kaum möglich, weil die einzelnen Fälle, in denen eine Ausbesserungsreise erforderlich werden mag, zu verschieden liegen. Deshalb bestimmte schon § 130 Abs. 4 A 1 d ASVB, daß von den Kosten „vorläufiger und notdürftiger Reparaturen, welche in einem Nothafen nur zu dem Zwecke ausgeführt wurden, um das Schiff in den Stand zu setzen, die Reise nach einem Platze, wo die eigentliche Reparatur ausgeführt werden könne, zu unternehmen", das Drittel nicht abgezogen werden sollte (ähnlich BSVB § 59 Abs. 7 Nr. 1a). § 75 Abs. 4 erweitert diesen Grundsatz: **die Kosten der Ausbesserungsreise werden ganz ersetzt,** sowohl die Kosten der „vorläufigen und notdürftigen Reparatur" als auch die sonstigen Kosten der Ausbesserungsreise, und nicht nur dann, wenn das Schiff im Nothafen, sondern auch dann, wenn es im Bestimmungshafen liegt. — Besonders hervorgehoben ist, daß der Versicherer auch die Kosten zu ersetzen hat, die erforderlich sind, um das Schiff vom Ausbesserungsort wieder zum Ausgangspunkt zurückzubringen. Dies würde sich ohnehin von selbst verstanden haben. Natürlich ersetzt der Versicherer auch diese Kosten nur „erforderlichenfalls"; nur, wenn auch die Zurückbringung selbst erforderlich ist, das Schiff nicht auch vom Ausbesserungsort aus seine Reise fortsetzen oder eine neue Reise beginnen kann (vgl. Mat. 1. 266). — Die Ausbesserung, zu der die Ausbesserungsreise gemacht werden muß, kann nicht nur Versicherungsschäden, sondern auch versicherungsfreie Schäden betreffen. Der Fall muß ebenso beurteilt werden, wie der Fall, daß das Schiff zur Beseitigung sowohl versicherungsmäßiger wie versicherungsfreier Schäden gedockt werden muß (näheres: oben Anm. 17). — Der Abzug des Wertes der alten Sachen findet natürlich auch insoweit statt, wie die Ausbesserungskosten Reisekosten enthalten. Dies ergibt sich ja schon aus allgemeinen Grundsätzen (Vorb. IX vor § 1). — Über die Notwendigkeit der Ausbesserungsreise müssen sich die Sachverständigen, die den Schaden gemäß § 74 Abs. 1 feststellen, aussprechen, wie über die Notwendigkeit aller anderen Aufwendungen zur Beseitigung des Schadens (vgl. § 74 Abs. 5 Nr. 5). Die Sachverständigen stellen aber nur fest, ob das Schiff die Reise machen muß, um ausgebessert zu werden; nicht auch, ob es die Reise machen kann (Ausnahme: § 67 Abs. 2). Die Frage, ob das Schiff die Ausbesserungsreise machen kann, muß der Versicherungsnehmer sich selbst beantworten (näheres: § 67 Anm. 17).

Anm. 32 9. **Abs. 4 Satz 2.** Zu den Ausbesserungskosten gehören an und für sich die **Kosten** nicht, **die zur Beschaffung der Ausbesserungsgelder notwendig sind** (oben Anm. 21). Gleichwohl hatte sie der Versicherer schon nach § 130 Abs. 2 ASVB (in der Fassung der AlteKZP, AlteKRP: Mat. 2. 104, 108) zu ersetzen, — im allgemeinen wenigstens, nämlich nur „mit Ausnahme der Fälle, in denen die Reparatur nach Beendigung einer Reise stattfindet" (weil „die Reederei vermöge ihrer geschäftlichen Verbindungen mit dem Bestimmungsort in der Regel für die Beschaffung der zur Reparatur erforderlichen Gelder ohne außerordentliche Unkosten selbst sorgen kann": HG Hamburg Seebohm 588, vgl. auch ebendort 595, 689). Nach § 75 Abs. 4 Satz 2 muß der Versicherer die Geldbeschaffungs-Kosten auch in diesen Ausnahmefällen **ersetzen**. Freilich werden regelmäßig solche Beschaffungskosten nicht erforderlich sein, wenn das Schiff nach Beendigung der Reise ausgebessert wird. Denn der Ausbesserer hat die Möglichkeit, sich nach § 647 Abs. 2 BGB eine Schiffshypothek an dem Schiff bestellen zu lassen oder doch ein Zurückbehaltungsrecht geltend zu machen, und der Versicherer muß gemäß § 44 Abs. 1 Satz 2 vorschießen (HansOLG HGZ 1927 Nr. 6 = JRPV 1927. 31 = Sasse Nr. 364; vgl. aber auch § 44 Anm. 9). — Die Ausbesserungsgelder müssen so billig wie möglich beschafft werden (§ 75 Abs. 1 Satz 2, HG Hamburg Seebohm 693). — Nach § 130 Abs. 2, 3 ASVB (in der Fassung der AlteKZP, AlteKRP: Mat. 2. 104, 108) wurde auch von den Geldbeschaffungs-Kosten das Drittel abgezogen. Dies ist auch in England und den VerSt. von Amerika üblich. Aber this practice appears difficult to support in principle (oben Anm. 28). Nach den ADS wird daher von den Geldbeschaffungs-Kosten das Drittel nicht abgezogen. § 75

10. **Abs. 5. Das Schiff braucht,** ausnahmsweise, **nicht ausgebessert zu werden:** Anm. 33

a) **wenn ein wichtiger Grund dafür vorliegt,** d. h., wenn dem Versicherungsnehmer (bei der Versicherung für fremde Rechnung: dem Versicherten, nach der Veräußerung des Schiffes und dem Eintritt des Erwerbers in das Versicherungsverhältnis: dem Erwerber) den Umständen nach nicht zuzumuten ist, auszubessern (vgl. BGB §§ 626, 723, HGB §§ 70, 133). Hierüber entscheidet freies (d. h. „billiges, sachgemäßes": Jahrb. f. Entsch. des KG 32. 134) richterliches Ermessen. — Ein wichtiger Grund ist es z. B., wenn das Schiff nicht wegen des Versicherungsschadens, sondern wegen versicherungsfreier Schäden reparaturunfähig oder reparaturunwürdig ist. Ein wichtiger Grund kann es auch sein, wenn das Schiff infolge des Versicherungsfalls reparaturunfähig oder reparaturunwürdig ist; der Versicherungsnehmer kann wählen, ob er das Schiff gemäß § 77 versteigern lassen oder gemäß §§ 74—76 Teilschaden-Entschädigung verlangen will (§ 71 Anm. 5, unten Anm. 42). — Einen Grund bezeichnet § 75 Abs. 5 selbst als wichtig: **wenn der Versicherungsnehmer das Schiff vor der Ausbesserung** (und auch vor Ablauf der für die Erklärung zur Verfügung stehenden Frist: vgl. unten Anm. 36 sowie Schiedsgericht HRZ 1927. 613 = Sasse Nr. 901 und Schlegelberger SVR Bem. 4 zu § 75 ADS; anders OLG Hamburg VersR 1963. 449 = Sasse Nr. 482: nur die Erklärung brauche unverzüglich zu sein, nicht die Veräußerung; BGH VersR 1965. 332 = Hansa 1965. 1327 läßt die Frage dahingestellt, sieht aber ein schuldhaftes Zögern im konkreten Fall als nicht gegeben an; siehe auch Prölß VersR 1965. 436) **veräußert und der Erwerber in das Versicherungsverhältnis nicht eintritt** (vgl. dazu die Erwägungen Mat. 1. 267, die freilich von nicht überall zutreffenden Voraussetzungen ausgehen). Aus welchem Grunde der Erwerber nicht eintritt, ob er gemäß § 50 Abs. 2 nicht eintreten kann, oder ob er gemäß § 50 Abs. 2 Satz 2 zwar eintreten kann, aber der Eintritt im Veräußerungsvertrag ausgeschlossen ist (vgl. § 49 Anm. 60), oder ob die Versicherung beendigt und nicht verlängert ist (vgl. §§ 67, 68), ob der Teilschaden groß oder klein ist (deshalb unzutreffend: Mat. 1. 267), ob der Erwerber das Schiff ausbessert oder nicht, — alles dies ist ohne Bedeutung. Über den Begriff der Veräußerung: § 49 Anm. 5. Veräußerung eines Teiles des versicherten Schiffes oder Veräußerung der versicherten Schiffspart genügt nicht. Mindestens entsprechende Anwendung des Abs. 5 ist bei einer Vereinbarung gegeben, durch die eine Obliegenheit des Versicherungsnehmers zum objektiven Tatbestandsmerkmal (Bedingung) des Versicherungsanspruchs erhoben wird. Sie findet ihre Grenze an der vom Versicherungsnehmer nicht zu vertretenden Un-

§ 75 möglichkeit des Eintritts der Bedingung, so wenn nach Ziff. 11 der DTV-Kaskoklauseln-Reise der Anspruch des Versicherten auf Ersatz eines Teilschadens durch die Ausführung der Ausbesserung bedingt ist (BGHZ 2. 336 = MDR 1951. 546 = NJW 1951. 713 = VersR 1951. 209 = VRS 3. 475).

Anm. 34 b) wenn außerdem der wichtige Grund **in den besonderen Verhältnissen des Versicherungsnehmers** (bei der Versicherung für fremde Rechnung: des Versicherten, nach der Veräußerung des Schiffes und dem Eintritt des Erwerbers in das Versicherungsverhältnis: des Erwerbers) liegt. Mit dieser Einschränkung soll insbesondere ausgedrückt sein, daß nicht schon Konjunkturverhältnisse, allgemeiner Rückgang der Frachten u. dgl. die Ausbesserungspflicht beseitigen (Begr. z. E 1910 § 74). Als ein in den besonderen Verhältnissen des Versicherungsnehmers liegender wichtiger Grund gilt jedoch die Veräußerung des Schiffes (oben Anm. 33).

Anm. 35 c) wenn außerdem **der Versicherungsnehmer den wichtigen Grund nicht zu vertreten** hat. Als Umstände, die er zu vertreten hat, kann nach Sachlage nur schuldhaftes, also vorsätzliches oder fahrlässiges, Verhalten in Betracht kommen. Der Versicherungsnehmer muß also das Verschulden Dritter gemäß § 278 BGB gegen sich gelten lassen (vgl. Vorb. VIII vor § 1, § 44 Anm. 8). Bei der Versicherung für fremde Rechnung kommt auch das Verschulden des Versicherten in Betracht (§ 44 Anm. 8). — Eine Ausnahme macht die Veräußerung des Schiffes (oben Anm. 33. Vgl. Schiedsgericht HRZ 1927. 613).

Anm. 36 d) wenn außerdem **der Versicherungsnehmer unter Angabe des wichtigen Grundes unverzüglich nach Feststellung des Schadens dem Versicherer erklärt, das Schiff nicht ausbessern zu wollen.** Gibt der Versicherungsnehmer eine solche Erklärung vor der Feststellung des Schadens und vor der Veräußerung ab, so ist das nur eine Ankündigung, nicht etwa — wie das Verlangen nach § 77 — die Ausübung eines Rechts unter einer Rechtsbedingung, denn die Veräußerung ist Voraussetzung für die Erklärung (Prölß VersR 1965. 437, BGH VersR 1965. 332 = Hansa 1965. 1327).

1. Der Versicherungsnehmer kann erklären. — Über den Begriff des Versicherungsnehmers: § 3 Anm. 4. Über den Fall, daß mehrere Versicherungsnehmer beteiligt sind: Vorb. VI vor § 1. Insbesondere wird im Falle der Versicherung das im Miteigentum der Versicherungsnehmer stehenden Schiffes jeder Versicherungsnehmer für sich erklären können. Auch wird die Erklärung des einzelnen Versicherungsnehmers genügen müssen, daß er nicht ausbessern werde. — Bei der Versicherung für fremde Rechnung kann der Versicherungsnehmer erklären (§ 54 Abs. 1). Ebenso der Versicherte, wenn er die Police oder die Zustimmung des Versicherungsnehmers besitzt (§ 53 Abs. 2). Aber auch der Versicherungsnehmer wird erklären müssen, daß der Versicherte nicht ausbessern werde. Denn der Versicherungsnehmer macht das Recht des Versicherten geltend. — Ist nach der Veräußerung der Erwerber in das Versicherungsverhältnis eingetreten, so kann nur der Erwerber erklären (§ 49 Abs. 1, § 50 Abs. 2). Ist der Versicherungsfall vor der Veräußerung eingetreten, so kann nur der Veräußerer erklären. Aber er wird erklären müssen, daß der Erwerber nicht ausbessern werde. Denn nur der Erwerber kann ausbessern oder nicht ausbessern. — Erklärung durch Vertreter: BGB §§ 174, 180. Der Schiffs- oder Assekuranzmakler ist nicht ohne weiteres ermächtigt, zu erklären.

Anm. 37 2. Der Versicherungsnehmer kann dem Versicherer erklären. Die Erklärung ist eine empfangsbedürftige (im übrigen keiner besonderen Form bedürfende), rechtsgestaltende, nämlich rechtsändernde Willenserklärung (näheres über empfangsbedürftige Erklärungen: Vorb. vor § 1 Anm. 33). Sie muß (gleich allen rechtsgestaltenden Erklärungen) bestimmt sein. Der Versicherer muß wissen, woran er ist. Sie darf daher auch nicht bedingt sein, wenn die Bestimmtheit unter der Bedingtheit leidet. Unwirksam würde z. B. die Erklärung sein, daß man das Schiff nicht ausbessern werde, wenn der beabsichtigte Verkauf des Schiffes zustande komme. — Der Versicherer braucht die Erklärung nicht anzunehmen oder sich mit ihr einverstanden zu erklären. Das Versicherungsverhältnis wird nicht durch Vereinbarung, sondern unmittelbar durch die einseitige Erklärung neu gestaltet. — Anfechtung wegen Irrtums usw.: BGB §§ 119ff. — Rücknahme der Erklärung ex tunc oder ex nunc ist natürlich unstatthaft. — Gegenüber dem Versicherer ist zu erklären. Erklärung gegenüber einem Vertreter, insbesondere einem Gesamtvertreter, des Versicherers: § 3 Anm. 18. Sind mehrere Versicherer beteiligt, so kann und muß der Versicherungsnehmer gegenüber jedem einzelnen Versicherer erklären. Ist ein Versicherer „Führer", so ist Erklärung gegenüber dem Führer genügend, aber auch erforderlich. Näheres hierüber: Vorb. V vor § 1. — Die Erklärung muß die Angabe des wichtigen Grundes enthalten. Natürlich die richtige Angabe. Und eine solche Angabe, daß der Versicherer beurteilen kann, ob der Grund „wichtig" ist. Der Versicherer kann gemäß § 43 weitere Auskunft und Belege verlangen. — Schweigt der Versicherer auf die Erklärung, so bedeutet dies (wie gewöhnlich bei Rechtsgestaltungs-Erklärungen) nicht ohne weiteres Zustimmung. Anders, wenn er längere Zeit schweigt, obgleich er weiß, daß die Erklärung unberechtigt und deshalb unwirksam ist, insbesondere kein wichtiger Grund vorliegt. § 75

3. Der Versicherungsnehmer muß unverzüglich nach Feststellung des Schadens erklären. Ohne schuldhaftes Zögern (BGB § 121, näheres: § 3 Anm. 20). Das Verschulden seines gesetzlichen Vertreters und seiner Hilfspersonen muß der Versicherungsnehmer in den Grenzen des § 278 BGB gegen sich gelten lassen; über die sinngemäße Anwendung des § 278 BGB: Vorb. vor § 1 Anm. 67. — Über den Fall, daß mehrere Versicherungsnehmer beteiligt sind: Vorb. VI vor § 1. Insbesondere schadet im Falle gemeinschaftlicher Versicherung des im Miteigentum der Versicherungsnehmer stehenden Schiffes das Verschulden des einen Versicherungsnehmers den übrigen nicht (vgl. oben Anm. 35). — Die Unverzüglichkeitsfrist beginnt, wenn der Schaden gemäß § 74 Abs. 1 durch Sachverständige oder gemäß § 74 Abs. 9 Satz 2 in anderer geeigneter Weise festgestellt ist (vgl. oben Anm. 5). Der Versicherungsnehmer darf nicht bis zur Feststellung durch Urteil (§ 74 Abs. 8 Satz 2) warten. Die Unverzüglichkeitsfrist beginnt also insbesondere nicht erst, wenn der Versicherungsnehmer von der Feststellung Kenntnis erlangt (anders z. B. § 67 Abs. 1, § 77 Abs. 4). Der Versicherungsnehmer muß also auch gegen sich gelten lassen, daß er von der Feststellung schuldhaft keine Kenntnis erlangt hat. Anm. 38

e) Rechtsfolge der (berechtigten) Erklärung: Der Versicherungsnehmer braucht das Schiff nicht ausbessern zu lassen. **Die Entschädigungspflicht des Versicherers wird durch den festgestellten Betrag des Schadens bestimmt.** Durch den von den Sachverständigen festgestellten Betrag (§ 74 Abs. 1) oder durch den anderweit festgestellten Betrag (§ 74 Abs. 9 Satz 2; vgl. oben Anm. 5). Ob durch den einen Betrag oder durch den anderen, ist von Bedeutung. Die Feststellung der Sachverständigen ist verbindlich; ist sie wegen offenbarer erheblicher Sachwidrigkeit nicht verbindlich, so wird die Entschädigungspflicht des Versicherers durch den Betrag bestimmt, den das Urteil feststellt (§ 74 Abs. 8 Satz 2). Die anderweitige Feststellung (§ 74 Abs. 9 Satz 2) dagegen ist nicht verbindlich (§ 74 Anm. 58). Die Entschädigungspflicht des Versicherers wird also durch den anderweit festgestellten Betrag nur bestimmt, wenn die Feststellung richtig ist; ist sie nicht richtig, durch den richtigen, erforderlichenfalls im Entschädigungsstreit zu ermittelnden, Betrag. — Ob der Ver- Anm. 39

§ 75 sicherungsnehmer vor der Ausbesserung günstig oder ungünstig verkauft hat, ist für die Bestimmung der Entschädigungsgrundlage gleichgültig (HGZ 1903. 180). Wenn der Versicherungswert 100000, der Schadenswert 80000, die Ausbesserungsentschädigung also 20000 beträgt und der Versicherungsnehmer für 90000 verkauft, muß der Versicherer 20000, nicht nur 20000 — 10000 = 10000 zahlen. Das ergibt sich auch aus den Grundsätzen über Vorteilsausgleichung (Vorb. vor § 1 Anm. 71).

Anm. 40 11. Die Ausbesserungspflicht fällt natürlich auch dann weg, wenn das Schiff nicht ausgebessert werden kann, wenn es insbesondere zunächst einen Teilschaden erlitten, demnächst total verlorengegangen ist. Das folgt schon aus den allgemeinen Unmöglichkeitsgrundsätzen. Das englische Recht unterscheidet, ob der Teilschaden und der Totalverlust während der Dauer derselben Versicherung entstanden sind oder nicht. Where under the same policy, a partial loss, which has not been repaired or otherwise made good, is followed by a total loss, the assured can only recover in respect of the total loss (MIA § 77 Abs. 2). Der kleinere Schaden is there swallowed up by the greater and both form but one loss (Arnould 1008 s. 1032). Ist das Schiff während der Dauer derselben Versicherung zunächst aufgelaufen und beschädigt, später, unausgebessert, mit einem anderen Schiffe zusammengestoßen und unrettbar gesunken, so haftet der Versicherer lediglich nach Totalverlust-Grundsätzen. Ist das beschädigte Schiff später infolge eines versicherungsfreien Ereignisses, z. B. infolge einer Nehmung, total verlorengegangen, so haftet der Versicherer auch für den Teilschaden nicht (Arnould 1009 s. 1033). Vgl. auch Arnould 1010 s. 1034. Dem deutschen Recht fehlt eine dem § 77 Abs. 2 MIA entsprechende Bestimmung. Es bewendet insbesondere bei den allgemeinen Kausalitätsgrundsätzen. Wenn ein versicherungsmäßiger Teilschaden entsteht, der Teilschaden nicht beseitigt wird und das Schiff demnächst durch ein Gefahrereignis total verlorengeht, so haftet der Versicherer für den Teilschaden (RG 121. 396 = HansRGZ 1928 B 643 = HRR 1929 Nr. 326 = JRPV 1928. 245 = JW 1928. 3178 mit Anm. Ehrenzweig) und, nachdem infolge des Teilschadens ein Teil des versicherten Interesses weggefallen ist, für den Totalschaden mit entsprechend verringertem Versicherungswert und geringerer Versicherungssumme nach Totalverlust-Grundsätzen, im Ergebnis also (wie im englischen Rechte) ebenso, wie im Falle eines Totalverlustes des Ganzen (vgl. HansOLG MDR 1951. 110 = Sasse Nr. 467); dem Einwand des Versicherers, daß der Versicherungsnehmer zunächst den Teilschaden gemäß § 74 Abs. 9 Satz 2 feststellen lassen müsse, würde (wenigstens, wenn die Ursache des Teilschadens unstreitig ist) die Replik der Schikane (BGB § 226) mit Erfolg begegnen. Wenn aber ein versicherungsmäßiger Teilschaden entsteht, der Teilschaden nicht beseitigt wird und das Schiff demnächst infolge eines versicherungsfreien Ereignisses total verlorengeht, ist der Versicherer nicht (wie nach englischem Rechte) ganz frei (§ 28 Anm. 24, HGB § 844). Er haftet für den Teilschaden. Der Grundsatz des § 844 HGB, daß die Ersatzpflicht des Versicherers nicht durch den Eintritt späterer unversicherter Teil- oder Totalschäden verändert oder aufgehoben wird, gilt als allgemeiner Grundsatz für alle durch die ADS beherrschten Versicherungstatbestände (BGHZ 2. 336 = MDR 1951. 546 = NJW 1951. 713 = VersR 1951. 209 = VRS 3. 475; siehe auch OLG Hamburg MDR 1951. 110 = VersR 1951. 15 und LG Hamburg VersR 1950. 37 u. 69 [Anm. Hochgräber, Helberg]). Der Versicherungsnehmer kann zwar den Teilschaden nicht durch Sachverständige besichtigen und feststellen lassen. Das ist aber auch nicht nötig. Der Versicherungsnehmer kann (und muß) den Teilschaden in anderer geeigneter Weise feststellen lassen (§ 74 Abs. 9 Satz 2). Der Versicherer ist an solche Feststellung zwar nicht gebunden. Aber er muß den, erforderlichenfalls im Rechtsstreit nachzuweisenden, Teilschaden ersetzen. Kann der Versicherungsnehmer den Teilschaden nicht feststellen lassen, etwa weil infolge des Totalverlustes auch alle

Beweismittel verlorengegangen sind, so scheitert sein Entschädigungsanspruch an dieser Unmöglichkeit. § 75

Anm. 41 12. Die Ausbesserung ist insbesondere auch dann unmöglich geworden, wenn der Versicherungsnehmer die Unverzüglichkeitsfrist des § 75 Abs. 5 ungenutzt hat verstreichen lassen und das Schiff vor Beginn der Ausbesserung infolge eines versicherungsfreien Ereignisses total verlorengegangen (RG 121. 396 = HansRGZ 1928 B 643 = HRR 1929 Nr. 326 = JW 1928. 3178), z. B. vom Feinde genommen ist. Der Versicherer muß auf der Grundlage der geschätzten Ausbesserungskosten Entschädigung gewähren. Auch dann, wenn der Versicherungsnehmer es zu vertreten hat, daß die Ausbesserung unmöglich geworden ist; aber der Versicherer kann in diesem Falle Schadensersatz verlangen.

Anm. 42 13. Die Ausbesserung ist begriffsnotwendig auch dann unmöglich, wenn das Schiff reparaturunfähig ist. Denn reparaturunfähig ist eben ein Schiff, das nicht ausgebessert werden kann. Freilich kann auch ein reparaturunfähiges Schiff in der Regel wieder zu einem seetüchtigen Schiffe umgearbeitet werden. Aber solche Umarbeitung ist keine Ausbesserung, so wenig wie die Verwendung eines Wracks zur Herstellung eines Schiffes. Was entsteht, ist in beiden Fällen ein neues Schiff oder wenigstens ein anderes Schiff als das versicherte (§ 71 Anm. 5; vgl. auch ROHG 16. 106). Hieraus würde folgen, daß die „Ausbesserungskosten" nicht geschätzt werden können, und hieraus, daß der Versicherungsnehmer nur gemäß § 77 Entschädigung verlangen könnte. Der Verkehr hält sich aber auch in diesem Falle nicht an die Gesetze der Logik. Wegen Reparaturunfähigkeit kondemnierte Schiffe haben sich gar zu oft als reparaturfähig erwiesen. Man hat deshalb von jeher reparaturunfähige Schiffe für reparaturfähig, die Kosten, die für die Verarbeitung eines reparaturunfähigen Schiffes zu einem neuen Schiffe erforderlich sind, für Ausbesserungskosten gehalten und dem Versicherungsnehmer freigestellt, gemäß § 77 zu verfahren oder Teilschaden-Entschädigung zu verlangen (vgl. ASVB § 131 Abs. 5, BSVB § 36 Abs. 2, OLG Hamburg VersR 1963. 449 = Sasse Nr. 482). Auf diesem Standpunkt stehen, deutlich erkennbar, auch die ADS, da sie die Fälle der Reparaturunfähigkeit und der Reparaturunwürdigkeit gleichmäßig behandeln (vgl. auch die Kasko-Teilschaden-Excedenten-Versicherung: § 70 Anm. 9, Anhang X, ferner § 71 Anm. 5, § 74 Anm. 4; anders natürlich, wenn das Schiff notwendig auch nicht mehr zu einem seetüchtigen Schiffe umgearbeitet werden kann). — Im Falle der Reparaturunwürdigkeit des Schiffes versteht sich von selbst, daß der Versicherungsnehmer wählen kann, ob er gemäß §§ 74—76 oder ob er gemäß § 77 entschädigt sein will. Denn reparaturunwürdige Schiffe können jedenfalls ausgebessert werden.

Anm. 43 14. Im Falle des Totalverlustes kann der Versicherungsnehmer nur gemäß § 71, nicht gemäß §§ 74—76 Entschädigung verlangen (§ 71 Anm. 14). Anders zwar grundsätzlich die englische Rechtsauffassung. Aber dies liegt nur daran, daß das englische Recht auch die Fälle der Reparaturunfähigkeit und der Reparaturunwürdigkeit des Schiffes als Fälle des Totalverlustes behandelt und in diesen Fällen der Versicherungsnehmer, wenn nicht notwendig, so doch zweckmäßig, muß wählen können (§ 71 Anm. 53).

Anm. 44 15. Nach den oben Anm. 40 erörterten Grundsätzen bestimmt sich auch die Entschädigungspflicht des Versicherers, wenn das Schiff während der Ausbesserung total verlorengeht, z. B. im Dock durch Feuer vernichtet wird. Ist das Schiff während der Ausbesserung noch versichert (vgl. insbesondere §§ 67, 68), so muß der Versicherer im Ergebnis nach Totalverlust-Grundsätzen entschädigen und hierüber hinaus gemäß § 37 Abs. 2 noch die bis dahin aufgewendeten Ausbesserungskosten ersetzen. Ist das Schiff nicht mehr versichert, so wird die Entschädigungspflicht

§ 75 des Versicherers, wie im Falle des § 75 Abs. 5, durch den von den Sachverständigen usw. festgestellten Betrag des Teilschadens bestimmt. Ist das Schiff inzwischen bei einem anderen Versicherer versichert, so hat der andere Versicherer nach Totalverlust-Grundsätzen mit dem entsprechend verminderten Versicherungswert zu entschädigen. Vgl. jedoch auch Arnould 1010 s. 1034.

Anm. 45 16. **Abs. 6. Streitigkeiten darüber, ob ein wichtiger Grund,** das Schiff nicht auszubessern, **vorliegt, werden durch ein Schiedsgericht entschieden.** Auf das Verfahren finden, soweit nicht § 75 Abs. 6 besonderes bestimmt, §§ 1025ff. ZPO Anwendung. Denn die Schiedsrichter sind Schiedsrichter, arbitri, keine Arbitratoren, Schiedsgutachter, Sachverständige. Zwar schließt die Verwendung der Ausdrücke „Schiedsrichter" und „Schiedsgericht" nicht aus, daß die Parteien kein schiedsrichterliches Verfahren, sondern bloße Arbitrage gewollt haben (RG 24. 412, 67. 72, KG HRZ 1923. 184 usw.). Zwar könnte die Feststellung, ob ein wichtiger Grund, nicht auszubessern, vorliegt, auch Schiedsgutachtern übertragen werden und übertragen sein (§ 74 Anm. 7). Aber zunächst muß doch der an und für sich eindeutige Ausdruck entscheiden. Und die Gegenüberstellung des Sachverständigenverfahrens im § 74 und des schiedsrichterlichen Verfahrens im § 75 Abs. 6 schließt die Annahme aus, daß dasselbe gemeint ist. Der Unterschied ist auch wirklich beabsichtigt und wohl begründet Denn die Schiedsrichter des § 75 Abs. 6 sollen darüber entscheiden, ob „ein wichtiger Grund im Sinne des Absatzes 5 vorliegt" und damit das Gestaltungsrecht des § 75 Abs. 5 begründet ist, über eine Rechtsfrage also, deren Beantwortung regelmäßig dem Richter obliegt und auch überlassen bleibt.

Anm. 46 a) **Jede Partei ernennt einen Schiedsrichter** (vgl. ZPO §§ 1028ff.). Können die Schiedsrichter sich nicht einigen, so erwählen sie einen **Obmann.** Können sie sich auch darüber nicht einigen, so wird der Obmann von den Organen des Handelsstandes (Handelskammern usw.; vgl. FGG § 126) ernannt, und zwar, der Übung gemäß, auf Antrag der Schiedsrichter, nicht auf Antrag der Parteien oder einer Partei. Örtlich zuständig ist das Organ, in dessen Bezirk sich die gewerbliche Niederlassung des Versicherers oder seines Vertreters befindet, von der aus der Vertrag geschlossen ist. Hat der Agent des Versicherers nur vermittelt, so ist der Vertrag von der Niederlassung des Versicherers aus geschlossen, mag auch der Agent die Police übermittelt haben. Maßgebend ist der Ort der jeweiligen Niederlassung; nicht der Ort, an dem der Versicherer oder sein Vertreter zur Zeit des Vertragsschlusses die Niederlassung hatte (anders ADS § 127 Satz 2, BGB § 269 Abs. 1). — Wenn ein Organ des Handelsstandes nicht besteht, oder zwar vorhanden ist, aber keinen Obmann ernennen will, bricht die Schiedsgerichts-Klausel des § 75 Abs. 6 zusammen, ist also der Klageweg vor den Staatsgerichten offen.

Anm. 47 b) Die Einrede des Schiedsvertrags (ZPO § 274 Abs. 2 Nr. 3) führt zur Abweisung nicht nur der Klage vor den Staatsgerichten auf Feststellung, daß ein wichtiger Grund vorliegt, sondern auch der Entschädigungsklage. Aber das Urteil, das auf Grund der Einrede die Entschädigungsklage abweist, hat materielle Rechtskraft nur, soweit es über die Einrede entscheidet. Auch kann das Staatsgericht, wenn das schiedsrichterliche Verfahren anhängig ist, anordnen, daß die Verhandlung über die Entschädigungsklage bis zur Erledigung des schiedsrichterlichen Verfahrens ausgesetzt wird (ZPO §§ 148, 1040).

Anm. 48 c) Sind mehrere Versicherer beteiligt, so muß gegenüber jedem einzelnen schiedsrichterlich entschieden werden. Auch, wenn über die mehreren Versicherungen nur eine Police ausgestellt ist. Es kann also verschieden entschieden werden. E 1910 § 74 Abs. 6 wollte den davon drohenden Mißhelligkeiten durch die (allerdings unvollkommene) Bestimmung begegnen, daß für die Zuständigkeit des zur Ernennung des

Obmanns berufenen Handelsorgans die Versicherung maßgebend sein sollte, die in der Police an erster Stelle steht. Diese Bestimmung ist gestrichen (vgl. die widerspruchsvollen Ausführungen Mat. 1. 268). Die Beteiligten müssen sich anderweit helfen, insbesondere etwa durch Vereinbarung eines „Führers" (Vorb. vor § 1 Anm. 45). Ist einer der Versicherer Führer, so wirkt der Schiedsspruch, der im Verfahren zwischen ihm und dem Versicherungsnehmer ergeht, auch gegenüber den anderen Versicherern. Der Führer kann auch die anderen Versicherer im schiedsrichterlichen Verfahren vertreten, wenn die Feststellungsklage nicht nur gegen ihn, sondern auch gegen die anderen gerichtet ist (Vorb. vor § 1 Anm. 46). Andererseits muß das schiedsrichterliche Verfahren auch gegen den Führer gerichtet, die nur gegen die anderen Versicherer gerichtete Feststellungsklage abgewiesen werden. Denn der Schiedsspruch, der nur im Verhältnis zu den anderen erginge, würde die Versicherung führerlos machen und eine solche Versicherung haben die anderen nicht übernommen (Vorb. vor § 1 Anm. 46). § 75

17. § 75 ist auf **andere Versicherungen, die sich auf das Schiff beziehen** sinngemäß anzuwenden (§ 79). Dazu wird sich im allgemeinen nur selten Gelegenheit bieten (§ 74 Anm. 68). Insbesondere auch nicht im Falle der Frachtversicherung (§ 105 Abs. 1; siehe auch Argyriadis 170). Die ältere hansestädtische Rechtsprechung nahm freilich an, daß § 102 AllgPlan 1847 (= ADS §§ 74, 75) auch auf die Frachtversicherung anzuwenden sei (OAG Lübeck HambS 4. 89, Kierulff 3. 357, HG u. OG Hamburg Ullrich Nr. 224, 255, 280, 352, Seebohm 572; vgl. auch BSVB § 58 Nr. 8, wonach „Abweichungen" von den Bestimmungen über die Feststellung eines Kasko-Teilschadens gestattet waren, „wenn nur Fracht...auf Grundlage der BSVB versichert war, das Casco selbst dagegen ganz oder zum größten Teile auf Grundlage anderer Bedingungen oder Gesetze"). „Die ernsten Bedenklichkeiten in Betreff prinzipieller Angemessenheit der hier fraglichen Bestimmungen des Allgemeinen Plans auch in Beziehung auf Frachtversicherungen" vermochten nicht, eine „constante Praxis", obwohl sie es an jeder Art von Begründung hatte fehlen lassen, zu brechen (OG Hamburg HH 36). Die Feststellung eines Teilschadens am Schiffe ist für die Feststellung eines Frachtverlustes nicht von Bedeutung oder doch von ganz anderer Bedeutung als für die Kaskoversicherung. Aus der Vorschrift der „entsprechenden" Anwendung der für die Kaskoversicherung geltenden Bestimmungen ergibt sich auch nicht, daß die Feststellung eines Teilschadens gemäß § 74 zu erfolgen hätte (§ 105 Anm.); dazu wäre auch das im § 74 angeordnete Feststellungsverfahren ganz ungeeignet. Ebensowenig kann der Frachtversicherte gemäß § 75 zur Ausbesserung des Schiffes verpflichtet sein. Die Ausbesserung des Schiffes kann hier nur unter einem anderen Gesichtspunkt in Betracht kommen. Wenn das Schiff beschädigt wird, so ausgebessert werden kann, daß es die versicherte Fracht verdienen kann, und gleichwohl nicht ausgebessert wird, ist der Frachtverlust regelmäßig vom Versicherungsnehmer schuldhaft nicht abgewendet, der Versicherer also gemäß § 41 Abs. 3 frei (Voigt 138; vgl. auch OAG Lübeck Seebohm 151). Der Versicherungsnehmer kann sich insbesondere regelmäßig nicht darauf berufen, daß ihm die Mittel zur Ausbesserung gefehlt hätten. Kaskoversicherung, Verbodmung, das Pfandrecht des Ausbesserers gewähren zudem Möglichkeiten, ohne erhebliche eigene Mittel mit der Ausbesserung unverzüglich zu beginnen. Die „Kostspieligkeit der Reparatur concerniert" den Frachtversicherer nicht (HG Hamburg Ullrich Nr. 352; vgl. auch oben Anm. 21). — Über die Anwendbarkeit des § 75 im Falle der Versicherung von Bodmerei-, Haverei- und ähnlichen Geldern: § 110 Anm. Anm. 49

18. § 75 gilt sinngemäß auch für die **Rückversicherung** (§ 79, § 1 Anm. 136). Aber die Rückversicherung ist Haftpflichtversicherung (§ 1 Anm. 145). Die sinngemäße Anwendung des § 75 ergibt also nur, daß der Rückversicherer nur haftet, wenn im Vorversicherungs-Verhältnis gemäß § 75 verfahren wird (vgl. § 74 Anm. 69). Der ab- Anm. 50

§ 75 wicklungsberechtigte Vorversicherer darf von diesem Verfahren abweichen, wenn ein nicht rückversicherter Versicherer verständiger- und billigerweise abgewichen wäre (§ 1 Anm. 154). — Der gemäß § 75 Abs. 6 im Vorversicherungs-Verhältnis ergehende Schiedsspruch macht nur Rechtskraft zwischen den Parteien, nicht auch im Verhältnis zwischen Vorversicherer und Rückversicherer. Aber er ist natürlich materiell auch für dieses Verhältnis maßgebend; der Rückversicherer kann nur einwenden, daß der Vorversicherer im schiedsrichterlichen Verfahren seine Schadenabwendungs-Pflicht verletzt habe.

Anm. 51 19. **Fremde Rechte** (vgl. auch oben Anm. 3, 8, 9, 11, 17, 19—21, 24, 28, 29, 31, 32, 39, 40, 43, 44).

a) Das englische Recht weicht ab (vgl. auch oben). Es unterscheidet (MIA § 69):

1. Where the ship has been repaired, the assured is entitled to the reasonable cost of repairs less the customary deductions, but not exceeding the sum insured in respect of any one casualty.

2. Where the ship has been only partially repaired, the assured is entitled to the reasonable cost of such repairs, computed as above, and also to be indemnified for the reasonable depreciation, if any, arising from the unrepaired damage, provided that the aggregate amount shall not exceed the cost of repairing the whole damage, computed as above.

3. Where the ship has not been repaired, and has not been sold in her damaged state during the risk, the assured is entitled to be indemnified for the reasonable depreciation arising from the unrepaired damage, but not exceeding the reasonable cost of repairing such damage, computed as above.

Für den Fall, daß das unreparierte Schiff has been sold in her damaged state during the risk, trifft das Gesetz keine Bestimmung. Vgl. dazu Arnould 1013 s. 1037 und die dort angeführte Entscheidung Pitman v. Uni. Mar. Ins. Co 1882. — Ausbesserungszwang besteht also nicht. Doch enthalten die ITC und IVC die Tender clause: In the event of accident, whereby loss or damage may result in a claim under this Policy, notice shall be given in writing to the Underwriters, where practicable, and, if abroad, to the nearest Lloyd's Agent also, prior to survey, so that they may appoint their own Surveyor if they so desire; and whenever the extent of the damage is ascertainable, the Underwriters may take or may require the Assured to take tenders for the repair of such damage. In cases where a tender is accepted by or with the approval of Underwriters, the Underwriters will make an allowance at the rate of £ 30 per cent. per annum on the insured value for the time actually lost in waiting for tenders. In the event of the Assured failing to comply with the conditions of this clause, £ 15 per cent. shall be deducted from the amount of the ascertained claim. — Über the customary deductions wegen des Unterschiedes zwischen neu und alt: § 76 Anm. 8. Zuerst wird das Drittel, dann der Wert der alten Sachen abgezogen (oben Anm. 29). Über abweichende Vereinbarungen: oben Anm. 28. — Über die Kosten von vorläufigen Ausbesserungen, Reparaturreisen, Geldbeschaffung: oben Anm. 19—21, 31, 32. — Über den Fall, daß Teil- und Totalschaden zusammentreffen: oben Anm. 40.

b) Französisches Recht. Vgl. § 74 Anm. 71, Kaskopolice Art. 23 und oben Anm. 3, 9, 28.

c) Über Versuche der Aufstellung internationaler Regeln über die Entschädigung im Falle des Teilschadens: Intern. Marine Insurance Rules der Intern. Law Association, Rouen Conf. 1900, Glasgow Conf. 1901.

§ 76

§ 76

Unterschied zwischen neu und alt

(1) Bei der Berücksichtigung des aus dem Unterschiede zwischen neu und alt sich ergebenden Minderwerts ist nach den Bestimmungen der Absätze 2 bis 7 zu verfahren.

(2) Soweit nicht ein anderes bestimmt ist, wird ein Dritteil abgezogen.

(3) Bei eisernen Schiffen wird in Ansehung der Eisen- oder Zementteile nichts abgezogen, wenn der Schaden während der ersten zehn Jahre seit der ersten Eintragung des Schiffes in das Schiffsregister entsteht. Entsteht der Schaden während der nächsten fünf Jahre, so wird ein Sechsteil, entsteht er später, so wird ein Dritteil abgezogen. Können die beschädigten Teile gelascht oder gerichtet werden, so muß die Ausbesserung auf diese Weise erfolgen, es sei denn, daß die Erneuerung der Teile zum Zwecke der Erhaltung der Schiffsklasse erforderlich ist. Werden Teile gelascht oder gerichtet, so wird nichts abgezogen. Muß der Boden geschrapt oder gestrichen werden, so wird ein Dritteil abgezogen; entsteht der Schaden nach Ablauf von sechs Monaten seit Vornahme dieser Arbeiten, so wird nichts vergütet. In Ansehung der hölzernen Teile finden die für hölzerne Schiffe geltenden Bestimmungen Anwendung.

(4) Bei hölzernen und kompositen Schiffen wird in Ansehung der Metallhaut und der Kalfaterung nichts abgezogen, wenn der Schaden während des ersten Jahres seit der Umlegung oder Kalfaterung entsteht. Entsteht der Schaden während des zweiten Jahres, so wird ein Dritteil, entsteht er im dritten Jahre, so werden zwei Dritteile abgezogen, entsteht er später, so wird nichts vergütet. In Ansehung des Schiffskörpers und der Masten des Schiffes wird nichts abgezogen, wenn der Schaden während des ersten Jahres seit dem Zeitpunkt, in dem das Schiff zu Wasser gelassen ist, entsteht; das Gleiche gilt in Ansehung einzelner Teile des Schiffskörpers, der Masten oder einzelner Zubehörstücke, wenn der Schaden auf einer Reise entsteht, vor deren Beginn die Sachen neu waren.

(5) Bei Maschinenschäden wird, wenn der Schaden während der ersten drei Jahre seit der Ingebrauchnahme des beschädigten oder verlorengegangenen Teiles entsteht, nichts, wenn er während der nächsten drei Jahre entsteht, ein Sechsteil, wenn er später entsteht, ein Dritteil abgezogen.

(6) Bei Kesselschäden wird, wenn der Schaden während des ersten Jahres seit der Ingebrauchnahme entsteht, nichts, wenn er später entsteht, für jedes Jahr, in dem der Kessel gebraucht ist, je ein Zehnteil abgezogen. Ist der Kessel während zehn Jahre gebraucht, so wird nichts vergütet.

(7) Bei Schäden an Ankern wird nichts abgezogen. Bei Schäden an Ankerketten wird, wenn der Schaden während des ersten Jahres seit der Ingebrauchnahme entsteht, nichts, im übrigen ein Sechsteil abgezogen.

(8) Kosten, die durch Maler- oder Glaserarbeiten entstehen, werden, soweit nicht ein anderes bestimmt ist, nicht vergütet.

1. Vgl. HGB § 872, ASVB § 130 A und B, § 130 Abs. 4—7, AlteKZP, Alte KRP Zusatz zu ASVB § 130 (Mat. 2. 104, 108), BSVB § 59 Abs. 7. — **Literatur:** § 75 Anm. 2. Anm.

§ 76 Anm. 2 2. **Abs. 1.** § 76 betrifft den Abzug, der nach § 75 Abs. 3 Nr. 1 von den Ausbesserungskosten usw. zu machen ist. — Der Wert der durch neue ersetzten alten Sachen ist gemäß § 75 Abs. 2 Nr. 2 natürlich in jedem Falle abzuziehen, also auch dann, wenn gemäß § 76 nichts abzuziehen ist (abw. Sieveking 174).

Anm. 3 3. **Abs. 2** betrifft das „Drittel", le tiers, thirds; näheres: § 75 Anm. 28. — Die Parteien können auch vereinbaren, daß nichts abgezogen werden soll (§ 75 Anm. 28). Der Versicherungsnehmer kann das Drittel auch besonders versichern (§ 75 Anm. 28).

Anm. 4 4. **Abs. 3.** Ist das versicherte Schiff nicht in das Schiffsregister eingetragen, so muß § 76 Abs. 3 Satz 1 und 2 sinngemäß angewendet werden. Der erkennbaren Bedeutung dieser Bestimmungen zufolge müssen die im § 76 Abs. 1 und 3 bestimmten Fristen seit dem Zeitpunkt verstrichen sein, in dem ein deutsches in das Schiffsregister eintragbares Seeschiff unter gewöhnlichen Umständen in das Schiffsregister einzutragen gewesen wäre. — Genauer franz. Kaskopolice Art. 23 § 7: L'age du navire compte de la date de son premier permis de navigation, ou, à défaut de justification de cette date, du 1er janvier de l'année de sa construction, jusqu'au jour de son entrée au port où s'effectuent ses réparations.

Zum Abs. 3 Satz 2: Das Schiff ist vor 16 Jahren in das Schiffsregister eingetragen. Nunmehr wird der eiserne Mast erneuert. Bald darauf wird der Mast beschädigt. Das Drittel ist abzuziehen. Der Zeitpunkt der Erneuerung entscheidet also nicht (anders nach § 76 Abs. 5—7). Dafür wird, wenn das Schiff vor neun Jahren eingetragen ist und nunmehr der neun Jahre alte eiserne Mast beschädigt wird, gemäß § 76 Abs. 3 Satz 1 nichts abgezogen.

Zum Abs. 3 Satz 3: Über die Schiffsklasse: § 58 Anm. 33. — Über die Berechtigung des Versicherungsnehmers, das Schiff so ausbessern zu lassen, daß es die alte Klasse wiedererlangt: § 75 Anm. 11.

Zum Abs. 3 Satz 3 vgl. RPAssAvAdj 51: That when in consequence of damage by a peril insured against, a vessel's bottom has to be scraped and painted, the cost of such scraping and painting shall be charged to underwriters on ship, without any deduction on account of the vessel having become due for ordinary painting at any time subsequent to the accident. Und hierzu ITC und IVC: No claim shall in any case be allowed in respect of scraping or painting the Vessel's bottom.

Anm. 5 5. Nach **Abs. 4** Satz 3 wird von gewissen Sachen nichts abgezogen, wenn sie vor Beginn der Schadensreise neu waren. Als Reise wird auch hier die letzte Franchisereise im Sinne des § 34 Abs. 3 anzusehen sein (näheres: § 74 Anm. 33). — Sind die Sachen erst während der Reise angeschafft, so wird natürlich erst recht nichts abgezogen. Über den Eintritt solcher Sachen in die Versicherung: § 1 Anm. 36.

Anm. 6 6. **Abs. 8.** Maler- und Glaserarbeiten (Sach- sowohl wie Arbeitsvergütung) werden auch dann nicht vergütet, d. h. werden auch dann voll abgezogen, wenn der bemalte oder verglaste Gegenstand zerstört ist. Dies gilt aber nur, „soweit nicht ein anderes bestimmt ist". Etwas anderes ist im § 76 Abs. 3 Satz 4 bestimmt. — Malerarbeiten sind insbesondere nicht Kunstgegenstände, wie etwa Gemälde in Passagierkajüten. Von ihnen wird, soweit sie überhaupt mit versichert sind, das Drittel abgezogen, obgleich der Zweck des Abzugs fehlt. Nach ASVB § 130 Abs. 4 A 2d sollten die Kosten, die durch die Wiederherstellung solcher und ähnlicher Gegenstände („Verzierungen") entstehen, sogar voll abgezogen werden (vgl. dazu Voigt 702).

Anm. 7 7. Über die Berechnung der im § 76 bestimmten Fristen: BGB §§ 187, 188. Maßgebend ist überall die Entstehung des Schadens. Entsteht der Schaden z. B., nachdem seit der letzten Streichung des Schiffsbodens (Abs. 3 Satz 4) fast 6 Monate verstrichen sind, so muß der Versicherer die Streichkosten unter Abzug des Drittels

ersetzen, obgleich zur Zeit der Ausbesserung der Boden hätte ohnehin gestrichen **§ 76**
werden müssen (HGZ 1903. 291).

8. **Fremde Rechte.** a) Englisches Recht. § 76 ADS nimmt weitgehende Rücksicht darauf, ob die beschädigten Teile oder Zubehörstücke neu oder alt waren. Der englische Rechtsverkehr macht es sich erheblich leichter. Im allgemeinen gelten zwei Grundsätze: Entsteht der Schaden während der ersten Reise, so wird nichts abgezogen; im übrigen wird das Drittel abgezogen. Im einzelnen vgl. RPAssAvAdj 53: The deduction for new work in place of old is fixed by custom at one-third, with the following exceptions: Anm. 8

Anchors are allowed in full. Chain cables are subject to one sixth only.

Metal sheating is dealt with, by allowing in full the cost of a weight equal to the gross weight of metal sheating stripped off, minus the proceeds of the old metal. Nails, felt, and labour metalling are subject to one-third.

The rule applies to iron as well as to wooden ships, and to labour as well as material. It does not apply to the expense of straightening bent ironwork, and to the labour of taking out and replacing it.

It does not apply to graving dock expenses and removals, cartages, use of shears, stages, and graving dock materials.

It does not apply to a ship's first voyage.

b) Über das französische Recht: § 74 Anm. 71, Kaskopolice Art. 23f.

c) Über Versuche der Aufstellung internationaler Regeln über die Entschädigung im Falle des Teilschadens: Intern. Marine Insurance Rules der Intern. Law Association, Rouen Conf. 1900, Glasgow Conf. 1901.

§ 77

Reparaturunfähigkeit. Reparaturunwürdigkeit

(1) Der Versicherungsnehmer kann das Schiff öffentlich versteigern lassen und den Unterschied zwischen der Versicherungssumme und dem Erlöse verlangen, wenn das Schiff infolge des Versicherungsfalls reparaturunfähig und die Reparaturunfähigkeit auf die im § 74 bestimmte Weise festgestellt ist. Das Schiff gilt als reparaturunfähig, wenn die Ausbesserung des Schiffes überhaupt nicht möglich ist oder an dem Orte, an dem das Schiff sich befindet, nicht bewerkstelligt, das Schiff auch nicht nach dem Orte, an dem die Ausbesserung möglich ist, gebracht werden kann. Der Versicherungsnehmer muß sich den Wert desjenigen anrechnen lassen, was er anderweit zur Ausgleichung des Schadens erlangt hat und was infolge eines dem Versicherer nicht zur Last fallenden Umstandes verlorengegangen oder beschädigt ist. Die Versicherung endigt erst mit der Versteigerung; dem Versicherer gebührt eine der längeren Dauer der Versicherung entsprechende Prämie.

(2) Das Gleiche gilt, wenn das Schiff infolge des Versicherungsfalls reparaturunwürdig und die Reparaturunwürdigkeit auf die im § 74 bestimmte Weise festgestellt ist. Das Schiff gilt als reparaturunwürdig, wenn die gemäß § 74 geschätzten Ausbesserungskosten ohne Berücksichtigung des aus dem Unterschiede zwischen neu und alt sich ergebenden Minderwerts mehr betragen als der Versicherungswert.

§ 77 (3) Das Gleiche gilt auch, wenn sich die Reparaturunfähigkeit oder die Reparaturunwürdigkeit erst später, insbesondere bei der Ausbesserung, ergibt und gemäß § 74 unverzüglich festgestellt wird. Der Versicherer hat in diesem Falle die durch die Ausbesserung entstandenen Kosten insoweit zu ersetzen, als infolge der Ausbesserung ein höherer Erlös erzielt worden ist. Die Bestimmung des Absatzes 1 letzter Satz findet keine Anwendung.

(4) Die in den Absätzen 1 bis 3 bezeichneten Rechte erlöschen, wenn der Versicherungsnehmer sie, sobald ihre Voraussetzungen vorliegen und er hiervon Kenntnis erlangt, nicht unverzüglich ausübt.

Anm. 1 1. Vgl. HGB §§ 873, 874, ASVB §§ 131, 132, BSVB § 36 Abs. 1 Satz 3, Abs. 2—4, § 58 Nr. 5e, 8, § 59 Abs. 9. — **Literatur**: § 71 Anm. 2, § 72 Anm. 2.

Anm. 2 2. Daß ein Schiff reparaturunfähig ist, ist für die Rechtsbeziehungen, die sich daran knüpfen, von großer Bedeutung. So z. B. für das Frachtverhältnis (HGB §§ 628, 630, 641), für das Überfahrtsverhältnis (HGB § 668), für das Heuerverhältnis (SeemG §§ 23ff.), für das Havariegrosse-Verhältnis (HGB § 706 Nr. 3), für das Versicherungsverhältnis. Dasselbe gilt für den Fall, daß das Schiff reparaturunwürdig ist; denn was nicht wert ist, erhalten zu werden, soll untergehen und nicht, weil diese oder jene Rechtsbeziehung sich daran knüpft, künstlich erhalten werden. — Deshalb kann der Versicherungsnehmer nach § 873 HGB in beiden Fällen die versicherte Unternehmung liquidieren, das Schiff versteigern lassen und den Unterschied zwischen Versicherungssumme und Erlös als Entschädigung verlangen. Anders früher nach ASVB § 131: Wegen Reparaturunwürdigkeit durfte das Schiff überhaupt nicht versteigert werden (über die Gründe: Voigt 710) und wegen relativer Reparaturunfähigkeit nur unterwegs. Anders wieder nach BSVB §§ 36, 59: Wegen relativer Reparaturunfähigkeit und wegen Reparaturunwürdigkeit durfte das Schiff nur unterwegs versteigert werden, wegen Reparaturunwürdigkeit übrigens (ähnlich wie nach HGB §§ 873, 479), wenn die Ausbesserungskosten mindestens 75% der Taxe betrugen. Im Verkehr war man aber schon früher in vielen Fällen zum Rechte des HGB zurückgekehrt. Nicht selten für die Kaskoversicherung (vgl. z. B. den Fall HG u. OG Hamburg HGZ 1876. 118). Häufiger für die Versicherung von Mehrwert, Gewinn und anderen Nebeninteressen, und zwar mittels der Klausel: „Falls das Schiff wegen Seeschadens und/oder Kondemnation seinen Bestimmungsort nicht erreicht, ist die Versicherungssumme mit 100% zu bezahlen unter Aufhebung des § 131 ASVB“ oder ähnlich. Teils, weil solche Nebeninteressen (z. B. das Provisionsinteresse des Schiffsmaklers) oft von der Ankunft des Schiffes abhängen, an den Rettungskosten so wenig wie am Geretteten teilnehmen, deshalb auch „Für behaltene Ankunft“ des Schiffes versichert zu werden pflegen und ohne Bedeutung ist, ob das Schiff wegen Reparaturunfähigkeit oder wegen Reparaturunwürdigkeit nicht ankommt. Teils, weil die Nebeninteressenten oft gar nicht über das Schiff verfügen, es also auch nicht versteigern lassen können und vielmehr die Versteigerung hinnehmen müssen, mag sie aus dem einen oder anderen Grunde stattfinden.

Anm. 3 3. **Abs. 1.** Wenn das versicherte Schiff so beschädigt ist, daß es nicht mehr ausgebessert werden kann, ist es eigentlich total verloren (§ 71 Anm. 5). Deshalb werden auch im Rechte der Binnen-Kaskoversicherung reparaturunfähige Schiffe als total verloren behandelt (unten Anm. 46). Deshalb behandelt auch das englische Recht den Fall der Reparaturunfähigkeit als einen Totalverlust-Fall; zwar im allgemeinen nicht als einen gewöhnlichen Totalverlust-Fall, wohl aber als einen Fall des constructive total loss (unten Anm. 46, § 71 Anm. 53). Deshalb behandelt auch das deutsche Seeversicherungs-Recht (HGB §§ 873, 874, ADS § 77) den Fall als Totalverlust-Fall; zwar nicht als gewöhnlichen Totalverlust-Fall, wohl aber ähnlich wie einen Totalverlust-Fall.

4. **„Das Schiff gilt als reparaturunfähig, wenn die Ausbesserung des Schiffes überhaupt nicht möglich ist"** (Fall der sog. absoluten Reparaturunfähigkeit). Das ist schief ausgedrückt. Das Schiff ist reparaturunfähig, wenn es nicht ausgebessert werden kann. Und selbst dies wäre nicht das, als was es sich darstellt, eine Erläuterung, sondern eine nichtssagende Umschreibung, die höchstens dazu beitrüge, den Unterschied zwischen Reparaturunfähigkeit und Reparaturunwürdigkeit in's Licht zu stellen. § 77 Anm. 4

Eine Leistung kann im logischen Sinne unmöglich sein, also derart unmöglich sein, daß sie notwendig nicht geschehen kann. Im Rechtssinne ist eine Leistung im allgemeinen schon dann unmöglich, wenn ihr Hindernisse im Wege stehen, die zu überwinden dem Beteiligten nach der Art des Rechtsverhältnisses nicht zuzumuten ist. In diesem Sinne wäre also das Schiff nicht nur dann reparaturunfähig, wenn es physisch (OAG Lübeck Seebohm 562: „wirklich", OAG Lübeck HambS. 2. 1024: „faktisch") nicht ausgebessert werden kann, sondern schon dann, wenn die Ausbesserung unwirtschaftlich sein würde. Aber Gesetz und ADS machen ganz klar, daß sie den Ausdruck „Reparaturunfähigkeit" in diesem Sinne nicht verstanden wissen wollen (Pappenheim Seerecht 1. 59, Schaps-Abraham Anm. 3 und 5 zu § 479 HGB; so richtig, auch schon OAG Lübeck HambS. 2. 1024, Seebohm 562, HG Hamburg Seebohm 549; bedenklich bereits OG Hamburg Seebohm 555; vgl. auch unten Anm. 5). Nicht allein durch den Wortlaut („überhaupt nicht möglich" — „nicht bewerkstelligt werden kann": Pappenheim Seerecht 1. 59). Sondern vor allem dadurch, daß es den Fall der bloß wirtschaftlichen Reparaturunmöglichkeit aus dem an sich allgemeinen Begriff der Reparaturunfähigkeit heraushebt und in dem besonderen Begriff der Reparaturunwürdigkeit besonders bestimmt. Demgemäß behandelt auch das englische Recht den Fall der wirtschaftlichen Reparaturunmöglichkeit unter dem Gesichtspunkt jenes Unterfalles des constructive total loss, in dem das Schiff is so damaged by a peril insured against, that the cost of repairing the damage would exceed the value of the ship when repaired (MIA § 60 Abs. 2ii, Arnould 1056 s. 1082, § 71 Anm. 53). Anders freilich RG 21. 86, HGZ 1888. 257, 1890. 199 ohne weitere Begründung als diese: „Der Unmöglichkeit sei die nur unter Aufwendung ganz außergewöhnlicher Mittel vorhandene Möglichkeit gleichzustellen; sonst gelange man zu Konsequenzen, die widernatürlich seien und nicht im Sinne des Gesetzes lägen". Nun würde zunächst das Gesetz an der „Widernatürlichkeit der Konsequenzen" unschuldig sein, der „Sinn des Gesetzes" also jedenfalls nicht angerufen werden können. Denn das Gesetz (HGB § 873) gestattet ja dem Versicherungsnehmer sowohl im Falle der Reparaturunfähigkeit wie im Falle der Reparaturunwürdigkeit, der physischen sowohl wie der wirtschaftlichen Reparaturunmöglichkeit, das Schiff zu verkaufen und den Unterschied zwischen Versicherungssumme und Erlös zu verlangen. Widernatürlich wären die Konsequenzen, wenn überhaupt, nur vom Standpunkt des § 131 ASVB gewesen, der den Verkauf wegen Reparaturunwürdigkeit verbot. Und diese „Widernatürlichkeit", richtiger Unbilligkeit, die darin liegt, daß der Versicherungsnehmer im Falle der Reparaturunwürdigkeit nicht verkaufen, sondern nur nach Teilschaden-Grundsätzen Entschädigung verlangen kann, hat die deutsche Rechtsprechung veranlaßt, dem Gesetz Zwang anzutun und einen offenbaren Fall der Reparaturunwürdigkeit zu einem Falle der Reparaturunfähigkeit zu wenden, darin den englischen Gerichten ähnlich, die im Falle der Vereinbarung der F.P.A.-Klausel sometimes struggle to bring the case within the line of constructive total loss (Chalmers 86). Es wäre deshalb nicht minder verfehlt, wollte man einen Fall der Reparaturunfähigkeit etwa auch dann annehmen, wenn das Schiff zwar ausgebessert werden kann, aber erst nach einer „den Umständen nach nicht angemessenen Zeit" (so RG HGZ 1891. 43, HGZ 1890. 199; richtig dagegen schon OAG Lübeck HambS. 2. 1024, Seebohm 562, HG

§ 77 u. OG Hamburg Ullrich Nr. 74, 170, 186, 255, 352, Seebohm 411, 538; vgl. auch RG 43. 9: 190 Tage Reparatur ließen das Schiff noch nicht als reparaturunfähig erscheinen). Zeit ist Geld, und Geld spielt nur vom Standpunkt der Reparaturunwürdigkeit eine Rolle. Vgl. auch HansOLG HansRGZ 1941 B 276, wo Reparaturunfähigkeit angenommen wurde, weil das Schiff im Ausland mangels der erforderlichen Devisen nicht repariert werden konnte und dazu unten Anm. 8.

Anm. 5 5. „Das Schiff gilt (auch dann) als reparaturunfähig, **wenn die Ausbesserung des Schiffes an dem Orte, an dem das Schiff sich befindet, nicht bewerkstelligt, das Schiff auch nicht nach dem Orte, an dem die Ausbesserung möglich ist, gebracht werden kann**" (Fall der sog. relativen Reparaturunfähigkeit). Richtiger: Das Schiff ist dann reparaturunfähig. Und auch dies versteht sich von selbst (oben Anm. 4). Ein Schiff, das unter anderen Umständen ausgebessert werden könnte, aber unter den vorliegenden Umständen nicht ausgebessert werden kann, ist natürlich ebenso reparaturunfähig, wie ein Schiff, das auch unter anderen Umständen nicht ausgebessert werden könnte. If a ship is so injured, that it cannot sail without repairs and cannot be taken to a port at which the necessary repairs can be executed, there is an actual total loss, for that has ceased to be a ship which never can be used for the purposes of a ship (Barker v. Janson 1868 bei Arnould 1029 s. 1052). Der Fall der sog. relativen Reparaturunfähigkeit unterscheidet sich also seinem Wesen nach nicht von demjenigen der sog. absoluten Reparaturunfähigkeit. Es handelt sich in beiden Fällen darum, daß das „schadhaft gewordene Schiff nicht wieder in gehörigen Stand gesetzt werden kann, möge diese Unmöglichkeit in einem so hohen Grade der Zerstörung der einzelnen Teile des Schiffes beruhen, daß dasselbe, wo und unter welchen Umständen man auch die Wiederherstellung unternehmen möchte, als reparaturunfähig sich ausweise, oder möge sie durch die besonderen Umstände des konkreten Falles herbeigeführt werden, indem lokale äußere Hindernisse der an sich möglichen Reparatur entgegenstehen, Hindernisse, welche sich entweder gar nicht oder doch erst so spät, daß das Schiff inzwischen irreparabel werden würde, beseitigen lassen" (OAG Lübeck Seebohm 562). Die oben Anm. 4 angeführte Rechtsprechung des RG und des OLG Hamburg macht gleichwohl zwischen der absoluten und der relativen Reparaturunfähigkeit des Schiffes einen grundsätzlichen Unterschied. Die dort berichtete Anschauung dieser Gerichte wird nämlich nur für den Fall der relativen Reparaturunfähigkeit vertreten, nicht für den Fall der absoluten Reparaturunfähigkeit. Nur „wenn die Reparatur an dem Orte, wo das Schiff sich befinde, bloß zur Zeit unmöglich, mit besonderen Schwierigkeiten verknüpft oder nur unter Aufwendung außergewöhnlicher Mittel zu bewerkstelligen sei", sei keine Reparaturunfähigkeit anzunehmen. Freilich geht HGZ 1890. 199 schon weiter und will auch für den Fall, daß die Ausbesserungsmaterialien von weither beschafft werden müssen, Reparaturunfähigkeit angenommen wissen (von RG HGZ 1891. 43 umgangen). Jedenfalls besteht für die von der Rechtsprechung (und Boyens Seerecht 1. 151; vgl. auch Schlegelberger SVR Bem. 1 zu § 77 ADS: Reparaturunfähigkeit sei anzunehmen, wenn die erforderlichen technischen Hilfsmittel und Geldmittel jedes vernünftige Maß übersteigen) gelehrte Unterscheidung kein Grund. Ist wirtschaftliche Unmöglichkeit der physischen gleichzuachten, so muß sie ihr sowohl für den Fall der absoluten wie für den Fall der relativen Reparaturunfähigkeit des Schiffes gleichgeachtet werden. Wenn nicht, darf sie ihr in keinem der beiden Fälle gleichgeachtet werden. „Auch in den Fällen der sog. relativen Reparaturunfähigkeit ist, um den Versicherer für den Verkauf des Schiffes verantwortlich werden zu lassen, die wirkliche Unmöglichkeit der Reparatur erforderlich, und hohe Kosten der Reparatur können niemals, Zeitverlust und temporärer Geldmangel nur insofern die in Rede stehende Wirkung haben, als vor Beseitigung der respektiven Schwierigkeiten das Schiff absolut reparaturunfähig geworden sein würde". So mit Recht OAG Lübeck Seebohm 562 im Anschluß an eine alte und wohl begründete Rechtsprechung der hansestädtischen Gerichte (näheres: oben Anm. 4; vgl. auch Voigt 718). § 77

Anm. 6

a) Warum das Schiff am Aufenthaltsort nicht ausgebessert werden kann, ob deshalb, weil die nötigen Kräfte fehlen und auch nicht hingebracht werden können, oder deshalb, weil es an den nötigen Einrichtungen und Materialien gebricht, solche auch nicht hergestellt oder beschafft werden können, ist gleichgültig (OG Hamburg Seebohm 554). Vgl. HansOLG HansRGZ 1941 B 276 = Sasse Nr. 455, wo Reparaturunfähigkeit angenommen wurde, weil an dem ausländischen Ort die für die Reparatur erforderlichen Devisen nicht bereitgestellt werden konnten und dazu unten Anm. 8.

b) Ob das Schiff nach dem Orte, an dem die Ausbesserung möglich ist, gebracht werden kann oder nicht, richtet sich nach den Umständen des Falles, insbesondere nach Art und Umfang der Beschädigung, Dauer und Art der Ausbesserungsreise usw., sowie nach seemännischer Anschauung und Erfahrung (vgl. auch § 67 Anm. 13).

c) Das Schiff ist reparaturfähig, wenn es am Aufenthaltsort zwar nicht so vollständig ausgebessert werden kann, daß es mit der Ladung die Frachtreise vollenden kann, aber doch so weit, daß es die See halten und nach Hause oder nach einem anderen Reparaturhafen fahren kann (Arnould 1094 s. 1120; von den englischen Gerichten auch wohl so begründet, daß the underwriters indemnify only against the loss of the ship, not of the voyage and the loss of the voyage therefore, cannot make a constructive total loss of the ship: Doyle v. Dallas 1831 bei Arnould 1094, 1095 s. 1120, 1122; näheres über loss of voyage: § 96 Anm.).

Anm. 7

6. Als (absolut) reparaturunfähiges Schiff im Sinne des § 479 HGB bezeichnet man auch wohl das Schiff, wenn es „Wrack geworden ist" (vgl. dazu Schaps-Abraham II Anm. 3 zu § 479 HGB) oder „wenn die Verbindungen desselben in solchem Maße gelöst und Teile desselben zertrümmert oder doch so sehr beschädigt sind, daß nur ein Neubau, wenngleich unter Mitbenutzung eines Teiles der alten Materialien, Seefähigkeit wiederherstellen kann" (ROHG 16. 106, OAG Lübeck HambS. 2. 1025, Seebohm 227; vgl. auch AllgPlan 1847 § 114: „condemnirt, d. h. . . . als Wrack befunden oder unfähig zur Reparatur erklärt"). Damit dürfte zuviel verlangt sein. Wracks u. dgl. sind im allgemeinen überhaupt keine Schiffe, also auch keine reparaturunfähigen Schiffe, mehr (§ 71 Anm. 5). Im Sinne des § 479 HGB wird das Schiff als reparaturunfähig anzusehen sein, wenn es nicht wieder seetüchtig gemacht werden kann. Aber auch mit dieser Beschränkung dürfte der Begriff, jedenfalls für das Versicherungsrecht, nicht verwendbar sein, obgleich die Begriffsbestimmung des § 479 HGB auch für das Seeversicherungs-Recht gelten will (verb. „Im Sinne des 4. Buches . . ."). Denn der Versicherungsnehmer kann im Teilschaden-Falle verlangen, daß der Versicherer eine Entschädigung zahlt, die den Versicherungsnehmer (vom Abzug des Drittels abgesehen) in den Stand setzt, das Schiff so auszubessern, daß es mindestens den früheren Stand, insbesondere die frühere Klasse, wieder erreicht (§ 75 Anm. 11). War das Schiff für Reisen in großer Fahrt geeignet, so braucht sich der Versicherungsnehmer nicht damit zu begnügen, daß das Schiff für kleine oder mittlere Fahrt wiederhergestellt wird. Hatte das Schiff die erste Klasse, so braucht er sich nicht mit der zweiten zu begnügen, wenn das Schiff nicht etwa ohnedies in die zweite Klasse gelangt wäre. Er kann verlangen, daß das Schiff so ausgebessert wird, daß es wieder das Schiff ist, als das es versichert ist. Reparaturunfähig im Sinne des Seeversicherungs-Rechts ist also das Schiff, wenn es nicht so ausgebessert werden kann, daß es, im wesentlichen natürlich, wieder wird, was es war, oder, genauer, das wird, was es, im wesentlichen, sein

§ 77 würde, wenn der Versicherungsfall nicht eingetreten wäre (so wohl auch Voigt 722 trotz Ablehnung einer „Garantie" für die Klasse).

Anm. 8 7. Die Unmöglichkeit der Beschaffung von Ausbesserungsgeldern insbesondere. Das Schiff kann insbesondere dann nicht ausgebessert werden, wenn zwar dafür ausreichende Kräfte und Materialien vorhanden sind, die vorhandenen Kräfte aber nicht bereit sind, auszubessern. Dieser Mangel an Bereitschaft kann indessen auch darauf beruhen, daß die Ausbesserungsvergütung nicht sichergestellt ist. Diese Sicherstellung, die Beschaffung der Ausbesserungsgelder, liegt grundsätzlich dem Versicherungsnehmer ob (Voigt 726, OAG Lübeck HambS. 2. 1026, HG Hamburg Ullrich Nr. 352, Seebohm 588, LG Hamburg HGZ 1890. 196; vgl. auch HG Hamburg Seebohm 595, 689). Den Versicherer „concerniert die Kostspieligkeit der Reparatur nicht" (HG Hamburg Ullrich Nr. 352) oder doch nur im Falle der Reparaturunwürdigkeit (unten Anm. 25) und nur insofern, als er im Teilschaden-Fall die für die Beschaffung der Ausbesserungsgelder erforderlichen Aufwendungen mit ersetzen (§ 75 Abs. 4 Satz 2) und deshalb auch nach § 44 Abs. 1 Satz 2 teilweise vorschießen muß. Der Versicherungsnehmer hat insbesondere nicht die replica Caesarea; er kann sich nicht darauf berufen, daß er nicht die nötigen Mittel oder den nötigen Kredit besessen habe. The impecuniosity or want of credit of the master . . . is not a risk covered by insurance (Arnould 1079 s. 1107). Will der Versicherungsnehmer auch für solche Fälle geschützt sein, so muß er es sich besonders ausbedingen, etwa mit der Klausel: „Im Falle das Schiff in einen Nothafen einläuft und daselbst Schulden halber verkauft werden sollte, sind die durch diese Police versicherten 100000 M ohne ferneren Nachweis mit 100% zu bezahlen" (ZfVW 1906. 597; die Klausel ist freilich mehr für die Versicherung von Nebeninteressen bestimmt und darauf zugeschnitten). Immerhin lassen sich (wenn auch bei den heutigen Verkehrsverhältnissen nur schwer: Arnould 1079 s. 1107) Fälle denken, in denen es auch einem zahlungs- und kreditfähigen Versicherungsnehmer nicht möglich ist, die nötigen Ausbesserungsgelder so rechtzeitig zur Verfügung zu stellen, daß der Mangel an Bereitschaft zur Ausbesserung bei den vorhandenen Unternehmern vor Eintritt der gewöhnlichen absoluten Reparaturunfähigkeit behoben werden kann. In solchen Fällen, unter solchen „ganz außerordentlichen Umständen" (OAG Lübeck HambS. 2. 1027) kann man deshalb auch von Reparaturunfähigkeit des Schiffes sprechen. So zutreffend auch OAG Lübeck Seebohm 571: Das Schiff sei reparaturunfähig, wenn „eine Unmöglichkeit der Geldherbeischaffung" bestehe, oder wenn „das Schiff in einem solchen Zustand gewesen sei, daß es bis zur Sicherung oder Herbeischaffung der erforderlichen Mittel absolut irreparabel geworden sein würde". Siehe auch HansOLG HansRGZ 1941 B 276 = Sasse Nr. 455, wo Reparaturunfähigkeit angenommen wurde, weil die für die Reparatur erforderlichen Devisen in dem ausländischen Hafen nicht bereitgestellt werden konnten. Derartige Fälle werden indessen selten sein, weil regelmäßig durch Verbodmung oder durch Zession der Entschädigungsforderung Geld beschafft werden kann und der Versicherer nach § 75 Abs. 4 Satz 2 die zur Beschaffung der Ausbesserungsgelder erforderlichen Aufwendungen ersetzen und nach § 44 Abs. 1 Satz 2 schon vor Fälligkeit der Entschädigungsforderung, wenigstens teilweise, zahlen muß.

Anm. 9 8. **Der Versicherungsnehmer kann das reparaturunfähige Schiff öffentlich versteigern lassen** und **den Unterschied zwischen Versicherungssumme und Erlös verlangen.**

Anm. 10 a) Der Versicherungsnehmer kann versteigern lassen. Ohne weiteres. Der Versicherungsnehmer braucht dem Versicherer nicht zu erklären, daß er das Schiff versteigern lassen werde (muß aber, wenn möglich, dem Versicherer Gelegenheit geben, sich an der Versteigerung zu beteiligen: unten Anm. 11). Er braucht auch mit der

Versteigerung nicht zu warten, bis die Reparaturunfähigkeit „auf die im § 74 bestimmte Weise festgestellt" ist (vgl. unten Anm. 14). Er kann also auch die Versteigerung sich zu eigen machen, die ein anderer, etwa der Kapitän oder derjenige, der nach dem Versicherungsfall das Schiff erworben hat, herbeigeführt hat. § 77

b) Das Schiff muß öffentlich versteigert werden. Öffentliche Versteigerung ist Versteigerung durch einen Gerichtsvollzieher des Versteigerungsorts oder durch einen anderen Versteigerungsbeamten oder durch einen öffentlich angestellten Versteigerer (BGB § 383 Abs. 3), im Ausland nach den dortigen Vorschriften. — Ein Recht zur Mitwirkung ist dem Versicherer hier (anders, als im § 96 Abs. 1) nicht besonders eingeräumt. Aber aus der, auch noch während der Schadensliquidation bestehenden, Schadenabwendungs-Pflicht des Versicherungsnehmers ergibt sich ohne weiteres, daß der Versicherungsnehmer dem Versicherer, wenn tunlich, Ort und Zeit der Versteigerung mitteilen muß, und zwar so früh, daß der Versicherer sich an der Versteigerung beteiligen kann. Ebenso, daß der Versicherungsnehmer dafür sorgen muß, daß Interessenten nach Ortsrecht oder Ortsgebrauch Zutritt zur Versteigerung und Gelegenheit haben, sich vorher über das Schiff gehörig zu unterrichten (LG Hamburg HGZ 1884. 26). Aus der Schadenabwendungs-Pflicht des Versicherungsnehmers ergibt sich auch, daß der Versicherungsnehmer sich bei der Auswahl von Ort und Zeit der Versteigerung vom Interesse des Versicherers leiten lassen muß. Die Versteigerung muß jedenfalls unverzüglich nach Feststellung der Reparaturunfähigkeit erfolgen (§ 77 Abs. 4), wenn sie nicht etwa bereits erfolgt ist. — Das Gebot braucht kein Bargebot zu sein. Der Versicherer haftet nicht für den Eingang des Kaufpreises (Begr. z. E 1910 § 76; anders HGB § 873 Abs. 2, ASVB § 131 Abs. 5; vgl. ADS § 96 Abs. 3). — Verletzung des § 383 Abs. 3 BGB macht die Versteigerung im Verhältnis des Versicherungsnehmers zum Versicherer unwirksam. Ebenso die Versäumung der Unverzüglichkeitsfrist des § 77 Abs. 4. Verletzung sonstiger Verfahrensvorschriften berechtigt den Versicherer gemäß § 41 Abs. 3 zum Abzug von der Entschädigung. Denn die Schadenabwendungs-Pflicht des Versicherungsnehmers dauert auch während der Schadenliquidation fort. Der Versicherungsnehmer darf deshalb insbesondere nicht Kauflustige von der Versteigerung fernhalten; sonst kann der Versicherungsnehmer gemäß § 41 Abs. 3 abziehen (abw. Sieveking 177, der, ohne Begründung, in solchem Falle die Versteigerung für unwirksam hält). Der Versicherungsnehmer kann nicht einwenden, daß der Versicherer die Verletzung gekannt, aber nicht widersprochen oder gar mitgeboten und das Schiff ersteigert habe; aber unter besonderen Umständen kann ein solches Verhalten des Versicherers Zustimmung bedeuten. Anm. 11

c) Der Versicherer kann den Unterschied zwischen Versicherungssumme und Erlös verlangen, die Versicherungssumme weniger den Erlös. Die Vereinbarung der Versicherungssumme erweist sich auch hier als Vereinbarung über den Wert des Interesses (§ 6 Anm. 11, § 71 Anm. 13). Der Versicherungsnehmer, der das reparaturunfähige Schiff öffentlich versteigern läßt, kann ohne weiteres als den Ersatz dieses Wertes, als Entschädigung, die Versicherungssumme verlangen. Ohne weiteres: ohne nachweisen zu müssen, daß der Versicherungsschaden der Versicherungssumme entspricht, insbesondere, daß der Versicherungswert ebenso groß ist wie die Versicherungssumme (oder größer). Der Versicherer muß beweisen, daß der Schaden kleiner ist als die Versicherungssumme (§ 6 Anm. 11). Hiervon macht § 77 nur eine Ausnahme: Der Versicherer braucht nicht nachzuweisen, was der Versicherungsnehmer sich als Versteigerungserlös auf die Versicherungssumme anrechnen lassen muß. Der Versicherungsnehmer kann überhaupt nur den Unterschied zwischen Versicherungssumme und Erlös verlangen. Er muß also auch insoweit beweisen. Seine Aufklärungspflicht (§ 43) wird durch § 77 natürlich überhaupt nicht berührt (§ 71 Anm. 13). — Anm. 12

§ 77 Der Erlös wird ganz abgezogen. Aber die Versteigerungskosten sind Schadenfeststellungs-Kosten und deshalb vom Versicherer besonders zu ersetzen (§ 32 Abs. 1 Nr. 3, § 37 Abs. 2). — Für den Eingang des Versteigerungserlöses haftet der Versicherer nicht. — Über den Fall der Unterversicherung: § 8, § 71 Anm. 23. Beträgt der Versicherungswert 200000, die Versicherungssumme 100000, der Versteigerungserlös 50000, so erhält der Versicherungsnehmer natürlich nicht 100000 — 50000 = 50000, sondern 100000 — (50000 : 2) = 75000 (Mat. 1. 274). — Der Versicherungsnehmer muß sich den Wert desjenigen **anrechnen lassen, was er anderweit zur Ausgleichung des Schadens erlangt hat.** Das versteht sich (ebenso wie im § 71 Abs. 1) von selbst (Vorb. IX vor § 1). — Der Versicherungsnehmer muß sich auch den Wert desjenigen anrechnen lassen, **was infolge eines dem Versicherer nicht zur Last fallenden Umstandes verlorengegangen oder beschädigt ist,** mag es vor oder nach dem Versicherungsfall verlorengegangen oder beschädigt sein. Für versicherungsfreien Schaden haftet der Versicherer natürlich nicht. Das versicherte Interesse fällt insoweit ersatzlos teilweise weg (vgl. auch § 28 Anm. 24, § 71 Anm. 21, Begr. z. VVG § 141). Von einer „Anrechnung" im gewöhnlichen Sinne kann also keine Rede sein. — Eine Versicherungssumme braucht nicht vereinbart zu sein. Dann gilt im Versicherungsverkehr die Taxe als Versicherungssumme (§ 6 Anm. 13, 22). Aber auch eine Taxe braucht nicht vereinbart zu sein. Dann tritt der gemäß § 70 zu ermittelnde Versicherungswert an die Stelle der Versicherungssumme (näheres § 71 Anm. 13).

Anm. 13 d) Der Versicherungsnehmer kann die Versicherungssumme weniger den Versteigerungserlös verlangen. Er braucht es nicht. Er kann gemäß §§ 74—76 Teilschaden-Entschädigung verlangen (§ 75 Anm. 42, OLG Hamburg VersR 1963. 449 = Sasse Nr. 482). Er kann das reparaturunfähige Schiff ausbessern lassen und Teilschaden-Entschädigung verlangen (es sei denn, daß das Schiff notwendig weder ausgebessert noch umgestaltet werden kann). Er kann auch von der Ausbesserung abstehen und Teilschaden-Entschädigung verlangen (es sei denn, daß das Schiff notwendig weder ausgebessert noch umgestaltet werden kann, „Ausbesserungskosten" also auch nicht geschätzt werden können; vgl. auch § 75 Anm. 42 und unten Anm. 18). Er kann also, wenn er das Schiff öffentlich versteigern läßt, unter den Beträgen, die sich nach § 75 Abs. 5, und die sich nach § 77 ergeben, wählen und den höchsten verlangen. Er darf aber nicht warten. Er kann gemäß § 77 die Versicherungssumme weniger den Erlös nur verlangen, wenn er unverzüglich verlangt (§ 77 Abs. 4; OLG Hamburg VersR 1963. 449 = Sasse Nr. 482).

Anm. 14 e) Der Versicherungsnehmer kann die Versicherungssumme weniger den Versteigerungserlös verlangen. Der Versicherungsnehmer, der das Schiff hat versteigern lassen, kann noch wählen. Der Versicherungsnehmer, der verlangt, hat gewählt (vgl. oben Anm. 10, 13). Das Verhältnis ist neu gestaltet. Versicherer und Versicherungsnehmer sind gebunden. Insbesondere kann der Versicherungsnehmer auch nicht mehr Teilschaden-Entschädigung verlangen (anders OLG Hamburg VersR 1963. 449 = Sasse Nr. 482: selbst wenn man der Auffassung von Ritter Anm. 14 zu § 77 folgen sollte, so wäre eine vor dem Vorliegen aller Voraussetzungen abgegebene Erklärung bis zu deren Eintritt grundsätzlich frei widerruflich, auch BGH VersR 1965. 332 (mit zustimmender Anm. von Prölß VersR 1965. 436) = Hansa 1965. 1327 = BB 1965. 268 = VRS 28. 344: es handle sich nicht um ein Gestaltungsrecht. Der Übergang auf den Anspruch nach § 75 Abs. 5 sei deshalb noch möglich, solange nicht die Sachverständigen die Reparaturunwürdigkeit festgestellt hätten oder der Versicherer sich mit der Regulierung nach § 77 einverstanden erklärt habe). Auch nicht, wenn etwa später noch andere Teilschäden bekannt werden. Er kann aber wegen Totalverlustes gemäß § 71 die Versicherungssumme verlangen, wenn das Schiff später total verlorengeht, sei es, daß die Versicherung zur Zeit des Totalverlustes noch dauert, sei es, daß sie zwar nicht mehr dauert, aber der Totalverlust die adäquate Folge des Versicherungsfalls bildet (§ 28 Anm. 28). — Insbesondere ist auch der Versicherer gebunden. Er muß gemäß § 77 entschädigen. Er kann namentlich nicht verlangen, daß der Fall als Fall des Totalverlustes behandelt, also die Versicherungssumme gezahlt wird, dafür die Rechte am Schiffe auf ihn übergehen und die Versteigerung mithin unterbleibt. Aber beide Parteien können natürlich übereinkommen, daß der Fall wie ein Fall des Totalverlustes behandelt wird (vgl. auch § 71 Anm. 35). — Das Verlangen ist also eine rechtsgestaltende, nämlich rechtsbegründende, rechtserhaltende und rechtsändernde Willenserklärung (dahingestellt in OLG Hamburg VersR 1963. 449, verneinend BGH VersR 1965. 332 = BB 1965. 268; siehe dazu auch oben). Die Erklärung kann vor oder nach der Versteigerung abgegeben werden (vgl. auch oben Anm. 10). Sie muß (gleich allen rechtsgestaltenden Erklärungen) bestimmt sein. Der Versicherer muß wissen, woran er ist. Die Erklärung darf daher insbesondere nicht bedingt sein, wenn die Bestimmtheit unter der Bedingtheit leidet. Zulässig wäre hiernach z. B. die Erklärung, daß der Versicherungsnehmer den Unterschied zwischen Versicherungssumme und Versteigerungserlös für den Fall verlange, daß das Schiff nicht etwa als total verloren zu betrachten sei; denn das wäre nur eine Rechtsbedingung. Aus demselben Grunde zulässig die Erklärung, daß der Versicherungsnehmer den Unterschied zwischen Versicherungssumme und Erlös für den Fall verlange, daß das Schiff im Schadenfeststellungs-Verfahren als reparaturunfähig werde befunden werden. Zwar „kann" der Versicherungsnehmer nur verlangen, „wenn die Reparaturunfähigkeit auf die im § 74 bestimmte Weise festgestellt ist". Zwar bezeichnet § 77 Abs. 4 offenbar diese Feststellung als Voraussetzung des Rechtes, den Unterschied zwischen Versicherungssumme und Versteigerungserlös zu verlangen, kann man Rechte im allgemeinen nicht ausüben, bevor ihre „Voraussetzungen" vorliegen, die Rechte also da sind. Aber wenn auch die Feststellung als Voraussetzung des Kondemnationsrechts im Sinne des § 77 Abs. 4 angesehen werden muß, so wird man ihr doch im übrigen keine andere Bedeutung beizumessen Ursache haben, als sie solchen Feststellungen, solchen Schiedsgutachten, sonst zukommt. Sie gestalten das Rechtsverhältnis insofern neu, als sie für die Beteiligten verbindlich sind. Aber sie gestalten es nicht insofern neu, als sie, erst sie, den Entschädigungsanspruch, sei es den Anspruch auf Teilschaden-Entschädigung, sei es den Anspruch auf die Versicherungssumme weniger den Versteigerungserlös, begründen. Dieser Anspruch, dieses Recht entsteht durch den Versicherungsfall und hier außerdem durch den Eintritt der Reparaturunfähigkeit. Es ist einstweilen noch in den meisten Beziehungen gebunden, kann nur in einigen wenigen Beziehungen ausgeübt werden. Es kann jedenfalls ausgeübt werden durch die Ernennung eines Sachverständigen zur Feststellung der Reparaturunfähigkeit, und es kann auch dadurch ausgeübt werden, daß der Versicherungsnehmer die Versicherungssumme weniger den Versteigerungserlös „verlangt". Hier wie dort hängt die Wirksamkeit der Ausübungshandlung von der gehörigen Feststellung ab. Aber nur die Wirksamkeit, nicht die Zulässigkeit (vgl. auch OLG Hamburg VersR 1963. 449 = Sasse Nr. 482). — Das Verlangen ist, seinem natürlichen Begriff nach, eine empfangsbedürftige (im übrigen keiner besonderen Form bedürfende) Willenserklärung (näheres über empfangsbedürftige Erklärungen: Vorb. vor § 1 Anm. 33). Es muß dem Versicherer gegenüber erklärt werden. Sind mehrere Versicherer beteiligt, so kann und muß der Versicherungsnehmer gegenüber jedem einzelnen Versicherer erklären. Ist ein Versicherer „Führer", so ist Erklärung gegenüber dem Führer genügend, aber auch erforderlich (näheres: Vorb. V vor § 1). Erklärung gegenüber einem Vertreter, insbesondere einem Gesamtvertreter des Versicherers: § 3 Anm. 18.

§ 77 Anm. 15 f) Der Versicherungsnehmer muß erklären. Über den Begriff des Versicherungsnehmers: § 3 Anm. 4. Über den Fall, daß mehrere Versicherungsnehmer beteiligt sind, vgl. Vorb. VI vor § 1. Insbesondere wird im Falle der Versicherung des im Miteigentum der Versicherungsnehmer stehenden Schiffes jeder Versicherungsnehmer für sich erklären können. Gehört das Schiff einer Reederei, so können in der Regel alle Mitreeder zusammen oder die Partenmehrheit für die Reederei erklären (HGB §§ 489—491). Der Korrespondentreeder ist als solcher nicht ermächtigt, zu erklären. Denn Erklärungen dieser Art gehören nicht zum „gewöhnlichen" Geschäftsbetrieb der Reederei (HGB § 493). Auch der Schiffs- oder der Assekuranzmakler ist als solcher nicht ermächtigt. Vgl. im übrigen über Erklärungen durch Vertreter: BGB §§ 174, 180. — Ist das Schiff unterwegs veräußert, so kann nur der Erwerber erklären (§§ 49 Abs. 1, 50 Abs. 2); anders wohl, wenn der Versicherungsfall vor der Veräußerung eingetreten ist und die Entschädigung deshalb dem Veräußerer gebührt (§ 49 Anm. 25); beim Abschluß des Veräußerungsvertrags ist also hierauf Bedacht zu nehmen. — Hat der Versicherungsnehmer die Entschädigungsforderung abgetreten, so kann doch nur der Versicherungsnehmer, nicht der Zessionar erklären, wenngleich diesem die Entschädigung zu zahlen ist; anders wohl, wenn der Zessionar auch das Schiff erworben hat (vgl. § 49 Anm. 25). — Bei der Versicherung für fremde Rechnung kann der Versicherungsnehmer gemäß § 54 Abs. 1 erklären (aber gemäß § 54 Abs. 2 Entschädigung nur annehmen, wenn er die Police oder die Zustimmung des Versicherten besitzt). Der Versicherte kann nur erklären, wenn er die Police oder die Zustimmung des Versicherungsnehmers besitzt (§ 53 Abs. 2). — Anfechtung der Erklärung wegen Irrtums usw.: BGB §§ 119ff.

Anm. 16 g) Der Versicherungsnehmer kann die Versicherungssumme weniger den Versteigerungserlös nur verlangen, **wenn das Schiff infolge des Versicherungsfalls reparaturunfähig** ist. Die Reparaturunfähigkeit muß die adäquate Folge eines Versicherungsfalls sein, d. h. hier eines Ereignisses, dessen Eintritt die Entschädigungspflicht des Versicherers auslöst (§ 5 Anm. 27; vgl. auch ASVB § 131 Abs. 4: „solcher Unfälle . . ., für welche der Versicherer nach dem Inhalt des Vertrags zu haften hat"), also die adäquate Folge von Versicherungsschäden. § 77 ist also z. B. nicht anwendbar, wenn das Schiff wegen eines nach §§ 58—61, 65 versicherungsfreien Schadens nicht ausgebessert werden kann, insbesondere nicht, wenn es infolge von Alters- oder Abnutzungsschäden reparaturunfähig ist. § 77 ist auch unanwendbar, „wenn das Schiff. . . erst durch die Verbindung anderer, den Versicherer nicht angehender Schäden. . . mit den vorbezeichneten (versicherungsmäßigen) Schäden reparaturunfähig geworden sein sollte" (ASVB § 131 Abs. 4). Insbesondere auch dann unanwendbar, wenn das Schiff erst durch die Verbindung von versicherungsfreien Alters- oder Abnutzungsschäden mit Versicherungsschäden reparaturunfähig geworden ist (so ausdrücklich ASVB § 134 Abs. 4; anders für HGB § 873 und für Fracht- und Forderungsversicherungen: HGZ 1886. 29, 1887. 141, 1889. 303; dahingestellt für HGB § 873 und für Kaskoversicherungen: HGZ 1887. 142; dahingestellt für HGB § 873 und für Fracht- und Forderungsversicherungen: RG HGZ 1889. 226; für die ADS wie hier: Ulrich 169; vgl. auch § 28 Anm. 21, Anm. 26 unter gg). Kann die Reparaturunfähigkeit ebensowohl durch Versicherungsschaden wie durch versicherungsfreien, insbesondere durch Alters- oder Abnutzungsschaden, oder erst in Verbindung mit ihm verursacht sein, so kann der Versicherungsnehmer nicht gemäß § 77 verfahren (vgl. ROHG HGZ 1875. 130: Nur wenn „als gewiß angenommen werden könne, daß das schwere Wetter. . .schlechthin, das Schiff möge Altersschäden, Schäden aus früheren Reisen usw. gehabt haben oder nicht, den . . . Zustand bedeutender, an einigen Teilen des Schiffes der Zerstörung nahekommender Beschädigungen zur Folge gehabt haben müsse", könnten Alters-

und andere versicherungsfreie Schäden unberücksichtigt bleiben). „Das beiläufige Vorhandensein einer oder der anderen altersschadhaften Stelle, welche bei der Reparatur den Versicherern nicht zur Last gekommen wäre", kommt in diesem Zusammenhang natürlich nicht in Betracht (OG Hamburg HGZ 1874. 175). Auch ist daran zu erinnern, daß der Versicherer gemäß § 59 nur für den Schaden nicht haftet, der „nur" eine Folge der Abnutzung, des Alters usw. ist (näheres: § 59 Anm. 4ff.). Hiernach wäre § 77 insbesondere auch dann anwendbar, wenn die Abnutzung usw. im untrennbaren Zusammenwirken mit einem Gefahrereignis den Schaden und der Schaden die Reparaturunfähigkeit herbeigeführt hat, wenn z. B. das Schiff im Sturm aufläuft, ein Leck erhält, das ohne die Faulstelle nicht entstanden wäre, Wasser eindringt und infolgedessen das Schiff reparaturunfähig wird (vgl. § 59 Anm. 8). Noch weniger kann der Versicherer sich darauf berufen, daß ein jüngeres und deshalb stärkeres Schiff den Sturm, der das Schiff beschädigt und reparaturunfähig gemacht hat, ohne diese Folge der Reparaturunfähigkeit überstanden haben würde (HG Hamburg HGZ 1873. 102). Denn für ein Schiff von der Art und insbesondere dem Alter des versicherten hat er die Versicherung übernommen. § 77

h) Der Versicherungsnehmer kann die Versicherungssumme weniger den Versteigerungserlös nur verlangen, **wenn die Reparaturunfähigkeit des Schiffes auf die im § 74 bestimmte Weise festgestellt** ist (anders HG Hamburg HGZ 1870. 400 und folgend Sieveking 147 für einen Fall, in dem das Schiff an „öder Küste" reparaturunfähig auf den Strand gesetzt und vom Kapitän einem vorüberfahrenden Schiffe für die Mitnahme der Schiffsbesatzung verkauft wurde, — das Schiff war in diesem Falle wohl als total verloren anzusehen; vgl. übrigens auch § 33 Anm. 40, 43). Anm. 17

1. Die nach § 74 Abs. 2—4 ernannten Sachverständigen müssen die Versicherungsschäden gemäß § 74 Abs. 5—7 besichtigt und festgestellt, sowie auf Grund dieser Schäden die Reparaturunfähigkeit des Schiffes festgestellt haben (näheres: § 74 Anm. 11 ff.). Insbesondere muß der Versicherungsnehmer unverzüglich gemäß § 74 Abs. 2 einen Sachverständigen zur Feststellung der Reparaturunfähigkeit ernennen und damit das Feststellungsverfahren einleiten. Er muß sich also darum kümmern, ob das Schiff reparaturfähig oder reparaturunfähig ist, und kann nicht gemäß § 77 verfahren, wenn er sich fahrlässigerweise nicht darum gekümmert und infolgedessen nur zur Feststellung des Teilschadens, nicht auch zur Feststellung der Reparaturunfähigkeit einen Sachverständigen ernannt hat (wohl aber, wenn die Sachverständigen erklären müssen, das Schiff sei so reparaturunfähig, daß es weder ausgebessert noch zu einem neuen Schiffe umgestaltet werden könne und daß sie aus diesem Grunde auch die „Ausbesserungskosten" nicht schätzen könnten: oben Anm. 13 und weiter unten, oder wenn das Teilschaden-Gutachten die Reparaturunwürdigkeit des Schiffes ergibt: weiter unten). — Die Sachverständigen müssen insbesondere feststellen, daß die Reparaturunfähigkeit die Folge des Versicherungsfalls ist (ROHG 4. 89, HG Hamburg HGZ 1873. 101; abw. HG Hamburg HGZ 1870. 342), und, wenn nötig, besonders feststellen, daß die Reparaturunfähigkeit nicht erst durch die Mitwirkung von versicherungsfreien Schäden, namentlich Alters- oder Abnutzungsschäden, verursacht ist (vgl. oben Anm. 16; näheres über die Auslegung von Schiedsgutachten: § 74 Anm. 43). Die Ursache der Reparaturunfähigkeit braucht aber nur, „soweit tunlich", festgestellt zu werden (vgl. § 74 Abs. 5 Nr. 4). Ist die Feststellung der Ursache nicht „tunlich", so genügt die Feststellung der Reparaturunfähigkeit als solcher (vgl. § 74 Anm. 33, 44). Der Versicherungsnehmer kann auch in solchem Falle natürlich die Versicherungssumme weniger den Versteigerungserlös nur dann verlangen, wenn das ursächliche Ereignis dem Versicherer zur Last fällt, und muß Anm. 18

§ 77 dies erforderlichenfalls im Entschädigungsstreit beweisen. — Hängt die Entscheidung darüber, ob das Schiff reparaturfähig oder -unfähig ist, davon ab, ob das Schiff nach einem Orte, an dem es ausgebessert werden kann, gebracht werden kann, so müssen sich die Sachverständigen auch hierüber aussprechen (RG 43. 9). — Die Sachverständigen brauchen das Schiff nicht gerade für „reparaturunfähig" zu erklären. Aber sie müssen klar erkennen lassen, daß es nicht ausgebessert werden kann (HG Hamburg Ullrich Nr. 186; so ist auch wohl RG 21. 88 zu verstehen, vgl. dazu auch HGZ 1904. 247). Sie können aber auch feststellen, daß das Schiff reparaturunfähig oder reparaturunwürdig ist. Denn die Rechtsfolgen sind nach § 77 in beiden Fällen die gleichen und die Feststellung ist deshalb ausreichend bestimmt. In diesem Sinne richtig RG 21. 88 in einem Falle, in dem § 131 ASVB wegbedungen, also die Kondemnation auch wegen Reparaturunwürdigkeit zulässig war: „Die Kondemnation müsse erfolgt sein auf Grund einer Feststellung, nach welcher sich das Schiff im Zustand der Reparaturunfähigkeit oder der Reparaturunwürdigkeit befinde". Anders natürlich, wenn der Versicherer nach dem Versicherungsvertrag nur im Falle der Reparaturunfähigkeit gemäß § 77 entschädigen muß, die Anwendung des § 77 für den Fall der Reparaturunwürdigkeit also wegbedungen ist. — Sofern die Sachverständigen sich auch mit der Reparaturfähigkeit oder -unfähigkeit, also mit einer nach dem Versicherungsvertrag zu beurteilenden Eigenschaft des Schiffes zu beschäftigen haben, geht ihre Zuständigkeit in diesem Falle über die Grenzen ihrer gewöhnlichen Zuständigkeit weit hinaus. Dies hindert nicht, sie gleichwohl noch als Schiedsgutachter, nötigt nicht etwa, sie als Schiedsrichter anzusprechen (§ 74 Anm. 7). Aber eben deshalb haben auch die Sachverständigen das Schiff auf Reparaturfähigkeit oder -unfähigkeit nur dann zu untersuchen, und Reparaturfähigkeit oder -unfähigkeit nur dann festzustellen, wenn sie dazu aufgefordert sind; anders natürlich, wenn die Sachverständigen, nur zur Feststellung des Teilschadens aufgefordert, erklären müssen, das Schiff sei so reparaturunfähig, daß es weder ausgebessert noch zu einem neuen Schiffe umgestaltet werden könne, und daß sie aus diesem Grunde auch die „Ausbesserungskosten" nicht schätzen könnten (vgl. auch oben Anm. 13).

Anm. 19 2. Die Feststellung der Sachverständigen ist verbindlich (§ 74 Anm. 40). Sie ist, ausnahmsweise, nicht verbindlich, wenn sie offenbar erheblich sachwidrig ist (§ 74 Abs. 8), insbesondere, wenn die Sachverständigen versicherungsfreie Schäden als Versicherungsschäden angesehen haben und so zur Feststellung der dem Versicherer zur Last fallenden Reparaturunfähigkeit gelangt sind. Teilweise anders die ältere hansestädtische Rechtsprechung, z. B. OAG Lübeck Seebohm 219: „Die Richtigkeit der Gründe, durch welche die Sachverständigen zur Verurteilung des Schiffes bewogen seien, bildeten keinen Gegenstand des Streites vor Gericht", und ebendort 564: Demgemäß „müsse dasjenige außer Betracht bleiben, was der Versicherte nachträglich sich an Beweisstücken verschafft habe", oder ROHG 4. 91: „Die formell tadellose Kondemnation" könne nur „wegen Betrugs angefochten" werden (ebenso ROHG 3. 91, 16. 110, OAG Lübeck Kierulff 3. 351, HG u. OG Hamburg HGZ 1872. 48, 217, 1873. 102; ähnlich noch HGZ 1890. 198; vgl. auch Voigt 707; aber auch OAG Lübeck Seebohm 227: Das Gutachten der Sachverständigen lasse sich „nur beseitigen, wenn den Sachverständigen der Vorwurf der Unfähigkeit, Befangenheit oder eines offenbaren Irrtums mit Erfolg gemacht werden könne"; vgl. auch § 74 Anm. 47). — Ist die Feststellung der Sachverständigen unverbindlich, so erfolgt die Feststellung durch Urteil (§ 74 Abs. 8 Satz 2). Der dadurch herbeigeführte Schwebezustand ist unerfreulich, aber nicht unerträglich. Der Versicherungsnehmer kann gemäß § 75 Abs. 5 erklären, er werde für den Fall, daß das Urteil die Reparaturunfähigkeit nicht feststellen sollte, das Schiff nicht ausbessern lassen, sondern verkaufen, und es nunmehr öffentlich versteigern lassen; die Erklärung wäre, wenngleich bedingt, doch ausreichend bestimmt (§ 75 Anm. 37). — Ist die Feststellung der Sachverständigen unverbindlich, weil die Sachverständigen Verfahrensvorschriften verletzt haben, so müssen sie aufgefordert werden, das Versäumte nachzuholen (§ 74 Anm. 53). Waren sie nicht sachverständig oder befangen, so müssen die Parteien andere Sachverständige ernennen (§ 74 Anm. 16, 17, 53). Ist die Feststellung wegen Irrtums usw. mit Recht angefochten, so müssen die Sachverständigen aufgefordert werden, vom Mangel befreit, die Feststellung von neuem zu treffen (§ 74 Anm. 54). § 77

3. Ist die gehörige Feststellung der Reparaturunfähigkeit infolge eines Umstandes unterblieben, den der Versicherungsnehmer nicht zu vertreten hat, so muß der Versicherungsnehmer die Reparaturunfähigkeit in anderer geeigneter Weise feststellen lassen (§ 74 Abs. 9). Aber diese anderweitige Feststellung ist nicht, gleich dem Gutachten der Sachverständigen, verbindlich (§ 74 Anm. 58). Im Streitfall muß der Versicherungsnehmer, der das Schiff öffentlich hat versteigern lassen, den Unterschied zwischen Versicherungssumme und Erlös verlangt hat und Entschädigung fordert, beweisen, daß das Schiff infolge des Versicherungsfalls reparaturunfähig war. — Über unvollständige und über auslegungsbedürftige Gutachten: § 74 Anm. 42, 43. — Über die Mitwirkung von Havariekommissaren des Versicherers im Feststellungsverfahren: § 74 Abs. 10, § 74 Anm. 59ff. Der Havariekommissar gilt nicht nur als ermächtigt, bei der Feststellung der Reparaturunfähigkeit mitzuwirken, sondern auch bei der Verwertung des reparaturunfähigen Schiffes. Denn auch die Verwertung des Schiffes dient der Schadensfeststellung. Der Havariekommissar wird insbesondere auch mit dem Versicherungsnehmer vereinbaren können, daß das Schiff nicht durch Versteigerung oder öffentliche Versteigerung, sondern durch freihändigen Verkauf oder sonstwie verwertet wird. Siehe OLG Kiel SchlHAnz 1925. 154 = Sasse Nr. 335. Vgl. auch HG u. OG Hamburg HGZ 1872. 48, 217: Wenn der „Agent" des Versicherers erkläre, er überlasse die Behandlung der Sache dem Konsul, so müsse der Versicherer zwar den vom Konsul veranlaßten Verkauf des Schiffes gegen sich gelten lassen, könne aber, wenn der Verkauf nach dem Versicherungsvertrag nur wegen Reparaturunfähigkeit, nicht auch wegen Reparaturunwürdigkeit zulässig sei, einwenden, daß das Schiff nur wegen Reparaturunwürdigkeit verkauft sei. Selbstverständlich ist der Havariekommissar nach § 74 Abs. 10 in solchem Falle überhaupt nicht ermächtigt, zu vereinbaren, daß der Versicherer auch im Falle des Verkaufs wegen Reparaturunwürdigkeit den Unterschied zwischen Versicherungssumme und Verkaufserlös zu zahlen habe. Anm. 20

4. Nach §§ 873, 530 HGB muß die Reparaturunfähigkeit des Schiffes durch das Ortsgericht festgestellt, das Schiff, wie man (z. B. §§ 506, 628 HGB) sagt, „kondemniert" werden, nachdem Sachverständige „angehört" sind (vgl. dazu auch OLG Kiel SchlHAnz 1925. 154 = Sasse Nr. 335). Die Kondemnation ist also keine Entscheidung, durch welche die „dringende Notwendigkeit" des Verkaufs festgestellt „und hiernächst dem Schiffer die Befugnis zum Verkauf des Schiffes erteilt" wird (so RG 21. 88, HGZ 1904. 247; dagegen mit Recht Pappenheim Seerecht 1. 53, ferner auch RG HGZ 1905. 161 für den Fall, daß das Schiff im Heimatshafen kondemniert wird, während man für den Fall, daß das Schiff im Nothafen kondemniert wird, ohne Grund an RG 21. 88 festhält; vgl. auch F. Sieveking ZfVW 1906. 595: „Constatierung der Reparaturunfähigkeit oder Reparaturunwürdigkeit"). Sie ist nicht einmal die „Feststellung der dringenden Notwendigkeit Anm. 21

§ 77 des Verkaufs" (so HGB § 530 Abs. 1). Sondern sie ist nur die Feststellung der Voraussetzung in einem bestimmten Falle der Verkaufsbefugnis oder, wie OAG Lübeck Seebohm 219 kurz, treffend und historisch richtig sagt: „die Verurteilung des Schiffes wegen Seeunfähigkeit" (unrichtig auch ASVB § 131 Abs. 4 Nr. 3: behördliche „Autorisation zur Vornahme des öffentlichen Verkaufs"). Ausdruck und Begriff der Kondemnation mögen von einer Verurteilung des Schiffes im Prozeß herrühren (Pappenheim Seerecht 1. 54 und dort angef.). Später hat der Ausdruck jedenfalls diese Bedeutung eingebüßt (Pöhls 4. 617; AllgPlan 1847 § 114 Abs. 2: „kondemnirt, d. h. durch nach Landesgesetz oder Usanz autorisierte Sachverständige als Wrack befunden oder unfähig zur Reparatur erklärt worden"). Man mag daher auch in Zukunft die Feststellung der Reparaturunfähigkeit durch Sachverständige Kondemnation nennen. — Die gerichtliche Kondemnation ist nicht mehr erforderlich (außer im Falle der Feststellung der Reparaturunfähigkeit durch Urteil gemäß § 74 Abs. 8 Satz 2). Sie ist nicht so sehr aus den Mat. 1. 274 angeführten Gründen abgeschafft worden, als vielmehr deshalb, weil die im Verfahren der freiwilligen Gerichtsbarkeit auszusprechende Kondemnation keine ausreichende Gewähr für eine selbständige gerichtliche Feststellung bietet und zu einer bloßen Form herabgesunken war.

Anm. 22 i) Ist das Verlangen des Versicherungsnehmers unberechtigt, das Schiff nicht reparaturunfähig, oder zwar reparaturunfähig, die Reparaturunfähigkeit aber nicht gehörig festgestellt, so entstehen im allgemeinen keine Rechtsfolgen. Aber der Versicherer kann die Erklärung des Versicherungsnehmers als Antrag auf eine dem § 77 entsprechende Abwicklungsvereinbarung betrachten und behandeln. Schweigt er, so liegt darin noch nicht ohne weiteres Zustimmung, unter Umständen sogar unmißverständliche Ablehnung (näheres: Vorb. vor § 1 Anm. 18, § 71 Anm. 20).

Anm. 23 k) Reparaturunfähige Schiffe können in der Regel trotz ihrer Reparaturunfähigkeit repariert, insbesondere soweit ausgebessert werden, daß sie wieder reparaturfähig sind (oben Anm. 13, § 75 Anm. 33, 42). Und diese Reparatur kann in der Zwischenzeit zwischen der Versteigerung und der Feststellung oder dem Verlangen, zwischen dem Verlangen und der Feststellung oder der Versteigerung, zwischen der Feststellung und der Versteigerung oder dem Verlangen erfolgen. Dann fragt sich, in welchem Zeitpunkt das Schiff reparaturunfähig sein muß, damit das Verlangen des Versicherungsnehmers berechtigt erscheint. Hat der Versicherungsnehmer zunächst verlangt, so entscheidet jedenfalls der Zeitpunkt des Verlangens; die Sachverständigen müssen feststellen, ob das Schiff in diesem Zeitpunkt reparaturunfähig war. Ist zunächst die Reparaturunfähigkeit von den Sachverständigen festgestellt, so wird der Zeitpunkt der Feststellung entscheiden müssen; denn das Gutachten ist verbindlich, es hat, wenn auch der Versicherungsnehmer noch wählen kann, doch das Verhältnis bereits neu gestaltet (§ 74 Anm. 40). Ist zunächst das Schiff versteigert, so wird der Zeitpunkt der Versteigerung entscheiden müssen; denn mit der Versteigerung hat der Versicherungsnehmer, wenn auch nicht den entscheidenden Schritt getan, so doch mit der Ausübung seines Gestaltungsrechts begonnen; die Sachverständigen müssen also feststellen, ob das Schiff zur Zeit der Versteigerung reparaturunfähig war. — Die Frage ist übrigens nicht von großer Bedeutung, wenn der Versicherungsnehmer (wie nach § 77) auch wegen Reparaturunwürdigkeit kondemnieren kann. Denn die Ausbesserungskosten werden regelmäßig den Versicherungswert übersteigen; der Versicherungsnehmer wird also jedenfalls aus diesem Grunde gemäß § 77 verfahren können.

Anm. 24 9. **Die Versicherung endigt mit der Versteigerung.** Sie endigt schon mit der Versteigerung: sie geht, auch wenn das Schiff unterwegs versteigert wird, nicht etwa gemäß § 50 Abs. 2 Satz 2 auf den Ersteigerer über und dauert nicht gemäß § 67 bis zur

Beendigung der Ausbesserung. Und sie endigt **erst** mit der Versteigerung: sie endigt, für eine Reise genommen, nicht schon gemäß § 66, insbesondere nicht gemäß § 66 Abs. 3 infolge der durch die Reparaturunfähigkeit erzwungenen Aufgabe der Reise, — dies würde sie zwar gemäß § 67 Abs. 1 Satz 1 ohnehin nicht tun. Und sie endigt, für Zeit genommen, nicht schon mit dem Ablauf der Zeit. Aber wenn sie einmal beendigt ist, lebt sie natürlich nicht irgendwann wieder auf, um bis zur Versteigerung fortzudauern. Hat der Versicherungsnehmer die Verlängerung der Zeitversicherung des vor Ablauf der Zeit reparaturunfähig gewordenen Schiffes gemäß § 68 ausgeschlossen, so kann der Versicherungsnehmer zwar auch noch nach Ablauf der Zeit das Schiff versteigern lassen und den Unterschied zwischen Versicherungssumme und Erlös verlangen; aber die Versicherung endigt nicht „erst mit der Versteigerung", sie war und bleibt beendigt. Hat der Versicherungsnehmer die Verlängerung der Reise- oder Zeitversicherung gemäß § 67 Abs. 1 Satz 2 ausgeschlossen, so lebt die inzwischen beendigte Versicherung nicht etwa, wenn der Versicherungsnehmer gemäß § 77 verfährt, wieder auf, um nunmehr „erst mit der Versteigerung" zu endigen. — Soweit hiernach die Versicherung länger dauert, als sie unter gewöhnlichen Umständen gedauert haben würde, erhält der Versicherer eine **Verlängerungsprämie.** Näheres hierüber: § 67 Anm. 11. § 77

10. **Abs. 2. Das Schiff gilt als reparaturunwürdig, wenn die** (Brutto-) **Ausbesserungskosten mehr betragen als der Versicherungswert.** Das ist im wesentlichen der Grundsatz des englischen Rechtes (MIA § 60 Abs. 2ii: § 71 Anm. 53, unten Anm. 49). Anm. 25

a) Über den Begriff der Ausbesserungskosten: § 75 Anm. 20. Insbesondere gehören zu den Ausbesserungskosten auch die Kosten einer Reparaturreise (so auch Schaps-Abraham II Anm. 8 zu § 479 mit weiteren Angaben, abweichend Pappenheim Hdb. 1. 59, der aber eine Lücke im Gesetz annimmt und mit analoger Anwendung des § 479 Nr. 2 HGB helfen will; vgl. auch Kitada 34, § 75 Anm. 20). Denn, ob das Schiff, um ausgebessert werden zu können, im Reparaturhafen von einem Platze zum anderen gebracht wird, oder ob es deswegen von einem Orte zum anderen gebracht wird, kann keinen grundsätzlichen Unterschied machen. — Dagegen gehören die zur Beschaffung der Ausbesserungsgelder aufzuwendenden Kosten nicht zu den Ausbesserungskosten (§ 75 Anm. 21; Pappenheim 1. 59 will anscheinend auch auf sie § 479 Nr. 2 HGB analog angewendet wissen). Die Beschaffung der Ausbesserungsgelder geht grundsätzlich den Versicherer nichts an (oben Anm. 8). Daß die Beschaffungskosten im Falle der Ausbesserung vom Versicherer zu ersetzen sind, ist eine Sonderbestimmung (§ 75 Anm. 21, 32), die als solche nicht über das ihr zugewiesene Wirkungsgebiet ausgedehnt werden darf. — Zu den Ausbesserungskosten gehören auch nicht Bergungskosten, mögen sie bereits aufgewendet oder noch aufzuwenden sein (teilw. abw. MIA § 60 Abs. 2ii: § 71 Anm. 53), mögen sie vom Versicherer oder vom Versicherungsnehmer gezahlt oder zu zahlen sein (Prot. 3372, Sieveking 176, Suckau in HGZ 1906. 254, HGZ 1904. 248; vgl. auch § 75 Anm. 22). Werden solche Bergungskosten bei der Feststellung der Reparaturunwürdigkeit gleichwohl von den Sachverständigen berücksichtigt, so ist die Feststellung offenbar unrichtig und gegebenenfalls nicht verbindlich (vgl. Suckau in HGZ 1906. 254).

b) Natürlich kommen nur Ausbesserungskosten in Betracht, welche Versicherungsschäden betreffen (oben Anm. 16, unten Anm. 29). Ist das Schiff nicht wegen solcher Versicherungsschäden allein, sondern nur wegen solcher Versicherungsschäden und versicherungsfreier Schäden reparaturunwürdig, so braucht der Versicherungsnehmer zwar nicht auszubessern (§ 75 Abs. 5); aber er kann nur Teilschaden-Entschädigung verlangen (vgl. auch § 75 Anm. 33). Doch werden Alters- und Abnutzungsschäden, die im Drittel enthalten sind, nicht berücksichtigt (vgl. unten Anm. 27). Anm. 26

§ 77 Anm. 27 c) **Das Drittel wird** von den Ausbesserungskosten **nicht abgezogen.** Denn the sole question for consideration is whether the vessel is worth repairing or not, and her value before the damage is immaterial (Arnould 1005 s. 1029, 1096 s. 1122; vgl. auch Kitada 35). Das Drittel wird auch dann nicht abgezogen, wenn das Schiff zwar noch seetüchtig, aber alt und stark abgenutzt war (Arnould 1097 s. 1123). — Ebensowenig wird natürlich der Wert der alten Sachen abgezogen, die im Falle der Ausbesserung durch neue zu ersetzen wären. — Ebensowenig die Fracht, die im Falle der Ausbesserung erhalten geblieben wäre (Arnould 1091 s. 1117). — Ebensowenig die Havariegrosse-Vergütung, die das Schiff wegen des Versicherungs- und Havariegrosse-Falles zu beanspruchen hat (vgl. MIA § 60 Abs. 2ii: § 71 Anm. 53). Andererseits werden Havariegrosse-Beiträge, die das Schiff zu entrichten hat, den Ausbesserungskosten nicht zugezählt (anders MIA § 60 Abs. 2ii, vgl. § 71 Anm. 53 und Arnould 1092 s. 1117).

Anm. 28 11. **Der Versicherungsnehmer kann das reparaturunwürdige Schiff öffentlich versteigern lassen und den Unterschied zwischen Versicherungssumme und Erlös verlangen.**

a) Der Versicherungsnehmer kann ohne weiteres versteigern lassen, ohne dem Versicherer erklärt zu haben, daß er versteigern lassen wolle. Näheres: oben Anm. 10.

b) Das Schiff muß öffentlich versteigert werden. Näheres: oben Anm. 11.

c) Der Versicherungsnehmer kann die Versicherungssumme weniger den Versicherungserlös verlangen. Näheres: oben Anm. 12.

d) Der Versicherungsnehmer kann gemäß § 77 verlangen. Er kann auch Teilschaden-Entschädigung verlangen. Näheres: oben Anm. 13. Vgl. OLG Hamburg VersR 1963. 967 = Sasse Nr. 481.

e) Der Versicherungsnehmer kann die Versicherungssumme weniger den Versteigerungserlös verlangen. Näheres: oben Anm. 14.

f) Der Versicherungsnehmer kann verlangen. Näheres: oben Anm. 15.

Anm. 29 g) Der Versicherungsnehmer kann die Versicherungssumme weniger den Versteigerungserlös nur verlangen, **wenn das Schiff infolge des Versicherungsfalls reparaturunwürdig** ist, by a peril insured against (MIA § 62 Abs. 2ii). Der Schaden am Schiff, der (oder soweit er) dem Versicherer zur Last fällt, muß für sich allein das Schiff reparaturunwürdig erscheinen lassen. Die Ausbesserungskosten, die mit dem Versicherungswert zu vergleichen sind, dürfen nur Versicherungsschäden betreffen (oben Anm. 26). Nur insoweit, als in dem (nicht abzugsfähigen) Drittel auch Alters- und Abnutzungsschäden enthalten sind (§ 59 Anm. 9, § 74 Anm. 34, § 75 Anm. 26), werden versicherungsfreie Schäden nicht ausgeschieden. Näheres: oben Anm. 16.

Anm. 30 h) Der Versicherungsnehmer kann die Versicherungssumme weniger den Versteigerungserlös nur verlangen, wenn die Reparaturunwürdigkeit des Schiffes auf die im § 74 bestimmte Weise festgestellt ist, und nur, wenn die gemäß § 74 geschätzten Ausbesserungskosten den Versicherungswert übersteigen. Die Versicherung endigt mit der Versteigerung, wenn sie nicht schon vorher beendigt war (näheres hierüber: oben Anm. 24).

α) Die nach § 74 Abs. 2—4 ernannten Sachverständigen müssen die Versicherungsschäden gemäß § 74 Abs. 5—7 besichtigt und festgestellt sowie auf Grund dieser Schäden die Reparaturunwürdigkeit des Schiffes festgestellt haben. Die Sachverständigen brauchen das Schiff nicht ausdrücklich für reparaturunwürdig zu erklären. Sie brauchen regelmäßig nicht einmal erkennen zu lassen, daß sie es für reparaturunwürdig halten. Denn sie müssen gemäß § 74 Abs. 5 Nr. 5 die Ausbesserungskosten schätzen, und der Vergleich dieser Kosten und des Versicherungswerts ergibt regelmäßig ohne weiteres, ob das Schiff reparaturunwürdig ist. Der § 77 Versicherungsnehmer braucht deshalb auch regelmäßig nicht gemäß § 74 Abs. 2 einen Sachverständigen besonders zur Feststellung der Reparaturunwürdigkeit zu ernennen. Es genügt, wenn er den Sachverständigen zur Feststellung des Teilschadens ernennt und das Gutachten ergibt, daß die Ausbesserungskosten den Versicherungswert übersteigen. Der Versicherungsnehmer kann also z. B. auch dann die Versicherungssumme weniger den Versteigerungserlös verlangen, wenn das Schiff reparaturunfähig, die Reparaturunfähigkeit aber nicht oder nicht rechtzeitig festgestellt ist, dagegen aus dem Gutachten sich ergibt, daß die Ausbesserungskosten höher sind als der Versicherungswert. — Die Sachverständigen müssen insbesondere („soweit tunlich") feststellen, daß die Reparaturunwürdigkeit die *Folge des Versicherungsfalls* ist. Aber auch dies wird sich regelmäßig aus der Feststellung der Versicherungsschäden und aus der Schätzung der zu ihrer Beseitigung erforderlichen Kosten von selbst ergeben. — Die Feststellung der Sachverständigen ist *verbindlich*. Sie ist unverbindlich, wenn sie offenbar erheblich sachwidrig ist. Die Reparaturunwürdigkeit ist in diesem Falle durch Urteil festzustellen. Bis zum Erlaß des Urteils ist das Verhältnis freilich in der Schwebe. Das ist aber ohne besonderen Nachteil. Der Versicherungsnehmer kann gemäß § 75 Abs. 5 erklären, daß er für den Fall, daß das Urteil die Reparaturunwürdigkeit nicht feststellen sollte, das Schiff nicht ausbessern werde, und das Schiff öffentlich versteigern lassen. — Ist die Feststellung der Sachverständigen unverbindlich, weil die Sachverständigen *Verfahrensvorschriften verletzt* haben, so müssen die Sachverständigen aufgefordert werden, das Versäumte nachzuholen. Waren sie nicht sachverständig oder befangen, so müssen die Parteien andere Sachverständige ernennen. Ist ihre Feststellung wegen Irrtums usw. mit Recht *angefochten*, so müssen die Sachverständigen aufgefordert werden, vom Mangel befreit, die Feststellung von neuem zu treffen. — Ist die gehörige Feststellung der Reparaturunwürdigkeit infolge eines Umstandes *unterblieben*, den der Versicherungsnehmer nicht zu vertreten hat, so muß der Versicherungsnehmer die Reparaturunwürdigkeit in anderer geeigneter Weise feststellen lassen. Diese Feststellung ist aber nicht verbindlich. — Näheres über alles dies: oben Anm. 18ff.

β) Die Ausbesserungskosten müssen den *Versicherungswert* übersteigen. Anm. 31 Über den Versicherungswert des Schiffes: § 70. Ist der Versicherungswert *nicht taxiert*, so müssen die Sachverständigen auch den Versicherungswert feststellen. Denn sie müssen nicht nur die Ausbesserungskosten feststellen, sondern auch „die Reparaturunwürdigkeit", und hierzu bedarf es nicht nur der Feststellung der Ausbesserungskosten, sondern auch derjenigen des Versicherungswerts. Die Sachverständigen haben aber den Versicherungswert nur festzustellen, wenn sie (auch) hierzu ernannt und aufgefordert sind. Der Versicherungsnehmer muß also in diesem (Ausnahme-) Fall den Sachverständigen auch zur Feststellung der Reparaturunwürdigkeit oder wenigstens zur Feststellung auch des Versicherungswerts ernennen (vgl. oben Anm. 18). — Ist der Versicherungswert *taxiert*, so entscheidet die Taxe. Beträgt die Taxe 200000, der wirkliche Versicherungswert 180000, der Ausbesserungsaufwand 190000, so ist das Schiff nicht reparaturunwürdig. Beträgt die Taxe 200000, der wirkliche Versicherungswert 300000, der Ausbesserungsaufwand 210000, so gilt das Schiff als reparaturunwürdig. Die Taxe wird auch in diesem letzten Falle nicht geöffnet. Der Versicherer kann insbesondere nicht Heraufsetzung der Taxe verlangen, wenn der wirkliche Versicherungswert erheblich mehr beträgt als die Taxe (anders E 1910 § 76 Abs. 2, vgl. hierzu Mat. 1. 278). Die Kasko-Teilschaden-Klausel (§ 70 Anm. 9) hat hierauf keinen Einfluß. Sind die Taxe und die

§ 77 Ausbesserungskosten in verschiedener Währung ausgedrückt, so erfolgt die Gleichrechnung nach dem Währungsverhältnis zur Zeit der Erstattung des Gutachtens (so wohl auch ROHG 12. 405). Insbesondere wird keine Rücksicht darauf genommen werden können, daß die inländische Kaufkraft der einen Währung von ihrer Kaufkraft im Ausland verschieden ist. — Hat der Versicherer gemäß § 6 Abs. 2 Satz 2 mit Recht Herabsetzung der Taxe verlangt, so ist der wirkliche Versicherungswert maßgebend (und von den Sachverständigen festzustellen) oder der etwa vom Versicherer verlangte höhere Wert (vgl. § 6 Anm. 33). — Nach HGB §§ 873, 479 ist nicht der Versicherungswert maßgebend, sondern der „frühere Wert" des Schiffes. Über die Schwierigkeit der Feststellung dieses früheren Wertes: Pappenheim Seerecht 1. 57, Schaps-Abraham II Anm. 9—12 § 479 HGB.

Anm. 32 γ) Die Gegenüberstellung von Versicherungswert und Ausbesserungskosten ist im allgemeinen zweckmäßig, aber jedenfalls nicht folgerichtig. Beträgt der Versicherungswert sowohl wie der Neuwert des Schiffes 100000, der Schadenswert 10000, der Ausbesserungsaufwand 95000, so ist es unwirtschaftlich, das Schiff ausbessern zu lassen. Denn zur Herstellung des Neuwerts sind 95000 + 10000, also mehr als der Neuwert aufzuwenden (vgl. den Fall Angel v. Merchants' Mar. Ins. Co. 1903 bei Arnould 1086 s. 1113. Der Versicherungsnehmer machte — ohne Erfolg — geltend, der Schadenswert müsse den Ausbesserungskosten hinzugerechnet werden). Beträgt der Versicherungswert sowohl wie der Neuwert 100000, der Schadenswert 10000, der Ausbesserungsaufwand 80000, so ist die Ausbesserung wirtschaftlich. Denn der Gesamtaufwand von 80000 + 10000 würde einen Neuwert von mehr als 90000 hervorbringen. Folgerichtig wäre daher, Reparaturunwürdigkeit nur dann anzunehmen, wenn der Neuwert nicht größer sein würde als der Schadenswert plus Ausbesserungskosten (vgl. Pappenheim Seerecht 1. 57 und die dort angeführte französische Rechtslehre und dänische Gesetzgebung).

Anm. 33 i) Ist das Verlangen des Versicherungsnehmers unberechtigt, so entstehen im allgemeinen keine Rechtsfolgen. Anders, wenn der Versicherer ausdrücklich oder stillschweigend sich damit einverstanden erklärt, daß der Fall gemäß § 77 behandelt wird. Näheres: oben Anm. 22.

Anm. 34 12. **Abs 3.** Die zur Feststellung der Reparaturunfähigkeit berufenen Sachverständigen können sich geirrt haben. Sie können die Reparaturfähigkeit oder Reparaturunfähigkeit des Schiffes irrtümlich festgestellt haben. Das Gutachten ist maßgebend. Es ist nur dann nicht maßgebend, wenn der Irrtum „offenbar" war (und zwar zur Zeit der Erstattung des Gutachtens: § 74 Anm. 49). Das Gutachten, das die Reparaturfähigkeit feststellt, wäre also dann maßgebend, wenn die Reparaturunfähigkeit erst bei der Ausbesserung offenbar würde. Erfahrungsgemäß wird aber nicht ganz selten gerade erst bei der Ausbesserung offenbar, daß das Schiff reparaturunfähig ist. — Das Gutachten wäre auch wohl dann maßgebend, wenn nach der Feststellung als adäquate Folge des Versicherungsfalls Schäden entstehen, die nicht oder jedenfalls nicht „offenbar" vorauszusehen waren. Auch dies wäre unbillig. — Deshalb bestimmt § 77 Abs. 3 hier eine zweite Ausnahme von der Maßgeblichkeit des Schiedsgutachtens (vgl. auch OLG Hamburg VersR 1963. 499 = Sasse Nr. 482 und die Revisionsentscheidung BGH VersR 1965. 332). Wenn sich die **Reparaturunfähigkeit** des Schiffes **erst später** (nach der Erstattung des Gutachtens), **insbesondere bei der Ausbesserung, ergibt,** kann der Versicherungsnehmer (erneut) zur Feststellung der Reparaturunfähigkeit einen Sachverständigen ernennen und den Versicherer zur Ernennung eines Sachverständigen auffordern, das Schiff öffentlich versteigern lassen und, nach Feststellung der durch den Versicherungsfall herbeigeführten Reparaturunfähigkeit, die Versicherungssumme weniger den Erlös verlangen. Er muß aber unverzüglich, ohne schuldhaftes Zögern, nachdem die Reparaturunfähigkeit sich ergeben hat, so verfahren. Sonst bewendet es bei dem ersten Gutachten. Eine auf Grund von Abs. 3 vorgenommene Schadensfeststellung ist als neue Feststellung zwischen den Parteien des Versicherungsverhältnisses verbindlich, wenn durch sie die Reparaturunfähigkeit des Schiffes oder ein offenbares und erhebliches Abweichen von der wirklichen Sachlage der ursprünglichen Schadenstaxe festgestellt wird. Sie ist daher auch verbindliche Feststellung für die Geltendmachung von Teilschadensersatzansprüchen (OLG Hamburg VersR 1963. 449 = Sasse Nr. 482). **§ 77**

Anm. 35 a) Sind die Sachverständigen nicht zur Feststellung der Reparaturunfähigkeit, sondern nur zur Feststellung des Teilschadens berufen gewesen, so ist zu unterscheiden. War die Reparaturunfähigkeit vom Versicherungsnehmer erkannt oder war sie erkennbar (ohne Verschulden zu erkennen, aber nicht erkannt), so hat der Versicherungsnehmer die „unverzügliche" Feststellung der Reparaturunfähigkeit versäumt, hat sich die Reparaturunfähigkeit auch nicht etwa „erst später" ergeben, kann der Versicherungsnehmer also auch nicht mehr die Reparaturunfähigkeit feststellen lassen und nach Feststellung die Versicherungssumme weniger den Versteigerungserlös, sondern nur Teilschaden-Entschädigung verlangen. — Anders, wenn die Reparaturunfähigkeit nicht erkannt und nicht erkennbar war, sich vielmehr erst später, insbesondere erst bei der Ausbesserung, ergibt. Auch für diesen Fall bestimmt § 77 Abs. 3: Der Versicherungsnehmer kann das Schiff öffentlich versteigern lassen und den Unterschied zwischen Versicherungssumme und Erlös verlangen, wenn die Reparaturunfähigkeit unverzüglich (ohne schuldhaftes Zögern des Versicherungsnehmers, nachdem sich die Reparaturunfähigkeit ergeben hat) gemäß § 74 („auf die im § 74 bestimmte Weise": oben Anm. 17ff.) festgestellt wird. Freilich würde sich dies für diesen Fall auch ohne § 77 Abs. 3 verstanden haben. Denn die Sachverständigen, die nach § 77 Abs. 1 die Reparaturunfähigkeit feststellen sollen, müssen unverzüglich ernannt werden (§ 74 Abs. 2), und der Versicherungsnehmer hat unverzüglich ernannt, wenn erst bei der Ausbesserung die Reparaturunfähigkeit erkennbar geworden und erkannt ist, und der Versicherungsnehmer nunmehr den von ihm zu ernennenden Sachverständigen unverzüglich ernannt hat.

Anm. 36 b) Wenn der Versicherungsnehmer wegen später sich ergebender Reparaturunfähigkeit das Schiff öffentlich versteigert und den Unterschied zwischen Versicherungssumme und Erlös verlangt, braucht der Versicherer nicht diesen Unterschied und darüber hinaus noch die Ausbesserungskosten zu ersetzen. § 37 Abs. 3 ist unanwendbar. Die Ausbesserungskosten bleiben zu Lasten des Versicherungsnehmers. Aber dem Versicherer soll auch nicht zugute kommen, daß die Ausbesserung begonnen hat und das Schiff infolge hiervon wertvoller geworden ist. Deshalb muß er den **Ausbesserungs-Mehrwert ersetzen,** wenn auch nur, falls und soweit dieser Mehrwert sich in einem höheren Versteigerungserlös ausdrückt (§ 77 Abs. 3 Satz 2). — Infolge des Beginns der Ausbesserung kann aber auch das Schiff an Wert eingebüßt haben, der Erlös infolge hiervon geringer sein, als wenn das Schiff sofort versteigert worden wäre. Hierauf wird jedoch keine Rücksicht genommen.

Anm. 37 c) Wird das Schiff nachträglich versteigert, so soll die Versicherung nicht „erst mit der Versteigerung" endigen (§ 77 Abs. 3 Satz 3). Eine überflüssige Bestimmung. Denn, wenn die Versicherung schon früher beendigt ist, lebt sie auch im Falle des § 77 Abs. 1 nicht wieder auf, falls der Versicherungsnehmer sich zur Versteigerung entschließt (oben Anm. 24). Und wenn sie noch nicht beendigt ist, so endigt sie jedenfalls mit der Versteigerung. Denn daß die Versicherung nicht auf denjenigen übergeht, der das Schiff bei der zur Liquidation des Versicherungsverhältnisses dienenden Versteigerung erworben hat, versteht sich von selbst.

§ 77 d) Entsprechendes gilt überall im Falle einer sich erst nachträglich ergebenden
Anm. 38 Reparaturunwürdigkeit. Vgl. aber auch oben Anm. 30, 31.

Anm. 39 13. **Abs. 4.** Wenn der Versicherungsnehmer die Reparaturunfähigkeit kennt oder kennen muß, muß er unverzüglich zur Feststellung der Reparaturunfähigkeit einen Sachverständigen ernennen. Sonst kann er regelmäßig nur Teilschaden-Entschädigung verlangen (Ausnahme: oben Anm. 13, 18). Die Ernennung des Sachverständigen gestaltet das Rechtsverhältnis noch nicht neu (oder doch nur insofern, als sie dem Versicherungsnehmer das im § 77 Abs. 1 bezeichnete Recht erhält). Die Feststellung der Reparaturunfähigkeit gestaltet das Rechtsverhältnis zwar neu. Aber nur insofern, als das Gutachten für die Beteiligten verbindlich ist. Der Versicherungsnehmer hat noch die Wahl (natürlich nur, wenn er nicht schon früher „verlangt" hat). Aber er muß die Wahl unverzüglich ausüben. **Das Recht,** das Schiff öffentlich versteigern zu lassen und den Unterschied zwischen Versicherungssumme und Versteigerungserlös zu verlangen, **erlischt, wenn der Versicherungsnehmer es, sobald seine Voraussetzungen vorliegen und er hiervon Kenntnis erlangt, nicht unverzüglich ausübt.**

Anm. 40 a) Als „Voraussetzungen" des Kondemnationsrechts sind hier offenbar die beiden Umstände gemeint, daß „das Schiff infolge des Versicherungsfalls reparaturunfähig", und daß „die Reparaturunfähigkeit auf die im § 74 bestimmte Weise festgestellt ist". Hieraus ergibt sich jedoch nicht, daß der Versicherungsnehmer die Versicherungssumme weniger den Versteigerungserlös erst „verlangen" kann, wenn die Reparaturunfähigkeit gemäß § 74 festgestellt ist. Er kann sie „verlangen", wenn das Schiff infolge des Versicherungsfalls reparaturunfähig ist (oben Anm. 10, 14).

Anm. 41 b) Unverzüglich bedeutet: ohne schuldhaftes Zögern (BGB § 121 Abs. 1; näheres: § 3 Anm. 20). Schuldhaft ist es insbesondere, wenn der Versicherungsnehmer nur deshalb zögert, weil er sich darauf verläßt, daß auch der Versicherer das Schiedsgutachten erhalten und ihm die Reparaturunfähigkeit des Schiffes entnommen hat. Denn der Versicherer soll nicht von einem bestimmten Sachverhalt in Kenntnis gesetzt werden. Der Versicherungsnehmer soll ein bestimmtes Gestaltungsrecht ausüben und der Versicherer hierüber in's Gewisse gebracht werden. — Der Versicherungsnehmer muß das Verschulden Dritter in den Grenzen des § 278 BGB gegen sich gelten lassen (über die sinngemäße Anwendung des § 278 BGB: Vorb. vor § 1 Anm. 67). — Die Unverzüglichkeitsfrist beginnt, wenn der Versicherungsnehmer davon Kenntnis erlangt, daß das Schiff infolge des Versicherungsfalls reparaturunfähig und die Reparaturunfähigkeit gemäß § 74 festgestellt ist. Über den Begriff der Kenntniserlangung: § 2 Anm. 15. Insbesondere genügt nicht Kennenmüssen (vgl. aber auch unten Anm. 42). Doch kann der Versicherungsnehmer sich auf seine Unkenntnis nicht berufen, wenn er sich der Kenntnis arglistig entzogen hat (näheres: § 5 Anm. 19). — Über den Fall, daß mehrere Versicherungsnehmer beteiligt sind: Vorb. VI vor § 1. Insbesondere schaden im Falle gemeinschaftlicher Versicherung des im Miteigentum der Versicherungsnehmer stehenden Schiffes Kenntnis und Verschulden des einen Versicherungsnehmers den übrigen nicht (vgl. auch oben Anm. 15). — Bei der Versicherung für fremde Rechnung kommen gegebenenfalls auch Kenntnis und Verschulden des Versicherten in Betracht (vgl. oben Anm. 15).

Anm. 42 c) Das Recht erlischt. Natürlich nur, wenn es nicht schon erloschen ist. Das Recht ist insbesondere regelmäßig bereits erloschen, wenn der Versicherungsnehmer die Reparaturunfähigkeit kannte oder kennen mußte und gleichwohl nicht zur Feststellung der Reparaturunfähigkeit, sondern nur zur Feststellung des Teilschadens einen Sachverständigen ernannt hat, Sachverständige zur Feststellung der Reparaturunfähigkeit also entweder überhaupt nicht oder nicht unverzüglich ernannt sind (oben Anm. 18).

d) Entsprechendes gilt auch für das Recht der Kondemnierung des Schiffes wegen Reparaturunwürdigkeit. Vgl. aber auch oben Anm. 30, 31. § 77 Anm. 43

14. Sind separate Taxen (§ 7 Anm. 9) vereinbart, so kann der Versicherungsnehmer auch separat versteigern lassen und den Unterschied zwischen Versicherungssumme und Erlös verlangen (RG HGZ 1891. 236; § 71 Anm. 5). Ist z. B. die Maschine separat taxiert und reparaturunfähig oder reparaturunwürdig, so kann er die Maschine allein versteigern lassen und die Versicherungssumme weniger den Erlös verlangen, und zwar einerlei, ob auch das übrige reparaturunfähig oder -unwürdig ist. Anm. 44

15. Über den Verkauf des Schiffes zur Minderung des Schadens: § 41 Anm. 16, vgl. auch § 33 Anm. 40. Anm. 45

16. Dem Binnenversicherungs-Recht ist die Kondemnation des Schiffes wegen Reparaturunfähigkeit und Reparaturunwürdigkeit unbekannt (vgl. Begr. z. VVG § 141: „Als verloren sei das Schiff auch zu betrachten, wenn es so beschädigt sei, daß es nicht ausgebessert werden könne", und hierzu § 71 Anm. 5). Sind aber im Falle der Binnenversicherung eines Schiffes die ADS vereinbart, so ist natürlich auch § 77 anzuwenden. Anm. 46

17. § 77 ist auf **andere Versicherungen, die sich auf das Schiff beziehen,** „entsprechend", sinngemäß, anzuwenden (§ 79). Das setzen auch z. B. HGB § 850, ADS § 120 voraus (§ 71 Anm. 47; vgl. auch BSVB § 36 Abs. 2: „Kondemnation bei Versicherung ... der behaltenen Fahrt oder behaltenen Ankunft des Schiffes"). Die sinngemäße Anwendung ergibt natürlich nicht, daß der versicherte Nebeninteressent unter allen Umständen das Schiff versteigern lassen kann und muß, — so wenig, wie die entsprechende Anwendung des § 71 ergibt, daß das Schiff ohne weiteres als total verloren anzusehen ist, wenn es dem versicherten Nebeninteressenten „ohne Aussicht auf Wiedererlangung entzogen" ist (§ 71 Anm. 47). Allerdings kann und muß der Versicherungsnehmer das Schiff versteigern lassen, wenn er gleich dem Kaskoversicherten über das Schiff verfügen kann. Das gilt z. B. vom Mehrwertversicherten. Er kann und muß das Schiff versteigern lassen, wenn er den Unterschied zwischen Versicherungssumme und Erlös verlangen will. Natürlich kann in solchem Falle der Erlös von der Mehrwert-Versicherungssumme nur abgezogen werden, wenn oder soweit er nicht schon von der Hauptversicherungs-Summe abgezogen ist. Tatsächlich ist also freilich regelmäßig nichts abzuziehen, weil der Erlös (trotz der vielfach üblichen Untersetzung der Kaskotaxe) kaum je hinreichen wird, auch noch etwas von der Mehrwert-Versicherungssumme zu decken. — Auch der Frachtversicherte wird regelmäßig versteigern lassen können und dann auch, wenn er von den Rechten des § 77 Gebrauch machen will, müssen (vgl. ROHG 14. 380, HG u. OG Hamburg, ROHG HGZ 1873. 100, 1874. 175, 1875. 129). Allerdings kann er nicht den Unterschied zwischen Versicherungssumme und „Erlös" verlangen. Aber er kann den Unterschied zwischen Versicherungssumme und demjenigen, was von der Fracht übrig bleibt (insbesondere der Distanzfracht) verlangen. Er kann (das ist im wesentlichen die Bedeutung der sinngemäßen Anwendung des § 77 auf diesen Fall), wenn das Schiff reparaturunfähig oder reparaturunwürdig und dies oder jenes gemäß § 74 festgestellt ist, das Schiff versteigern lassen, damit die versicherte Unternehmung abbrechen und für den dadurch verursachten Frachtverlust Entschädigung verlangen. — Auch der versicherte Bodmereigläubiger wird regelmäßig gemäß § 77 verfahren können (vgl. HGB § 696) und deshalb, wenn er nicht gemäß § 110 Abs. 2 Teilschaden-Entschädigung verlangen will, verfahren müssen; man wird von ihm um so mehr die Beachtung des § 77 verlangen dürfen, als er (wenngleich nicht gewöhnlicher) Eigentümerinteressent ist. Dies mag übrigens auch der Grund sein, daß im Gesetz eine Vorschrift fehlt, nach welcher der versicherte Bodmereigläubiger den Unterschied zwischen Versicherungssumme und Erlös verlangen kann, wenn das Schiff kondemniert wird (vgl. HGB §§ 857, 880). — Anders in den Anm. 47

§ 77 Fällen, in denen der Versicherungsnehmer (z. B. der provisionsversicherte Schiffsmakler oder der frachtversicherte Unterverfrachter) über das Schiff nicht verfügen, es nicht versteigern lassen kann. Es wäre auch offenbar wenig sinngemäß, wollte man etwa für solche Fälle annehmen, daß der Versicherungsnehmer nach § 77 das versicherte Interesse liquidieren und den Unterschied zwischen Versicherungssumme und Liquidationserlös verlangen kann, wenn das Schiff reparaturunfähig oder reparaturunwürdig ist. § 850 Abs. 2 HGB, § 120 ADS ergeben klar, daß der Versicherer vielmehr gemäß § 77 nur dann zu entschädigen hat, wenn das Schiff tatsächlich kondemniert wird (§ 71 Anm. 47; vgl. auch ASVB § 137 Abs. 2). Die hansestädtische Rechtsprechung hat deshalb auch unverändert daran festgehalten, daß der Versicherer von Nebeninteressen die Versicherungssumme (weniger etwa übriggebliebenes) nur dann zu zahlen hat, wenn das Schiff nach den für die Kaskoversicherung geltenden Grundsätzen kondemniert wird, insbesondere nicht schon dann, wenn das Schiff aus anderen Gründen, etwa weil die Ausbesserungskosten unverhältnismäßig hoch sein würden, verkauft wird (vgl. z. B. OAG Lübeck Kierulff 3. 1005, HGZ 1888. 254, 1889. 283, 302, 1894. 76, 1895. 42, 227, 1904. 243, HG u. OG Hamburg Ullrich Nr. 223, 255, 280, 352, Seebohm 378, 577, HH 159, 613, HGZ 1868. 3, 1876. 118). Die im Gesetz nicht gerade glücklich ausgedrückte Auffassung hat nunmehr im § 79 den nötigen Rückhalt gefunden. Die sinngemäße Anwendung des § 77 ergibt, daß der Versicherungsnehmer in solchen Fällen ohne weiteres die Versicherungssumme unter Abzug des etwa übriggebliebenen (z. B. der Unterfracht-Versicherte unter Abzug der Distanzfracht) verlangen kann, wenn das Schiff im Kaskoversicherungs-Verhältnis unter den Voraussetzungen und in den Formen des § 77 versteigert wird. Darauf, daß etwa für das Kaskoversicherungs-Verhältnis ein anderes als das deutsche Recht oder andere Bedingungen maßgebend sind, das Schiff z. B. nach solchem anderen Rechte oder nach solchen anderen Bedingungen schon dann versteigert werden kann, wenn die Ausbesserungskosten mehr als 75% des Versicherungswerts betragen, kann der Versicherungsnehmer sich nicht berufen (HG u. OG Hamburg HH 160). Der Versicherungsnehmer muß sich gegen hieraus entstehende Ungelegenheiten durch Anschlußklauseln schützen, wie dies auch bisher geschehen ist (vgl. z. B. HGZ 1905. 160 im Falle einer Fracht- und Interessenversicherung: Die Versicherer „verpflichten sich bezüglich etwaiger Schäden... ebenso zu bezahlen, wie die in Hamburg beteiligten Assekuradeure bezahlt haben, gleichviel ob laut Dispache oder à l'amiable"; vgl. aber auch über die gegen solche Anschlußklauseln bestehenden Bedenken Vorb. vor § 1 Anm. 49). Für den Fall, daß das Kasko nicht versichert ist, ergibt die sinngemäße Anwendung des § 77, daß der Versicherungsnehmer die Versicherungssumme usw. verlangen kann, wenn der Verfügungsberechtigte das Schiff unter den Voraussetzungen und in den Formen des § 77 versteigern läßt. Darauf, daß die Reparaturunfähigkeit oder Reparaturunwürdigkeit nicht gemäß § 74 Abs. 1 durch Sachverständige festgestellt ist, kann der Versicherer sich nicht berufen; der Versicherungsnehmer kann sie in anderer geeigneter Weise feststellen (§§ 79, 77, 74 Abs. 9). Auch in diesen Fällen können Ungelegenheiten entstehen, zumal im Falle der Reparaturunwürdigkeit, deren Voraussetzungen nach § 479 HGB leichter sind als nach § 77 ADS. Diesen und ähnlichen (auch den oben bezeichneten) Ungelegenheiten zu begegnen, ist die seit langem übliche Kondemnationsklausel bestimmt: „Falls das Schiff wegen Seeschadens und/oder Kondemnation seinen Bestimmungsort nicht erreicht, ist die versicherte Summe als ein Totalschaden zu bezahlen, unter Aufhebung des § 131 ASVB (= § 77 ADS)"; vgl. z. B. HGZ 1886. 30, 1887. 141, 1889. 261, 284, 302, HG u. OG Hamburg Seebohm 378, HH 159, 613, HGZ 1876. 118; näheres über diese Klausel: § 120 Anm.. Vgl. auch See- und HG Kopenhagen ITVMitt 1919. 47: Der Befrachter, der sein Interesse an der glücklichen

Ankunft des Schiffes im Abladehafen „Nur gegen Totalverlust“ versichert habe, könne die Versicherungssumme verlangen, wenn das Schiff im Kaskoversicherungs-Verhältnis wegen Reparaturunfähigkeit kondemniert werde, und zwar auch dann, wenn Kaskoversicherter und Kaskoversicherer nach rechtswirksamer Erklärung des Verlangens miteinander vereinbart hätten, daß der Kaskoversicherte das Schiff behalten und Teilschaden-Entschädigung erhalten solle. **§ 77**

Anm. 48

18. § 77 gilt sinngemäß auch für die **Rückversicherung** (§ 79, § 1 Anm. 136, HG Hamburg HGZ 1866. 53). Aber die Rückversicherung ist Haftpflichtversicherung (§ 1 Anm. 145). Die sinngemäße Anwendung des § 77 ergibt also nur, daß der Vorversicherer die Rückversicherungs-Summe (weniger den Erlös oder einen Teil des Erlöses) verlangen kann, wenn der Vorversicherte das Schiff öffentlich hat versteigern lassen und den Unterschied zwischen Vorversicherungssumme und Erlös verlangt hat (vgl. § 1 Anm. 148). — Der abwicklungsberechtigte Vorversicherer darf im Vorversicherungs-Verhältnis Abweichungen vom § 77 gestatten, wenn ein nicht rückversicherter Versicherer verständiger- und billigerweise sie gestattet hätte (§ 1 Anm. 154).

Anm. 49

19. **Fremde Rechte** (vgl. auch oben Anm. 4—6, 8, 27, 32).

a) Englisches Recht. Man unterscheidet total loss und partial loss und ferner actual total loss und constructive total loss (näheres: § 71 Anm. 53). Reparaturunfähigkeit wird als actual total loss behandelt. Auch relative Reparaturunfähigkeit. If a ship is so injured that it cannot sail without repairs, and cannot be taken to a port at which the necessary repairs can be executed, there is an actual total loss, for that has ceased to be a ship which never can be used for the purposes of a ship (Willes J. bei Arnould 1029 s. 1052, vgl. aber auch 1340 s. 1112). — Reparaturunwürdigkeit ist constructive total loss. Reparaturunwürdig ist das Schiff, wenn die Ausbesserungskosten mehr betragen als der Neuwert (MIA § 60 Abs. 2ii, näheres: § 71 Anm. 53). Der Versicherungswert, insbesondere die Taxe, ist nicht maßgebend (MIA § 27 Abs. 4). Wenn der Versicherungswert 120000, die Ausbesserungskosten 100000 und der Neuwert 90000 betragen, ist es ein constructive total loss. Wenn der Versicherungswert 90000, die Ausbesserungskosten 100000 und der Neuwert 120000 betragen, ist es kein constructive total loss. In der Praxis hat man sich jedoch den Grundsätzen der ADS zugewandt: In ascertaining whether the Vessel is a constructive total loss the insured value shall be taken as the repaired value, and nothing in respect of the damaged or break-up value of the Vessel or wreck shall be taken into account, — so ITC und IVC. In einem Falle betrachtet die englische Rechtsprechung die Reparaturunwürdigkeit als actual total loss, dann nämlich, wenn das reparaturunwürdige Schiff, wo und wie es liegt, wegen seiner Reparaturunwürdigkeit verkauft wird. The „right sale“ of a vessel will convert a constructive total loss into an actual total loss (Arnould 1034 s. 1058; 1178 s. 1103). — Das englische Recht, insbesondere das englische Verkehrsrecht, unterscheidet sich also vom deutschen mehr in der Form als im Inhalt. Der wesentliche inhaltliche Unterschied besteht nur darin, daß die Liquidation der versicherten Unternehmung nach englischem Rechte dem Versicherer, nach § 77 dem Versicherungsnehmer obliegt (vgl. hierzu auch den auf Einführung des englischen Prinzips abzielenden, beachtlichen Vorschlag der hamb. Makler: Mat. 1. 274). — Die meisten englischen Gegenseitigkeitsgesellschaften versichern mit der Klausel, daß nur dann constructive total loss anzunehmen ist, wenn die Ausbesserungskosten mehr als 80% des Versicherungswerts betragen (Arnould 1099 s. 1126). In solchem Falle müssen die Ausbesserungskosten außerdem aber auch größer sein als der Neuwert des Schiffes (Rowlatt J. ITVMitt 1919. 64). — In den VerSt. von Amerika gilt als constructive total loss, wenn die Ausbesserungskosten höher sind als die Hälfte des Neuwerts oder, nach der auch dort üblichen Klausel, als die Hälfte des Versicherungswerts (Arnould 1099 s. 1126).

§ 77 Anm. 50 b) Französisches Recht. Vgl. § 71 Anm. 54. Nach französischer Auffassung gibt es keine absolute Reparaturunfähigkeit. Der Versicherungsnehmer kann wegen innavigabilité produite par fortune de mer abandonnieren, wenn das Schiff gerichtlich kondemniert ist, weil das Ausbesserungsmaterial fehlt und das Schiff auch nicht nach einem Reparaturhafen gebracht werden kann, oder weil die Ausbesserungskosten mehr betragen als $^3/_4$ des Versicherungswerts (näheres: Ripert Nr. 2808).

Anm. 51 c) Über Versuche der Aufstellung internationaler Regeln über die Entschädigung in den Fällen der Reparaturunfähigkeit und Reparaturunwürdigkeit: Intern. Mar. Ins. Rules der Intern. Law Association, Rouen Conf. 1900, Glasgow Conf. 1901.

§ 78

Mittelbarer Kollisionsschaden

(1) Der Versicherer haftet auch für einen Schaden, den der Versicherungsnehmer im Falle eines Zusammenstoßes von Schiffen dadurch erleidet, daß er den einem Dritten entstandenen Schaden zu ersetzen hat.

(2) Der Schaden ist im Verhältnisse des Schiffswertes zu demjenigen Werte zu ersetzen, der sich aus dem Schiffswert und der Fracht ergibt.

Anm. 1 1. Vgl. HGB § 820 Abs. 2 Nr. 7, § 821 Nr. 1 Halbs. 2, ASVB § 69 Abs. 2 Nr. 7 und Zusatz in AlteKZP, AlteKRP (Mat. 2. 103, 107), § 70 Nr. 1 Z. 3 in der Fassung der AlteKZP, AlteKRP a. a. O., VVG § 129 Abs. 2 Satz 2. — **Literatur:** Argyriadis VersR 1963. 605 (Zur Deckung von Haftpflichtschäden aus Schiffsversicherung), ders. Frachtversicherung, 1961. 109ff. Bruck-Möller Anm. 29, 30 zu § 1 VVG. Brüders ZfVW 2. 368 (Die Haftung des Reeders Dritten gegenüber für Verschulden der Schiffsbesatzung). Bruschettini AssJB 25. 31 (Folgen des Zusammenstoßes von Schiffen für Reeder und Versicherer). Enge VersR 1965. 308 = Schriften des Deutschen Vereins für Internationales Seerecht, Reihe A, Heft 10, 1965 (Die Behandlung von Verschuldenstatbeständen in der deutschen und englischen Seekaskoversicherung). Fricke, Kollisionsersatz, 1929. J. v. Gierke VSR II 242 und 273ff. Günther AnnVers 1914. 101, 113 (Die Transportversicherung in Verbindung mit anderen Versicherungsarten). Hagen SVR 129—136. Hochgräber ITVMitt 1927. 97 (Die Haftung des Versicherers für die Kosten des Kollisionsprozesses), NeumZ 1930. 480 und 853, 1931. 110 (Der Ersatz des mittelbaren Kollisionsschadens durch den Kaskoversicherer), Die Hauptkapitel des Transportversicherungsrechts, 1937. Kreutziger VersR 1961. 490 (Zur Schadensabwicklung bei beiderseitig verschuldetem Schiffszusammenstoß). Von Lehsten, Der mittelbare Kollisionsschaden in der See- und Transportversicherung, 1930. Möller JRPV 1931. 261ff. (Über die Bedeutung der Hinterhangs- und Schwesterschiffklausel), JRPV 1930. 161 (Der Ersatz sog. mittelbaren Kollisionsschadens durch den Kaskoversicherer), JRPV 1935. 39 (Die Besteuerung der Kollisionshaftpflichtversicherung). Prölß JRPV 1936. 115 (Prozeßkosten als mittelbarer Kollisionsschaden und Rückgriff des Kaskoversicherers). Ripert Nr. 1231f. Sieg, Ausstrahlungen der Haftpflichtversicherung, 1952. 31 und MDR 1957. 258. Wodrich, Hansa 1964. 2376ff. (Die Versicherung eines Seeschiffes unter besonderer Berücksichtigung von P & I). Zinkeisen HansRGZ 1936 A 361 (Die Kosten des Kollisionsprozesses in der Seeschiffahrt).

Anm. 2 2. **Abs. 1.** Der Versicherer trägt zwar alle Gefahren (§ 28). Aber er haftet nicht für jeden Schaden (§ 28 Anm. 10, 34). Er haftet nur für den Schaden, den zu ersetzen er, sei es nach den ADS, sei es durch besondere Vereinbarung, übernommen hat (§ 28 Satz 3). Der Kaskoversicherer insbesondere haftet in der Regel nur für Substanzschaden, z. B. für den Verlust oder die Beschädigung des versicherten Schiffes, die durch einen Schiffszusammenstoß, durch eine Kollision, verursacht sind. Nur ausnahmsweise haftet er auch für andere Schäden, so z. B. für Havariegrosse-Beiträge (§ 29). Eine solche Ausnahme bildet auch § 78 Abs. 1: **Der Versicherer haftet** auch **für den Schaden, den der Versicherungsnehmer im Falle des Zusammenstoßes von Schiffen dadurch erleidet, daß er den einem Dritten entstandenen Schaden ersetzen muß.** Ein Zusammenstoß von Schiffen liegt nur dann vor, wenn mehrere Schiffe körperlich aneinandergeraten. Es darf sich dabei nicht nur um ein ganz leichtes Aneinandergeraten handeln. Auch darf es jedenfalls in dieser Heftigkeit nicht gewollt sein. Vgl. die sehr ausführliche Definition des HansOLG in HGZ 1927 Nr. 125 = HRZ 1927. 778 = Sasse Nr. 374: „Kollision = Zusammenstoß (§ 734 HGB) liegt nur dann vor, wenn in einem, im Verhältnis zu den in Frage kommenden Maßen und Folgen, verhältnismäßig kurzem zeitlichen Verlaufe eine körperliche Berührung stattgefunden hat, bei welcher nicht nur ausschließlich das tote Gewicht, sondern eine dieses Gewicht in einer nicht ständig vorhandenen Wirkung setzende lebende Kraft (sei es Maschinen-, Wind- und Wellenwirkung, Herabfallen, Kentern oder dgl.) tätig wird. Der naturnotwendige, ständig vorhandene und stets in gleicher Weise wirksame Druck des Schiffsgewichts an sich genügt nicht." Ausnahmebestimmungen sind zwar grundsätzlich ebenso auszulegen und anzuwenden, wie andere Bestimmungen. Insbesondere sind sie an und für sich der analogen Anwendung nicht entzogen. Aber immerhin: „Ausnahmen bestätigen die Regel"; Ausnahmebestimmungen, die, wie § 78, aus einer Mehrheit möglicher Fälle und Regelungen einzelne positiv auswählen, dürfen nicht auf andere, sei es auch ähnlich liegende, Tatbestände „analog" angewendet werden (Leo 190, Voigt 432, RG 33. 68, 35. 117, 38. 64, 40. 51, HGZ 1893. 41). § 78

a) Der Versicherer haftet ausnahmsweise auch für mittelbaren oder indirekten Kollisionsschaden. Der Versicherer haftet nicht für jeden Schaden, der im Schiffsbetrieb einem Dritten zugefügt und vom Versicherungsnehmer zu ersetzen ist, insbesondere nicht für den Schaden, der sonstwie „daraus entsteht, daß der Reeder für den durch eine Person der Schiffsbesatzung einem Dritten zugefügten Schaden haften muß (§§ 485, 486)" (HGB § 821 Nr. 1), z. B. nicht für den Schaden, der durch die Kollision des Schiffes mit Uferbauten an diesen (siehe aber die in Anm. 8 wiedergegebene DTV-Kollisionsklausel) oder der durch mangelhafte Stauung an der Ladung entsteht und ersetzt werden muß (vgl. insbesondere RG 35. 115 gegen HGZ 1883. 233), oder für den Schaden, der dadurch entsteht, daß das auf dem versicherten Schiffe ausgebrochene Feuer auf ein anderes Schiff oder auf Gebäude übergreift, oder daß die über Bord geworfene Petroleumladung Schaden anrichtet (Ripert et Audouin Revue int. du droit mar. 30. 119; vgl. ferner Prot. 3221, 4331). Er haftet nur für den durch Schiffskollision entstehenden indirekten Schaden, weil Schäden dieser Art besonders häufig sind und oft verhängnisvolle Folgen haben. — Siehe über den Eintritt der Protection and Indemnity Clubs in die durch den Kaskoversicherer nicht gedeckte Haftpflicht des Reeders Wodrich Hansa 1964. 2376. Die englischen P & I Clubs sind ihrer Struktur nach etwa mit den deutschen Versicherungsvereinen auf Gegenseitigkeit zu vergleichen. Der Umfang der durch die P & I-Versicherung gewährten Deckung ergibt sich aus den von den Clubs herausgegebenen Rules, die den Haftpflichtschutz normieren. Es gibt, wie bei jeder anderen Haftpflichtversicherung, Deckung für Personen-, Sach- und Vermögensschäden. Insbesondere kommt in Betracht die Haftpflicht des Reeders für ein Tun oder Unterlassen des Kapitäns und der Schiffsbesatzung und das Ladungsrisiko des Reeders. Anm. 3

§ 78 Anm. 4 b) Über den „Schaden durch Zusammenstoß von Schiffen“ verhalten sich die §§ 734—739 HGB. Vgl. dazu auch das internationale Übereinkommen zur einheitlichen Feststellung von Regeln über den Zusammenstoß von Schiffen vom 23. 9. 1910 (RGBl 1913. 49) und die HGB-Novelle vom 7. 1. 1913. Dem Übereinkommen gehören an Argentinien, Australien, Belgien, Brasilien, Ceylon, Dänemark, Deutschland, Dominikanische Republik, Finnland, Frankreich, Griechenland, Großbritannien, Haiti, Indien, Irland, Italien, Japan, Jugoslawien, Kanada, Mexico, Neuseeland, Nicaragua, Niederlande, Norwegen, Österreich, Polen, Portugal, Rumänien, Schweden, Schweiz, Sowjetunion, Spanien, Türkei, Ungarn, Uruguay, Vereinigte Arabische Republik für Ägypten. — Der Versicherer haftet aber nicht immer, wenn der Versicherungsnehmer nach diesen Vorschriften über den „Schaden durch Zusammenstoß von Schiffen“ Schaden zu ersetzen hat. Denn nach § 738 HGB hat der Versicherungsnehmer, auch ohne daß ein Zusammenstoß stattfindet, den Schaden zu ersetzen, den das Schiff durch Ausführung oder Unterlassung eines Manövers oder durch Nichtbeobachtung einer Verordnung einem anderen Schiffe oder den an Bord des Schiffes befindlichen Personen oder Sachen zufügt. (Für Anwendung des § 78 auf diesen Fall Schlegelberger SVR Bem. 5 zu § 78 ADS). In der Kollisionsklausel der Klein-Kaskoklauseln für Fracht-Motorschiffe und Fracht-Segelschiffe mit oder ohne Motor von 300 BRT und weniger ist der Fall des § 738 HGB einbegriffen, indem es heißt: „In Ausdehnung des § 78 ADS ist vereinbart, daß er auch für diejenigen Fälle gilt, in denen der Versicherte für Schäden infolge indirekter Kollision, Dünung und/oder Sog aufzukommen hat“. Noch weitergehender die Kollisionsklausel in den Fischerei-Fahrzeug-Klauseln für die in der Hochseefischerei beschäftigten Schiffe: „§ 38 Abs. 1 ADS findet entsprechende Anwendung auf jeden Schaden, den der Versicherer dadurch erleidet, daß er außer im Falle des Zusammenstoßes von Schiffen den einem Dritten infolge nautischen Verschuldens irgendwelcher Art entstandenen Schaden zu ersetzen hat“. Mit Recht führt Enge VersR 1965. 314ff. aus, daß im Sinne dieser Klausel unter „nautischem Verschulden“ nur ein sog. „nautisches Verschulden im engeren Sinne“ (von Enge als „navigatorisches Verschulden“ bezeichnet; vgl. Anm. 28 zu § 33 ADS) zu verstehen ist, das erst mit dem Ablegen des Schiffes beginnen kann und mit seinem Festmachen endet. Nach der Klausel haftet der Versicherer deshalb, wenn infolge zu hoher Fahrtgeschwindigkeit des versicherten Schiffes Schwell entsteht und eine Schute vollschlägt und sinkt, oder wenn im Sog eines auf einem Fluß mit zu hoher Fahrtstufe fahrenden Schiffes die Leinen eines anderen festgemachten Schiffes reißen, das deshalb losgerissen wird und strandet, oder wenn beim Ankern in einer Flußmündung schuldhaft ein Kabel beschädigt wird. Dagegen nicht, wenn durch Fahrlässigkeit der Besatzung beim Schweißen im Hafen an Bord Feuer ausbricht oder eine Explosion stattfindet und dadurch in der Nähe liegende Schiffe oder Sachen an Land beschädigt werden, oder ein Schiff hat im Hafen festgemacht und die Gangway ausgebracht, die jedoch nicht ordnungsgemäß befestigt ist, so daß sie, als ein Besucher an Bord gehen will, abrutscht und der Besucher zwischen Schiff und Kai ins Wasser fällt und Personenschaden erleidet, oder wenn beim Einnehmen von Bunkeröl ein Besatzungsmitglied versehentlich zu früh das Absperrventil zudreht, die Pumpen jedoch noch nicht abgestellt waren, deshalb der Schlauch reißt und erheblicher Sachschaden an zur Verladung bereitstehenden Stückgütern entsteht (so auch Enge VersR 1965. 312). Hätte es sich bei sonst gleichem Tatbestand um eine Mineralölladung gehandelt, so wäre es einwandfrei kein nautisches Verschulden, und zwar auch ohne Rücksicht auf die Bestimmung des § 33 a. E., wonach als nautisches Verschulden nicht ein solches in Ansehung der Übernahme, Stauung, Verwahrung oder Ablieferung der Güter gilt. — Zu berücksichtigen ist aber, daß die Klausel stets ein **Verschulden** des versicherten Schiffes erfordert. Sie löst deshalb, wie Enge VersR 1965. 312 mit Recht hervorhebt, keine Leistungspflicht des Versicherers aus, wenn der Schlepper beim Assistieren eines versicherten Schiffes infolge der Sogwirkung eines Schiffes kentert oder weil er von der Schlepptrosse „überkopf" gezogen wird, denn ein Verschulden des versicherten Schiffes liegt hier nicht vor. Daß auf Grund des Schleppvertrages etwa das versicherte Schiff für den Schaden am Schlepper haftet, ist belanglos.

Andererseits haftet der Versicherer nicht nur, wenn der Versicherungsnehmer nach jenen Vorschriften über den „Schaden durch Zusammenstoß von Schiffen" Schaden zu ersetzen hat. Er haftet auch, wenn der Versicherungsnehmer nach anderen Vorschriften, insbesondere nach ausländischem Rechte, oder auf Grund eines Vertrags (z. B. eines Schleppvertrags) den Kollisionsschaden zu ersetzen hat (vgl. auch unten Anm. 9; siehe dazu auch Enge VersR 1965. 308).

c) Schiffe müssen zusammengestoßen sein Anm. 5

α) Irgendwelche Schiffe müssen zusammengestoßen sein. Nicht notwendig das versicherte Schiff (so E 1910 § 60). § 78 ist z. B. auch dann anwendbar, wenn das versicherte Schiff durch mangelhafte Lichterführung oder durch falsches Rudermanöver den Zusammenstoß zweier anderer Schiffe verursacht und den Kollisionsschaden zu ersetzen hat. — Nach dem (ungenauen) Wortlaut des Gesetzes (HGB § 820 Abs. 2 Nr. 7, VVG § 129 Abs. 2) und des § 78 ADS würde der Versicherer auch dann haften, wenn das versicherte Schiff an der Kollision ganz unbeteiligt wäre, wenn z. B. ein anderes unversichertes Schiff des Versicherungsnehmers mit einem dritten Schiffe zusammenstoßen oder die Kollision anderer Schiffe verursachen würde und der Versicherungsnehmer den Kollisionsschaden ersetzen müßte. Das ist natürlich weder die Meinung des Gesetzes noch die der ADS (vgl. Mat. 1. 280, 285, auch unten Anm. 16). Der Versicherer haftet nur für den durch das versicherte Schiff verursachten indirekten Kollisionsschaden.

β) Von welcher Art der Zusammenhang zwischen dem Verhalten des versicherten Schiffes und dem Schaden sein muß, bestimmt sich natürlich nicht nach versicherungsrechtlichen Kausalitätsgrundsätzen, sondern nach den Grundsätzen, die für das Verhältnis des Versicherungsnehmers zum Dritten maßgebend sind, regelmäßig also nach den Grundsätzen der adäquaten Kausalität (vgl. § 28 Anm. 19). Hiernach bestimmt sich z. B. auch, ob der Gegensegler (etwa die geschleppte Schute) vom versicherten Schiffe (etwa dem Schlepper) und demgemäß der Versicherungsnehmer vom Kaskoversicherer Ersatz der Kosten des Rechtsstreits verlangen kann, den der Gegensegler zunächst gegen einen vermeintlich schuldigen Dritten (etwa das mit dem geschleppten Schiffe zusammengestoßene Seeschiff) ohne Erfolg anhängig gemacht hat (HGZ 1899. 117, 1900. 133, 1901. 73; abw. HGZ 1896. 42). — Dagegen muß die Kollision mit Gefahrereignissen, also mit Ereignissen, die dem Versicherer zur Last fallen, im versicherungsrechtlichen Zusammenhang stehen. Der Versicherer haftet insbesondere nicht, wenn die Kollision versicherungsrechtlich durch ein Kriegsereignis verursacht ist (§ 35 Anm. 10). Anm. 6

γ) Über den Begriff des Schiffes: § 1 Anm. 23. Ob die Schiffe mit dem Schiffskörper oder mit Bestandteilen oder Zubehörstücken zusammengestoßen sind, gilt gleich. § 78 ist also z. B. anwendbar, wenn nur über Bord hängende Sachen (z. B. Anker, Boote, Davits, Ladebäume, Raaen, Fallreep) mit dem Gegensegler zusammenstoßen (vgl. HGZ 1891. 244), wenn nur die Schraube des Dampfers einen Kahn zertrümmert (vgl. RG HGZ 1893. 130), wenn nur der Klüverbaum des einen Seglers das Bramstengenstag des anderen Seglers herunterreißt (vgl. HGZ 1910. 169). Dagegen wird es wohl nicht mehr als Zusammenstoß „des Schiffes" anzusehen sein, wenn ein Schiff nur gegen die Trosse eines Schleppzugs fährt (anders die Vorauflage) Anm. 7

§ 78 oder auf den ausgebrachten Anker des versicherten Schiffes stößt (Schaps-Abraham Anm. 11 vor § 734 HGB, HGZ 1891. 245, 1892. 201), und noch weniger, wenn ein Schiff auf den vom versicherten Schiffe verlorenen Anker stößt (HG Bordeaux ZfVW 1914. 122). Ebensowenig ist § 78 anwendbar, wenn das versicherte Schiff starke Dünung hervorruft und dadurch den Schaden eines anderen Schiffes herbeiführt (HGZ 1891. 178), oder wenn das versicherte Schiff durch Eis fährt und dadurch Eismassen gegen ein anderes Schiff gepreßt werden und es beschädigen (LG Hamburg HGZ 1884. 250).

Anm. 8 δ) Nach der DTV-Kollisionsklausel (Vorb. vor § 113, auch oben Anm. 4) haftet der Versicherer für indirekten Schaden auch, wenn das versicherte Schiff mit „anderen schwimmenden Gegenständen" zusammenstößt. Also nicht, wenn das versicherte Schiff z. B. durch unrichtige Manöver, unrichtige Lichterführung oder unrichtige Signale die Kollision eines anderen Schiffes mit einem „anderen schwimmenden Gegenstand" verursacht und den Kollisionsschaden ersetzen muß. — Als „andere schwimmende Gegenstände" werden nicht nur solche Gegenstände zu betrachten sein, die (wie z. B. Boote, Bojen, Wohnschiffe, Flöße) mehr oder weniger bewegt werden, sondern auch solche Gegenstände, die (wie z. B. Pontons oder Schiffbrücken) fest mit dem Lande verbunden sind und nur vom Wasser getragen werden. So um so mehr, als die Kollisionsklausel „andere schwimmende Gegenstände aller Art" den Schiffen gleichstellt. Nicht „schwimmende Gegenstände" sind z. B. feste Brücken, Dückdalben, Hafenbollwerke, Piers, Uferbauten (vgl. z. B. RG 35. 113, Bolze 13 Nr. 209, HGZ 1883. 232, 1896. 305, 1906. 237, HG u. OG Hamburg HGZ 1871. 63, 110). Vgl. auch die amerikanische Entscheidung ITVMitt 1923. 62: Das geschleppte Schiff stößt mit Eis zusammen, wird beschädigt und sinkt; der (übrigens nur für Haftpflichtschäden „infolge von Kollision und/oder Strandung" versicherte) Schlepper muß den Schaden ersetzen und verlangt vom Versicherer mit Erfolg Entschädigung. — Ist ein solcher „anderer schwimmender Gegenstand" (z. B. die über See geschleppte Sektion eines Schwimmdocks) versichert, so sind § 78 ADS und die Kollisionsklausel sinngemäß anzuwenden. Der Versicherer haftet gemäß § 78, wenn der versicherte Gegenstand mit einem Schiffe zusammenstößt oder den Zusammenstoß von Schiffen verursacht; gemäß der Kollisionsklausel, wenn der versicherte Gegenstand mit „anderen schwimmenden Gegenständen" als Schiffen zusammenstößt. — Vgl. die noch weitergehende Kollisionsklausel für Klein-Kaskoklauseln, die oben in Anm. 4 wiedergegeben ist. Über diese noch hinausgehend Ziff. 6 der Fischerei-Fahrzeug-Klauseln: „§ 78 findet entsprechende Anwendung auf jeden Schaden, den der Versicherte dadurch erleidet, daß er außer im Falle des Zusammenstoßes von Schiffen den einem Dritten infolge nautischen Verschuldens irgendwelcher Art entstandenen Schaden zu ersetzen hat". Siehe zu derartigen Klauseln ferner Argyriadis VersR 1963. 606 und Frachtversicherung 202 ff., Fricke 27 ff. Siehe über den Ausschluß von Kollisionsschäden in der Betriebshaftpflicht-Versicherung einer Werft und auch den Begriff der Kollision BGH Hansa 1966. 1075.

Anm. 9 d) Der Versicherungsnehmer muß den einem Dritten entstandenen Schaden zu ersetzen haben.

aa) Dritter ist jeder außer dem Versicherungsnehmer (im Falle der Versicherung für fremde Rechnung: außer dem Versicherten; vgl. unten Anm. 14). Insbesondere der Eigentümer des Gegenseglers; der Eigentümer der Ladung des Gegenseglers; der Eigentümer der Ladung des versicherten Schiffes; die Personen an Bord des Gegenseglers oder des versicherten Schiffes; der Staat, der das infolge der Kollision gesunkene Schiff oder den infolge der Kollision gesunkenen Gegensegler aus dem Fahrwasser entfernen muß (vgl. StrO § 25, ROHG 25. 229, RG 73. 8, HGZ 1909. 25); auch der Versicherer. — Dritter ist also nicht der Versicherungsnehmer. Man kann sich auch nicht selbst etwas „zu ersetzen haben", nicht sein eigener Schuldner, nicht sich selbst etwas schuldig sein, — wenigstens nicht im Rechtssinne. § 78 ist also unanwendbar, wenn zwei Schiffe des Versicherungsnehmers zusammenstoßen (näheres: § 45 Anm. 5). Deshalb bestimmt die DTV-Schwesterschiff-Klausel, daß, „im Falle von Bergung, Hilfeleistung und Zusammenstoß sowie in sonstigen Fällen, in denen Schäden durch diese Police gedeckt werden, mehrere Schiffe und andere Gegenstände, die dem Versicherten gehören, als fremdes Eigentum gelten" (vgl. über die Verwendung von Schwesterschiffklauseln in der Frachtversicherung Argyriadis Frachtversicherung 205 Anm. 200). Die Schwesterschiffklausel schützt also den Versicherungsnehmer nicht, wenn nicht das Schiff des Versicherungsnehmers mit einem Schwesterschiff zusammenstößt, sondern (z. B. durch mangelhafte Lichterführung) den Zusammenstoß eines anderen Schiffes des Versicherungsnehmers mit einem dritten Schiffe verursacht und dem anderen Schiffe den Kollisionsschaden zu ersetzen hätte, wenn das andere Schiff einem Dritten gehörte (vgl. oben Anm. 5). — § 78 ist also auch unanwendbar, wenn das versicherte Schiff (oder etwa der Gegensegler) Reedersgüter fährt, die Güter infolge des Zusammenstoßes zu Schaden kommen und der Versicherungsnehmer den Schaden zu ersetzen hätte, wenn die Güter einem Dritten gehörten. Der Versicherungsnehmer hat Schaden erlitten; aber er hat nicht „den einem Dritten entstandenen Schaden zu ersetzen". So mit dem RG Sieveking 98; abw. Voigt 438 („Die Ratio des Gesetzes... treffe in gleichem Maße in dem Falle verlorengegangener oder beschädigter eigener Güter des Reeders, wie in demjenigen zu, wenn dieser in die Lage komme, für den Verlust oder die Beschädigung der Güter anderer Interessenten Entschädigung leisten zu müssen"; vgl. jedoch über die analoge Anwendung des § 78 oben Anm. 2), ebenso, folgend, Gerhard 515. Der Güterversicherer haftet (abw. ohne Grund Voigt 438). § 78

bb) Wenn Schlepper und geschleppte Schute dem Versicherungsnehmer gehören und das eine Schiff durch Kollisionsverschulden des anderen Schiffes beschädigt wird, entsteht also keine Kollisionsschuld, haftet deshalb der Versicherer des schuldigen Schiffes nicht für den indirekten Kollisonsschaden. Man hat in diesen Fällen versucht, sich durch eine besondere Art von Schwesterschiff-Klausel zu schützen, durch die sog. Hinterhangsklausel: „Hinterhangsfahrzeuge, welche Eigentum des Versicherten sind, sollen in allen durch diese Police gedeckten Fällen so betrachtet werden, als wenn es sich um Fahrzeuge dritter Personen handelt". Ohne Erfolg. Das RG hat den Entschädigungsanspruch des kollisionsschuldigen Schleppers abgewiesen. Die Hinterhangsklausel sei „nur der Form nach eine Spezial-Haftpflichtversicherung des Schleppers; in Wirklichkeit sei sie eine Art laufende Sachversicherung, unter die gegebenenfalls jedes Hinterhangsfahrzeug des Versicherten gefallen sei", also „in Wahrheit für die bezeichneten Fälle der Schadenszufügung eine Versicherung des Kaskos jedes Hinterhangsfahrzeugs", — und, da die Hinterhangsfahrzeuge bereits anderweit kaskoversichert waren, so sei die Hinterhangsklausel (nach dem für die Doppelversicherung geltenden Prioritätsprinzip der ASVB) unwirksam (RG 47. 171, ebenso Vorinstanz HGZ 1900. 243 gegen die dem Verkehrsleben näherstehende KfHandelssachen des LG Hamburg: HGZ 1900. 242; vgl. auch Brüders ZfVW 2. 368, Pappenheim Seerecht 1. 316, Möller JRPV 1930. 261, Schlegelberger SVR Bem. 12 zu § 78 ADS, Argyriadis VersR 1963. 607, insbesondere auch HGZ 1896. 42, wo ohne weiteres angenommen wird, daß der Schlepper wegen des Kollisionsschadens seiner Anm. 10

§ 78 Hinterhangsfahrzeuge auf Grund der Hinterhangsklausel vom Versicherer Entschädigung verlangen könne). Das ist nur juristische Konstruktion, die sich über den deutlich erkennbaren Zweck der Hinterhangsklausel hinwegsetzt. Daß „in Wirklichkeit", „in Wahrheit" die Hinterhangsklausel keine „Spezial-Haftpflichtversicherung" ist, versteht sich von selbst. Die Parteien waren sich dessen natürlich wohl bewußt. Sie haben es sogar selbst ganz klar zum Ausdruck gebracht: Die Klausel soll nur „so betrachtet werden". Aber, wenn die Parteien wollen, daß die Klausel „so betrachtet werden" soll, muß sie auch so betrachtet werden, und niemand darf annehmen, daß sie nicht so betrachtet werden soll. — Das Prioritätsprinzip der ASVB ist durch das Ausgleichungsprinzip des § 10 ADS ersetzt. Gleichwohl ist die Frage auch jetzt noch von Bedeutung. Denn wenn der Standpunkt des RG richtig wäre, müßte eben der Kollisionsschaden zwischen dem Versicherer der Schute und dem Versicherer des Schleppers ausgeglichen werden; ist er unrichtig, so muß der Kollisionsschaden beim Versicherer des Schleppers bleiben, wie die Parteien es nach der Hinterhangsklausel wollen, und wie es auch der Fall wäre, wenn die Schute unversichert wäre. Die Bedeutung der Frage reicht aber weiter. Wäre der Standpunkt des RG richtig, so wäre insbesondere auch die Wirksamkeit der gewöhnlichen Schwesterschiff-Klausel gefährdet. Sie würde „eine Art laufende Sachversicherung" darstellen, die das Kasko jedes anderen Schiffes des Versicherungsnehmers mit decken, also mit den Versicherungen dieser anderen Schiffe Doppelversicherungen bilden würde. Man hat in England niemals mit der sistership clause Konstruktionsversuche gleich denjenigen des Reichsgerichts angestellt und sollte es auch in Deutschland nicht tun. — Auch Kisch RheinZfZuPR 1914. 373 hält die Konstruktion des RG für „nicht unbedenklich". Aber seine eigene ist es ebensowenig: „Eine Haftpflicht gegen sich selbst sei ein Nichts", „mithin die Versicherung einer solchen Haftpflicht wegen fehlenden Interesses unwirksam", also die Haftpflichtversicherung des Schleppers unwirksam, „soweit die dem Versicherten selbst gehörigen Hinterhangsfahrzeuge in Frage kämen". Daß Haftpflicht gegen sich selbst „ein Nichts" ist, ist richtig. Aber ebenso gewiß hat der Versicherungsnehmer ein Interesse daran, daß seine Schiffe sich nicht gegenseitig beschädigen. Ob er dies Interesse durch eine „Haftpflichtversicherung" oder eine andere Versicherung deckt, ist ohne Bedeutung, wenn nur beide Teile, Versicherer und Versicherungsnehmer wissen, was gemeint ist.

Anm. 11 cc) Aus welchem Grunde der Versicherungsnehmer den Schaden des Dritten zu ersetzen hat, ist grundsätzlich ohne Bedeutung (oben Anm. 5). Er mag insbesondere auch auf Grund Vertrags zu ersetzen haben (so auch Enge VersR 1965. 310). Etwa auf Grund eines Schleppvertrags den der geschleppten Schute entstandenen Schaden (v. Lehsten 21, Argyriadis VersR 1963. 607). Oder auf Grund eines Frachtvertrags den der Ladung zugefügten Schaden. — Ist im Frachtvertrag die Ersatzpflicht des Verfrachters wegbedungen, so hat der Versicherungsnehmer nicht zu ersetzen, der Versicherer nicht zu entschädigen (ist der Versicherungsnehmer vertraglich dagegen eine über das verkehrsübliche Maß hinausgehende Haftung eingegangen, so wird die Grenze gegenüber dem Versicherer durch § 13 gezogen; vgl. Enge VersR 1965. 310f.). Der Gegensegler (und nach § 45 sein Versicherer) kann aber trotz der Freizeichnung Teilersatz vom Versicherungsnehmer verlangen, dieser entsprechende Entschädigung vom Versicherer. Wenn beide Schiffe an der Kollision gleichviel Schuld haben und der Ladungsschaden 1000 beträgt, würde die Folge sein:

α) Die Ladung kann vom freigezeichneten Schiff keinen Ersatz verlangen.

β) Das Schiff (Versicherungsnehmer) kann vom Versicherer keine Entschädigung verlangen. § 78

γ) Die Ladung kann vom Gegensegler 1000 verlangen.

δ) Der Gegensegler kann von seinem Versicherer 1000 verlangen.

ε) Der Versicherer des Gegenseglers kann als Rechtsnachfolger des Gegenseglers trotz der Freizeichnung vom Versicherungsnehmer 500 verlangen.

ζ) Der Versicherungsnehmer kann vom Versicherer 500 verlangen.

Der Zirkel wird erkannt (Sieveking 97, RG 51. 366, RG HGZ 1905. 307, HGZ 1905. 165), seine Sinnwidrigkeit nicht anerkannt. Habe ich mir ausbedungen, für einen Schaden nicht verantwortlich gemacht zu werden, so darf der Geschädigte mir den Schaden auch nicht auf einem Umweg aufhalsen. Das gilt sonst in Vertrags-Verhältnissen als selbstverständlich und sollte auch hier dafür gelten. Der Güterversicherer, der nach § 87 Freizeichnungen dieser Art zuläßt, mag den Ladungsschaden tragen (und vom Gegensegler gemäß § 45 nur insoweit Ersatz verlangen, als der Gegensegler vom versicherten Schiffe keine Ausgleichung verlangen kann). — Ähnlich, wenn im Schleppvertrag der Schlepper sich freigezeichnet hat. Die geschleppte Schute kann keinen Ersatz vom Schlepper verlangen, der Schlepper keine Entschädigung von seinem Versicherer, die Schute aber Ersatz vom Gegensegler, der Gegensegler von seinem Versicherer Entschädigung, der Versicherer des Gegenseglers als Rechtsnachfolger des Gegenseglers trotz der Freizeichnung vom Schlepper Teilersatz, der Schlepper von seinem Versicherer Entschädigung, — aber die Schute darf wegen der Freizeichnung den Schlepper nicht in die Lage bringen, Ersatz leisten zu müssen.

dd) Von welcher Art der Schaden ist, den der Versicherungsnehmer zu ersetzen hat, ist gleichfalls grundsätzlich ohne Bedeutung. Der Schaden kann von jeder Art sein: Sach- und Personenschaden, positiver Schaden und entgangener Gewinn; Schaden, der durch Naturalherstellung oder Geld, durch Kapital oder Rente gutzumachen ist. (Vgl. dazu auch Enge VersR 1965. 308: Ist infolge eines Zusammenstoßes in einem Hafen, der von dem Schiff A verschuldet ist, Feuer entstanden und dadurch Schaden an einem Schuppen verursacht, so fällt auch der Schuppenschaden unter § 78). Zu diesem Schaden gehören natürlich nicht Aufwendungen zu seiner Abwendung oder Minderung, insbesondere nicht Kosten eines Rechtsstreits, in dem der Versicherungsnehmer die Kollisionsforderung des Gegenseglers abzuwehren sucht. Solche Kosten gehören also auch nicht zu dem Schaden, für den der Versicherer nach § 78 den Versicherungsnehmer zu entschädigen hat (RG 38. 58, HansOLG HGZ 1924 Nr. 82 = HRZ 1924. 495 = Sasse Nr. 319, HGZ 1925. 237, auch HansRGZ 1936 B 408: die Kosten der Vertretung des Schiffers vor dem Seeamt durch einen Rechtsanwalt gehören nicht zu den erstattungsfähigen mittelbaren Kollisionsschäden, Hochgräber NeumannsZ 1935. 1196ff., Prölß JRPV 1936. 115—118 (Prozeßkosten als mittelbarer Kollisionsschade und Rückgriff des Kaskoversicherers), vgl. auch Hagen SVR 135, v. Lehsten, Der mittelbare Kollisionsschade in der See- und Transportversicherung, 1930, Zinkeisen HansRGZ 1936 A 361ff. (Die Kosten des Kollisionsprozesses in der Seeversicherung), Argyriadis 113). Sie sind Schadensabwendungs-Kosten die der Versicherer gemäß § 32 Abs. 1 Nr. 1 und 2 ersetzen muß, wenn ihre Aufwendung erfolglos bleibt (§ 32 Abs. 2, RG 115. 165 mit Anm. Ritter JW 1927. 696; vgl. aber auch HansOLG HGZ 1925 Nr. 103 = APV 1926. 70 = Sasse Nr. 342). Haben sie Erfolg, wird die Klage des Gegenseglers abgewiesen, so hat sie der Versicherer regelmäßig nicht zu ersetzen; denn dann steht regelmäßig fest, daß der Versiche-

§ 78 rungsnehmer den Schaden des Gegenseglers zu ersetzen nicht verpflichtet ist und demnach auch der Versicherer ebensowenig wie für den „indirekten Kollisionsschaden", für die Aufwendung zu seiner Abwendung haftet (Xenos v. Fox 1868 bei Arnould 835 s. 869: no „loss or misfortune" contemplated by the suing and labouring clause had ever arisen). Ob der Versicherungsnehmer solche Kosten aufwenden will, ist seinem pflichtmäßigen (seiner Schadenabwendungs-Pflicht gemäßen) Ermessen überlassen. Der Versicherer kann ihm die Entscheidung abnehmen, kann ihm die Weisung erteilen, sich verklagen zu lassen (§ 41 Abs. 1), und muß in diesem Falle die Prozeßkosten auch dann ersetzen, wenn der Versicherungsnehmer die Prozeßführung und die damit verbundene Aufwendung von Kosten nicht „den Umständen nach für geboten halten durfte" (§ 32 Abs. 1 Nr. 1 u. 2; vgl. Hochgräber, Die Hauptkapitel des Transportversicherungsrechts 121f., Schlegelberger SVR Bem. 13 zu § 78 ADS). Eine solche Weisung kann z. B. unbedenklich in der Erklärung des Versicherers erblickt werden, daß er „bis zur rechtskräftigen Entscheidung durch die Gerichte eine den Versicherten aus dem Zusammenstoß treffende Schadensersatz-Pflicht nicht anerkenne" (RG 38. 57; vgl. auch § 41 Anm. 19), noch nicht aber mangels besonderer Umstände in dem Anheimgeben, den Kollisionsgegner zu verklagen (HansOLG HansRGZ 1936 B 107 = Sasse Nr. 441). Aber der Versicherer ist natürlich nicht verpflichtet, eine solche Weisung zu erteilen (HGZ 1896. 44; vgl. auch § 41 Anm. 22). Er kann dem Ermessen des Versicherungsnehmers überlassen, die etwa nötigen Maßregeln zu ergreifen, und sich freie Hand vorbehalten, wozu er leicht veranlaßt sein kann, da er den Verhältnissen nicht so nahe steht, wie der Versicherungsnehmer. Wenn er nicht ohne weiteres anerkennt, zu haften, so „zwingt" er nicht „den Versicherten, den Rechtsweg zu beschreiten" (so ohne Grund HGZ 1896. 42, 161; dahingestellt RG 38. 56). Dem Versicherungsnehmer bleibt unbenommen, vom Rechtsweg abzustehen, nachzuweisen, daß ein von ihm zu ersetzender, vom Versicherer zu erstattender Kollisionsschaden entstanden ist, und Entschädigung zu verlangen. Wenn freilich der Versicherer auf Grund des Sachverhalts, soweit er ihm bekannt ist, erklärt, die Haftung des Versicherungsnehmers für den Kollisionsschaden nicht anzuerkennen, kann er dem Versicherungsnehmer natürlich nicht entgegenhalten, daß dieser auf Grund dieses Sachverhalts die Aufwendung der Prozeßkosten nicht für geboten halten durfte (nur insoweit richtig HGZ 1896. 161; vgl. auch HGZ 1895. 130, 1896. 42). Insbesondere hat die Andienung von indirektem Kollisionsschaden keine andere Bedeutung, als die Andienung von Versicherungsschäden überhaupt, nämlich nur die Bedeutung einer zur Rechtserhaltung bestimmten und dienenden Willenserklärung (§ 42 Anm. 8). Sie nötigt also den Versicherer nicht, sich zu erklären; sein Stillschweigen kann nicht als Zustimmung dazu ausgelegt werden, daß der Versicherungsnehmer es auf einen Prozeß ankommen oder nicht ankommen lasse. Anders HGZ 1896. 160: Die Andienung bedeute immer, „daß der Versicherte . . . erklärt haben wolle, er besitze ein Interesse, dem gegen ihn erhobenen Anspruch zu widersprechen, seinerseits nicht, stelle es vielmehr dem Ermessen des Versicherers anheim, ob dieser im eigenen Interesse solchen Widerspruch erhoben zu sehen wünsche, und sei bereit, falls der Versicherer sich hierfür entscheiden würde, die Verteidigung von dessen Interesse gegenüber der von dem Dritten erhobenen (oder zu erhebenden) Klage zu führen", sie bedeute „die nicht mißverständliche Erklärung des Versicherten, daß er, soweit die Sache ihn angehe, und für eigene Rechnung es nicht erst auf eine gerichtliche Prüfung und Entscheidung über den Anspruch des Dritten ankommen lassen wolle", sie bedeute „die Willenserklärung (des Versicherten): seinerseits für eigene Rechnung und Gefahr die im voraus niemals mit Gewißheit zu bestimmenden Chancen eines Kollisionsprozesses nicht laufen zu wollen". Die Wiederholungen der Behauptung können die fehlende Begründung nicht ersetzen. Von alledem ist keine Rede. Und alledem hat RG 38. 57 mit Recht nicht zugestimmt. Der Versicherungsnehmer kann seine Schadenabwendungs-Pflicht nicht dadurch von sich abwälzen, daß er dem Versicherer anheimstellt, Weisungen zu erteilen. Nichts berechtigt ihn dazu. Und die Andienung des Schadens wäre die dazu am wenigsten geeignete Maßnahme. Das Gericht ist zu jener seltsamen Auffassung gekommen, um sie als Brücke zu einer anderen nicht minder seltsamen zu benutzen: Ist die Andienung eine Maßnahme, auf die der Versicherer sich erklären muß, so bedeutet seine Erklärung, daß er seine Entschädigungspflicht nicht anerkenne, oder sein Schweigen Zustimmung zum Verhalten des Versicherungsnehmers, zur Prozeßführung oder zu ihrer Unterlassung; Andienung und Zustimmung bilden also die Grundlage einer Vereinbarung, nach welcher der Versicherer, wenn darauf der Rechtsstreit geführt und verloren wird, die Kosten tragen muß (HGZ 1896. 161), die Grundlage „eines Mandats im Interesse einerseits des Versicherers als Auftraggebers, andererseits des Versicherten als Beauftragten (vgl. pr. Inst. de mand. 3. 27)", — so RG 38. 56, 60, folgend Sieveking 100 (richtig dagegen HGZ 1895. 130). Als Schadenabwendungs-Kosten „im assekuranztechnischen Sinne" könnten also die Prozeßkosten des Versicherungsnehmers nicht angesehen werden, wenngleich es richtig sei, daß der Versicherer, der den Versicherungsnehmer anweise, den Prozeß zu führen, dies als eine Schadenabwendungs-Maßregel betrachte und auch „wohl die Argumentation aus § 66 ASVB (= § 41 ADS) gestattet sei: daß der Versicherte verpflichtet sei, die Prozeßführung für Rechnung des Versicherers zu übernehmen" (HGZ 1896. 161). Und diese gekünstelte Konstruktion einer besonderen Vereinbarung führt dann zu dem gewünschten Ergebnis: zur Zurückweisung der Einwendung des Versicherers, daß ihm die Prozeßkosten deshalb nicht zur Last fielen, weil sie zusammen mit der übrigen Entschädigung die Versicherungssumme überstiegen (ASVB § 92 Abs. 4, ADS § 37 Abs. 4). Nur mit der „Konstruktion" einer besonderen Vereinbarung war es möglich, dieser berechtigten Einwendung zu begegnen, und man bediente sich ihrer so, wie etwa die englischen Gerichte (freilich nur, indem sie den Tatsachen, nicht indem sie den Rechtsvorschriften Zwang antun) sometimes struggle to bring the case within the line of constructive total loss, um der free from particular average clause zu entschlüpfen (Chalmers 89). Man darf die Bestimmung des § 37 Abs. 4 ADS als folge- und zweckwidrig bezeichnen (§ 37 Anm. 14), aber nicht sich über sie hinwegsetzen. Wenn die Kaskotaxe 150000, die Kollisionsschuld 200000 beträgt und der Kollisionsprozeß verloren wird, hat der Versicherer nur 150000 zu zahlen. Der Versicherungsnehmer kann nicht auch Ersatz der Prozeßkosten verlangen. Dem pflichtmäßigen Ermessen des Versicherungsnehmers ist anheimgestellt, diesem Ergebnis auszuweichen, die Kollisionsschuld anzuerkennen und im Versicherungsstreit nachzuweisen, daß er die Prozeßführung den Umständen nach nicht für geboten zu halten brauchte (weil insbesondere der Ersatzanspruch des Geschädigten unbestritten sei, HansOLG Hansa 1959. 1893). Ist im Falle einer gewöhnlichen Haftpflichtversicherung eine Versicherungssumme bestimmt, so hat der Versicherer nach § 150 Abs. 2 VVG Kosten, die in einem auf seine Veranlassung geführten Rechtsstreit entstehen, auch insoweit zu ersetzen, als sie zusammen mit der übrigen Entschädigung die Versicherungssumme übersteigen. Mit Recht bemerkt hierzu Begr. z. VVG: Diese Kostenerstattungs-Pflicht des Versicherers „entspreche der allgemeinen Vorschrift des § 63 Abs. 1 Satz 2 VVG (= § 37 Abs. 2 ADS in Vbdg. mit § 32 Abs. 1 Nr. 2)"; es empfehle sich nur, „sie hier im Zusammenhang mit der

§ 78 Regelung der Kostenersatzpflicht des Versicherers (vgl. VVG § 150 Abs. 1) noch besonders festzustellen". — Über den Fall, daß Gegenstand des Kollisionsprozesses nicht nur der vom Versicherer zu ersetzende Schaden, sondern auch noch andere Schäden sind, vgl. § 32 Anm. 18. Wenn z. B. die Kaskotaxe 200000, der Wert des Schiffes nach der Kollision 300000, die Kollisionsschuld auch 300000 beträgt und der Gegensegler 300000 verlangt, trägt der Versicherer die Prozeßkosten nicht zu $^2/_3$ (so Sieveking 100, RG 38. 59, HGZ 1896. 164), auch nicht insoweit, wie sie entstanden wären, wenn der Gegensegler nur 200000 verlangt hätte, sondern im Verhältnis der Kosten, die entstanden wären, wenn der Gegensegler mit der einen Klage 200000, mit einer zweiten Klage weitere 100000 verlangt hätte. — Natürlich trägt der Versicherer überhaupt keine Prozeßkosten, die durch Maßregeln entstanden sind, welche nicht zur Abwendung von Versicherungsschaden dienen, z. B. Kosten, die durch einen Streit darüber entstanden sind, ob der Versicherungsnehmer für den Schaden auch persönlich, d. h. nicht nur mit Schiff und Fracht, haftet (HGZ 1896. 163).

Anm. 13 ee) Ebenfalls ist grundsätzlich ohne Bedeutung, in welchem Umfang der Versicherungsnehmer den Schaden zu ersetzen hat, ob er unbeschränkt haftet (etwa, weil ihn ein leichtes nautisches Verschulden trifft, auf das der Versicherer sich gemäß § 33 Abs. 1 nicht berufen kann), oder ob er gemäß § 486 Nr. 3 HGB nur mit Schiff und Fracht haftet (so auch Möller JRPV 1930. 162, Argyriadis 112) oder ob er gemäß Merchant Shipping Act 1894 (57 & 58 Vict.) § 503, Merchant Shipping (Liability of Shipowners) Act 1898 (61 & 62 Vict.), Merchant Shipping (Liability of Shipowners and others) Act 1900 (63 & 64 Vict.) in der seit dem 1. 8. 1958 infolge der Anpassung des englischen Rechts an das im Jahre 1957 in Brüssel gezeichnete Internationale Übereinkommen über die beschränkte Reederhaftung geltenden Fassung summenmäßig beschränkt, nämlich für Personenschäden mit 3100 Goldfranken für jede Tonne, für Sachschäden mit 1000 Goldfranken für jede Tonne haftet (Liegen Personen- und Sachschäden vor, so werden erstere mit einem Betrag von 2100 Goldfranken vorweg abgedeckt, während der Rest von 1000 Goldfranken auf etwa noch unbefriedigte Personenschädengläubiger und Sachschäden verteilt werden. In £-Währung bedeuten 3100 Goldfranken £ 73.8.10 5/32, 1000 Goldfranken £ 23.13.9 27/32. Vgl. Vogeler Hansa 1958. 2031), oder ob er (wie insbesondere nach französischem und diesen nachgebildeten Rechten; vgl. dazu Schaps-Abraham II S. 65 Anm. 42) unbeschränkt haftet, diese Haftung aber durch Abandonnierung von Schiff und Fracht abwenden kann (vgl. die Pergamon-Fälle: § 71 Anm. 8).

Anm. 14 e) Der Versicherungsnehmer muß den Schaden zu ersetzen haben. Über den Begriff des Versicherungsnehmers: § 3 Anm. 4. Im Falle der Versicherung für fremde Rechnung muß der Versicherte den Schaden zu ersetzen haben. Denn sein (Haftpflicht-) Interesse ist es, das versichert ist. Hat z. B. der Kapitän für Rechnung des Reeders Versicherung genommen und die Kollision durch gewöhnliche Fahrlässigkeit verschuldet, so hat der Versicherer nicht deshalb zu entschädigen, weil der Versicherungsnehmer den Schaden zu ersetzen hat, sondern deshalb, weil der Versicherte den Schaden zu ersetzen hat. Der Ersatzanspruch des Versicherten gegen den Versicherungsnehmer geht gemäß § 45 auf den entschädigenden Versicherer über.

Anm. 15 f) Der Versicherer haftet für den zu ersetzenden Schaden. Die Kaskoversicherung ist also insoweit „Versicherung gegen den Vermögensschaden, welcher dem Versicherungsnehmer dadurch erwächst, daß er kraft gesetzlicher Vorschrift oder auf Grund eines Vertrags einem Dritten haftpflichtig wird" (Begr. z. VVG §§ 129, 149). Die Kaskoversicherung ist also insoweit Haftpflichtversicherung (Begr. z. VVG

§ 129, Kisch 2. 69, Prölß Anm. 8 zu § 129 VVG, Mohr 14, 26f., auch 52, Argyriadis 111, J. v. Gierke VSR II 242, 273—275, Sieg MDR 1957. 285, Bruck-Möller Anm. 29—30 zu § 1 VVG, Schlegelberger SVR Bem. 11 zu § 78 ADS, Möller JRPV 1930. 161: „Adhäsionshaftpflichtversicherung" — gegen diesen Begriff Hochgräber NeumZ 1930. 483, 858 und 1931. 110 —, RG 59. 160: „zum Teil eine Haftpflichtversicherung"), wie die Rückversicherung (§ 1 Anm. 145), die Versicherung gegen Havariegrosse-Beiträge (§ 29 Anm. 8), die Versicherung der Güter gegen Bodmereischulden (§ 81 Anm. 6) und die Versicherung von Überfahrtsgeld gegen Schäden am Reisegut (§ 109 Anm.). Gleichwohl finden die Vorschriften des VVG über Haftpflichtversicherung keine unmittelbare Anwendung. Denn die Versicherung für indirekten Kollisionsschaden ist Seeversicherung (HGB § 820 Abs. 1 Nr. 7), und die Seeversicherung ist vom VVG ausgenommen (VVG § 186). Nicht einmal die Haftung des Binnentransport-Versicherers für indirekten Kollisionsschaden wird durch die Vorschriften über die Haftpflichtversicherung bestimmt (VVG § 129 Abs. 2 Satz 2). Aber hieraus braucht nicht gefolgert zu werden, daß auf die Versicherung für indirekten Kollisionsschaden „lediglich" die Vorschriften über Transport-, insbesondere Seeversicherung anzuwenden sind (so Begr. z. VVG § 129). Vielmehr ist die analoge Anwendung solcher Haftpflichtversicherungs-Regeln zulässig, die nicht auf der positiven Auswahl unter mehreren möglichen Regelungen beruhen, sondern sich aus der Interessenlage ergeben und demgemäß geeignet sind, Lücken im Transportversicherungs-Recht auszufüllen (so auch Argyriadis 112, Bene 35, v. Lehsten 16f.; anders J. v. Gierke VSR II 242, 251, Sieg MDR 1957. 285, wohl auch Schlegelberger SVR Bem. 14 zu § 78 ADS). Solche, so ausfüllbare Lücken sind hier unverkennbar. Insbesondere enthalten Gesetz und ADS keine Bestimmungen über die Art der Entschädigung, wie sie §§ 71—77 für die Fälle des Totalverlustes, des Teilschadens usw., §§ 29, 30 für den Havariegrosse-Fall enthalten (vgl. RG 38. 64). Nach § 249 BGB kann der Dritte Herstellung des früheren Zustandes oder Geldersatz verlangen. Nach § 149 VVG hat der Haftpflichtversicherer dem Versicherungsnehmer die Leistung zu ersetzen, die dieser schuldet. Verlangt der Dritte Herstellung des früheren Zustandes, so müßte der Versicherer eigentlich den früheren Zustand wiederherstellen. Aber dies gilt selbst für die Haftpflichtversicherung des VVG nicht. Der Versicherer hat den Schaden in Geld zu ersetzen (VVG § 49). Der Versicherungsnehmer ist insbesondere nicht auf einen bloßen Befreiungsanspruch beschränkt (so unter Umständen nach Haftpflichtversicherungs-Bedingungen: RG 70. 258, 81. 251; vgl. hierzu und über die Natur des Entschädigungsanspruchs aus Haftpflichtversicherungen überhaupt: Flechtheim LZ 1908. 800, 1910. 896, Franke LZ 1910. 675, Herr ZfVW 1916. 611, Josef JehJ 56. 159, OestZ 1910. 312, Kirchberger LZ 1910. 508, ZHR 68. 195, Meuret LZ 1908. 900, 1910. 63, Schneider LZ 1912. 26, DJZ 1909. 1182, Seuffert LZ 1909. 106, Werneburg ZfVW 1915. 620, auch § 1 Anm. 147, § 29 Anm. 8). Dabei muß es auch für die Haftung des Kaskoversicherers bewenden. Denn die Seeversicherung wurde und wird von dem Gedanken beherrscht, daß nur in Geld zu entschädigen ist (vgl. jedoch auch die Tenderklausel: Vorb. vor § 113, § 75 Anm. 15). — Der Versicherer hat zu ersetzen, was der Versicherungsnehmer zu ersetzen hat, nicht, was der Versicherungsnehmer zu ersetzen und tatsächlich ersetzt hat. Der Versicherungsfall, das Ereignis, das die Leistungspflicht des Versicherers auslöst, ist nicht erst eingetreten, wenn der Versicherungsnehmer dem Dritten den Schaden ersetzt hat. Er ist aber (immer im Sinne des die Leistungspflicht des Versicherers auslösenden Ereignisses: § 5 Anm. 27) auch nicht schon eingetreten, wenn die Schiffe zusammengestoßen sind, der Schaden des Dritten entstanden ist (wohl nur scheinbar abw. RG 83. 169 in Verkennung der verschiedenen Bedeutung des Ausdrucks und der Wirksamkeit des Begriffs

§ 78 für die zeitlich begrenzte Haftpflichtversicherung; anders jedoch Bene, Der Begriff des Versicherungsfalls in der Seeversicherung 36, Schlegelberger SVR Bem. 14 zu § 78 ADS, Prölß für § 129 VVG, Anm. 5 zu § 129 VVG, Argyriadis 200 für die Auto- und allgemeine Haftpflichtversicherung, BGHZ 25. 34 = VersR 1957. 499). Der Versicherungsfall ist eingetreten, wenn der Dritte den (begründeten) Schadensersatz-Anspruch geltendmacht (vgl. Molt 36 und dort angef., HGZ 1895. 130, auch Petersen ZfVW 1915. 339). Er ist nicht eingetreten, wenn der Dritte einen unbegründeten Schadensersatz-Anspruch geltendmacht. Die für die Haftpflichtversicherung das Gegenteil bestimmende Vorschrift des § 150 Abs. 1 Satz 2 VVG ist rein positiver Art und auf die Seeversicherung nicht übertragbar. Die Versicherung gegen indirekten Kollisionsschaden ist in keinem Sinne Rechtsschutz-Versicherung (vgl. Molt 36, Argyriadis 113, Möller JRPV 1930. 163; a. A. v. Lehsten 23). Der Versicherer haftet nur, wenn der Versicherungsnehmer ersetzen muß (HGZ 1895. 130). Selbst wenn der Versicherungsnehmer zum Ersatz des Kollisionsschadens verurteilt ist (und im Kollisionsprozeß versäumt hat, dem Versicherer den Streit zu verkünden), kann der auf Entschädigung verklagte Versicherer mit Erfolg einwenden, daß der Versicherungsnehmer mit Unrecht verurteilt und nicht verpflichtet sei, den Schaden des Dritten zu ersetzen. — Übertragbar dagegen erschiene wohl die auf sorgfältiger Interessenabwägung beruhende Vorschrift des § 155 VVG, wonach, wenn der Dritte (z. B. der bei der Kollision verletzte Kapitän des Gegenseglers) eine Rente erhält und die Versicherungssumme kleiner ist als der Kapitalwert der Rente, der Versicherungsnehmer nur einen verhältnismäßigen Teil der Rente verlangen kann. Aber der Seeversicherer ist kein Lebensversicherer. Die natürliche Lösung ist, daß der Kaskoversicherer die volle Rente zahlt, bis die Versicherungssumme erschöpft ist (vgl. Begr. z. VVG § 155). Ihr gegenüber bildet § 155 Abs. 1 VVG eine positive und deshalb nicht ohne weiteres übertragbare Ausnahme. Anwendbar aber ist § 155 Abs. 2 VVG, wonach der Versicherer die Sicherheit leisten muß, die der Rentenempfänger kraft Gesetzes verlangen kann. Das ergibt sich schon aus der Haftung des Versicherers für den zu ersetzenden Schaden selbst. — Unanwendbar ist § 152 VVG (Ausschluß der Haftung des Versicherers bei vorsätzlichem Verhalten des Versicherungsnehmers), und zwar schon deshalb, weil insoweit § 33 ADS bestimmt. Unanwendbar sind § 153 VVG (Anzeige des Versicherungsfalls), § 154 VVG (Fälligkeit der Entschädigung), und zwar schon deshalb, weil die §§ 40, 44 insoweit bestimmen. Unanwendbar ist auch § 156 Abs. 2 VVG, wonach der Versicherer unmittelbar an den Dritten zahlen darf und auf Verlangen des Versicherungsnehmers zahlen muß. Der Weg der unmittelbaren Verhandlung zwischen Versicherungsnehmer und Drittem, der bei der gewöhnlichen Haftpflichtversicherung üblich ist und den § 156 VVG veranlaßt hat, ist in der Seeversicherung nicht üblich. Unanwendbar ist natürlich auch § 157 VVG, wonach der Dritte im Konkurs des Versicherungsnehmers abgesonderte Befriedigung aus der Entschädigungsforderung gegen den Versicherer verlangen kann. Die Entschädigungsforderung des Versicherungsnehmers gehört zu seiner Konkursmasse. Der Versicherer kann gegen sie die Prämie aufrechnen. Im übrigen muß er die ganze Entschädigung zahlen, nicht nur einen der Konkursdividende entsprechenden Betrag. Denn er muß erstatten, was der Versicherungsnehmer ersetzen muß; nicht, was er tatsächlich ersetzt hat (vgl. auch § 47 Anm. 29).

Anm. 16 3. **Abs. 2.** Die Haftpflichtversicherung des § 78 ist keine gewöhnliche Haftpflichtversicherung (oben Anm. 15). Das äußert sich auch noch in anderer Beziehung. Die gewöhnliche Haftpflichtversicherung ist Versicherung gegen die Gefahr eines Vermögensschadens überhaupt. Die Haftpflichtversicherung des § 78 ist Versicherung gegen die Gefahr eines Schadens, der nicht dem ganzen Vermögen, sondern nur Schiff und Fracht droht. Denn der Reeder haftet für Kollisionsschaden grundsätzlich nur mit Schiff und Fracht (HGB § 486). Ist bei der gewöhnlichen Haftpflichtversicherung das Haftpflichtinteresse nur durch die Schuld, so ist es hier auch durch die Haftung begrenzt. Einer Versicherung, die mehr schützt, als das durch die Haftung mit Schiff und Fracht begrenzte Interesse, würde kein versicherbares Interesse zugrunde liegen; sie würde unwirksam sein (§ 2; vgl. aber auch unten Anm. 23). Eine Versicherung, die weniger schützt, ist Unterversicherung. Eine Versicherung, die nur das Interesse des Reeders, nicht mit seinem Schiffe haften zu müssen, deckt, deckt nur einen Teil seiner Haftpflicht. Eine Versicherung, die nur das Interesse, nicht mit der Fracht haften zu müssen, deckt, deckt nur den anderen Teil. Erst beide Versicherungen zusammen decken das Haftpflichtinteresse voll. Deshalb ist jede Kaskoversicherung, soweit sie das Haftpflichtinteresse deckt, nur Teil-, nur Unterversicherung, und ebenso jede Frachtversicherung. Deshalb versteht sich von selbst, daß der Kaskoversicherer nur im Verhältnis von Schiff und Fracht haftet. So offenbar schon Voigt 437, der hier von „Partialversicherern" spricht. Im Ergebnis ebenso Sieveking 99, RG 33. 68, HGZ 1893. 40, 1897. 230; anders in der Begründung: „In dem Schiffsvermögen des Reeders seien Schiff und Fracht zu einem einheitlichen Wert verschmolzen; werde deshalb von diesem Werte nur ein Bestandteil, etwa das Element Kasko oder das Element Fracht, zur Befriedigung eines Schiffsgläubigers herangezogen, so mindere sich um den entsprechenden Betrag das Schiffsvermögen, nicht der allein angegriffene Bestandteil dieses Gesamtwerts" (HGZ 1893. 42, zustimmend RG 33. 70, ebenso Sieveking 98). Oder gar: „Die Verteilung (des indirekten Kollisionsschadens) auf beide Werte (Schiff und Fracht) rechtfertige sich schon...aus den Grundsätzen über die negotiorum gestio und aus der analogen Anwendung der Grundsätze über die Solidarhaft, nach welchen demjenigen, der mit einem anderen zusammen aus fremdem Verschulden hafte, die Einrede der Teilung und, wenn er mehr geleistet habe, als er eigentlich zu leisten brauchte, gegen den Mitschuldner der Rückgriff sowie gegen den befriedigten Gläubiger der Anspruch auf Abtretung der Forderung desselben zustehe" (RG 33. 75). Mit Umschreibungen oder Konstruktionen dieser Art wird nichts gewonnen. Vgl. zu der Frage auch Fricke 33, v. Lehsten 28ff., Argyriadis VersR 1963. 606 und Frachtversicherung 202f. § 78

a) Allerdings bildet die Beschränkung der Haftung des Reeders auf Schiff und Fracht nur die Regel. Der Reederschiffer kann unbeschränkt haften, wenn er die Kollision verschuldet hat. Nach ausländischen Rechten kann der Reeder auch in anderen Fällen unbeschränkt haften. Nach englischem Recht haftet er summenmäßig beschränkt auf 1000 oder 3100 Goldfranken für jede Tonne seines Schiffes (oben Anm. 13). §§ 820 Nr. 7, 821 Nr. 1 HGB können aber nicht isoliert, nicht aus dem System des deutschen Seerechts herausgenommen, betrachtet und verstanden werden (RG 33. 74; vgl. auch RG 83. 169). Man muß von der Regel des deutschen Rechtes ausgehen. Danach sind nur Schiff und Fracht am indirekten Kollisionsschaden interessiert. Anm. 17

b) Der naheliegende Einwand, daß es bei der Haftpflichtversicherung an einem Versicherungswert fehle und demgemäß auch Unterversicherung nicht möglich sei, ist nicht begründet. Er wäre begründet, wenn es sich um eine gewöhnliche Haftpflichtversicherung handelte (vgl. Begr. z. VVG § 149). Bei einer Haftpflichtversicherung, die nur die Haftung mit bestimmten Gegenständen betrifft, fehlt es nicht an einem Versicherungswert, kann deshalb auch Unterversicherung vorkommen (so auch Argyriadis 114; siehe Möller ITVMitt 1937. 81: es gebe bei der Frachthaftpflichtversicherung so etwas wie das Gegenstück eines Versicherungswertes, nämlich einen „Versicherungsunwert"; vgl. auch Mohr 27). Anm. 18

c) Ist die Haftpflichtversicherung im Rahmen der Kaskoversicherung ebenso wie im Rahmen der Frachtversicherung Unterversicherung, so liegt es nahe, die Unter- Anm. 19

§ 78 versicherung und damit den Maßstab für die Entschädigungspflicht des Kaskoversicherers einerseits, des Frachtversicherers andererseits im Verhältnis der Versicherungssumme zum Versicherungswert zu suchen (vgl. § 8). Schon ein einfaches Beispiel zeigt, daß dieser Maßstab unrichtig wäre, sofern man dabei von den gewöhnlichen Grundsätzen der Seeversicherung ausgeht, nämlich die festen Versicherungswerte zugrunde legt. Wenn der Versicherungswert des Schiffes 150000, der Versicherungswert der Fracht 100000, der indirekte Kollisionsschaden 125000 beträgt und Versicherungswerte und Versicherungssummen sich decken, so würden zu zahlen haben:

der Kaskoversicherer im Verhältnis von 150000 zu 250000, also 75000,
der Frachtversicherer im Verhältnis von 100000 zu 250000, also 50000.

Würde der direkte Kollisionsschaden des versicherten Schiffes 100000, der Wert des Schiffes nach der Kollision also nur noch 50000 betragen, die Fracht dagegen unverloren sein, so würden zu zahlen haben:

der Kaskoversicherer 100000 + 75000 — (175000 — 150000), also 150000,
der Frachtversicherer 50000;

mithin würden 25000 unbezahlt bleiben. Die richtige Antwort ergibt sich wieder aus der Natur dieser Versicherung als einer besonderen Haftpflichtversicherung. Deckt diese Versicherung das Interesse daran, nicht mit bestimmten Werten haften zu müssen, so können eben auch nur diese Werte, wie sie für die Haftung noch zur Verfügung stehen, in Betracht kommen. Es ist also nach Maßgabe der Werte zu teilen, die dem Gegensegler haften. Im obigen Beispielfall, in dem der Wert des Schiffes um 100000 gesunken, der Wert der Fracht unberührt geblieben ist, würden also zu zahlen haben:

der Kaskoversicherer im Verhältnis von 50000 zu (50000 + 100000 =) 150000, also	41666.67
und für den direkten Kollisionsschaden	100000.00
der Frachtversicherer im Verhältnis von 100000 zu (100000 + 50000 =) 150000, also	83333.33
Gesamtschaden...	225000.00

So auch dann, wenn der Reeder nicht nur mit Schiff und Fracht, sondern unbeschränkt oder, wie nach englischem Recht oder dem (noch nicht in Kraft getretenen) Übereinkommen über die beschränkte Reederhaftung von 1957, mit einem bestimmten Betrag für die Tonne seines Schiffes haftet. Denn auch insoweit kann man nur von der Regel des deutschen Rechtes ausgehen, nach der (nach gegenwärtig noch geltendem Recht) nur Schiff und Fracht beteiligt sind (oben Anm. 17, Mat. 1. 284, Voigt 436, RG 33. 74, 78; abw. Sieveking 99 im Anschluß an HGZ 1893. 44: Maßgebend seien „der wirkliche Wert des Schiffes bei Antritt der Reise" und die Nettofracht). Der indirekte Kollisionsschaden wird also im Versicherungsverhältnis über Schiff und Fracht in ähnlicher Weise verteilt, wie der Havariegrosse-Schaden im Havariegrosse-Verhältnis über Schiff, Fracht und Ladung verteilt wird (vgl. auch AHO 1731 VIII. 1, wonach Kollisionsschaden, von einem bestimmten Falle abgesehen, „über beyde Schiffe, deren Fracht-Gelder und Güter, wie bey anderen communen Avarien, berechnet, folglich von einem jeden Schiffe zur Hälfte getragen werden" sollte; auch PreußAHO § 117 usw.). Das ist die Bedeutung des § 78 Abs. 2: **Der Schaden ist im Verhältnis des Schiffswertes zu demjenigen Werte zu ersetzen, der sich aus dem Schiffswert und der Fracht ergibt** (nach der DTV-Schiffswert-Klausel gilt als Schiffswert im Sinne des § 78 die Gesamt-Kasko-Taxe, unbeschadet der Teilhaftungsklausel, wenn sie vereinbart ist; vgl. dazu Hochgräber, Die Hauptkapitel des Transportversicherungsrechts, 117f., Argyriadis VersR 1963. 607). Die Bestimmung hätte mithin ebenso fehlen können, wie der ihm entsprechende Zusatz zu § 69 ASVB in AlteKZP, AlteKRP (Mat. 2. 103, 107). § 69 ASVB fügte hinzu, daß der Schaden auch dann verhältnismäßig über Schiff und Fracht verteilt werden solle, „wenn letztere ganz oder teilweise vorausbezahlt ist". Auch dies versteht sich von selbst. Ob die Fracht noch zu zahlen, gezahlt, endgültig bezahlt, subject to insurance endgültig bezahlt ist, ist für die Teilung des Kollisionsschadens ohne Bedeutung (§ 1 Anm. 78, 79, RG 33. 70, HGZ 1893. 42). Nur der Interessent ist ein anderer, nämlich der Befrachter, wenn die Fracht subject to insurance endgültig bezahlt ist (§ 1 Anm. 79, RG 40. 51). § 78

d) Fracht ist die gesamte Bruttofracht der Kollisionsreise. Ob diese Bruttofracht ganz oder nur teilweise oder nur streckenweise oder gar nicht versichert ist, gilt gleich. Ist die Fracht von Hamburg nach Malta versichert und die Kollision auf der Strecke Malta—Braila, dem zweiten Teile derselben Reise, passiert, so haftet der Kaskoversicherer doch nur unter Berücksichtigung der Fracht; den auf die Fracht entfallenden Teil des Kollisionsschadens trägt der Reeder als Selbstversicherer. — Fährt das Schiff Reedersgüter, so ist bei der Bestimmung der Fracht die am Abladungsort und zur Abladungszeit übliche Fracht zugrunde zu legen (vgl. HGB § 771 Abs. 5, ADS § 107 Abs. 1). Anm. 20

e) Der Fracht stehen die Überfahrtsgelder gleich (HGB § 677, Argyriadis 57), aber nicht die Schiffsmiete (Schiedsspruch Sasse Nr. 904, Schlegelberger SVR Bem. 15 zu § 78 ADS, Argyriadis 56). Den ADS ist nämlich die Unterscheidung zwischen Fracht und Schiffsmiete nicht fremd, wie § 1 Abs. 2 ergibt; vgl. auch § 5 Abs. 5 und § 107 Abs. 1 und 3, ferner § 108, wo für inhaltlich gleiche Vorschriften besondere gleichen Inhalts für Fracht und Schiffsmiete erlassen sind, was in § 78 Abs. 2 unterlassen ist. Anders für den nach anderen Gesichtspunkten zu beurteilenden § 486 HGB (vgl. dazu Schaps-Abraham II Anm. 11 zu § 486 HGB). Auch nicht sonstiger Schiffserwerb, wie etwa Liegegeld, Schlepplohn, Berge- oder Hilfslohn; und zwar auch dann nicht, soweit anzunehmen ist, daß solcher Schiffserwerb im Sinne des § 486 HGB der Fracht gleichzuachten ist, der Reeder also dem Gegensegler nicht nur mit Schiff und Fracht, sondern auch mit solchem Schiffserwerb haftet (vgl. hierüber Schaps-Abraham a. a. O.). Denn der indirekte Kollisionsschaden wird ausdrücklich nur unter Kasko- und Frachtversicherer verteilt, und für diese Teilung war nicht allein der Umstand maßgebend, daß die Haftung des Reeders für den Schaden auf Schiff und Fracht beschränkt ist (oben Anm. 16), sondern auch der Umstand, das Schiff und Fracht regelmäßig versichert sind; sonstiger Schiffserwerb ist regelmäßig nicht versichert. Dagegen stehen Distanz-, Leer- und Fautfracht der gewöhnlichen Fracht natürlich gleich. — Ist das Schiff unterverfrachtet, so kommt nur die Charterfracht, nicht die Konnossementsfracht in Betracht (vgl. Schaps-Abraham II Anm. 11 zu § 486 HGB). Anm. 21

4. **Abweichende Vereinbarungen** Anm. 22

a) Der Versicherer muß den indirekten Kollisionsschaden auch dann vollständig ersetzen, wenn die Taxe untersetzt ist und der Schaden Taxe und Versicherungssumme nicht übersteigt.

b) Der Reeder haftet dem Gegensegler oft nicht nur mit Schiff und Fracht, sondern hierüber hinaus (oben Anm. 13, 17). Er nimmt hin und wieder auch gegen solche weiterreichende Haftung Versicherung. Regelmäßig im Anschluß an die gewöhnliche Kaskoversicherung, und zwar mit der Kollisions-Exzedenten-Klausel (Vorb. vor § 113), die übrigens auch wohl den Ausfall deckt, den der Versicherungsnehmer durch § 37 Abs. 4 erleidet: Anm. 23

„I. Diese Zusatzversicherung deckt im Rahmen der Bestimmungen des Absatzes 2 denjenigen Schaden, für den der Versicherungsnehmer im Falle eines Zusammenstoßes

§ 78 des versicherten Schiffes mit anderen Schiffen und sonstigen Fahrzeugen sowie schwimmenden und festen Gegenständen aller Art oder als Folge nautischen Verschuldens der Schiffsbesatzung einem oder mehreren Dritten Schadenersatz zu leisten hat.

II. Die anderweitig auf Kasko geschlossene Haupt-Police sowie eine Spezial-Police für Haftung infolge nautischen Verschuldens bis zur Höhe der Kasko-Taxe der Haupt-Police oder unversicherte Haftung für nautisches Verschulden gehen der gegenwärtigen Police unter allen Umständen derart voran, daß die Haftung der gegenwärtigen Versicherung beschränkt ist auf diejenigen Schäden, die durch die vorstehend erwähnte Haupt-Police aus dem Grunde nicht ersetzt werden, weil der zu leistende Ersatz für sich allein oder einschließlich des Schadens am eigenen Schiffe den Betrag von 100% der Kasko-Taxe übersteigt.

III. Die Versicherung versteht sich für alle Reisen und für alle Ladungen, die dem Dampfer durch die Haupt-Kasko-Police erlaubt sind.

IV. Die Versicherung beginnt und endet wie oben angegeben, gleichviel, ob der Dampfer alsdann im Hafen oder auf der Reise sich befindet; sie endet bereits früher, falls die Haupt-Kasko-Police früher endet und nicht erneuert wird.

V. Die Gültigkeit dieser Police ist dadurch bedingt, daß die Taxe dieser Police in Übereinstimmung mit der Taxe der Haupt-Kasko-Police, welche DM
beträgt, ist. Falls eine Erhöhung der letzteren eintritt, erhöht sich die Taxe (nicht Versicherungssumme) dieser Police automatisch.

VI. Prämien-Rückgaben:

1. Wenn der Dampfer mindestens drei aufeinanderfolgende Monate stilliegt und das Risiko auf Grund voraufgegangener Kündigung aufgehört hat und falls kein Anspruch aus dieser Police erhoben wird, wird für jeden vollen Monat die anteilige Prämie unter Abzug von 20% für Verwaltungskosten zurückgegeben.
2. Falls die Gefahr infolge eines Totalverlustes, einer Kondemnation oder eines Abandons aufhört und ein Schaden aus dem hierzu Veranlassung gebenden Ereignisse diese Police nicht trifft, so ist die anteilige Prämie für die nicht gelaufene Zeit mit einem Abzug von 20% für Verwaltungskosten zurückzuvergüten.
3. Falls das Risiko infolge einer Veräußerung oder Enteignung des Schiffes endigt, ist die anteilige Prämie für die nicht gelaufene Zeit voll zurückzuvergüten.

VII. Die Haftpflicht der Unterzeichneten ist in Übereinstimmung mit § 37 Absatz 1 der ADS begrenzt auf die Höhe der Versicherungssumme."

„Zusatzversicherungen" dieser Art sind zwar reine Haftpflichtversicherungen, aber Haftpflichtversicherungen, auf die grundsätzlich nicht §§ 149ff. VVG Anwendung finden, sondern Seeversicherungs-Recht (VVG § 186; vgl. auch oben Anm. 15, auch MIA § 3 Abs. 2c). Ebenso etwa, wie nur Seeversicherungs-Recht Anwendung findet, wenn der Reeder ausschließlich gegen indirekten Kollisionsschaden im Umfang des § 78 Versicherung nimmt (Aufsichtsamt für PV bei Gierke Transportversicherung 496, Gerhard 514; abw. Gierke a. a. O.).

c) Über die DTV-Kollisionsklausel: oben Anm. 8.

Anm. 24 5. Auch bei der Güterversicherung kommen Haftpflichtversicherungen vor (vgl. Gierke Transportversicherung 496, HGZ 1904. 169, RG HGZ 1905. 81), z. B. die Versicherung der Haftpflicht des Verfrachters, Frachtführers, Spediteurs für das Fracht- oder Speditionsgut (vgl. Günther AnnVers. 1914. 101, 113). Aber auch in diesen Fällen werden im allgemeinen nicht haftpflichtversicherungsrechtliche, sondern lediglich transportversicherungsrechtliche Grundsätze anzuwenden sein.

6. § 78 ist auf **andere Versicherungen, die sich auf das Schiff beziehen,** sinngemäß anzuwenden (§ 79). Insbesondere: **§ 78** Anm. 25

a) Mehrwert-Versicherung. Wenn die um 80000 untersetzte Kaskotaxe 150000, der wirkliche Versicherungswert also 230000 und die Fracht 100000 beträgt, vom Kasko noch 200000 und von der Fracht noch 50000 übrig sind und der indirekte Kollisionsschaden 220000 beträgt, würde der Gesamtschaden von 30000 + 50000 + 220000 = 300000 zu verteilen sein auf

das Schiff:	direkter Kollisionsschaden	30000	
	indirekter Kollisionsschaden (im Verhältnis von 200000 zu 250000)	176000	
	Zusammen		206000
die Fracht:	direkter Kollisionsschaden	50000	
	indirekter Kollisionsschaden (im Verhältnis von 50000 zu 250000)	44000	
	Zusammen		94000
	Gesamtschaden		300000

Da die Kaskotaxe nur 150000 beträgt, ersetzen:

der Kaskoversicherer	150000
der Mehrwert-Versicherer	56000
Zusammen	206000

Würde die Kollisions-pro-rata-Klausel (oben Anm. 22) vereinbart sein, so würde der Kaskoversicherer statt 150000 nur $^{15}/_{23}$ hiervon, also nur 134348 zu ersetzen haben, der Mehrwert-Versicherer den Unterschied zwischen 150000 und 134348 = 15652 nur dann, wenn es besonders vereinbart wäre. Denn der Versicherer des Unterschiedes zwischen der untersetzten Taxe und dem wirklichen Versicherungswert braucht nicht damit zu rechnen, daß die Kaskopolice die Kollisions-pro-rata-Klausel enthält.

b) Frachtversicherung. Dem Gegensegler haftet die Bruttofracht der Kollisionsreise (HGB §§ 754, 756). Diese Reise beginnt, wenn das Schiff neu ausgerüstet wird, oder wenn es einen neuen Frachtvertrag auszuführen beginnt, oder wenn es nach vollständiger Löschung der Ladung abfährt (HGB § 757). Sie endigt, wenn eine neue Reise beginnt (Prot. 2923). Dem Gegensegler haftet die ganze Bruttofracht dieser Reise. Auch die Fracht für Güter, die zur Zeit der Kollision noch nicht oder nicht mehr an Bord waren (RG 38. 63, HGZ 1897. 230; siehe Argyriadis 75, 159: Befindet sich das Schiff auf einer Zureise leer oder in Ballast, so haften Reeder oder Ausrüster mit der Fracht der kommenden Frachtreise, wenn ein Frachtvertrag bereits abgeschlossen war, auch für Unfälle, die sich während der Zureise ereignen und eine Haftung des Reeders auslösen, weil auch die Zureise zur Seereise im Sinne der §§ 756f. HGB gehört; vgl. Schaps-Abraham II 1293 Anm. 3 zu § 757 HGB, Wüstendörfer SHR 127; a. A. Möller ITVMitt 1937. 85). Der Kollisionsschaden ist auf das Schiff und die ganze Bruttofracht der Kollisionsreise zu verteilen (oben Anm. 20). Der Frachtversicherer haftet für den auf ihn entfallenden Anteil. Aber natürlich nur für die versicherte Fracht und nur, wenn die Kollision, der dem Versicherer zur Last fallende Unfall, der Versicherungsfall in diesem Sinne, sich während der Dauer der Versicherung zugetragen hat. Wenn die Reise von Hamburg über Malta nach Braila geht, die Kollision zwischen Malta und Braila stattfindet und die gesamte Stückgüter-Fracht Hamburg-Braila versichert ist, haftet der Frachtversicherer auch für den Frachtanteil, der auf die in Malta gelöschten Güter entfällt (RG 38. 65, HGZ 1897. 230). Ist nur die Anm. 26

§ 78 Fracht Hamburg-Malta versichert, so haftet (zwar der Reeder dem Gegensegler mit der Fracht, aber) der Frachtversicherer nicht (RG 38. 65). Ist zwar die Gesamtfracht Hamburg-Braila versichert, aber die Fracht Hamburg-Malta besonders taxiert, so würde nach § 7 Abs. 1 diese Teilfracht als besonders versichert gelten, der Frachtversicherer also nicht haften (RG 38. 65). Er haftet gleichwohl. Denn die Fracht gilt nach § 7 Abs. 1 nur „zugunsten des Versicherungsnehmers" als besonders versichert; der Frachtversicherte kann also auch die Fracht Hamburg-Malta als Teil der Gesamtfracht behandeln. Dagegen würde der Versicherungsnehmer wohl nicht einwenden können, daß die Taxe der Fracht nach § 107 Abs. 3 überhaupt nicht als Taxe, sondern nur als Versicherungssumme gelte und § 7 deshalb überhaupt nicht anwendbar sei. Denn es ist die Verkehrsauffassung, die besonders taxierte Gegenstände als besonders versichert betrachtet (§ 7 Anm. 3), und die Verkehrsauffassung hält sich dabei nur an die Tatsache der besonderen Taxierung, nicht an die rechtliche Bedeutung der Taxe. — Ist nur die Nettofracht versichert, so haftet der Frachtversicherer für den auf die Fracht entfallenden Teil des Kollisionsschadens nur im Verhältnis der Bruttofracht zur Nettofracht (§ 8; RG 38. 63). — Über vorausbezahlte Fracht: oben Anm. 19. — Ist nur der Frachtüberschuß, der Überschuß der Konnossementsfracht über die Charterfracht, versichert, so haftet der Versicherer nicht. Denn dem Gegensegler haftet nur die Charterfracht, nicht die Konnossementsfracht (oben Anm. 21).

Anm. 27 c) Schiffsgelder-Versicherung. Der Versicherer von Bodmerei- oder Havereigeldern, für die Schiff und Fracht haften, steht für den Schaden ein, der dadurch entsteht, daß Schiff und Fracht durch den Versicherungsfall mit einer Kollisionsschuld belastet werden und infolgedessen zur Deckung der Gelder nicht ausreichen (§§ 79, 78, 110 Abs. 2; grundsätzlich natürlich ähnlich, wenn auch die Ladung verbodmet ist). — Wenn nur das Schiff im Werte von 150000 für 140000 verbodmet ist, die Fracht 100000 und die Kollisionsschuld 200000 betragen und Schiff und Fracht unversehrt sind, tragen zur Kollisionsschuld bei:

das Schiff im Verhältnis von 150000 zu 250000, also 120000,
die Fracht im Verhältnis von 150000 zu 250000, also 80000.

Zur Deckung der Bodmereischuld stehen daher noch 150000 — 120000 = 30000 zur Verfügung. Der Versicherer der Bodmereigelder hat also 140000 — 30000 = 110000 zu zahlen (natürlich unbeschadet der solidarischen Haftung von Schiff und Fracht für die Kollisionsschuld und der sich hieraus etwa ergebenden Beeinträchtigung der Deckung für die Bodmereischuld).

Anm. 28 7. § 78 gilt sinngemäß auch für die **Rückversicherung** (§ 79, § 1 Anm. 136). Aber die Rückversicherung ist auch ihrerseits Haftpflichtversicherung (§ 1 Anm. 145). Die sinngemäße Anwendung des § 78 ergibt also, daß der Rückversicherer für den Schaden haftet, den der Vorversicherer dadurch erleidet, daß er für den Schaden haftet, den der Vorversicherte im Falle des Zusammenstoßes von Schiffen dadurch erleidet, daß er den einem Dritten entstandenen Schaden zu ersetzen hat.

Anm. 29 8. **Fremde Rechte.** Dem deutschen Rechte ist die Haftung des Versicherers für indirekten Kollisionsschaden seit langem geläufig (vgl. z. B. AHO 1731 VIII). Nicht so den meisten ausländischen Rechten.

a) Englisches Recht. Die englischen Seeversicherer haben sich nur zögernd zur Übernahme der Haftung für indirekten Kollisionsschaden herbeigelassen. Man besorgte (wie überall) von der Deckung des indirekten Kollisionsschadens die Zunahme von Nachlässigkeiten (Arnould 739 s. 783). In dem viel berufenen Falle de Vaux v. Salvador (1836) wurde zunächst der Grund für eine Rechtsprechung gelegt, an der man bis heute festgehalten, insbesondere auch der MIA nicht gerüttelt hat. Die Haftung des Versicherers für indirekten Kollisionsschaden wurde abgelehnt, und zwar mit der für die englische Auffassung bezeichnenden Begründung: Die Kollisionsschuld sei weder a necessary nor a proximate effect of the perils of the sea, but growing out of an arbitrary provision of the law of nations (bei Arnould 732 s. 776; über die Beschränkung der Haftung des englischen Versicherers auf Schadensfolgen von perils of the sea: § 28 Anm. 43; anders übrigens die nordamerikanische Rechtsprechung: Arnould a. a. O.). Der MIA beschränkt sich auf die Vorschrift, daß insbesondere there is a marine adventure (und may be the subject of a contract of marine insurance) where... any liability to a third party may be incurred by the owner of, or other person interested in or responsible for, insurable property, by reason of maritime perils (§ 3 Abs. 2c), und auf die Vorschrift des § 74: Where the assured has effected an insurance in express terms against any liability to a third party, the measure of indemnity, subject to any express provision in the policy, is the amount paid or payable by him to such third party in respect of such liability (vgl. auch MShA 1894 § 506: Solche Versicherung shall not be invalid by reason of the nature of the risk). Dem mit der Zunahme der Schiffsgrößen zunehmenden Bedürfnis nach Versicherungsschutz suchten collision clauses und running-down clauses abzuhelfen. Vgl. Arnould 733ff. s. 777ff., auch Enge VersR 1965. 313. Die running-down-clause bezieht sich nur auf den Zusammenstoß von Schiffen, schließt also Fernschädigungen und Kollisionen mit anderen schwimmenden oder festen Gegenständen aus, auch Schäden von Gütern auf Land oder auf anderen festen Gegenständen. Im Falle der Kollision zweier Schiffe desselben Reeders hat man den Versicherungsschutz versagt, because the common owner could not sue himself (Arnould 737 s. 781), und dagegen die sistership clause eingeführt: Should the Vessel hereby insured come into collision with... another Vessel belonging wholly or in part to the same owners, or under the same management, the Assured shall have the same rights under this policy as they would have were the other Vessel entirely the property of owners not interested in the Vessel hereby insured; but in such cases the liability for the collision...shall be referred to a sole arbitrator to be agreed upon between the Underwriters and the Assured. § 78

b) Französisches Recht. Nach Art. 350 C. de comm. sont aux risques des assureurs, toutes pertes et dommages qui arrivent aux objets assurés, par abordage fortuit... Im Anschluß hieran hat auch die französische Rechtsprechung zunächst jede Haftung des Versicherers für indirekten Kollisionsschaden abgelehnt (näheres: Droz 1. 221, 287, Ripert 2636; siehe auch Argyriadis 115). Dann wurde zweifelhaft, ob der Versicherer haftete, wenn er die Haftung für Verschulden des Kapitäns übernommen hatte. Der Kassationshof war dafür, die Rechtslehre überwiegend dagegen (Ripert a. a. O. und dort Angef.). Vgl. jetzt Art. 2 Abs. 1 der französischen Kaskopolice: Sont à la charge des assureurs...les risques de recours de tiers... exercés contre le navire assuré pour abordage de celui-ci avec un autre navire ou heurt du navire contre des bâtiments flottants, digues, quais, estacades ou autre corps fixes, mobiles ou flottants. Siehe Ripert Nr. 1231f. Der Reeder hat auch die Möglichkeit, eine gesonderte Haftpflichtversicherung für weitere, durch Art. 2 gar nicht oder nicht voll gedeckte Haftpflichtschäden zu nehmen (Zusatzklauseln XII—XV; siehe Argyriadis 116). Anm. 30

§ 79

Sonstige auf das Schiff sich beziehende Versicherungen

Die Bestimmungen dieses Titels finden, soweit nicht ein anderes bestimmt ist, im Falle einer anderen auf das Schiff sich beziehenden Versicherung entsprechende Anwendung.

Anm. 1 1. Vgl. HGB § 821 Nr. 2, 3, § 850, ASVB § 70 Nr. 2, 3, § 102.

Anm. 2 2. Gesetz und ADS unterscheiden versicherte Sachen und Sachen, auf die eine Versicherung sich bezieht, Versicherungen einer Sache und Versicherungen, die sich auf eine Sache beziehen (vgl. insbesondere HGB §§ 779, 816, 817, 819, 821, 823—825, 831, 849, 850, 884, 899, 900, ADS §§ 1, 33, 34, 35, 37, 38, 49, 50, 113, 114, 120, 121, 123). Es wäre ein unbegreiflicher gesetzestechnischer Fehler, wenn das Gesetz sich zur Bezeichnung eines und desselben Begriffs verschiedener, verschiedener Auslegung fähiger und sogar zu verschiedener Wortauslegung nötigender Ausdrücke bedient hätte (was Sieveking 105 annimmt; näheres hierüber: § 33 Anm. 32, § 59 Anm. 19, aber auch unten Anm. 4). Im allgemeinen muß angenommen werden, daß Wort und Wille des Gesetzes sich decken, daß deutlich Unterschiedenes auch deutlich unterschieden werden soll. Jedenfalls kann dies für die ADS nicht zweifelhaft sein. Insbesondere lassen die §§ 79, 99 keinen Zweifel, daß zwischen der Versicherung des Schiffes oder der Güter und der Versicherung, die sich auf Schiff oder Güter bezieht, unterschieden werden muß.

Anm. 3 a) Die beiden Begriffe sind jedoch nicht in dem Sinne verschieden, daß sie einander ausschlössen. Sie sind nicht koordiniert. Der eine ist im anderen enthalten. Die Versicherung der Sache ist die Versicherung des Eigentümerinteresses oder doch des gewöhnlichen Eigentümerinteresses (§ 1 Anm. 9, 34). Sie ist aber auch eine, und zwar die vornehmste, der Versicherungen, die sich auf die Sache beziehen können. Neben ihr stehen die „anderen" Versicherungen, die sich auf die Sache beziehen. So richtig HGZ 1888. 255 und offenbar auch RG HGZ 1889. 247. Versicherungen, die sich auf das Schiff beziehen, sind alle Versicherungen geldwerter Interessen am Schiffe, geldwerter Beziehungen zum Schiffe (§ 1 Anm. 8).

Anm. 4 b) Gesetz und ADS haben nicht für die Versicherung aller möglichen Interessen Bestimmungen treffen können, die den Eigentümlichkeiten dieser Interessen gerecht werden. Sie haben sich darauf beschränken müssen, für die hauptsächlich vorkommenden Versicherungsarten Bestimmungen zu treffen, in erster Linie für die Kasko- und die Güterversicherung, in zweiter Linie für einige andere häufiger vorkommende Interessen (Fracht-, Schiffsmiete-, Überfahrtsgelder-, Gewinn-, Provisions-, Bodmereigelder- usw. Versicherung). Die daraus sich ergebenden Lücken müssen, soweit möglich, im Wege der Analogie gefüllt werden, und zur analogen Anwendung bieten sich von selbst die Bestimmungen dar, die den Grundstock des Seeversicherungs-Rechts bilden, die Bestimmungen über Kasko- und Güterversicherung. Deshalb meinte schon Voigt 591 für die Versicherung „Für behaltene Ankunft", die ja die mannigfaltigsten Interessen zu decken fähig und bestimmt ist, daß sie, „je nachdem sie auf das Eintreffen des Schiffes oder der Güter gerichtet worden sei, unter den besonderen resp. die Kasko- oder die Güterversicherung betreffenden Vorschriften stehe" (dagegen mit Unrecht Sieveking 145; vgl. auch § 819 HGB, der den „Versicherten verpflichtet, für die Rettung der versicherten Sachen zu sorgen", aber natürlich nicht nur für den Fall der Versicherung des Eigentümerinteresses gilt). Eben deshalb ordnen die §§ 79, 99 an, daß **die Bestimmungen über die Kasko-** oder die Güter**versicherung in den**

Fällen anderer Versicherungen, die sich auf das Schiff oder die Güter beziehen **entsprechende** (sinngemäße, analoge) **Anwendung** finden sollen, **soweit nicht** für diese anderen Versicherungen in den §§ 100ff. **ein anderes bestimmt** ist. **§ 79**

3. Insbesondere (vgl. auch Anm. zu §§ 58—78): Anm. 5

a) Versicherung von Mehrwert. Sei es die Versicherung des nach Abschluß des Versicherungsvertrags oder nach Beginn der Versicherung durch die Konjunktur oder durch andere Umstände entstandenen Mehrwerts. Sei es die Versicherung des Unterschiedes zwischen der untersetzten Taxe und dem wirklichen Versicherungswert. Vgl. hierüber § 70 Anm. 12. — Die Mehrwert-Versicherung ist keine Versicherung des Schiffes, keine Kaskoversicherung. Wenigstens gilt sie nicht als solche. Freilich ist auch sie die Versicherung eines Eigentümerinteresses. Aber sie ist nicht die typische Versicherung des Eigentümerinteresses. Gesetz und ADS betrachten und behandeln das Eigentümerinteresse am Schiffe als ganz versichert, wenn der nach § 70 Abs. 1 zu bestimmende oder der taxierte Versicherungswert voll versichert ist. Nur in diesem Falle ist die Versicherung eine Versicherung des Schiffes, eine Kaskoversicherung. Alles andere sind andere sich auf das Schiff beziehende Versicherungen. — Auf die Mehrwert-Versicherung finden die für die Kaskoversicherung geltenden Bestimmungen entsprechende Anwendung, insbesondere nur insoweit Anwendung, als sich nicht aus der Natur dieser Versicherung als der Versicherung eines bloßen Nebeninteresses Abweichungen ergeben. Näheres: Anm. zu §§ 58—78.

b) Versicherung von Fracht (§ 1 Anm. 66). Sie ist eine (nicht nur auf die Güter, sondern auch) auf das Schiff sich beziehende Versicherung (so auch Argyriadis 142, Bene 33, Mohr 20, 35, 41, Schlegelberger SVR Bem. III 5a zu § 1 ADS und Bem. zu § 79 ADS). In erster Linie sind die §§ 105—107, in zweiter Linie die für die Kaskoversicherung geltenden Bestimmungen anzuwenden. Näheres: § 105 Anm. und Anm. zu §§ 58—78. Vgl. auch HansOLG HansRGZ 1932 B 99 = JRPV 1932. 28 = Sasse Nr. 421. Anm. 6

Dasselbe gilt von der

c) Versicherung der Fracht, die der Verfrachter endgültig erhalten hat (§ 1 Anm. 78), und von der Anm. 7

d) Versicherung der vom Unterverfrachter dem Oberverfrachter endgültig bezahlten Fracht (§ 1 Anm. 82). Anm. 8

e) Versicherung von Überfahrtsgeldern (§ 1 Anm. 98). Sie ist eine Versicherung, die sich auf das Schiff und auf Personen bezieht. Näheres über die sich hieraus ergebenden Eigentümlichkeiten: § 1 Anm. 101, § 109 Anm. Anm. 9

f) Versicherung von Schiffsmiete (§ 1 Anm. 93). Sie bezieht sich nur auf das Schiff, nicht auch auf die Güter. Der Vermieter hat an der Erhaltung der Güter kein Interesse. Der Mieter, der das Schiff zur Beförderung von Gütern verwenden will, hat den Mietzins auch dann zu entrichten, wenn die Güter verlorengehen und er infolgedessen das Schiff nicht verwenden kann (vgl. BGB § 552). — In erster Linie ist § 108, in zweiter Linie sind die für die Kaskoversicherung geltenden Bestimmungen anzuwenden. Anm. 10

g) Versicherung von Forderungen gegen Schiffsgefahren, insbesondere von sog. Bodmereigeldern (§ 1 Anm. 106). Soweit nicht die §§ 110—112 besonderes bestimmen, sind die §§ 58—78 entsprechend anzuwenden. Insbesondere die Bestimmungen über die Entschädigungsweise in den Fällen des Totalverlustes, der Verschollenheit, der Reparaturunfähigkeit usw. (§ 110 Anm.). Gerade mit Rücksicht auf §§ 79, 99 ist § 109 Abs. 2 Satz 2 E 1910, der die für die Kaskoversicherung geltenden Vorschriften über die Folgen der Verschollenheit usw. für anwendbar erklärte, gestrichen worden. — Anm. 11

§ 79 Mit Rücksicht auf die §§ 79, 99 ist auch § 111 Satz 2 E 1910 gestrichen worden, der die Versicherung „gemäß den Bestimmungen, die für die Versicherung des zur Deckung dienenden Gegenstandes gelten", endigen ließ. — Soweit Fracht die Forderung deckt, sind die Bestimmungen über die Frachtversicherung nicht entsprechend anzuwenden. Die Bestimmungen über die Kasko- und die Güterversicherung genügen. Ist z. B. Fracht für Decksgüter verlorengegangen, so haftet der Versicherer regelmäßig, weil der versicherte Bodmereigläubiger usw. nicht zugestimmt haben wird; er kann aber Zuschlagsprämie verlangen (§§ 85, 99). — Näheres: Anm. zu §§ 110—112.

Anm. 12 h) Versicherung von Havereigeldern. Über den Begriff der Havereigelder: § 1 Anm. 109. — Handelt es sich um die Versicherung einer Havereigelder-Forderung, so gilt dasselbe, wie für die Versicherung von Forderungen gegen Schiffsgefahren überhaupt (oben Anm. 11). Soweit insbesondere auch die Fracht als Deckung für die Forderung dient, die Havereigelder sich also nicht nur auf das Schiff, sondern auch auf die Fracht beziehen, finden doch nur die Bestimmungen über die Kaskoversicherung, nicht auch die Bestimmungen über die Frachtversicherung entsprechende Anwendung (oben Anm. 11). — Hat der Reeder sein Drittel (§ 75 Abs. 3 Nr. 1) als Havereigelder versichert, so gilt dasselbe wie im Falle einer gewöhnlichen Mehrwert-Versicherung. Hat er die Kosten für eine neue Ausrüstung als Havereigelder versichert, so gilt dasselbe, wie wenn er unter gewöhnlichen Umständen Ausrüstungskosten versichert hätte (§ 1 Anm. 113). Die Bestimmungen der §§ 110—112 sind nur insoweit anwendbar, als sie sich nicht auf Forderungen beziehen. Doch wird § 110 Abs. 1 entsprechend anzuwenden, dem Versicherungswert also Zins hinzuzurechnen sein. — Hat der Reeder die dem Kaskoversicherer zur Last fallenden Ausbesserungskosten für Rechnung des Versicherers als Havereigelder versichert, so gelten Rückversicherungs-Grundsätze (§ 1 Anm. 115). Die Bestimmungen der §§ 110—112 sind wieder nur beschränkt anwendbar. Nach § 68 ASVB war der Versicherungsnehmer zur Versicherung dieser Havereigelder verpflichtet. § 68 ASVB erteilte ihm also den „Auftrag" zur Versicherung für Rechnung des Kaskoversicherers; ohne solchen Auftrag wäre die Versicherung für fremde Rechnung ja gemäß § 5 ASVB unverbindlich gewesen. Der Auftrag ist nach den ADS nicht mehr Voraussetzung für die Verbindlichkeit der Versicherung für fremde Rechnung (§ 57 Anm. 10). Aber er ist doch auch jetzt noch von Bedeutung (§ 57 Abs. 4). Deshalb muß der Versicherungsnehmer den Mangel des Auftrags anzeigen, wenn er ohne Auftrag die Havereigelder, die dem Kaskoversicherer zur Last fallen, versichern will. — Die Haftung über die Versicherungssumme hinaus, die nach Aufwendung von Schadenabwendungs-Kosten (§ 37 Abs. 2) oder nach einer Ausbesserung (§ 37 Abs. 3) droht, ist dem Assekuradeur zuwider. Denn sie gefährdet die Rechnungsgrundlagen des Versicherungsgeschäfts. Der Kaskoversicherer deckt sich deshalb dagegen gern. § 68 ASVB entsprach deshalb einem Verkehrsbedürfnis. Schon Plan 1800 Nr. 11 verpflichtete den Versicherten, den „Assekuradeur zu fragen, ob er den Belauf der Havereigelder übernehmen wolle, oder ob sie besonders versichert werden sollen" (vgl. dazu Benecke 3. 47). Es war daher vielleicht nicht richtig, die Bestimmung des § 68 ASVB ganz aufzugeben. Im Falle der Aufwendung von Havereigeldern für Ausbesserungen ist das Bedürfnis für eine Rückdeckung durch den Versicherungsnehmer heute wohl nicht mehr so groß wie früher. Freilich pflegen bei der Kaskoversicherung viele Versicherer beteiligt zu sein. Aber sie können bei den heutigen Verkehrsverhältnissen und durch Vermittlung ihrer Organisationen oder durch Bestellung eines zweckmäßig ermächtigten „Führers" meist rechtzeitig selbst für Rückdeckung sorgen. In anderen Fällen kann aber eine gewisse Notlage entstehen. Das auf 1¼ Millionen $ taxierte, bei 20 Versicherern an verschiedenen Orten versicherte, mit 10 Millionen $ Baumwolle und 1000 Tons Stückgut von unbekanntem Werte beladene Schiff strandet auf der versicherten Reise New-York-Hamburg bei Terschelling (Beispielfall aus einem Vortrag Knittel's im Hamb. Verein für VersWiss.). Es wird alsbald abgebracht. Die Berger verlangen den angemessenen Hilfslohn von 300000 hfl. und vor Freigabe Zahlung oder (was der Zahlung wirtschaftlich gleichkommt) Garantie. Der Reeder leistet die Garantie. Das Schiff fährt nach Hamburg weiter und geht vor Ankunft in Hamburg unter. Die 300000 hfl. sind unversichert. Der Reeder hatte keinen Anlaß, die Versicherer hatten keine Zeit, sie zu versichern. Solche Fälle sind indessen nicht gerade häufig. Sie rechtfertigen doch wohl nicht, daß dem Versicherer das Heft ganz aus der Hand genommen wird. Sie geben aber noch zu anderen Bedenken Anlaß. Die Kaskotaxe ist untersetzt, die Baumwolle durch die Strandung beschädigt, der Wert der Stückgüter ganz unbekannt, eine Havariegrosse-Dispache, da alles total verloren ist, nicht aufzumachen. Der Hilfslohn muß gleichwohl über Schiffs-, Fracht- und Güterversicherer verteilt werden. Allerdings sind Havariegrosse-Kosten keine Schadenabwendungs-Kosten, sondern Kosten, die dem Versicherer nur im Havariegrosse-Beitrag zur Last fallen (§ 29 Anm. 4, 9, 39, § 32 Anm. 17). Wäre das Schiff nicht untergegangen, so hätten die Versicherer nur Havariegrosse-Beiträge zu ersetzen gehabt. Hätte der Reeder für das untergegangene Schiff nicht den Hilfslohn zahlen müssen, so hätten die Versicherer nur die Versicherungssummen zu zahlen gehabt. Aber der Reeder mußte eben zahlen. Sonst wäre das Schiff usw. wegen des Hilfslohnanspruchs arrestiert und verkauft worden, der Verkauf und Verlust aber nach § 36 zu Lasten der Versicherer gewesen. Die Zahlung war also Mittel zur Abwendung des Schadens von Schiff, Fracht und Ladung; die Ladung insbesondere war nach den Grundsätzen über auftraglose Geschäftsführung ersatzpflichtig und hat also insoweit gleichfalls „aufgewendet". Der Hilfslohn muß über Schiff, Fracht und Ladung verteilt werden. Da von ihnen nichts mehr da ist, ist es nicht leicht. Aber solche Schwierigkeiten müssen überwunden werden. Sie wären dem Grunde nach ebenso entstanden, wenn die Havereigelder versichert worden wären. Die Versicherung hätte vielleicht 10000 hfl. gekostet. Die Versicherungskosten hätten ebenso über Kasko-, Fracht und Güterversicherer verteilt werden müssen, wie nunmehr die 300000 hfl. § 79

i) Versicherung der im Falle der Ankunft des Schiffes am Bestimmungsort (oder in einem Zwischenhafen) zu verdienenden Provision (§ 1 Anm. 61). Die für die Kaskoversicherung geltenden Bestimmungen sind anzuwenden, soweit sich nicht daraus, daß der Versicherungsnehmer nicht über das Schiff verfügen kann, Abweichungen ergeben. Anm. 13

k) Versicherung des von der Ankunft des Schiffes am Bestimmungsort erwarteten Gewinns (§ 1 Anm. 54). Die für die Kaskoversicherung geltenden Bestimmungen finden Anwendung, soweit sich nicht aus der Natur dieser Versicherung als der Versicherung eines bloßen Nebeninteresses Abweichungen ergeben. Anm. 14

l) Rückversicherung. Auch sie ist eine „auf das Schiff sich beziehende Versicherung". Näheres: § 1 Anm. 136 und Anm. zu den §§ 58—78. Anm. 15

4. **Fremde Rechte.** Ausdrückliche Bestimmungen gleich denjenigen der §§ 79, 99 fehlen. MIA bestimmt nur: Anm. 16

a) Über den Versicherungswert: In insurance on any other subject-matter (außer auf Schiff, Fracht und Güter), the insurable value is the amount at the risk of the assured when the policy attaches, plus the charges of insurance (§ 16 Nr. 4).

b) Über die Entschädigung: Where there has been a loss in respect of any subject-matter not expressly provided for in the foregoing provisions of this Act, the measure of indemnity shall be ascertained, as nearly as may be, in accordance with those provisions, in so far as applicable to the particular case (§ 75 Abs. 1). Anm. 17

Zweiter Titel

Güterversicherung

Vorbemerkung. Güterversicherung (früher auch Kargoversicherung genannt, insurance on goods, assurance sur facultés oder, neuerdings, auch sur marchandises) ist die Versicherung der Güter, d. h. des Eigentümerinteresses an den Gütern (§ 1 Anm. 9, 34). Nicht auch die Versicherung sonstiger Interessen, die sich auf die Güter beziehen. § 99 wird daher durch die Überschrift des Titels nicht gedeckt. — Über den Begriff der Güter: § 1 Anm. 38.

Der Kaskoversicherte steht für die Seetüchtigkeit des Schiffes ein (§ 58). Der Güterversicherte steht nicht für die Seetüchtigkeit der Güter ein (RG 7. 5, RG HGZ 1900. 104, HG Hamburg HGZ 1869. 200, 1874. 218, Seebohm 304). In a policy on goods or other moveables there is no implied warranty that the goods or moveables are seaworthy (MIA § 40 Abs. 1). Das (unvollkommene) Gegenstück zum Ausschluß der Haftung des Kaskoversicherers für den durch Seeuntüchtigkeit des Schiffes entstehenden Schaden bildet der Ausschluß der Haftung des Güterversicherers für den durch die natürliche Beschaffenheit der Güter entstehenden Schaden (§ 86).

Der Güterversicherte steht auch nicht für die Seetüchtigkeit des Schiffes ein. Weder für die Seetüchtigkeit des Schiffes im Sinne des § 58, noch für die Fähigkeit, die Eignung des Schiffes, gerade die versicherten Güter wohlbehalten an den Bestimmungsort zu bringen (§ 58 Anm. 39; HG u. OG Hamburg HGZ 1869. 200). Aber der Versicherer ist gemäß §§ 19, 20 frei, wenn der Versicherungsnehmer den Mangel, mag dieser auf der Eigenschaft des Schiffes im allgemeinen oder in Verbindung mit der Art der versicherten Güter oder auf den Eigenschaften der Beiladung beruhen, bei der Schließung des Versicherungsvertrags kannte oder ohne grobe Fahrlässigkeit gekannt haben würde und ihn nicht angezeigt hat (RG 7. 4). Der Versicherer ist gemäß §§ 23, 24 frei, wenn der Versicherungsnehmer zwar bei der Schließung des Vertrags den Mangel nicht kannte und nicht zu kennen brauchte, wohl aber nach Abschluß des Vertrags gestattet, daß die Güter der durch den Mangel begründeten erhöhten Gefahr ausgesetzt werden. Der Versicherer haftet gemäß § 33 nicht für den durch den Mangel verursachten Schaden, wenn das vorsätzliche oder fahrlässige Verhalten des Versicherungsnehmers die adäquate oder, bei mehreren adäquaten Ursachen, die nächste Ursache des Schadens ist (woran RG 7. 6, RG HGZ 1900. 104, HG u. OG Hamburg HGZ 1869. 200, 1874. 218, Seebohm 304, LG Hamburg HGZ 1869. 300 allein denken; vgl. auch § 33 Anm. 6). Aber selbstverständlich „involviert die Tatsache, daß das Schiff seiner Beschaffenheit nach ungeeignet war, mit der Ladung Wasser zu halten, nicht notwendig ein Verschulden" des Versicherungsnehmers (RG HGZ 1900. 104). — Alles dies gilt auch für die Versicherung von Reedersgütern. § 58 bleibt auf die Kaskoversicherung und auf andere auf das Schiff sich beziehende Versicherungen beschränkt (Prot. 4336, RG 7. 6, RG HGZ 1900. 104, HG u. OG Hamburg HGZ 1874. 218; abw. HGZ 1899. 247). Vgl. auch HG Hamburg HH 306: Wenn Kapitänseffekten versichert seien, sei der Versicherer frei, wenn der Kapitän schuldhaft mit dem seeuntüchtigen Schiffe in See gegangen sei (bedenklich: Der Kapitän, der Entschädigung verlange, müsse beweisen, daß das Schiff seetüchtig in See gegangen sei). — Anders das englische Recht. In a voyage policy on goods or other moveables there is an implied warranty that at the commencement of the voyage the ship is not only seaworthy as a ship, but also that she is reasonably fit to carry the goods or other moveables to the destination contemplated by the policy (MIA § 40 Abs. 2). Das Schiff muß also insbesondere cargo-worthy sein, geeignet, gerade die versicherten Güter zu befördern. Ist das versicherte Opium durch Seewasser beschädigt, das infolge der seeuntüchtigen Beschaffenheit des Schiffsbodens eingedrungen ist, so haftet der Versicherer nicht (engl. Entscheid. ITVMitt 1912. 73). Darin liegt eine starke Beschränkung der Haftung des Güterversicherers. In der Regel wendet jedoch der Güterversicherer Seeuntüchtigkeit nicht ein, zahlt vielmehr und macht den auf ihn übergegangenen Ersatzanspruch des Versicherungsnehmers gegen den Verfrachter geltend (Arnould 661 s. 699). Und nach den ICC the seaworthiness of the vessel as between the Assured and the Assurers is hereby admitted. — Das französische Recht und die französische Police stehen im wesentlichen auf dem Boden des deutschen Rechtes. Der Versicherer ist frei, wenn den Versicherungsnehmer ein Verschulden trifft. — Abweichende Vereinbarungen kommen in Deutschland selten vor. Vgl. den Fall HGZ 1870. 14: Gewehre, die in einem unbenannten Fahrzeug befördert werden sollten, wurden versichert „unter der ausdrücklichen Bedingung, daß der Transport durch ein taugliches Fahrzeug geschieht": OG Hamburg und OAG Lübeck entschieden nach warranty-Grundsätzen. **Vor § 80**

§ 80

Gegenstand der Versicherung

Ist die Versicherung auf Güter aller Art genommen, so bezieht sie sich nicht auf:

1. Gold, Silber, Platina, Geld, Wertpapiere, Münzen, Edelsteine, Gegenstände aus Edelmetall, echte Perlen, echte Spitzen, Werke der bildenden Künste;
2. explosionsgefährliche und selbstentzündliche Gegenstände (Sprengstoffe, Munition, Zündwaren und Feuerwerkskörper, verdichtete und verflüssigte Gase, die in Berührung mit Wasser entzündliche oder die Verbrennung unterstützende Gase entwickeln) sowie Petroleum, Naphtha, Benzin und ungelöschten Kalk;
3. Güter der im § 60 Abs. 2 bezeichneten Art, wenn das Schiff damit zu mehr als einem Drittel seiner Tragfähigkeit beladen ist. Diese Bestimmung findet jedoch keine Anwendung, wenn der Versicherungsnehmer der Beladung nicht zugestimmt hat; dem Versicherer gebührt in diesem Falle eine Zuschlagsprämie.

1. Vgl. ASVB § 48, BSVB §§ 25, 26. — **Literatur**: Berckum ZfVW 1907. 467 (Valorenversicherung). Günther Masius Rundschau 1920. 393, 401, 417, 425 (Umzugsgut). Prange JRPV 1938. 19 (Die Versicherung von Gegenständen der bildenden Kunst in der Transportversicherung). Anm. 1

2. Die **Versicherung kann auf Güter aller Art** genommen sein oder auf Güter bestimmter Arten (insbesondere der Arten, die in einem der Police angehängten Prämientarif bezeichnet sind; vgl. auch HG Hamburg HGZ 1874. 266, Seebohm 419: Wollenwaren, HG Hamburg HGZ 1882. 126: Kurzwaren, HG u. OG Hamburg, OAG Lübeck HH 730: Kramwaren, HG u. OG Hamburg HGZ 1871. 38, 96: Wachs, näheres: § 1 Anm. 185). In dieser Weise wird insbesondere die laufende Versicherung genommen (§§ 97, 98). — Über den Begriff der Güter: § 1 Anm. 38. Insbesondere deckt die auf Güter aller Art genommene Versicherung auch Güter, die nicht Gegenstand des Handelsverkehrs sind (vgl. HGZ 1895. 38: Reisewagen). — Der Versicherungs- Anm. 2

§ 80 nehmer braucht dem Versicherer im allgemeinen nicht mitzuteilen, für welche Güter die Versicherung begonnen hat oder beginnen soll. Anders natürlich, wenn sich nach der Art der Güter die Höhe der Prämie richtet, oder wenn sonst noch Angaben (über Menge oder Wert der Güter oder über das Schiff, mit dem sie befördert werden) nötig und deshalb vorbehalten sind (§ 95 Anm. 6, § 97 Anm.). Anders auch im Falle der laufenden Versicherung (§ 97 Abs. 6).

Anm. 3 3. Gewisse Güter sind, sei es wegen ihrer wirtschaftlichen Bedeutung, sei es wegen ihrer natürlichen Eigenschaften, den Beförderungsgefahren mehr ausgesetzt als andere. Solche Güter galten und gelten in eine Versicherung von Gütern aller Art (insbesondere also in eine laufende Versicherung; vgl. aber auch § 97 Abs. 2) nicht eingeschlossen. So z. B. bestimmte schon AHO 1731 IV. 8, daß „leicht verderbliche Waaren... unter dem generalen Namen von Kaufmannschaften nicht begriffen werden mögen". Freilich wurden nach AHO 1731 IV. 9 „Gold und Silber, gemünzet oder ungemünzet, wie auch Edelgesteine und Perlen, unter der allgemeinen Bezeichnung von Kaufmannschaften mit verstanden". Doch wurde AHO 1731 IV. 8, 9 durch AllgPlan 1847 § 10 „dahin modificirt, daß unter der allgemeinen Benennung ‚Kaufmannschaften', ‚Waaren', ‚Retouren' und ‚Produkte' sämtliche Güter verstanden werden, ausgenommen: gemünztes oder ungemünztes Gold, Silber oder Platina, Contanten (worunter auch Banknoten begriffen), Papiergeld, Staatspapiere, Actien, Juwelen, Pretiosen, Kunstwerke der Sculptur oder Malerei, oder Gegenstände der Liebhaberei; sowie ferner Ladungen Knochen, Knochenschwärze, Salz, Lein- und Rappkuchen, Saat, Apfelsinen, Citronen, frisches Obst, Roheisen, Eisenbahnschienen, Kupfererz und Schießpulver". — Nach § 80 sind **ausgeschlossen:**

Anm. 4 **Nr. 1. Gold, Silber, Platina, Geld, Wertpapiere, Münzen, Edelsteine, Gegenstände aus Edelmetall, echte Perlen, echte Spitzen, Werke der bildenden Künste.** — E 1910 § 77 schloß (im Anschluß an verwandte Vorschriften des Fracht- und des Havariegrosse-Rechts: HGB §§ 429 Abs. 2, 708 Nr. 3, 723) aus: „Kostbarkeiten, Kunstgegenstände, Geld, Wertpapiere". Damit wären durch Gesetz und Rechtsprechung einigermaßen gesicherte Begriffe in das Versicherungsrecht eingeführt worden. Man hat jedoch den Standpunkt des E 1910, mit unzutreffenden Gründen, abgelehnt (Mat 1. 287) und im Anschluß an ASVB § 48 die Begriffe der Kostbarkeiten und Kunstgegenstände in einige Einzelbegriffe aufgelöst. Es handelt sich insoweit um Bestimmungen, die aus der positiven Auswahl aus mehreren Möglichkeiten hervorgegangen und deshalb analoger Ausdehnung unfähig sind (so auch Schlegelberger SVR Bem. 1 zu § 80 ADS). Kostbarste Pelze (vgl. RG 75. 191, RG HGZ 1911. 129: Zobelpelz), Seidenwaren, Chemikalien u. dergl. zählen also nicht zu den nach § 80 Nr. 1 ausgeschlossenen Gütern. — Wertpapiere sind Urkunden, in denen ein privates Vermögensrecht derart verbrieft ist, daß das Recht grundsätzlich nicht ohne die Urkunde geltend gemacht werden kann. Ob die Wertpapiere Gegenstände des Handelsverkehrs sind oder nicht, gilt gleich. — Zu den Werken der bildenden Künste gehören auch die Erzeugnisse des Kunstgewerbes und die Entwürfe für solche Erzeugnisse (KunstG vom 9. Januar 1907). Dagegen nicht die Werke der Photographie, die im Gesetz vom 9. Januar 1907, auf das § 80 Nr. 1 im Ausdruck erkennbar zurückgreift, vielmehr den Werken der bildenden Künste gegenübergestellt werden. Kostbarste Filme sind also in eine Versicherung auf Güter aller Art eingeschlossen und können insbesondere auf eine laufende Police für Güter aller Art deklariert werden (darüber, ob Filme, Positiv- und Negativfilme, zu den Kostbarkeiten oder Kunstgegenständen im Sinne des § 429 Abs. 2 HGB usw. gehören, vgl. z. B. RG 94. 119, LZ 1919. 167, 660, 725, Recht 1913 Nr. 100). — Die Mehrzahl der Güter des § 80 Nr. 1 gehört zu den sogenannten Valoren, deren Versicherung besonders und zu besonderen

Bedingungen von den zu Valoren-Versicherungsverbänden zusammengeschlossenen Assekuradeuren betrieben wird (vgl. § 1 Anm. 142, insbesondere Berckum ZfVW 1907. 467). § 80

Nr. 2. Explosionsgefährliche und selbstentzündliche Gegenstände (Sprengstoffe, Munition, Zündwaren und Feuerwerkskörper, verdichtete und verflüssigte Gase, die in Berührung mit Wasser entzündliche oder die Verbrennung unterstützende Gase entwickeln) sowie Petroleum, Naphtha, Benzin und ungelöschter Kalk. E 1910 § 77 Nr. 2 schloß alle Gegenstände aus, die nach den Verordnungen der deutschen Seeuferstaaten über die Beförderung gefährlicher Güter in Kauffahrteischiffen (vgl. § 60 Anm. 3) explosiv, ätzend oder feuergefährlich sind. Mit Recht, denn alle solche gefährlichen Güter sollten besonders versichert oder doch besonders eingeschlossen werden. Doch darf auch der Befrachter auf Grund eines Frachtvertrages über Güter aller Art dem Verfrachter nicht besonders gefährliche oder sonst lästige Güter andienen (vgl. auch § 564b HGB). Man hat sich aber auch hier, wie in Nr. 1, auf den Ausschluß einzelner bestimmter Güter beschränkt (vgl. Mat. 1. 288). Auch das Verzeichnis dieser Güter kann also nicht im Wege der Analogie ergänzt werden (vgl. HGZ 1909. 201: Im Versicherungsvertrag waren „leicht entzündliche und feuergefährliche Gegenstände" ausgeschlossen, der Versicherungsnehmer war deshalb für amorphen Phosphor, einen „feuergefährlichen" Gegenstand, nicht versichert; § 80 Nr. 1 würde versagt haben). — Andererseits sind Sprengstoffe, Munition, Zündwaren, Feuerwerkskörper und Gase nur dann ausgeschlossen, wenn sie explosionsgefährlich oder selbstentzündlich sind (z. B. nicht Sicherheitszündhölzer). Sprengstoffe sind freilich schon ihrem Begriff nach explosionsgefährlich (d. h. geeignet zu explodieren, d. h. ihr Volumen plötzlich und unbegrenzt zu vergrößern), — wie man auch immer den Begriff des Sprengstoffs bestimmen mag. Dieser Begriff des Sprengstoffs ist nicht notwendig für jedes Rechtsgebiet, für das er Bedeutung hat, derselbe. Man kann insbesondere als Sprengstoffe nur diejenigen Stoffe bezeichnen, die gewöhnlich als Sprengstoffe bezeichnet und als Sprengmittel verwendet werden, oder auch diejenigen Stoffe, die zwar gewöhnlich (insbesondere aus wirtschaftlichen Gründen) nicht als Sprengmittel verwendet werden, aber doch als Sprengmittel verwendbar sind, oder auch diejenigen Stoffe, die zwar (mangels gewisser technischer Eigenschaften) als Sprengmittel nicht verwendbar sind, aber doch im Falle der Explosion ebenso wirken, wie die üblichen Sprengmittel. Für das Gebiet des § 80 ADS wird man den Begriff des Sprengstoffs im weitesten Sinne nehmen müssen. Denn die Gründe, die den Versicherer veranlassen müssen, die Versicherung von Sprengstoffen auszuschließen, sind die gleichen, mag es sich um gewöhnliche oder ungewöhnliche oder nur sprengfähige Sprengstoffe handeln. Im Gegenteil; die nur sprengfähigen Sprengstoffe sind regelmäßig explosionsgefährlicher, weil sie regelmäßig geringere Haltbarkeit oder Widerstandskraft besitzen und ihre Verpackung, Behandlung usw. durch öffentlich-rechtliche Vorschriften nicht so gesichert zu sein pflegen, wie diejenigen der gewöhnlichen Sprengstoffe. Unter Feuerwerkskörper fallen auch die sog. pyrotechnischen Gegenstände, d. h. diejenigen, die dazu bestimmt sind, durch Ausnutzung der in ihren Sätzen enthaltenen Energie Licht-, Schall-, Rauch-, Nebel-, Gas- oder Bewegungswirkungen zu erzeugen und Vergnügungen oder technischen einschl. Signalzwecken zu dienen (vgl. Schlegelberger SVR Bem. 2 zu § 80 ADS). Siehe im übrigen insbesondere auch Anm. 3 zu § 60. Anm. 5

Nr. 3. Massengüter der im § 60 Abs. 2 bezeichneten Art (Dungstoffe, Eisen, Erde usw.), **wenn das Schiff damit zu mehr als einem Dritteil seiner Tragfähigkeit beladen ist.** Ist das Schiff bereits soweit beladen, so bezieht sich die Versicherung überhaupt nicht mehr auf solche Güter, mit denen das Schiff noch weiter Anm. 6

§ 80 beladen wird. Ist es noch nicht soweit beladen, so beginnt zwar die Versicherung gemäß § 88 Abs. 2, aber sie hört wieder auf, sich auf die Güter zu beziehen, wenn die Grenze des § 80 Nr. 3 überschritten ist (Schlegelberger SVR Bem. 4 zu § 80 ADS hält mit Recht die Bestimmung für unklar und neigt der Ansicht zu, daß, wenn die Beladung den dritten Teil der Tragfähigkeit übersteige, die ganze Ladung dieser Güter von der Versicherung ausgeschlossen sei); die Prämie ist in diesem Falle verwirkt (anal. § 4 Abs. 2). Auf andere Güter bezieht sich die Versicherung auch dann, wenn das Schiff mit Massengütern zu mehr als einem Dritteil seiner Tragfähigkeit beladen ist, — was kaum folgerichtig ist. — **Diese Bestimmung findet** jedoch **keine Anwendung, wenn der Versicherungsnehmer der Beladung nicht zugestimmt hat; doch gebührt dem Versicherer** in diesem Falle eine **Zuschlagsprämie.** Es soll also, wenn das Schiff mit Massengütern übermäßig beladen ist, so angesehen werden, wie wenn § 80 Nr. 3 (abgesehen von der Bestimmung über die Zuschlagsprämie) überhaupt nicht da wäre. Die Güter werden also von der Versicherung umfaßt. Andererseits muß der Versicherungsnehmer, wenn er weiß oder ohne grobe Fahrlässigkeit wissen muß, daß das Schiff ohne seine Zustimmung mit Massengütern übermäßig beladen ist, diesen gefahrerheblichen und als solchen durch § 80 Nr. 3 noch besonders gekennzeichneten Umstand gemäß §§ 19, 20 bei der Schließung des Vertrags anzeigen. Es ergibt sich also:

a) Wenn der Versicherungsnehmer (vor oder nach Abschluß des Versicherungsvertrags) zustimmt oder zugestimmt hat, daß das Schiff übermäßig beladen wird, werden die Güter von der Versicherung nicht umfaßt.

b) Wenn der Versicherungsnehmer bei der Schließung des Versicherungsvertrags weiß oder ohne grobe Fahrlässigkeit weiß oder wissen muß, daß das Schiff ohne seine Zustimmung übermäßig beladen ist (oder werden soll), und diesen gefahrerheblichen Umstand nicht anzeigt, werden die Güter von der Versicherung umfaßt. Der Versicherer ist aber frei.

c) Wenn der Versicherungsnehmer der übermäßigen Verladung nicht zugestimmt hat und auch bei der Schließung des Versicherungsvertrags weder weiß noch ohne grobe Fahrlässigkeit wissen muß, daß das Schiff übermäßig beladen ist (oder werden soll), werden die Güter von der Versicherung umfaßt. Der Versicherer erhält aber Zuschlagsprämie.

Die Güterversicherung wird regelmäßig für die Zukunft genommen. Es wird daher regelmäßig darauf ankommen, ob der Versicherungsnehmer nach Abschluß des Versicherungsvertrags (insbesondere des laufenden Versicherungsvertrags) der übermäßigen Beladung zustimmt. Deshalb mag die Erläuterung an diesen gewöhnlichen Fall anknüpfen (vgl. dazu auch § 85 Anm. 8, § 95 Anm. 14).

a) Die Zustimmung des § 80 Nr. 3 ist nicht die Zustimmung des § 182 BGB, nicht die „Zustimmung eines Dritten, von der die Wirksamkeit eines Rechtsgeschäfts abhängt". Sie ist nach dem Sinne des § 80 Nr. 3 und dem inneren Zusammenhang dieser Bestimmung und des § 23 dasselbe, wie das „Gestatten" von Gefahränderungen im Sinne des § 23. Sie bedeutet also, wie dieses, ein bewußtes Verhalten tatsächlicher Art: einen anderen tun lassen, was man verhindern könnte (§ 23 Anm. 17). Sie umfaßt deshalb natürlich auch den Tatbestand, daß der Versicherungsnehmer selbst belädt (wie, umgekehrt, die „Änderung" der Gefahr auch das „Gestatten" von Gefahränderungen umfaßt: § 23 Anm. 17).

b) Hieraus ergibt sich auch, daß die Zustimmung vor oder bei der Beladung erteilt sein muß. Die bloße (nachträgliche) Genehmigung ist (wie kein „Gestatten" im Sinne des § 23, so auch) keine Zustimmung im Sinne des § 80 Nr. 3. Wenn der Versicherungsnehmer die übermäßige Beladung mit der Wirkung genehmigt, daß sein

Schadensersatz-Anspruch gegen den Verfrachter erlischt, hat er doch nicht im Sinne des § 80 Nr. 3 „zugestimmt", werden die Güter gleichwohl von der Versicherung umfaßt; der Versicherer wird nur gemäß § 45 Abs. 2 von seiner Entschädigungspflicht insoweit frei, als er vom ersatzpflichtigen Verfrachter hätte Ersatz erlangen können. Anders, wenn der Versicherungsnehmer die übermäßige Beladung wieder hätte beseitigen können und dies zu tun unterlassen hat; dann wäre es so anzusehen, wie wenn er selbst die Beladung veranlaßt oder ihr vorher zugestimmt hätte. § 80

c) Hieraus ergibt sich auch, daß der Versicherungsnehmer ausdrücklich oder stillschweigend „zustimmen" kann. Ausdrückliche Zustimmung ist insbesondere die dem Verfrachter im Frachtvertrag erteilte Erlaubnis zur übermäßigen Beladung (vgl. Voigt 502, RG 25. 97, 89. 130, HGZ 1918. 147, KG APV 1906 II. 72). Die im Frachtvertrag erteilte Zustimmung wirkt auch dann gegen den Versicherungsnehmer, wenn sie sich in den Grenzen des Verkehrsüblichen hält. Freilich schaden dem Versicherungsnehmer im allgemeinen verkehrsübliche Frachtklauseln nicht (§ 87 Anm. 5, 6). Ist aber für einen Sonderfall, wie denjenigen des § 80 Nr. 3, ausdrücklich vereinbart, daß der Versicherungsnehmer nicht gedeckt sein soll, wenn er einer bestimmten gefahrerheblichen Art der Ausführung der versicherten Unternehmung zustimmt, so geht diese Vereinbarung natürlich der Verkehrsüblichkeit vor. — Ist die übermäßige Beladung nicht frachtverkehrswidrig, so muß der Versicherungsnehmer als zustimmend gelten, wenn er nicht im Frachtvertrag eine nach § 80 Nr. 3 zulässige Beladung vereinbart.

d) Hieraus ergibt sich schließlich, daß der Versicherungsnehmer (wie er verpflichtet ist, die Gefahr nicht zu ändern, insbesondere Gefahränderungen durch Dritte nicht zu gestatten, so auch) verpflichtet ist, der übermäßigen Beladung nicht zuzustimmen. Er muß deshalb auch die Zustimmung Dritter, deren er sich bei der Erfüllung dieser Verbindlichkeit bedient (denen er die Möglichkeit, zuzustimmen, eröffnet: Gierke LZ 1909. 736), insbesondere die Zustimmung des Abladers, gegen sich gelten lassen (Vorb. VIII vor § 1; vgl. auch § 23 Anm. 20ff.). Die Rechtsfolge der Verletzung dieser Verbindlichkeit ist hier, daß die Güter als nicht versichert gelten. — Im Falle einer Versicherung für fremde Rechnung darf weder der Versicherungsnehmer noch der Versicherte zustimmen. Vgl. § 52 Anm. 8.

e) Alles dies gilt natürlich auch dann, wenn die Versicherung für die Vergangenheit genommen ist und der Versicherungsnehmer der übermäßigen Beladung „zugestimmt" hatte (vgl. § 24 Anm. 9). Es wird aber aus ähnlichen Gründen auch dann gelten müssen, wenn die Versicherung für die Zukunft genommen ist und der Versicherungsnehmer schon vor dem Abschluß des Versicherungsvertrags „zugestimmt" hat.

f) Ist der Versicherungsnehmer gedeckt, so gebührt dem Versicherer eine Zuschlagsprämie, eine der höheren Gefahr entsprechende höhere Prämie (§ 20 Abs. 3; näheres: § 16 Anm. 6, § 20 Anm. 21, § 25 Anm. 2). So insbesondere auch dann, wenn die versicherte Unternehmung glücklich abläuft. Der Versicherungsnehmer kann in diesem Falle zwar nicht mehr zustimmen, wird aber wohl regelmäßig behaupten, daß er zugestimmt habe.

4. Beweislast. Der Versicherer muß beweisen, daß die Güter, für die der Versicherungsnehmer Entschädigung verlangt, von der Versicherung ausgeschlossen sind, wenn sich dies nicht nach den Umständen des Falles und den vom Richter von Amts wegen zu berücksichtigenden Erfahrungssätzen von selbst ergibt. — Im Falle des § 80 Nr. 3 muß der Versicherungsnehmer beweisen, daß er nicht zugestimmt hat. Verlangt der Versicherer in diesem Falle Zuschlagsprämie, so muß er beweisen, daß der Versicherungsnehmer nicht zugestimmt hat. Doch muß der Versicherungsnehmer wie nach den für die prozeßrechtliche Behauptungspflicht geltenden Grundsätzen angeben, wann, Anm. 7

§ 80 wie und wo er (oder wer sonst für ihn) zugestimmt hat. Vgl. § 42 Anm. 16, § 85 Anm. 15, § 95 Anm. 33.

Anm. 8 5. § 80 findet auf **andere Versicherungen, die sich auf die Güter beziehen,** entsprechende Anwendung (§ 99). Insbesondere auch auf Frachtversicherungen (§ 105 Anm.).

Anm. 9 6. § 80 gilt sinngemäß auch für die **Rückversicherung** (§ 99, § 1 Anm. 136; vgl. auch § 60 Anm. 20).

Anm. 10 7. **Englisches Recht.** Lloyds' Police deckt, wenn nichts Besonderes (z. B.: on 100 bales of cotton, marked usw.) vermerkt ist, any kind of goods and merchandises. Aber the term „goods" means goods in the nature of merchandise, and does not include personal effects or provisions and stores for use on bord, und, in the absence of any usage to the contrary, deck cargo and living animals must be insured specifically, and not under the general denomination of goods (RCP 17; näheres: § 1 Anm. 27, 38, § 82 Anm. 11; Arnould 240 s. 272).

§ 81

Verfügung über die Güter zur Fortsetzung der Reise

Der Versicherer haftet auch dafür, daß über die Güter durch Verbodmung oder in anderer Weise zum Zwecke der Fortsetzung der Reise verfügt wird.

Anm. 1 1. Vgl. HGB § 820 Abs. 2 Nr. 5, ASVB § 69 Abs. 2 Nr. 5.

Anm. 2 2. Der Kapitän kann die Ladung verbodmen und über Ladungsteile durch Verkauf oder Verwendung verfügen, soweit es zur Fortsetzung der Reise notwendig ist:

a) in Fällen der großen Haverei (HGB §§ 538, 539). — Hat der Kapitän über die Güter durch Verkauf oder Verwendung verfügt, so erhält der Versicherungsnehmer schon nach § 31 vom Versicherer Ersatz. — Hat der Kapitän die Güter verbodmet, so werden die Bodmereigelder regelmäßig aus den Havariegrosse-Beiträgen bezahlt werden; der Versicherer haftet nach §§ 29, 30 für den Beitrag, der auf die verbodmet gewesenen Güter entfällt. Gehen, als adäquate Folge des Havariegrosse-Aktes, der Verbodmung, die Güter dem Versicherungsnehmer verloren, so erhält der Versicherungsnehmer wiederum schon nach § 31 vom Versicherer Ersatz.

Anm. 3 b) in anderen Fällen, wenn der Kapitän dem Bedürfnis sonstwie nicht abhelfen kann, oder wenn die Wahl eines anderen Mittels einen unverhältnismäßigen Schaden zur Folge haben würde (HGB §§ 538, 540). Er kann die Ladung nur zusammen mit Schiff und Fracht verbodmen und muß die Verbodmung vor dem Verkauf wählen, es sei denn, daß die Verbodmung einen unverhältnismäßigen Schaden für den Reeder zur Folge haben würde (HGB § 540). Die Verbodmung oder Verfügung wird als ein für Rechnung des Reeders abgeschlossenes Kreditgeschäft angesehen (HGB § 541). Der Reeder haftet also dem Ladungsbeteiligten mit Schiff und Fracht auf Ersatz (HGB §§ 528, 486 Nr. 1, 533, 612, 754 Nr. 6). Soweit der Ladungsbeteiligte aus Schiff und Fracht keinen oder keinen vollständigen Ersatz erhalten kann, ist der Schaden von allen Ladungsbeteiligten nach den Grundsätzen der großen Haverei zu tragen (HGB § 732). In diesen Fällen der uneigentlichen Havariegrosse haftet der Versicherer gleichfalls schon gemäß §§ 29—31 (HGB § 733; ADS § 29 Anm. 41).

Anm. 4 3. Das Anwendungsgebiet des § 81 ist also beschränkt. Der Versicherer haftet gemäß § 81, wenn der Versicherungsnehmer wegen seiner Ersatzansprüche aus Schiff und Fracht befriedigt werden kann, also der Fall der uneigentlichen Havariegrosse

nicht vorliegt. Der Versicherungsnehmer kann ohne weiteres Entschädigung verlangen. § 81
Der Versicherer erhält dafür gemäß § 45 Abs. 1 den Ersatzanspruch gegen den Reeder. Der Versicherer haftet ferner gemäß § 81, wenn die versicherten Güter die einzige Ladung bilden und der Versicherungsnehmer wegen seiner Ersatzansprüche aus Schiff und Fracht nicht befriedigt werden kann, also wiederum der Fall der uneigentlichen Havariegrosse nicht vorliegt. Ohne § 81 würde der Versicherer in diesen Fällen nicht haften, weil die rechtmäßige Verfügung über die Güter durch den Verfügungsberechtigten kein Verlust ist (§ 28 Anm. 36, 38, Begr. z. E 1910 § 78).

4. § 81 bestimmt, ähnlich wie § 78, nur, daß der Versicherer „auch haftet", aber nicht auch, wie er zu entschädigen hat. Anm. 5

a) Sind die Güter verkauft oder verwendet, so sind sie zwar nicht „verlorengegangen". Gleichwohl werden sie nach Verlustgrundsätzen zu entschädigen sein. Ähnlich, wie wenn der Versicherungsnehmer oder der verfügungsberechtigte Kapitän zur Minderung von Versicherungsschaden verkauft oder verwendet (vgl. § 32 Anm. 8, auch § 96).

b) Sind die Güter verbodmet, so haftet der Güterversicherer ähnlich, wie der Kaskoversicherer gemäß § 78 für die Kollisionsschuld. In jenem wie in diesem Falle handelt es sich um Ausnahmen von der Regel des § 28 Satz 3, daß der Versicherer nicht für die Belastung des versicherten Gegenstandes mit Schiffs- (oder Ladungs-) Gläubigerrechten haftet, und um besondere Fälle der Haftpflichtversicherung. Dort wie hier muß es bei dem die Seeversicherung beherrschenden Grundsatz bewenden, daß der Versicherer in Geld zu entschädigen hat (§ 78 Anm. 15). Der Versicherer ist nicht bloß verpflichtet, den Versicherungsnehmer von der Bodmereischuld zu befreien. Der Versicherungsnehmer kann solche Befreiung nicht verlangen. Der Versicherer hat zu ersetzen, was der Versicherungsnehmer zu zahlen hat. Anscheinend enger HGZ 1891. 58: Der Versicherer habe den Schaden zu ersetzen, den der Güterversicherte dadurch erleide, daß „aus seinen Gütern der Inhaber des Bodmereibriefs sich für Kapital und Prämie befriedige". Anm. 6

5. Der Versicherer haftet natürlich nur unbeschadet der Schadenabwendungs-Pflicht des Versicherungsnehmers im Bodmerei- und Versicherungsfall. Insbesondere läßt sich nicht allgemein behaupten, daß der Versicherungsnehmer trotz seiner Schadenabwendungs-Pflicht „nicht verpflichtet sei, Zahlungen aus eigenen Mitteln zu leisten oder die Interessenten von Schiff und Fracht um Einschüsse zur Vermeidung der Bodmerei anzugehen, um (so) die Verbodmung der Ladung ganz oder teilweise zu verhindern" (so RG 19. 89; näheres: § 41 Anm. 10). Die Umstände des Falles entscheiden. Sie werden freilich regelmäßig ergeben, daß der Versicherungsnehmer nicht nur nicht verpflichtet ist, eigene Mittel zur Abwendung der Verbodmung aufzuwenden, sondern sogar solche Aufwendung nicht einmal „für geboten halten darf" (§ 32 Abs. 1 Nr. 1). Anm. 7

6. § 81 betrifft nicht den Fall, daß der Kapitän die Güter „zum Zwecke der Fortsetzung der Reise" rechtswidrig verkauft oder verwendet, obgleich er „dem Bedürfnis auf anderem Wege abhelfen kann", „die Wahl eines anderen Mittels auch nicht einen unverhältnismäßigen Schaden für den Reeder zur Folge haben würde" (HGB § 540 Abs. 1). Wenn der Kapitän die Güter rechtswidrig verkauft oder verwendet, sind die Güter verloren, kann der Versicherungsnehmer nach Verlustgrundsätzen Entschädigung verlangen (§ 91, § 33 Anm. 45). — Wenn der Kapitän rechtswidrig die Güter verbodmet (vgl. HGB §§ 540, 542), sind die Güter nicht verbodmet, ist § 81 wiederum nicht anwendbar. Wenn infolge des Verhaltens des Kapitäns gleichwohl Versicherungsschaden entsteht, insbesondere die Güter verlorengehen, kann der Versicherungsnehmer nach allgemeinen Grundsätzen Entschädigung verlangen. — Anm. 8

§ 81 Wenn sonst jemand, etwa der Reeder, über die Güter verfügt, ist § 81 gleichfalls nicht anwendbar. § 81 schließt sich deutlich erkennbar an § 820 Abs. 2 Nr. 5 HGB an, wonach der Versicherer „die Gefahr der Verbodmung der versicherten Güter zur Fortsetzung der Reise oder der Verfügung über die Güter durch Verkauf oder durch Verwendung zu gleichem Zwecke (§§ 538 bis 541, 732)" trägt.

Anm. 9 7. Der Kapitän kann die Ladung auch zur Beschaffung der Mittel für ihre Erhaltung und Weiterbeförderung verbodmen und sie, wenn ein erheblicher Verlust wegen drohenden Verderbs oder aus sonstigen Gründen anders nicht abzuwenden ist, verkaufen (HGB §§ 535, 632, 680). Die Verbodmung berührt das Güterversicherungs-Verhältnis nur, wenn es sich um eine Aufwendung zur Abwendung oder Minderung von Versicherungsschaden handelt (§ 32 Abs. 1 Nr. 1, 2) oder um eine Aufwendung des § 95 Abs. 3. Der Verkauf der Güter fällt dem Versicherer zur Last, wenn die Güter zur Minderung von Versicherungsschaden verkauft sind (§ 32 Anm. 8, § 96).

Anm. 10 8. § 81 findet auf andere Versicherungen, die sich auf die Güter beziehen, entsprechende Anwendung (§ 99). So etwa auf die Versicherung endgültig bezahlter Fracht (vgl. § 90 Abs. 1). Wenn der Versicherungswert der Güter ohne Fracht 900, die endgültig bezahlte Fracht 100, die Bodmereischuld 500 beträgt, hat der Versicherer der Fracht 50, der Güterversicherer 450 zu zahlen. Denn die endgültig bezahlte Fracht bildet einen Teil des gewöhnlichen Versicherungswerts der Güter; beide Versicherungen sind also Unterversicherungen (§ 8). Anders, wenn etwa beim einen Versicherer die Güter, bei einem anderen Versicherer Mehrwert oder imaginärer Gewinn versichert sind. Der Versicherer des Hauptwert-Interesses würde die ganzen 500, der Versicherer des Mehrwerts oder des imaginären Gewinns nichts zu zahlen haben.

Anm. 11 9. § 81 findet natürlich keine Anwendung auf die Versicherung von Schiffsinteressen, insbesondere auf die Kasko- und auf die Frachtversicherung. Kasko- und Frachtversicherer haften nicht dafür, daß über die Güter für Rechnung des Reeders verfügt wird und der Reeder demgemäß ersetzen muß, insbesondere nicht für die Bodmereiprämie (insoweit anscheinend abw. Sieveking 93, HGZ 1891. 58). Der Kaskoversicherer haftet nur gemäß § 32 Abs. 1 Nr. 1, wenn es sich dabei um eine Aufwendung zur Abwendung von Kaskoversicherungs-Schaden handelt (vgl. auch § 32 Anm. 16). Doch wird der Fall dann regelmäßig ein Havariegrosse-Fall sein und der Kasko- und der Frachtversicherer nach den für den Havariegrosse-Fall geltenden Grundsätzen haften.

Anm. 12 10. § 81 gilt sinngemäß auch für die Rückversicherung (§ 99, § 1 Anm. 136). Verlangt der Vorversicherte für verkaufte oder verwendete Güter gemäß § 81 die Vorversicherungs-Summe, so kann der Vorversicherer vom Rückversicherer die Rückversicherungs-Summe verlangen (vgl. § 71 Anm. 52). Verlangt der Vorversicherte gemäß § 81 Entschädigung für das, was er dem Bodmereigläubiger zahlen muß, so kann der Vorversicherer vom Rückversicherer Entschädigung verlangen (vgl. § 78 Anm. 28).

Anm. 13 11. Den fremden Rechten sind besondere Bestimmungen gleich derjenigen des § 81 im allgemeinen unbekannt.

§ 82

Haftung für Beschädigung. Tod von Tieren

(1) Der Versicherer haftet für eine Beschädigung nur im Falle einer Strandung. Das Gleiche gilt von der Haftung des Versicherers für den Tod lebender

Tiere. Die Bestimmungen des § 114 Abs. 1 und 3 über die Haftung des Versicherers im Strandungsfalle finden entsprechende Anwendung. § 82

(2) Der Versicherer haftet auch in anderen als in Strandungsfällen:

1. wenn die Versicherung genommen ist auf Arsenik, Asbestwaren, Asphalt, Bandwaren, Baumwolle, Baumwollenwaren, Borax in Fässern, rohen Camphor, Elastiks, Elefantenzähne, Filzwaren, Garn mit Einschluß von Türkisch Rotgarn und Spulgarn, echte Goldwaren, Gummi elastikum, Gummi Kopal, Gummiwaren, Halbwollenwaren, Harz in Fässern, Hörner, Hornspitzen, natürlichen Indigo, Jutewaren mit Ausnahme von Säcken und Sackleinen (Hessians), Kaffee, Kanel, Kardamom in Kisten, Kautschukwaren, fertige Kleidungsstücke, Knopfwaren, Konfektionswaren, umsponnene Kupferdrähte, Lackdye, Leinen, Leinenwaren, zugerichtetes Leder mit Ausnahme von Lackleder, fertige Lederwaren, Linoleum, Litzen, Macisblüte in Fässern oder Kisten, Manufakturwaren, soweit sie nicht besonders aufgeführt sind, Metalle in Blöcken oder Barren mit Ausnahme von Eisen und Stahl, Moschus, Muskatnüsse, Nickel, Opium, Pech, Pfeffer, Posamentierwaren, soweit sie nicht besonders aufgeführt sind, Quecksilber in metallenen Gefäßen, Satteldecken, Schellack, Schildpatt, Schirme, rohen Schwefel, Seide, Seidenwaren, echten Silberdraht, echte Silberwaren, Spitzen, Stearin, Stickereien, Strickwolle, Stramei, Strumpfwaren, geteertes Tauwerk, Teppichwaren, Tuchwaren, Vanille, Wachs mit Ausnahme von Rohwachs und Wachswaben, Walrat, Wäsche, Wolle, Wollenwaren, Zelluloidwaren, Zink in Platten, Zinnober, Zwirn;

2. wenn besonders vereinbart ist, daß der Versicherer nicht haftet, falls der Schaden bestimmte Prozente des Versicherungswerts nicht erreicht oder nicht übersteigt, oder daß er nur insoweit haftet, als der Schaden bestimmte Prozente des Versicherungswerts erreicht oder übersteigt.

1. Vgl. ASVB §§ 105 Abs. 1, 108, AlteGP Zusatz zu §§ 104, 105, BSVB § 17. — Anm. 1
Literatur: Ehrenzweig NeumZ 1927. 430 (See-Viehversicherung; ein Schiedsgerichtsfall). Helberg NeumZ 1925. 301 (Die Franchise in der Seewarenversicherung). Hochgräber ITVMitt 1927. 51, 74 (Haftet der Güterversicherer für Schäden infolge mangelhafter Verstauung?). Levin NeumZ 1927. 335, 359 (Haftet der Güterversicherer für Schäden infolge mangelhafter Stauung?). Voigt NAfHR 3. 357 (Seeversicherung lebender Tiere). Winkler, Die den Umfang der Gefahr beschränkenden Klauseln des Seeversicherungsvertrages, Diss. 1916.

2. Dem Versicherungsverkehr wie dem Frachtverkehr sind gewisse Güter weniger Anm. 2
lieb als andere, sei es, daß sie besonders kostbar und deshalb der Gefahr des Diebstahls, sei es, daß sie besonders empfindlich und deshalb den eigentlichen Beförderungsgefahren besonders ausgesetzt sind. Daher z. B. die besonderen Bestimmungen der §§ 429 Abs. 2, 608 Abs. 1 Ziff. 7, 617 HGB. Allerdings scheint die besondere Natur solcher Güter für den Versicherungsverkehr deshalb keine Rolle zu spielen, weil im allgemeinen die zu versichernden Güter im Vertrag bezeichnet werden und der Versicherer je nach den Umständen die Prämie bemessen kann. Aber auch die Ver-

§ 82 sicherung arbeitet mit einem Marktpreis. Sie zieht deshalb vor, soweit tunlich, nicht im einzelnen Falle die Prämie nach dem Risiko zu bestimmen, sondern, umgekehrt, das Risiko nach der Prämie, nämlich die Güter in den Bedingungen so zuzurichten, daß sie marktgängig werden, also im großen und ganzen die gleiche Gefährlichkeit herauskommt und deshalb die gleiche Prämie bestimmt werden kann. Deshalb sucht der Versicherer insbesondere „seine Lage bei verderblichen Waren der bei haltbaren Waren so viel als möglich gleichzustellen" (Trummer AfHR 2. 62). Deshalb hat Lloyd's Police (zuerst um 1749 herum) im sogenannten common Memorandum gewisse bedenklichere Waren mit schlechteren Bedingungen bedacht: corn fish, salt, fruit, flour and sed are warranted free from average, unless general, or the ship be stranded — sugar, tobacco, hemp, flax, hides and skins are warranted free from average, under five pounds per cent., and all other goods, also the ship and freight, are warranted free from average, under three pounds per cent., unless general, or the ship be stranded (näheres über das „Memo": Arnould 33 s. 35, Winkler 43; über das amerikanische Memorandum: SVJB 1914. 166; vgl. auch § 113 Anm., § 114 Anm.). In Deutschland ist man teilweise den umgekehrten Weg gegangen. Man hat nicht die gefährlichen Güter ausgewählt und die Haftung des Versicherers für ihre Beschädigung auf den Strandungsfall beschränkt. Man hat vielmehr grundsätzlich die Haftung des Versicherers für Beschädigung auf den Strandungsfall beschränkt und die weniger gefährlichen Güter („Artikel mit reiner Police": BSVB § 17) ausgewählt. E 1863 § 89 führte diese ungefährlicheren Güter in einer Franchisentabelle auf, die, wiederum nach dem Grade der Gefährlichkeit, zwischen Gütern mit 3, 5, 7 ½, 8 und 10% Beschädigung unterschied. Eine solche Tabelle enthielten auch die BSVB (§ 17), mit Unterschieden von 3, 5, 7 ½, 8 und 10%. Die übrigen deutschen Hafenplätze gaben den Gedanken, die Tabelle in die Bedingungen aufzunehmen, auf, weil es „schwer halten werde, eine vollständige Liste der nach Maßgabe der verschiedenen Befreiungsprozente zu klassifizierenden Waren aufzustellen,... mit welcher sich alle Städte einverstanden erklären würden", und weil schon „nach und nach eine Ausgleichung der anfangs noch von einander abweichenden Auffassungen stattfinden werde" (E 1866. 58). Man brachte daher die Franchisentabelle unter die „Zusätze und Abänderungen" zu den ASVB auf der Güterpolice (Mat. 2. 101) und bestimmte im § 105 ASVB nur, daß „jede Güterversicherung" entweder als „frei von gewissen Prozenten der Beschädigung" oder als „frei von Beschädigung außer im Strandungsfall" gelten solle, und daß „das Nähere darüber die Polizen-Formulare enthalten" sollten. Inzwischen ist ausreichende Zeit für eine „Ausgleichung der Auffassungen" verstrichen. Man hat daher in den § 82 Abs. 2 Nr. 1 eine Tabelle derjenigen Güter aufgenommen, für deren Beschädigung der Versicherer auch in anderen als Strandungsfällen haftet. Die Franchise beträgt allgemein 3% (§ 34). Doch bestimmen die Prämientarife der Assekuradeure auch andere Franchisen (z. B. für Häute und Felle je nach der Stückzahl 3, 5 und 10%). Übrigens verläßt man auch in England vielfach die engen Grenzen des Memorandums. Nach der F. P. A. clause der ICC gilt die Güterversicherung warranted free from Particular Average unless the vessel or craft be stranded, sunk or burnt, but notwithstanding this warranty the Assurers are to pay the insured value of any package or packages which may be totally lost in loading, transhipment or discharge, also for any loss of or damage to the interest insured which may reasonably be attributed to fire, collision or contact of the vessel and/or craft and/or conveyance with any external substance (ice included) other than water, or to discharge of cargo at port of distress, also to pay landing, warehousing, forwarding and special charges if incurred for which Underwriters would be liable under a policy covering Particular Average; näheres über die F. P. A. clause: § 113 Anm., § 114 Anm.

3. **Abs. 1 Satz 1 und 3. Der Versicherer haftet nicht für Beschädigung,** insbesondere nicht für Bruch (siehe auch LG Berlin Sasse Nr. 711) und nicht dafür, daß die Güter infolge einer Beschädigung verlorengehen, insbesondere in ihrer ursprünglichen Beschaffenheit zerstört werden (sog. „Frei-Güter" oder „Franko-Güter"). **Der Versicherer haftet aber** für Aufopferungen, die in einer Beschädigung bestehen, und er haftet überhaupt **im Strandungsfall. § 114 Abs. 1 und 3 findet entsprechende Anwendung.** — § 34 wird durch § 82 nicht berührt. — Näheres: § 28 Anm. 39, § 113 Anm., § 114 Anm. Vgl. auch die Nothafen-Klausel Vorb. vor § 113. Anm. 3

4. **Abs. 2. Der Versicherer haftet,** ausnahmsweise, für Beschädigung **auch in anderen als Strandungsfällen** (aber natürlich wieder unbeschadet des § 34): Anm. 4

a) bei den im **Abs. 2 Nr. 1** bezeichneten für minder gefährlich gehaltenen Gütern (sog. „Frei-von-3%-Gütern" oder „Frei-von-3-Gütern").

b) bei anderen Gütern, **wenn besonders vereinbart ist** entweder,

1. **daß der Versicherer nur haftet, wenn der Schaden bestimmte Prozente** des Versicherungswerts **erreicht oder übersteigt** (vgl. § 117), oder

2. daß der Versicherer nur haftet, **soweit** der Schaden bestimmte Prozente des Versicherungswerts erreicht oder übersteigt (vgl. § 118).

In diesen beiden Fällen der besonderen Vereinbarung wird nach der Verkehrsanschauung (vgl. ASVB § 105 Abs. 1) unterstellt, daß die vereinbarte Franchise den Ausgleich dafür bildet, daß der Versicherer für Beschädigung auch in anderen als Strandungsfällen haftet. Und zwar selbst dann, wenn nur „besonders" vereinbart ist, daß der Versicherer „Frei von 3% Beschädigung", also wie schon nach § 34, haftet. — „Besonders" bedeutet nicht dasselbe wie „ausdrücklich" (vgl. z. B. HGB § 49 Abs. 2, KG RJA 3. 232). „Besondere" Vereinbarungen können auch stillschweigend getroffen werden, z. B. durch gleichmäßige, wenngleich unrichtige, Auslegung des im § 82 Abs. 2 Nr. 1 enthaltenen Warenverzeichnisses. Die Parteien müssen nur darüber einig sein, daß es bei der Franchise bewenden, die Haftung des Versicherers nicht auf den Strandungsfall beschränkt sein soll. Solche „besonderen Vereinbarungen" sind in großer Zahl in den Tarifen enthalten, welche die Assekuradeure der Seeplätze herausgeben. — Es braucht nicht gerade eine allgemeine Schadensfranchise (z. B. „Frei von 5%": § 117) oder auch nur eine allgemeine Partikularschaden-Franchise (z. B. free from particular average under 5 per cent.) zu sein, die vereinbart wird. Es genügt, daß eine Beschädigungsfranchise besonders vereinbart wird, wie dies üblich ist (z. B. „Frei von 5% Beschädigung": §§ 113, 117). Sind z. B. Maschinen „Frei von 3% Beschädigung" versichert, so haftet der Versicherer auch dann, wenn die Maschinen bei der Löschung in den Schiffsraum zurückstürzen und zerbrechen (RG HGZ 1899. 191, HGZ 1899. 114; über die Gleichstellung des Bruchverlustes mit der Beschädigung: § 113 Anm.). Wäre dagegen nur vereinbart „Frei von 3% Verlust", so würde nicht angenommen werden können, daß der Versicherer für Beschädigung auch in anderen als in Strandungsfällen haften soll.

5. **Abs. 1 Satz 2.** Wenn Tiere eines natürlichen Todes sterben oder erkranken, so ist dies eine Folge ihrer „natürlichen Beschaffenheit" und der Versicherer gemäß § 86 Abs. 1 frei (Voigt NAfHR 3. 357, HG Hamburg Seebohm 279. 600, Arnould 720 s. 765; vgl. HGB § 618 Abs. 1, auch ADS § 86 Anm. 5, 6). Auch dann, wenn Tod oder Krankheit auf die der Seebeförderung eigentümlichen Verhältnisse zurückzuführen sind (Voigt NAfHR 3. 370, HGZ 1892. 298, OG Hamburg, OAG Lübeck Seebohm 331, 333; vgl. auch HGB § 459 Nr. 5). Und selbst dann, wenn die Tiere eingehen, weil die Reise sich verzögert, die Vorräte knapp und die Tiere unterernährt oder gar deswegen geschlachtet oder über Bord geworfen werden (Arnould 720 s. 765). Nach ROHG HGZ 1878. 287 selbst dann, wenn Tod oder Krankheit „als die weitere Folge eines Anm. 5

§ 82 außergewöhnlichen, kasuellen und mithin zur Verantwortung der Versicherer stehenden Ereignisses der besonderen Reise anzusehen ist". Näheres: § 86 Anm. 5, 6. — Ob im einzelnen Falle der Tod oder die Verletzung oder die Erkrankung der natürlichen Beschaffenheit des Tieres zuzuschreiben ist, wird jedoch leicht zweifelhaft sein. **Der Versicherer haftet** deshalb (nicht nur für die Beschädigung, sondern auch) **für den Tod von Tieren nur im Strandungsfall.** D. h. für den Tod, der keine adäquate Folge der Beschädigung ist; denn für die adäquaten Folgen einer Beschädigung, insbesondere für den Verlust, der die adäquate Folge einer Beschädigung ist, haftet der Versicherer (außer im Strandungsfall) schon deshalb nicht, weil er (außer im Strandungsfall) für keine Beschädigung haftet (§ 28 Anm. 21, § 113 Anm.). **§ 114 Abs. 1 u. 3 findet entsprechende Anwendung.**

Anm. 6 a) Der Versicherer haftet für den Tod insbesondere auch dann nicht, wenn der Tod gewaltsam herbeigeführt wird, wenn etwa die Tiere sich im Sturme losreißen und tödlich verletzen (anders, wenn der Vertrag die Klausel „Frei vom natürlichen Tod" enthält, vgl. HG Hamburg, OAG Lübeck Seebohm 278, Kierulff 4. 42; anders auch nach der englischen Klausel free of mortality [and jettison], die im wesentlichen der Klausel „Frei vom natürlichen Tod" zu entsprechen scheint: Arnould 721 s. 765, vgl. dazu die französische Klausel franc de mort et mortalité: HG Marseille, AH Aix NAfHR 3. 364).

Anm. 7 b) Für Aufopferungen, Havariegrosse- oder sonstige Aufopferungen, der Tiere würde der Versicherer an und für sich nur haften, wenn die Tiere zur Abwendung eines Strandungsschadens aufgeopfert sind. Nach der Klausel „Frei von Beschädigung außer im Strandungsfall" haftet aber der Versicherer für Aufopferungen, die in einer Beschädigung bestehen, in allen Fällen (§ 114 Abs. 1 Satz 3, § 113 Satz 2). Die „entsprechende", sinngemäße Anwendung dieser Bestimmung, die § 82 Abs. 1 Satz 3 anordnet, ergibt, daß der Versicherer für die Aufopferung der Tiere stets haftet (näheres: § 113 Anm.). Für sonstige Aufwendungen zur Schadensabwendung oder Schadensminderung haftet der Versicherer aber nur, wenn Strandungsschaden abgewendet oder gemindert werden soll (vgl. HGB § 851 Abs. 3, Prot. 3324, Begr. z. E 1910 § 112).

Anm. 8 c) Der Versicherer haftet für den Tod (und die Beschädigung) des Tieres nur, wenn der Strandungsfall den Tod unmittelbar herbeigeführt oder doch zur adäquaten Folge gehabt hat und wenn er, bei mehreren Ursachen, die nächste Ursache des Schadens gewesen ist (§ 28 Anm. 19). Hat insbesondere das Tier beim Strandungsfall den Todeskeim schon in sich getragen, so haftet der Versicherer nicht (§ 28 Anm. 23). — Über den Begriff des Strandungsfalls: § 114 Abs. 3. Der Versicherer haftet insbesondere nur, wenn der Schiffskörper so beschädigt ist, daß der Tod usw. durch den Unfall verursacht sein kann (§ 114 Abs. 3 Satz 2).

Anm. 9 d) Sind die Tiere auf Deck verladen, so findet außerdem § 85 Anwendung. § 108 ASVB hob dies besonders hervor; jedoch offenbar nur deshalb, weil § 108 ASVB, überflüssigerweise, besonders hervorhob, daß lebende Tiere als „frei von Beschädigung und von Tod außer im Strandungsfall" versichert gelten sollten, „mögen dieselben im Raume des Schiffes oder auf Deck verladen sein". Siehe HansOLG HGZ 1925 Nr. 52 = HRZ 1925. 433 = APV 1926. 26 = Sasse Nr. 336: Die Verladung von Tigern im Kohlenbrückendeck ist keine Deckverladung.

Anm. 10 e) Über die Klausel „Die Gefahr der Beschädigung oder des Todes, auch des natürlichen Todes, eingeschlossen" und über das Verhältnis dieser Klausel zum § 85 vgl. die sich widersprechenden und teilweise beide irrigen Entscheidungen des LG und des OLG Hamburg HGZ 1892. 297. — Über die Klausel „Inclusive natürlichen Tod oder Unfall" vgl. HG Hamburg HGZ 1875. 27 (Haftung des Versicherers „für jede völlige Entwertung oder teilweise Wertminderung durch irgendwelche schädliche

Einwirkung der Seefahrt auf die Tiere"). — Über die Klausel „Frei von Beinbruch" vgl. HG Hamburg Seebohm 278, 599 (Haftung des Versicherers für gewaltsamen Tod, sei es auch nach Beinbruch). — Über die Klausel „Für jede Gefahr, Risiko von Sterben, Beinbruch und jede andere Beschädigung, Seuche usw." vgl. HG Hamburg HGZ 1868. 130 (Haftung des Versicherers für Seebeschädigung der Wolle, welche die Qualität der Schafböcke unkenntlich macht und dadurch ihren Wert vermindert). **§ 82**

f) In England living animals must be insured specifically, and not under the general denomination of goods (RCP 17 Abs. 2; vgl. § 80 Anm. 10). In Frankreich deckt die laufende Police keine lebenden Tiere. Über englische und französische Klauseln: oben Anm. 6. Anm. 11

6. § 82 findet auf **andere Versicherungen, die sich auf die Güter beziehen,** entsprechende Anwendung (§ 99). Anm. 12

7. § 82 gilt sinngemäß auch für die **Rückversicherung** (§ 99, § 1 Anm. 136). — Haftet der Vorversicherer gemäß § 82 nur beschränkt, so haftet auch der Rückversicherer nur beschränkt (was sich natürlich nicht erst aus § 82, sondern schon daraus ergibt, daß die Rückversicherung Haftpflichtversicherung ist). Ist der Vorversicherer (wie gewöhnlich) abwicklungsberechtigt, so haftet der Rückversicherer gleichwohl, wenn der Vorversicherer sich dem Vorversicherten gegenüber nicht auf § 82 beruft und auch ein nicht rückversicherter Versicherer sich verständiger- und billigerweise auf § 82 nicht berufen würde (§ 1 Anm. 154). — Haftet der Vorversicherer in weiterem als dem im § 82 bezeichneten Umfang, so muß er dies dem Rückversicherer regelmäßig bei der Schließung des Vertrags anzeigen (§ 1 Anm. 149, § 19 Anm. 25, 58; vgl. aber auch § 82 Abs. 2 Nr. 2). Der abwicklungsberechtigte Vorversicherer kann aber im laufenden Rückversicherungs-Verhältnis die Haftung auch in weiterem Umfang übernehmen, wenn auch ein nicht rückversicherter Versicherer sie verständiger- und billigerweise übernommen haben würde (§ 1 Anm. 161). Anm. 13

8. **Fremde Rechte.** Vgl. oben Anm. 2, 6, 11. Anm. 14

§ 83

Vorreisegüter. Retourwaren

(1) Der Versicherer haftet für eine Beschädigung, auch wenn er sonst noch in anderen Fällen haftet, nur im Strandungsfalle, wenn die Güter in das zur Ausführung der versicherten Reise bestimmte Schiff im Anschluß an eine andere zur See oder auf Binnengewässern ausgeführte Reise übergeladen sind oder übergeladen werden sollen, es sei denn, daß dem Versicherer hiervon bei der Schließung des Vertrags Mitteilung gemacht worden ist oder daß die Beschädigung nur auf der versicherten Reise entstanden sein kann.

(2) Das Gleiche gilt, wenn die Güter nach ihrer Beförderung zum Bestimmungsorte ganz oder zum Teil ausgepackt, wegen ihrer Unverkäuflichkeit oder aus einem anderen Grunde wieder verpackt und auf der versicherten Reise zurück- oder weiterbefördert werden oder werden sollen, insbesondere wenn die Güter Retourwaren sind, es sei denn, daß dem Versicherer hiervon bei der Schließung des Vertrags Mitteilung gemacht worden ist oder daß die Beschädigung nur auf der versicherten Reise entstanden sein kann.

1. Vgl. ASVB § 50, BSVB § 45. — **Literatur:** Kuhn NeumZ 1927. 892 (Vorreisegüter, Retourwaren und beschädigt verladene Güter). Ritter HGZ 1912. 253 (Ein alter Druckfehler?). Anm. 1

§ 83 Anm. 2 2. **Abs. 1.** Vorreisegüter. Der Umstand, daß die Güter vor der versicherten Reise eine andere Reise gemacht haben oder machen sollen, ist für die Übernahme der Gefahr erheblich (§ 19 Anm. 25). Denn bei solchen Gütern ist die Wahrscheinlichkeit, daß sie beim Beginn der Versicherung beschädigt sind, größer als bei anderen Gütern. Zwar haftet der Versicherer nicht für solche Beschädigungen. Zwar muß der Versicherungsnehmer beweisen, daß die Beschädigung, für die er Entschädigung verlangt, während der Dauer der Versicherung entstanden ist (§ 28 Anm. 31). Aber für den Versicherungsnehmer ist es regelmäßig leicht, diesen Beweis unter Verschweigung der für die Annahme des Gegenteils sprechenden Umstände zu führen, für den Versicherer, welcher der versicherten Unternehmung fernsteht, schwer, den Gegenbeweis zu führen. Überdies sind „alte" Beschädigungen oft geeignet, die Güter für weitere Beschädigungen empfänglich zu machen (Begr. z. E 1910 §§ 21—24). Deshalb bestimmte E 1910 § 23 Abs. 3 Nr. 3, der Umstand, daß die Güter eine Vorreise gemacht haben, solle ohne weiteres, also ohne Rücksicht auf seine wirkliche Gefahrerheblichkeit im einzelnen Falle, als gefahrerheblich im Sinne des § 19 ADS gelten. E 1910 behandelte den Gegenstand also lediglich vom Standpunkt der vorvertraglichen Anzeigepflicht (wie die Rechtsprechung vor dem AllgPlan 1847: OAG Lübeck HambS 1. 377, 2. 262; vgl. auch Lazarus, Über See-Versicherungsrecht, 39 und, Bedenken, 2). Anders § 50 ASVB (im Anschluß an AllgPlan 1847 § 23): Dem Versicherer mußte angezeigt werden, daß die Güter „aus einem anderen Schiffe, in welchem sie eine Frachtreise gemacht haben, ohne vorher ans Land gebracht oder untersucht zu sein, übergeladen worden sind oder werden sollen" (in der von der HK Hamburg veranstalteten Ausgabe der ASVB war die Anzeige nur für den Fall für notwendig erklärt, daß die Vorreise in einem Seeschiff stattgefunden hatte; doch beruhte dies auf einem Druckfehler: Ritter HGZ 1912. 253; vgl. aber auch BSVB § 45, der voraussetzte, daß die Güter „aus einem Seeschiffe übergeladen waren"). Im Falle der Nichtanzeige sollte die Versicherung „Frei von Beschädigung außer im Strandungsfall" gelten. Aus welchem Grunde die Anzeige unterblieben war, war ohne Bedeutung (Voigt 269). Der Gegenstand war also vom Standpunkt der vertragsmäßigen objektiven Beschränkung des Risikos oder nach den für warranties geltenden Grundsätzen des englischen Seeversicherungs-Rechtes behandelt. Der Versicherer konnte sich im Falle der Nichtanzeige oder gar der Falschanzeige nicht auf die allgemeinen Grundsätze über die vorvertragliche Anzeigepflicht berufen. Er konnte sich, wenn die Versicherung für die Zukunft genommen war und die Güter erst nach dem Vertragsschluß die Vorreise gemacht hatten, nicht auf die Grundsätze über die Gefahränderung berufen. Hieran knüpft § 83 ADS an: **Der Versicherer haftet für Beschädigung nur im Strandungsfall, wenn die Güter eine Vorreise gemacht haben oder machen sollen, — es sei denn, daß dem Versicherer hiervon Mitteilung gemacht ist, oder daß die Beschädigung nur auf der versicherten Reise entstanden sein kann.** Die Bestimmung bezieht sich ihrem Wortlaut nach nur auf die Beschädigung versicherter Güter, nicht auch auf den Fall des Verlustes eines Teils der Güter (RG 112. 149 = JRPV 1926. 66, HansOLG HRZ 1927. 939 = Sasse Nr. 373).

Anm. 3 a) Wenn die Güter eine Vorreise gemacht haben oder machen sollen, — genauer: **wenn die Güter in das zur Ausführung der versicherten Reise bestimmte Schiff im Anschluß an eine andere, zur See oder auf Binnengewässern ausgeführte, Reise übergeladen sind oder übergeladen werden sollen.**

1. Die Vorreise muß eine andere, zur See oder auf Binnengewässern ausgeführte Reise sein. Nach E 1910 § 23 Abs. 3 Nr. 3 sollte jede Vorreise genügen. Das war folgerichtig. Denn jede Vorreise und insbesondere jede Umladung ist mit Gefahren verbunden und begründet den Verdacht der Beschädigung (Begr. z.

E 1910 §§ 21—24, ME 95). Die analoge Anwendung des § 83 auf die Fälle der Land- oder Luft-Vorreise ist natürlich unstatthaft (in diesem Zusammenhang richtig HGZ 1909. 155: § 50 ASVB sei „eine nicht ausdehnbare Ausnahmebestimmung"). In diesen Fällen müßten also die allgemeinen Bestimmungen über die vorvertragliche Anzeigepflicht (§§ 19ff.) und über die Gefahränderung Anwendung finden. Sie sind natürlich auch grundsätzlich anwendbar. Aber § 89 Abs. 1 läßt doch erkennen, daß die Verkehrsanschauung Vorreisen in bestimmter Weise bewertet. Der Umstand, daß die Güter bereits zur See oder auf Binnengewässern eine Reise ausgeführt haben, ist nach der Verkehrsanschauung für die Übernahme der Gefahr erheblich, geeignet, auf den Entschluß des Versicherers Einfluß auszuüben (§ 19 Anm. 30, 31), wenn auch nicht so erheblich, daß es nicht gestattet wäre, im Falle der Nichtanzeige die Versicherung (wenngleich in beschränktem Umfang) aufrechtzuerhalten. Der Umstand, daß die Güter bereits eine Land- oder Luftreise gemacht haben, wird daher, nach dem Zeugnis des § 83 Abs. 1, als ein Umstand betrachtet werden müssen, der nach der Verkehrsanschauung für die Übernahme der Gefahr im allgemeinen nicht erheblich ist. Im allgemeinen: Die Umstände des Falles können natürlich auch Land- und insbesondere Luft-Vorreisen als gefahrerheblich im Sinne des § 19 oder als Gefahränderungen im Sinne des § 23 erscheinen lassen. § 83

2. Die versicherte Reise muß im Anschluß an die Wasser-Vorreise stattfinden. Nicht notwendig im sofortigen, im unmittelbaren Anschluß an die Vorreise. Sondern in solchem Anschluß, daß der Verdacht der Beschädigung, der die Vorreise als anzeigepflichtigen Umstand erscheinen läßt, besteht (RG 112. 149 = JRPV 1926. 66). Wenn Kisten mit Spielwaren nach Hamburg reisen, um von hier aus unbesehen ausgeführt zu werden, so bilden Vorreise und Umladung auch dann ohne weiteres einen gefahrerheblichen Umstand im Sinne des § 83 Abs. 1, wenn die Spielwaren aus irgendwelchen Gründen in Hamburg längere Zeit in Kähnen oder Speichern unausgepackt lagern. Dagegen bilden Vorreise und Umladung keinen gefahrerheblichen Umstand, wenn die Güter zwar nach Hamburg kommen, um von hier ausgeführt zu werden, aber in Hamburg untersucht und seemäßig verpackt werden, mag auch die versicherte Reise noch am Tage der Ankunft der Güter in Hamburg beginnen. § 50 ASVB drückte diesen Gedanken (zu eng) an zwei bestimmten Beispielfällen aus: Als gefahrerheblich galt der Umstand der Vorreise und der Umladung nur, wenn die Güter, „ohne vorher ans Land gebracht oder untersucht zu sein, übergeladen" waren oder werden sollten. Anm. 4

3. Die Güter müssen in das zur Ausführung der versicherten Reise bestimmte Schiff übergeladen sein. Die versicherte Reise muß also eine Reise zu Schiff, die Vorreise eine unversicherte (oder anderweit versicherte) Reise zur See oder auf Binnengewässern sein. Wenn die versicherte Reise eine kombinierte Land- und Seereise ist und die Güter nach einer Wasser-Vorreise zunächst in das Land-Transportmittel übergeladen werden, ist § 83 Abs. 1 nicht unmittelbar anwendbar. Da aber die ADS auf kombinierte Versicherungen nach § 125 sinngemäß angewendet werden sollen, ist auch § 83 Abs. 1, sind also nicht etwa die §§ 19ff., 23ff. anzuwenden. — Über den Begriff der versicherten Reise: § 60 Anm. 16. § 83 Abs. 1 gilt also nicht für Zeitversicherungen, z. B. nicht für die Zeitversicherung der Effekten eines Schiffsoffiziers. Dagegen gilt § 83 Abs. 1 natürlich auch für laufende Versicherungen. Ist auch die laufende Versicherung regelmäßig für Zeit genommen, so sind doch die von der laufenden Versicherung umfaßten Einzelversicherungen Reiseversicherungen. Und wenn es auch bei der laufenden Versicherung regelmäßig nicht möglich ist, bei der Schließung des Ver- Anm. 5

§ 83 trags mitzuteilen, daß die Güter eine Vorreise gemacht haben oder machen sollen, so kommt es doch hierauf nicht an, sondern darauf, ob die Güter tatsächlich die Vorreise machen (unten Anm. 6); auch trifft der Grund des § 83 Abs. 1 auf die von der laufenden Versicherung umfaßten Einzelversicherungen ebenso zu, wie auf andere Versicherungen. Deshalb bestimmt auch § 97 (zwar von anderen Bestimmungen, aber) nicht von § 83 Abs. 1 eine Ausnahme.

Anm. 6 4. Vorausgesetzt ist, daß die Güter übergeladen sind oder übergeladen werden sollen. Schon übergeladen sind: dabei ist an den Fall gedacht, daß die Versicherung für die Gegenwart oder für die Vergangenheit genommen ist. Erst noch übergeladen werden sollen: dabei ist an den Fall gedacht, daß die Versicherung für die Zukunft genommen ist. In diesem letzten Falle wäre es also eigentlich nur die beim Vertragsschluß bestehende Absicht, auf die es ankommt, die mitgeteilt werden muß, deren Nichtmitteilung die Beschränkung der Haftung des Versicherers herbeiführt (über Absichten als anzeigepflichtige Umstände: § 19 Anm. 23). Die Folge wäre, daß der Versicherer auch dann nur beschränkt haften würde, wenn zwar die Absicht bestanden hat und nicht mitgeteilt ist, die Absicht aber nicht ausgeführt ist, die Güter gar nicht übergeladen werden. Und die Folge wäre andererseits, daß der Versicherer grundsätzlich unbeschränkt haften würde, wenn zwar die Güter tatsächlich übergeladen werden, die Absicht aber bei der Schließung des Vertrags nicht bestanden hat und deshalb auch nicht mitgeteilt ist, daß aber regelmäßig die Überladung als Gefahränderung zu behandeln und der Versicherer deshalb gemäß §§ 23, 24 frei sein würde. Diese Folgen wären unerträglich und sind natürlich nicht beabsichtigt (so wenig, wie im entsprechenden Falle des § 63: § 63 Anm. 3). Die Fassung des § 83 (wie diejenige des § 63) erklärt sich aus der Erwägung, daß bei der Zukunftsversicherung der Versicherungsnehmer nicht mitteilen kann, daß die Güter übergeladen sind, sondern nur, daß sie übergeladen werden sollen. Im übrigen kommt es nur darauf an, ob die Güter tatsächlich übergeladen sind oder übergeladen werden (vgl. auch § 84 Anm. 4). Sind sie übergeladen, so finden die allgemeinen Bestimmungen über die vorvertragliche Anzeigepflicht, werden sie übergeladen, so finden die Bestimmungen über Gefahränderung keine Anwendung. — Die Güter müssen übergeladen sein. Aus dem Schiffe der Vorreise in das Schiff der versicherten Reise. Unmittelbare Weiterbeförderung in einem und demselben Schiffe genügt nicht. Andererseits brauchen die Güter nicht notwendig in ein anderes Schiff übergeladen zu sein. Wenn die Güter aus dem Schiffe der Vorreise ausgeladen und in dasselbe Schiff zur Ausführung der versicherten Reise wieder eingeladen werden, ist § 83 Abs. 1 anwendbar.

Anm. 7 b) Wenn dem Versicherer hiervon nicht bei der Schließung des Vertrags Mitteilung gemacht ist, haftet er nur beschränkt.

1. Über den Begriff der „Schließung des Vertrags": § 19 Anm. 16ff. — Dem Versicherer ist mitzuteilen. Das bedeutet dasselbe, wie: anzuzeigen. Man hat den Ausdruck „Mitteilung" nur gewählt, um damit kenntlich zu machen, daß nicht etwa hilfsweise die Bestimmungen über die vorvertragliche Anzeigepflicht herangezogen werden dürfen. Im § 63 ist nur infolge eines Redaktionsversehens der Ausdruck „Anzeige" nicht durch den Ausdruck „Mitteilung" ersetzt worden. Über den Begriff der „Mitteilung" vgl. daher § 19 Anm. 21, 22. — Dem Versicherer ist mitzuteilen. Hierüber: § 19 Anm. 15. — Wessen Mitteilung erforderlich und genügend ist, sagt § 83 nicht. Aus dem inneren Zusammenhang des § 83 mit § 19 folgt aber ohne weiteres, daß nur die Mitteilung einer Person genügt,

deren Anzeigen die vorvertragliche Anzeigepflicht des Versicherungsnehmers erfüllen. Daher näheres: § 19 Anm. 10ff. § 83

2. Der Versicherer haftet nur beschränkt. Die Haftung des Versicherers ist durch den Vertrag objektiv beschränkt. Aus welchem Grunde die Mitteilung unterblieben ist, ob den Versicherungsnehmer ein Verschulden trifft oder nicht, ob er weiß oder nicht weiß, daß die Güter eine Vorreise gemacht haben oder machen sollen, ob die Güter nach Abschluß des Versicherungsvertrags mit oder ohne seinen Willen die Vorreise machen, ist ohne Bedeutung. — Auch das ist ohne Bedeutung, ob der Versicherer weiß oder nicht weiß, daß die Güter eine Vorreise gemacht haben oder machen sollen. Denn wenn er es weiß, mag er davon ausgehen, daß der Versicherungsnehmer sich mit der durch § 83 beschränkten Haftung begnügt. Anders, wenn er auch weiß, daß der Versicherungsnehmer mit seiner Kenntnis rechnet und den § 83 Abs. 1 wegbedungen wissen will; dann wäre sein Stillschweigen als Zustimmung auszulegen (Vorb. vor § 1 Anm. 17, 18, § 13 Anm. 5; vgl. auch § 63 Anm. 4). Anm. 8

3. Der Versicherer haftet für Beschädigung nur im Strandungsfall. Zwar haftet er ohnehin für Beschädigung nur im Strandungsfall (§ 82). Nach § 83 haftet er auch in den „anderen“, den Ausnahmefällen für Beschädigung nur im Strandungsfall; ebenso natürlich in denjenigen Fällen, in denen § 82 Abs. 1 wegbedungen, also vereinbart ist, daß der Versicherer für Beschädigung auch in anderen als Strandungsfällen haften soll. Die Mitteilung ist deshalb nur in diesen Ausnahmefällen notwendig. — „Die Bestimmungen des § 114 Abs. 1 und 3 über die Haftung des Versicherers im Strandungsfalle finden entsprechende Anwendung“. § 83 sagt es nicht besonders, weil es schon im § 82 Abs. 1 gesagt ist. Es gilt dort wie hier. Alles Nähere daher: § 113 Anm., § 114 Anm. — Der Versicherer haftet für Verlust auch in anderen als Strandungsfällen (abgesehen vom Verlust durch Beschädigung: §§ 113, 114) und ebenso unbeschränkt wie im Strandungsfall (vgl. HansOLG HGZ 1925 Nr. 27 = HRZ 1925. 274 = Sasse Nr. 329, HRZ 1927. 939 = Sasse Nr. 373, RG 112. 149). Die Haftung für Verlust ist in jedem Falle folgewidrig. Gerade im Falle des Verlustes ist die Gefahr besonders groß, daß dem Versicherer Vorreise-Beschädigungen zur Last gelegt werden. Denn der Versicherungsnehmer kann im Falle des Verlustes ohne weiteres die Versicherungssumme verlangen (§ 91); der Versicherer muß beweisen, daß die Versicherungssumme (wegen der Beschädigung) den Versicherungswert übersteigt, insbesondere die Taxe erheblich übersetzt ist. Man hat aber nicht gut die Haftung des Versicherers auch für den Fall des Verlustes beschränken können, ohne sich den Grundsätzen über die vorvertragliche Anzeigepflicht und die Gefahränderung so weit zu nähern, daß die Behandlung des Gegenstandes nach den Grundsätzen der vertragsmäßigen Beschränkung des Risikos sich hätte nicht mehr rechtfertigen lassen. Unter diesen Umständen hätte man wenigstens, wie im § 84, bestimmen sollen, daß der Versicherer im Falle des Verlustes nur den wirklichen Versicherungswert zu ersetzen habe. Anm. 9

4. Beweislast. Der Versicherer muß beweisen, daß die Güter die Vorreise gemacht haben, der Versicherungsnehmer, daß dem Versicherer hiervon bei der Schließung des Vertrags Mitteilung gemacht ist (verb. „es sei denn“). Anm. 10

c) Der Versicherer haftet, ausnahmsweise, auch in anderen als Strandungsfällen, wenn die Beschädigung nur auf der versicherten Reise entstanden sein kann. Genauer: wenn die Beschädigung nur Versicherungsschaden sein, wenn sie nur so entstanden sein kann, daß sie nach den versicherungsrechtlichen Grundsätzen über den ursächlichen Zusammenhang von Gefahrereignis und Schaden dem Versicherer Anm. 11

§ 83 zur Last fällt. Denn dem Versicherer fällt einerseits nicht jeder Schaden zur Last, der „auf der versicherten Reise entsteht", und andererseits auch solcher Schaden zur Last, der nicht „auf der versicherten Reise entsteht" (§ 28 Anm. 28). — Der Beweis, daß die Beschädigung auf der versicherten Reise entstanden ist, genügt nicht. Genügt er, so würde dem § 83 Abs. 1 jede positive Bedeutung fehlen. Denn der Versicherungsnehmer muß ohnehin in jedem Falle beweisen, daß der Schaden, für den er Entschädigung verlangt, während der Dauer der Versicherung entstanden ist (§ 28 Anm. 31). Schon deshalb war der von den Handelskammern gestellte Antrag unbegründet, zu bestimmen, daß § 83 Abs. 1 keine Anwendung finden solle, „wenn der Versicherungsnehmer nachweise, daß die Beschädigung nicht auf der Vorreise erfolgt sei" (Mat. 1. 294). Es genügt nicht, daß der Versicherungsnehmer dafür, daß die Beschädigung auf der versicherten Reise entstanden ist, die Wahrscheinlichkeit erbringt, die im gewöhnlichen Leben als Gewißheit hingenommen wird. Er muß beweisen, daß es unmöglich ist, daß die Beschädigung zu einer anderen Zeit entstanden ist (vgl. § 24 Anm. 28, § 72 Anm. 6). Sieht man auf den Grund der Bestimmung, so wird es indessen auch genügen müssen, wenn der Versicherungsnehmer beweist, daß es unmöglich ist, daß die Beschädigung auf der Vorreise entstanden ist (vgl. auch BSVB § 45: „daß der unbeschädigte Zustand der Güter zur Zeit der Überladung gehörig nachgewiesen wird"). Dieser Beweis wäre z. B. erbracht, wenn die Vorreise eine Binnenreise ist und die Güter durch Seewasser beschädigt sind. — Hat der Versicherungsnehmer bewiesen, daß die Beschädigung nicht auf der Vorreise entstanden sein kann, und bewiesen, daß sie während der Dauer der Versicherung entstanden ist, so braucht er weder zu beweisen, daß die Beschädigung die Folge eines Gefahrereignisses ist (§ 28 Anm. 9), noch gar, daß sie nur durch ein Gefahrereignis verursacht sein kann. Die (positive) Bedeutung des § 83 Abs. 1 ist daher dürftig. Sie besteht nur darin, daß, wenn die Güter eine Vorreise gemacht haben und dies dem Versicherer nicht mitgeteilt ist, dem Versicherungsnehmer der Beweis, daß die Beschädigung während der Dauer der Versicherung entstanden ist, erschwert wird. Größer ist die negative Bedeutung des § 83 Abs. 1: Der Versicherer kann sich, wenn die Güter eine Vorreise gemacht haben oder machen, nicht auf die Verletzung der vorvertraglichen Anzeigepflicht oder der Gefahrstandspflicht berufen (oben Anm. 2, 6).

Anm. 12 d) Haftet der Versicherer für die Beschädigung unbeschränkt (sei es, weil ihm mitgeteilt ist, daß die Güter eine Vorreise gemacht haben, sei es, weil dem Versicherungsnehmer der Beweis gelingt, daß die Beschädigung nur auf der versicherten Reise entstanden sein kann), so gebührt dem Versicherer nicht die Zuschlagsprämie des § 20 Abs. 3.

Anm. 13 3. Steht fest, daß die Güter, welche die Vorreise gemacht haben, beim Antritt der versicherten Reise beschädigt waren, so findet nicht § 83 Abs. 1, sondern § 84 Anwendung. Ist dem Versicherer insbesondere mitgeteilt, daß die Güter beschädigt sind, so kann er sich nicht darauf berufen, daß ihm nicht mitgeteilt ist, daß die Güter eine Vorreise gemacht haben und umgeladen sind.

Anm. 14 4. Hat nur ein Teil der versicherten Güter die Vorreise gemacht, so ist § 83 Abs. 1 (seinem Grunde nach) nur für diesen Teil anzuwenden. Anders, wenn sich nicht feststellen läßt, welcher Teil der Güter die Vorreise gemacht hat. § 27 ist jedenfalls unanwendbar.

Anm. 15 5. **Abs. 2.** Retourwaren (vgl. insbesondere § 19 Anm. 25). Auch der Umstand, daß die **Güter nach ihrer Beförderung zum Bestimmungsort,** ganz oder zum Teil, **ausgepackt,** wegen ihrer Unverkäuflichkeit oder aus einem anderen Grunde **wieder verpackt und auf der versicherten Reise zurück- oder weiterbefördert** werden oder werden sollen, ist für die Übernahme der Gefahr erheblich. Denn auch bei solchen Gütern ist die Wahrscheinlichkeit, daß sie beim Beginn der Versicherung beschädigt sind, größer als bei anderen, der Versicherer der Gefahr ausgesetzt, daß ihm solche „alten" Beschädigungen mit Erfolg zur Last gelegt werden, das beschädigte Gut möglicherweise für Versicherungsschäden empfänglicher ist als unbeschädigtes Gut. Deshalb bestimmte E 1910 § 23 Abs. 3 Nr. 4, daß jener Umstand ohne weiteres als gefahrerheblich im Sinne des § 19 ADS angesehen werden solle. E 1910 behandelte den Gegenstand also lediglich vom Standpunkt der vorvertraglichen Anzeigepflicht. Anders (und vielmehr im Anschluß an § 83 Abs. 1) § 83 Abs. 2 ADS: **Der Versicherer haftet für Beschädigung nur im Strandungsfall, — es sei denn, daß ihm** von dem gefahrerheblichen Umstand **Mitteilung gemacht ist, oder daß die Beschädigung nur auf der versicherten Reise entstanden sein kann.** § 83

a) Die Güter müssen zunächst zum Bestimmungsort befördert sein, nach dem Orte ihrer Bestimmung, nach einem Orte, für den die Güter (von dem Versicherungsnehmer oder einem Dritten) zu einem wirtschaftlich selbständigen Zwecke bestimmt sind. Zwischenorte, Orte, die von den Gütern nur passiert werden, um zum Bestimmungsort zu gelangen, kommen nicht in Betracht; Reisen nach solchen Zwischenorten sind nur gemäß § 83 Abs. 1, nicht gemäß § 83 Abs. 2 von Bedeutung. § 83 Abs. 2 ist also unanwendbar, wenn ein Hamburger Kaufmann sich Güter nach Hamburg kommen läßt, sie hier auspackt und sie auf der versicherten Reise weiterbefördern läßt. Auch dann, wenn er selbst die Beförderung nach Hamburg veranlaßt, um die Güter von hier auszuführen, sie hier auspackt und sie dann auf der versicherten Reise weiterbefördern läßt. In solchen Fällen besteht ja auch regelmäßig kein Grund zum Verdacht, daß die Güter die versicherte Reise in beschädigtem Zustand antreten. — Ob die Güter zu Wasser, zu Lande oder durch die Luft zum Bestimmungsort befördert sind, gilt gleich. Anm. 16

b) Die Güter müssen am Bestimmungsort (zu Lande oder zu Wasser, ausgeladen oder unausgeladen) ganz oder teilweise ausgepackt und wiederverpackt sein. — Die Güter müssen also verpackt sein. Wenn unverpackte Güter, z. B. Eisenbahnschienen oder Bulkladung, am Bestimmungsort ankommen und auf der versicherten Reise zurück- oder weiterbefördert werden, werden Beschädigungen regelmäßig leicht erkennbar sein, wird dem Versicherungsnehmer schwerer fallen, zu beweisen, daß die Beschädigung auf der versicherten Reise entstanden ist, dem Versicherer leichter, den Gegenbeweis zu führen, daß sie vorher entstanden ist. — Wenn verpackte Güter unausgepackt auf der versicherten Reise zurück- oder weiterbefördert werden, besteht wiederum in der Regel kein Grund, den Versicherer zu schützen. Entweder ist die Beschädigung am Bestimmungsort erkennbar; dann wird der Versicherungsnehmer schwerer beweisen können, daß die Beschädigung auf der versicherten Reise entstanden ist, der Versicherer leichter, daß sie vorher entstanden ist. Oder die Beschädigung ist am Bestimmungsort nicht erkennbar; dann wird es dem Versicherungsnehmer in der Regel überhaupt nicht möglich sein, zu beweisen, daß die Beschädigung auf der versicherten Reise entstanden ist, und überdies wird in diesem Falle die Zurück- oder Weiterbeförderung der Güter regelmäßig in Umständen ihren Grund haben, die nicht den Verdacht einer Beschädigung begründen, etwa in Konjunkturverhältnissen oder in Streitigkeiten über die Gültigkeit des über die Güter geschlossenen Vertrags. — Hieraus folgt nicht, daß dem Versicherer niemals angezeigt zu werden brauchte, daß unverpackte oder unausgepackte Güter „nach ihrer Beförderung zum Bestimmungsort auf der versicherten Reise zurück- oder weiterbefördert werden oder werden sollen". Für die Regel wird freilich aus § 83 Abs. 2 zu folgern sein, daß dieser Umstand nach der Verkehrsanschauung als nicht gefahrerheblich gilt (oben Anm. 3). Aber die Beförderung zum Bestimmungsort kann eine Vorreise im Sinne des § 83 Abs. 1 sein; dann ist natürlich Anm. 17

§ 83 § 83 Abs. 1 anwendbar. Und unter besonderen Umständen können auch die §§ 19ff. anwendbar sein (oben Anm. 3).

Anm. 18 c) Die Güter müssen auf der versicherten Reise zurück- oder weiterbefördert werden. Von einer Zurück- oder Weiterbeförderung kann man nur sprechen, wenn die erste Beförderung mit der zweiten in nahem wirtschaftlichen Zusammenhang steht. Sei es, daß die Beförderung zum Bestimmungsort ihre Bestimmung verfehlt hat und deshalb die Güter wieder zurück- oder aber weiterbefördert werden müssen. Sei es, daß, umgekehrt, die Güter gerade zum Bestimmungsort befördert worden sind, um (wenn auch nur gegebenenfalls) wieder zurück- oder weiterbefördert zu werden. § 83 Abs. 2 ist deshalb z. B. auch anwendbar, wenn die Güter zu einer Ausstellung befördert sind und nach der Ausstellung auf der versicherten Reise wieder zurück- oder nach einer anderen Ausstellung befördert werden (Begr. z. E 1910 §§ 21—24). Dagegen würde § 83 Abs. 2 nicht anwendbar sein, wenn etwa jemand Güter, die zur Ausstellung befördert sind, hier erwirbt und auf der versicherten Reise befördern läßt; die Beförderung auf der versicherten Reise wäre keine Weiterbeförderung. Ebensowenig, wenn etwa ein Hamburger Kaufmann die Güter nach Hamburg kommen läßt, um sie hier zu Lager zu nehmen, auszupacken und zum Verkauf, sei es am Orte, sei es nach auswärts, zu stellen, dann sie verkauft, wieder verpackt und auf der versicherten Reise befördern läßt; auch diese Reise wäre keine Weiterbeförderung, keine Beförderung, keine mit der ersten Beförderung wirtschaftlich irgendwie zusammenhängende Beförderung. In allen diesen Fällen versagt ja auch die dem § 82 zugrunde liegende Erwägung. Die zweite Beförderung erfolgt regelmäßig nicht unter Umständen, die den besonderen Verdacht einer Veränderung, insbesondere einer Beschädigung, rechtfertigen (Begr. z. E 1910 §§ 21—24). — Ob die Zurück- oder Weiterbeförderung mit demselben oder einem anderen Beförderungsmittel, ob sie zu Wasser, zu Lande oder durch die Luft erfolgt oder erfolgen soll (vgl. § 125 und oben Anm. 5), gilt gleich.

Anm. 19 d) Der Fall, daß die Güter ausgepackt und wiederverpackt sind und auf der versicherten Reise zurück- oder weiterbefördert werden, ist der Fall, in dem die Versicherung für die Gegenwart oder für die Vergangenheit genommen wird. Der Fall, daß die Güter ausgepackt, wiederverpackt (sind oder werden sollen) und auf der versicherten Reise weiterbefördert werden sollen, ist der Fall, in dem die Versicherung für die Zukunft genommen wird. Das hat aber nur für die Art der Mitteilung Bedeutung. Im übrigen kommt es nur darauf an, ob die Güter tatsächlich ausgepackt und wiederverpackt sind und auf der versicherten Reise zurück- oder weiterbefördert werden. Näheres: oben Anm. 6.

Anm. 20 e) **„Insbesondere, wenn die Güter Retourwaren sind".** — Man bezeichnete früher als Retourwaren oder Retouren die für den Verkaufserlös ausgeführter Güter in Übersee eingekauften und eingeführten Güter (ASVB § 48, AllgPlan 1847 § 10, Langenbeck 397: „Wenn auf Schip of Schepen versichert wird, oder auf ungewisse Retouren, wie in dem Fall geschieht, wenn jemand Retouren erwartet, aber worin solche bestehen und den Nahmen des Schiffes, worin solche eingeladen worden, oder des Schiffers nicht eigentlich weiß..."; Klefecker 430 aus einer Police nach Magens 17: „Auf Retouren in Schiff oder Schiffen, welche von 5 Pack M. M. N. 1. a. 5. procediren, 100 Stück Laken einhalten, an D. Juan Alfonso consigniert worden, und ausgehend 24000 Rpts. werth gewesen"; C. de comm. Art. 340: Si l'assurance est faite sur le retour d'un pays où le commerce ne se fait que par troc, et ...). Anders heute. Man bezeichnet als Retourwaren solche Güter, die von einem Orte zum andern befördert sind, aber ihren Beförderungszweck (insbesondere den Zweck einer Werterhöhung durch Ortsveränderung) verfehlt haben und deshalb zurückbefördert werden, insbesondere Güter, die in Ausführung eines Veräußerungsgeschäfts oder zum Zwecke der Veräußerung ausgeführt, aber vom Empfänger, Kommissionär, Agenten, Käufer wegen Unverkäuflichkeit oder Sachmangels zurückgehen (Begr. z. E 1910 §§ 21—24). Gerade in solchen Fällen besteht oft der Verdacht, daß die Güter die (versicherte) Rückreise in beschädigtem Zustand antreten. Deshalb soll der Versicherer „insbesondere, wenn die Güter Retourwaren sind", und wenn ihm dies bei der Schließung des Vertrags nicht mitgeteilt ist, für Beschädigung nur beschränkt haften. Das ist übrigens nicht ganz genau. Retourwaren können und werden meist Güter sein, die „nach ihrer Beförderung zum Bestimmungsort ganz oder zum Teil ausgepackt... wieder verpackt und auf der versicherten Reise zurück- oder weiterbefördert werden oder werden sollen". Aber sie brauchen es nicht zu sein. Retourwaren sind auch unverpackte Eisenbahnschienen oder Bulkladungen, die wegen Unverkäuflichkeit oder Sachmangels zurückgehen. Auf solche Retourwaren ist § 83 Abs. 2 nicht anwendbar (aber vielleicht § 83 Abs. 1). Deshalb ist auch die Überschrift über § 83 nicht ganz genau; auch deshalb nicht, weil § 83 Abs. 2 nicht nur auf Retourwaren anzuwenden ist (über die Bedeutung der Überschriften vgl. Vorb. vor § 1 Anm. 12). § 83

f) Wenn dem Versicherer hiervon nicht bei der Schließung des Vertrags Mitteilung gemacht ist, haftet er nur beschränkt. Anm. 21

1. Über den Begriff der „Schließung des Vertrags": § 19 Anm. 16ff. Über den Begriff der „Mitteilung", den Adressaten der Mitteilung, die Person des Mitteilenden: oben Anm. 7.

2. Die Haftung des Versicherers ist durch den Vertrag objektiv beschränkt. Näheres: oben Anm. 8.

3. Der Versicherer haftet für Beschädigung nur im Strandungsfall. Näheres: oben Anm. 9.

4. Der Versicherer haftet ausnahmsweise unbeschränkt, wenn die Beschädigung nur auf der versicherten Reise entstanden sein kann. Näheres: oben Anm. 11).

5. Der Versicherer muß beweisen, daß die Güter Retourwaren sind usw., der Versicherungsnehmer, daß dem Versicherer hiervon Mitteilung gemacht ist oder daß die Beschädigung nur auf der versicherten Reise entstanden sein kann (oben Anm. 10, 11).

g) Haftet der Versicherer unbeschränkt, so gebührt ihm nicht die Zuschlagsprämie des § 20 Abs. 3 (oben Anm. 12). Anm. 22

h) § 83 Abs. 2 gilt nur für Reiseversicherungen, nicht für Zeitversicherungen, wohl aber auch für laufende Versicherungen (oben Anm. 5). Anm. 23

i) Nicht § 83 Abs. 2, sondern § 84 ist anzuwenden, wenn feststeht, daß die Retourwaren usw. beim Antritt der Reise beschädigt waren (oben Anm. 13). Anm. 24

k) Bestehen die versicherten Güter nur zum Teil aus Retourwaren usw., so ist § 83 Abs. 2 grundsätzlich nur für den Teil anzuwenden. Näheres: oben Anm. 14. Anm. 25

6. § 83 findet auf **andere Versicherungen, die sich auf die Güter beziehen,** entsprechende Anwendung (§ 99). Anm. 26

7. § 83 gilt sinngemäß auch für die **Rückversicherung** (§ 99, § 1 Anm. 136). Der Rückversicherer haftet also nur beschränkt, wenn der Vorversicherer ihm bei der Schließung des Rückversicherungs-Vertrags nicht mitgeteilt hat, daß die Güter eine Vorreise gemacht haben usw. (es sei denn, daß die Beschädigung nur auf der versicherten Reise entstanden sein kann). So jedenfalls, wenn der Vorversicherte dem Vorversicherer mitgeteilt hat (HG u. OG Hamburg HGZ 1870. 95, 263). Hat der Vorversicherte nicht mitgeteilt, so haftet der Rückversicherer schon deshalb nur beschränkt, weil der Vorversicherer nur beschränkt haftet; aber er haftet in diesem Falle gleichwohl unbeschränkt, wenn der Vorversicherer (wie gewöhnlich) abwicklungsberechtigt ist, Anm. 27

§ 83 dem Vorversicherten gegenüber sich nicht auf § 83 beruft und auch ein nicht rückversicherter Versicherer sich verständiger- und billigerweise auf § 83 nicht berufen würde (§ 1 Anm. 154). — Im Falle einer laufenden Rückversicherung kann der abwicklungsberechtigte Vorversicherer auch die unbeschränkte Haftung für Beschädigung übernehmen (sich mitteilen lassen und trotzdem den Versicherungsvertrag schließen), wenn auch ein nicht rückversicherter Versicherer sie verständiger- und billigerweise übernommen haben würde (§ 1 Anm. 161).

Anm. 28 8. Den **fremden Rechten** sind Bestimmungen gleich derjenigen des § 83 im allgemeinen unbekannt.

§ 84

Beschädigte Güter

Der Versicherer haftet nicht für eine Beschädigung, wenn die Güter die versicherte Reise in beschädigtem Zustande antreten, es sei denn, daß dem Versicherer hiervon bei der Schließung des Vertrags Mitteilung gemacht worden ist. Die Bestimmungen des § 113 über den Ausschluß der Haftung des Versicherers für Beschädigung finden entsprechende Anwendung. Auch hat der Versicherer im Falle eines Verlustes nur den wirklichen Versicherungswert zu ersetzen.

Anm. 1 1. Vgl. ASVB § 49. — **Literatur**: Burchard Baumgartners Hdwbch 709 (Versicherung beschädigter Güter).

Anm. 2 2. Der Umstand, daß die Güter schon beim Beginn der Versicherung beschädigt sind (waren oder sein werden), ist für die Übernahme der Gefahr erheblich (§ 19 Anm. 25). Zwar haftet der Versicherer nicht für solche Beschädigung. Zwar muß der Versicherungsnehmer, der Entschädigung verlangt, beweisen, daß die Beschädigung während der Dauer der Versicherung entstanden ist (§ 28 Anm. 31). Aber für den Versicherungsnehmer ist es oft leicht, diesen Beweis, für den Versicherer regelmäßig schwer, den Gegenbeweis zu führen (§ 83 Anm. 2). Überdies pflegen beschädigte Güter den Gefahren der Seeschiffahrt geringeren Widerstand entgegenzusetzen als unbeschädigte. Deshalb mußte schon früher, „wer Güter versichern läßt, die er als beschädigt abladet, oder die ihm als beschädigt gesandt werden, es in der Police bemerken, widrigenfalls er seinen Regreß für die particulaire Beschädigung verliert und seiner Prämie verlustig ist" (Plan 1800 Nr. 8, von Benecke 3. 45, offenbar wegen der allgemeinen vorvertraglichen Anzeigepflicht als „überflüssig" bezeichnet). Deshalb bestimmte § 49 ASVB, daß, wenn dem Versicherer die Beschädigung nicht bei der Schließung des Vertrags angezeigt war:

1. die Versicherung „Frei von Beschädigung" gelten sollte,
2. der Versicherungsnehmer „den Grad der Beschädigung" nachweisen und ein entsprechender Abzug vom Gesundwert gemacht werden sollte,
3. der Versicherer nur die halbe Entschädigung zu zahlen brauchte, wenn der Versicherungsnehmer „den Grad der Beschädigung" nicht nachwies.

Der Gegenstand war also nunmehr vom Standpunkt der vertragsmäßigen objektiven Beschränkung des Risikos oder nach den für warranties geltenden Grundsätzen des englischen Seeversicherungs-Rechts behandelt (Voigt 269; abw. Burchard BaumgartnersHdwbuch 710). Anders E 1910 § 23 Abs. 3 Nr. 2: der Umstand, daß die Güter beschädigt sind, sollte ohne weiteres, also ohne Rücksicht auf seine wirkliche Gefahrerheblichkeit im einzelnen Falle, als gefahrerheblich im Sinne des § 19 ADS gelten. E 1910 behandelte den Gegenstand also wieder vom Standpunkt der vorvertraglichen

Anzeigepflicht (vgl. dazu Lazarus, Über Seeversicherungs-Recht, 39 und, Bedenken, 2). — Anders wiederum § 84 ADS: **Der Versicherer haftet nur beschränkt, wenn die Güter die versicherte Reise in beschädigtem Zustand antreten, — es sei denn, daß dem Versicherer hiervon bei der Schließung des Vertrages Mitteilung gemacht ist.** Der Gegenstand wird wieder vom Standpunkt der vertragsmäßigen objektiven Beschränkung des Risikos behandelt. Der Versicherer kann sich regelmäßig im Falle der Nichtanzeige oder gar der Falschanzeige nicht auf die allgemeinen Grundsätze über die vorvertragliche Anzeigepflicht berufen und, wenn die Güter zwischen dem Abschluß des Versicherungsvertrags und dem Beginn der Versicherung beschädigt werden, nicht auf die Bestimmungen über die Gefahränderung (vgl. § 83 Anm. 2, 6, 11). § 84

a) Die Güter müssen beschädigt sein. Über den Begriff der Beschädigung: § 28 Anm. 39. Ob die Güter in erheblichem oder unerheblichem Umfang beschädigt sind, gilt gleich. Ob die Beschädigung, wenn sie während der Dauer der Versicherung entstanden wäre, dem Versicherer zur Last gefallen wäre oder nicht, gilt auch gleich. § 84 ist z. B. auch dann anwendbar, wenn die Güter infolge ihrer natürlichen Beschaffenheit beschädigt sind. Anm. 3

b) Die Beschädigung muß da sein, wenn die Güter die versicherte Reise antreten. Der Ausdruck ist ebensowenig genau, wie der im § 83 gebrauchte Ausdruck „auf der versicherten Reise entstandene Beschädigung" (§ 83 Anm. 11). Gemeint ist, deutlich erkennbar und deshalb auch maßgebend, daß die Güter sich beim Beginn der Versicherung in einem Zustand befinden müssen, der, wenn er während der Dauer der Versicherung entstanden wäre, nach den für den Kausalzusammenhang zwischen Ereignis und Schaden geltenden Grundsätzen (wenn auch vielleicht nicht nach den die Haftung des Versicherers regelnden Bestimmungen) den Versicherer zum Ersatz der Beschädigung verpflichtet haben würde. § 84 ist also anwendbar, wenn die Güter beim Beginn der Versicherung zwar unbeschädigt, aber in einem Zustand sind, der die Beschädigung zur adäquaten Folge haben muß. § 84 ist ferner anwendbar, wenn die Güter zwar beim Abschluß des Versicherungsvertrags unbeschädigt, aber beim Beginn der Versicherung „beschädigt" sind. § 84 ist dagegen unanwendbar, wenn die Güter zwar beim Abschluß des Versicherungsvertrags, nicht aber bei dem (früheren oder späteren) Beginn der Versicherung „beschädigt" sind. — Aus der ungenauen Ausdrucksweise des § 84 („wenn die Güter die versicherte Reise... antreten") folgt aber als etwas besonderes, daß § 84 nur für Reiseversicherungen, nicht auch für Zeitversicherungen gilt (ebenso, wie § 83: § 83 Anm. 5). Dagegen ist § 84 auch auf laufende Versicherungen anzuwenden (§ 83 Anm. 5). Anm. 4

c) Wenn dem Versicherer hiervon (davon, daß die Güter die versicherte Reise beschädigt antreten oder angetreten haben oder antreten werden) bei der Schließung des Vertrags keine Mitteilung gemacht ist, haftet er nur beschränkt. Anm. 5

1. Über den Begriff der „Schließung des Vertrags": § 19 Anm. 16ff. Über den Begriff der „Mitteilung", den Adressaten der Mitteilung, die Person des Mitteilenden: § 83 Anm. 7.

2. Die Haftung des Versicherers ist durch den Vertrag objektiv beschränkt. Näheres: § 83 Anm. 8.

3. Der Versicherer haftet **nicht für Beschädigung. § 113 findet entsprechende Anwendung.** Daher näheres: § 113 Anm. Über den Begriff der Beschädigung: § 28 Anm. 39, insbesondere über Bruch: § 113 Anm. — Der Versicherer haftet auch dann nicht, wenn die Beschädigung, für die der Versicherungsnehmer Entschädigung verlangt, „nur auf der versicherten Reise entstanden sein kann" (vgl. § 83).

§ 84 4. Der Versicherer hat **im Falle des Verlustes nur den wirklichen Versicherungswert** zu ersetzen. Nicht die Versicherungssumme. Nicht die Taxe (so auch Burchard BaumgartnersHdwbuch 711 für ASVB § 49). Es ist also nicht etwa (wie nach ASVB § 49) „der Grad der Beschädigung zu ermitteln...und sodann zu Gunsten des Versicherers ein den Umständen entsprechender Abzug von demjenigen Werte, welchen die Güter in unbeschädigtem Zustand gehabt haben würden, zu machen". — Über den Begriff des Verlustes: § 28 Anm. 38. Ob die Güter ganz oder teilweise verloren sind, gilt gleich. Die Güter können auch infolge einer Beschädigung verlorengehen, insbesondere in ihrer ursprünglichen Beschaffenheit zerstört werden. Aber in diesen Fällen hat der Versicherer auch ihren wirklichen Versicherungswert nicht zu ersetzen (§ 113). Verloren sind die Güter nicht ohne weiteres, wenn das Schiff mit ihnen verschollen ist, oder wenn sie durch Verfügung von Hoher Hand festgehalten werden. Aber der Versicherungsnehmer kann in diesen Fällen abandonnieren und damit (fast) dieselben Rechtswirkungen erzielen, wie wenn er wegen Verlustes die Versicherungssumme hätte verlangen können und verlangt hätte. Er kann deshalb auch in diesen Fällen nur Ersatz des wirklichen Versicherungswerts der Güter verlangen. Ebenso im Falle der Aufopferung der Güter in großer Haverei (§ 31) oder zur Abwendung oder Minderung von Versicherungsschaden (vgl. § 32 Anm. 8). Insbesondere kann der Versicherungsnehmer, wenn er die Güter zu Lasten des Versicherers verkaufen muß, gemäß § 96 Abs. 2 nur den Unterschied zwischen wirklichem Versicherungswert und Erlös verlangen. — Der Versicherungsnehmer muß im Falle des Verlustes usw. den wirklichen Versicherungswert der beschädigten Güter beweisen. Die Taxe hat nicht einmal die Kraft, den wirklichen Versicherungswert der (beschädigten) Güter zu beweisen. — Ist die Versicherungssumme niedriger als die Taxe, so hat der Versicherer den wirklichen Versicherungswert nur im Verhältnis der Versicherungssumme zur Taxe zu ersetzen. Zwar bestimmt dies § 6 Abs. 2 Satz 3 nur für den Fall, daß die Taxe herabgesetzt, nicht besonders für den Fall, daß die Taxe, wie im Falle des § 84, nicht maßgebend ist. Aber die Parteien haben nur eine Unterversicherung im Verhältnis der Versicherungssumme zur Taxe gewollt, und bei dieser Vereinbarung muß es bleiben (vgl. auch § 6 Anm. 33). — Über den „wirklichen Versicherungswert": § 6 Anm. 28, § 90.

5. Der Versicherer muß beweisen, daß die Güter beim Antritt der versicherten Reise beschädigt waren, der Versicherungsnehmer, daß dem Versicherer hiervon Mitteilung gemacht ist (§ 83 Anm. 10).

Anm. 6 3. Ist nur ein Teil der Güter beschädigt, so ist § 84 grundsätzlich nur für diesen Teil anzuwenden (näheres: § 83 Anm. 14). Die Beschädigung eines Teiles kann aber auch Beschädigung des Ganzen sein (§ 28 Anm. 39, § 94 Anm. 2).

Anm. 7 4. § 84 findet auf **andere Versicherungen, die sich auf die Güter beziehen,** entsprechende Anwendung (§ 99).

Anm. 8 5. § 84 gilt sinngemäß auch für die **Rückversicherung** (§ 99, § 1 Anm. 136). Näheres: § 83 Anm. 28.

Anm. 9 6. Den **fremden Rechten** sind Bestimmungen gleich derjenigen des § 84 im allgemeinen unbekannt (vgl. jedoch auch oben Anm. 2).

§ 85

Deckladung

(1) Soweit die Güter auf Deck verladen sind, haftet der Versicherer nur für Beiträge der großen Haverei, die der Versicherungsnehmer zu entrichten hat,

sowie dafür, daß die Güter infolge eines Totalverlustes oder der Verschollenheit des Schiffes oder infolge eines der im § 73 bezeichneten Ereignisse verlorengehen. **§ 85**

(2) Die Bestimmung des Absatzes 1 findet keine Anwendung, wenn die Güter ohne Zustimmung des Versicherungsnehmers auf Deck verladen sind. Dem Versicherer gebührt in diesem Falle eine Zuschlagsprämie.

1. Vgl. ASVB § 107 Abs. 1 u. 2, BSVB § 44 Abs. 1. — **Literatur:** Hasselrot NordiskForsäkrTidskr 1923. 21, ITVMitt 1923. 19 (Die Versicherungsbedingung „Seewurf und Überbordspülen" in der Seeversicherung). v. Duhn NAfHR 1. 201 (Von der Decksladung und ihrer Werfung). Fricke NeumZ 1929. 1276, 1930. 89 u. 121 (Versicherung von Deckladung). Anm. 1

2. Die Verladung der Güter auf Deck ist gefährlicher als die Verladung im Raum (wenigstens in der Regel; unter Umständen ist es umgekehrt: § 23 Anm. 9 unter ii). Decksgüter sind der Gefahr der Beschädigung durch Wasser und Wetter besonders ausgesetzt, ebenso der Gefahr, über Bord gespült zu werden. Müssen Güter zur Errettung von Schiff und Ladung aus gemeinsamer Gefahr geworfen werden, so sind es gewöhnlich die Decksgüter, die zunächst geworfen werden müssen (über die alte seerechtliche Regel, daß Decksgüter zuerst zu werfen sind: v. Duhn NAfHR 1. 205, Pöhls 3. 637). Deshalb dürfen Güter ohne Zustimmung des Abladers im allgemeinen nicht auf Deck verladen werden (HGB § 566). Deshalb bleiben im Havariegrosse-Falle Beschädigung und Verlust von Decksgütern im allgemeinen außer Ansatz (HGB § 708 Nr. 1). Deshalb haftet der Kaskoversicherer nicht für Havariegrosse-Beiträge, die der Versicherungsnehmer für Decksgüter entrichten muß (ADS § 62). Deshalb ist der Umstand, daß die zu versichernden Güter auf Deck verladen sind oder verladen werden sollen, für die Übernahme der Gefahr erheblich, müßte also der Versicherungsnehmer dies bei der Schließung des Vertrags gemäß § 19 ADS anzeigen (HGZ 1891. 143, — wenn es nicht etwa „allgemein bekannt" ist, daß die Güter auf Deck verladen werden, wie es bei Musterkoffern und Reisen an der norwegischen Küste nach OLG Hamburg LZ 1911. 324 angeblich der Fall ist). Deshalb würde der Güterversicherte die Gefahr geändert haben, wenn er die Verladung auf Deck zuließe (§ 23 Anm. 9 unter ii). Aber hier greift § 85 Abs. 1 ADS ein (im Anschluß an eine verhältnismäßig noch junge Rechtsentwicklung: Benecke 2. 72, AllgPlan 1847 § 61, ASVB § 107, BSVB § 44): Der Gegenstand wird unter dem Gesichtspunkt der vertragsmäßigen objektiven Beschränkung des Risikos behandelt. Die Decksgüter werden versicherungsrechtlich den Raumgütern angeglichen (vgl. HG Hamburg HH 309, auch § 82 Anm. 2). Der Versicherer haftet für gewisse Schäden an Decksgütern nicht; im übrigen ist er nicht frei. Der Versicherungsnehmer braucht regelmäßig nicht anzuzeigen, daß die Güter auf Deck verladen sind oder verladen werden sollen, und darf regelmäßig ohne Zustimmung des Versicherers auf Deck verladen lassen. Aber nur regelmäßig, nur insoweit, als die Verladung auf Deck wegen § 85 gefahrunerheblich ist. Anders etwa, wenn die Deckladung für das Schiff und damit auch für die Güter besonders gefährlich ist (über das Verhältnis der vorvertraglichen Anzeigepflicht zur vertragsmäßigen Beschränkung des Risikos: § 19 Anm. 26). Anm. 2

3. § 107 Abs. 1 ASVB hatte die größere Gefährlichkeit von Decksgütern gegenüber derjenigen von Raumgütern genauer abgewogen, als es § 85 ADS tut: Der Versicherer war „frei von Beschädigung, sowie frei von Werfen und Überbordspülen" (ähnlich BSVB § 44 Abs. 1). Ganz genau freilich auch nicht. Denn ob die Beschädigung gerade durch die Natur der Decklast als solcher verursacht war oder nicht, galt gleich (HG u. OG Hamburg HH 308). — § 107 Abs. 1 Satz 2 ASVB zählte die „hiernach" übrigbleibenden Haftungsfälle auf: Der Versicherer haftete „außer für große Ha- Anm. 3

§ 85 verei...nur dann für...Verlust, wenn das Schiff gesunken, gescheitert, durch Feuer zerstört, verschollen oder für gute Prise erklärt worden" war. Diese Schlußfolgerung ließ freilich viel zu wünschen übrig. Im Havariegrosse-Falle sollte ja gerade für geworfene Güter nichts bezahlt werden (vgl. auch AllgPlan 1847 § 61 Abs. 2: nur „der gesetzmäßige Beitrag zur Havariegrosse ist zu ersetzen"). Und im Katalog der Verlustfälle fehlten offenbar viele Fälle, in denen der Versicherer nach der Regel „Frei von Beschädigung, Werfen und Überbordspülen" zu haften gehabt haben würde. Besser BSVB § 44 Abs. 1: Der Versicherer leistet „für Beschädigung...sowie für Seewurf und Überbordspülen... keinen Ersatz, und bezahlt den Verlust der Güter nur bei einem Totalverlust des Schiffes".

Anm. 4 4. **Abs. 1.** § 85 behandelt den Stoff im Interesse der Übersichtlichkeit und zur Vermeidung von Streitigkeiten roher. Unter den Fällen, in denen der Versicherer nicht haftet, sind in größerer Zahl solche, die durch die Natur der Decklast als solcher nicht gerechtfertigt werden. **Der Versicherer haftet, soweit die Güter auf Deck verladen sind,** nur beschränkt (über den Begriff des Decks: § 62 Anm. 5; siehe HansOLG HGZ 1925 Nr. 52 = HRZ 1925. 433 = APV 1926. 26 = Sasse Nr. 336: Die Verladung von Tigern im Kohlenbrückendeck ist keine Deckverladung). Er haftet **nur:**

a) **für Havariegrosse-Beiträge, die der Versicherungsnehmer zu entrichten hat** (vgl. hierüber § 29 Anm. 8, 9). Auch für Havariegrosse-Beiträge, die etwa für nicht oder anderweit versicherte Decksgüter zu entrichten sind. — Der Versicherer haftet dagegen nicht für Havariegrosse-Aufopferungen der versicherten Decksgüter. Auch nicht für solche Aufopferungen, die mit der Verladung auf Deck nicht zusammenhängen, z. B. nicht für Decksgüter, die verbrannt werden müssen, weil die Reise infolge eines dem Versicherer zur Last fallenden Unfalls sich verzögert und die Kohlen ausgegangen sind (vgl. § 62 Anm. 4). Der Versicherungsnehmer kann sich auch nicht darauf berufen, daß er gemäß HGB § 708 oder YAR I von seinen Havariegrosse-Genossen keine Vergütung erhalte, daß die Aufopferung (z. B. die Werfung) von Decksgütern deshalb als Aufwendung vom versicherten Gegenstand zur Abwendung von Versicherungsschaden (und zugleich sonstigem Schaden) bewirkt sei, und daß der Versicherer diese Aufwendung gemäß § 32 Abs. 1 Nr. 1 ersetzen müsse. Freilich muß der Versicherer auch Aufwendungen zur Abwendung solchen Schadens ersetzen, für den er gemäß § 85 Abs. 1 haftet. Aber Aufopferungen vom versicherten Gegenstand werden nicht als Aufwendungen, sondern als gewöhnliche Schäden behandelt, und solche Schäden soll der Versicherer eben nur in den Ausnahmefällen des § 85 ersetzen. Auch nach dem Rechte des HGB wäre er frei. Er würde nach § 838 HGB nur für die dem Versicherungsnehmer „gebührende" Vergütung einzustehen haben, und dem Versicherungsnehmer gebührt eben (in der Regel wenigstens) keine Vergütung. Er würde nach § 834 HGB die „sonstigen" Rettungskosten zu ersetzen haben; aber sonstige Rettungskosten sind Havariegrosse-Aufopferungen nicht.

Anm. 5 b) **dafür, daß die Güter infolge eines Totalverlustes des Schiffes,** sei es ganz, sei es teilweise, **verlorengehen.** — Über den Begriff des Totalverlustes: § 71 Anm. 5ff. Ob es sich um einen Totalverlust des Schiffes im Sinne des § 71 Abs. 1 oder um einen solchen des § 71 Abs. 2 handelt, gilt gleich. Ebenso, ob der Totalverlust des Schiffes mit der Verladung auf Deck zusammenhängt oder nicht. — Der Totalverlust des Schiffes muß, wenn mehrere Ursachen in Betracht kommen, die nächste Ursache des Verlustes der Güter gewesen sein (§ 28 Anm. 17ff.). — Gehen die die Güter ohne Totalverlust des Schiffes verloren, so haftet der Versicherer nicht. Auch dann nicht, wenn der Verlust der Güter mit der Verladung auf Deck nicht zusammenhängt, wenn z. B. die Güter aus anderen Gründen verbrennen oder gestohlen werden. — Ebensowenig haftet der Versicherer für Beschädigung, mag die Beschädigung durch die Verladung der Güter auf Deck verursacht sein oder nicht. Der Versicherer haftet auch nicht, wenn die Güter beschädigt werden und die adäquate Folge dieser Beschädigung der Totalverlust des Schiffes und der Verlust der Güter ist, — weder für den Beschädigungsschaden noch für den Verlustschaden (vgl. § 28 Anm. 21). — § 107 Abs. 1 ASVB hob hervor, daß der Versicherer auch nur dann hafte, wenn „nicht etwa ... die Deckslast schon vorher geworfen oder über Bord gespült worden" sei. Das versteht sich von selbst (Begr. z. E 1910 § 80). Der Versicherer haftet überhaupt nicht, wenn (oder soweit) die Decksgüter „schon vorher" verlorengegangen oder beschädigt sind (§ 28 Anm. 24). Anders natürlich, wenn im einheitlichen Verlauf des Unfalls, der schließlich den Totalverlust des Schiffes herbeiführt, zunächst die Decksgüter geworfen oder über Bord gespült werden (vgl. § 28 Anm. 39). — Nach § 107 Abs. 1 ASVB sollte der Versicherer beweisen, daß die Decklast „schon vorher geworfen" usw. war. Die ADS haben diese Beweisvorschrift nicht übernommen. Denn grundsätzlich muß der Versicherungsnehmer beweisen, welchen Versicherungsschaden er erlitten hat. Er hat aber nach allgemeinen Beweisgrundsätzen genug bewiesen, wenn er nachweist, daß das Schiff verlorengegangen (oder verschollen) ist, ohne daß über einen früheren Verlust oder eine frühere Beschädigung der Güter etwas bekannt geworden ist (Begr. z. E 1910 § 80).

c) dafür, daß die Güter **mit dem Schiffe verschollen sind.** Der Versicherungsnehmer kann also gemäß §§ 91, 72 die Versicherungssumme verlangen. Allerdings soll der Versicherer nach § 85 Abs. 1 dafür haften, daß die Güter „infolge der Verschollenheit des Schiffes verlorengehen". Hiernach scheint es, als ob der Versicherungsnehmer nicht schon gemäß §§ 91, 72 die Versicherungssumme verlangen könnte, wenn Schiff und Güter verschollen sind, sondern nur gemäß §§ 91, 71 dann, wenn Schiff und Güter verschollen sind und so lange Zeit verstrichen ist, daß der Totalverlust der Güter angenommen werden muß (vgl. § 72 Anm. 3). Aber das ist offenbar nicht die Meinung. Sonst hätte § 85 nicht besonders auszusprechen brauchen, daß der Versicherer auch dann haftet, wenn Schiff und Güter verschollen sind. Der nicht glückliche Wortlaut des § 85 Abs. 1 ist offenbar durch den ebensowenig glücklichen Wortlaut des § 107 Abs. 1 Satz 2 ASVB veranlaßt, wonach der Versicherer „für Verlust haftete, wenn das Schiff gesunken, gescheitert, durch Feuer zerstört, verschollen oder für gute Prise erklärt worden" war. Für die Auslegung dieser Bestimmung ist aber immer ihr Sinn, nicht ihr Wortlaut maßgebend gewesen. Der Versicherungsnehmer hat im Falle der Verschollenheit immer nach Verschollenheitsgrundsätzen abandonnieren und Entschädigung verlangen können. Anm. 6

d) dafür, daß die Güter, sei es ganz, sei es teilweise, **durch Verfügung von Hoher Hand angehalten oder zurückgehalten oder durch Seeräuber weggenommen werden.** § 85 Abs. 1 sagt zwar: dafür, daß die Güter „infolge eines der im § 73 bezeichneten Ereignisse verlorengehen". Gemeint ist aber, daß der Versicherungsnehmer nicht nur im Falle des Verlustes gemäß §§ 91, 71, sondern schon im Falle der bloßen Festhaltung usw. gemäß §§ 91, 73 die Versicherungssumme verlangen kann (oben Anm. 6). — Für bloße Beschädigung bei dem Unternehmen der Anhaltung usw. haftet der Versicherer nicht. Aber wenn die Güter bei der Anhaltung usw. beschädigt werden, kann sich der Versicherer natürlich nicht darauf berufen, daß die Güter zunächst beschädigt seien und er insoweit nicht, sondern nur für den Rest hafte (oben Anm. 5). Anm. 7

5. Der Versicherer haftet im übrigen nicht. Die Haftung des Versicherers ist durch den Versicherungsvertrag objektiv beschränkt. Ob den Versicherungsnehmer ein Verschulden trifft oder nicht, ob er weiß oder nicht weiß, daß die Güter auf Deck verladen sind oder verladen werden sollen, ob die Güter nach Abschluß des Versicherungsvertrags mit oder ohne sein Wissen auf Deck verladen werden, ist ohne Bedeu- Anm. 8

§ 85 tung — grundsätzlich wenigstens (vgl. jedoch unten Anm. 9). Der Versicherungsnehmer kann sich auch nicht darauf berufen, daß den Kapitän ein Verschulden trifft. — Ebenso ist ohne Bedeutung, ob der Versicherer weiß oder nicht weiß, daß die Güter auf Deck verladen sind oder werden sollen. Denn wenn er es weiß, mag er davon ausgehen, daß der Versicherungsnehmer sich mit der durch § 85 Abs. 1 beschränkten Haftung begnügt. Anders, wenn er auch weiß, daß der Versicherungsnehmer mit seiner Kenntnis rechnet und den § 85 Abs. 1 wegbedungen wissen will; dann wäre sein Stillschweigen als Zustimmung auszulegen (Vorb. vor § 1 Anm. 17, 18, § 13 Anm. 5). — Ebenso ist ohne Bedeutung, ob die Verladung auf Deck verkehrsüblich oder gar gesetzlich vorgeschrieben ist (vgl. die Vorschriften über die Beförderung gefährlicher Güter: § 60 Anm. 3). — Soweit der Versicherer nach § 85 nicht für Schaden haftet, haftet er auch nicht für Aufwendungen zur Schadensabwendung oder Schadensfeststellung (§ 32; HGZ 1906. 10). — Aber:

Anm. 9 6. **Abs. 2: Abs. 1 findet keine Anwendung, wenn die Güter ohne Zustimmung des Versicherungsnehmers auf Deck verladen sind.** Es soll also, wenn die Güter ohne Zustimmung des Versicherungsnehmers auf Deck verladen sind, so angesehen werden, wie wenn § 85 (abgesehen vom Abs. 2 Satz 2) überhaupt nicht da wäre. Der Versicherer haftet also unbeschränkt („so, als wären die Güter unter Deck verladen": ASVB § 107 Abs. 2). Andererseits muß der Versicherungsnehmer, wenn er weiß oder ohne grobe Fahrlässigkeit wissen muß, daß die Güter ohne seine Zustimmung auf Deck verladen sind, dies gemäß §§ 19, 20 bei der Schließung des Vertrags anzeigen. Es ergibt sich also:

1. Wenn der Versicherungsnehmer (vor oder nach Abschluß des Versicherungsvertrags) zustimmt oder zugestimmt hat, daß die Güter auf Deck verladen werden, haftet der Versicherer; aber er haftet nur beschränkt.
2. Wenn der Versicherungsnehmer bei der Schließung des Versicherungsvertrags weiß oder ohne grobe Fahrlässigkeit wissen muß, daß die Güter ohne seine Zustimmung auf Deck verladen sind (oder verladen werden sollen), und diesen gefahrerheblichen Umstand nicht anzeigt, ist der Versicherer frei.
3. Wenn der Versicherungsnehmer der Verladung auf Deck nicht zugestimmt hat und auch beim Abschluß des Versicherungsvertrags weder weiß noch ohne grobe Fahrlässigkeit wissen muß, daß die Güter auf Deck verladen sind (oder werden sollen), haftet der Versicherer unbeschränkt (aber gegen Zuschlagsprämie).

Die Güterversicherung wird regelmäßig für die Zukunft genommen. Es wird daher regelmäßig darauf ankommen, ob der Versicherungsnehmer nach Abschluß des Versicherungsvertrags (insbesondere des laufenden Versicherungsvertrags) der Verladung an Deck zugestimmt hat oder nicht. Deshalb mag die Erläuterung an diesen gewöhnlichen Fall anknüpfen (vgl. dazu auch § 80 Anm. 6, § 95 Anm. 14).

Anm. 10 a) Die Zustimmung des § 85 Abs. 2 ist nicht die Zustimmung des § 182 BGB, nicht die „Zustimmung eines Dritten, von der die Wirksamkeit eines Rechtsgeschäfts abhängt"... Sie ist nach dem Sinne des § 85 Abs. 2 und nach dem inneren Zusammenhang der §§ 23, 85 Abs. 2 dasselbe, wie das „Gestatten" von Gefahränderungen im Sinne des § 23. Sie bedeutet also, wie dieses, ein bewußtes Verhalten tatsächlicher Art: einen anderen tun lassen, was man verhindern könnte (§ 23 Anm. 17). Sie umfaßt deshalb natürlich auch den Tatbestand, daß der Versicherungsnehmer selbst die Güter auf Deck verlädt (wie, umgekehrt, die „Änderung" der Gefahr auch das „Gestatten" von Gefahränderungen umfaßt: § 23 Anm. 17).

Anm. 11 b) Hieraus folgt auch, daß die Zustimmung vor oder bei der Verladung auf Deck erteilt sein muß. Die bloße (nachträgliche) Genehmigung ist (wie kein „Gestatten" im Sinne des § 23, so auch) keine Zustimmung im Sinne des § 85. Wenn der Versicherungsnehmer die Verladung auf Deck mit der Wirkung genehmigt, daß sein Schadensersatz-Anspruch gegen den Verfrachter erlischt, hat er doch nicht im Sinne des § 85 „zugestimmt", haftet der Versicherer doch unbeschränkt; der Versicherer wird nur gemäß § 45 Abs. 2 von seiner Entschädigungspflicht insoweit frei, als er vom ersatzpflichtigen Verfrachter hätte Ersatz erlangen können. Anders, wenn der Versicherungsnehmer die Verladung auf Deck wieder hätte beseitigen können und dies zu tun unterlassen hat; dann wäre es so anzusehen, wie wenn er selbst die Verladung auf Deck veranlaßt oder ihr vorher zugestimmt hätte. **§ 85**

c) Hieraus folgt auch, daß der Versicherungsnehmer ausdrücklich oder stillschweigend „zustimmen" kann. Ausdrückliche Zustimmung ist insbesondere die dem Verfrachter im Frachtvertrag erteilte Erlaubnis, auf Deck zu verladen (vgl. Voigt 502, RG 25. 97, 89. 130, HGZ 1918. 147, KG APV 1906 II. 72). Die im Frachtvertrag erteilte Zustimmung wirkt auch dann gegen den Versicherungsnehmer, wenn sie sich in den Grenzen der Verkehrsüblichkeit hält. Freilich schaden dem Versicherungsnehmer im allgemeinen verkehrsübliche Frachtklauseln nicht (§ 87 Anm. 5, 6). Ist aber für einen Sonderfall, wie denjenigen des § 85, ausdrücklich vereinbart, daß der Versicherer nur beschränkt haften soll, wenn der Versicherungsnehmer einer bestimmten, gefahrerheblichen Art der Ausführung der versicherten Unternehmung zustimmt, so geht diese Vereinbarung natürlich der Verkehrsüblichkeit vor. Anders, wenn der Versicherungsvertrag die Haftung des Versicherers für Decksgüter nicht beschränkt, sondern nur den Versicherungsnehmer verpflichtet, Verladung auf Deck anzuzeigen (HG Marseille ITVMitt 1915. 8). — Ist die Verladung auf Deck oder auch nur ihre Zulässigkeit verkehrsüblich, so muß der Versicherungsnehmer als zustimmend gelten, wenn er nicht im Frachtvertrag Verladung im Raum vereinbart. Ist gar gesetzlich (z. B. in den Verordnungen der Seeuferstaaten über die Beförderung gefährlicher Güter: § 60 Anm. 3) Verladung auf Deck vorgeschrieben, so hat der Versicherungsnehmer der Verladung auf Deck selbstverständlich „zugestimmt". Anm. 12

d) Hieraus folgt schließlich, daß der Versicherungsnehmer (wie er verpflichtet ist, die Gefahr nicht zu ändern, insbesondere Gefahränderungen durch Dritte nicht zu gestatten, so auch) verpflichtet ist, der Verladung auf Deck nicht zuzustimmen. Er muß deshalb auch die Zustimmung Dritter, deren er sich bei der Erfüllung dieser Verbindlichkeit bedient (denen er die Möglichkeit, zuzustimmen, eröffnet: Gierke LZ 1909. 736), insbesondere die Zustimmung des Abladers, gegen sich gelten lassen (Vorb. VIII vor § 1; vgl. auch § 23 Anm. 20ff.). Deshalb bedurften die ADS nicht der ausdrücklichen Bestimmung des § 107 Abs. 2 ASVB, daß, wenn „Ablader, Empfänger oder Kargadeur in dieser ihrer Eigenschaft" zustimmten, der Versicherungsnehmer diese Zustimmung gegen sich gelten lassen müsse. — Im Falle der Versicherung für fremde Rechnung darf weder der Versicherungsnehmer noch der Versicherte zustimmen. Vgl. § 52 Anm. 8. Anm. 13

e) Alles dies gilt natürlich auch, wenn die Versicherung für die Vergangenheit genommen ist und der Versicherungsnehmer der Verladung auf Deck „zugestimmt" hatte (vgl. § 24 Anm. 9). Es wird aber, aus ähnlichen Gründen, auch dann gelten müssen, wenn die Versicherung für die Zukunft genommen ist und der Versicherungsnehmer schon vor dem Abschluß des Versicherungsvertrags „zugestimmt" hat. Anm. 14

7. **Abs. 2 Satz 2. Haftet der Versicherer unbeschränkt, so gebührt ihm eine Zuschlagsprämie,** eine der erweiterten Haftung entsprechende höhere Prämie (§ 20 Abs. 3; näheres: § 16 Anm. 6, § 20 Anm. 21, § 25 Anm. 2). So insbesondere auch dann, wenn die versicherte Unternehmung glücklich abläuft. Der Versicherungsnehmer kann in diesem Falle zwar nicht mehr zustimmen, wird aber wohl regelmäßig behaupten, daß er zugestimmt habe. Anm. 15

§ 85 Anm. 16 8. Beweislast. Der Versicherer muß beweisen, daß die Güter auf Deck verladen waren, der Versicherungsnehmer, daß er nicht zugestimmt hat. Verlangt der Versicherer Zuschlagsprämie, so muß er beweisen, daß der Versicherungsnehmer nicht zugestimmt hat (anders früher HG Hamburg Seebohm 506); doch muß der Versicherungsnehmer nach den für die prozeßrechtliche Behauptungspflicht geltenden Grundsätzen angeben, wann, wie und wo er (oder wer sonst für ihn) zugestimmt hat. Vgl. auch oben Anm. 5, § 42 Anm. 16, § 80 Anm. 7, § 95 Anm. 33.

Anm. 17 9. § 85 gilt auch (erst recht) bei Verladung auf Deck eines Seeleichters (HG u. OG Hamburg HH 144).

Anm. 18 10. § 85 gilt insbesondere auch im Falle der laufenden Versicherung. Ist vereinbart, daß „die Verladungen im Raum und/oder auf Deck..stattfinden...und für Verladungen auf Deck das Risiko des Überwerfens und Spülens inkludiert", für Deckladung aber eine höhere Prämie zu zahlen ist als für Raumladung, so muß der Versicherungsnehmer bei der Deklaration angeben, daß die Güter auf Deck verladen sind oder verladen werden sollen; sonst ist nicht nur die Haftung des Versicherers beschränkt, sondern der Versicherer gemäß § 97 Abs. 6 frei (näheres: § 97 Anm.).

Anm. 19 11. § 85 ist unanwendbar, wenn es durch das Interesse des Versicherers oder durch ein Gefahrereignis oder durch die Schadenabwendungs-Pflicht des Versicherungsnehmers geboten war, die Güter auf Deck zu verladen (vgl. § 62 Anm. 9, § 58 Anm. 23, Schlegelberger SVR Bem. 4 zu § 85 ADS). Der Versicherer haftet unbeschränkt und kann keine Zuschlagsprämie verlangen. Es ist derselbe Gedanke, der sich auch auf dem verwandten Gebiet des Havariegrosse-Rechts durchgesetzt hat: Müssen Güter infolge eines der Havariegrosse-Gemeinschaft zur Last fallenden Ereignisses auf Deck verladen werden, so erhalten die Güter Havariegrosse-Vergütung (Heck 247 und, folgend, Brandis Seerecht 2. 103, Schaps-Abraham II Anm. 2 zu § 708 HGB).

Anm. 20 12. **Abweichende Vereinbarungen** sind häufig. Im Anschluß an § 107 ASVB bildete sich die Klausel „Einschließlich der Gefahr des Werfens und Überbordspülens, jedoch frei von Beschädigung oder Bruch außer im Strandungsfall". Sind Decksgüter (Kokosöl-Fässer) mit dieser Klausel versichert, bei schwerem Sturm hoch gehoben aus der Lage gebracht, zerbrochen und dann im Verlauf desselben Sturmes von überkommenden Seen über Bord gespült, so kann der Versicherer sich nicht darauf berufen, daß „schon vorher" die Fässer beschädigt und zerbrochen seien und der Fall kein Strandungsfall sei (RG 89. 145, HGZ 1916. 188; näheres: § 28 Anm. 39). Freilich, hätte nicht ein glücklich-unglücklicher Zufall die zerbrochenen Fässer über Bord gespült, so würde der Versicherer nicht haften. Aber die Schuld an diesem zweckwidrigen Ergebnis trüge nur die zweckwidrige Klausel. — Eine ähnliche Klausel ist die „Deckladungsklausel" (Vorb. vor § 113): „Für auf Deck verladene Güter trägt der Versicherer unter Aufhebung der Bestimmungen des § 85 ADS auch die Gefahr des Überbordspülens und -werfens; er haftet jedoch für eine Beschädigung nur im Falle einer Strandung im Sinne des § 114 ADS. Dem Versicherer gebührt eine zu vereinbarende Zuschlagsprämie". Die Klausel ist unklar. Da § 85 „aufgehoben" wird, sollte man meinen, daß es so angesehen werden soll, wie wenn § 85 nicht da wäre, der Versicherungsnehmer also Verladung auf Deck bei der Schließung des Vertrags anzeigen müßte und spätere Verladung als Gefahränderung wirkte. Das ist offenbar nicht die Absicht. Der Versicherer soll offenbar haften. Danach wäre anzunehmen, daß der Versicherer zwar für eine Beschädigung nur im Strandungsfall, im übrigen aber unbeschränkt haften soll. Das ist aber auch offenbar nicht die Absicht. Denn der Versicherer soll „auch" die Gefahr des Überbordspülens und -werfens tragen. Es wird also die Absicht sein, daß der Versicherer gemäß § 85 Abs. 1, ferner für Verlust durch Überbordspülen und -werfen und endlich für Beschädigung im Strandungsfall haften soll, — was freilich auch ein buntes Bild ergibt. Unklar ist auch der letzte Satz der Klausel. Hat der Versicherer die Versicherung mit Einschluß der Deckladungs-Gefahr im Sinne der Deckladungs-Klausel für eine bestimmte Prämie übernommen, so wird ihm doch nicht noch „eine zu vereinbarende Zuschlagsprämie gebühren" können. Gemeint ist wohl, daß, wenn der Versicherer die Versicherung ohne Vereinbarung einer bestimmten Prämie, lediglich tarifgemäß, aber mit Einschluß der Deckladungs-Gefahr übernommen hat, noch nachträglich eine Zuschlagsprämie (richtiger: Prämienzulage: § 16 Anm. 6) zu vereinbaren ist. Kann man sich über die Höhe der „Zuschlagsprämie" nicht einigen, so wird sie wohl vom Gericht nach Maßgabe der höheren Gefahr zu bestimmen sein (vgl. § 20 Abs. 3). — Ist lediglich vereinbart, daß die Decksgüter „Einschließlich des Risikos des Werfens und Überbordspülens" versichert sein sollen, so haftet der Versicherer natürlich für keine Beschädigung, z. B. nicht für Beschädigung infolge einer Kollision (HG u. OG Hamburg HH 308). — Ist (überaus unzweckmäßigerweise) vereinbart, daß „Deckladungen mitversichert sind, jedoch nur gegen Wurf und Spülen und frei von Partikularschäden gedeckt gelten" sollen, so kann (nach OLG Karlsruhe Rspr 14. 388) nur unter besonderen Umständen angenommen werden, daß der Versicherer auch haften soll, wenn die auf Deck verladenen Fässer beschädigt werden und gänzlich leerlaufen. — Weiteres zu der Klausel, welche „die Gefahr des Überbordspülens und -werfens" einschließt: Hasselrot ITVMitt 1923. 19. § 85

Enthält der Vertrag nur die Klausel „Frei von Beschädigung außer im Strandungsfall", so bleibt § 85 natürlich unberührt (vgl. auch § 82). Aber wenn ausdrücklich angezeigt ist, daß die Güter auf Deck verladen werden sollen, und ausdrücklich vereinbart ist, daß der Versicherer „Frei von Beschädigung außer im Strandungsfall" haften soll, wird anzunehmen sein, daß § 85 wegbedungen ist (vgl. RG 69. 239). Die bloße Anzeige, daß die Güter auf Deck verladen werden sollen, würde diese Annahme natürlich nicht rechtfertigen; anders, wenn nach der Verkehrsübung eine solche Anzeige (z. B. on deck) und ihre Aufnahme in die Police auf eine übliche Klausel verweist, welche die Haftung des Versicherers erweitert (z. B. auf die Klausel: Warranted free of all Average, but to cover risks of Jettison and Washing overboard: RG 69. 239).

Sind Tiere „die Gefahr der Beschädigung und des Todes, inklusive des natürlichen Todes an Bord, eingeschlossen" versichert, so bleibt § 85 unberührt (HGZ 1892. 298; vgl. auch § 82 Anm. 9).

13. § 85 Abs. 1 gilt auch für die **Frachtversicherung** (§ 105 Abs. 1; vgl. ASVB § 107 Abs. 3 Satz 1, BSVB § 44 Abs. 2). Nicht auch § 85 Abs. 2. Auch wenn der Kapitän anweisungswidrig auf Deck verlädt, haftet der Frachtversicherer nur beschränkt. Anm. 21

14. § 85 findet im übrigen auf **andere Versicherungen, die sich auf die Güter beziehen,** entsprechende Anwendung (§ 99; anders auch wohl nicht ASVB § 107 Abs. 1, 2, BSVB § 44 Abs. 1). Insbesondere auch § 85 Abs. 2. Anm. 22

15. § 85 gilt sinngemäß auch für die **Rückversicherung** (§ 99, § 1 Anm. 136). Haftet der Vorversicherer gemäß § 85 Abs. 1 nur beschränkt, so haftet natürlich auch der Rückversicherer nur beschränkt. Ist der Vorversicherer (wie gewöhnlich) abwicklungsberechtigt, so haftet der Rückversicherer gleichwohl, wenn der Vorversicherer sich dem Vorversicherten gegenüber auf § 85 Abs. 1 nicht beruft und auch ein nicht rückversicherter Versicherer sich verständiger- und billigerweise auf § 85 Abs. 1 nicht berufen würde (§ 1 Anm. 154). Hat der zu Originalbedingungen rückversicherte Vorversicherer die unbeschränkte Haftung für Deckladung übernommen, so muß er dies dem Rückversicherer gemäß § 19 anzeigen (§ 1 Anm. 149, § 19 Anm. 58). Ebenso aber auch, wenn zwar der Vorversicherer, nicht aber auch der Rückversicherer die unbeschränkte Haftung für Deckladung übernommen hat. Denn für die Übernahme der Anm. 23

§ 85 beschränkten Rückversicherung ist erheblich, daß der Vorversicherer unbeschränkt haftet (vgl. § 35 Anm. 48). — Im Falle der laufenden Rückversicherung kann der abwicklungsberechtigte Vorversicherer auch eine (z. B. nach der Deckladungs-Klausel: oben Anm. 20) erweiterte Haftung übernehmen, wenn auch ein nicht rückversicherter Versicherer sie verständiger- und billigerweise übernommen haben würde (§ 1 Anm. 161). — Über den Anteil des Rückversicherers an der Zuschlagsprämie, die der Vorversicherer erhält: § 16 Anm. 30, 31.

Anm. 24 16. **Fremde Rechte** (vgl. auch oben Anm. 2, 20). Englisches Recht. Vgl. RCP 17 Abs. 2: In the absence of any usage to the contrary, deck cargo... must be insured specifically, and not under the general denomination of goods. Diese, etwas verkümmerte Regel will bedeuten, daß Decksgüter besonders versichert werden müssen, die allgemeine Bezeichnung „Güter" nur dann genügt, wenn die Güter üblicherweise auf Deck verladen werden und es üblich ist, solche üblicherweise auf Deck verladenen Güter unter der allgemeinen Bezeichnung „Güter" zu versichern. Übliche Gegenklausel: in and over.

§ 86

Natürliche Beschaffenheit der Güter

(1) Der Versicherer haftet nicht für einen Schaden, der durch die natürliche Beschaffenheit der Güter, namentlich durch inneren Verderb, Schwinden, Rost, Schimmel, gewöhnliche Leckage, gewöhnlichen Bruch, Selbstentzündung, sowie durch mangelhafte Verpackung der Güter oder durch Schiffsdunst, Ratten oder Mäuse verursacht wird. Als gewöhnliche Leckage gilt bei flüssigen Gütern in Metallflaschen ein Verlust bis 3%, bei anderen flüssigen Gütern ein Verlust bis 5%.

(2) Für einen Schaden, der durch außergewöhnliche Leckage der Güter verursacht wird, haftet der Versicherer, auch wenn er sonst noch in anderen Fällen haftet, nur im Falle einer Strandung. Das Gleiche gilt von einer Beschädigung flüssiger Güter sowie von einer Beschädigung der Ausstattung oder Verpackung solcher Güter. Die Bestimmungen des § 114 Abs. 1 und 3 über die Haftung des Versicherers im Strandungsfalle finden entsprechende Anwendung; jedoch ist es als eine Strandung auch anzusehen, wenn infolge eines dem Versicherer zur Last fallenden Unfalls das Schiff einen Nothafen anläuft und die Güter ausgeladen werden.

Anm. 1 1. Vgl. HGB § 821 Nr. 3, ASVB § 70 Nr. 3, § 106, BSVB §§ 19, 35, VVG § 131 Abs. 2. — **Literatur:** Anon. NeumannsZ 1913. 631 (Leckageschäden in der Transportversicherung). B. Ashers Rechtsfälle 1834 II. 38 (Pflicht des Versicherers zum Schadensersatz bei leichtverderblichen Gegenständen). Engelbrecht ZfV 1954. 224 (Beschaffenheitsschäden in der Güterversicherung), VW 1954. 469 (Bruchschäden der Seeversicherung). Fricke NeumZ 1925. 679 (Die Bruchklausel in der Seewarenversicherung), NeumannsZ 1926. 261 (Seeversicherung und Leckgefahr). Hagen SVR 27ff. Hochgräber ITVMitt 1934. 97 (Zur Haftung für Bruchschäden). Kambach ZfVW 1932. 269 (Die Leckageversicherung bei Weintransporten). Kreutziger Die Kommandobrücke 1966. 118—120 (Güterversicherung: Natürliche Beschaffenheit der Güter). Passehl, Die Beschaffenheitsschäden in der Seeversicherung, nicht veröffentl. Diss. Hamburg 1960 (die während der Drucklegung 1966 erfolgte Veröffentlichung als Buch konnte nicht mehr berücksichtigt werden). Vgl. auch die Literatur über die Haftung des Frachtführers, insbesondere der Eisenbahn, und des Verfrachters für Verlust oder Beschädigung des Frachtguts. **§ 86**

2. Der Versicherer trägt die Gefahr, die Möglichkeit der Entstehung von Schäden, nicht die (objektive und subjektive) Gewißheit ihrer Entstehung (§ 5 Anm. 6, § 28 Anm. 4). Deshalb haftet der Versicherer nicht für Alters- und Abnutzungsschäden des versicherten Schiffes (§ 59). Deshalb haftet er auch nicht für den Schaden, der aus der erfahrungsgemäß notwendigen Veränderung der versicherten Güter entsteht. Von diesem Schaden handelt § 86. Aber nicht von ihm allein. Auch von gewissen Schäden, deren Entstehung durchaus nicht gewiß ist und nicht einmal den Beteiligten wahrscheinlich zu sein braucht, deren Entstehung aber objektiv wahrscheinlich ist. Daß die Güter verderben, schwinden, verrosten, schimmelig werden, verlecken, brechen, sich von selbst entzünden, erwartet man natürlich in der Regel durchaus nicht. Gleichwohl haftet der Versicherer nach der auf altem Herkommen (Kiesselbach 115) beruhenden Bestimmung des § 86 nicht. Er müßte denn die Haftung besonders übernommen haben (vgl. unten Anm. 8, 16). Solche Übernahme ist aber selbstverständlich noch nicht darin zu erblicken, daß die Versicherung sich auf Güter bezieht, die als besonders empfindlich bekannt sind (bedenklich: Pöhls 4. 319). Anm. 2

3. **Abs. 1. Der Versicherer haftet nicht für den Schaden, der durch die natürliche Beschaffenheit der Güter verursacht wird.** Das ist im wesentlichen, was MIA § 55 Abs. 2c mit inherent vice or nature of the subject-matter insured (im Verkehr: proper vice), die französische Güterpolice (Art. 7b) als vice propre de l'objet assuré bezeichnet. Der gewöhnliche Schaden, den „gewisse Güter im regelmäßigen Verlauf der Dinge vermöge ihrer natürlichen Beschaffenheit erleiden" (RG 64. 171, HGZ 1894. 19, 1895. 161, HansOLG JRPV 1931. 151 = Sasse Nr. 414, Schlegelberger SVR Bem. 1 zu § 86 ADS). Aber auch der außergewöhnliche Schaden, der aus der besonderen natürlichen Beschaffenheit der Güter entsteht. Jede durch Zeit, Ortsveränderung, Verpackungsart, Erschütterung verursachte Verschlechterung oder Verminderung der Güter, die auch ohne den Transport entstanden wäre oder die notwendige Folge eines Transports wie des versicherten ist (LG Hamburg HGZ 1895. 158). Vgl. auch unten Anm. 6, 7. Anm. 3

a) Der Versicherer haftet nicht. Die Haftung des Versicherers ist durch den Vertrag objektiv beschränkt (soweit sich die Beschränkung nicht wegen der objektiven und subjektiven Gewißheit der Entstehung des Schadens von selbst versteht: oben Anm. 2). Es kommt also insbesondere nicht darauf an, ob den Versicherungsnehmer oder ob die Schiffsbesatzung ein Verschulden trifft oder nicht (RG JRPV 1929. 187 = Sasse Nr. 41). Anm. 4

b) Der Versicherer haftet nicht für den Schaden, der durch die natürliche Beschaffenheit der Güter verursacht ist. Die natürliche Beschaffenheit muß die adäquate Ursache des Schadens sein. Der Grundsatz causa proxima, non remota spectatur kommt, wenn mehrere adäquate Ursachen in Betracht kommen, auch hier zur Anwendung (Hagen SVR 28 meint, weil im Falle des § 86 die Transportgefahr und die damit nicht zusammenhängende Beschädigung ineinander übergingen, sei hier besser der Grundsatz der adäquaten Verursachung im Sinne der überwiegenden Ursache heranzuziehen. Doch macht das keinen Unterschied, weil die causa proxima nicht die zeitlich letzte Ursache zu sein braucht). Im besonderen: Anm. 5

α) Der Schaden kann die adäquate und unmittelbare Folge der natürlichen Beschaffenheit sein. Der Versicherer haftet z. B. nicht, wenn im gewöhnlichen Laufe der Dinge Früchte verderben, Tiere erkranken oder sterben (vgl. auch § 82 Abs. 1), Eisen Rost ansetzt usw.

§ 86 Anm. 6 β) Der Schaden kann eine adäquate und unvermeidliche Folge der natürlichen Beschaffenheit sein. Die natürliche Beschaffenheit der Güter, z. B. die mit der Gefahr der Selbstentzündung verbundene Erhitzung der versicherten Kohlen, kann z. B. zur unvermeidlichen Folge haben, daß die Reise verzögert wird und die „Auch für Kriegsgefahr" versicherten Güter vom Feinde genommen werden. Der Versicherer haftet nicht. Er würde haften, wenn § 86, wie § 59, bestimmte, daß der Versicherer für den Schaden nicht haftet, der „nur" durch die natürliche Beschaffenheit verursacht ist (§ 59 Anm. 6). Aber diese besondere Kausalitätsregel des § 59 ist im § 86 weggelassen (mit Absicht: Mat. 1. 297, wenn auch die hier angeführte Begründung zu wünschen übrig läßt). Der Versicherer haftet nicht, wenn die natürliche Beschaffenheit der Güter die nächste Ursache des Schadens ist. Er haftet insbesondere nicht, wenn die Reise durch ein Gefahrereignis verzögert wird und infolge hiervon Beschaffenheitsschaden entsteht. So mit Recht ROHG HGZ 1878. 286 (das dabei freilich zuweit gegangen ist: § 28 Anm. 26 unter ee, auch unten Anm. 7). Vgl. HansOLG JRPV 1931. 151 = Sasse Nr. 414. Siehe Hochgräber NeumannZ 1937. 693 für „inneren Verderb". — Wie § 59 durch Einfügung des Wortes „nur" für die Kaskoversicherung eine Ausnahme von der Ausnahmeregel macht, daß der Versicherer für Alters- und Abnutzungsschaden auch dann nicht haftet, wenn dieser die adäquate Folge eines Gefahrereignisses ist, so machen § 821 Nr. 3 HGB, § 131 Abs. 2 VVG für die Güterversicherung eine Ausnahme von der Ausnahmeregel, daß der Versicherer für Beschaffenheitsschaden auch dann nicht haftet, wenn dieser durch ein Gefahrereignis verursacht ist: Der Versicherer haftet, wenn die Reise durch einen ihm zur Last fallenden Unfall ungewöhnlich verzögert wird, für den aus der natürlichen Beschaffenheit der Güter entstehenden Schaden insoweit, als der Schaden durch die Verzögerung verursacht ist (über die Ausnahmenatur dieser Bestimmung vgl. auch Sieveking 106, HGZ 1894. 19, 1895. 160, 1906. 10). Anders nach § 86 ADS. Der Versicherer haftet z. B. nicht, wenn das versicherte Fleisch infolge von Reiseverzögerung verfault und über Bord geworfen werden muß. Oder wenn das Schiff auf Grund gerät, erst nach 6 Tagen freikommt, die Reise infolgedessen erheblich verzögert wird, der versicherte Mais sich infolge hiervon erhitzt und beschädigt wird (HG Antwerpen ZfVW 1915. 470). Oder wenn die versicherten Frischheringe verderben, weil das Schiff im Eise steckenbleibt oder wegen des Eises einen Nothafen anlaufen muß und infolge hiervon die Reise verzögert wird (LG Hamburg H. I. 278/22 in den Fällen der Fischdampfer Dr. Carl Melchior und Senator Sthamer; weitere Beispiele unten Anm. 18, 19). — Nach § 70 Nr. 3 ASVB haftete der Versicherer ausnahmsweise wenigstens dann, wenn die Reise des Schiffes „durch Verfügung von hoher Hand oder durch einen auf Antrag eines Dritten verhängten Arrest... länger als drei Monate verzögert wurde" (ähnlich schon AHO 1731 V. 7, AllgPlan 1847 § 60; vgl. auch ASVB § 106 Abs. 3 und Voigt 460). Aber auch diese Ausnahme ist aufgegeben, insbesondere weil so lange Verzögerungen kaum noch vorkämen (Begr. z. E 1910 § 81), — eine Erwägung, die sich freilich in den Weltkriegen nicht bewährt hat. Der Versicherer haftet also z. B. nicht, wenn das Schiff mit der „Auch für Kriegsgefahr" versicherten Sesamsaat infolge Kriegsausbruchs einen Nothafen anläuft und wegen der Gefahr inneren Verderbs verkauft werden muß (HGZ 1920. 42). — Das englische Recht (vgl. oben) und das französische Recht stimmen hiermit im wesentlichen überein.

Anm. 7 γ) Die natürliche Beschaffenheit der Güter kann auch im untrennbaren Zusammenwirken mit einem Gefahrereignis den Schaden verursacht haben. Der Versicherer haftet nicht (vgl. Pöhls 4. 320). Er würde haften, wenn § 86, wie § 59, bestimmte, daß der Versicherer für den Schaden nicht haftet, der „nur“ durch die natürliche Beschaffenheit verursacht ist (§ 59 Anm. 8). Aber diese besondere Kausalitätsregel fehlt im § 86 (so auch Kreutziger a. a. O. 118). — Dabei ist jedoch folgendes zu berücksichtigen. Als ursächlich mitwirkendes Ereignis kann die natürliche Beschaffenheit der Güter nur dann angesehen werden, wenn sie mitgewirkt, also tätig, aktiv geworden ist, dagegen nicht, wenn sie nur als Objekt, nur als die Fähigkeit der Güter, beschädigt oder zerstört zu werden, in Betracht kommt (so auch BGH VersR 1965. 755 = VRS 29. 99 = BB 1965. 767, Schlegelberger SVR Bem. 1 zu § 86 ADS; gegen die Unterscheidung in aktive und passive Eigenschaften eines Gutes Hagen SVR 27). Die natürliche Beschaffenheit der Güter ist zwar die conditio sine qua non des Schadens, den etwa Porzellanwaren dadurch erleiden, daß sie aus der Schlinge fallen, in den Raum stürzen und zerbrechen. Aber die natürliche Beschaffenheit der Porzellanwaren hat nicht zur Entstehung des Schadens mitgewirkt, den Schaden nicht mit verursacht. Niemand wird solchen Schaden auf die natürliche Beschaffenheit der Güter als auf seine Ursache zurückführen. Die natürliche Beschaffenheit der Güter ist die Beschaffenheit, welche die Güter instandsetzt, sei es „von selbst“, durch die ihnen eigentümlichen, aktiven Eigenschaften allein, sei es durch diese Eigenschaften in Verbindung mit den Verhältnissen, denen sie bestimmungsgemäß ausgesetzt sind, hier der gewöhnlichen Seetransport-Verhältnisse, sich zu verändern. In diesem Sinne muß der Schaden davon herrühren, daß die Güter „durch ihre natürliche Eigenschaft von selbst verderben oder Schaden nehmen“ (AllgPlan 1847 § 60, AHO 1731 V. 7), nicht davon, daß die Güter „durch dazu gekommene äußerliche Gewalt und fremde Ursachen, als durch Überstürzung des See-Wassers, oder da das Schiff leck würde und sich öffnete, oder die Güter von dem Schiffer, oder denen an einigen Örtern dazu verordneten Leuten, nicht wohl gestauet oder garniret worden, und so ferner Schaden leiden“ (AHO 1731 V. 8). Der Schaden ist also z. B. nicht durch die natürliche Beschaffenheit der Güter verursacht, wenn der Sturm die Luken einschlägt, Wasser eindringt und die versicherten Schmelzgüter schmelzen. Oder wenn das Schiff bei schwerem Sturm ungewöhnlich viel Wasser übernimmt, die versicherten Kohlen durchnäßt werden und sich infolge hiervon entzünden (weshalb es im Falle RG 31. 131, HGZ 1893. 105 auf die dort der Entscheidung zugrunde gelegte Selbstentzündungs-Klausel nicht ankam). Oder wenn der versicherte Tabak durch Seewasser benäßt und infolge hiervon durch Fermentation, innere Entzündung und Verkohlung (sog. Tabakbrand) beschädigt wird (näheres: § 28 Anm. 26 unter ee). Oder wenn ungewöhnlich große Wassermengen in das Schiff eindringen und infolge der Ausdünstung des Wassers die versicherten Zigarren verderben (HGZ 1895. 157). Oder wenn das Schiff mit einem anderen Schiffe zusammenstößt und infolge hiervon die versicherten Kohlen oder die versicherte Baumwolle sich entzünden (Mat. 1. 363). Dagegen haftet der Versicherer z. B. nicht, wenn das Schiff auf der versicherten Reise in dem gewöhnlichen, nach Ort, Zeit und Erfahrung zu erwartenden Umfang Wasser übernimmt und die versicherten Kohlen (schon) infolge hiervon und infolge ihrer natürlichen Beschaffenheit sich entzünden, oder wenn die versicherten Zigarren infolge der Ausdünstung in gewöhnlichem Umfang übergenommenen Wassers Schaden nehmen (vgl. auch unten Anm. 16, 18). Siehe HansOLG JRPV 1931. 151 = Sasse Nr. 414, wonach als ursächlich mitwirkendes Ereignis die natürliche Beschaffenheit der Güter nur dann angesehen werden kann, wenn sie sich infolge ihrer eigentümlichen aktiven Eigenschaften allein oder in Verbindung mit den Verhältnissen, denen sie bestimmungsgemäß ausgesetzt sind, also unter gewöhnlichen Seetransportverhältnissen verändern. Die

§ 86 natürliche Beschaffenheit der Güter sei dagegen nicht als ursächliches mitwirkendes Ereignis zu betrachten, wenn sie nur als ihre passive Fähigkeit, beschädigt zu werden, in Frage kommen. In diesem Sinne müsse die natürliche Beschaffenheit immer mitwirken, damit überhaupt ein Schaden entstehen könne. Jede Versicherung der Güter gegen Beschädigung würde also gegenstandslos werden, wenn nur ihre Fähigkeit, durch die Einflüsse einer Seereise beschädigt zu werden, die Anwendung des § 86 ADS rechtfertige. Siehe zu der Entscheidung Hagen SVR 28: Besser würde in einem solchen Falle mit dem Grundsatz der adäquaten Verursachung auszukommen sein, nach welchem die überwiegende Ursache als maßgeblich zu betrachten wäre. Bei den erfrorenen Kaffeebohnen der obigen Entscheidung wäre das der Frost (es handelte sich um erfrorene und dadurch hinsichtlich des äußeren Ansehens beschädigte Kaffeebohnen). Aber Hagen verkennt, daß im Falle des § 86 der Grundsatz der überwiegenden Ursache so wenig zur Anwendung kommen kann wie der der causa proxima. Vgl. auch OLG Hamburg HansRGZ 1931 B 755 (Geruchsbeschädigung von Kaffee), KG JRPV 1938. 198 (Fehlmengen bei Benzin-Transporten aus Rumänien, deren Ursachen technisch und sonst nicht aufzuklären waren), OLG Hamburg HansRGZ 1930 B 424 (Erhitzung, Selbstentzündung und Feuer an versicherten Leinsaatballen), OLG Hamburg HansRGZ 1930 B 131 (bedingungsmäßige Deckung inneren Verderbs bei Heringen infolge Verzögerungen, die durch bestimmt angegebene Ursachen, z. B. Maschinendefekt, hervorgerufen sind), LG Berlin JRPV 1929. 86 (Umfang der Beweispflicht des Versicherungsnehmers bei Leckage von Benzin), RG 109. 230 (innerer Verderb durch Streik), LG Berlin JRPV 1929. 402 (vereinbarter Ausschluß von Explosionsgefahren bei Zündhütchen umfaßt auch die Entzündung infolge Einwirkung von außen [Herabfallen einer Kiste auf eine andere] und die weiteren Folgen dieses Vorgangs, insbesondere Brandschäden am Schiff), RG JRPV 1929. 187 (mangelhafte Verpackung von Munition, Holzkisten ohne Zinkeinlage), HansOLG Hamburg Hansa 1966. 407 (Nässebeschädigung einer Ladung Zwiebel durch Schiffsschweiß oder infolge innerer Beschaffenheit?).

Anm. 8 c) Beispielfälle von Schäden aus der natürlichen Beschaffenheit der Güter (verb.: **„namentlich"**):

1. **Innerer Verderb.** Vgl. AHO 1731 V. 7, AllgPlan 1847 § 60: z. B., daß „Weine versäuern oder verlecken, Pommeranzen, Citronen, Pommes des China, Äpfel und Birnen verderben, Kastanien sich anstecken". Über den Tod von Tieren vgl. § 82 Anm. 5. Über Würmer- und Käferbefall als inneren Verderb siehe HansOLG Sasse Nr. 476. Über eine Klausel, durch die der Versicherer unter Abänderung der im übrigen vereinbarten ASVB in gewissem Umfang auch die Gefahr des inneren Verderbs von Eiern übernommen hatte, siehe HGZ 1918. 68, 183: „Falls infolge kriegerischer Ereignisse auf Anordnung der Behörde oder der Eisenbahnverwaltung die Waggons entleert werden müssen und die Ware dadurch unterwegs lagert, oder falls die Ware auf Anordnung im Waggon bleibt und nicht weiterbefördert wird, geht ein hierdurch entstandener Schaden irgendwelcher Art zu Lasten der Versicherung. Ein durch eine derartige Um- oder Ausladung entstandener Schaden soll gleichfalls zu Lasten der Versicherung gehen; jedoch haftet der Versicherer nicht für einen Schaden, entstanden durch inneren Verderb, wenn die Ware policenmäßig von der Abgangsstation abgeht und glatt den Bestimmungsort erreicht". — Enthält die Police die Klausel „Eingeschlossen gilt. . .die Gefahr des inneren Verderbs, letzterer jedoch lediglich hervorgerufen durch einen Seeunfall", so haftet der Versicherer nicht, wenn die Güter (Frischheringe) verderben, weil infolge von widrigen Winden oder Eisgangs die Reise verzögert wird (LG Ham-

burg H. I. 278/22 in den Fällen der Fischdampfer Dr. Carl Melchior und Senator Sthamer; bedenklich jedoch die Auffassung des LG, daß ein Seeunfall „erst dann" anzunehmen sei, wenn infolge des Windes „Teile des Schiffes abgerissen oder sonst beschädigt würden", oder wenn infolge des Eisgangs „Planken... eingedrückt oder sonst die Substanz des Schiffes beschädigt werde"; vgl. dazu § 40 Anm. 10). — Über Verderb von Zwiebelladung vgl. OLG Hamburg VersR 1967. 33. § 86

2. **Schwinden.** Gewöhnliche Gewichts- oder auch Substanzverminderung bei Getreide, Ölfrüchten, Flüssigkeiten usw. (vgl. HGZ 1899. 195: Kopra). Vgl. AllgPlan 1847 §§ 94, 100, 101: „Untermaß" und „Untergewicht" (dazu Voigt NAfHR 4. 286). Anm. 9

3. **Rost, Schimmel.** Vgl. Eger, FrachtR 3. 242: Rosten von Blech. Siehe als Beispiel für Rost auch HansOLG HGZ 1927. 73 = Sasse Nr. 361. Die Anwendung des § 86 wird durch die Rost-Klausel ausgeschlossen. Vgl. RG 116. 224. Siehe zu RG a. a. O. auch LG Hamburg HRZ 1926. 735 = Sasse Nr. 705, OLG Hamburg HansRGZ 1929 B 3 = Sasse Nr. 376. Siehe ferner auch OLG Hamm HansRGZ 1931 A 663, B 403 = Sasse Nr. 415: Verrosten von Draht infolge Seewassers oder innerer Beschaffenheit. Anm. 10

4. **Gewöhnliche Leckage,** früher auch „ordinäre Leckage" genannt, ordinary leakage (MIA § 55 Abs. 2c). Anm. 11

α) Leckage ist Leckverlust, der Verlust durch Lecken (nicht durch Verdunstung: oben Anm. 9). Anders RG 89. 146: „Die Leckage kennzeichne sich typisch nur als Beschädigung". Davon kann keine Rede sein (im allgemeinen wenigstens: unten Anm. 32; vgl. auch § 28 Anm. 39). Wenn Öl oder Wein ausleckt oder, wie AHO 1731 V. 7 sich plastischer und „kennzeichnender" ausdrückte, verleckt, sind Öl und Wein tatsächlich, nach dem Wortsinn sowohl wie nach der Verkehrsanschauung, verloren, nicht beschädigt. Die Begriffsjurisprudenz kann Verlorenes weder wieder herbeischaffen noch in Beschädigung verwandeln. Mit Recht stellt daher auch noch ROHG HGZ 1875. 171 Leckage und Beschädigung einander gegenüber. — Andererseits ist natürlich die Beschädigung der Güter durch andere leckende Güter keine Leckage (HGZ 1916. 84). — Siehe wegen „Durchnässung" RG JW 1927. 175 mit Anm. Ritter.

β) Gewöhnliche Leckage ist gewöhnlicher Leckverlust, der Verlust, den die Güter gewöhnlich erleiden, der entweder immer entsteht, also objektiv und subjektiv gewiß ist, oder doch objektiv wahrscheinlich ist. Leckage setzt begriffsmäßig immer eine Flüssigkeit als Hauptware (z. B. Spirituosen, Essig, Öle usw.) voraus (LG Danzig HRZ 1927. 616), so daß sie nicht vorliegt, wenn bei in Holzfässern verpackten Anchovis Gewürzlake ausleckt. — Der Ausdruck „Leckage" weist nicht darauf hin, daß die Ursache des Verlustes kein Bruch, insbesondere auch kein gewöhnlicher Bruch sein darf; versteht man doch auch unter außergewöhnlicher Leckage noch eine Leckage infolge Bruchs (unten Anm. 13). Ebensowenig weist der Ausdruck „gewöhnliche" Leckage darauf hin, daß die Ursache kein Bruch sein darf; denn auch der Bruch kann „gewöhnlich" sein (unten Anm. 15). Gleichwohl hat sich die Auffassung festgesetzt, daß gewöhnliche Leckage nur der Leckverlust ist, der von selbst entsteht, „das regelmäßige Dringen gewisser Flüssigkeiten durch die Fugen der Gebinde ohne äußere Beschädigung der letzteren" (RG 56. 402). — Gewöhnliche Leckage ersetzt der Versicherer „niemals" (ASVB § 106 Abs. 1); auch nicht „beim Verkauf im Nothafen" (anders ASVB § 106 Abs. 3). Anm. 12

γ) Außergewöhnliche Leckage (früher auch „außerordentliche", „extraordinäre", „Extra-Leckage" genannt) ist jeder Leckverlust, der nicht gewöhnliche Leckage ist. Wodurch der Leckverlust verursacht ist, gilt gleich. Auch Leckverlust, Anm. 13

§ 86 der durch Beschädigung der Gefäße verursacht ist, ist außergewöhnliche Leckage. So RG 56. 402, HGZ 1903. 262, LG Hamburg HGZ 1887. 186, HG u. OG Hamburg HGZ 1870. 98, 144, Ullrich Nr. 124. Aber es muß doch immer ein „Leck"-Verlust sein. Es ist natürlich kein Leckverlust, wenn den Gefäßen, ordnungsgemäß oder ordnungswidrig, Flüssigkeit entnommen wird, wenn z. B. eine Person der Schiffsbesatzung die Fässer anbohrt und Flüssigkeit entwendet; der Versicherer haftet. Dagegen ist Leckverlust, was weiter aus dem Bohrloch ausleckt und verlorengeht; der Versicherer haftet nicht, da er nach § 86 Abs. 2 für außergewöhnliche Leckage nur im Strandungsfall haftet und die Anbohrung von Gefäßen kein Strandungsfall ist (Sieveking 150, Voigt 621). Kein Leckverlust ist es, wenn die Gefäße von der ersten Sturzsee beschädigt werden und zu lecken beginnen, von der zweiten über Bord gespült werden; das Ganze ist ein einziges Geschehen, ein durch Sturzseen verursachter, gewöhnlicher Totalverlust (RG 89. 145; § 28 Anm. 39). Demgemäß könnte man es auch nicht als Leckverlust ansehen, wenn Honigfässer im Sturm sich losmachen, „gänzlich zertrümmert und zu einem förmlichen Brei zusammengedrückt werden" (HG Hamburg HGZ 1870. 98), oder wenn Schmalzfässer „völlig zertrümmert" werden und dabei „ihr Inhalt ausläuft" (RG 56. 400). Anders die Verkehrsauffassung und, ihr folgend, die Rechtsprechung, zuerst HG Hamburg Ullrich Nr. 124 (Es sei „für den Begriff der Leckage gleichgültig, ob das betreffende Faß sich teilweise oder ganz, sowie ob es sich nach und nach, oder infolge Zerbrechens plötzlich, entleere"), später: RG 56. 402, HGZ 1903. 262, HG u. OG Hamburg HGZ 1870. 98, 144, LG Hamburg HGZ 1887. 187 (so übrigens auch schon Benecke 3. 244).

Anm. 14 δ) Die Grenze zwischen den beiden Arten von Leckage ist „flüssig". Man hat daher die gewöhnliche Leckage nach Prozenten (oft auch nach der Länge der Reise) bestimmt und allen größeren Leckverlust der außergewöhnlichen Leckage zugewiesen. So auch § 86 Abs. 1 Satz 2: **Verlust bis 5% (bei flüssigen Gütern in Metallflaschen bis 3%) ist gewöhnliche Leckage,** alles, was darüber ist, außergewöhnliche Leckage. Beträgt die Leckage 9%, so ersetzt also der Versicherer 4% (bei flüssigen Gütern in Metallflaschen 6%). Den Metallflaschen stehen Metallfässer nicht gleich. — Außerdem ist außergewöhnliche Leckage der Leckverlust, der zwar 5% bzw. 3% nicht übersteigt, aber durch äußere Beschädigung der Gefäße verursacht ist (oben Anm. 12).

Anm. 15 5. **Gewöhnlicher Bruch,** ordinary breakage (MIA § 55 Abs. 2c). Vgl. aus den Entscheidungen zum Eisenbahnrecht über den Bruch von Eiern (RG 64. 169, EisenbahnE 16. 129, 18. 307, 342, 19. 60, 23. 142, 24. 63, 375, ZVDtschEisVerw 41. 1056, SpedSchiffZ 1909. 614), Glasballons (EisenbE 16. 123, 17. 340, 18. 159, SpedSchiffZ 1909. 110), Glastafeln (EisenbE 9. 220, 20. 137), sonstigen Glaswaren, insbesondere eingerahmten Bildern (EisenbE 15. 46, SpedSchiffZ 1904. 78, HGZ 1906. 252), Kruken (EisenbE 15. 119), Marmorkaminen (EisenbE 20. 17), Marmorplatten (EisenbE 20. 245, SpedSchiffZ 1909. 136), Tonwaren (SpedSchiffZ 1911. 370), Gußeisenwaren (ZDtschEisVerw 5. 465, EisenbE 28. 52, SpedSchiffZ 1904. 275). Der Bruch von Maschinenteilen, die in den Raum stürzen, ist natürlich nicht „gewöhnlich" (HGZ 1899. 114; vgl. auch oben Anm. 7).

Anm. 16 6. **Selbstentzündung** (vgl. auch Eger FrachtR 3. 243: Baumwollabfälle). Sie kommt namentlich bei Kohlen, Wolle, Baumwolle oft vor. „Kein Versicherer haftet für Schaden durch innere Vorgänge in den versicherten Gegenständen, einschließlich die Selbstentzündung" (ROHG 5. 200; vgl. auch Prot. 3343, 4369, Benecke 3. 453, Nolte 2. 261, Pöhls 4. 273, 319, Weinberger HRZ 1918 Beih. 1. 14, Baldasseroni 2. 127, Émérigon ch. 12 s. 17). — Wie Selbstentzündung ist natürlich auch Explosion aus Gründen der natürlichen Beschaffenheit, z. B. der chemischen Zusammensetzung, der Güter zu beurteilen. — Der Versicherer haftet auch dann nicht, wenn nur ein Teil der Güter (z. B. nur ein Baumwollballen) sich selbst entzündet, der andere Teil sich an dem selbstentzündeten Teil entzündet. Anders, wenn der selbstentzündete Teil der Güter „als besonders versichert gilt" (§ 7 Abs. 1, HG u. OG Hamburg HGZ 1866. 116, 277 in einem Falle, wo die Police die Klausel enthielt: „Für Rechnung verschiedener auswärtiger Firmen, und repräsentiert eine jede Marke eine besondere Firma"). Anders erst recht, wenn nichtversicherte Güter sich selbst entzündet und den Brand auf versicherte Güter übertragen haben (HG Hamburg HGZ 1862. 221). — Hat eine Kollision die Entzündung der Kohlen oder der Baumwolle verursacht, so ist sie die versicherungsrechtlich maßgebende Ursache des Schadens; die Güter haben sich nicht „selbst" entzündet (Mat. 1. 363; vgl. oben Anm. 5, 7). Wenn Kohlen schon durch Seewasser, welches das Schiff in erfahrungsgemäß gewöhnlichem Umfang übernimmt, so erhitzt werden, daß sie sich entzünden, haben sie sich „selbst" entzündet. Anders, wenn Seewasser in größerem Umfang eindringt und die Erhitzung und Entzündung herbeiführt (vgl. den Fall RG 31. 131, HGZ 1893. 105, auch oben Anm. 7). — Über die Klausel „Die Gefahr der Selbstentzündung oder deren Folgen sind includiert": RG 31. 131, HGZ 1893. 105, auch oben Anm. 7. Trotz der Klausel haftet der Versicherer nicht, wenn die Güter bereits beim Beginn der Versicherung so erhitzt sind, daß sie den Keim der Selbstentzündung und Vernichtung in sich tragen (vgl. § 28 Anm. 28 und ROHG 5. 200, hierzu aber auch § 28 Anm. 30 unter aa). — Über die Klausel „Brand (innerer Verderb) wird selbst dann nicht vergütet, wenn er nicht in den versicherten Packen Tabak selbst entstanden sein sollte": ROHG HGZ 1878. 286 (vgl. auch oben). — Über selbstentzündliche und explosionsgefährliche Güter vgl. insbesondere die VO über gefährliche Seefrachtgüter vom 4. 1. 60 mit Änderungen. § 86

4. Der Versicherer haftet nicht für den Schaden, der **durch mangelhafte Verpackung** verursacht ist. — Verpackung ist alles, womit die Güter zu ihrem Schutze umgeben sind (z. B. Packstroh für Eier: HGZ 1894. 18, 1895. 5), auch Behälter (z. B. Fässer, Flaschen), ohne die der Inhalt nicht verwahrt oder befördert werden könnte. Auch die Verpackung in der Verpackung (z. B. Zigarrenkistchen in Kisten, Glasballons oder Flaschen in Weidenkörben; abw. für das Eisenbahn-Frachtrecht Rundnagel Ehrenbergs Hdbch V. 2. 446). — Mangelhaft ist die Verpackung, wenn sie dem Gesetz zuwiderläuft (vgl. § 60 Anm. 3), insbesondere auch der VO über gefährliche Seefrachtgüter v. 4. Januar 1960, oder nach dem im Schiffahrtsverkehr im allgemeinen oder nach dem für die besondere Reise im besonderen Üblichen unzureichend erscheint (RG HGZ 1895. 7, HGZ 1898. 150). Maßgebend ist das zur Abladezeit und am Abladeort Vorgeschriebene und Übliche (HGZ 1898. 150; vgl. auch § 58 Anm. 15). Selbst tatsächlich fehlerhafte Verpackung ist also nicht unter allen Umständen mangelhaft im Sinne des § 86; aber Handelsmißbrauch braucht der Versicherer nicht gegen sich gelten zu lassen (vgl. § 58 Anm. 15). Die Verpackung ist auch nicht schon deshalb mangelhaft, weil sie „unzulänglich ist, Ereignissen, die sich von vornherein erwarten und voraussehen lassen" (z. B. Regen bei Ein-, Um- und Ausladung), oder den „durchaus gewöhnlichen Ereignissen eines derartigen Transports zu widerstehen" (so HGZ 1894. 20). Vielmehr fallen „zufällige Ereignisse (wie z. B. Regen bei Umladung usw.) dem Versicherten nur dann zur Last, wenn dieser Gefahr durch eine bessere Verpackung hätte vorgebeugt werden können und sollen, in dieser Beziehung also ein Mangel vorlag; eine absolute Verpflichtung, die Verpackung so einzurichten, daß dieselbe allen vorauszusehenden äußeren Zufällen widerstehen kann, läßt sich rechtlich nicht begründen" (RG HGZ 1895. 8, HansOLG HGZ 1926 Nr. 66 = HRZ 1927. 214 = Anm. 17

§ 86 JRPV 1926. 235 = Sasse Nr. 356 insbesondere über die Grenzen der Pflicht zur ordnungsgemäßen Verpackung bei Deckslast). — Der Versicherer haftet nicht. Seine Haftung ist durch den Vertrag objektiv beschränkt (näheres: oben Anm. 4). — Über den ursächlichen Zusammenhang zwischen Verpackung und Schaden vgl. oben Anm. 5ff. — Der Versicherungsnehmer muß die mangelhafte Verpackung bei der Schließung des Vertrags anzeigen (vgl. § 19 Anm. 26). Wenn er nach dem Vertragsschluß die mangelhafte Verpackung veranlaßt oder gestattet, hat er die Gefahr geändert (ungenau HGZ 1898. 150: „Der Vorwurf der mangelhaften Verpackung" sei der Vorwurf, „daß der Schaden durch ein Verschulden des Abladers, nämlich durch eine von diesem gewählte mangelhafte Verpackungsart entstanden sei"). § 86 ist kein Freibrief für den Versicherungsnehmer, die versicherten Güter (mit der einzigen Beschränkung des § 86) mangelhaft verpackt befördern zu lassen (vgl. § 23 Anm. 35). Siehe über die Verpackung von Gewehrmunition statt in mit Zink ausgeschlagenen Kisten in alten Holzkisten RG JRPV 1929. 181 = Sasse Nr. 41, über genügend starke Fässer für die Beförderung von Kalium-Perchlorat als Deckladung HansOLG JRPV 1926. 235 = Sasse Nr. 356.

Anm. 18 5. Der Versicherer haftet nicht für den Schaden, der **durch Schiffsdunst** oder Schweiß (damp oder sweat, buée de cale) verursacht ist. — Schiffsdunst ist an und für sich die dunstige (feuchte) „Luft, die sich regelmäßig in den mehr oder weniger abgeschlossenen Laderäumen auch seetüchtiger (d. h. hier: beförderungstüchtiger) Schiffe auf der Seereise zu entwickeln pflegt" (HGZ 1911. 235, 1895. 161, HansOLG HRZ 1923. 293 = HGZ Nr. 39 = Sasse Nr. 305). „Auch die Ausdünstung des durch die Luken in den Schiffsraum eingedrungenen Seewassers gehört dazu" (LZ 1909. 147); aber an und für sich nur, wenn es sich um Seewasser handelt, wie es Seeschiffe dieser Art, zu dieser Zeit und auf diesen Reisen erfahrungsgemäß gewöhnlich übernehmen (oben Anm. 3, HGZ 1895. 161). — Insoweit ist Schaden durch Schiffsdunst Schaden, der durch die natürliche Beschaffenheit der Güter verursacht ist (HGZ 1895. 161, 1902. 238). Denn wenn die Güter nach ihrer natürlichen Beschaffenheit den gewöhnlichen Reiseeinflüssen nicht gewachsen sind, wird es eben so angesehen, wie wenn der Schaden nur durch die natürliche Beschaffenheit der Güter verursacht wäre (oben Anm. 3). — Die ADS bezeichnen aber Schiffsdunst-Schaden nicht als Beispiel eines durch die natürliche Beschaffenheit der Güter verursachten Schaden, sondern stellen ihn (ebenso, wie den durch mangelhafte Verpackung oder durch Ratten oder Mäuse verursachten Schaden) dem durch die natürliche Beschaffenheit der Güter verursachten Schaden selbständig zur Seite (deshalb ungenau HGZ 1902. 238; richtig dagegen OLG Hamburg HRZ 1923. 294; die Überschrift über § 86 deckt den Inhalt des § 86 nicht ganz, — wie so oft, vgl. hierzu Vorb. vor § 1 Anm. 12 und OLG Hamburg HRZ 1923. 294). Der Versicherer haftet deshalb auch nicht für den durch außergewöhnlichen Schiffsdunst verursachten Schaden (deshalb richtig LZ 1909. 147). Immerhin muß es sich noch um Schiffsdunst handeln. Wenn Seewasser in ungewöhnlichen Mengen eindringt, sich niederschlägt und auf die Güter herabfließt, ist es nicht so sehr Schiffsdunst, als vielmehr das Seewasser, das den Schaden anrichtet. — Sind die Güter durch das eingedrungene Seewasser selbst beschädigt, so haftet der Versicherer natürlich (LZ 1909. 147). Ebenso, wenn die Güter durch den von anderen Waren herrührenden, Frachtschiffen nicht ohne weiteres gewöhnlichen Dunst beschädigt werden (z. B. Beschädigung von Tabak infolge der Nachbarschaft von Häuten: § 28 Anm. 11, 21, 43, Beschädigung von Brettern durch feuchten Weizen: HGZ 1902. 237; vgl. auch oben Anm. 7). — Der Versicherer haftet nicht. Seine Haftung ist objektiv beschränkt. Näheres: oben Anm. 4. — Über den ursächlichen Zusammenhang zwischen Schiffsdunst und Schaden vgl. oben Anm. 5ff., auch HGZ 1911. 235: keine Haftung des

Versicherers trotz Vergrößerung des Schadens infolge ungewöhnlicher Reiseverzögerung. § 86

6. Der Versicherer haftet nicht für den Schaden, der **durch Ratten oder Mäuse** verursacht ist. Den Ratten und Mäusen können Würmer und anderes Ungeziefer nicht ohne weiteres gleichgestellt werden (Sieveking 106, HG u. OG Hamburg, OAG Lübeck Ullrich Nr. 111, HambS 3. 89; abw. v. Liebig 105). Der Versicherer haftet also nicht, wenn die mit fremden Gütern eingeschlichenen Ratten oder Mäuse, wohl aber, wenn die mit fremden Gütern eingeschlichenen Würmer oder anderes Ungeziefer den Schaden verursacht haben (HG u. OG Hamburg, OAG Lübeck Ullrich Nr. 111, HambS 3. 86, HGZ 1875. 267). Aber er haftet natürlich nicht für den Schaden, den die den versicherten Gütern nach ihrer natürlichen Beschaffenheit eigentümlichen Würmer usw. verursachen, so z. B. wenn aus den Keimen der Reiskörner, die „auch bei einer längeren Dauer der Reise unentwickelt geblieben wären", infolge erheblicher Reiseverzögerung sich Würmer entwickeln (ohne Grund abw. HG Hamburg HGZ 1875. 267 und, folgend, Sieveking 106), oder wenn in Mulhatinhoebohnen trotz der im Ursprungsland Brasilien üblichen Sterilisation sich Käfer entwickeln und die Bohnen mit oft erschreckendem Käferfraß ankommen. — Der Versicherer haftet nicht. Seine Haftung ist objektiv beschränkt. Näheres: oben Anm. 4. — Über den ursächlichen Zusammenhang zwischen Ratten oder Mäusen und Schaden vgl. oben Anm. 5ff. Anm. 19

7. Der Versicherer haftet für den Schaden nicht. Über den Begriff des Schadens: § 28 Anm. 36. Der Versicherer hat insbesondere auch keinen Havariegrosse-Schaden zu ersetzen, der durch die natürliche Beschaffenheit der Güter usw. verursacht ist (z. B. nicht den Beitrag, der zu entrichten ist, weil die versicherten Kohlen sich erhitzt haben und das Schiff deswegen einen Nothafen hat anlaufen müssen). Ebensowenig Aufwendungen, die durch die Abwendung, Minderung oder Feststellung von Beschaffenheitsschäden usw. verursacht sind (§§ 29, 32, Prot. 3324, HGZ 1906. 10; vgl. auch den bedenklich beurteilten Fall bei Émérigon ch. 12 s. 17 § 4 und dazu Nolte 2. 262). Anm. 20

8. Haftet der Versicherer nicht, so haftet er insbesondere auch dann nicht, wenn die Güter später infolge eines Gefahrereignisses total verlorengehen (RG 89. 147, RG HGZ 1919. 5, OAG Lübeck SA 11 Nr. 170, HGZ 1900. 96, HG u. OG Hamburg HGZ 1873. 203, 209). Denn der Totalschaden verschlingt den Partialschaden nicht (§ 28 Anm. 24). Beschaffenheitsschäden usw. werden sich freilich im Falle des Totalverlustes nur selten feststellen lassen. Anm. 21

9. Der Versicherer muß beweisen (HGZ 1898. 150, OAG Lübeck SA 11 Nr. 170, HambS 3. 431, HG u. OG Hamburg HGZ 1862. 221, 1866. 166, 277, HansOLG HGZ 1926 Nr. 66 = HRZ 1927. 214 = JRPV 1926. 235 = Sasse Nr. 356; vgl. auch ROHG 5. 91, auch § 58 Anm. 31). Auch, wenn er einwendet, daß es sich um objektiv und subjektiv gewissen Schaden handle, er sich also insoweit gar nicht wirksam habe verpflichten können. Denn § 86 gibt sich als Ausnahme von der Regel, daß der Versicherer alle Gefahren trägt (so auch OG Hamburg Sasse Nr. 476). Er muß auch dann beweisen, wenn die Güter später total verlorengegangen sind (oben Anm. 21; HGZ 1900. 96). — Der Versicherer hat aber regelmäßig genug bewiesen, wenn feststeht, daß der Schaden entstanden ist, ohne daß ein äußeres Ereignis mitgewirkt hat (§ 28 Anm. 9; vgl. auch § 58 Anm. 31, § 59 Anm. 11, OAG Lübeck SA 11 Nr. 170; über Begutachtung durch Sachverständige: OAG Lübeck Thöls Entscheidungsgründe 342, HG Hamburg HGZ 1877. 312). Sind die Güter (wie HGB § 459 sich in anderem, aber ähnlichem Zusammenhang ausdrückt) „vermöge ihrer eigentümlichen natürlichen Beschaffenheit der besonderen Gefahr ausgesetzt, Verlust oder Beschädigung, namentlich Bruch, Rost, inneren Verderb, außergewöhnliche Leckage, Austrocknung und Verstreuung, zu erleiden", so muß nach der Erfahrung des Lebens angenommen werden, daß ohne Anm. 22

§ 86 erkennbare äußere Ursache entstandener Schaden durch die natürliche Beschaffenheit der Güter usw. entstanden ist.

Anm. 23 10. **Abs. 2 Satz 1 und 3. Der Versicherer haftet für außergewöhnliche Leckage.** Aber er haftet für „das Geleckte" (Plan 1800 Nr. 20) **nur im Strandungsfall.** Zwar haftet der Versicherer ohnehin gemäß § 82 Abs. 1 regelmäßig für Beschädigung nur im Strandungsfall. Und wenn auch außergewöhnliche Leckage keine Beschädigung ist, so ist sie doch in der Regel die Folge einer Beschädigung, also ein Verlust, für den der Versicherer regelmäßig auch nur im Strandungsfall haftet (§ 113 Anm.). Aber außergewöhnliche Leckage kann doch auch reiner Verlust sein. Und überdies haftet der Versicherer auch für Beschädigung und ihre Verlustfolgen in gewissen Fällen ohne Strandung (§ 82 Abs. 2) und immer dann, wenn es besonders vereinbart ist. Auch in allen diesen Fällen haftet der Versicherer gemäß § 86 Abs. 2 für außergewöhnliche Leckage nur im Strandungsfall, also nur, wenn die außergewöhnliche Leckage die unmittelbare oder unvermeidliche Folge des Strandungsfalls ist. — Über den Begriff der außergewöhnlichen Leckage: oben Anm. 13. — Die Bestimmungen des **§ 114 Abs. 1 und 3 finden entsprechende Anwendung.** Näheres daher: § 114 Anm. Jedoch soll es hier **auch als Strandung** angesehen werden, **wenn infolge eines dem Versicherer zur Last fallenden Unfalls das Schiff einen Nothafen anläuft und die Güter ausgeladen werden** (ähnlich schon AllgPlan 1847 § 99).

Anm. 24 a) Unfälle sind Ereignisse, die das Interesse einer bestimmten Person (hier: das mit der versicherten Unternehmung verknüpfte Interesse) unmittelbar treffen und als nachteilig empfunden werden, wie etwa die Strandung (näheres: § 40 Anm. 10).

Anm. 25 b) Der Unfall muß dem Versicherer „zur Last fallen", ein solcher sein, „für den der Versicherer haftet" (§ 95 Abs. 2 Satz 1, § 96 Abs. 2 Satz 2). Er muß ein Gefahrereignis sein, ein Ereignis, das zum Kreise der vom Versicherer übernommenen Gefahren gehört, ein Versicherungsfall in diesem Sinne (vgl. § 5 Anm. 27, 28). Der „Frei-von-Kriegsgefahr"-Versicherer haftet nicht, wenn das Schiff infolge eines Kriegsereignisses, der „Nur-für-Kriegsgefahr"-Versicherer haftet nicht, wenn das Schiff infolge eines gewöhnlichen Seeunfalls den Nothafen anläuft. Der Versicherer haftet auch nicht, wenn die auf Deck verladenen Güter durch ein Gefahrereignis beschädigt werden und das Schiff deswegen den Nothafen anläuft; zwar fällt der Unfall, der die Beschädigung verursacht hat, dem Versicherer zur Last, aber doch nur im allgemeinen, nur insoweit, als er gewisse Folgen hat, nicht insoweit, als er nur die Beschädigung der Güter zur Folge hat. Aus demselben Grunde haftet der Versicherer nicht, wenn die Güter „Frei von Beschädigung außer im Strandungsfall" versichert sind, die Güter zwar durch ein Gefahrereignis, aber nicht durch einen Strandungsfall beschädigt werden und das Schiff wegen der Beschädigung den Nothafen anlaufen muß. Dagegen haftet der Versicherer, wenn das Schiff durch ein Gefahrereignis beschädigt wird und zur Abwendung einer Vergrößerung des Schadens, welche die Güter nicht gefährden würde, den Nothafen anläuft. Zwar hat der Güterversicherer den Teilschaden des Schiffes nicht zu ersetzen; aber von den daraus für die Güter sich ergebenden Folgen hat er sich nicht allgemein freigezeichnet. — Der Unfall muß ein Gefahrereignis sein. Aber nicht jedes Gefahrereignis ist ein Unfall (oben Anm. 24). Es ist ein Gefahrereignis, wenn am Bestimmungsort der versicherten Reise ein Streik der Hafenarbeiter ausbricht und das Schiff deswegen nach einem anderen Hafen fahren muß, oder wenn unterwegs infolge der Nachlässigkeit des Maschinenpersonals die Kohlen ausgehen und das Schiff deswegen nach einem Kohlenhafen fahren muß (vgl. § 24 Anm. 17). Aber es sind keine „Unfälle". — Ist der Nothafen infolge eines Ereignisses angelaufen, das kein Gefahrunfall ist, so haftet der Versicherer nicht, wenn das Schiff infolge eines Gefahrunfalls oder eines sonstigen Gefahrereignisses im Nothafen den Liegeplatz wechselt oder, anstatt die Reise fortzusetzen, im Nothafen bleibt und die Güter ausgeladen werden (vgl. auch Schaps-Abraham II Anm. 36 zu § 706 HGB und die dort angef. Entscheid.). § 86

c) Der Nothafen kann zur Errettung von Schiff und Ladung aus gemeinsamer Gefahr, er kann auch nur zur Errettung der Güter oder auch nur zur Errettung des Schiffes aus einer nicht gemeinsamen Gefahr angelaufen sein. Mag das eine oder das andere der Fall sein, — es besteht kein Grund, den Begriff des Nothafens anders zu bestimmen als für das verwandte Havariegrosse-Recht. Der Nothafen muß also zur Vermeidung einer im Falle der Fortsetzung der Reise drohenden Gefahr angelaufen sein (vgl. HGB § 706 Nr. 4; näheres Heck 282, Schaps-Abraham Anm. 38 zu § 706 HGB). Nicht notwendig gerade zur Abwendung von Versicherungsschaden (oben Anm. 25). Im übrigen ist Nothafen jeder Hafen, den das Schiff, um Gefahren zu vermeiden, bestimmungswidrig anläuft. Ob der Hafen nahe oder fern dem Abgangs- oder Bestimmungshafen, ob er auf oder nicht auf dem Reiseweg liegt, gilt gleich (HGZ 1888. 22). Auch der Abgangs- oder ein bestimmungsmäßiger Zwischenhafen ist also Nothafen, wenn das Schiff zur Vermeidung von Gefahren dahin zurückkehrt (Schaps-Abraham Anm. 34 zu § 706 HGB, RG 14. 35, HGZ 1883. 133, 1899. 148, 1901. 258, HG Hamburg HGZ 1879. 101; abw. Voigt 718). Im übrigen sind Abgangshafen, bestimmungsmäßiger Zwischenhafen und Bestimmungshafen auch dann keine Nothäfen, wenn die Güter zur Vermeidung von Gefahren ausgeladen werden müssen. Anm. 26

d) Das Schiff muß den Nothafen infolge des Gefahrunfalls angelaufen haben. Die Anlaufung muß die adäquate Folge des Unfalls gewesen sein. Sie muß durch den Unfall notwendig geworden oder doch objektiv notwendig erschienen, nicht nur durch den Unfall veranlaßt sein. Das folgt sowohl daraus, daß der Fall ein Unfall, als auch daraus, daß der Hafen ein Nothafen sein muß. Daß sich erst hinterher herausstellt, daß der Nothafen nicht hätte angelaufen zu werden brauchen, ist ohne Bedeutung. Ebenso, ob das Schiff noch durch andere Gründe als durch den Gefahrunfall veranlaßt worden ist, den Nothafen anzulaufen. Anm. 27

e) Die Güter müssen ausgeladen sein. Nicht notwendig an Land gebracht. Umladung in Leichter oder ein anderes Schiff genügt (vgl. auch § 35 Anm. 44). Aber auch die Ausladung muß durch den Gefahrunfall verursacht sein. Anm. 28

f) Nach § 106 Abs. 3 ASVB sollte „beim Verkauf im Nothafen von jedem Abzuge wegen...außerordentlicher Leckage abgesehen" werden. Das war selbstverständlich, soweit die außergewöhnliche Leckage durch die Anlaufung des Nothafens verursacht war. Es war unbillig, soweit sie etwa vorher entstanden war. Vorher entstandene außergewöhnliche Leckage wird nach den ADS nicht ersetzt (anders natürlich, wenn sie vorher durch einen Strandungsfall entstanden ist). — Nach § 106 Abs. 3 ASVB sollte beim Verkauf im Nothafen aber auch keine gewöhnliche Leckage berücksichtigt werden. Das war gerechtfertigt, soweit die gewöhnliche Leckage durch die Anlaufung des Nothafens verursacht war, ungerechtfertigt, soweit sie vorher entstanden war. Im einzelnen Falle wird selten zu ermitteln sein, worauf die gewöhnliche Leckage zurückzuführen ist. Man muß sich deshalb praktisch für oder gegen ihren vollständigen Abzug entscheiden. Die ASVB hatten sich gegen, die ADS haben sich für den vollständigen Abzug entschieden. Insbesondere wird also auch im Strandungsfall (oder was ihm gleichsteht) von der außergewöhnlichen Leckage nur der tatsächlich festgestellte Verlust weniger 3% bzw. 5% vergütet (vorausgesetzt, daß der Rest 3% des Versicherungswerts erreicht: § 34). Dagegen wird die gewöhnliche Leckage nach den ADS wirklich „niemals" (ASVB § 106 Abs. 1) ersetzt, — es sei denn, daß sich (wie oft im Falle des Totalverlustes, wohl immer im Falle der Verschollenheit) nicht beweisen läßt, daß die Güter geleckt haben. Anm. 29

§ 86

Anm. 30 g) Die (übrigens unübliche) Klausel „Frei von 5% Leckage" (oder „Frei von 3% Leckage") bedeutet nicht nur, daß als gewöhnliche Leckage im Sinne des § 86 Abs. 1 ein für allemal 5 (oder 3)% gelten sollen (so HG Hamburg HGZ 1874. 150). Sie bedeutet auch, daß, wenn die Leckage die 5 (oder 3)% übersteigt, der Versicherer den ganzen Schaden in jedem Falle (also auch, wenn die Franchise nicht erreicht wird) ersetzen muß, und daß er sich nicht auf § 86 Abs. 2 Satz 1 berufen kann, also auch in anderen Fällen als im Strandungsfall haftet (ROHG HGZ 1875. 171, OG Hamburg HGZ 1874. 150). Sie enthält nicht auch „implicite den Verzicht des Versicherers auf einen Nachweis von Seeunfällen, durch welchen die eingetretene Leckage verursacht worden ist" (so OG Hamburg HGZ 1874. 151). Andererseits kann aber vom Versicherungsnehmer auch nicht verlangt werden, daß er den „Unfall" nachweise, durch den die Leckage verursacht ist (so ROHG HGZ 1875. 171). Der Versicherungsnehmer hat vielmehr in solchen Fällen regelmäßig genug bewiesen, wenn er bewiesen hat, daß der Verlust während der Dauer der Versicherung entstanden ist (näheres: § 28 Anm. 9). — Ebenso, wenn die (gleichfalls unübliche) Klausel „Frei von 3% Beschädigung und/oder Leckage unter Aufhebung der dem entgegenstehenden Bestimmungen des § 106 ASVB" vereinbart ist (HGZ 1898. 150).

Anm. 31 11. **Abs. 2 Satz 2 und 3. Ausstattung** und **Verpackung flüssiger Güter** (Gebinde, Flaschen usw.) haben regelmäßig einen selbständigen Wert (§ 1 Anm. 38). Der Versicherer haftet auch, wenn sie beschädigt werden (aus naheliegenden Gründen), nur im Strandungsfall und in dem Falle, daß das Schiff infolge eines Gefahrunfalls einen Nothafen anläuft und die Güter ausgeladen werden. — Über den Begriff der Beschädigung: § 28 Anm. 39, § 113 Anm. — Für den gewöhnlichen Abnutzungsschaden, den Ausstattung und Verpackung bei der Einladung, Verstauung, Beförderung, Ausladung erleiden, für den Schaden durch inneren Verderb, Rost, Schimmel, gewöhnlichen Bruch, mangelhafte Verpackung, Ratten, Mäuse usw. haftet der Versicherer gemäß § 86 Abs. 1 überhaupt nicht.

Anm. 32 12. Dasselbe gilt schließlich von der **Beschädigung flüssiger Güter.** — Flüssige Güter sind nur tropfbare Güter, aber auch dickflüssige Güter, wie Honig, Melasse, Sirup, Terpentin, Teer, Quecksilber. — Auch Leckage kann unter Umständen Beschädigung sein. Denn die Minderung eines Gutes kann nicht nur Verlust eines Teiles, sondern auch Beschädigung des Ganzen sein (§ 28 Anm. 39). Für diesen Fall ergibt sich schon aus § 86 Abs. 2 Satz 1, 3, daß der Versicherer nur im Strandungsfall (oder was ihm gleichsteht) haftet. Flüssige Güter können aber auch in anderer Weise beschädigt werden, z. B. durch Verschmutzung. Dann haftet der Versicherer gemäß § 86 Abs. 2 Satz 2, 3 nur im Strandungsfall (oder was ihm gleichsteht).

Anm. 33 13. § 86 findet auf **andere Versicherungen, die sich auf die Güter beziehen,** entsprechende Anwendung (§ 99; für HGB § 821 Nr. 3 anscheinend abw. Sieveking 101). Insbesondere auch auf Frachtversicherungen (§ 105 Abs. 1). Vgl. auch § 59 Anm. 19.

Anm. 34 14. § 86 gilt sinngemäß auch für die **Rückversicherung** (§ 99, § 1 Anm. 136). — Haftet der Vorversicherer gemäß § 86 nicht oder nur beschränkt, so haftet auch der Rückversicherer nicht oder nur beschränkt (was sich natürlich nicht erst aus § 86, sondern schon daraus ergibt, daß die Rückversicherung Haftpflichtversicherung ist). Ist der Vorversicherer (wie gewöhnlich) abwicklungsberechtigt, so haftet der Rückversicherer gleichwohl, wenn der Vorversicherer sich dem Vorversicherten gegenüber auf § 86 nicht beruft und auch ein nicht rückversicherter Versicherer sich verständigerund billigerweise auf § 86 nicht berufen würde (§ 1 Anm. 154).

Anm. 35 15. **Fremde Rechte** (vgl. auch oben Anm. 3, 6, 16, 19).

a) Englisches Recht: MIA § 55 Abs. 2c. Hierüber: § 59 Anm. 21.

b) Französisches Recht. Nach C. de comm. Art. 352 les déchets, diminutions § 86
et pertes qui arrivent par le vice propre de la chose, ne sont point à la charge des assureurs. Man kann eigentlich die natürliche Beschaffenheit einer Sache nicht ohne weiteres einen vice propre nennen. Man glaubt es doch tun zu können, indem man davon ausgeht, daß die infolge ihrer natürlichen Beschaffenheit beschädigte oder verminderte Ware n'est pas, par sa nature, en état de résister à la longueur ou à la fatigue du voyage maritime (Ripert Nr. 2714). Immerhin konnten Zweifel nicht ausbleiben (vgl. Ripert et Audouin Revue int. du droit mar. 32. 14). Die französische Güterpolice bestimmt in Art. 7 unter litt. b: Les assureurs sont affranchis de toutes réclamations pour les causes suivantes ou pour leurs conséquences: Vice propre de l'objet assuré; vers et vermines, mesures sanitaires ou de desinfection; influence de la température; piquage des liquides en fûts, sauf s'il est établi qu'il résulte d'un des risques couverts par la police. Gleiches gilt nach Art. 7 litt. c für insuffisance ou mauvais conditionnement des emballages.

§ 87

Frachtklauseln

Der Versicherer haftet nicht, soweit der Versicherungsnehmer von einem Dritten den Ersatz des Schadens deshalb nicht verlangen kann, weil die gesetzliche Haftung des Verfrachters über das verkehrsübliche Maß hinaus beschränkt oder ausgeschlossen ist.

1. Vgl. Zusatz auf AlteGP zu ASVB § 27 (Mat. 2. 100), BSVB § 42 Abs. 1 Nr. 3. Anm. 1

2. **Literatur**: Hagen SVR 151—154. Ytier AssJB 23 II. 163 (Die Konnossementsklauseln mit Bezug auf die Seeversicherung). Leo LZ 1914. 1517 (Insurance-Klausel). Schaps LZ 1913. 515, 1914. 166 (Freizeichnung von jedem versicherbaren Schaden). Ulrich, Stellung der Transportversicherer zu dem Vorschlag, die Haftung des Seeverfrachters zu regeln, 1906. Vgl. auch § 45 Anm. 2 und Kaumanns Verkehrsrechtl. Rundschau 1922. 153 (Übergang des Ersatzanspruchs aus dem Frachtvertrag an den Versicherer bei Zahlung der Versicherungssumme aus dem Transportversicherungs-Vertrag). Anm. 2

3. Die Reedereien, insbesondere die Linienreedereien, schreiben den Befrachtern Anm. 3
vielfach den Inhalt der Frachtverträge durch Standardchartern oder allgemeine Verschiffungsbedingungen vor. Die Befrachter müssen einwilligen, daß das Schiff vom Wege abweicht, Zwischenhäfen anläuft, in anderen als in den Bestimmungshäfen löscht, Schäden nicht ersetzt werden, der Verfrachter vom Frachtvertrag zurücktreten kann usw. In Ländern, in denen die Bestimmungen des Brüsseler Konnossementsabkommens von 1924 (sog. Haager Regeln) eingeführt worden sind (vgl. dazu die Übersicht bei Schaps-Abraham II 676—681) finden sich zwar Einschränkungen dergestalt, als das Übereinkommen gewisse zwingende Haftungsbestimmungen kennt. Vgl. für das deutsche Recht § 662 HGB. Doch gelten diese nur, wenn ein Konnossement ausgestellt wurde, und beim Raumfrachtvertrag muß noch hinzukommen, daß das Konnossement an einen Dritten begeben wurde (§ 663a HGB). Dem entspricht es, daß die zwingenden Mindesthaftungsvorschriften beim Raumfrachtvertrag auf Chartepartien keine Anwendung finden. Sollten die Güterversicherten nicht zwischen zwei Stühlen sitzen, mußten auch die Versicherer nachgeben (mais, étant donnée la pratique actuelle, ils sont bien obligés, d'accepter les conséquences de ces clauses, quel que soit l'effet funeste de cette pratique sur l'éventualité des risques: Ripert et Audouin Revue intern. du droit mar. 32. 11). Daher der „Zusatz“ zu ASVB § 27 auf der AlteGP (Mat. 2. 100):

§ 87 „Den Versicherten, deren Güter in Dampfschiffen verladen werden, ist es unpräjudizierlich, wenn die darüber gezeichneten Konnossemente oder Chartepartien Bestimmungen enthalten, durch welche die Reeder der ihnen, den Ladungsinteressenten gegenüber, wegen Erfüllung der Frachtkontrakte gesetzlich obliegenden Verbindlichkeiten, gleichviel in welchem Maße, sich entschlagen". Die Güterversicherer übernahmen hiermit im Ergebnis ein Risiko, das im natürlichen Laufe der Dinge vom Reeder durch Haftpflichtversicherung zu decken gewesen wäre; und zwar übernahmen sie es ohne nachweisbare Erhöhung der Prämie (Wüstendorfer Studien 521). Damit war der Weg für die ungehemmte Entwicklung der Freizeichnungsklauseln in Frachtverträgen und Konnossementen freigemacht. Ihn, wenigstens teilweise, wieder zu sperren, mißlang. Zwar beschloß der Congrès international des assureurs maritimes in Paris 1900 und 1901: Les assureurs sur facultés acceptent les clauses d'exonération insérées dans les charte-parties et connaissements qui visent les fautes nautiques des capitaines et de l'équipage dans la conduite du navire; mais ils ne prennent pas à leur charge les conséquences des clauses insérées dans les charte-parties et connaissements qui affranchissent l'armateur de sa responsabilité pour les fautes commerciales du capitaine et de l'équipage (vgl. auch dazu Boyens DJT 28 I. 42, Brüders OestZ 1913. 365, Ulrich ZfVW 1911. 45, Wüstendörfer Studien 383, Denkschrift der hanseat. HK bei Wüstendörfer a. E., HK Hamburg JahresBer 1902. 38 usw.). Die Durchführung dieses Beschlusses scheiterte jedoch an der Uneinigkeit der Assekuradeure. Später (1912) sind von dem Verein Hamburger Reeder, den Bremer Linienreedereien, dem Verband Deutscher Exporteure und dem VHA „Allgemeine Regeln" eines „Einheitskonnossements" vereinbart worden (z. B. im SchJB 1920. 233, SVJB 1914. 231; vgl. dazu auch Brüders a. a. O.). Man fuhr gleichwohl fort, sich in weiterem Umfang freizuzeichnen. Vgl. insbesondere über die Klausel Free from all accidents, loss and damage of whatsoever kind and however occasioned, die Klausel Not responsable for anything und die sogenannten Insurance clauses (Not liable for any loss, detriment or damage to any goods, which are capable of being covered by insurance, „Frei von versicherbarem Schaden", „Nicht verantwortlich für Risikos, welche durch Assekuranz gedeckt werden können"): Leo LZ 1914. 1517, Pappenheim Seerecht 2. 490 und dort angef., Schaps LZ 1913. 515, 1914. 166, Voigt Zum See- und Versicherungsrecht 22, Wüstendörfer Studien 378, HGZ 1913. 121, AG u. LG Hamburg HGZ 1914. 44, LG Hamburg LZ 1914. 176 und ITVMitt 1914. 14, 75, HG Antwerpen ITVMitt 1922. 125. Die Gegenwirkung war dann das oben wiedergegebene Konnossementsabkommen.

Anm. 4 4. Die Verbindung des „Zusatzes" auf der AlteGP mit § 27 ASVB (= ADS § 45) hat Rechtslehre und Rechtsprechung irregeführt. Man betrachtete die von den Befrachtern erzwungene Verzichtleistung als „Beeinträchtigung", als „Aufgabe" von Rechten, von Schadensersatz-Ansprüchen, gegen den Verfrachter im Sinne von § 27 ASVB, § 45 Abs. 2 ADS (Gerhard 316, Hagen 1. 655, Leo 182, Lewis 2. 312, Sieveking 51, Weygand 58, RG 9. 119; richtig dagegen Ehrenberg 329, 521, HGZ 1883. 76, auch HGZ 1893. 138, 139 mit der freilich bedenklichen Wendung, der Versicherte habe nicht dafür aufzukommen, daß Ersatzansprüche gegen den Verfrachter beständen; vgl. auch HGZ 1918. 150 über den besonderen Fall der Einräumung des Rechtes beliebiger Umladung). Diese Konstruktion versagt nun schon ohne weiteres, wenn im Frachtvertrag nicht Ansprüche des Befrachters auf Schadensersatz wegbedungen, sondern die Hauptverpflichtungen des Verfrachters und demgemäß die Hauptansprüche des Befrachters beschränkt sind, wenn etwa vereinbart ist, daß der Verfrachter die Reise ändern oder gar aufgeben, die Güter in einem vertragswidrigen Zwischenhafen löschen darf (RG 25. 95, 101, HRZ 1923. 375, OLG Hamburg HRZ

1923. 61) oder vom Frachtvertrag zurücktreten darf (RG 89. 131; vgl. auch § 85 Anm. 12, § 95 Anm. 16). Sie versagt aber auch, wenn im Frachtvertrag Schadensersatz-Ansprüche des Befrachters wegbedungen sind. Was nicht da ist, kann weder „beeinträchtigt" noch „aufgegeben" werden (so mit Recht schon HGZ 1883. 74). § 45 Abs. 2 behandelt einen Sonderfall der Schadenabwendungs-Pflicht des Versicherungsnehmers (§ 45 Anm. 25). Die Schadenabwendungs-Pflicht setzt aber erst im Versicherungsfall ein (§ 41). Auch aus diesem Grunde kann also von der „Aufgabe" eines Ersatzanspruchs durch Wegbedingung im Frachtvertrag keine Rede sein. Übrigens hatte schon Voigt 467 erkannt, daß der Zusatz zum § 27 ASVB mit dem im § 27 ASVB behandelten Gegenstand nichts zu tun hatte (vgl. auch Voigt Zum See- und Versicherungsrecht 4, 42). Und § 42 BSVB hatte den Fehler des Zusatzes vermieden: Danach sollte zwar der Versicherungsnehmer bei der Schließung des Vertrags anzeigen, „in welche Häfen usw. . . . das . . . Schiff. . . , welches den zu versichernden Gegenstand enthält, unterwegs ein- oder anzulaufen die Freiheit haben solle", aber „bei Dampfschiffen das Anlaufen gewöhnlicher und/oder anderer Stationen und Plätze, sowie Löschen und Laden daselbst, überhaupt die Vornahme aller Handlungen, welche die auf den Konnossementen gedruckten Regulative der betreffenden Transportgesellschaften gestatten, ohne Präjudiz" sein. — Man muß unterscheiden: § 87

a) Der Frachtvertrag ist beim Abschluß des Versicherungsvertrags bereits geschlossen. An und für sich könnte der Versicherer damit rechnen, daß der Frachtvertrag auf der Grundlage des Gesetzes geschlossen ist. Es würde also jede zu ungunsten des Befrachters und des Versicherers vereinbarte Änderung der gesetzlichen Grundlage „geeignet sein, auf den Entschluß des Versicherers, den Vertrag abzuschließen, einen Einfluß auszuüben" (§ 19 Anm. 25), und demgemäß und gemäß § 19 anzuzeigen sein. Es ist aber „allgemein bekannt", daß auf der Grundlage des Gesetzes, soweit dieses nicht zwingenden Charakter hat (vgl. oben Anm. 3), so gut wie niemals abgeschlossen wird. Die Änderung als solche bedarf daher keiner Anzeige (§ 19 Abs. 1 Satz 1). Anders, wenn die Änderung „das verkehrsübliche Maß" überschreitet (siehe dazu auch RG 123. 320). Dann muß sie angezeigt werden. Ebenso Ehrenberg 521, SeeuHG Kopenhagen ITVMitt 1919. 47. Auch RG HGZ 1883. 208, HGZ 1883. 76 erkennen die vorvertragliche Anzeigepflicht des Versicherungsnehmers an. Zwar sehen sie den Fall der besonderen vorvertraglichen Anzeigepflicht des § 51 ASVB als gegeben an (wonach die Haftung des Versicherers für den Fall beschränkt war, daß der Versicherungsnehmer nicht bei der Schließung des Vertrags angezeigt hatte, daß die Güter „auf eine an dem betreffenden Orte ungebräuchliche Weise, oder, wenngleich auf gebräuchliche Weise. . . , doch unter ungewöhnlich gefährdenden Umständen von dem Lande an das Schiff gebracht, letzterem nachgebracht, resp. vom Schiffe an das Land befördert" würden). Das ändert aber natürlich nichts an der grundsätzlichen Auffassung. Vgl. auch Voigt 468 („Es bedürfe, um durch Versicherung auch für die bezüglichen Schäden gedeckt zu werden, einer darauf zu richtenden besonderen Ausbedingung bei dem Abschluß der Versicherung"); richtiger Voigt Zum See- und Versicherungsrecht 4 (Es bedürfe „einer bei dem Versicherungsabschluß zu machenden Mitteilung des Versicherungsnehmers von dem Inhalt des betreffenden Frachtkontrakts an die Versicherer, welche dann die Folgen der ungünstigen Sachlage zu tragen hätten und in einer entsprechenden Erhöhung der Prämie Ausgleichung dieses Umstandes zu suchen veranlaßt seien"). Für das „verkehrsübliche Maß" bilden die „Allgemeinen Regeln" der Konnossementsformulare (oben Anm. 3) einen guten Anhalt (vgl. HGZ 1893. 139: „Der Frachtvertrag sei mit einer öffentlichen Verkehrsanstalt — der Louisville and Nashville Railroad Company — nach Maßgabe des bei ihr eingeführten gedruckten Formulars eines Frachtvertrags bzw. Konnossements oder Anm. 5

§ 87 Ladescheins abgeschlossen"; „insoweit habe der Versicherte sich jedenfalls dem Versicherer gegenüber nicht verantwortlich gemacht, wenn er den Frachtvertrag unter Bedingungen abgeschlossen habe, wodurch er auf den ihm gegen den Frachtführer zustehenden Ersatzanspruch, welcher eventuell dem Versicherer abzutreten sein würde, verzichtet habe"; als „unbedenklich zutreffend" bestätigt von RG HGZ 1893. 212). — Aber hier greift § 87 ein. Der Gegenstand wird, teilweise, unter dem Gesichtspunkt der vertragsmäßigen Beschränkung des Risikos behandelt: **Der Versicherer haftet nicht, soweit der Versicherungsnehmer von einem Dritten den Ersatz des Schadens deshalb nicht verlangen kann, weil die gesetzliche Haftung des Verfrachters über das verkehrsübliche Maß hinaus beschränkt** oder ausgeschlossen ist. Insoweit (aber auch nur insoweit) bedarf es also regelmäßig bei der Schließung des Vertrags keiner Anzeige, wenn das „verkehrsübliche Maß" überschritten ist (vgl. § 19 Anm. 26). Zu weitgehend: HGZ 1883. 76 (auf Grund ASVB § 51): Der Versicherungsnehmer müsse auch solche Freizeichnungen anzeigen, die das „verkehrsübliche Maß" nicht überschritten, aber „von erheblich gefährdender Natur für den Assekuradeur seien".

Anm. 6 b) Der Frachtvertrag ist beim Abschluß des Versicherungsvertrags noch nicht geschlossen. Der Abschluß des Frachtvertrags, der zwar von der gesetzlichen Grundlage, aber nicht über das verkehrsübliche Maß hinaus abweicht, oder, genauer, die Beförderung auf der Grundlage eines solchen Vertragsverhältnisses ist in die versicherte Unternehmung eingeschlossen (vgl. oben Anm. 5). Die Beförderung auf Grund eines Frachtvertrags, der zuungunsten des Befrachters von der gesetzlichen Regel über das verkehrsübliche Maß hinaus abweicht, ist eine Änderung der versicherten Unternehmung und damit eine Änderung der Gefahr im Sinne des § 23 oder doch, wenn dem Verfrachter das Recht eingeräumt wird, die versicherte Unternehmung zu ändern, das „Gestatten" einer Gefahränderung im Sinne des § 23 (§ 23 Anm. 17, Ehrenberg 401, 521; richtig auch die Bemerkung in RG 9. 121: „Vergrößerung der Gefahr, welche sich aus ungewöhnlichen Klauseln bei solchen Verträgen ergebe"; ähnlich HGZ 1883. 76). Siehe OLG Hamburg HansRGZ 1937 B 247: Unterwerfung unter eine im allgemeinen verkehrsübliche Klausel, z. B. die Umladeklausel, schadet dem Versicherungsnehmer nicht. Siehe auch RG JW 1926. 1969 über Verzicht des Empfängers gegen den Reeder. Vgl. RG 123. 320. — Aber hier greift wieder § 87 ein. Der Gegenstand wird, teilweise, nicht unter dem Gesichtspunkt der Gefahränderung, sondern unter dem Gesichtspunkt der vertragsmäßigen Beschränkung des Risikos behandelt: **Der Versicherer haftet nicht,** soweit der Versicherungsnehmer von einem Dritten den Ersatz des Schadens deshalb nicht verlangen kann, weil die gesetzliche Haftung des Verfrachters über das verkehrsübliche Maß hinaus beschränkt oder ausgeschlossen ist. Im übrigen ist der Versicherer nicht frei (über das Verhältnis der Bestimmungen über die Gefahränderung zu den Bestimmungen über die vertragsmäßige Beschränkung des Risikos: § 23 Anm. 35).

Anm. 7 5. Der Versicherer haftet nicht, soweit der Versicherungsnehmer von einem Dritten den Ersatz des Schadens nicht verlangen kann. Die Fassung lehnt sich, deutlich erkennbar, an § 45 an. Aber als Dritter kann grundsätzlich nur der Verfrachter in Betracht kommen. Denn § 87 setzt voraus, daß die gesetzliche Haftung des Verfrachters wegbedungen ist. Dem Verfrachter werden jedoch wegen Gleichheit der Interessenlage alle diejenigen gleichzustellen sein, die ebenso oder ähnlich wie der Verfrachter das Gut während der Dauer der Versicherung zu verwahren haben, also z. B. die Kaianstalt (vgl. § 88 Abs. 2). Im Falle der Versicherung von Haus zu Haus (§ 124) oder der kombinierten Versicherung (§ 125) findet § 87, soweit die Reise auf Binnengewässern oder zu Lande ausgeführt wird, „entsprechende" Anwendung. „Dritter" ist also insbesondere der Frachtführer. In allen diesen Fällen kommt es also darauf an, **§ 87** ob die gesetzliche Haftung des Frachtführers, des Lagerhalters usw. über das verkehrsübliche Maß hinaus beschränkt oder ausgeschlossen ist.

6. Der Versicherer haftet nicht, soweit der Versicherungsnehmer keinen Ersatz Anm. 8 verlangen kann. Es kommt nicht darauf an, ob der Versicherungsnehmer Ersatz erlangt hätte, wenn er Ersatz zu verlangen gehabt haben würde. § 87 geht, absichtlich, über § 45 Abs. 2 hinaus. Der (beweispflichtige) Versicherer braucht nur darzutun, daß ein Ersatzanspruch bestanden haben würde, aber nicht besteht. Der Versicherungsnehmer wird nicht zum Gegenbeweis zugelassen, daß er oder der Versicherer auch dann nichts erlangt haben würde, wenn er oder der Versicherer etwas zu verlangen hätte.

7. Der Versicherer haftet nicht. Die Haftung des Versicherers ist durch den Anm. 9 Vertrag objektiv beschränkt. Es kommt also insbesondere nicht darauf an, ob den Versicherungsnehmer ein Verschulden trifft oder nicht, ob er überhaupt den Inhalt des Frachtvertrags kennt oder nicht kennt.

8. Konnossementsklauseln stehen Frachtvertrags-Klauseln natürlich gleich Anm. 10 (vgl. auch HRZ 1923. 375).

9. § 87 ist unanwendbar, wenn der Frachtvertrag dem Befrachter die Abtretung Anm. 11 von Ersatzansprüchen gegen den Verfrachter verbietet und die Ansprüche deshalb auch nicht gemäß § 45 auf den entschädigenden Versicherer übergehen können (§ 45 Anm. 19; abw. Ulrich 103). Ist das Verbot nicht verkehrsüblich, so muß es bei der Schließung des Versicherungsvertrags angezeigt werden; wird der Frachtvertrag erst später geschlossen, so bildet die Vereinbarung des Verbots eine Gefahränderung (oben Anm. 5, 6; vgl. aber auch § 24 Abs. 2). Bleibt die Entschädigungspflicht des Versicherers unberührt (weil das Verbot verkehrsüblich, oder weil Anzeige gemacht ist, oder weil der Versicherer zugestimmt hat), so geht der Ersatzanspruch auf den Versicherer nicht über; der Versicherungsnehmer ist aber verpflichtet, den Ersatzanspruch für Rechnung des Versicherers geltend zu machen (§ 41, § 45 Anm. 19).

10. § 87 ist auf **andere Versicherungen, die sich auf die Güter beziehen,** Anm. 12 entsprechend anzuwenden (§ 99). So etwa auf die Versicherung von Bodmereigeldern (vgl. HGB §§ 777, 775). — Eine auf die Güter sich beziehende Versicherung ist auch die Frachtversicherung (§ 79 Anm. 6, § 105 Anm.). An und für sich würde § 87 also auch auf Frachtversicherungen anzuwenden sein. Die „entsprechende" Anwendung des § 87 würde hier freilich ein anderes als das gewöhnliche Bild ergeben. Der Frachtversicherer würde nicht haften, soweit der Versicherungsnehmer die Fracht deshalb nicht verlangen könnte, weil die gesetzliche Haftung des Verfrachters über das verkehrsübliche Maß hinaus erweitert wäre. § 87 gehört indessen zu den Bestimmungen, die den „Umfang der Haftung" des Güterversicherers betreffen. Und von diesen Bestimmungen sollen nach § 105 Abs. 1 nur die §§ 85 Abs. 1, 86 Anwendung finden. Also nicht § 87. Für die Frachtversicherung gelten also die allgemeinen Grundsätze. Der Frachtversicherer darf damit rechnen, daß der Frachtvertrag (oder die nach den Regeln des internationalen Privatrechts geltende Rechtsordnung) die vom deutschen Rechte bestimmte Haftung des Verfrachters nicht über das am Versicherungsplatz verkehrsübliche Maß erweitert. Ist der Frachtvertrag, der die Haftung erweitert, beim Abschluß des Versicherungsvertrags bereits geschlossen, so muß der Versicherungsnehmer gemäß § 19 anzeigen (vgl. oben Anm. 5). So etwa, wenn der Frachtvertrag eine Cancellation clause enthält, der Befrachter sich also vom Frachtvertrag lossagen kann, wenn das Schiff nicht zur bestimmten Zeit im Abladehafen eintrifft (The Mercantile Steamship Comp. v. Tyser bei Arnould 588 s. 620). Ist der Frachtvertrag noch nicht geschlossen, so bildet sein Abschluß eine Gefahränderung (vgl. oben Anm. 6).

§ 87 Anders Voigt 142, der, ohne Begründung, für die ASVB den im § 87 enthaltenen Grundsatz angewendet wissen will.

Anm. 13 11. § 87 ist auf die Kaskoversicherung natürlich nicht sinngemäß anzuwenden. So insbesondere nicht, wenn etwa im Schleppvertrag die gesetzliche Haftung des Schleppunternehmers über das verkehrsübliche Maß hinaus beschränkt oder ausgeschlossen ist und der Kaskoversicherte deshalb vom Schleppunternehmer den Ersatz des Versicherungsschadens nicht verlangen kann. Vielmehr sind nur die Grundsätze über die vorvertragliche Anzeigepflicht und die Gefahrstandspflicht anzuwenden (vgl. oben Anm. 5, 6).

Anm. 14 12. § 87 gilt sinngemäß auch für die **Rückversicherung** (§ 99, § 1 Anm. 136). Haftet der Vorversicherer gemäß § 87 nicht, so haftet auch der Rückversicherer nicht (was sich natürlich nicht erst aus § 87, sondern schon daraus ergibt, daß die Rückversicherung Haftpflichtversicherung ist). Ist der Vorversicherer (wie gewöhnlich) abwicklungsberechtigt, so haftet der Rückversicherer gleichwohl, wenn der Vorversicherer sich dem Vorversicherten gegenüber nicht auf § 87 beruft und auch ein nicht rückversicherter Versicherer sich verständiger und billiger Weise auf § 87 nicht berufen würde (§ 1 Anm. 154).

§ 88

Dauer der Versicherung

(1) Die Versicherung erstreckt sich auf die ganze Dauer der versicherten Reise.

(2) Die Versicherung beginnt mit dem Zeitpunkt, in dem die Güter von dem Verfrachter zur Beförderung oder, wenn die Beförderung nicht sofort erfolgen kann, zur einstweiligen Verwahrung angenommen werden. Bedient sich der Versicherungsnehmer zur Ablieferung der Güter an den Verfrachter einer Kaianstalt oder einer ähnlichen Anstalt, so gilt diese in Ansehung der Güterannahme als Vertreter des Verfrachters. Als einstweilige Verwahrung im Sinne dieser Bestimmungen gilt nur eine Verwahrung auf kurze, den Verkehrsverhältnissen entsprechende Zeit.

(3) Die Versicherung endigt mit dem Zeitpunkt, in dem die Güter dem Empfänger am Ablieferungsort abgeliefert oder, wenn sich ein Ablieferungshindernis ergibt, rechtmäßig hinterlegt oder verkauft werden, jedoch spätestens mit dem Ablaufe des zehnten Tages nach dem Tage der Löschung. Wird die Löschung von dem Versicherungsnehmer, dem Absender oder dem Empfänger ungebührlich verzögert, so endigt die Versicherung spätestens mit dem Ablaufe des zehnten Tages nach dem Zeitpunkt, in dem die Löschung beendigt sein würde, falls die Verzögerung nicht stattgefunden hätte.

Anm. 1 1. Vgl. HGB § 824 Abs. 1, 2, § 827, ASVB § 73 Abs. 1, 2, § 77 Abs. 2 Satz 1, § 76, AlteGP Zusatz zu ASVB § 73 Abs. 1, 3, BSVB §§ 3, 39 Abs. 2, VVG § 134. — **Literatur:** § 10 Anm. 2, ferner: Günther AnnVers 1914. 101, 113 (Die Transportversicherung in Verbindung mit anderen Versicherungsarten). Moldenhauer, Die Grenzgebiete zwischen Feuer- und Transportversicherung, 1921. Werneburg OestZ 1920. 397 (Zusammentreffende Versicherungsverträge) und Zeitfragen 7 (Die rechtliche Bedeutung von Gefahrausschluß-Klauseln).

2. **Abs. 1. Die Versicherung erstreckt sich auf die ganze Dauer der versicherten Reise.** Die Bestimmung ist dem § 134 VVG entlehnt. Sie ist überflüssig und unvollständig. Unvollständig: Denn Güter können nicht nur für eine Reise, sondern auch (wie z. B. Seemannseffekten) auf Zeit versichert werden. Überflüssig: Denn es versteht sich bei der Güter-Reiseversicherung ebenso wie bei der Kasko-Reiseversicherung von selbst, daß sie sich auf die ganze Dauer der Reise erstreckt; es braucht daher für jene ebensowenig wie für diese ausgesprochen zu werden. Man hat zum Ausdruck bringen wollen, daß „die Versicherung durch einen Aufenthalt, den die Beförderung erleidet, nicht unterbrochen wird" (Begr. z. VVG § 134). Aber soweit dies richtig ist, ist es auch für die Kaskoversicherung richtig, ergibt es sich dort wie hier schon aus den Bestimmungen über Beginn und Ende der Versicherung (und zu allem Überfluß aus § 28 ADS, § 129 VVG). Und soweit damit etwa zum Ausdruck käme, daß jede Art von Aufenthalt auf die Versicherung ohne Einfluß wäre, würde es dort wie hier unrichtig sein. Denn vom Versicherungsnehmer (oder anderen Personen, deren Verhalten er wie eigenes vertreten muß, z. B. seinem Spediteur) verursachter erheblicher Aufenthalt ist eine Gefahränderung, die den Versicherer befreit (§§ 23, 24). — „Müssen die Güter einstweilen gelöscht werden..., so trägt der Versicherer die Gefahr auch für die Zeit, während welcher sich die Güter... am Lande befinden". So ausdrücklich HGB § 827 Abs. 2. Auch dies ergibt sich unmittelbar aus §§ 28, 88. — „Die Vorschriften der §§ 827, 828 (insbesondere die Vorschriften über die Dauer der Versicherung) gelten nur unbeschadet der Vorschriften der §§ 814, 816" (über Gefahränderungen). So ausdrücklich HGB § 829. Dies versteht sich gleichfalls von selbst (vgl. aber auch unten Anm. 20, 24). — Vgl. zu alle diesem auch § 66 Anm. 17. § 88 Anm. 2

3. **Abs. 2.** Die Versicherung beginnt — endigt — dauert. Das HGB sagt: Die Gefahr beginnt, endigt, läuft. Über den Unterschied der Ausdrucksform: § 66 Anm. 2. — **Die** (Reise-)**Versicherung beginnt:** Anm. 3

a) **wenn der Verfrachter die Güter zur Beförderung annimmt.** Nicht erst (wie nach HGB § 824), wenn die Güter zum Zwecke der Einladung in das Schiff oder den Leichter „vom Lande scheiden".

1. Annahme, Übernahme, Empfangnahme zur Beförderung sind im Frachtrecht feststehende und gleichbedeutende Ausdrücke (vgl. z. B. HGB §§ 429, 436, 438, 455—457, 562, 606, 614, 642, 673, BSchG § 58), mit denen der Beginn der Obhuts-Haftung des Frachtführers oder Verfrachters bezeichnet wird. Der Ausdruck muß hier natürlich die gleiche Bedeutung haben, wie dort. Annahme zur Beförderung ist hiernach nicht etwa die Einnahme der Güter (vgl. HGB §§ 560, 567) oder ihre Einladung, Verladung oder Abladung (vgl. HGB §§ 561 ff.), sondern die Entgegennahme der zur Beförderung dargebotenen Güter in den Gewahrsam des Verfrachters oder seiner Leute (Begr. z. VVG § 134, Pappenheim Seerecht 2. 438, Schaps-Abraham II Anm. 19 zu § 606 HGB, RG 11. 103, 20. 65, 31. 49, HG Hamburg HambS 3. 157). Also z. B. nicht schon die Entgegennahme des Lagerscheins über die noch im Lagerhaus lagernden Güter (abw. Sieveking 114, HGZ 1893. 138 gegen die richtige von HGZ 1893. 138 mit Unrecht als „völlig unzutreffend" bezeichnete Entscheidung des LG Hamburg daselbst; vgl. auch RG HGZ 1893. 212, das die Auffassung des OLG Hamburg HGZ 1893. 138 nicht billigt und die Revision vielmehr verwirft, weil schon mehr als die Hälfte der Güter vom Frachtführer „fortgeschafft und verladen" gewesen sei, als der Schaden entstanden sei). Werden die Güter, wie regelmäßig, in Teilen, nach und nach, entgegengenommen, so beginnt, wie die Haftung des Verfrachters, so auch die Versicherung stückweise, nach und nach, nicht schon ganz, wenn der erste Teil, und nicht erst ganz, wenn der letzte Teil übernommen wird (LG u. OLG Hamburg Anm. 4

§ 88 HGZ 1884. 301; so im Grundsatz auch Schlegelberger SVR Bem. 2 zu § 88 ADS, der jedoch zutreffend darauf hinweist, daß es auf die Sachlage des einzelnen Falles ankommen kann). Wenn imaginärer Gewinn versichert ist und von den Gütern nach Annahme der Hälfte eben diese Hälfte verlorengeht, mag der ganze imaginäre Gewinn verloren sein; der Versicherer hat doch nur für die Hälfte zu entschädigen (vgl. HGZ 1892. 70, 1895. 80). Anders natürlich, wenn vereinbart ist, daß die Versicherung bereits beginnen soll, wenn auch erst ein Teil der Güter vom Verfrachter angenommen ist (vgl. die Klausel im Falle HGZ 1895. 79: „die Versicherung beginnt mit Anfang der Beladung an der Yucatan-Küste").

Anm. 5 2. Wann die Güter hiernach entgegengenommen sind, ist im übrigen Tatfrage. Werden die Güter dem Verfrachter zugerollt, von den Leuten des Versicherungsnehmers vom Wagen gehoben und dabei beschädigt, so ist der Schaden zu Lasten des Versicherungsnehmers. Haben, umgekehrt, die Leute des Verfrachters die Güter vom Wagen gehoben, so ist der Schaden zu Lasten des Versicherers (vgl. Voigt 480, HG Hamburg HGZ 1873. 20). Ob es im Verhältnis des Befrachters zum Verfrachter Aufgabe des ersteren oder des letzteren war, die Güter vom Wagen heben zu lassen, ist ohne Bedeutung; hier kommt es nur auf den tatsächlichen Vorgang der Entgegennahme an. Werden also z. B. die Güter bei (aber noch vor) der Annahme durch Regen naß und beschädigt, so haftet der Versicherer nicht (vgl. HG Hamburg HGZ 1876. 89); gemäß § 84 haftet er überhaupt nicht mehr für Beschädigung.

Anm. 6 3. Hat jemand nur vorläufig im Hinblick auf einen erst noch abzuschließenden Frachtvertrag die Güter zur Beförderung übernommen, so muß dies genügen (vgl. Pappenheim Seerecht 2. 438, Schaps-Abraham Anm. 2 zu § 606 HGB, ROHG 20. 120, HG u. OG Hamburg HGZ 1876. 226). Sollen aber Reedersgüter befördert werden, so kann von einer Annahme durch den Verfrachter keine Rede sein. Die Versicherung wird in solchem Falle sinngemäß beginnen müssen, wenn die Vorbereitungen zur Einladung der Güter getroffen werden, insbesondere die Güter zur Einladestelle gebracht sind. Ebensowenig kann von einer Annahme der Güter durch den Verfrachter die Rede sein, wenn die Güter sich schon im Gewahrsam des Verfrachters befinden, wenn z. B. Güter von London nach Gothenburg und von hier weiter nach Petersburg gefahren werden und nur die Reise von Gothenburg nach Petersburg versichert ist. In solchem Falle wird die Versicherung mit der Ankunft der Güter in Gothenburg beginnen müssen oder, wenn der Versicherungsvertrag später geschlossen wird, mit dem Vertragsschluß.

Anm. 7 4. Wenn der Verfrachter die Güter im Hause, Speicher, Lager usw. des Versicherungsnehmers zur Beförderung annimmt, beginnt die Versicherung an und für sich wie eine Von-Haus-zu-Haus-Versicherung (vgl. § 124). Aber die Versicherung deckt nur die Beförderung über die versicherte Strecke und mit dem vertragsmäßigen Schiff (§ 95 Abs. 1) oder dem ortsüblichen Leichter (§ 89), nicht die Beförderung vom Hause usw. des Versicherungsnehmers bis zum Schiff, zur Kaianstalt usw. Wenn also z. B. der Verfrachter die Güter abrollen läßt, würde die Versicherung doch nicht früher beginnen als in dem Zeitpunkt, in dem sie begonnen haben würde, wenn die Güter dem Verfrachter zugerollt worden wären.

Anm. 8 b) **für den Fall, daß die Beförderung nicht sofort erfolgen kann: wenn der Verfrachter die Güter zur einstweiligen Verwahrung annimmt.** Diese einstweilige Inverwahrungsnahme ist, jedenfalls im Stückgutverkehr, heute die Regel. Hieraus ergibt sich, was gemeint ist. Die Verwahrung darf nur so lange Zeit dauern, wie gewöhnlich zwischen Annahme und Einladung verstreicht. Der Versicherungsnehmer soll nicht den Verfrachter (und insbesondere nicht die Kaianstalt: unten Anm. 9) als

Lagerhalter benutzen und auf Kosten des Seeversicherers Lagerversicherungs-Kosten sparen (HGZ 1891. 174). Das Problem ist alt. Wie heute die Versicherten den Kaispeicher im Abgangs- und im Löschungshafen als Lagerhaus benutzen möchten, in dem die Güter kostenlos gegen alle Gefahren versichert lagern, so scheinen sie früher das Schiff benutzt zu haben. Deshalb bestimmte AHO 1731 V. 13: „Wann.. die Einladere des Schiffes sich desselben gleichsam anstatt eines Pack-Raumes im Haven bedienen, ... so sind die Assecurirende für keine Gefahr gehalten, sondern es kömmt dieselbe denen zur Last, mit deren Wissen und Willen obiges geschehen". Deshalb ist auch nur der Sicherheit wegen im § 88 Abs. 2 Satz 3 beigefügt: **Als einstweilige Verwahrung gilt nur eine Verwahrung auf kurze, den Verkehrsverhältnissen entsprechende, Zeit.** Den Verkehrsverhältnissen freilich, wie sie tatsächlich sind, nicht, wie sie sein sollen. Bei starkem Güterandrang, darniederliegendem Schiffsverkehr kann auch eine längere Verwahrung verkehrsgewöhnlich erscheinen. Ebenso etwa im Falle eines Seemannsstreiks. Werden die Güter nicht zur „einstweiligen", sondern zur längeren Verwahrung angenommen, so beginnt die Versicherung nicht (siehe dazu Hamburger Schiedsgericht JRPV 1937. 190 = Sasse Nr. 903). Freilich sagt § 88 Abs. 2 nicht, wann sie in einem solchen Falle beginnen soll. Aber die für die Beendigung der Kasko- und der Güterversicherung geltenden Grundsätze entsprechen der Interessenlage und werden daher auch hier sinngemäß angewendet werden dürfen. Hiernach würde die Versicherung in dem Zeitpunkt beginnen, in dem sie begonnen haben würde, wenn der Versicherungsnehmer mit der Ablieferung der Güter an den Verfrachter gewartet hätte, bis eine nur einstweilige Verwahrung in Betracht gekommen wäre. Wenn der Beginn erheblich hinausgezogen, die Beförderung erheblich verzögert wird und der Versicherungsnehmer dies nach den Grundsätzen über die Gefahrstandspflicht zu vertreten hat, ist der Versicherer gemäß §§ 23, 24 frei. Ebenso, wenn der Verfrachter die Güter zwar zur einstweiligen Verwahrung angenommen hat, die Einladung und mithin die Beförderung der Güter aber erheblich verzögert werden und der Versicherungsnehmer diese Verzögerung nach den Grundsätzen über die Gefahrstandspflicht zu vertreten hat (Begr. z. E 1910 § 83). § 88

c) **für den Fall, daß sich der Versicherungsnehmer zur Ablieferung der Güter einer Kaianstalt oder einer ähnlichen** (den Verkehr zwischen Ablader und Reeder vermittelnden) **Anstalt** (siehe zum Begriff „Kaianstalt oder ähnliche Anstalt" in einem mittelamerikanischen Hafen Hamburger Schiedsgericht JRPV 1937. 190 = Sasse Nr. 903) **bedient: wenn die Anstalt die Güter** zur Beförderung oder zur einstweiligen Verwahrung **annimmt. Die Anstalt „gilt in Ansehung der Güterannahme als Vertreter** (richtiger: als Gehilfe) **des Verfrachters".** Sie kann es wirklich sein. Die Anstalt kann eine solche sein, deren der Verfrachter sich zur Annahme der Güter bedient. Sie kann (nicht nur, wie gewöhnlich, bei der Ablieferung der Güter an den Empfänger, sondern auch bei der Annahme der Güter durch den Verfrachter) „Allonge des Schiffes" sein, insbesondere ist das regelmäßig der Fall bei einem eigenen oder gemieteten, rechtlich nicht verselbständigten Privatkai der Reederei, der mit seinen Lagerschuppen nur ihr zur Verfügung steht. Vgl. dazu Schaps-Abraham II Anm. 19 zu § 606 HGB, Jaeschke, Die Rechtsstellung der Kaianstalten im Seefrachtverkehr unter besonderer Berücksichtigung des Kaiumschlags in Hamburg und Bremen, 1931 (Heft 12 der Überseestudien) 82ff., Wüstendörfer SHR 268). Abgesehen von solchen Fällen ist indessen im ausgehenden Verkehr die Kaianstalt regelmäßig nicht Allonge des Schiffes (Schaps-Abraham a. a. O., Jaeschke a. a. O. 72ff., Wüstendörfer a. a. O.). Ist die Anstalt „Vertreterin" des Verfrachters, so ergibt sich aus § 88 Abs. 2 Satz 1, nicht aus § 88 Abs. 2 Satz 2, daß die Versicherung mit der Annahme durch die Anstalt beginnt. — Auch wenn die Kaianstalt dem Versicherungsnehmer Anm. 9

§ 88 gehört oder verpachtet ist, „gilt" sie als Vertreterin des Verfrachters, beginnt also die Versicherung mit der Ablieferung an die Kaianstalt. So insbesondere, wenn Reedersgüter versichert sind und an den dem Reeder gehörenden oder verpachteten Kai geliefert werden. — § 73 ASVB (in der Fassung der AlteGP: Mat. 2. 100) stellte dem „Quai" gleich: „Werft, Hulkschiff, Bahnhof, Zollhaus oder dergl.". Aber der Zusatz zur AlteGP ergab auch, daß diese Einrichtungen nicht ohne weiteres als solche gelten sollten, bei denen Güter mit der Wirkung des Beginns der Versicherung in Verwahrung gegeben werden konnten. Gemeint war, daß die Einbringung in solche Anstalten die Versicherung nur dann in Lauf setzen sollte, wenn die Güter die Anstalten zum Zwecke der Beförderung durchlaufen mußten, wenn der Ablader die Güter bei ihnen „abzuliefern" hatte (HGZ 1891. 173). Die Ablieferung an ein „Zollhaus" setzte und setzt also die Versicherung nur dann in Lauf, wenn das Zollhaus (wie in überseeischen Ländern vielfach üblich) gleichzeitig der Vermittlung des Verkehrs zwischen Schiff und Gütern dient. Dies ist nach HGZ 1891. 172 z. B. nicht der Fall bei den Warenschauern der Lübecker Kaufmannschaft, die im wesentlichen nur Lagerzwecken dienen; diese Warenschauer seien keine Anstalten, die „sich als selbständige Mittelsperson zwischen den Ablader und das Schiff einfügten, so daß mit der Übergabe (des Gutes an sie) der Ablader in der Tat von seinem Gute scheide und das letztere für ihn gewissermaßen schon seine Reise angetreten habe" (vgl. auch Voigt 482, Wagner Seerecht 275). — Ob die Anstalten private oder öffentliche Anstalten sind, gilt gleich.

Anm. 10 d) Die Versicherung beginnt natürlich nur, wenn die Güter vom Verfrachter dort angenommen werden, von wo die versicherte Reise angetreten werden soll (§ 23 Anm. 71). Bei der Bezeichnung des Abgangsortes kommt es aber nicht so sehr auf die allgemeingeographische, als vielmehr auf die handelsgeographische Bedeutung der Bezeichnung an, darauf, was im Seeverkehr unter der in der Police enthaltenen Ortsbezeichnung verstanden wird. Näheres: § 23 Anm. 71 unter b.

Anm. 11 4. **Abs. 3. Die Versicherung endigt:**

a) **wenn die Güter dem Empfänger am Ablieferungsort abgeliefert werden.** Nicht schon und nicht erst, wenn sie „im Bestimmungshafen wieder an das Land gelangen" (so HGB § 824).

1. Ablieferung und Auslieferung der beförderten Güter sind im Frachtrecht feststehende und gleichbedeutende Ausdrücke (vgl. z. B. HGB §§ 429, 433 usw., 606, 611, 612, 614, 615 usw.; siehe zum Begriff der Auslieferung in § 611 HGB HansOLG Hamburg Hansa 1965. 2 = MDR 1965. 210 = VersR 1965. 232, BGHZ 44. 303 = Hansa 1966. 184 = VersR 1966. 160 = NJW 1966. 593). Der Ausdruck muß hier natürlich die gleiche Bedeutung haben wie dort (RG HGZ 1908. 160). Ablieferung der Güter an den Empfänger ist hiernach die Aufgabe ihres Gewahrsams und die Verschaffung des Gewahrsams für den Empfänger (Begr. z. VVG § 134, Pappenheim Seerecht 2. 407, Schaps-Abraham II Anm. 20 zu § 606 HGB und dort angef. Lit. u. Rechtspr., RG 114. 308, BGHZ 44. 303). Ob an den Empfänger oder mit seiner Zustimmung an einen Dritten abgeliefert wird, gilt gleich (ROHG 2. 252, SA 51 Nr. 284). Hat das Schiff z. B. in einen vom Empfänger gestellten Lagerkahn gelöscht, so sind die Güter an den Empfänger abgeliefert (RG HGZ 1893. 103). Einseitige Aufgabe des Gewahrsams ist keine Ablieferung (sondern unter Umständen Verlust: § 91 Anm. 3). Ebensowenig die Zurverfügungstellung der Güter, die Benachrichtigung des Empfängers von ihrer Ankunft, die Erklärung der Löschbereitschaft, die Anweisung eines Löschplatzes durch den Empfänger, die Abstempelung des Konnossements (ROHG 2. 252, 264, 6. 276, 14. 294, RG 52. 400, LZ 1908. 224, HGZ 1891. 30, 1900. 311, 1904. 47, KG Rspr 6. 97, 8. 391; teilw. abw. ROHG 8. 29, RG 13. 169, SA 51

Nr. 284, OLG Karlsruhe SA 40 Nr. 41, HGZ 1889. 66). Ebensowenig die Eintragung des Empfängers in die Bücher der Kaianstalt (HGZ 1894. 106). Wohl aber die Vereinbarung eines neuen Rechts-, insbesondere Lager- oder Speditionsverhältnisses mit Frachtführer, Verfrachter, Kaianstalt usw., vermöge dessen diese den Gewahrsam der Güter behalten (ROHG 14. 295, HGZ 1889. 66, 1891. 29, 1904. 183, OLG Hamburg SpedSchiffZ 1909. 293), oder die Vereinbarung eines neuen Beförderungsverhältnisses, vermöge dessen der Verfrachter die Beförderung vom Schiffe oder vom Kai nach dem Lager des Versicherungsnehmers oder eines Dritten übernehmen und zu diesem Zwecke einstweilen den Gewahrsam behalten soll (Begr. z. VVG § 134). Die Güter können also abgeliefert, die Versicherung kann beendigt sein, ohne daß oder bevor die Güter „wieder an das Land gelangen" (vgl. auch HGZ 1904. 48). § 88

2. Werden die Güter, wie regelmäßig, in Teilen, nach und nach abgeliefert, so endigt, wie die Haftung des Verfrachters, so auch die Versicherung grundsätzlich stückweise, nach und nach, nicht schon ganz, wenn der erste Teil, und nicht erst ganz, wenn der letzte Teil abgeliefert wird (LG u. OLG Hamburg HGZ 1884. 301; HansOLG HansRGZ 1932 B 569 = Sasse Nr. 424 hat bei der Abnahme von Kiefernrollen die Abnahme der Gesamtmenge als für die Beendigung der Ablieferung entscheidend angesehen, was für den konkreten Fall zutreffend erscheint; so auch Schlegelberger SVR Bem. 5 zu § 88 ADS). Anm. 12

3. Wann die Güter hiernach abgeliefert sind, ist im übrigen Tatfrage. Werden sie am Kai von den Leuten des Empfängers entgegengenommen, auf den Wagen gehoben und dabei beschädigt, so ist der Schaden zu Lasten des Versicherungsnehmers. Haben, umgekehrt, Kaiangestellte die Güter auf den Wagen gehoben, so ist der Schaden zu Lasten des Versicherers (vgl. oben Anm. 5). Anm. 13

4. Kai- und ähnliche Anstalten sind bei der Ablieferung regelmäßig „Vertreter", richtiger: Gehilfen, Beauftragte, des Schiffes (Boyens Seerecht 2. 179, Schaps-Abraham II Anm. 20 zu § 606 HGB, Jaeschke, Die Rechtsstellung der Kaianstalten im Seefrachtverkehr, 1931 (Heft 12 der Überseestudien) 13, BGHZ 44. 303; vgl. auch ASVB § 73 in der Fassung der AlteGP, Mat 2. 100: „Güter, welche ... der Destinatär von einem Quai, Werft usw. entgegenzunehmen hat"). Abgeliefert sind die Güter also erst, wenn die Kaianstalt sie an den Empfänger abgeliefert hat. Die Kaianstalt kann aber auch vom Empfänger beauftragt sein, die Güter entgegenzunehmen (besonderer „Empfangsvertrag", vgl. Jaeschke a. a. O. 36ff., BGHZ 44. 303), dann sind die Güter abgeliefert, wenn der Verfrachter sie an die Kaianstalt abgeliefert hat. Eine dem § 88 Abs. 2 Satz 2 entsprechende Bestimmung, daß die Kaianstalt, deren der Versicherungsnehmer sich bei der Entgegennahme der Güter bedient, als Vertreterin des Verfrachters gilt, fehlt. Die sinngemäße Anwendung des § 88 Abs. 2 Satz 2 würde nur statthaft sein, wenn nicht besondere Verhältnisse den Empfänger (und nicht das Schiff) veranlassen, sich der Kaianstalt als seines Abnahmegehilfen zu bedienen. Hat z. B. der Empfänger in Hamburg der Kaianstalt das Konnossement gegeben und sie beauftragt, die Güter entgegenzunehmen und mit der Bahn nach Wien zu versenden, so sind die Güter abgeliefert, wenn die Kaianstalt in Ausführung des Auftrags die Güter vom Schiffe entgegennimmt (vgl. HG u. OG Hamburg HGZ 1875. 229, 364). Anm. 14

5. Wenn der Verfrachter die Güter im Hause, Speicher, Lager usw. des Empfängers diesem abliefert, endigt die Versicherung an und für sich wie eine Von-Haus-zu-Haus-Versicherung (vgl. § 124). Aber die Versicherung deckt nur die Beförderung über die versicherte Strecke mit dem vertragsmäßigen Schiff (§ 95 Abs. 1) und dem ortsüblichen Leichter (§ 89), nicht die Beförderung vom Anm. 15

§ 88 Schiffe oder von der Kaianstalt usw. zum Hause des Empfängers. Wenn also z. B. der Verfrachter dem Empfänger die Güter zurollen läßt, würde die Versicherung doch endigen, wie wenn die Güter dem Empfänger nicht zugerollt wären. Anders etwa, wenn der Versicherer den Umständen des Falles nach damit rechnen muß, daß der Verfrachter dem Empfänger die Güter in's Haus usw. bringen läßt. Sind z. B. Postpakete versichert, die, erkennbar, dem Versicherungsnehmer in seinen Geschäftsräumen abzuliefern sind, so endigt die Versicherung im selben Zeitpunkt, in dem nach § 124 Abs. 2 Satz 1 die Von-Haus-zu-Haus-Versicherung endigt.

Anm. 16 6. Ablieferungsort ist der Ort, an dem die Güter an den Empfänger abgeliefert werden. Der Ort kann der Bestimmungshafen sein (vgl. HGB § 824 Abs. 1). Er kann aber auch ein anderer Ort sein: der Ort, an dem der Versicherungsnehmer die Reise vor der Zeit aufgibt (vgl. HGB § 828 Abs. 1), oder auch der Ort, der an die Stelle des Bestimmungsorts tritt, weil die Reise verändert ist (vgl. § 23 Abs. 3), die Veränderung aber den Versicherer nicht befreit (Begr. z. E 1910 § 83).

Anm. 17 7. Empfänger ist derjenige, an den das Schiff die Güter abzuliefern hat (HGB § 592), mag seine Empfangsberechtigung sich auf einen Frachtvertrag, auf eine Anweisung des Befrachters, auf ein Konnossement oder auf ein sonstiges Verhältnis stützen (Begr. z. E 1910 § 83; näheres: § 33 Anm. 29).

Anm. 18 b) **für den Fall, daß sich ein Ablieferungshindernis ergibt: wenn die Güter rechtmäßig hinterlegt oder verkauft werden.** — Kann der Verfrachter oder Frachtführer nicht abliefern, weil man ihnen die Güter nicht abnimmt, so dauert die Versicherung an und für sich fort (vgl. jedoch auch unten Anm. 19). Aber der Verfrachter oder Frachtführer kann hinterlegen, schlimmstenfalls verkaufen (HGB §§ 437, 601, 603, 604, BSchG §§ 52—54). Solche Hinterlegung und solcher Verkauf ersetzen die Ablieferung. Natürlich nur, wenn sie „rechtmäßig" sind, d. h. wenn die Voraussetzungen für Hinterlegung oder Verkauf vorliegen und die dafür vorgeschriebene Art und Form gewahrt ist. — Die Hinterlegung kann auch bei der Kaianstalt erfolgen, die den Verkehr zwischen Schiff und Gütern vermittelt. Die Kaianstalt kann die Güter „auf Lager nehmen" (näheres: Mathies HGZ 1913. 226); auch in solchem Falle ist, wenn nur sonst den Erfordernissen der Hinterlegung genügt ist, die Ablieferung ersetzt und die Versicherung beendigt (Begr. z. VVG § 135).

Anm. 19 c) **spätestens mit Ablauf des zehnten Tages nach dem Tage der Löschung.** Die Gefahren der Seeschiffahrt bestehen jedenfalls nicht mehr, wenn die Güter gelöscht und an Land gebracht sind (vgl. dazu § 1 Anm. 37, § 28 Anm. 11). Der Natur der Sache entspricht es daher, daß die Versicherung endigt, wenn die Güter „wieder an das Land gelangen" (HGB § 824 Abs. 1). Wenn der Versicherer gleichwohl noch nach der Löschung bis zur Ablieferung haftet, so nur deshalb, weil der Versicherungsnehmer Zeit haben soll, für den nun etwa folgenden Abschnitt seiner Unternehmung Versicherung zu nehmen. Dafür genügen zehn Tage.

Anm. 20 1. Sind die Güter vor Ablauf der zehntägigen Frist abgeliefert oder rechtmäßig hinterlegt oder verkauft, so ist die Versicherung damit zu Ende (LG Bremen HGZ 1894. 98). Sind sie es nicht, so endigt die Versicherung mit Ablauf des zehnten Tages nach der Löschung. Aus welchem Grunde die Ablieferung über den zehnten Tag nach der Löschung hinaus verzögert wird, ob es am Empfänger, am Verfrachter, an der Kaianstalt, an unabwendbaren Ereignissen liegt, ist ohne Bedeutung (anders auch wohl nicht ASVB § 73 in der Fassung der AlteGP Mat 2. 100: „Bei Verzögerung der Entgegennahme angelangter Güter endet die Gefahr für den Versicherer mit dem Ablauf des zehnten Tages nach Löschung"). Die Haftung des Versicherers ist durch den Vertrag zeitlich objektiv beschränkt. Der Versicherungsnehmer kann sich z. B. nicht darauf berufen, daß die Güter am

6. Mai gelöscht und noch am 23. Mai am Kai liegen, weil der für den Empfänger empfangende Spediteur saumselig ist (abw. HGZ 1904. 262). Andererseits läuft die zehntägige Frist auch zugunsten des Versicherungsnehmers. Wenn nur binnen der Frist von zehn Tagen abgeliefert ist, kann der Versicherer sich nicht darauf berufen, daß der Empfänger verkehrsgemäß früher als geschehen die Güter hätte entgegennehmen müssen (vgl. auch unten Anm. 28 unter c). § 88

2. Das Schiff löscht die Güter an Land, in Leichter oder in ein anderes Schiff. Die Güter bleiben im Leichter trotz § 95 Abs. 1 im allgemeinen versichert: § 89. Aber sie sind doch gelöscht (Mat 1. 307); die zehntägige Frist beginnt (wenn die Güter nicht etwa schon vorher, an Bord des Schiffes, „abgeliefert" sind: oben Anm. 11). Anm. 21

3. Die zehntägige Frist beginnt mit der Löschung, nicht mit dem Beginn der Löschung, nicht mit dem Ende der Löschung (vgl. dazu die Ausdrucksweise des § 66). Werden die Güter in Teilen, nach und nach, gelöscht, so beginnt die zehntägige Frist und endigt demnach die Versicherung auch für die Teile, nach und nach (oben Anm. 12; teilweise unrichtig Mat 1. 307). Aber der Tag, an dem gelöscht wird, wird in die Frist nicht eingerechnet (BGB § 187 Abs. 1). Für alles, was an einem Tage gelöscht wird, endigt also die Versicherung gleichzeitig. Anm. 22

4. Ob die Güter mit oder ohne Zustimmung des Empfängers, insbesondere an dem von ihm angewiesenen Platze oder an einem anderen Platze gelöscht sind, gilt gleich. Aber sie müssen natürlich am Ablieferungsort gelöscht sein. Wenn Baumwolle von New-Orleans nach Bremen versichert ist, nach dem Konnossement at the port of Bremen (or so near there to as she [das Schiff] may safely get and always lay afloat) ausgeliefert werden soll, das Schiff wegen seines Tiefgangs nicht nach Bremen fahren kann, sondern in Bremerhaven löschen muß und die Baumwolle im dortigen Kaischuppen nach elf Tagen verbrennt, haftet der Versicherer nicht (vgl. RG HGZ 1895. 19). — Ob die Güter für die Zeit nach der Löschung auch anderweit versichert sind oder nicht, ist gleichfalls für die Beendigung der Versicherung ohne Bedeutung (HGZ 1898. 166; vgl. auch unten Anm. 27). Anm. 23

d) **für den Fall, daß die Löschung vom Versicherungsnehmer ungebührlich verzögert wird: spätestens nach zehn Tagen, nachdem die Güter ohne die Verzögerung gelöscht gewesen wären.** — Der Versicherungsnehmer darf die Löschung nicht ungebührlich verzögern (vgl. auch § 23 Abs. 2 Nr. 1, der insoweit durch § 88 ebenso, wie durch § 66, beschränkt wird). Der Versicherungsnehmer ist dem Versicherer gegenüber verpflichtet, dafür zu sorgen, daß in angemessener Frist gelöscht wird (vgl. § 23 Anm. 14). Er muß also insbesondere das Verhalten derjenigen, deren er sich bei der Erfüllung seiner Verbindlichkeit, für die Löschung zu sorgen, bedient, vertreten (vgl. Vorb. VIII vor § 1, § 23 Anm. 20ff.). Er muß es deshalb auch vertreten, wenn der **Absender** oder der **Empfänger** die Löschung ungebührlich verzögert. § 88 Abs. 3 hätte dies also auch nicht besonders auszusprechen brauchen (§ 33 Anm. 27). Es ist auch nur deshalb besonders ausgesprochen, weil § 824 Abs. 2 HGB es besonders ausspricht, und weil auch § 33 Abs. 2 ADS dem Verhalten des Versicherungsnehmers ausdrücklich das Verhalten gleichstellt, das Absender und Empfänger in dieser Eigenschaft an den Tag legen. Die Worte „in dieser Eigenschaft" fehlen im § 88 Abs. 3. Aber sie verstehen sich von selbst (§ 33 Anm. 31). — Im Falle der Versicherung für fremde Rechnung darf weder der Versicherungsnehmer noch der Versicherte die Löschung ungebührlich verzögern (vgl. § 23 Anm. 25, § 52 Anm. 8). — Nach der Veräußerung der Güter darf der Erwerber die Löschung nicht ungebührlich verzögern (§ 49 Abs. 1). — Ungebührlich ist die Verzögerung, wenn sie erheblich ist und „nicht Anm. 24

§ 88 durch genügende Gründe gerechtfertigt" werden kann (Prot. 3187, Brodmann 187, Lewis 2. 351, Reatz Endemanns Hdbch 4. 400, RG 3. 146, RG HGZ 1882. 196, 1889. 119, HG u. OG Hamburg HGZ 1870. 96, 264, Seebohm 118, HH 405; vgl. auch AHO 1731 V. 11, AllgPlan 1847 § 45: „an Land zu bringen, sobald es füglich und möglich ist", auch oben Anm. 8). — Über die Berechnung der zehntägigen Frist: oben Anm. 22.

Anm. 25 5. Beweislast. Der Versicherungsnehmer muß beweisen, daß der Versicherungsfall während der Dauer der Versicherung eingetreten ist (§ 28 Anm. 9, 31), also insbesondere, wann die Versicherung begonnen hat und beendigt ist. Daß die Löschung ungebührlich verzögert ist, muß jedoch der Versicherer beweisen (abw. HG Hamburg HGZ 1865. 239; vgl. aber auch § 43 über die Auskunftspflicht des Versicherungsnehmers). Denn es handelt sich insoweit um einen Ausnahmefall.

Anm. 26 6. Die Güter können auch reiseversichert sein, ohne daß sie „von dem Verfrachter anzunehmen" oder „dem Empfänger abzuliefern" sind. So z. B. Kapitänseffekten (vgl. § 1 Anm. 36, 38, auch oben Anm. 2). Die Reiseversicherung solcher Effekten wird regelmäßig in dem Zeitpunkt beginnen sollen, in dem die Effekten gewöhnlich an Bord gebracht werden und in dem sie zu diesem Zwecke „vom Lande scheiden", und in dem Zeitpunkt endigen sollen, in dem sie gewöhnlich wieder „an das Land gelangen" (HG Hamburg Seebohm 118). Anders Sieveking 112 und OG Hamburg Seebohm 120, welche die Versicherung (schon und erst) in dem Zeitpunkt endigen lassen wollen, in dem die Löschung der Ladung beendigt ist, — wobei ungewiß bleibt, welcher Zeitpunkt maßgebend sein soll, wenn keine Ladung, sondern nur Ballast, oder wenn weder Ladung noch Ballast zu löschen ist.

Anm. 27 7. **Einfluß anderweitiger Versicherung.** Daß der Versicherer die Gefahr schon trägt, bevor die Güter das Land verlassen haben, und noch trägt, nachdem sie wieder an das Land gelangt sind, ist folgewidrig, aber vielleicht wirtschaftlich geboten (vgl. HGZ 1892. 283). Daß der Versicherer für die Vor- und die Nachzeit die Gefahr ebenso trägt, wie für die Zwischenzeit, wäre wirtschaftlich begründet, wenn die Güter für den Aufenthalt an Land gewöhnlich ebenso versichert wären, wie für den Aufenthalt auf dem Wasser. Dies ist aber bekanntlich nicht der Fall. Lagergüter werden regelmäßig nur gegen Feuer, höchstens noch gegen Diebstahl oder Aufruhr versichert. Daß der Seeversicherer hierüber hinaus z. B. für Erdbeben-, Sturm- und Unterschlagungsschäden haftet, ist wirtschaftlich gewiß nicht zu rechtfertigen. — Tatsächlich sind die Güter oft, während sie schon oder noch seeversichert sind, noch oder schon feuerversichert, insbesondere etwa auf Grund der laufenden Spediteur- oder Lagerhaus-Police. Hierdurch entsteht eine zeitweise Doppelversicherung, die unwirtschaftlich ist (vgl. dazu Flechtheim LZ 1911. 675, Josef ZfVW 1912. 778, Moldenhauer LZ 1909. 42, Werneburg OestZ 1920. 396 und OestRev 1919. 4, 9). Beide, Feuerversicherer und Transportversicherer, haben deshalb versucht, die Feuersgefahr von sich ab- und dem anderen Versicherer zuzuwälzen. Die Feuerversicherer etwa mit der Klausel: „Diese Versicherung verpflichtet...nur dann zu einem Ersatz, wenn nicht...Transportversicherer auf Grund bestehender See-, Fluß- und Landtransportversicherungen ...dafür verantwortlich gemacht werden können" (Spediteurklausel in SammelVB 5. 16; vgl. auch RG 6. 178, HGZ 1894. 79, 97, auch § 10 Anm. 29), in England mit der Marine clause: „This Insurance does not cover any loss or damage to the property which at the time of the happening of such loss or damage is insured by or would but for the existence of this Policy be insured by any Marine Policy or Policies except in respect of any excess beyond the amount which would have been payable under the Marine Policy or Policies had this insurance not been effected. Die Seeversicherer etwa durch Klauseln, wie: „Wenn die durch diese Police versicherten Gegenstände für gewisse Gefahren (z. B. Feuer) anderweitig versichert sind, so gilt die Versicherung durch gegenwärtige Police, soweit sie dieselben Gefahren deckt, erst in zweiter Linie, und es soll der anderweitig genommenen Versicherung die Priorität gebühren", oder: Including risk of fire at wharf or warehouse until expiry of ten days after discharge until arrival at warehouse, where to be stored whichever may first occur, but, if any property included herein shall at the time of any loss or damage be also covered against fire by any other insurance, this policy shall not insure the same except only as regards any excess of value beyond the amount of such other insurance. E 1910 § 83 Abs. 4 versuchte, der Doppelversicherung durch eine allgemeine Bestimmung wenigstens in gewissen Grenzen vorzubeugen und die Seeversicherer in diesen Grenzen vom Landrisiko zu befreien: Die Seeversicherung sollte für die Gefahr des Brandes, der Explosion, des Blitzschlags und des Erdbebens beginnen, wenn die Güter vom Lande scheiden, und endigen, wenn sie gelöscht werden oder ohne erhebliche Verzögerung gelöscht sein würden. Der Versuch ist gescheitert. Die Seeversicherer sind unterlegen (Mat. 1. 308). — Übrigens kommen auch in Binnentransport-Versicherungsverträgen Klauseln vor, welche die Doppelversicherung zuungunsten des Seeversicherers zu vermeiden suchen; vgl. z. B. die Klausel in HGZ 1908. 158: „Ist in Seehäfen die Gefahr der Beförderung des Gutes in Leichterschiffen bereits durch Seeversicherung oder sonstwie gedeckt, so erstreckt sich die Versicherung der Gesellschaft hierauf nicht". § 88

8. **Abweichende Vereinbarungen** (vgl. auch oben Anm. 27). Anm. 28

a) „Der Risiko soll bis zur Empfangnahme an den städtischen Löschplätzen... fortdauern". Die Versicherung endigt mit der Ablieferung der Güter am Kai, nicht schon mit der Eintragung des Empfängers in die Bücher der Kaianstalt (HGZ 1894. 106; vgl. auch oben Anm. 11).

b) „Die Versicherung beginnt mit Anfang der Beladung an der Yucatan-Küste und valediert bis zur beendigten Entlöschung in Libau". Die Versicherung bezieht sich auch auf solche Teile der Güter, die bei der Verladung vom Schiffe noch nicht übernommen, bei der Entlöschung des Schiffes bereits abgeliefert sind (HGZ 1895. 80).

c) „Das Risiko der Feuersgefahr während der... durch Ein-, Aus- und Umladung etwa bedingten Lagerungen ist bis zur Dauer von 14 Tagen franko includiert". Die Versicherung deckt während der 14 Tage Feuerschäden auch dann, wenn zur Zeit des Brandfalles die Lagerung nicht mehr nötig gewesen wäre (LG Hamburg HGZ 1893. 255).

d) Die Versicherung dauert „bis zum Eintreffen in Hamburg". Diese besondere Hervorhebung des Reiseziels ändert nichts daran, daß die Versicherung gemäß § 88 Abs. 3 endigt (HGZ 1921. 243).

e) Die Von-Haus-zu-Haus-Klausel: § 124.

f) Die Optionsklausel: Vorb. vor § 113.

g) Bloße Gefahränderungs-Klauseln haben auf Beginn und Ende der Versicherung keinen Einfluß (vgl. § 66 Anm. 11).

9. § 88 gilt nur für Reiseversicherungen (verb. „versicherte Reise", vgl. § 60 Anm. 16, auch oben Anm. 2), nicht für Zeitversicherungen (z. B. von Seemannseffekten). Im Falle einer Güter-Zeitversicherung wird regelmäßig § 68 sinngemäß anzuwenden sein (so auch Schlegelberger SVR Bem. 9 zu § 88 ADS). Die Versicherung würde also, wenn das Schiff beim Ablauf der Versicherungszeit unterwegs ist, bis zum nächsten Bestimmungsort als verlängert gelten und dort so endigen, wie wenn sie für eine Reise bis zu diesem Orte genommen wäre (vgl. auch oben Anm. 2, 26). Vgl. im übrigen § 39 Anm. 3. Anm. 29

10. § 88 findet auf **andere Versicherungen, die sich auf die Güter beziehen,** entsprechende Anwendung (§ 99). Insbesondere auf die Versicherung von imaginärem Gewinn oder Provision (vgl. RG HGZ 1892. 91, HGZ 1892. 69). Selbstverständlich Anm. 30

§ 88 endigt die Gewinnversicherung nicht etwa wegen § 103 Abs. 1 schon dann, wenn die Güter den Bestimmungsort erreichen (HGZ 1921. 244). Auch im Falle einer Provisionsversicherung muß der Versicherungsnehmer es gemäß § 88 Abs. 3 Satz 2 gegen sich gelten lassen, wenn der Absender oder der Empfänger die Löschung der Güter ungebührlich verzögert. Aber, wie die „entsprechende" Anwendung des § 88 ergibt, nur dann, wenn Absender und Empfänger zu den „Dritten" gehören, deren Verschulden der Versicherungsnehmer überhaupt gegen sich gelten lassen muß (vgl. oben Anm. 24 und HGB § 824 Abs. 2, wo, weil Ablader, Empfänger und Kargadeur bei der Provisionsversicherung zu jenen Dritten regelmäßig nicht gehören, nur von der Verzögerung der Löschung durch den Provisionsversicherten die Rede ist; vgl. ferner § 33 Abs. 2, wonach der Versicherer bei jeder Versicherung, die sich auf die Güter bezieht, für keinen Schaden haftet, der durch den Ablader oder den Empfänger verursacht wird, und dazu § 33 Anm. 32, wonach dies auch für die Provisionsversicherung gilt, weil § 33 Abs. 2 unmittelbare, nicht bloß, wie § 88 Abs. 2, „entsprechende" Anwendung finden soll). — Über Beginn und Ende der Frachtversicherung: § 106. — Über den Beginn der Versicherung von Bodmereigeldern usw.: § 112.

Anm. 31 11. § 87 gilt sinngemäß auch für die **Rückversicherung** (§ 99, § 1 Anm. 136). — Dauert die Vorversicherung länger, als im § 88 bestimmt ist, so muß der Vorversicherer es dem Rückversicherer gemäß § 19 anzeigen. Anders, wenn die abweichende Bestimmung des Vorversicherungs-Vertrags verkehrsüblich ist. Dies gilt heute z. B. von der Vereinbarung der Von-Haus-zu-Haus-Klausel des § 124. Näheres hierüber: § 1 Anm. 149. — Insbesondere kann der laufend rückversicherte, abwicklungsberechtigte Vorversicherer länger dauernde Versicherung geben, wenn auch ein nicht rückversicherter Versicherer sie verständiger und billiger Weise gegeben hätte (§ 1 Anm. 161). — Die laufenden Rückversicherungs-Verträge enthalten durchweg die Bestimmung, daß „die Verbindlichkeit des Rückversicherers stets in vollem Umfang gleichzeitig mit derjenigen des Rückversicherten beginnt und erlischt" oder ähnlich (vgl. § 1 Anm. 131). Das versteht sich für die obligatorischen Verträge von selbst. Von Bedeutung sind solche Bestimmungen dagegen für die fakultativen Verträge. Hier erstrecken sie, wenn eine Versicherung unter den laufenden Vertrag gebracht wird, die Rückversicherung gegebenenfalls auch auf die Vergangenheit. Näheres § 1 Anm. 132, § 5 Anm. 44.

Anm. 32 12. **Fremde Rechte.** a) Englisches Recht. Der MIA enthält keine Vorschriften über Beginn und Ende der Versicherung. Aber Lloyd's Police bestimmt darüber. Der Grundsatz, daß der Versicherer in a sea Policy insures only against sea risks (oben Anm. 19), ist streng, fast ängstlich, festgehalten. Die Versicherung der Güter beginnt at and from den Abgangshafen, from the loading thereof aboard the said vessel. Das bedeutet: The risk does not attach until such goods or moveables are actually on board, and the insurer ist not liable for them while in transit from the shore to the ship (RCP 4). Die Versicherung dauert, bis die Güter am Bestimmungsort sind discharged and safely landed (Lloyd's Police). Das bedeutet: They must be landed in the customary manner and within a reasonable time after arrival at the port of discharge, and if they are not so landed the risk ceases (RCP 5). Die Landung allein beendigt die Versicherung. Ob der Empfänger die Güter erhält, ist gleichgültig (Arnould 470 s. 497). Die Bemessung des reasonable time für die Löschung richtet sich nach den Anschauungen des Seeverkehrs und den Umständen des Falles, insbesondere den jeweiligen Verhältnissen des Löschungshafens (Arnould 471 s. 498). Davon, daß der Versicherungsnehmer sich darauf berufen könnte, der für ihn empfangende Spediteur sei saumselig gewesen (so HGZ 1904. 262; vgl. oben Anm. 20), ist natürlich keine Rede (vgl. auch § 124 Anm.). Die Versicherung endigt ferner, wenn die Güter umgeladen werden (Arnould 475 s. 502; vgl. § 95 Anm. 36), und wenn sie ohne Übertragung der Rechte

aus der Versicherung veräußert werden (Arnould 476 s. 503; vgl. § 49 Anm. 73). § 88
Über die Warehouse to warehouse clause: § 124 Anm.

b) Französisches Recht. Nach C. de comm. Art. 341, 328 Abs. 2 le temps des risques court du jour qu'elles ont été chargées dans le navire, ou dans les gabares pour les y porter, jusqu'au jour où elles sont délivrées à terre. Nach der Güterpolice (Art. 9) les risques des assureurs commencent au moment où les facultés assurées conditionées pour l'expédition quittent les magasins au point extrême de départ du voyage assuré et finissent au moment où elles entrent dans les magasins du destinataire ou de ses représentants ou ayants droit du lieu de destination dudit voyage. Sont considérés comme magasins du destinataire ou de ses représentants ou ayants droit tout endroit, leur appartenant ou non, où ils font déposer les facultés à leur arrivée. Anm. 33

§ 89

Leichtergefahr

Der Versicherer trägt die Gefahr der Benutzung von Leichterfahrzeugen bei der Verladung oder der Ausladung, wenn die Benutzung ortsüblich ist.

1. Vgl. HGB § 824 Abs. 1, 3, ASVB § 73 Abs. 1, 3, VVG § 136. Anm. 1

2. Der Versicherer haftet nur, wenn die Güter mit dem im Versicherungsvertrag bestimmten Schiffe berfördert werden (§ 95 Abs. 1). Er haftet also nicht, wenn sie zum oder vom Schiff mit Leichtern befördert werden (oder doch nur, wenn der Leichter das im Versicherungsvertrag bestimmte oder auch bestimmte Schiff ist). — Bei der Versicherung im unbestimmten Schiffe, insbesondere bei der laufenden Versicherung, ist es ähnlich. Der Versicherer haftet regelmäßig nur, wenn die Güter im Dampfschiff oder Motorschiff verladen werden. Er haftet also nicht, wenn die Güter zu oder von einem vertragsmäßigen Schiff mit Leichtern befördert werden. — Von diesen Grundsätzen macht § 89 eine Ausnahme: **Der Versicherer** haftet, er **trägt die Gefahr der Benutzung von Leichterfahrzeugen,** wenn die Leichter **bei der Verladung oder der Ausladung** der Güter benutzt werden, und **wenn die Benutzung ortsüblich ist.** Anm. 2

a) Leichter (franz. allèges, im Gegensatz zu drômes: § 88 Anm. 33) sind Fahrzeuge, die hafenüblich zum Leichtern und Beladen von Seeschiffen benutzt werden, Kähne, Schuten, Jollen, Bollen, Hafendampfer, Motorboote und dergl. (RG 64. 23, HGZ 1884. 305, LG u. OLG Hamburg, RG HGZ 1908. 155; Oberländer Kähne für loses Getreide im Hamburger Hafen: HGZ 1892. 282). Anm. 3

b) Die Leichter müssen bei der Verladung oder Ausladung der Güter benutzt sein. Nicht zur Lagerung (RG HGZ 1893. 102, HGZ 1892. 283, HG Hamburg HGZ 1878. 332; vgl. § 88 Anm. 8, 11). Nicht zur Weiterbeförderung der Güter im Leichter (§ 88 Anm. 11; vgl. auch HGZ 1884. 305, HG u. OG Hamburg Seebohm 16). Verladung und Ausladung brauchen aber nicht gerade „Einladung" in das Seeschiff (HGB § 824 Abs. 3) oder Beförderung vom Seeschiff an das Land zu sein. Da die Güter nach § 88 auch an eine Kaianstalt usw. übergeben, regelmäßig auch von einer Kaianstalt usw. abgeliefert werden können (§ 88 Anm. 9, 14), ist auch die Benutzung der Leichter zur Beförderung an den Kai oder vom Kai gedeckt (OG Hamburg HGZ 1875. 376, 1876. 333: Leichterbeförderung vom Kai zum Speicher; vgl. auch RG 64. 23, auch AlteGP zu ASVB § 73 Mat. 2. 100). Ebenso die Benutzung der Leichter zur Ausladung aus einem Binnenschiff und Einladung in das Seeschiff (abw. HG u. OG Hamburg Seebohm 16 und die englische Rechtsauffassung: unten Anm. 14). Anm. 4

§ 89 Anm. 5 c) Die Leichterbenutzung muß *ortsüblich* sein. Das Gesetz erklärt den Ortsgebrauch oder die Ortsüblichkeit gerade im Frachtrecht und im Versicherungsrecht vielfach für maßgebend (vgl. HGB §§ 560, 561, 568, 575, 577, 592, 593 usw.). Damit erhebt das Gesetz den Ortsgebrauch zur Rechtsvorschrift. Damit ist aber natürlich noch nichts darüber ausgesagt, wie der Ortsgebrauch beschaffen sein muß. Die herrschende Ansicht betrachtet als Ortsgebrauch nur örtliches Gewohnheitsrecht. Das ist willkürlich (*Pappenheim* Seerecht 2. 11, wo auch Nachweise über Literatur und Rechtsprechung; wie hier auch Prot. 3849) und kann gegenüber den ADS, die zwar das Gesetz (HGB § 824, VVG § 136) wiederholen, aber nicht selbst Gesetz sind, vollends nicht in Betracht kommen. Die *tatsächliche Übung*, mit welcher der Versicherungsnehmer rechnen muß, genügt. Bei der Verladung die Übung im Abladehafen, bei der Ausladung die Übung des Löschungsplatzes. — Nach HG u. OG Hamburg Ullrich Nr. 30 war es früher in Hamburg üblich, „bei plötzlich eintretendem Froste" die Güter dem deswegen elbabwärts gefahrenen Seeschiff im Leichter nach der Unterelbe (bis zur Lühe) nachzubringen (vgl. dazu auch ASVB § 51). Von solcher Üblichkeit ist heute nicht mehr die Rede. — Nach OG Hamburg Ullrich Nr. 234 war es in Königsberg üblich, Güter zunächst in Leichter und erst jenseits der Untiefen des Stromes in das Seeschiff zu verladen. Das wäre aber nicht nur „Benutzung von Leichterfahrzeugen bei der Verladung" gewesen (vgl. oben Anm. 4, auch § 88 Anm. 33). Nach KG JRPV 1924. 85 = Sasse Nr. 325 ist es üblich, daß Güter, die für Porto Alegre bestimmt sind, in Rio Grande in Leichter umgeladen werden.

Anm. 6 d) *Wem der Leichter gehört*, ob dem Verfrachter, dem Versicherungsnehmer, dem weiterbefördernden Frachtführer oder einem Dritten, ist gleichgültig (RG 64. 22).

Anm. 7 3. Die Versicherung *beginnt* nach § 88 Abs. 2, wenn der Verfrachter die Güter zur Beförderung *annimmt*. Die Versicherung würde also, wenn der Verfrachter die Güter erst an Bord des Seeschiffs übernimmt, auch erst hiermit beginnen, und, wenn die Güter an eine Kaianstalt usw. abgeliefert werden, auch erst mit dieser Ablieferung beginnen, die Beförderung der Güter zum Seeschiff oder zur Kaianstalt im Leichter also noch nicht gedeckt sein. Hier greift wiederum § 89 ein (vgl. ASVB § 73 und AlteGP Mat. 2. 100, Recht 1913 Nr. 2656): Die *Leichterbeförderung ist gedeckt, wenn* sie *ortsüblich* ist. Die Versicherung beginnt also in solchen Fällen regelmäßig, wenn die Güter vom Lande scheiden (falls der Verfrachter sie nicht etwa schon vorher zur Beförderung angenommen hat). Natürlich nur, wenn sie am Abgangshafen vom Lande scheiden; nicht, wenn der Leichter die Güter von einem anderen Orte zum Abgangshafen bringt (HG u. OG Hamburg HH 68; vgl. § 83 Abs. 1). — Verweigert das Seeschiff (etwa, weil es noch ausgebessert werden muß) die Übernahme aus dem Leichter, so hört nicht etwa „die Gefahr für den Versicherer vorerst wieder auf" (so HG u. OG Hamburg HGZ 1875. 294, 1876. 111, 136, 383; folgend: *Sieveking* 113). Aber wenn dadurch die Reise erheblich verzögert wird und der Versicherungsnehmer die Verzögerung nach den Grundsätzen über die Gefahrstandspflicht zu vertreten hat, ist der Versicherer gemäß § 24 frei. — Näheres oben Anm. 3—6.

Anm. 8 4. Die Versicherung *endigt* nach § 88 Abs. 3, wenn die Güter dem Empfänger *abgeliefert* werden. Die Versicherung würde also endigen, wenn der Versicherungsnehmer die Güter im Leichter vom Seeschiff oder vom Kai abholte. Hier greift wieder § 89 ein: Die *Leichterbeförderung ist gedeckt, wenn sie ortsüblich* ist (vgl. OG Hamburg HGZ 1875. 376, 1876. 333: Leichterbeförderung vom Kai zum Speicher, auch AlteGP zu ASVB § 73 Mat. 2. 100). Die Versicherung endigt also in solchen Fällen regelmäßig, wenn die Güter wieder an das Land gelangen. — Die Versicherung endigt nach § 88 Abs. 3 spätestens zehn Tage nach der Löschung der Güter aus dem Seeschiff. Hieran wird durch § 89 natürlich nichts geändert. Der Versicherer haftet z. B., wenn die Güter fünf Tage im Leichter gewesen und dann an Land gebracht sind, höchstens noch fünf, nicht etwa noch zehn Tage. § 89

5. Haben die Güter zwei aufeinanderfolgende Reisen, etwa eine Binnen-Vorreise und eine See-Nachreise, zu machen, so wird der Versicherungsnehmer regelmäßig eine durchstehende Police nehmen (§ 125). Er kann aber auch, z. B. im Falle eines Cif-Verkaufs, veranlaßt sein, die Vorreise und die Nachreise bei verschiedenen Versicherern zu versichern, oder nur die Vorreise versichern und dem Käufer überlassen, die Nachreise zu versichern. Müssen die Güter im Seehafen umgeschlagen werden, so trägt sowohl der Versicherer der Vorreise wie der Versicherer der Nachreise die Leichtergefahr. Es entsteht also insoweit Doppelversicherung. E 1910 § 84 Satz 2 legte deshalb nur dem Versicherer der Vorreise oder für den Fall der unversicherten Vorreise dem Versicherungsnehmer die Gefahr der Benutzung von Leichtern zur Last. Die Bestimmung ist gestrichen, weil der Versicherungsnehmer ein berechtigtes Interesse daran haben kann, den Versicherer der Nachreise in Anspruch zu nehmen. So etwa, wenn die Güter verkauft sind, die Gefahr mit der Einladung in den Leichter auf den Käufer übergeht und der Versicherer der Vorreise gemäß § 49 Abs. 3 nicht haftet, oder wenn die Vorreiseversicherung das Leichterrisiko nicht umfaßt (Mat. 1. 312). Anm. 9

6. Wenn ein Leichter benutzt wird, die Benutzung von Leichtern aber unüblich ist, ist die Folge: Anm. 10

a) Hat die Versicherung bereits vor der Verladung im Leichter begonnen, so hat der Versicherungsnehmer mit der Verladung die versicherte Unternehmung umgestaltet. Die versicherte Gefahr ist weggefallen. Der Wegfall der Gefahr ist wie der Wegfall des versicherten Interesses zu behandeln. Der Versicherungsnehmer muß gemäß § 4 Abs. 2 gleichwohl die Prämie zahlen. Näheres: § 5 Anm. 5, 15, § 95 Anm. 2—4.

b) Hat die Versicherung vor der Verladung im Leichter noch nicht begonnen, so beginnt sie mit der Verladung im Seeschiff. Die Güter sind „in das zur Ausführung der versicherten Reise bestimmte Schiff im Anschluß an eine andere zur See oder auf Binnengewässern ausgeführte Reise übergeladen". Der Versicherer haftet gemäß § 83 Abs. 1 regelmäßig für Beschädigung nur im Strandungsfall.

c) Mit der Ausladung aus dem Seeschiff in den Leichter hat der Versicherungsnehmer die versicherte Unternehmung umgestaltet. Die Gefahr ist weggefallen (vgl. oben unter a).

d) Wenn der Versicherungsnehmer bei der Schließung des Vertrags weiß, daß ortsunüblicher Weise Leichter benutzt werden sollen (oder im Falle einer Vergangenheitsversicherung: benutzt worden sind), braucht er dies doch nicht gemäß § 19 anzuzeigen. Nicht, wenn die Benutzung der Leichter die versicherte Unternehmung umgestaltet (oder umgestaltet hat) und die Versicherung demgemäß beendigt (oder beendigt hat); vgl. auch § 23 Anm. 25, 26. Aber auch nicht, wenn die Versicherung nach der Leichterreise mit der Verladung der Güter im Seeschiff beginnt (oder begonnen hat); vgl. § 83 Anm. 2, 6. Anders, offenbar in anderen Gedankengängen befangen, AlteGP (Mat. 2. 100), die einerseits „den § 51 ASVB aufhob und dadurch die in Betreff der Art der Leichterbenutzung... bisher vorgeschrieben gewesene besondere Anzeigepflicht beseitigte", andererseits darauf hinwies, daß „die allgemeine Anzeigepflicht (ASVB § 29f.) ferner auch wegen dieses Gegenstandes bestehe".

Die Benutzung von Leichtern ist aber natürlich nicht deshalb unüblich, weil zwar die Benutzung üblich ist, die Benutzungsbedingungen aber unüblich sind (abw. HGZ 1883. 76; näheres: § 87 Anm. 7).

7. **Abweichende Vereinbarungen.** Anm. 11

a) „Leichtergefahr jeglicher Art eingeschlossen". Der Versicherer trägt die Gefahr der Benutzung von Leichtern, auch wenn die Benutzung unüblich ist. Er trägt sie

§ 89 aber nur, wenn die Leichter „bei der Verladung oder der Ausladung" benutzt werden; insbesondere berechtigt die Klausel den Versicherungsnehmer nicht etwa, den Leichter zur Lagerung der Güter zu benutzen (vgl. HG Hamburg HGZ 1875. 294, 1878. 332). Anders, wenn etwa vereinbart ist: „Das Leichterrisiko auf der Newa ist während 30 Tage eingeschlossen" (LZ 1914. 294). — Im Verkehr ist auch wohl die Ansicht laut geworden, daß die Klausel „Leichtergefahr jeglicher Art eingeschlossen", wenn die Police auch die Klausel „Frei von Beschädigung" (oder „Frei von Beschädigung außer im Strandungsfall" oder F. P. A.) enthalte, bedeute, daß der Versicherer während der Leichterbeförderung auch die Gefahr der Beschädigung (unbeschränkt) trage. Die Ansicht ist offenbar unhaltbar (vgl. auch über die Entstehung der Klausel Voigt 272).

b) „Jedwede und außergewöhnliche Schuten- und Leichtergefahr ist eingeschlossen, ...auch wenn die Güter... in Fahrzeugen bis zur Übernahme in die etwa noch nicht ladebereiten oder noch nicht anwesenden Schiffe liegen bleiben (sog. Überliegen). ...Der Risiko beginnt, sobald die Ware hier am Bahnhof anlangt." Der Versicherer trägt die Gefahr der Benutzung von Leichtern, auch wenn die Benutzung nicht ortsüblich ist, und zwar auch für die Zeit der Lagerung, von der Ankunft der Güter mit der Bahn an, bis sich Gelegenheit zur Weiterbeförderung bietet. Doch muß die Annahme begründet sein, daß die abgeleichterten Güter binnen kurzem in das Seeschiff verladen werden können, HG u. OG Hamburg HGZ 1878. 332. — Siehe auch die Leichterklausel in Ziff. 16 der Zusatzbestimmungen zu den ADS für die Güterversicherung (1947): Im Falle der Benutzung von Leichterfahrzeugen gelten die in einem Leichterfahrzeug verladenen Güter zugunsten des Versicherten als besonders versichert.

c) Über Befreiungsklauseln in Leichterverträgen: § 87 Anm., oben Anm. 10.

Anm. 12 8. § 89 findet auf **andere Versicherungen, die sich auf die Güter beziehen,** entsprechende Anwendung (§ 99; vgl. auch § 88 Anm. 30).

Anm. 13 9. § 89 gilt sinngemäß auch für die **Rückversicherung** (§ 99, § 1 Anm. 136; vgl. auch § 88 Anm. 31).

Anm. 14 10. **Englisches Recht.** Die Gefahr endigt nach Lloyd's Police und RCP 5, wenn die Güter in the customary manner gelandet sind. Hieraus hat die englische Rechtsprechung wenigstens für den Fall der Löschung ableiten können, daß der Versicherer die Leichtergefahr trägt, wenn die Benutzung von Leichtern by the general course of trade üblich ist (Arnould 468 s. 495; über die streitige Frage, ob die Versicherung endigt, wenn sich der Versicherungsnehmer in den eigenen Leichter abliefern läßt: Arnould 469 s. 496). — Hierzu bestimmt die Craft, etc., clause der ICC: Including transit by craft, raft and/or lighter to and from the vessel. Die Klausel deckt die Leichtergefahr aber nicht, wenn der Leichter nicht dazu benutzt wird, die Güter an Land zu bringen, sondern dazu, sie in ein anderes Seeschiff zu bringen (Arnould 470 s. 496; vgl. auch HGZ 1915. 181 über die Klausel Including all risk of craft).

§ 90

Versicherungswert

(1) Als Versicherungswert gilt der gemeine Handelswert und in dessen Ermangelung der gemeine Wert, den die Güter am Orte der Abladung in dem Zeitpunkte haben, der nach den §§ 88 und 89 für den Beginn der Versicherung maßgebend ist, unter Hinzurechnung der Versicherungskosten, der Kosten, welche bis zur Annahme der Güter durch den Verfrachter entstehen, und der endgültig bezahlten Fracht.

(2) Dieser Wert gilt auch bei dem Eintritte des Versicherungsfalls als Versicherungswert. § 90

1. Vgl. HGB § 799, ASVB §§ 22, 52, BSVB § 27 Abs. 1, 2, 4—6, VVG § 140 Abs. 1, 2. — **Literatur:** § 6 Anm. 2, ferner: Andersen ITVMitt 1923. 53 (Die Stellung der Fracht in der Cif-Police). Josef Versicherungsfreund 1920 Nr. 25 (Einfluß der Höchstpreisgesetzgebung auf die Ersatzpflicht des Versicherers). Moldenhauer VierteljR 1916. 38 (Höchstpreis und Versicherungswert). Werneburg Zeitfragen 53 (Der Versicherungswert). Anm. 1

2. **Versicherungswert** ist der Wert des versicherten Interesses (§ 6 Abs. 1), hier: der Wert des versicherten Gütereigentümer-Interesses. Dieser Wert kann nach Art, Zeit und Ort verschieden sein. Gesetz und ADS bestimmen hierüber für den Fall der Güterversicherung Genaueres als für den Fall der Kaskoversicherung (vgl. § 70 Anm. 2). Anm. 2

3. Versicherungswert der Güter **ist der gemeine Wert, insbesondere der gemeine Handelswert,** der Güter. Anm. 3

a) Der „gemeine Wert" spielt auch sonst im Rechtsleben eine Rolle, nämlich überall dort, wo es nicht nur (worauf das römische Recht besonderes Gewicht legte) auf eine Erleichterung des Beweises, sondern auch auf eine, aus rechtspolitischen Gründen erwünschte, Erleichterung der Haftung ankommt, namentlich im Frachtrecht (vgl. z. B. HGB §§ 430, 658). Der Begriff ist im Zweifel überall derselbe. Der gemeine Wert ist der allgemeine Verkäuflichkeitswert, also der Preis, zu dem Güter von dieser Art und Beschaffenheit im allgemeinen, ohne Rücksicht auf die besonderen Beziehungen der Beteiligten, verkauft werden können (vgl. Prot. 2318, 3922; RG HRR 1929 Nr. 226 = JRPV 1928. 332 = APV 1929. 45 = Sasse Nr. 31; unvollständig LZ 1910. 404: „der wahre, objektive Wert, den die Sache ohne Rücksicht auf die individuellen Verhältnisse des Berechtigten für jedermann in gleicher Weise habe"; ungenau auch RG 97. 48: „Neubeschaffungswert", ebenso OLG Rostock LZ 1920. 309). Die besonderen Beziehungen des Versicherungsnehmers („besondere Affektionen des versichernden Kaufmanns": OAG Lübeck LübSamml. 2. 345) kommen also nicht in Betracht. Indessen nur die besonderen Beziehungen des Versicherungsnehmers nicht, wohl aber diejenigen des Verkehrskreises, dem er angehört. Innerhalb verschiedener Verkehrskreise können sich verschiedene „gemeine" Werte bilden. Insbesondere im Hersteller-, Großhändler- und Kleinhändler-Kreise (erste, zweite, dritte Hand). Der im Verkehrskreis des Versicherungsnehmers geltende Wert ist maßgebend (vgl. Mataja 165). Nur in einem Falle kann dies nicht gelten. Haben die Güter einen Handelswert, so ist ohne Bedeutung, ob der Versicherungsnehmer Handelskreisen oder Hersteller- oder Verbraucherkreisen angehört. Nach § 90 ist immer der gemeine Handelswert maßgebend. Aber wenn der Versicherungsnehmer einem bestimmten Handelsverkehrs-Kreise angehört, der gemeine Handelswert dieses Verkehrskreises; sonst derjenige des ihm zunächst stehenden Verkehrskreises.

b) Einen gemeinen Handelswert haben Güter, wenn sie im kaufmännischen Verkehr regelmäßig gehandelt werden (JW 1893. 39). Einen Börsen- oder Marktpreis brauchen sie nicht gerade zu haben. Anm. 4

c) Der Versicherungswert der Güter ist also nicht der „Einkaufsbetrag" (so BSVB § 27 Abs. 1) oder der Betrag der „Einkaufsrechnung" (so AllgPlan 1847 § 11). Das deutsche Recht geht nicht (wie das englische Recht, unten Anm. 32) von den Gestehungskosten, sondern (wie das Recht der Ver. St. von Amerika) vom gemeinen Werte aus (vgl. auch Benecke 1. 428, Voigt 121, RG 97. 46). Ist der gemeine Wert höher als der Einstandspreis, so ist auch der Versicherungswert höher; ist er niedriger, Anm. 5

§ 90 so ist auch der Versicherungswert geringer (anscheinend abw. Sieveking 45: „In der Regel sei der Fakturenwert resp. der Selbstanschaffungs- oder Herstellungswert, resp. der Wert, welchen Güter gleicher Art und Beschaffenheit...hätten", maßgebend). Der Einstandspreis mag für die Bemessung des Versicherungswerts vielfach als Richtlinie in Betracht kommen. Oft ist das aber nicht der Fall, so z. B., wenn die Einkaufsrechnung in fremder Währung ausgestellt ist, ein Fall, der zu vielen Streitigkeiten Anlaß gegeben hat (vgl. auch BSVB § 27 Abs. 4). Würden die Güter nach den ADS ohne Versicherungssumme und ohne Taxe zur fixen Prämie von 100 versichert sein, so würde, wenn nicht sowohl der Wert der Güter stiege, als vielmehr nur die deutsche Währung fiele, nicht der dem Devisenkurse beim Beginn der Versicherung entsprechende, sondern der diesem Kurse am Zahlungstag entsprechende höhere Betrag vom Versicherer zu zahlen sein.

Anm. 6 d) Unter Umständen macht die Feststellung des Verkäuflichkeitswertes Schwierigkeiten anderer Art. Vgl. den Fall LZ 1910. 402: Der Drucker versendet den fertiggestellten Teil der Druckbogen eines Adreßbuchs; als gemeiner Wert wird ein Betrag angesehen, welcher Satz, Papier, Druck und Verpackung deckt. Dieser Satz hätte indessen nur als Anhaltspunkt für die Ermittlung des gemeinen Wertes in Betracht gezogen werden sollen.

Anm. 7 4. Maßgebend ist der Wert **beim Beginn der Versicherung.** So § 90 Abs. 1 (vgl. dazu insbesondere § 70 Anm. 7). § 90 Abs. 2 (dem § 140 Abs. 2 VVG nachgebildet) spricht, überflüssigerweise, dasselbe mit anderen Worten noch einmal aus. — Über den Beginn der Versicherung: §§ 88, 89. — Besteht beim Beginn der Versicherung kein Verkäuflichkeitswert, so ist der durchschnittliche Verkäuflichkeitswert maßgebend, der sich aus den Werten ergibt, welche für die Zeit unmittelbar vor und nach dem Versicherungsbeginn bestanden haben. — Die Entschädigung wird also insbesondere nicht durch den Wert bestimmt, den die Güter zur Zeit des Versicherungsfalls haben. Anders VVG § 55. Näheres: § 70 Anm. 7.

Anm. 8 5. Maßgebend ist der Wert **am Orte der Abladung.** Abladungsort ist der Ort, an dem die Güter in das Seeschiff verladen werden. Kann der Versicherungsnehmer unter mehreren Abladungsorten wählen, so ist der Ort maßgebend, an dem tatsächlich abgeladen wird. — Der Abladungsort ist auch dann maßgebend, wenn etwa die Versicherung beginnt, während sich die Güter an einem anderen Orte befinden, der Verfrachter insbesondere die Güter an einem anderen Orte zur Beförderung annimmt (vgl. jedoch auch § 88 Anm. 10). — Besteht am Abladungsort kein Verkäuflichkeitswert, so ist der Wert maßgebend, der sonst im Verkehrsbereich des Abladungsorts gilt (vgl. ROHG 14. 141, RG 6. 28).

Anm. 9 6. Der gemeine Wert ist aber nur der Hauptposten bei der Errechnung des Versicherungswerts. **Hinzuzurechnen sind:**

a) **die Versicherungskosten** (Prämie und Nebenkosten, auch Courtage: § 1 Anm. 17, § 16 Anm. 12). — Bei der Bemessung des gemeinen Wertes ist zwar von den besonderen Beziehungen des Versicherungsnehmers abzusehen (oben Anm. 3). Aber nicht auch von den besonderen Eigenschaften der Güter. Eine solche Eigenschaft bildet insbesondere ihre Bestimmung und Eignung für den Export oder Import. Deshalb ist z. B. bei der Bemessung des gemeinen Wertes die oft kostspielige seemäßige Verpackung mit zu berücksichtigen (vgl. § 1 Anm. 38). Deshalb würde sich wohl für die Regel von selbst ergeben haben, daß die Versicherungskosten bei der Bemessung des Versicherungswerts mit zu berücksichtigen sind. Denn eine versicherte Export- oder Importware ist natürlich gemeinhin mehr wert als eine unversicherte (vgl. auch Ehrenberg ZfVW 1906. 399 insbesondere über den Fall, daß nicht zur Verwertung bestimmte Güter versichert werden). — Näheres über die Berechnung der Versicherungskosten, insbesondere über die Einrechnung der Prämie von der Prämie: § 70 Anm. 6.

b) **die Kosten bis zur Annahme der Güter durch den Verfrachter.** Das ist § 90
nicht genau. Ungenauer noch als die Bestimmung des § 799 HGB, wonach „alle Kosten Anm. 10
bis an Bord" (nach C. de comm. Art. 339: frais faits jusqu'à bord) hinzugerechnet werden sollen. Denn es ist nur bestimmt, „bis" zu welchem Zeitpunkt die Kosten entstanden sein müssen, nicht von welchem Zeitpunkt an. Gemeint sind die Kosten, die aufgewendet werden (und aufgewendet werden müssen), um die Güter aus dem bisherigen Gewahrsam unmittelbar in den Gewahrsam des Verfrachters (oder der Kaianstalt: § 88 Abs. 2 Satz 2) zu überführen (vgl. auch über den Grund der Hinzurechnung Prot. 3027). So, wie „Kosten bis an Bord" im Sinne des § 799 HGB diejenigen Kosten sind, die auf die Abladung der Güter verwendet und zu verwenden sind, the expenses of and incidental to shipping (MIA § 16 Nr. 3). Also z. B. Zurollungs- oder Leichterkosten. Auch Kosten der Versicherung, welche die Beförderung der Güter zum Verfrachter deckt. Aber nicht Kaikosten, die vom Versicherungsnehmer besonders aufzuwenden sind, mag die Kaianstalt Vertreterin des Verfrachters sein oder gemäß § 88 Abs. 2 Satz 2 nur als solche gelten; denn diese Kosten entstehen nicht „bis zur Annahme" der Güter, sondern nach ihrer Annahme durch den Verfrachter. — Näheres über den Begriff der „Annahme": § 88 Anm. 4.

c) **endgültig bezahlte Fracht.** Dies ist neu. Aber schon HGB § 799 Abs. 2, Anm. 11
ASVB § 22 Abs. 2, BSVB § 27 Abs. 2 wiesen darauf hin, daß die „Hinzurechnung der Fracht vereinbart" werden kann. § 52 ASVB setzte sogar voraus, daß „die Taxe vorausbezahlte Fracht mitenthalte, welche der Verfrachter nicht zurückzuzahlen" habe, und bestimmte für diesen Fall nur, daß der Versicherungsnehmer die Hinzurechnung anzeigen müsse, widrigenfalls er im Havariegrosse-Fall den auf die Fracht entfallenden Beitrag nicht ersetzt erhalte. Zwar nicht die gewöhnliche Güterpolice (Mat 2. 99), wohl aber die Laufende Police wurde in Hamburg seit langem für „Waren...auf Grundlage des Fakturenwertes zuzüglich aller Kosten bis an Bord, der Versicherungskosten und x% imaginären Gewinn, ferner auf Frachtvorschuß, beziehentlich auf im voraus bezahlte Fracht" genommen, wobei man unter „Frachtvorschuß" und „im voraus bezahlter Fracht" endgültig bezahlte Fracht verstand. Das ist nur folgerichtig. Sind die (endgültig bezahlten) Kosten bis an Bord in den Versicherungswert eingeschlossen, so müssen es auch endgültig bezahlte Frachtkosten sein. Eigentlich müßten auch sonstige „Kosten während der Reise und am Bestimmungsort" (HGB § 799 Abs. 2) eingeschlossen sein; sie würden auch eingeschlossen sein, wenn sie, ähnlich wie die Fracht, regelmäßig „endgültig bezahlt" würden.

1. Endgültig bezahlte Fracht ist Fracht, die nach dem Frachtvertrag Anm. 12
ohne Rücksicht auf den Ausgang der Frachtunternehmung bezahlt oder zu bezahlen ist. Sie ist also, richtiger, gar keine Fracht, sondern eine Ausgabe, eine Aufwendung, die den Wert der Güter erhöht (§ 1 Anm. 77). Daß die Fracht unter Umständen dem Verfrachter wieder entrissen, nämlich vom Schiffsgläubiger, insbesondere vom Kollisionsgläubiger, in Anspruch genommen werden kann, ändert nichts daran, daß der Befrachter sie endgültig bezahlt hat. Vielmehr folgt daraus nur, daß der Verfrachter für den Betrag, welcher der endgültig bezahlten Fracht entspricht, auch noch ein versicherbares Interesse, ein restliches Frachtinteresse hat (§ 1 Anm. 78). Der Befrachter kann dem Verfrachter auch noch das Risiko abnehmen, in dem die endgültig bezahlte Fracht steht. Solche Abnahme gilt insbesondere als vereinbart, wenn vereinbart ist, daß der Befrachter die Fracht auf Kosten des Versicherers versichern soll (§ 1 Anm. 79). Die gewöhnliche Güterversicherung, welche die endgültig bezahlte Fracht einschließt, würde also das restliche Interesse des Verfrachters nicht decken. Der Befrachter müßte dafür besonders Versicherung nehmen. Oder er müßte bei der Güterversicherung

§ 90 die Deckung des restlichen Verfrachterinteresses besonders einschließen lassen (vgl. auch Argyriadis 88). Wie er auch verfahren mag, die Versicherung ist insoweit keine Güterversicherung, sondern Frachtversicherung. Hat der Versicherungsnehmer sich verpflichtet, dem Verfrachter die Fracht für den Fall, daß die Fracht dem Verfrachter wieder entrissen wird, noch einmal zu zahlen, so muß er Versicherung für eigene Rechnung nehmen; hat er sich nur verpflichtet, das restliche Frachtinteresse des Verfrachters zu versichern, Versicherung für fremde Rechnung (näheres: § 1 Anm. 79). Jedenfalls steckt in der bloßen Güterversicherung nicht auch die Versicherung des restlichen Verfrachterinteresses, im Versicherungswert der Güter nicht auch der Wert dieses restlichen Verfrachterinteresses.

Anm. 13 2. Sind Reedersgüter versichert, so kann endgültig bezahlte Fracht so wenig, wie gewöhnliche Fracht, in Betracht kommen. Insbesondere auch nicht, wenn und soweit Fracht üblicher Weise endgültig bezahlt wird. So auch HansOLG HGZ 1924 Nr. 31 = HRZ 1924. 177 = Sasse Nr. 312; anders in gleicher Sache RG JRPV 1925. 175. Die Versicherung lautete auf Steinkohlen und andere Waren, taxiert auf den Fakturenwert unter Hinzuziehung der Versicherungskosten, der Kosten, welche bis zur Annahme der Güter durch den Verfrachter entstehen, der endgültig bezahlten Fracht und 30% imaginären Gewinns. Dazu RG a. a. O.: „Nach dem geschilderten Sachverhalt muß die Police gutgläubig dahin ausgelegt werden, daß, soweit nicht gecharterte Schiffe in Frage kommen, die Klausel (d. h. „endgültig bezahlte Fracht“) nicht etwa inhaltlos werden, sondern das äquivalente Risiko beim Transport in eigenen Schiffen mitumfassen sollte.... Alles dies gilt freilich nur unter einer Bedingung, der Bedingung nämlich, daß endgültige Vorausbezahlung der Fracht im Kohlenimport von England derartig häufig vorkommt, daß die Versicherungsgesellschaften damit endgültig rechnen mußten“. Die „entsprechende“ Anwendung des im § 107 Abs. 1 enthaltenen Grundsatzes, wonach bei der Versicherung von Fracht für Reedersgüter die übliche Fracht den Versicherungswert bildet, ist nicht möglich. Aber das Interesse des Reeders und Gütereigentümers daran, die Beförderungskosten nicht umsonst aufgewendet zu haben, ist natürlich versicherbar, d. h. kann (besonders) mit oder neben der Güterversicherung versichert werden.

Anm. 14 3. Der Versicherungsnehmer braucht bei der Schließung des Vertrags nicht anzuzeigen, daß Fracht endgültig bezahlt ist und die Taxe deshalb endgültig bezahlte Fracht umfaßt. Anders früher ASVB § 52. Man war der Meinung, daß im Falle endgültig bezahlter Fracht die Güter zur großen Haverei nicht gemäß § 719 HGB mit ihrem Werte minus Fracht, sondern mit ihrem Werte einschließlich endgültig bezahlter Fracht beitrügen (ASVB § 52 Satz 2, Voigt 275, HGZ 1891. 55). Die Meinung war irrig (§ 1 Anm. 78, § 29 Anm. 11). Schon deshalb mußte § 52 ASVB wegfallen. Nun wird dem Versicherer überdies durch § 90 ADS mitgeteilt, daß die Taxe möglicher Weise endgültig bezahlte Fracht umfaßt. Aber nicht, daß sie subject to insurance endgültig bezahlte Fracht umfaßt. Soll sie auch das besondere, hiermit verbundene, Risiko decken, so müßte dies freilich besonders angegeben und vom Versicherer bewilligt werden (oben Anm. 12).

Anm. 15 4. Endgültig bezahlte Fracht ist nicht die Fracht, die schon nach dem Gesetz endgültig, also ohne Rücksicht auf den Ausgang der Frachtunternehmung zu zahlen ist. Endgültig zu zahlen ist z. B. nach § 618 Abs. 1 HGB die Fracht für Tiere, insofern der Befrachter sich nicht darauf berufen kann, daß die Tiere unterwegs gestorben sind und für Güter, die durch einen Unfall verlorengegangen sind, nach § 617 HGB keine Fracht zu zahlen ist. Übernimmt der Versicherer auch die Gefahr, daß die Tiere unterwegs sterben (vgl. § 82 Anm. 10), so wird die Fracht in den Versicherungswert des Tieres nicht eingerechnet, obgleich sie auch im Falle des Todes zu zahlen ist. — Endgültig zu zahlen ist auch nach § 616 Abs. 1 HGB die Fracht für Güter, die am Bestimmungsort verdorben oder beschädigt ankommen; der Befrachter kann sich nicht darauf berufen, daß die Frachtunternehmung ganz oder teilweise mißglückt ist. Gleichwohl wird die Fracht in den Versicherungswert der Güter nicht eingerechnet. Zwar ist auch solche, nicht nach dem Vertrag, sondern nach dem Gesetz endgültig, nämlich ohne Rücksicht auf den glücklichen oder unglücklichen Ausgang der Frachtunternehmung zu zahlende, solche gewöhnliche Fracht (ebenso, wie die vertragsgemäß endgültig bezahlte Fracht), vom Standpunkt des Befrachters und Versicherungsnehmers aus betrachtet, keine Fracht, die Versicherung solcher gewöhnlichen Fracht (ebenso, wie die Versicherung vertragsgemäß endgültig bezahlter Fracht) not really one on freight. It is substantially one on an interest in the goods akin to an insurance on profits (Arnould 250 s. 284; HGZ 1907. 244; § 1 Anm. 90; anders Möller Cifgeschäft und Versicherung 69f.: weder Güter- noch Frachtversicherung, sondern das Interesse betrifft die Beziehung zu einer Anwartschaft; in diesem Sinne auch Argyriadis 90). Aber wenn solche gewöhnliche Fracht in den Versicherungswert der Güter eingerechnet werden soll, muß es besonders vereinbart werden. — Ob solche gewöhnliche Fracht mitversichert ist oder nicht, ist z. B. für die Frage von Bedeutung, ob die Gütertaxe übersetzt ist. Aber es ist natürlich ohne besondere Bedeutung für die Frage der Entschädigung. Wenn endgültig bezahlte Fracht mitversichert ist und die Güter verlorengehen oder beschädigt werden, ersetzt der Versicherer in der Entschädigung stets auch, ganz oder teilweise, die (unbedingt) endgültig bezahlte Fracht. Wenn gewöhnliche Fracht (in England hin und wieder als contingency freight mitgedeckt) mitversichert ist, ersetzt der Versicherer sie in der Entschädigung keineswegs ohne weiteres deshalb, weil sie in den Versicherungswert der Güter eingerechnet ist, sondern nur dann, wenn die Fracht wirklich zu zahlen ist, dagegen nicht, wenn die Güter verlorengehen und demgemäß und gemäß § 617 HGB keine Fracht zu zahlen ist, in diesem Falle auch dann nicht, wenn eine Versicherungssumme vereinbart ist oder die Güter mit Einschluß der Fracht taxiert sind. So ausdrücklich HGB § 800 in dieser Form: „Der Versicherer leistet bei der Versicherung von Gütern für denjenigen Teil der Fracht keinen Ersatz, welcher infolge eines Unfalls erspart wird" (vgl. auch Vorb. vor § 1 Anm. 60). Vorhanden und versichert ist ja nur ein bedingtes Interesse (siehe dazu kritisch Möller Cif-Geschäft und Versicherung 75 Anm. 76), a contingent interest, das Interesse nämlich, das dadurch gebildet wird, daß man dem Gesetz gemäß Fracht auch dann zahlen muß, wenn die Frachtunternehmung (ganz oder teilweise) mißglückt. Deshalb würde der Klausel „Versichert ist zum Marktwert am Bestimmungsort ohne Abzug für ersparte Fracht und Unkosten", kein Interesse zugrunde liegen, soweit die Klausel sich auf nicht zu zahlende Fracht bezieht; sie wäre deshalb insoweit unwirksam (§ 2 Abs. 1; Sieveking 46). Wenn Güter „inclusive Fracht und/oder Spesen und/oder imaginärer Gewinn, gleichviel wie hoch", versichert sind, die Taxe aber nur den gemeinen Wert der Güter mit Einschluß der (gewöhnlichen) Fracht erreicht und die Güter verlorengehen, also Fracht nicht zu zahlen ist, ist die Fracht von der Taxe abzuziehen; der Versicherungsnehmer kann nicht etwa geltendmachen, daß für den Fall, daß Fracht „erspart" werden sollte, Spesen usw. versichert seien (HGZ 1917. 244). Denn die Fracht (wenn auch eben nur die gewöhnliche, die dem Gesetz gemäß endgültig zu zahlende Fracht) war versichert, und nicht sie, sondern vielmehr die Spesen usw. als versichert anzusehen, besteht kein Grund, sondern würde nur dann begründet sein, wenn überhaupt keine Fracht zu zahlen § 90

§ 90 gewesen wäre. Zwar kann auch vereinbart werden, daß anstelle ersparter Kosten ein anderes Interesse als versichert gelten soll. Doch ist solche Vereinbarung im Zweifel nicht anzunehmen, weil in solchem Falle die Taxe nicht den vollen Wert des versicherten Interesses bezeichnen und die vom Hundert der Taxe berechnete Prämie demnach keinen vollen Gegenwert darstellen würde (HGZ 1917. 244; vgl. die Klausel aus einer Reedersinteressen-Police, HGZ 1913. 52: „Interesse durch Mehrwert des Kasko und/oder sonstiges Interesse... Der durch die Police versicherte Betrag soll stets voll gedeckt bleiben und mit 100% als Totalschaden bezahlt werden, falls der Dampfer total verlorengeht").

Anm. 16 5. Übrigens deckt natürlich auch die Versicherung endgültig bezahlter Fracht die Nachteile, die gedeckt sind, wenn der Befrachter gewöhnliche Fracht versichert, und andererseits auch Nachteile, die nicht gedeckt sind, wenn der Verfrachter Fracht versichert. Wenn die Güter beschädigt ankommen, ist Fracht zu zahlen, Fracht also nicht verlorengegangen, der Frachtversicherer also nicht verpflichtet, zu entschädigen. Wenn die Versicherung endgültig bezahlter Fracht nur die Nachteile deckte, denen die Fracht beim Verfrachter ausgesetzt ist, würde also auch der Versicherer der endgültig bezahlten Fracht nicht haften (so auch LG Hamburg HGZ 1880. 280). Davon ist keine Rede. Wenn die Güter beschädigt ankommen, ist auch die endgültig bezahlte Fracht teilweise umsonst ausgegeben; der Versicherer der endgültig bezahlten Fracht haftet also im selben Verhältnis wie der Güterversicherer, — wie nunmehr § 90 ergibt (so auch Argyriadis 88, Mohr 25). Nach Sieveking 46 wäre freilich zu unterscheiden, ob der Befrachter die Fracht zusammen mit den Gütern oder besonders versichert hat. Im ersten Falle soll der Versicherer, wenn die Güter beschädigt ankommen, haften, im zweiten Falle nicht. Für solche Unterscheidung fehlt indessen jeder innere Grund und jeder äußere Anhalt, und zwar selbst für den Fall, daß man die Versicherung endgültig bezahlter Fracht als Frachtversicherung auffaßt (wie dies HGZ 1880. 280 tut, auf welche Entscheidung sich Sieveking 46 beruft).

Anm. 17 6. Endgültig bezahlte Fracht (im Sinne des § 90 Abs. 1) ist auch natürlich nicht die Fracht, die der Unterverfrachter dem Oberverfrachter endgültig bezahlt hat, für die er also nicht aus den Gütern, sondern aus der Konnossementsfracht Deckung erwartet (§ 1 Anm. 82).

Anm. 18 7. Nach HGB § 801 Abs. 1, ASVB § 24 Abs. 1 ist „der imaginäre Gewinn oder die Provision... als mitversichert nur anzusehen, sofern es im Vertrag bestimmt ist". Das versteht sich indessen von selbst (Begr. z. E 1910 § 86) und ist deshalb in den ADS nicht (oder doch nur durch §§ 1, 90, 100—104) besonders hervorgehoben. Vgl. auch RG HRR 1929 Nr. 226 = JRPV 1928. 332 = APV 1929. 45 = Sasse Nr. 31.

Anm. 19 8. Die Parteien können „eine **andere Grundlage für die Schätzung** (des Versicherungswerts) vereinbaren" (HGB § 799 Abs. 1). Sie können z. B. vereinbaren, daß der Gestehungswert (vgl. oben Anm. 5), oder daß der Anschaffungswert (vgl. z. B. VVG § 86) maßgebend sein soll (natürlich nur, soweit damit nicht gegen den Grundsatz verstoßen wird, daß der Versicherer nur Schaden zu ersetzen hat: Vorb. IX vor § 1). Oder daß der jeweilige Wert der Güter maßgebend ist, insbesondere, daß die Entschädigung nach dem Werte bestimmt werden soll, den die Güter zur Zeit des Versicherungsfalls haben (vgl. VVG § 55). Oder daß der Wert maßgebend sein soll, den die Güter zur Zeit des Vertragsschlusses haben (vgl. Prot. 4262: „zum heutigen Börsenpreis"). Oder daß der Wert maßgebend sein soll, den die Güter bei ihrer Ankunft am Bestimmungsort haben oder (insbesondere im Falle des Verlustes) gehabt haben würden (Prot. 4264; vgl. auch RG 100. 92 und RG HRR 1929 Nr. 226 = JRPV 1928. 332 = APV 1929. 45 = Sasse Nr. 31; siehe auch RG 169. 368 und Hagen SVR 74). Aber das wäre eine Vereinbarung, durch die regelmäßig insbesondere „die Fracht sowie die Kosten während der Reise und am Bestimmungsort" dem gewöhnlichen Versicherungswert hinzugerechnet würden (HGB § 799 Abs. 2). Fracht und sonstige Kosten, die infolge des Versicherungsfalls „erspart" werden, müßten daher im Falle der Entschädigung abgerechnet werden (HGB § 800; vgl. oben Anm. 15; Vorb. IX vor § 1). — Die Vereinbarung des Versicherungswerts auf „anderer Grundlage" kann natürlich auch stillschweigend getroffen werden. Wenn z. B. sechs Wochen nach der Abladung Vergangenheitsversicherung genommen wird und beiden Vertragsparteien bekannt ist, daß der Markt inzwischen erheblich gestiegen ist, so wird man annehmen dürfen, daß die Parteien nicht den Wert beim Beginn der Versicherung, sondern den Wert zur Zeit des Vertragsschlusses als Versicherungswert haben vereinbaren wollen (HRZ 1918. 7; vgl. auch oben). — Über die Bedeutung der Klausel „Inclusive Prämie, Kosten und imaginären Gewinn": HG Hamburg HGZ 1864. 220 („Kosten" bedeuteten im Zweifel Kosten bis zum Bestimmungsort). — Natürlich können die Parteien keine Schätzungsgrundlage vereinbaren, auf welcher der Versicherer in weiterem Umfang als § 799 HGB es gestattet, tatsächlich nicht entstandenen Schaden zu ersetzen hat (Ehrenberg ZfVW 1906. 398; vgl. auch oben). **§ 90**

9. Sind durch Gesetz **Höchstpreise** bestimmt, so wird der gemeine Wert den Höchstpreis regelmäßig nicht überschreiten. Er kann ihn aber überschreiten. „Gesetz ist mächtig, mächtiger ist Not". Wenn niemand oder so gut wie niemand mehr das Gesetz befolgt, verliert der Höchstpreis seine Bedeutung als Höchstgrenze des gemeinen Werts, wird der höhere Wert der gemeine. Denn gemeiner Wert ist nur der allgemeine Verkäuflichkeitswert. Der Begriff des gemeinen Wertes wird durch die (erlaubte oder unerlaubte) Art der Verkäuflichkeit nicht mitbestimmt. Aber Unternehmungen, die gegen Gesetz oder gute Sitten verstoßen, sind nicht versicherbar (näheres: § 1 Anm. 18). Die Beförderung, die zur Ausführung eines gegen das Höchstpreis-Gesetz verstoßenden Geschäfts dient, mag als solche gesetzlich erlaubt sein; sie verstößt wegen ihres Zweckes gegen die guten Sitten und ist deswegen nicht „versicherbar". Andererseits kann keine Rede davon sein, daß Güter nicht auch über den Höchstpreis, also über den gemeinen Wert, den Versicherungswert des § 90 Abs. 1, hinaus versichert werden könnten. Wenn z. B. der Landwirt sich Saatgut kommen läßt oder der Fabrikant Güter zur Bearbeitung oder Verarbeitung und für den Schadensfall wegen des Höchstpreis-Gesetzes Güter von gleicher Art und Menge nicht oder nicht zur rechten Zeit zu beschaffen sind, kann natürlich auch der höhere Verwendungswert der Güter versichert werden. Die Parteien können z. B. vereinbaren, daß der Wert der vom Höchstpreis-Gesetz betroffenen Fleischwaren durch den Preis bestimmt werden soll, den Auslands- oder Ersatzware kostet, falls Ersatz zum Höchstpreis nicht zu erwarten ist. Aber die Parteien müssen dann eben diese „andere Grundlage für die Schätzung vereinbaren"; ohne weiteres gilt sie nicht (OLG Rostock JW 1920. 503; vgl. auch Aufsichtsamt für PV in APV 1917. 89, 1918. 89). Vgl. zu diesen Fragen im übrigen die sich teilweise widersprechenden Aufsätze von Bendix ZfVW 1915. 143, Bruck HRZ 1918. 495, Hagen JW 1920. 503, Josef HRZ 1920. 699 und Versicherungsfreund 1920 Nr. 25, Moldenhauer ViertelJR 1916. 38. Anm. 20

10. Das Gütereigentümer-Interesse kann trotz des § 90 Abs. 1 schon beim Beginn der Versicherung nicht voll gedeckt sein. So, wenn der Versicherungswert der Güter taxiert ist und die Taxe zwar zur Zeit des Vertragsschlusses den wirklichen Versicherungswert deckt, der Wert der Güter aber zwischen dem Abschluß des Vertrags und dem Beginn der Versicherung gestiegen ist. Ebenso, wenn die Taxe von vornherein untersetzt, niedriger ist als der wirkliche Versicherungswert. Das voll versicherte Eigentümerinteresse kann ferner im Laufe der Versicherung unterdeckt werden, wenn der Markt steigt oder die Versicherungswährung fällt. Anm. 21

§ 90 a) In solchen Fällen besteht von vornherein oder entsteht im Laufe der Versiche-
Anm. 22 rung ein ungedeckter Teilwert, der sogenannte **Mehrwert** (increased value; vgl. auch § 1 Anm. 42, § 70 Anm. 12ff.). Natürlich kann auch dieser Mehrwert versichert werden, sei es beim Versicherer des Hauptwerts, sei es bei einem anderen Versicherer.

Anm. 23 b) Der Mehrwert muß selbstverständlich als Mehrwert versichert werden. Würde der Mehrwert unter gewöhnliche Versicherung gebracht, also nicht angegeben werden, daß es sich um Mehrwert handelt, so wäre die Versicherung eine gewöhnliche Versicherung des Hauptwerts und das Ergebnis wäre ganze oder teilweise Doppelversicherung.

Anm. 24 c) Wenn Hauptwert und Mehrwert bei demselben Versicherer versichert sind, können im Verhältnis des Versicherers zum Versicherungsnehmer keine Schwierigkeiten entstehen (wohl aber im Verhältnis des Vorversicherers zum Rückversicherer, wenn nur die Hauptwert-Versicherung oder nur die Mehrwert-Versicherung rückgedeckt ist). Anders, wenn Hauptwert und Mehrwert bei verschiedenen Versicherern versichert sind. Hauptwert- und Mehrwert-Versicherer können z. B. sich widersprechende Weisungen zur Abwendung oder Minderung des Schadens erteilen (§ 41 Anm. 24) oder bei der Verfolgung von Schadensersatz-Ansprüchen gegen Dritte konkurrieren (§ 45 Anm. 23). Insbesondere ist von Bedeutung, ob oder wieweit der Mehrwert-Versicherer im Falle des Totalverlustes an dem Werte der vor Zahlung der Versicherungssumme geretteten Güter teilnimmt und mit der Zahlung der Versicherungssumme oder mit dem Abandon die Rechte an den Gütern oder an dem, was von ihnen übrig ist, das sogenannte Provenü, auf den Mehrwert-Versicherer übergehen (§§ 91, 71 Abs. 2, 3, 72 Abs. 3, 73). Diese Frage wäre einfach zu beantworten, wenn beide Versicherungen Unterversicherungen wären, die erst zusammen eine Vollversicherung ergäben (vgl. § 8). Sie wäre auch einfach zu beantworten, wenn beide Versicherungen zwar nicht gewöhnliche Unterversicherungen wären, aber die eine Versicherung, die Hauptwert-Versicherung, eine Unterversicherung au premier risque, die andere, die Mehrwert-Versicherung eine Unterversicherung au dernier risque wäre. Wären sie Unterversicherungen, so müßten natürlich auch, wenn der Mehrwert nicht versichert ist, Versicherer und Versicherungsnehmer, jener als Versicherer des Hauptwerts, dieser als Selbstversicherer des Mehrwerts, sich in das Provenü teilen (vgl. hierzu insbesondere Mat. 1. 247). Aber von alledem kann keine Rede sein. Die Hauptwert-Versicherung ist als Versicherung des Versicherungswerts, des vollen Wertes des versicherten Interesses vereinbart. Dem Versicherer des Hauptwerts gebührt daher vereinbarungsgemäß das volle Provenü (näheres: § 70 Anm. 15).

Anm. 25 d) § 90 ist im übrigen auf die Versicherung des Mehrwerts entsprechend anzuwenden (§ 99). Als Versicherungswert gilt also der gemeine Wert, den die Güter am Abladungsort beim Beginn der Mehrwert-Versicherung haben, unter Hinzurechnung der Hauptwert- und der Mehrwertversicherungs-Kosten, der Kosten bis zur Annahme der Güter durch den Verfrachter und der endgültig bezahlten Fracht, jedoch unter Abzug des Hauptversicherungs-Wertes.

Anm. 26 e) Mehrwert kann natürlich auch neben imaginärem Gewinn, imaginärer Gewinn neben Mehrwert versichert werden. Mehrwert und imaginärer Gewinn sind einander ausschließende Begriffe. Imaginärer Gewinn ist die von der versicherten Reise erwartete Werterhöhung, Mehrwert die unabhängig von der Reise entstandene Werterhöhung; der Gewinn, der nicht zu erwarten war (§ 1 Anm. 42; vgl. über das Verhältnis der Mehrwertversicherung zu derjenigen von imaginärem Gewinn auch LG Hamburg HansRGZ 1941 B 393 = Sasse Nr. 725, HansOLG HansRGZ 1942 B 169 = Sasse Nr. 459, RG 169. 368 = DR 1942. 1708 = HansRGZ 1942 B 255). Deshalb unrichtig HGZ 1917. 225: Mehrwert- und Gewinnversicherung „könnten sich zahlenmäßig decken", und HGZ 1910. 282: Mehrwert sei „die Preissteigerung, d. i. der Wert, den die Ware im Bestimmungshafen nach Schätzung des Versicherungsnehmers haben werde" (dagegen mit Recht HGZ 1917. 228). Deshalb auch unrichtig und nur vom warentechnischen Standpunkt aus betrachtend HK Hamburg Mat. 1. 344: „Was sich dem hiesigen Versicherungsnehmer z. B. für überseeische Importen zur Zeit des Eintreffens der Verladedokumente als Mehrwert darstelle, sei, vom Abladungsort aus betrachtet, ebenfalls Gewinn. Beispiel: Wert am Abladungsort M 10000, Eintreffen der Dokumente einen Monat nach Abgang der Güter, Markt gestiegen, Wert M 11000. Die Ware ist zu erwarten 2 Monate nach Abgang; erhoffter weiterer Konjunkturgewinn wiederum M 1000; der Versicherungsnehmer deckt M 12000. Er deckt damit tatsächlich den Wert der Ware am Abgangsort in Höhe von M 10000 zuzüglich eines Gewinns von 20% = M 2000 und ist geschützt unter § 100 Abs. 2, der ihm den bei der Schließung des Vertrags nach kaufmännischer Berechnung möglicherweise zu erwartenden Gewinn zu versichern gestattet." Wenn der Versicherungsnehmer Güter im Versicherungswert (§ 90 Abs. 1) von 10000 versichert und dabei einen Gewinn von 1000 zu erwarten hat, kann er natürlich nur die Güter mit 10000 und den Gewinn mit 1000 versichern und muß, wenn die Güter im Markte um 1000 steigen, für 1000 Mehrwert nachversichern. Nimmt er erst einen Monat nach dem Beginn der Versicherung (Vergangenheits-)Versicherung, so ist freilich, wenn die Güter inzwischen um 1000 gestiegen sind und beiden Parteien dies bekannt ist, anzunehmen, daß sie den Versicherungswert „auf einer anderen Grundlage", nämlich mit M 11000 vereinbaren wollen (oben Anm. 19); der Versicherungsnehmer kann also für 11000 Güterversicherung und für 1000 Gewinnversicherung nehmen. Wie groß die Mißverständnisse sind, die hier noch überall obwalten, beweist gut RG 94. 303, das seine Entscheidung auf die seltsame Vorstellung eines „Mehrwerts auf imaginären Gewinn" und eines „Mehrwerts des imaginären Gewinns" gründet. — Der Versicherungsnehmer kann natürlich Mehrwert versichern und Gewinn meinen. Dann hat er aber das Interesse falsch bezeichnet. In der Versicherung von Mehrwert ist nicht die Versicherung von Gewinn, in der Gewinnversicherung keine Mehrwert-Versicherung enthalten (§ 1 Abs. 2). Näheres: § 1 Anm. 183, 184. **§ 90**

f) Der Ausdruck Mehrwert wird im Güterversicherungs-Verkehr noch in anderem, besonderen Sinne verwendet. Man versteht darunter auch den Unterschied zwischen dem Werte, den die Güter bei ihrer Ankunft am Bestimmungsort haben oder, wenn sie nicht verlorengegangen usw. wären, gehabt haben würden, und dem gewöhnlichen Versicherungswert. Man spricht aber dann zum Unterschied vom gewöhnlichen Mehrwert regelmäßig vom **„Mehrwert drüben"** (HRZ 1918. 6, Möller Cifgeschäft und Versicherung 70 Anm. 67, Argyriadis 91; vgl. auch RG HRR 1929 Nr. 226 = JRPV 1928. 332 = APV 1929. 45). Die Versicherung des „Mehrwerts drüben" ist also die besondere Versicherung der (gewöhnlichen) „Fracht sowie der Kosten während der Reise und am Bestimmungsort", insbesondere auch des „drüben" zu zahlenden Zolles, die nach § 799 Abs. 2 HGB im Versicherungsvertrag dem gewöhnlichen Versicherungswert hinzugerechnet werden können (oben Anm. 15, 19; vgl. auch Voigt 149, RG 44. 26; auch HG Hamburg HGZ 1864. 217: Streit darüber, ob nach der Klausel „Inclusive Prämie, Kosten und imaginären Gewinn" nur die Kosten bis an Bord und die Versicherungskosten oder aber auch die Fracht und die Kosten während der Reise und am Bestimmungsort versichert sind). Die Versicherung des „Mehrwerts drüben" umfaßt im Zweifel nicht imaginären Gewinn (HRZ 1918. 6). Entstehen keine Kosten, ist insbesondere kein Zoll und keine Fracht zu zahlen, so haftet auch der Versicherer nicht; so wenig, wie wenn die Kosten im Vertrag dem gewöhnlichen Versicherungswert hinzugerechnet wären. — Im übrigen teilt diese Art der Mehrwert-Versicherung die Anm. 27

§ 90 Eigentümlichkeiten der gewöhnlichen Mehrwert-Versicherung. Wenn Hauptwert und Mehrwert bei verschiedenen Versicherern versichert sind, können bei der Abwendung oder Minderung des Schadens Schwierigkeiten entstehen. Die Versicherer konkurrieren bei der Geltendmachung von Schadensersatz-Ansprüchen gegen Dritte. Der Mehrwert-Versicherer hat im Falle des Totalverlustes usw. keinen Anspruch auf das Provenü. § 90 ist sinngemäß anzuwenden, — das kann freilich in diesem Falle nur bedeuten, daß die Mehrwertversicherungs-Kosten in den Versicherungswert des Mehrwert-Interesses einzurechnen sind. — Auf die Versicherung des „Mehrwerts drüben" bezieht sich die sogenannte Zoll-Fracht-Klausel des VHA (die früher Mehrwert-Klausel genannt wurde, aber diesen Namen verloren hat, weil davon Verwechselungen befürchtet wurden und auch die englische Increased value clause sich nicht auf den „Mehrwert drüben" bezieht, vgl. unten Anm. 32): „Der Versicherungsnehmer kann auch Aufwendungen, die sich für die Güter am Ablieferungsort ergeben, insbesondere Aufwendungen für Zölle, Fracht und dergleichen mitversichern, soweit der Versicherungswert sie nicht bereits umfaßt. Im Falle der Mitversicherung gebührt dem Versicherer eine Prämie auf den Betrag der Werterhöhung..." (Vorb. vor § 113).

Anm. 28 11. § 90 bestimmt den „wirklichen" Versicherungswert (§ 6 Anm. 28; vgl. auch RG HRR 1929 Nr. 226 = JRPV 1928. 332 = APV 1929. 45), den Wert, der, zur Versicherungssumme in's Verhältnis gesetzt, ergibt, ob Unter-, Über- oder Doppelversicherung vorliegt, der für die Höhe der Entschädigung maßgebend ist und regelmäßig auch für die Bemessung der Prämie, der, wenn eine Taxe vereinbart ist, darüber entscheidet, ob die Taxe erheblich übersetzt ist, der nach § 84 trotz unangefochtener Taxe die Entschädigung für beschädigt abgeladene, verlorengegangene Güter bestimmt. § 793 Abs. 3 HGB hebt, überflüssiger Weise, besonders hervor: „Diese Vorschrift (d. h. ADS § 90 Abs. 1) kommt auch zur Anwendung, wenn der Versicherungswert der Güter taxiert ist" (vgl. dazu Begr. z. E 1910 § 86, RG 11. 13, HGZ 1883. 189, 298). — Über Sondertaxen: § 7.

Anm. 29 12. § 90 gilt für Reise- wie für Zeitversicherungen, also z. B. auch im Falle der Versicherung von Seemannseffekten für ein Jahr. Insbesondere wird die Zeitversicherung nicht etwa (wie die Zeit-Kaskoversicherung nach § 34 Abs. 3 für die Berechnung der Franchise) für die Bemessung des Versicherungswerts in Reiseabschnitte geteilt.

Anm. 30 13. § 90 ist auf **andere Versicherungen, die sich auf die Güter beziehen,** entsprechend anzuwenden (§ 99). Maßgebend ist der Verkehrswert, den das versicherte Interesse beim Beginn der Versicherung hat, mit Einschluß der Versicherungskosten und etwaiger sonstiger auf das Interesse verwendeter Kosten. Vgl. MIA § 16 Nr. 4: In insurance on any other subject-matter, the insurable value is the amount at the risk of the assured when the policy attaches, plus the charges of insurance. — Über die Anwendung des § 90 auf die Mehrwert-Versicherung: oben Anm. 25. — Über den Versicherungswert von imaginärem Gewinn oder Provision: §§ 100, 104. — Über den Versicherungswert von Bodmereigeldern usw.: § 110 Abs. 1. — Über den Versicherungswert der Fracht: § 107.

Anm. 31 14. § 90 gilt auch für die **Rückversicherung** (§ 99, § 1 Anm. 136). Freilich nur sinngemäß (§ 99). Denn der Wert des rückversicherten Interesses wird nicht nur durch den Versicherungswert der Güter, sondern auch durch die Vorversicherungs-Summe und durch die Haftung des Vorversicherers für die Aufwendungen des § 32 und in den Fällen des § 37 Abs. 3 bestimmt (näheres: § 6 Anm. 41). Aber soweit der Rückversicherungs-Wert durch den Versicherungswert der Güter bestimmt wird, ist regelmäßig der Wert maßgebend, den die Güter beim Beginn der Versicherung (nicht für alle Fälle notwendig beim Beginn der Vorversicherung, aber doch tatsächlich durchweg beim Beginn der Vorversicherung, bei deren Beginn durchweg auch die Rückversicherung beginnt) haben, unter Hinzurechnung der Vorversicherungs-Kosten, der Kosten bis zur Annahme der Güter durch den Verfrachter und der endgültig bezahlten Fracht. Dagegen kann der Rückversicherungs-Wert die Rückversicherungs-Kosten nicht umfassen. Denn der Vorversicherer hat sie ausgegeben ohne Aussicht, für sie Ersatz zu erhalten (§ 2 Anm. 25). **§ 90**

15. **Fremde Rechte** (vgl. auch oben Anm. 5, 10, 15, 30). Anm. 32

a) Englisches Recht. Es weicht vom deutschen ab. In insurance on goods or merchandise, the insurable value is the prime cost of the property insured, plus the expenses of and incidental to shipping and the charges of insurance upon the whole (MIA § 16 Nr. 3). The term „goods" means goods in the nature of merchandise (RCP 17). Über den Versicherungswert anderer moveables (MIA § 90) bestimmt MIA § 16 Nr. 4 (oben Anm. 30). Fracht, auch endgültig bezahlte Fracht, wird hinzugerechnet, wenn es besonders vereinbart ist (vgl. Argyriadis 89). Exportprämien werden bei der Bemessung des Versicherungswerts nicht berücksichtigt, werden aber bei der Bemessung des Versicherungswerts endgültig bezahlter Fracht nicht außer Betracht bleiben dürfen. Mehrwert wird mit der (Institute) Increased value clause versichert: £...being increased value of cargo to be deemed to be part of the total amount insured on the cargo valued at such total amount. Where the original Policies effected on the cargo cover also Advanced Freight, then the word „cargo" in this policy shall be deemed also to include „Advanced Freight". In the event of any additional Insurance being placed by the Assured for the time being on the cargo herein insured, the value of the cargo shall, in the event of loss or claim, be deemed to be increased to the total amount insured at the time of loss or accident.

b) Französisches Recht. Nach C. de comm. Art. 339 gilt als Versicherungswert der Güter der durch Fakturen oder Bücher zu beweisende Wert oder beim Mangel solchen Beweises der laufende Preis zur Zeit und am Orte der Verladung, y compris tous les droits payés et les frais faits jusqu'à bord. Art. 338 regelt besonders den Fall, daß der Kaufpreis in fremder Währung bestimmt ist (Umrechnung zum Kurse zur Zeit des Vertragsschlusses), Art. 340 den Fall, daß die Güter gegen Exportwaren eingetauscht sind. Anm. 33

§ 91

Totalverlust. Abandon

(1) Im Falle eines Totalverlustes finden die Bestimmungen des § 71 über den Totalverlust des Schiffes entsprechende Anwendung. Daß die Güter in ihrer ursprünglichen Beschaffenheit zerstört sind, kann jedoch der Versicherungsnehmer nur geltend machen, wenn dieser Umstand durch Sachverständige festgestellt ist; auf die Feststellung finden die Bestimmungen des § 74 Abs. 2 bis 10 entsprechende Anwendung.

(2) Ist das Schiff verschollen oder werden die Güter durch Verfügung von hoher Hand angehalten oder zurückgehalten oder durch Seeräuber genommen, so finden die Bestimmungen der §§ 72 und 73 entsprechende Anwendung.

1. Vgl. HGB §§ 854, 858, 859, 861—871, ASVB §§ 109, 113, 114, 116—126, BSVB §§ 27 Abs. 7, 64, 65. — **Literatur:** § 71 Anm. 2, § 72 Anm. 2, § 73 Anm. 2, ferner: Anon. NeumannsZ 1908. 105 (Totalverlust bei versicherten Gütern). Anm. 1

2. **Abs. 1. Wenn die Güter total verlorengehen,** kann der Versicherungsnehmer die Versicherungssumme verlangen. **§ 71 findet entsprechende Anwendung.** Deshalb näheres: § 71 Anm. 4ff. Insbesondere: Anm. 2

§ 91 Anm. 3 a) Die Güter sind z. B. auch dann total verloren, wenn der Kapitän die Güter (vorsätzlich oder fahrlässig) an einen nicht Empfangsberechtigten ausgeliefert hat und die Güter infolgedessen dem Versicherungsnehmer ohne Aussicht auf Wiedererlangung entzogen sind (Gerhard 507, Sieveking 95, Voigt 422, Hagen SVR 39, OLG Dresden LZ 1912. 332; anders KG JRPV 1926. 25, auf den Einzelfall abstellend Schlegelberger SVR Bem. 2 zu § 90 ADS). Der Versicherungsnehmer braucht auch regelmäßig das Verschulden des Kapitäns nicht zu vertreten (näheres: § 33 Anm. 42, 45).

Anm. 4 b) Werden die versicherten Güter mit anderen Gütern, sei es solchen des Versicherungsnehmers, sei es solchen Dritter, so vermischt, daß sie nicht oder nicht ohne unverhältnismäßig hohe Kosten von den anderen Gütern wieder geschieden werden können, so sind sie an und für sich nicht verloren. Sie sind ja noch da, und der Nachteil, daß sie nicht ausgeschieden werden können, ist kein Verlust. So z. B., wenn versicherte Baumwollballen mit anderen Baumwollballen verladen und infolge eines Seeunfalls die Abschiffungsmärke unkenntlich geworden sind (Lewis 2. 439, Sieveking 159, RG 4. 39, HGZ 1880. 342, 1902. 161; abw. Voigt 641, HG u. OG Hamburg HGZ 1868. 322, wegen duae conformes bestätigt von OAG Lübeck HGZ 1869. 263, HG u. OG Hamburg HGZ 1871. 400). When goods reach their destination in specie, but by reason of obliteration of marks, or otherwise, they are incapable of identification, the loss, if any, is partial and not total (MIA § 56 Abs. 5). If any: Vermischung kann Beschädigung sein oder doch wie Beschädigung wirken und ihr deshalb gleichgestellt werden. So etwa, wenn versicherter Roggen mit Gerste vermischt wird (Boyens Seerecht 2. 213, Pappenheim Seerecht 2. 437, Schaps-Abraham II Anm. 12 zu § 606 HGB, LG Hamburg HGZ 1890. 80). Und solche Beschädigung kann zum Verlust führen, wenn nämlich die Güter infolge davon in ihrer Beschaffenheit zerstört werden.

Anm. 5 c) Der Totalverlust des Schiffes (siehe dazu auch RG 115. 397) ist natürlich noch kein Totalverlust der Güter. Ist das Schiff unrettbar gesunken, brauchen dem Güterversicherten die Güter nicht ohne Aussicht auf Wiedererlangung entzogen zu sein (RG 13. 123, HG u. OG Hamburg HGZ 1875. 238). Werden in solchem Falle ungeborgene, aber nicht verlorene Güter verkauft, so haftet der Versicherer nur gemäß § 96 für den Unterschied zwischen Versicherungssumme und Erlös (RG 13. 126; vgl. ROHG 25. 6, OAG Lübeck Kierulff 6. 353, HGZ 1884. 25, 134). Dies ist namentlich von Bedeutung, wenn der Versicherer „Nur für Totalverlust" haftet (§ 123). Insbesondere gelten die Güter im Sinne dieser Klausel nicht schon dann als total verloren, „wenn sie aus einem verunglückten Schiffe seetriftig geworden, nachher aber auf irgendeine Weise geborgen" sind und „der Schaden, einschließlich aller Unkosten für die Bergung, mindestens 75%...des Versicherungswerts beträgt" (so BSVB § 24 Abs. 1, offenbar im Anschluß an das französische Recht). Aber tatsächlich werden natürlich oft auch die Güter total (oder teilweise) verloren sein, wenn das Schiff total verloren ist (Prot. 4365, RG 77. 307, HGZ 1910. 282, HG Hamburg Seebohm 119).

Anm. 6 d) Unausführbarkeit der versicherten Unternehmung (loss of voyage) steht dem Totalverlust nicht gleich (§ 71 Anm. 53, § 96 Anm. 26, 37). Anders nach englischem Rechte (§ 96 Anm. 37). Anders auch nach französischem Rechte (unten Anm. 15, § 96 Anm. 38). Anders auch nach deutschem Rechte bei der Versicherung von imaginärem Gewinn oder Provision: §§ 103 Abs. 1, 104. Wenn aber der Versicherungsnehmer die „Frei von Beschädigung außer im Strandungsfall" versicherten, in Leichtern verladenen, verlassenen, treibend aufgefundenen und in einen Nothafen gebrachten Kohlen dem Versicherer „zur Verfügung stellt" und dieser sie vorbehaltlos verkaufen läßt, so liegt hierin die stillschweigende Vereinbarung der Parteien, daß der Fall wie ein Fall des Totalverlustes behandelt werden soll (HGZ 1911. 202).

e) Für einen Fall gilt bei der Güterversicherung anderes als bei der Kaskoversicherung: **Sind die Güter in ihrer ursprünglichen Beschaffenheit zerstört** (vgl. § 71 Abs. 2), **so kann der Versicherungsnehmer die Versicherungssumme nur verlangen, wenn dieser Umstand durch Sachverständige festgestellt ist.** Die Güter sind in ihrer ursprünglichen Beschaffenheit zerstört, wenn sie zwar noch da, aber nicht mehr das sind, was sie sein sollen; versicherungsrechtlich: wenn sie nicht mehr das sind, als was sie versichert sind (Mot. z. PreußE 352). Wenn z. B. Früchte, Weizen oder Häute so verdorben sind, daß sie weggeworfen werden müssen oder nur zu Zwecken verwendet werden können, zu denen verkehrsgemäß andere Güter verwendet werden, etwa zur Destillation oder zum Düngen, sind sie total verloren (§ 28 Anm. 38, 39). Goods which on arrival are unmerchantable, and incapable of being used for the purposes for which goods of their species are ordinarily used, are not considered to have arrived in specie, although they may be still recognizable and may not have lost their shape and outward appearance, and may not have changed to anything else (Arnould 1045 s. 1071). Kommen Reis, Tabak, Seide, Erbsen, Zucker, Weizen am Bestimmungsort so beschädigt an, daß sie nur etwa noch 80% ihres früheren Wertes oder weniger wert sind, so sind sie doch nicht in ihrer ursprünglichen Beschaffenheit zerstört, nicht total verloren, wenn sie überhaupt noch Reis, Tabak usw. darstellen, sich in a saleable state as rice usw. befinden (Arnould 1045 s. 1071; vgl. auch AllgPlan 1847 § 42: Nach der Klausel „Nur für Totalverlust" haftete der Versicherer nur, wenn der Schaden 98% überstieg). Der Versicherungsnehmer kann in solchen Fällen starker Entwertung die Güter auch nicht abandonnieren (anders nach C. de comm. Art. 369). Er kann die Güter, wenn sie „reparaturunfähig" oder „reparaturunwürdig" sind, auch nicht, wie der Kaskoversicherte nach § 77 das Schiff, versteigern lassen und den Unterschied zwischen Versicherungssumme und Versteigerungserlös verlangen (vgl. aber auch § 96 Abs. 2 Satz 2, auch § 94 Abs. 2). — **Auf die Feststellung durch Sachverständige findet § 74 Abs. 2—10 entsprechende Anwendung.** Näheres hierüber: § 74 Anm. 6ff. Da die Sachverständigen sich hier mit einer nach dem Versicherungsvertrag zu beurteilenden Eigenschaft der Güter zu beschäftigen haben, geht ihre Zuständigkeit in diesem Falle über die Grenzen ihrer gewöhnlichen Zuständigkeit hinaus. Dies hindert indessen nicht, sie gleichwohl noch als Schiedsgutachter, nötigt nicht etwa, sie als Schiedsrichter anzusprechen (§ 74 Anm. 7, § 77 Anm. 18). Deshalb haben aber auch die Sachverständigen nur dann festzustellen, daß die Güter in ihrer ursprünglichen Beschaffenheit zerstört sind, wenn sie dazu aufgefordert sind (vgl. § 77 Anm. 18). **§ 91** Anm. 7

f) Hat der Versicherer den Versicherungsnehmer befriedigt, so gehen die Rechte des Versicherungsnehmers an den Gütern auf den Versicherer über (§ 71 Abs. 3). Für verlorengegangene Güter ist in der Regel keine Fracht zu zahlen (HGB § 617). Ist gleichwohl Fracht zu zahlen, so hat sie der Versicherer nicht zu zahlen oder zu ersetzen; der Versicherungsnehmer steht ihm für die auf den Gütern ruhende Last des Verfrachter-Pfandrechts ein (näheres: § 71 Anm. 39; vgl. auch RG 13. 126, LG Hamburg HGZ 1884. 26). Werden vor Befriedigung des Versicherungsnehmers die Güter ganz oder teilweise gerettet und gemäß § 71 Abs. 1 Satz 3 versteigert, so wird die Fracht vom Erlös nicht abgezogen. Ist für verlorene Güter Fracht zu zahlen, weil die Fracht nach dem Frachtvertrag „endgültig" zu zahlen ist, so erhält der Versicherungsnehmer nunmehr in der Versicherungssumme Ersatz; denn der Versicherungswert der Güter umfaßt nach § 90 Abs. 1 auch endgültig bezahlte Fracht. Anm. 8

3. **Abs. 2. Ist das Schiff verschollen, so findet § 72 entsprechende Anwendung.** — Über den Begriff der Verschollenheit: § 72 Anm. 5ff. — Der Versicherungsnehmer kann die Versicherungssumme verlangen, wenn das Schiff verschollen ist: Anm. 9

§ 91 das Schiff, in das die Güter verladen und aus dem sie nicht wieder ausgeladen sind. Die Güter können aber auch ohne das Schiff verschollen (wenigstens im landläufigen Sinne des Wortes „verschollen“) sein. So etwa, wenn und während die Güter infolge eines dem Versicherer zur Last fallenden Unfalls zu Lande befördert werden (vgl. § 95 Abs. 2), oder während sie bei einer kombinierten See- und Landversicherung zu Lande befördert werden (vgl. § 125). Zahlreiche deutsche kombiniert-versicherte Güter sind z. B. infolge des Ausbruchs der deutschen Revolution 1918 in der Ukraine verschollen. Die analoge Anwendung des § 72 ist nicht möglich. Schon wegen der Bemessung der Verschollenheitsfrist nicht. Überdies verbietet der klare und besondere Wortlaut des § 91 Abs. 2 die analoge Anwendung. Die Grundsätze des Seeversicherungs-Rechtes über die Folgen der Verschollenheit sind auch im Binnenversicherungs-Verkehr niemals angewendet worden. Der Versicherungsnehmer kann die Versicherungssumme nur verlangen, wenn die Güter total verlorengegangen sind. Und als total verlorengegangen müssen die Güter insbesondere dann betrachtet und behandelt werden, wenn mit der Wahrscheinlichkeit, die im gewöhnlichen Leben als Gewißheit hingenommen wird, anzunehmen ist, daß die Güter nicht mehr da oder dem Versicherungsnehmer ohne Aussicht auf Wiedererlangung entzogen sind (§ 72 Anm. 3). Baumwolle war für die Reise von Indien nach Hamburg versichert. Das (englische) Schiff ging bei Ausbruch des Ersten Weltkriegs, um nicht von deutschen Kriegsschiffen aufgebracht zu werden, nach London. Das Schicksal der Baumwolle ist unbekannt. Der Versicherungsnehmer kann nicht abandonnieren (LG Hamburg HGZ 1916. 86). Nicht, wenn die Güter „Nur für Kriegsgefahr“ versichert sind, — denn der Versicherungsnehmer kann nur Entschädigung für nachweisbaren Kriegsschaden verlangen, nicht wegen Verschollenheit der Güter abandonnieren. Nicht, wenn die Güter „Frei von Kriegsgefahr“ versichert sind, — denn das Schiff ist nicht verschollen und überdies muß man in solchem Falle nach längerer Zeit und mit Rücksicht auf die Art, in der England sonst mit deutschen Gütern verfahren ist, annehmen, daß diese dem Versicherungsnehmer durch ein Kriegsereignis ohne Aussicht auf Wiedererlangung entzogen sind. Ebendeshalb kann in diesem Falle aber auch der gegen Kriegsgefahr Versicherte gemäß §§ 91 Abs. 1, 71 die Versicherungssumme verlangen (§ 71 Anm. 32).

Anm. 10 4. **Werden die Güter durch Verfügung von Hoher Hand angehalten oder zurückgehalten oder durch Seeräuber genommen, so findet § 73 entsprechende Anwendung.** — Über die Begriffe der Anhaltung und der Zurückhaltung durch Verfügung von Hoher Hand: § 35 Anm. 15, 18, § 73 Anm. 5. — Die Festhaltung des Schiffes ist nicht notwendig zugleich die Festhaltung der Güter. Aber sie ist es im Zweifel, im Kriege wenigstens, und wenn nicht besondere Gründe (unbestrittene Staatsangehörigkeit des Ladungseigentümers, Anforderung des Schiffes als solchen zu nur militärischen Zwecken usw.) dagegen sprechen (RG 89. 39, HGZ 1915. 65, 201, 1917. 161, 193, 1918. 6, 38, 45, 1919. 27; dahingestellt: RG 92. 251, RG HGZ 1919. 25). § 91 Abs. 2 nimmt zu der Frage keine Stellung (abw. Hagens HRZ 1918. 687). Insbesondere darf natürlich nicht daraus, daß § 91 Abs. 2 nur von der Festhaltung der Güter spricht, geschlossen werden, daß die Festhaltung des Schiffes (in dem die Güter sich befinden) im Zweifel nicht als Festhaltung auch der Güter anzusehen ist (vgl. zu der Frage auch Helberg 72). Es handelt sich ja nur um die Beurteilung einer Tat- und Beweisfrage. — Über die Klausel „Abandon ist erst zulässig nach erfolgloser Reklamierung durch Amerikaner und schwedische Empfänger“: HGZ 1917. 213.

Anm. 11 5. Geht ein Teil der Güter verloren, so findet § 91 Abs. 1 gemäß § 92 sinngemäße Anwendung. Ist ein Teil besonders taxiert, so findet § 91 Abs. 1 unmittelbare Anwendung (§ 7). Ebenso, wenn aus anderen Gründen anzunehmen ist, daß der Teil als besonders versichert gelten soll (vgl. Arnould 1049 s. 1076: insurance general, but on several separate articles, Duff v. Mackenzie 1857 ebendort: free-of-average-Versicherung von Kapitänseffekten, von denen nur ein Chronometer und weniges andere gerettet war, Wilkinson v. Hyde 1858 ebendort: Versicherung von Auswanderereffekten, von denen weniges gerettet war). Ebenso nach der DTV-Leichterklausel, nach der „die in einem Leichterfahrzeug verladenen Güter...als besonders versichert gelten" (Vorb. vor § 113). Ebenso, wenn die Versicherung zwar für den verlorenen Teil begonnen hat, für den Rest aber nicht begonnen hat und nicht beginnt, für diesen Rest also das versicherte Interesse oder die versicherte Gefahr vor dem Beginn der Versicherung weggefallen ist. „Versichert" (im engeren Sinne: nicht bloß vom Versicherungsverhältnis umfaßt, sondern durch die Versicherung gedeckt) ist in diesem Falle eben nur der Teil, der Teil bildet also das versicherte Ganze, der Verlust des Ganzen aber ist Totalverlust. Totalverlust ist es deshalb auch, wenn die Versicherung für einen Teil der Güter begonnen hat, für den Rest noch nicht begonnen hat, aber noch beginnen soll (vgl. § 88 Anm. 4), und der Teil vollständig verlorengeht (Lewis 2. 440; abw. Sieveking 155; vgl. auch Prot. 4403: Mitglieder der ADHGB-Kommission waren mit Recht der Meinung, daß eine ausdrückliche Bestimmung dieses Inhalts entbehrlich sei, weil es sich „auf Grund der allgemeinen Prinzipien des Assekuranzrechts von selbst verstehe"). Totalverlust ist es deshalb auch, wenn die Versicherung für einen Teil der Güter beendigt ist, für den Rest noch nicht beendigt ist, aber noch beendigt werden soll, und der Rest vollständig verlorengeht. Ebenso, wenn die Versicherung unterwegs für einen Teil endigt (dieser Teil z. B. in einem Zwischenhafen gelöscht wird), für den Rest noch nicht beendigt ist, und dieser Rest (z. B. auf der Weiterreise) vollständig verlorengeht. In allen diesen Fällen sind versichertes Interesse, Versicherungswert, insbesondere Taxe, und Versicherungssumme um einen entsprechenden Teil kleiner (gewesen oder geworden), die Entschädigung demgemäß gleichfalls geringer. Die Lage ist keine andere, wie wenn das kaskoversicherte Schiff beim Beginn der Versicherung beschädigt ist und, unausgebessert, total verlorengeht, oder wenn es mit einer versicherungsfreien Kollisionsschuld belastet wird und nunmehr total verlorengeht (§ 71 Anm. 21). Die Frage scheint übrigens ohne Bedeutung zu sein, weil eben gemäß § 92 im Falle eines Teilverlustes § 91 Abs. 1 entsprechende Anwendung finden soll. Sie ist aber von Bedeutung, wenn die Güter „Nur für Totalverlust" (§ 123) versichert sind. Und sie ist auch von Bedeutung, wenn der Wert des verlorengegangenen Teiles im Verhältnis zum übrigen Teil der von der Versicherung umfaßten Güter die allgemeine Franchise des § 34 oder die etwa vereinbarte Franchise nicht erreicht (vgl. Prot. 4386).

Ebendasselbe muß natürlich auch dann gelten, wenn ein Teil der Güter mit dem Schiffe verschollen ist (der andere also nicht „versichert", nicht gedeckt ist), oder wenn ein Teil der Güter durch Verfügung von Hoher Hand festgehalten wird, für den Rest aber die Versicherung nicht (oder noch nicht) begonnen oder beendigt ist. § 866 Abs. 1 HGB bestimmt zwar ausdrücklich, daß die Abandonerklärung sich auf den versicherten Gegenstand nur erstreckt, „soweit dieser zur Zeit des Unfalls den Gefahren der See ausgesetzt war". Aber nur deshalb, weil man der Auffassung vorbeugen wollte, daß, wenn nur ein Teil der Güter mit dem Schiffe verschollen usw. sei, der Rest aber schon im Zwischenhafen gelöscht oder sonstwie den versicherten Gefahren nicht oder nicht mehr ausgesetzt sei, der Versicherungsnehmer „auch diesen Teil des versicherten Gegenstandes mit zu abandonnieren habe" (Prot. 3440). Die Besorgnis war offenbar unbegründet. Die ADS haben deshalb davon abgesehen, diese Vorschrift des HGB zu wiederholen. — Wird nur ein Teil der Güter, für welche die Versicherung läuft, durch Verfügung von Hoher Hand festgehalten, so ist § 91 Abs. 2 unanwendbar. Der Versicherungsnehmer kann nur, wenn der Teil total

§ 91 verlorengegangen, insbesondere ihm ohne Aussicht auf Wiedererlangung entzogen ist, gemäß § 92 einen Teil der Versicherungssumme verlangen.

Anm. 12 6. Der Versicherungsnehmer kann die Güter nur in den Fällen der §§ 91 Abs. 2, 72, 73 abandonnieren. Nicht in anderen Fällen (näheres: § 72 Anm. 22). Insbesondere nicht, wenn die Güter „reparaturunfähig" sind (doch werden sie dann wohl regelmäßig total verloren sein; vgl. oben Anm. 7, aber auch § 94 Anm. 3, 6). Auch nicht, wenn die Güter reparaturunwürdig sind, oder wenn aus anderen als den in §§ 72, 73 bezeichneten Gründen Totalverlust unabwendbar oder nur mit unverhältnismäßig hohen Kosten abwendbar ist (vgl. MIA § 60 Abs. 1, 2 Satz 1), oder in the case of damage to goods, where the cost of repairing the damage and forwarding the goods to their destination would exceed their value on arrival (MIA § 60 Abs. 2 Satz 3; vgl. auch § 96 und HG u. OG Hamburg, OAG Lübeck HambS 3. 85).

Anm. 13 7. § 91 findet auf **andere Versicherungen, die sich auf die Güter beziehen,** entsprechende Anwendung (§ 99; anders HGZ 1902. 160 für die BSVB, weil in diesen eine Bestimmung gleich derjenigen des § 99 fehle). Näheres: § 71 Anm. 46ff., § 99 Anm. 3ff. Hat z. B. der Verkaufskommissionär seine Provisionver sichert, so kann er gemäß §§ 91, 71—73 die Versicherungssumme verlangen. Seine Provisionsforderung geht auf den Versicherer über. Ebenso, wenn imaginärer Gewinn versichert ist. Bei der Provisions- und Gewinn-Versicherung gibt es freilich in der Regel nichts zu abandonnieren; as the assured in such case could assign nothing by abandonment, no notice of abandonment is required (Arnould 1053 s. 1080; vgl. auch MIA § 62 Abs. 7: notice of abandonment is unnecessary where... there would be no possibility of benefit to the insurer if notice were given to him, und § 71 Anm. 53). Vgl. im übrigen über den Streit, ob im Falle der Versicherung von imaginärem Gewinn Abandon zulässig ist: Aschenheim 42, Benecke 3. 547, Lewis 2. 448, Pöhls 4. 628, 639, Reatz EndemannsHdbch. 4. 453, OLG Hamburg HRZ 1918. 598. Der Streit ist für die ADS ohne Bedeutung; anders für das HGB wegen der Abandonfrist. — Über die Notwendigkeit der Feststellung, daß die Güter in ihrer ursprünglichen Beschaffenheit zerstört sind, vgl. § 93 Anm. 46, § 99 Anm. 4.

Anm. 14 8. § 91 gilt sinngemäß auch für die **Rückversicherung**: § 99, § 1 Anm. 136, § 71 Anm. 52, § 72 Anm. 24, § 73 Anm. 21.

Anm. 15 9. **Fremde Rechte**: § 71 Anm. 53, 54, § 96 Anm. 37, 38.

§ 92

Teilverlust

Im Falle eines Teilverlustes finden die für den Totalverlust geltenden Bestimmungen entsprechende Anwendung.

Anm. 1 1. Vgl. HGB § 876, ASVB § 135.

Anm. 2 2. **Geht ein Teil der Güter verloren, so kann der Versicherungsnehmer den entsprechenden Teil der Versicherungssumme verlangen,** also „ebensoviel Prozente" der Versicherungssumme, „als Prozente" des Versicherungswerts der Güter verlorengegangen sind. Nach § 876 HGB sollen „ebensoviele Prozente des Versicherungswerts, als Prozente des Wertes der Güter verlorengegangen sind", ersetzt werden. Das Gesetz stellt also den Versicherungswert und den Wert der Güter einander gegenüber. Das legt die Vermutung nahe, daß der Wert der Güter am Bestimmungsort entscheiden soll und mithin ebensoviele Prozente des Versicherungswerts ersetzt werden sollen, wie Prozente des Wertes am Bestimmungsort verlorengegangen sind (so auch Sieveking 180). Wäre dies indessen die Meinung des Gesetzes, so wäre nicht zu verstehen, warum das Gesetz nicht, wie für den Fall des § 875 HGB (für den Fall der Beschädigung der Güter) über die Feststellung des Wertes am Bestimmungsort Anordnung getroffen hat (vgl. auch Prot. 3516, 4418). Und überhaupt nicht, warum es für den Fall des Totalverlustes den Versicherer zur Zahlung der Versicherungssumme verpflichtet, für den Fall des Teilverlustes dagegen die Entschädigung auf der Grundlage des Versicherungswerts bemessen wissen will. § 876 HGB wird daher wohl ebenso zu verstehen sein, wie § 92 ADS. Vgl. auch § 96 Anm. 19. **§ 92**

3. Über den Begriff des Teilverlustes: § 28 Anm. 38, § 91 Anm. 11, § 94 Anm. 2; insbesondere über Bruchverlust: § 93 Anm. 5. — Von einem „teilweisen Totalverlust" kann man nicht sprechen (abw. Brodmann 222; vgl. auch LG Hamburg HGZ 1885. 103: „Partieller Totalverlust" im Falle besonderer Taxierung einzelner Teile im Sinne des § 7 ADS). — „Teilweiser Totalverlust" ist contradictio in adjecto. Man kann höchstens für die Berechnung der Entschädigung und zur Gegenüberstellung von Verlust und Beschädigung davon sprechen, daß ein Teil der Güter total verloren ist (Brandt 60, Lewis 2. 481; vgl. MIA § 71: Where part of the goods... is totally lost, the measure of indemnity is such proportion of the sum fixed in the policy usw.). Von „einem teilweisen Totalverlust" zu sprechen ist auch verleitlich. Der „Nur-für-Totalverlust"-Versicherer haftet auch nach dem HGB nicht für Teilverlust (§ 91 Anm. 11; abw. Brodmann 222, der sich mit Unrecht auf Prot. 4382 beruft). § 123 ADS (in Verbindung mit §§ 71, 91, 92) ist jedenfalls eindeutig. Insbesondere darf natürlich nicht aus dem Umstand, daß nach § 92 „im Falle eines Teilverlustes die für den Totalverlust geltenden Bestimmungen entsprechende Anwendung finden" sollen, geschlossen werden, daß im Sinne des § 123 auch bloßer Teilverlust als Totalverlust anzusehen ist. Anm. 3

4. Geht ein Teil der Güter verloren, so bedarf es keiner Feststellung durch Sachverständige (vgl. auch HansOLG HRZ 1924. 63 = HGZ 1924 Nr. 3). Anders, wenn der Teil in seiner ursprünglichen Beschaffenheit zerstört und aus diesem Grunde verloren ist (§§ 92, 91 Abs. 1). Anders auch, wenn der Teilverlust gleichzeitig Beschädigung des Ganzen ist (§ 28 Anm. 39) und der Versicherungsnehmer Entschädigung auch wegen der Beschädigung verlangt (§ 93 Abs. 2). Anm. 4

5. Wird ein Teil der Güter durch Verfügung von Hoher Hand angehalten oder zurückgehalten oder von Seeräubern genommen, so kann der Versicherungsnehmer im allgemeinen nicht abandonnieren. Der Abandon-Fall ist kein Fall des Totalverlustes (§ 72 Anm. 3). Der Versicherungsnehmer kann nur gemäß § 92 einen Teil der Versicherungssumme verlangen, also erst dann, wenn keine Aussicht auf Wiedererlangung mehr besteht. Näheres hierüber und über den Fall, daß nur ein Teil der Güter mit dem Schiffe verschollen ist: § 91 Anm. 11. Anm. 5

6. § 92 findet auf **andere Versicherungen, die sich auf die Güter beziehen,** entsprechende Anwendung (§ 99). Insbesondere auch auf die Gewinnversicherung, wenn nur ein Teil der Güter aus anderen Gründen als infolge seines Verlustes den Bestimmungsort nicht erreicht (vgl. ASVB § 138 Abs. 2, LG Hamburg HGZ 1885. 103). Allerdings bestimmt § 103 Abs. 1 nur, daß es als ein Totalverlust des Gewinns angesehen werden soll, wenn die Güter aus anderen Gründen als infolge ihres Totalverlustes den Bestimmungsort nicht erreichen, — nicht auch, daß es als ein Teilverlust des Gewinns angesehen werden soll, wenn ein Teil der Güter aus anderen Gründen als infolge seines Verlustes den Bestimmungsort nicht erreicht. Aber da die bloße Nichterreichung des Bestimmungsorts eben als Totalverlust gelten, also gerade im Sinne des § 91 als Totalverlust angesehen werden soll, und nach § 92 gerade im Falle eines Teilverlustes § 91 entsprechende Anwendung finden soll, ist auch § 92 im Falle einer Gewinnversicherung Anm. 6

§ 92 entsprechend anzuwenden, wenn nur ein Teil der Güter aus anderen Gründen als infolge seines Verlustes den Bestimmungsort nicht erreicht.

Anm. 7 7. § 91 gilt sinngemäß auch für die **Rückversicherung** (§ 99, § 91 Anm. 14).

Anm. 8 8. **Fremde Rechte.** MIA § 71 bestimmt, ähnlich wie § 91:

a) Where part of the goods, merchandise, or other moveables insured by a valued policy is totally lost, the measure of indemnity is such proportion of the sum fixed by the policy as the insurable value of the part lost bears to the insurable value of the whole, ascertained as in the case of an unvalued policy.

b) Where part of the goods, merchandise, or other moveables insured by an unvalued policy is totally lost, the measure of indemnity is the insurable value of the part lost, ascertained as in case of total loss.

Über den Fall, daß different species of property are insured under a single valuation: MIA § 72.

§ 93

Beschädigung

(1) Im Falle einer Beschädigung ist der gemeine Handelswert und in dessen Ermangelung der gemeine Wert zu ermitteln, den die Güter im unbeschädigten Zustand am Ablieferungsorte haben würden (Gesundwert), sowie der Wert, den sie dort im beschädigten Zustande haben. Ein dem Verhältnisse des Wertunterschiedes zum Gesundwert entsprechender Bruchteil des Versicherungswerts gilt als Betrag des Schadens.

(2) Die Beschädigung sowie der Gesundwert und der Wert der beschädigten Güter sind durch Sachverständige festzustellen. Auf die Feststellung finden die Bestimmungen des § 74 Abs. 2 bis 10 entsprechende Anwendung. Die Werte müssen die von den Gütern zu entrichtenden öffentlichen Abgaben, insbesondere die Zollabgaben, umfassen. Sind von den Gütern nur einzelne beschädigt oder sind von einem Gute nur einzelne Teile verloren oder beschädigt, so sind, soweit tunlich, die beschädigten Sachen von den unbeschädigten zu trennen; dies gilt insbesondere auch bei zusammen verpackten Gütern.

(3) Der Versicherer kann verlangen, daß der Wert der beschädigten Güter durch öffentliche Versteigerung festgestellt wird, es sei denn, daß der Betrag der für die beschädigten Güter am Ablieferungsorte zu entrichtenden öffentlichen Abgaben den von den Sachverständigen festgestellten Wert der beschädigten Güter mit Ausschluß der öffentlichen Abgaben übersteigt; das Recht, die Feststellung des Wertes durch Versteigerung zu verlangen, erlischt, wenn es nicht binnen einer Woche nach Erstattung des Gutachtens der Sachverständigen ausgeübt wird. Wird der Wert durch öffentliche Versteigerung festgestellt, so tritt der Bruttoerlös an die Stelle des Wertes der beschädigten Güter. Hat nach den Versteigerungsbedingungen der Verkäufer vorzuleisten, so steht der Versicherer für die Zahlung des Kaufpreises ein, falls er den Versteigerungsbedingungen zugestimmt hat.

(4) Bis zur Feststellung der Beschädigung darf der Versicherungsnehmer ohne Einwilligung des Versicherers Änderungen, insbesondere die Öffnung der Verpackung, nur insoweit vornehmen, als es zur Abwendung oder Minderung des Schadens oder im öffentlichen Interesse geboten ist.

1. Vgl. HGB § 875, ASVB § 133, BSVB § 27 Abs. 7, 8, §§ 60, 61, VVG § 140 Abs. 3. — **Literatur:** § 74 Anm. 2, ferner: Cohen und Hasselmann HGZ 1898. 309, 1899. 21, 37 (Über Berücksichtigung des Zolls im Gesund- und Schadenswerte), Hagen HRZ 1926. 727 (Zur Anwendung der §§ 93, 74 der ADS), Kreutziger Die Kommandobrücke 1966. 142f. (Güterversicherung: Beschädigung), Die Kommandobrücke 1966. 232 (Teilbeschädigung der Güter), Levin ITVMitt 1927. 9 (Zur Anwendung der §§ 93, 74 der ADS). **§ 93** Anm. 1

2. Nach allgemeinem Binnenversicherungs-Recht folgt der Versicherungswert dem schwankenden, steigenden oder fallenden, Werte des versicherten Interesses. Wenigstens, wenn er nicht taxiert ist, und bis zu einem gewissen Grade (nämlich wegen des Herabsetzungsrechts des Versicherers), selbst wenn er taxiert ist (VVG § 57). Der Versicherer soll den ganzen (Eigentümer-)Schaden, aber auch nur ihn ersetzen. Er nimmt am Steigen und Fallen des Marktes teil. Anders im Transport-, insbesondere im Seeversicherungs-Recht. Der Versicherungswert steht nach oben wie nach unten fest (§ 90). The underwriter on goods does not engage to put the merchant in the same condition he would have been in had his goods arrived safely at the port of destination, but solely to put him in regard to such goods in the situation, in which he was at the beginning of the risk (Arnould 987 s. 1013; ungenau RG 44. 20: „Der Zweck des Assekuranz-Vertrags bestehe bei der Güterversicherung darin, daß der Versicherte schadlos gehalten werden solle, wenn die kaufmännische Unternehmung der Güterversendung infolge des Eintritts einer der vom Versicherer übernommenen Gefahrstatsachen ganz oder teilweise vereitelt werde", und „die kaufmännische Unternehmung gehe auf die Erzielung des Wertes der vorhandenen Waren im Bestimmungsort aus"; vgl. auch § 70 Anm. 7). Wenn am Ablieferungsort der Gesundwert der beschädigten Güter 1000, der Schadenswert 250 beträgt, ersetzt der Versicherer nicht ohne weiteres 750. Der Schaden wird ins Verhältnis zum Versicherungswert (insbesondere zur Taxe) gebracht, „auf die Taxe der Police, resp. den Versicherungswert reguliert" (ASVB § 133 Abs. 5; sog. règlement par quotité). Beträgt der Versicherungswert auch 1000, so erhält der Versicherungsnehmer nach der Gleichung 750:1000 = x:1000, also 750. Beträgt der Versicherungswert 900, so erhält der Versicherungsnehmer nach der Gleichung 750:1000 = x:900, also 675. Beträgt der Versicherungswert 1100, so erhält der Versicherungsnehmer nach der Gleichung 750:1000 = x:1100, also 825. Anm. 2

3. **Abs. 1. Im Falle einer Beschädigung** der Güter **ist** also **zu ermitteln: der Wert, den die Güter am Ablieferungsort in unbeschädigtem Zustand haben würden** (Gesundwert, sound value, valeur saine), und **der Wert, den die Güter am Ablieferungsort in beschädigtem Zustand haben** (Schadenswert, damaged value). Anm. 3

a) Maßgebend ist **der gemeine Handelswert** und mangels eines gemeinen Handelswerts **der gemeine Wert** der Güter. Über diese Begriffe: § 90 Anm. 3, 4. — Die See-Güterversicherung hat es in der Hauptsache mit Gütern zu tun, die zum Verkauf bestimmt sind. Der Versicherungsnehmer wird daher in der Regel ausreichend entschädigt, wenn er für den gemeinen Wert entschädigt wird. Soweit (wie etwa im Falle der Versicherung von Umzugsgut, vgl. VVG § 86) das Bedürfnis besteht, dem Versicherungswert und dem Ablieferungswert einen anderen als den gemeinen Wert zugrunde zu legen, muß Besonderes vereinbart werden (vgl. § 90 Anm. 19). Anm. 4

b) Über den Begriff des Ablieferungsorts: § 88 Anm. 16. Der Versicherungsnehmer kann ihn wählen. Er braucht die Güter nicht an ihren Bestimmungsort weiterbefördern zu lassen, insbesondere dann nicht, wenn sie beschädigt sind (vgl. § 88 Anm. 16, ROHG 23. 285; ungenau HG u. OG Hamburg HH 629, 631: „Das Assekuranzrecht lege dem Versicherten die Pflicht auf, soweit es an ihm liege,... für

§ 93 Beförderung der Ladung an den Bestimmungsort Sorge zu tragen"). Er kann also auch einen Ablieferungsort wählen, an dem der Wert der Güter besonders gering ist (wenngleich nur einen vertragsmäßigen Zwischen- oder Nothafen, da er sonst die Reise verändert haben und der Versicherer gemäß §§ 23, 24 frei sein würde). Der Versicherer würde hierdurch an und für sich nicht benachteiligt. Denn er hat nicht die Differenz zwischen Versicherungswert und Schadenswert zu ersetzen, sondern nur den durch das Verhältnis zwischen Gesundwert und Schadenswert bestimmten Teil des Versicherungswerts. Es kann aber auch sein, daß eben dieses Verhältnis für den Ablieferungsort besonders ungünstig, am Ablieferungsort der Gesundwert besonders hoch, der Schadenswert besonders gering, die Spannung zwischen beiden besonders groß ist. Die Schadenabwendungs-Pflicht des Versicherungsnehmers gebietet diesem nicht, deswegen die Güter an den ursprünglichen Bestimmungsort weiterbefördern zu lassen, also die versicherte Unternehmung nicht abzubrechen. Ebensowenig seine Schadenfeststellungs-Pflicht. Aber der Versicherungsnehmer darf bei der Auswahl des Ablieferungsorts nicht gegen die Versicherungstreue verstoßen, nicht ohne triftigen Grund einen für die Schadensliquidation ungünstigen Ort wählen (vgl. § 13 Anm. 6ff., auch ROHG 25. 370, HG Hamburg HGZ 1868. 321), — so wenig, wie etwa der Versicherer treuewidrig bei der Versteigerung der versicherten Güter mitbieten darf, um den Erlös so in die Höhe zu treiben, daß die Franchise nicht erreicht wird (§ 13 Anm. 6, unten Anm. 29).

Anm. 5 c) Über den Begriff der Beschädigung vgl. § 28 Anm. 39, auch § 91 Anm. 4. Insbesondere kann Bruch Beschädigung sein. Bruch kann aber auch Verlust sein. Wenn z. B. Porzellanwaren aus der Schlinge fallen, in den Raum stürzen und zerbrechen, sind sie verloren (in ihrer ursprünglichen Beschaffenheit zerstört), nicht bloß beschädigt. Freilich wird Bruchverlust im Sinne der Klauseln „Frei von Beschädigung" oder „Frei von Beschädigung außer im Strandungsfall" herkömmlich wie Beschädigung behandelt (näheres: § 113 Anm.). Hieraus folgt aber nicht, daß, wenn eine dieser Klauseln vereinbart ist, Bruchverlust auch im Sinne des § 93 als Beschädigung betrachtet und behandelt werden muß, und noch weniger, daß, wenn der Versicherer allgemein für Beschädigung haftet, Bruchverlust im Sinne des § 93 als Beschädigung anzusehen ist. Wenn z. B. Kisten mit Flaschenbier „Frei von Beschädigung außer im Strandungsfall" versichert sind, das Schiff auf Grund gestoßen ist und infolge hiervon ein Teil der Flaschen zerbrochen ist, hat der Versicherer gemäß § 92, nicht gemäß § 93 zu entschädigen (abw. HG u. OG Hamburg, ROHG HGZ 1876. 27, 385; weitere Entscheid.: § 113 Anm.). — Ist nur ein Teil der Güter beschädigt, so kann unter Umständen damit das Ganze beschädigt sein (§ 28 Anm. 39, § 94 Anm. 1; vgl. auch HG Hamburg HGZ 1868. 130: Beschädigung der Wolle wertvoller Schafböcke, HGZ 1895. 40: Beschädigung zweier von drei Kisten mit Teilen zweier Reisewagen). Im allgemeinen wird jedoch nur für den beschädigten Teil Entschädigung gewährt (vgl. auch § 94 Abs. 1 und unten Anm. 18, 19, § 94 Anm. 1). Daß infolge der Beschädigung auch der unbeschädigte Teil weniger wert geworden ist, insbesondere an Verwertbarkeit eingebüßt hat, kommt nicht in Betracht. Wie denn auch anderseits nicht in Betracht kommt, daß der Gewinn aus dem Unbeschädigten den Beschädigungsschaden deckt, nämlich nicht „darauf zu sehen ist, was die übrigen Waaren, welche gut geblieben, beym Verkauf gelten können; und ist der Assecuradeur schuldig, die Haverey davon zu bezahlen, ob gleich aus den unbeschädigt gebliebenen so viel gelöset würde, als die ganze Taxe aller Güter ausmachen mögte" (AHO 1731 XII. 4; vgl. auch Vorb. vor § 1 Anm. 70, 71).

Anm. 6 d) Der Unterschied zwischen Gesundwert und Schadenswert ist nicht der Betrag der Entschädigung, sondern nur ein „Faktor" für die Berechnung der Entschädigung (oben Anm. 2, RG 44. 22). Gesundwert und Schadenswert haben „nur die Bedeutung von Vergleichungszahlen" und müssen als solche „auf der gleichen Grundlage beruhen" (RG 44. 23). § 93

1. Als solche Grundlage kann nur der Bruttowert (gross value), d. h. der Wert mit Einschluß von Fracht, Landungskosten und Abgaben, insbesondere Zoll, oder der Nettowert (net value) in Betracht kommen (vgl. § 93 Abs. 1, 2 Satz 3). Die Zugrundelegung der Nettowerte (règlement au net im Gegensatz zum règlement au brut) würde zu unangemessenen Ergebnissen führen, weil die Fracht für beschädigte und für unbeschädigte Güter regelmäßig gleich ist und wenn auch der Zoll derselbe ist. If you take equal quantities from two unequal quantities, the smaller such unequal quantities are, the greater will be the difference between their remainders (Lawrence, J., im viel berufenen Brimstone case bei Arnould 990 s. 1017; über den Streit der beiden Berechnungsmethoden vgl. ferner Benecke 1. 414, Tecklenborg System 376 mit weiteren Nachweisen, Voigt NAfHR 4. 277). Die Entschädigung würde deshalb vom Steigen und Fallen des Marktes abhängig sein. Z. B. würde sich bei einem Versicherungswert der Güter von 600 nach der Nettowert-Berechnung ergeben:

bei steigendem Markt:		bei fallendem Markt:	
Gesundwert	1000	Gesundwert	500
Fracht usw.	200	Fracht usw.	200
Netto-Gesundwert	800	Netto-Gesundwert	300
Schadenswert	500	Schadenswert	250
Fracht usw.	200	Fracht usw.	200
Netto-Schadenswert	300	Netto-Schadenswert	50
Unterschied	500	Unterschied	250
Entschädigung nach der Gleichung: 500:800 = x:600, also = 375.		Entschädigung nach der Gleichung: 250:300 = x:600, also = 500.	

Dagegen ergibt sich bei Zugrundelegung der Bruttowerte:

bei steigendem Markt:		bei fallendem Markt:	
Gesundwert	1000	Gesundwert	500
Schadenswert	500	Schadenswert	250
Unterschied	500	Unterschied	250
Entschädigung nach der Gleichung: 500:1000 = x:600, also = 300.		Entschädigung nach der Gleichung: 250:500 = x:600, also = 300.	

2. Auch diese Art der Schadensberechnung ist natürlich nicht vollständig einwandfrei. Denn Fracht, Landungskosten und Abgaben können in jedem Falle die Bildung des Gesundwerts und insbesondere des Schadenswerts in verschiedenem Umfang beeinflussen. Aber die „Rücksicht auf die im großen Verkehr unentbehrliche Praktikabilität des Entschädigungsverfahrens" verlangt eine einheitliche Regel für die Schadensberechnung (RG 44. 24). Anm. 7

3. Für beschädigte Güter wird oft derselbe Zoll erhoben wie für unbeschädigte, oft aber auch ein geringerer. Die Entschädigungspflicht des Versicherers wird davon regelmäßig nicht berührt. Denn der Schadenswert ist regelmäßig derselbe, mag für die beschädigten Güter der volle oder ein geringerer Zoll erhoben werden. Daß für die beschädigten Güter der volle Zoll entrichtet werden muß und nicht ein dem Verhältnis des Gesundwerts zum Schadenswert entsprechend geringerer Zoll, ist ein Anm. 8

§ 93 Nachteil, der den Versicherungsnehmer trifft. Gegen diesen Nachteil kann er eine die Reisekosten, insbesondere den Zoll, deckende Versicherung des „Mehrwerts drüben" oder „Zoll-Fracht-Versicherung" nehmen (§ 90 Anm. 27, Hasselmann HGZ 1899. 22, HGZ 1898. 292; unrichtig RG 44. 25: Infolge der Erhebung des vollen Zolles „trete eine Fehlerquelle in die Rechnung ein, die notwendigerweise zu ungunsten des Versicherungsnehmers ausschlagen müsse"; unrichtig auch Cohen HGZ 1898. 309, 1899. 37: Weil der Versicherungsnehmer durch Zahlung des vollen Zolles einen Nachteil erleide, müsse der Versicherer, d. h. der Hauptversicherer, der Versicherer des Hauptwerts, den Nachteil ersetzen). Hieraus folgt, daß, wenn etwa später mit Rücksicht auf die Beschädigung der Güter ein Zollnachlaß gewährt wird, dieser nicht dem Versicherer, sondern dem Versicherungsnehmer oder dem Versicherer des „Mehrwerts drüben" zugutekommt (Hasselmann HGZ 1899. 22, HGZ 1898. 293; im Ergebnis ebenso RG 44. 25; abw. LG Hamburg HGZ 1898. 289). Dasselbe würde natürlich gelten, wenn Frachtnachlässe usw. gewährt würden. Im englischen Rechtsverkehr ist über alles dies kein Zweifel.

Anm. 9 4. Gleichwohl kommen (wirtschaftlich nicht begründete) Klauseln vor, nach denen der Schaden auf der Grundlage der Nettowerte berechnet werden soll. Insbesondere eine Klausel, nach der bei Berechnung des Gesundwerts und des Schadenswerts der Zoll nicht zu berücksichtigen ist, die sogenannte Netto-Zoll-Klausel (z. B. Hasselmann HGZ 1899. 22: „Exclusive Zoll zu dispachieren"). Das Ergebnis ist natürlich regelmäßig für den Versicherungsnehmer günstiger. Beispielfall bei einem Versicherungswert der Güter von 600 und einem Zoll von 100:

Mit Netto-Zoll-Klausel:

Gesundwert	1000
Zoll	100
Netto-Zoll-Gesundwert	900
Schadenswert	500
Zoll	100
Netto-Zoll-Schadenswert	400
Unterschied	500

Entschädigung nach der Gleichung:

500:900 = x:600, also = 333,33.

Ohne Netto-Zoll-Klausel

Gesundwert	1000
Schadenswert	500
Unterschied	500

Entschädigung nach der Gleichung:

500:1000 = x:600, also = 300.

Wenn der Zoll mitversichert, also im Versicherungswert von 600 mit enthalten ist (vgl. oben Anm. 8) und auf die Hälfte ermäßigt oder zurückvergütet wird, würde sich ergeben:

Gesundwert	1000
Schadenswert	500
Unterschied	500
Entschädigung	300
weniger	50
also	250

Anm. 10 5. Man hat im hansestädtischen Rechtsverkehr eine Ausnahme von dem Grundsatz gemacht, daß der Entschädigung die Bruttowerte zugrunde zu legen sind.

Nach § 133 ASVB (wonach beschädigte Güter unter allen Umständen verkauft werden mußten und regelmäßig der Verkaufspreis als Schadenswert anzunehmen war) sollte, „falls die Ware im Entrepot oder im Bond (unverzollt unter Zollverschluß) verkauft wird, oder am Verkaufsort auch ein Marktpreis exclusive Zoll üblich ist, die Feststellung des Preises ohne Zoll gemacht" werden (ebenso BSVB § 60 Abs. 1 Nr. 4e). Diese alte Übung (vgl. AllgPlan 1847 § 96 Abs. 4) ist auf die besonderen Verhältnisse der Freihafenstädte Hamburg und Bremen und auf einen Gebrauch bei Lloyd's Versicherern zurückzuführen, to adjust particular average on a comparison of bonded, instead of duty-paid, prices, in claims for damage to tea, tobacco, coffee, wines and spirits imported into this country (vgl. RPAssAvAdj 54 und MIA § 71 Nr. 4: unten Anm. 48; deshalb unrichtig Cohen HGZ 1898. 309: Die ASVB hielten die beiden Schadenabrechnungs-Methoden auf der Grundlage des verzollten und auf derjenigen des unverzollten Wertes für ungefähr gleichwertig). Die ADS enthalten keine entsprechende Bestimmung. Bei den Verhandlungen über den E 1910 hat man sich mit folgender „Auslegung einverstanden erklärt": Nach § 93 Abs. 2 Satz 3 ADS „müßten die Werte die von den Gütern zu entrichtenden öffentlichen Abgaben, insbesondere die Zollabgaben, umfassen", also „seien die Zollgefälle nur dann einzuschließen, wenn eine Wiederausfuhr der Güter in das Ausland ausgeschlossen sei; finde also eine Abschätzung entweder in einem Freihafen, Zollausschlußgebiet oder an Bord statt, so seien die Zollgefälle nicht einzuschließen; anders wäre es, wenn die Abschätzung in einem südamerikanischen Zollhaus stattfinde, bei welchem eine Wiederausfuhr der Güter nicht gestattet und ihre Entfernung nur unter Entrichtung des Zolles gestattet sei" (Mat 1. 322). Die Wiedergabe der Verhandlungen ist ungenau, die „Auslegung" ebenso gezwungen wie widerspruchsvoll. Aber die Auffassung, von der die beteiligten Verkehrskreise sich bei der Abfassung des § 93 Abs. 2 haben leiten lassen, steht doch fest: Solange der Zoll nicht entrichtet ist und die Güter zollfrei wieder ausgeführt werden können, soll nach abgabenfreien Waren geschätzt werden. Wird demgemäß geschätzt, die Ware eingeführt und verzollt und nunmehr auf Verlangen des Versicherers versteigert (§ 93 Abs. 3), so entscheiden die Bruttowerte, muß also gegebenenfalls der Brutto-Gesundwert noch nachträglich geschätzt werden. Diese Auffassung würde sich also im wesentlichen mit derjenigen des englischen Seeversicherungs-Verkehrs decken. Man wird sie aus Achtung vor dem Vertragswillen der Beteiligten der Auslegung der ADS zugrunde legen müssen (vgl. auch Vorb. vor § 1 Anm. 11). — Werden Bondgüter von den Sachverständigen mit Einschluß des Zolles geschätzt, so ist das offenbar erheblich sachwidrige Gutachten gemäß § 74 Abs. 8 nicht verbindlich (HG Hamburg HGZ 1874. 144). § 93

6. Wenn verschiedenartige Güter, z. B. Wollwaren und Baumwollwaren, mit auseinander laufender Preisbewegung versichert sind und beschädigt werden, müssen die einzelnen Arten, soll der Grundsatz des § 93 Abs. 1 rein zur Geltung kommen, besonders bewertet werden, auch wenn sie nicht nach § 7 als besonders versichert gelten. Wenn z. B. der Gesamt-Versicherungswert der Woll- und Baumwollwaren 1800 und die Einzel-Versicherungswerte je 900 betragen, würde sich, wenn man die verschiedenen Arten nicht besonders bewertete, ergeben: Anm. 11

Gesamt-Gesundwert 2200
Gesamt-Schadenswert 700

Unterschied 1500;

Entschädigung nach der Gleichung 1500 : 2200 = x : 1800, also 1227.27.

§ 93 Dagegen würde sich bei besonderer Bewertung ergeben:

Gesundwert der Wollwaren	1200	Gesundwert der Baumwollwaren	1000
Schadenswert der Wollwaren	200	Schadenswert der Baumwollwaren	500
Unterschied	1000	Unterschied	500
Entschädigung	750	Entschädigung	450

Gesamtentschädigung: 750 + 450 = 1200.

Anm. 12 7. Wenn der Gesamt-Versicherungswert taxiert ist, die einzelnen Güter aber nicht besonders taxiert sind (vgl. § 7), muß die Gesamttaxe zunächst nach dem Verhältnis der wirklichen Versicherungswerte geteilt werden. Beträgt für die versicherten Woll- und Baumwollwaren die Gesamttaxe 1800, der wirkliche Versicherungswert der Wollwaren 1350 und der wirkliche Versicherungswert der Baumwollwaren 900, so gelten als Taxe der Wollwaren 1350:2250 oder $^3/_5$ von 1800, also 1080, als Taxe der Baumwollwaren 900:2250 oder $^2/_5$ von 1800, also 720. Ähnlich nach alter englischer Praxis: RPAssAvAdj. 56: That where different qualities or descriptions of cargo are valued in the policy at a lump sum, such sum shall, for the purpose of adjusting claims, be apportioned on the invoice values where the invoice distinguishes the separate values of the said different qualities or descriptions; and over the net arrived sound value in all other cases. Vgl. jetzt MIA § 72: unten Anm. 48.

Anm. 13 e) **Der Teil des Versicherungswerts, der dem Verhätnis des Unterschiedes zwischen Gesundwert und Schadenswert entspricht, gilt als Betrag des Schadens** und hiermit offenbar auch als Betrag der Entschädigung (Abs. 1 Satz 2; über die Fassung dieser Bestimmung vgl. Hagen ZfVW 1911. 178). Diesen Betrag kann der Versicherungsnehmer verlangen. Unter Umständen aber auch nur weniger, oft mehr. Weniger, wenn z. B. „Erspartes" abzuziehen ist, wenn etwa der Zoll mitversichert war und Zoll erspart ist (oben Anm. 8), oder wenn der Versicherungsnehmer anderweit, z. B. vom Verfrachter, etwas zur Ausgleichung des Schadens erlangt hat (Vorb. IX vor § 1; vgl. auch § 71 Anm. 21, 22). Regelmäßig mehr, weil der Versicherer auch die Schadenfeststellungs-Kosten zu ersetzen hat (§ 32 Abs. 1 Nr. 3; vgl. auch § 74 Anm. 66). — Der Versicherungswert ist auch dann maßgebend, wenn er (wider Erwarten) größer ist als der Gesundwert. Anders nach § 133 Abs. 5 ASVB (und schon nach AllgPlan 1847 § 96 Abs. 5) für den Fall, daß die Güter den Bestimmungsort erreichen. In diesem Falle sollte („prinzipwidriger" Weise: RG 44. 23) die Differenz zwischen Gesund- und Schadenswert nicht auf den Versicherungswert, insbesondere auf die Taxe, sondern auf den Gesundwert reguliert werden (sog. Differenzmethode: oben Anm. 2). Wenn der Versicherungswert 900, der Gesundwert 600, der Schadenswert 200 betrug, sollte der Versicherungsnehmer also nicht 400:600 = $^2/_3$ von 900 = 600, sondern nur $^2/_3$ von 600 = 400 erhalten. Denn der Assekuranzvertrag (so sagte man) bezwecke, den Versicherungsnehmer schadlos zu halten, nicht, ihm zu einem Gewinn zu verhelfen; hätten die Güter den Bestimmungsort erreicht, so sei damit erzielt, was beabsichtigt sei; daß die Güter zur Zeit und am Orte ihrer Ankunft einen geringeren Wert hätten, sei ein Umstand, gegen den nicht Versicherung genommen sei (Voigt 737 und NAfHR 4. 280, HG Hamburg HGZ 1879. 9). Der Ausgangspunkt dieser Auffassung ist natürlich richtig. Unrichtig ist, daß der Grundsatz, der Versicherungsnehmer könne nur Ersatz des wirklich erlittenen Schadens verlangen, als ein ausnahmsloser hingestellt wird (Vorb. vor § 1 Anm. 69). Es gibt keinen „ausnahmslosen Rechtssatz, daß ein Unfall in seinen tatsächlichen Konsequenzen niemals zu einem Glücksfall für den Versicherten ausschlagen darf" (RG 36. 132, HGZ 1893. 194,

1895. 259, 1898. 293, 1903. 292). Und eine der wesentlichsten Ausnahmen bildet gerade die Anerkennung des festen Versicherungswerts. Gibt man dem Versicherungsnehmer im Falle des Totalverlustes die ganze Versicherungssumme, im Falle des Teilverlustes den entsprechenden Teil der Versicherungssumme, selbst wenn der Marktpreis der Güter inzwischen um die Hälfte gesunken ist, so muß man auch im Beschädigungsfall auf der Grundlage des Versicherungswerts regulieren. Die ADS haben sich deshalb mit Recht der „allseitigen Anerkennung", die das Prinzip des § 133 ASVB nach Voigt 738 gefunden haben soll, nicht angeschlossen (vgl. auch Mat 1. 316; nicht ganz zutreffend Ulrich 194: § 133 Abs. 5 ASVB sei „nicht übernommen worden, weil die Unanfechtbarkeit der Taxe habe aufrechterhalten bleiben sollen"). — Übrigens ist es nicht folgerichtig, daß der Versicherungswert im Verhältnis des Gesundwerts zum Schadenswert geteilt und das Ergebnis als Entschädigung gezahlt wird. Muß der Versicherer im Falle des Totalverlustes die Versicherungssumme, im Falle des Teilverlustes den verhältnismäßigen Teil der Versicherungssumme als Entschädigung zahlen, so müßte auch im Falle der Beschädigung die Versicherungssumme im Verhältnis des Gesundwerts zum Schadenswert geteilt werden und der Versicherer den entsprechenden Teil der Versicherungssumme zu zahlen haben (vgl. auch einerseits HGB § 858, andererseits HGB §§ 875, 876, dazu aber auch § 92 Anm. 2). Die Folgewidrigkeit ist ohne erhebliche Bedeutung, wenn der Versicherungswert (wie regelmäßig) taxiert ist. Ist der Versicherungswert nicht taxiert, so müßte an und für sich der Versicherungsnehmer ihn im Entschädigungsstreit beweisen, da § 93 Abs. 2 zwar die Feststellung des Gesundwerts und des Schadenswerts der Güter, nicht aber auch die Feststellung des Versicherungswerts durch Sachverständige vorschreibt. Dies würde indessen mit der im Seeversicherungs-Verkehr herrschenden Anschauung und Übung in Widerspruch stehen. Der Seeversicherungs-Verkehr erblickt in der Vereinbarung einer Versicherungssumme nicht nur eine Vereinbarung über den Höchstbetrag der Entschädigung, sondern auch eine Vereinbarung über den Wert des versicherten Interesses (§ 6 Anm. 10). Das muß sich auch hier bewähren. Zwar ist die Versicherungssumme keine Taxe, zwar ist sie nicht maßgebend, wenn sie größer oder kleiner ist als der Versicherungswert. Aber der Versicherungsnehmer kann sich darauf berufen, daß der Versicherungswert mit der Versicherungssumme vereinbart ist, und der Versicherer muß beweisen, daß der Versicherungswert kleiner als die Versicherungssumme ist. Wie dann freilich auch umgekehrt der Versicherer sich auf die Vereinbarung berufen kann und der Versicherungsnehmer beweisen muß (aber auch beweisen darf), daß der Versicherungswert größer als die Versicherungssumme ist (was freilich Unterversicherung bedeuten würde). Über den Versicherungswert der Güter: § 90. § 93

4. **Abs. 2. Beschädigung, Gesundwert und Schadenswert sind durch Sachverständige festzustellen; § 74 Abs. 2—10 findet entsprechende Anwendung.** „Entsprechende", sinngemäße, Anwendung: Die Sachverständigen haben also nicht die zur Beseitigung der Beschädigung erforderlichen Kosten festzustellen (so § 74 Abs. 5 Nr. 5), sondern dafür eben Gesundwert und Schadenswert (vgl. aber auch § 94 Abs. 2). Wenn der Gesundwert nicht auf Grund der Besichtigung der beschädigten Güter (und der Erfahrung der Sachverständigen) allein festgestellt werden kann, können auch andere Erkenntnismittel zu Hilfe genommen werden (RG 4. 43: Proben, Klassifizierungsatteste, Fakturen usw.). — Die Sachverständigen müssen namentlich „die einzelnen Schäden" feststellen (§ 74 Abs. 5 Nr. 4), also feststellen, welche einzelnen Güter beschädigt, und wie sie beschaffen sind, und dürfen sich nicht mit Stichproben begnügen (ROHG 20. 61). Denn es handelt sich nicht um eine Untersuchung auf Beschädigung, sondern um die Feststellung der Beschädigung. — Sind die Güter teilweise Bondgüter (oben Anm. 10), teilweise andere Güter, so müssen die Anm. 14

§ 93 Gesund- und Schadenswerte natürlich getrennt, jene mit Ausschluß, diese mit Einschluß des Zolles geschätzt werden (vgl. HG Hamburg HGZ 1874. 144). — Der Kapitän hat nicht die Aufgabe, für die Abwicklung des Güterversicherungs-Verhältnisses zu sorgen. Er ist deshalb auch nicht etwa nach § 74 Abs. 2—4 ermächtigt, für den Güterversicherten Sachverständige zu ernennen oder ernennen zu lassen. Die sinngemäße Anwendung des § 74 ergibt, daß an seine Stelle tritt, wer sonst allgemein beauftragt ist oder als beauftragt gilt, das Interesse des Güterversicherten wahrzunehmen, insbesondere Absender, Ablader, Empfänger (vgl. § 33 Abs. 3, § 88 Abs. 3). Befinden sich die Güter im Ausland, so ist nicht der Konsul des Staates, in dessen Gebiet der Heimatshafen des Schiffes liegt, gemäß § 74 Abs. 3 Satz 3, Abs. 4 Satz 2 um die Ernennung von Sachverständigen zu ersuchen, sondern der Konsul des Staates, in dessen Gebiet der Versicherungsnehmer seine gewerbliche Niederlassung oder mangels einer solchen seinen Wohnsitz hat. Nicht die Beamten des Landes, in dem das Schiff sich befindet, sondern die Beamten des Landes, in dem die Güter sich befinden, sind gemäß § 74 Abs. 3 Satz 3, Abs. 4 Satz 2 zu ersuchen (so auch Schlegelberger SVR Bem. 3 zu § 93 ADS). — Näheres: § 74 Anm. 6ff. Insbesondere:

Anm. 15 a) AllgPlan 1847 § 96 bestimmte keine Rechtsfolge für den Fall der nicht gehörigen Schadensfeststellung und war infolgedessen „wenig mehr als ein toter Buchstabe" geblieben (Erläuterungen 1863. 61, Voigt 733; vgl. auch OAG Lübeck Wunderlich 2. 251, HG Hamburg HGZ 1867. 47: Verletzung der Schadensfeststellungs-Vorschriften schade dem Versicherungsnehmer nicht, wenn dieser beweisen könne, daß „sein Verfahren dem Versicherer keinen Nachteil gebracht habe"). Im E 1863 § 132 Abs. 7 war daher bestimmt, daß der Versicherer im Falle „wesentlicher Verletzung" von Vorschriften über das Schadenfeststellungs-Verfahren frei sein solle, und daß als solche „wesentliche Verletzung" gelten sollten: „ungenügende Besichtigung und Begutachtung der Güter, Unterlassung rechtzeitiger Trennung des Beschädigten vom Unbeschädigten, erheblicher Aufschub oder gänzliches Unterlassen des öffentlichen Verkaufs, Unterlassung der kurz vor der Auktion zu veranstaltenden Schätzung der Ware im unbeschädigten Zustand". Man konnte sich aber über die einzelnen Fälle der „wesentlichen Verletzung" nicht einigen, strich sie deshalb ganz und ließ es mithin bei der „wesentlichen Verletzung" als solcher bewenden (ASVB § 133 Abs. 7). Hiernach gab „es im § 133 ASVB keine einzige Vorschrift, deren Nichtbefolgung stets und unter allen Umständen den Verlust des Ersatzanspruchs hätte nach sich ziehen müssen; vielmehr war bei Verletzung einer jeden Vorschrift immer nach Lage des einzelnen Falles erst zu prüfen und festzustellen, ob die Verletzung in diesem Falle wirklich wesentlich erschien", und die Beantwortung dieser Frage wurde abhängig gemacht „von der Beantwortung der Frage, ob in dem concreten Falle die Verletzung geeignet war, ein berechtigtes materielles Interesse des Versicherers zu gefährden" (HGZ 1895. 40, 1897. 72, 1915. 198, LG Hamburg HGZ 1892. 266; ausdrücklich zustimmend, aber tatsächlich abweichend HGZ 1892. 267: Unwesentlich sei die Verletzung nur, „wenn sie nach den Umständen des Falles unvermeidlich oder doch entschuldigt gewesen sei, und wenn zugleich ein ausreichender Beweis für Entstehung und Umfang des fraglichen Schadens in anderer Weise erbracht werde"; aus der älteren Rechtsprechung: ROHG 20. 59, HG u. OG Hamburg, OAG Lübeck, ROHG HH 3, Seebohm 388, 395, HGZ 1862. 69, 1870. 96, 264, 1872. 213, 383, 1876. 27, 386). Damit war auch § 133 ASVB zu praktischer Unbrauchbarkeit verurteilt. Denn wenn es der Zweck von Schadensfeststellungs-Vorschriften ist, Streitigkeiten über Ursache und Höhe von Schäden tunlichst hintanzuhalten, so war nunmehr das Gegenteil erreicht und alles ins Ungewisse gestellt. — Nach § 93 Abs. 2, § 74 Abs. 9 ADS muß der Versicherer zahlen, wenn der Schaden gehörig, d. h. auf die in § 93 Abs. 2, § 74 Abs. 2—8 be-

stimmte Weise festgestellt ist; sonst nicht, mag die Ungehörigkeit wesentlich oder § 93
unwesentlich sein (§ 74 Anm. 57). Das Unterbleiben der in § 93 Abs. 2, § 74 Abs. 2—10 vorgesehenen Schadensfeststellung hat nach § 74 Abs. 9 Satz 1 grundsätzlich zur Folge, daß der Versicherungsanspruch hinfällig geworden ist. Das ist regelmäßig der Fall, wenn die Schadensfeststellung nach § 74 an sich möglich und zumutbar war, der Versicherungsnehmer aber nichts getan hat, um eine Schadensfeststellung zu veranlassen und durchzuführen, insbesondere die unverzügliche Anzeige des Schadensfalls nach § 40 sowie die Bestellung eines Sachverständigen nach § 74 unterlassen hat, und der Versicherer ohne sein Verschulden von dem Versicherungsfall und dem Erfordernis einer Schadensfeststellung nach § 74 keine Kenntnis erhalten hat (RG 109. 230 = JRPV 1925. 132 = JW 1925. 616 mit Anm. Gerhard; HansOLG HRZ 1925. 23 = HGZ 1924 Nr. 148 = Sasse Nr. 323, HansRGZ 1935 B 31 = JRPV 1935 = Sasse Nr. 435). Nur wenn die gehörige Feststellung infolge eines Umstandes unterblieben ist, den der Versicherungsnehmer nicht zu vertreten hat, kann der Versicherungsnehmer den Schaden in anderer geeigneter Weise feststellen lassen (§ 74 Abs. 9 Satz 2). Zu vertreten hat der Versicherungsnehmer insbesondere Umstände, die auf einem Verschulden derjenigen beruhen, deren er sich bei der Erfüllung seiner Verpflichtung, bei der Schadensfeststellung mitzuwirken, bedient (§ 74 Anm. 58, HGZ 1915. 199).

b) Tatsächlich werden in den meisten Fällen Beschädigung, Gesundwert und Anm. 16
Schadenswert der Güter lediglich vom Havariekommissar des Versicherers unter Mitwirkung des Empfängers festgestellt (siehe dazu HansOLG HGZ 1927 Nr. 65 = Sasse Nr. 370: Ist Schadensfeststellung durch Lloyd's Agent gleichbedeutend mit einer solchen durch Lloyd's Havarie-Agent?). Dieses Verfahren wird durch §§ 93 Abs. 2, 74 Abs. 10 gedeckt (§ 74 Anm. 61). Ob die Feststellung für die Parteien verbindlich sein soll (sei es als Vereinbarung über Ursache und Höhe des Schadens, sei es als eine Feststellung, die nur dann unverbindlich ist, wenn sie „offenbar von der wirklichen Sachlage erheblich abweicht", sei es in anderer Weise), hängt vom Inhalt der Vereinbarung des Havariekommissars mit dem Versicherungsnehmer ab. Im Zweifel wird sie nicht als verbindlich zu betrachten sein. Die Parteien können sich auch über andere Weisen der Schadensfeststellung einigen, so etwa, daß ein Makler die maßgebende Feststellung in verbindlicher Weise treffen soll (siehe dazu HansOLG HGZ 1927 Nr. 18 = Sasse Nr. 363). Siehe unten Anm. 45. Vgl. auch Klausel 21 der Zusatzbestimmungen zu den ADS für die Güterversicherung (1947).

5. Nach alter seeversicherungs-rechtlicher Regel soll der Versicherungsnehmer im Anm. 17
Falle der Beschädigung bis zur Besichtigung tunlichst alles unverändert lassen (§ 93 Abs. 4). „Bei der Besichtigung" (BSVB § 60 Abs. 1 Nr. 3) erst „muß das Seebeschädigte vom Unbeschädigten resp. Nicht-Seebeschädigten getrennt werden" (ASVB § 133 Abs. 4). Nicht etwa, damit der Schaden nicht größer wird. Die Schadenabwendungs-Pflicht des Versicherungsnehmers geht seiner Verpflichtung, alles unverändert zu lassen, vor (§ 93 Abs. 4). Sondern damit man sicher Ursache und Umfang der Beschädigung feststellen kann. Das ist die Bedeutung des § 93 Abs. 2 Satz 3: **Sind von den Gütern nur einzelne beschädigt oder sind von einem Gute nur einzelne Teile verloren oder beschädigt, so sind, soweit tunlich, die beschädigten Sachen von den unbeschädigten zu trennen.**

a) Von den versicherten Gütern können einzelne beschädigt sein, z. B. von Anm. 18
1000 Ballen Baumwolle 100. Dann sind die 100 zu trennen. Die übrigen 900 kommen nicht in Betracht, mag auch etwa die ganze Menge den einheitlichen Gegenstand eines Kaufvertrags gebildet haben und der Rest durch die Trennung (und durch die auf Verlangen des Versicherers erfolgende Versteigerung) an Wert verlieren (oben Anm. 5; vgl. hierzu auch die im übrigen bedenkliche, insoweit aber für die ADS nicht mehr

§ 93 in Betracht kommende Entscheidung des OLG Hamburg LZ 1911. 86: Wenn der Versicherungsnehmer die ganzen 1000 Ballen verkauft und der Versicherer dem Verkauf nicht widersprochen habe, müsse der Versicherer beweisen, wie viele Ballen unbeschädigt seien). — Ob die einzelnen Güter besonders taxiert sind oder nicht (vgl. § 7), ist in diesem Zusammenhang ohne Bedeutung. § 93 Abs. 2 Satz 3 will hierauf, deutlich erkennbar, keine Rücksicht genommen wissen.

Anm. 19 b) Von einem Gute können einzelne Teile (oder Zubehörstücke) beschädigt sein, z. B. von einer Maschine eine Kurbel, von drei Kisten mit Teilen eines Wagens die eine. Dann sind die einzelnen Teile zu trennen, selbst wenn die Beschädigung des Teiles Beschädigung des Ganzen ist (vgl. § 28 Anm. 39, § 94 Anm. 1; unrichtig, auch vom Standpunkt des früheren Rechtes, HGZ 1895. 40: Wenn von drei Kisten mit Teilen für zwei Wagen zwei Kisten beschädigt seien, brauche nicht festgestellt zu werden, ob nicht die sämtlichen Teile wenigstens eines Wagens unbeschädigt seien, sie würden es „jedenfalls" nicht sein). Denn der Versicherer entschädigt gemäß § 94 Abs. 1 nur für den Teil. Anders, wenn die Ausbesserung des Gutes nicht oder nur mit unverhältnismäßig hohen Kosten zu beschaffen ist (§ 94 Abs. 2).

Anm. 20 c) Von einem Gute können einzelne Teile (oder Zubehörstücke) verlorengegangen oder beschädigt sein. Hierdurch kann das ganze Gut beschädigt sein, und zwar so, daß die Ausbesserung nicht oder nur mit unverhältnismäßig hohen Kosten zu beschaffen ist (§ 28 Anm. 39, § 94 Anm. 1). Dann ist dieses, so beschädigte, Gut von anderen mitversicherten, unbeschädigten, Gütern zu trennen (vgl. auch oben Anm. 18, 19).

Anm. 21 d) Von einem Gute können einzelne Teile (oder Zubehörstücke), z. B. von einer Maschine ein Gatter, verlorengegangen, insbesondere in ihrer ursprünglichen Beschaffenheit zerstört sein, ohne daß das ganze Gut beschädigt ist (oder zwar so, daß das ganze Gut beschädigt ist, aber nicht so, daß die Ausbesserung nicht oder nur mit unverhältnismäßig hohen Kosten zu beschaffen ist). Auf diesen Fall findet nicht § 93, sondern § 92 Anwendung. Denn § 93 ist nur „im Falle einer Beschädigung" anzuwenden (Abs. 1).

Anm. 22 e) **„Insbesondere"** (also: beispielsweise) ist zu trennen, **wenn Güter zusammen verpackt sind,** wenn von dem Inhalt eines „Collo" (ASVB § 133 Abs. 4) einzelne Stücke beschädigt sind, wenn z. B. von einer Kiste mit Garnen einzelne Stücke, von einem Tabakballen ein Teil der Blätter, von einem Ballen Tuche einige Stücke beschädigt sind (HG Hamburg Seebohm 534), von 412 Kisten Bierflaschen ein Teil der Flaschen „gekantet" ist (HG u. OG Hamburg, ROHG HGZ 1876. 27, 385, vgl. dazu aber auch oben Anm. 5).

Anm. 23 f) Der Versicherungsnehmer muß trennen (bei der Versicherung für fremde Rechnung auch der Versicherte: § 52 Anm. 8). Er ist dazu verpflichtet. Es gehört zu seiner Verbindlichkeit, bei der Schadensfeststellung mitzuwirken. Er muß daher auch das Verschulden Dritter gemäß § 278 BGB vertreten (Vorb. VIII vor § 1). Er kann aber andererseits, weil es sich um einen Akt der Schadensfeststellung handelt, auch Ersatz der Trennungskosten verlangen (§ 32 Abs. 1 Nr. 3). — Der Versicherungsnehmer muß beweisen, daß er seine Verpflichtung, zu trennen, erfüllt hat (RG 1. 304; abw. Gerhard 292). Denn es handelt sich um einen zur Schadensfeststellung gehörenden und deshalb anspruchbegründenden Umstand, nicht um die Einwendung einer rechtsvernichtenden oder rechtshemmenden Tatsache.

Anm. 24 g) Der Versicherungsnehmer braucht nur „soweit tunlich" zu trennen. Das würde sich nach allgemeinen Grundsätzen von selbst verstehen. Die Worte „soweit tunlich" werden daher wohl eine leichte Abschwächung bedeuten sollen: Der Versicherungsnehmer wird schon dann nicht zu trennen brauchen, wenn überwiegende eigene Interessen die Trennung verbieten. Nach § 60 Abs. 1 Nr. 3 BSVB mußte der Versicherungsnehmer trennen, „soweit dies nach dem Urteil der Sachverständigen geschehen konnte, ohne den vollen Wert des gesund gebliebenen Teiles des Colli zu beeinträchtigen". Das wird im wesentlichen auch für § 93 Abs. 2 angenommen werden können; freilich sind die Sachverständigen nach § 93 nicht berufen, auch über die „Tunlichkeit" der Trennung ein Urteil abzugeben. Vgl. über die Tunlichkeit der Trennung unbeschädigter, seebeschädigter und durch Schiffsdunst beschädigter Steinnüsse: HG u. OG Hamburg HGZ 1879. 273, über die Tunlichkeit der Trennung beschädigter und unbeschädigter Bierflaschen in Kisten: HG u. OG Hamburg, ROHG HGZ 1876. 27, 385. — Auf die bloße Üblichkeit am Ablieferungsort kann der Versicherungsnehmer sich, angesichts der bestimmten Vorschrift des § 93 Abs. 2, nicht berufen (anders früher ausdrücklich: ASVB § 133 Abs. 4, vgl. dazu HG u. OG Hamburg, ROHG Seebohm 533, HGZ 1870. 53, 267, 406, 1876. 27, 385, 1879. 274; vgl. auch § 1 Anm. 10). § 93

h) Die Feststellung des Schadens ist nicht „gehörig", wenn das Beschädigte nicht, soweit tunlich, vom Unbeschädigten getrennt ist. Die Rechtsfolge einer Verletzung der Trennungspflicht ergibt sich also aus § 74 Abs. 9. Auch die Bestimmung über die Trennung des Beschädigten vom Unbeschädigten ist mithin kein „toter Buchstabe" mehr (vgl. oben Anm. 15). Anm. 25

6. **Abs. 3.** Nach § 133 Abs. 4 ASVB „mußte das Seebeschädigte ohne irgendwelchen Verzug in öffentlicher Auktion verkauft werden" (ähnlich BSVB § 60 Abs. 1 Nr. 1 und schon AllgPlan 1847 § 96 Abs. 2). Die Vorschrift mußte zur Verschleuderung der Güter führen. An einigen Seeplätzen gab es Firmen (sog. „beschädigte Häuser"), die sich in der Hauptsache nur damit beschäftigten, seebeschädigte Güter auf den Zwangsauktionen zu ersteigern und zu verschleißen. Der Verkaufszwang war für den Versicherungsnehmer und insbesondere für den Versicherer unerträglich. Er ist daher beseitigt. Aber wie der Kaskoversicherer in der Ausbesserungspflicht des Versicherungsnehmers einer Kontrolle der Sachverständigen-Schätzung des Ausbesserungsaufwands bedarf, so bedarf der Güterversicherer in der Möglichkeit der Versteigerung einer Kontrolle wenigstens der Sachverständigen-Schätzung des Schadenswerts (vgl. OAG Lübeck HambS 5. 52). **Der Versicherer kann** deshalb **verlangen, daß die beschädigten Güter öffentlich versteigert werden.** Anm. 26

a) Der Versicherer kann verlangen. Sind mehrere Versicherer beteiligt, jeder einzelne, nicht der eine für den anderen. Der eine kann Versteigerung verlangen, der andere nicht. Ist ein Versicherer „Führer", so kann er auch für die anderen verlangen (Vorb. vor § 1 Anm. 46). — Der Versicherer kann auch dann verlangen, wenn ein Teil des Versicherungswerts nicht versichert ist, insbesondere auch, wenn mehr als die Hälfte des Versicherungswerts unversichert ist. § 41 Abs. 2 Satz 2 ist hier unanwendbar. — Erklärung durch Vertreter: BGB §§ 174, 180, insbesondere durch Havariekommissare: § 74 Anm. 63. — Anfechtung der Erklärung wegen Irrtums usw.: BGB §§ 119ff. Anm. 27

b) Das Verlangen ist, seinem natürlichen Begriff nach, eine empfangsbedürftige (im übrigen keiner besonderen Form bedürfende), rechtsgestaltende, nämlich rechtsbegründende, Willenserklärung (über empfangsbedürftige Erklärungen: Vorb. vor § 1 Anm. 33). Es ist natürlich regelmäßig dem Versicherungsnehmer gegenüber zu erklären. Über den Begriff des Versicherungsnehmers: § 3 Anm. 4. Über den Fall, daß mehrere Versicherungsnehmer beteiligt sind, vgl. Vorb. VI vor § 1. Insbesondere wird im Falle der Versicherung von Gütern, die im Miteigentum der Versicherungsnehmer stehen, der Versicherer den einzelnen Versicherungsnehmern gegenüber erklären können und müssen. — Bei der Versicherung für fremde Rechnung kann der Anm. 28

§ 93 Versicherer gegenüber dem Versicherungsnehmer erklären (§ 54 Abs. 1); auch gegenüber dem Versicherten, wenn dieser die Police oder die Zustimmung des Versicherungsnehmers besitzt (§ 53 Abs. 2). — Sind die Güter veräußert, so ist regelmäßig dem Erwerber gegenüber zu erklären; dem Veräußerer gegenüber, wenn dieser Entschädigung verlangen kann (vgl. § 49 Anm. 25; aber auch unten Anm. 30). — Hat der Versicherungsnehmer die Entschädigungsforderung abgetreten, so ist nicht dem Zessionar, sondern dem Versicherungsnehmer gegenüber zu erklären. — Erklärung gegenüber einem Vertreter, insbesondere einem Gesamtvertreter, des Versicherungsnehmers: § 3 Anm. 18. — Die Erklärung muß (gleich allen rechtsgestaltenden Erklärungen) bestimmt sein. Der Versicherungsnehmer muß wissen, woran er ist. Die Erklärung darf also nicht bedingt sein, wenn die Bestimmtheit unter der Bedingtheit leidet. Der Versicherer kann aber die Versteigerung für den Fall verlangen, daß er für den Schaden haftet; denn dies ist ohnehin Rechtsvoraussetzung für die Wirksamkeit des Verlangens. — Das Verlangen muß sich auf alles Beschädigte beziehen (vgl. den Fall HGZ 1895. 40: Drei Kisten mit Teilen von zwei Reisewagen, hiervon zwei Kisten beschädigt). Der Versicherer kann nicht verlangen, daß nur ein Teil des Beschädigten versteigert wird. Nur wenn offenbar das Interesse des Versicherungsnehmers durch eine nur teilweise Versteigerung nicht berührt wird, wird man das Gegenteil annehmen dürfen. So etwa, wenn eine Police Tuchwaren und Lederwaren deckt, beide beschädigt sind und der Versicherer Versteigerung nur der Tuchwaren verlangt. — Als rechtsgestaltende Erklärung macht das Verlangen das Rechtsverhältnis fest. Es kann also nicht widerrufen werden. — Der Versicherer wird regelmäßig erst nach der Feststellung des Schadens Versteigerung verlangen. Er kann sie aber natürlich auch vor der Feststellung verlangen (vgl. auch unten Anm. 33). Dann wird der Feststellung des Schadens teilweise der Boden entzogen. Aber nur teilweise, nur soweit es sich um die Feststellung des Schadenswerts handelt. Die einzelnen Schäden, ihre Ursache, der Gesundwert der Güter bleiben noch festzustellen.

Anm. 29 c) Öffentliche Versteigerung ist Versteigerung durch einen Gerichtsvollzieher des Versteigerungsorts oder durch einen anderen Versteigerungsbeamten oder durch einen öffentlich angestellten Versteigerer (BGB § 383 Abs. 3), im Ausland nach den dortigen Vorschriften. — Ein Recht zur Mitwirkung ist dem Versicherer hier (anders, als im § 96 Abs. 1) nicht besonders eingeräumt. Aber aus der, auch noch während der Schadensliquidation fortdauernden, Schadenabwendungs-Pflicht des Versicherungsnehmers ergibt sich ohne weiteres, daß der Versicherungsnehmer dem Versicherer, wenn tunlich, Ort und Zeit der Versteigerung mitteilen muß, und zwar so früh, daß der Versicherer sich an der Versteigerung beteiligen kann (vgl. § 71 Anm. 28, § 77 Anm. 11). Die Beteiligung des Versicherers ist hier von besonderer Bedeutung. Denn sie kann bewirken, daß der Schaden die Franchise nicht erreicht. Deshalb soll nach OAG Lübeck HambS. 5. 55 das Höchstgebot des Versicherers, wenn es gerade jene Folge hat, insoweit „unberücksichtigt" bleiben; nach HG u. OG Hamburg HambS 5. 45, 47 soll es wenigstens „bis auf weiteres" unberücksichtigt bleiben, d. h. bis zum Beweise des Versicherers, daß die Güter den dem Höchstgebot entsprechenden Wert wirklich gehabt haben (zustimmend HG u. OG Hamburg 1878. 83, 169; einschränkend Sieveking 179: bis zum „Beweis, daß ein Dritter ein gleich hohes Gebot gemacht hätte"). Gesetz und ADS berechtigen zu solcher Auffassung nicht. Auch aus dem Zwecke der Bestimmung läßt sich nicht folgern, daß das Höchstgebot des Versicherers nicht in Betracht kommt. Der Versicherer, der nur mitbietet, damit die Franchise nicht erreicht wird, verletzt die besondere Pflicht der Versicherungstreue (§ 13 Anm. 6). Er muß in diesem Falle dem Versicherungsnehmer den durch sein Verhalten verursachten Schaden ersetzen (§ 13 Anm. 9). Wäre das vorletzte Gebot, wenn der

Versicherer nicht geboten hätte, das letzte gewesen, so würde also freilich das letzte Gebot des Versicherers „unberücksichtigt" bleiben müssen (BGB § 249). Beweispflichtig wäre nach allgemeinen Grundsätzen der Versicherungsnehmer. Da aber der Versicherer durch sein treuewidriges Verhalten dem Versicherungsnehmer auch diesen Beweis erschwert hat, kehrt sich die Beweislast um (vgl. ROHG HGZ 1879. 394, HGZ 1908. 268), muß also der Versicherer beweisen, daß, wenn nicht er, ein anderer das letzte Gebot abgegeben haben würde. — Gemäß seiner Schadenabwendungs-Pflicht muß der Versicherungsnehmer auch dafür sorgen, daß Interessenten nach Ortsrecht oder Ortsgebrauch Zutritt zur Versteigerung und Gelegenheit haben, sich vorher über die Güter gehörig zu unterrichten (LG Hamburg HGZ 1884. 26), und sich bei der Auswahl von Ort und Zeit der Versteigerung vom Interesse des Versicherers leiten lassen. Daß die Versteigerung „unverzüglich" erfolgen muß, ist hier (anders als im § 96 Abs. 1) nicht bestimmt. Aber die Schadenabwendungs-Pflicht gebietet dem Versicherungsnehmer nicht zu zögern, wenn der Schaden sich zu vergrößern oder der Markt zu fallen droht (OAG Lübeck Seebohm 397). Für die Regel bleibt es deshalb auch dabei, daß der Versicherungsnehmer „ohne irgendwelchen Verzug" versteigern lassen muß (so ASVB § 133 Abs. 4 Satz 2). Andererseits kann der Versicherungsnehmer sofort versteigern lassen; auch dann, wenn der Markt ungünstig ist. Zwar dauert seine Schadenabwendungs-Pflicht auch während der Schadensliquidation fort. Aber der Versicherer kann nicht verlangen, daß der Versicherungsnehmer mit der Schadensliquidation warte, kann also nur verlangen und verlangt daher auch im Zweifel nur, daß die Güter sofort versteigert werden. Der Versicherungsnehmer entspricht also nur dem Verlangen des Versicherers, wenn er sofort versteigert. — Das Gebot braucht kein Bargebot zu sein. Es handelt sich ja auch nur um die Feststellung „des Wertes der beschädigten Güter" in bestimmter Form. **Der Versicherer** haftet natürlich nicht für den Eingang des Kaufpreises (vgl. § 71 Anm. 28, § 77 Anm. 11). Er **steht** aber **für die Zahlung des Kaufpreises ein,** wenn mit seiner Zustimmung auf Kredit verkauft wird, **wenn der Verkäufer nach den Versteigerungsbedingungen vorzuleisten und der Versicherer** den Versteigerungsbedingungen **zugestimmt hat** (§ 93 Abs. 3 Satz 3). Sind mehrere Versicherer beteiligt, so muß jeder einzelne (oder der „Führer") zugestimmt haben (vgl. oben Anm. 27). Nach Wortlaut und Zweck der Bestimmung haftet der Versicherer wie ein Bürge, und zwar, da der Versicherungsvertrag für ihn stets ein Handelsgeschäft sein wird, wie ein kaufmännischer Bürge (BGB § 765, HGB §§ 349, 350). § 93

d) Der Versicherungsnehmer muß auf Verlangen versteigern lassen. Er ist dazu verpflichtet. Er muß also das Verschulden Dritter gemäß § 278 BGB vertreten (Vorb. VIII vor § 1). — Unterbleibt die Versteigerung infolge eines Umstandes, den der Versicherungsnehmer nicht zu vertreten hat, so kann der Versicherer deswegen die Entschädigung nicht verweigern. Aber der Schadenswert muß gemäß § 93 Abs. 2, § 74 Abs. 9 Satz 2 in anderer geeigneter Weise festgestellt werden. Das Gutachten der Sachverständigen ist insoweit nicht maßgebend. Die anderweitige Feststellung ist für die Parteien freilich auch nicht verbindlich (§ 74 Anm. 58). Der Schadenswert muß gegebenenfalls im Entschädigungsstreit ermittelt werden. — Unterbleibt die Versteigerung infolge eines Umstandes, den der Versicherungsnehmer zu vertreten hat, so braucht der Versicherer gemäß § 93 Abs. 2, § 74 Abs. 9 Satz 1 nicht zu entschädigen. — Vorschriftswidrige Versteigerung ist für das Verhältnis des Versicherungsnehmers zum Versicherer unwirksam. Vorschriftswidrig ist aber die Versteigerung nur, wenn § 383 Abs. 3 BGB verletzt ist. Verletzung sonstiger Verfahrensvorschriften berechtigt den Versicherer gemäß § 41 Abs. 3 ADS zum Abzug von der Entschädigung. Denn die Schadenabwendungs-Pflicht des Versicherungsnehmers dauert auch während der Anm. 30

§ 93 Schadensliquidation fort (oben Anm. 29). Der Versicherungsnehmer kann nicht einwenden, daß der Versicherer die Verletzung gekannt, aber nicht widersprochen oder gar mitgeboten und die Güter ersteigert habe; aber unter besonderen Umständen kann ein solches Verhalten des Versicherers Zustimmung bedeuten. — Ist die Versteigerung unwirksam, so ist der Versicherer nicht unter allen Umständen frei. Zwar braucht er gemäß § 93 Abs. 2, § 74 Abs. 9 Satz 1 grundsätzlich nicht zu zahlen, da ja die Feststellung durch Versteigerung an die Stelle der Feststellung durch Sachverständige getreten ist. Aber er kann gemäß § 93 Abs. 2, § 74 Abs. 9 Satz 2 die Zahlung nicht verweigern, wenn der Versicherungsnehmer die Vorschriftswidrigkeit der Versteigerung nicht zu vertreten hat und der Schadenswert in anderer geeigneter Weise festgestellt wird. Diese anderweitige Feststellung ist indessen für die Parteien nicht verbindlich (§ 74 Anm. 58). Der Schadenswert muß also gegebenenfalls im Entschädigungsstreit ermittelt werden (vgl. auch oben). — Der Versicherungsnehmer ist aber nur und erst verpflichtet, versteigern zu lassen, wenn der Versicherer es verlangt. Vorher ist er (abgesehen von seiner Verpflichtung, bis zur Schadensfeststellung nichts zu ändern und bei der Schadensfeststellung das Beschädigte vom Unbeschädigten zu trennen) in der Verfügung über die Güter nicht beschränkt. Wenn er über die beschädigten Güter verfügt, sie insbesondere veräußert hat und sie infolgedessen nicht mehr versteigern lassen kann, kann der Versicherer die Versteigerung nicht mehr verlangen, wäre also sein gleichwohl erklärtes Verlangen unwirksam, entscheidet die Feststellung des Schadenswerts durch die Sachverständigen. Anders natürlich, wenn der Versicherungsnehmer über die beschädigten Güter verfügen würde, um den Versicherer seines Rechtes, die Versteigerung zu verlangen, zu berauben, und damit gegen die Versicherungstreue verstoßen würde (vgl. auch oben Anm. 29). Der Versicherungsnehmer kann aber auch auf Grund seiner Schadenabwendungs-Pflicht verpflichtet sein, die beschädigten Güter zu veräußern (§ 41 Anm. 16). Dann hat der Versicherer, sei es nach allgemeinen Grundsätzen (§ 32 Anm. 8), sei es gemäß § 96 Abs. 2, die Versicherungssumme weniger den Erlös zu zahlen (genauer: den Beschädigungsschaden zu ersetzen und für den Rest die restliche Versicherungssumme weniger den Erlös zu zahlen). Deshalb schließt auch das auf § 93 Abs. 3 beruhende Recht des Versicherers, die Versteigerung zu verlangen, nicht die Rechtmäßigkeit jeder ohne ein solches Verlangen des Versicherers erfolgten Versteigerung aus, z. B. wenn der Versicherungsnehmer auf Grund seiner Schadensabwendungspflicht die beschädigten Güter verkaufen mußte und dies sachgemäß nur im Wege einer unverzüglichen, insbesondere durch vorherige Benachrichtigung des Versicherers nicht verzögerten Versteigerung geschehen konnte. Ebenso wird der Versicherungsanspruch des Versicherungsnehmers durch eine ohne Wissen des Versicherers erfolgte Versteigerung grundsätzlich nicht beseitigt, wenn diese Versteigerung der einzig sachgemäße Weg zur Feststellung des Schadens derart war, daß der Versicherer ihr keinesfalls rechtswirksam hätte widersprechen können (RG 109. 363). Siehe dagegen die Vorentscheidung HansOLG HRZ 1924. 133 = HGZ 1924 Nr. 17 = Sasse Nr. 311: „Nur der Versicherer hat das Recht, zu verlangen, daß der Wert der beschädigten Güter durch öffentliche Versteigerung festgestellt wird. Dieser Punkt ist eingehend bei der Feststellung der neuen ADS zwischen den Beteiligten besprochen.... Bei dem Recht auf Versteigerung handelt es sich keineswegs um einen kaufmännischen, bedeutungslosen formellen Akt, sondern die Assekuranz hat auf ihr alleiniges Recht auf Versteigerung so viel Wert gelegt, weil havarierte Ware in öffentlicher Auktion oft weit unter Preis versteigert wird; ganz abgesehen von häufig vorkommenden, aber schwer zu beweisenden Ringbildungen der Bieter spielt das zu versteigernde Quantum und die Konjunktur am Versteigerungstage eine Rolle. Es liegen also durchaus berechtigte Interessen der Assekuranzgesellschaften vor, welche zur Feststellung dieses Rechts geführt haben."

e) Der bei der Versteigerung erzielte **Bruttoerlös tritt an die Stelle des Wertes der beschädigten Güter**, an die Stelle des Schadenswerts, der entweder von den Sachverständigen bereits geschätzt (oder gemäß § 74 Abs. 9 Satz 2 anderweit festgestellt) ist oder noch zu schätzen (oder anderweit festzustellen) wäre, wenn der Versicherer nicht Versteigerung verlangt hätte. Der Bruttoerlös ist also vom geschätzten (oder anderweit festgestellten) Gesundwert abzuziehen. Die Differenz wird gemäß § 93 Abs. 1 Satz 2 „auf den Versicherungswert reguliert" (ASVB § 133 Abs. 5). Die Versteigerungskosten sind Schadenfeststellungs-Kosten und deshalb vom Versicherer gemäß § 32 Abs. 1 Nr. 3 besonders zu ersetzen; natürlich nur, soweit die Versteigerung beschädigte Güter betrifft, und wenn die Beschädigung dem Versicherer zur Last fällt. **§ 93** Anm. 31

f) Zur Zeit der Versteigerung wird die Versicherung in der Regel beendigt sein (vgl. § 88 Abs. 3). Ist sie noch nicht beendigt, so endigt sie jedenfalls mit der Versteigerung (genauer: mit dem Übergang der Gefahr auf den Ersteigerer). Freilich ist dies hier nicht (wie im § 77 Abs. 1 Satz 4, § 96 Abs. 1) besonders ausgesprochen. Aber es folgt daraus, daß die Versteigerung der Abwicklung des Versicherungsverhältnisses dient. Anm. 32

g) **Das Recht** des Versicherers, Versteigerung zu verlangen, **erlischt, wenn es nicht binnen einer Woche nach Erstattung des Gutachtens der Sachverständigen ausgeübt wird** (§ 93 Abs. 3 Satz 1). Anm. 33

1. Die Wochenfrist beginnt mit der Erstattung des Gutachtens der Sachverständigen. Das Gutachten ist erstattet, wenn es der ersten Partei mitgeteilt ist (§ 74 Anm. 39). Die Wochenfrist würde hiernach schon beginnen, wenn das Gutachten zuerst dem Versicherungsnehmer mitgeteilt wurde. Das ist natürlich nicht die Meinung. Die Wochenfrist beginnt, wenn das Gutachten dem Versicherer mitgeteilt ist. — Die Wochenfrist beginnt mit der Erstattung des Gutachtens auch dann, wenn das Gutachten offenbar erheblich sachwidrig ist. Der Versicherer darf nicht bis zur Feststellung der Beschädigung usw. durch Urteil warten (vgl. § 74 Anm. 38). — Wenn die Beschädigung usw. nicht durch Sachverständige, sondern gemäß § 74 Abs. 9 Satz 2 „in anderer geeigneter Weise" festgestellt wird, beginnt die Wochenfrist mit der Mitteilung der anderweitigen Feststellung an den Versicherer (anal. § 93 Abs. 3).

2. Die Wochenfrist endigt mit dem Ablauf des dem Anfangstag entsprechenden Tages der nächsten Woche (BGB § 188). Fällt der letzte Tag auf einen Sonntag oder einen am Erklärungsort staatlich anerkannten Feiertag oder einen Sonnabend, so tritt an seine Stelle der nächste Werktag (BGB § 193). — Das Verlangen muß dem Versicherungsnehmer binnen der Wochenfrist zugegangen sein (oben Anm. 28). Fristmäßige Absendung genügt nicht.

3. Das Recht des Versicherers erlischt mit dem fruchtlosen Ablauf der Wochenfrist. Es wird verwirkt. § 93 Abs. 3 enthält insoweit eine Verwirkungsklausel. Nun wird die Ansicht vertreten, daß man sich auf Verwirkungsklauseln nicht berufen kann, wenn den Berechtigten kein Verschulden trifft. Davon kann hier keine Rede sein (näheres: § 42 Anm. 12). Das Recht erlischt unter allen Umständen; selbst wenn der Versicherer es ohne Verschulden nicht hat ausüben können. Maßgebend ist nunmehr das Gutachten der Sachverständigen oder, wenn es offenbar erheblich sachwidrig ist, das Urteil (§ 74 Abs. 8 Satz 2).

4. Das Recht erlischt mit dem Ablauf der Wochenfrist. Aber es entsteht nicht erst mit dem Beginn der Wochenfrist. Der Versicherer kann schon vorher Versteigerung verlangen (oben Anm. 28; vgl. auch § 77 Anm. 10, 14, 40). Aber vorausgesetzt ist „der Fall der (vertragsmäßigen) Beschädigung" (§ 93 Abs. 1). Der Versicherer kann nicht für den Fall, daß die Güter einmal infolge eines Gefahrereignisses beschädigt werden sollten, Versteigerung verlangen.

§ 93
Anm. 34 h) Ist das Versteigerungsverlangen des Versicherers unberechtigt (etwa, weil die Wochenfrist verstrichen ist, oder weil die Abgaben den Schadenswert übersteigen: unten Anm. 35), so entstehen im allgemeinen keine Rechtsfolgen (vgl. auch oben Anm. 30). Aber der Versicherungsnehmer kann das Verlangen als Antrag auf eine dem § 93 Abs. 3 entsprechende Schadensliquidations-Vereinbarung betrachten und behandeln (wenigstens, wenn kein abweichender Wille des Versicherers erhellt). Schweigt er, so liegt darin noch nicht ohne weiteres Zustimmung, unter Umständen sogar unmißverständliche Ablehnung (vgl. § 71 Anm. 20, § 77 Anm. 22 usw.).

Anm. 35 i) Ausnahme: Der Versicherer kann **nicht** Versteigerung verlangen, **wenn der von den Sachverständigen festgestellte Schadenswert nach Abzug der am Ablieferungsort zu entrichtenden öffentlichen Abgaben**, insbesondere des Zolles, **kleiner ist, als die Abgaben** sind, wenn also z. B. der Brutto-Schadenswert 200, der Zoll 150, der Schadenswert ohne Zoll also nur 50 beträgt (§ 93 Abs. 3 Satz 1). Denn in solchem Falle wäre die zur Versteigerung (regelmäßig) erforderliche Einfuhr oft unwirtschaftlich und die Rückbeförderung oder Weiterbeförderung oft zweckmäßig (vgl. Mat 1. 321). — Der Versicherungsnehmer ist beweispflichtig (verb. „es sei denn"). — Öffentliche Abgaben sind alle lediglich im öffentlichen Interesse erhobenen, öffentlichrechtlichen Abgaben (Steuern, Zölle, Gebühren), nicht nur Finanzabgaben, sondern z. B. auch statistische Gebühren; dagegen nicht Kaigebühren, die vielmehr zu den Landungskosten zählen. Ob die Abgaben entrichtet sind oder noch zu entrichten sind oder nur zu entrichten sind, wenn die Güter eingeführt würden, gilt gleich. — Über den Begriff des Ablieferungsorts und seine Auswahl: oben Anm. 3. — Nur der von den Sachverständigen festgestellte Schadenswert ist maßgebend. Nicht der gemäß § 74 Abs. 9 Satz 2 anderweit festgestellte Schadenswert.

Anm. 36 k) Der Versicherer kann natürlich auch dann nicht Versteigerung verlangen, wenn die Versteigerung unmöglich und die Unmöglichkeit vom Versicherungsnehmer nicht zu vertreten ist, wenn z. B. die Versteigerung am Ablieferungsort gesetzlich verboten ist (Mat 1. 322), oder wenn der Versicherungsnehmer über die beschädigten Güter bereits verfügt, sie insbesondere bereits weiterveräußert hat (vgl. auch oben Anm. 30, 34).

Anm. 37 7. **Abs. 4** ist alter seeversicherungsrechtlicher Grundsatz. „Ein Assecurirter soll die beschädigten Güter nicht ohne Beysein der Assecuradeure oder ihrer Bevollmächtigten eröffnen: woferne aber die Zeit und Umstände es nicht leiden mögten, diese dazu zu fodern, so soll dennoch die Eröffnung der Waren nicht anders, als in Gegenwart eines Notarii und etlicher Zeugen, geschehen" (AHO 1731 XII. 3). Vgl. auch VVG § 93. — **Der Versicherungsnehmer darf bis zur Feststellung der Beschädigung** (durch die Sachverständigen oder, im Falle des § 74 Abs. 9 Satz 2, auf andere Weise) **nicht ändern, insbesondere die Verpackung nicht öffnen.** Bei der Feststellung der Beschädigung soll der Tatbestand so rein wie möglich vorliegen (vgl. auch § 74 Anm. 29, 33, § 75 Anm. 5). Der Versicherungsnehmer (im Falle der Versicherung für fremde Rechnung auch der Versicherte: § 52 Anm. 8, nach der Veräußerung der Erwerber: § 49 Abs. 1) ist verpflichtet, alles unverändert zu lassen. Er muß daher insbesondere auch das Verschulden Dritter, deren er sich zur Erfüllung dieser Verbindlichkeit bedient, die in der Versicherungsangelegenheit seine Geschäfte zu besorgen und deshalb auch dafür zu sorgen haben, daß alles unverändert bleibt, aber gleichwohl ändern, vertreten (Vorb. VIII vor § 1), insbesondere das Verschulden des Empfängers und derjenigen, deren der Empfänger sich zu dem gleichen Zwecke bedient (vgl. § 33 Anm. 27, 30). — **Ausnahmen:**

Anm. 38 a) **wenn** und soweit **der Versicherer einwilligt.** Das versteht sich von selbst. Es ist nur hervorgehoben, um den Versicherer darauf hinzuweisen, daß seine Zustimmung rechtserheblich ist (vgl. § 23 Anm. 27). — Die Einwilligung ist, dem natürlichen Begriff nach, eine empfangsbedürftige (im übrigen keiner besonderen Form bedürfende) rechtsgestaltende, nämlich rechtsändernde, Willenserklärung (über empfangsbedürftige Erklärungen: Vorb. vor § 1 Anm. 33). Sie kann also ausdrücklich oder stillschweigend erteilt werden. Unter Umständen genügt schon Stillschweigen auf die bloße Mitteilung, daß eine Änderung beabsichtigt sei. Aber gewöhnlich liegt darin allein noch keine Einwilligung (vgl. auch oben Anm. 30, § 23 Anm. 28). — Sind mehrere Versicherer beteiligt, so muß jeder einzelne einwilligen. Ist ein Versicherer „Führer", so ist seine Einwilligung genügend, aber auch erforderlich (näheres: Vorb. V vor § 1). — Agenten des Versicherers sind nicht ohne weiteres ermächtigt, einzuwilligen. Wohl aber Havariekommissare (§ 74 Abs. 10). — Anfechtung wegen Irrtums usw.: BGB §§ 119ff. — Da die Einwilligung das Versicherungsverhältnis ändert, muß der Versicherungsnehmer, der die Einwilligung verlangt, alle ihm bekannten Umstände, die für die Einwilligung erheblich sind, richtig anzeigen (vgl. § 19 Anm. 19, § 23 Anm. 29). — Die Einwilligung des § 93 Abs. 4 ist also keine Einwilligung im Sinne des § 182 BGB, nicht die „Zustimmung eines Dritten", von der „die Wirksamkeit eines Rechtsgeschäfts abhängt". Sie kann insbesondere nicht etwa (wie die gewöhnliche Einwilligung gemäß § 183 BGB) widerrufen werden, auch nicht etwa bis zur Änderung. — Die Einwilligung kann auch nachträglich erteilt werden. Dabei ist aber natürlich vorausgesetzt, daß der Versicherer bei der Einwilligung weiß, daß die Änderung bereits stattgefunden hat (vgl. § 23 Anm. 31). — Der Versicherungsnehmer muß beweisen, daß der Versicherer eingewilligt hat. Natürlich muß er auch beweisen (wird er durch die Einwilligung nicht etwa des Beweises überhoben), daß der Schaden während der Dauer der Versicherung durch ein Gefahrereignis verursacht ist. Die Einwilligung hat ja nur die Bedeutung, daß der Versicherungsnehmer von der Verpflichtung befreit wird, nichts zu ändern. Anders HGZ 1901. 284 (überdies in einem Falle, in dem der Versicherer nach Feststellung des Schadens eingewilligt, nämlich die Frage des Versicherungsnehmers, ob er nunmehr über die im Seeschiff nach Antwerpen gefahrenen und für die Reise von Antwerpen nach Duisburg versicherten Güter verfügen, insbesondere sie verarbeiten könne, bejaht hatte): Durch die Einwilligung habe der Versicherer „sich des Rechtes begeben, den Nachweis der Schadensentstehung auf der Flußreise vom Versicherungsnehmer zu fordern", und nicht nur dieses Rechtes, sondern sogar des Rechtes, „eine solche Schadensentstehung zu bestreiten". „Nach den Gepflogenheiten des Handelsverkehrs und nach Treu und Glauben" müsse der Versicherer in solchen Fällen einen Vorbehalt machen. § 93

b) **wenn** und soweit **die Änderung zur Abwendung oder Minderung des Schadens geboten** ist. Der Versicherungsnehmer ist in diesem Falle nach § 41 sogar verpflichtet, zu ändern. — Der Versicherungsnehmer muß beweisen. Er ist auch des Beweises nicht überhoben, daß der Schaden während der Dauer der Versicherung durch ein Gefahrereignis verursacht ist (vgl. oben Anm. 38). Anm. 39

c) **wenn** und soweit **die Änderung im öffentlichen Interesse** (etwa aus zoll- oder feuerpolizeilichen Gründen) **geboten** ist. Der Versicherungsnehmer muß beweisen (näheres: oben Anm. 38, 39). Anm. 40

Rechtsfolgen des Verstoßes gegen § 93 Abs. 4. Änderungen erhöhen die Verdunkelungsgefahr. Man könnte deshalb daran denken, die Bestimmungen über Gefahränderungen anzuwenden. Aber wir sind im Stadium der Schadensliquidation, nicht in demjenigen zwischen Vertragsschluß und Versicherungsfall. Überdies ist der Gegenstand im § 93 Abs. 4 besonders geordnet. — Auch daran könnte man denken, die Bestimmungen anzuwenden, die für den Fall gelten, daß der Schaden nicht gehörig festgestellt wird. Aber so gewiß es ist, daß die Verbindlichkeit des § 93 Abs. 4 einen Anm. 41

§ 93 Teil der allgemeinen Schadenfeststellungs-Pflicht des Versicherungsnehmers bildet, so wenig wird man anerkennen können, daß der Versicherer gemäß § 74 Abs. 9 Satz 1 nicht zu entschädigen braucht, wenn der Versicherungsnehmer, vertretbar, gegen § 93 Abs. 4 verstoßen hat. Wenn dies die Meinung gewesen wäre, hätte der Gegenstand nicht im § 93 Abs. 4, sondern im § 93 Abs. 2 behandelt werden müssen. — Der Versicherer kann nur gemäß § 276 BGB Schadensersatz verlangen, wenn der Versicherungsnehmer vorsätzlich oder fahrlässig gegen § 93 Abs. 4 verstößt. Damit ist freilich dem Versicherer wenig geholfen (Voigt 733). Aber der Versicherungsnehmer, der ändert, hat vertragswidrig den Tatbestand verdunkelt und muß deshalb auch die sich daraus ergebende Erschwerung der Beweislage hinnehmen (ähnlich Brodmann JehJ 58. 292). Allerdings muß der Versicherungsnehmer ohnehin den Versicherungsschaden beweisen. Aber der Versicherer kann und muß den Gegenbeweis führen, und diese Gegenbeweislast kehrt sich um, wenn der Versicherungsnehmer durch vertragswidrige Änderung dem Versicherer den Gegenbeweis erschwert (ROHG HGZ 1879. 394, HGZ 1908. 268). Mit anderen Worten: Der Versicherungsnehmer muß beweisen, daß (oder wieweit) die Änderung auf die Feststellung des Versicherungsschadens keinen Einfluß gehabt hat. Die Änderung selbst muß der Versicherer beweisen. Denn es handelt sich um eine Behauptung, die entweder zur Grundlage eines Schadensersatz-Anspruchs oder zur Hemmung der Geltendmachung des Entschädigungsanspruchs dient. — Wenn der Versicherungsnehmer erst bei der Änderung, insbesondere erst nach Öffnung der Verpackung, die Beschädigung bemerkt und zu bemerken braucht, kann natürlich von einem Verschulden keine Rede sein (Mat 1. 325).

Anm. 42 8. Über Serienbeschädigung: § 7 Anm. Die Feststellung der Serien ist nicht Sache der Sachverständigen. Aber bei der „Bezeichnung der einzelnen Schäden" (§ 74 Abs. 5 Nr. 4) müssen die Sachverständigen auch auf die Einteilung des Gutes in Serien Bedacht nehmen.

Anm. 43 9. Im Falle der Unterversicherung hat der Versicherer den Beschädigungsschaden nur im Verhältnis des Versicherungswerts zur Versicherungssumme zu ersetzen. So ausdrücklich HGB § 881. Es ergibt sich nunmehr aus § 8 ADS.

Anm. 44 10. Gehen die versicherungsbeschädigten Güter vor Beendigung der Versicherung infolge eines versicherungsfreien Ereignisses (etwa infolge einer feindlichen Beschlagnahme) total verloren, so haftet der Versicherer für den Beschädigungsschaden gemäß § 93 (§ 28 Anm. 24, auch § 75 Anm. 40). Kann der Beschädigungsschaden infolge des Totalverlustes nicht durch Sachverständige festgestellt werden, so muß der Versicherungsnehmer ihn gemäß § 74 Abs. 9 Satz 2 in anderer geeigneter Weise feststellen lassen. — Gehen die versicherungsbeschädigten Güter infolge eines Versicherungsfalls total verloren, so haftet der Versicherer an und für sich für den Beschädigungsschaden gemäß § 93, für den Restschaden nach Verlustgrundsätzen, im praktischen Ergebnis auf die Versicherungssumme (vgl. § 71 Anm. 21, auch oben Anm. 13).

Anm. 45 11. **Abweichende Vereinbarungen.** Die Parteien können natürlich abweichendes vereinbaren (vgl. auch oben Anm. 9 und 16). Siehe die Wiederherstellungsklausel 13 der Zusatzbestimmungen zu den ADS für die Güterversicherung (1947), wonach im Falle von Beschädigung oder Verlust eines Teiles oder von Teilen des versicherten Gegenstandes nach Wahl des Versicherten entweder der Schaden gemäß § 93 durch Abschätzung seitens Sachverständiger festgestellt werden soll, oder es sollen die beschädigten bzw. verlorenen Teile wieder angeschafft werden. Im letzteren Falle vergütet der Versicherer die entstandenen Kosten, jedoch mit der Beschränkung, daß die Kosten nicht über die Versicherungssumme hinaus und nur im Verhältnis der Versicherungssumme zum Gesundwert des versicherten Gegenstandes im Sinne des § 93 Abs. 1 vergütet werden. Vgl. auch die „Abschätzungs-(Skimming-) Klausel" für Kaffee und Kakao in Ziff. 15 der Zusatzbestimmungen. — Auch stillschweigende Vereinbarungen sind möglich, können aber nicht schon daraus abgeleitet werden, daß der Versicherer in früheren Schadensfällen sich auf die Vertragswidrigkeit der Schadensfeststellung nicht berufen hat. Ebensowenig aus einer Verkehrssitte, nach der es mit der Schadensfeststellung nicht so genau genommen wird. Das Gegenteil folgt schon daraus, daß die Parteien gleichwohl ausdrücklich die ADS als Grundlage des Versicherungsverhältnisses vereinbart haben. Näheres hierüber: Vorb. vor § 1 Anm. 10, 15ff. — Über die Klausel „Attest zweier Kaufleute bringt vollen Beweis“: HG Hamburg HGZ 1877. 43 (der Versicherungsnehmer ist von der Bestimmung des § 93 Abs. 2 Satz 1 und 2 befreit, dagegen nicht von der Verpflichtung, die Güter auf Verlangen des Versicherers versteigern zu lassen). — Über die Klausel „Zertifikate von Lloyd's Agenten werden anerkannt“: HG u. OG Hamburg HGZ 1874. 220 (die Atteste müssen unmittelbar nach der Besichtigung der Güter ausgestellt sein). — In Bremen ist seit langer Zeit, namentlich für Tabak, ein besonderes Verfahren zur Feststellung von Beschädigungsschaden üblich. Die Küper stellen das Gewicht des gesamten (beschädigten und unbeschädigten) Tabaks und das Gewicht des beschädigten Tabaks fest und schätzen (nicht den Gesundwert und den Schadenswert des beschädigten Tabaks, sondern) nur den Prozentsatz der Entwertung. Dabei verfahren sie so, daß sie je nach Art und Schwere der Beschädigung und nach ihrer, hierzu ausreichenden, Erfahrung mehr oder weniger Kilogramme als verloren betrachten, also wenn etwa 100 kg an den Spitzen beschädigt sind, etwa 20 kg, oder, wenn nur die Enden beschädigt sind, etwa 10 kg als verloren betrachten und mithin im ersten Falle 20%, im letzten Falle 10% als Entwertung annehmen. Dies ist die Bedeutung der „Bremer Abschätzungsklausel“, die ohne solche Erläuterung freilich nur dem Eingeweihten verständlich ist: „Für Einfuhrgüter tritt an die Stelle der Wertabschätzung nach § 93 Abs. 1 ADS eine Abschätzung nach Gewicht, wobei festgestellt wird, wieviele Kilogramm des Netto-Gesundgewichts der Güter beschädigt sind und um welchen Prozentsatz diese beschädigte Menge entwertet ist. Derselbe Prozentsatz des Versicherungswerts der beschädigten Menge gilt als Betrag des Schadens. Im übrigen bleiben die Bestimmungen des § 93 unberührt; insbesondere hat der Versicherer, wenn die beschädigten Güter versteigert werden, nach § 93 Abs. 1 und 3 ADS zu entschädigen. — Werden Güter nicht nach Gewicht, sondern nach Maß oder anderen Einheiten gehandelt, so ist die beschädigte Menge entsprechend zu ermitteln und der Prozentsatz ihrer Entwertung abzuschätzen. — Bei Tabak kann unter Berücksichtigung des verbliebenen Wertes des Beschädigten der »Netto-Schaden« abgeschätzt werden. Der Versicherungswert des so ermittelten Nettogewichts der beschädigten Menge gilt als Betrag des Schadens. Das ausgelieferte Nettogewicht der beschädigten Kolli ist bei der Abschätzung festzustellen, wenn nötig unter Berücksichtigung einer etwaigen Gewichtszunahme durch die Beschädigung“. § 93

12. § 93 findet auf **andere Versicherungen, die sich auf die Güter beziehen,** entsprechende Anwendung (§ 99). Die sinngemäße Anwendung ergibt nicht, daß der versicherte Nebeninteressent den Schaden unter allen Umständen gemäß § 93 Abs. 2 durch Sachverständige feststellen lassen muß, und daß der Versicherer unter allen Umständen gemäß § 93 Abs. 3 Versteigerung verlangen kann. Allerdings kann und muß der Versicherungsnehmer gemäß § 93 Abs. 2 feststellen lassen, kann der Versicherer gemäß § 93 Abs. 3 verlangen, wenn der Versicherungsnehmer gleich dem Güterversicherten über die Güter verfügen kann. Dies gilt z. B. vom Mehrwert-Versicherten, mag es sich um eine gewöhnliche Mehrwert-Versicherung oder um eine Versicherung des „Mehrwerts drüben“ handeln (vgl. § 90 Anm. 27; freilich wird die Beschädigung regelmäßig nicht so groß sein, daß der Mehrwert beteiligt ist). Es gilt ebenso vom Gewinnversicherten; abweichend (aber wohl mit Unrecht) für BSVB Anm. 46

§ 93 § 60: HGZ 1902. 161, weil die BSVB eine Bestimmung gleich derjenigen des § 99 ADS nicht enthielten (die Erwägung war übrigens müßig, weil die Police eine Anschlußklausel enthielt: „Auf Baumwolle, welche dem Versicherten am Bestimmungsplatz beschädigt geliefert wird, soll für Beschädigung derselbe Prozentsatz vergütet werden, welcher von den Versicherern der Ware selbst zu bezahlen ist"). Anders in den Fällen, in denen der Versicherer keinen Grund hat anzunehmen, daß der Versicherungsnehmer über die Güter verfügen kann. So etwa im Falle der Provisionsversicherung. Der Versicherungsnehmer kann Beschädigung, Gesundwert und Schadenswert „in anderer geeigneter Weise" feststellen lassen. — Über die Versicherung imaginären Gewinns vgl. auch § 103 Abs. 3, wonach die Versicherungssumme in dem durch § 93 Abs. 1 bestimmten Verhältnis zu teilen ist, und dazu oben Anm. 13. — Über die Versicherung von Bodmereigeldern usw.: § 110 Abs. 2. — Über die Anwendbarkeit des § 93 im Falle der Frachtversicherung: § 105 Anm.

Anm. 47 13. § 93 gilt sinngemäß auch für die **Rückversicherung** (§ 99, § 1 Anm. 136). Aber die Rückversicherung ist Haftpflichtversicherung (§ 1 Anm. 145). Die sinngemäße Anwendung des § 93 ergibt also nur, daß der Rückversicherer nur haftet, wenn der Vorversicherer gemäß § 93 entschädigen muß, wenn insbesondere Beschädigung, Gesundwert und Schadenswert im Vorversicherungs-Verhältnis gemäß § 93 Abs. 2 festgestellt sind, und daß das im Vorversicherungs-Verhältnis erstattete Schiedsgutachten auch für das Rückversicherungs-Verhältnis maßgebend ist (§ 1 Anm. 148). Ob der Vorversicherer sich dem Vorversicherten gegenüber auf die offenbar erhebliche Sachwidrigkeit des Gutachtens und seine sich hieraus ergebende Unverbindlichkeit berufen muß, wird durch die Schadenabwendungs-Pflicht des Vorversicherers bestimmt. Braucht er sich hiernach auf die Unverbindlichkeit nicht zu berufen, so kann sich auch der Rückversicherer darauf nicht berufen. — Durch die Schadenabwendungs-Pflicht des Vorversicherers wird auch bestimmt, ob der Vorversicherer vom Vorversicherten Versteigerung der beschädigten Güter verlangen muß. Der abwicklungsberechtigte Vorversicherer braucht Versteigerung nur zu verlangen, wenn auch ein nicht rückversicherter Versicherer sie verständiger- und billigerweise verlangen würde (§ 1 Anm. 154). — Der abwicklungsberechtigte Vorversicherer kann auch von der Feststellung des Schadens ganz absehen, wenn ein nicht rückversicherter Versicherer verständiger- und billigerweise davon absehen würde (§ 1 Anm. 154), — was bei kleineren Schäden leicht anzunehmen sein wird (vgl. auch oben Anm. 16). — Bei der laufenden Rückversicherung kann der abwicklungsberechtigte Vorversicherer mit dem Vorversicherten auch von § 93 Abweichendes vereinbaren, wenn auch ein nicht rückversicherter Vorversicherer verständiger- und billigerweise Abweichendes vereinbaren würde (§ 1 Anm. 161).

Anm. 48 14. **Fremde Rechte** (vgl. auch oben Anm. 5—12, 26, 31).

a) Englisches Recht. Es steht grundsätzlich auf demselben Standpunkt wie das deutsche. Vorschriften über die Feststellung des Schadens und ihre Kontrolle durch Versteigerung fehlen. Nach MIA § 71 Abs. 3, 4 where the whole of any part of the goods or merchandise insured has been delivered damaged at its destination, the measure of indemnity is such proportion of the sum fixed by the policy in the case of a valued policy, or of the insurable value in the case of an unvalued policy, as the difference between the gross sound and damaged values at the place of arrival bears to the gross sound value. „Gross value" means the wholesale price or, if there be no such price, the estimated value, with, in either case, freight, landing charges, and duty paid beforehand; provided that, in the case of goods or merchandise customarily sold in bond, the bonded price is deemed to be the gross value. „Gross proceeds" means the actual price obtained at a sale where all charges on sale are paid by the sellers. Nach MIA § 72 where different species of property are insured under a single valuation, the valuation must be apportioned over the different species in proportion to their respective insurable values, as in the case of an unvalued policy. The insured value of any part of a species is such proportion of the total insured value of the same as the insurable value of the part bears to the insurable value of the whole, ascertained in both cases as provided by this Act. Where a valuation has to be apportioned, and particulars of the prime cost of each separate species, quality, or description of goods cannot be ascertained, the division of the valuation may be made over the net arrived sound values of the different species, qualities, or descriptions of goods. Vgl. hierzu auch RPAssAvAdj. 54 (In the following cases it is customary to adjust particular average on a comparison of bonded, instead of duty-paid prices: in claims for damage to tea, tobacco, coffee, wine, and spirits imported into this country), 55 (That in consequence of the facilities generally offered to bond goods at their destination, on which terms they are often sold, the term „Gross proceeds" shall, for the purpose of adjustment, be taken to mean the price at which the goods are sold to the consumer, after payment of freight and landing charges, but exclusive of Customs duty, in cases where it is the custom of the port to sell or deal with the goods in bond), 56 (That where different qualities or descriptions of cargo are valued in the policy at a lump sum, such sum shall, for the purpose of adjusting claims, be apportioned on the invoice values where the invoice distinguishes the separate values of the said different qualities or descriptions: and over the net arrived sound values in all other cases). § 93

b) Französisches Recht. Es stimmt gleichfalls grundsätzlich mit dem deutschen Rechte überein. Anm. 49

§ 94

Teilbeschädigung

(1) Sind von einem Gute nur einzelne Bestandteile oder Zubehörstücke verlorengegangen oder beschädigt, so kann der Versicherungsnehmer nur in Ansehung dieser Teile oder Zubehörstücke Entschädigung verlangen.

(2) Die Bestimmung des Absatzes 1 findet keine Anwendung, wenn durch Sachverständige festgestellt ist, daß infolge des Versicherungsfalls die Ausbesserung des Gutes unmöglich ist oder einen den Versicherungswert des Gutes übersteigenden Aufwand erfordern würde. In diesem Falle finden auf die Feststellung die Bestimmungen des § 74 Abs. 2 bis 10, auf die Ermittlung des Schadens die Bestimmungen des § 93 entsprechende Anwendung.

1. Wenn ein wesentlicher Bestandteil einer Sache verlorengeht, etwa der wertvolle Einband eines Buches oder von einem Gesamtwerk ein Band gestohlen wird, so ist das Ganze beschädigt, und nicht nur dies, die Sache ist in ihrer ursprünglichen Beschaffenheit zerstört. Die Sache ist total verloren (§ 28 Anm. 38, § 71 Anm. 5). Anm. 1

Wenn ein nicht wesentlicher Bestandteil einer Sache verlorengeht, etwa der zu einer elektrischen Beleuchtungsanlage gehörende Kupferdraht gestohlen wird, so kann das Teilverlust sein. Es kann aber auch Beschädigung des Ganzen sein, wenn nämlich das Ganze ein tatsächlich oder wirtschaftlich unteilbares Gut darstellt und der Verlust des Teiles mithin, abgesehen von dem darin allein liegenden Nachteil, den Wert des Ganzen herabsetzt, wenn etwa aus einer nach bestimmten Gesichtspunkten geordneten und deshalb wertvollen Sammlung ein Teil gestohlen wird (§ 28 Anm. 39). Auch in solchen Fällen kann die Beschädigung des Ganzen Verlust, und zwar Total-

§ 94 verlust sein, wenn nämlich das Ganze durch den Teilverlust in seiner ursprünglichen Beschaffenheit zerstört ist, wenn z. B. die übriggebliebenen Teile der Sammlung als solche keinen oder einen verhältnismäßig nur ganz geringen Wert haben, oder wenn von einer Musterkollektion oder einem Sortiment Teile gestohlen sind und der Rest für den Zweck des Ganzen untauglich ist.

Wenn bloße Zubehörstücke (Sachen, die ohne Bestandteil der Hauptsache zu sein, ihrem wirtschaftlichen Zwecke dienen sollen und zu ihr in entsprechendem räumlichen Verhältnis stehen: BGB § 97) verlorengehen, z. B. zu einer Maschine gehörende Reinigungs- oder Ausbesserungswerkzeuge verlorengehen, so können die Folgen dieselben sein. Regelmäßig wird es sich aber in solchen Fällen nur um einen Teilverlust handeln.

Wird der wesentliche Bestandteil oder der nicht wesentliche Bestandteil oder das Zubehörstück beschädigt, so kann das Ergebnis dasselbe sein. Denn Beschädigung ist Teilverlust, wenn der Teil in seiner ursprünglichen Beschaffenheit zerstört ist, und der Teilverlust kann, wie oben dargelegt, den Totalverlust zur Folge haben. Auch kann Beschädigung eines Teiles Beschädigung des Ganzen sein, so z. B. wenn in drei Kisten die Teile von zwei Reisewagen verpackt sind und zwei Kisten durch Seewasser beschädigt werden (HGZ 1895. 40).

Dies ist namentlich bei der Versicherung von Maschinen und Maschinenteilen bedeutsam geworden. Wenn eine Kolbenstange oder ein Zahnrad zerbricht oder auch gar nur eine Schraube verlorengeht, könnte der Versicherungsnehmer geltend machen, daß ein wesentlicher Bestandteil der Maschine verlorengegangen ist, daß es insbesondere auf seine Ersetzbarkeit nicht ankommt, daß die Maschine keine Maschine mehr ist, die Maschinenteile sich nicht mehr zur Maschine zusammenstellen lassen, die versicherte Sache mithin in ihrer ursprünglichen Beschaffenheit zerstört, total verloren ist, der Versicherungsnehmer die Versicherungssumme verlangen und die Maschine usw. dem Versicherer zur Verfügung stellen kann. Dieser Überspannung oder Ausnutzung des Totalverlust-Begriffs traten die Versicherer mit den sogenannten Maschinenklauseln entgegen: „Im Falle von Verlust oder Beschädigung irgendeines Teiles oder von Teilen obiger Maschine soll entweder die Höhe des Schadens an solchem Teil oder Teilen durch Experten festgestellt werden und jeder diesbezügliche Schadensanspruch deren Gutachten gemäß vergütet werden, oder es werden anstatt dessen von den Versicherern die vollen Kosten bezahlt, welche erforderlich sind, um die beschädigten Teile zu reparieren oder wieder anzuschaffen". Oder: „Im Falle von Verlust oder Beschädigung eines Teiles oder von Teilen der versicherten Maschine ist ein Verkauf der Maschine in öffentlicher Auktion nicht zulässig. Die unterzeichnete Gesellschaft ist vielmehr nur für die Kosten haftbar, welche durch den Ersatz des oder der beschädigten resp. verlorenen Teile entstehen". An die Stelle dieser Klauseln ist die allgemeine Bestimmung des § 94 getreten.

Anm. 2 2. **Abs. 1. Sind von einem Gute nur einzelne** (wesentliche oder unwesentliche) **Bestandteile oder Zubehörstücke verlorengegangen oder beschädigt, so kann der Versicherungsnehmer nur für diese Teile oder Zubehörstücke Entschädigung verlangen.** Sind nicht von „einem" Gute „Bestandteile" oder „Zubehörstücke" verlorengegangen oder beschädigt, sondern sind von einem Inbegriff von Sachen (vgl. BGB §§ 92, 260, 1035, VVG §§ 54, 85), z. B. von einem Hausrat, einzelne Stücke verlorengegangen oder beschädigt, so ist § 94 nicht anwendbar (Begr. z. E 1910 § 90); der Versicherungsnehmer kann in jedem Falle nur für das Stück Entschädigung verlangen. Von solchen Sachinbegriffen verschieden sind aber Sachgesamtheiten, die zwar auch aus einer Anzahl von an sich selbständigen Sachen bestehen, diese aber dergestalt zur wirtschaftlichen Einheit zusammenfassen, daß das Ganze im Verkehr nur als ein Gut angesehen wird (vgl. auch HGB § 794: „Gesamtheit von Gegenständen", ein Ausdruck, der hier freilich wohl im weiteren Sinne gemeint ist). Das ist regelmäßig beim Hausrat nicht der Fall. Aber es kann bei einer „Möbelgarnitur" der Fall sein (LG Lübeck APV 1911 II. 78). Es ist regelmäßig nicht bei einer Bibliothek oder bei einer Sammlung der Fall; wohl aber bei einer sogenannten Musterkollektion oder bei einem Sortiment (HG u. OG Hamburg Seebohm 533, HGZ 1870. 53). In diesen letzten Fällen ist § 94 anwendbar. Wenn z. B. eine „Möbelgarnitur" versichert ist und das zu ihr gehörige Sofa zerschlagen wird, kann der Versicherer sich gegebenenfalls auf § 94 Abs. 1, aber auch der Versicherungsnehmer sich gegebenenfalls auf § 94 Abs. 2 berufen (vgl. LG Lübeck APV 1911 II. 78). — Ob eine solche Sachgesamtheit als „ein Gut" anzusehen ist, entscheiden die Umstände des Falles und die Verkehrsanschauung (LG Lübeck APV 1911 II. 78). Vom Standpunkt der Versicherung aber kommt in Betracht, daß die Zusammenfassung einzelner selbständiger Sachen zu einem Gute hiernach das Risiko des Versicherers erheblich vergrößert und deshalb versicherungsrechtlich nur dann wirksam ist, wenn die Sachen erkennbar in ihrer Zusammengehörigkeit versichert sind (ebenso, wenngleich mit unrichtiger Begründung, LG Lübeck APV 1911 II. 78; anders Ulrich 195, offenbar im Anschluß an Begr. z. E 1910 § 90: Wenn die Zusammengehörigkeit nicht angezeigt sei, sei die vorvertragliche Anzeigepflicht verletzt; vgl. auch § 1 Anm. 185). Ist eine „Möbelgarnitur" oder eine „Musterkollektion" versichert, so muß der Versicherer darauf gefaßt sein, daß Verlust oder Beschädigung eines Stückes den Totalverlust des Ganzen bedeuten kann, wie er, wenn eine Maschine oder Maschinenteile versichert sind, hierauf gefaßt sein muß. Sind aber „Möbel" oder „Farben" oder auch nur „Muster" versichert, so kann der Versicherungsnehmer sich auf § 94 Abs. 2 nicht berufen. Ähnlich schon Nolte 2. 772: „Der Versicherer habe für keinen Verlust zu haften, der aus der Wertverminderung des gesunden und unbeschädigten Teiles entstehe, wenn dieser die Folge eines gebrochenen Assortiments sei" (vgl. auch § 93 Anm. 5, 18). Der Versicherungsvertrag bezieht sich in solchen Fällen nicht auf die Sachgesamtheit als solche. § 94

3. **Abs. 2. Der Versicherungsnehmer kann**, ausnahmsweise, wegen des Teilverlustes oder der Teilbeschädigung **nach Totalbeschädigungs-Grundsätzen Entschädigung verlangen:** Anm. 3

a) **wenn die Ausbesserung des Gutes entweder unmöglich ist oder einen den Versicherungswert des Gutes übersteigenden Aufwand erfordern würde.**

1. Die Ausbesserung muß unmöglich, das Gut „reparaturunfähig" sein. Ist ein Bestandteil oder ein Zubehörstück verlorengegangen, so besteht die Ausbesserung des Gutes in der Ersetzung des Verlorengegangenen (vgl. Mat 1. 326, auch §§ 74, 75). Ist nur ein Zubehörstück verlorengegangen oder beschädigt, so wird es sich ohnehin regelmäßig nur um Teilverlust oder Teilbeschädigung handeln, der Versicherungsnehmer ohnehin nur für die Zubehörstücke Entschädigung verlangen können (oben Anm. 1). — Auf nur unvollständig mögliche Ausbesserung braucht sich der Versicherungsnehmer nicht verweisen zu lassen. Andererseits ist zu berücksichtigen, daß ausgebesserte Gegenstände regelmäßig nicht restlos unausgebesserten gleichen; Unebenheiten muß der Versicherungsnehmer gemäß § 13 hinnehmen. — Daß die Ausbesserung, insbesondere die Ersetzung, längere Zeit in Anspruch nimmt, bei Exportgütern namentlich Ersatzteile aus der Heimat beschafft werden müssen, kann der Versicherungsnehmer nicht einwenden. § 94 Abs. 2 macht nur noch für den anderen Fall eine Ausnahme, daß die Ausbesserung unverhältnismäßig hohe Kosten verursacht, nicht auch für den Fall, daß die Ausbesserung unverhältnismäßig lange Zeit in Anspruch nimmt (vgl. auch die Fassung des § 96 Abs. 1 Satz 1). Aber eine Ausbesserung, die unverhältnis-

§ 94 mäßig lange Zeit in Anspruch nimmt, wird gerade deswegen oft auch unverhältnismäßig hohe Kosten (für Lagerung, Instandhaltung usw.) verursachen, und eine Ausbesserung, die übermäßig lange Zeit in Anspruch nehmen würde, wird nach § 13 einer unmöglichen gleichzustellen sein. — So wenig wie der Versicherungsnehmer einwenden kann, daß Ersatzteile aus dem Ursprungsland beschafft werden müssen, kann er einwenden, daß das Gut zur Ausbesserung nach dem Ursprungsland gebracht werden muß. Ist das Gut einzelversichert, so wird bei der Ermittlung des Schadens auch berücksichtigt werden müssen, daß die Ausbesserungsreise besonders zu versichern ist. — Der Versicherungsnehmer darf die Ausbesserung natürlich nicht unmöglich machen. Sonst haftet der Versicherer nur gemäß § 94 Abs. 1 (§ 41 Abs. 3).

Anm. 4 2. Oder die Ausbesserung muß einen Aufwand erfordern, der den Versicherungswert des Gutes übersteigt, das Gut „reparaturunwürdig" sein. Der Aufwand muß den gewöhnlichen Versicherungswert des § 90 oder, wenn der Versicherungswert taxiert ist, die Taxe übersteigen. Ob das Gut inzwischen im Werte gestiegen oder gefallen ist, gilt gleich. Der gewöhnliche Versicherungswert oder die Taxe und die Ausbesserungskosten sind zu vergleichen. Zu den Ausbesserungskosten werden gegebenenfalls auch Lagerungs-, Instandhaltungs-, Bearbeitungs-, Versicherungskosten zu rechnen sein (vgl. auch oben Anm. 3).

Anm. 5 b) und wenn die Reparaturunfähigkeit oder Reparaturunwürdigkeit des Gutes **durch Sachverständige festgestellt** ist. Auf die Feststellung findet **§ 74 Abs. 2—10 entsprechende**, sinngemäße, **Anwendung.** Näheres hierüber: § 74 Anm. 6ff., § 93 Anm. 14ff. — Sollen die Sachverständigen feststellen, ob „die Ausbesserung des Gutes einen den Versicherungswert des Gutes übersteigenden Aufwand erfordern würde", so müssen sie natürlich auch den Versicherungswert des Gutes feststellen. So wenigstens, wenn der Versicherungswert nicht taxiert ist. Ist er taxiert, so ist die Taxe maßgebend, mag sie unter- oder übersetzt sein. Wenn die Taxe erheblich übersetzt ist und der Versicherer ihre Herabsetzung verlangt hat, so ist der Betrag maßgebend, auf den die Taxe herabgesetzt ist (vgl. § 6 Anm. 32). — Ist der Schaden zum Teil die Folge eines Gefahrereignisses, zum Teil die Folge eines versicherungsfreien Ereignisses (ist z. B. im Falle einer Versicherung mit der Klausel „Frei von Beschädigung außer im Strandungsfall" ein Bestandteil des Gutes gestohlen und bei dem Diebstahl ein anderer beschädigt), so haben die Sachverständigen nur den Versicherungsschaden zu berücksichtigen, also den Sachverhalt so zu beurteilen, wie wenn der versicherungsfreie Schaden nicht entstanden wäre.

Anm. 6 Wenn die Ausbesserung des Gutes unmöglich ist oder einen Aufwand erfordern würde, der den Versicherungswert übersteigt, kann das Gut „total verloren" sein (oben Anm. 1). Der Versicherungsnehmer kann gleichwohl nicht gemäß § 91 nach Totalverlust-Grundsätzen die Versicherungssumme verlangen. Der Versicherer kann erst recht nicht dem Versicherungsnehmer die Versicherungssumme mit der Wirkung anbieten, daß der Fall nunmehr nach § 91 zu behandeln ist, also insbesondere mit der Befriedigung des Versicherungsnehmers die Rechte am Gute auf den Versicherer übergehen (der Versicherungsnehmer aber natürlich das Angebot mit dieser Wirkung annehmen; vgl. auch § 71 Anm. 14, 35). Der Versicherungsnehmer kann nur gemäß § 93 Entschädigung verlangen (vgl. auch Mat 1. 326). Der Versicherer kann, wenn er die Verwertung des Gutes wünscht, nur gemäß § 93 Abs. 3 Versteigerung verlangen. Denn **auf die Ermittlung des Schadens findet § 93 entsprechende Anwendung.** Vgl. also auch § 93 Anm.

Anm. 7 § 94 Abs. 2 ist Ausnahme von § 94 Abs. 1 (vgl. Mat 1. 326). Der Versicherungsnehmer muß also beweisen. Das ist freilich nur dann von praktischer Bedeutung, wenn die Sachverständigen nicht festgestellt haben und der Versicherungsnehmer dies nicht zu vertreten braucht (§ 74 Abs. 9 Satz 2), oder wenn das Gutachten der Sachverständigen wegen offenbarer erheblicher Sachwidrigkeit nicht verbindlich ist (§ 74 Abs. 8). **§ 94**

4. § 94 findet auf **andere Versicherungen, die sich auf die Güter beziehen,** entsprechende Anwendung (§ 99; näheres: § 93 Anm. 46). Der Gewinnversicherte kann z. B. nach §§ 103, 93 Abs. 1, 94 Abs. 1 nur für den beschädigten Teil der Güter oder die beschädigten Zubehörstücke den entsprechenden Teil der Versicherungssumme verlangen. Anm. 8

5. § 94 gilt sinngemäß auch für die **Rückversicherung** (§ 99, § 1 Anm. 136). Näheres: § 93 Anm. 47. Anm. 9

6. **Fremde Rechte.** In England übliche Maschinenklausel: In case of loss or injury to any part of a machine consisting when complete, for sale or use, of several parts, this company shall only be liable for the insured value of the part lost or damaged. — Französisches Recht: oben Anm. 3; vgl. auch § 91 Anm. 15. Anm. 10

§ 95

Änderung der Beförderung

(1) Werden die versicherten Güter in anderer Art als mit dem Schiffe befördert, mit welchem sie nach dem Versicherungsvertrage befördert werden sollen, so haftet der Versicherer nicht.

(2) Werden jedoch die Güter nach dem Beginne der Versicherung infolge eines Unfalls, für den der Versicherer haftet, mit einem anderen als dem im Versicherungsvertrage bestimmten Schiffe oder zu Lande befördert, so fällt die Beförderung unter die Versicherung; der Versicherungsnehmer hat in Ansehung der Beförderung nach Möglichkeit die Weisungen des Versicherers zu befolgen und, wenn die Umstände es gestatten, solche Weisungen einzuholen. Das Gleiche gilt, wenn nach dem Beginne der Versicherung ohne Zustimmung des Versicherungsnehmers die Beförderung geändert oder die Reise des Schiffes aufgegeben wird.

(3) Die Versicherung umfaßt in den Fällen des Absatzes 2 die Kosten der Umladung und der einstweiligen Lagerung sowie die Mehrkosten der Weiterbeförderung.

1. Vgl. HGB §§ 816, 828 Abs. 2, 829, ASVB § 63, § 77 Abs. 2 Satz 2 und 3, § 78, AlteGP Zusatz zu ASVB § 77 (Mat 2. 100), VVG § 137. Siehe v. Guenther VW 1957. 370 (Angabe des befördernden Schiffes in Seetransport-Versicherungs-Policen), Hochgräber JRPV 1925. 312 (Änderung der Beförderung), Möller NeumZ 1937. 853 (Zur Haftung des Güterversicherers bei Aufgabe der Reise des Schiffes), Schultze VersPrax 1955. 82 (Gefahränderung und Beförderungsänderung in der See-Güterversicherung). Anm. 1

2. **Abs. 1.** Die Güter werden gewöhnlich in einem bestimmten Schiffe versichert, z. B. im Motorschiff „Rheinfels". Die Bestimmung des Schiffes bestimmt die versicherte Unternehmung mit (so schon Guidon de la mer IX. 4). Die Beförderung der Güter in einem anderen Schiffe wäre also nicht die versicherte Unternehmung, sondern eine andere, unversicherte, Unternehmung. Die versicherte Unternehmung wäre „aufgegeben" (vgl. HGB § 828 Abs. 1), an ihre Stelle eine andere, unversicherte, getreten. Anm. 2

§ 95 Die versicherte Unternehmung wäre insbesondere nicht nur geändert, sondern umgestaltet, die versicherte Gefahr weggefallen (§ 23 Anm. 9; deshalb ungenau ASVB §§ 35, 36, welche die „Angabe des Gegenstandes der Versicherung, des Namens des Schiffes" usw. im Zusammenhang mit der vorvertraglichen Anzeigepflicht behandelten; richtig dagegen ASVB § 77 Abs. 2: „Aufgabe der Reise", nämlich die, freiwillige oder gezwungene, Aufgabe der Reise mit dem Schiffe). Das gilt erst recht, wenn die Güter überhaupt nicht mit einem Schiffe, sondern anderweit, insbesondere zu Lande, vom Abgangs- zum Bestimmungsort der versicherten Reise befördert werden. Deshalb versteht sich von selbst: **Werden die versicherten Güter in anderer Art als mit dem Schiffe befördert, mit welchem sie nach dem Versicherungsvertrag befördert werden sollen, so haftet der Versicherer nicht.** Deshalb fehlt auch dem MIA eine dem § 95 Abs. I entsprechende Bestimmung. Deshalb ist § 95 Abs. 1 aber auch ungenau:

Anm. 3 a) Wenn die andersartige Beförderung der Güter vor dem Beginn der Versicherung beginnt, fällt die versicherte Gefahr vor dem Beginn der Versicherung weg. Der Versicherungsnehmer hat nicht etwa nur „die gemäß dem Vertrag von dem Versicherer übernommene Gefahr geändert" (so RG 89. 127). Es finden nicht etwa die §§ 23-27 Anwendung. Sondern „der Gegenstand des Versicherungsvertrags selbst wird gänzlich verändert..., indem die Angabe des Schiffes, mit welchem eine Ladung verschifft werden soll, ebensowohl ein Essentiale des Versicherungsvertrags ist, wie die Bezeichnung der Ladung selbst" (Prot. 3181). Die Angabe des Schiffes ist „ein Essentiale des Vertrags, auf dem der Versicherer seine Kalkulation aufbaut"; werden die Güter anderweit befördert, so „ist an die Stelle der übernommenen Gefahr eine ganz andere getreten, und die Versicherung ist daher unwirksam, sobald ein anderes Schiff an die Stelle des im Vertrag genannten tritt" (HGZ 1918. 150; ebenso auch wohl, wenngleich widerspruchsvoll, RG 89. 128: „Die Bezeichnung des Schiffes in der Police enthalte die vertragsmäßige Beschränkung der übernommenen Gefahr auf ein bestimmtes Schiff"). Le navire est le lieu où la perte et l'avarie des marchandises se produisent; le changement de navire modifie donc le lieu des risques (Ripert Nr. 2741). Die Gefahr ist weggefallen. Der Wegfall der Gefahr ist wie der Wegfall des Interesses zu behandeln (§ 4 Anm. 5, § 5 Anm. 5, 15). Nur eine der Rechtsfolgen, die sich hieraus ergeben, ist es, daß der Versicherer „nicht haftet" (aber bereits Ord. de la mar. 3 VI. 27 sagte, ähnlich wie §§ 23, 24 ADS: Si toutefois le changement... de vaisseau, arrive par l'ordre de l'assuré, sans le consentement des assureurs, ils seront déchargés des risques...). Der Versicherungsnehmer ist grundsätzlich von der Verpflichtung zur Zahlung der Prämie frei (§ 4 Abs. 1 Satz 1). Der Versicherer kann nur die Ristornogebühr verlangen (§ 4 Abs. 1 Satz 3).

Anm. 4 b) Wenn die andersartige Beförderung der Güter nach dem Beginn der Versicherung beginnt, wenn insbesondere die Güter erst nach der Annahme durch den Verfrachter (§ 88 Abs. 2) in ein vertragsfremdes Schiff verladen oder unterwegs in ein vertragsfremdes Schiff umgeladen werden, fällt nunmehr die versicherte Gefahr weg. Die Versicherung ist (auf ungewöhnlichem Wege) beendigt. Nur eine der sich hieraus ergebenden Rechtsfolgen ist es, daß der Versicherer „nicht (nicht mehr) haftet". Der Versicherungsnehmer muß gleichwohl die ganze Prämie zahlen (§ 4 Abs. 2); so schon ausdrücklich z. B. Ord. de la mar. 3. VI. 27:...sans que les assureurs soient tenus de restituer la prime, s'ils ont commencé à courir les risques. — Die Gefahr ist nicht etwa nur geändert (oben Anm. 3). Die Grundsätze über Gefahränderung finden keine Anwendung. Der Versicherungsnehmer kann sich z. B. nicht darauf berufen, daß die Änderung der Beförderung auf den Eintritt des Versicherungsfalls oder auf den Umfang der Leistung des Versicherers keinen Einfluß habe üben können (§ 24 Abs. 2), insbesondere nicht, daß auch das vertragsmäßige Schiff untergegangen sei und die Güter auch mit ihm untergegangen sein würden, wenn sie nicht umgeladen wären (vgl. Émerigon ch. 12 s. 16 § 4). — Wann die andersartige Beförderung beginnt, die Gefahr also wegfällt, die Versicherung endigt, ist Tatfrage. Daß der Entschluß, die Beförderung zu ändern, irgendwie zur Ausführung gebracht ist, der Versicherungsnehmer z. B. mit dem Verfrachter, der die Güter bereits zur Beförderung mit dem bestimmten Schiffe angenommen hat, die Beförderung mit einem anderen Schiffe vereinbart hat, genügt nicht. Die Beförderung muß bereits tatsächlich andersartig geworden sein (vgl. auch § 23 Anm. 64). Andersartig wird die Beförderung insbesondere auch bereits dann geworden sein, wenn die Güter zur Beförderung mit dem vertragsfremden Schiff aus der „einstweiligen Verwahrung" des Verfrachters entfernt werden, mögen zur Entfernung auch Leichter benutzt werden und der Versicherer nach § 89 die Gefahr der Benutzung von Leichtern tragen (im Ergebnis ebenso Sieveking 75, wie hier auch Schlegelberger SVR Bem. 1 zu § 95 ADS). — Ist die Gefahr weggefallen, die Versicherung einmal beendigt, so lebt die Versicherung natürlich nicht wieder auf, wenn der vertragsmäßige Zustand wiederhergestellt wird, insbesondere die Güter aus dem vertragsfremden Schiff in das im Versicherungsvertrag bestimmte Schiff umgeladen werden. § 95

3. § 95 Abs. 1 setzt (wie im allgemeinen § 95 überhaupt) voraus, daß die Güter mit einem bestimmten Schiffe „befördert werden sollen". Versicherer und Versicherungsnehmer müssen darüber einig sein, daß die versicherte Unternehmung die Beförderung mit einem bestimmten und mit keinem anderen Schiffe ist. Ob dieses Einverständnis besteht, muß die Auslegung des Versicherungsvertrags ergeben. In der Regel genügt dafür die im Versicherungsvertrag enthaltene Bestimmung, daß Güter in einem bestimmten Schiffe versichert sind. Denn nach der Art des Schiffes richtet sich oft die Prämie. Die Bestimmung des Schiffes ist aber für den Versicherer auch sonst von Bedeutung; insbesondere für die Begrenzung der Höhe des vom Versicherer zu übernehmenden, mit dem Schiffe und seiner Ladung verbundenen Risikos. — Wenn das im Vertrag bestimmte Segelschiff, statt zu segeln, sich schleppen läßt, so ist die versicherte Unternehmung nicht umgestaltet. Aber die versicherte Unternehmung und damit die Gefahr kann dadurch geändert sein (vgl. jedoch auch § 23 Anm. 46). Anm. 5

4. Ist im Vertrag kein Schiff bestimmt oder zwar ein Schiff bestimmt, aber die Beförderung auch in anderen Schiffen zugelassen (übliche Klausel: „Per M/S ‚Hermann' und/oder anderes Schiff"; vgl. auch HGZ 1886. 177: „Von St. Petersburg im Dampfschiff Gemma und/oder anderen Steamer — Aufgabe vorbehalten — nach Shanghai"), so wird die versicherte Unternehmung nicht umgestaltet, fällt die versicherte Gefahr nicht weg, endigt die Versicherung nicht, wenn die Güter aus dem einen Schiffe in das andere umgeladen werden. Hieran wird auch dadurch nichts geändert, daß der Versicherungsnehmer dem Versicherer nach Abschluß des Vertrags, freiwillig oder pflichtgemäß, das zur Beförderung der Güter bestimmte oder dienende Schiff mitteilt (HGZ 1886. 177). Weder die Abladung der Güter noch die Mitteilung des zur Beförderung bestimmten oder dienenden Schiffes noch insbesondere die gemäß § 97 Abs. 6 pflichtmäßige Bezeichnung des Schiffes führt „eine Konkretisierung oder Konzentration auch bezüglich des Schiffes derart" herbei, „daß von nun an eine Versicherung von Gütern in einem bestimmten Schiffe vorliegt" (RG 89. 128, HGZ 1918. 149; ebenso für ASVB § 63, aber anders für HGB § 816: Lewis 2. 354; anders auch wohl Arnould 223 s. 249: As soon as the shipment has taken place, the effect is the same as if the ship selected had been expressly named in the policy). Übrigens ist der Versicherungsnehmer im Zweifel nicht verpflichtet, das zur Beförderung bestimmte oder dienende Schiff dem Versicherer zu bezeichnen (vgl. HG Hamburg HGZ 1872. 84: Wenn Leinen „verladen im Dampfschiff Navarre nach Liverpool und von dort per Dampfboot nach Cartha- Anm. 6

§ 95 gena" versichert seien, brauche der Versicherungsnehmer dem Versicherer nicht „aufzugeben", in welches Dampfboot das Leinen in Liverpool zur Weiterbeförderung nach Carthagena umgeladen sei). Anders nach § 817 HGB, und nach § 97 Abs. 6 für die laufende Versicherung. Anders natürlich auch, wenn im Versicherungsvertrag „nähere Aufgabe vorbehalten" und der Versicherungsnehmer dadurch auch verpflichtet ist, solche Aufgabe zu machen (vgl. HGZ 1886. 169: „Von St. Petersburg im Dampfschiff Gemma und/oder anderen Steamer nach Hamburg und weiter per Steamer — Aufgabe vorbehalten — nach Shanghai"). Die Umladung gestaltet also bei der Versicherung im unbestimmten Schiff (insbesondere bei der laufenden Versicherung) die Versicherung nicht um, macht die Gefahr nicht wegfallen, die Versicherung nicht endigen. Hieraus folgt aber natürlich nicht, daß der Versicherungsnehmer unter dem Schutze solcher Versicherung beliebig umladen lassen dürfte (abw. RG 89. 128 mit der einzigen und offenbar unrichtigen Begründung, daß „die Bestimmung des Schiffes im Vertrag dem Versicherten freigestellt" sei). Umladungen erhöhen, ändern die Gefahr. Und der Versicherungsnehmer darf die Gefahr nicht ändern. Even where the goods are insured „on board ship or ships", there is no general right to tranship (Arnould 223 s. 249). Der Versicherungsnehmer darf insbesondere nicht Dritten, z. B. dem Verfrachter im Frachtvertrag, Umladungen „gestatten"; nur soweit solche Umladungen in Frachtverträgen und insbesondere in Konnossementen verkehrsüblicher Weise zugestanden werden, darf der Versicherungsnehmer sie gestatten (§ 23 Anm. 17, § 87 Anm. 5, 6; vgl. RG 25. 101, 89. 131, HGZ 1918. 150, auch Begr. z. E 1910 § 82, wo aber, ungenau, das Recht des Versicherungsnehmers, Gefahränderungen zu gestatten, nur aus § 87 ADS abgeleitet wird). Der Versicherer ist gemäß §§ 23, 24 frei, wenn der Versicherungsnehmer die Güter umladen läßt oder über die verkehrsüblichen Grenzen hinaus Umladungen gestattet (wenn er nicht schon wegen Verletzung der vorvertraglichen Anzeigepflicht frei ist: § 87 Anm. 5). Anders natürlich, wenn der Versicherungsvertrag eine allgemeine Gefahränderungs-Klausel enthält (§ 23 Anm. 72) oder dem Versicherungsnehmer Umladungen besonders gestattet sind (z. B. mit der Klausel „Direkt oder indirekt" oder „Eventuell mit Umladung": KG APV 1906 II. 72).

Anm. 7 5. Oft wird vereinbart, daß die Güter auf einem Teile der versicherten Reise in einem bestimmten, auf einem anderen Teile der Reise in einem noch unbestimmten Schiffe befördert werden sollen (z. B. HG Hamburg HGZ 1872. 84: Versicherung von Leinen „verladen im Dampfschiff Navarre nach Liverpool und von dort per Dampfboot nach Carthagena"). Dann gilt § 95 Abs. 1 natürlich nur für den ersten Teil der Reise. Auch wird die Gefahr natürlich nicht durch die Umladung geändert. In welches (unbestimmte) Schiff die Güter umgeladen werden dürfen, richtet sich (wie überhaupt die Verladung bei der Versicherung in unbestimmten Schiffen) nach dem Versicherungsvertrag oder, wenn nichts hierüber vereinbart ist, nach der Verkehrsübung oder Verkehrsauffassung. Ist z. B. Versicherung genommen für Güter im Dampfer Saxonia nach St. Thomas „mit Umladung bis Vieques (Porto Rico) durchstehend", so kann, wenn zwischen St. Thomas und Vieques keine regelmäßige Dampferverbindung besteht, angenommen werden, „daß die Güter von St. Thomas nach Vieques auch im Segelschiff befördert werden dürfen" (ROHG u. OG Hamburg gegen HG Hamburg HGZ 1877. 187, 206, 1878. 41). — Aus der Anwendung der „von-Haus-zu-Haus-Klausel" wird sich häufig ergeben, daß beide Teile mit einer Umladung gerechnet haben. In einem solchen Falle ist § 95 auch dann nicht anzuwenden, wenn das Schiff, mit dem die Reise begonnen wird, genannt ist, weitere Schiffe aber nicht (Möller NeumZ 1937. 853, Schlegelberger SVR Bem. 1 zu § 95 ADS).

Anm. 8 6. **Abs. 2** macht drei Ausnahmen von dem Grundsatz des § 95 Abs. 1. Die Beförderung im vertragsfremden Schiffe (oder auf andere vertragsfremde Art) macht die versicherte Gefahr wegfallen. Nach § 95 Abs. 2 soll sich die Versicherung in drei Fällen anstatt auf die (weggefallene) versicherte Gefahr auf eine andere, nicht versicherte, Gefahr erstrecken. — § 95 Abs. 2 „beruht lediglich auf Billigkeitsrücksichten, die mit der eigentümlich hilflosen und deckungsbedürftigen Lage des Güterversenders gegenüber den Transportgefahren zusammenhängt; aus kommerziellen Gründen erscheint es geboten, dem Versicherungsnehmer auch da Deckung zu gewähren, wo an sich der Versicherungsvertrag sie versagen müßte" (Gerhard 530). Insbesondere würde sich aus den Grundsätzen über die Abwendung von Versicherungsschaden und die Erstattung der dadurch verursachten Kosten nicht ergeben, daß die Versicherung sich auf eine andere als die im Vertrag bestimmte Beförderungsart erstrecken würde. Wenn z. B. die Güter durch Seewasser beschädigt werden, im Zwischenhafen nicht ausgebessert werden können und dort verlorengehen würden, falls sie nicht ausgeladen und mit einem anderen Schiffe oder zu Lande zum Ausbesserungsort, gegebenenfalls also zum Bestimmungsort, weiterbefördert würden, würde der Versicherer (zwar gemäß § 32 Abs. 1 die Kosten der Umladung und der einstweiligen Lagerung sowie die Mehrkosten der Weiterbeförderung zu ersetzen, aber) die Gefahr der Weiterbeförderung nicht zu tragen haben. § 95

a) Erster Ausnahmefall. **Die Güter werden nach dem Beginn der Versicherung infolge eines Unfalls, für den der Versicherer haftet, mit einem anderen, vertragsfremden, Schiffe oder zu Lande befördert** (so schon z. B. Guidon de la mer IX. 4, Ord. de la mar. 3 VI. 26). Anm. 9

1. Nach dem Beginn der Versicherung. Über den Beginn der Versicherung: §§ 88 Abs. 2, 89. — Vor dem Beginn der Versicherung ist die Lage des Versicherungsnehmers nicht „deckungsbedürftig". Wenn vor dem Beginn der Versicherung ein Unfall eintritt, der die andersartige Beförderung notwendig macht, bewendet es bei den Grundsätzen vom Wegfall der Gefahr. Übrigens kann man auch von einem Unfall, der vor dem Beginn der Versicherung eintritt, nicht wohl sagen, daß er ein Unfall ist, „für den der Versicherer haftet".

2. Es muß ein Unfall eingetreten sein. — Unfälle sind Ereignisse, die das Interesse einer bestimmten Person (hier das mit der versicherten Unternehmung verknüpfte Interesse) unmittelbar treffen und als nachteilig empfunden werden, wie etwa die Strandung des Vertragsschiffes (näheres: § 40 Anm. 10). Nur an solche Ereignisse hat man von Anfang an den Fortbestand der Versicherung geknüpft; vgl. AHO V. 18: „Wann ein Schiff strandet, oder sonst durch Sturm und Ungewitter in einen solchen Zustand geräth, daß es seine vorgehabte Reise nicht vollführen kann, und der Schiffer ein anderes Schiff zu weiterer Fortbringung der Ladung oder der geborgenen Güter häuret; so bleiben die Assecuradeurs nichts destoweniger für alle außerordentliche Kosten, auch Gefahr und Schaden, verbunden, der den Gütern in solchen gehäuerten Schiffen oder Fahrzeugen, bis dieselben an den zur Löschung bestimmten Ort angekommen, zustoßen mögte: Es soll aber der Assecurirte, so bald es geschehen kann, den Assecuradeurs von solcher Veränderung des Schiffs Nachricht ertheilen". Wenn z. B. am Bestimmungsort ein Streik der Hafenarbeiter ausbricht, der die Vollendung der Reise erheblich zu verzögern droht, und infolge des Streiks die Güter in einem anderen Hafen gelöscht und zu Lande nach dem Bestimmungsort weiterbefördert werden, ist zwar ein Gefahrereignis die Ursache der Beförderungsänderung, aber kein Unfall; die Weiterbeförderung fällt nicht unter die Versicherung. Wenn kriegsversicherte Güter wegen Ausbruch eines Krieges aus dem unfrei gewordenen Schiffe unterwegs ausgeladen werden müssen und mit einem freien Schiffe oder zu Lande nach ihrem Bestimmungsort befördert werden, fällt die Weiterbeförderung nicht unter die Anm. 10

§ 95 Versicherung; der Ausbruch des Krieges ist zwar ein Gefahrereignis, aber kein Unfall. Wenn 1150 Sack Zucker für die Reise von Danzig nach Riga versichert sind, das Schiff in Riga angekommen ist, aber einzufrieren droht und deswegen mit dem Zucker wieder ab- und nach Windau fährt, der Zucker in Windau gelöscht und zu Lande nach Riga befördert wird, ist die Ursache der Beförderungsänderung zwar ein Gefahrereignis, aber kein Unfall; die Weiterbeförderung fällt nicht unter die Versicherung (durch Zurücknahme des Entschädigungsanspruchs erledigter Fall Rimfaxe; die Weiterbeförderung fiel auch nicht gemäß § 95 Abs. 1 Satz 2 unter die Versicherung, weil das Konnossement die sogenannte Eisklausel enthielt und das Schiff hiernach berechtigt war, im Falle der Eisgefahr in einem anderen als dem Bestimmungshafen zu löschen, der Versicherungsnehmer also dieser Löschung „zugestimmt" hatte, vgl. hierzu unten Anm. 16). Wenn die Güter für die Reise von Antwerpen nach Hamburg im Schiffe Paula, für die Reise von Hamburg nach Hongkong im Schiffe Jupiter, in durchstehendem Risiko, versichert sind, der Jupiter infolge „Elementarunfalls" zu früh abfährt, die Güter infolgedessen in Hamburg den Anschluß nicht erreichen und mit einem anderen Schiffe nach Hongkong weiterbefördert werden müssen, ist der „Elementarunfall" auch ein Unfall, aber kein Unfall, der das versicherte Interesse unmittelbar getroffen hat; die Weiterbeförderung fällt also nicht unter die Versicherung (vgl. HG u. OG Hamburg HGZ 1875. 234, § 28 Anm. 34 unter ee). Ebenso, wenn der Verfrachter die Güter zur einstweiligen Verwahrung angenommen, die Versicherung also nach § 88 Abs. 2 begonnen hat, das Vertragsschiff einen Unfall erleidet und die Güter infolgedessen in ein anderes Schiff verladen und mit dem anderen, vertragsfremden Schiffe befördert werden müssen (vgl. auch unten Anm. 20).

Anm. 11 3. Der Unfall muß ein solcher sein, für den der Versicherer haftet, der dem Versicherer „zur Last fällt" (vgl. § 86 Abs. 2 Satz 3, § 96 Abs. 2 Satz 2). Er muß ein Gefahrereignis sein, ein Ereignis, das zum Kreise der vom Versicherer übernommenen Gefahren gehört, ein Versicherungsfall in diesem Sinne (vgl. § 5 Anm. 27, 28). Wenn z. B. die „Nur für Kriegsgefahr" versicherten Güter infolge der durch einen gewöhnlichen Seeunfall verursachten Beschädigung des Schiffes in ein vertragsfremdes Schiff umgeladen werden müssen, fällt die Beförderung mit dem vertragsfremden Schiffe nicht unter die Versicherung (Sieveking 76, Voigt 333, 503). Wenn auf Deck verladene Güter beschädigt werden, der Versicherer gemäß § 85 Abs. 1 für die Beschädigung nicht haftet und infolge der Beschädigung die Güter mit einem anderen, vertragsfremden, Schiffe oder zu Lande weiterbefördert werden müssen, fällt die Weiterbeförderung nicht unter die Versicherung. Ebenso, wenn „Frei von Beschädigung außer im Strandungsfall" versicherte Güter zwar durch einen Gefahrunfall, aber nicht durch einen Strandungsfall (also in Wirklichkeit nicht durch einen Gefahrunfall) beschädigt werden und infolge der Beschädigung mit einem anderen, vertragsfremden, Schiffe oder zu Lande befördert werden müssen. Wenn aber das Schiff durch einen Gefahrunfall, der keinen Strandungsfall bildet, beschädigt wird und infolge hiervon (also nicht infolge einer durch den Gefahrunfall herbeigeführten Beschädigung der Güter) die „Frei von Beschädigung außer im Strandungsfall" versicherten Güter anderweit befördert werden müssen, fällt die Weiterbeförderung unter die Versicherung (vgl. auch oben). Zwar hat der Güterversicherer den Teilschaden des Schiffes nicht zu ersetzen, aber von den daraus für die Güter sich ergebenden Folgen hat er sich nicht allgemein freigezeichnet (vgl. auch § 86 Anm. 24). Übrigens wird die andersartige Beförderung der Güter in solchem Falle regelmäßig nur dann notwendig sein, wenn infolge des Teilschadens am Schiffe „die Beförderung geändert oder die Reise des Schiffes aufgegeben wird", also, falls kein Ausnahmefall im Sinne des § 95 Abs. 2 Satz 1, jedenfalls ein Ausnahmefall im Sinne des § 95 Abs. 2 Satz 2 vorliegen würde. **§ 95**

4. Die andersartige Beförderung muß infolge des Unfalls erfolgt sein. Sie muß die adäquate Folge des Unfalls gewesen, durch den Unfall notwendig geworden oder doch objektiv notwendig erschienen, nicht nur durch den Unfall veranlaßt gewesen sein, geeignet, to justify the master in landing and re-shipping the goods or other moveables, or in transhipping them, and sending them on to their destination (MIA § 59; vgl. C. de comm. Art. 350). Das hätte deutlicher ausgedrückt sein können (vgl. § 96 Abs. 2 Satz 2), ergibt sich aber ohne weiteres aus der Interessenlage und daraus, daß es eben ein „Unfall" sein muß, der die andersartige Beförderung verursacht hat (vgl. auch § 86 Anm. 27). Daß sich erst hinterher herausstellt, daß die andersartige Beförderung nicht notwendig gewesen wäre, ist ohne Bedeutung. Daß noch andere, versicherungsfreie Umstände die andersartige Beförderung verursacht haben, schadet nicht. Wenn z. B. nicht nur der Unfall, sondern auch die leichte Verderblichkeit der Güter, für deren Schadensfolgen der Versicherer nach § 86 nicht haftet, die andersartige Beförderung notwendig macht, fällt diese doch unter die Versicherung. Anm. 12

b) Zweiter Ausnahmefall. **Die Beförderung der Güter wird nach dem Beginn der Versicherung ohne Zustimmung des Versicherungsnehmers geändert.** D. h. die Güter werden nach dem Beginn der Versicherung ohne Zustimmung des Versicherungsnehmers mit einem vertragsfremden Schiffe oder zu Lande befördert (vgl. auch die Überschrift über § 95). Nicht infolge eines dem Versicherer zur Last fallenden Unfalls, — das wäre der erste Ausnahmefall. Auch nicht, weil die Reise des Schiffes aufgegeben wird, — das wäre der dritte Ausnahmefall. Schließlich auch nicht, weil ein dem Versicherer nicht zur Last fallender Unfall die andersartige Beförderung erforderlich macht; denn in diesem Falle soll, deutlich erkennbar, die andersartige Beförderung nicht unter die Versicherung fallen. Werden die „Nur für Kriegsgefahr" versicherten Güter infolge einer durch gewöhnlichen Seeunfall verursachten Beschädigung des Schiffes ohne Zustimmung des Versicherungsnehmers in ein vertragsfremdes Schiff umgeladen, so ist der Versicherer frei (oben Anm. 11). Werden dagegen die Güter nicht infolge der Beschädigung, sondern obgleich die Beschädigung die Weiterbeförderung nicht hindert, vom Verfrachter mit einem anderen Schiffe weiterbefördert, so fällt die Weiterbeförderung unter die Versicherung (Voigt 333). Gedacht ist oben insbesondere an den Fall, daß der Verfrachter die Güter unterwegs eigenmächtig oder auf Grund gesetzlichen Rechtes (vgl. HGB §§ 629, 634, RG 89. 130) in ein anderes Schiff umladen läßt oder auch nur unterwegs zurückläßt; der Versicherungsnehmer hat in diesem Ausnahmefall das Verhalten seines Verfrachters nicht zu vertreten. Anm. 13

1. Nach dem Beginn der Versicherung. Hierüber oben Anm. 9. Anm. 14

2. Die Beförderung muß ohne Zustimmung des Versicherungsnehmers geändert sein.

α) Die Zustimmung des § 95 Abs. 2 Satz 2 ist nicht die Zustimmung des § 182 BGB, nicht die „Zustimmung eines Dritten, von der die Wirksamkeit eines Rechtsgeschäfts abhängt". Sie ist, wenn es sich auch hier um die Zustimmung nicht sowohl zu einer Gefahränderung als vielmehr zu einer Umgestaltung der versicherten Unternehmung handelt, nach dem Sinne des § 95 und nach dem inneren Zusammenhang des § 95 Abs. 2 Satz 2 und des § 23 dasselbe wie das „Gestatten" von Gefahränderungen im Sinne des § 23 (ebenso, wie die Zustimmung des Versicherungsnehmers zur Verladung auf Deck: § 85 Anm. 10). Sie bedeutet also, wie dieses, ein bewußtes Verhalten tatsächlicher Art: einen anderen tun lassen, was man verhindern könnte (§ 23 Anm. 17; ungenau RG 89. 130: „eine

§ 95 Willensäußerung, durch welche der Versicherte etwaigen ihm gegen den Reeder zustehenden Ansprüchen zum Nachteil des Versicherers präjudiziere"). Sie umfaßt deshalb natürlich auch den Tatbestand, daß der Versicherungsnehmer selbst die Beförderung ändert (wie, umgekehrt, die „Änderung" der Gefahr auch das „Gestatten" von Gefahränderungen umfaßt: § 23 Anm. 17). Die Zustimmung ist deshalb andererseits auch ohne Bedeutung, wenn der Versicherungsnehmer, hätte er sie nicht erteilt, die Änderung der Beförderung nicht hätte verhindern können, wenn der Verfrachter insbesondere auf Grund gesetzlichen Rechtes die Güter hätte umladen können (vgl. oben Anm. 13).

Anm. 15 β) Hieraus folgt auch, daß die Zustimmung vor oder bei der Änderung der Beförderung erteilt sein muß (vgl. HansOLG HansRGZ 1937 B 247 = Sasse Nr. 445). Die bloße (nachträgliche) Genehmigung ist (wie kein „Gestatten" im Sinne des § 23, so auch) keine Zustimmung im Sinne des § 95 Abs. 2 Satz 2 (HansOLG a. a. O.; anders ausdrücklich ASVB § 77 Abs. 2). Wenn der Versicherungsnehmer die Änderung der Beförderung mit der Wirkung genehmigt, daß sein Schadensersatz-Anspruch gegen den Verfrachter erlischt, hat er doch nicht im Sinne des § 95 Abs. 2 Satz 2 „zugestimmt", fällt die Weiterbeförderung doch unter die Versicherung. Der Versicherer wird nur gemäß § 45 Abs. 2 von seiner Entschädigungspflicht insoweit frei, als er vom ersatzpflichtigen Verfrachter Ersatz hätte erlangen können. Anders, wenn der Versicherungsnehmer die Änderung der Beförderung wieder hätte beseitigen können und dies zu tun unterlassen hat; dann wäre es so anzusehen, wie wenn er selbst die Beförderung geändert hätte. — Übrigens muß es genügen, daß der Versicherungsnehmer nicht dem Umstand zugestimmt hat, der die andersartige Beförderung notwendig gemacht hat. Wenn der Verfrachter die Güter unterwegs zurückläßt, fällt die Weiterbeförderung auch dann unter die Versicherung, wenn der Versicherungsnehmer ihr zustimmt, sie veranlaßt oder sie selbst vornimmt.

Anm. 16 γ) Hieraus folgt auch, daß der Versicherungsnehmer ausdrücklich oder stillschweigend „zustimmen" kann. Wenn der Versicherungsnehmer sich gegen die Ausübung eines gesetzlichen Rechtes des Verfrachters zur Aufgabe der Beförderung nicht wehrt, hat er natürlich nicht „zugestimmt" (RG 89. 130, HGZ 1918. 151). — Ausdrückliche Zustimmung ist insbesondere die dem Verfrachter im Frachtvertrag erteilte Erlaubnis, die Beförderung zu ändern (vgl. Voigt 502, RG 25. 97, 89. 130, HRZ 1923. 375, HGZ 1918. 147, KG APV 1906 II. 72, HansOLG HansRGZ 1937 B 247 = Sasse Nr. 445). Die im Frachtvertrag erteilte Zustimmung wirkt auch dann gegen den Versicherungsnehmer, wenn sie sich in den Grenzen des Verkehrsüblichen hält. Freilich schaden dem Versicherungsnehmer im allgemeinen verkehrsübliche Frachtklauseln nicht (§ 87 Anm. 5, 6). Ist aber für einen besonderen Fall, wie denjenigen des § 95 Abs. 2 Satz 2, ausdrücklich vereinbart, daß die Versicherung sich auf eine an sich unversicherte Unternehmung nur dann erstrecken soll, wenn der Versicherungsnehmer dieser Unternehmung oder ihrem ursächlichen Sachverhalt nicht zugestimmt hat, so geht diese Vereinbarung natürlich der Verkehrsüblichkeit vor (vgl. § 85 Anm. 12). Wenn 1150 Sack Zucker für die Reise von Danzig nach Riga versichert sind, das Konnossement die Eisklausel enthält (Should the ship on arrival at destination be unable to enter port or discharging berth on account of ice or frost, she shall have privilege of proceeding to nearest safe port or berth and there discharge, freight to be paid the same as if discharged at port or berth to which she was ordered. In the event of risk of ship being frozen in while discharging, master to have privilege of sailing with any portion of cargo not discharged, to nearest safe port, and there discharge balance of cargo, freight to be paid same as if discharged at port originally ordered to), das Schiff in Riga ankommt, aber einzufrieren droht, deswegen mit dem Zucker wieder ab- und nach Windau fährt und hier den Zucker löscht, fällt die Landbeförderung des Zuckers von Windau nach Riga nicht unter die Versicherung (Fall Rimfaxe: oben Anm. 10). Anders natürlich, wenn im Versicherungsvertrag Abweichendes vereinbart ist. Wenn z. B. Güter nach australischen Häfen in P & O and Orient Steamers with all liberties and exceptions as per bill of lading versichert sind und dem Konnossement gemäß von Sidney nach Brisbane mit anderen Schiffen befördert werden, weil vertragsmäßige Schiffe auf dieser Strecke nicht verkehren, fällt diese Weiterbeförderung unter die Versicherung, kann sich der Versicherer auch nicht auf die in der Umladung liegende Gefahrerhöhung berufen (Neale v. Rose 1898 bei Arnould 475 s. 502). § 95

δ) Hieraus folgt schließlich, daß der Versicherungsnehmer verpflichtet ist, der Änderung der Beförderung nicht zuzustimmen (wie er z. B. verpflichtet ist, der Verladung auf Deck nicht zuzustimmen: § 85 Anm. 13, wenngleich es sich hier nicht, wie im Falle des § 85, um die Zustimmung zu einer Gefahränderung, sondern um die Zustimmung zur Umgestaltung der versicherten Unternehmung handelt). Er muß deshalb auch die Zustimmung Dritter, deren er sich bei der Erfüllung dieser Verbindlichkeit bedient (denen er die Möglichkeit, zuzustimmen, eröffnet: Gierke LZ 1909. 736) gegen sich gelten lassen (Vorb. VIII vor § 1; vgl. auch § 23 Anm. 20ff.). — Im Falle der Versicherung für fremde Rechnung darf weder der Versicherungsnehmer noch der Versicherte zustimmen. Vgl. § 52 Anm. 8. Anm. 17

ε) Alles dies gilt natürlich auch, wenn die Versicherung für die Vergangenheit genommen ist und der Versicherungsnehmer der Änderung der Beförderung „zugestimmt" hatte (vgl. § 24 Anm. 9, § 85 Anm. 14). Es wird aber, aus ähnlichen Gründen, auch dann gelten müssen, wenn die Versicherung für die Zukunft genommen ist und der Versicherungsnehmer schon vor dem Abschluß des Versicherungsvertrags „zugestimmt" hat. Anm. 18

c) Dritter Ausnahmefall. **Die Reise des Schiffes wird nach dem Beginn der Versicherung ohne Zustimmung des Versicherungsnehmers aufgegeben;** die Güter werden deswegen mit einem vertragsfremden Schiffe oder zu Lande befördert. — Der Fall ist nicht gegeben, wenn infolge eines dem Versicherer zur Last fallenden Unfalls die Reise aufgegeben wird, — das wäre der erste Ausnahmefall. Der Fall ist aber auch nicht gegeben, wenn infolge eines dem Versicherer nicht zur Last fallenden Unfalls die Reise aufgegeben wird; denn in diesem Falle soll, deutlich erkennbar, die andersartige Beförderung nicht unter die Versicherung fallen. Im übrigen ist gleichgültig, aus welchem Grunde sonst die Reise des Schiffes aufgegeben, und ob sie „freiwillig oder gezwungen" aufgegeben wird (vgl. HGB § 828 und dazu RG 89. 128, HGZ 1916. 138). Die andersartige Beförderung fällt also auch dann unter die Versicherung, wenn die Reise des Schiffes wegen eines nicht zum Gefahrenbereich der Versicherung gehörenden Umstandes aufgegeben wird. Sie würde also z. B. auch unter die Versicherung fallen, wenn die Reise des Schiffes wegen der (gemäß § 35 nicht mitversicherten) Kriegsgefahr aufgegeben würde (HGZ 1918. 147). Hier greift § 35 Abs. 3 ein: Der Versicherer wird mit der Ausladung der Güter frei; der Versicherungsnehmer kann aber den Versicherer gegen Zuschlagsprämie an der Versicherung festhalten, und die Versicherung erstreckt sich in diesem Falle auf die andersartige Beförderung (näheres: § 35 Anm. 44). Anm. 19

1. Nach dem Beginn der Versicherung. Hierüber oben Anm. 9. Anm. 20

2. Das Schiff muß die Reise ohne Zustimmung des Versicherungsnehmers aufgegeben haben. Hierüber oben Anm. 14—18.

§ 95 3. Die Reise des Schiffes muß aufgegeben sein. Freiwillig oder „gezwungen“ (§ 66 Anm. 14, 15). — Die Reise des Schiffes kann aufgegeben sein, bevor sie angetreten ist, insbesondere bevor die Güter verladen sind. Wenn der Verfrachter die Güter zur einstweiligen Verwahrung angenommen hat, aber die Reise des Vertragsschiffes aufgibt und die Güter infolgedessen in ein anderes Schiff verladen werden müssen, fällt die Beförderung mit dem anderen Schiffe unter die Versicherung (wenn es sich auch in solchem Falle weder um eine „Umladung“ noch um eine „einstweilige Lagerung“ noch um eine „Weiterbeförderung“ handelt oder zu handeln braucht, vgl. § 95 Abs. 3). Anders, wenn das Vertragsschiff (etwa auf der Zureise) einen Unfall erleidet und infolgedessen die Reise aufgeben muß oder gar total verlorengeht und die Güter deswegen in ein anderes Schiff verladen werden müssen (oben Anm. 10); hiergegen pflegt man Versicherung „für behaltene Ankunft“ des Schiffes im Abladehafen zu nehmen. — Die Reise der Güter darf natürlich gerade nicht aufgegeben sein. Wenn der Versicherungsnehmer die Reise der Güter und damit die versicherte Unternehmung „freiwillig“ (HGB § 828) aufgibt, ist die Reise verändert (vgl. ADS § 23 Abs. 3), die Gefahr wegggefallen (vgl. § 23 Anm. 66, § 5 Anm. 5, 15: sinngemäße Anwendung des § 4 Abs. 2). Aber der Fall wird weder nach den Grundsätzen über Gefahränderung noch nach denjenigen über den Wegfall der Gefahr behandelt. Die Versicherung endigt gemäß §§ 88 Abs. 3, 89. Die Versicherung endigt insbesondere, wenn der Versicherungsnehmer durch Kriegsgefahr veranlaßt wird, die Reise der Güter aufzugeben. Der Versicherungsnehmer kann nicht gemäß § 35 Abs. 3 erklären, daß die Versicherung fortdauern solle; man würde ja auch nicht wissen, wie lange sie nunmehr fortzudauern hätte. Wenn der Versicherungsnehmer die Reise der Güter infolge der Kriegsgefahr nicht aufgibt, sondern die Güter nur nicht zu der Zeit weiterbefördert, zu der sie weiterbefördert werden sollen, wird der Versicherer gemäß § 35 Abs. 3 frei. Der Versicherungsnehmer kann aber gemäß § 35 Abs. 3 erklären, daß die Verpflichtung des Versicherers bestehen bleiben soll. Bleibt sie bestehen, so kann nunmehr der Versicherungsnehmer die Reise aufgeben und so der Versicherung ein Ende machen (vgl. auch § 66 Anm. 14). — Von einer Aufgabe der Güterreise kann man eigentlich nicht sprechen, wenn die Reise unterwegs aufhört, weil die Güter den Bestimmungsort nicht erreichen können. Ebensowenig, wie man in solchem Falle von einer Veränderung der Reise sprechen kann. „Ohne Zutun des Versicherten wird die versicherte Sache der von dem Versicherer übernommenen Gefahr nicht (mehr) ausgesetzt“ (HGB § 894 Abs. 1). Aber das Gesetz (HGB § 828 Abs. 1) spricht auch in solchem Falle von einer („gezwungenen“) Aufgabe der Reise und behandelt diesen Fall ebenso, wie denjenigen der „freiwilligen“ Aufgabe der Reise. Die Gefahr fällt weg. Aber der Fall wird nicht nach den Grundsätzen über den Wegfall der Gefahr behandelt. Die Versicherung endigt gemäß §§ 88 Abs. 3, 89 (vgl. auch § 66 Anm. 15). Die Versicherung endigt insbesondere, wenn die Güter infolge der Kriegsgefahr die Reise „gezwungen“ aufgeben. Der Versicherungsnehmer kann nicht etwa gemäß § 35 Abs. 2 erklären, daß die Versicherung fortdauern solle. Dabei ist aber zu berücksichtigen, daß die Reise erst dann als aufgegeben zu betrachten ist, wenn die Güter den Bestimmungsort nicht erreichen können, wenn mit der Wahrscheinlichkeit, die im gewöhnlichen Leben als Gewißheit hingenommen werden muß, anzunehmen ist, daß die Güter nicht mehr, insbesondere auch nicht nach Behebung der Kriegsgefahr, weiterbefördert werden können.

Anm. 21 7. In diesen drei Ausnahmefällen **„fällt“** an Stelle der weggefallenen versicherten Gefahr die neue unversicherte Gefahr, an Stelle der alten versicherten Unternehmung die neue unversicherte Unternehmung, an Stelle der vereinbarten versicherten Beförderung die andersartige unversicherte „**Beförderung unter die Versicherung**". Wenigstens dann, wenn die neue Beförderung **mit einem anderen** (See- oder Binnen-) **Schiffe oder zu Lande** erfolgt. Also z. B. nicht, wenn sie mit einem Luftfahrzeug erfolgt. Die analoge Anwendung des § 95 Abs. 2 wäre, jedenfalls zur Zeit, nicht gestattet. Im übrigen trägt der Versicherer die Gefahr natürlich auch fortan nur in dem Umfang, wie er sie übernommen hat (ohne Grund abw. Hagen 2. 233: „Der Versicherer hafte..., wenn die Reise aufgegeben werde und die Güter an dem Orte, wo sie zurückgelassen würden, durch einen nicht-entschädigungspflichtigen Unfall...beschädigt würden oder verlorengingen").

a) Die drei Ausnahmefälle sind (sofern sie es nicht ohnedies sind, jedenfalls) gemäß § 95 Abs. 2 Versicherungsfälle, und zwar Versicherungsfälle im Sinne von Gefahrereignissen und, wenn der Versicherer gemäß § 95 Abs. 3 entschädigen muß, auch im Sinne solcher Gefahrereignisse, welche die Entschädigungspflicht des Versicherers auslösen (§ 5 Anm. 26ff.). Hieraus folgt z. B., daß der Versicherungsnehmer sie gemäß § 40 dem Versicherer unverzüglich anzeigen muß. Daraus folgt ferner, daß der Versicherungsnehmer gemäß § 41 beim Eintritt eines der Fälle nach Möglichkeit für die Abwendung und Minderung des Schadens sorgen muß (ebenso Voigt 748, ROHG 24. 395). Dies bedeutet hier, daß der Versicherungsnehmer bei den zur Weiterbeförderung der Güter gebotenen Maßnahmen das Interesse des Versicherers wahrnehmen, insbesondere wenn mehrere Beförderungswege, Beförderungsarten oder Beförderungszeiten zur Wahl stehen, so wählen muß, wie das Interesse des Versicherers es erfordert, also so, daß die Gefahr der Weiterbeförderung und die durch die Änderung der Beförderung erforderlichen Mehrkosten möglichst gering sind. Er darf seine Wahl namentlich nicht schlechthin so treffen, wie er sie getroffen haben würde, wenn er unversichert wäre (vgl. ROHG 24. 395), z. B. bei seiner Wahl nicht schlechthin Gefahren berücksichtigen, die der Versicherer nicht mit übernommen hat, etwa den Landweg vorziehen, weil auf dem Seeweg von der nicht mitversicherten Kriegsgefahr Nachteile drohen (näheres: § 41 Anm. 10).

b) Demgemäß muß der Versicherungsnehmer auch in diesen drei Ausnahmefällen **in Ansehung der Beförderung** (insbesondere der Umladung, der einstweiligen Lagerung und der Weiterbeförderung) **die Weisungen des Versicherers befolgen und, wenn die Umstände es gestatten, solche Weisungen einholen.** Er muß sie insbesondere auch dann befolgen, wenn es nicht in seinem Interesse ist, sie zu befolgen, wenn z. B. auf dem vom Versicherer gewiesenen Wege die Gefahr größer ist als auf einem anderen, oder wenn es überhaupt zweckmäßiger wäre, die Güter zu verkaufen, als sie weiterzubefördern (HGZ 1879. 89). Näheres: § 41 Anm. 18ff., auch § 74 Anm. 63. Wenn mehrere Versicherer beteiligt sind und entgegengesetzte Weisungen erteilt haben, muß der Versicherungsnehmer nach eigenem pflichtmäßigen Ermessen handeln. Wenn ein Teil des Versicherungswerts unversichert ist, muß er gleichwohl die Weisungen des Versicherers einholen und befolgen; anders, wenn mehr als die Hälfte des Versicherungswerts unversichert ist. E 1910 § 85 bestimmte hierüber im Anschluß an § 41 ASVB ausdrücklich. Die Bestimmung ist nur deshalb gestrichen, weil man sie für selbstverständlich hielt und unter diesen Umständen ihre Streichung sich aus redaktionellen Gründen empfahl. — Wenn die Güter ohne unverhältnismäßig hohe Kosten oder in angemessener Frist nicht weiterbefördert werden können, kann der Versicherer gemäß § 96 Abs. 1 auch verlangen, daß sie verkauft werden.

c) Verletzt der Versicherungsnehmer die Schadenabwendungs-Pflicht, so fällt die andersartige Beförderung gleichwohl unter die Versicherung (vgl. HGZ 1917. 217).

§ 95 Aber der Versicherer haftet für den Schaden insoweit nicht, als dieser durch die Verletzung verursacht ist, also nicht entstanden wäre, wenn der Versicherungsnehmer die durch das Interesse des Versicherers gebotenen Maßnahmen getroffen, insbesondere dessen Weisungen eingeholt oder befolgt hätte (§ 41 Abs. 3). — Wenn der Versicherungsnehmer die Weiterbeförderung erheblich verzögert, wird der Versicherer gemäß §§ 23, 24 frei.

d) Wenn die Güter auf Binnengewässern oder zu Lande weiterbefördert werden, ist aus der einfachen Reise eine kombinierte Reise, aus der gewöhnlichen Seeversicherung eine Versicherung „in durchstehendem Risiko" geworden; die ADS sind daher für die Weiterbeförderung nur sinngemäß anzuwenden (vgl. § 125 Anm.). Es kann auch sein, daß die Güter von vorneherein auf Binnengewässern oder zu Lande befördert werden (oben Anm. 20); dann gilt natürlich für diese Beförderung dasselbe.

Anm. 22 8. § 95 Abs. 2 will auf § 95 Abs. 1 bezogen sein (verb. „jedoch"). § 95 Abs. 2 bezieht sich also nur auf den Fall, daß die Güter nach dem Versicherungsvertrag mit einem bestimmten Schiffe befördert werden sollen. § 95 Abs. 2 würde also auf die Versicherung in unbestimmten Schiffen, insbesondere auf laufende Versicherungen, nicht anzuwenden sein. Auch nicht, nachdem die Güter in ein Schiff verladen sind, oder der Versicherungsnehmer das Schiff, in das sie verladen sind, dem Versicherer mitgeteilt hat (oben Anm. 6). Die Folge wäre zwar nicht, daß der Versicherungsnehmer ungedeckt wäre, wenn die Güter infolge eines Gefahrereignisses in ein anderes Seeschiff umgeladen werden müßten (oben Anm. 6). Die Folge wäre aber insbesondere, daß die versicherte Gefahr wegfiele, und der Versicherer mithin frei würde, wenn die Güter in ein Binnenschiff umgeladen oder zu Lande weiterbefördert werden müßten. Diese Folge wäre unleidlich (und ebenso unleidlich die weitere Folge, daß der Versicherer nicht die Kosten des § 95 Abs. 3 zu ersetzen hätte). Sie ist auch nicht geboten. Freilich ist § 95 Abs. 2 eine Ausnahmebestimmung (oben Anm. 8). Freilich sind Ausnahmebestimmungen analoger Anwendung wenig zugänglich. Aber sie sind dem Analogieschluß auch nicht ganz entzogen. Sie können analog angewendet werden, wenn sie nicht auf der positiven Auswahl aus mehreren Möglichkeiten beruhen, sondern sich so, wie sie sind, aus der Interessenlage ergeben. Das ist hier der Fall (anders Schlegelberger SVR Bem. 6 zu § 95 ADS). § 95 Abs. 2 ist auch auf die Versicherung in unbestimmten Schiffen, insbesondere auf die laufende Versicherung anzuwenden. An die Stelle des „Schiffes, mit welchem die Güter nach dem Versicherungsvertrag befördert werden sollen", tritt das Schiff, in das sie verladen sind oder das Schiff, in das sie verladen werden sollten und verladen worden wären, wenn nicht die Verladung verhindert worden wäre. Der Versicherungsnehmer muß dann aber auch in jedem Falle des § 95 Abs. 2, also auch, wenn die Güter in einem anderen Seeschiff weiterbefördert werden sollen, die Weisungen des Versicherers einholen und befolgen.

Anm. 23 9. **Abs. 3. In den drei Ausnahmefällen des § 95 Abs. 2 umfaßt die Versicherung die Kosten der Umladung und der einstweiligen Lagerung sowie die Mehrkosten der Weiterbeförderung.** Ähnlich schon früh: Emérigon ch. 12 s. 16, AHO 1731 V. 18 (oben Anm. 10). — § 95 Abs. 3 bildet eine Ausnahme von der Regel, daß der Versicherer des Eigentümerinteresses nur den sogenannten Substanz- oder Sachschaden zu ersetzen hat (vgl. § 28 Anm. 10, 34). Eine ähnliche Bestimmung enthält § 109 Abs. 3 für die Versicherung von Überfahrtsgeldern.

Anm. 24 a) Die drei Fälle sind also auch Versicherungsfälle im Sinne von Gefahrereignissen, welche die Entschädigungspflicht des Versicherers auslösen (oben Anm. 21). Der Versicherungsnehmer muß deshalb gemäß § 41 Schaden abwenden, darf also nur notwendige Kosten aufwenden. Insbesondere fallen dem Versicherer nicht Kosten zur Last, die nur zum Zwecke „bloßer Beschleunigung" aufgewendet werden, „z. B. Kosten des außerordentlichen Gütertransports, wenn das Schiff zeitweilig durch Eis daran verhindert wird, den Bestimmungshafen zu erreichen", — was § 77 Abs. 3 ASVB überflüssigerweise besonders hervorhob (näheres: § 23 Anm. 46). § 95

b) Nach AlteGP (Zusatz zu ASVB § 77, Mat 2. 100) sollten die Kosten des § 95 Abs. 3 den Versicherer „nicht treffen, soweit sie durch Aus-, Durch-, Einfuhr- oder Verkehrsverbote, Quarantäneverordnungen, Zollauflagen oder gleichartige Verfügungen entstanden sind". In allen solchen Fällen wird es sich regelmäßig nicht darum handeln, daß die Güter infolge eines der drei im § 95 Abs. 2 behandelten Ereignisse mit einem anderen Schiffe oder zu Lande zum Bestimmungsort befördert werden müssen, also auch nicht um Umladungs-, Lagerungs- und Weiterbeförderungs-Kosten. Insbesondere nicht um Weiterbeförderungs-Kosten. Die Zusatz-Bestimmung war durch den zu § 28 Anm. 34 unter dd berichteten Fall veranlaßt. Die kriegsversicherten Güter hatten wegen eines Kriegsereignisses unterwegs ausgeladen, zu Lande weiterbefördert werden und im Zwischenhafen einen Kriegszoll zahlen müssen. Solche Zölle mögen Kosten sein; sie sind jedenfalls keine Kosten der „Weiterbeförderung". Sie werden nicht für die Weiterbeförderung aufgewendet, sind auch nicht durch die Weiterbeförderung verursacht, sondern müssen nur aufgewendet werden, damit die Weiterbeförderung möglich wird, die Reise nicht verändert zu werden braucht. Die Ausnahmenatur des § 95 Abs. 3 verbietet auch seine analoge Anwendung. Aus einer Reihe möglicher Kosten sind nur die Kosten der Umladung, der Lagerung und der Weiterbeförderung positiv ausgewählt. — Übrigens ist der Erlaß allgemeiner Ein- oder Ausfuhrverbote, allgemeiner Zollvorschriften usw. kein Gefahrereignis, nämlich kein Ereignis, das zu den Gefahren der Seeschiffahrt gehört (§ 28 Anm. 11, § 35 Anm. 23). Anders die auf Grund dieser allgemeinen Anordnungen getroffenen, gegen die versicherten Güter gerichteten Verfügungen (vgl. § 36 Anm. 3, auch den zu § 35 Anm. 23 berichteten Fall, aber auch § 121 Abs. 3). Aber die allgemeinen Anordnungen müssen eben befolgt werden, damit solche rechtmäßigen Verfügungen nicht ergehen; sonst hat sich der Versicherungsnehmer den Schaden selbst zuzuschreiben(§ 33). Anm. 25

c) „Einstweilige Lagerung" ist nicht (wie nach § 88 Abs. 2) die Lagerung für „kurze, den Verkehrsverhältnissen entsprechende Zeit", sondern die Lagerung zur Ermöglichung der Weiterbeförderung. Sie verliert also den Charakter des „Einstweiligen", wenn die Weiterbeförderung aufgegeben wird und damit auch die neue, an die Stelle der alten getretene, Gefahr wegfällt. — Dauert die Lagerung „unangemessen" lange, so kann der Versicherer gemäß § 96 Abs. 1 den Verkauf der Güter verlangen (vgl. aber auch § 96 Anm. 2). — Verzögert der Versicherungsnehmer die mögliche Weiterbeförderung, so wird der Versicherer gemäß §§ 23, 24 frei. — Zu den Kosten der einstweiligen Lagerung können Kosten der Bearbeitung, insbesondere Kosten, die aufgewendet werden müssen, um die Güter vor versicherungsfreiem Schaden, z. B. innerem Verderb, zu bewahren, nicht gerechnet werden (vgl. auch § 96 Anm. 5). Anm. 26

d) Wenn die Güter (etwa infolge eines Wiederausfuhr-Verbots) im Zwischenhafen ausgeladen und eingelagert werden und nicht weiterbefördert werden können, braucht der Versicherer die Ausladungs- und Lagerkosten natürlich nicht zu ersetzen. Die versicherte Unternehmung ist unmöglich geworden, die versicherte Gefahr weggefallen; die Versicherung endigt gemäß §§ 88 Abs. 2, 89 (oben Anm. 20, § 91 Anm. 6, § 96 Anm. 26). Der Versicherungsnehmer kann nur gemäß §§ 91 Abs. 2, 73 abandonnieren, wenn die Güter durch Verfügung von Hoher Hand festgehalten werden. Von der analogen Anwendung des § 95 Abs. 3 kann keine Rede sein. — Ebensowenig ist § 95 Abs. 3 anwendbar, wenn die Güter etwa im Zwischenhafen infolge Verfügung von Hoher Hand ausgeladen und wiedereingeladen werden müssen. Die Aus- und Wiedereinladungs-Kosten sowie die Lagerkosten sind vom Versicherer nicht zu ersetzen. Anm. 27

§ 95 Keiner der „Fälle des Absatzes 2" liegt vor. Die Ausnahmenatur des § 95 Abs. 3 verbietet die analoge Anwendung. — § 95 Abs. 3 ist deshalb natürlich auch dann nicht anwendbar, wenn die Güter in durchstehendem Risiko (für eine See- und Binnenreise) versichert sind und die Güter im Bestimmungshafen der Seereise eingelagert werden müssen, weil sie infolge eines Gefahrereignisses (insbesondere einer Verfügung von Hoher Hand) nicht sofort weiterbefördert werden können. Keiner der Fälle des § 95 Abs. 2 liegt vor. Die analoge Anwendung des § 95 Abs. 3 ist unstatthaft. Auch zur Abwendung von Versicherungsschaden sind die Kosten nicht aufgewendet. Wenn die Güter für die Reise von Calamata nach Venedig und weiter mit der Eisenbahn nach Zürich in durchstehendem Risiko kriegsversichert sind und in Venedig längere Zeit lagern müssen, weil Italien die Ausfuhr nach der Schweiz verboten hat, sind die Güter natürlich auch während der Lagerung in Venedig versichert (§ 88 Anm. 2), aber nicht etwa gemäß § 95 Abs. 2, sind also auch die Lagerungskosten nicht vom Versicherer zu ersetzen (womit die Fälle RG HGZ 1918. 70, HGZ 1917. 234 ohne weiteres zu erledigen gewesen wären; besonders bedenklich, sowohl in der Form wie im Inhalt, HGZ 1917. 234: „Die durch das Eingreifen einer kriegführenden Macht veranlaßte Lagerung sei in Verbindung mit den dadurch verursachten Unkosten an sich als ein Schaden anzusehen, für den die Versicherung gegen Kriegsgefahr hafte", — offenbar ein Ausfluß der, § 28 Anm. 34 bekämpften, Auffassung, daß der Versicherer für alle möglichen Schäden hafte).

Anm. 28 e) Der Versicherer hat die Kosten nicht zu ersetzen, wenn oder soweit sie zusammen mit der übrigen Entschädigung die Versicherungssumme übersteigen (§ 37; abw., aber ohne Grund, für AllgPlan 1847 §§ 57, 114: OAG Lübeck HH 642). Anders, wenn die Kosten (auch) zur Abwendung von Versicherungsschäden aufgewendet sind.

Anm. 29 f) Im Falle der Unterversicherung treffen die Kosten den Versicherer nur zum verhältnismäßigen Teile (§ 8; vgl. auch Begr. z. VVG § 137, wo dies aus der Fassung des § 137 Abs. 3 VVG und aus § 56 VVG abgeleitet wird).

Anm. 30 g) § 95 Abs. 3 findet auf die Versicherung von Gütern in unbestimmten Schiffen, insbesondere auf die laufende Versicherung, sinngemäß Anwendung. Näheres: oben Anm. 22.

Anm. 31 h) Ausnahmen von § 95 Abs. 3: § 120 Abs. 4, § 121 Abs. 3, § 122 Abs. 3, § 123.

Anm. 32 10. „In den Fällen, in welchen die Versicherung ungeachtet einer derartigen Aufgabe der Reise in Wirksamkeit bleibt, finden die Bestimmungen des § 60 Abs. 4 (Zuschlagsprämie, Anzeige) Anwendung", — so AlteGP (Zusatz zu ASVB § 77, Mat 2. 100). Nach den ADS „gebührt dem Versicherer eine Zuschlagsprämie, wenn die Gefahr, die er trägt, infolge einer Gefahr, die er nicht trägt, geändert und er durch die Änderung von der Verpflichtung zur Leistung nicht befreit wird" (§ 25). Das kann der Fall sein (braucht aber natürlich nicht der Fall zu sein), wenn die Reise des Schiffes aufgegeben wird und die Weiterbeförderung der Güter unter die Versicherung fällt. Denn die Aufgabe der Reise des Schiffes ist an und für sich keine „Gefahr, die der Versicherer trägt". Die Umgestaltung der versicherten Unternehmung wird auch regelmäßig (wegen der Umladung, der Reiseverzögerung usw.) mit einer Gefahrerhöhung verbunden sein. Und der Versicherer wird kraft der besonderen Bestimmung des § 95 Abs. 2 an der Verpflichtung zur Leistung festgehalten. — Über die Anzeigepflicht: oben Anm. 21. Ist mit der, von der Versicherung umfaßten, Umgestaltung der versicherten Unternehmung eine Gefahrerhöhung verbunden, so ist der Versicherungsnehmer auch gemäß § 26 verpflichtet, anzuzeigen.

Anm. 33 11. Beweislast. Der Versicherungsnehmer muß beweisen, daß der Schaden, dessen Erstattung er verlangt, während der Dauer der Versicherung entstanden ist

(§ 28 Anm. 31). Er muß also auch beweisen, daß die Güter mit dem Schiffe, mit dem sie befördert werden sollen, befördert sind (§ 95 Abs. 1). — Behauptet er, daß zwar die Beförderung geändert, daß aber die andersartige Beförderung, ausnahmsweise, unter die Versicherung fällt, so muß er es beweisen (§ 95 Abs. 2). Insbesondere muß er beweisen, daß im zweiten Ausnahmefall die Änderung der Beförderung, im dritten Ausnahmefall die Aufgabe der Reise des Schiffes nicht mit seiner Zustimmung erfolgt ist (ebenso für den Fall des § 816 HGB: Sieveking 76; anders, aber ohne Grund, für den Fall des § 828 HGB: RG 25. 98 und, folgend, Sieveking 120). Vgl. auch § 80 Anm. 7, § 85 Anm. 16. **§ 95**

12. § 95 findet auf **andere Versicherungen, die sich auf die Güter beziehen,** entsprechende Anwendung (§ 99). Aber die Kosten des § 95 Abs. 3 fallen dem Versicherer von Nebeninteressen ebensowenig zur Last, wie regelmäßig Schadenabwendungs-Kosten (§ 32 Anm. 16). Umladungs-, Lager- und Weiterbeförderungs-Kosten können indessen, wenn sie dem Güterversicherer nicht zur Last fallen, als Schadenabwendungs-Kosten vom Gewinnversicherer zu ersetzen sein. Solche Kosten können auch leicht entstehen. Denn der Gewinnversicherte kann nach § 103 Abs. 1 nicht nur in den Fällen Entschädigung verlangen, in denen der Güterversicherte Entschädigung verlangen kann, sondern auch dann, wenn die Güter nur den Bestimmungsort nicht erreichen. Er muß also, wenn die Güter nicht in vertragsmäßigen Schiffen den Bestimmungsort erreichen können, dafür sorgen, daß sie ihn sonstwie erreichen (§ 41 Anm. 15). Für die Kosten, die er dafür aufwendet und der Güterversicherer nicht zu ersetzen hat, kann er gemäß § 32 Abs. 1 Nr. 1, 2 vom Gewinnversicherer Ersatz verlangen. Anm. 34

13. § 95 gilt sinngemäß auch für die **Rückversicherung** (§ 99, § 1 Anm. 136). Haftet der Vorversicherer gemäß § 95 Abs. 1 nicht, so haftet auch der Rückversicherer nicht (was sich natürlich nicht erst aus § 95 Abs. 1, sondern schon daraus ergibt, daß die Rückversicherung Haftpflichtversicherung ist). Ist der Vorversicherer (wie gewöhnlich) abwicklungsberechtigt, so haftet der Rückversicherer gleichwohl, wenn der Vorversicherer sich auf § 95 Abs. 1 nicht beruft und auch ein nicht rückversicherter Versicherer sich verständiger- und billigerweise auf § 95 Abs. 1 nicht berufen würde (§ 1 Anm. 154). — Die Weisungen des § 95 Abs. 2 kann natürlich nur der Vorversicherer erteilen. Das Weisungsrecht des Rückversicherers wird durch § 41 bestimmt. Der abwicklungsberechtigte Vorversicherer braucht überhaupt keine Weisungen des Rückversicherers einzuholen und zu befolgen; er darf (und muß) so verfahren, wie ein nicht rückversicherter Versicherer verständiger- und billigerweise verfahren würde (§ 1 Anm. 154, § 41 Anm. 35). Anm. 35

14. **Fremde Rechte** (vgl. auch oben Anm. 2—4, 6, 9, 11, 12). Anm. 36

a) Englisches Recht. Lloyd's Police deckt a voyage in one ship only. Von dieser Regel gibt es nur zwei Ausnahmen. Die eine liegt vor, wenn der Versicherer mit dem Schiffswechsel einverstanden ist (vgl. Arnould 221 s. 247, 222 s. 249). Die zweite Ausnahme bestimmt MIA § 59: Where, by a peril insured against, the voyage is interrupted at an intermediate port or place, under such circumstances as, apart from any special stipulation in the contract of affreightment, to justify the master in landing and re-shipping the goods or other moveables, or in transhipping them, and sending them on to their destination, the liability of the insurer continues, notwithstanding the landing or transhipment.

b) Französisches Recht. Tout changement...de vaisseau...n'est point à la charge de l'assureur; est même la prime lui est acquise, s'il a commencé à courir les risques (C. de comm. Art. 351; vgl. auch oben Anm. 3, 4). Aber: Sont aux risques des assureurs, toutes pertes et dommages qui arrivent aux objets assurés, par...changements forcés... de vaisseau (C. de comm. Art. 350, 392). Anm. 37

§ 96

§ 96

Verkauf der Güter

(1) Wird nach dem Beginne der Versicherung die Reise des Schiffes aufgegeben oder aus einem anderen Grunde nicht vollendet, ohne daß der Versicherer von der Verpflichtung zur Leistung frei wird, so kann der Versicherer verlangen, daß unter seiner Mitwirkung der Versicherungsnehmer die Güter aus freier Hand oder im Wege öffentlicher Versteigerung verkauft, wenn die Güter ohne unverhältnismäßig hohe Kosten oder innerhalb angemessener Frist nicht weiterbefördert werden können. Verlangt der Versicherer den Verkauf, so muß dieser unverzüglich erfolgen. Die Versicherung endigt mit dem Verkaufe der Güter.

(2) Der Versicherungsnehmer kann im Falle des Verkaufs den Unterschied zwischen der Versicherungssumme und dem Erlös verlangen; er muß sich jedoch den Wert desjenigen anrechnen lassen, was er anderweit zur Ausgleichung des Schadens erlangt hat. Das Gleiche gilt, wenn die Güter unterwegs infolge eines dem Versicherer zur Last fallenden Unfalls verkauft werden müssen. Die Versicherung endigt auch in diesem Falle mit dem Verkauf.

(3) Hat nach den Verkaufsbedingungen der Verkäufer vorzuleisten, so steht der Versicherer für die Zahlung des Kaufpreises ein, falls er den Verkaufsbedingungen zugestimmt hat.

Anm. 1 1. Vgl. HGB § 877, ASVB §§ 134 Abs. 1, 136, BSVB § 60 Abs. 1 Nr. 5, § 60 Abs. 2, § 61 Abs. 2, § 65.

Anm. 2 2. **Abs. 1. Wird nach dem Beginn der Versicherung die Reise des** (im Versicherungsvertrag bestimmten) **Schiffes aufgegeben,** so fällt die versicherte Gefahr weg. Die Versicherung ist (auf ungewöhnliche Weise) beendigt. Der Wegfall der versicherten Gefahr wird wie der Wegfall des versicherten Interesses behandelt (§ 4 Anm. 5, § 5 Anm. 5, 15). Der Versicherer ist frei; der Versicherungsnehmer muß gleichwohl die (ganze) Prämie zahlen. Der Versicherer ist aber nach § 95 Abs. 2 nicht frei, wenn die Reise des Schiffes ohne Zustimmung des Versicherungsnehmers aufgegeben ist und die Güter mit einem vertragsfremden Schiffe oder zu Lande nach dem Bestimmungsort befördert werden können und befördert werden. Diese Beförderung „fällt unter die Versicherung". Nach § 95 Abs. 3 hat der Versicherer sogar die Kosten der Umladung und der einstweiligen Lagerung sowie die Mehrkosten der Weiterbeförderung zu ersetzen. Der Fall der Aufgabe der Reise des Schiffes wird insoweit als Versicherungsfall behandelt (§ 95 Anm. 21, 24). Im Versicherungsfall muß der Versicherungsnehmer nach Möglichkeit den Schaden mindern (§ 41). Er muß deshalb auch, wenn die Kosten des § 95 Abs. 3 unverhältnismäßig hoch sein würden, die Güter verkaufen (§ 41 Anm. 16; Gerhard 541, Sieveking 87, Voigt 747 und NAfHR 4. 315, ROHG 24. 395, 25. 371, See- u. HG Kopenhagen ITVMitt 1920. 38). Er muß insbesondere die Weisung des Versicherers, zu verkaufen, befolgen (§ 41 Abs. 1 Satz 2). Dies hebt § 96 Abs. 1 noch besonders hervor: **Der Versicherer,** der nicht frei ist, **kann verlangen, daß unter seiner Mitwirkung der Versicherungsnehmer die Güter aus freier Hand oder im Wege öffentlicher Versteigerung verkauft, wenn die Güter ohne unverhältnismäßig hohe Kosten oder innerhalb angemessener Frist nicht weiterbefördert werden können.** § 96 Abs. 1 behandelt also nur einen besonderen (und besonders wichtigen) Fall der Schadenabwendungs-Pflicht des § 41 für die Güter-

versicherung mit Rücksicht auf § 95 Abs. 2, 3. Hieran darf der Umstand nicht irre § 96
machen, daß der Versicherer nach § 96 Abs. 1 den Verkauf der Güter auch dann verlangen kann, wenn die Güter nicht „innerhalb angemessener Frist" weiterbefördert werden können. Denn man hat damit nur ausdrücken wollen, daß ebensowenig, wie die Kosten der eigentlichen Weiterbeförderung, auch die Kosten der Lagerung „unverhältnismäßig hoch" werden dürfen. Die versicherte Unternehmung soll nicht auf Kosten des Versicherers unwirtschaftlich werden. Der Versicherer kann nicht etwa schon dann den Verkauf der Güter verlangen, wenn die Güter unverhältnismäßig lange auf die Weiterbeförderung warten müssen, hiermit aber keine unverhältnismäßig hohen Kosten verbunden sind, die Wirtschaftlichkeit der versicherten Unternehmung also unberührt bleibt; und ebensowenig soll in solchem Falle der Versicherungsnehmer berechtigt oder gar verpflichtet sein, zu verkaufen (vgl. HG u. OG Hamburg Seebohm 40).

a) Nach dem Beginn der Versicherung. Über den Beginn der Versicherung: Anm. 3
§§ 88 Abs. 2, 89. Vor dem Beginn der Versicherung kann ja kein Versicherungsfall im Sinne des § 41 eintreten, der Versicherer also auch keine Weisung erteilen. Wird vor dem Beginn der Versicherung die Reise des Schiffes aufgegeben, so fällt die versicherte Gefahr weg. Der Versicherer ist frei und erhält nach § 4 Abs. 1 grundsätzlich nur die Ristornogebühr.

b) Die Reise des Schiffes muß aufgegeben sein, ohne daß der Versicherer Anm. 4
frei geworden ist. Es muß also ohne Zustimmung des Versicherungsnehmers die Reise des Schiffes, dagegen nicht die Reise der Güter aufgegeben sein. Wenn der Versicherungsnehmer die Reise der Güter und damit die versicherte Unternehmung „freiwillig" oder „gezwungen" (HGB § 828) aufgibt, ist die Reise verändert (vgl. § 23 Abs. 3), die Gefahr weggefallen (vgl. § 23 Anm. 66, § 5 Anm. 5, 15: sinngemäße Anwendung des § 4 Abs. 2). Aber der Fall wird weder nach den Grundsätzen über Gefahränderung noch nach denjenigen über den Wegfall der Gefahr behandelt. Die Versicherung endigt gemäß §§ 88 Abs. 2, 89. Näheres: § 95 Anm. 20. — Aus welchem Grunde das Schiff die Reise aufgibt, insbesondere ob „freiwillig" oder „gezwungen", ist im allgemeinen ohne Bedeutung. Aber wenn das Schiff infolge eines versicherungsfreien Unfalls die Reise aufgibt, fällt die Weiterbeförderung der Güter nicht unter die Versicherung, endigt also die Versicherung (§ 95 Anm. 11, 19). Besonderes gilt nur, wenn das Schiff die Reise wegen der (gemäß § 35 nicht mitversicherten) Kriegsgefahr aufgibt: Der Versicherer wird nach § 35 Abs. 3 zwar frei, kann aber vom Versicherungsnehmer an der Versicherung festgehalten werden; die Weiterbeförderung fällt in diesem Falle unter die Versicherung (näheres: § 95 Anm. 19). Der Versicherer kann aber in diesem Falle gleichwohl den Verkauf der Güter wegen unverhältnismäßiger Höhe der Kosten nicht verlangen. Denn die Kosten fallen ihm nicht zur Last, vielmehr erhält er sogar nach § 35 Abs. 4 eine Zuschlagsprämie. Der Kriegsversicherer würde an und für sich die Kosten zu ersetzen haben und demgemäß auch den Verkauf der Güter verlangen können. Aber nach der Ausnahmebestimmung der §§ 121 Abs. 3, 122 Abs. 3 hat auch der Kriegsversicherer die Kosten des § 95 Abs. 3 nicht zu ersetzen, kann also auch er nicht wegen unverhältnismäßiger Höhe der Kosten den Verkauf der Güter verlangen.

c) Die Güter müssen ohne unverhältnismäßig hohe Kosten nicht weiter- Anm. 5
befördert werden können. Als solche Kosten kommen natürlich nicht nur die mit der Weiterbeförderung unmittelbar verbundenen Kosten in Betracht, sondern auch die Kosten der Umladung und der einstweiligen Lagerung (vgl. auch oben Anm. 2, auch HG Hamburg Seebohm 622, OAG Lübeck HH 644). Und nicht nur sie, sondern auch sonstige Kosten, die nach dem Eintritt des Versicherungsfalls zur Abwendung von

§ 96 Versicherungsschaden und zur Ermöglichung der Weiterbeförderung aufgewendet werden müssen, z. B. Bergungskosten oder Kosten für die Bearbeitung der versicherungsbeschädigten Güter (Rosetto v. Gurney 1851 bei Arnould 1113 s. 1141, Farnworth v. Heyde ebendort 1113 s. 1142); aber natürlich nicht Kosten, die zur Abwendung von versicherungsfreiem Schaden aufgewendet werden müssen (vgl. § 95 Anm. 26). — Zu welchem Werte oder Betrag die Kosten ins Verhältnis zu setzen sind, sagt § 96 Abs. 1 nicht (ebensowenig, wie z. B. HGB § 540, BGB §§ 343, 383, 633 den Begriff des „Unverhältnismäßigen" bestimmen). Der Natur der Sache nach kann nur das Verhältnis der Kosten zum Werte des versicherten Interesses, zum Versicherungswert, zum taxierten oder wirklichen Versicherungswert, in Betracht kommen. Der Versicherungsnehmer kann sich z. B. nicht darauf berufen, daß der Wert der Güter in der Zwischenzeit erheblich gestiegen ist und die Kosten im Verhältnis zum Ankunftswert der Güter deshalb nicht hoch sind (See- u. HG Kopenhagen ITVMitt 1920. 38). Ebensowenig etwa darauf, daß der Verkauf der Güter es ihm, vertretbar, unmöglich mache, seinem Käufer zu liefern, daß der Verkauf der Güter ihn also zum Schadensersatz verpflichten würde und im Verhältnis zur Höhe des Schadensersatzes die Kosten niedrig seien. — Im übrigen ist Tatfrage, ob die Kosten unverhältnismäßig hoch sind. Sie sind es jedenfalls, wenn sie mehr betragen würden, als der Unterschied zwischen dem Versicherungswert der Güter und dem voraussichtlichen Verkaufserlös (OG Hamburg, OAG Lübeck HH 633, 634, 644; vgl. auch HG Hamburg Seebohm 622). Aber auch wenn sie weniger betragen, können sie mit Rücksicht auf das Risiko der Weiterbeförderung unverhältnismäßig hoch erscheinen (OG Hamburg Seebohm 632). — Die Kosten müssen (objektiv) unverhältnismäßig hoch erscheinen, wenn der Versicherer den Verkauf verlangt; der Versicherungsnehmer braucht nicht zu verkaufen, wenn die Kosten nicht in diesem Zeitpunkt unverhältnismäßig hoch erscheinen. Aber wenn später die Kosten unverhältnismäßig hoch erscheinen, muß der Versicherungsnehmer gemäß § 41 Weisungen einholen, — „falls die Umstände es gestatten". Wenn die Umstände es nicht gestatten, wenn zur Minderung des Schadens sofort verkauft werden muß, muß der Versicherungsnehmer sofort verkaufen (§ 41 Anm. 23). Vgl. auch unten Anm. 12.

Anm. 6 d) Der Versicherer kann den Verkauf verlangen.

1. Der Versicherer. Sind mehrere Versicherer beteiligt, so kann jeder einzelne verlangen, nicht der eine für den andern. Ist ein Versicherer „Führer", so kann er auch für die anderen verlangen (Vorb. vor § 1 Anm. 46). Widersprechen sich die Weisungen, verlangt der eine Versicherer den Verkauf, der andere Unterlassung des Verkaufs, so hat der Versicherungsnehmer gemäß § 41 Abs. 1 Satz 3 nach eigenem pflichtmäßigen Ermessen zu handeln (näheres: § 41 Anm. 24). — Der Versicherer kann auch dann verlangen, wenn ein Teil des Versicherungswerts unversichert ist; anders, wenn mehr als die Hälfte des Versicherungswerts unversichert ist (§ 41 Abs. 2; näheres: § 41 Anm. 25). — Erklärung durch Vertreter: BGB §§ 174, 180, insbesondere durch Havariekommissare: § 74 Anm. 63. — Anfechtung wegen Irrtums usw.: BGB §§ 119ff.

Anm. 7 2. Das Verlangen ist eine empfangsbedürftige (im übrigen keiner besonderen Form bedürfende) rechtsgestaltende Willenserklärung (wie die Weisung des § 41 Abs. 1 Satz 2 überhaupt; deshalb näheres: § 41 Anm. 19; vgl. auch § 93 Anm. 28). — Der Versicherer muß Verkauf aus freier Hand oder öffentliche Versteigerung verlangen. Er kann wählen. Er kann auch die Wahl dem Versicherungsnehmer überlassen. Er kann auch eine andere Art des Verkaufs verlangen. Denn das allgemeine Weisungsrecht des § 41 Abs. 1 Satz 2 hat durch § 96 Abs. 1 nicht eingeschränkt werden sollen.

3. Der Versicherungsnehmer muß „unter Mitwirkung" des Versicherers verkaufen. Er muß, wenn tunlich, dem Versicherer Gelegenheit geben, Weisungen zum Verkauf zu erteilen oder auch unmittelbar Maßregeln zur Erzielung eines möglichst günstigen Verkaufsergebnisses zu treffen. Das bedeutet indessen nichts Besonderes. Auch bei sonstigen Verkäufen aus ähnlichem Anlaß muß der Versicherungsnehmer dem Versicherer in dieser Weise mitzuwirken Gelegenheit geben (vgl. auch § 71 Anm. 28, § 77 Anm. 11, § 93 Anm. 29). Das Verlangen des Versicherers braucht hierauf nicht notwendig hinzuweisen. **§ 96** Anm. 8

4. Verkauf aus freier Hand ist Verkauf auf gewöhnlichem Wege (vgl. HGB § 373 Abs. 2). Um dem Versicherer Gelegenheit zur „Mitwirkung" zu geben, wird der Versicherungsnehmer sich regelmäßig eine befristete Kaufofferte machen lassen und die Entschließung des Versicherers einholen müssen. — Der Versicherer kann die Güter kaufen. Der Versicherungsnehmer nicht. Ebensowenig der Versicherte; auch nicht durch einen Dritten (vgl. JW 1899. 495). Der Versicherungsnehmer muß überhaupt ohne Rücksicht auf das eigene Interesse möglichst günstig zu verkaufen suchen (näheres: § 41 Anm. 10). Anm. 9

5. Öffentliche Versteigerung ist Versteigerung durch einen Gerichtsvollzieher des Versteigerungsorts oder durch einen Versteigerungsbeamten oder durch einen öffentlich angestellten Versteigerer (BGB § 383 Abs. 3), im Ausland nach den dortigen Vorschriften. Näheres: § 71 Anm. 28. Anm. 10

6. Der Versicherer ist nicht verpflichtet, den Verkauf zu verlangen. Er kann dem Versicherungsnehmer überlassen, nach pflichtmäßigem Ermessen darüber zu entscheiden, ob die Güter zur Minderung des Schadens verkauft werden müssen. Näheres: § 41 Anm. 22. Anm. 11

e) Ist das Verlangen des Versicherers berechtigt, so **muß der Versicherungsnehmer die Güter unverzüglich verkaufen.** Anm. 12

1. Der Versicherungsnehmer muß verkaufen. Über den Begriff des Versicherungsnehmers, über den Fall, daß mehrere Versicherungsnehmer beteiligt sind, über den Fall, daß die Versicherung für fremde Rechnung genommen ist, über den Fall, daß die Güter veräußert sind, oder daß der Entschädigungsanspruch abgetreten ist: § 41 Anm. 4.

2. Der Versicherungsnehmer ist verpflichtet. Er muß deshalb das Verhalten Dritter in den Grenzen des § 278 BGB gegen sich gelten lassen. Näheres: § 41 Anm. 5.

3. Der Versicherungsnehmer muß unverzüglich verkaufen. Ohne schuldhaftes Zögern (BGB § 121; näheres: § 3 Anm. 20).

4. Der Versicherungsnehmer muß auch dann verkaufen, wenn es nicht in seinem Interesse ist. — Er braucht aber nicht zu verkaufen, wenn er den Umständen nach annehmen darf, daß der Versicherer bei Kenntnis der Sachlage den Verkauf nicht verlangt haben würde (anal. BGB § 665). — Er darf nicht verkaufen, wenn er den Umständen nach annehmen muß, daß der Versicherer bei Kenntnis der Sachlage den Verkauf nicht verlangt haben würde (anal. BGB § 665). Ebensowenig, wenn der Versicherer den Verkauf erkennbar im Hinblick auf einen bestimmten Sachverhalt verlangt hat und dieser Sachverhalt sich so ändert, daß das Verlangen des Versicherers nicht mehr begründet erscheint. — Befolgt der Versicherungsnehmer das Verlangen des Versicherers berechtigterweise, so ist er gedeckt. Der Versicherer kann sich nicht darauf berufen, daß der Versicherungsnehmer ohne das Verlangen nicht hätte verkaufen dürfen, ohne seine Schadenabwendungs-Pflicht zu verletzen. — Befolgt der Versicherungsnehmer das Verlangen nicht (oder nicht unverzüglich), so ist die Schadenabwendungs-Pflicht verletzt. Der Versicherer haftet nach § 41 Abs. 3 nur insoweit, als er gehaftet haben würde,

§ 96 wenn der Versicherungsnehmer die Güter unverzüglich verkauft hätte. — Näheres über alles dies: § 41 Anm. 21.

Anm. 13 f) Ist das Verlangen des Versicherers unberechtigt, so braucht der Versicherungsnehmer nicht zu verkaufen. Verkauft er doch, so ist er im allgemeinen gedeckt. Anders, wenn er den Umständen nach annehmen muß, daß der Versicherer den Verkauf bei Kenntnis der Sachlage nicht verlangt haben würde, oder wenn der Versicherer den Verkauf erkennbar im Hinblick auf eine bestimmte Sachlage verlangt hat und diese Sachlage sich so ändert, daß anzunehmen ist, der Versicherer würde bei seinem Verlangen nicht beharren (näheres: oben Anm. 12).

Anm. 14 3. **Die Versicherung endigt mit dem Verkauf** der Güter. Das versteht sich im allgemeinen von selbst (vgl. § 71 Anm. 31). Denn der Verkauf dient ja zur Abwicklung des Versicherungsverhältnisses. Die Versicherung endigt also jedenfalls schon mit dem Verkauf. Sie geht insbesondere nicht etwa gemäß § 49 auf den Erwerber über. Die Versicherung endigt aber auch erst mit dem Verkauf (vgl. HGB § 877: „erst mit dem Verkauf"). Sie endigt nicht gemäß § 88 Abs. 3, sondern dauert, wenn der Versicherer den Verkauf vor der Beendigung der Versicherung verlangt, fort. Aber wenn sie einmal beendigt ist, lebt sie natürlich nicht irgendwann wieder auf, um bis zum Verkauf fortzudauern (vgl. auch § 77 Anm. 24). Im Falle der Verlängerung der Versicherung gebührt dem Versicherer keine Verlängerungsprämie (anders § 77 Abs. 1 Satz 4). — § 96 Abs. 1 Satz 3 ist überdies ungenau. Nach dem Zwecke der Bestimmung wird die Versicherung erst endigen können, wenn nach den gemeinbürgerlichen Vorschriften über den Gefahrübergang die Gefahr vom Versicherungsnehmer auf den Käufer übergeht (vgl. BGB §§ 446, 447). Nur wenn nach dem Kaufvertrag die Gefahr schon mit dem Verkauf auf den Käufer übergeht, endigt die Versicherung genau mit dem Verkauf. Der Versicherungsnehmer ist aber im allgemeinen nicht verpflichtet, im Kaufvertrag, insbesondere in den Versteigerungsbedingungen, von den gemeinbürgerlichen Vorschriften Abweichendes auszubedingen.

Anm. 15 4. Ebendasselbe gilt, wenn die **Reise des Schiffes aus einem anderen Grunde** (als dem der Aufgabe der Reise, z. B. infolge des Totalverlustes des Schiffes) **nicht vollendet** wird, ohne daß der Versicherer frei wird. Der Grund muß natürlich auch in diesem Falle ein Gefahrereignis sein. — Die Nichtvollendung der Reise des Schiffes (infolge Reiseaufgabe oder aus anderem Grunde) bildet nicht den einzigen Fall, in dem die Beförderung der Güter mit einem anderen Schiff oder zu Lande nach § 95 Abs. 2 unter die Versicherung fällt. Natürlich kann der Versicherer gegebenenfalls auch in den anderen Fällen den Verkauf der Güter verlangen; nur nicht gemäß § 96 Abs. 1, sondern gemäß § 41 Abs. 1 Satz 2 (vgl. § 41 Anm. 16, 20).

Anm. 16 5. § 96 Abs. 1 setzt voraus, daß die Güter nach dem Versicherungsvertrag in einem bestimmten Schiffe zu befördern sind. § 96 Abs. 1 findet aber auf die Versicherung von Gütern in unbestimmten Schiffen, insbesondere auf die laufende Versicherung, sinngemäße Anwendung. Näheres hierüber: § 95 Anm. 6.

Anm. 17 6. **Abs. 2 Satz 1. Der Versicherungsnehmer kann im Falle des Verkaufs** (d. h. wenn er dem Verlangen des Versicherers entspricht und die Güter gemäß § 96 Abs. 1 verkauft) **den Unterschied zwischen der Versicherungssumme und dem Erlös verlangen.** Natürlich. Denn der Versicherungsnehmer hat ja in Erfüllung seiner Schadenabwendungs-Pflicht die versicherte Sache selbst „aufgewendet". Die versicherte Sache ist zwar nicht total „verloren" (§ 28 Anm. 36, 38, § 71 Anm. 8, 9; vgl. auch RG 13. 126); aber sie muß wie eine total verlorengegangene Sache behandelt werden (§ 32 Anm. 8). Der Versicherer muß also die Versicherungssumme zahlen und kann von dieser abziehen, was der Versicherungsnehmer anderweit zur Ausgleichung des Schadens erlangt hat (§§ 91 Abs. 1, 71 Abs. 1), in erster Linie also den Verkaufserlös, ferner vom Verfrachter etwa erlangte Ersatzbeträge usw. Von diesen Grundsätzen weicht § 96 (teilweise im Anschluß an § 77) nur wenig ab. § 96

a) Der Versicherungsnehmer kann die Versicherungssumme weniger den Erlös verlangen. Die Vereinbarung einer Versicherungssumme zeigt sich auch hier wieder als Vereinbarung über den Wert des Interesses (vgl. § 6 Anm. 10, § 71 Anm. 13, § 77 Anm. 12). Der Versicherungsnehmer, der dem Verlangen des Versicherers gemäß die Güter verkauft hat, kann ohne weiteres als den Ersatz dieses Wertes, als Entschädigung, die Versicherungssumme verlangen. Ohne weiteres: ohne nachweisen zu müssen, daß der Versicherungsschaden der Versicherungssumme entspricht, insbesondere daß der Versicherungswert ebenso groß ist wie die Versicherungssumme (oder größer). Der Versicherer muß beweisen, daß der Schaden kleiner ist als die Versicherungssumme (§ 6 Anm. 11). Hiervon macht § 96 eine Ausnahme: Der Versicherer braucht nicht nachzuweisen, was der Versicherungsnehmer sich als Verkaufserlös auf die Versicherungssumme anrechnen lassen muß. Der Versicherungsnehmer kann überhaupt nur den Unterschied zwischen Versicherungssumme und Erlös verlangen. Er muß also insbesondere beweisen. Und es kommt auch nicht darauf an, ob er den Erlös „erlangt" hat (näheres hierüber: unten Anm. 34). Noch weniger natürlich darauf, ob der Verfrachter oder der Kapitän, der den Erlös erlangt hat, den Erlös an den Versicherungsnehmer abgeliefert hat. — Die Aufklärungspflicht des Versicherungsnehmers (§ 43) wird durch § 96 natürlich überhaupt nicht berührt (§ 71 Anm. 13). Anm. 18

b) Nach § 877 Abs. 1 HGB (ebenso ASVB § 136 Abs. 1) hat der Versicherer den „Unterschied zwischen dem...Reinerlös der Güter und deren Versicherungswert" zu ersetzen. Das scheint auf einem Redaktionsversehen zu beruhen. Art. 649 PreußE verpflichtete den Versicherer, im Falle des Totalverlustes „bei einer taxierten Police die Taxe, in anderen Fällen aber den versicherten Wert der Güter zu zahlen", und demgemäß verpflichtete Art. 664 PreußE, folgegerecht, den Versicherer, im Falle des Verkaufs der Güter den „Unterschied zwischen dem Verkaufserlös... und der Taxe der Police oder dem versicherten Werte der Güter" zu zahlen. Die ADHGB-Kommission dagegen verpflichtete den Versicherer, im Falle des Totalverlustes die Versicherungssumme zu zahlen, und demgemäß, gleichfalls folgegerecht, im Falle des Verkaufs der Güter „die volle Versicherungssumme nach Abzug des...Reinerlöses" zu zahlen (Prot. 3506). Dies ist auch gebilligt „abgesehen von einigen Redaktionsbemerkungen", welche die Änderung der Fassung herbeigeführt zu haben und dabei aus der Rolle gefallen zu sein scheinen (Prot. 3516, 4418, Entwurf 1. Lesung Art. 764 Abs. 1). § 877 Abs. 1 HGB wird daher wohl ebenso zu verstehen sein wie § 96 Abs. 2 ADS (vgl. auch § 92 Anm. 2). Anm. 19

c) Nach § 136 Abs. 1 ASVB war der Reinerlös abzuziehen, und zwar der Reinerlös, der „sich nach Abzug der Fracht, wie solche nach Landesgesetzen hatte bezahlt werden müssen, der Zölle und Verkaufskosten" ergab (im wesentlichen ebenso HGB § 877 Abs. 1). Anders nach § 96 Abs. 2 ADS: Der Erlös wird ganz abgezogen (vgl. auch § 71 Anm. 30, § 77 Anm. 12; unrichtig Begr. z. E 1910 § 91: Als „Erlös" sei ohne weiteres der Reinerlös zu betrachten). Aber es handelt sich um eine weisungsgemäße Maßregel zur Minderung von Versicherungsschaden. Der Versicherer muß also die Aufwendungen besonders ersetzen, die der Versicherungsnehmer gemäß der Weisung des Versicherers macht (§ 32 Abs. 1 Nr. 2, § 37 Abs. 2). Zu diesen Aufwendungen gehören in erster Linie die Verkaufskosten (z. B. auch Maklerprovision, die zweckmäßig aufzuwenden ist). Ebenso Zölle, die der Versicherungsnehmer sonst nicht zu entrichten gehabt haben würde. Ebenso auch wohl die Fracht (insbesondere Distanzfracht). Denn der Versicherungsnehmer, der verkaufen muß, wendet (regelmäßig wenigstens) den Vorteil auf, der in der Beförderung der Güter zum Bestimmungsort gelegen haben Anm. 20

§ 96 würde, und erhält dafür nur in dem Unterschied zwischen der vereinbarten Fracht und der Distanzfracht, den er nicht zu zahlen braucht, Ersatz (vgl. jedoch auch RG u. OG Hamburg Ullrich Nr. 311: keine Haftung des Versicherers für die Fracht über die Taxe hinaus, — freilich auf Grund AllgPlan 1847 § 96 Abs. 7, wonach die Fracht eben nur „abgezogen" werden sollte). Anders natürlich, wenn die ganze Fracht endgültig bezahlt, im Versicherungswert (§ 90 Abs. 1) und in der Versicherungssumme mitversichert und deshalb schon im Unterschied zwischen Versicherungssumme und Verkaufserlös zu ersetzen ist.

Anm. 21 d) Im Falle der Unterversicherung ist natürlich nur ein verhältnismäßiger Teil des Erlöses von der Versicherungssumme abzuziehen (§ 8 Satz 1). Beträgt der Versicherungswert 200000, die Versicherungssumme 100000, der Verkaufserlös 50000, so erhält der Versicherungsnehmer nicht 100000 — 50000 = 50000, sondern 100000 — (50000:2) = 75000. Vgl. auch § 71 Anm. 23, § 77 Anm. 12.

Anm. 22 e) Der Versicherungsnehmer muß sich ferner **den Wert desjenigen anrechnen lassen, was er anderweit zur Ausgleichung des Schadens erlangt hat.** Das versteht sich (ebenso, wie im § 71 Abs. 1 und im § 77 Abs. 1 Satz 3) von selbst (Vorb. IX vor § 1).

Anm. 23 f) Nur der Versicherungsnehmer kann den Unterschied zwischen Versicherungssumme und Erlös verlangen. Nicht der Versicherer den Unterschied zwischen dem (höheren) Erlös und der (kleineren) Versicherungssumme. Der Verkauf der Güter ist zu Lasten des Versicherers, nicht für seine Rechnung(ROHG 23. 387, OG Hamburg HGZ 1877. 389).

Anm. 24 7. **Abs. 2 Satz 2** behandelt (ebenso, wie Abs. 1, Abs. 2 Satz 1) einen besonderen Fall der Schadensabwendung. Im Versicherungsfall muß der Versicherungsnehmer für die Minderung des Versicherungsschadens sorgen (§ 41). Zur Minderung des Versicherungsschadens kann es nötig sein, daß die versicherte Sache verkauft wird (§ 41 Anm. 16). Verkauft der Versicherungsnehmer die Sache in solchem Falle, so ist die Sache zwar nicht verlorengegangen (§ 28 Anm. 36, 38, § 71 Anm. 8, 9); aber sie muß wie eine verlorengegangene Sache behandelt werden (§ 32 Anm. 8). Gemäß alter Übung (vgl. Guidon de la mer VII. 1, AHO 1731 XI. 6) greift § 96 Abs. 2 Satz 2 aus der Menge der möglichen Fälle den gewöhnlichsten heraus: den **Fall, daß die Güter unterwegs infolge eines dem Versicherer zur Last fallenden Unfalls verkauft werden müssen.** Dieser Fall soll ebenso behandelt werden, wie der Fall, daß der Versicherer, weil die versicherte Unternehmung unwirtschaftlich geworden ist, den Verkauf verlangt: **Der Versicherungsnehmer kann den Unterschied zwischen Versicherungssumme und Erlös verlangen.**

Anm. 25 a) Vorausgesetzt ist, daß die Güter verkauft werden mußten. Das kann wegen des inneren Zusammenhangs der §§ 32, 41, 96 nichts anderes bedeuten, als daß der Versicherungsnehmer den Verkauf „den Umständen nach für geboten halten durfte" (vgl. § 32 Abs. 1 Nr. 1). Und dies bedeutet, daß der Versicherungsnehmer den Verkauf ohne Fahrlässigkeit für geboten hielt (§ 32 Anm. 19). Der Fall, daß der Versicherer die Weisung erteilt, zu verkaufen, und der Versicherungsnehmer die Weisung befolgen muß und befolgt, ist an und für sich auch ein Fall, in dem die Güter „verkauft werden müssen". Aber er ist wohl nicht gemeint und deshalb den anderen Fällen zuzuzählen, in denen der Versicherungsnehmer zur Minderung des Schadens verkauft und nach Totalverlust-Grundsätzen die Versicherungssumme verlangen kann. — Der Versicherungsnehmer darf selbstverständlich nicht lediglich deshalb verkaufen, weil sich ein dem Versicherer zur Last fallender Unfall ereignet hat, etwa die Güter unterwegs durch Seewasser beschädigt sind (ROHG 25. 371).

b) Vorausgesetzt ist weiter, daß die Güter infolge eines dem Versicherer zur Last fallenden Unfalls verkauft werden mußten. Das kann wegen des inneren Zusammenhangs der §§ 32, 41, 96 nur bedeuten, daß der Versicherungsnehmer im Versicherungsfall, und zwar in dem durch einen Unfall gebildeten Versicherungsfall, zur Minderung von Versicherungsschaden verkaufen mußte. Nicht als ob der Versicherungsnehmer nicht auch in anderen als „Unfalls"-Fällen verkaufen dürfte oder gar verkaufen müßte und alsdann die Versicherungssumme verlangen könnte. Aber § 96 Abs. 2 Satz 2 gilt nur für den besonderen (übrigens auch gewöhnlichsten) Fall, daß der Versicherungsfall ein „Unfall" ist. — Über den Begriff des Unfalls, insbesondere des dem Versicherer zur Last fallenden Unfalls, vgl. § 40 Anm. 10, § 95 Anm. 10, 11. — Der Verkauf muß also zur Minderung von Versicherungsschaden notwendig gewesen sein. Wenn der Versicherungsnehmer zur Minderung von Schaden verkauft, für den der Versicherer nicht haftet, ist der Verkauf nicht zu Lasten des Versicherers. So z. B., wenn die Güter zur Abwendung eines Beschädigungsschadens verkauft werden, für den der Versicherer nach §§ 82—86, 113, 114 nicht haftet (HG u. OG Hamburg, OAG Lübeck HambS 3. 93, Seebohm 662). So insbesondere auch, wenn ein Gefahrunfall eintritt, die Güter infolgedessen nicht weiterbefördert werden können und die (beschädigten oder unbeschädigten) Güter nur aus diesem Grunde verkauft werden. Man hat früher wohl hin und wieder (im Anschluß an englische Rechtsanschauungen: unten Anm. 37) auch diesen Fall des „Verlustes der Reise" als einen Fall angesehen, in dem der Versicherungsnehmer die Güter verkaufen und die Versicherungssumme weniger den Erlös verlangen oder doch die Güter abandonnieren dürfe (vgl. Pöhls 4. 600, 624: Wenn z. B. „in dem Hafen, den das Schiff aufgesucht habe, kein Schiff zu erhalten sei, in welchem die Ladung weiterverschifft werden könne, sei der Fall vorhanden, wo die Güter dem Versicherten wertlos geworden seien; man könne sagen, die Reise sei ihm verloren und er könne abandonnieren", oder HG u. OG Hamburg, OAG Lübeck Seebohm 629: „Der Verkauf der Ladung erscheine gerechtfertigt, wenn die Unmöglichkeit der Weiterverschiffung anzunehmen sei", auch ROHG 25. 371, jedoch unter Bezugnahme auf AllgPlan 1847 § 119, der diese Auffassung keineswegs rechtfertigte: „Eine im Nothafen beschädigt befundene Ware dürfe resp. müsse dann verkauft werden, wenn ihre Weiterverschiffung überhaupt unmöglich sei", richtig dagegen OAG Lübeck HambS 3. 99: „Eine fingierte Vernichtung, einen sog. konstruktiven Totalverlust, um deswillen anzunehmen, weil die Ware ihren Bestimmungsort nicht erreiche und den betreffenden Attesten zufolge unverschiffbar, sowie durch längere Aufbewahrung dem gänzlichen Verderben ausgesetzt, in einem Zwischenhafen habe verkauft werden müssen, sei unzulässig"; vgl. auch § 91 Anm. 6). Ist die Weiterbeförderung der Güter zum Bestimmungsort unmöglich, so ist die versicherte Unternehmung „gezwungen" (vgl. HGB § 828) aufgegeben, die versicherte Gefahr weggefallen und zugleich die versicherte Reise verändert. Der Versicherer wäre also frei, wenn § 88 Abs. 3 nicht besonders bestimmte, daß die Versicherung nunmehr auf gewöhnlichem Wege endigen und der Versicherer auf diesem Wege frei werden soll. Nur, wenn etwa die Güter so beschädigt sind, daß sie (nicht nur nicht weiterbefördert werden können, sondern auch) weiteren Versicherungsschaden erleiden würden, wenn sie nicht sofort verkauft würden, ist der Verkauf zu Lasten des Versicherers. Demgemäß bestimmte auch schon AHO 1731 XI. 6 (in bemerkenswerter Verbindung des Schadenabwendungs-Falles und des gewöhnlichen Totalverlust-Falles): „Könnten die Assecuradeurs mit den Assecurirten sich hierüber (über das, was im Falle des Gefahrunfalls zu tun ist) nicht vereinigen, so stehet diesen frey, von kündigen Leuten ein beeydigtes Attestatum oder Zeugnis aufzunehmen, wie dieselben die verdorbenen Güter beschaffen finden. Und wann alsdann daraus erhellet, daß nichts gesundes geborgen, oder daß dasjenige, was

§ 96 noch salviret worden, der Mühe des Trucknens, wieder Aufmachens und Transportirens nicht werth sey; so kann der Assecurirte entweder die Güter verkaufen, und was er sodann Schaden leidet, von den Assecuradeurs ihm ersetzen lassen, oder auch, ohne auf den Verkauf zu warten, die Bezahlung des vollen Schadens, gegen Anweisung und Cedirung der verdorbenen Waren, von ihnen fodern".

Anm. 27 c) Vorausgesetzt ist ferner, daß die Güter unterwegs verkauft sind. Unterwegs sind die Güter, wenn sie mit dem Schiffe die Reise angetreten und noch nicht beendigt haben (vgl. § 68 Anm. 3). Diese Reise ist also nicht die versicherte Reise. Sie ist nicht schon angetreten, wenn die Güter dem Verfrachter zur Beförderung übergeben, insbesondere eingeladen werden, und nicht erst beendigt, wenn die Güter am Ablieferungsort abgeliefert sind. Die ADS hätten sonst den, einschränkenden, Ausdruck ganz weglassen oder sich so farblos ausdrücken müssen, wie etwa HGB § 877 („während der Reise"). Die Frage ist übrigens ohne große Bedeutung. Denn der Versicherungsnehmer kann, auch wenn der Versicherungsfall vor Antritt oder nach Beendigung der Reise, aber nach Beginn und vor Beendigung der Versicherung eintritt (die Güter z. B. auf dem Kai durch Feuer beschädigt werden), berechtigt oder gar verpflichtet sein, zur Minderung des Versicherungsschadens sofort zu verkaufen, und dann, zwar nicht gemäß § 96 Abs. 2 Satz 2, wohl aber nach allgemeinen Totalverlust-Grundsätzen Entschädigung verlangen (oben Anm. 24).

Anm. 28 d) Der Versicherungsnehmer muß gemäß § 41 möglichst günstig zu verkaufen suchen (oben Anm. 9).

Anm. 29 e) Der Versicherungsnehmer kann den Unterschied zwischen Versicherungssumme und Erlös verlangen. Näheres hierüber: oben Anm. 17ff. und unten Anm. 34. Ersatz von Fracht wird der Versicherungsnehmer aber regelmäßig nicht verlangen können (vgl. § 91 Anm. 8 und oben Anm. 20, auch OG Hamburg HGZ 1869. 259, OAG Lübeck Kierulff 6. 350).

Anm. 30 f) Die Versicherung endigt mit dem Verkauf. Hierüber näheres: oben Anm. 14.

Anm. 31 g) § 96 Abs. 2 Satz 2 ist unanwendbar, wenn die Güter bereits total verlorengegangen (z. B. unrettbar gesunken) sind und, was von ihnen noch übrig ist, zur Minderung des Schadens verkauft werden muß. Ebenso, wenn sie total verlorengegangen sind und, nachdem der Versicherungsnehmer die Versicherungssumme verlangt hat, gerettet sind und zur Minderung des Schadens verkauft werden müssen (vgl. RG 13. 125). Der Versicherungsnehmer erhält gemäß §§ 91 Abs. 1, 71 Abs. 1 die Versicherungssumme und muß sich vorher anderweit Erlangtes anrechnen lassen. Ist er befriedigt, so gehen die Rechte an den Gütern gemäß §§ 91 Abs. 1, 71 Abs. 3 auf den Versicherer über. Der Verkauf der Güter ist, wenn der Versicherungsnehmer die Versicherungssumme verlangt und damit das Verhältnis festgemacht hat (nicht nur zu Lasten, sondern auch zu Gunsten, also), für Rechnung des Versicherers (vgl. § 70 Anm. 15, § 90 Anm. 24). — Total verloren sind die Güter insbesondere, wenn der Kapitän sie rechtswidrig verkauft (§ 33 Anm. 45). Über den Fall, daß der Kapitän die Güter rechtmäßig zur Fortsetzung der Reise verkauft, vgl. § 81 Anm. 2, 3.

Anm. 32 8. Beispielfälle zum § 96 Abs. 2 Satz 2:

a) ROHG 25. 368, HG u. OG Hamburg HGZ 1879. 86. Kaffee war für die Reise von Rio nach Drontheim versichert. Schiff und Güter wurden unterwegs beschädigt und mußten Stavanger als Nothafen anlaufen. Hier wurde der beschädigte Kaffee verkauft, obgleich er ohne unverhältnismäßige Kosten oder sonstige Nachteile, sei es nach, sei es ohne Bearbeitung, nach dem Bestimmungsort hätte weiterbefördert werden können. Der Verkauf war nicht zu Lasten des Versicherers, und zwar um so weniger, weil am Verkaufsort ein ungünstiges Ergebnis zu erwarten war.

b) RG 31. 131, HGZ 1893. 105 (vgl. dazu auch Ritter LZ 1914. 361, RG 88. 316). Kohlen waren mit der Klausel „Die Gefahr der Selbstentzündung oder deren Folgen sind includiert“ für die Reise von Newcastle nach Guayaquil versichert. Das (Segel-) Schiff erlitt schwere Stürme und nahm viel Wasser über. Die Kohlen wurden durchnäßt, und zwar so sehr, daß „ein deutlicher Geruch von Steinkohlengas im Schiffsraum wahrnehmbar und nach menschlichem Ermessen schon beim gewöhnlichen Verlauf der Reise eine Selbstentzündung der Kohlen und damit die Vernichtung derselben als sicher zu erwarten war“. Das Schiff lief daher einen Nothafen (Oporto) an. Die Lagerung und Trocknung der Kohlen war nicht möglich, die Weiterbeförderung nur in der „sicheren Erwartung“ der Selbstentzündung. Die Kohlen „mußten“ verkauft werden. Der Verkauf war zu Lasten des Versicherers. Zwar haftet der Versicherer nicht für Selbstentzündungs-Schaden (§ 86). Aber in unserem Falle hatte er die Selbstentzündungs-Gefahr besonders übernommen. Der Verkauf wäre indessen auch dann zu Lasten des Versicherers gewesen, wenn der Vertrag die Selbstentzündungs-Klausel nicht enthalten hätte. Denn die Kohlen hatten sich nicht „von selbst“ erhitzt und würden sich nicht „selbstentzündet“ haben, sondern waren infolge der Aufnahme von Seewasser in ungewöhnlich großer Menge erhitzt (§ 86 Anm. 7, 16; vgl. den entsprechenden Fall aus der engl. Rechtspr. Saunders v. Baring bei Arnould 1043 s. 1068). § 96

c) RG 88. 314. Das Schiff lief nach Ausbruch des Ersten Weltkriegs mit kriegsversichertem Gold Teneriffa als Nothafen an. Der Versicherungsnehmer verkaufte das Gold, angeblich in der Besorgnis, Spanien möchte an der Seite der Entente in den Krieg eintreten und das Gold beschlagnahmen. Der Verkauf war nicht zu Lasten des Versicherers. § 96 ADS wäre unanwendbar gewesen. § 41 ADS ebenfalls. Die Gefahr, daß Spanien in den Krieg eintreten würde, war nicht dringend. Das Gold „mußte“ nicht verkauft werden. Der Verkauf war als Maßnahme zur Minderung des Schadens nicht angezeigt (§ 41 Anm. 16). Wenigstens nicht als Maßnahme zur Minderung eines dem Versicherer zur Last fallenden Schadens, wenn auch als Maßnahme zur Abwendung eines anderen Schadens, nämlich des Zinsverlustes.

d) HGZ 1920. 42. Das Schiff mit der „Auch für Kriegsgefahr“ versicherten Sesamsaat mußte nach Ausbruch des Ersten Weltkriegs unterwegs (in Sabang) liegen bleiben. Die Ladung mußte wegen der Gefahr inneren Verderbs verkauft werden. Der Versicherer haftet aber nicht für den durch inneren Verderb verursachten Schaden (§ 86). Der Verkauf war also nicht zu seinen Lasten (vgl. auch § 86 Anm. 6).

e) HG u. OG Hamburg, OAG Lübeck HH 118. Reis war für die Reise von Moulmain nach einem europäischen Hafen „Frei von Beschädigung außer im Strandungsfall“ versichert. Das Schiff geriet bald nach Antritt der Reise auf Grund, wurde beschädigt, mußte nach dem Abladehafen zurückkehren und wurde verkauft. Auch der (unbeschädigte) Reis wurde mit Zustimmung des Abladers verkauft, weil angeblich der Reis „in Berücksichtigung der bevorstehenden Regenzeit...nicht ohne Gefahr gänzlichen Verderbs gelagert werden konnte, und weil eine Schiffsgelegenheit nach Europa sich nicht fand“. Die Behauptung war aber nicht bewiesen. Die Entschädigungsklage wurde deshalb abgewiesen.

f) HG Hamburg HH 600. Kohlen waren für die Reise von Hamburg nach Buenos Aires versichert. In Buenos Aires angekommen, entzündeten sich die Kohlen während der Löschung. Der Versicherungsnehmer verkaufte sie deshalb und verlangte die Versicherungssumme. Die Klage hatte keinen Erfolg, weil der Versicherungsnehmer nach AllgPlan 1847 § 11 die Versicherungssumme „nur für den Fall des Totalverlustes oder des Verkaufs der versicherten Ware im Nothafen“ verlangen könne. Der Verkauf war offenbar nicht zu Lasten des Versicherers. Der Versicherer haftete nicht für Selbstentzündungs-Schaden (vgl. ADS § 86). Und selbst wenn er für Selbstentzün-

§ 96 dungs-Schaden gehaftet hätte, wäre der Verkauf nicht zu seinen Lasten gewesen, weil der Verkauf (wenigstens soweit erkennbar) nicht zur Minderung des Schadens diente.

g) HG u. OG Hamburg, OAG Lübeck HH 629. Der Segler mit der versicherten Ladung Schachtstützen strandete unterwegs. Die Ladung wurde unbeschädigt in Flekkefjord geborgen und, „weil zur Zeit in Flekkefjord keine Gelegenheit zur Weiterverschiffung vorhanden war", verkauft. War die Weiterverschiffung unmöglich, so war die versicherte Unternehmung „gezwungen" aufgegeben, die versicherte Gefahr weggefallen, die Versicherung beendigt, der Verkauf also nicht zu Lasten des Versicherers (abw. OAG Lübeck; vgl. auch oben Anm. 26). Konnten die Schachtstützen weiterbefördert werden, aber nicht „ohne unverhältnismäßig hohe Kosten oder innerhalb angemessener Frist", so konnte der Versicherer den Verkauf verlangen (vgl. § 96 Abs. 1), der Versicherungsnehmer auch ohne Weisung zu Lasten des Versicherers verkaufen (oben Anm. 2). Wenn die Weiterverschiffung unmöglich war, dringende Gefahr bestand, daß „die Ladung von dem Lagerplatz durch Sturmfluten weggerissen werden konnte", und die Schachtstützen auch nicht am Ablieferungsort sicher verwahrt werden konnten, konnte der Versicherungsnehmer zu Lasten des Versicherers verkaufen; denn der Versicherer trägt die adäquaten Schadensfolgen des Versicherungsfalls, auch wenn die Schadensfolgen erst nach Beendigung der Versicherung entstehen (§ 28 Anm. 28).

h) HG u. OG Hamburg, OAG Lübeck HambS 2. 864. Roheisen war für die Reise von Schottland nach Norden versichert. Das Schiff strandete vor Norden. Das Eisen wurde geborgen und vom Schiffer unter stillschweigender Billigung des Versicherten (überdies an diesen selbst zum halben Preise) verkauft. Der Verkauf war natürlich nicht zu Lasten des Versicherers.

i) HG u. OG Hamburg, OAG Lübeck HambS 3. 85. Glasperlen-Schnüre, Federposen, Kreide usw. waren für die Reise von Hamburg via Hongkong nach Manila „Frei von Beschädigung außer im Strandungsfall" versichert. Die Güter wurden unterwegs von Würmern, die sich in anderen Gütern (Fischen) gebildet hatten, angefressen und mußten in Hongkong verkauft werden. Die Güter waren nicht infolge eines Gefahrunfalls verkauft worden, der Verkauf nicht zu Lasten des Versicherers.

k) HG u. OG Hamburg HGZ 1868. 318. Für die Reise von Matamoros nach Liverpool versicherte Baumwolle wurde nach Strandung des Schiffes an der irländischen Küste beschädigt verkauft. „Unvereinbar mit der jedem Versicherten obliegenden Pflicht, tunlichst für Abwendung und Minderung des Schadens zu sorgen, würde es sein, wenn man demselben, falls er zeitig genug Kunde davon erhält, verstatten wollte, die Güter von dem Schiffer sich ausliefern zu lassen und an dem Platz, an dem sie sich befinden, auch dann für Rechnung des Versicherers zum Verkauf zu bringen, wenn dieser Platz als ein ungeeigneter Markt für die Ware betrachtet werden müßte und die Beförderung nach dem Bestimmungshafen unschwer sich bewerkstelligen ließe".

l) HG u. OG Hamburg HGZ 1877. 229. Güter waren für die Reise von Monte Christi nach Havre versichert. Das Schiff ging bei der Insel Mayaguana verloren. Die Güter wurden beschädigt geborgen, „hätten aber, ohne daß ein weiterer Verderb und somit eine Zunahme der Wertverminderung zu befürchten stand, an ihren Bestimmungsort gebracht werden können". Der Versicherungsnehmer verkaufte jedoch die Güter am Aufenthaltsort, weil er sie zur Lieferung nach Havre verkauft hatte und diesen Kaufvertrag nicht mehr erfüllen konnte. Der Verkauf war natürlich nicht zu Lasten des Versicherers (um so weniger, als dieser die Weiterbeförderung verlangt hatte). „Zu den Gefahren, welche der Seeversicherer übernimmt, gehört nicht auch die Gefahr, daß die Reise innerhalb einer gewissen Zeit vollendet werde".

m) ME 291, Sieveking 88. Hat das Schiff unterwegs einen Unfall erlitten, so kann der Versicherungsnehmer die Güter (sog. Saisonwaren) nicht deshalb verkaufen und den Unterschied zwischen Versicherungssumme und Erlös verlangen, weil die Güter zwar mit angemessenem Kostenaufwand weiterbefördert werden, aber am Bestimmungsort erst nach der Saison eintreffen können und deshalb infolge der anderweitigen Weiterbeförderung an Wert erheblich verlieren. § 96

n) Englische Entsch. ITVMitt 1915. 98 (vgl. dazu auch § 41 Anm. 16). Fleischwaren waren für die Reise von San Francisco nach Wladiwostok kriegsversichert. Nach Einladung in das Schiff brach der russisch-japanische Krieg aus. Die Fleischwaren wurden wieder ausgeladen und vom Versicherungsnehmer verkauft. Der Verkauf war natürlich nicht zu Lasten des Versicherers. Die versicherte Unternehmung war „gezwungen" aufgegeben, die versicherte Gefahr weggefallen. Der Verkauf diente nicht zur Minderung von Versicherungsschaden. Der Versicherungsfall war noch nicht einmal eingetreten. Nach Ansicht des englischen Gerichts war der Entschädigungsanspruch unbegründet, weil „die Löschung der Ladung es verhindert habe, daß das versicherte Risiko überhaupt zu laufen begonnen habe"; vgl. hierzu aber auch unten Anm. 37.

o) See- u. HG Kopenhagen ITVMitt 1919. 46. Baumwollsamen-Kuchen waren 1917 für die Reise von Savannah nach Svendborg kriegsversichert. Das Schiff wurde durch Kollision beschädigt und lief New York als Nothafen an. Während es ausgebessert wurde, verboten die VerSt. von Amerika die Ausfuhr von Futtermitteln nach Dänemark. Der Versicherungsnehmer verkaufte daher die Güter in New York. Der Verkauf war nicht zu Lasten des Versicherers (See- u. HG Kopenhagen: weil „der Verlust, der dadurch entstanden sei, daß der Verkaufserlös in New York sich niedriger gestellt habe, als der rechnungsmäßige Wert, eine indirekte Folge des Ausfuhrverbots gewesen und bis zu einem gewissen Grade einem Konjunkturverlust gleichgestellt werden müsse"). Die versicherte Unternehmung war „gezwungen" aufgegeben, die versicherte Gefahr weggefallen. Der Verkauf diente nicht zur Minderung von Versicherungsschaden.

p) HöchstG Oslo (Christiania) ITVMitt 1919. 62. Gefrierfleisch war 1915 für die Reise von New York nach Oslo (Christiania) „Nur für Kriegsgefahr" versichert. Das Schiff wurde von den Engländern angehalten und das Fleisch erst freigegeben, nachdem sich der (norwegische) Versicherungsnehmer verpflichtet hatte, das Fleisch (nicht an seinen schwedischen Käufer zu liefern, sondern es) mit Zustimmung der englischen Regierung zu verkaufen. Der Versicherungsnehmer hatte sich also zur Minderung von Versicherungsschaden verpflichten müssen, zu verkaufen, und demgemäß auch verkaufen müssen. Er konnte den Unterschied zwischen Versicherungssumme und Erlös verlangen, und zwar ohne Rücksicht darauf, daß der Markt inzwischen gefallen war.

9. Nach § 877 Abs. 3 HGB „bleiben die Vorschriften der §§ 834 bis 838 (über die Entschädigungspflicht in Havariegrosse-Fällen) unberührt". Die Bestimmung soll nur „zur Vermeidung von Mißverständnissen" dienen (Prot. 4418). Was sie ausspricht, versteht sich von selbst und war deshalb auch im § 136 ASVB (im Gegensatz zum E 1864 § 133, E 1866 § 133) nicht besonders ausgesprochen. Werden die Güter (ganz oder teilweise) zu Havariegrosse-Zwecken verkauft (vgl. HGB § 706 a. E.), so haftet der Versicherer nach dem HGB nur für die dem Versicherungsnehmer gebührende Vergütung und für den von ihm zu entrichtenden Beitrag. Nach § 31 ADS haftet er „nach den für seine Haftung im Falle einer besonderen Havarei geltenden Bestimmungen", also wie wenn die Güter zur Minderung von Versicherungsschaden verkauft wären, also nach Totalverlust- oder Teilverlust-Grundsätzen; dafür tritt er in die Havariegrosse-Ansprüche des Versicherungsnehmers ein (vgl. § 81 Anm. 2). — Nach E 1864 § 133 Abs. 1 sollte, wenn die Güter verkauft werden mußten, vom Erlös Anm. 33

§ 96 auch „der Schuldbetrag abgerechnet werden, welcher etwa wegen großer Haverei... auf den Gütern haften mögte" (mit Recht aber aus unzutreffenden Gründen, gestrichen: E 1866 § 133 Anm., vgl. dazu auch ÄndVorschl. Stettiner zum E 1866 § 133). Dabei wird an den Fall gedacht sein, daß der Kapitän gemäß § 535 Abs. 3 HGB die mit einem Havariegrosse-Pfandrecht belasteten Güter im Interesse des Ladungsbeteiligten und infolge eines Gefahrunfalls verkauft. In diesem Falle haftet den Havariegrosse-Genossen anstelle der Güter das „Kaufgeld" (HGB §§ 777, 764). Steht der Havariegrosse-Beitrag fest, so ist er neben dem Unterschied zwischen Versicherungssumme und Erlös zu ersetzen oder vom Erlös „abzurechnen". Im anderen Falle ist er später zu ersetzen; für die Sicherstellung des Havariegrosse-Beitrags (HGB § 731) hat der Versicherungsnehmer zu sorgen; doch kann er verlangen, daß der Versicherer Bürgschaft leistet (ADS § 29 Abs. 1).

Anm. 34 10. **Abs. 3.** Die verkauften Güter sind als total verlorengegangen zu behandeln (vgl. oben Anm. 17, 24). Der Versicherer müßte also an und für sich die ganze Versicherungssumme zahlen. Er könnte nur abziehen, was der Versicherungsnehmer anderweit zur Ausgleichung des Schadens „erlangt" hat. Er könnte also auch den Verkaufserlös nur abziehen, wenn der Versicherungsnehmer den Erlös wirklich „erlangt" hat. Er könnte also den Erlös nicht abziehen, wenn oder solange der Versicherungsnehmer den Erlös nicht erlangt hat (vgl. HG Hamburg HGZ 1862. 334). Mit diesen allgemeinen Grundsätzen stimmt § 877 Abs. 2 HGB (ebenso ASVB § 136 Abs. 2) überein: „Der Versicherer haftet für den Eingang des Kaufpreises". Damit stimmte auch überein, wenn § 136 Abs. 2 ASVB fortfuhr: „Dies jedoch nur dann, wenn der Verlust nicht durch Handlungen des Versicherten oder einer der im § 70 unter 4 genannten Personen (Ablader, Empfänger, Kargadeur) herbeigeführt worden ist" (vgl. HG Hamburg HGZ 1862. 334). Anders § 96 Abs. 2 Satz 1 ADS: Der Versicherer hat nur den Unterschied zwischen Versicherungssumme und Verkaufserlös zu zahlen (oben Anm. 18), er haftet nicht für den Eingang des Kaufpreises. Der Versicherungsnehmer mag bar verkaufen, selbst wenn dadurch der Erlös geringer werden sollte. — Der Versicherer kann sich aber auch natürlich damit einverstanden erklären, daß die Güter gegen Kredit verkauft werden, oder gemäß § 41 den Versicherungsnehmer anweisen, gegen Kredit zu verkaufen, damit ein höherer Erlös erzielt wird. Dann würde der Versicherer den Verkaufserlös von der Versicherungssumme nur abziehen dürfen, wenn der Versicherungsnehmer den Erlös wirklich erlangt hat. So insbesondere, wenn er den Versicherungsnehmer angewiesen hätte, auf Kredit zu verkaufen. Denn der Versicherer kann den Versicherungsnehmer gar nicht anweisen, für eigene Rechnung auf Kredit zu verkaufen; seine Weisung könnte also nur als die Weisung verstanden werden, für seine Rechnung zu verkaufen. § 96 Abs. 3 behandelt jedoch den Gegenstand (im Anschluß an § 93 Abs. 3 Satz 3) etwas anders. Der Versicherer hat, wenn der Versicherungsnehmer den Verkaufserlös nicht oder noch nicht erlangt hat, nicht die ganze Versicherungssumme zu zahlen, sondern nur den Unterschied zwischen Versicherungssumme und Erlös; aber: **Hat nach den Verkaufsbedingungen der Verkäufer vorzuleisten, so steht der Versicherer für die Zahlung des Kaufpreises ein, wenn er den Verkaufsbedingungen zugestimmt hat** (insbesondere den Versicherungsnehmer angewiesen hat, auf Kredit zu verkaufen). Sind mehrere Versicherer beteiligt, so muß jeder einzelne (oder der „Führer") zugestimmt haben (vgl. § 93 Anm. 29). Nach Wortlaut und Zweck der Bestimmung haftet der Versicherer wie ein Bürge, und zwar, da der Versicherungsvertrag für ihn stets ein Handelsgeschädt sein wird, wie ein kaufmännischer Bürge (vgl. BGB § 765, HGB §§ 349, 350). — Unter Umständen wird der Versicherungsnehmer übrigens gemäß § 41 berechtigt oder gar verpflichtet sein, auf Kredit zu verkaufen. Berechtigt, wenn er den Umständen nach annehmen darf, daß der Versicherer bei Kenntnis der Sachlage zugestimmt haben würde, und die Umstände nicht gestatten, Weisungen einzuholen. Verpflichtet, wenn er den Umständen nach annehmen muß, daß der Versicherer bei Kenntnis der Sachlage ihn angewiesen haben würde, auf Kredit zu verkaufen, oder die Sachlage sich so geändert hat, daß er annehmen muß, der Versicherer würde ihn anweisen, auf Kredit zu verkaufen, und wenn die Umstände nicht gestatten, Weisungen einzuholen. Aber auch in diesen Fällen wird der Versicherungsnehmer nicht die Versicherungssumme, sondern nur den Unterschied zwischen Versicherungssumme und Erlös verlangen können, und der Versicherer nur gemäß § 96 Abs. 3 für die Zahlung des Kaufpreises einzustehen haben. **§ 96**

11. § 96 ist auf **andere Versicherungen, die sich auf die Güter beziehen**, entsprechend anzuwenden (§ 99). So z. B. kann auch der Mehrwert-Versicherer gemäß § 96 Abs. 1 den Verkauf der Güter verlangen (§ 41 Anm. 24). Doch ist zu berücksichtigen, daß der Mehrwert-Versicherer regelmäßig Schadenabwendungs-Kosten so wenig trägt wie die Kosten des § 95 Abs. 3, regelmäßig also keinen Grund hat, den Verkauf zu verlangen (vgl. § 32 Anm. 16, § 95 Anm. 34). — Ähnliches gilt für die Versicherung imaginären Gewinns (vgl. aber auch § 95 Anm. 34). Werden die Güter gemäß § 96 verkauft, so müßte der Erlös, soweit er etwa die Hauptversicherungs-Summe übersteigt und auf dem Mehrwert beruht, an und für sich von der Mehrwert-Versicherungssumme abgezogen werden (vgl. auch § 77 Anm. 47). Nach § 103 Abs. 2 soll aber der Erlös, soweit er den Hauptversicherungs-Wert übersteigt, allein dem Gewinnversicherer zugute kommen (näheres: § 103 Anm.). — Soweit der Versicherungsnehmer (z. B. der gewinnversicherte Spediteur oder Lagerhalter: § 1 Anm. 52) über die Güter nicht verfügen kann, muß er natürlich auch nicht verkaufen. Anm. 35

12. § 96 gilt sinngemäß auch für die **Rückversicherung** (§ 99, § 1 Anm. 136). Aber die Rückversicherung ist Haftpflichtversicherung (§ 1 Anm. 145). Die sinngemäße Anwendung des § 96 ergibt also nur, daß der Vorversicherer die Rückversicherungs-Summe (weniger den Erlös oder einen Teil des Erlöses) verlangen kann, wenn der Vorversicherte gemäß § 96 verkauft und den Unterschied zwischen Vorversicherungs-Summe und Erlös verlangt hat (vgl. auch § 1 Anm. 148). — Der Vorversicherer muß gemäß § 96 Abs. 1 den Verkauf der Güter verlangen, wenn der Verkauf zur Abwendung von Rückversicherungs-Schaden dient und der Rückversicherer es verlangt. Der abwicklungsberechtigte Vorversicherer darf davon abstehen, den Verkauf zu verlangen, wenn auch ein nicht rückversicherter Versicherer verständiger- und billigerweise so verfahren würde (§ 1 Anm. 154). Vgl. auch § 41 Anm. 35. Anm. 36

13. **Fremde Rechte** (vgl. auch oben Anm. 5, 32). Anm. 37

a) Englisches Recht (vgl. auch § 41 Anm. 36). Die englische Rechtsprechung behandelt den Fall, daß die Güter verkauft werden müssen, unter einem anderen Gesichtspunkt, nämlich unter dem Gesichtspunkt des Verlustes der versicherten Unternehmung, des sogenannten loss of voyage. Loss of voyage galt zeitweilig allgemein als ein Fall des constructive total loss (nämlich während Lord Mansfield die Rechtsprechung beherrschte: Arnould 1069 s. 1097). Heute steht fest, daß the loss of the voyage has nothing to do with the loss of the ship (Arnould 1069 s. 1097). Anders bei der Güterversicherung. Der Verlust der versicherten Unternehmung, loss of the voyage in this sense, i. e., a practical and effective impossibility of ever sending the goods on to their port of destination, is, if caused by the perils insured against, a constructive total loss on goods (Arnould 1105 s. 1132). Hiermit geht das englische Recht über das deutsche weit hinaus, das nur für den Fall der Versicherung von imaginärem Gewinn oder Provision loss of voyage dem Verlust der Güter gleichstellt (ADS §§ 103 Abs. 1, 104). Als Güter für die Reise von Bombay nach London über Frankreich versichert waren und in Paris infolge der Belagerung von 1870/71 liegen blieben, konnte der Versiche-

§ 96 rungsnehmer sie abandonnieren (Rodocanachi v. Elliot 1873 bei Chalmers 84). An dieser Auffassung hat die englische Rechtsprechung festgehalten, obgleich MIA § 60 Abs. 2 iii (übrigens auch nur beispielsweise) als einen Fall des constructive total loss der Güter nur den Fall erwähnt, where the cost of repairing the damage and forwarding the goods to their destination would exceed their value on arrival. Insbesondere im Falle Sanday & Co. v. British and Foreign Mar. Ins. Co. 1916 (bei Pauly Kriegsgefahr 205). Ein Engländer hatte Güter in einem englischen Schiffe für die Reise von Übersee nach Deutschland kriegsversichert, als der Weltkrieg ausbrach. Das Schiff fuhr, dem englischen Gesetz gemäß, nach England. Die Güter wurden hier mit Verlust verkauft. Der Versicherungsnehmer abandonnierte die Güter mit Erfolg. Nach deutschem Rechte hätte er keine Entschädigung verlangen können, weil lediglich die versicherte Unternehmung „gezwungen" aufgegeben, die versicherte Gefahr weggefallen war. Ähnlich im Falle Russian Bank for Foreign Trade v. Excess Ins. Co. 1918 (bei Pauly Kriegsgefahr 277). Getreide war für die Reise vom Schwarzen Meer nach England kriegsversichert, mußte aber im russischen Abgangshafen wieder gelöscht werden, weil die Türkei, kurz vor ihrer Kriegserklärung, die Dardanellen sperrte und später die russische Regierung das Schiff in Anspruch nahm. Der Versicherungsnehmer konnte die Güter abandonnieren (ebenso Mitsui & Co. v. Watts, Watts & Co. 1916 bei Pauly Kriegsgefahr 288). Immerhin this complete hopelessness of ever bringing the adventure on the goods to a successfull termination — this forced termination of the risk by the perils insured against — is carefully to be distinguished from that mere temporary retardation of the voyage for the season which gives in itself no right of abandonment of goods except where, being perishable and sea-damaged, it is impossible to send them on in the same or any other ship, and therefore necessary to sell them at the port of casualty (Arnould 1105 s. 1132). Es muß sich um destruction of the contemplated adventure handeln (Lord Ellenborough bei Arnould 1106 s. 1133, weitere Beispielfälle dort). — Streitig war, ob bei den Kosten die ursprüngliche Fracht zu berücksichtigen ist. Wenn der Ankunftswert der Güter 4000, die Kosten 800 (Lagerkosten) plus 700 (Verladungskosten) plus 2600 (neue Fracht) betragen, würden die Gesamtkosten (4100) den Ankunftswert der Güter (4000) übersteigen. Im Falle Farnworth v. Hyde 1866 (bei Arnould 1113 s. 1142) hielt man aber dafür, daß die ursprüngliche Fracht (von 1500) von den Kosten abgezogen werden müsse, daß demgemäß die Kosten (4100 — 1500 = 2600) den Wert der Güter nicht überstiegen, und daß mithin kein Fall des constructive total loss vorliege. Da nach MIA § 60 nur the cost of forwarding the goods to their destination zum Wert der Güter in's Verhältnis zu setzen sind, ist die ursprüngliche Fracht nicht abzuziehen (Arnould 1119 s. 1147).

b) Französisches Recht. Vgl. § 71 Anm. 54, § 91 Anm. 15.

§ 97

Laufende Versicherung

(1) Ist die Versicherung in der Weise genommen, daß die Güter bei der Schließung des Vertrags nur allgemein oder nur ihrer Art nach bezeichnet und erst nach Entstehung des Versicherungsinteresses dem Versicherer einzeln aufgegeben werden, so bezieht sich die Versicherung auf alle Güter oder auf alle Güter der im Vertrage bestimmten Art, für die der Versicherungsnehmer, sei es für eigene, sei es für fremde Rechnung, nach kaufmännischen Grundsätzen Versicherung zu nehmen hat. Sie bezieht sich insbesondere nicht auf solche

Güter, für die der Versicherungsnehmer nur deshalb Versicherung zu nehmen hat, weil er sich hierzu einem Dritten gegenüber, sei es auch gegen Entgelt, verpflichtet hat. § 97

(2) Die Versicherung bezieht sich auch auf die im § 80 Nr. 3 bezeichneten Güter. Dem Versicherer gebührt jedoch für die Versicherung dieser Güter eine Zuschlagsprämie.

(3) Der Versicherer ist verpflichtet, eine von ihm unterzeichnete Urkunde über die laufende Versicherung (laufende Police) dem Versicherungsnehmer auszuhändigen. Die laufende Police gilt nicht als Police im Sinne des Gesetzes und dieser Bedingungen; jedoch findet die Bestimmung des § 15 über die Genehmigung des Inhalts der Police auf sie entsprechende Anwendung. Ist die laufende Police abhanden gekommen oder vernichtet, so kann der Versicherungsnehmer von dem Versicherer die Ausstellung einer Ersatzurkunde verlangen, die Kosten hat der Versicherungsnehmer zu tragen.

(4) Der Versicherer hat dem Versicherungsnehmer auf Verlangen eine von ihm unterzeichnete Urkunde über die einzelne Aufgabe (Einzelpolice) auszuhändigen. Die Einzelpolice gilt als Police im Sinne des Gesetzes und dieser Bedingungen; jedoch findet die Bestimmung des § 15 über die Genehmigung des Inhalts der Police auf sie keine Anwendung.

(5) In Ansehung der Fälligkeit der Versicherungskosten tritt an die Stelle des Vertragsabschlusses der Beginn der Versicherung.

(6) Der Versicherungsnehmer hat die Güter sobald wie möglich, insbesondere unverzüglich nachdem er von dem Beginne der Versicherung Kenntnis erlangt hat, dem Versicherer aufzugeben und dabei den Versicherungswert sowie das zur Beförderung bestimmte oder dienende Schiff zu bezeichnen; dies gilt insbesondere auch dann, wenn die Güter unbeschädigt abgeliefert sind und der Versicherungsnehmer erst nach der Ablieferung von der Versicherung Kenntnis erlangt. Der Versicherer ist von der Verpflichtung zur Leistung frei, wenn nicht die Aufgabe rechtzeitig bewirkt ist; zur Erhaltung der Rechte des Versicherungsnehmers genügt die rechtzeitige Absendung der Aufgabe. Hat der Versicherungsnehmer die Güter vorsätzlich nicht oder nicht rechtzeitig aufgegeben oder hat er die Güter oder ihren Versicherungswert vorsätzlich unrichtig aufgegeben, so endigt die laufende Versicherung; dem Versicherer gebühren gleichwohl die Prämien, die ihm im Falle gehöriger Erfüllung des Vertrags zu zahlen gewesen wären.

(7) Ist vereinbart, daß die Güter nur bis zu einem bestimmten Gesamtversicherungswerte mit einem Schiffe befördert werden dürfen, so bezieht sich die Versicherung nicht auf den höheren Wert. Diese Bestimmung findet keine Anwendung, wenn die der Vereinbarung widersprechende Beförderung dadurch verursacht ist, daß an einem Umschlagsplatze Güter zugeladen sind und der Versicherungsnehmer diesen Umstand nicht zu vertreten hat.

(8) Werden die Güter in Schiffen minderwertiger als der im Vertrage bestimmten Art befördert, so ist der Versicherer von der Verpflichtung zur Leistung frei. Diese Bestimmung findet keine Anwendung, wenn die Güter ohne Zustimmung des Versicherungsnehmers in minderwertigen Schiffen befördert werden; dem Versicherer gebührt in diesem Falle eine Zuschlagsprämie.

§ 97 (9) Der Versicherer kann die laufende Versicherung, auch wenn sie für eine bestimmte Zeit genommen ist, nach dem Eintritt eines ihm zur Last fallenden Unfalls unter Einhaltung einer Kündigungsfrist von vier Wochen kündigen. Das Recht erlischt, wenn der Versicherer es nicht, sobald er von dem Unfall und seinen Folgen Kenntnis erlangt, unverzüglich ausübt. Das Gleiche gilt für den Versicherungsnehmer, wenn die Versicherung für eine längere Zeit als die Dauer eines Jahres genommen ist und der Versicherungsfall nach dem Ablauf eines Jahres eintritt.

(10) Ist vereinbart, daß der Versicherer für den aus einer Kriegsgefahr entstehenden Schaden haften soll, so kann jeder Teil die laufende Versicherung, auch wenn sie für eine bestimmte Zeit genommen ist, unter Einhaltung einer Kündigungsfrist von drei Tagen kündigen. Ist die laufende Versicherung auch gegen andere Gefahren genommen, so kann sie nur insoweit, als sie sich auf die Kriegsgefahr bezieht, gekündigt werden; im Falle der Kündigung vermindert sich die Prämie um den für die Versicherung gegen Kriegsgefahr bestimmten Betrag.

Anm. 1 1. Vgl. HGB § 817, ASVB § 64 Abs. 1, 2, VVG § 187 Abs. 2.

Anm. 2 2. **Literatur:** Becker, Die Seeversicherungspolice 20ff. Dubruel, Des polices flottantes ou d'abonnement en matière d'assurances maritimes, 1911. Durst HRZ 1919. 566 (Präjudizierte Versicherung und laufende Versicherung). Ehrenberg ZfVW 1903. 303 (Die gesetzliche Regelung der laufenden Versicherung). Gasner BaumgartnersHdwbuch. 128 (Abschreibepolice). Hagen SVR 91—97. Haymann VersArch 1936. 610 (Zusammentreffen der Vorschriften des § 97 Abs. 6 ADS über die Verletzung der Aufgabepflicht und der Anfechtung wegen Irrtums über die persönliche Zuverlässigkeit des Versicherungsnehmers nach § 119 Abs. 2 BGB bei der laufenden Versicherung). Himer JRPV 1934. 263 (Begriff der kaufmännischen Versicherungspflicht). Hochgräber ITVMitt 1934. 145 (Rechtsfragen der Verletzung der Deklarationspflicht). Kuhn NeumZ 1927. 1070 (Die Versehens-Klausel in den Generalpolicen). Kreutziger, Die Kommandobrücke 1965. 77ff. und 125ff. (§ 97 ADS: Laufende Versicherung). Martin VersPrax 1935 Nr. 8 (Die Bedeutung der Versicherungsanmeldung bei laufenden Policen und bei Mantelverträgen). Möller ITVMitt 1934. 84 (Versicherungspflichten beim Fob- und Kostfrachtgeschäft), ITVMitt 1935. 123 (Betätigungs- und Erhaltungspflicht bei der laufenden Versicherung). Möring ITVMitt 1934. 129 (Anfechtung des Versicherungsvertrages wegen Irrtums über wesentliche Eigenschaften des Versicherungsnehmers). Moguntius DÖV 1926. 175 (Die Anmeldepflicht auf die Transportgeneralpolice). Moldenhauer, Die laufende Versicherung, Diss. 1899, ZfVW 1901. 141 (Die laufende Versicherung). Mürl, Die laufende Versicherung, Diss. Nürnberg 1928. Nothmann, Das Versicherungszertifikat, Diss. Hamburg 1932. Prölß Anm. 2 zu § 187 VVG. Traub NeumannZ 1917. 371 (Doppelversicherung bei laufenden Versicherungen). Tsiritanis, Die Orderpolice, Diss. Hamburg 1930. Waldstein HRZ 1927. 1 (Versicherung für Rechnung wen es angeht beim Cif-Geschäft).

Anm. 3 3. **Vorb.** a) Der Versicherer hat ein dringendes Interesse daran, daß die Güter mit einem bestimmten, ihm bekannten Schiffe befördert werden. Das eine Schiff ist besser als das andere. An das eine Schiff knüpfen sich Interessen, die bei dem Versicherer bereits versichert sind, an das andere nicht. Die Bestimmung des Schiffes verhindert Schiebungen. Deshalb wird im Versicherungsvertrag das Schiff bestimmt, mit dem die Güter befördert werden sollen. Deshalb haftet der Versicherer nicht, wenn die Güter mit einem anderen Schiffe befördert werden (§ 95 Abs. 1).

b) Mit diesem Interesse des Versicherers trat früh ein Interesse des Versicherungsnehmers in Widerspruch. Die Güter, die im 14. Jahrhundert von den Küsten des mittelländischen Meeres nach den Küsten des atlantischen Ozeans befördert wurden, mußten gewöhnlich in einem spanischen oder portugiesischen Hafen (Cadiz oder Lissabon) umgeschlagen werden. Das Schiff, mit dem sie weiterbefördert werden sollten, war dem Versicherungsnehmer unbekannt. Er bedang sich daher aus, die Güter unterwegs in ein anderes, ihm noch unbekanntes Schiff umladen zu lassen (Bensa 70, Police vom 9. 3. 1350 über die Versicherung von Gütern für eine Reise von Genua nach Sluys in den Niederlanden mit dem Rechte der Umladung in unbestimmte Schiffe in Cadiz oder Lissabon, bei Bensa 196). Später kam diese Versicherung „in unbestimmten oder unbenannten Schiffen" (HGB § 817, „auf Schip of Schepen": Langenbeck 397, insurance on board ship or ships: Arnould 215 s. 241), „besonders vor, wenn auf unbenannte Retouren aus entfernten Landen, woher keine ordentliche Posten kommen, eine Versicherung geschiehet; indem derjenige, welcher an solchen Handels-Plätzen Güther liegen, und von daher Retouren zu erwarten hat, nicht allezeit zuverlässig wissen kann, in welchem Schiffe sie kommen werden" (Klefecker 430; vgl. auch § 83 Anm. 20). Guidon de la mer XII. 2 bezeichnete die Versicherung in unbestimmten Schiffen als erlaubt. Ord. de la mar. 3. VI. 4 erlaubte die Versicherung in unbestimmten Schiffen nur für Reisen von außereuropäischen nach europäischen Häfen (ebenso auch noch Code de comm. Art. 337). Die sich hierin äußernde Sorge vor Wettassekuranzen kam auch sonst zum Ausdruck. Man setzte voraus, daß „der Assurirte die Sorte... des Schiffes aus erheblichen Ursachen nicht anzeigen könte" (PreußSeerecht VI. 3), daß „der Versicherte wirklich in der Lage sei, daß er nicht wissen könne, in welchem Schiffe die Güter verladen würden" (Pöhls 4. 199). Deshalb muß der Versicherungsnehmer auch nach § 817 HGB unverzüglich, nachdem er den Namen des Schiffes erfahren hat, ihn dem Versicherer mitteilen; sonst haftet der Versicherer nicht. — Man kann wohl nicht sagen, daß die Versicherung von Gütern in unbestimmten Schiffen nur noch in der Form der laufenden Versicherung vorkomme (so Begr. z. E 1910 § 92). Vgl. z. B. den Fall HGZ 1886. 177: versichert „von St. Petersburg im Dampfschiff Gemma und/oder anderen Steamer nach Hamburg und weiter per Steamer (Aufgabe vorbehalten) nach Shanghai". Wenn der Versicherungsnehmer die Güter auf Grund der durchweg üblichen Konnossementsbedingungen befördern läßt, kann der Reeder die Güter umladen und mit anderen Schiffen weiterbefördern lassen. Der Versicherer muß hiermit rechnen (§ 87 Anm. 5, 6, § 95 Anm. 6); die Versicherung ist mithin auch insoweit eine Versicherung der Güter in unbestimmten Schiffen. Aber im Falle einer solchen Umladung besteht nicht die Mitteilungspflicht des § 817 HGB. Und in den etwa übrigbleibenden Fällen mag auch von einer Mitteilungspflicht abgesehen werden können (vgl. auch § 95 Anm. 6). Die ADS haben daher Recht getan, die Versicherung der Güter „in unbestimmten oder unbenannten Schiffen" nicht mehr allgemein, sondern nur für den Fall der laufenden Versicherung zu regeln. Anm. 4

c) Bald genügte die gewöhnliche Versicherung der Güter in unbestimmten Schiffen den Bedürfnissen des Handels nicht mehr. Der Kaufmann weiß oft nicht nur nicht, mit welchen Schiffen die für seine Rechnung zu verschiffenden Güter befördert werden sollen, sondern auch nicht, ob überhaupt und welche Güter für ihn verschifft werden. Er bedarf der Deckung nicht nur für bestimmte Güter in unbestimmten Schiffen, sondern auch für unbestimmte Güter (vgl. auch oben Anm. 4). Er bedarf der Generaldeckung. So kam die Generalversicherung, die Generalpolice auf. — Die Generalpolice tritt in verschiedenen Formen auf, insbesondere als: Anm. 5

1. Pauschalpolice (Begr. z. E 1910 § 92, Cruziger 56, Manes Einführung 127; vgl. auch Molt 122, Prölss Anm. 2 zu § 187 VVG). Versichert sind für be-

§ 97 stimmte Zeit (nicht für bestimmte Reisen) Güter aller oder bestimmter Art. Doch darf ihr Gesamtwert an jedem Tage einen bestimmten Betrag nicht übersteigen; sonst ist die Versicherung insoweit Unterversicherung. Beispiel aus einer Pauschalpolice: „Die Versicherung umfaßt... alle zu Eingang dieser Police aufgeführten Versendungen und/oder Beziehungen von Gütern, welche für Rechnung des Versicherten oder, wen es angeht, auf Eisenbahnen, Fuhren und Posten innerhalb der vorstehend spezifizierten Länder stattfinden, und zwar bis zu einem Gesamtbetrag von DM 1 000 000 als Tagesmaximum... Letzteres bildet die Versicherungssumme und umfaßt jederzeit die Gesamtheit der gegen diese Police valedierenden — d. h. pro Tag unterwegs befindlichen — Gütertransporte". — Die Pauschalpolice kommt auch „mit Abschreibung auf den Jahresumsatz (Maximum mit Abschreibung)" vor; „die demgemäß gezeichnete Versicherungssumme deckt (dann) fortlaufend die gegen diese Police valedierenden Sendungen und Beziehungen und erlischt nach ihrer Absorbierung, wenn sie nicht durch Nachzeichnung in entsprechender Höhe wieder ergänzt worden ist". — Über andere Formen der Pauschalpolice: Cruziger 56ff. — Die Pauschalpolice hat sich nicht bewährt und kommt nur noch selten vor (vgl. aber auch § 98 Anm. 3).

2. Laufende Police (floating-policy oder auch continuing policy, police flottante oder police d'abonnement). Sie wurde früher auch Offene Police genannt (vgl. z. B. Prot. 3197); doch wird der Ausdruck besser vermieden, weil er auch im Sinne einer untaxierten Police gebraucht wird (§ 6 Anm. 19). — Die laufende Police tritt wieder in zwei Hauptformen auf, nämlich als:

α) gewöhnliche Laufende Police im Sinne des § 97. Sie wiegt im hansestädtischen Versicherungsverkehr vor.

β) Abschreibepolice (floating policy im engeren Sinne; auch, solange sie nicht erschöpft ist, open policy genannt). Sie ist die übliche Laufende Police des englischen Seeversicherungs-Verkehrs, wiegt im deutschen Binnenland vor, war früher auch in den Hansestädten üblich (vgl. z. B. ASVB § 64 Abs. 3, AllgPlan 1847 § 73 Abs. 4, Voigt 340, HG Hamburg HGZ 1865. 91), kommt hier aber kaum noch vor.

Anm. 6 d) Wesen der laufenden Versicherung. Eine Versicherung kann so genommen werden, daß sie sofort beginnt, oder so, daß sie in einem früheren Zeitpunkt beginnt (vgl. § 5), oder so, daß sie in einem späteren Zeitpunkt beginnt. Sie kann für ein Interesse genommen werden, das zur Zeit des Vertragsschlusses gar nicht mehr besteht (weil, den Parteien oder doch dem Versicherungsnehmer unbekannt, der Schaden schon eingetreten, das Interesse schon weggefallen ist; vgl. § 5). Sie kann für ein Interesse genommen werden, das zur Zeit des Vertragschlusses noch gar nicht besteht, dessen Entstehung man erst noch erwartet, für ein „künftiges" Interesse (vgl. § 4 Abs. 1, § 2 Anm. 6, § 4 Anm. 8, § 5 Anm. 3). Die laufende Versicherung ist die verbreitetste und in diesem Sinne typische Versicherung künftiger Interessen. Sie deckt zwar auch solche Interessen einer gewissen Art, die bereits beim Beginn der laufenden Versicherung vorhanden, aber noch nicht in dem Stande sind, daß die Versicherung nach den dafür maßgebenden Bestimmungen (insbesondere nach § 88 Abs. 2 ADS) hätte beginnen können, auch solche Interessen, die schon vorher, beim Vertragsschluß, vorhanden waren (schon vorhandene, aber mit erst „künftigen Unternehmungen" verbundene Interessen: VVG § 68), indessen doch der Hauptsache nach Interessen einer gewissen Art, die noch nicht entstanden sind, die während einer gewissen Zeit entstehen werden, und die während dieser Zeit in einen Stand gebracht werden, in dem die Versicherung beginnen kann (siehe auch HansOLG HansRGZ 1928 B 3 = Sasse Nr. 376, OLG Königsberg HansRGZ 1935 B 327 = JRPV 1935. 304 = Sasse Nr. 437).

Mit dieser Maßgabe richtig Begr. z. VVG § 187: „wenn ein Inbegriff künftiger, nach Zahl und Umfang noch ungewisser Interessen durch einen und denselben Vertrag in der Weise unter Versicherung gebracht werde, daß zwar die Einzelsätze der Prämie im Voraus festgesetzt seien, der Gesamtbetrag der seitens des Versicherungsnehmers zu leistenden Vergütung aber sich erst durch die von dem Versicherer tatsächlich getragene Gefahr bestimme" (obgleich die Art der Prämienfestsetzung für die Begriffsbestimmung nicht wesentlich ist). Nur mit dieser Maßgabe richtig auch die Begriffsbestimmung des Gesetzes (VVG § 187 Abs. 2) selbst: „Schadensversicherung, die in der Weise genommen wird, daß die versicherten Interessen bei der Schließung des Vertrags nur der Gattung nach bezeichnet und erst nach ihrer Entstehung dem Versicherer einzeln aufgegeben werden" (obgleich die Aufgabe für die Begriffsbestimmung nicht wesentlich ist). — Die laufende Versicherung ist also, ganz wie jeder Versicherungsvertrag über ein einzelnes künftiges Interesse, ein gewöhnlicher Versicherungsvertrag, ein (wie HGZ 1918. 148 sich ausdrückt) „fester Versicherungsvertrag des Inhalts, daß der Versicherte beim Eintreten der in der Versicherungspolice bezeichneten Umstände ohne weiteres für die bezeichneten Waren versichert ist" (vgl. Voigt 336, RG 4. 17: „perfekter Versicherungsvertrag", Ehrenberg 415, RV 44: „wirklicher Versicherungsvertrag", ähnlich: Brodmann 188, Hecker 105, Moldenhauer ZfVW 1901. 153, Sieveking 78, ROHG 5. 165, HGZ 1884. 107, 1888. 39, 1894. 106), „ein einziger Versicherungsvertrag, welcher die einzelnen Transporte ergreift, sobald die Voraussetzungen in der Person des Versicherten vorhanden sind" (HGZ 1908. 159). Die Güter sind schon versichert, wenn der Versicherungsnehmer nach kaufmännischen Grundsätzen für sie Versicherung zu nehmen hätte, falls er nicht laufend versichert wäre (RG 90. 5, 169. 1, Schlegelberger SVR Anm. 1 zu § 97 ADS, Prölß Anm. 2 zu § 187 VVG). Die Anmeldung des Versicherungsinteresses hat regelmäßig nur die Bedeutung einer tatsächlichen Mitteilung darüber, daß eine unter die laufende Police fallende Güterbeförderung ausgeführt wurde und die Reisegefahr zu laufen begonnen hat (RG 89. 125, 169. 1). Der Abschluß des Vertrags über die laufende Versicherung begründet deshalb z. B. auch den Anspruch des vermittelnden Maklers auf Provision (der freilich durch die Entstehung von Einzelversicherungs-Verhältnissen bedingt ist; HGZ 1888. 39). Vgl. LG Hamburg HansRGZ 1934 B 483: Prolongation einer laufenden Versicherung ist nach Hamburger Handelsbrauch als neuer Vertrag aufzufassen.

1. Das Reichsgericht hatte zunächst in RG 44. 34 in Verkennung dieses einfachen Verhältnisses die laufende Versicherung als eine Art bindender Offerte betrachtet, die dadurch angenommen werde, oder als eine Art von Vorvertrag, der „seinen Inhalt von Fall zu Fall dadurch erhalte, daß bestimmte Güter in das dabei vorausgesetzte Verhältnis gebracht würden, dessen Eintritt das Risiko hervorrufe. Vorher bestehe nur die allgemeine Verbindlichkeit des Versicherers, solcher Güter sich zutreffendenfalls als Versicherer anzunehmen; zu einer konkreten Leistung verpflichtet würde er erst später, wenn der allgemeine Rahmen des Vertragsverhältnisses mit der konkreten Beziehung auf bestimmte Gegenstände ausgefüllt werde. Das geschehe bei der Seeversicherung mit dem Moment, wo die Güter in Hamburg (dem Abladehafen) zur Ausreise nach Porto Alegre (dem Bestimmungshafen) vom Lande schieden". Nach diesem „Moment" sei z. B. zu beurteilen, ob die Güter doppelt versichert seien, welche der beiden Versicherungen die jüngere sei, und welche demnach und nach dem Prioritätsprinzip der ASVB und des HGB a. F. (oder nach dem etwa besonders vereinbarten Prioritätsprinzip) unwirksam sei. Der Versicherungsvertrag als solcher wird hier also erst als abgeschlossen betrachtet, wenn die Versicherung beginnt. Das RG hat dies dann aber als zu ungenau erkannt und vielmehr die Deklaration (oder die Unterzeichnung der Anm. 7

§ 97 Deklaration durch den Versicherer) als den Akt bezeichnet, durch den der Versicherungsvertrag geschlossen werde (im Anschluß an das RG Kohler 425: „Es handle sich um konkrete Versicherungsverhältnisse, die auf Grund eines allgemeinen Stammvertrags durch einseitige Erklärung erfolgten", zustimmend Hagen Hdb. 1. 347). Zunächst bereits wenige Monate vor der Entscheidung RG 44. 31. Als der Versicherungsnehmer auf die Laufende Police, die keine Kontanten deckt (vgl. ADS § 80 Abs. 1), Kontanten deklarierte, überdies Kontanten, die bereits untergegangen waren, und der Vertreter des Versicherers, in der Meinung, daß die Laufende Police auch Kontanten decke, die Deklaration im Beibuch bescheinigte, erklärte das RG (HGZ 1889. 104 gegen HGZ 1889. 3): „Durch die Unterschrift der Deklaration (d. h. nicht etwa durch die Unterschrift des Deklaranten, sondern durch die Bescheinigung des Versicherers über die Deklaration) sei die Versicherung der eingeklagten Kontanten bewirkt worden", und, im unmittelbaren Widerspruch hiermit, wenige Zeilen später: „Durch die Deklaration der eingeklagten Kontanten sei deren Versicherung auf Grund der Laufenden Police bewirkt worden". Gemeint ist nicht dieses, sondern jenes. Denn als wieder einmal der Versicherer eine vertragswidrige Deklaration im Beibuch bescheinigt hatte, erläuterte sich das RG selbst: „Die Unterzeichnung der Deklaration im Beibuch sei keine bloße Bescheinigung, sondern eine rechtsgeschäftliche Willenserklärung...; daran sei festzuhalten; bei Laufenden Policen bedeute sie in Wahrheit den Abschluß des Versicherungsvertrags bezüglich der deklarierten Abladung" (HGZ 1894. 84; wiederum freilich anders RG HGZ 1888. 172: Zweck der Laufenden Police sei nur, „die tatsächlichen Voraussetzungen näher zu bestimmen, unter denen durch spätere einseitige Aufgabe des Versicherten ein diesen treffendes Risiko unter Versicherung gebracht werde"). Mit Recht bemerkt hierzu HGZ 1918. 149, daß „dieser Standpunkt der Rechtslage nicht entspreche". Es lohnt nicht, ihn zu widerlegen. Überdies hat ihn das RG selbst, wenn auch nicht ausdrücklich, und ohne seine Unhaltbarkeit zu bekennen, verlassen. Wenigstens scheint es so (auch dem OLG Hamburg HGZ 1918. 149). Das RG erklärt nämlich HGZ 1912. 238: „Der Regel nach wohne bei einer laufenden Versicherung der Anzeige von einem Versicherungsfall keine konstitutive, sondern nur deklarative Bedeutung bei; die einzelne Versicherung komme dadurch zustande, daß die versicherten Gegenstände in das tatsächliche Verhältnis gebracht würden, dessen allgemeinen Rahmen die Police kennzeichne, bei einer Transportversicherung also dadurch, daß ein unter die Police fallender Transport verwirklicht werde und die Reisegefahr zu laufen begonnen habe" (ebenso auch RG HGZ 1908. 160). Gemeint ist natürlich nicht „die Anzeige von einem Versicherungsfall", sondern die Deklaration (so auch von HGZ 1918. 149 verstanden). Davon, daß die Unterzeichnung der Deklaration durch den Versicherer den Abschluß des Versicherungsvertrags bedeute, ist nicht mehr die Rede; man wird also in der Tat mit HGZ 1918. 149 annehmen dürfen, daß das RG hier den Zeitpunkt des Vertragsschlusses nicht mehr in den Augenblick der Unterzeichnung der Deklaration verlegt wissen will. Um so mehr, als es hinzufügt: „Die Deklaration erscheine nur als eine dem Versicherten obliegende Vertragspflicht, von deren Erfüllung grundsätzlich der Bestand des Versicherungsverhältnisses nicht abhänge" (HGZ 1912. 238). Denn die Bescheinigung über die „Erfüllung einer Vertragspflicht" pflegt man Quittung zu nennen, kann man aber nicht gut als eine den Abschluß eines Vertrags herbeiführende Willenserklärung betrachten und behandeln (Ehrenberg 410); in dem „Versicherungsjournal", das als Beibuch der binnenländischen „Generalpolice für die Versicherung von Gütertransporten zur See, auf Binnengewässern und zu Lande" dient, ist die für die Unterschrift des Versicherers bestimmte Spalte deshalb auch überschrieben: „Bemerkungen (Visum des Agenten oder der Direktion)", vgl. v. Liebig 179. Man kann also nur annehmen, daß das RG zu seiner früheren Auffassung zurückgekehrt war, wonach der Versicherungsvertrag als abgeschlossen gilt, wenn die Versicherung beginnt. Aus dieser Auffassung würde sich etwa ergeben, daß beim Beginn der Versicherung alle gefahrerheblichen Umstände angezeigt werden müßten, vor dem Beginn eingetretene Gefahränderungen nicht in Betracht kämen, im Falle einer nach dem Prioritätsprinzip zu beurteilenden Doppelversicherung die Wirksamkeit der Versicherung von dem Zeitpunkt des Versicherungsbeginns abhängig wäre, der Versicherungsnehmer nach § 11 ADS die Doppelversicherung erst nach dem Beginn der Versicherung beseitigen könnte, die Versicherung nicht als Versicherung der Güter in unbestimmten Schiffen, sondern als Versicherung der Güter in dem bestimmten Schiffe, in das die Güter verladen sind, erschiene (vgl. hierzu HGZ 1918. 149) usw. Auch diese Ansicht des RG war offenbar unrichtig (vgl. auch oben). Sie zu widerlegen, ist ebenso unmöglich, wie sie zu begründen. § 97

2. Die Unsicherheit und Tragunfähigkeit der höchstrichterlichen Rechtsprechung mußte verhängnisvolle Folgen haben. Als am 9. April 1914 ein Kaufmann, der durch eine vom 1. Januar 1914 laufende, die Kriegsgefahr einschließende Versicherung gedeckt war, versehentlich Einzelversicherung gegen Kriegsgefahr nahm, am 8. Mai 1914 das einzelversicherte Interesse (die noch nicht verschifften Güter) auf die Laufende Police deklarierte und Kriegsschaden entstand, traten sie erschreckend zutage. LG Hamburg erklärte, daß die Einzelversicherung die ältere, die laufende Versicherung, weil erst am 8. Mai 1914 deklariert sei, die jüngere sei (HGZ 1917. 109). OLG Hamburg trat bei: „Die laufende Versicherung sei nur ein allgemeiner, das Versicherungsverhältnis begründender Stammvertrag, der den Rahmen bilde für die einzelnen Versicherungsverhältnisse, deren Inhalt und Entstehungsart eben durch den Stammvertrag geregelt sei; es könne aber keine Rede davon sein, daß die Deckung der einzelnen Risiken bereits durch den Abschluß des Stammvertrags erfolgt sei... Die Deckung des einzelnen Risikos erfolge spätestens — unter der Bedingung ordnungsmäßiger Deklaration — mit der geschehenen Abladung und frühestens mit der... Deklaration bei beabsichtigter Abladung". Da die (konstitutiv wirkende) Deklaration hier am 8. Mai 1914 erklärt, am 9. April 1914 aber Einzelversicherung genommen sei, so sei die laufende Versicherung als die jüngere unwirksam (HGZ 1917. 110). Diese Entscheidung hat die Luft, zum Teil wenigstens, gereinigt. Das RG hat den Irrtum, in dem es sich befand, erkannt (RG 90. 8; vgl. dazu Traub NeumannsZ 1917. 371): „Die laufende Versicherung sei ein durchaus perfekter, beide Teile bindender Vertrag". Weder auf den Beginn der Versicherung komme es an noch auf die Deklaration. „Die Güter seien vielmehr, natürlich unter der Bedingung, daß sie wirklich abgeladen würden, von vornherein ebensogut versichert, wie ein Schiff versichert sei, für das der Reeder am 1. Oktober für das nächste Kalenderjahr Versicherung nehme, obschon es inzwischen untergehen und veräußert werden könne. Die Frage, wann die Versicherung genommen sei, habe mit der Frage, wann die Gefahr zu laufen beginne, nichts zu tun... Auf die Zeit des Abschlusses komme es an; die ‚Versicherung' bestehe, sobald der Versicherungsvertrag bindend abgeschlossen sei, also auch bei der laufenden Versicherung nicht erst dann, wenn die Gefahr zu laufen beginne, oder wenn die Gegenstände in anderer Weise (womit die Deklaration gemeint ist) individuell bestimmt würden". Da die laufende Versicherung früher, die Einzelversicherung später genommen sei, so sei die Einzelversicherung unwirksam. Damit ist ein Stein des Anstoßes aus dem Wege geräumt und Irrtümern, Anm. 8

§ 97 gleich demjenigen, dem HGZ 1917. 110 zum Opfer gefallen ist, vorgebeugt. Ein Rest von Irrtum ist geblieben. Er ist an dem Beispielfall, den das RG anführt, gut zu erkennen. Wenn der Reeder am 1. Oktober für das nächste Kalenderjahr Versicherung nimmt, nimmt er für ein Interesse, für sein Eigentümerinteresse, Versicherung, das bereits da ist und vor dem Beginn der Versicherung wegfallen kann (vgl. § 4 Abs. 1). Es ist richtig, daß dieses Interesse „von vornherein", nämlich seit dem Abschluß des Versicherungsvertrags, versichert ist, daß diese Versicherung auf den Erwerber des Interesses übergeht, wenn das Interesse übertragen wird (§ 49 Anm. 11, § 50 Abs. 2), daß der Reeder keine Prämie, wohl aber Ristornogebühr zahlen muß, wenn das Interesse wegfällt (§ 4 Abs. 1), daß die Versicherung die frühere ist, wenn das Schiff am 1. November noch einmal versichert wird und diese beiden Versicherungen insbesondere keine gleichzeitigen sind, wenngleich sie beide zur gleichen Zeit, nämlich am nächsten 1. Januar, beginnen. Wie man aber die Wolle, die im Sommer 1967 auf Schafen wachsen soll, und für die der Kaufmann am 1. Oktober 1966 Versicherung nimmt, als Güter bezeichnen mag, die am 1. Oktober 1966 versichert sind, wie man alle die Güter, die im Laufe der laufenden Versicherung von dieser erfaßt werden mögen, als Güter bezeichnen kann, die bereits mit dem Abschluß des Vertrags über die laufende Versicherung als versichert anzusehen sind, ist nicht so „schwer verständlich", wie dem RG 90. 10 die Entscheidung RG 44. 31 erschienen ist, sondern unverständlich. Man müßte diese noch gar nicht existierenden Güter schon fingieren, konstruieren, um sie für „versichert" halten zu können. Das RG hat übersehen, daß es sich hier (wenn auch nicht notwendig, so doch überwiegend) um jene zweite Art von Versicherungen handelt, von der § 4 Abs. 1 spricht, um die Versicherung künftiger Interessen und sogar solcher künftiger Interessen, die, weil sie, noch ungeboren, ja sogar noch ungezeugt, einstweilen erst im Nebel der Hoffnungen und Entwürfe umherirren, entgegen der Regel des § 4 Abs. 1 nicht einmal den Versicherungsnehmer zur Zahlung der Ristornogebühr verpflichten, wenn sie es vorziehen, nie gezeugt und nie versichert zu werden. Seltsam genug findet das RG eine Bestätigung seiner Auffassung in „dem gesetzgeberischen Gedanken", in den Gedanken eines Gesetzgebers, zu dessen Zeiten die laufende Versicherung in den Windeln lag, und der, als er sich für das Prioritätsprinzip der Doppelversicherung entschied, an die laufende Versicherung gar nicht gedacht hat, ja selbst in noch älteren Rechtsordnungen, wie der AHO 1731 und dem PreußALR, denen die laufende Versicherung ebenso unbekannt war, wie dem RG der Gedanke der Versicherung künftiger Interessen fernliegt. Wenn diese Rechtsordnungen „das Datum" der Versicherungen entscheiden lassen, so ist das ganz selbstverständlich, weil sie eben nur mit der Versicherung gegenwärtiger Interessen zu rechnen hatten. Und wenn das RG besorgt, daß, wenn man den Zeitpunkt des Vertragsschlusses nicht entscheiden lasse, „stets Gleichzeitigkeit" der mehrfachen Versicherungen sich ergeben würde, so ist dies zwar vom Standpunkt der Entscheidung RG 44. 31 aus richtig, aber nicht richtig, wenn man den richtigen Standpunkt vertritt, nach dem die Güter erst von dem Zeitpunkt an als versichert anzusehen sind, in dem für sie Einzelversicherung genommen wäre, wenn für sie keine laufende Versicherung genommen wäre, — wie gerade der Fall RG 90. 6 beweist. Regelmäßig werden nun aber gleichwohl die Güter gleichzeitig doppelt versichert sein, nämlich meist dann, wenn beide Versicherungen laufende Versicherungen sind (unten Anm. 12). Hiernach hat es allerdings „der Versicherte nach Abschluß einer laufenden Versicherung in der Hand, jedesmal" diese laufende Versicherung durch Abschluß einer zweiten laufenden Versicherung „unwirksam zu machen" oder sie wenigstens eines Teiles ihrer Wirksamkeit zu berauben. Aber

die Besorgnis, mit der diese Möglichkeit das RG (90. 12) erfüllt, ist ganz unbegründet. § 97
Den Versicherern könnte nichts lieber sein, als wenn die Versicherungsnehmer möglichst viele solche gleichzeitigen Doppelversicherungen nehmen würden, die Versicherungen in möglichst großem Umfang „unwirksam" würden und ihnen, risikolos, möglichst viele Ristornogebühren oder gar Prämien eintrügen. Und die Versicherungsnehmer werden sich hüten, doppelte Versicherungen zu nehmen. Bei der ganzen Betrachtung des RG (90. 12) ist außerdem übersehen, daß wir ja heute das Prioritätsprinzip für die Doppelversicherung nicht mehr haben, daß der Versicherungsnehmer heute so viele Versicherungen nehmen kann, wie er will, jede „ältere (laufende) Versicherung durch einen späteren Abschluß unwirksam (wenigstens teilweise unwirksam: ADS § 11) machen" kann, daß der frühere Versicherer stets der Gefahr ausgesetzt ist, „durch eine Rechtshandlung der Gegenpartei" (wenigstens der Gegenpartei, die sich der früheren Versicherung nicht bewußt ist) die Prämie bis auf eine Ristornogebühr zu verlieren, daß keineswegs „nach allgemeinen Rechtsgrundsätzen der jüngere Vertrag dem älteren weicht", sondern „umgekehrt" der ältere, wenigstens teilweise, dem jüngeren Platz machen muß, und daß also die Regelung, die dem RG (90. 12) „gesetzgeberisch widersinnig" zu sein scheint, heute — die gesetzliche Regelung ist.

3. Ist also die laufende Versicherung ein gewöhnlicher Versicherungsvertrag Anm. 9
über teils gegenwärtige, teils und der Hauptsache nach künftige Interessen, so ist sie auch grundsätzlich ebenso zu beurteilen, wie jede Einzelversicherung dieser Art.

α) Dies gilt z. B. für die Beurteilung der vorvertraglichen Anzeigepflicht. Der Versicherungsnehmer muß bei der Schließung des Vertrags über die laufende Versicherung alle gefahrerheblichen Umstände richtig anzeigen (§ 19; RG 76. 12, OLG Hamburg VersR 1955. 501 = Betrieb 1955. 687, Prölß Anm. 2 zu § 187 VVG, Bruck-Möller Anm. 9 zu § 16 VVG, Schlegelberger Bem. 3 zu § 97 ADS; a. M. KG HGZ 1927. 277). Die (wohl von der französischen Rechtslehre beeinflußte) Ansicht Voigt's 344, der Versicherungsnehmer müsse bei der Deklaration, oder die Ansicht von Kisch 2. 260, der Versicherungsnehmer müsse in dem Augenblick, „in welchem Einzelinteressen unter die Generalversicherung genommen werden", alle gefahrerheblichen Umstände anzeigen, ist ebenso unbegründet, wie die umgekehrte Ansicht von Ehrenberg 410, Hagen ZfVW 1920. 153 und Lewis 2. 319, von einer Unverbindlichkeit der Versicherung wegen Verletzung der vorvertraglichen Anzeigepflicht könne bei der laufenden Versicherung überhaupt keine Rede sein (wenn nicht etwa damit nur gemeint ist, daß Nichtanzeigen oder Falschanzeigen gefahrerheblicher Umstände bei Erfüllung der Deklarationspflicht nicht wie Nichtanzeigen oder Falschanzeigen bei der Schließung des Versicherungsvertrags zu behandeln sind; vgl. auch Meyer 68, RG 4. 17, HGZ 1884. 108, HG u. OG Hamburg HGZ 1868. 320, 324 und, im Ergebnis richtig, aber in der Begründung überaus bedenklich, RG 76. 12; mißverständlich auch Hagen 1. 347: „Nach den besonderen Umständen des Falles könne...eine Hinausschiebung der gesetzlichen Anzeigepflicht bis zu der Zeit der betreffenden Einzelaufgaben in Frage kommen"). Wenn der Versicherungsnehmer bei der Schließung des Vertrags über die laufende Versicherung, die das Deckrisiko einschließt, beabsichtigt, nur leere Fässer auf Deck zu verladen (ein besonders schweres Risiko), so muß er dies bei der Schließung des Vertrags anzeigen (was HGZ 1905. 114 auch ohne weiteres voraussetzt). Wenn Holz von der Westküste Afrikas, hauptsächlich von Axim, das Lagerrisiko im Ancobrafluß und das Raft- und Surfrisiko eingeschlossen, laufend versichert ist und der Versicherungsnehmer verschweigt, daß das vom Ancobrafluß herabgeflößte Holz nicht einmal, sondern dreimal (nämlich zunächst an der Flußmündung, demnächst auf

§ 97 dem Wege nach Axim und zuletzt auf dem Wege von Axim nach dem Dampfer) die gefährliche Brandung passieren muß, ist die Anzeigepflicht verletzt (aus einem durch Vergleich erledigten Falle). Wenn aber der Versicherungsnehmer laufend versicherte Schweine über einen Ort schickt, in dem die Schweine sich aufhalten müssen, in dem (wie er weiß oder wissen muß) die Schweineseuche herrscht, und in dem infolge hiervon die versicherten Tiere eingehen, ist der Versicherer nicht etwa frei, weil die, bei der Schließung des Vertrags über die laufende Versicherung gar nicht mögliche, Anzeige nicht gemacht ist, sondern weil der Versicherungsnehmer den Versicherungsfall vorsätzlich oder fahrlässig herbeigeführt oder jedenfalls die Gefahr erhöht hat (anders RG 76. 14, und im Anschluß an diese Entscheidung Josef AssJB 37. 23, Kisch 2. 260, ohne jeden Grund: „Die Hinausschiebung der gesetzlichen Anzeigepflicht sei bis zu der Zeit, wo der betreffende Einzeltransport sich überblicken lasse, als selbstverständlich und stillschweigend bedungen anzusehen"; hiervon beeinflußt auch Hagen 1. 347). Vgl. RG 94. 300, 169. 1: „Somit kommt es für die Frage, ob die von der Beklagten übernommene Gefahr erhöht werden oder eine wesentliche Umgestaltung des als versichert zu betrachtenden Unternehmens eingetreten ist, an sich auf die Verhältnisse bei Eingang der laufenden Versicherung an." — Selbstverständlich muß der Versicherungsnehmer insbesondere solche gefahrerheblichen Umstände anzeigen, die sich auf die bei der Schließung des Vertrags über die laufende Versicherung bereits vorhandenen und von der laufenden Versicherung umfaßten Interessen beziehen.

Anm. 10 β) Was von den Anzeigen des § 19 gilt, gilt natürlich auch von den Mitteilungen, die nach §§ 83, 84 bei der Schließung des Vertrags zu machen sind. Bei der Schließung des Vertrags über die laufende Versicherung muß mitgeteilt werden, daß die Güter Vorreisegüter oder Retourwaren oder beschädigt sind. Zu solchen Mitteilungen ist der Versicherungsnehmer freilich regelmäßig außerstande. Aber hieraus folgt natürlich hier, wo der Gegenstand vom Gesichtspunkt der objektiven Beschränkung des Risikos behandelt ist, nicht, daß es auf die Mitteilung, wenn sie nicht gemacht werden kann, nicht ankommt. Wird die Mitteilung, aus welchem Grunde immer, nicht gemacht, so haftet der Versicherer regelmäßig nur beschränkt (§ 83 Anm. 5, § 84 Anm. 4).

Anm. 11 γ) Ist für den Fall der Doppelversicherung das Prioritätsprinzip vereinbart (vgl. § 10 Anm. 29), so ist für die Rechtsfolgen entscheidend, daß erst, wenn das Interesse entsteht, von einer Doppelversicherung die Rede sein kann (oben Anm. 8). Sind beide Versicherungen laufende Versicherungen, so ist das Interesse regelmäßig gleichzeitig „versichert", wann auch immer die Verträge über die laufenden Versicherungen geschlossen sein mögen; die Versicherer müssen sich also auseinandersetzen, wie wenn den beiden laufenden Versicherungen das Ausgleichungsprinzip des § 10 zugrunde läge (vgl. HGB a. F. § 787; anders unter Umständen, wenn man mit RG 44. 35, RG HGZ 1888. 252, HGZ 1888. 127, 1891. 171 nicht die Entstehung des Interesses, sondern den Beginn der Versicherung entscheiden läßt). — Ist zunächst die laufende Versicherung, später, nach Entstehung des Interesses, Einzelversicherung genommen, so würde die Einzelversicherung nach dem Prioritätsprinzip unwirksam sein. — Ob der Versicherungsnehmer gemäß § 11 Beseitigung der Doppelversicherung verlangen kann, hängt, wenn beide Versicherungen laufende Versicherungen sind, davon ab, ob er beim Abschluß des zweiten Vertrags vom ersten Kenntnis hatte. — Nach § 12 braucht der Versicherungsnehmer, wenn beide Versicherungen laufende Versicherungen sind, von der Doppelversicherung erst Mitteilung zu machen, wenn das Interesse entstanden ist.

Bei Fragen zur Produktsicherheit wenden Sie sich bitte an:
If you have any questions regarding product safety,
please contact:

Walter de Gruyter GmbH
Genthiner Straße 13
10785 Berlin
productsafety@degruyterbrill.com

δ) Die laufende Versicherung ist und bleibt Versicherung der Güter in unbestimmten Schiffen (§ 95 Anm. 6, oben Anm. 7). Sie wird insbesondere nicht durch die Deklaration zur Versicherung der Güter in einem bestimmten, nämlich dem deklarierten Schiffe umgewandelt (RG 89. 128, HGZ 1918. 149). Anm. 12

4. Bei alledem ist vorausgesetzt, daß die laufende Versicherung obligatorisch ist, d. h. daß wirklich „die Versicherung für die künftigen Interessen genommen" ist, daß die Interessen mit ihrer Entstehung ohne weiteres, ohne Zutun der Beteiligten, und ohne daß einer von ihnen es hindern könnte, versichert sein sollen. Das ist im Seeversicherungs-Verkehr durchweg der Fall (vgl. § 97 Abs. 1). Es kommt aber auch die fakultative laufende Versicherung vor, d. h. die laufende Versicherung, bei der zwar der Versicherer gebunden ist, der Versicherungsnehmer aber Freiheit hat, zu erklären, ob ein Interesse versichert sein soll oder nicht (vgl. Ehrenberg 412; siehe auch HansOLG HansRGZ 1929 B 243 = HRR 1929 Nr. 2109 = Sasse Nr. 394). Und zwar bei der Versicherung imaginären Gewinns nach § 102 (und von Provision nach § 104, aber auch sonst: vgl. z. B. unten Anm. 48). In solchen Fällen ist der Versicherer in ähnlicher Weise gebunden, wie im Falle einer befristeten Offerte, wirkt die Erklärung des Versicherungsnehmers ähnlich, wie die Annahme einer solchen Offerte (Molt 123). Daraus ergeben sich die Unterschiede gegenüber der obligatorischen laufenden Versicherung ohne weiteres. Näheres: § 102 Anm. und über die fakultative Rückversicherung: § 1 Anm. 132. — Ist die laufende Versicherung auch für den Versicherer fakultativ, so kann man zwar noch von einem Vertrag sprechen, aber doch nur insofern, als der Versicherer, wenn der Versicherungsnehmer „deklariert, die Übernahme der Versicherung unverzüglich ablehnen muß, widrigenfalls es so angesehen wird, wie wenn er die Versicherung übernommen hätte" (vgl. Ehrenberg 410, 412, HGB § 362, auch § 1 Anm. 132). Anm. 13

α) Von solchen Rechtswirkungen einer bloß fakultativen laufenden Versicherung ist jedenfalls im Falle einer obligatorischen laufenden Versicherung keine Rede. Der Versicherungsnehmer kann insbesondere nicht offenbar vertragsfremde Interessen, z. B. Gold (vgl. § 80 Nr. 1), deklarieren und sich darauf berufen, daß der Versicherer nicht unverzüglich widersprochen habe (was er im Falle einer beiderseits fakultativen Versicherung — vielleicht — könnte). Wenn der Versicherungsnehmer ein vertragsfremdes Interesse deklariert und der Versicherer sich auf die Versicherung auch dieses Interesses, als eines vertragsfremden, einläßt, wird ein neuer, ein Einzelversicherungs-Vertrag geschlossen (Ehrenberg 412). Wenn nicht, — nicht. Die bloße Deklaration des Versicherungsnehmers und ihre Bescheinigung durch den Versicherer bringen keinen Einzelversicherungs-Vertrag zustande (HG u. OG Hamburg HGZ 1876. 90). In diesem Sinne gibt die im Binnenland übliche „Generalpolice für die Versicherung von Gütertransporten zur See, auf Binnengewässern und zu Lande" die natürliche Auffassung zutreffend wieder: „Es können auch andere als die in der Police speziell bezeichneten Transporte auf Grund der gegenwärtigen allgemeinen und besonderen Bedingungen, nach vorhergegangener Vereinbarung zwischen den Kontrahenten versichert werden" (v. Liebig 174). Im Falle HGZ 1892. 241 hatte der Versicherer Güter mit der Klausel „Nähere Aufgaben und Taxen laut Originalversicherung vorbehalten" rückversichert und irrtümlich eine zu kleine Taxe deklariert. Der Rückversicherer hatte die Deklaration auf der Rückversicherungs-Police bescheinigt. Dazu RG HGZ 1892. 246 mit Recht: „Für die Annahme einer Vereinbarung (über die Taxe) liege... hier keinerlei Anhalt vor; es könne vielmehr in dem auf die Police gesetzten Vermerk und dessen Unterzeichnung seitens des Rückversicherers nur Anm. 14

§ 97 eine Feststellung der vorbehaltenen näheren Aufgabe über den Betrag der vom Vorversicherer übernommenen Originalversicherung gefunden werden".

Anm. 15 β) Im Falle HGZ 1889. 3 waren Kontanten verschifft, untergegangen und hierauf vom Versicherungsnehmer, der um den Untergang wußte, dem Agenten des Versicherers unter Mitteilung vom Untergang auf die Laufende Police deklariert. Der Agent hatte im Beibuch die Deklaration bescheinigt, da er irrtümlich annahm, daß die Laufende Police auch Kontanten decke. Der Versicherer haftete natürlich nicht. Denn die laufende Versicherung deckte keine Kontanten. Die Deklaration war keine Offerte zum Abschluß eines neuen Einzelversicherungs-Vertrags, sondern war und sollte nur eben eine Deklaration sein. Der Versicherungsnehmer hielt sich für verpflichtet, zu deklarieren, und erfüllte schon deshalb eben nur diese vermeintliche Pflicht. Die Bescheinigung der Deklaration im Beibuch war schon deshalb nicht die Annahme einer Offerte. Sie sollte gleichfalls nur die Erfüllung einer Pflicht, nämlich der Verpflichtung zur Erteilung einer Quittung, sein (dahingestellt HGZ 1889. 3; vgl. auch oben Anm. 7, unten Anm. 42; insoweit richtig RG HGZ 1894. 84: Der Deklarationspflicht des Versicherungsnehmers „entspreche die Verpflichtung des Versicherers, alle solche Deklarationen zu zeichnen"). Wäre aber die Deklaration eine Offerte, die Bescheinigung der Deklaration die Annahme der Offerte gewesen, so wäre der Vertrag doch kein Versicherungsvertrag gewesen. Denn „ein bereits eingetretener und dem zu Versichernden bekannter Schaden kann begrifflich nicht mehr unter Versicherung gebracht werden" (HGZ 1918. 149; näheres: § 5 Anm. 4). Da beide Teile wußten, daß die Kontanten gesunken waren, und für den Abschluß eines neuen Versicherungsvertrags auch vorausgesetzt werden muß, daß beide Teile wußten, daß die laufende Versicherung keine Kontanten umfaßte, wäre die „Entschädigung" bloße Schenkung gewesen (so mit Recht Ehrenberg 412, HGZ 1889. 5; vgl. HGB § 785 Abs. 2: „als Versicherungsvertrag ungültig", Voigt 79, OLG Hamburg SA 40 Nr. 227). Und selbst wenn dieser neue Vertrag ein Versicherungsvertrag gewesen wäre, wäre er unwirksam gewesen, weil der Versicherungsnehmer den Untergang kannte (HGB § 785 Abs. 3). — Anders („äußerst scharfsinnig, . . . aber unrichtig": Ehrenberg 412) RG HGZ 1889. 103: Der Versicherungsnehmer habe „die Eingehung einer neuen Versicherung zwar nicht unmittelbar, aber eventuell gewollt"; der Agent habe sie zwar nicht gewollt, er habe sich geirrt, aber nur „im Motiv"; wahrscheinlich habe er sich nicht einmal geirrt, sondern „unterzeichnet, ohne sich darüber Rechenschaft abzulegen", also auch ohne irren zu können; „eine Liberalität sei schon deswegen hierin nicht zu finden, weil es trotz der Verlustanzeige noch immer fraglich geblieben sei, ob der Schaden wirklich eingetreten, bzw. ob nicht der Versicherer aus anderen Gründen von der Zahlung der Versicherungssumme befreit sei" (zustimmend Sieveking 80 und RG HGZ 1894. 84).

Anm. 16 γ) Gleichwohl ist die Auffassung des RG nicht so unrichtig, wie es auf den ersten Blick scheint. Ihr liegt eine verkehrsmäßig richtige Empfindung zugrunde. Das RG hat sich von ihr nur viel zu weit abtreiben lassen. Denn die Deklaration ist unter Umständen doch mehr, als eine bloße pflichtmäßige Anzeige von Tatsachen, die Bescheinigung des Versicherers unter Umständen doch mehr als eine bloße Empfangsbescheinigung. Beide erfolgen im Laufe einer „Geschäftsverbindung" (vgl. HGB § 362 Abs. 1). Beide sind Glieder in der Kette von Handlungen, die zur Abwicklung eines Geschäftsverhältnisses dienen, das noch dazu von „Treu und Glauben im höchsten Maße" beherrscht sein soll. Allgemein anerkannt ist, daß qui tacet, non consentire videtur, daß aber das Gegenteil der Fall ist, wenn man auf Willenserklärungen des anderen Teiles schweigt, obwohl nach Treu und

Glauben zu reden Pflicht wäre, daß, qui tacet, cum loqui debuit et potuit, consentire videtur, daß man insbesondere nicht schweigen darf, wenn der andere Teil seine Ansicht über die Auslegung eines auslegungsbedürftigen Vertrags mitteilt oder über die Art der Abwicklung des Vertragsverhältnisses, oder wenn das Stillschweigen erkennbar vom anderen Teile als Zustimmung aufgefaßt wird und zur Grundlage geschäftlicher Maßnahmen gemacht werden soll. Nun ist zwar die Deklaration keine Willenserklärung, sondern Tatsachenerklärung, Erfüllungshandlung, Leistung (RG 169. 1 = HansRGZ 1942 B 73 = JRPV 1942. 34 = Sasse Nr. 57, HansOLG HansRGZ 1930 B 387 = Sasse Nr. 402). Aber auch in einer solchen kann, wie etwa in der „Bestätigung" eines Geschäftsabschlusses oder in der Mitteilung über die Auffassung vom Inhalt eines Vertrags eine Willenserklärung mit enthalten sein. Im Falle HGZ 1889. 5 hatte der Versicherungsnehmer außer den untergegangenen Kontanten mit einem anderen Dampfer verladenen, nicht untergegangenen Goldstaub deklariert. In einem solchen Falle mag vielleicht zweifelhaft sein, ob die deklarierte Ware von der laufenden Versicherung umfaßt wird, mag die Deklaration erkennbar nicht nur als solche aufgefaßt sein wollen, sondern auch als eine Meinungsäußerung über den Inhalt des Versicherungsvertrags, als eine Aufforderung (ausdrücklich oder stillschweigend), zuzustimmen oder zu widersprechen, als eine Erklärung, von deren Schicksal wichtige geschäftliche Entscheidungen abhängig zu machen sind, insbesondere die Entscheidung, ob die Ware besonders zu versichern ist oder nicht (HansOLG HansRGZ 1930 B 387 = Sasse Nr. 402). In einem solchen Falle wird also unter Umständen das Schweigen des Versicherers, die widerspruchslose Bescheinigung der Deklaration als Zustimmung aufgefaßt werden müssen (RG 169. 1; insoweit richtig HGZ 1889. 5; vgl. auch HGZ 1884. 107). Als eine Zustimmung freilich, die, wie jede Zustimmung, nach §§ 119, 123 BGB wegen Irrtums oder arglistiger Täuschung angefochten werden kann (OG Hamburg HGZ 1876. 91; insoweit ungenau HGZ 1889. 5: Der Versicherer könne „sich durch Berufung auf den Irrtum seines Vertreters nicht vor den Ersatzansprüchen des Versicherten schützen, weil ihm entgegengestanden hätte, daß der Vertreter, der bei gehöriger Aufmerksamkeit erkennen konnte und wissen mußte, daß Goldstaub so wenig wie Kontanten durch die Police gedeckt war, durch seine Schuld den Versicherten in den Glauben versetzt habe, versichert zu sein"). Die Anfechtung wegen Irrtums würde freilich praktisch dem Versicherer wenig nützen, weil der Versicherer dem Versicherungsnehmer den Schaden würde ersetzen müssen, den dieser dadurch erlitten haben würde, daß er auf die Zustimmung vertraut, also nicht besonders versichert hat (BGB § 122 Abs. 1, OG Hamburg HGZ 1876. 91). Ob der Versicherungsnehmer arglistig getäuscht hat, hängt von den Umständen ab (HGZ 1884. 108). Auch dabei darf nicht vergessen werden, daß die Vertragsteile einander „Treu und Glauben im höchsten Maße schuldig sind" (§ 13 Anm. 5), und zwar bei der laufenden Versicherung, wenn möglich, in noch höherem Maße als sonst (unten Anm. 40). Wenn der Versicherungsnehmer ein Interesse deklariert, das unbestreitbar von der laufenden Versicherung nicht umfaßt wird, kann er im Schweigen des Versicherers und in der Bescheinigung der Deklaration ehrlicherweise überhaupt keine Zustimmung erblicken (vgl. oben). Das Beibuch ist nicht die Police. Der Versicherer darf sich auf die Vertragstreue des Versicherungsnehmers verlassen, kann nicht annehmen, daß ihm vertragsfremde Interessen untergeschoben werden, und braucht nicht die Police herbeizuziehen und zu prüfen, ob nicht etwa eine solche Schiebung versucht wird (abw. HGZ 1889. 229); er ist zu solchen Prüfungen, wie der Fachmann weiß, bei oft massenweise eingehenden Deklara- § 97

§ 97 tionen gar nicht imstande. Keinesfalls kann der Versicherungsnehmer, ohne die Treuepflicht gröblich zu verletzen, „die Anfrage an den Assekuradeur, ob er die Deckung des nach dem Versicherungsvertrag ihn nicht berührenden, schon eingetretenen Verlustes zu den Bedingungen der Laufenden Police nachträglich übernehmen wolle, in die Form einer Deklaration im Beibuch kleiden" (so HGZ 1889. 209; anders mit Recht HG u. OG Hamburg HGZ 1876. 90). Macht sich der Verkäufer der „Arglist" schon dann schuldig, wenn er fehlerhafte Ware liefert, obwohl er weiß oder doch mit der Möglichkeit rechnet, daß der Käufer den Fehler nicht kennt und bei Kenntnis des Fehlers den Kaufvertrag nicht schließen würde, um wie viel mehr muß man den Versicherungsnehmer, der „Treu und Glauben im höchsten Maße" bewähren soll, der Arglist zeihen, wenn er ein unbestreitbar vertragsfremdes Interesse deklariert und dabei verschweigt, daß es sich um ein solches handelt (so auch OLG Hamburg HGZ 1889. 210, das freilich dem „richtigen" Rechte nicht zum Siege verhelfen konnte, weil ihm durch das Revisionsurteil HGZ 1889. 104 die Hände gebunden waren). „Fakultative Posten sind vom Versicherten allemal als solche zu kennzeichnen...; ist dies geschehen, so hat (allerdings) der Versicherer ihre Übernahme ausdrücklich abzulehnen, und zwar — im ordnungsmäßigen Geschäftsgang — sofort nach Empfang der Aufgabe des fakultativen Postens, sonst gilt sein Stillschweigen als Zustimmung". So bereits Ehrenberg 410 (vgl. auch oben Anm. 13); wenn der Vertrag nur „obligatorische Posten" betrifft, der Versicherungsnehmer also durch den Vertrag gar nicht veranlaßt ist, „fakultative Posten" zu deklarieren, kann übrigens nicht einmal in solchem Falle das Schweigen des Versicherers als Zustimmung gedeutet werden (wohl aber die Bescheinigung der Deklaration).

Anm. 17 δ) Was für die Deklaration vertragsfremder Interessen gilt, muß natürlich auch für die Deklaration vertragsmäßiger Interessen unter vertragswidrigen Bedingungen gelten (RG 169. 1 = HansRGZ 1942 B 73 = JRPV 1942. 34), so etwa, wenn der Versicherungsnehmer nach der Laufenden Police nur „Frei von Beschädigung außer im Strandungsfall" versichert ist und „Frei von 5% Beschädigung" deklariert. Der Überfall ist regelmäßig nur dann wirksam, wenn der Versicherer einverstanden ist (HG u. OG Hamburg HGZ 1876. 91; abw. Sieveking 81, der die Entscheidung RG HGZ 1889. 103 als das letzte Wort betrachtet), wie in RG 169. 1, wo Einigung über die Einbeziehung einer „Blockadebruchreise" in die Versicherung angenommen wurde, wenn in Kenntnis der Notwendigkeit einer Blockadebruchreise wegen der dadurch bewirkten Gefahrerhöhung Prämienzulagen vereinbart wurden, ferner die deutsche Kriegsklausel dem Vertrag eingefügt wurde. — Keine Einigung, wenn der Versicherungsnehmer eine Taxe deklariert, die er nach der Laufenden Police zu deklarieren nicht berechtigt ist (vgl. HG Hamburg HGZ 1878. 150: Der Versicherer sei gebunden, wenn er die aufgegebene Taxe „genehmigt" habe, — eine Genehmigung, die jedenfalls in der bloßen Entgegennahme der Deklaration nicht erblickt werden kann; vgl. hierzu auch § 6 Anm. 20, 22, 39), und zwar um so mehr, als der Versicherer die Richtigkeit der deklarierten Taxen regelmäßig überhaupt nicht nachprüfen kann, und Auskunft einzuholen weder üblich noch auch nur möglich ist (vgl. auch oben Anm. 14). — Sind die Güter nach dem Vertrag über die laufende Versicherung nur in „erstklassigen" Schiffen versichert, aber in zweitklassigen Schiffen verladen, so nützt es dem Versicherungsnehmer nicht, wenn er in Unkenntnis von der vertragswidrigen Art der Verladung die Güter deklariert und der Versicherer die Deklaration „bestätigt": „Deklarierte der Versicherungsnehmer...eine Abladung, die in Wirklichkeit mit einem zweitklassigen Kahne erfolgt ist, ohne irgendwie dabei zu bemerken, daß es sich um eine Abladung mit einem zweitklassigen Kahne handle, und wurde die betreffende Eintragung in das Beibuch vom... Versicherer bestätigt, so konnten diese Vorgänge den Eintritt einer Haftung des Versicherers nicht bewirken. Der Versicherer hat durch den Abschluß des Versicherungsvertrags keinerlei Verbindlichkeit für den Fall übernommen, daß etwa der Versicherungsnehmer eine Abladung, welche in Wirklichkeit mit einem zweitklassigen Kahne erfolgt ist, deklarieren würde, ohne dabei anzugeben, daß es sich um eine Abladung mit einem zweitklassigen Kahne handle". So mit Recht HGZ 1906. 92 (ähnlich KG NeumannsZ 1915. 239; vgl. auch unten Anm. 74). Die Bedeutung dieser Entscheidung wird dadurch nicht beeinträchtigt, daß die Laufende Police bestimmte, daß bei Verladungen in vertragswidrigen Kähnen „die Prämie und Kondition bei der Deklaration mit den Versicherern nach Billigkeit zu vereinbaren sei". Solche Bestimmungen wollen nur die Bereitwilligkeit des Versicherers zum Ausdruck bringen, auch vertragsfremde Risiken zu übernehmen. § 97

5. Die laufende Versicherung deckt oft auch durchstehende Risiken im Sinne des § 125. Vgl. z. B. HGZ 1911. 239: „Waren aller Art...in Dampf-, Segel-, Fluß- und Schleppschiffen von ... und nach europäischen und außereuropäischen Häfen und Plätzen in durchstehendem Risiko von Haus zu Haus, ohne Rücksicht auf eventuelle Um- oder Überladungen". Werden in solchem Falle die Güter (Korkabfälle) von Algier nach Antwerpen verschifft, um von hier aus nach Ludwigshafen weiterbefördert zu werden, so sind sie auch in durchstehendem Risiko, insbesondere während ihres Umschlags in Antwerpen, versichert, müssen sie andererseits natürlich auch die Prämie für die Reise nach Ludwigshafen zahlen und für diese ganze Reise deklariert werden. Werden die Güter nur für die Reise nach Antwerpen deklariert, so ist der Versicherer frei, wenn die Versicherung nach § 88 Abs. 3 in Antwerpen endigen würde (§ 97 Abs. 6 Satz 2). Werden die Güter für die Reise nach Ludwigshafen deklariert, so ist der Versicherer nach den §§ 23, 24 frei, wenn der Versicherungsnehmer nicht für ungesäumte Weiterbeförderung der in Antwerpen ausgeladenen Güter sorgt und infolgedessen die kombinierte Reise erheblich verzögert wird. — Werden die Güter von Algier nach Antwerpen verschifft, um zunächst in Antwerpen zu bleiben und erst nach längerem Aufenthalt (genauer: nach einem Aufenthalt, der bei durchstehender Versicherung eine erhebliche Reiseverzögerung bilden würde) weiterbefördert zu werden, so ist das Risiko nicht durchstehend, zunächst nur die Reise nach Antwerpen versichert, diese Reise besonders zu deklarieren, die Versicherung nach § 88 Abs. 3 in Antwerpen beendigt. Die Versicherung der Weiterreise beginnt nach § 88 Abs. 2, also freilich unter Umständen (wenn nämlich der Verfrachter noch vor dem Ende der Versicherung bis Antwerpen die Weiterbeförderung übernimmt) im unmittelbaren Anschluß an die Seereise. Die Weiterreise ist nach § 97 Abs. 6 „sobald wie möglich" zu deklarieren; versäumt der Versicherungsnehmer dies, so ist der Versicherer nach § 97 Abs. 6 Satz 2 frei. Die Versicherung der Weiterreise von Antwerpen nach Ludwigshafen wäre dagegen eine reine Binnentransport-Versicherung und besonders zu nehmen, wenn die Laufende Police nur See- und durchstehende Risiken und nicht (wie gewöhnlich) auch selbständige Flußreisen decken würde. Vgl. zu diesem Falle die im Ergebnis richtigen, in der Begründung teilweise fehlgehenden Entscheidungen LG u. OLG Hamburg HGZ 1911. 237, 1912. 237. Anm. 18

4. **Abs. 1** bestimmt zunächst den Begriff der laufenden Versicherung im Anschluß an § 187 Abs. 2 VVG als **die Versicherung, die in der Weise genommen ist, daß die Güter bei der Schließung des Vertrags nur allgemein** (vgl. § 80: „Güter aller Art") **oder nur ihrer Art nach bezeichnet und erst nach der Entstehung** Anm. 19

§ 97 **des Versicherungsinteresses dem Versicherer einzeln aufgegeben** (deklariert) **werden.** Diese Begriffsbestimmung (wenn man sie überhaupt als eine solche bezeichnen will) ist nicht gerade vollkommen (vgl. oben Anm. 6) und jedenfalls in einer Beziehung ungenau. Die laufende Versicherung umfaßt auch solche Interessen, die schon entstanden sind. Wenn die laufende Versicherung am 30. Dezember 1963 für die Zeit vom 1. Januar 1964 bis zum 31. Dezember 1964 genommen wird, bezieht sie sich auch auf Interessen, die am 30. Dezember 1963 schon da waren, — wenn auch nicht auf Interessen, für welche die Versicherung, falls sie schon früher genommen wäre, nach § 88 Abs. 2 bereits begonnen hätte. Insofern genauer VVG § 68: Versicherung, die „für ein künftiges Unternehmen oder sonst für ein künftiges Interesse genommen" ist. Auch die englische Begriffsbestimmung vermeidet die Ungenauigkeit: A floating policy is a policy which describes the insurance in general terms, and leaves the name of the ship or ships and other particulars to be defined by subsequent declaration (MIA § 29 Abs. 1).

Anm. 20 5. Welche Interessen von der laufenden Versicherung umfaßt werden, muß der Vertrag ergeben. In einigen Beziehungen bestimmen aber die ADS selbst.

a) Der Vertrag muß ergeben, welche Arten von Interessen von der laufenden Versicherung umfaßt werden sollen. Regelmäßig sind nur Güter versichert, also gewöhnliche Eigentümerinteressen (§ 1 Anm. 10, 34, 38, Vorb. vor § 80) und dazu imaginärer Gewinn. Kommissionär, Spediteur, Verfrachter usw. können auf ihre Laufenden Güterpolicen die Eigentümerinteressen ihrer Kunden deklarieren, nicht ihre Haftpflicht (vgl. aber auch unten Anm. 23).

Anm. 21 b) Der Vertrag muß ergeben, von welcher Art die Güter sein sollen, an denen die von der laufenden Versicherung umfaßten Interessen bestehen. Die ADS stellen nur anheim: **Es können alle Güter oder bestimmte Arten von Gütern** sein. Regelmäßig umfaßt die laufende Versicherung „Güter aller Art". Dann bezieht sie sich jedoch nicht auf die im § 80 bezeichneten Güter (mit Ausnahme wiederum der im § 80 Nr. 3 bezeichneten Massengüter: § 97 Abs. 2). — Über den Begriff der Güter: § 1 Anm. 38. Danach würde sich die laufende Versicherung auch auf privatwirtschaftliche Güter des Versicherungsnehmers oder des dritten Versicherten beziehen. Doch wird man, wenn der Versicherungsnehmer die laufende Versicherung im Betrieb seines Handelsgewerbes genommen hat, annehmen müssen, daß nur „Kaufmannschaften" gedeckt sein sollen, also nur Güter im Sinne des englischen Seeversicherungs-Verkehrs (§ 1 Anm. 38; diesem gemäß ist § 80 Anm. 2 zu ergänzen). Vgl. auch unten Anm. 27.

Anm. 22 c) Der Vertrag muß ergeben, welche Reisen von der laufenden Versicherung umfaßt werden. Regelmäßig enthält auch die Laufende Police in dieser Beziehung Beschränkungen (vgl. etwa HG Hamburg HGZ 1865. 89). — Wenn die laufende Versicherung für „Waren aller Art von...und nach europäischen und außereuropäischen Häfen und Plätzen in durchstehendem Risiko" genommen ist und Korkabfälle mit der Bestimmung für Deutschland von Algier nach Antwerpen befördert werden, ist, wenn die Abfälle nicht etwa in Antwerpen längeren Aufenthalt haben sollen, ohne weiteres die Reise von Algier nach dem binnendeutschen Bestimmungsort versichert. Daß die Güter bestimmungswidrig im Umschlagsplatz Antwerpen wochenlang liegenbleiben, ist zwar als Gefahränderung, insbesondere Reiseverzögerung, nicht aber für die Frage der Deckung des Interesses durch die laufende Versicherung von Bedeutung. Daß die Güter nur für die Reise nach Antwerpen, nicht auch für die Weiterreise nach dem binnendeutschen Bestimmungsort deklariert sind, ist zwar für die Haftung des Versicherers (vgl. § 97 Abs. 6), nicht aber für die Frage von Bedeutung, ob die Güter überhaupt von der laufenden Versicherung umfaßt werden, der Versicherungsnehmer z. B. Prämie zahlen muß (RG HGZ 1912. 237, teilw. abw. HGZ 1911. 238, näheres oben Anm. 18). — Wenn „Waren aller Art von Häfen Europas nach Arica und weiter zu Lande nach Tacna und/oder Mollendo und weiter zu Lande nach Arequipa in ununterbrochenem durchstehendem Risiko, direkt oder indirekt", frei von Kriegsgefahr versichert sind, das nach Mollendo bestimmte Schiff wegen Kriegsgefahr nach Arica fährt und die Güter nach Tacna befördert werden, dauert die Versicherung bis zur Ankunft der Güter in Tacna, mag auch der Versicherungsnehmer die Reise nach Mollendo—Arequipa deklariert haben (anscheinend abw. RG HGZ 1888. 172 mit jedenfalls unrichtiger Begründung: oben Anm. 7). Werden aber die Güter in Arica ausgeladen, nicht um nach Tacna weiterbefördert zu werden, sondern wegen der Kriegsgefahr und um später über Mollendo nach Arequipa weiterbefördert zu werden, so ist der Versicherer nach § 35 Abs. 3 frei (so auch im Ergebnis RG HGZ 1888. 172, HGZ 1888. 28; vgl auch § 23 Anm. 72 unter g). **§ 97**

d) Der Vertrag muß ergeben, mit welchen Transportmitteln die Güter befördert werden müssen, um von der laufenden Versicherung umfaßt zu werden. Der Versicherungsnehmer darf natürlich regelmäßig nicht mit jedem alten Kahn verschiffen: § 97 Abs. 8. Anm. 23

e) Der Vertrag muß ergeben, welcher Personen Interessen von der laufenden Police umfaßt werden sollen, ob insbesondere nur eigene Interessen des Versicherungsnehmers oder auch fremde. Die ADS stellen auch insoweit nur anheim: Die laufende Versicherung bezieht sich auf Güter, für die der Versicherungsnehmer **„sei es für eigene, sei es für fremde Rechnung"**, Versicherung zu nehmen hat. Sie bestimmen nicht selbst, bestimmen nicht etwa, daß die laufende Versicherung sich auf Güter beziehe, für die der Versicherungsnehmer für eigene oder für fremde Rechnung Versicherung zu nehmen hat. Die laufende Versicherung umfaßt insbesondere nicht ohne weiteres auch Fremdinteressen (Moldenhauer ZfVW 1901. 28). Neben § 97 Abs. 1 gilt § 52: Die Versicherung bezieht sich auf Güter, für die der Versicherungsnehmer, sei es für eigene, sei es für fremde Rechnung, Versicherung zu nehmen hat, je nachdem ob er die Versicherung nur für eigene Rechnung (§ 52 Abs. 1) oder nur für fremde Rechnung (§ 52 Abs. 2) oder für eigene und für fremde Rechnung oder (was verkehrsmäßig hier gleichbedeutend ist) für Rechnung, wen es angeht (vgl. § 52 Abs. 3), genommen hat. Im hansestädtischen Versicherungsverkehr wird die laufende Versicherung durchweg für Rechnung, wen es angeht, genommen. Die laufende Police bezieht sich hier also auf Güter, für die der Versicherungsnehmer für eigene oder fremde Rechnung Versicherung zu nehmen hat. Die Klausel „issued for account of whom it may concern" soll die Möglichkeiten, die Abs. 1 gibt, offenhalten (LG Hamburg Sasse Nr. 734). Anm. 24

f) Der Vertrag muß ergeben, zu welcher Zeit die Interessen bestehen müssen, um von der laufenden Versicherung umfaßt zu werden. Denn die laufende Versicherung wird durchweg für bestimmte Zeit, in den Hansestädten regelmäßig für ein Jahr, im Binnenland auch für mehrere Jahre, genommen (ist deshalb aber natürlich keine Zeitversicherung im gewöhnlichen Sinne). Und auch wenn sie für unbestimmte Zeit genommen wäre, würde sie doch einmal beginnen und einmal endigen müssen. Der Vertrag bestimmt hierüber aber regelmäßig nichts. Auch die ADS bestimmen hierüber nicht ausdrücklich. Aber sie lassen doch im § 97 Abs. 5 und 6 erkennen, was auch tatsächlich der Verkehrssitte entspricht. Die laufende Versicherung umfaßt nicht alle Interessen, die während der Versicherungszeit entstehen, auch nicht alle Interessen, für die der Versicherungsnehmer während der Versicherungszeit Versicherung zu nehmen hat, sondern alle Interessen, für welche (der Versicherungsnehmer Versicherung zu nehmen hat, und für welche) die Versicherung nach § 88 Abs. 2 während der Versicherungszeit beginnen würde, wenn für sie auf der Grundlage der ADS Einzelversicherung genommen wäre (RG 123. 141, LG Hamburg HansRGZ Anm. 25

§ 97 1934 B 276 = Sasse Nr. 719). Wenn die laufende Versicherung für die Zeit vom 1. Januar 1964 bis zum 31. Dezember 1964 genommen ist und die Güter dem Verfrachter am 31. Dezember 1963 zur Beförderung übergeben werden, sind die Güter nicht gedeckt. Wenn der Versicherungsnehmer am 31. Dezember 1964 Eigentümerinteressent geworden, das Interesse erst am 31. Dezember 1964 entstanden ist, die Güter aber erst am 2. Janurar 1965 dem Verfrachter zur Beförderung übergeben werden, sind die Güter nicht gedeckt. Werden die Güter am 31. Dezember 1964 dem Verfrachter zur Hälfte, am 2. Januar 1965 zur anderen Hälfte übergeben, so ist nur die erste, nicht auch die zweite Hälfte gedeckt (vgl. auch § 88 Anm. 4, 12). Deshalb bestimmte früher eine DTV-Klausel, die sogenannte Dauerklausel: „Die Versicherung bezieht sich insbesondere auch auf Güter, die der Verfrachter während der laufenden Versicherung zur Beförderung oder einstweiligen Verwahrung anzunehmen nur begonnen hat". Die Klausel ist aber nicht mehr in Gebrauch (vgl. Vorb. vor § 113), — mit Unrecht nicht, weil sie auch erkennen läßt, daß es nach der Verkehrssitte auf den Beginn des Risikos dafür ankommt, ob die Güter von der laufenden Versicherung umfaßt werden oder nicht. — Früher bestimmte die Laufende Police des VHA besonders, daß gedeckt sein sollten „sämtliche Abladungen von Waren, die während des Zeitraums vom... bis.. dem Datum der Konnossemente nach stattfinden" (vgl. auch den Fall RG 94. 300, in dem die, scheinbar weitere, Laufende Police „jedes Interesse deckte, welches der Herr Versicherte im Laufe dieses Jahres, dem Datum der Konnossemente nach, an schwimmenden oder erst abzuladenden Gütern hat"). Dabei war vorausgesetzt, daß die Konnossemente gemäß § 642 HGB unmittelbar nach der Beendigung jeder Abladung gezeichnet werden würden. Diese Voraussetzung trifft aber in der Praxis durchaus nicht immer zu. Die dadurch entstehenden Zweifel, die Gefahr absichtlicher Falschdatierung und die neuen Bestimmungen über den Beginn der Versicherung (§ 88 Abs. 2) haben dazu geführt, den Grundsatz der Maßgeblichkeit des Konnossementsdatums aufzugeben.

Anm. 26 g) Natürlich können nicht alle eigenen Interessen des Versicherungsnehmers und erst recht nicht alle fremden Interessen von der laufenden Versicherung umfaßt werden. Deshalb beschränkte die frühere Laufende Police des VHA die Versicherung fremder Interessen auf die Fälle, in denen der Versicherungsnehmer „zufolge erhaltenem oder den Umständen nach stillschweigend anzunehmendem Auftrag Versicherung zu nehmen hat", und auf „Versicherungen, soweit ihm die freie Verfügung über dieselben zusteht". Und da man auch so, namentlich im ausgehenden Verkehr, die Erfahrung hatte machen müssen, daß faule Risiken, die sonst zur Durchschnittsprämie nicht unterzubringen waren, auf laufende Policen, insbesondere auf sogenannte Spediteurpolicen, geschoben wurden, hatte man in der ausgehenden Police bestimmt, daß „für Abladungen..., bei welchen das Interesse des Versicherungsnehmers einzig und allein in der Ausführung eines erhaltenen Versicherungsauftrags besteht, die vereinbarten Prämien und Konditionen keine Gültigkeit haben" sollten (Begr. z. E 1910 § 92). In England hat man, insbesondere während des Ersten Weltkriegs, ähnliche Erfahrungen gemacht und deshalb bestimmt, daß die Laufende Police den Namen des wirklichen Versicherten angeben muß (ITVMitt 1918. 37, § 98 Anm. 5).

Anm. 27 1. An diese Entwicklung knüpft § 97 Abs. 1 an (vgl. auch LG Hamburg Sasse Nr. 737). Die laufende Versicherung bezieht sich nur auf Güter, **für die der Versicherungsnehmer Versicherung zu nehmen hat,** für die Versicherung zu nehmen aus irgendwelchen Gründen Sache des Versicherungsnehmers und gerade seine Sache ist (vgl. dazu auch LG Hamburg Sasse Nr. 734). Diese Beschränkung genügt aber nocht nicht. Es ist auch Sache des bloß damit beauftragten Versicherungsnehmers, für Rechnung des Auftraggebers Versicherung zu nehmen.

Seine laufende Versicherung würde auch solche fremden Interessen umfassen (vgl. OGH Wien AssJB 30. 154 und dazu Ehrenzweig ebendort). Gerade solche, bezahlten oder unbezahlten, Gefälligkeiten sind besonders gefährlich. Deshalb beschränkt § 97 Abs. 1 den Kreis der Interessen noch weiter: Die laufende Versicherung bezieht sich nur auf Güter, für die der Versicherungsnehmer **nach kaufmännischen Grundsätzen** Versicherung zu nehmen hat. Das ist keine gerade vollkommene Bestimmung. Aber es dürfte schwer sein, eine vollkommenere zu finden, wenn man nicht etwa die Versicherung für fremde Rechnung ganz ausschließt oder sie, wie in England, auf die Versicherung für bestimmte fremde Rechnung beschränkt und damit der laufenden Versicherung einen großen Teil ihrer Beweglichkeit nimmt. Man muß darauf vertrauen, daß Versicherungsverkehr und Rechtsprechung die Bestimmung im Lichte des Treueprinzips (§ 13) und des ganz besonderen Vertrauens betrachten, das der Versicherer dem Versicherungsnehmer in der laufenden Versicherung entgegenbringt, und jedem Versuche, die Laufende Police als Schutzhütte für schlechte Risiken zu behandeln, entgegentreten (vgl. z. B. ME 88: Eine Firma, die sonst alles in London versichert, deckt Wellblech und Zement auf die Laufende Police ihres Hamburger Geschäftsfreundes, weil sie für beides in London keine Deckung zu annehmbaren Bedingungen findet). **§ 97**

2. Der Versicherungsnehmer muß „nach kaufmännischen Grundsätzen Versicherung zu nehmen" haben. Es muß (nicht nach seiner Ansicht und nicht nach derjenigen des Versicherers, sondern) nach der allgemeinen Anschauung des Handelsverkehrs und nach den Umständen des Falles gerade seine Aufgabe sein, Versicherung zu nehmen (Begr. z. E 1910 § 92). Es ist z. B. nicht Aufgabe des Käufers, die cif gekauften Güter zu versichern; die Güter werden daher auch nicht von seiner laufenden Versicherung umfaßt. Es ist vielmehr Aufgabe des Verkäufers, für solche Güter Versicherung zu nehmen (§ 57 Anm. 11); die Güter werden daher von der laufenden Versicherung des Verkäufers umfaßt. So auch Hagen SVR 94, Schlegelberger SVR Bem. 6 zu § 97 ADS). Auch beim sog. „erweiterten" fob-Geschäft, bei dem anders als beim gewöhnlichen fob-Geschäft der Verkäufer nach Handelsbrauch oder besonderer Vereinbarung für Seeversicherung zu sorgen hat (vgl. Großmann-Doerth, Das Recht des Überseekaufes, 1930. 147ff., 150), fällt der Vertrag in die laufende Police des Verkäufers, nicht wie sonst beim fob-Geschäft, in die des Käufers (LG Hamburg HansRGZ 1934 B 483 = Sasse Nr. 718, Schlegelberger a. a. O., Becker Seeversicherungspolice 25). Wird die Ware auf Basis „c. f." (cost & freight) gekauft, bei der die Versicherung Sache des Käufers ist, so fällt die Versicherung nicht in die laufende Versicherung des Verkäufers, sondern die des Käufers (RG 123. 141). Siehe zu diesen Fragen auch Schües Hansa 1953. 1726 (Die Incoterms und ihre Bedeutung für die Transportversicherung im Außenhandel) und v. d. Thüsen VersPrax 1954. 145 und 162 (Versicherungsprobleme beim Import und Export über See). Ob es Aufgabe des Kommissionärs, des Spediteurs oder des Lagerhalters ist, für Rechnung des Auftraggebers Versicherung zu nehmen, hängt von den Geschäftsgepflogenheiten ab; im allgemeinen ist es nicht ihre Aufgabe (HGB §§ 390, 407, 417). — Die Güter werden also auch von der laufenden Versicherung umfaßt (nicht erst, wenn die Versicherung beginnt, sondern bereits), wenn der Versicherungsnehmer für sie nach kaufmännischen Grundsätzen Versicherung zu nehmen hat, wenn sie versicherungsreif sind. Von diesem Zeitpunkt an sind sie ebenso „versichert", wie einzelversicherte Güter gewöhnlich bereits vom Zeitpunkt des Vertragsschlusses an „versichert" sind, obgleich die Versicherung erst in der Zukunft beginnen soll. Dies ist der Grund, warum § 97 Abs. 1 nicht von der Verpflichtung des Versicherungsnehmers, die Anm. 28

§ 97 Güter „nach Entstehung des versicherten Interesses aufzugeben“, spricht (so VVG § 187 Abs. 2), sondern von der Verpflichtung des Versicherungsnehmers, sie „nach Entstehung des Versicherungsinteresses“, nach dem Eintritt der Versicherungsreife aufzugeben. Deshalb verpflichtete die frühere Laufende Police des VHA den Versicherungsnehmer, die „beabsichtigten Abladungen“, die versicherungsreif gewordenen und damit von der laufenden Versicherung umfaßten Güter, sobald, wie möglich, zu deklarieren (was von der sonst bedenklichen Entscheidung HGZ 1917. 111, wenn auch nicht in der ganzen Tragweite erkannt, so doch empfunden ist).

Anm. 29 3. Die Interessen werden von der laufenden Versicherung umfaßt, sind „versichert“, wenn sie zum Versicherungsnehmer in ein solches Verhältnis getreten sind, daß dieser für sie nach kaufmännischen Grundsätzen Versicherung zu nehmen hat, wenn sie versicherungsreif geworden sind (oben Anm. 27, 28), — aber unter der Bedingung, daß die Versicherung auch während der Versicherungszeit beginnt (oben Anm. 25). Und zwar muß der Versicherungsnehmer (schon oder noch) zur Zeit des Beginns der Versicherung für die Güter Versicherung zu nehmen haben (ebenso HansOLG HansRGZ 1930 B 179 = Sasse Nr. 407; gegenteiliger Ansicht HansOLG HansRGZ 1930 B 403 = Sasse Nr. 403 und HansRGZ 1930 B 435 = Sasse Nr. 406, RG 123. 141, 130. 302, Schlegelberger SVR Bem. 5 zu § 97 ADS). Hat der Cif-Verkäufer Versicherung zu nehmen, so fällt das Kaufgut doch nicht unter seine laufende Versicherung, falls der Kaufvertrag geändert wird und nicht mehr der Verkäufer, sondern der Käufer die Versicherung zu nehmen hat, wenn die Versicherung beginnen würde. Wenn der Versicherungsnehmer am 3. Juli schwimmende, am 1. Juli verschiffte, unversicherte Ware kauft, wird die Ware von der laufenden Versicherung nicht umfaßt; der Versicherungsnehmer kann sich nicht darauf berufen, daß er nach kaufmännischen Grundsätzen am 3. Juli Versicherung, und zwar Vergangenheitsversicherung, zu nehmen gehabt habe. Wenn das Kommissionsgut am 1. Juli verschifft, am 2. Juli vernichtet, der Kommissionär am 3. Juli vom Kommittenten, geschäftsüblicher Weise, angewiesen wird, Versicherung zu nehmen, hat der Kommissionär zwar am 3. Juli „nach kaufmännischen Grundsätzen Versicherung zu nehmen“; aber er hatte nicht zur Zeit des Beginns der beabsichtigten Versicherung die Versicherung zu nehmen und das Kommissionsgut fällt deshalb nicht unter seine laufende Versicherung (anscheinend abw. Ehrenberg RV 45). Würde der Kommissionär es, in Kenntnis oder in Unkenntnis vom Untergang, deklarieren und der Versicherer die Deklaration bescheinigen, so würde dies doch nichts daran ändern, daß die laufende Versicherung des Kommissionärs das Gut nicht umfassen würde (vgl. auch oben Anm. 15). Auch wenn das Kommissionsgut am 2. Juli nicht untergegangen wäre, würde es von der laufenden Versicherung des Kommissionärs nicht umfaßt sein. Sonst könnten Versicherungsnehmer und Versicherter schlecht verlaufene Risiken unter den Schutz der laufenden Versicherung bringen, was mit dem Wesen der laufenden Versicherung unvereinbar und unerträglich wäre. Deshalb bestimmte die frühere Laufende Police des VHA, daß die Güter „sobald wie möglich nach erhaltener Nachricht über... beabsichtigte oder geschehene Abladungen... zu deklarieren“ seien. Deshalb bestimmt § 97 Abs. 6 ADS, daß der Versicherungsnehmer die Güter „sobald wie möglich, insbesondere unverzüglich, nachdem er von dem Beginn der Versicherung Kenntnis erlangt hat“, also wenn möglich noch vor dem Beginn der Versicherung, zu deklarieren hat (vgl. OLG Hamburg JRPV 1935. 270: Dafür genügt Zugehen beim Assekuranzmakler nicht). Deshalb ist zwar für die laufende Gewinnversicherung bestimmt, daß der Versicherungsnehmer auch noch nachträglich einen höheren als den vereinbarten Gewinn deklarieren darf, wenn er nicht weiß oder wissen muß,

„daß die Reise einen ungünstigen Verlauf genommen" hat (§ 102), hier aber nicht etwa bestimmt, daß die laufende Versicherung auch solche Interessen umfaßt, für die der Versicherungsnehmer erst nach dem für den Beginn der Versicherung maßgebenden Zeitpunkt Versicherung zu nehmen hat, insbesondere Versicherung zu nehmen angewiesen wird, sofern nur er (und der Versicherte) hierbei nicht weiß und nicht zu wissen braucht, daß die Reise einen ungünstigen Verlauf genommen hat. — Die Kriegsmetall-Aktiengesellschaft hatte 1918 für Rechnung, wen es angeht, für Metalle und für Reisen vom Osten laufende Versicherung mit Einschluß der Kriegsgefahr genommen und sich das Recht ausbedungen, die Kriegsgefahr bei der Deklaration unter entsprechendem Prämienabschlag auszuschließen. Die deutsche Regierung erteilte Auftrag, die von der KMAG kommissionsweise eingekauften Güter gegen Kriegsgefahr zu versichern. Die österreichische Regierung, für deren Rechnung die KMAG gleichfalls einkaufen und befördern ließ, hatte solchen Auftrag erst nach dem Beginn der Versicherung erteilt. Die KMAG deklarierte gleichwohl auch die für österreichische Rechnung beförderten Güter mit Einschluß (oder ohne Ausschluß) der Kriegsgefahr und verlangte, als die Güter durch Kriegsereignisse verlorengingen, Entschädigung. Mit Unrecht; sie hatte für die österreichische Regierung keine Kriegsversicherung zu nehmen oder doch erst, nachdem die Versicherung begonnen hatte (Schiedsspruch HRZ 1921. 897). Übrigens würde das Ergebnis kein anderes gewesen sein, wenn die KMAG (nicht sowohl berechtigt gewesen wäre, die Kriegsgefahr auszuschließen, als vielmehr) berechtigt gewesen wäre, die grundsätzlich ausgeschlossene Kriegsgefahr einzuschließen, wenn also die laufende Versicherung insoweit eine gewöhnliche fakultative Versicherung gewesen wäre. Zwar kann der fakultativ laufend Versicherte im Zweifel ebenso wie der obligatorisch laufend Versicherte auch noch nach dem Beginn der Versicherung deklarieren, solange die Deklarationsfrist nicht abgelaufen ist, vorausgesetzt freilich, daß die Reise keinen ungünstigen Verlauf genommen hat, oder wenigstens daß der ungünstige Verlauf der Reise dem Versicherungsnehmer nicht bekannt ist oder bekannt sein müßte (§ 1 Anm. 132, § 5 Anm. 44, § 6 Anm. 21, § 102 Anm. 13). Aber das gilt für die fakultative laufende Versicherung ebenso wie für die obligatorische, daß es spätestens beim Beginn der Versicherung Aufgabe des Versicherungsnehmers gewesen sein muß, für das Interesse Versicherung zu nehmen. § 97

4. Die laufende Versicherung bezieht sich **insbesondere nicht auf solche Güter, für die der Versicherungsnehmer nur deshalb Versicherung zu nehmen hat, weil er sich hierzu einem Dritten gegenüber, sei es auch gegen Entgelt, verpflichtet hat** (§ 97 Abs. 1 Satz 2). Es handelt sich nur um einen Beispielfall (verb. „insbesondere"), und zwar um den übelsten Fall, daß ein schlechtes Risiko unter der Laufenden Police eines guten Freundes, insbesondere eines Spediteurs, der nach der Übung mit der Versicherung des Risikos nichts zu tun hat, Schutz sucht. Siehe dazu HansOLG HansRGZ 1932 B 560 = Sasse Nr. 425. Ähnlich die französische Güterpolice Art. 32 Abs. 2: L'intérêt de l'assuré qui ne consisterait que dans l'exécution d'un ordre d'assurance confié par un tiers ne donne pas droit d'application à la police. Anm. 30

5. Hin und wieder werden die Grenzen der von der Laufenden Police umfaßten Interessen auch wohl anders gezogen. Vgl. z. B. den Fall RG 89. 35: „Die Police erstreckt sich auch auf die Niederlassungen des Versicherungsnehmers in China, und zwar sowohl auf die eigenen als auch auf diejenigen Versicherungen, zu deren Deckung die Niederlassungen von europäischen oder chinesischen Geschäftsfreunden Auftrag erhalten. Nach einem Schadensfall beziehentlich nach Anm. 31

§ 97 präjudizierlichen Nachrichten ist indessen die Annahme eines Versicherungsauftrags nicht zulässig". Hier ist insbesondere auch vereinbart, daß schon begonnene Risiken, und zwar auch für die Vergangenheit, von der laufenden Versicherung umfaßt werden sollen, gleichzeitig aber auch Vorsorge getroffen, daß nicht schlecht verlaufene Risiken unter den Schutz der laufenden Versicherung gebracht werden. — Die laufende Versicherung kann insbesondere auch so genommen werden, daß sie sich nicht auf Güter bezieht, für die der Versicherungsnehmer, sondern auf Güter, für die ein Dritter für eigene oder für fremde Rechnung nach kaufmännischen Grundsätzen Versicherung zu nehmen hat. Auf diese Art der laufenden Versicherung bezog sich die frühere Laufende Police des VHA Form. III „für bezeichnete auswärtige Versicherte": Der Hamburger Kaufmann Georg Mittler nahm laufende Versicherung für „sämtliche Abladungen von Waren, auf welche die Herren Carl Hurtig & Co. in Valparaiso, sei es für eigene und/oder für fremde Rechnung..., Versicherung zu nehmen haben". Der Hamburger Versicherer wollte in der Person des Hamburger Versicherungsnehmers einen leicht erreichbaren Prämienschuldner und Mittelsmann haben. Soweit Carl Hurtig & Co. für eigene Rechnung Versicherung zu nehmen hatten, waren Georg Mittler der Versicherungsnehmer, Carl Hurtig & Co. die Versicherten, die Versicherungen also gewöhnliche Versicherungen für fremde Rechnung. Soweit aber Carl Hurtig & Co. für Rechnung von Rudolf Zeissler in Santiago Versicherung zu nehmen hatten, waren die Versicherungen zwar auch Versicherungen für fremde Rechnung, Versicherter aber Rudolf Zeissler; Carl Hurtig & Co. waren weder Versicherungsnehmer noch Versicherte und kamen im Versicherungsverhältnis nur als Hilfspersonen des Versicherungsnehmers und des Versicherten in Betracht. Der früheren Laufenden „Police für bezeichnete auswärtige Versicherte" entspricht später die Laufende Police für „Auswärtige", die aber Georg Mittler zum Vertreter der Versicherungsnehmer Carl Hurtig & Co. und Rudolf Zeissler zum Versicherten macht.

Anm. 32 h) Soweit die laufende Versicherung fremde Interessen deckt, gelten die allgemeinen Grundsätze über Versicherung für fremde Rechnung. Insbesondere ist der Versicherer zur Zahlung an den Versicherungsnehmer nur verpflichtet, wenn dieser nachweist, daß der Versicherte der Versicherung zugestimmt hat (§ 54 Abs. 3). Die Ansicht von Kisch 3. 501, bei der laufenden Versicherung „werde es der Natur der Sache und der Absicht der Parteien vielfach entsprechen", den Versicherungsnehmer für einziehungsberechtigt zu erklären „ohne weiteren Nachweis und ohne Unterscheidung, ob er die Waren mit oder ohne Versicherungsauftrag erhalten habe", trifft jedenfalls für die laufende Seeversicherung nicht zu. Hat der Versicherte nicht zugestimmt, so wird übrigens auch der Versicherungsnehmer regelmäßig nicht „nach kaufmännischen Grundsätzen Versicherung zu nehmen" gehabt haben. Jedoch braucht der Versicherungsnehmer bei der Schließung des Vertrags über die laufende Versicherung den Mangel des Versicherungsauftrags nicht gemäß § 57 Abs. 4 anzuzeigen (näheres: § 57 Anm. 14).

Anm. 33 6. **Abs. 2. Die laufende Versicherung bezieht sich,** auch wenn sie für Güter aller Art genommen ist, nicht auf die im § 80 Nr. 1 und 2 bezeichneten Güter (§ 80 Anm. 2). Wohl aber **auch auf die im § 80 Nr. 3** (§ 60 Abs. 2) **bezeichneten Massengüter.** Da die Versicherung von Gütern aller Art nur in der Form der laufenden Versicherung vorkommt, ist § 80 Nr. 3 insoweit ohne praktische Bedeutung. Seine Bedeutung erhält er erst durch § 97 Abs. 2 Satz 2: **Im Falle des § 80 Nr. 3** (wenn also das Schiff mit den Massengütern des § 60 Abs. 2 zu mehr als einem Dritteil seiner Tragfähigkeit beladen ist) **gebührt dem Versicherer eine Zuschlagsprämie,** d. h. eine der höheren Gefahr entsprechende höhere Prämie (§ 20 Abs. 3; näheres: § 16

Anm. 6, § 20 Anm. 21, § 25 Anm. 2). So insbesondere auch dann, wenn die versicherte Unternehmung glücklich abläuft, — wenigstens soll er sie auch dann erhalten. — Dem Versicherer gebührt die Zuschlagsprämie auch dann, wenn sich die Versicherung ausdrücklich gerade auf Güter der im § 80 Nr. 3, § 60 Abs. 2 bezeichneten Art bezieht. Denn auch wenn gerade Güter dieser Art versichert sein sollen, ist doch nicht gesagt oder gemeint, daß das Schiff damit zu mehr als einem Dritteil seiner Tragfähigkeit beladen sein darf, ohne daß der Versicherer die dieser höheren Gefahr entsprechende Vergütung erhält. **§ 97**

7. **Abs. 3. Der Versicherer muß dem Versicherungsnehmer eine Laufende Police** (im Binnenland auch Generalpolice genannt, englisch Open Cover) **aushändigen.** Auch ohne, daß der Versicherungsnehmer es „verlangt" (vgl. § 14 Abs. 1; näheres: § 14 Anm. 3ff.). — Die Laufende Police ist kein Verkehrsinstrument. Denn sie läßt zwar erkennen, was versichert sein kann, aber nicht, was versichert ist. Hieraus folgt aber nicht, daß sie keine Police im Sinne des Gesetzes ist. Denn das Gesetz unterscheidet nicht, ob die Versicherung gegenwärtige oder nur künftige, bestimmte oder nur bestimmbare Interessen betrifft. Deshalb bestimmt § 97 Abs. 3, daß **die Laufende Police nicht als Police im Sinne des Gesetzes und der ADS (mit Ausnahme nur des § 15 ADS) angesehen** werden soll. Also nicht im Sinne der §§ 14, 49, 51, 53, 54, 55. Insbesondere ist § 53 Abs. 1 Satz 2 durch § 97 Abs. 3 Satz 1 ersetzt. Nicht dem oder den Versicherten steht gemäß § 53 Abs. 1 Satz 1 das Recht auf Aushändigung der Laufenden Police zu, sondern gemäß § 97 Abs. 3 nur dem Versicherungsnehmer. Die Versicherten haben auch kein Recht an der Police. Die Folge dieser Regelung ist allerdings, daß, solange keine Einzelpolice ausgestellt ist, der Versicherungsnehmer über die Rechte des Versicherten unbeschränkt verfügen kann (§ 54 Abs. 1). — Daß die Laufende Police nicht als Police „im Sinne des Gesetzes" angesehen werden soll, ist ohne erhebliche Bedeutung. Denn die gesetzlichen Vorschriften über die Transportversicherung sollen, soweit sie nicht unnachgiebig sind, nach § 126 überhaupt nicht gelten. Unnachgiebige Vorschriften aber kommen nicht in Betracht. Auch kann § 97 Abs. 3 nicht hindern, daß die Laufende Police an Order gestellt und dann durch Indossament übertragen wird (HGB § 363 Abs. 2) — wodurch indessen nicht etwa (ebensowenig, wie durch die Abtretung der Rechte aus dem Vertrag über die laufende Versicherung) erreicht würde, daß die laufende Versicherung sich auf andere Güter bezieht, als auf diejenigen, für die der Versicherungsnehmer Versicherung zu nehmen hat (unten Anm. 91). — Da der Laufenden Police die verkehrswichtigsten Eigenschaften der Police fehlen, braucht die Ausstellung einer Ersatzurkunde für die vernichtete oder abhanden gekommene Laufende Police nicht von der Kraftloserklärung oder von der Sicherheitsleistung abhängig gemacht zu werden. **Der Versicherungsnehmer kann** daher, **wenn** (er beweist, daß) **die Laufende Police vernichtet oder abhanden gekommen ist,** ohne weiteres **auf seine Kosten eine Ersatzurkunde verlangen.** Vgl. im übrigen § 14 Anm. 27. Anm. 34

8. **Abs. 4.** Die Laufende Police ist als Verkehrsdokument ungeeignet. § 97 Abs. 3 hat sie deshalb besonders der Eigenschaften entkleidet, welche die Police zum Verkehrsdokument machen. Der Verkehr bedarf aber eines solchen Dokuments. Deshalb hat **der Versicherer dem Versicherungsnehmer auf Verlangen über die einzelne Aufgabe eine Einzelpolice auszuhändigen** (auch Zertifikat, Assekuranzzertifikat, Versicherungszertifikat genannt, certificate, extract of marine insurance, certifikat d'assurance; vgl. auch HGZ 1909. 265 und die dort wiedergegebene, nicht gerade klare, frühere Zertifikatklausel der Laufenden Police des VHA: „Werden über einzelne Deklarationen Versicherungszertifikate ausgestellt, so ist solches im Beibuch zu vermerken. Mit Zeichnung derselben seitens der Versicherer gehen alle Rechte auf Anm. 35

§ 97 Schadensersatz ausschließlich auf die Inhaber solcher Zertifikate über. Der Versicherer ist berechtigt, aber nicht verpflichtet, die Rechtmäßigkeit der Inhaberschaft zu prüfen"). Näheres: § 14 Anm. 3ff.; vgl. auch OGH Wien AssJB 33. 105 und dazu Ehrenzweig ebendort über die Verpflichtung des Versicherers zum Ersatz des durch die Weigerung entstandenen Schadens, insbesondere der Mehrkosten einer vom Versicherungsnehmer genommenen Ersatzversicherung. — **Die Einzelpolice gilt als Police im Sinne des Gesetzes und der ADS.** Nur **§ 15 ADS ist nicht anwendbar,** weil nicht die Einzelpolice, sondern die Laufende Police die Bestätigung des Versicherungsvertragsschlusses bildet. Wie jede Police kann die Einzelpolice an Order gestellt werden.

Anm. 36 a) Laufende Police und Einzelpolice können einander widersprechen (vgl. LZ 1914. 294: Die Laufende Police erklärt das HGB, die Einzelpolice die ASVB für maßgebend, OLG Hamburg HRZ 1923. 211: Die Laufende Police beurkundet eine Markversicherung, die Einzelpolice gibt den Versicherungswert in Pfund Sterling an; siehe auch RG APV 1926. 303 = Sasse Nr. 18). Beruht der Widerspruch auf (ausdrücklicher oder stillschweigender) Vereinbarung des Versicherers und des Versicherungsnehmers, so entscheidet die Einzelpolice (vgl. auch oben Anm. 16, 17; HansOLG HansRGZ 1930 B 387 = Sasse Nr. 402, OLG Celle JRPV 1941. 91 = Sasse Nr. 454). Im übrigen ist nicht die (unrichtige) Einzelpolice, sondern die Laufende Police maßgebend. Auch gegenüber dem gutgläubigen Erwerber der (unrichtigen) Einzelpolice (d. h. der in der Police beurkundeten Forderung und der Police) kann sich der Versicherer im allgemeinen auf den (richtigen) Inhalt der Laufenden Police berufen. Zwar kann sich der Schuldner nach § 405 BGB dem gutgläubigen Erwerber der Schuldurkunde gegenüber nicht darauf berufen, daß das beurkundete Schuldverhältnis nur zum Schein begründet sei. Aber mit diesem Falle haben wir es hier nicht zu tun, und die Ausdehnung des § 405 BGB auf ähnliche Fälle ist unzulässig (RG 71. 31). Anders natürlich, wenn die Einzelpolice an Order gestellt und durch Indossament übertragen ist. Anders auch, wenn der Versicherer nicht eine „Einzelpolice", sondern, wie beim Vertrag über eine Einzelversicherung, eine gewöhnliche Güterpolice ausgestellt und damit den Umständen des Falles nach Versicherer und Versicherungsnehmer zu erkennen gegeben haben, daß die Versicherung aus der laufenden Versicherung herausgehoben und wie die gewöhnliche Versicherung eines Einzelinteresses behandelt werden soll (vgl. den Fall HGZ 1903. 205).

Anm. 37 b) Die Ausstellung der Einzelpolice würde in der Regel keine Schwierigkeiten machen, wenn nur ein Versicherer beteiligt wäre. Dies ist aber oft nicht der Fall. Sind mehrere Versicherer beteiligt, so würde der Versicherungsnehmer von jedem Mitversicherer die Ausstellung und Aushändigung der (gemeinschaftlichen) Einzelpolice verlangen können (vgl. § 14 Anm. 3). Das wäre unzweckmäßig. Deshalb hat sich im hamburgischen Versicherungsverkehr ein besonderes Verfahren eingebürgert. Die Makler erhalten meistens nur vom führenden Versicherer (oder auch von allen Versicherern oder in deren Vollmacht) blankogezeichnete Formulare unter Beachtung der Richtlinien der Hamburger Versicherungsbörse für den Abschluß von Transportversicherungen. Es wird erwartet, daß die Blankopolicen als Einzelpolicen nur so ausgefüllt werden, wie es zwischen den Beteiligten abgesprochen oder durch die Laufende Police vorgeschrieben ist. Nach den Richtlinien sind die Beteiligungen auch auf den Blanko-Zertifikaten anzugeben. Vgl. zu den Richtlinien Ewald HansRGZ 1929 A 561, Prölß HansRGZ 1931 A 649.

Auszug
aus den
Richtlinien der Hamburger Versicherungsbörse für den Abschluß von Transportversicherungen, festgestellt in gemeinsamer Verhandlung von Versicherern und Maklern

....

7.

Angabe der Beteiligung auf Versicherungs-Dokumenten

Werden über Versicherungen, die von mehreren Versicherern geschlossen sind, Versicherungs-Dokumente ausgestellt, so sollen auf diesen Dokumenten die Versicherungs-Gesellschaften unter Angabe ihrer Beteiligung und des sie vertretenden Agenten aufgeführt werden.

Dies gilt auch für Blanko-Zertifikate.

8.

Ausstellung von Blanko-Zertifikaten

Bei der Ausstellung von Zertifikaten in blanko zu Laufenden Policen sind folgende Regeln zu beachten:

I.

1. Jedes Blankozertifikat muß einen Hinweis auf die Laufende Police enthalten, entweder durch Angabe der Nummer der Laufenden Police oder durch Angabe des Namens des Versicherungsnehmers. Die Blankozertifikate sind für jede Laufende Police und für jedes Versicherungsjahr zu numerieren.

2. Die dem Makler oder dem Versicherungsnehmer gegebenen Blankozertifikate sind auf Verlangen den Versicherern zurückzugeben, wenn der Versicherungsnehmer nicht innerhalb 6 Wochen nach Quartalsschluß die fällige Prämie bezahlt hat, unbeschadet des Rechts, die Zertifikate sofort zurückzufordern, wenn dafür ein wichtiger Grund vorliegt.

3. Sobald ein Zertifikat benutzt wird, ist dies deutlich erkennbar in der Deklaration zu vermerken, und zwar ist die Nummer des Zertifikats in der Deklaration anzugeben. Eine Abschrift des Zertifikats ist dem die Police führenden Versicherer vom Makler unverzüglich einzureichen.

4. Nicht benutzte Zertifikate sind im Original zurückzugeben, ebenso unbrauchbar gewordene Zertifikate, einerlei, in welchem Zustand sich die Urkunden befinden.

5. Gegen Lieferung von Blankozertifikaten ist vom Versicherungsnehmer die in Anlage A vorgeschriebene Erklärung schriftlich abzugeben.

II.

Abweichungen von diesen Regeln müssen für jede Laufende Police besonders schriftlich vereinbart werden.

Anlage A:

Betr.: Laufende Police Nr...........

Ausstellung von Blankozertifikaten Nr........... **bis Nr**...........

Ich/Wir bestätige(n) den Empfang der in blanko gezeichneten Zertifikate Nr....... bis Nr....... gegen obige Laufende Police.

Ich/Wir verpflichte(n) mich/uns ausdrücklich:

§ 97 a) diese Zertifikate nur entsprechend den Bestimmungen der Laufenden Police auszufüllen sowie zu verwenden und hierbei insbesondere auch das jeweilige Maximum der Laufenden Police, sowie die mir/uns bekannten Bestimmungen über die Ausstellung von Blankozertifikaten zu berücksichtigen,

b) den Versicherer gegenüber für jeden Schaden aufzukommen, der ihnen aus nicht ordnungsmäßiger Verwendung der Blankozertifikate gemäß Ziffer a) entsteht, soweit diese von mir/uns zu vertreten ist,

c) die Blankozertifikate den Versicherern nach Maßgabe der Bestimmungen über die Ausstellung von Blankozertifikaten auf Verlangen zurückzugeben.

Vgl. OLG Hamburg HRZ 1923. 211: Der Versicherungsnehmer hatte vertragswidrig in den ihm überlassenen, in blanko unterzeichneten Policenformularen den Versicherungswert statt in Mark vielmehr in Pfund Sterling angegeben. Seine auf Zahlung der Entschädigung in Pfund Sterling gerichtete Klage wurde abgewiesen; ohne Bedeutung sei sogar, daß der Versicherungsnehmer den Versicherern Abschrift der Einzelpolice übersandt habe und die Versicherer nicht widersprochen hätten. Übrigens würde in solchem Falle auch der Erwerber der Güter nicht geschützt sein (vgl. auch unten Anm. 91).

Anm. 39 9. **Abs. 5. Die Versicherungskosten** können natürlich nicht mit dem Abschluß des Vertrags über die laufende Versicherung fällig sein (vgl. § 16 Abs. 1). Denn es steht ja noch nicht fest, welche Interessen entstehen und von der laufenden Versicherung umfaßt werden. Deshalb sollen sie **beim Beginn der Versicherung** (§ 88 Abs. 2) **fällig** sein. Im übrigen aber gelten § 16 Abs. 2, 3, § 17. Über die Höhe der Prämie müssen Vertrag, Tarif oder das billige Ermessen des Versicherers (BGB § 316) bestimmen.

10. **Abs. 6. Der Versicherungsnehmer hat die Güter, sobald wie möglich, dem Versicherer aufzugeben,** zu deklarieren.

a) Die laufende Versicherung umfaßt die Güter nicht erst mit dem Beginn der Versicherung und regelmäßig nicht schon mit der Entstehung des Interesses. Die Güter sind schon und erst „versichert", wenn der Versicherungsnehmer nach kaufmännischen Grundsätzen für sie „Versicherung zu nehmen" hätte, falls er nicht laufend versichert wäre (oben Anm. 28, 29). Der Versicherungsnehmer ist nicht verpflichtet, solche Verhältnisse herbeizuführen. Tut er nichts, sie herbeizuführen, so läuft die Laufende Police ergebnislos ab. Der Versicherer haftet nicht und hat weder Prämie noch Ristornogebühr zu verlangen (anders bei der Abschreibeversicherung: § 98). Aber wenn der Versicherungsnehmer ein solches Verhältnis herbeiführt, wird das Interesse ohne weiteres von der laufenden Versicherung umfaßt (wenn auch unter der Bedingung, daß tatsächlich die Versicherung beginnt: oben Anm. 25). Mehr ist nicht nötig. Insbesondere ist die Deklaration hierfür ohne jede Bedeutung (oben Anm. 6ff.). Und insbesondere „hängt der Bestand des Versicherungsverhältnisses nicht ab" von der Deklaration (RG HGZ 1912. 238).

Anm. 40 b) Die laufende Versicherung bringt den Versicherungsnehmer in schwere Versuchung (der er z. B. in England während des Ersten Weltkriegs wegen des stark schwankenden Versicherungsmarkts oft erlegen ist: ITVMitt 1918. 36; § 98 Anm. 5; vgl. auch den bedenklichen, milde beurteilten und übrigens im Tatbestand ungenügend berichteten Fall HGZ 1884. 107: Der Versicherungsnehmer hatte deklariert und die einfache Prämie bezahlt, obgleich die Güter, wie er wußte oder wissen mußte, auf Deck verladen waren und die, vereinbarte, dreifache Prämie kosteten, ferner den ähnlichen, richtig entschiedenen Fall HG Hamburg HGZ 1864. 316). Seine Interessen sind ohne weiteres gedeckt, d. h. ohne daß der Versicherer etwas davon zu wissen braucht. Läuft die versicherte Unternehmung schlecht ab, kann er Entschädigung verlangen. Wenn sie gut abläuft und der Versicherungsnehmer schweigt, „spart" er die Prämie. Deshalb gehört die laufende Versicherung zu den Vertragsverhältnissen, die nur auf der Grundlage uneingeschränkten Vertrauens zur Vertragstreue des Versicherungsnehmers gedeihen können (vgl. auch unten Anm. 97). Diese Vertragstreue wachzuhalten, ist insbesondere der Zweck der Verpflichtung zur unverzüglichen Aufgabe oder Deklaration (subsequent declaration, déclaration d'aliment). § 97

c) Der Versicherungsnehmer muß deklarieren. Über den Begriff des Versicherungsnehmers: § 3 Anm. 4. Soweit die laufende Versicherung fremde Interessen deckt, ist nur der Versicherungsnehmer verpflichtet, zu deklarieren, nicht auch der Versicherte (ebenso Lenné 143). Die Frage kann für diesen Fall nicht anders beantwortet werden, als für den Fall, daß im Einzelversicherungs-Vertrag für fremde Rechnung Aufgaben vorbehalten sind. Wie in diesem Falle nur derjenige verpflichtet ist, die vorbehaltenen, vertragergänzenden, Mitteilungen zu machen, der den Vertrag geschlossen hat, also der Versicherungsnehmer, wird auch bei der laufenden Versicherung nur der Versicherungsnehmer zu deklarieren verpflichtet sein, wenn auch die Deklaration größere Bedeutung hat, als die im Einzelversicherungs-Vertrag vorbehaltene Aufgabe. Das Verschulden des Versicherten kommt nur insoweit in Betracht, als der Versicherte, was freilich regelmäßig der Fall sein wird, Erfüllungsgehilfe des Versicherungsnehmers ist (vgl. unten Anm. 42). Deshalb hatte auch die frühere Laufende Police des VHA „für bezeichnete auswärtige Versicherte" (also die Police, welche die eigenen und die fremden Interessen, für die der „Auswärtige" Versicherung zu nehmen hatte, deckte) besonders bestimmt, daß der „Auswärtige" verpflichtet sei, „sämtliche... auf die Laufende Police gehörenden Versicherungen, soweit ihm die freie Verfügung über dieselben zustehe, brieflich an den Herrn Versicherungsnehmer zur baldmöglichsten Deklaration in dem... Beibuch zu melden". Aus ähnlichen Gründen tritt auch der Erwerber von der laufenden Versicherung umfaßter Güter nicht gemäß § 49 Abs. 1 in die Deklarationspflicht ein. Anm. 41

d) Der Versicherungsnehmer ist verpflichtet zu deklarieren (vgl. auch HansOLG HansRGZ 1929 B 243 = HRR 1929 Nr. 2109 = Sasse Nr. 394). It is a condition of this Insurance that...the Assured is bound to declare hereunder each and every Shipment without exception whether arrived or not (Institute conditions: § 98 Anm. 5). Die ordnungsgemäße, insbesondere rechtzeitige Deklaration ist Gegenstand nicht nur einer sogenannten Obliegenheit oder einer Anspruchsvoraussetzung, sondern einer Verbindlichkeit. Das ist hier unbestritten. „Die Deklaration erscheint als eine dem Versicherten obliegende Pflicht" (RG HGZ 1912. 238; ebenso z. B. Sieveking 80, Schlegelberger SVR Bem. 13 zu § 97 ADS, RG HGZ 1898. 39, JW 1884. 176, HGZ 1888. 39, 1891. 70, 1911. 239, 1918. 149). Der Versicherungsnehmer muß also, wenn er gesetzlich vertreten ist, das Verschulden seines gesetzlichen Vertreters gegen sich gelten lassen (BGB § 278; näheres: Vorb. VIII vor § 1); daneben hat er in den Grenzen seiner Verantwortlichkeit eigenes Verschulden zu vertreten (Vorb. vor § 1 Anm. 61). Der Versicherungsnehmer hat deshalb auch das Verschulden der Personen zu vertreten, deren er sich zur Erfüllung seiner Deklarationspflicht bedient (Brodmann 189, Sieveking 80, RG HGZ 1901. 69; abw. HGZ 1900. 171). Die vielfach eingerissene, die Bedeutung der Deklarationspflicht völlig verkennende und mit der Treuepflicht unvereinbare Unsitte, die Deklarationen durch Lehrlinge besorgen zu lassen, kann daher für den Versicherungsnehmer verhängnisvolle Folgen haben (RG HGZ 1901. 69). Bedient sich der Versicherungsnehmer insbesondere zur Erfüllung seiner Deklarationspflicht des Assekuranzmaklers, so muß er selbstverständlich dessen Verschulden vertreten. Denn der Assekuranzmakler ist nicht nur nicht „Vertreter" des Versicherers (HGZ 1916. 294; dahingestellt RG HGZ 1901. 69, LG Hamburg HGZ 1900. 169), sondern, umgekehrt, Interessenvertreter des Versicherungsnehmers (HGZ Anm. 42

§ 97 1916. 294; vgl. auch Vorb. vor § 1 Anm. 42, Pauly HRZ 1921. 92, HansOLG JRPV 1935. 270 = Sasse Nr. 433; abw. HGZ 1884. 108, vgl. dazu oben Anm. 40; siehe über die rechtliche Bedeutung von Zahlungen auf die Versicherungssumme, die der Versicherer an den Versicherungsmakler leistet: RG 109. 230 = JRPV 1925. 132 = JW 1925. 606). Überdies läuft der Versicherungsnehmer bei dem Umweg über den Makler Gefahr, die Deklarationsfrist zu versäumen. — Aber diejenigen, von denen der Versicherungsnehmer Mitteilungen über die deklarationspflichtigen Güter erhält, sind eben darum noch nicht ohne weiteres Dritte, deren der Versicherungsnehmer sich zur Erfüllung seiner Deklarationspflicht bedient. Teilt der Verkäufer dem Käufer irrtümlich mit, daß die Güter im Schiffe Paula verladen sind, während sie tatsächlich im Schiffe Luise verladen sind, so kann (und muß) der Käufer und Versicherungsnehmer, wenn der Irrtum sich aufklärt, die unrichtige Deklaration berichtigen, kann der Versicherer sich nicht auf die Unrichtigkeit der ersten Deklaration berufen (LG u. OLG Hamburg HGZ 1884. 107, HG Hamburg HGZ 1865. 90, 1868. 320; vgl. auch unten Anm. 59).

Anm. 43 e) Dem Versicherer ist zu deklarieren. Ist der Versicherer gesetzlich vertreten, so ist regelmäßig dem gesetzlichen Vertreter zu deklarieren. Ist der Versicherer rechtsgeschäftlich vertreten, so kann auch dem Vertreter deklariert werden. Auch dem Agenten des Versicherers, selbst wenn er nur vermittelt hat (HGB § 86 Abs. 2; vgl. VVG §§ 43 Nr. 2, 47). Der Makler als solcher ist natürlich nicht Vertreter des Versicherers. Deklariert der Versicherungsnehmer seinem Makler, so läuft er Gefahr, die Deklarationsfrist zu versäumen (vgl. auch oben Anm. 42). Hin und wieder wird aber vereinbart, daß „alle Mitteilungen und Anzeigen des Versicherten an den Makler X zu richten sind, welcher sie für den Versicherer entgegenzunehmen hat". — Ist der Versicherer durch Gesamtvertreter vertreten, so genügt Deklaration gegenüber nur einem Gesamtvertreter (vgl. RG 53. 231). — Sind an der laufenden Versicherung mehrere Versicherer beteiligt, so ist allen zu deklarieren. Auch dann, wenn über die mehreren Versicherungen (wie gewöhnlich) nur eine Police ausgestellt ist. Ist ein Versicherer „Führer", so braucht nur ihm gegenüber deklariert zu werden, muß ihm gegenüber aber auch deklariert werden (näheres: Vorb. V vor § 1). Der Schlußzeichner (oben Anm. 37) ist aber als solcher kein Führer.

Anm. 44 f) Die Deklaration ist, ihrem natürlichen Begriff nach, eine empfangsbedürftige (im übrigen keiner besonderen Form bedürfende) Tatsachenerklärung (über empfangsbedürftige Erklärungen: Vorb. vor § 1 Anm. 33; vgl. RG 89. 125, 169. 1). Sie muß also unter Anwesenden dem Versicherer gegenüber so abgegeben werden, daß dieser sie vernimmt oder doch, wenn er nur wollte, vernehmen müßte. Unter Abwesenden müßte sie dem Versicherer zugehen (vgl. BGB § 130). Aber § 97 Abs. 6 Satz 2 bestimmt (wie z. B. HGB § 377 Abs. 4): **Die rechtzeitige Absendung der Aufgabe genügt.** — Absendung ist Abgabe der schriftlichen Erklärung an einen Dritten zur Übermittlung an den Versicherer, z. B. Abgabe an die Post oder einen Boten, etwa einen Angestellten des Versicherungsnehmers (Herrsch. Ans., HGZ 1905. 54). Die Absendung genügt aber nicht, wenn dabei nicht mit verkehrserforderlicher (wenn die Versicherung für den Versicherungsnehmer ein Handelsgeschäft ist, mit kaufmännischer) Sorgfalt verfahren wird und die Deklaration infolge hiervon nicht oder nicht rechtzeitig ankommt, z. B. wenn der Brief nicht frankiert und die Annahme deswegen verweigert wird, oder wenn der als unzuverlässig bekannte Bote die Übermittlung des Briefes unterläßt, oder wenn der Brief schuldhaft falsch oder unvollständig adressiert ist und deshalb nicht ankommt (ZHR 26. 571).

Anm. 45 g) Inhalt der Deklaration. **Der Versicherungsnehmer hat aufzugeben:**

1. **die Güter.** Und zwar **einzeln** (§ 97 Abs. 1). Bei mehreren zusammengehörigen Gütern genügt die zusammenfassende Aufgabe (z. B. 1000 Ballen Baum-

wolle). Bei einem Inbegriff genügt eine den Inbegriff kennzeichnende Aufgabe (z. B. Hausstand). Über einen Fall, in dem „die Warenpartien, auf welche die Deklarationen sich beziehen sollten, (aus den Deklarationen) nicht ohne weiteres zu erkennen waren": RG 94. 300; der Fall entzieht sich der Beurteilung, weil das RG den Sachverhalt insoweit ungenügend, HGZ 1917. 225 ihn überhaupt nicht, ebensowenig wie die hierauf bezüglichen Entscheidungsgründe, wiedergibt. — Daß die Güter „einzeln" aufzugeben sind, bedeutet also nicht, daß von mehreren zusammengehörenden Gegenständen jeder einzelne besonders aufgegeben werden muß. Er darf nicht einmal besonders aufgegeben werden. Die Güter, für die der Versicherungsnehmer nach kaufmännischen Grundsätzen Versicherung zu nehmen hat, sind auch so, wie er für sie nach kaufmännischen Grundsätzen Versicherung zu nehmen hat, aufzugeben. Wenn der Versicherungsnehmer für 1000 Ballen Baumwolle oder für 100 Standard Holzbretter Versicherung zu nehmen hat, kann er nicht jeden Ballen Baumwolle oder jedes Brett „einzeln" aufgeben. § 97

2. **den Versicherungswert** der Güter. Er ist durchweg taxiert (vgl. auch § 6 Anm. 39, § 90 Anm. 5), und zwar: Anm. 46

α) entweder auf den Fakturenbetrag plus Versicherungskosten plus Kosten bis zur Annahme durch den Verfrachter plus endgültig bezahlte Fracht plus x% imaginären Gewinn. Güter und Gewinn sind also gemeinschaftlich versichert, aber nicht gemeinschaftlich taxiert (vgl. § 101). — Die Taxe der Güter ist zwar nicht in runder Summe bestimmt und wird sich in der Regel mit dem wirklichen Versicherungswert (§ 90) decken. Aber sie braucht sich nicht mit dem wirklichen Versicherungswert zu decken; sie kann, je nachdem ob der Wert der Güter bis zum Beginn der Versicherung gestiegen oder gefallen ist, höher oder niedriger sein, als der wirkliche Versicherungswert, und ist also darum nicht weniger eine Taxe, als eine in runder Summe bestimmte Taxe. — Nur der Fakturenwert usw. bilden die Taxe; nicht etwa der vom Versicherungsnehmer deklarierte Betrag als solcher. Der Versicherungsnehmer muß also beweisen, daß der deklarierte Betrag dem Fakturenwert usw. entspricht (HG Hamburg HGZ 1878. 151). Der Versicherer braucht nicht etwa gemäß § 6 Abs. 2 Herabsetzung des deklarierten Betrags auf den Betrag zu verlangen, der sich aus dem Fakturenwert usw. ergibt (aber er muß natürlich Herabsetzung der Taxe verlangen, wenn der deklarierte Betrag dem Fakturenwert usw. entspricht, jedoch den „wirklichen Versicherungswert" erheblich übersteigt). — Gemeint ist der Wert, den die Einkaufsfaktura, nicht der Wert, den die Verkaufsfaktura ausweist (§ 90 Anm. 5). Umfaßt der Betrag der Einkaufsfaktura Kosten bis zum Abladehafen, so sind diese Kosten auch im Fakturenwert einbegriffen. Ebenso, wenn die Einkaufsfaktura den Käufer neben dem Kaufpreis mit den Kosten bis zum Abladehafen besonders belastet, oder wenn überhaupt der Käufer diese Kosten neben dem Kaufpreis besonders zu erstatten hat. Anders wohl, wenn der Käufer sich die Güter auf eigene Kosten zum Abladehafen hat kommen lassen. Der Betrag der Verkaufsfaktura ist nicht maßgebend; er umfaßt ja regelmäßig auch Gewinn, der hier vielmehr dem Fakturenwert besonders hinzugeschlagen wird. Aus der Gegenüberstellung von Fakturenwert und Gewinn ergibt sich auch, daß nicht etwa der vom (zweiten) überseeischen Käufer erwartete Gewinn versichert ist, sondern der vom (ersten) Käufer, von dem Käufer, der „eingekauft" hat, erwartete Gewinn (vgl. auch § 1 Anm. 44).

β) oder auf feste „imaginären Gewinn einschließende Beträge" (vgl. dazu insbesondere § 6 Anm. 38). Dann gelten nach § 101 10% des Betrags als Taxe des imaginären Gewinns. Anm. 47

§ 97
Anm. 48 Der Versicherungsnehmer darf keine hiervon abweichende Taxe deklarieren. Tut er es doch, so ist der Versicherer daran nicht gebunden (oben Anm. 17, 46). Die vorsätzliche Aufgabe eines unrichtigen Versicherungswerts bewirkt sogar die Beendigung der laufenden Versicherung (unten Anm. 64; HG u. OG Hamburg HGZ 1878. 152), die fahrlässig unrichtige Aufgabe Befreiung des Versicherers im einzelnen Falle (unten Anm. 62). Der Versicherer ist insbesondere nicht etwa genötigt, gemäß § 6 Abs. 2 Herabsetzung der deklarierten Taxe zu verlangen (HG u. OG Hamburg HGZ 1878. 151). Denn die deklarierte Taxe ist keine vereinbarte, sondern eine einseitig und vertragswidrig vom Versicherungsnehmer bestimmte Taxe. Aber der Versicherer kann natürlich der Abweichung vom Versicherungsvertrag, ausdrücklich oder stillschweigend, zustimmen (oben Anm. 16, 17). — Der Versicherungsnehmer muß bei der Deklaration insbesondere berücksichtigen, daß imaginärer Gewinn mitversichert ist. Das wird leicht vergessen, wenn erst nach glücklichem Verlauf der Reise deklariert wird. Die frühere Laufende Police des VHA machte deshalb besonders darauf aufmerksam, daß „die Deklaration des...imaginären Gewinns selbst bei inzwischen erfolgter glücklicher Ankunft der bezüglichen Güter obligatorisch sei" (vgl. Begr. z. E 1910 § 97).

Anm. 49 Die Parteien können natürlich auch vereinbaren, daß der Versicherungsnehmer nicht gebunden ist, sondern nach eigenem Ermessen Taxen deklarieren kann (vgl. unten Anm. 94). Dann ist die Versicherung für den Betrag, den die Taxe (zulässigerweise: § 6 Anm. 27) den wirklichen Versicherungswert übersteigt, für den Versicherungsnehmer fakultativ. Es muß daher der Grundsatz des § 102 Satz 2 und 3 sinngemäß angewendet werden: Der Versicherungsnehmer darf eine den wirklichen Versicherungswert übersteigende Taxe nicht deklarieren, wenn er weiß oder wissen muß, daß die Reise einen ungünstigen Verlauf genommen hat (§ 1 Anm. 132, § 5 Anm. 44, § 6 Anm. 20). Es wird aber auch wohl im umgekehrten Falle das entsprechende gelten müssen: Der Versicherungsnehmer wird eine den wirklichen Versicherungswert untersteigende Taxe nicht deklarieren dürfen, wenn er weiß oder wissen muß, daß die Reise einen glücklichen Verlauf genommen hat, insbesondere, daß die Güter im Bestimmungsort wohlbehalten eingetroffen sind (vgl. auch § 102 Anm. 13). — In England kommen ähnliche Laufende Policen häufiger vor, und zwar mit der Klausel: On goods to be hereafter declared and valued. Siehe dazu MIA § 29 Abs. 4: Where a declaration of value is not made until after notice of loss or arrival, the policy must be trated as an unvalied policy as regards the subject-matter of that declaration. Die Vorschrift berücksichtigt also ausdrücklich beide Fälle, den Fall, daß die Reise einen unglücklichen, und den Fall, daß die Reise einen glücklichen Verlauf genommen hat.

Anm. 50 3. **das zur Beförderung bestimmte** Schiff, wenn die Güter noch nicht verladen sind; **oder,** im anderen Falle, das zur Beförderung **dienende Schiff.** — Die Mitteilung des Schiffes ist insbesondere wegen der Beschränkung der Haftung des Verfrachters in den Fällen des § 97 Abs. 7 und 8 von Bedeutung, aber auch deshalb, weil der Versicherer durch andere Kasko- und Güterversicherungs-Verträge am Schicksal des Schiffes beteiligt sein und deshalb ein dringendes Interesse an teilweiser Rückdeckung haben kann (Mat. 1. 336). — Mit dem Schiffe müssen natürlich auch Antrittsort und Bestimmungsort der Reise deklariert werden (HGZ 1911. 237; vgl. auch unten Anm. 53). Oft enthält die Laufende Police die Klausel „Einschließlich Nachreise" (vgl. § 125). Kommt eine Nachreise in Betracht, so muß sie also gleichfalls (sei es auch nur durch Bezeichnung des Bestimmungsorts) deklariert werden, mag dafür eine Prämienzulage zu entrichten sein oder nicht (vgl. oben Anm. 18). Ebenso für die Vorreise (vgl. HansOLG HansRGZ 1928

B 435 = Sasse Nr. 389, 1939 B 19 = Sasse Nr. 450; anders bei Bahnvorreisen zu den Verladehäfen: HansOLG HansRGZ 1930 B 307 = Sasse Nr. 404). — Mit der Deklaration des Schiffes erfüllt der Versicherungsnehmer lediglich seine Deklarationspflicht. Die Deklaration hat nicht auch die Bedeutung, daß die Güter nicht mit einem anderen Schiffe befördert, insbesondere nicht in ein anderes Schiff umgeladen werden dürfen (näheres: § 95 Anm. 6). Werden sie umgeladen, so muß der Versicherungsnehmer sobald wie möglich das andere Schiff deklarieren. § 97

4. andere Umstände, wenn sie nach dem Versicherungsvertrag für die Bestimmung der Prämie von Bedeutung sind (vgl. HG Hamburg HGZ 1868. 320). So z. B. muß der Versicherungsnehmer aufgeben, daß das Schiff mit den Massengütern des § 60 Abs. 2 zu mehr als einem Dritteil seiner Tragfähigkeit beladen ist und dem Versicherer deshalb gemäß § 97 Abs. 2 Satz 2 eine Zuschlagsprämie gebührt (oben Anm. 33). Ebenso, wenn die Güter ohne Zustimmung des Versicherungsnehmers auf Deck verladen sind und dem Versicherer deshalb gemäß § 85 Abs. 2 eine Zuschlagsprämie gebührt (vgl. den richtig entschiedenen, aber unrichtig beurteilten Fall HG Hamburg HGZ 1864. 316). Ebenso, wenn der Versicherungsnehmer zwar berechtigt ist, auf Deck zu verladen, aber im Falle der Verladung auf Deck eine höhere Prämie zahlen muß (HG Hamburg HGZ 1864. 316; vgl. auch den Fall HGZ 1884. 107 und dazu oben Anm. 40, ferner HG Marseille ITVMitt 1915. 8: Der Versicherer hafte, wenn die Deklaration der Verladung auf Deck unterblieben sei, weil der Versicherungsnehmer „nicht habe wissen können, daß die Güter sich auf Deck befänden"). Anm. 51

5. nicht die Versicherungssumme. Sie ergibt sich aus der Taxe von selbst (vgl. § 6 Anm. 17) und, wenn mehrere Versicherer beteiligt sind, aus dem im Versicherungsvertrag bestimmten Verhältnis ihrer Beteiligung. — Der für Rechnung, wen es angeht, laufend Versicherte braucht auch nicht zu deklarieren, ob das Interesse dem Versicherungsnehmer oder einem Dritten und welchem Dritten zusteht (abw. Lenné 143). Vgl. BGH MDR 1967. 200 = Hansa 1967. 515 zu der Frage, wer bei der laufenden Güterversicherung eines Spediteurs Versicherter einer Einzelpolice ist, in der die Klausel „für Rechnung, wen es angeht" gestrichen ist. Siehe auch die Vorentscheidnng OLG Hamburg Hansa 1964. 848. Anm. 52

h) Die Form der Deklaration. Eine bestimmte, insbesondere die schriftliche, Form der Deklaration ist nicht vorgeschrieben. Üblich ist jedoch, die zu deklarierenden Tatsachen in ein Beibuch (Generalpolice-Buch, Deklarationsbuch: HGZ 1918. 149, Versicherungsjournal: v. Liebig 178; vgl. HansOLG HansRGZ 1930 B 307 = Sasse Nr. 404) einzutragen und dieses dem Versicherer vorzulegen, der die Vorlegung im Beibuch bescheinigt und damit dem Versicherungsnehmer den Beweis der rechtzeitigen Deklaration sichert (die Eintragung ohne Vorlegung genügt nicht, da die Aufgabe eine empfangsbedürftige Erklärung ist: LG Hamburg HansRGZ 1934 B 483 = Sasse Nr. 718). Über die Bedeutung dieser Bescheinigung: oben Anm. 15. Die schlechten Erfahrungen, welche die Assekuradeure mit diesen Bescheinigungen gemacht haben (vgl. oben Anm. 15) und andere Gründe haben im hansestädtischen Versicherungsverkehr mehr und mehr zu einer anderen Übung geführt. Die Versicherungsnehmer oder ihre Makler übersenden dem Versicherer sog. Deklarationszettel oder Versicherungsaufgaben (im französischen Versicherungsverkehr: avenants de déclaration oder, wenn sie von den Reedereien ausgehen: bordereaux des marchandises). Siehe dazu auch Becker, Die Seeversicherungspolice 9 u. 11. Anm. 53

i) Deklarationsfrist. Der Versicherungsnehmer muß **sobald wie möglich** deklarieren. Damit soll nur eindringlich ausgesprochen sein, daß der Versicherungsnehmer unverzüglich deklarieren muß (vgl. BGB §§ 275, 276, 278, Voigt 337). Anm. 54

§ 97 Der Versicherungsnehmer muß ohne schuldhaftes Zögern deklarieren (vgl. BGB § 121).

1. „Zögern", „Verzögerung" ist nicht „Verzug" (vgl. BGB § 285), sondern bezeichnet einen nur objektiven Sachverhalt (vgl. HGB § 601 Abs. 1, BSchG § 36 Abs. 4, VVG § 113 Abs. 2). Verzögerung ist das Nicht-sofort-Handeln, nicht handeln, obwohl zu handeln möglich ist (RG 49. 395). Vgl. auch § 3 Anm. 20, § 23 Anm. 38, § 66 Anm. 10, § 88 Anm. 24, § 124 Anm.

Anm. 55 2. „Schuldhaft" ist die Verzögerung, wenn der Versicherungsnehmer die Deklaration vorsätzlich oder fahrlässig hinausschiebt. Vorsätzlich ist die Verzögerung, wenn der Versicherungsnehmer sie will (vgl. § 33 Anm. 19; vgl. dazu auch RG 123. 10). Fahrlässig ist sie, wenn der Versicherungsnehmer die im Verkehr erforderliche Sorgfalt außer Acht läßt (vgl. § 33 Anm. 19). Ob diese Sorgfalt (wenn der Versicherungsvertrag für den Versicherungsnehmer ein Handelsgeschäft ist, die Sorgfalt eines ordentlichen Kaufmanns: HGB § 347) angewendet oder außer Acht gelassen ist, richtet sich nach der Verkehrsanschauung und den Umständen des Falles. Hierbei ist insbesondere zu berücksichtigen, daß der Versicherer ein dringendes Interesse daran hat, die Deklaration „sobald wie möglich" (vgl. RG HansRGZ 1930 B 211 = JRPV 1930. 180 = Sasse Nr. 45) zu erhalten, und zwar nicht nur aus allgemeinen Gründen (vgl. oben Anm. 40), sondern auch wegen seiner Rückversicherungs-Verhältnisse. Fahrlässig ist es natürlich stets, wenn sich der Versicherungsnehmer seiner Deklarationspflicht nicht bewußt ist und die Deklaration aus diesem Grunde hinausgeschoben wird (vgl. RG 95. 255, auch RG HansRGZ 1930 B 211 = JRPV 1930. 180 = Sasse Nr. 45). Fahrlässig ist es auch, wenn der Versicherungsnehmer die Deklaration unterläßt, weil er weiß oder damit rechnen darf, daß die zu deklarierenden Tatsachen dem Versicherer bekannt sind. Denn der Versicherer soll nicht nur von diesen Tatsachen in Kenntnis gesetzt, sie sollen ihm nicht nur mitgeteilt oder angezeigt, sondern sie sollen ihm aufgegeben werden. So erst recht, wenn die Deklaration nach Vereinbarung oder Übung im Beibuch oder durch Vorlegung des Beibuchs oder mittelst Deklarationszettel bewirkt werden muß. Über Entschuldbarkeit verspäteter Aufgabe infolge Angaben des Versenders siehe KG JRPV 1929. 427 = Sasse Nr. 400. Eine irrige Beurteilung der Sach- und Rechtslage schließt eine Schuld nicht ohne weiteres aus (RG HansRGZ 1930 B 211 = JRPV 1930. 180 = Sasse Nr. 45). Siehe HansOLG HansRGZ 1928 B 435 = Sasse Nr. 389: Werden bei einer laufenden Versicherung, durch die auch Vorreisen gedeckt sind, diese Vorreisen längere Zeit fahrlässigerweise nicht deklariert, so ist der Versicherungsnehmer nicht gehindert, in einem späteren Fall eine Vorreise zu deklarieren und für sie Versicherungsschutz zu verlangen, und zwar auch, wenn ihm zur Zeit der Deklaration schon präjudizierliche Nachrichten zugegangen waren, die er nicht gleich weitergegeben hat.

Anm. 56 3. Der Versicherungsnehmer muß die schuldhafte Verzögerung seines gesetzlichen Vertreters und derjenigen, deren er sich zur Erfüllung seiner Deklarationspflicht bedient, gegen sich gelten lassen (oben Anm. 42). Läßt er die Deklarationen durch seine Lehrlinge besorgen, so hat er nicht nur deren Verschulden zu vertreten, sondern selbst grobfahrlässig gehandelt (RG HGZ 1901. 71). Insbesondere legt er „ein hohen Grad von Sorglosigkeit und Vernachlässigung der in der Police übernommenen Pflichten" an den Tag, wenn er es an der Überwachung dieser Lehrlinge fehlen läßt und hierdurch eine monatelange Verzögerung der Deklaration verursacht. So mit Recht RG HGZ 1901. 71 gegen OLG Hamburg HGZ 1900. 171, das dieses vertragswidrige und mit der Assekuranztreue unvereinbare Verhalten „als Verstoß gegen die zu fordernde kaufmännische Sorgfalt nicht zu erachten vermag" und ohne jeden Grund Gewicht darauf legt, daß „aus dieser gutgläubig geübten Inkorrektheit sich Nachteile für den Versicherer nicht ergeben können". — Über schuldhafte Verzögerung bei der Versicherung für fremde Rechnung usw.: oben Anm. 41. § 97

4. Die Unverzüglichkeitsfrist beginnt mit der „Entstehung des Versicherungsinteresses" (§ 97 Abs. 1), also wenn das Interesse entstanden ist und der Versicherungsnehmer dafür nach kaufmännischen Grundsätzen Versicherung zu nehmen hätte, wenn er nicht laufend versichert wäre (näheres hierüber: oben Anm. 27). Sie beginnt auch, wenn der Versicherungsnehmer zwar die Güter, aber noch nicht den Versicherungswert oder noch nicht das Schiff aufgeben kann. Denn die Aufgabe der Güter ist die Hauptsache, und Versicherungswert und Schiff sollen nur, wenn möglich, **„dabei"** aufgegeben werden. Können sie dabei nicht aufgegeben werden, so müssen sie nachträglich „sobald wie möglich" aufgegeben werden. Nach Becker Seeversicherungspolice 22 ist es bei Export-Gütern Usance geworden, gleichzeitig mit dem Ausschreiben der Verkaufsfaktura, den Konnossementen und den sonstigen Verschiffungsdokumenten auch die Anmeldung auf die Laufende Police vorzunehmen. Bei Import-Gütern aus Übersee empfiehlt Becker a. a. O. eine vorläufige Aufgabe, sobald dem Versicherungsnehmer das Abgangsdatum des Schiffes ab Verschiffungshafen bekannt ist oder schon bei Verkaufsabschluß. — Nur beispielsweise (verb. **„insbesondere"**) hebt § 97 Abs. 6 hervor, daß der Versicherungsnehmer **unverzüglich, nachdem er von dem Beginn der Versicherung Kenntnis erlangt hat,** deklarieren muß. Der Versicherungsnehmer darf also nicht warten, bis die Versicherung beginnt (vgl. auch oben Anm. 29). Über den Begriff der Kenntniserlangung und die Vertretung der Kenntnis Dritter: § 2 Anm. 15, § 3 Anm. 19. Anm. 57

5. Der Versicherer muß beweisen, daß der Versicherungsnehmer, der Entschädigung verlangt, nicht oder objektiv zu spät deklariert hat, der Versicherungsnehmer, daß ihn an der Verzögerung nicht die Schuld trifft (vgl. BGB § 282, auch § 40 Anm. 17). Aus der prozeßrechtlichen Behauptungspflicht des Versicherungsnehmers aber folgt, daß der Versicherungsnehmer darlegen muß, wann, wie, wo und wem gegenüber er deklariert hat, und wann das Versicherungsinteresse entstanden ist. Vgl. § 80 Anm. 7, § 85 Anm. 16, unten Anm. 77. Anm. 58

k) Nach MIA § 29 Abs. 3 the declarations must be made in the order of dispatch or shipment... an ommission or erroneous declaration may be rectified even after loss or arrival, provided the ommission or declaration was made in good faith. Ohne Verschulden unrichtig oder unvollständig abgegebene Deklarationen können (und müssen) natürlich auch nach § 97 Abs. 6 ADS berichtigt oder ergänzt werden (vgl. auch RG HGZ 1892. 244). Anm. 59

l) Kommen die Güter glücklich an, ohne daß sie deklariert sind und sein können, so liegt für den Versicherungsnehmer die Versuchung besonders nahe, das Interesse zu unterschlagen. Deshalb macht § 97 Abs. 6 besonders darauf aufmerksam, daß der Versicherungsnehmer **insbesondere** auch dann deklarieren muß, **wenn die Güter unbeschädigt abgeliefert sind und der Versicherungsnehmer erst nach der Ablieferung von der Versicherung Kenntnis erlangt.** Selbständige Bedeutung hat die Anführung dieses Beispielfalls (verb. „insbesondere") nicht. Anm. 60

m) Abweichende Vereinbarungen sind nicht selten. Vgl. z. B. HGZ 1917. 111: „Die Zeichnung der in dem... Beibuch deklarierten Beträge, die Verrechnung und Zahlung der darauf entfallenden Prämien und die dementsprechende Stempelung der Police findet... bei Ablauf jeden Vierteljahres statt". — Nach alter hansestädtischer Übung kann sich in der Laufenden Police die Beruhigungsklausel finden: „Etwa Anm. 61

§ 97 unabsichtlich unterlassene oder verzögerte Deklarationen (siehe § 97 ADS) sollen auch nachträglich zulässig und für die Versicherer bindend sein, soweit nachgewiesen wird, daß dabei die Sorgfalt eines ordentlichen Kaufmanns nicht außer acht gelassen ist" (Vorb. vor § 113). Sie schloß sich früher an die, gleichfalls unvorteilhaft gefaßte, Bestimmung des § 64 Abs. 2 Satz 2 ASVB an und mochte insoweit einen bescheidenen Zweck erfüllen. Jetzt hat sie keinerlei Bedeutung. Was sie aussagt, ergibt sich aus § 97 Abs. 6 ADS. Sie stellt höchstens den Versicherungsnehmer insoweit schlechter, als er, auch wenn er nicht Kaufmann ist, „die Sorgfalt eines ordentlichen Kaufmanns" an den Tag legen muß. Anders, wenn der Vertrag etwa die Klausel enthält: „Eine verspätete Aufgabe darf im Schadensfall nicht präjudizieren" (HG Hamburg HGZ 1878. 151), oder wenn, wie in laufenden Rückversicherungs-Verträgen üblich, vereinbart ist, daß „bloße Versehen bei der Deklaration nicht präjudizieren" sollen (RG 4. 18, HGZ 1880. 207; vgl. unten Anm. 98).

Anm. 62 n) **Rechtsfolgen unterbliebener oder ordnungswidriger,** insbesondere verspäteter, **Deklaration:**

α) **Der Versicherer ist von der Verpflichtung zur Leistung frei,** von der Verpflichtung zur Entschädigung für die nicht oder nicht ordnungsgemäß deklarierten Güter, nicht von der Verpflichtung aus der laufenden Versicherung überhaupt. Er ist ohne weiteres frei; insbesondere ohne daß es einer entsprechenden Erklärung gegenüber dem Versicherungsnehmer bedarf. So schon früher HG Hamburg HGZ 1864. 316; anders z. B. Voigt ZHR 26. 518. — Der Versicherer kann auf die Befreiung, auf sein Einwendungsrecht verzichten. Er kann im voraus verzichten (vgl. oben Anm. 61). Er kann auch später verzichten. Ausdrücklich oder stillschweigend. Aber Verzichte sind nach allgemeiner Regel nicht zu vermuten. Verzichte sind empfangsbedürftige Willenserklärungen. Der Verzicht muß also, ausdrücklich oder stillschweigend, dem Versicherungsnehmer gegenüber erklärt werden. Als Willenserklärung setzt er notwendig voraus, daß der Versicherer die Verletzung der Deklarationspflicht kennt oder ihres „Daseins sich wenigstens als einer Möglichkeit bewußt ist" (RG 68. 400; vgl. den Fall HG Hamburg HGZ 1874. 40: Der Rückversicherer unterzeichnet die verspätete Deklaration des Vorversicherers „ohne jegliche weitere Bemerkung" und offenbar im Bewußtsein der Verspätung; auch § 24 Anm. 6). Er setzt aber nicht voraus, daß der Versicherer wirklich verzichten wollte; seine, ausdrückliche oder stillschweigende, Erklärung gilt auch dann, wenn er „sich insgeheim vorbehält", die Verletzung der Deklarationspflicht einzuwenden (BGB § 116; vgl. RG 3. 148). Ob das Verhalten des Versicherers einen Verzicht schlüssig zum Ausdruck bringt, ist Tatfrage. Wenn der Versicherer von der Verletzung der Deklarationspflicht Kenntnis erlangt und nicht unverzüglich oder binnen angemessener Frist die Prämie verlangt und erklärt, wegen der Verletzung frei zu sein, so ist darin noch kein stillschweigender Verzicht zu erblicken. Anders, wenn er trotz der Kenntnis die Versicherung als vollwirksam behandelt, z. B. den Empfang der verspäteten Deklaration im Beibuch bescheinigt oder den Deklarationszettel widerspruchslos entgegennimmt oder eine Einzelpolice ausstellt (RG HGZ 1894. 84, HGZ 1893. 257). Anders wiederum, wenn zur Zeit der verspäteten Deklaration der Versicherungsfall schon eingetreten ist, die Güter etwa schon durch Feuer vernichtet sind. Ist es Pflicht des Versicherers, der verspäteten Deklaration zu widersprechen und insbesondere die verspätete Deklaration nicht zu bescheinigen, wenn er nicht sein Einwendungsrecht verlieren will, so ist es nicht minder die aus der Assekuranztreue (und in solchem Falle übrigens schon aus der vorvertraglichen Anzeigepflicht: § 19 Anm. 19) sich ergebende, wenngleich Selbstüberwindung kostende, Pflicht des Versicherungsnehmers, bei der Deklaration zu reden und mitzuteilen, daß die Güter bereits verlorengegangen usw. seien, zumal ihm diese Pflicht auch noch durch § 40 besonders eingeschärft wird (was von RG HGZ 1894. 84, HGZ 1893. 257 verkannt ist). Ebensowenig kann es als (allgemeiner) Verzicht auf rechtzeitige Deklaration betrachtet werden, wenn der Versicherer einmal oder auch mehrere Mal über Verspätungen der Deklaration hinweggesehen hat (vgl. Vorb. vor § 1 Anm. 18; abw. RG HGZ 1894. 84). Und wenn er gar zwar trotz Verspätung zahlt, aber die Verspätung jedesmal rügt, kann erst recht keine Rede davon sein, daß er allgemein auf rechtzeitige Deklaration verzichtet hat. So gleichwohl RG HGZ 1894. 84, eine Entscheidung, die sich zwar auf „Treu und Glauben" beruft, aber einen Standpunkt einnimmt, der, wenn er von der Rechtsprechung allgemein geteilt werden würde, leicht Treu und Glauben aus dem Versicherungsverkehr verbannen würde, insbesondere aber die „Koulanz" des Versicherers, ohne die der Verkehr nicht leben kann. — Der Versicherungsnehmer ist nicht frei. Insbesondere muß er die Prämie zahlen. Er ist auch von seinen sonstigen Verbindlichkeiten (zur Verhütung und Abwendung des Schadens usw.) nicht frei. Aber diese anderen Verbindlichkeiten werden doch durch die Befreiung des Versicherers von der Entschädigungspflicht vielfach beeinflußt. Soweit nämlich von ihrer Erfüllung die Entschädigungspflicht des Versicherers abhängt, werden sie mit dem Wegfall der Entschädigungspflicht gegenstandslos (vgl. ROHG 8. 232).

β. Der Versicherer kann Schadensersatz verlangen (BGB § 276; vgl. auch RG HGZ 1892. 247, HG u. OG Hamburg HGZ 1868. 320, 324, Schlegelberger SVR Bem. 20 zu § 97 ADS). Die besondere Rechtsfolge schließt die allgemeine nicht aus. Dagegen ist das Verhältnis des Befreiungsrechts zum Schadensersatz-Anspruch nicht etwa so, wie RG HGZ 1898. 39 annimmt. Hiernach macht im allgemeinen die Verletzung der Deklarationspflicht die Versicherung „unverbindlich", eine „Ungenauigkeit in der Erfüllung der dem Versicherungsnehmer obliegenden Deklarationspflicht" dagegen den Versicherungsnehmer schadensersatzpflichtig. Für die Annahme eines solchen Verhältnisses und für eine solche Unterscheidung bieten Gesetz und ADS keinerlei Anhalt. — Eine Anfechtung wegen Irrtums über die Zuverlässigkeit des Versicherungsnehmers ist nicht möglich, namentlich auch dann nicht deshalb, weil der Versicherungsnehmer in einer früheren laufenden Versicherung seine Aufgabepflicht verletzt habe (Hochgräber ITVMitt 1934. 145, Möhring ITVMitt 1934. 129, Schlegelberger SVR Bem. 20 zu § 97 ADS; anders LG Hamburg HansRGZ 1934 B 483 = Sasse Nr. 718). Anm. 63

γ. **Die laufende Versicherung endigt, wenn der Versicherungsnehmer vorsätzlich die Güter nicht oder nicht rechtzeitig oder vorsätzlich sie oder ihren Versicherungswert unrichtig deklariert. Trotzdem erhält der Versicherer die Prämien,** die er erhalten haben würde, wenn die Versicherung nicht beendigt wäre (§ 97 Abs. 6 Satz 3). Ähnlich schon früher: ASVB § 64 Abs. 2 Satz 1, JW 1884. 176, HGZ 1888. 287, 1905. 260, LG Bremen HGZ 1905. 259, HG u. OG Hamburg HGZ 1868. 320, 324; auch für das Recht des HGB zuweitgehend Sieveking 80: Der „Versicherte verwirke seinen Anspruch aus dem Versicherungsvertrag..., wenn er vorsätzlich oder fahrlässig die Verpflichtung nicht erfülle". — Der Versicherer braucht nicht zu kündigen. Die laufende Versicherung endigt ohne weiteres. Von ihr bereits umfaßte Versicherungen, auf die sich die Verletzung der Deklarationspflicht nicht bezieht, bleiben unberührt (anders früher: ASVB § 64 Abs. 2 Satz 1, AllgPlan 1847 § 73, vgl. dazu Voigt 338 und NAfHR 4. 217, HG Hamburg HGZ 1865. 90). — Die Rechtsfolge der Endigung usw. tritt nicht ein, wenn der Versicherungsnehmer das Schiff oder den Versicherungswert der Güter vorsätzlich nicht deklariert, oder wenn er das Schiff Anm. 64

§ 97 vorsätzlich unrichtig aufgibt. Doch kann der Versicherer in solchem Falle die laufende Versicherung unter Umständen ohne Einhaltung einer Kündigungsfrist kündigen (unten Anm. 87). — Über den Begriff der Vorsätzlichkeit: § 33 Anm. 19. Es genügt nicht, daß der Versicherungsnehmer nicht deklarieren will. Er muß im Bewußtsein der Deklarationspflicht nicht wollen (RG 123. 10 = HansRGZ 1929 B 83 = HRR 1929 Nr. 636 = JRPV 1929. 34 = JW 1929. 933). Wenn er nicht deklarieren will und nicht deklariert, weil er glaubt, daß die Güter von der laufenden Versicherung nicht umfaßt würden, mag sein Verhalten fahrlässig sein; vorsätzlich ist es nicht. Vgl. auch oben Anm. 55.

Anm. 65 o) Nach den ADS hat der Versicherer kein Recht, jederzeit, namentlich aber in Schadensfällen, durch die Bücher des Versicherten den Nachweis zu fordern, daß wirklich alle nach dem Inhalt der Generalpolice auf dieselbe gehörenden Deklarationen angemeldet worden sind (anders Ehrenberg ZfVW 1903. 208, für den sich das Einsichtsrecht „schon aus der Natur der laufenden Versicherung mit Notwendigkeit ergibt"). Der Versicherer kann nur gemäß § 43 im Versicherungsfall Auskunft verlangen, allerdings auch Auskunft über Umstände, die ihn nach § 97 Abs. 6 Satz 2 und 3 von seiner Entschädigungspflicht befreien (§ 43 Anm. 15; über die Wirkung von Beweisklauseln: § 43 Anm. 34ff.). Zwar kann ich nach § 810 BGB Einsicht in die Handelsbücher des Kaufmanns verlangen, wenn die Bücher in meinem oder auch in meinem Interesse geführt sind; aber der Kaufmann führt seine Bücher nicht im Interesse des Versicherers. Zwar kann ich nach § 810 BGB Einsicht in die Bücher auch dann verlangen, wenn sie ein zwischen mir und einem anderen bestehendes (wirksames oder unwirksames) Rechtsverhältnis beurkunden. Aber die Eintragungen über die Geschäfte, auf die es dem Versicherer ankommt, insbesondere der Käufe und Verkäufe, sind im allgemeinen keine Beurkundungen von Rechtsverhältnissen des Versicherers und Versicherungsnehmers; nur soweit es sich etwa um Ansprüche aus jenen Geschäften handelt, die nach § 45 auf den Versicherer übergehen, könnte man ein Recht des Versicherers auf Einsicht annehmen (vgl. RG 56. 112, OLG Posen Rspr. 4. 52). Aber das Prozeßgericht kann nach § 45 HGB die Vorlegung der Handelsbücher des Versicherungsnehmers anordnen. Freilich auch nicht, um damit den Versicherer in den Stand zu setzen, zu ermitteln, ob der Versicherungsnehmer in allen Fällen pflichtgemäß deklariert hat, sondern nur, wenn der Versicherer eine bestimmte Behauptung aufstellt und diese möglicherweise durch die Handelsbücher bewiesen werden kann.

Anm. 66 p) Deklarationen sind übrigens auch oft in Einzelversicherungs-Verhältnissen nötig. So, wenn eine Ladung Palmöl versichert, aber die Angabe des Versicherungswerts vorbehalten und vereinbart ist, daß „bei den von der Westküste Afrikas sparsam eingehenden Nachrichten Deklarationen über zu machende oder schon beschaffte Verladungen nachträglich und selbst nach schon geschehenem Unglück zugelassen werden sollen" (HG Hamburg Seebohm 251), oder wenn Güter versichert sind, „von St. Petersburg im Dampfschiff Gemma und/oder anderen Steamer nach Hamburg und weiter per Steamer (Aufgabe vorbehalten) nach Shanghai" (HGZ 1886. 169, vgl. dazu § 95 Anm. 6 und oben Anm. 4). Vgl. ferner OAG Lübeck Wunderlich 1. 441 im Falle einer Frachtversicherung: „Nähere Aufgabe vorbehalten", HGZ 1892. 241 im Falle einer Einzel-Rückversicherung: „Nähere Aufgabe und Taxe laut Originalversicherung vorbehalten" (ähnlich: HG Hamburg HGZ 1873. 345). Der Versicherungsnehmer ist auch in solchen Fällen verpflichtet, das Vorbehaltene unverzüglich aufzugeben, der Versicherer aber im Falle schuldhafter Verletzung der Deklarationspflicht wohl nur berechtigt, Schadensersatz zu verlangen. Gegen die sinngemäße Anwendung des § 97 Abs. 6 Satz 2 spricht der erhebliche Unterschied in der Interessenlage. Ist die Deklaration unrichtig, so kann und muß sie unverzüglich berichtigt werden (RG HGZ

1892. 244; abw. LG OLG Hamburg HGZ 1892. 241). Vgl. auch § 1 Anm. 158, § 95 Anm. 6, oben Anm. 59. **§ 97**

11. **Abs. 7.** Der Assekuradeur setzt nicht gern zu viel auf eine Karte. Zu große Risiken werden geteilt (Vorb. vor § 1 Anm. 44) oder teilweise rückgedeckt (§ 1 Anm. 126). Der Versicherer muß deshalb auch damit rechnen, daß nicht zu viele versicherte Güter einem und demselben Schiffe anvertraut werden. Deshalb wird durchweg vereinbart, daß für das einzelne Schiff ein „Maximum", ein „Höchstbetrag", ein „Höchstversicherungswert" nicht überschritten werden darf. Anm. 67

a) Der Höchstbetrag wirkt wie eine Versicherungssumme: Darüber hinaus haftet der Versicherer nicht: **Ist vereinbart, daß die Güter nur bis zu einem Gesamtversicherungswert mit einem Schiffe befördert werden dürfen, so bezieht sich die Versicherung nicht auf den höheren Wert.** Soweit der Höchstbetrag niedriger ist als der Gesamtwert der versicherten Güter, ist die Versicherung gewöhnliche Unterversicherung. Der Versicherer haftet nur im Verhältnis des Höchstbetrags zum Gesamtwert (Herzog 57; vgl. auch Manes Einführung 126). Aus dem Wortlaut der Bestimmung, daß „sich die Versicherung nicht auf den höheren Wert bezieht", darf nicht etwa geschlossen werden, daß es so angesehen werden soll, wie wenn ein höherer Wert überhaupt nicht da wäre, der Versicherer also zwar nur für den Höchstwert, für diesen aber auch „voll" (§ 6 Abs. 1) haftete, die Versicherung also keine gewöhnliche Unterversicherung, sondern eine Unterversicherung au premier risque wäre (vgl. § 6 Anm. 5). Eine solche Auffassung wäre innerlich unbegründet, durch den Wortlaut des § 97 Abs. 7 nicht geboten und mit der Verkehrsanschauung und alter Übung nicht in Einklang. — Der Versicherer kann auch für den Unterschied zwischen Gesamtwert und Höchstbetrag keine Prämie verlangen (anders E 1910 § 92 Abs. 6, vgl. Mat 1. 338). — Der Versicherungsnehmer kann sich also in diesen Grenzen ungestraft der laufenden Versicherung entziehen. Er darf es aber nicht treuewidrig tun. Sonst kann der Versicherer Schadensersatz verlangen (§ 13 Anm. 9). — Siehe RG 108. 153, nach welchen Grundsätzen die Höhe der Entschädigung wegen Totalverlustes beim Sinken der deutschen Währung zu berechnen ist, wenn in einer Seeversicherungspolice einerseits vereinbart ist, daß die Abladungen in ausländischer Währung deklariert werden können, anderseits der Höchstbetrag der Abladung in einem Schiffe auf 3000000 M festgesetzt ist. Anm. 68

b) Die Beschränkung macht keine Schwierigkeiten, wenn es sich um nur ein Gut handelt, dessen Wert den Höchstbetrag übersteigt. Handelt es sich um mehrere Güter (und etwa auch um teils eigene, teils fremde Interessen), so müssen die Werte verhältnismäßig beschränkt werden. Sind z. B. bei einem Höchstwert von 100000 fünf Güter im Werte von 15000, 30000, 45000 und 60000 versichert, so sind diese Güter bis zu 10000, 20000, 30000 und 40000 versichert. Anm. 69

c) Die Versicherung bezieht sich nicht auf den höheren Wert der in dem Schiffe beförderten, versicherten Güter. Natürlich auch dann nicht, wenn die Güter gelöscht sind, die Versicherung aber nach § 88 Abs. 3 noch nicht beendigt ist. Ein höherer Wert läßt sich vielleicht auch feststellen, wenn die Güter dem Verfrachter zur Beförderung übergeben, aber noch nicht verladen sind und die Versicherung demgemäß nach § 88 Abs. 2 begonnen hat. Dann nämlich, wenn feststeht, mit welchem Schiffe die beteiligten Güter befördert werden sollen. Anders, wenn der Verfrachter die Güter zwar zur Beförderung angenommen hat, aber noch nicht feststeht, mit welchem Schiffe diese (oder auch andere, von der laufenden Versicherung umfaßte) Güter befördert werden. Die Versicherung hat begonnen; aber ob der Höchstwert überschritten werden wird, ist ungewiß. Während die Güter noch auf dem Kai liegen, werden sie durch Brand vernichtet. Ähnliche Schwierigkeiten entstehen, wenn unterwegs versicherte Güter zugeladen werden und infolge hiervon der Höchstwert überschritten Anm. 70

§ 97 (oder noch mehr als schon bisher überschritten) wird. In solchen Fällen bleibt nichts anderes übrig, als anzunehmen, daß die Versicherung unbeschränkt (oder minder beschränkt) beginnt und, sobald feststeht, daß der Höchstwert überschritten wird, sich auf den Höchstwert beschränkt. Der Versicherer haftet unbeschränkt, wenn der Versicherungsfall eintritt, bevor sich die Versicherung auf den Höchstwert hat beschränken können; dafür erhält er auch die Prämie. Er haftet nur beschränkt, wenn der Versicherungsfall eintritt, nachdem die Versicherung sich auf den Höchstwert beschränkt hat; dafür fällt für die Zukunft die Prämie zum verhältnismäßigen Teile weg. Der sogenannte Grundsatz der Unteilbarkeit der Prämie steht dieser Auffassung nicht entgegen; denn einen solchen Grundsatz gibt es nicht (§ 16 Anm. 27). Zweckmäßig ist diese Ordnung des Verhältnisses freilich nicht. Der Versicherungsnehmer wird oft nicht wissen, ob und wieweit die laufende Versicherung ihn deckt. Auch wird die Errechnung des dem Versicherer gebührenden Prämienteils schwierig sein, weil der gelaufene Teil des Risikos gegen den nicht gelaufenen Teil ins Verhältnis zu bringen ist. Schärfer und zweckmäßiger die französische Güterpolice Art. 34 Abs. 1 Satz 2: En cas d'accumulation des objets assurés, pour quelque cause que se soit, même par force majeure, dans un lieu quelconque avant l'embarquement au port de départ ou après le débarquement au port final de destination, les assureurs ne peuvent être responsables pour une somme supérieure à ce plein maximum.

Anm. 71 d) In Zwischenhäfen kann es vorkommen, daß das Schiff auf Grund der ihm regelmäßig im Frachtvertrag erteilten Befugnis (vgl. § 87 Anm. 5, 6, § 95 Anm. 6) die versicherten Güter auslädt und in ein anderes Schiff einlädt, in dem sich bereits durch die laufende Versicherung gedeckte Güter befinden (Mat 1. 338), oder daß zu den Gütern andere, durch die laufende Versicherung gedeckte Güter zugeladen werden, ohne daß der Versicherungsnehmer es verhindern kann. Deshalb sollte nach der früheren Laufenden Police des VHA „falls in Zwischenplätzen, wo dem Herrn Versicherten keine Verfügung über die Verladung, beziehentlich keine Kontrolle über die Innehaltung des vereinbarten Maximalbetrags zusteht, eine Zusammenhäufung mehrerer Abladungen in einem Schiffe stattfindet und dadurch eine Überschreitung dieses Maximalbetrags herbeigeführt wird, eine solche Überschreitung dem Herrn Versicherten nicht präjudizieren und der Mehrbetrag ebenso wie der ursprüngliche Maximalbetrag durch diese Versicherung gedeckt sein". E 1910 § 92 Abs. 6 hatte dieser Sonderbestimmung den allgemeinen Grundsatz entnommen, daß der Versicherungsnehmer gedeckt ist, wenn, ohne daß ihn ein Verschulden trifft, der vereinbarte Höchstwert überschritten wird, und demgemäß allgemein bestimmt, daß der Versicherungsnehmer auch für den Unterschied zwischen Gesamtwert und Höchstwert gedeckt sein solle, wenn er die Überschreitung nicht zu vertreten habe. § 97 Abs. 7 Satz 2 ist mit Vorbedacht zu der engeren Bestimmung der früheren Laufenden Police zurückgekehrt: Die Versicherung bezieht sich **auch auf den höheren Wert, wenn die vertragswidrige Beförderung dadurch verursacht ist, daß an einem Umschlagsplatz Güter zugeladen sind und der Versicherungsnehmer diesen Umstand nicht zu vertreten hat.** Der Ausdruck „Umschlagsplatz" entspricht der Bedeutung, die der Verkehr bisher in diesem Zusammenhang dem Worte „Zwischenplatz" beigelegt hat. Zuladungen in gewöhnlichen Zwischenhäfen fallen, soweit sie eine Überschreitung des Höchstwerts bewirken, nicht unter die laufende Versicherung. Vielmehr kommen nur Zwischenhäfen in Betracht, in denen ein Umschlagsverkehr und infolge hiervon die besondere Gefahr der „Zusammenhäufung mehrerer Abladungen in einem Schiffe" besteht. — Der Versicherungsnehmer darf diesen Umstand, diese „Zusammenhäufung", diese „Zuladung" nicht zu vertreten haben, d. h. sie nicht vorsätzlich oder fahrlässig herbeigeführt haben. Über den Begriff des Versicherungsnehmers: § 3 Anm. 4. Über den Begriff der Vorsätzlichkeit und der Fahrlässigkeit: oben Anm. 55. Ob insbesondere der Versicherungsnehmer es zu vertreten hat, daß in den Fällen des § 95 Abs. 2 die versicherten Güter in ein anderes Schiff eingeladen („zugeladen") werden, in dem sich bereits durch die laufende Versicherung gedeckte Güter befinden, ist Tatfrage. Daß die Weiterbeförderung in vertragsmäßiger Weise nicht möglich ist, schließt nicht aus, daß der Versicherungsnehmer die Zuladung zu „vertreten" hat. Über die Verantwortlichkeit des Versicherungsnehmers für das Verschulden Dritter: Vorb. VIII vor § 1, auch oben Anm. 42. Bei der Versicherung für fremde Rechnung kommt auch das Verschulden des Versicherten in Betracht (vgl. § 52 Anm. 8). **§ 97**

e) § 97 Abs. 7 findet auf die Versicherung einer zusammengesetzten Binnen- und Seereise „entsprechende", sinngemäße, Anwendung (§ 125). Ist die Binnenreise die Vorreise, so wird der Platz, an dem die Güter in das Seeschiff verladen werden, regelmäßig ein „Umschlagsplatz" sein. Die Überschreitung des „Gesamtversicherungswerts" der Güter, mit denen das Seeschiff beladen wird, schadet nicht, wenn der Versicherungsnehmer die Überschreitung nicht zu vertreten hat. Der Versicherungsnehmer wird in solchen Fällen gegebenenfalls seinen Spediteur gehörig anweisen und das Verschulden des Spediteurs gemäß § 278 BGB vertreten müssen (oben Anm. 71). Anm. 72

f) Wenn der Versicherungsnehmer die Zuladung nicht zu vertreten hat und der Versicherer deshalb über den vereinbarten Höchstwert hinaus haftet, gebührt dem Versicherer keine Zuschlagsprämie. Anm. 73

12. **Abs. 8.** Die laufende Versicherung ist „Versicherung von Gütern in unbestimmten Schiffen". Der Versicherungsnehmer kann aber nicht berechtigt sein, in beliebig schlechten Schiffen mit entsprechend niedrigen Frachten zu verschiffen. Deshalb ist er im Vertrag über die laufende Versicherung von jeher verpflichtet worden, in Schiffen von bestimmter Art, insbesondere in Schiffen von bestimmter Klasse, zu verschiffen (vgl. auch OAG Lübeck Kierulff 5. 608: Versicherung „unter der ausdrücklichen Bedingung, daß der Transport durch ein taugliches Fahrzeug geschieht", auch oben Anm. 17, 23; über Klassifikation der Schiffe: § 58 Anm. 33). Deshalb müssen auch nach der heute üblichen Laufenden Police die Schiffe bestimmte Klassen haben oder „diesen Klassen gleichwertig sein". Deshalb ist der **Versicherer** nach § 97 Abs. 8 Satz 1 **frei, wenn die Güter in Schiffen minderwertiger als der im Vertrag bestimmten Art befördert werden.** Vgl. RG 150. 261 = HansRGZ 1936 B 227 = JRPV 1936. 90 = JW 1936. 1531 und die Vorentscheidung OLG Königsberg HansRGZ 1935 B 327 = JRPV 1935. 304 = Sasse Nr. 437, wonach die Voraussetzungen einer Haftungsbefreiung nach Abs. 8 Satz 1 vorliegen, wenn das zur Beförderung der versicherten Güter dienende Schiff das vertraglich erforderliche Seefähigkeitszeugnis nicht für die gesamte Reise, sondern nur für den Teil des Reisewegs besitzt, auf dem der Schaden eingetreten ist. Anm. 74

a) Der Versicherer ist ohne weiteres frei; insbesondere ohne daß es einer entsprechenden Erklärung gegenüber dem Versicherungsnehmer bedarf. Er kann auf diese Befreiung verzichten. Vorher (z. B. im Versicherungsvertrag mit der Klausel: „Mit Segel und/oder Dampfschiffen gleichviel welcher Art": Mat 1. 340) oder später, ausdrücklich oder stillschweigend. Aber Verzichte sind nicht zu vermuten (näheres: oben Anm. 62). Der Versicherer wird insbesondere nicht wieder gebunden, wenn der Versicherungsnehmer die Güter deklariert und der Versicherer, ohne zu wissen, daß die Güter in vertragsfremde Schiffe verladen sind, die Deklaration entgegennimmt und bescheinigt (HGZ 1906. 92, oben Anm. 16). Er wird auch nicht wieder gebunden, wenn die Güter in ein vertragsmäßiges Schiff umgeladen werden. — Der Versicherungsnehmer ist nicht frei (näheres: oben Anm. 62). Er kann sich der laufenden Ver- Anm. 75

§ 97 sicherung nicht etwa dadurch vollständig entziehen, daß er seine Güter mit Schiffen geringerer als der vereinbarten Art befördern läßt.

Anm. 76 b) Der Versicherungsnehmer kann aber oft nicht verhindern, daß seine Güter in vertragsfremde Schiffe verladen oder umgeladen werden. Deshalb ist der Versicherer nach § 97 Abs. 8 Satz 2 **nicht frei, wenn** die Güter **ohne Zustimmung des Versicherungsnehmers** in minderwertigen Schiffen befördert werden.

1. Die Zustimmung des § 97 Abs. 8 ist nicht die Zustimmung des § 182 BGB, nicht die „Zustimmung eines Dritten, von der die Wirksamkeit eines Rechtsgeschäfts abhängt". Sie ist nach dem Sinne des § 97 Abs. 8 und dem inneren Zusammenhang dieser Bestimmung und des § 23 dasselbe, wie das „Gestatten" von Gefahränderungen im Sinne des § 23. Sie bedeutet also, wie dieses, ein bewußtes Verhalten tatsächlicher Art: einen anderen tun lassen, was man verhindern könnte (§ 23 Anm. 17). Sie umfaßt deshalb natürlich auch den Tatbestand, daß der Versicherungsnehmer selbst in Schiffen von geringerer Art befördert (wie, umgekehrt, die „Änderung" der Gefahr auch das „Gestatten" von Gefahränderungen umfaßt: § 23 Anm. 17). Ob der Versicherungsnehmer weiß oder nicht weiß, daß das Schiff, in dem er die Güter befördert oder in dem die Güter von anderen mit seiner Zustimmung befördert werden, minderwertig ist, ist ohne Bedeutung (vgl. RG 150. 261 = HansRGZ 1936 B 227 = JRPV 1936. 90 = JW 1936. 1531 und die Vorentscheidung OLG Königsberg HansRGZ 1935 B 327 = JRPV 1935. 304 = Sasse Nr. 437, auch KG NeumannsZ 1915. 239 und Mat. zu ADS Bd. I. 340).

2. Hieraus folgt auch, daß die Zustimmung vor oder bei der Verladung erteilt sein muß. Die bloße (nachträgliche) Genehmigung ist (wie kein „Gestatten" im Sinne des § 23, so auch) keine Zustimmung im Sinne des § 97 Abs. 8. Wenn der Versicherungsnehmer die Beförderung in minderwertigen Schiffen mit der Wirkung genehmigt, daß sein Schadensersatz-Anspruch gegen den Verfrachter erlischt, hat er doch nicht im Sinne des § 97 Abs. 8 „zugestimmt", ist der Versicherer nicht frei; der Versicherer wird nur gemäß § 45 Abs. 2 von seiner Entschädigungspflicht insoweit frei, als er vom ersatzpflichtigen Verfrachter hätte Ersatz erlangen können. Anders, wenn der Versicherungsnehmer die vertragswidrige Verladung wieder hätte beseitigen können und dies zu tun unterlassen hat; dann wäre es so anzusehen, wie wenn er selbst sie veranlaßt oder ihr vorher zugestimmt hätte.

3. Hieraus folgt auch, daß der Versicherungsnehmer ausdrücklich oder stillschweigend „zustimmen" kann. Ausdrückliche Zustimmung ist insbesondere die dem Verfrachter im Frachtvertrag erteilte Erlaubnis, in minderwertigen Schiffen zu befördern (vgl. § 80 Anm. 6, § 85 Anm. 12). Die im Frachtvertrag erteilte Zustimmung wirkt auch dann gegen den Versicherungsnehmer, wenn sie sich in den Grenzen des Verkehrsüblichen hält. Freilich schaden dem Versicherungsnehmer im allgemeinen verkehrsübliche Frachtklauseln nicht (§ 87 Anm. 5, 6; HansOLG HansRGZ 1937 B 247 = Sasse Nr. 445). Ist aber für einen Sonderfall, wie denjenigen des § 97 Abs. 8, ausdrücklich vereinbart, daß der Versicherer frei sein soll, wenn der Versicherungsnehmer einer bestimmten gefahrerheblichen Art der Ausführung der versicherten Unternehmung zustimmt, so geht diese Vereinbarung der Verkehrsüblichkeit vor. Bei den Verhandlungen über den E 1910 ist man aber der Ansicht gewesen, daß Umladungsklauseln (natürlich nur verkehrsübliche Umladungsklauseln) nicht als Zustimmung im Sinne des § 97 Abs. 8 angesehen werden dürften. Man befürchtete, daß die Worte „ohne Zustimmung" zu „Mißverständnissen" führen könne. Aber „nachdem die Assekuradeure erklärt hatten, daß ein Versicherungsnehmer, der ein Konnossement gezeichnet habe, in dem allgemein die Umladung in andere und daher auch minderwertige Schiffe

(gemeint ist offenbar: minderwertige Schiffe im Sinne des § 97 Abs. 8, also Schiffe geringerer als der im Versicherungsvertrag bestimmten Art) ausbedungen sei, nicht seine Zustimmung zu einer Beförderung in minderwertigen Schiffen gegeben habe, ist die materielle Übereinstimmung der Versammlung über diesen Punkt festgestellt worden" (Mat 1. 340). Man wird diese Auffassung aus Achtung vor dem Vertragswillen der Beteiligten der Auslegung des § 97 Abs. 8 zugrunde legen müssen (vgl. Vorb. vor § 1 Anm. 11, 66, § 93 Anm. 10). **§ 97**

4. Hieraus folgt schließlich, daß der Versicherungsnehmer (wie er verpflichtet ist, die Gefahr nicht zu ändern, insbesondere Gefahränderungen durch Dritte nicht zu gestatten, so auch) verpflichtet ist, der Beförderung in minderwertigen Schiffen nicht zuzustimmen. Er muß deshalb auch die Zustimmung Dritter, deren er sich bei der Erfüllung dieser Verbindlichkeit bedient (denen er die Möglichkeit, zuzustimmen, eröffnet: Gierke LZ 1909. 736), insbesondere die Zustimmung des Abladers, gegen sich gelten lassen (Vorb. VIII vor § 1; vgl. auch § 23 Anm. 20ff., § 80 Anm. 6, § 85 Anm. 13). Die Rechtsfolge der Verletzung dieser Verpflichtung ist hier, daß der Versicherer frei ist. — Im Falle einer Versicherung für fremde Rechnung darf weder der Versicherungsnehmer noch der Versicherte zustimmen. Vgl. § 52 Anm. 8.

5. **Ist der Versicherer nicht frei, so gebührt ihm eine Zuschlagsprämie,** eine der höheren Gefahr entsprechende höhere Prämie (§ 20 Abs. 3; näheres: § 16 Anm. 6, § 20 Anm. 21, § 25 Anm. 2). So insbesondere auch dann, wenn die versicherte Unternehmung glücklich abläuft. Der Versicherungsnehmer kann in diesem Falle zwar nicht mehr zustimmen, wird aber wohl regelmäßig behaupten, daß er zugestimmt habe.

c) Beweislast. Der Versicherer muß beweisen, daß die Güter, für die der Versicherungsnehmer Entschädigung verlangt, in minderwertigen Schiffen befördert sind, der Versicherungsnehmer, daß er nicht zugestimmt hat. Verlangt der Versicherer Zuschlagsprämie, so muß er auch beweisen, daß der Versicherungsnehmer zugestimmt hat; doch muß der Versicherungsnehmer nach den für die prozeßrechtliche Behauptungspflicht geltenden Grundsätzen angeben, wann, wie und wo er (oder wer sonst für ihn) zugestimmt hat. Vgl. § 80 Anm. 7, § 85 Anm. 16, oben Anm. 58. Anm. 77

13. **Abs. 9.** Der Versicherer kann sich im Versicherungsfall gemäß § 38 durch Zahlung der Versicherungssumme von allen weiteren Verbindlichkeiten befreien. Dies gilt auch im Verhältnis der laufenden Versicherung. Aber natürlich nur für die einzelne Versicherung, für das „einzeln" aufzugebende Interesse. Denn nur für die einzelne Versicherung gibt es eine Versicherungssumme. **Der Versicherer kann** dafür nach § 97 Abs. 9 **die laufende Versicherung nach dem Eintritt eines ihm zur Last fallenden Unfalls mit vierwöchiger Frist kündigen** (vgl. VVG §§ 96, 113, 158). Anm. 78

a) Der Versicherer kann kündigen. Sind mehrere Versicherer beteiligt, jeder einzelne. Ist einer von ihnen „Führer", so kann er auch für die übrigen kündigen (Vorb. vor § 1 Anm. 46). Anm. 79

b) Der Versicherer kann nach dem Eintritt eines ihm zur Last fallenden Unfalls kündigen. Unfälle sind Ereignisse, die das Interesse einer bestimmten Person (hier das mit der versicherten Unternehmung verbundene Interesse) unmittelbar treffen und als nachteilig empfunden werden, wie etwa die Strandung (näheres: § 40 Anm. 10, § 95 Anm. 10). — Der Unfall muß dem Versicherer „zur Last fallen", ein Gefahrereignis sein (näheres: § 95 Anm. 11). Schäden und Entschädigungsansprüche brauchen durch den Unfall nicht entstanden zu sein. Anm. 80

c) Der Versicherer kann kündigen. Die Kündigung ist eine empfangsbedürftige (im übrigen keiner besonderen Form bedürfende), rechtsgestaltende, nämlich Anm. 81

§ 97 rechtsaufhebende, Willenserklärung. Über empfangsbedürftige Erklärungen: Vorb. vor § 1 Anm. 33. Über Erklärungen gegenüber Vertretern, insbesondere Gesamtvertretern des Versicherungsnehmers: § 3 Anm. 18. Nach der Kündigungserklärungs-Klausel des VHA „kann auch dem Makler für den Versicherungsnehmer erklärt werden" (Vorb. vor § 113). — Natürlich kann nur dem Versicherungsnehmer, nicht dem Versicherten gekündigt werden. Auch dann, wenn etwa die laufende Versicherung sich nur auf Güter bezieht, für die der Versicherungsnehmer für Rechnung eines bestimmten Dritten Versicherung zu nehmen hat. — Die Kündigung muß (gleich allen rechtsgestaltenden Erklärungen) bestimmt sein. Der Versicherungsnehmer muß wissen, woran er ist. Die Kündigung darf also insbesondere nicht bedingt sein, wenn die Bestimmtheit unter der Bedingtheit leidet. — Anfechtung der Kündigung wegen Irrtums usw.: BGB §§ 119, 123. — Kündigung durch Vertreter: BGB §§ 174, 180.

Anm. 82 d) Die Kündigungsfrist beträgt vier Wochen. Die Frist und damit die laufende Versicherung endigt mit dem Ablauf desjenigen Tages der letzten Woche, der durch seine Benennung dem Kündigungstag entspricht (BGB § 188 Abs. 2). — Der Versicherer kann auch mit längerer Frist kündigen. Kündigt er, etwa infolge eines Rechtsirrtums, mit kürzerer Frist oder für sofort, so endigt die Versicherung nach vier Wochen; der Versicherungsnehmer kann aber das in solcher Kündigung liegende Vertragsangebot zur vorzeitigen Aufhebung der laufenden Versicherung annehmen.

Anm. 83 e) **Das Kündigungsrecht erlischt, wenn der Versicherer es nicht, sobald er von dem Unfall und seinen Folgen Kenntnis erlangt hat, unverzüglich ausübt** (§ 97 Abs. 9 Satz 2). — Unverzüglich bedeutet: ohne schuldhaftes Zögern (näheres: oben Anm. 54). — Über den Begriff der Kenntniserlangung: § 2 Anm. 15, § 19 Anm. 39. Insbesondere genügt nicht Kennenmüssen. — Über das Verschulden und die Kenntnis Dritter vgl. die Ausführungen Vorb. vor § 1 Anm. 67, 68, die auch für diesen Fall zutreffen. — Die Unverzüglichkeitsfrist beginnt, wenn der Versicherer von dem Unfall und seinen Folgen Kenntnis erlangt, — nicht nur von den unmittelbaren Folgen des Unfalls (so § 38 Abs. 3), sondern auch von sonstigen adäquaten Folgen.

Anm. 84 f) Die laufende Versicherung wird regelmäßig für bestimmte Zeit genommen (oben Anm. 25). Der Versicherer kann kündigen, **„auch wenn" sie für bestimmte Zeit genommen ist.** Die Ausdrucksweise läßt zu wünschen übrig. Ist sie für unbestimmte Zeit genommen, so kann an und für sich jeder Teil jederzeit ohne Einhaltung einer Kündigungsfrist kündigen. Insbesondere ist aus § 97 Abs. 9 nicht etwa abzuleiten, daß der Versicherer auch die für unbestimmte Zeit genommene Versicherung nur mit vierwöchiger Frist kündigen kann. Doch wird dem anderen Teile regelmäßig eine mäßige Frist, insbesondere dem Versicherungsnehmer eine mäßige Frist zur Aufsuchung einer anderen Versicherungsgelegenheit, zu gewähren sein (Begr. z. E 1910 § 92).

Anm. 85 g) Die Kündigung bewirkt, daß die laufende Versicherung mit dem Ablauf der Kündigungsfrist endigt. Die vorher begonnenen Einzelversicherungen bleiben unberührt. Einzelversicherungen können nicht mehr beginnen. Auch dann nicht, wenn das Versicherungsinteresse vor Ablauf der Kündigungsfrist entstanden ist. Vgl. Begr. z. E 1910 § 92.

Anm. 86 14. Auch **der Versicherungsnehmer kann mit vierwöchiger Kündigungsfrist kündigen** (§ 97 Abs. 9 Satz 3). Aber nur, **wenn die Versicherung für eine längere Zeit als die Dauer eines Jahres genommen ist und der Versicherungsfall nach dem Ablauf eines Jahres eintritt.** Wie der Zusammenhang des ersten und dritten Satzes des § 97 Abs. 9 ergibt, soll „Versicherungsfall" hier offenbar bedeuten: der dem Versicherer zur Last fallende Unfall (also nicht das Gefahrereignis oder gar das die Entschädigungspflicht auslösende Gefahrereignis: § 5 Anm. 27). —

Auch das Kündigungsrecht des Versicherungsnehmers erlischt, wenn der Versicherungsnehmer nicht, sobald er von dem Unfall und seinen Folgen Kenntnis erlangt hat, unverzüglich kündigt (vgl. Mat 1. 343). — Die Kündigung ist dem Versicherer gegenüber zu erklären. Sind mehrere Versicherer beteiligt, so kann der Versicherungsnehmer auch einzelnen gegenüber kündigen. Ist ein Versicherer „Führer", so ist Kündigung ihm gegenüber genügend, aber auch erforderlich (Vorb. vor § 1 Anm. 46). — In den Hansestädten kommen nur Jahrespolicen vor (oben Anm. 25). Das Kündigungsrecht des Versicherungsnehmers hat daher nur für den binnenländischen Versicherungsverkehr Bedeutung, in dem länger laufende Versicherungen üblich sind (Mat 1. 342). § 97

15. Über das Recht beider Teile, aus wichtigem Grunde fristlos zu kündigen, vgl. Vorb. vor § 1 Anm. 22, auch Ehrenberg ZfVW 1903. 207, Moldenhauer ZfVW 1901. 152, Molt 35, 77, Hagen SVR 96, auch HG u. OG Hamburg ROHG HGZ 1873. 371 für den Fall, daß der Vorversicherer die im laufenden Rückversicherungs-Vertrag bestimmte Frist zur Anzeige von Versicherungsschäden in zahlreichen Fällen nicht eingehalten hatte, auch (sehr weit gehend) OLG Köln APV 1912 II. 107 für den Fall einer Einzel-Haftpflichtversicherung (der Versicherungsnehmer könne kündigen, wenn der Versicherer, der berechtigt ist, im Falle einer Verschärfung der Kraftwagen-Haftpflicht eine höhere Prämie zu verlangen, ohne Grund eine zu hohe Prämie fordere) und OLG Hamm HRZ 1923. 533, auch für den Fall einer Einzel-Haftpflichtversicherung (der Versicherer könne kündigen, wenn ihm wegen der Geldentwertung nicht mehr zuzumuten sei, im Versicherungsverhältnis auszuharren). — E 1910 § 92 Abs. 8 gab das Recht zur Kündigung aus wichtigem Grunde beiden Teilen ausdrücklich. Die Handelskammern haben die Streichung gewünscht, weil „die Bestimmung für den Versicherungsnehmer und übrigens auch für den Versicherer eine hochgradige Unsicherheit mit sich bringe und dem bestehenden Rechte fremd sei" (Mat 1. 341). Die zweite Einwendung war unrichtig (Vorb. vor § 1 Anm. 22 und oben). Die erste ist wenigstens insofern berechtigt, als eine ausdrückliche Bestimmung über die Zulässigkeit der Kündigung aus wichtigem Grunde zu unberechtigten Kündigungsversuchen ermuntert. Die Assekuradeure haben in die Streichung gewilligt, aber dabei darauf hingewiesen, daß die Zulässigkeit der fristlosen Kündigung aus wichtigem Grunde „in Literatur und Rechtsprechung feststehe", und vorbehalten, „daß durch die Streichung unter keinen Umständen die Auffassung zum Ausdruck gebracht werden solle, als ob jener...feststehende und durchaus festzuhaltende Grundsatz aus der laufenden Versicherung entfernt werden sollte" (Mat 1. 341). Dann hat sich Sieveking 81 gegen die Zulässigkeit der Kündigung aus wichtigem Grunde ausgesprochen. „Für das geltende Seeversicherungsrecht werde es bei der Vorschrift des § 898 HGB sein Bewenden haben", wonach, wenn der Versicherer zahlungsunfähig wird, der Versicherungsnehmer zurücktreten oder auf Kosten des Versicherers eine neue Versicherung nehmen kann (vgl. ADS § 47). Diese, übrigens nur zugunsten des Versicherungsnehmers getroffene und einen bestimmten Sonderfall seiner Eigenart gemäß besonders behandelnde, Bestimmung hat mit dem allgemeinen Rechte beider Teile auf Kündigung aus wichtigem Grunde indessen nur mittelbar, nämlich nur insoweit zu tun, als in diesem Sonderfall der Versicherungsnehmer gerade nicht kündigen, sondern nur von einem der beiden Rechte des § 898 HGB Gebrauch machen kann (Vorb. vor § 1 Anm. 22, § 47 Anm. 22). — Hat der andere Teil durch sein (vertretbares) vertragswidriges Verhalten die Kündigung veranlaßt, so muß er dem Kündigenden den durch die vorzeitige Beendigung der laufenden Versicherung entstehenden Schaden ersetzen (BGB § 276; vgl. BGB § 628 Abs. 2, HGB § 70 Abs. 2). — Ist die Kündigung unbegründet, so wirkt sie als Vertragsangebot zur Aufhebung der laufenden Versicherung, Anm. 87

§ 97 das vom anderen Teile angenommen werden kann. Im übrigen ist die unbegründete Kündigung als solche unwirksam.

Anm. 88 16. **Abs. 10.** Die Kriegsgefahr ist nach Art, Ort und Umfang so uneinheitlich, daß sie sich, ähnlich wie etwa die Erdbebengefahr, der Versicherung zu entziehen scheint oder doch nur von Fall zu Fall beurteilt und demgemäß gedeckt werden kann. Eine laufende Versicherung, welche die Kriegsgefahr umfaßt, kann, wenn während der Versicherungszeit ein Krieg ausbricht, den Versicherer in wenigen Tagen an den Bettelstab bringen. Allerdings hat RG 94. 304 „die Frage aufgeworfen, ob die (laufende) Versicherung auch noch Güter umfasse, die erst nach Ausbruch des Krieges abgeladen würden", und diese Frage dahin beantwortet, daß „in diesem Falle allerdings dem Versicherer wohl regelmäßig die Einrede eigenen Verschuldens des Versicherten zur Seite stehen würde". Frage und Antwort können nicht so und nicht unter Beschränkung auf die laufende Versicherung gestellt und gegeben werden. Ist die Versicherung frei von Kriegsgefahr genommen, so ist sie auch gegen die Gefahr des Orkans genommen. Aber der Versicherungsnehmer, der, etwa im Vertrauen auf die Versicherung, das versicherte Schiff in den Orkan schicken würde, der zur Zeit des Antritts der Reise gerade wütet, würde die Gefahr erhöht (§§ 23, 24, vgl. § 23 Anm. 11) oder den Versicherungsfall schuldhaft herbeigeführt (§ 33) haben und Entschädigung nicht verlangen können. Ist die Versicherung für Kriegsgefahr genommen, so würde der Versicherer nach §§ 23, 24 oder § 33 frei sein, wenn die Verhältnisse sich so geändert haben, daß mit einer entsprechend größeren Wahrscheinlichkeit als früher Versicherungsschaden zu erwarten ist, und das versicherte Schiff oder die versicherten Güter gleichwohl auf die Reise geschickt würden. Der Ausbruch eines Krieges zwischen Japan und den Ver. Staaten von Amerika kann für die versicherte Reise von Hamburg nach Liverpool ohne erheblichen Einfluß sein. Dann kann keine Rede davon sein, daß der Versicherungsnehmer die Gefahr ändert oder gar den Versicherungsfall herbeiführt, wenn er die kriegsversicherten Güter auf die Reise schickt und ihnen dabei ein Kriegsunfall zustößt. Anders, wenn wieder einmal ein Weltkrieg ausbrechen sollte. Die Entscheidung hängt also von den Umständen des einzelnen Falles ab (vgl. auch den Fall § 96 Anm. 32 unter n). Sie ist aber gerade darum ins Ungewisse gestellt. Deshalb haben die Versicherer von jeher zwar die Kriegsgefahr in laufenden Versicherungen übernommen, aber sich gleichzeitig das Recht kurzfristiger Kündigung ausbedungen; vgl. den früheren „Besonderen Zusatz für alle laufenden oder offenen Policen" im Hamburger Tarif 1914. 566: „Beiden Teilen steht das Recht zu, für alle Abladungen, deren Risiko nach Ablauf von sieben Tagen — vom Kündigungstag an gerechnet — beginnt, die obige den Einschluß der Kriegsgefahr betreffende Vereinbarung zu kündigen". „Beiden Teilen": denn auch der Versicherungsnehmer kann ein berechtigtes Interesse daran haben, zu kündigen. So etwa, wenn er in unruhigen Zeiten laufende Kriegsversicherung genommen oder die Kriegsgefahr in seine allgemeine laufende Versicherung eingeschlossen hat, die Kriegsgefahr aber vorüberzieht und die Unternehmungen eine so hohe Kriegsversicherungs-Prämie, wie die vereinbarte, nicht tragen können (Begr. z. E 1910 § 92). An diese Entwicklung knüpft § 97 Abs. 10 an:

Anm. 89 a) **Ist die laufende Versicherung „Nur für Kriegsgefahr" genommen** (sei es im Umfang des § 121, sei es in weiterem, sei es in beschränkterem Umfang, etwa nur für Minengefahr: § 35 Anm. 25), **so kann jeder Teil die laufende Versicherung mit dreitägiger Frist kündigen.** Näheres über die Kündigung, den Kündigungsberechtigten, den Kündigungsempfänger: oben Anm. 79, 81, 86. Die Kündigung kann insbesondere nicht „gegenüber dem vermittelnden Makler" erklärt werden (anders ausdrücklich früher Hamburger Tarif 1914. 566: „Die Kündigung kann rechtswirksam auch an den vermittelnden Makler erfolgen"). Denn der Makler ist zwar (wenigstens in den Hansestädten) der Interessenvertreter des Versicherungsnehmers, aber weder Rechtsvertreter des Versicherers noch solcher des Versicherungsnehmers (oben Anm. 42, 43). Nach der Kündigungserklärungs-Klausel des VHA kann aber der Versicherer auch gegenüber „dem Makler für den Versicherungsnehmer" kündigen (Vorb. vor § 113). — Die Kündigung kann jederzeit erklärt werden, vor dem Kriege, im Kriege, nach dem Kriege, mit oder ohne Rücksicht auf die Gefahr eines Kriegsausbruchs. — Die Kündigungsfrist beginnt erst mit dem auf die Kündigung folgenden Tage (BGB § 187 Abs. 1). Die Frist (und damit die laufende Versicherung) endigt mit dem Ablauf des dritten Tages (BGB § 188 Ans. 1; näheres: oben Anm. 82). Die vorher begonnenen Einzelversicherungen bleiben unberührt. Einzelversicherungen können nicht mehr beginnen; auch dann nicht, wenn das Versicherungsinteresse vor Beendigung der laufenden Versicherung entstanden ist (oben Anm. 85). — So, wenn die laufende Versicherung für bestimmte Zeit genommen ist. Ist sie für unbestimmte Zeit genommen, so kann sie von jedem Teile jederzeit unter Einhaltung einer mäßigen Frist, die jedenfalls nicht länger als drei Tage zu sein braucht, gekündigt werden (oben Anm. 84). § 97

b) **Ist die laufende Versicherung „Auch für Kriegsgefahr" genommen,** so kann sie ebenso gekündigt werden, — aber **nur, soweit sie die Kriegsgefahr umfaßt** (Ausnahme vom sog. Grundsatz der Unteilbarkeit der Gefahr: § 16 Anm. 28). So auch dann, wenn anzunehmen ist, daß sie ohne Einschluß der Kriegsgefahr nicht oder doch nicht unter den gleichen Bedingungen genommen sein würde (vgl. §§ 27, 122 Abs. 2). — **Die Prämie vermindert sich um den für die Deckung der Kriegsgefahr bestimmten Betrag;** ist kein Betrag, die Prämie vielmehr einheitlich bestimmt, um einen „entsprechenden" Teil (vgl. § 27 Satz 2). Anm. 90

17. Die (bedingten und künftigen oder unbedingten und gegenwärtigen) Entschädigungsansprüche aus dem Vertrag über die laufende Versicherung können natürlich ebenso übertragen werden, wie diejenigen aus dem Vertrag über eine Einzelversicherung (RG 76. 12; näheres: § 49 Anm. 62). „Genehmigt" der Versicherer die Übertragung, so bedeutet dies im Zweifel keinen Verzicht auf Einwendungen aus dem Versicherungsvertrag (HGZ 1905. 114). — Mit der Veräußerung der versicherten Güter gehen die Rechte und Pflichten aus dem Vertrag über die laufende Versicherung, soweit sie sich auf die veräußerten Güter beziehen, ohne weiteres auf den Erwerber über (§ 49, RG 76. 12). Der gutgläubige Erwerber ist nach § 49 Abs. 1 und 2 gegen gewisse Einwendungen des Versicherers aus dem Versicherungsvertrag geschützt, wenn eine Police (und zwar eine Einzelpolice: § 97 Abs. 4) ausgestellt ist. Gegen die Einwendung der verletzten Deklarationspflicht ist er z. B. nicht geschützt. — Natürlich kann die laufende Versicherung nicht mit der Wirkung übertragen werden, daß nicht mehr die eigenen und fremden Interessen, für die der Versicherungsnehmer Versicherung zu nehmen hat, sondern diejenigen, für die der „Zessionar" Versicherung zu nehmen hat, von der laufenden Versicherung umfaßt werden. Anm. 91

18. § 97 findet auf **andere Versicherungen, die sich auf die Güter beziehen,** entsprechende Anwendung (§ 99). Anm. 92

a) Insbesondere auf die Gewinnversicherung. Versicherbar ist und den gewöhnlichen Versicherungswert bildet der Gewinn, „der bei der Schließung des Vertrags nach kaufmännischer Berechnung möglicherweise zu erwarten war" (§ 100 Abs. 2; § 1 Anm. 41). Die Berechnung des Versicherungswerts macht keine besonderen Schwierigkeiten, wenn das Gewinninteresse bereits bei der Schließung des Vertrags über die laufende Versicherung vorhanden und versicherungsreif war. Anders, wenn es sich um künftige Gewinninteressen handelt. Hier kann natürlich die Zeit der „Schließung des Vertrags" nicht den Ausgangspunkt bilden. Ebensowenig die Zeit der Dekla-

§ 97 ration. RG 94. 303, HGZ 1917. 227, OG Hamburg HGZ 1878. 152, LG Hamburg HGZ 1917. 226 gehen ohne weiteres vom Zeitpunkt der Deklaration aus. Ohne Grund und ohne Begründung. Der Zeitpunkt der Deklaration hängt von Zufälligkeiten ab. Ihn zugrunde zu legen, wäre gewiß verkehrt. Schon bei der fakultativen laufenden Versicherung (vgl. oben Anm. 13, § 102 Anm. 5). Um wie viel mehr bei der obligatorischen, bei der die Interessen „ohne weiteres unter Versicherung kommen" (RG 94. 303) und die Deklaration, wie das RG sich ausdrückt, „nur deklarative Bedeutung" hat (oben Anm. 7). Man braucht sich nur vorzustellen, daß die Güter erst deklariert werden, nachdem sie bereits, beschädigt, am Bestimmungsort angekommen sind, um zu erkennen, daß der Zeitpunkt der Deklaration für die Bemessung des imaginären Gewinns und seines Versicherungswerts nicht maßgebend sein kann. An die Stelle des Zeitpunkts der „Schließung des Vertrags" muß hier der Zeitpunkt treten, an dem der Vertrag geschlossen, genauer: an dem „nach kaufmännischen Grundsätzen Gewinnversicherung zu nehmen" gewesen wäre, wenn der Gewinninteressent nicht schon durch die laufende Versicherung gedeckt gewesen wäre, der Zeitpunkt, in dem das Gewinninteresse versicherungsreif geworden ist (oben Anm. 27, 28, § 1 Anm. 45). Von diesem Standpunkt aus würde sich im Falle RG 94. 300, HGZ 1917. 225 wahrscheinlich ergeben haben, daß der Gewinnversicherte im Juli 1914 den von ihm am 3. August 1914 deklarierten Gewinn „nach kaufmännischen Grundsätzen möglicherweise zu erwarten" hatte, und daß ihm dieser Gewinn, den ihm HGZ 1917. 227 mit Recht, wenn auch mit unrichtiger Begründung, zugesprochen, RG 94. 303 mit Unrecht und mit gleichfalls unrichtiger Begründung abgesprochen hat, zu ersetzen gewesen wäre. — Alles dies gilt insbesondere auch dann, wenn vereinbart ist, daß der Versicherungsnehmer „imaginären Gewinn, gleichviel wie hoch" oder „imaginären Gewinn, gleichviel wie hoch, jedoch 25% nicht übersteigend"(vgl. HGZ 1898. 39) deklarieren kann (und muß). Die Vereinbarung beseitigt nur die Auslegungsregel des § 101 (§ 1 Anm. 47). Der Versicherungsnehmer kann keinen Gewinn „gleichviel wie hoch" deklarieren (§ 1 Anm. 47). Er kann auch nicht den Gewinn deklarieren, der gerade zur Zeit der Deklaration möglicherweise zu erwarten ist. Sondern er kann (und muß) den Gewinn deklarieren, der möglicherweise zu erwarten war, als das Gewinninteresse versicherungsreif wurde. So mit Recht HG u. OG Hamburg HGZ 1878. 151. — Der deklarierte Gewinn gilt nicht als Taxe. Anders, wenn die Güter versichert sind mit „Taxen auf Fakturenbasis inclusive imaginären Gewinn, gleichviel wie hoch". Aber der Versicherungsnehmer hat in diesem Falle die „Basis", und zwar, „wie die übrigen Bestandteile, so auch diesen Bestandteil (den Gewinn) zu rechtfertigen" (HG Hamburg HGZ 1878. 151; vgl. auch oben Anm. 46).

Anm. 93 b) Auch laufende Mehrwert-Versicherungen, ja auch laufende Interessenversicherungen kommen vor (vgl. RG 94. 300, HGZ 1917. 225: Laufende Versicherung „auf imaginären Gewinn, Mehrwert und/oder andere Interessen, die nicht durch andere Laufende Policen des Herrn Versicherten gedeckt sind"). — Über den Begriff des Mehrwerts: § 90 Anm. 21. Auch hier ist davon auszugehen, daß derjenige Mehrwert versichert ist, welcher sich in dem Zeitpunkt ergibt, in dem der Mehrwert-Interessent „nach kaufmännischen Grundsätzen Versicherung zu nehmen" hätte, wenn er nicht durch die laufende Mehrwert-Versicherung gedeckt gewesen wäre. Aber dieser Zeitpunkt schwankt ebenso, wie der Wert der Güter und damit der Mehrwert schwankt. Man könnte daran denken, den höchsten Mehrwert entscheiden zu lassen. Aber es läßt sich nicht feststellen, ob der Versicherungsnehmer gerade, als der Wert der Güter am höchsten stand, Mehrwert-Versicherung genommen haben würde, wenn er nicht schon laufend versichert wäre. Deshalb wird hier eine andere Betrachtung Platz greifen müssen. Man muß annehmen, daß die Parteien denjenigen Mehrwert als versichert betrachtet wissen wollen, welcher sich in dem Zeitpunkt ergibt, in dem der Versicherungsnehmer den Mehrwert zu deklarieren nach § 97 Abs. 6 verpflichtet ist und pflichtgemäß deklariert. Wenn die Güter nach ihrer Abladung im Juli 1914 gestiegen und nach Ausbruch des Weltkriegs so gefallen sind, daß sie am 3. August 1914 nur noch 120 statt früherer 180 kosteten, kann der Versicherungsnehmer am 3. August 1914 keinen Mehrwert deklarieren (HGZ 1917. 228). § 97

c) Diese Ergebnisse werden nicht dadurch geändert, daß die Parteien wie im Falle RG 94. 300, HGZ 1917. 225, vereinbaren, daß der Versicherer „verpflichtet ist, ... die Aufgabe anzuerkennen". Denn damit ist natürlich nur vereinbart, daß der vom Versicherungsnehmer deklarierte Betrag als Taxe des imaginären Gewinns oder des Mehrwerts gelten soll (vgl. oben Anm. 49), nicht etwa, daß der wirkliche Versicherungswert nach irgendwelchen anderen Gesichtspunkten als denjenigen, die sich aus den allgemeinen Grundsätzen über die Bemessung des Versicherungswerts ergeben, bestimmt werden soll. Anm. 94

d) Die laufende Versicherung würde sich auch für die Frachtversicherung eignen. Indessen kommt die laufende Frachtversicherung nicht vor. Anm. 95

19. § 97 gilt sinngemäß auch für die **Rückversicherung** (§ 99, § 1 Anm. 136; vgl. auch oben Anm. 14, 61, 87). Ist z. B. für eine nach den ADS genommene laufende Versicherung Rückversicherung genommen, so ist auch die Rückversicherung eine laufende Versicherung und § 97 entsprechend anwendbar, soweit nicht der Rückversicherungs-Vertrag besonderes bestimmt (§ 1 Anm. 136). Ebenso, wenn in anderen Fällen laufende Rückversicherung auf Grund der ADS genommen werden würde. Doch kommt dies natürlich nicht vor. Denn der Rückversicherer würde anders haften als der Vorversicherer, wenn nicht auch die Vorversicherung auf Grund der ADS genommen wäre. Ist ohne Bezugnahme auf die ADS und so laufende Rückversicherung genommen, daß dem Vorversicherer überlassen bleibt, Versicherung nach den ADS oder nach anderen Bedingungen zu übernehmen, so kann § 97 nicht gemäß den Vorversicherungsbedingungen und § 99, sondern nur soweit angewandt werden, wie er der Verkehrssitte entspricht und der Rückversicherungs-Vertrag nicht besonderes bestimmt (abw. HG u. OG Hamburg HGZ 1874. 40: wenn und weil der Vorversicherte nach dem Vorversicherungs-Vertrag unverzüglich zu deklarieren verpflichtet sei, sei auch der Vorversicherer verpflichtet, unverzüglich zu überweisen, und wenn und weil der Vorversicherer nach dem Vorversicherungs-Vertrag wegen schuldhafter Verletzung der Deklarationspflicht frei sei, sei auch der Rückversicherer wegen schuldhafter Verletzung der Überweisungspflicht frei; vgl. aber auch unten Anm. 98). Daher kommt es, daß die laufenden Rückversicherungs-Verträge das Rückversicherungs-Verhältnis umfassend regeln und für die einzelnen Rückversicherungen die Bedingungen der Vorversicherung für maßgebend erklären (vgl. § 1 Anm. 129ff.). Übrigens auch daher, daß sich die laufenden Rückversicherungen oft nicht nur auf Güterinteressen, sondern auch auf Schiffsinteressen beziehen. — Haftet der Vorversicherer nach § 97 Abs. 6—8 nicht oder nur beschränkt, so haftet natürlich auch der Rückversicherer nicht oder nur beschränkt. Ist der Vorversicherer (wie gewöhnlich) abwicklungsberechtigt, so haftet der Rückversicherer gleichwohl, wenn der Vorversicherer sich dem Vorversicherten gegenüber auf den Ausschluß oder die Beschränkung der Haftung nicht beruft und auch ein nicht rückversicherter Versicherer sich verständiger- und billigerweise darauf nicht berufen würde (§ 1 Anm. 154). — Über den Anteil des Rückversicherers an der Zuschlagsprämie, die der Vorversicherer nach § 97 Abs. 8 erhält: § 16 Anm. 30, 31. An den Prämien, die der Vorversicherer nach § 97 Abs. 6 Satz 3 erhält, würde der Rückversicherer nur beteiligt sein, wenn die Rückversicherung sich gerade auf die laufende Vorversicherung beziehen würde. — Insbesondere: Anm. 96

§ 97 Anm. 97 a) Ohne Bedeutung ist hier — bei der laufenden Rückversicherung —, ob der Vorversicherer „nach kaufmännischen Grundsätzen (Rück-)Versicherung zu nehmen“ hat. Denn nach welchen Grundsätzen die Vorversicherungen, welche Arten von Vorversicherungen von der laufenden Rückversicherung umfaßt werden, bestimmt natürlich in diesem Falle der Vertrag über die laufende Rückversicherung selbst so genau, daß für die Anwendung „kaufmännischer“ Grundsätze kein Raum bleibt und es überhaupt nicht darauf ankommt, ob der Vorversicherer Rückversicherung „zu nehmen“ haben würde, wenn er nicht laufend rückversichert wäre. Demgemäß kommt es auch nicht (wie bei der laufenden Direktversicherung: oben Anm. 29) darauf an, daß der Vorversicherer gerade zur Zeit des Beginns der Vorversicherung Rückversicherung zu nehmen hätte, wenn er nicht laufend rückversichert wäre. Der Vorversicherer kann insbesondere im Zweifel auch Vergangenheitsversicherungen übernehmen; auch diese werden von der laufenden Rückversicherung umfaßt, obgleich der Vorversicherer beim Beginn der Vorversicherungen gewiß nicht Rückversicherung zu nehmen Anlaß hatte oder auch nur imstande war. Der offenbaren Gefahr, die hiermit für den Rückversicherer verbunden ist, begegnet die Verpflichtung des Vorversicherers zum Selbsterhalt (§ 1 Anm. 166ff.), die Verpflichtung des Vorversicherers, keine außergewöhnlich schlechten Risiken zu nehmen (§ 1 Anm. 162), und im Falle der fakultativen laufenden Rückversicherung der Grundsatz, daß der Rückversicherer frei ist, wenn der Vorversicherer bei der Überweisung wußte oder wissen mußte, daß die Reise einen ungünstigen Verlauf genommen hatte (§ 1 Anm. 132, § 5 Anm. 44, auch § 6 Anm. 21, § 102 Anm. 13).

Anm. 98 b) Wie für die laufende Direktversicherung, so ist auch für die laufende Rückversicherung die Verpflichtung des Versicherungsnehmers zur Deklaration oder „Überweisung“ von besonderer Bedeutung (vgl. auch § 1 Anm. 158). Der Vorversicherer muß insbesondere, wenn nichts anderes vereinbart ist, unverzüglich überweisen, widrigenfalls der Rückversicherer frei ist. Denn dies entspricht der Interessenlage (anders als beim Einzelversicherungs-Vertrag: oben Anm. 66; auch anders, und wohl mit Recht, HG u. OG Hamburg HGZ 1875. 10 für den Fall, daß der Vorversicherer die vierteljährlich zu machenden Aufgaben nicht gehörig macht; abw. Lewis Lehrbuch 109: nur Schadensersatz-Anspruch, Ehrenberg RV 183: Schadensersatz-Anspruch, gegebenenfalls Recht zur Aufhebung des Vertrags über die laufende Rückversicherung). — Wenn der Vorversicherer vorsätzlich nicht oder nicht rechtzeitig oder unrichtig überweist, ist der Rückversicherer auch für die Zukunft frei (abw. Lewis Lehrbuch 109: nur Schadensersatz-Anspruch, Ehrenberg RV 29: Recht zur Aufhebung des laufenden Rückversicherungs-Vertrags). Denn auch dies entspricht der Interessenlage. — Oft wird in Verträgen über laufende Rückversicherungen bestimmt: „Bloße Versehen sollen hierbei nicht präjudizieren“ (z. B. HGZ 1880. 207). Die Klausel bedeutet, daß der Rückversicherer nur im Falle vorsätzlicher oder grobfahrlässiger Verletzung der Überweisungspflicht frei sein soll (Ehrenberg RV 29; abw. HGZ 1880. 207: nur im Falle „bewußter Unrichtigkeiten, also absichtlicher Täuschungen“, ähnlich RG 4. 19). Im Falle leichtfahrlässiger Verletzung der Überweisungspflicht ist der Vorversicherer auch nicht schadensersatzpflichtig (angesichts der Klausel ohne Grund abw. Ehrenberg RV 29, Voigt ZHR 26. 518, RG 4. 19, HGZ 1880. 207). Dasselbe muß von den gleichfalls üblichen Klauseln gelten: „Unabsichtlich unterlassene oder verzögerte Deklarationen sollen diesem Vertrag nicht präjudizieren“, oder: „Verspätete oder übersehene Deklarationen sollen nicht präjudizieren“. Denn, wenn irgendwo, muß im Verhältnis der laufenden Versicherung, in dem der Versicherer dem Versicherungsnehmer ein überaus großes Maß von Vertrauen entgegenbringt, der Satz gelten, daß culpa lata dolus est. — Nach HK Berlin (ITVMitt 1914. 9) hat sich „ein Handelsgebrauch darüber, welche Bedeutung der versehentlichen Unterlassung der Weitergabe von Anmeldungen in den Fällen beizumessen ist, in denen der Rückversicherungs-Vertrag hierüber Bestimmungen nicht trifft, nicht gebildet". § 97

c) Auch im Rückversicherungs-Verkehr versucht der Versicherungsnehmer (der Vorversicherer) hin und wieder vertragsfremde Risiken unter den Schutz seiner laufenden Versicherung zu bringen, z. B. Lagerversicherungen oder Versicherungssummen, die das vertragsmäßige Maximum des Rückversicherers überschreiten (vgl. oben Anm. 15). Der Rückversicherer kann den Versuch natürlich zurückweisen. Weist er ihn nicht zurück, so ist er nicht ohne weiteres gebunden, sondern nur dann, wenn er die Vertragswidrigkeit erkannt hat (vgl. oben Anm. 16). Anm. 99

d) Wenn die vorversichernde Gesellschaft sich auflöst, setzt sie sich selbst vorsätzlich außerstande, Versicherungen zu geben, die von der laufenden Rückversicherung umfaßt werden, und muß den dadurch entstehenden Schaden ersetzen (vgl. § 1 Anm. 163). — Wird die vorversichernde Gesellschaft durch liquidationslose Fusion aufgelöst, so muß an und für sich für das Verhältnis der laufenden Rückversicherung ähnliches gelten, wie im Falle der Erbfolge, der Gesamtrechtsnachfolger an die Stelle des Vorversicherers treten. Aber die Rückversicherung und insbesondere die laufende Rückversicherung beruht regelmäßig auf dem besonderen Vertrauen zur Person des Vorversicherers. So namentlich, wenn der Vorversicherer, wie regelmäßig, das Abwicklungsrecht hat (§ 1 Anm. 154). Dann erlischt notwendig das laufende Rückversicherungs-Verhältnis (§ 49 Anm. 72); der Rückversicherer kann von der neuen Gesellschaft als der Gesamtrechtsnachfolgerin der alten Schadensersatz verlangen. — Wenn die vorversichernde Gesellschaft „das Portefeuille abtritt", gilt für die Rückversicherungen, die schon begonnen haben, dasselbe, wie im Falle einer Einzel-Rückversicherung (§ 49 Anm. 72). Haben die vorversichernde Gesellschaft und der Erwerber des Portefeuilles vereinbart, daß dieser in die Rückversicherungs-Verhältnisse nicht eintreten soll, so fällt das rückversicherte Interesse lediglich weg. Der Prämienanspruch des Rückversicherers wird hierdurch an und für sich nicht berührt. Natürlich kann der Rückversicherer auf die Prämie oder einen Teil davon verzichten. Er kann sich aber auf solchen Verzicht nicht auch seinem Retrozessionar gegenüber berufen. Anders, wenn er abwicklungsberechtigt ist und auch ein nicht retro-rückversicherter Rückversicherer verständiger- und billigerweise die prämienfreie „Stornierung" des Rückversicherungs-Verhältnisses bewilligen würde (Hamburger Schiedsspruch HRZ 1923 Nr. 19; vgl. auch § 1 Anm. 154). Das laufende Rückversicherungs-Verhältnis geht jedenfalls auf den Erwerber des Portefeuilles nicht über. Der Erwerber ist insbesondere nicht verpflichtet, sich um den Abschluß von Vorversicherungs-Verträgen zu bemühen, die von der laufenden Rückversicherung umfaßt werden (vgl. § 1 Anm. 163). Die abtretende Gesellschaft bleibt verpflichtet. Erfüllt sie die Verpflichtung schuldhaft nicht, so muß sie Schadensersatz leisten (§ 1 Anm. 163). — Über den Fall, daß die rückversichernde Gesellschaft durch liquidationslose Fusion aufgelöst wird, und über die Kündigung von laufenden Rückversicherungen aus wichtigem Grunde überhaupt vgl. Vorb. vor § 1 Anm. 22, § 1 Anm. 164, oben Anm. 87. Anm. 100

20. **Fremde Rechte.** a) Englisches Recht (vgl. auch oben Anm. 4, 5, 9, 20, 25, 39, 42, 49, 54, 59). Die laufende Versicherung wird herkömmlicherweise in der Form der Abschreibeversicherung genommen. Deshalb näheres: § 98 Anm. 2, 5. Anm. 101

b) Französisches Recht (vgl. auch oben Anm. 4, 6, 17, 27, 29, 30, 39, 42, 52, 53). C. de comm. kennt ebenso, wie das deutsche HGB, nur die Versicherung in unbestimmten Schiffen (oben Anm. 4). Die laufende Versicherung hat sich vollständig neben dem Gesetz entwickelt. — Wenn der Versicherungsnehmer die Deklaration versäumt, kann der Versicherer gemäß C. civil Art. 1184 den Vertrag für die nicht deklarierten Güter, Anm. 102

§ 97 nicht auch für die deklarierten Güter, aber auch für die künftig noch abzuladenden Güter aufheben lassen.

§ 98

Abschreibeversicherung

Ist die laufende Versicherung für eine bestimmte Zeit und in der Weise genommen, daß von einer im Vertrage bestimmten Höchstversicherungssumme die einzelnen Versicherungssummen abgeschrieben werden (Abschreibeversicherung), so kann der Versicherer in Ansehung des nach dem Ablaufe der Zeit nicht abgeschriebenen Betrags die Ristornogebühr verlangen. Ist eine Zeit nicht bestimmt, so gilt die Abschreibeversicherung als für die Dauer eines Jahres genommen. Ist die Abschreibeversicherung für eine längere Zeit als für die Dauer eines Jahres genommen, so vermindert sich die Höchstversicherungssumme mit dem Ablauf eines jeden Jahres mindestens um den Betrag, der dem Verhältnis eines Jahres zu der ganzen Dauer der Abschreibeversicherung entspricht; in Ansehung des hiervon nicht abgeschriebenen Betrags kann der Versicherer die Ristornogebühr verlangen.

Anm. 1 1. Vgl. HGB § 817, ASVB § 64. — **Literatur:** § 97 Anm. 2.

Anm. 2 2. Die **Abschreibeversicherung** (vgl. § 97 Anm. 5) wird von § 98 als **Unterart der laufenden Versicherung** behandelt. § 97 findet also unmittelbare Anwendung, soweit nicht § 98 besonderes bestimmt (Begr. z. E 1910 § 93). Die Abschreibeversicherung unterscheidet sich von der gewöhnlichen laufenden Versicherung nur dadurch, daß sie eine **„Höchstversicherungssumme"** bestimmt, **von der „die einzelnen Versicherungssummen abgeschrieben werden".** — Richtiger, da schon die einzelnen Versicherungssummen Höchsthaftungs-Beträge darstellen, eine Gesamt-Versicherungssumme, eine Versicherungssumme der laufenden Versicherung, eine Grenze, an der, wenn sie von den Versicherungswerten der von der laufenden Versicherung umfaßten Güter erreicht wird, die laufende Versicherung Halt macht. Thus, a firm of merchants in London with a branch house in a foreign country will, at the beginning of their business year, take out a policy upon all goods to be shipped on their account up to an aggregate value of, say, 100000 £ within the ensuing twelve months for carriage between termini more or less specifically designated. The policy will then attach automatically on all shipments comprised within its terms up to the amount insured; „declarations" being meanwhile made upon the policy by indorsing thereon the names of the vessels and the particulars of the cargoes to which it applies. When the amount insured is exhausted by such declarations, the policy is said to be „fully declared" or „written off" (daher der Name „Abschreibeversicherung"). A firm of merchants will often have a succession of such floating policies, each one being expressed „to follow policy for £ Nr. ," the meaning of which is that, there being consecutive policies, any loss declared is to be borne first by the earlier policies, and that it is not till after the earlier policy is exhausted that the underwriters on the policy which follows are to bear the balance of the loss, if any. When the policy contains a stipulation to this effect, it seems clear that, while the earlier policies are unexhausted, no shipments of goods are within the terms of the later policy; for they are excluded by the stipulation (Arnould 217 s. 243). In solchen Fällen von Sukzessivpolicen muß der Versicherungsnehmer zunächst auf die frühere Abschreibepolice bis zu ihrer Erschöpfung deklarieren und darf erst dann die folgende in Anspruch nehmen (Arnould 220 s. 246, hier auch über die Frage, wie zu deklarieren ist, wenn die Abschreibeversicherungen selbständig, nicht als Sukzessivversicherungen, genommen sind). — Wenn der Wert der den Höchstbetrag erschöpfenden Partie den Höchstbetrag übersteigt, ist diese Partie unterversichert (§ 8). — Soweit der Höchstbetrag während der Dauer der Abschreibeversicherung nicht erreicht wird, fällt die Abschreibeversicherung ins Wasser. Aber der Versicherungsnehmer muß **für den** unverbrauchten Rest, den **nicht abgeschriebenen Betrag** die **Ristornogebühr** (§ 18) zahlen (vgl. auch RG APV 1935. 253). Das ist nur die Nutzanwendung des im § 4 Abs. 1 ausgesprochenen Grundsatzes, daß der Versicherungsnehmer, wenn die Versicherung für ein künftiges Interesse genommen ist, das Interesse aber nicht entsteht, keine Prämie, wohl aber die Ristornogebühr zu zahlen hat (vgl. Voigt 338, § 97 Anm. 6). Andererseits ist § 4 Abs. 1 Satz 2 nicht anwendbar, wonach der Versicherungsnehmer die Prämie zu zahlen hat, wenn seit dem Vertragsschluß ein Jahr verstrichen ist und der Versicherungsnehmer nicht unverzüglich mitteilt, daß das Interesse nicht entstanden ist. Denn nach Ablauf dieses Jahres braucht das Versicherungsjahr noch nicht verstrichen zu sein; überdies kann der Versicherer ohne weiteres den Deklarationen entnehmen, welcher Betrag vom Versicherungsnehmer noch nicht in Anspruch genommen ist. — Die Einrichtung des Höchstbetrags setzt voraus, daß die Abschreibeversicherung für bestimmte Zeit genommen oder doch, wenn sie für unbestimmte Zeit genommen ist, in Versicherungsperioden eingeteilt wird. Gewöhnlich wird sie für ein Jahr genommen. Ist sie **für unbestimmte Zeit genommen,** so soll es so angesehen werden, **wie wenn sie für ein Jahr genommen wäre.** Aber auch wenn sie **für längere Zeit als ein Jahr genommen** ist, soll sie **in Jahresperioden geteilt** werden. Ist sie z. B. für 1 ½ Jahr und für einen Höchstbetrag von 300000 genommen, so soll es so angesehen werden, wie wenn sie zunächst für ein Jahr und 200000, demnächst für noch ein halbes Jahr und für 100000 genommen wäre. So wenigstens, wenn nichts anderes vereinbart ist. § 98

3. **Fremde Rechte.** a) Englisches Recht (vgl. auch oben Anm. 2). Die laufende Versicherung kommt herkömmlicherweise in der Form der Abschreibeversicherung vor. MIA § 29 beschränkt sich auf folgende Vorschriften: Anm. 3

1. A floating policy is a policy which describes the insurance in general terms, and leaves the name of the ship or ships and other particulars to be defined by subsequent declaration.

2. The subsequent declaration or declarations may be made by indorsement on the policy, or in other customary manner.

3. Unless the policy otherwise provides, the declarations must be made in the order of dispatch or shipment. They must, in the case of goods, comprise all consignments within the terms of the policy, and the value of the goods or other property must be honestly stated, but an ommission or erroneous declaration may be rectified even after loss or arrival, provided the ommission or declaration was made in good faith.

4. Unless the policy otherwise provides, where a declaration of value is not made until after notice of loss or arrival, the policy must be treated as an unvalued policy as regards the subject-matter of that declaration.

b) Französisches Recht: § 97 Anm. 102.

§ 99

Sonstige auf die Güter sich beziehende Versicherungen

Die Bestimmungen dieses Titels finden, soweit nicht ein anderes bestimmt ist, im Falle einer anderen auf die Güter sich beziehenden Versicherung entsprechende

§ 99 Anwendung. Dies gilt insbesondere im Falle einer Versicherung von imaginärem Gewinn oder Provision sowie im Falle einer besonderen Versicherung endgültig bezahlter Fracht.

Anm. 1 1. Vgl. HGB § 821 Nr. 3, § 850 Abs. 2 Nr. 2, ASVB § 70 Nr. 3, § 102 Abs. 2 Nr. 2, BSVB § 64.

Anm. 2 2. Gesetz und ADS unterscheiden versicherte Sachen und Sachen, auf die eine Versicherung sich bezieht, Versicherungen einer Sache und Versicherungen, die sich auf eine Sache beziehen (näheres: § 79 Anm. 2ff.). Dieses ist der weitere, jenes der engere Begriff. Die Versicherung der Güter ist die vornehmste der Versicherungen, die sich auf die Güter beziehen. **Auf „andere" Versicherungen, die sich auf die Güter beziehen,** sollen **die für die Versicherung der Güter geltenden Bestimmungen entsprechende,** sinngemäße, **Anwendung** finden. Die sinngemäße Anwendung ist je nach der Art des Interesses verschieden. Insbesondere (vgl. auch Anm. zu §§ 80—97):

Anm. 3 a) Versicherung von imaginärem Gewinn (§ 1 Anm. 49). Die §§ 80—98 finden auf die Versicherung dieses besonderen Eigentümerinteresses Anwendung, soweit nicht die §§ 100—103 und die Natur dieser Versicherung als derjenigen eines bloßen Nebeninteresses (vgl. z. B. § 71 Anm. 47ff., § 93 Anm. 46, § 95 Anm. 34) Abweichendes ergeben. § 94 E 1910, der die entsprechende Anwendung der für die Güterversicherung geltenden Bestimmungen besonders anordnete, ist mit Rücksicht auf § 99 gestrichen worden. — Ist imaginärer Gewinn auf Tabak, und zwar „auf die behaltene Ankunft der Ware mit dem Schiffe im Bestimmungshafen" versichert, so bezieht sich die Versicherung natürlich nur auf die Güter, nicht auch auf das Schiff (RG HGZ 1892. 91, HGZ 1892. 72). Denn die Versicherung auf die behaltene Ankunft versicherter Güter „mit dem Schiffe" hat nur die Bedeutung, daß der Versicherer nicht allein haftet, wenn die Güter den Bestimmungsort nicht erreichen, sondern auch, wenn sie den Bestimmungsort zwar erreichen, aber nicht mit dem bestimmten Schiffe, sondern auf andere Weise, insbesondere mit einem anderen Schiffe (§ 1 Anm. 48). Wenn daher die halbe Ladung vom Verfrachter zur Beförderung angenommen ist, die andere Hälfte noch nicht, und die halbe Ladung mit dem Schiffe untergeht, so haftet der Gewinnversicherer nur für den halben Gewinn. Für die zweite Hälfte der Ladung hatte die Versicherung noch nicht begonnen. Der Gewinnversicherte kann sich nicht darauf berufen, daß die Kaskoversicherung und andere auf das Schiff sich beziehende Versicherungen nach § 66 Abs. 1, § 79 schon mit dem Beginn der Einnahme der Ladung beginnen (HGZ a. a. O.; vgl. auch § 88 Anm. 4). — Näheres: Anm. zu §§ 90—97, 100—103.

Anm. 4 b) Versicherung von Provision (§ 1 Anm. 61). In erster Linie sind § 104 und gemäß § 104 Satz 1 die für die Gewinnversicherung geltenden besonderen Bestimmungen sinngemäß anzuwenden. In zweiter Linie sind gemäß § 99 die für die Güterversicherung geltenden Bestimmungen sinngemäß anzuwenden. — Die Versicherung von Provision ist aber nicht die Versicherung eines Eigentümerinteresses, eines Interesses desjenigen, bei dem der Versicherer voraussetzen kann, daß er über die Güter zu verfügen in der Lage ist. Daraus ergeben sich wesentliche Unterschiede gegenüber der Gewinnversicherung. Zwar die Bestimmungen über den Umfang der Haftung des Güterversicherers (§§ 81—87, 89, 94) können und müssen uneingeschränkt Anwendung finden. Ebenso die Bestimmungen über die Dauer der Versicherung (§§ 88, 89). Auch die Bestimmungen über die Entschädigung in den Fällen des Totalverlustes, des Teilverlustes und des Abandons (§§ 91, 92) finden sinngemäß Anwendung (vgl. jedoch auch §§ 10, 103 Abs. 1, § 71 Anm. 46ff., § 91 Anm. 13). Aber der Versicherungsnehmer braucht regelmäßig nicht durch Sachverständige feststellen zu lassen, daß die Güter „in ihrer ursprünglichen Beschaffenheit zerstört" sind, um nach § 91 Abs. 1 ohne weiteres die Versicherungssumme verlangen zu können. Denn er hat regelmäßig nicht die Verfügung über die Güter und kann sich daher regelmäßig darauf beschränken, jene Tatsache „in anderer geeigneter Weise" feststellen zu lassen (vgl. § 74 Abs. 9). Ebensowenig braucht der Provisionsversicherte regelmäßig in den Fällen der §§ 93, 94 Beschädigung, Gesundwert, Schadenswert, Ausbesserungsfähigkeit und Ausbesserungswürdigkeit der Güter durch Sachverständige feststellen zu lassen, kann sie vielmehr regelmäßig in anderer geeigneter Weise feststellen lassen und braucht die beschädigten Güter regelmäßig auch nicht gemäß § 93 Abs. 3 versteigern zu lassen (§ 93 Anm. 46). § 99

c) Versicherung endgültig bezahlter Fracht (§ 1 Anm. 77, § 90 Anm. 12). Sie ist die Versicherung eines besonderen Eigentümerinteresses (vgl. auch § 90 Abs. 1; anscheinend verkannt von der seltsamen Entscheidung See- und HG Kopenhagen ITVMitt 1919. 47). Die für die Güterversicherung geltenden Bestimmungen finden daher Anwendung, soweit sich nicht aus der Natur dieser Versicherung als der Versicherung eines bloßen Nebeninteresses Abweichungen ergeben (oben Anm. 3; HansOLG HansRGZ 1932 B 99 = JRPV 1932. 28 = Sasse Nr. 421). Insbesondere folgt daraus, daß der Versicherungswert der Güter nach § 90 Abs. 1 die endgültig bezahlte Fracht umfaßt, nicht etwa, daß die bloße Versicherung der endgültig bezahlten Fracht oder, umgekehrt, die Versicherung der Güter unter Ausschluß der endgültig bezahlten Fracht Unterversicherungen der Güter wären. Die Parteien können den Versicherungswert der Güter auf einer anderen Grundlage als derjenigen des § 90 bestimmen (§ 90 Anm. 19); der so bestimmte Versicherungswert ist darum nicht weniger der volle Versicherungswert der Güter, die Versicherung darum nicht weniger Vollversicherung der Güter. Deshalb ist andererseits die bloße Versicherung endgültig bezahlter Fracht auch keine Versicherung der Güter, sondern nur die (Voll-)Versicherung eines Nebeninteresses. — Bei alledem ist vorausgesetzt, daß es der Befrachter ist, der die Fracht endgültig bezahlt hat und versichert. Hat der Unterverfrachter dem Oberverfrachter Fracht endgültig bezahlt, so ist seine Versicherung nicht die Versicherung eines Güterinteresses (oder wenigstens nicht die Versicherung nur eines Güterinteresses), sondern diejenige eines Frachtinteresses (§ 1 Anm. 82). Anm. 5

d) Versicherung gewöhnlicher Fracht durch den Ladungsbeteiligten (§ 1 Anm. 90, § 90 Anm. 15). Auch hier handelt es sich um die Versicherung eines Gütereigentümer-Interesses. Die für die Güterversicherung geltenden Bestimmungen finden daher Anwendung, soweit sich nicht aus der Natur dieser Versicherung als der Versicherung eines bloßen Nebeninteresses Abweichungen ergeben. Dasselbe gilt von der: Anm. 6

e) Versicherung von Mehrwert (§ 1 Anm. 42, § 70 Anm. 12ff., § 79 Anm. 5, § 90 Anm. 21ff.) und von der: Anm. 7

f) Versicherung von „Mehrwert drüben" (§ 1 Anm. 42, § 90 Anm. 27). Anm. 8

g) Versicherung von Forderungen gegen Gütergefahren (§ 1 Anm. 106ff.). In erster Linie sind die §§ 110—112, in zweiter Linie sinngemäß die für die Güterversicherung geltenden Bestimmungen anzuwenden. Näheres: § 79 Anm. 11, 12 und Anm. zu §§ 80—97, §§ 110—112. Die Kosten des § 95 Abs. 3 würden (als solche) dem Forderungsversicherer auch dann nicht zur Last fallen, wenn etwa der Forderungsversicherte sie aufgewendet haben würde. Anm. 9

h) Versicherung von Fracht. Sie ist eine Versicherung, die sich nicht nur auf das Schiff, sondern auch auf die Güter bezieht (siehe dazu auch Anm. 6 zu § 79). In erster Linie sind die §§ 105—107, in zweiter Linie sinngemäß die für die Güterversicherung geltenden Bestimmungen anzuwenden. Näheres: § 105 Anm. und Anm. zu §§ 80—97. Anm. 10

§ 99 i) Rückversicherung. Auch sie ist eine „auf die Güter sich beziehende" Versicherung. Näheres: § 1 Anm. 136 und Anm. zu den §§ 80—97.

Anm. 11

Anm. 12 3. **Fremde Rechte.** Ausdrückliche Bestimmungen gleich derjenigen des § 99 fehlen. Näheres: § 79 Anm. 16.

Dritter Titel

Versicherung von imaginärem Gewinn und Provision

§ 100

Taxe

(1) Ist imaginärer Gewinn versichert und der Gewinn nicht besonders taxiert, so gilt die Versicherungssumme als Taxe.

(2) Der Versicherer kann eine Herabsetzung der Taxe verlangen, wenn die Taxe den Gewinn übersteigt, der bei der Schließung des Vertrags nach kaufmännischer Berechnung möglicherweise zu erwarten war.

Anm. 1 1. Vgl. HGB § 793 Abs. 2, § 802, ASVB § 16 Abs. 3, § 25. — **Literatur:** § 6 Anm. 2. Siehe ferner: Balzer ZfWV 1963. 822—825 (Imaginärer Gewinn und entgehender Gewinn). Bolze ZHR 42. 42 (Versicherung imaginären Gewinns auf behaltene Ankunft einer Ware mit einem bestimmten Schiffe). Ernst VersR 1963. 1004 (Nochmals der imaginäre Gewinn in der Transportversicherung). Fricke ITVMitt 1931. 139 (Verteilung des Havariegrosse-Exzedenten auf Gewinn und Mehrwertversicherung). Hesse VersR 1963. 215 (Der imaginäre Gewinn in der Transportversicherung unter besonderer Berücksichtigung des Exportes). Hochgräber JRPV 1925. 153 (Bemerkungen zur Lehre vom imaginären Gewinn und Mehrwert). Kuhn NeumannsZ 1928. 362 (Der imaginäre Gewinn in der Transportversicherung).

Anm. 2 2. **Vorb.** a) Imaginärer Gewinn ist der Gewinn, den der Eigentümerinteressent von der Ankunft der Güter am Bestimmungsort erwartet, die Versicherung imaginären Gewinns also die Versicherung eines besonderen Eigentümerinteresses, eines Nebeninteresses des Eigentümers (§ 1 Anm. 52; unrichtig HGZ 1917. 228: „keine Sachversicherung, sondern Versicherung eines Teiles des erwarteten Verwertungspreises"). „Die für die Güterversicherung geltenden Bestimmungen des zweiten Titels finden (daher) entsprechende Anwendung, soweit nicht in diesem Titel ein anderes bestimmt ist". So ausdrücklich E 1910 § 94. So jetzt § 99 ADS (vgl. § 99 Anm. 3). Außerdem sind die Bestimmungen anzuwenden, welche sonst noch für Versicherungen gelten, die „sich auf die Güter beziehen" (§ 35 Abs. 3, § 113, § 114 Abs. 3, § 120 Abs. 3, § 123).

Anm. 3 b) Imaginärer Gewinn ist der Nettogewinn, nicht der Bruttogewinn (vgl. § 1 Anm. 42, § 90 Anm. 27). Soll der Unterschied zwischen Brutto- und Nettogewinn mitversichert werden, so muß es besonders vereinbart werden. Versichert der Versicherungsnehmer imaginären Gewinn und außerdem „Mehrwert drüben" oder auch nur die gewöhnliche (nicht endgültig bezahlte) Fracht, so ist also nichts doppelversichert.

Anm. 4 c) Der Gewinnversicherer haftet nicht für Havariegrosse-Beiträge, die der Versicherungsnehmer zu entrichten hat (HGZ 1904. 67). Auch nicht für den Teil der Havariegrosse-Beiträge, der dem Unterschied zwischen dem (höheren) Beitragswert und dem (niedrigeren) Versicherungswert der Güter oder dem Beitragswert und dem Abladewert der Güter entspricht. Das Gesetz spricht sich darüber freilich nicht aus. Aber es ergibt sich aus demselben Grunde, aus dem im Falle des Totalverlustes die

Rechte an den versicherten Gütern nur auf den Güterversicherer, nicht auch auf den Mehrwert-Versicherer übergehen (§ 90 Anm. 24): Güterversicherung und Gewinnversicherung sind keine Unterversicherungen, die erst zusammen eine Vollversicherung ergeben. Jede ist für sich Vollversicherung. Und die Güterversicherung ist die Hauptversicherung. Der Hauptversicherung sollen aber jedenfalls die Havariegrosse-Beiträge ganz zur Last fallen, auch soweit der Beitragswert höher ist als der Versicherungswert. Deshalb scheidet der Gewinnversicherer (oder der Güterversicherte als Selbstversicherer des Gewinns) für die Haftung aus. So wenigstens nach dem Gesetz. Nach § 30 Abs. 8 ADS haftet der Versicherer nicht, soweit der Beitragswert den Versicherungswert übersteigt. Hiermit hat aber nur die Haftung des Versicherers beschränkt werden sollen, der für den Havariegrosse-Beitrag haftet, also die Haftung des Güterversicherers. Für die Annahme, daß diese, die Haftung des Güterversicherers beschränkende, Bestimmung mehr besagen soll, nämlich daß nunmehr für den Überschuß der Gewinnversicherer an die Stelle des Güterversicherers tritt, würde es an jedem Anhalt fehlen.

d) Aus ähnlichen Gründen wäre auch die Haftung des Gewinnversicherers für Havariegrosse-Aufopferungen abzulehnen. Im Falle der Aufopferung ersetzt nur der Güterversicherer nach § 834 Nr. 1 HGB den Beitrag, steht nur der Güterversicherer nach § 838 HGB für die Vergütung ein, erhält der Versicherungsnehmer in der nach dem Werte der Güter am Bestimmungsort bemessenen Vergütung eine, wenn auch regelmäßig hinter dem Betrag des imaginären Gewinns zurückbleibende, Entschädigung für den von der Ankunft der Güter erwarteten Gewinn. — Das Gesetz will es offenbar anders (HGZ 1903. 154, 1904. 64; vgl. auch § 31 Anm. 11). Denn es bestimmt in den §§ 860, 879 Abs. 3 HGB die Anrechnung des Überschusses der Havariegrosse-Vergütung (und zwar natürlich der ganzen Vergütung, nicht der Vergütung nach Abzug des Beitrags usw.: HGZ 1904. 66) über den Versicherungswert der Güter auf die Gewinnversicherungs-Summe. Es geht dabei offenbar davon aus, daß die gesetzliche Versicherung des Gewinns bei der Havariegrosse-Gemeinschaft anders geartet ist als die Versicherung des imaginären Gewinns (RG 15. 89), daß nämlich dort nicht der Gewinn versichert ist, der — etwa beim Beginn der Havariegrosse-Gemeinschaft — von der Ankunft der Güter am Bestimmungsort möglicherweise zu erwarten war, daß also ein Überschuß der Vergütung über den Versicherungswert der Güter gar nicht vorhanden zu sein braucht, und daß er jedenfalls regelmäßig kleiner ist als der imaginäre Gewinn, daß es mithin unbillig sein würde, den Gewinnversicherer im Falle der Havariegrosse-Aufopferung ganz freizulassen. — Nunmehr ergibt sich aus § 31 ADS, daß der Gewinnversicherer im Falle der Havariegrosse-Aufopferung haftet. Da er aber eben nur den Gewinn ersetzt, geht auch nur der Anspruch des Versicherungsnehmers auf den Überschuß der Vergütung über die Entschädigung des Güterversicherers gemäß § 31 Abs. 2 auf ihn über, und zwar der Anspruch des Versicherungsnehmers gegen den Güterversicherer auf Herausgabe des Überschusses und, wenn die Güter nicht versichert sind, der Anspruch des Versicherungsnehmers gegen den Havariegrosse-Genossen. Vgl. auch § 103 Anm. 20. Anm. 5

e) Der Gewinnversicherer haftet nicht für die Aufwendungen, die der Versicherungsnehmer zur Abwendung oder Minderung eines dem Güterversicherer zur Last fallenden Schadens macht, und nicht für die Kosten, die durch die Feststellung oder Ermittlung eines dem Güterversicherer zur Last fallenden Schadens entstehen, selbst wenn die Schadensabwendung auch ihm zugute kommt, die Schadensfeststellung auch für das Gewinnversicherungs-Verhältnis von Bedeutung ist (§ 32 Anm. 16). Anders, wenn die Aufwendungen oder Kosten nur das Gewinninteresse betreffen (unten Anm. 7). Anm. 6

§ 100
Anm. 7 f) Der Gewinnversicherer haftet ebensowenig für die Kosten, die unterwegs für die Umladung, Lagerung und anderweitige Weiterbeförderung der gewinnversicherten Güter entstehen und nach § 95 Abs. 3 dem Güterversicherer zur Last fallen. Freilich gehört auch § 95 Abs. 3 zu den Bestimmungen, die nach § 99 auf „andere auf die Güter sich beziehende Versicherungen" entsprechende Anwendung finden sollen. Aber eben die sinngemäße Anwendung ergibt, daß der Gewinnversicherer insoweit nicht haftet. Wenn die gewinnversicherten Güter statt in dem im Versicherungsvertrag bestimmten Segler nach Umladung in einen Dampfer mit diesem den Bestimmungsort erreichen, haftet der Gewinnversicherer nicht für den Mehrbetrag an Löschkosten, der dadurch entsteht, daß die Löschung der Güter aus dem Dampfer teurer ist, als die Löschung aus dem Segler gewesen wäre (abw. HGZ 1895. 98: § 28 Anm. 26 unter ff.), — so wenig, wie er dafür haften würde, wenn die Güter den Bestimmungshafen nicht erreichen würden und in einem anderen Hafen gelöscht werden müßten. Der Gewinnversicherer haftet nur, wenn nicht nach § 95 Abs. 3 der Güterversicherer haftet und die Kosten Schadenabwendungs-Kosten sind (§ 41 Anm. 15, § 95 Anm. 34).

Anm. 8 g) Über den Übergang von Schadensersatz-Ansprüchen des Versicherungsnehmers auf den Gewinnversicherer vgl. § 45 Anm. 23. — Über den Übergang von Rechten an den gewinnversicherten Gütern auf den Gewinnversicherer vgl. § 71 Anm. 49, § 90 Anm. 24, insbesondere RG 4. 45, 77. 307, HGZ 1910. 282.

Anm. 9 h) Nach § 57 ASVB mußte der Versicherungsnehmer, wenn er bereits imaginären Gewinn versichert hatte und neuerdings imaginären Gewinn versichern wollte, von der früheren Gewinnversicherung Anzeige machen (über die Motive: Voigt 281; vgl. auch BSVB § 29, der den Versicherungsnehmer verpflichtete, anzuzeigen, „ob, wo und wie die Güter anderweitig . . . versichert" waren). Die unklare Bestimmung war praktisch bedeutungslos und wäre es jedenfalls nach den ADS. Wer doppelt Gewinn versichert, muß gemäß § 12 Mitteilung machen. Wer einen höheren als den früher versicherten Gewinn versichern will (etwa weil er nach den inzwischen „getroffenen Anstalten oder Vorkehrungen" einen höheren Gewinn erwarten darf) braucht an und für sich keine Mitteilung zu machen. Aber er muß natürlich erkennbar machen, daß der über den schon versicherten Gewinn hinausreichende Gewinn versichert werden soll. Sonst würde, soweit beide Versicherungen sich ziffernmäßig decken, Doppelversicherung bestehen (vgl. z. B. die Klausel RG 15. 84: „Es präjudiziert nicht, wenn auf obige Ware schon anderweitig imaginärer Gewinn versichert ist"). — Über die Versicherung von „extraimaginärem Gewinn": § 1 Anm. 46.

Anm. 10 i) Nach OLG Hamburg HRZ 1923. 331 braucht der Cif-Verkäufer gemäß Handelsgebrauch für den Käufer nicht auch imaginären Gewinn zu versichern (so auch Möller, Cifgeschäft und Versicherung 80; Becker, Die Seeversicherungspolice 29), sondern „nur den Fakturenwert der von ihm auf den Weg gebrachten Ware", — offenbar den Wert der Verkaufsfaktura, also freilich einen vom Versicherungswert des § 90 abweichenden Wert. Siehe dazu Möller a. a. O. 77: Entscheidend sei der — unter Umständen auch örtlich und zeitlich — verschiedene Handelsbrauch des einzelnen Geschäftszweigs. Solcher Handelsbrauch könne sehr schwierige Einzelfragen regeln. Es sei übereilt zu sagen, mangels ausdrücklicher Vereinbarung im Cifvertrage sei zu versichern der „Fakturenbetrag", der „Fakturenwert ohne Abzug der Fracht . . . ".

Anm. 11 3. **Abs. 1.** Untaxierte Gewinnpolicen wären eine Quelle von Streitigkeiten (wenngleich bereits die Vereinbarung einer Versicherungssumme eine Vereinbarung über den Versicherungswert darstellt und deshalb in beschränktem Umfang taxenähnliche Wirkung hat: § 6 Anm. 10, § 71 Anm. 13, § 77 Anm. 12, § 96 Anm. 18). Deshalb soll, wenn einmal der Wert des Gewinns nicht taxiert ist, **die Versicherungssumme als**

Gewinntaxe gelten. Würde also der von der Ankunft der Güter möglicherweise zu erwartende Gewinn 20000, die Versicherungssumme 1000 betragen, so würde die Gewinnversicherung Vollversicherung, nicht Unterversicherung sein. Dabei ist freilich vorausgesetzt, daß die Versicherung nicht überhaupt nur als Teilversicherung genommen ist. Zeichnet der Versicherer 1000 auf eine Police mit der Gewinnversicherungs-Summe von 20000, so beträgt zwar „die Versicherungssumme" nur 1000, die durch die Versicherungssumme ausgedrückte Taxe aber natürlich 20000. — Übrigens kommen untaxierte Gewinnpolicen nicht vor. Regelmäßig wird ein Prozentsatz des Güterversicherungs-Werts als Taxe bestimmt (vgl. auch § 101). Aber auch Versicherungen mit selbständigen Gewinntaxen kommen vor. Auch solche mit Taxen für die Einheit, einem Höchstwert und einem Vorbehalt für den Fall der Minderverladung. Beispiel aus einer bremischen Police vom November 1919: „M 3000000 auf imaginären Gewinn an Baumwolle, taxiert per Ballen M 800, nähere Aufgabe vorbehalten, per D. West-Avarda von Galveston nach Bremen . . . Minderbetrag wird ohne Ristornovergütung annulliert." Vgl. auch HGZ 1885. 102: „M 30440 auf extraimaginären Gewinn auf die behaltene Ankunft und Ladung von etwa 2800 tons Reis mit dem D. Tetartos, jeder Ballen taxiert à M 1." **§ 100**

4. **Abs. 2.** Der „wirkliche" Versicherungswert wird bei der Gewinnversicherung durch den **Gewinn** bestimmt, **der bei der Schließung des Vertrags nach kaufmännischer Berechnung möglicherweise zu erwarten war.** Näheres hierüber: § 1 Anm. 41, 43, 44. Über den Begriff der „Schließung des Vertrags": § 5 Anm. 22. Der Versicherungswert umfaßt nicht die Versicherungskosten; die Versicherungskosten sind auch nicht versicherbar (§ 1 Anm. 17; vgl. auch Benecke 1. 442, Heise bei Heise u. Cropp 2. 587; anders MIA §§ 13, 16 Nr. 4). — Ist der Gewinn taxiert — sei es besonders, sei es gemäß § 100 Abs. 1 in der Versicherungssumme, sei es durch die Bemessung auf 10% des wirklichen Versicherungswerts oder der Taxe der Güter gemäß § 101 —, so kann der Versicherer **Herabsetzung der Taxe** verlangen, **wenn die Taxe den wirklichen Versicherungswert** erheblich **übersteigt.** Zwar fehlt im § 100 Abs. 2 das Wort „erheblich", — wie im § 793 Abs. 2 Halbs. 2 HGB das Wort „wesentlich" fehlt. Doch ist es aus § 6 Abs. 2 Satz 2 zu ergänzen, — wie im § 793 Abs. 2 Halbs. 2 HGB das Wort „wesentlich" aus § 793 Abs. 2 Halbs. 1 HGB zu ergänzen ist (Sieveking 39). — Ist im Falle einer gemeinschaftlichen Versicherung der Güter und des Gewinns vereinbart, daß 10% der Gütertaxe als Gewinntaxe gelten sollen (vgl. § 101 Satz 2), so soll nach RG 19. 214 die Herabsetzung der erheblich übersetzten Gütertaxe „ganz von selbst" die entsprechende Herabsetzung der Gewinntaxe zur Folge haben (zustimmend Sieveking 47; anders die Vorinstanz: OLG Köln). Würde also die Gesamttaxe 100000, die Gütertaxe demnach 90000 und die Gewinntaxe 10000 betragen und die Gütertaxe auf 72000 herabgesetzt werden, so würde damit „ganz von selbst" auch die Gewinntaxe auf 8000 herabgesetzt sein, und zwar selbst dann, wenn in Wirklichkeit auch von der Ankunft der Güter im Werte von nur 72000 ein Gewinn von 10000 möglicher- oder gar wahrscheinlicherweise oder gar sicher zu erwarten war. Gesetz und ADS bieten solcher Auffassung keinen Anhalt. Mit dem Verlegenheitsbehelf des vorauszusetzenden Parteiwillens würde sich die Auffassung des RG ebensogut begründen lassen wie das Gegenteil. Die Auffassung des RG ist daher abzulehnen. Sie versagt ohne weiteres, wenn Güter und Gewinn nicht gemeinschaftlich versichert sind. Nicht nur, daß in solchem Falle die Gewinntaxe dem Gewinnversicherer gegenüber angefochten werden müßte; auch die Zuflucht zur Annahme eines regelmäßig nicht vorhandenen Parteiwillens würde ganz versagen (von RG 19. 214 nicht behandelt). — Über den Versicherungswert des imaginären Gewinns bei der laufenden Versicherung: § 97 Anm. 46, 47, 92. Anm. 12

§ 100 5. § 100 gilt sinngemäß auch für die **Rückversicherung** (§ 1 Anm. 136). Vgl. aber
Anm. 13 auch § 6 Anm. 40ff.

Anm. 14 6. **Fremde Rechte:** § 1 Anm. 53, 54. Bestimmungen gleich derjenigen des § 100 Abs. 1 ADS sind dem englischen und dem französischen Rechte unbekannt. Nach der französischen Güterpolice umfaßt der Versicherungswert der Güter auch imaginären Gewinn (§ 90 Anm. 33).

§ 101

Gemeinschaftliche Güter- und Gewinnversicherung

Im Falle einer gemeinschaftlichen Versicherung der Güter und des Gewinns gelten 10% des Versicherungswerts der Güter als Versicherungswert des Gewinns. Ist der Versicherungswert taxiert, so gelten 10% der Taxe als Taxe des Gewinns.

Anm. 1 1. Vgl. HGB § 801 Abs. 2, ASVB § 24 Abs. 2, BSVB § 27 Abs. 3. — **Literatur:** § 6 Anm. 2, § 97 Anm. 2, § 100 Anm. 1.

Anm. 2 2. „Bei der Versicherung von Gütern ist der imaginäre Gewinn . . ., auch wenn der Versicherungswert der Güter taxiert ist, als mitversichert nur anzusehen, sofern es im Vertrag bestimmt ist" (HGB § 801 Abs. 1). Selbstverständlich (§ 90 Anm. 18). Ist es im Vertrag bestimmt, **sind Güter und Gewinn gemeinschaftlich versichert** (z. B. „100 Ballen Baumwolle und imaginärer Gewinn"), **so sollen 10% des Versicherungswerts der Güter als Versicherungswert des Gewinns gelten.** Der Versicherungswert des Gewinns ist durch Vereinbarung auf 10% des Versicherungswerts der Güter festgesetzt, taxiert, obgleich der Versicherungswert der Güter nicht taxiert, sondern lediglich nach § 90 zu bestimmen ist (Begr. z. E 1910 § 96). Beträgt der Versicherungswert der Güter 90000, so beträgt die Gewinntaxe nach § 101 Satz 1 9000. — 10% des Versicherungswerts der Güter gelten als Versicherungswert des Gewinns. Die Parteien haben im § 101 Satz 1 vereinbart, daß 10% des Versicherungswerts der Güter als Gewinn versichert sind. Wer behauptet, daß dies nicht vereinbart, daß vielmehr etwas anderes vereinbart ist, muß es beweisen (teilweise anders § 801 Abs. 2 HGB, der wohl nur eine Auslegungsregel, keine Dispositivvorschrift darstellt). — Der Versicherer kann nach § 100 Abs. 2 Herabsetzung der auf 10% des Versicherungswerts der Güter bestimmten Taxe verlangen. Freilich fußt § 101 ADS auf § 801 Abs. 2 HGB und will diese Vorschrift 10% des Versicherungswerts der Güter „als versichert betrachtet" wissen. Aber § 801 Abs. 2 HGB ist nur Auslegungsregel; die Vorschrift will keineswegs auch gestatten, daß 10% des Versicherungswerts der Güter auch dann als imaginärer Gewinn versichert werden dürfen, wenn diese 10% den wirklichen Versicherungswert des Gewinns erheblich übersteigen. Übrigens machen die 10% des § 101 ADS regelmäßig einen höheren Betrag aus, als die 10% des § 801 Abs. 2 HGB. Denn der Versicherungswert der Güter umfaßt nach § 90 Abs. 1 ADS auch endgültig bezahlte Fracht, nach § 799 Abs. 1 HGB dagegen nicht. — Ist der Versicherungswert der Güter größer als die Güterversicherungs-Summe, so sind die Güter und regelmäßig auch der Gewinn unterversichert. Der Versicherungsnehmer kann natürlich nicht, um die Unterversicherung der Güter zu beseitigen, auf die Versicherung des imaginären Gewinns „verzichten" (Prot. 3099).

Anm. 3 3. **Wenn** Güter und Gewinn gemeinschaftlich versichert sind und der Gesamt-**Versicherungswert taxiert ist,** müßte nach der Regel des § 101 Satz 1 als Gewinntaxe der Betrag gelten, der sich ergibt, wenn man die unter Berücksichtigung eines zehnprozentigen Gewinns zu ermittelnde Gütertaxe von der Gesamttaxe abzieht. Beträgt die Gesamttaxe 100000, so würden also Gütertaxe plus Gewinntaxe, d. h. Gütertaxe plus $^1/_{10}$ der Gütertaxe, gleich 100000 oder die Gütertaxe gleich 90909 und die Gewinntaxe gleich 100000 — 90909 = 9091 betragen. So auch ASVB § 24 Abs. 2. Anders § 801 Abs. 2 Satz 1 HGB und nunmehr § 101 Satz 2 ADS: **Als Gewinntaxe gelten 10% der Gesamttaxe,** also, wenn die Gesamttaxe 100000 beträgt, 10000; als Gütertaxe gelten also 90000 (vgl. hierzu Lewis 2. 308, Voigt 153). **§ 101**

Anm. 4 4. Die Parteien vereinbaren oft Abweichendes, und zwar mit der Klausel „inklusive imaginären Gewinn, gleichviel wie hoch" (§ 1 Anm. 47). In solchem Falle kann sich insbesondere der Versicherungsnehmer, wenn der Versicherer Herabsetzung der Gesamttaxe verlangt, darauf berufen, daß der von der Ankunft der Güter möglicherweise zu erwartende Gewinn mehr als 10% beträgt. Läßt man nun (mit RG HGZ 1893. 128) die Versicherung des imaginären Gewinns schon auf der Grundlage eines Preises zu, „auf welchen der Kaufmann gar nicht rechnet", so würde freilich die Anfechtung von Gesamttaxen, in die Gewinn „gleichviel wie hoch" eingeschlossen ist, praktisch so gut wie ausgeschlossen sein (näheres: § 1 Anm. 41).

Anm. 5 5. Über Gewinnversicherung bei der laufenden Güterversicherung: § 97 Anm. 46, 47, 92.

Anm. 6 6. § 101 gilt sinngemäß auch für die **Rückversicherung** (§ 1 Anm. 136). Vgl. aber auch § 6 Anm. 41 ff.

Anm. 7 7. **Fremde Rechte:** oben Anm. 2, 3, § 1 Anm. 53, § 90 Anm. 33.

§ 102

Laufende Versicherung

Ist eine laufende Versicherung genommen, so kann der Versicherungsnehmer auch einen Gewinn aufgeben, der den im Vertrage bestimmten Gewinn übersteigt. Der Versicherer ist jedoch von der Verpflichtung zur Leistung des übersteigenden Betrags frei, wenn der Versicherungsnehmer bei der Aufgabe wußte oder wissen mußte, daß die Reise einen ungünstigen Verlauf genommen hatte. Erfolgt die Aufgabe durch einen Vertreter oder für fremde Rechnung, so finden die Bestimmungen der §§ 22 und 57 entsprechende Anwendung.

Anm. 1 1. Die Begr. z. E 1910 § 97 nimmt an, daß laufende Versicherungen imaginären Gewinns nur in Verbindung mit laufenden Güterversicherungen vorkommen. Unrichtigerweise. Über einen Fall laufender Versicherung „auf imaginären Gewinn, Mehrwert und/oder andere Interessen": § 97 Anm. 92, 93. Auf solche (obligatorischen) laufenden Gewinnversicherungen sind die §§ 97, 98 sinngemäß anzuwenden (§ 99; näheres: § 97 Anm. 92, § 99 Anm. 3).

Anm. 2 2. Der Versicherungsnehmer weiß beim Abschluß der laufenden Gewinnversicherung, mag diese mit oder neben einer laufenden Güterversicherung genommen sein, regelmäßig nicht, welche Gewinninteressen während der Dauer der laufenden Versicherung entstehen werden. Er wird daher eine zu niedrige Taxe vereinbaren und es regelmäßig bei der im § 101 bestimmten bewenden lassen. In den Fällen, in denen er einen höheren Gewinn zu erwarten hat, müßte er dann besondere Einzelversicherung nehmen. Dieser Notwendigkeit überhebt ihn § 102: **Der Versicherungsnehmer kann einen Gewinn deklarieren, der den im Vertrag über die laufende Versicherung bestimmten** (taxierten) **Gewinn übersteigt.**

Anm. 3 a) Die laufende Gewinnversicherung ist für den Unterschied zwischen taxiertem und wirklichem imaginären Gewinn, zwischen der Taxe und dem wirklichen Ver-

§ 102 sicherungswert des imaginären Gewinns fakultativ. Der Versicherungsnehmer kann deklarieren, aber er ist nicht verpflichtet, zu deklarieren. Das unterscheidet die fakultative von der obligatorischen laufenden Versicherung (§ 97 Anm. 13). Im übrigen gelten die für die obligatorische laufende Versicherung geltenden Grundsätze auch für die fakultative. Insbesondere muß der Versicherungsnehmer, wenn er deklariert, ordnungsgemäß, namentlich rechtzeitig deklarieren (§ 97 Abs. 6), muß es beim Beginn der Versicherung gerade Sache des Versicherungsnehmers gewesen sein, Gewinnversicherung zu nehmen (§ 97 Anm. 29) usw.

Anm. 4 b) Der Versicherungsnehmer kann also nicht einen beliebig hohen Gewinn deklarieren, sondern nur einen Gewinn, der den Unterschied bildet, welcher zwischen dem nach kaufmännischer Berechnung möglicherweise zu erwartenden Gewinn und dem taxierten Gewinn besteht. Für den nach kaufmännischer Berechnung möglicherweise zu erwartenden Gewinn ist nach § 100 Abs. 2 der Zeitpunkt der Schließung des Vertrags maßgebend. Dieser Zeitpunkt muß auch hier, bei der laufenden Versicherung, für die Gewinninteressen maßgebend sein, die bereits bei der Schließung des Vertrags bestanden haben und versicherungsreif waren. Er kann aber nicht für diejenigen Gewinninteressen maßgebend sein, die damals noch nicht vorhanden oder versicherungsreif waren, für die also noch nichts „zu erwarten" war. Für diese Interessen entscheidet der Zeitpunkt, in dem der Versicherungsnehmer für den Unterschied zwischen dem wirklichen Versicherungswert und der Taxe des Gewinns nach kaufmännischen Grundsätzen Versicherung zu nehmen hätte, wenn er nicht laufend versichert wäre (näheres: § 97 Anm. 92).

Anm. 5 c) Der Unterschied ist nicht taxiert. Anders, wenn etwa (wie im Falle RG 94. 300, HGZ 1917. 225) das Gegenteil, wenn z. B. vereinbart ist, daß „der Versicherer verpflichtet ist, die Aufgabe anzuerkennen" (näheres: § 97 Anm. 49, 94). — Ist der Unterschied nicht taxiert, so muß der Versicherungsnehmer, der Entschädigung verlangt, beweisen, daß zur maßgebenden Zeit der höhere Gewinn nach kaufmännischer Berechnung möglicherweise zu erwarten war. Anders wiederum, wenn die Laufende Police eine Beweisklausel enthält, die dem Versicherer den Gegenbeweis aufbürdet (vgl. § 43 Anm. 34, 35).

Anm. 6 3. Die Deklaration ist fakultativ. Der Versicherungsnehmer kann, aber muß nicht deklarieren. Er wird natürlich nicht deklarieren, wenn die Reise bereits glücklich verlaufen ist oder glücklich zu verlaufen scheint. Er würde natürlich gern deklarieren, wenn die Reise einen unglücklichen Verlauf genommen hat, und noch lieber, wenn sie tatsächlich unglücklich verlaufen, der Versicherungsfall bereits eingetreten ist. Er würde auch grundsätzlich in solchen Fällen nicht gehindert sein, zu deklarieren, vorausgesetzt natürlich, daß die Deklarationsfrist, also die Unverzüglichkeitsfrist des § 97 Abs. 6, noch nicht verstrichen ist (vgl. § 5 Anm. 44). Praktisch wäre solche Möglichkeit unerträglich. **Der Versicherungsnehmer** darf nicht nur dann nicht mehr deklarieren, wenn er weiß oder wissen muß, daß der Versicherungsfall bereits eingetreten ist; er **darf** auch dann **nicht mehr deklarieren, wenn er** nur **weiß oder wissen muß, daß die Reise einen ungünstigen Verlauf genommen hat,** also Anzeichen dafür vorliegen, daß sie ungünstig zu verlaufen droht. Deklariert er gleichwohl, so ist der **Versicherer frei.** Der Versicherungsnehmer ist in diesem Falle nicht frei; er muß auch für den deklarierten höheren Gewinn die Prämie zahlen (näheres: § 97 Anm. 62). — Es kommt also darauf an, ob der Versicherungsnehmer bei der Aufgabe wußte oder wissen mußte.

Anm. 7 a) Der Versicherungsnehmer. Über diesen Begriff: § 3 Anm. 4. — Der Versicherungsnehmer muß das Wissen oder Wissenmüssen seines gesetzlichen Vertreters und solcher Personen, deren er sich zur Deklaration bedient, gegen sich gelten lassen.

Denn er darf nicht deklarieren, wenn er weiß oder wissen muß; er ist in diesem Falle verpflichtet, nicht zu deklarieren. Und in solchen Fällen muß man das Wissen oder Wissenmüssen Dritter in den Grenzen des § 278 BGB vertreten (näheres: § 19 Anm. 43, 45). — **Deklariert ein Vertreter** des Versicherungsnehmers, so kommt es nach § 102 Satz 2 auch auf das Wissen und Wissenmüssen des Versicherungsnehmers an: **§ 22 findet entsprechende Anwendung** (übrigens versteht es sich von selbst, daß auch das Wissen usw. des Versicherungsnehmers selbst in Betracht kommt: § 22 Anm. 3). — **Deklariert der Versicherungsnehmer ein fremdes Interesse,** so kommt es nach § 102 Satz 2 auch auf das Wissen und Wissenmüssen des Versicherten an (was sich nicht von selbst versteht, da der Versicherte bei der obligatorischen laufenden Versicherung nicht die Deklarationspflicht und mithin auch wohl bei der fakultativen laufenden Versicherung nicht die Pflicht hat, nicht zu deklarieren, wenn er weiß oder wissen muß; vgl. § 97 Anm. 41): **§ 57 findet entsprechende Anwendung.** **§ 102**

b) Über die Begriffe des Wissens und des Wissenmüssens: § 5 Anm. 19, 20, § 19 Anm. 39, 40. — „Bei der Aufgabe" muß der Versicherungsnehmer gewußt oder fahrlässig nicht gewußt haben. Wenn die Deklaration dem Versicherer zugeht (§ 97 Anm. 44). Zwar genügt die Absendung der Deklaration für die Rechtzeitigkeit der Deklaration (§ 97 Abs. 6 Satz 2). Hier kommt es auf den Zeitpunkt der Absendung nicht an. Aber wenn der Versicherungsnehmer von dem ungünstigen Verlauf der Reise erst nach Absendung der Deklaration und so spät erfährt (oder fahrlässig nicht erfährt), daß er die Deklaration nicht mehr zurücknehmen kann, wird ihm sein Wissen oder Wissenmüssen nicht mehr schaden können (vgl. § 5 Anm. 22, 38, § 19 Anm. 16; für den Fall der Deklaration eines fremden Interesses: § 57 Abs. 3 Satz 2). Das Zugehen beim Assekuranzmakler genügt nicht, denn der Makler ist nicht Vertreter des Versicherers, sondern des Versicherungsnehmers (vgl. Anm. 43 zu § 97; HansOLG JRPV 1935. 270 = Sasse Nr. 433). Anm. 8

c) Der Versicherer muß beweisen, daß der Versicherungsnehmer wußte oder wissen mußte (vgl. § 5 Anm. 23). Anm. 9

d) Daß der Versicherer bei der Aufgabe um den ungünstigen Verlauf der Reise oder gar um den Versicherungsfall, oder daß er um den günstigen Verlauf der Reise oder gar um die glückliche Beendigung der Reise gewußt hat, ist ohne Bedeutung. Er hat bei der Deklaration nicht mitgewirkt. § 5 kann keine, auch keine sinngemäße Anwendung finden (vgl. § 5 Anm. 44). Anm. 10

e) Der Versicherungsnehmer kann im allgemeinen nicht einwenden, daß er zwar bei der Aufgabe um den ungünstigen Verlauf der Reise wußte oder hätte wissen müssen, daß aber der Versicherer die Deklaration vorbehaltlos entgegengenommen oder gar ihren Empfang im Beibuch oder sonstwie bescheinigt habe. Anders, wenn der Versicherer beim Empfang der Deklaration den Sachverhalt (auch daß der Versicherungsnehmer wußte oder wissen mußte) kannte, aber gleichwohl den Empfang der Deklaration bescheinigt oder nicht widersprochen hat (§ 97 Anm. 16). Anm. 11

4. § 102 ist im Falle der laufenden Provisionsversicherung gemäß § 104 sinngemäß anzuwenden. Man wird ihm aber, hierüber hinaus, den allgemeinen Grundsatz entnehmen müssen, daß bei der fakultativen laufenden Versicherung der Versicherungsnehmer nicht mehr deklarieren kann, wenn er weiß oder wissen muß, daß die Reise einen ungünstigen Verlauf genommen hat (vgl. § 1 Anm. 132, § 5 Anm. 44, § 6 Anm. 20, § 97 Anm. 29, 49). Dieser Grundsatz wird z. B. auch anzuwenden sein, wenn Güter laufend versichert sind und der Versicherungsnehmer zwischen günstigeren (und deshalb teureren) und minder günstigen (und deshalb billigeren) Bedingungen wählen kann, z. B. die Laufende Police die Klausel enthält: „Entweder frei von 3% Beschädigung oder frei von Beschädigung außer im Anm. 12

§ 102 Strandungsfall" (vgl. HGZ 1895. 38). Oder wenn Güter laufend versichert sind und vereinbart ist, daß der Versicherungsnehmer nach eigenem Ermessen Taxen deklarieren kann (§ 6 Anm. 20, § 97 Anm. 49). Oder wenn Güter laufend versichert sind und vereinbart ist, daß der Versicherungsnehmer die Kriegsgefahr einschließen **kann** (§ 97 Anm. 49). Oder im Falle der fakultativen laufenden Rückversicherung (§ 1 Anm. 132, § 5 Anm. 44, § 97 Anm. 13). Der Grundsatz ist aber auch so nur die eine Seite eines noch allgemeineren für die fakultative laufende Versicherung geltenden Grundsatzes, des Grundsatzes nämlich, daß der Versicherungsnehmer nicht mehr deklarieren darf, wenn sich die Verhältnisse zu seinem Nachteil verändert haben. Wenn z. B. Güter laufend mit der Klausel „Auch für Kriegsgefahr" versichert sind und vereinbart ist, daß der Versicherungsnehmer bei der Aufgabe die Kriegsgefahr ausschließen kann, darf der Versicherungsnehmer die Kriegsgefahr nicht mehr ausschließen, wenn er weiß oder wissen muß, daß die Reise einen günstigen Verlauf genommen hat, die Prämie für die Kriegsgefahr also wahrscheinlich oder gewiß umsonst ausgegeben ist (vgl. § 97 Anm. 29). Abweichende Vereinbarungen sind zulässig, vgl. HansOLG JRPV 1935. 271 = Sasse Nr. 433.

Anm. 13 5. § 102 gilt sinngemäß auch für die **Rückversicherung** (§ 1 Anm. 136). Das bedeutet hier natürlich nicht, daß der Vorversicherer einen höheren Gewinn aufgeben darf, sondern nur, daß der Rückversicherer ohne weiteres haftet, wenn der Vorversicherte ordnungsgemäß einen höheren Gewinn deklariert und der Vorversicherer ordnungsgemäß überweist. — Ist der Vorversicherer (wie gewöhnlich) abwicklungsberechtigt, so kann er ordnungswidrige Deklarationen des Vorversicherten als ordnungsmäßig behandeln, wenn auch ein nicht rückversicherter Versicherer sie verständiger- und billigerweise so behandeln würde (§ 1 Anm. 154).

Anm. 14 6. **Fremde Rechte.** Allgemeine Bestimmungen gleich derjenigen des § 102 bestehen nicht.

§ 103

Verlust der Güter. Anrechnung auf die Versicherungssumme
Beschädigung der Güter.

(1) Als total verloren gelten die Güter auch, wenn sie aus einem anderen Grunde als infolge eines Totalverlustes den Bestimmungsort nicht erreichen.

(2) Werden die Güter während der Reise verkauft und beträgt der Erlös mehr als der Versicherungswert der Güter, so muß der Versicherungsnehmer sich den Mehrbetrag auf die Versicherungssumme anrechnen lassen. Das Gleiche gilt, wenn gemäß den §§ 611 und 612 des Handelsgesetzbuches[1]) Ersatz geleistet wird und der Betrag des Ersatzes den Versicherungswert übersteigt.

---

[1]) An die Stelle des § 611 HGB ist § 658 HGB, an die Stelle des § 612 HGB ist § 541 Abs. 2 HGB getreten. Eine sachliche Änderung des Gehalts der Bestimmungen ist nicht erfolgt.

§ 658 HGB lautet:

Ist in den Fällen der §§ 606, 607 für gänzlichen oder teilweisen Verlust von Gütern Ersatz zu leisten, so hat der Verfrachter den gemeinen Handelswert oder den gemeinen Wert zu ersetzen, den Güter derselben Art und Beschaffenheit am Bestimmungsort der Güter bei Beginn der Löschung des Schiffes oder, wenn das Schiff an diesem Ort nicht entlöscht wird, bei seiner Ankunft daselbst haben; hiervon kommt in Abzug, was infolge des Verlustes an Zöllen und sonstigen Kosten sowie an Fracht erspart ist.

(3) Im Falle einer Beschädigung der Güter kann der Versicherungsnehmer den Teil der Versicherungssumme verlangen, der dem im § 93 Abs. 1 bezeichneten Wertverhältnis entspricht. **§ 103**

1. Vgl. HGB §§ 856, 860, 879, ASVB §§ 111, 115, 138, BSVB § 29. — **Literatur:** § 100 Anm. 1. Anm. 1

2. **Abs. 1.** Im Falle des Totalverlustes der Güter kann der Gewinnversicherte die Versicherungssumme verlangen (§§ 99, 91, 71). Als total verloren gelten die Güter auch, wenn sie dem Versicherungsnehmer ohne Aussicht auf Wiedererlangung entzogen sind (§§ 99, 91, 71 Abs. 2). Insbesondere, wenn sie an einen nicht Empfangsberechtigten abgeliefert sind (§ 91 Anm. 3, vgl. auch HGZ 1921. 244). Insbesondere ferner, wenn sie in ihrer ursprünglichen Beschaffenheit zerstört sind; doch kann in diesem Falle der Gewinnversicherte die Versicherungssumme nur verlangen, wenn die Zerstörung gemäß § 74 Abs. 2—10 festgestellt ist (§§ 99, 91 Abs. 1). Auf die geretteten Güter hat nur der Güterversicherer, nicht auch der Gewinnversicherer Anspruch (vgl. § 70 Anm. 15, § 71 Anm. 49, § 90 Anm. 24, § 99 Anm. 3). Hat der Gewinnversicherte Fracht oder sonstige Reisekosten infolge des Versicherungsfalls erspart, so braucht er sich den ersparten Betrag nicht auf die Entschädigung anrechnen zu lassen. Denn versichert ist der Nettogewinn, nicht der Bruttogewinn (§ 100 Anm. 3). — Dies alles ist nichts besonderes. Etwas besonderes ist aber der Grundsatz des § 103 Abs. 1: **Als total verloren gelten die Güter auch** dann, **wenn sie aus einem anderen Grunde als infolge eines Totalverlustes den Bestimmungsort nicht erreichen.** Anm. 2

a) Daß der Gewinnversicherer auch in solchem Falle zu entschädigen hat, versteht sich keineswegs „nach der Natur dieses Interesses als des von der Ankunft der Güter erwarteten Gewinns“ von selbst (so RG 4. 39, Begr. z. E 1910 § 98 und im Anschluß an sie Ulrich 212). Wo Gesetz oder ADS von der Ankunft des Schiffes oder der Güter abhängige Interessen schon dagegen haben schützen wollen, daß Schiff oder Güter den Bestimmungsort nicht erreichen, haben sie es ausdrücklich gesagt (HGB § 850 Abs. 2 Nr. 2, § 856, ADS § 103 Abs. 1, § 120 Abs. 3; vgl. aber auch § 120 Anm. 15). Wo sie es nicht getan haben, versteht es sich nicht von selbst. Der Versicherer des von der Ankunft des Schiffes erwarteten Gewinns haftet nicht schon deshalb, weil das Schiff nicht den Bestimmungsort erreicht. Er haftet nicht einmal, wenn ausdrücklich „Für behaltene Ankunft des Schiffes“ Versicherung genommen ist (ADS § 120 Abs. 2, HGB § 850 Abs. 2 Nr. 1, § 71 Anm. 47, § 120 Anm. 29). Ebensowenig kann der Güterversicherte die Güter ohne weiteres verkaufen und Entschädigung verlangen, wenn infolge eines Gefahrereignisses die Güter nicht weiterbefördert werden können, die „Reise verlorengeht“ (§ 91 Anm. 6, § 96 Anm. 26). § 103 (und § 104) ist die einzige Bestimmung, in der das deutsche Recht die Haftung des Versicherers im Falle des sogenannten loss of voyage (vgl. § 96 Anm. 37) anerkennt, wenn man nicht den Fall des Verkaufs der Güter zur Minderung des Versicherungsschadens, insbesondere die Fälle des § 96, als Fälle des loss of voyage bezeichnen will. Anm. 3

Wird der Bestimmungsort der Güter nicht erreicht, so tritt an dessen Stelle der Ort, wo die Reise endet, oder, wenn die Reise durch Verlust des Schiffes endet, der Ort, wohin die Ladung in Sicherheit gebracht ist.

§ 541 HGB lautet:

Die Verbodmung der Ladung oder die Verfügung über Ladungsteile durch Verkauf oder Verwendung wird in den Fällen des § 540 als ein für Rechnung des Reeders abgeschlossenes Kreditgeschäft (§ 528, § 754 Nr. 6) angesehen.

Auf den Ersatz, den der Reeder zu leisten hat, findet § 658 Anwendung. Übersteigt im Fall der Verfügung über die Güter durch Verkauf der Reinerlös den im § 658 bezeichneten Wert, so tritt an dessen Stelle der Reinerlös.

§ 103 Anm. 4 b) Nach § 111 ASVB galt imaginärer Gewinn als total verloren, wenn die Güter den Bestimmungsort „infolge der Gefahren der Reise" nicht erreicht haben. Gesetz (HGB § 856) und ADS enthalten die Worte „infolge der Gefahren der Reise" nicht. Mit Recht. Denn die Worte sind nicht nur überflüssig, sondern auch unrichtig. Überflüssig, insofern sie nur ausdrücken sollen, daß der Versicherer nur haftet, wenn der Schaden die Folge eines ihm zur Last fallenden Ereignisses ist (HGZ 1921. 243); das ergibt sich, wie für §§ 71 ff., §§ 91 ff., so auch für § 103 Abs. 1 aus § 28 und den übrigen, den Umfang der Haftung des Versicherers betreffenden, Bestimmungen. Unrichtig, insofern eben diese Bestimmungen ergeben, daß der Versicherer zwar im allgemeinen die „Gefahren der Reise" trägt, seine Haftung aber vielfach beschränkt ist.

Anm. 5 c) Der Gewinnversicherer haftet also nur, wenn ein Gefahrereignis es verursacht, daß die Güter den Bestimmungsort nicht erreichen. Von diesem Ereignis, dem Versicherungsfall, gilt das allgemeine. Der Versicherungsnehmer darf es insbesondere nicht herbeiführen und muß, wenn es eintritt, den Schaden (den Ausfall des Gewinns) abzuwenden und zu mindern suchen (so grundsätzlich richtig: LG Hamburg HGZ 1892. 74, ferner HansOLG HRZ 1925. 556 = Sasse Nr. 340). Läßt er es hieran fehlen, läßt er die Güter nicht an den Bestimmungsort befördern, obgleich die Beförderung möglich ist, so haftet der Gewinnversicherer nicht (§ 41 Abs. 3; § 41 Anm. 15, § 95 Anm. 34; vgl. auch § 93 Anm. 4). Wenn jemand 1530 tons nach Lübeck zu befördernden Phosphats mit der Klausel vessel prevented delivering cargo contract void (oder vessel lost contract to be void) verkauft, die Güter beim Versicherer A, imaginärer Gewinn beim Versicherer B versichert werden, das Schiff aufläuft, abgebracht und kondemniert wird, der Versicherungsnehmer den Phosphat wegen constructive total loss dem, nach englischen Bedingungen haftenden, Güterversicherer A abandonniert und das Phosphat aus diesem Grunde nicht anderweit weiterbefördert wird, also den Bestimmungsort nicht erreicht, haftet der Gewinnversicherer nicht; der Versicherungsnehmer (und der Erwerber des Güter- und Gewinninteresses) hat nicht dafür gesorgt, daß im Versicherungsfall, nämlich im Falle der Strandung, Schaden abgewendet, das Phosphat weiterbefördert wurde, er hat die versicherte Unternehmung sogar aufgegeben, den Wegfall der Gefahr herbeigeführt. Hat in einem solchen Falle der Käufer imaginären Gewinn versichert, so hat der Versicherer ebensowenig zu entschädigen. Der Versicherungsnehmer muß das Verhalten des Verkäufers als eines Dritten, in dessen Händen vertragsgemäß die versicherte Unternehmung geblieben ist, wie eigenes vertreten (Vorb. VIII vor § 1) und kann keine Entschädigung verlangen, wenn der Verkäufer, statt die Güter nach dem Bestimmungsort befördern zu lassen, sie dem Güterversicherer abandonniert und dadurch veranlaßt, daß der Schaden nicht abgewendet wird und vielmehr die Gefahr wegfällt. Im Ergebnis ebenso HGZ 1892. 75, jedoch mit der unzureichenden Begründung: „Ein Seeunfall, der die Möglichkeit einer behaltenen Ankunft der Ware nicht ausschließe, falle nicht unter die Versicherung"; zustimmend RG HGZ 1893. 21 unter Aufgabe der abweichenden Ansicht in HGZ 1884. 139; vgl. auch HG u. OG Hamburg HGZ 1876. 137, 138. Unrichtig LG Hamburg HGZ 1892. 74: Der gewinnversicherte Käufer brauche den Abandon des Verkäufers und den dadurch herbeigeführten Totalverlust nicht zu vertreten, weil er dies zu verhindern „infolge der Klausel des Kaufvertrags nicht in der Lage gewesen sei"; daß der Gewinnversicherte durch einen Vertrag mit einem Dritten diesem gegenüber zu einem Verhalten verpflichtet ist, das ihn außerstand setzt, seine Verbindlichkeiten aus dem Versicherungsvertrag zu erfüllen, ist natürlich ein Umstand, der lediglich zu seiner Verantwortung steht und auf den er sich dem Versicherer gegenüber nicht berufen kann (vgl. auch § 1 Anm. 51).

d) Die Güter gelten also nur dann als total verloren, wenn sie (infolge eines Gefahrereignisses) den Bestimmungsort überhaupt nicht erreichen; nicht etwa schon dann, wenn sie ihn zwar erreichen, aber auf andere als auf die erwartete Weise, insbesondere mit einem anderen als dem im Versicherungsvertrag bestimmten Schiffe. Wenn der Käufer mit der Klausel vessel lost contract to be void gekauft, imaginären Gewinn (mit oder ohne die Klausel „Für behaltene Ankunft") versichert hat, das Schiff untergeht, die Güter anderweit zum Bestimmungsort befördert werden und wegen der Kaufklausel der imaginäre Gewinn verlorengegangen ist, kann der Versicherungsnehmer keine Entschädigung verlangen (HGZ 1884. 138, HG u. OG Hamburg HGZ 1876. 138; abw. RG HGZ 1884. 139, eine Entscheidung, die aber von RG HGZ 1893. 21 aufgegeben ist). — Natürlich kann vereinbart werden, daß die Güter auch in solchem Falle als total verloren gelten sollen, und die Vereinbarung ist nicht selten, daß es „auf die behaltene Ankunft der Güter mit dem bestimmten Schiffe" ankommen soll, daß also die Güter als total verloren auch dann gelten sollen, wenn sie zwar den Bestimmungsort erreichen, aber nicht mit dem Schiffe (näheres: § 1 Anm. 48, § 41 Anm. 15). In solchem Falle muß aber natürlich auch dem Versicherungsvertrag ein entsprechendes Interesse, ein Interesse an der Ankunft der Güter gerade mit dem bestimmten Schiffe zugrunde liegen, oder genauer: Es muß zur Zeit der Schließung des Versicherungsvertrags der versicherte Gewinn gerade von der Ankunft der Güter mit diesem Schiffe zu erwarten und es muß gerade dieser Gewinn versichert sein. Wenn jemand 3000 tons Phosphat mit der Klausel „Juni/Juli-Verschiffung" verkauft, so hat er kein Interesse daran, daß das Phosphat in dem Schiffe, in das es im Juni oder Juli verladen ist, den Bestimmungsort erreicht (vielleicht nicht einmal ein Interesse daran, daß es überhaupt den Bestimmungsort erreicht). Er kann daher auch nicht den „Gewinn" versichern, den er von der Ankunft des Phosphats gerade mit diesem Schiffe „erwartet"; er hat hiervon keinen Gewinn zu erwarten. Wenn das Schiff unterwegs strandet und verlorengeht, die Ladung aber geborgen und mit Ersatzschiffes an den Bestimmungsort befördert wird, kann mithin der Gewinnversicherte auch keine Entschädigung, nicht den Ersatz eines ihm nicht entgangenen Gewinns verlangen. Das ist vom OLG Hamburg HGZ 1895. 258 verkannt, vom RG (36. 133) richtig erkannt, wenn auch unzureichend erklärt worden: Dem Gewinnversicherten „stehe ein Anspruch auf die versicherte Summe nur zu, wenn und insoweit das versicherte Interesse verloren sei". Dem Vertrag lag überhaupt ein Interesse an der Ankunft des Phosphats mit dem D. Haverton nicht zugrunde; es war daher vielmehr richtig, wenn das RG im weiteren Verlauf seiner Begründung aussprach: „Die Klägerin habe, insoweit es sich um die Erfüllung des Kaufvertrags handle, kein Interesse daran gehabt, daß die Ware gerade mit dem D. Haverton in Rotterdam eintreffe" (vgl. auch HansOLG HRZ 1925. 556 = Sasse Nr. 340). — Auch sonst kann die Haftung des Versicherers erweitert, insbesondere der Eigenart des zu versichernden Gewinninteresses genauer angepaßt werden, als es die allgemeine Regel zu tun vermag. Ist z. B. Tabak mit der Maßgabe verkauft, daß der Käufer im Falle einer Beschädigung nicht anzunehmen braucht, so kann versichert werden mit der Klausel: „Für eine jede Serone, welche wegen Seeschadens im Bestimmungshafen nicht zur Ablieferung kommt oder welche in einem fremden Hafen wegen Seeschadens verkauft werden muß, wird der imaginäre Gewinn, taxiert auf DM 5 per Serone, als Totalschaden bezahlt". Der Versicherer hat die Versicherungssumme zu zahlen, wenn der Tabak zwar den Bestimmungsort erreicht, aber beschädigt ist und deshalb vom Käufer nicht angenommen wird (HG u. OG Hamburg HGZ 1876. 176). **§ 103** Anm. 6

e) Ob die Güter den Bestimmungsort „erreicht" haben, ist Tatfrage. Wenn die für die Reise von Afrika nach Hamburg gewinnversicherten Palmkerne mit dem Anm. 7

§ 103 Schiffe vor der Elbmündung untergehen, aber aus dem total verlorenen Schiffe geborgen und nach Hamburg gebracht werden, haben sie den Bestimmungsort erreicht, und der Gewinnversicherte kann nur gemäß § 103 Abs. 3, nicht gemäß § 103 Abs. 1 Entschädigung verlangen (HGZ 1884. 138). Wenn der auf die behaltene Ankunft „mit" dem D. Tetartos für die Reise von Saigon nach Flensburg gewinnversicherte Reis mit dem D. Tetartos auf der Flensburger Föhrde eintrifft, der Dampfer hier infolge seines Tiefgangs auf Grund kommt, ein Teil der Ladung deshalb geleichtert werden muß und in dem Leichter oder dem sonstigen zur Weiterbeförderung verwendeten Schiffe in Flensburg eintrifft, hat der Reis „mit dem D. Tetartos den Bestimmungsort erreicht" (LG Hamburg HGZ 1884. 103). Wenn aber die Güter als total verloren anzusehen, etwa „unrettbar gesunken" sind und der Versicherungsnehmer die Versicherungssumme verlangt und damit das Rechtsverhältnis festgemacht hat (vgl. § 71 Anm. 14, 16), ist es natürlich ohne Bedeutung, daß die Güter wider Erwarten doch noch gerettet und nach dem Bestimmungsort befördert werden (HGZ 1910. 282).

Anm. 8 f) Die Gewinnversicherung ist nicht etwa beendigt, wenn die Güter den Bestimmungsort „erreicht" haben. Die Beendigung der Gewinnversicherung richtet sich gemäß § 99 nach § 88 Abs. 3. Der Gewinnversicherer hat insbesondere auch dann zu entschädigen, wenn die Güter, nachdem sie den Bestimmungsort erreicht haben, aber bevor die Versicherung beendigt ist, verlorengehen oder beschädigt werden (HGZ 1921. 244). Die Gewinnversicherung endigt auch dann erst nach § 88 Abs. 3, wenn sie für die Reise der Güter „bis zum Eintreffen am Bestimmungsort" genommen ist; durch diese Worte haben, wenigstens im Zweifel, die Bestimmungen über die Beendigung der Versicherung nicht geändert werden sollen (HGZ 1921. 243).

Anm. 9 3. Wenn ein Teil der Güter verlorengeht oder aus anderen Gründen den Bestimmungsort nicht erreicht, hat der Gewinnversicherer einen entsprechenden Teil der Versicherungssumme zu zahlen: §§ 99, 92, 91, 71, 103 Abs. 1 (§ 92 Anm. 6).

Anm. 10 4. Im Falle der Verschollenheit usw. sind die §§ 72, 73 sinngemäß anzuwenden: §§ 99, 91 (§ 91 Anm. 13). Die Abandonerklärung gegenüber dem Güterversicherer genügt natürlich nicht. Wenn der Gewinnversicherte am 1. Januar 1964 dem Güterversicherer gemäß den §§ 91, 73 abandonniert und die angehaltenen Güter am 2. Januar 1964 freigegeben werden, kann der Versicherungsnehmer vom Gewinnversicherer nicht die Versicherungssumme verlangen, sondern muß die Güter zum Bestimmungsort weiterbefördern lassen.

Anm. 11 5. Über den Fall der Vermischung gewinnversicherter Güter mit anderen Gütern: § 91 Anm. 4. — Über den Fall der Beschädigung gewinnversicherter Güter: unten Anm. 21.

Anm. 12 6. **Abs. 2. Wenn die** gewinnversicherten **Güter während der** (versicherten) **Reise** infolge eines Gefahrunfalls verkauft werden müssen, **verkauft werden** und deshalb den Bestimmungsort nicht erreichen, gilt der Gewinn als total verloren, muß der Versicherer entschädigen (§§ 99, 96 Abs. 2; über frühere Zweifel: Benecke 1. 138), der Versicherungsnehmer aber sich nach den Grundsätzen über Vorteilsausgleichung anrechnen lassen, was er anderweit zur Ausgleichung des Schadens erlangt hat, was er etwa vom Gegensegler zur Ausgleichung des entgangenen Gewinns erlangt hat usw. (Vorb. IX vor § 1; vgl. auch den, gegen § 879 Abs. 3 HGB erweiterten, Wortlaut des § 138 Abs. 3 ASVB). Hieraus würde sich unter Umständen schon ohne weiteres ergeben, daß der Versicherungsnehmer sich auf die Gewinnversicherungs-Summe auch den Überschuß des Verkaufserlöses über den Versicherungswert der Güter anrechnen lassen muß. Aber doch nicht in allen Fällen. So z. B. nicht, soweit der Überschuß dadurch erzielt ist, daß der Marktpreis der Güter gestiegen ist; in solchem Falle müßte vielmehr der Teil des Überschusses, welcher der Konjunktursteigerung zu danken ist, dem Mehrwert-Versicherer oder, wenn der Mehrwert nicht versichert ist, dem Versicherungsnehmer als Selbstversicherer des Mehrwerts zugute kommen (§ 96 Anm. 35). Auch nicht, soweit etwa der Überschuß dadurch erzielt ist, daß die Güter durch Aufwendung von Versendungskosten, insbesondere Distanzfracht, an den Verkaufsort gebracht sind; in solchem Falle müßte vielmehr der entsprechende Teil des Überschusses dem Versicherer zugute kommen, bei dem der Ladungsbeteiligte die gewöhnliche Fracht versichert hat, oder, wenn diese Fracht nicht versichert ist, dem Versicherungsnehmer als Selbstversicherer der gewöhnlichen Fracht (ein entsprechender Teil unter Umständen dem Güterversicherer, der die Fracht besonders zu ersetzen hat: § 96 Anm. 20, 29). Alle diese Zweifelsfragen schneiden, wohl mehr oder minder unbewußt, Gesetz (HGB §§ 860, 879 Abs. 3) und ADS ab, indem sie den Überschuß dem Gewinnversicherer zuweisen: **Beträgt der Erlös mehr als der Versicherungswert der Güter, so muß der Versicherungsnehmer sich den Mehrbetrag auf die Versicherungssumme anrechnen lassen.** Wenn z. B. der Versicherungswert der Güter 1000, der Versicherungswert des Gewinns 100, der Versicherungswert des Mehrwerts auch 100 und der Verkaufserlös 1150 beträgt, würde der Gewinn ganz gedeckt, der Mehrwert zur Hälfte gedeckt sein, also nur der Mehrwert-Versicherer 50 zu zahlen haben. § 103

a) Als Versicherungswert der Güter wird hierbei der nach § 90 Abs. 1 zu bemessende (wirkliche) Versicherungswert anzusehen sein. Auch dann, wenn der Versicherungswert der Güter taxiert ist. Vereinbaren Güterversicherer und -versicherter einen höheren Versicherungswert, so kann dieser für das Gewinnversicherungs-Verhältnis nicht maßgebend sein. Der Gewinnversicherer hat die Versicherung gemäß § 103 Abs. 2, § 90 Abs. 1 übernommen. Der Gewinnversicherte kann sich nicht darauf berufen, daß er mit einem Dritten, dem Güterversicherer, einen Vertrag geschlossen hat, der den Überschuß herabdrückt. Das würde sich übrigens auch schon aus den Grundsätzen über Vorteilsausgleichung ergeben. Ebensowenig kann aber die Gütertaxe für das Gewinnversicherungs-Verhältnis maßgebend sein, wenn sie hinter dem wirklichen Versicherungswert der Güter zurückbleibt. Der Gewinnversicherer kann sich nicht auf eine Taxe berufen, die für ein Versicherungsverhältnis vereinbart ist, das ihn nicht angeht. Anm. 13

b) Nach § 860 HGB, § 115 ASVB soll nur der Überschuß des Reinerlöses über den Versicherungswert der Güter auf die Gewinnversicherungs-Summe angerechnet werden. Beträgt der Versicherungswert der Güter 20000, der Bruttoerlös 21000, der Nettoerlös 20000, so würde also auf die Gewinnversicherungs-Summe (von 2000) nichts anzurechnen sein. Anders nach § 103 Abs. 2 ADS. Auf die Gewinnversicherungs-Summe werden 1000 angerechnet; der Gewinnversicherer würde also nur 1000, der Güterversicherer die Verkaufskosten, also auch 1000, zu zahlen haben (vgl. § 96 Anm. 20, 29). Anm. 14

c) Wenn der Güterversicherer gemäß § 96 Abs. 1 den Verkauf der Güter verlangt und der Versicherungsnehmer dem Verlangen entsprechen muß und entspricht, die Güter also verkauft werden und aus diesem Grunde den Bestimmungsort nicht erreichen, gelten sie nicht ohne weiteres nach § 103 Abs. 1 als total verloren. Denn das Güterversicherungs-Verhältnis berührt den Gewinnversicherer nicht. Der Gewinnversicherte ist verpflichtet, Gewinnausfall abzuwenden und die Güter zum Bestimmungsort befördern zu lassen (oben Anm. 5; HansOLG HRZ 1925. 536 = Sasse Nr. 340; anscheinend abw. Ulrich 212). Solchem Widerstreit der Pflichten kann der Versicherungsnehmer sich nur dadurch entziehen, daß er den Gewinn beim Güterversicherer versichert, oder dadurch, daß er etwa mit dem Gewinnversicherer eine Anschlußklausel vereinbart (vgl. z. B. die Kasko-Anschlußklausel HGZ 1904. 50: Vorb. vor § 113). Anm. 15

§ 103 Anm. 16 7. Der Versicherungsnehmer muß sich nach den Grundsätzen über Vorteilsausgleichung auf die Versicherungssumme auch anrechnen lassen, was er vom Verfrachter zur Ausgleichung des Schadens erhält. Aber die Haftung des Verfrachters ist regelmäßig nach den §§ 658, 541 Abs. 2 HGB auf den gemeinen Wert der Güter (im Falle der Verfügung über die Güter für Rechnung des Reeders auf den etwa höheren Reinerlös) beschränkt; es steht mithin (wie im Falle eines dem Versicherer sonstwie zur Last fallenden Verkaufs der Güter nur der Erlös) nur ein bestimmter Betrag zur Ausgleichung des Schadens zur Verfügung, der zur vollständigen Ausgleichung regelmäßig nicht ausreicht. Deshalb soll für diesen Fall dasselbe gelten, wie für den Fall, daß die Güter während der Reise verkauft werden. **Was der Verfrachter gemäß den §§ 658, 541 Abs. 2 HGB** ersetzt, kommt in erster Linie dem Güterversicherer zugute. Was er **über den Versicherungswert der Güter hinaus zahlt, wird auf die Gewinnversicherungs-Summe angerechnet** (nicht auf die Mehrwertversicherungs-Summe usw.). Über den Versicherungswert der Güter: oben Anm. 13.

Anm. 17 a) Die Anrechnung findet aber nur statt, wenn der Verfrachter Ersatz geleistet hat. Hat er noch nicht ersetzt, kann der Versicherungsnehmer die ganze Versicherungssumme verlangen. Zahlt der Gewinnversicherer, so kann er an und für sich nur erwarten, daß der Anspruch des Versicherungsnehmers gegen den Verfrachter auf den Überschuß nach § 45 insoweit auf ihn übergeht, als in dem Überschuß Ersatz für den bei ihm versicherten Gewinn enthalten ist. Aber man wird aus § 103 Abs. 2 ableiten müssen, daß der Anspruch auf den ganzen Überschuß, soweit dieser sich mit der Gewinnversicherungs-Summe deckt, auf den Gewinnversicherer übergehen soll (§ 45 Anm. 9).

Anm. 18 b) Man wird schließlich aus § 103 Abs. 2 ableiten müssen, daß auch der Überschuß eines nach § 430 HGB vom Frachtführer zu leistenden Ersatzes in erster Linie dem Gewinnversicherer zugute kommen soll. Denn die Interessenlage ist die nämliche und die Analogie daher geboten (vgl. auch § 124 Abs. 3, § 125).

Anm. 19 c) Natürlich braucht nicht, umgekehrt, der Befrachter, der vom Verfrachter Ersatz verlangt, sich auf den Ersatz anrechnen zu lassen, was er vom Gewinnversicherer erhalten hat (RG 15. 86 gegen HGZ 1885. 125). Er verlangt ja Ersatz auf Grund des nach § 45 Abs. 1 auf den Gewinnversicherer übergegangenen, auf ihn fiduziarisch zurückgegangenen und gemäß § 46 Satz 2 geltendgemachten Anspruchs (§ 46 Anm. 6).

Anm. 20 8. Nach §§ 860, 879 Abs. 3 HGB soll der Gewinnversicherte sich auch dann, wenn die Güter aufgeopfert sind und die Havariegrosse-Vergütung mehr als der Versicherungswert der Güter beträgt, diesen Überschuß auf die Gewinnversicherungs-Summe anrechnen lassen. Das Gesetz gibt damit zu erkennen, daß es den Gewinnversicherten, anders als den Güterversicherten, im Havariegrosse-Fall nicht auf die Entschädigung im Havariegrosse-Verhältnis beschränkt wissen will, der Gewinnversicherte vielmehr im Falle der Aufopferung ohne weiteres vom Versicherer Entschädigung verlangen kann (§ 100 Anm. 5). Nunmehr ergibt sich aus § 31 ADS, daß der Gewinnversicherer im Falle der Havariegrosse-Aufopferung ebenso wie im Falle des Verlustes haftet. Zahlt der Gewinnversicherer, so geht der Anspruch des Versicherungsnehmers auf den Überschuß der Vergütung über die Entschädigung des Güterversicherers auf ihn über, soweit der Überschuß Gewinn enthält (näheres: § 100 Anm. 5). Soweit der Überschuß nicht Gewinn, sondern Ersatz für Versendungskosten oder Mehrwert enthält, muß er auf den zahlenden Versicherer der Versendungskosten oder des Mehrwerts übergehen oder, wenn Versendungskosten und Mehrwert nicht versichert sind, beim Versicherungsnehmer als Selbstversicherer bleiben. Die Ausrechnung wird kaum überwindbare Schwierigkeiten bieten. Es wäre deshalb besser gewesen, wenn man die gesetzliche Vorschrift über die Anrechnung des Überschusses auf die Gewinnversicherungs-Summe beibehalten hätte, die gestrichen wurde, als man die Bestimmung des § 31 Abs. 2 Satz 1 und 3 aufnahm, und nicht wieder aufgenommen wurde, als man in den § 31 Abs. 2 den Satz 2 einfügte. **§ 103**

Anm. 21 9. **Abs. 3. Im Falle einer Beschädigung der Güter** braucht nicht notwendig der erwartete Gewinn zu entgehen. Er wird aber regelmäßig im ungefähren Verhältnis der Wertminderung entgehen. Deshalb bestimmt § 103 Abs. 3, was sich aus den §§ 99, 93 nicht ohne weiteres ergeben hätte (vgl. HGZ 1903. 209, wo freilich der Einwand des Versicherers mißverstanden zu sein scheint, daß der Versicherungsnehmer, der gemäß § 133 Abs. 5 ASVB den Unterschied zwischen Gesundwert und Schadenswert der taxierten Güter verlangen könne, nicht daneben, neben dem Gesundwert des Ankunftsorts, noch Entschädigung für imaginären Gewinn verlangen könne): **Der Gewinnversicherte kann von der Gewinnversicherungs-Summe so viel verlangen, wie dem Wertverhältnis entspricht, in dem der Güterversicherer entschädigen muß** (vgl. hierzu § 93 Anm. 46). — Kommen die Güter mit einer Havariegrosse-Beschädigung, also mit einer „Aufopferung" an, so entschädigt der Gewinnversicherer gemäß § 31 und erhält dafür gegebenenfalls den Überschuß der Havariegrosse-Vergütung über die Entschädigung des Güterversicherers (oben Anm. 20). Das Gesetz (HGB §§ 860, 879 Abs. 3) enthält insoweit eine Lücke. Es bestimmt nur, daß der Gewinnversicherte, wenn die Güter total (HGB § 860) oder teilweise (HGB § 879 Abs. 3) aufgeopfert werden, sich den Überschuß der Havariegrosse-Vergütung über den (ganzen oder teilweisen) Versicherungswert der Güter auf die Entschädigung anrechnen lassen muß. Es bestimmt aber nicht, wie es gehalten werden soll, wenn die Güter beschädigt ankommen und ihr Schadenswert plus Havariegrosse-Vergütung den Versicherungswert übersteigt. Man hat aber angenommen, daß auch in diesem Falle der Überschuß auf die Entschädigung des Gewinnversicherers anzurechnen ist (HGZ 1903. 156 gegen LG Hamburg HGZ 1903. 154, übrigens mit gequälter und teilweise unrichtiger Begründung: Der Versicherer hafte nach § 838 HGB für die Havariegrosse-Vergütung, insbesondere auch der Gewinnversicherer, weil in der Havariegrosse-Vergütung auch Gewinn enthalten sei, aber er hafte eben für den Überschuß nicht, weil der Gewinnversicherte tatsächlich im Überschuß Entschädigung für den Gewinnausfall erhalte; — im Überschuß kann jedoch ebensowohl Gewinnersatz wie auch etwas anderes stecken: oben Anm. 20). Mit Recht. Denn die Analogie des Falles der Total- oder Teilaufopferung drängt sich geradezu auf.

Anm. 22 10. § 103 gilt sinngemäß auch für die **Rückversicherung.** Vgl. § 1 Anm. 136, § 71 Anm. 52, § 93 Anm. 47.

Anm. 23 11. **Fremde Rechte.** a) Englisches Recht: Vorb. vor § 1 Anm. 74, § 1 Anm. 53, § 45 Anm. 30, § 96 Anm. 37. When die Güter are prevented by the perils insured against from so arriving as to earn a profit . . . there is a total loss on the expected profit (Arnould 1053 s. 1080). Hin und wieder kommt die Klausel to pay on non-arrival of the cargo on its destination vor, auch wohl in Verbindung mit den Worten on such ship (Arnould 258 s. 291). — Wenn die Güter teilweise verlorengehen oder teilweise unterwegs verkauft werden müssen, erhält der Gewinnversicherte einen entsprechenden Teil der Versicherungssumme (Arnould 841 s. 877, 1020f. s. 1044).

b) Französisches Recht: § 45 Anm. 31, § 96 Anm. 38.

§ 104

Provision

Auf die Versicherung der im Falle der Ankunft der Güter am Bestimmungsorte zu verdienenden Provision finden die Bestimmungen dieses Titels entsprechende Anwendung. Jedoch gelten in den Fällen des § 101 nur 2% als versichert

Anm. 1 1. Vgl. HGB §§ 801, 802, 856, 879 Abs. 1, 2, ASVB §§ 24, 25, 111, 138 Abs. 1, 2, BSVB § 30. — **Literatur:** § 6 Anm. 2.

Anm. 2 2. Über Begriff und Versicherbarkeit der von der Ankunft der Güter am Bestimmungsort zu verdienenden Provision: § 1 Anm. 61 ff. — Über die entsprechende Anwendung der für die Güterversicherung geltenden Bestimmungen: § 99 Anm. 4.

Anm. 3 3. Die **Versicherungssumme gilt als Taxe** (§ 100 Abs. 1). — Der Versicherer kann die Herabsetzung der Taxe gemäß § 6 Abs. 2, nicht gemäß § 100 Abs. 2 verlangen, also nur, wenn beim Beginn der Versicherung die versicherte Provision nach dem Laufe der Dinge oder nach den besonderen Umständen nicht mit Wahrscheinlichkeit erwartet werden konnte und der Unterschied erheblich ist (§ 1 Anm. 63, 64).

Anm. 4 4. **Im Falle der gemeinschaftlichen Versicherung von Gütern und Provision gelten 2%** des Versicherungswerts, insbesondere der Taxe, der Güter **als Taxe** der Provision (§ 104 Satz 2, § 101). Der Fall ist selten und kann etwa vorkommen, wenn der Kommissionär die Güter für fremde, die Provision für eigene Rechnung gemeinschaftlich versichert.

Anm. 5 5. Auch § 102 ist für die Provisionsversicherung bedeutungslos. Laufende Provisionsversicherungen kommen nicht vor und laufende Güterversicherungen umfassen keine Provisionsinteressen.

Anm. 6 6. Der Provisionsversicherte kann die Versicherungssumme auch dann verlangen, **wenn die Güter aus einem anderen Grunde als infolge eines Totalverlustes den Bestimmungsort nicht erreichen** (§§ 104, 103 Abs. 1; RG 115. 397 = HRZ 1927. 180 = APV 1927. 50 = JRPV 1927. 41 = JW 1927. 1685 [Anm. Sebba]). — § 103 Abs. 2 ist der Natur der Sache nach unanwendbar (vgl. auch HGB §§ 860, 879 Abs. 3). — **Im Falle einer Beschädigung der Güter** kann der Provisionsversicherte den **Teil der Versicherungssumme** verlangen, der dem Verhältnis des Gesundwerts und des Schadenswerts der Güter entspricht (§§ 104, 103 Abs. 3; teilweise anders früher BSVB § 30 Abs. 2 für den Fall der Versicherung einer „zu verdienenden Makler-Courtage": „Ein durch Seebeschädigung veranlaßter Ausfall an der Courtage begründet, wenn die Güter ihren Bestimmungsort erreichen, keinen Anspruch für Schadenersatz an den Versicherer"). Aber § 93 Abs. 2 Satz 1 ist regelmäßig nicht oder doch nur beschränkt anwendbar; dem Provisionsversicherten bleibt überlassen, das Verhältnis zwischen Gesund- und Schadenswert der Güter in „geeigneter Weise" nachzuweisen (§ 74 Abs. 9; näheres: § 99 Anm. 4). „Gerettete" Provision wird natürlich angerechnet. Erhält z. B. der versicherte Agent oder Kommissionär für den Verkauf der beschädigten Güter dieselbe Provision, die er erhalten hätte, wenn die Güter nicht beschädigt wären, so kann er nichts verlangen.

Anm. 7 7. § 104 gilt sinngemäß auch für die **Rückversicherung.** Vgl. § 1 Anm. 136, § 100 Anm. 13, § 103 Anm. 22.

Anm. 8 8. Die **fremden Rechte** stehen (ebenso wie übrigens der Versicherungsverkehr überall) der Provisionsversicherung gleichgültig gegenüber. In England wird die Versicherung von commissions im wesentlichen ebenso behandelt, wie diejenige von profits (§ 1 Anm. 65).

Versicherung von Fracht, Schiffsmiete und Überfahrtsgeld

§ 105

Umfang der Haftung des Frachtversicherers

(1) Im Falle einer Frachtversicherung finden auf den Umfang der Haftung des Versicherers die für die Kaskoversicherung geltenden Bestimmungen des ersten Titels sowie die Bestimmungen des § 85 Abs. 1 und des § 86 über die Haftung des Versicherers im Falle einer Deckladung und eines durch die natürliche Beschaffenheit der Güter oder ähnliche Umstände entstandenen Schadens entsprechende Anwendung, soweit nicht in diesem Titel ein anderes bestimmt ist.

(2) Unfälle, von denen das Schiff betroffen wird, fallen dem Versicherer nur insoweit zur Last, als zur Zeit des Unfalls der Frachtvertrag abgeschlossen ist oder die Güter, falls sie für Rechnung des Reeders verschifft werden sollen, sich an Bord befinden.

(3) Haben die Güter die Eigenschaft, im Wasser zu schmelzen, so ist anzunehmen, daß das Maß, das Gewicht oder die Menge der abgelieferten Güter für den Betrag der Fracht maßgebend sein soll.

(4) Im Falle einer Zeitversicherung trägt der Versicherer nicht die Gefahren, denen die Fracht während einer Zureise ausgesetzt ist.

(5) Bei der Versicherung von Zeitfracht haftet der Versicherer nicht für einen Frachtverlust, der durch eine Verzögerung des Antritts oder der Vollendung einer Reise verursacht wird.

1. Vgl. HGB § 821 Nr. 1, 3, § 825 Abs. 3, § 868 Abs. 4, ASVB § 40 Abs. 2, § 70 Nr. 1, 3, § 74 Abs. 3, § 107 Abs. 3, § 123 Abs. 4, BSVB § 62 Abs. 9. Anm. 1

Literatur: Argyriadis, Die Frachtversicherung, 1961 (Heft 28 der Überseestudien). Enge, Art. „Frachtversicherung" und Handwörterbuch des Versicherungswesens, 1958, Bd. I. 695—697. Möller ITVMitt 1936. 129 (Totalverlust und Frachtversicherung), ITVMitt 1937. 81 (Arten und Rechtsnatur der Frachtversicherung). Mohr, Die Frachtversicherung, 1927.

2. **Vorb.** a) Über den Begriff und die Versicherbarkeit der Fracht: § 1 Anm. 66ff. Anm. 2

b) Den Vorschriften des Gesetzes und der ADS über die Frachtversicherung fehlt die Vollständigkeit und Geschlossenheit, die den Vorschriften über die Kasko- und die Güterversicherung eigentümlich sind. Das Gesetz insbesondere bestimmt zwar über die Dauer der Frachtversicherung (HGB § 825 Abs. 1) und über den Versicherungswert der Fracht (HGB § 793 Abs. 4, § 797 Abs. 2, § 798 Abs. 3). Es bestimmt über den Grund der Haftung des Frachtversicherers: daß der Frachtversicherer nicht haftet, wenn das Schiff seeuntüchtig war (HGB § 821 Nr. 1), daß er für einen durch Alter oder Abnutzung entstandenen Schaden nicht haftet (HGB § 821 Nr. 2; vgl. § 59 Anm. 19), daß er für einen aus der natürlichen Beschaffenheit der Güter entstandenen Schaden nicht haftet (HGB § 821 Nr. 3), daß er nur haftet, wenn Frachtverträge bereits abgeschlossen oder Reedersgüter vom Lande geschieden sind (HGB § 825 Abs. 3), daß, wenn der Frachtversicherte das Schiff abandonniert, die später verdiente Nettofracht dem Kaskoversicherer gebührt, und der Frachtversicherer für den dadurch entstehenden

§ 105 Frachtverlust haftet (HGB § 868; vgl. § 72 Anm. 20). Es bestimmt endlich über die Art des Schadens und über die Art und Höhe der Entschädigung im § 855 HGB, daß ein Totalverlust der Fracht „vorliegt, wenn die ganze Fracht verlorengegangen ist" (was sich doch wohl von selbst versteht), im § 858 HGB, daß der Frachtversicherer im Falle des Totalverlustes der Fracht die Versicherungssumme abzüglich des Ersparten zu zahlen hat, im § 861 HGB, daß der Versicherungsnehmer „den versicherten Gegenstand", also auch der Frachtversicherte die Fracht abandonnieren kann, im § 878 HGB, daß bei einem teilweisen Verlust der Fracht der verlorene Teil zu ersetzen ist. § 137 Abs. 2 ASVB fügte dieser letzten Vorschrift hinzu, daß, wenn Fracht „infolge einer Kondemnation oder des Verkaufs des Schiffes" verlorengeht, der Frachtversicherer nur haftet, wenn nach den Vorschriften über die Kaskoversicherung kondemniert oder verkauft ist. Unter welchen Voraussetzungen im übrigen Fracht als verloren anzusehen ist, der Frachtversicherte Entschädigung verlangen kann, wie im übrigen Art und Höhe der Entschädigung zu bestimmen sind, läßt das Gesetz im Dunkeln. Es ist dasselbe Geschick, das der Frachtversicherung auch im ausländischen Rechte widerfahren ist. Abgesehen von einigen Vorschriften über die Versicherbarkeit der Fracht (§§ 3, 12), über den Versicherungswert der Fracht (§ 16), über den Beginn der Frachtversicherung (RCP), enthält z. B. der MIA an besonderen Bestimmungen über die Frachtversicherung nur die nichtssagende Vorschrift, daß im Falle eines teilweisen Verlustes der Fracht der Versicherer einen entsprechenden Teil des Versicherungswerts zu ersetzen hat (§ 70). Insbesondere there is no definition or indeed mention of constructive total loss of freight in the MIA and the distinction between actual and constructive total loss is obviously much more artificial in the case of freight than in the case of hulls or goods (Arnould 1121f. s. 1149). Die ASVB und BSVB hatten das Gesetz nur in einzelnen Beziehungen ergänzt (vgl. ASVB §§ 16, 20, 21, 23, 38—40, 69, 70, 74, 107, 110, 113, 114, 116—126, 137, BSVB §§ 5, 42—44, 58, 62).

Anm. 3 c) Die ADS haben versucht, den Stoff zu meistern. Sie haben, außer über den Versicherungswert der Fracht (§ 107), über die Dauer der Frachtversicherung (§ 106) und über einige Einzelheiten (§ 105 Abs. 2—5), bestimmt, daß für den Umfang der Haftung des Frachtversicherers die für die Kaskoversicherung geltenden Vorschriften und zwei besondere, für die Güterversicherung geltende, Vorschriften maßgebend sein (§ 105 Abs. 1), und daß im übrigen überhaupt die für die Kaskoversicherung und die für die Güterversicherung geltenden Bestimmungen sinngemäß angewendet werden sollen (§§ 79, 99). Sie haben gleichwohl den Gegenstand keineswegs erschöpft und manchen Zweifel übrig gelassen.

Anm. 4 d) Den Bestimmungen, die für die Hauptgebiete der Seeversicherung, die Kasko- und die Güterversicherung, gelten, ist eigentümlich, daß sie sich zwar auch mit dem Grunde der Haftung des Versicherers und insoweit auch der Entschädigungsforderung des Versicherungsnehmers beschäftigen (nämlich für gewisse Fälle — der Seeuntüchtigkeit des Schiffes usw. — die Haftung des Versicherers beschränken oder ausschließen), aber im übrigen, die Haftung des Versicherers ihrem Grunde nach voraussetzend, gleichzeitig anordnen, von welcher Art der Schaden sein muß, um ersatzfähig zu sein, und von welcher Art und Höhe die Entschädigung für diese ersatzfähigen Schäden sein soll. Der Kaskoversicherer z. B. hat nur in den Fällen des Totalverlustes, der Verschollenheit, der Festhaltung, der Kondemnation, des Teilschadens zu entschädigen, und zwar die Versicherungssumme, einen Teil der Versicherungssumme, die Ausbesserungskosten zu zahlen oder zu ersetzen. Eine Ausnahme macht nur § 78 (und für die Güterversicherung § 81; vgl. § 81 Anm. 5). Denn § 78 setzt zwar auch die Haftung des Kaskoversicherers ihrem Grunde nach voraus, bestimmt aber nur, daß der Versicherer auch für indirekten Kollisionsschaden haftet, dagegen nicht, wie und in welcher Höhe er zu entschädigen hat; dies wird vielmehr als ohne weiteres aus der Natur der Sache sich ergebend angesehen (vgl. § 78 Anm. 15). Dies festzustellen, ist von Bedeutung, weil § 105 Abs. 1 bestimmt, daß die für den „Umfang der Haftung" des Kaskoversicherers geltenden Bestimmungen und ferner zwei für den Umfang der Haftung des Güterversicherers geltende Bestimmungen (nämlich die §§ 85 Abs. 1, 86) auch auf die Frachtversicherung angewendet werden sollen, und die §§ 79, 99 bestimmen, daß im übrigen die für die Kasko- und die für die Güterversicherung geltenden Bestimmungen sinngemäß anzuwenden sind. Man könnte nämlich hieraus schließen wollen, daß von den für die Güterversicherung geltenden Bestimmungen überhaupt nur die §§ 85 Abs. 1 und 86 Anwendung finden sollen, weil auch die übrigen Bestimmungen (nicht allein über Art und Höhe der Entschädigung, sondern auch) über die Ersatzfähigkeit des Schadens und insofern zugleich über den Grund der Entschädigungsforderung und den „Umfang der Haftung" des Güterversicherers sich verhalten. Davon kann natürlich keine Rede sein. Wie die für die Kaskoversicherung geltenden Bestimmungen über die Ersatzfähigkeit des Schadens und über Art und Höhe der Entschädigung Anwendung finden, so müssen auch die für die Güterversicherung geltenden Bestimmungen über die Ersatzfähigkeit des Schadens und über Art und Höhe der Entschädigung Anwendung finden. Wie gerade die ausdrückliche Hervorhebung der §§ 85 Abs. 1 und 86 beweist, sind also mit den Bestimmungen, die den „Umfang der Haftung des Versicherers" betreffen, nur die Bestimmungen gemeint, die sich mit dem Grunde der Haftung des Versicherers und nur insoweit mit dem Grunde der Entschädigungsforderung des Versicherungsnehmers beschäftigen, nicht auch die Bestimmungen, die sich mit der Ersatzfähigkeit des Schadens und nur insoweit mit dem Grunde der Entschädigungsforderung beschäftigen. Diese letzteren Bestimmungen finden gemäß den §§ 79, 99 Anwendung. Daß andererseits diese §§ 79, 99 überhaupt (auch) für die Frachtversicherung anwendbar sind, kann nicht zweifelhaft sein. Denn die Frachtversicherung erhält gerade ihr eigenartiges Gepräge von dem Umstand, daß sie sich sowohl auf das Schiff wie auf die Güter „bezieht", daß der Gewinn oder der Verlust der Fracht sowohl vom Schicksal des Schiffes wie vom Schicksal der Güter abhängt, — wie schon § 1 Anm. 68, § 79 Anm. 6, § 99 Anm. 10 ausgeführt ist und sich des näheren noch ergeben wird. § 105

e) Von den hauptsächlich in Betracht kommenden vier Gruppen von Bestimmungen, den Bestimmungen über den Versicherungswert, über die Dauer der Versicherung, über den Umfang der Haftung des Versicherers und über die Ersatzfähigkeit des Schadens und die Art und Höhe der Entschädigung, scheiden die ersten beiden hier für die Betrachtung aus. Sie sind ausreichend in den §§ 106, 107, 79, 99 berücksichtigt (näheres: § 106 Anm., § 107 Anm.). Die letzten beiden bieten um so größere Schwierigkeiten. — Die Fracht geht verloren, wenn entweder die Frachtforderung erlischt oder die Frachtforderung dem Frachtberechtigten (insbesondere durch Pfändung usw.) entzogen wird. Anm. 5

1. Die Frachtforderung erlischt aus Gründen, die am Schiffe oder an den Gütern oder an beiden liegen können. — Der Frachtvertrag tritt außer Kraft, die Frachtforderung erlischt, wenn das Schiff vor Antritt der Reise durch Zufall verlorengeht (HGB § 628 Abs. 1 Nr. 1). Ebenso, wenn es später verlorengeht; doch erlischt in diesem Falle die Frachtforderung nur teilweise, wenn Distanzfracht geschuldet wird (HGB § 630). Das Schiff gilt insbesondere als verloren, wenn es verunglückt, wenn es als reparaturunfähig oder reparaturunwürdig kondemniert und verkauft, wenn es geraubt, und wenn es aufgebracht oder angehalten und für gute Prise erklärt wird (HGB § 628 Abs. 1 Nr. 1). — Die Frachtforderung erlischt, wenn das Schiff an der Ausführung der Reise durch Verfügung von Hoher Anm. 6

§ 105 Hand gehindert wird und der Verfrachter oder der Befrachter vom Frachtvertrag zurücktritt (HGB §§ 629, 634). Sie erlischt, wenn das Schiff sonstwie aufgehalten und der Zweck des Frachtvertrags hierdurch vereitelt wird (HGB § 637; vgl. insbesondere noch HGB §§ 638, 640, 641). — Die Frachtforderung erlischt, wenn die Güter verlorengehen (HGB §§ 617, 618 Abs. 1 Nr. 2, 3, § 633), wenn der Verfrachter die Güter ausliefert (HGB § 625), wenn die Versendung der Güter durch Verfügung von Hoher Hand verhindert wird und der Verfrachter oder der Befrachter deswegen zurücktritt (HGB § 629 Nr. 1, § 634), wenn nach Kriegsausbruch Schiff oder Güter nicht mehr als frei betrachtet werden können und der Verfrachter oder der Befrachter deswegen zurücktritt (HGB § 629 Nr. 2, § 634), wenn Behälter mit flüssigen Waren unterwegs ganz oder größtenteils auslaufen und vom Befrachter dem Verfrachter für die Fracht an Zahlungsstatt überlassen werden (HGB § 616 Abs. 2, 4, Mohr 16f., Möller ITVMitt 1937. 85, Argyriadis 79f.) usw. Zu diesen frachtrechtlichen Gründen des Erlöschens kommen die gemeinrechtlichen Erlöschensgründe: Zahlung, Zahlungssurrogate, Erlaß, Verzicht usw.

Anm. 7 Von diesen Erlöschensgründen scheiden für das Versicherungsrecht zunächst diejenigen aus, die das Erlöschen nicht als Frachtverlust erscheinen lassen. Wenn der Frachtversicherte die Fracht erhält, auf sie verzichtet, sie sonstwie aufgibt, erleidet er keinen Verlust (§ 28 Anm. 36, 38, Argyriadis 172). Er kann daher auch vom Frachtversicherer, der (von besonderen Fällen abgesehen) nur für Verlust haftet, auch (schon aus diesem Grunde) keine Entschädigung verlangen (vgl. auch § 71 Anm. 8). Deshalb kann der Frachtversicherte auch keine Entschädigung verlangen, wenn er die Frachtgüter, ohne sich die Fracht zahlen zu lassen, ausliefert und infolge hiervon die Frachtforderung gegen den Befrachter erlischt (RG 38. 146, HGZ 1884. 256, 1896. 215, HG u. OG Hamburg HGZ 1875. 68). Auch nicht, wenn er sich bei der Erfüllung seiner Verbindlichkeit, Schaden zu verhüten, die Frachtforderung zu erhalten, eines Dritten bedient, und der Dritte etwas versieht (BGB § 278, Vorb. VIII vor § 1). Auch nicht, wenn der Kapitän pflichtwidrig (HGB § 614 Abs. 2) die Güter frachtfrei ausliefert, denn durch gesetzliche privative Schuldübernahme tritt lediglich nach § 614 Abs. 1 HGB und § 625 HGB anstelle des Befrachters der Empfänger als Frachtschuldner (RG 38. 141, HGZ 1884. 257, 1896. 215, HG u. OG Hamburg HGZ 1875. 68, auch Sieveking 181, Schaps-Abraham II 493 Anm. 15 zu § 614 HGB, Schlegelberger-Liesecke Anm. 3 zu § 614 HGB, Wüstendörfer SHR 346; anders die Vorauflage dieses Kommentars). — Der Frachtversicherte kann keine Entschädigung verlangen, wenn er berechtigt ist, vom Frachtvertrag zurückzutreten und von diesem Rechte Gebrauch macht und infolge hiervon die Frachtforderung erlischt (Sieveking 159). — Im übrigen ist zu unterscheiden, ob die Erlöschensgründe solche sind, aus denen der Kaskoversicherte oder der Güterversicherte Entschädigung unter bestimmten Voraussetzungen und in bestimmter Höhe verlangen kann, oder andere.

Anm. 8 α) Wenn das Schiff oder die Güter total verlorengegangen, die Güter teilweise verlorengegangen, das Schiff verschollen, Schiff oder Güter durch Verfügung von Hoher Hand angehalten usw., das Schiff kondemniert, die Güter unterwegs verkauft sind, können Kasko- und Güterversicherter ohne weiteres die Versicherungssumme oder einen Teil der Versicherungssumme verlangen. Die durch die §§ 79, 99 angeordnete Übertragung dieser Bestimmungen über die Höhe der Entschädigung auf die Frachtversicherung hätte wenig Wert, wenn diese Bestimmungen nur so anwendbar sein sollten, daß, wenn ihre Voraussetzungen vorlägen und außerdem feststände, daß die Frachtforderung erloschen ist, der Frachtversicherte die Versicherungssumme ganz oder teilweise verlangen könnte. Die

„entsprechende" Anwendung jener Bestimmungen kann nur bedeuten, daß sie auch insoweit anzuwenden sind, als sie über den Grund der Entschädigungspflicht des Versicherers bestimmen. Nur so konnte E 1910 § 103 verstanden werden, der die entsprechende Anwendung der Kaskoversicherungs-Vorschriften über den Totalverlust, die Verschollenheit, die Festhaltung durch Verfügung von Hoher Hand, die Reparaturunfähigkeit und Reparaturunwürdigkeit des Schiffes anordnete. Nur so kann § 79 verstanden werden, der (mit § 99) an die Stelle des E 1910 § 103 getreten ist (Mat 1. 286). Der Frachtversicherte kann also ohne weiteres die Versicherungssumme verlangen, wenn das Schiff (natürlich infolge eines dem Frachtversicherer zur Last fallenden Ereignisses) im Sinne des § 71 total verlorengegangen ist (vgl. auch § 71 Anm. 46ff.). Er braucht nicht nachzuweisen, daß die Fracht im Sinne des § 71 verlorengegangen ist (anders Mohr 49, Möller ITVMitt 1936. 131, Argyriadis 181). Die englische Auffassung, daß actual total loss of freight nur dann anzunehmen ist, whenever the happening of the event, on which the earning of freight depends, is rendered absolutely impossible, or in any practical sense utterly hopeless (Arnould 1049f. s. 1077), ist durch § 57 Abs. 1 MIA veranlaßt, wird aber durch die §§ 79, 99 nicht aufgenötigt, stände mit der deutschen Rechtsentwicklung nicht in Einklang und ist auch im englischen Seeversicherungs-Verkehr durch die IFC überholt, wonach in the event of the total loss, whether absolute or constructive, of the steamer the amount underwritten by this Policy shall be paid in full. Der Frachtversicherte kann ohne weiteres die Versicherungssumme verlangen, wenn das Schiff total verlorengegangen ist. Erspartes, insbesondere an Ausrüstungskosten Erspartes, muß er sich natürlich anrechnen lassen (Vorb. vor § 1 Anm. 70, § 70 Anm. 4; vgl. ASVB § 23). Ebenso, was er zur Ausgleichung des Frachtverlustes (etwa vom Gegensegler) erhalten hat. Ebenso Gerettetes, z. B. Distanzfracht (vgl. § 71 Abs. 1, § 71 Anm. 50) oder den Wert der vom Befrachter dem Verfrachter gemäß § 616 Abs. 2, 4 HGB überlassenen Güter. Dafür geht die Frachtforderung auf den zahlenden Versicherer über (siehe dazu auch Hellberg 106). Der Frachtversicherte muß aber Frachtschaden abzuwenden und insbesondere zu mindern suchen (§ 41). Zwar endigt der Frachtvertrag, wenn das im Frachtvertrag bestimmte Schiff verlorengeht (HGB § 630), ist also auch die Fracht endgültig verloren, der Frachtverlust also nicht mehr abzuwenden. Der Frachtverlust ist aber zu mindern. Der Frachtversicherte muß nach Möglichkeit für die anderweitige Weiterbeförderung der Güter nach dem Bestimmungsort und damit für Ersatzfracht oder Ersatzvergütung sorgen. Ist im Frachtvertrag kein Schiff bestimmt, kann also der Frachtvertrag auch mit einem anderen Schiffe erfüllt werden, so kann der Frachtverlust durch Weiterbeförderung der Güter mit einem anderen Schiffe auch noch abgewendet werden, muß der Frachtversicherte gemäß § 41 für solche Abwendung nach Möglichkeit sorgen. In beiden Fällen kann er gemäß § 32 Ersatz seiner Aufwendungen, gegebenenfalls gemäß § 37 über die Versicherungssumme hinaus, verlangen (vgl. Arnould 1052 s. 1079). Über den Fall, daß der Kaskoversicherer zahlt, das Schiff wiedererlangt und Schiff und Ladung die Frachtreise fortsetzen läßt: § 71 Anm. 45. — Der Frachtversicherte kann gemäß § 72 ohne weiteres die Versicherungssumme verlangen, wenn das Schiff verschollen ist (vgl. auch § 72 Anm. 23). Werden Schiff und Fracht abandonniert, so gehen die Rechte am Schiffe auf den Kaskoversicherer, die Frachtforderung auf den Frachtversicherer über (§§ 72 Abs. 3, 79). Wird die Fracht verdient, so erhält sie also der Frachtversicherer. Der Kaskoversicherer erhält den ihm gebührenden Teil der Fracht vom Kaskoversicherten (§ 72 Anm. 20); anders wohl, wenn Kasko und Fracht bei demselben Versicherer versichert sind und damit

§ 105 zum Ausdruck gebracht ist, daß der Versicherer sich mit der auf ihn übergehenden Frachtforderung bescheiden soll. — Der Frachtversicherte kann gemäß § 73 ohne weiteres die Versicherungssumme verlangen, wenn das Schiff durch Verfügung von Hoher Hand festgehalten wird usw. Er braucht nicht nachzuweisen, daß die Fracht verlorengegangen ist. Sache des Versicherers ist es, einzuwenden, daß Ausrüstungskosten erspart, Distanzfracht verdient ist usw. Der Frachtversicherte braucht insbesondere nicht zu warten, bis der Befrachter gemäß § 629 HGB vom Frachtvertrag zurücktritt. Aber er muß nach Möglichkeit dafür sorgen, daß die Güter anderweit weiterbefördert werden und dadurch Frachtverlust abgewendet oder gemindert wird (vgl. oben). — Unanwendbar sind die Bestimmungen über die Haftung des Kaskoversicherers im Falle eines Teilschadens, über die Feststellung solchen Teilschadens (§ 74), über die Ausbesserungspflicht des Kaskoversicherten und über die Höhe der Entschädigung (§ 75, § 74 Anm. 68, § 75 Anm. 49; ebenso für §§ 74, 75 Schlegelberger SVR Bem. III 5 f 3 zu § 1 ADS, Argyriadis 170, zweifelnd Mohr 46; abw. HansOLG HansRGZ 1932 B 91 = Sasse Nr. 421). Denn Teilschäden des Schiffes bedingen im allgemeinen keinen Frachtverlust. Ob und wieviel Fracht verlorengegangen ist, ist Gegenstand der rechtlichen Beurteilung und braucht im allgemeinen nicht außergerichtlich, insbesondere nicht durch Schiedsgutachter, festgestellt zu werden. Die allgemeine Ausbesserungspflicht des Versicherungsnehmers wäre im Rahmen des Frachtversicherungs-Verhältnisses unerträglich. Allerdings ist auch der Frachtversicherte dem Frachtversicherer gegenüber ausbesserungspflichtig; aber nur nach Maßgabe seiner Schadenabwendungs-Pflicht (§ 41; vgl. ROHG 14. 380, HG u. OG Hamburg, ROHG Ullrich Nr. 352, HGZ 1873. 100, 1874. 175, 1875. 129, OAG Lübeck Seebohm 151, auch Vorb. vor § 1 Anm. 71, § 75 Anm. 49). — Dagegen ist § 77 anwendbar (§ 77 Anm. 47; vgl. auch HG u. OG Hamburg HH. 22, Ullrich Nr. 223, 255, 280, 352). Der Frachtversicherte kann das reparaturunfähige oder reparaturunwürdige Schiff versteigern lassen und den Unterschied zwischen der Versicherungssumme und dem von der Fracht noch etwa übrig Gebliebenen, insbesondere der Distanzfracht, verlangen. Hat er nicht die Verfügung über das Schiff, so kann er den Unterschied zwischen Versicherungssumme und Gerettetem verlangen, wenn das Schiff im Kaskoversicherungs-Verhältnis wegen Reparaturunfähigkeit oder Reparaturunwürdigkeit versteigert wird; ist das Schiff unversichert, so muß es genügen, daß die Reparaturunfähigkeit oder -unwürdigkeit des Schiffes in „geeigneter Weise" festgestellt und das Schiff versteigert wird (§§ 79, 74 Abs. 9; näheres: § 77 Anm. 47; über die Schadenabwendungs-Pflicht des Frachtversicherten: oben). Wenn der Ersteigerer das Schiff ausbessern läßt und die Reise fortsetzt, so gebührt ihm nach § 476 HGB die ganze Fracht. Kasko- und Frachtversicherer erhalten nichts. Doch würde der Kaskoversicherer dem Kaskoversicherten, dieser dem Frachtversicherten den durch die Frachterwerbs-Chance etwa begründeten Mehrerlös als ungerechtfertigte Bereicherung herausgeben müssen und dieser Bereicherungsanspruch nach § 45 auf den Frachtversicherer übergehen. — Wenn die Güter ganz oder teilweise verlorengehen oder durch Verfügung von Hoher Hand festgehalten werden, sind nach § 99 die §§ 91, 92 sinngemäß anzuwenden (vgl. oben, aber auch § 93 Anm. 46, § 99 Anm. 4). Müssen die Güter unterwegs infolge eines dem Frachtversicherer zur Last fallenden Unfalls verkauft werden, so kann der Frachtversicherte den Unterschied zwischen der Versicherungssumme und dem Geretteten (insbesondere der Distanzfracht) verlangen (vgl. § 96 Abs. 2). Der Frachtversicherte muß aber nach Möglichkeit den Frachtverlust zu mindern, Ersatzfracht zu verdienen suchen (wie er, wenn das Schiff verlorengeht, nach Möglichkeit für die Weiterbeförderung der

Güter sorgen muß: oben; Lewis 2. 392). Übrigens geht nach herrschender Ansicht Fracht regelmäßig nicht verloren, wenn der Kapitän die Güter gemäß §§ 535, 540 HGB verkauft (Boyens Seerecht 2. 257, Pappenheim Seerecht 3. 508, Schaps-Abraham II Anm. 5 zu § 618 HGB, ROHG 25. 11, RG 13. 123, 14. 37, OAG Lübeck HGZ 1870. 243, HGZ 1910. 206, OG Hamburg HGZ 1869. 259; abw. Heck 485, HG Hamburg HGZ 1869. 50; zweifelnd HGZ 1898. 269). — § 93 ist unanwendbar. Schon deshalb, weil für beschädigte Güter regelmäßig Fracht zu entrichten ist. Die Frachtforderung erlischt auch nicht, Fracht geht nicht verloren, wenn zwar Fracht zu zahlen ist, aber die Güter infolge ihrer natürlichen Beschaffenheit verlorengehen oder so beschädigt werden, daß sie wertlos sind (vgl. HGB § 618 Abs. 1 und ADS § 105 Abs. 1). Das Pfandrecht des Verfrachters am Frachtgut hat seinen Inhalt verloren; die Frachtforderung ist entwertet. Aber die Frachtforderung als solche ist geblieben, und die Frachtversicherung ist keine Kreditversicherung, insbesondere keine Versicherung gegen Forderungsentwertung (§ 1 Anm. 68). **§ 105**

β) Mit den für die Kasko- und für die Güterversicherung bestimmten Entschädigungsfällen ist nicht auszukommen. Der Frachtversicherer muß auch in denjenigen Fällen für Frachtverlust haften, die von den Bestimmungen über die Kasko- und die Güterversicherung nicht gedeckt werden. So etwa, wenn der Befrachter vom Frachtvertrag zurücktritt, weil infolge Kriegsausbruchs Schiff oder Güter nicht mehr frei sind (vgl. HGB § 629 Abs. 1 Nr. 2, § 634). Oder wenn der Befrachter vom Frachtvertrag zurücktritt, weil Schiff oder Güter durch Verfügung von Hoher Hand festgehalten werden (vgl. HGB § 629 Abs. 1 Nr. 1, § 634); man kann dem Frachtversicherten nicht zumuten, bis zum Ablauf der Fristen des § 73 oder des § 121 Abs. 6 zu warten. Oder wenn das Schiff Aufenthalt hat, dadurch der Zweck des Frachtvertrags vereitelt und der Frachtvertrag infolge hiervon aufgelöst wird (HGB § 637, HG u. OG Hamburg Ullrich Nr. 352). Oder wenn Zeitfracht versichert ist, das Schiff unterwegs ausgebessert werden muß und nach § 638 HGB für die Dauer der Ausbesserung keine Fracht zu entrichten ist (vgl. aber auch § 105 Abs. 5 und dazu unten Anm. 34). Für alle solche Fälle fehlt es an Bestimmungen sowohl über die Ersatzfähigkeit des Schadens (und damit über den Grund der Entschädigungsforderung) wie über die Höhe der Entschädigung, also an den von § 28 Satz 3 vorausgesetzten Bestimmungen. Wegen § 28 Satz 3 in solchen Fällen die Entschädigung abzulehnen, ist angesichts der offenbaren Unzulänglichkeit der Bestimmungen über die Frachtversicherung nicht angängig. Der Frachtversicherer muß entschädigen. Er muß auch entschädigen, wenn sich etwa aus dem Frachtvertrag oder dem ihn beherrschenden fremden Rechte sonstige Frachtverlust-Gründe ergeben (über die Anzeigepflicht usw. des Versicherungsnehmers in diesen Fällen: § 87 Anm. 12). Die Höhe der Entschädigung wird sich regelmäßig ohne weiteres aus dem Frachtverlust ergeben. Anm. 9

2. Die Frachtforderung kann dem Frachtversicherten aber auch ohne zu erlöschen, verlorengehen, z. B. durch Pfändung entzogen werden (vgl. § 36). Für solche Fälle fehlt es gleichfalls an Bestimmungen über Art und Höhe der Entschädigung, wenn man nicht die §§ 79, 99 zu Hilfe nehmen will. Aber auch in diesen Fällen wird sich die Höhe der Entschädigung regelmäßig ohne weiteres aus dem Sachverhalt ergeben. Im Falle der Pfändung wird jedenfalls § 73 sinngemäß anzuwenden sein. Anm. 10

f) Wird die Fracht verbodmet, so fällt das versicherte Frachtinteresse insoweit weg oder wird schwebend (§ 1 Anm. 10, 106, § 71 Anm. 21). Der Bodmereigläubiger muß die Bodmereigelder versichern. Die Verbodmung geht den Frachtversicherer an und für sich so wenig an, wie den Kaskoversicherer die Verbodmung des Schiffes Anm. 11

§ 105 (vgl. nunmehr auch § 28 Satz 3). Das drückt sich in der englischen Rechtsauffassung noch schärfer, aber auch einseitiger aus: The underwriters on this policy engage only that freight shall be earned, and it has been earned; wenn die Fracht dem Bodmereigläubiger gezahlt und dem Frachtversicherten überhaupt „verloren" ist, it was by his own acts and omissions (Arnould 1145 s. 1168). Ebenso grundsätzlich HGZ 1891. 58, RG HGZ 1891. 191. Anders HGZ 1891. 58 für den Fall, daß der Unterverfrachter Unterfracht versichert hat und die Unterfracht verbodmet und vom Bodmereigläubiger in Anspruch genommen wird, weil hier nicht, wie im Falle der Oberfracht-Versicherung, der Frachtversicherte bereits „in den Bodmereigeldern den Gegenwert empfangen" habe (zustimmend Sieveking 160). Für solche Unterscheidung fehlt jeder Grund. Der Frachtversicherer steht für die Verbodmung der Fracht nur etwa insoweit ein, als die Verbodmung eine zur Abwendung oder Minderung (nur) von Frachtverlust geeignete und notwendige Maßregel ist, wie der Kaskoversicherer für die Veräußerung oder Verbodmung des Schiffes auch nur einsteht, wenn sie zur Abwendung oder Minderung von Kaskoschäden notwendig ist (§ 32 Anm. 8). Und hierbei kommt noch in Betracht, daß etwaiger Mangel an Mitteln regelmäßig nur den Versicherungsnehmer, nicht den Versicherer angeht (vgl. § 75 Anm. 21, § 77 Anm. 8). Übrigens handelte es sich im Falle HGZ 1891. 55 gar nicht um die Versicherung von Unterfracht, sondern um die Versicherung des vom Unterverfrachter dem Oberverfrachter subject to insurance endgültig bezahlten Charterfracht-Vorschusses (so richtig: RG HGZ 1891. 190). Eine solche Versicherung ist nicht, wie die Frachtvorschuß-Versicherung des Ladungsbeteiligten, Güterversicherung (vgl. § 90), sondern ist, da der Frachtvorschuß aus der Unterfracht wieder eingebracht werden soll, eine Frachtversicherung besonderer Art (§ 1 Anm. 82). Gesetz und ADS bestimmen nun nicht, daß der Versicherer endgültig bezahlten Oberfracht-Vorschusses dafür haftet, daß die Unterfracht zur Fortsetzung der Reise verbodmet wird, wie § 81 bestimmt, daß der Güterversicherer (und der Versicherer endgültig bezahlten Unterfracht-Vorschusses) dafür haftet, daß die Güter zur Fortsetzung der Reise verbodmet werden. Auch verbietet die Ausnahmenatur des § 81 seine sinngemäße Anwendung (vgl. übrigens auch § 81 Anm. 2—4). Jedenfalls bieten weder Gesetz noch ADS irgendeinen Anhalt für den vom RG HGZ 1891. 191 (zustimmend Sieveking 93) aufgestellten „Satz": „Der Versicherer von Frachtvorschuß sei zum Ersatz der vom versicherten Befrachter bezahlten Bodmereischuld dann verpflichtet, wenn für diese Zahlung aus der fortune de mer des Reeders keine Vergütung geleistet werden könne." Der „Satz" sagt offenbar zu viel und zu wenig.

Anm. 12 g) Im Falle der Versicherung von „Fracht" für Reedersgüter kommt eine Entziehung der Fracht nicht in Betracht. Im übrigen fehlt es an Bestimmungen. Man muß den Fall so behandeln, wie wenn eine Frachtforderung bestände (§ 1 Anm. 69, unten Anm. 20; vgl. auch HGB § 771 Abs. 5).

Anm. 13 h) Die Frachtversicherung setzt also im allgemeinen eine Frachtforderung, die Frachtforderung setzt einen Frachtvertrag voraus (allgemeine Meinung, vgl. etwa Mohr 33, Argyriadis 54, weitere Nachweise Argyriadis a. a. O. Anm. 3). Versichert ist also die durch den Frachtvertrag bestimmte Forderung. Der Frachtvertrag kann sich auf bestimmte oder unbestimmte Güter beziehen. Wenn sich der Frachtvertrag auf bestimmte Güter bezieht, bezieht sich notwendig auch die Frachtversicherung auf diese bestimmten Güter. Bezieht sich der Frachtvertrag auf Kaffee, so bezieht sich notwendig auch die Frachtversicherung auf Kaffee. Die Versicherung ist unwirksam, wenn statt Kaffee Zedernholz befördert wird. So erst recht, wenn die Versicherung ausdrücklich für eine Kaffeefracht genommen ist und Zedernholz verladen wird (LG Hamburg HGZ 1885. 159; abw. HGZ 1885. 160, 1886. 28: nur Verletzung der vorvertraglichen Anzeigepflicht). Wenn sich dagegen der Frachtvertrag auf Güter aller Art bezieht, der Versicherungsnehmer bei der Schließung des Versicherungsvertrags nur anzeigt, daß Kaffee verladen ist, während in Wirklichkeit Zedernholz verladen ist, ist eine Falschanzeige gemacht und, wenn der Unterschied gefahrerheblich ist, etwa weil die eine Ware wertvoller ist als die andere und mithin im Havariegrosse-Fall mehr beiträgt, der Versicherer nach § 20 Abs. 1 frei (HGZ 1885. 160, 1886. 28, 1887. 138; vgl. § 1 Anm. 185, § 20 Anm. 29, § 23 Anm. 9 unter nn). § 105

3. **Abs. 1.** Die Frachtversicherung ist die Versicherung des durch eine Frachtforderung vermittelten Interesses an der Erhaltung von Schiff und Ladung (§ 1 Anm. 68, Argyriadis 80, Mohr 13f.). Sie bezieht sich also auf das Schiff sowohl wie auf die Güter (oben Anm. 4 und Anm. 6 zu § 79). Hieraus folgt: Anm. 14

a) Die für die Kaskoversicherung geltenden Bestimmungen finden nach § 79 entsprechende Anwendung (oben Anm. 4, 8).

b) Insbesondere finden **die für die Kaskoversicherung geltenden Bestimmungen über den Umfang der Haftung des Versicherers entsprechende Anwendung,** also die §§ 58—65, 78. Ihre Anwendbarkeit ergibt sich also schon aus § 79. Sie ist nur wegen ihres Zusammenhangs mit den Bestimmungen über den Umfang der Haftung des Güterversicherers, die nicht ohne weiteres gemäß § 99 anwendbar sein sollen, noch einmal ausgesprochen. — Über den Begriff der Bestimmungen, die den „Umfang der Haftung des Versicherers" betreffen, vgl. oben Anm. 4.

c) Die für die Güterversicherung geltenden Bestimmungen finden nach § 99 entsprechende Anwendung (oben Anm. 4, 8). Insbesondere auch § 80, der nicht eine Bestimmung über den Umfang der Haftung des Güterversicherers ist, sondern eine Bestimmung darüber, was als versichert anzusehen ist. Die Versicherung von Fracht für Güter aller Art bezieht sich also nicht auf Güter der im § 80 bezeichneten Art. — Eine Ausnahme von der Anwendbarkeit der Güterversicherungs-Vorschriften machen die für die Güterversicherung geltenden Bestimmungen über den Umfang der Haftung des Versicherers: Anm. 15

d) An und für sich müßten auch die für den Umfang der Haftung des Güterversicherers geltenden Bestimmungen (über diesen Begriff: oben Anm. 4) entsprechende Anwendung finden. Aber die Mehrzahl dieser Bestimmungen eignet sich nicht zur Anwendung oder ist wenigstens für die Frachtversicherung ohne allzu große Bedeutung. Dies gilt insbesondere von den Bestimmungen über die Beschränkung oder den Ausschluß der Haftung des Güterversicherers für Beschädigung. Denn die Beschädigung der Güter hat, folgerichtigerweise oder nicht, im allgemeinen keinen Frachtverlust zur Folge (vgl. oben Anm. 8, auch ROHG 25. 12, RG 13. 125); würde im Frachtvertrag bedungen sein, daß im Falle der Beschädigung keine oder geringere Fracht zu zahlen ist, so würde dies dem Frachtversicherer nach § 19 angezeigt werden müssen (§ 87 Anm. 12). Deshalb erklärt § 105 Abs. 1 nur: **Die Bestimmungen des § 85 Abs. 1 und des § 86** über die Haftung des Versicherers im Falle einer Deckladung, und eines durch die natürliche Beschaffenheit der Güter oder ähnliche Umstände entstandenen Schadens **finden entsprechende Anwendung** (vgl. HGB § 821 Nr. 3, ASVB § 107 Abs. 3 Satz 1). Und die Bedeutung der Anwendbarkeit des § 86 ist auch nicht allzu groß, weil eben trotz Beschädigung der Güter Fracht zu zahlen ist, also nicht verlorengeht, und weil nach § 618 Abs. 1 HGB auch für solche Güter Fracht zu entrichten ist, die infolge ihrer natürlichen Beschaffenheit verlorengehen. Größer ist die Bedeutung des § 85 Abs. 1 für die Frachtversicherung. Schon vor längerer Zeit sind die Assekuradeure in den Hansestädten übereingekommen, Versicherung für „Reedersfracht auf Decklast" nur mit der aus § 85 Abs. 1 ADS sich ergebenden Beschränkung zu übernehmen, „um das Interesse des Reeders an Erhaltung der Deckslast wachzuhalten" (Hamburger Tarif 1914. 573). — Zu den nicht für anwendbar erklärten Anm. 16

§ 105 Bestimmungen gehört § 89, wonach der Versicherer die Gefahr ortsüblicher Benutzung von Leichterfahrzeugen trägt (vgl. § 89 Anm. 2). Hieraus folgt aber noch nicht, daß der Frachtversicherer diese Gefahr nicht trägt. Zwar trägt er nicht die Gefahren, denen der Leichter ausgesetzt ist (Gefahren, denen freilich auch die Fracht kaum je ausgesetzt sein wird). Denn auf den Leichter bezieht sich die Frachtversicherung nicht. Aber die Gefahren, denen die Güter ausgesetzt sind, trägt er gemäß § 106 Satz 2 bis zu dem Zeitpunkt, in dem die Güterversicherung endigt. Er trägt also auch die Gefahr der ortsüblichen Benutzung von Leichterfahrzeugen im Ablieferungshafen. Dagegen trägt er die Gefahr der Benutzung von Leichterfahrzeugen bei der Einladung der Güter in das Seeschiff nicht. Denn die Frachtversicherung beginnt nach § 106 Satz 2 in Ansehung der Gefahren, denen die Güter ausgesetzt sind, erst mit der Aufnahme der Güter an Bord des Schiffes. Anders IFC: Including risk of craft and/or lighter to and from the ship. Each craft and/or lighter to be deemed a separate insurance if desired by the assured. — Unanwendbar ist § 95 Abs. 3. Der Frachtversicherer haftet für die Kosten, die durch die Umladung, Lagerung und Weiterbeförderung der Güter entstehen, gemäß § 32 nur insoweit, als diese Kosten zur Abwendung oder Minderung von Frachtverlust aufgewendet sind. Kann der Frachtversicherte Ersatz der Kosten von Ladungsbeteiligten verlangen, so geht der Ersatzanspruch gemäß § 45 auf den Frachtversicherer über. Der Ladungsbeteiligte erhält dann gemäß § 95 Abs. 3 vom Güterversicherer Entschädigung.

Anm. 17 e) Da schon die §§ 79, 99 die entsprechende Anwendung der Bestimmungen über die Kasko- und die Güterversicherung anordnen, hätte also im § 105 Abs. 1 nur bestimmt zu werden brauchen, daß von denjenigen Bestimmungen, welche den Umfang der Haftung des Güterversicherers betreffen, nur die §§ 85 Abs. 1, 86 sinngemäß anzuwenden seien. Hierin erschöpft sich die Bedeutung des § 105 Abs. 1. — Auch der im § 105 Abs. 1 enthaltene Vorbehalt: **„soweit nicht in diesem Titel ein anderes bestimmt ist"**, hat keine Bedeutung. E 1910 § 100 Abs. 1 hatte ihn wesentlich deshalb gemacht, weil E 1910 § 104 für die Versicherung endgültig bezahlter Fracht „ein anderes (nämlich die ausschließliche Anwendung der Bestimmungen über die Güterversicherung) bestimmte". Als E 1910 § 104 ausfiel, hätte auch der Vorbehalt wegfallen müssen. Freilich bestimmt auch § 105 Abs. 2—5 noch Besonderes über den Umfang der Haftung des Frachtversicherers, — aber zum Teil nur scheinbar (unten Anm. 19), zum anderen Teil doch eben im unmittelbaren Anschluß an § 105 Abs. 1 und mithin so, daß die Bestimmungen des § 105 Abs. 2—5 sich ohne weiteres als Sonderbestimmungen neben dem § 105 Abs. 1 in seiner jetzigen Fassung dargestellt haben würden.

Anm. 18 f) Aus dem Wesen der Frachtversicherung als einer sowohl auf das Schiff wie auf die Güter sich beziehenden Versicherung folgt aber weiter, daß auch alle diejenigen Bestimmungen auf die Frachtversicherung anzuwenden sind, welche Versicherungen betreffen, „die sich auf das Schiff beziehen", oder „die sich auf die Güter beziehen". Dies gilt insbesondere von § 34 Abs. 3, § 35 Abs. 2, 3, § 37 Abs. 1. Wenn z. B. das Schiff infolge von Kriegsereignissen einen Hafen anläuft, ist der Frachtversicherer gemäß § 35 Abs. 2 frei, mögen auch die Güter noch nicht ausgeladen sein (und zwar ganz; nicht nur, soweit sich die Frachtversicherung auf das Schiff bezieht). Nach § 33 Abs. 2 haftet bei einer Versicherung, „die sich auf die Güter bezieht", der Versicherer nicht für den Schaden, den der Ablader oder der Empfänger in dieser Eigenschaft vorsätzlich oder fahrlässig verursacht. Diese Bestimmung beruht auf der Erwägung, daß Ablader und Empfänger im allgemeinen Personen sind, deren der Versicherungsnehmer sich bei Erfüllung seiner Schadenverhütungs-Pflicht bedient und deren Verschulden er mithin schon gemäß § 278 BGB zu vertreten hat, daß sie aber ausnahmsweise auch einmal nicht zu diesen Personen gehören mögen und der Versicherungsnehmer auch in diesen Ausnahmefällen das Verschulden des Absenders und des Empfängers vertreten soll (Begr. z. E 1910 § 36, § 33 Anm. 32). Unter diesen Umständen bleibt nichts anderes übrig, als § 33 Abs. 2 auch auf Frachtversicherungen anzuwenden, wenngleich Ablader und Empfänger regelmäßig nicht zu den Personen gehören, deren der Frachtversicherte sich zur Erfüllung seiner Schadenverhütungs-Pflicht bedient, und wenngleich man bei der Fassung des § 33 Abs. 2 an die Frachtversicherung nicht gedacht haben mag. Das ist übrigens nicht von großer Bedeutung. Denn auch der Befrachter hat regelmäßig dem Verfrachter gegenüber das Verschulden des Abladers und des Empfängers zu vertreten. Er muß daher, wenn die Frachtgüter infolge eines Verschuldens des Abladers oder des Empfängers nicht befördert werden, regelmäßig gleichwohl Fracht zahlen (vgl. insbesondere HGB §§ 617, 628, 633). Infolge eines Verschuldens des Abladers oder des Empfängers geht daher regelmäßig Fracht nicht verloren. — Über die Anwendbarkeit des § 49 auf Frachtversicherungen: § 49 Anm. 13. **§ 105**

4. **Abs. 2.** Die Frachtversicherung setzt eine Frachtforderung voraus (§ 1 Anm. 68). Anm. 19
Zwar kann auch für ein künftiges Frachtinteresse Versicherung genommen werden (§ 4 Abs. 1, Argyriadis 54). Aber solange keine Frachtforderung da ist, ist das Interesse nicht da, und solange das Interesse nicht da ist, kann es nicht versichert sein. Zwar kann auch für bloß erwartete Fracht eine Gegenwartsversicherung genommen werden (§ 1 Anm. 54). Aber nicht in der Form einer gewöhnlichen Frachtversicherung, und zwar auch dann nicht, „wenn für die Aussicht auf Frachtverdienst durch künftig abzuschließende Frachtkontakte . . . die größte Wahrscheinlichkeit spricht" (Prot. 4345). Diese Gedanken bringen Gesetz (HGB § 825 Abs. 3) und ADS (§ 105 Abs. 2) zu nicht gerade glücklichem Ausdruck: **Unfälle, von denen das Schiff betroffen wird, fallen dem Frachtversicherer nur insoweit zur Last, als zur Zeit des Unfalls der Frachtvertrag abgeschlossen ist.** Unfälle, von denen die Güter betroffen werden, fallen dem Frachtversicherer natürlich ebensowenig zur Last, wenn der Frachtvertrag noch nicht geschlossen, eine Frachtforderung, die Fracht noch nicht entstanden ist, wenn z. B. der Reeder die Güter mit Rücksicht auf den erst noch abzuschließenden Frachtvertrag einstweilen an Bord genommen hat und die Güter und damit die Aussicht auf Frachtverdienst verlorengehen, bevor der Frachtvertrag geschlossen ist. Ein versicherbares Interesse war zwar zur Zeit des Verlustes schon vorhanden, aber noch nicht das versicherte Interesse, das Frachtinteresse (ebenso Arnould 291 s. 323, Argyriadis 64). — Es ergibt sich also:

a) für den Fall, daß die Frachtgüter verladen sind. Ist die Fracht geschlossen, so haftet der Frachtversicherer. Ist die Fracht nicht geschlossen, so haftet er nicht. Wird die Fracht geschlossen, so beginnt er zu haften.

b) für den Fall, daß die Frachtgüter noch nicht verladen sind. Ist die Fracht geschlossen, so haftet der Frachtversicherer, — vorausgesetzt natürlich, daß die Frachtversicherung begonnen hat, insbesondere das Schiff die etwa mitversicherte Ballast-Zureise angetreten hat. Ist die Fracht nicht geschlossen, so haftet er nicht. Wird die Fracht geschlossen, so haftet er, — vorausgesetzt wieder, daß die Versicherung beginnen kann.

Die Bestimmung, daß zur Zeit des Unfalls der Frachtvertrag abgeschlossen sein muß, Anm. 20
ist mithin überflüssig (so auch Argyriadis 55, Schlegelberger SVR Anm. III 5f. 5 zu § 1 ADS). Sie dient nur zur Einführung einer anderen Bestimmung, die zwar nicht überflüssig ist, aber an falscher Stelle steht und überdies unter der mangelhaften Fassung der sie einführenden Bestimmung gelitten hat. Sollen Reedersgüter befördert werden, so kann die übliche Fracht versichert werden, obgleich gar keine Frachtforderung da ist und es sich um ein reines (und auch als solches versicherbares), Güterinteresse

§ 105 (höchstens buchmäßig um ein Verfrachterinteresse) handelt (§ 1 Anm. 69). **Falls die Güter für Rechnung des Reeders verschifft werden sollen, fallen Unfälle, von denen das Schiff betroffen wird, dem Frachtversicherer nur zur Last, wenn die Güter sich an Bord befinden.** Auch insoweit behandelt § 105 Abs. 2 nur die eine Seite des Verhältnisses. Unfälle, von denen die Güter betroffen werden, bevor sie an Bord gebracht sind, fallen dem Frachtversicherer natürlich noch viel weniger zur Last. Es ergibt sich also, daß § 105 Abs. 2 hier gar nicht über den „Umfang der Haftung des Frachtversicherers", sondern über den Beginn der Frachtversicherung bestimmt und insoweit in § 106 einzuordnen gewesen wäre. Denn, kann man auch von einem zeitlichen Umfang der Frachtversicherung sprechen (vgl. auch die Überschrift vor HGB § 820), so wollen doch die ADS unter dem „Umfang der Haftung des Versicherers" nur den sachlichen Umfang der Haftung verstanden wissen (vgl. z. B. Überschriften über §§ 105, 106). Die Versicherung von Fracht für Reedersgüter beginnt also, wenn die Güter an Bord kommen, d. h. nach der verkehrsmäßigen Bedeutung dieses Ausdrucks, an Bord des zur Beförderung bestimmten Seeschiffs; nicht etwa schon, wenn sie in Leichter oder dergl. gebracht werden, die sie an Bord bringen sollen (vgl. auch § 106 Satz 2, ASVB § 74 Abs. 3 und dazu Voigt 490, auch OLG Kiel SA 56 Nr. 83 über die Kaufklausel „Frei an Bord"; anders HGB § 825 Abs. 3: wenn die Güter „zum Zwecke der Einladung in das Schiff oder in die Leichterfahrzeuge bereits vom Lande geschieden sind").

Anm. 21 Wenn die Fracht vom Befrachter endgültig bezahlt, vom Verfrachter endgültig erhalten ist, ist keine Frachtforderung mehr da. Ein versicherbares Interesse des Verfrachters besteht zwar noch; denn die Fracht, der Frachtbetrag kann ihm (insbesondere durch den schadensersatz-berechtigten Gegensegler) wieder entzogen werden (§ 1 Anm. 77). Aber dieses Interesse könnte als „Fracht" eigentlich nicht versichert werden. Die Verkehrsanschauung nimmt aber an der Versicherung dieses Interesses als eines Frachtinteresses keinen Anstoß, und sie entscheidet (§ 1 Anm. 78). Es wird so angesehen, wie wenn die Frachtforderung noch bestände (Argyriadis 111 meint, es sei nicht verständlich, warum Ritter eine Fiktion des Fortbestehens der Frachtforderung bei endgültig bezahlter Fracht annehmen wolle, wenn er selbst die Rechtsnatur der Seefrachtversicherung als Haftpflichtversicherung anerkenne. Mohr 53 spricht von einer Versicherung „der Frachtgelder" bei festverdienter Fracht; dazu Argyriadis a. a. O.: davon könne nur die Rede sein, wenn die eingezogenen Frachtgelder getrennt aufbewahrt und als Sache versichert würden). Der Fall wird auch durch den Wortlaut des § 105 Abs. 2 Halbs. 1 gedeckt: Der Frachtvertrag ist ja abgeschlossen. Insofern hat also § 105 Abs. 2 Halbs. 1 doch noch eine gewisse Bedeutung. Freilich: Fehlte diese Bestimmung, so würde dasselbe gelten müssen.

Anm. 22 Über die Klausel: „Einerlei, ob die Fracht gemacht wird oder nicht, und ob dieselbe durch bereits geschlossene Verträge gesichert ist oder nicht": RG 71. 395.

Anm. 23 Auch nach englischer Rechtsauffassung haftet der Frachtversicherer nur, wenn der Frachtvertrag abgeschlossen ist; er haftet aber schon vorher, wenn die Frachtgüter sich bereits an Bord befinden (Arnould 290 s. 322. Für den Fall der Versicherung von Fracht für Reedersgüter vgl. Arnould 304 s. 333: The cases show that to give him an insurable interest he must have goods definitely intended for shipment, which are so far ready that he will be able to ship them in the ordinary course when the ship reaches her loading place. Der Frachtversicherer haftet also insbesondere, wenn das Schiff auf der versicherten Reise nach dem Abladehafen fährt, um hier dem Reeder gehörige oder von ihm eingekaufte und zur Verschiffung bereit liegende Güter abzuholen.

Anm. 24 5. **Abs. 3.** Nach § 620 HGB ist, wenn die Fracht nach Maß, Gewicht oder Menge der Güter bedungen ist, im Zweifel anzunehmen, daß die Fracht nach Maß,

Gewicht oder Menge der abgelieferten Güter, nicht nach Maß, Gewicht oder Menge der eingelieferten Güter zu zahlen ist. Maß, Gewicht oder Menge der abgelieferten Güter können größer sein als Maß, Gewicht oder Menge der eingelieferten Güter. Dann ist auch die zu zahlende Fracht größer. Dieser Fall kommt für die Frachtversicherung nicht in Betracht. Maß, Gewicht oder Menge der abgelieferten Güter können kleiner sein als Maß, Gewicht oder Menge der eingelieferten Güter. Dann ist auch die zu zahlende Fracht kleiner. Auf diesen Fall kommt es an. In diesem Falle wird die Frachtforderung durch den Unterschied nicht berührt. Der Verfrachter erhält die ganze vereinbarte Fracht. Daß er weniger erhält, als er erhalten haben würde, wenn die Fracht durch Maß, Gewicht oder Menge der eingelieferten Güter bestimmt wäre, beruht nur auf dem Frachtvertrag. Fracht ist nicht verlorengegangen. Der Frachtversicherer haftet deshalb auch nicht. Ohne Bedeutung ist für das Frachtversicherungs-Verhältnis aber auch, worauf der Unterschied beruht. Beruht er auf der natürlichen Beschaffenheit der Güter, so würde der Frachtversicherer gemäß §§ 105 Abs. 1, 86 auch dann nicht haften, wenn der Frachtunterschied als Frachtverlust anzusehen wäre. Der Frachtversicherer (der nur die Versicherung für Fracht übernommen hat, die nach Maß, Gewicht oder Menge der Güter zu zahlen ist) haftet aber auch dann nicht, wenn andere Umstände, insbesondere Gefahrunfälle, den Unterschied herbeigeführt haben, die Güter also teilweise verlorengegangen sind (HG u. OG Hamburg Ullrich Nr. 180). Anders, wenn die Güter überhaupt nicht „abgeliefert" werden, sondern derart total verlorengehen, daß nichts „abzuliefern" ist oder Schiff und Güter verschollen sind (HG u. OG Hamburg Ullrich Nr. 180, 359). Freilich ist in solchem Falle schwer zu ermitteln, welches Maß, Gewicht oder Menge abgeliefert wäre, wenn die Güter nicht untergegangen wären; im Zweifel bleibt nur übrig, anzunehmen, daß das eingelieferte Maß, Gewicht oder Menge auch abgeliefert wäre (HG u. OG Hamburg Ullrich Nr. 359). Würde die Versicherung nicht für Fracht übernommen sein, die nach Maß, Gewicht oder Menge der abgelieferten Güter zu zahlen ist, die Fracht aber doch nach Maß, Gewicht oder Menge zu zahlen sein, so würde der Versicherer für Frachtverlust infolge Gefahrereignisses nach allgemeinen Grundsätzen haften (vgl. Schaps-Abraham II Anm. 1 zu § 620 HGB, auch Pappenheim Hdb. 3. 517: Bevor die Fracht gemäß § 620 HGB berechnet werden könne, müsse feststehen, daß der Verfrachter überhaupt Fracht verlangen könne). § 105

Anders, wenn die Parteien des Frachtvertrags zwar die Fracht nach Maß, Gewicht oder Menge der Güter bedungen, aber (abweichend von § 620 HGB) vereinbart haben, daß Maß, Gewicht oder Menge der eingelieferten Güter für die Höhe der Fracht entscheiden soll. Gehen Güter verloren, muß der Frachtversicherer im allgemeinen entschädigen. Er kann sich auch wohl nicht darauf berufen, daß der Frachtvertrag von der seerechtlichen Norm abweicht und diese Abweichung ihm hätte angezeigt werden müssen (vgl. § 87 Anm. 12). Denn § 620 HGB ist keine Dispositiv-, sondern nur eine Auslegungsvorschrift und mit vertragsmäßigen Abweichungen von solchen Vorschriften muß der Versicherer im allgemeinen rechnen. Auch sind solche Abweichungen verkehrsgemäß. Sie sind aber besonders gefährlich, wenn die Güter sogenannte Schmelzgüter sind, z. B. Salpeter, Salz, Zucker (HG u. OG Hamburg Ullrich Nr. 180, HGZ 1869. 260: Muscovaden). Deshalb ist, **wenn die Güter die Eigenschaft haben, im Wasser zu schmelzen, anzunehmen, daß das Maß, das Gewicht oder die Menge der abgelieferten Güter für den Betrag der Fracht maßgebend sein soll.** Mag auch im Frachtvertrag bedungen sein, daß Maß, Gewicht oder Menge der eingelieferten Güter entscheiden soll, — der Frachtversicherer haftet nur so, wie wenn es nicht bedungen wäre und er ausdrücklich nur Versicherung für Anm. 25

§ 105 Fracht übernommen hätte, die nach Maß, Gewicht oder Menge der abgelieferten Güter zu zahlen ist. Und selbst wenn die Fracht nicht nach Maß, Gewicht oder Menge der Güter bedungen, sondern z. B. „in Bausch und Bogen" bestimmt ist, wird es so angesehen, wie wenn die Fracht nach Maß, Gewicht oder Menge der abgelieferten Güter bedungen und versichert wäre.

Anm. 26 Der Frachtversicherer hat die Versicherung für Fracht übernommen, die nach Maß, Menge oder Gewicht der abgelieferten Schmelzgüter übernommen ist. § 105 Abs. 3 ist, gleich den ADS überhaupt, Bestandteil des Versicherungsvertrags. Aber er gibt sich, wie eine gesetzliche Auslegungsregel (verb. „so ist anzunehmen"). Er gilt also (schon) dann nicht, wenn sich aus den Umständen ein abweichender Wille der Parteien ergibt. So insbesondere nicht, wenn der Reeder bei der Schließung des Versicherungsvertrags angezeigt hat, daß es sich um Fracht für Schmelzgüter handle und die Fracht nach dem Frachtvertrag durch das eingelieferte Maß usw. bestimmt werde, der Versicherer andererseits diese Anzeige widerspruchslos hingenommen hat. Ähnlich übrigens schon die hamburgischen Frachtversicherungs-Bedingungen von 1785 (Vorb. vor § 1 Anm. 3) § 9: „Wer die Fracht von Salz oder andern, dem Schmelzen unterworfenen, loos im Schiffe geladenen Waren versichern läßt, muß ausdrücklich anzeigen: ob die Fracht für das eingenommene oder auszuliefernde Maaß stipulirt ist, sonst wird das letztere angenommen". Ebenso Gossler im Jahre 1792 zur Errichtung der Preußischen Neuen Assekuranzkompagnie (ZfVW 1902. 226): „Wer die Fracht von Salz oder andern dem Schmelzen unterworfenen lose ins Schiff geladenen Waren versichern läßt, muß anzeigen, ob die Fracht für das eingenommene oder für das auszuliefernde Maß festgesetzt sei. Sonst wird das Letztere angenommen und danach die Vergütigung geleistet".

Anm. 27 6. **Abs. 4.** Der Frachtvertrag muß „abgeschlossen", eine Frachtforderung da sein, wenn Fracht versichert werden soll. Der Frachtvertrag muß abgeschlossen werden, die Frachtforderung entstehen, wenn die für ein künftiges Frachtinteresse genommene Versicherung wirksam werden soll (oben Anm. 19). Das ist eine aus dem Wesen der Frachtversicherung ohne weiteres sich ergebende Voraussetzung. Ist der Frachtvertrag nichtig, so ist natürlich keine Frachtforderung und damit auch kein versicherbares Frachtinteresse entstanden, die Frachtversicherung unwirksam (so auch Argyriadis 58). Ist anstelle der versicherten Frachtforderung eine andere Forderung, insbesondere aus der Beförderung eine Forderung auf Herausgabe ungerechtfertigter Bereicherung entstanden, so tritt diese Ersatzforderung anstelle der versicherten Frachtforderung in die Versicherung ein, wenn im übrigen Interesse und Gefahr gleich geblieben sind (vgl. auch § 1 Anm. 120). Zwar war die Bezeichnung des versicherten Interesses als eines Frachtinteresses unrichtig. Aber diese Unrichtigkeit ist unerheblich, weil Gesetz und ADS auch die Versicherung von „Fracht" für Reedersgüter als Frachtversicherung gelten und damit erkennen lassen, daß es ihnen hier nur auf das Interesse ankommt, das für den Reeder durch die Beförderung der Güter begründet wird (Argyriadis 59 meint, bei der obigen Darlegung würde nicht berücksichtigt, daß der Bereicherungsanspruch erst nach Abschluß der Beförderung entstehe, so daß vorher kein versicherbares Forderungsinteresse vorhanden sei. Er glaubt, es sei deshalb richtiger, die an sich unwirksame Frachtversicherung auf die Versicherung eines diesbezüglichen Gewinninteresses oder auf eine diesbezügliche Haftungssumme umzudeuten). Hieraus ergibt sich auch, daß, wenn die Fracht eines Schiffes für eine Reise versichert ist und das Schiff so viele Güter wie diejenigen, für welche die versicherte Fracht zu entrichten ist, nicht befördern kann, die Frachtforderung nicht oder nur teilweise besteht und die Frachtversicherung ganz oder teilweise unwirksam ist (HG u. OG Hamburg HGZ 1872. 380, 393). Geht das Schiff nach Beginn der Beladung (vgl. §§ 106, 66 Abs. 1) total verloren, so haftet der Frachtversicherer nur für den Verlust der Fracht, die das Schiff, auf das die Frachtversicherung sich bezieht, auf der versicherten Reise verdient haben würde. Soll das Schiff die Frachtgüter auf zwei Reisen, einer ersten versicherten und einer späteren unversicherten Reise von X nach Y befördern, so ist von der Gesamtfracht natürlich nur so viel versichert, wie auf die versicherte Reise entfällt. Zwar ist der Frachtvertrag geschlossen, die Frachtforderung vorhanden. Zwar haftet der Frachtversicherer für unbesegelte wie für besegelte Fracht. Aber die Frachtversicherung kann auf der ganzen versicherten Reise von X nach Y für den nicht einnahmefähigen Teil der Güter nicht beginnen und beginnt daher auch nicht und niemals. Sind die beiden Reisen von X nach Y (oder eine Hin- und eine Rückreise) frachtversichert, so kommt es darauf an, ob die beiden Reisen als besonders versichert oder als eine einzige Versicherungsreise versichert anzusehen sind. Sollen die beiden Reisen als besonders versichert gelten, so haftet der Frachtversicherer nur für den Verlust des Teiles der Gesamtfracht, der auf die Verlustreise entfällt; geht das Schiff auf der ersten Reise verloren, so fällt im übrigen das versicherte Frachtinteresse weg (§ 4 Abs. 1). Sollen dagegen beide Reisen wie eine einzige versichert gelten, so haftet der Frachtversicherer, wenn das Schiff auf der ersten Reise verlorengeht, auch für den auf die zweite Reise entfallenden Teil der Gesamtfracht. Im Zweifel ist anzunehmen, daß jede Reise als besonders versichert gelten soll. Denn es kann ohne weiteres nicht angenommen werden, daß der Frachtversicherer eine über das Gewöhnliche weit hinausgehende Haftung hat übernehmen wollen. Vgl. auch die hamburgischen Frachtversicherungs-Bedingungen von 1785 (Vorb. vor § 1 Anm. 3) § 7: „Assekuranz auf Gewinn auf Frachten findet nur bei Befrachtungen Statt, . . . wo bei einer doppelten Reise die zweite dem Reder so vorteilhaft ist, daß er für diesen Gewinn sicher seyn will, den er verfelen würde, wenn das Schiff auf der ersten Reise verunglückte"; in diesem „Fall, der auch in der Police angezeigt werden muß, bezalt der Assekuradör nur einen totalen Schaden, und den nur, wenn das Schiff die erste Reise nicht vollenden kann". § 105

Wenn eine einzige Reise von X über Y nach Z frachtversichert ist und das Schiff in Ballast nach Y fährt, um in Y die Frachtgüter abzuholen und sie nach Z zu befördern, so haftet der Versicherer, auch wenn das Schiff auf der Ballastzureise, also zwischen X und Y verlorengeht (vgl. Prot. 4339, RG 7. 30, 71. 397, auch Begr. z. E 1910 § 100, wo jedoch im Abs. 2 statt „X nach Y" vielmehr „X nach Z" zu lesen ist, auch Ulrich 217, bei dem jedoch der eben bezeichnete, sinnentstellende Druckfehler wiederkehrt; früher wurde angenommen, daß im Zweifel nur besegelte Fracht versichert sei, vgl. hierüber und über die streitige Auslegung des AllgPlan 1847 § 105: Benecke 2. 252, Nolte 1. 84, 691, Lewis 2. 391, Voigt 143, 486, HG u. OG Hamburg HGZ 1872. 380, 393). Wenn das Schiff mit halber Ladung nach Y fährt, um hier die andere halbe Ladung abzuholen und die gesamte Ladung nach Z zu befördern, und auf der Reise von X nach Y verlorengeht, haftet der Frachtversicherer auch für die Fracht der zweiten halben Ladung. Wenn das Schiff mit voller Ladung nach Y fährt, um hier die halbe Ladung zu löschen und eine neue halbe Ladung für Z einzunehmen, und auf der Reise von X nach Y verlorengeht, haftet der Versicherer sowohl für den Verlust der Fracht, welche auf die halbe, von X nach Z bestimmte Ladung entfällt, wie für den Verlust der Fracht, welche auf die halbe von X nach Y bestimmte Ladung entfällt, wie für den Verlust der Fracht, welche auf die halbe von Y nach Z bestimmte Ladung entfällt. So wenigstens, wenn nichts anderes vereinbart ist. Anm. 28

Wenn nur die Reise von X nach Y frachtversichert ist und das Schiff nach Y fährt, um hier die frachtversicherten Güter abzuholen und nach Z zu bringen, haftet der Frachtversicherer, falls das Schiff auf der Ballast-Zureise von X nach Y verlorengeht Anm. 29

§ 105 (RG 7. 30, 71. 397). Wenn das Schiff mit halber Ladung nach Y fährt, um dort die andere halbe Ladung abzuholen und die ganze Ladung nach Z zu befördern, haftet der Versicherer für den ganzen Frachtverlust, falls das Schiff auf der Reise von X nach Y verlorengeht. Wenn das Schiff mit voller Ladung nach Y fährt, um hier die Ladung zu löschen und neue Ladung, die schon geschlossen ist, für die Reise nach Z einzunehmen, haftet der Versicherer nur für die Fracht der Reise von X nach Y. Wenn das Schiff mit drei Viertel der Ladung nach Y fährt, um hier zwei Viertel zu löschen und neue drei Viertel einzunehmen, also mit voller Ladung nach Z zu fahren, haftet der Versicherer, falls das Schiff auf der Reise von X nach Y verlorengeht, für den Verlust der Fracht, die auf die zwei Viertel, in Y zu löschende, Ladung entfällt, für den Verlust der Fracht, die auf das eine Viertel der Ladung entfällt, das von X nach Z befördert werden sollte, und für den Verlust der Fracht für das eine Viertel der drei-Viertel-Ladung, die in Y zur Beförderung nach Z eingenommen werden sollte.

Anm. 30 Die Unstimmigkeiten, die sich aus diesen Lösungen ergeben, sind unverkennbar (vgl. auch die englische Rechtsprechung bei Arnould 300, 301 s. 332 u. 301 ff. s. 333). Sie erledigen sich dadurch, daß die Frachttaxe nur als Versicherungssumme gilt (§ 107 Abs. 3) und der Frachtversicherer in solchen Fällen regelmäßig nur ein Interesse daran hat, seine in der Versicherungssumme ausgedrückte Höchsthaftung zu kennen. Sie erledigen sich auch dadurch, daß die Reiseversicherung unbesegelter Fracht nur in der Form der Versicherung „Für behaltene Ankunft" des Schiffes vorkommt (Begr. z. E 1910 § 100, Voigt 494). Sie würden freilich von großer Bedeutung sein für die Zeitversicherung von Fracht. Aber hier kommen sie nicht zu Raum. Denn die Zeitversicherung von Fracht umfaßt nach der Verkehrsanschauung nur besegelte Fracht:

Anm. 31 **Im Falle einer Zeitversicherung trägt der Versicherer nicht die Gefahren, denen die Fracht während einer Zureise ausgesetzt ist.** Gleichgültig, ob die Zureise eine Ballastreise oder eine andere Reise ist (Begr. z. E 1910 § 100; vgl. auch § 34 Abs. 3 Satz 2). Gleichgültig, ob es sich um geschlossene Fracht oder um Fracht für Reedersgüter handelt; im Falle der Versicherung von Fracht für Reedersgüter ergibt sich übrigens schon aus § 105 Abs. 2, daß der Frachtversicherer nicht haftet. Vgl. jedoch auch § 106 Anm. 4. — Die Zureise endigt, wenn an ihrem Bestimmungsort, also im Hafen der Ausreise für die Frachtgüter, die Löschung der Ladung oder des Ballastes beendigt ist, oder, falls Ladung oder Ballast nicht zu löschen ist, wenn das Schiff am gehörigen Orte die Anker hat fallen lassen oder befestigt ist. Denn die Dauer der von der Zeitversicherung ausgenommenen Reise wird ebenso bemessen werden müssen, wie die versicherte Reise, und, da ihre Beendigung „gemäß den für die Güterversicherung geltenden Bestimmungen des zweiten Titels" (§ 106 Satz 2) natürlich nicht in Betracht kommt, sinngemäß nach § 66 Abs. 1 Satz 2 zu bemessen sein. Sie wird deshalb auch gemäß § 66 Abs. 2 endigen müssen, wenn vor der Beendigung der Löschung (der Ladung oder des Ballastes) Ladung oder Ballast eingenommen wird. Es ist deshalb freilich auch nicht ganz zutreffend, daß der Versicherer im Falle einer Zeitversicherung von Fracht nur für besegelte Fracht haftet. Geht z. B. das Schiff im Bestimmungshafen der Zureise und nach Beendigung der Zureise, aber vor Einnahme der Frachtgüter verloren, so haftet der Frachtversicherer. Siehe auch Argyriadis 161.

Anm. 32 Ist unbesegelte Fracht versichert, so kann der Versicherer sich nicht darauf berufen, daß, auch wenn das Schiff nicht total verlorengegangen usw. wäre, Fracht tatsächlich nicht verdient sein würde, etwa deshalb nicht, weil, wie der Verlauf der Dinge gezeigt habe, der, inzwischen in Konkurs gefallene Befrachter seine Verpflichtung nicht erfüllt haben würde. There need not be a certainty that but for the loss freight would have been earned. All that can be required is, that in the ordinary course of things, each party performing his contract, some freight would have been earned

(Arnould 291 s. 323). Es ist nur nötig, daß die Frachteinnahme beim Beginn der Versicherung nach dem gewöhnlichen Laufe der Dinge oder nach den besonderen Umständen, insbesondere den getroffenen Anstalten und Vorkehrungen, nach dem Frachtvertrag erwartet werden konnte (vgl. BGB § 252, auch § 1 Anm. 54ff.). **§ 105**

Nach englischer Rechtsauffassung ist unbesegelte Fracht als Fracht auch für die Zureise versicherbar, während welcher das Schiff voll beladen ist. Das Schiff braucht nicht ready to receive the cargo zu sein (Arnould 297 s. 328). Ebensowenig braucht die Ladung ready to be shipped zu sein (Arnould 298 s. 329). Der Reeder kann „Fracht" versichern, when having a valid contract for the carriage of goods, he takes steps towards the earning of the freight (Arnould 298 s. 329, 306f. s. 336). Im Falle von chartered freight (a fixed sum to be paid to the shipowner by the terms of a charter-party for the use of his ship, or part of it, on an entire voyage therein described, und zu zahlen auch though no goods may ever be put on board; Arnould 299 s. 330, vgl. § 108 Anm. 7) kann der Reeder Fracht versichern, when expense is incurred to earn the freight. Yet the principle of indemnity was long ago departed from in insurance on freight, when the right of the assured to recover in all cases the gross freight was recognized, and it is now clearly possible to recover for a loss of freight when little or no expense has been incurred by the assured. The legal conception of insurable interest has been continuously expanding, and possibly the courts may on some future occasion continue this process of expansion, and hold that the existence of a contract for freight in itself gives an insurable interest in the freight. But the existing authorities do not support this extension on the rule (Arnould 306 s. 336). Anm. 33

7. **Abs. 5.** Das Zeitfracht-Risiko ist größer als das Reisefracht-Risiko (§ 1 Anm. 70). Insbesondere deshalb, weil Zeitfracht nicht zu entrichten ist, wenn das Schiff durch Verfügung von Hoher Hand festgehalten wird (HGB § 637 Abs. 2), und wenn das Schiff unterwegs ausgebessert werden muß (HGB § 638 Satz 2; vgl. die Fälle The Alps und The Bedouin bei Arnould 726 s. 770). Deshalb **haftet der Zeitfracht-Versicherer nicht für den Verlust, der durch Reiseverzögerung verursacht wird.** Zwar haftet er schon nach § 28 nicht für den Schaden, der durch Reiseverzögerung verursacht wird. Aber Frachtverlust ist im Falle der Frachtversicherung gerade ein Schaden, für den der Versicherer „nach diesen Bedingungen" (§ 28 Satz 3) haftet. Der Frachtversicherer würde ohne § 105 Abs. 5, trotz der Einschränkung des § 28 Satz 3, für den durch Verzögerung verursachten Frachtverlust ebenso haften, wie der Kaskoversicherer für die durch eine Reiseverzögerung adäquat verursachte Beschädigung des Schiffes (vgl. auch § 28 Anm. 35, Argyriadis 145f.). Anm. 34

a) Aus welchem Grunde Antritt oder Vollendung der Reise sich verzögern, ist ohne Bedeutung. Insbesondere gilt gleich, ob der Frachtversicherte an der Verzögerung Schuld hat oder nicht; der Frachtversicherte braucht die Verzögerung nicht einmal veranlaßt zu haben (anders in den Fällen der §§ 23, 66 Abs. 1, 88 Abs. 3, 124 Abs. 2). Ebenfalls gilt gleich, ob die Verzögerung erheblich oder unerheblich ist. — Andererseits ist Verzögerung die Herbeiführung eines nur vorläufigen Zustandes. Wenn der vorläufige Zustand sich in einen endgültigen verwandelt, wenn es z. B. die „Hohe Hand" bei der Hemmung der Reise nicht bewenden läßt, sondern das Schiff endgültig am Antritt oder an der Fortsetzung der Reise hindert, oder wenn der Befrachter wegen der Verzögerung berechtigterweise vom Zeitfracht-Vertrag zurücktritt, ist (von jetzt an) der Frachtverlust zu Lasten des Versicherers. Anm. 35

b) Ähnliche Bestimmungen waren als Klauseln schon früher im hansestädtischen Versicherungsverkehr üblich (Begr. z. E 1910 § 100). So z. B. die Klausel: „Ein eventueller Frachtschaden, den die Reederei durch Zeitverlust infolge Stilliegens des Schiffes im Havariefall erleidet, ist nicht zu Lasten dieser Versicherung." Ähnlich die eng- Anm. 36

§ 105 lischen IFC: Warranted free from any claim consequent on loss of time, whether arising from a peril of the sea or otherwise.

Anm. 37 8. § 105 gilt sinngemäß auch für die **Rückversicherung** (§ 1 Anm. 136). Der Rückversicherer haftet nur in den Grenzen, in denen gemäß § 105 der Vorversicherer haftet. Er haftet darüber hinaus, wenn der Vorversicherer abwicklungsberechtigt ist, sich auf die aus § 105 sich ergebenden Beschränkungen nicht beruft und auch ein nicht rückversicherter Versicherer sich verständiger- und billigerweise nicht darauf berufen würde (§ 1 Anm. 154).

Anm. 38 9. **Fremde Rechte.** Die Versicherung der Fracht wird, wie im deutschen Recht, stiefmütterlich behandelt (vgl. oben Anm. 3). Näheres: oben Anm. 3, 8, 11, 16, 23, 32, 33, 36 und § 1 Anm. 57, 68, 69, 75, 77, 79—81. In England unterscheidet man insbesondere, wie im allgemeinen (§ 71 Anm. 53), actual total loss und constructive total loss. Whenever the happening of the event, on which the earning of freight depends, is rendered absolutely impossible, or in any practical sense utterly hopeless . . . this is a case of absolute total loss (Arnould 1050f. s. 1077). The distinction between actual and constructive loss is obviously much more artificial in the case of freight than in the case of hulls or goods, and any analysis of constructive total loss of freight will inevitably overlaps a good deal with what has already been said about actual total loss (Arnould 1122 s. 1149). The problem of constructive total loss of freight is among the most complicated in the whole domain of marine insurance (Arnould 1120 s. 1148). — In Frankreich war bis zum Gesetz vom 12. August 1885 die Versicherung der Fracht verboten, — eines der vielen Versicherungsverbote, welche die Sorge des Versicherten um die Erhaltung von Schiff und Ladung wachhalten sollten (Ripert Nr. 2500). Vgl. im übrigen Ripert Nr. 2501, 2502. — Über Versuche der Aufstellung internationaler Regeln über den Verlust versicherter Fracht: Intern. Marine Insurance Rules der Intern. Law Association, Rouen Conf. 1900, Glasgow Conf. 1901.

§ 106

Dauer der Frachtversicherung

Die Frachtversicherung beginnt und endigt in Ansehung der Gefahren, denen das Schiff ausgesetzt ist, gemäß den für die Kaskoversicherung geltenden Bestimmungen des ersten Titels. In Ansehung der Gefahren, denen die Güter ausgesetzt sind, beginnt die Versicherung mit der Aufnahme der Güter an Bord; sie endigt gemäß den für die Güterversicherung geltenden Bestimmungen des zweiten Titels.

Anm. 1 1. Vgl. HGB § 825 Abs. 1, 3, ASVB § 74 Abs. 1, 3, BSVB § 5.

Anm. 2 2. **Die Frachtversicherung beginnt:**

a) teilweise — nämlich **für die Gefahren, denen das Schiff ausgesetzt ist — in dem Zeitpunkt, in dem die Versicherung des Schiffes,** auf das die Frachtversicherung sich bezieht, **beginnen würde,** also gemäß § 66 Abs. 1 Satz 1 (über eine frühere Ansicht, daß nur besegelte Fracht versichert sei: § 105 Anm. 28). — Ist die Reise von Y nach Z frachtversichert, so beginnt die Frachtversicherung also, wenn in Y mit der Einnahme der Ladung begonnen wird. Ebenso, wenn etwa das Schiff erst noch eine Ballast-Zureise von X nach Y zu machen hat; die unbesegelte Fracht dieser Zureise ist natürlich nicht ohne weiteres mitversichert (RG 7. 28, 71. 397; vgl. § 105 Anm. 28). Ist die Reise von X über Y nach Z frachtversichert und die Reise von X nach Y eine Ballast-Zureise, so beginnt die Frachtversicherung, wenn in X mit der Einnahme des Ballastes begonnen wird (oder, wenn kein Ballast einzunehmen ist, mit der Abfahrt). Ist die Reise von X über Y nach Z frachtversichert, aber nur die Fracht für Güter, die von Y nach Z gefahren werden sollen, versichert und in X Ladung einzunehmen, so beginnt die Frachtversicherung gemäß § 66 Abs. 1, wenn in X mit der Einnahme der Ladung begonnen wird. — Geht das für die Reise von Y nach Z frachtversicherte Schiff vor dem Beginn der Einnahme der Ladung in Y verloren, so haftet der Versicherer nicht, mag der Verfrachter auch bereits die Güter zur Beförderung angenommen haben. Geht dagegen das Schiff nach dem Beginn der Einnahme der Ladung verloren, so haftet der Versicherer, mag auch nur ein kleiner Teil der Güter eingenommen sein (HGZ 1880. 360). — Geht das Schiff nach dem Beginn der Einnahme des Ballastes für die versicherte oder mitversicherte Zureise verloren, so haftet der Frachtversicherer gleichfalls. **§ 106**

b) teilweise — nämlich **für die Gefahren, denen die Güter ausgesetzt sind — mit der Aufnahme der Güter an Bord,** d. h., der verkehrsmäßigen und beabsichtigten (Mat 1. 354) Bedeutung dieses Ausdrucks zufolge, an Bord des zur Beförderung der Güter bestimmten Seeschiffs, nicht etwa schon mit der Einladung in die Leichterfahrzeuge, welche die Güter erst an Bord befördern sollen (vgl. § 105 Abs. 2, § 105 Anm. 20, ASVB § 74 Abs. 1 Satz 2 und dazu Voigt 489; anders HGB §§ 825 Abs. 1, 824 Abs. 1). Anm. 3

Die Frachtversicherung für Zeit beginnt zwar an und für sich, wie etwa die Zeit-Kaskoversicherung, mit dem im Versicherungsvertrag bestimmten Zeitpunkt (§ 39 Anm. 3). Aber der Umstand, daß sie nach § 105 Abs. 2 nur wirksam ist, wenn eine Frachtforderung besteht, und daß sie nach § 105 Abs. 4 im allgemeinen nur besegelte Fracht umfaßt, gibt ihr ein eigentümliches Gepräge, das sie der laufenden Güterversicherung ähnlich macht. Wenn zur Zeit des Versicherungsbeginns keine Frachtforderung besteht oder wenn zwar eine Frachtforderung besteht, die Fracht aber unbesegelt ist, kann die Versicherung nicht beginnen. Und wenn im Laufe der Versicherungszeit einmal keine Frachtforderung besteht oder keine Fracht besegelt ist, muß die Frachtversicherung ruhen. Es liegt nahe, auf die sich so bildenden Versicherungsabschnitte die (nur für die Reiseversicherung geltende) Bestimmung des § 106 sinngemäß anzuwenden. Hiernach würde z. B., wenn das Schiff, auf das sich die Frachtversicherung für Zeit bezieht, eine Ballast-Zureise von X nach Y macht, um in Y einzunehmende Güter nach Z zu bringen, die Haftung des Frachtversicherers in Y beginnen, und zwar für die Schiffsgefahren mit dem Beginn der Einnahme der Güter, für die Gütergefahren erst mit der Aufnahme der Güter an Bord. Aber dies würde die Haftung des Frachtversicherers unnötig beschränken und auch mit dem Wortlaut des § 105 Abs. 4 nicht in Einklang stehen. Denn nach § 105 Abs. 4 soll nur die Dauer der Zureise diejenige Zeit bilden, während welcher die Versicherung ruht. Die Dauer der nicht versicherten Zureise aber kann nicht wohl mit Hilfe des § 106 bestimmt werden. Es bleibt nur übrig, ihre Beendigung nach § 66 Abs. 1 Satz 2 zu bestimmen (§ 105 Anm. 31). Ihr Beginn braucht überhaupt nicht bestimmt zu werden. Siehe auch Argyriadis 160f. Anm. 4

3. **Die Frachtversicherung endigt:** Anm. 5

a) teilweise — nämlich **für die Gefahren, denen das Schiff ausgesetzt ist — in dem Zeitpunkt, in dem die Versicherung des Schiffes endigen würde,** auf das sich die Frachtversicherung bezieht, also gemäß §§ 66, 68, 69. — Die Anwendung des § 67 kommt nicht in Betracht (so auch Argyriadis 163, Mohr 29). Wenn das Schiff im Bestimmungsort beschädigt eintrifft und die Güter gelöscht sind, fallen die Gefahren, denen das Schiff ausgesetzt ist, für die Frachtversicherung weg, kann die Frachtversicherung also auch nicht bis zur Beendigung der Ausbesserung des Schiffes

§ 106 verlängert werden; der Frachtversicherte braucht also auch nicht nach § 67 Abs. 1 Satz 2 die Verlängerung der Versicherung auszuschließen, um von der Verpflichtung zur Prämienzahlung bis zur Beendigung der Ausbesserung frei zu sein. — Über die Haftung des Frachtversicherers für den indirekten Schaden aus einer Kollision, die stattfindet, während die Fracht nicht mehr besegelt ist, die Versicherung aber noch läuft: § 78 Anm. 26. Wenn das Schiff auf der Zureise von X nach dem Abladehafen Y zusammenstößt und die Fracht der Reise von Y nach Z dem Gegensegler haftet, haftet der Frachtversicherer, der die Versicherung für die Reise von X nach Y oder für die Reise von X nach Z übernommen hat, aber gemäß § 105 Abs. 4 nicht der Frachtversicherer für Zeit. Wenn das Schiff nach der Frachtreise von X nach Y die Güter in Y löscht und nach Z weiterfährt, um in Z neue Ladung einzunehmen, auf der Reise von Y nach Z zusammenstößt und die Fracht der Reise von X nach Y dem Gegensegler haftet, haftet der Frachtversicherer, der die Versicherung für die Reise von X nach Z oder für die Reise von Y nach Z übernommen hat, aber auch der Versicherer für Zeit; denn die Reise von Y nach Z ist zwar eine Zureise für die von Z aus neu zu gewinnende Fracht, aber keine Zureise für die in Y bereits verdiente Fracht.

Anm. 6 b) teilweise — nämlich **für die Gefahren, denen die Güter ausgesetzt sind, — in dem Zeitpunkt, in dem die Versicherung der Güter endigen würde,** auf die sich die Frachtversicherung bezieht, also gemäß §§ 88 Abs. 3, 89 (insbesondere über die Anwendung des § 89: § 105 Anm. 16). — Wenn die Frachtversicherung für Zeit genommen ist und die Zeit früher abläuft, endigt auch die Versicherung (für die Gefahren, denen die Güter ausgesetzt sind) früher. Die entsprechende Anwendung der für die Verlängerung der Zeit-Kaskoversicherung geltenden Bestimmungen (§ 68) ist unstatthaft. Denn die Bestimmungen über Beginn und Ende der Versicherung beruhen nicht durchweg auf genauester Abwägung der Interessen, sind daher bis zu einem gewissen Grade „willkürlich" (Mat 1. 354) und der analogen Anwendung deshalb weniger zugänglich. Vgl. auch Arnould 508 s. 539. — Über eine Verlängerungsklausel: HG u. OG Hamburg HH 665.

Anm. 7 4. Über die Begriffe des Beginns, der Dauer und des Endes der Versicherung vgl. § 66 Anm. 2.

Anm. 8 5. § 106 gilt sinngemäß auch für die **Rückversicherung** (§ 1 Anm. 136; vgl. aber auch § 66 Anm. 20, § 88 Anm. 31).

Anm. 9 6. **Fremde Rechte.** a) Englisches Recht. Lloyd's Police, die mittelst kurzer Aufschrift (z. B. On freight) auch für Frachtversicherungen benutzt wird (§ 14 Anm. 32), ist die Versicherung at and from einem bestimmten Platze (§ 66 Anm. 21). RCP 3 bestimmt näheres über den Beginn der Reiseversicherung von Fracht: Where chartered freight (über diesen Begriff: § 105 Anm. 33) is insured „at and from" a particular place, and the ship is at that place in good safety when the contract is concluded, the risk attaches immediately. If she be not there when the contract is concluded, the risk attaches as soon as she arrives there in good safety. Where freight, other than chartered freight, is payable without special conditions (d. h. nicht etwa als advanced freight oder ähnlich: Chalmers 145) and is insured „at and from" a particular place, the risk attaches pro rata as the goods or merchandise are shipped; provided that if there be cargo in readiness which belongs to the shipowner, or which some other person has contracted with him to ship, the risk attaches as soon as the ship is ready to receive such cargo. Ist die Fracht nur „from" a particular place versichert, the risk does not attach until the ship starts on the voyage insured (RCP 2, § 66 Anm. 21). — Lloyd's Police bestimmt zwar über das Ende der Kaskoversicherung (§ 66 Anm. 21) und der Güterversicherung (§ 88 Anm. 32), aber nicht über das Ende der Frachtversicherung. Da die Fracht gewöhnlich erst bei der Ablieferung der Güter zu zahlen ist, wird angenommen, daß die Frachtversicherung auch gewöhnlich endigt, wenn die Güter the custody of the shipowner exposed to maritime perils verlassen, provided there be no unjustifiable delay in discharging them (Arnould 516 s. 547). Im Falle einer Frachtversicherung für Zeit gelten die allgemeinen Bestimmungen über die Zeit-Kaskoversicherung. **§ 106**

b) Das französische Recht enthält keine besonderen Bestimmungen über Beginn und Ende der Frachtversicherung. Im allgemeinen dauert die Frachtversicherung, solange die Fracht dem „risque maritime" ausgesetzt ist.

§ 107

Versicherungswert der Fracht

(1) Als Versicherungswert der Fracht gilt der Betrag der im Frachtvertrage vereinbarten Fracht und in Ermangelung einer Vereinbarung über die Höhe der Fracht oder, soweit Güter für Rechnung des Reeders verschifft sind, der Betrag der am Orte und zur Zeit der Abladung üblichen Fracht.

(2) Ist die Nettofracht versichert, so beträgt der Versicherungswert zwei Dritteile der Bruttofracht.

(3) Eine Taxe gilt nur als Versicherungssumme.

1. Vgl. HGB §§ 793 Abs. 4, 797 Abs. 2, ASVB §§ 16 Abs. 5, 20 Abs. 2, 21 Abs. 3, BSVB § 62 Abs. 2, 3, 6. — **Literatur**: § 6 Anm. 2. Anm. 1

2. **Abs. 1.** Über den Versicherungswert im allgemeinen: § 6 Anm. 3. — Die Frachtversicherung ist keine Kreditversicherung (§ 1 Anm. 68). Als Wert des versicherten Interesses kann deshalb nicht, wie bei der gewöhnlichen Kreditversicherung, der Wert der Forderung oder, wie bei der Kreditverkehrs-Versicherung, der Kostenwert der Forderung oder, wie bei der Kreditversicherung gegen Sachgefahren, der Forderungsbetrag unter Beschränkung auf den Wert des Deckungsgegenstandes in Betracht kommen (vgl. § 1 Anm. 121, 124, § 100 Anm. 2, 3; Molt 60). Der Wert des Interesses, d. h. des durch die Frachtforderung vermittelten Interesses an der Erhaltung von Schiff und Ladung, **der Versicherungswert** kann nur **der Betrag der Frachtforderung** sein, der Betrag, den der Verfrachter und Versicherungsnehmer im Falle der Erhaltung von Schiff und Ladung nach dem Frachtvertrag zu verlangen haben würde (vgl. auch § 105 Anm. 19). — **Ist** im Frachtvertrag (und insbesondere in den ihm zugrunde liegenden Frachttarifen des Verfrachters) **kein Betrag bestimmt,** so ist **die am Orte und zur Zeit der Abladung übliche Fracht** maßgebend (vgl. auch HGB § 619). Ist, etwa wegen der Eigenart des Frachtguts, eine übliche Fracht nicht festzustellen, so bestimmt der Verfrachter nach billigem Ermessen den Betrag der Fracht, und zwar, wie für sein Verhältnis zum Befrachter, so auch demgemäß für das Verhältnis zum Frachtversicherer (vgl. BGB § 316). Anm. 2

a) Zinsen sind nicht mitversichert, aber, wenn geschuldet, versicherbar (vgl. § 110 Abs. 1). Anm. 3

b) Ebensowenig umfaßt der Versicherungswert der Fracht Versicherungskosten. Die Versicherungskosten sind auch nicht versicherbar (§ 1 Anm. 17). Denn sie sind regelmäßig schon auf die Fracht aufgeschlagen, endgültig ausgegeben und nicht wieder einzubringen (Begr. z. E 1910 § 69, Benecke 1. 474, Heise bei Heise u. Cropp 2. 594). Anders ausdrücklich MIA §§ 13, 16 Nr. 2 (unten Anm. 6). Anders auch nach deutschem Recht, wenn nur die Nettofracht versichert ist; dann ist noch Raum Anm. 4

§ 107 für die Versicherung des Unterschiedes zwischen Bruttofracht und Nettofracht und damit auch der Versicherungskosten (vgl. Benecke 1. 474).

Anm. 5 c) **Für Reedersgüter** ist **gleichfalls** die am Orte und zur Zeit der Abladung **übliche Fracht** zugrunde zu legen. Ist keine übliche Fracht festzustellen, so hat der Frachtversicherte sie nach billigem Ermessen zu bestimmen (vgl. oben Anm. 2).

Anm. 6 d) Englisches Recht: In insurance on freight, whether paid in advance (vgl. hierüber § 1 Anm. 76ff.) or otherwise, the insurable value is the gross amount of the freight at the risk of the assured, plus the charges of insurance (MIA § 16 Nr. 2).

Anm. 7 3. **Abs. 2.** Über Brutto- und Nettofracht vgl. § 1 Anm. 72. — Die Fracht kann zum Bruttobetrag versichert werden (HGB § 797 Abs. 1). Im Zweifel gilt sie auch als zum Bruttobetrag versichert. So ausdrücklich HGB § 798 Abs. 2. Ebenso MIA § 16 Nr. 2 (oben Anm. 6). Anders das französische Recht. Code de Comm. Art. 334 (in der Fassung des Gesetzes vom 12. 8. 1885) gestattet nur die Versicherung der Nettofracht. Die Versicherung der Bruttofracht ist gleichwohl nicht verboten (Ripert Nr. 2502, de Smet I Nr. 210, Argyriadis 124). Code de comm. Art. 334 gestattet auch besonders die Versicherung der frais d'armement, victuailles, loyers des gens. Aber man hatte sich, als die Frachtversicherung in Frankreich noch verboten war (§ 105 Anm. 38), daran gewöhnt, die Schiffsbetriebskosten mit dem Schiffe zu versichern, und hierbei ist es auch geblieben (vgl. § 70 Anm. 21). Für die Frachtversicherung bleibt also in der Regel nur die Nettofracht.

Anm. 8 a) Die Fracht kann auch zum Nettobetrag versichert werden. Nettofracht ist die Bruttofracht unter Abzug der Betriebskosten, insbesondere Ausrüstungskosten, Heuer, Versicherungskosten (§ 70 Anm. 6), Kosten am Bestimmungsort, Abschreibung, üblicherweise nicht auch der Zinsen des Schiffsbetriebs-Kapitals (Voigt 128). Die Feststellung dieser Betriebskosten und demgemäß die Ermittlung der versicherten Nettofracht würde die Quelle von Streitigkeiten bilden. Deshalb werden nach alter Übung (Voigt 127) **zwei Dritteile der Bruttofracht** als **die versicherte Nettofracht** angenommen.

Anm. 9 b) Die Versicherung der Nettofracht könnte als Unterversicherung der Bruttofracht betrachtet werden. Wäre diese Betrachtungsweise gerechtfertigt, so müßte die Versicherung der Nettofracht jedenfalls als Unterversicherung der Bruttofracht au premier risque betrachtet werden. Es müßte also angenommen werden, daß jeder Frachtverlust zunächst auf die Nettofracht, jeder an und für sich auszugleichende Vorteil zunächst auf das versicherungsfreie Dritteil anzurechnen wäre. Denn dies entspricht, wie sich noch zeigen wird, der Verkehrsauffassung. Diese reicht aber weiter. Sie betrachtet das Nettofracht-Interesse als ein Interesse für sich (Voigt 134, Argyriadis 123). Und sie findet nunmehr im § 107 Abs. 2 prägnanten Ausdruck: Die Nettofracht hat einen eigenen **Versicherungswert**; sie muß also ein selbständig versicherbares Interesse darstellen. Dieses Interesse ist das Interesse daran, den in der Bruttofracht steckenden Unternehmergewinn, ungeschmälert durch Frachteinbußen, zu erzielen. Deshalb geht, wenn Fracht teilweise verlorengeht, zunächst die Nettofracht verloren. Deshalb ist die Nettofracht ganz verloren, wenn der Frachtversicherte ein Dritteil der Bruttofracht als endgültig bezahlten Frachtvorschuß erhalten hat und die übrige Fracht ganz verlorengeht (HGZ 1894. 282, HG u. OG Hamburg HGZ 1870. 83, 89). Deshalb muß gerettete Distanzfracht zunächst auf das versicherungsfreie Dritteil angerechnet werden (RG HGZ 1889. 243), oder richtiger wieder: Der Teilverlust der Fracht ist zunächst Verlust der Nettofracht. Deshalb wird durch die Kollisionsforderung des Gegenseglers zunächst die Nettofracht betroffen. Deshalb kann auch der Kaskoversicherer, bei dem mit dem Kasko, gegen die Regel des § 70 Abs. 1, auch die Ausrüstungskosten usw. versichert sind, verlangen, daß zur Deckung eines die Ausrüstungsgegenstände treffenden Schadens zunächst der gerettete Teil der Bruttofracht verwendet wird (Benecke 1. 62, HG u. OG Hamburg HGZ 1870. 83, 89; vgl. aber auch § 70 Anm. 4). § 107

Anm. 10 c) Die Parteien können abweichendes vereinbaren. Vgl. z. B. HGZ 1884. 253: „Die hier verzeichnete Summe von 20000 M gilt laut Übereinkunft als wirkliche Nettofracht festgestellt und taxiert, obgleich dieselbe über $^{2}/_{3}$ der noch existierenden Bruttofracht beträgt". Natürlich kann durch solche Klausel nicht ein an und für sich unversicherbares Interesse versicherbar gemacht, z. B. verhindert werden, daß etwa ersparte Ausrüstungskosten von dem in der Nettofracht-Taxe etwa enthaltenen, die Nettofracht übersteigenden Bruttofracht-Betrag abgezogen werden. — Vereinbaren die Parteien, daß „$^{2}/_{3}$ der Bruttofracht" versichert sein sollen, so mögen sie damit eine gewöhnliche Unterversicherung der Bruttofracht beabsichtigt haben (so Voigt 134, zustimmend Lewis 2. 442). Die Umstände können aber auch leicht ergeben, daß nichts anderes gemeint ist, als die Versicherung der Nettofracht.

Anm. 11 d) Über die Bedeutung der Bestimmung des § 107 Abs. 2 als der Festsetzung einer Taxe vgl. unten Anm. 16.

Anm. 12 e) § 107 Abs. 2 gilt nur, wenn Nettofracht versichert ist. Würde etwa ein Vorschußgeber seine durch Nettofracht-Gelder gedeckte Forderung versichern, so würde vielleicht nicht ohne weiteres davon auszugehen sein, daß die Deckung mit zwei Dritteilen der Bruttofracht anzunehmen ist. So wenigstens RG HGZ 1889. 246. Die Frage ist indessen müßig. Denn solche Vorschüsse auf Nettofracht-Gelder werden nicht gegeben und nicht versichert. In dem vom OLG Hamburg richtig, vom RG unrichtig behandelten Falle Arturo (HGZ 1889. 237) hatte der Vorschußgeber durch einen Makler der „über das wirklich vorhandene Interesse keine Vorstellung hatte", für Rechnung, wen es angeht, Versicherung nehmen lassen „auf Nettofracht-Gelder und/oder Vorschußgelder und/oder behaltene Ankunft; sobald durch Einnahme von Ladung Frachtgelder zur Tracht kommen, überträgt sich das Risiko stillschweigend von behaltener Ankunft usw. auf Nettofracht-Gelder und, was solche Nettofracht-Gelder weniger als die versicherte Summe betragen sollten, dafür bleibt der Risiko auf behaltene Ankunft usw. in Kraft". Solche Versicherungen verschiedenartiger Interessen in bedingender Form sind nichts seltenes (vgl. auch RG 25. 78, 71. 393, HGZ 1889. 261, 1913. 52, 1917. 241). In unserem Falle konnte kein Zweifel sein, daß in erster Linie Nettofracht-Gelder versichert sein sollten, natürlich für Rechnung des Reeders (HGZ 1889. 242); der Vorschußgeber war auch durch solche Versicherung für Rechnung des Reeders als Versicherungsnehmer gedeckt (vgl. §§ 53—55), ein Umstand, der nicht selten außer Acht gelassen wird (vgl. § 53 Anm. 7, § 54 Anm. 2). Da indessen auch auf den Fall Rücksicht genommen werden mußte, daß Nettofracht-Gelder nicht vorhanden sein würden, wurde, eben für diesen Fall, auch für Vorschußgelder und für behaltene Ankunft des Schiffes Versicherung genommen und zwar für die Vorschußgelder natürlich für Rechnung des Vorschußgebers (HGZ 1889. 242; vgl. auch § 1 Anm. 12). Als nun die Nettofracht-Gelder trotz Kondemnation des Schiffes, wenigstens teilweise, eingebracht wurden, nämlich Distanzfracht verdient und damit ein vom Kapitän unterwegs beim Befrachter aufgenommener, über das versicherungsfreie Dritteil hinausreichender Frachtvorschuß abgedeckt werden konnte, war die versicherte Nettofracht nur zum Teil, nicht total, verloren und der vom Vorschußgeber geltendgemachte, auf Zahlung der ganzen Versicherungssumme gerichtete Entschädigungsanspruch des Reeders abzuweisen (so richtig HGZ 1889. 242). Statt dessen hat das RG (HGZ 1889. 244), ohne jeden Anhalt im, insoweit eindeutigen, Wortlaut der Klausel, angenommen, daß keine Nettofracht-Gelder versichert seien, sondern vielmehr Vorschußgelder auf Nettofracht-Gelder und auf behaltene Ankunft des Schiffes (anscheinend mißverstanden von Sieveking 45).

§ 107
Anm. 13 4. **Abs. 3.** Der Wert versicherter Interessen ist leicht streitig. Deshalb bestimmen Gesetz und ADS für die wichtigsten Interessen den Versicherungswert besonders (§§ 70, 90, 100 Abs. 2). Deshalb gestattet das Gesetz die Taxierung des Versicherungswerts. Der Wert des Frachtinteresses ist aber an der Hand des § 107 Abs. 1 regelmäßig leicht festzustellen. Deshalb ist, auch wenn die Parteien den Versicherungswert der Fracht im Versicherungsvertrag auf einen bestimmten Betrag festgesetzt, also taxiert haben, nicht anzunehmen, daß sie eine Taxe im Rechtssinne haben vereinbaren wollen. Deshalb gilt die **Frachttaxe** nicht als Taxe, sondern **nur** als **Versicherungssumme.** Beträgt die Taxe 10000, der wirkliche Versicherungswert 9000, so zahlt der Frachtversicherer, wenn die halbe Fracht verlorengeht, 4500. Beträgt die Taxe 9000, der wirkliche Versicherungswert 10000, so zahlt er für den Verlust der halben Fracht gleichfalls 4500. Beträgt die Taxe 9000, der wirkliche Versicherungswert 10000 und der vom Versicherer übernommene Teil der Taxe oder Versicherungssumme 4000, so zahlt er 2000. — Ähnlich schon die hamburgischen Frachtversicherungs-Bedingungen von 1785 (Vorb. vor § 1 Anm. 3) §§ 3, 4, wenigstens für den Fall eines Teilverlustes: „Auf die Taxe wird keine Rücksicht genommen“ (vgl. auch BSVB § 62 Abs. 3: „Die Taxe der Fracht ist nicht maßgebend“).

Anm. 14 a) Die Taxe ist also nicht „für den Versicherungswert maßgebend“ (§ 6 Abs. 2 Satz 1). Sie gilt nur als Versicherungssumme, nur als die Summe, über die hinaus der Versicherer nicht haftet (§ 6 Anm. 9); sie „hat nur die Bedeutung, den Umfang der Verbindlichkeit des Versicherers zu bestimmen“ (ASVB § 16 Abs. 5 Satz 1). Die Versicherungssumme ist aber nicht nur eine Höchstentschädigungs-Summe; ihre Vereinbarung ist auch eine Vereinbarung über den Versicherungswert (§ 6 Anm. 10, § 71 Anm. 13, § 77 Anm. 12, § 96 Anm. 18). Ist eine Versicherungssumme vereinbart, so ist sie zwar nicht für den Versicherungswert maßgebend; aber der Versicherer, der behauptet, daß die Versicherungssumme höher (oder geringer) ist als der Versicherungswert, muß beweisen. Den Beweis zu führen, erleichtern ihm die Auskunftspflicht (§ 43) und die prozeßrechtliche Behauptungspflicht des Versicherungsnehmers. Immerhin trifft doch ihn die Beweislast (deshalb ungenau: § 6 Anm. 24 a. E.). Anders § 16 Abs. 5 Satz 2 ASVB: „Der Versicherte hat, ungeachtet der geschehenen Taxierung, im Falle eines Schadens . . . über die Größe der bedungenen, eventuell der üblichen Fracht . . . sich auszuweisen“. Diesen Standpunkt haben also die ADS, wohl unbeabsichtigt, verlassen.

Anm. 15 b) Nur regelmäßig ist der Versicherungswert der Fracht leicht festzustellen. Anders, wenn im Frachtvertrag keine Fracht vereinbart, also die übliche Fracht zu entrichten ist (was in der Praxis nicht vorkommt). Anders auch, wenn Fracht für Reedersgüter versichert ist. Doch das sind so seltene Fälle, daß sie für die Regel nicht in Betracht kommen, und zwar um so weniger, als auch die Vereinbarung einer Versicherungssumme eine Vereinbarung über den Versicherungswert darstellt, die dem Versicherungsnehmer wenigstens die Beweislast abnimmt (oben Anm. 14).

Anm. 16 c) Die Parteien können „besonders bedingen“ (HGB § 793 Abs. 4, ASVB § 16 Abs. 5), daß die Taxe maßgebend sein soll. Solche „besondere Bedingung“ ist z. B. in der Klausel erblickt: „Die hier verzeichnete Summe von M 20000 gilt laut Übereinkunft als wirkliche Nettofracht festgestellt und taxiert, obgleich dieselbe über $^2/_3$ der noch restierenden Bruttofracht beträgt“ (HGZ 1884. 255). Solche „besondere Bedingung“ wird sogar in der bloßen Vereinbarung einer Taxe zu erblicken sein, wenn Fracht für Reedersgüter versichert und diese Eigenschaft der Fracht dem Versicherer bei der Schließung des Vertrags mitgeteilt wird (vgl. oben Anm. 15). Auch Klauseln, wie „Ohne weiteren Nachweis der Taxe“, „Ohne weiteren Nachweis hinsichtlich der Taxe“, „Taxiert zu DM 8000 ohne weiteren Beweis“, „Taxiert zu DM

10000 als Versicherungswert geltend, auf Basis gegenseitiger Übereinkunft ohne weiteren Beweis" oder ähnliche (vgl. § 43 Anm. 34, 38), werden als „besondere" Ausbedingungen der Maßgeblichkeit der Taxe anzusehen sein. Allerdings sind diese Klauseln ihrem Wortlaut nach bloße Beweisklauseln, und zwar Beweisklauseln, die noch nicht einmal die Beweislage ändern (vgl. oben Anm. 14). Aber die Verkehrsanschauung erblickt in solchen Klauseln auch die „besondere" Vereinbarung, daß die Taxe maßgebend sein soll (ebenso Sieveking 40, Argyriadis 125). — Übrigens enthalten die ADS selbst eine solche besondere Vereinbarung. Wenn nämlich § 107 Abs. 2 bestimmt, daß der Versicherungswert der Nettofracht zwei Dritteile der Bruttofracht beträgt, so bedeutet dies, daß zwei Dritteile der Bruttofracht der maßgebende Versicherungswert sein, also als eine kraft besonderer Vereinbarung maßgebende Taxe gelten sollen. Der Versicherer der Nettofracht kann nicht einwenden, daß die Nettofracht in Wirklichkeit weniger oder mehr als zwei Dritteile der Bruttofracht betrage. Nur wenn (etwa in Zeiten darniederliegenden Frachtenmarkts) die wirkliche Nettofracht „erheblich" weniger als zwei Dritteile der Bruttofracht beträgt, kann er gemäß § 6 Abs. 2 Satz 2 die Herabsetzung der Taxe verlangen. **§ 107**

d) Die englisch-amerikanische Rechtsauffassung teilt die Skrupel der deutschen nicht. Die Frachttaxe ist bindend, wie überhaupt, und regelmäßig übersetzt; selbst bei Übersetzungen um das dreifache we do not perceive that the estimate was made unfairly (Arnould 384 s. 412). Ja sogar, in the event of the total loss, whether absolute or constructive, of the steamer the amount underwritten by this Policy shall be paid in full, whether the steamer be fully or only partly loaded or in ballast, chartered or unchartered (IFC Klausel 6 Abs. 1). Zwar the rule appears clearly to make the policy framed in accordance therewith a contract of insurance by way of gaming and wagering, void therefore under s. 4 MIA. Aber in der Regel ist die auffallende Übersetzung der Frachttaxen (insbesondere in Zeitpolicen) durch eine bestimmte, auch in Deutschland beobachtete, Übung begründet, nämlich durch die übliche Untersetzung der Kaskotaxen veranlaßt (näheres: Arnould 386 s. 414). Da diese Untersetzung der Kaskotaxe aber dem Kaskoversicherten regelmäßig im Falle eines Kasko-Teilschadens nicht verhängnisvoll wird, erklärt sich andererseits auch die weitere Klausel: In calculating the amount due under this Policy in respect of any claim except under Clauses 3 (Havariegrosse) and 5 (Totalverlust), all insurances on Freight (including honour Policies on Freight) shall be taken into consideration, and when the total of such insurances exceeds in amount the gross freight actually at risk only a rateable proportion of the gross freight lost shall be recoverable under this Policy, notwithstanding any valuation therein. Anm. 17

e) Nach § 21 Abs. 4 ASVB soll, wenn Aus- und Rückfracht in einer Summe versichert sind, $^1/_3$ (nach HGB § 798 Abs. 3, BSVB § 62 Abs. 7: ½) als Ausfracht, $^2/_3$ (nach HGB § 798 Abs. 3, BSVB § 62 Abs. 7: ½) als Rückfracht gelten. Also: Anm. 18

1. Wenn im Frachtvertrag für Aus- und Rückfracht eine Gesamtfracht von 30000 und im Versicherungsvertrag eine Versicherungssumme von 30000 vereinbart ist, sollen die Ausreise und die Rückreise als besonders versichert angesehen werden, und zwar die Ausreise mit 10000, die Rückreise mit 20000. Würde also von der Gesamtfracht auf der Ausreise der gesamte, in Wirklichkeit auf die Ausreise entfallende, Frachtteil von 12000 verlorengehen, so würde der Frachtversicherer nur 10000 zu zahlen haben. Würden auf der Ausreise 2400 von der wirklichen Ausfracht von 12000 verlorengehen, so würde der Frachtversicherer 2400 zu zahlen haben, nicht bloß 2400 geteilt im Verhältnis von 10000:12000 = 2000; denn Gesetz und ASVB schreiben nur die Teilung der Versicherungssumme, nicht auch die entsprechende Teilung der Gesamtfracht vor. Anders Voigt 127, offenbar

§ 107 unter dem Einfluß des AllgPlans 1847 § 20, der bestimmte: „Bei einer Verfrachtung en rouge wird . . . die Ausfracht für ein Dritteil, die Rückfracht für zwei Dritteile der ganzen Fracht angenommen". Anders auch Prot. 3083, nach denen § 798 Abs. 3 HGB in dem „Sinne" angenommen wurde, daß im Falle der Vereinbarung einer Gesamtfracht die Versicherungssumme überhaupt nicht geteilt werden sollte (im Anschluß an die Prot. auch Sieveking 45). Eine gewisse, wenngleich schwache, Stütze findet diese Auffassung in der Trennungsform der Fassung des Gesetzes (HGB § 798 Abs. 3): Sind „die Fracht" der Hinreise „und die Fracht" der Rückreise unter einer Versicherungssumme versichert, usw.

Anm. 19 2. Wenn im Frachtvertrag als Ausfracht 15000 und als Rückfracht auch 15000 vereinbart sind und im Versicherungsvertrag eine Versicherungssumme von 30000 vereinbart ist, soll die Versicherungssumme für die Ausreise mit 10000, die Versicherungssumme für die Rückreise mit 20000 angenommen werden. Würde also z. B. die Ausfracht verlorengehen, so würde der Frachtversicherer nur 10000 zu zahlen haben.

E 1910 enthielt eine entsprechende Bestimmung (§ 102 Abs. 3). Die Bestimmung ist gestrichen, weil „die Versicherung der Fracht der Hinreise und der Rückreise in einer Summe praktisch nicht mehr vorkommen" (Mat 1. 355; vgl. auch § 105 Anm. 27). — Aus der älteren Rechtsprechung zum Frachtrecht der zusammengesetzten Reisen vgl. HG u. OG Hamburg HGZ 1873. 80, 177, 291 (Gesamtfracht für Aus- und Rückreise), ROHG 23. 20 (Gesamtfracht für Zureise mit oder ohne Ladung und Hauptreise), HG Hamburg HGZ 1876. 7 (Gesamtfracht für Ausreise mit leeren, für Rückreise mit vollen Fässern nach Maßgabe ihres Inhalts), ROHG 3. 253, HG u. OG Hamburg HGZ 1870. 379, 1871. 134 (Verfrachtung für Aus- und Rückreise gegen bloße Rückfracht).

Anm. 20 5. § 107 gilt sinngemäß auch für die **Rückversicherung** (§ 1 Anm. 136, § 6 Anm. 41ff.).

Anm. 21 6. **Fremde Rechte:** oben Anm. 6, 7, 8, 17.

§ 108

Schiffsmiete

(1) Bei der Versicherung von Schiffsmiete haftet der Versicherer nicht für einen Verlust, der durch eine Verzögerung des Antritts oder der Vollendung einer Reise verursacht wird.

(2) Als Versicherungswert gilt der Betrag der in dem Schiffsmietevertrage vereinbarten Vergütung und in Ermangelung einer Vereinbarung über die Höhe der Vergütung der Betrag der üblichen Vergütung.

(3) Eine Taxe gilt nur als Versicherungssumme.

Anm. 1 1. Über die Versicherbarkeit der Schiffsmiete und die Natur des Interesses vgl. § 1 Anm. 93ff.

Anm. 2 2. § 108 **Abs. 1** entspricht dem § 105 Abs. 5. Näheres daher: § 105 Anm. 34ff. — § 108 Abs. 1 setzt den gewöhnlichen Fall der Time-Charter voraus, daß das Schiff mit der Besatzung vermietet und zu Frachtreisen verwendet wird (vgl. auch Schiedsgericht Sasse Nr. 904). Es kann aber auch sein, daß das Schiff (z. B. eine Schute) nicht für Frachtreisen, sondern zu anderen Zwecken, insbesondere zur Lagerung von Gütern, vermietet wird. Dann muß natürlich § 108 Abs. 1 sinngemäß angewendet werden. Der

Sinn des § 108 Abs. 1 ist aber, daß der Versicherer nicht für loss of time haftet (vgl. die englische Klausel: § 105 Anm. 36). **§ 108**

3. § 108 **Abs. 2** entspricht dem § 107 Abs. 1. Näheres daher: § 107 Anm. 2ff. — Die Versicherungskosten sind nicht versicherbar (§ 1 Anm. 17, § 107 Anm. 4). — Als „übliche" Vergütung wird die Vergütung anzusehen sein, die zur Zeit des Beginns der Schiffsmiete üblich ist (anal. § 107 Abs. 1). Anm. 3

4. § 108 **Abs. 3** entspricht dem § 107 Abs. 3. Näheres daher: § 107 Anm. 12ff. Anm. 4

5. Nach E 1910 § 105 Abs. 4 sollten „im übrigen die für die Kaskoversicherung geltenden Bestimmungen des ersten Titels Anwendung finden". Die Bestimmung wurde überflüssig, als § 79 ADS eingefügt wurde, und deshalb gestrichen (vgl. auch § 79 Anm. 10). — Beginn und Ende der Versicherung werden im Zweifel nach dem Beginn und Ende der Schiffsmiete zu bestimmen sein. Der Vermieter, insbesondere der Verheurer, kann aber natürlich auch die Schiffsmiete für eine Zureise des Schiffes zum Mieter versichern oder mitversichern. Anm. 5

6. § 108 gilt sinngemäß auch für die **Rückversicherung** (§ 1 Anm. 136). Anm. 6

7. Den **fremden Rechten** sind besondere Bestimmungen gleich derjenigen des § 108 unbekannt. — Nach englischer Auffassung kann Schiffsheuer (chartered hire oder chartered freight) als Fracht versichert werden (§ 1 Anm. 95, § 105 Anm. 33, Arnould 248 s. 281, 251 s. 285). Anm. 7

§ 109

Überfahrtsgeld

(1) Auf die Versicherung von Überfahrtsgeld finden die für die Frachtversicherung geltenden Bestimmungen der §§ 105 bis 107 entsprechende Anwendung, soweit nicht in den Absätzen 2 und 3 ein anderes bestimmt ist.

(2) Die Versicherung beginnt und endigt gemäß den für die Kaskoversicherung geltenden Bestimmungen des ersten Titels.

(3) Der Versicherer haftet auch für einen Schaden, der dadurch verursacht wird, daß infolge eines dem Versicherer zur Last fallenden Unfalls der Versicherungsnehmer die Reisenden in einem Zwischenhafen landen, gemäß den für den Überfahrtsvertrag geltenden gesetzlichen Vorschriften den Reisenden dort Unterhalt gewähren, sie in anderer als der im Vertrage bestimmten Weise weiterbefördern oder ihnen für den am Reisegut entstandenen Schaden Ersatz leisten muß.

1. Vgl. HGB §§ 677, 825 Abs. 2, 3, ASVB § 74 Abs. 2, 3, § 140. Anm. 1

2. Über den Begriff und die Versicherbarkeit der Überfahrtsgelder: § 1 Anm. 98ff. Anm. 2

3. **Abs. 1.** Das Überfahrtsgeld gleicht der Fracht. Deshalb ist auf die Versicherung des Überfahrtsgeldes **das Recht der Frachtversicherung sinngemäß anzuwenden.** Die Versicherung ist jedoch eine Versicherung, die sich zwar (wie die Frachtversicherung) auf das Schiff, aber nicht auch (wie die Frachtversicherung) auf die Güter bezieht. Sie bezieht sich vielmehr auch auf Personen. Die im § 105 Abs. 1 angeordnete Anwendung der §§ 85 Abs. 1, 86 ist daher so zu verstehen, daß Schaden an Überfahrtsgeldern, der durch die Unterbringung der Reisenden auf Deck entsteht, dem Versicherer nur gemäß § 85 Abs. 1, Schaden an Überfahrtsgeldern, der durch „die natürliche Beschaffenheit" der Reisenden entsteht, dem Versicherer gemäß § 86 überhaupt nicht zur Last fällt. Würden z. B. Reisende erkranken und zurückbleiben müssen und Anm. 3

§ 109 infolge hiervon Überfahrtsgelder verlorengehen, so würde der Versicherer nicht haften (§ 1 Anm. 101); anders, wenn etwa der Reisende an der von einem Dritten eingeschleppten Cholera erkrankt (vgl. HG u. OG Hamburg, ROHG HGZ 1875. 202, 1879. 385; doch wird sich unter Umständen der Versicherer darauf berufen können, daß das Schiff choleraverseucht und deshalb seeuntüchtig in See gesandt ist: § 58 Anm. 14, 39). Durch die Unterbringung des Reisenden auf Deck wird freilich kaum Schaden am Überfahrtsgeld entstehen können, weil nach § 667 Abs. 2 HGB das volle Überfahrtsgeld zu entrichten ist, wenn nach Antritt der Reise Umstände eintreten, die den Reisenden an der Überfahrt hindern, oder wenn der Reisende zurücktritt. Würden in diesen Beziehungen die Rechte der Reisenden im Überfahrtsvertrag erweitert, so würde der Überfahrtsgelder-Versicherte dies dem Versicherer bei der Schließung des Versicherungsvertrags anzeigen müssen, der Versicherer im Falle einer Verletzung der Anzeigepflicht nach § 20 frei sein (§ 87 Anm. 12). — HG u. OG Hamburg, OAG Lübeck (HGZ 1868. 16, 138) erblickten in der Vereinbarung: „M 26500 auf Verwendungs- und Passagegelder für 237 Erwachsene usw. als Passagiere" keine Taxe der Überfahrtsgelder (geschweige denn die „besondere" Vereinbarung einer Taxe: § 107 Anm. 16), freilich wesentlich deshalb, weil ferner vereinbart war: „Jeder Schaden, selbst über 100% zu ersetzen".

Anm. 4 4. **Abs. 2. Beginn und Ende der Überfahrtsgelder-Versicherung richten sich** lediglich **nach Kaskoversicherungs-Vorschriften.** Würde z. B. der Reisende vor dem Antritt der Reise, aber nach dem Beginn der Einnahme der Ladung (§ 66 Abs. 1 Satz 1) einen Unfall erleiden, deshalb zurückbleiben müssen und mithin nach § 667 Abs. 1 HGB nur das halbe Überfahrtsgeld zu zahlen haben, so würde der Versicherer die andere Hälfte des Überfahrtsgeldes ersetzen müssen. Würde dagegen der Reisende vor dem Antritt der Reise, aber nach dem Beginn der Einnahme der Ladung vom Überfahrtsvertrag zurücktreten und aus diesem Grunde nach § 667 Abs. 1 HGB nur das halbe Überfahrtsgeld zu zahlen haben, so würde der Versicherer die andere Hälfte nicht zu ersetzen brauchen; denn der Verlust des halben Überfahrtsgeldes wäre kein den Gefahren der Seeschiffahrt entspringender Schaden, wie weit man den Begriff der Seeschiffahrts-Gefahren auch fassen mag (vgl. § 1 Anm. 29, 30, § 28 Anm. 11).

Anm. 5 5. **Abs. 3.** Der hilfsbedürftigen Lage, in der sich der Güterversicherte befindet, wenn unterwegs zwar kein Schaden entsteht, wohl aber unvorhergesehene Kosten dadurch entstehen, daß die Güter nicht planmäßig weiterbefördert werden können, trägt § 95 Abs. 3 Rechnung. In ähnlicher Lage befindet sich der Reisende, wenn sich seiner planmäßigen Beförderung Hindernisse in den Weg stellen und ihre Überwindung Kosten verursacht. In ähnlicher Lage befindet sich der Beförderungsunternehmer, wenn nach dem Überfahrtsvertrag er es ist, dem diese Kosten zur Last fallen und den Unternehmergewinn schmälern. Deshalb läßt § 109 Abs. 3 den Versicherer der Überfahrtsgelder unter bestimmten Voraussetzungen und in bestimmtem Umfang für diese Kosten haften. Wenn § 109 Abs. 3 hier (anders als § 95 Abs. 3) nicht von Kosten, sondern von Schaden spricht, so nur deshalb, weil der Versicherer außer Kosten auch in gewissem Umfang Haftpflicht-Schaden ersetzen soll und sich die Zusammenfassung der Fälle empfahl.

a) **Die Versicherung** von Überfahrtsgeldern **umfaßt** also auch:

Anm. 6 1. Die **Kosten, die dadurch entstehen, daß der Versicherungsnehmer den Reisenden infolge eines dem Versicherer zur Last fallenden Unfalls** (hierüber: § 95 Anm. 10, 11) **in einem** (vertragsmäßigen oder vertragsfremden, aber trotz der Gefahränderung durch den Versicherungsvertrag gedeckten) **Zwischenhafen landen muß** und landet. Die Landung muß die adäquate Folge des Unfalls gewesen, durch den Unfall notwendig geworden oder doch objektiv notwendig erschienen, nicht durch den Unfall nur veranlaßt sein (vgl. § 95 Anm. 12). — Zu den Landungskosten gehören insbesondere Ausschiffungs- und Wiedereinschiffungs-Kosten.

Anm. 7

2. Die **Kosten, die dadurch entstehen, daß der Versicherungsnehmer dem Reisenden dort nach den für den Überfahrtsvertrag geltenden gesetzlichen Vorschriften Unterhalt gewähren muß.** — Die Kosten, die dadurch entstehen, daß die Reise infolge des Unfalls verzögert wird, ohne daß die Reisenden gelandet werden (und gelandet werden müssen), hat der Versicherer nicht zu ersetzen. Werden die choleraerkrankten Reisenden gelandet, die nicht erkrankten an Bord belassen, so hat der Versicherer nicht auch die Mehrkosten zu ersetzen, die durch die längere Unterhaltung der gesunden Reisenden an Bord entstehen (HG Hamburg HGZ 1875. 203; anders, übrigens bei anderer Rechtslage: ROHG HGZ 1879. 386, OG Hamburg HGZ 1875. 204; vgl. auch den Fall Ullrich Nr. 190, in dem allgemein versichert waren: „Passagier- und Verpflegungsgelder für 13 Passagiere und ein Kind, um dieselben während einer etwaigen Reparatur des Schiffes oder im Falle einer Strandung oder im Falle sonstigen Schadens zu beköstigen und zu behausen und die nötige neue Verproviantierung des Schiffes für die Weiterreise zu beschaffen", ferner den Fall HGZ 1876. 147, in dem ausdrücklich vereinbart war, daß „auch die an Bord des Schiffes gemachten Verwendungen gedeckt seien"). Daß auch die Mehrkosten für die Unterhaltung der gesunden Reisenden an Bord „eine direkte Folge" von Quarantänemaßregeln sind (so OG Hamburg HGZ 1875. 204), ist ohne Bedeutung, weil der Versicherer nur soweit haftet, wie es in den Versicherungsbedingungen bestimmt ist (§ 28 Satz 3) und der Wortlaut des § 109 Abs. 3 (ebenso wie derjenige des § 140 ASVB) keinen Zweifel übrig läßt, daß nur die Kosten zu ersetzen sind, die für den Unterhalt der im Zwischenhafen gelandeten Reisenden aufgewendet werden müssen. Ebensowenig verschlägt die Erwägung, daß, wenn auch die gesunden Reisenden gelandet wären, nicht nur die Zehrungskosten, sondern auch die Kosten für ihre „Behausung" zu ersetzen gewesen wären (so OG Hamburg HGZ 1875. 204, ROHG HGZ 1879. 387); denn der Versicherer hat nur zu ersetzen, wenn und soweit Reisende gelandet werden müssen, und insbesondere nicht zu ersetzen, was ohne Not aufgewendet wird. — Die Unterhaltungskosten sind nur zu ersetzen, wenn der Versicherungsnehmer nach den für den Überfahrtsvertrag maßgebenden gesetzlichen Vorschriften Unterhalt gewähren muß. Nach § 671 HGB muß der „Verfrachter", wenn das Schiff unterwegs ausgebessert werden muß und der Reisende die Ausbesserung abwartet, dem Reisenden Wohnung und Beköstigung gewähren. Nach § 27 AuswG muß er den Auswanderern „bei jeder nicht von ihnen selbst verschuldeten Verzögerung der Beförderung . . . Unterkunft und Verpflegung gewähren"; ebenso nach § 30 AuswG, wenn das Schiff die Reise nicht fortsetzen kann oder längere Zeit unterbrechen muß. Sind für den Überfahrtsvertrag nach den Grundsätzen des sogenannten internationalen Privatrechts nicht die deutschen, sondern ausländische Gesetze maßgebend, so sind sie auch für das Versicherungsverhältnis maßgebend. Der Versicherer kann sich angesichts der besonderen Regelung im § 109 Abs. 3 hier nicht darauf berufen, daß ihm die Maßgeblichkeit des ausländischen, über das deutsche hinausreichenden Gesetzes nicht angezeigt sei (vgl. § 87 Anm. 12). — Wenn der Überfahrtsvertrag dem Reisenden Rechte einräumt, die über den durch die maßgebenden Gesetze bestimmten Umfang hinausgehen, muß der Versicherungsnehmer hiervon bei der Schließung des Versicherungsvertrags Anzeige machen; verletzt er die Anzeigepflicht, so ist der Versicherer nach § 20 frei (§ 87 Anm. 12).

§ 109 Anm. 8 3. Die **Kosten, die dadurch entstehen, daß der Versicherungsnehmer die Reisenden nach den für den Überfahrtsvertrag geltenden gesetzlichen Vorschriften in anderer als der im Überfahrtsvertrag bestimmten Weise weiterbefördern muß.** Der Unternehmer ist im allgemeinen nach den deutschen Gesetzen nicht verpflichtet, den Reisenden weiterzubefördern (vgl. jedoch AuswG § 30 Abs. 1). Er kann sich jedoch erbieten, den Reisenden mit anderer, gleich guter Gelegenheit weiterzubefördern, und braucht Wohnung und Kost nicht weiter zu gewähren, wenn der Reisende von dem Erbieten keinen Gebrauch macht (HGB § 671 Abs. 2). Dem Versicherer gegenüber ist er nach Schadenabwendungs-Grundsätzen zu solchem Erbieten verpflichtet, wenn der Schaden und die Entschädigung in diesem Falle geringer sein würden, als im Falle der Weitergewährung des Unterhalts im Zwischenhafen. — Über die Maßgeblichkeit ausländischer Gesetze und die Rechtsfolgen weiterreichender Vertragsverpflichtungen vgl. oben Anm. 7.

Anm. 9 b) Zu diesen Kosten gehören auch diejenigen, welche der Versicherungsnehmer aufwenden muß, weil er wegen des Unfalls nach dem Zwischenhafen reisen oder sich in diesem vertreten lassen muß (HG u. OG Hamburg HGZ 1876. 148).

Anm. 10 c) Der Zwischenhafen wird oft ein Nothafen sein (vgl. HG u. OG Hamburg, ROHG HGZ 1875. 204, 1879. 386, Ullrich Nr. 190). Die Kosten würden in diesem Falle dem Versicherer der Überfahrtsgelder nur in der Form des Havariegrosse-Beitrags zur Last fallen, wenn sie zur großen Haverei gehören würden. Letzteres wird von Heck 302, anscheinend auch vom OG Hamburg bei Heck 302 (HGZ 1875. 119) angenommen. Es wird jedoch von der herrschenden Ansicht bestritten, weil die Kosten im § 706 HGB nicht mit aufgeführt seien, das Gesetz Kontroversen habe verhüten und „klares Recht" habe schaffen wollen und das Kostenverzeichnis des § 706 Nr. 4 HGB deshalb nicht über seinen Wortlaut hinaus erweitert werden dürfe (vgl. z. B. Schaps-Abraham II Anm. 57 zu § 706 HGB).

Anm. 11 d) **Der Versicherer** von Überfahrtsgeldern **haftet** ferner, **wenn der Reisende** infolge eines Gefahrunfalls in einem Zwischenhafen **gelandet werden muß, an seinem Reisegut Schaden entsteht und der Versicherungsnehmer dafür nach den für den Überfahrtsvertrag geltenden gesetzlichen Vorschriften einsteht.** Die Versicherung ist insoweit, wie in den Fällen der §§ 29, 78, 81 Haftpflichtversicherung (vgl. daher § 29 Anm. 8, § 78 Anm. 2, 15, § 81 Anm. 6). — Über die Haftung des „Verfrachters" für Schaden am (gewöhnlichen oder aufgegebenen) Reisegut vgl. HGB § 673. — Reisegut ist zum persönlichen Gebrauch oder Verbrauch bestimmtes Gut. Insbesondere nicht Gut, das zur Verwertung bestimmt ist (HGZ 1887. 30). Aber auch nicht Gut, das zwar zum persönlichen Gebrauch oder Verbrauch des Reisenden bestimmt ist, das aber der Reisende nicht sowohl „nach dem Überfahrtsvertrag an Bord zu bringen befugt ist" (HGB § 672) und an Bord bringt, sondern vielmehr als Frachtgut aufgibt (HGZ 1894. 60; vgl. auch § 1 Anm. 38). — Der Versicherer haftet nur im Falle der Landung, wegen der mit solcher Landung verbundenen Gefahrerhöhung. Landung (oder Landaufenthalt) und Schaden müssen also im versicherungsrechtlichen Kausalzusammenhang stehen (wie etwa im Falle des § 114 Strandung und Beschädigung: § 114 Anm. 28). Beweispflichtig ist der Versicherungsnehmer. Eine Vermutung für den Kausalzusammenhang besteht nicht. Die Übertragung der für ähnliche Fälle (z. B. für den Fall des § 114: § 114 Abs. 1 Satz 2) angeordneten Vermutung wäre nach den Gesetzen der Analogie unzulässig. — Der Haftpflichtschutz des Überfahrtsgelder-Versicherten ist also fast ebenso bedeutungslos, wie er zusammenhanglos ist. Im AllgPlan 1847 fehlte er. Er verdankt seine Entstehung dem Umstand, daß nach früherem bremischen Rechte der Auswanderungsunternehmer auch Reisegut-Schaden ersetzen mußte (vgl. Bemerk. Bremen 23, Bemerk. 1866. 31, brem. Ver. über die Be-

förderung von Schiffspassagieren v. 14. 6. 1854 §§ 42, 47, neu v. 9. 7. 1866 §§ 22, 24; **§ 109**
bei Voigt 756 fehlt infolge eines Versehens die Bestimmung über den Haftpflichtschutz des Überfahrtgelder-Versicherten).

e) Der Versicherer haftet natürlich auch für die Kosten und den indirekten Reisegut-Schaden nur bis zur Höhe der Versicherungssumme (§ 37 Abs. 1). „Jedoch ist der Versicherer, wenn nicht ausdrücklich das Gegenteil vereinbart worden ist, nur bis zum Belauf seiner gezeichneten Summe verantwortlich, so daß also die §§ 92 und 93 hierbei keine Anwendung finden". Diese ausdrückliche, dem AllgPlan 1847 § 112b entnommene, Bestimmung des § 140 Abs. 2 ASVB beruht, wie der Folgesatz deutlich erkennen läßt, auf der Besorgnis, die Kosten und Schäden möchten als Aufwendungen zur Schadensabwendung betrachtet und demgemäß dem Versicherer über die Versicherungssumme hinaus zur Last gelegt werden. Diese Besorgnis ist für die Regel unbegründet. Aber man kann sie nicht überhaupt als „offenbar grundlos" bezeichnen (so Begr. z. E 1910 §§ 106—108, folgend Ulrich 224). Die Kosten des § 109 Abs. 3 können unter Umständen auch zur pflichtmäßigen Schadensabwendung dienen (vgl. § 95 Anm. 28, § 105 Anm. 8, oben Anm. 8). — Sind Überfahrtsgelder in einer Versicherungssumme versichert und nur für einzelne Reisende Kosten entstanden oder Reisegut zu ersetzen, so ist die Gesamtversicherungs-Summe im Verhältnis zu teilen, um den Höchstbetrag zu ermitteln, bis zu dem der Versicherer grundsätzlich im einzelnen Falle nur haftet. Anm. 12

f) Da die Kosten des § 109 Abs. 3 denjenigen des § 95 Abs. 3 wesensverwandt sind, hätten sie diesen auch im § 34 Abs. 2, § 120 Abs. 3, § 123 Satz 2 gleichgestellt werden müssen. Und da der indirekte Reisegut-Schaden dem indirekten Kollisionsschaden des § 78 wesensverwandt ist, hätte er diesem auch im § 34 Abs. 2 gleichgestellt werden müssen. Die Bedeutung des § 109 Abs. 3 schien indessen zu gering, als daß sich seine Anführung an den genannten Stellen gelohnt hätte. Anm. 13

6. § 109 gilt sinngemäß auch für die **Rückversicherung** (§ 1 Anm. 136). Anm. 14

7. **Fremde Rechte.** Bestimmungen gleich derjenigen des § 109 fehlen. Durchweg wird die Versicherung von Überfahrtsgeldern, soweit möglich, wie die Versicherung von Fracht behandelt (vgl. Arnould 254 s. 288, Ripert Nr. 2501).

Fünfter Titel

Versicherung von Bodmerei-, Haverei- und ähnlichen Geldern

Vorbemerkung. Literatur: Ho. ITVMitt 1923. 103 (Die versicherungsrechtliche Stellung des Schiffspfandgläubigers bei absichtlicher Versenkung in der jüngsten englischen Rechtsprechung). Molt, Der Kreditversicherungsvertrag, 1913.

Die Überschrift des fünften Titels ist nicht genau. Die §§ 110—112 behandeln die Versicherung von Forderungen gegen Sachgefahren. Mit dieser Versicherung verkoppelt ist die Versicherung von Havereigeldern, denen keine Forderung zugrunde liegt (näheres: § 1 Anm. 108ff.). Das erschwert die Einsicht und Übersicht. Die §§ 110—112 finden auf Havereigelder, die keine Forderungen sind, nur insoweit Anwendung, als sie sich ausdrücklich auch auf solche Havereigelder beziehen; dies ist aber nur beim § 112 Satz 2 der Fall.

Über Begriff und Versicherbarkeit von Bodmereigeldern: § 1 Anm. 106.

Über Begriff und Versicherbarkeit von Havereigeldern: § 1 Anm. 108ff.

Über Begriff und Versicherbarkeit von „sonstigen" Forderungen: § 1 Anm. 118ff.

§ 109 Über die entsprechende Anwendung der für die Kasko- und für die Güterversicherung geltenden Bestimmungen: § 79 Anm. 11, 12, § 99 Anm. 9.

§ 110

Versicherungswert. Verlust. Übergang von Rechten

(1) Als Versicherungswert einer Forderung, zu deren Deckung ein den Gefahren der See ausgesetzter Gegenstand dient, gilt der Betrag der Forderung unter Hinzurechnung der gesetzlichen oder vereinbarten Zinsen, bei der Versicherung von Bodmereigeldern unter Hinzurechnung der Bodmereiprämie. Hat der Gegenstand bei dem Beginne der Versicherung einen geringeren Wert, so ist dieser maßgebend.

(2) Der Versicherer hat die Versicherungssumme zu zahlen, soweit der zur Deckung der Forderung dienende Gegenstand infolge eines dem Versicherer zur Last fallenden Unfalls zur Deckung nicht ausreicht.

(3) Soweit der Versicherer dem Versicherungsnehmer einen Schaden ersetzt, geht die Forderung auf den Versicherer über. Auf den Übergang finden die Bestimmungen der §§ 45 und 46 entsprechende Anwendung.

Anm. 1 1. Vgl. HGB §§ 803 Abs. 1, 805, 857, 880, ASVB §§ 26 Abs. 1, 28, 112, 139, BSVB § 50 Abs. 6.

Anm. 2 2. **Abs. 1. Der Versicherungswert der Forderung, zu deren Deckung ein den Gefahren der Seeschiffahrt ausgesetzter Gegenstand dient,** ist der Wert des durch die Forderung begrenzten Interesses am Deckungsgegenstand (§ 6 Abs. 1). Hieraus ergibt sich, daß er nicht, wie etwa der Versicherungswert des Schiffes, nur mit einem Maße gemessen werden kann. Es **wird** vielmehr **bestimmt:**

Anm. 3 a) entweder **durch den Betrag der Forderung,** und zwar dann, wenn dieser kleiner ist als der Wert des Deckungsgegenstandes. Sind für die Forderung nach Gesetz (vgl. BGB § 288, HGB §§ 353, 354) oder Vertrag **Zinsen** zu entrichten, so sind diese (selbstverständlich) **mitversichert. Ebenso** die **Bodmereiprämie,** die im Zweifel Zinsen umfaßt (HGB § 681 Abs. 2). Dagegen umfaßt der Versicherungswert natürlich nicht die Versicherungskosten (so ausdrücklich ASVB § 26 und schon AllgPlan 1847 § 4; vgl. § 1 Anm. 17, Heise bei Heise u. Cropp 2. 597). Denn die Versicherungskosten bilden eine endgültige Ausgabe, und Verlorenes, Nicht-Wiederzugewinnendes kann man nicht versichern. Das ist übrigens ohne praktische Bedeutung. Denn die Versicherungskosten werden regelmäßig, unmerkbar, in die Bodmereiprämie eingerechnet werden.

Anm. 4 b) oder **durch den Wert, den der Deckungsgegenstand** oder die Gesamtheit der Deckungsgegenstände **beim Beginn der Versicherung** (ungenau, aber durch § 826 HGB zu erklären, Voigt 14: „zur Zeit des Bodmereischlusses", 643: „zur Zeit der Verpfändung") **hat,** und zwar dann, **wenn dieser Wert kleiner ist** als der Betrag der Forderung. Das Gesetz bestimmt hierüber nichts. Aber es versteht sich von selbst (§ 1 Anm. 124; unrichtig Sieveking 16: Es komme „auf den Wert an, den die verbodmeten Gegenstände bei glücklich bestandener Seegefahr am Ende der Bodmereireise gehabt hätten"). Hieraus folgt aber nicht ohne weiteres, daß Lasten, die auf dem Deckungsgegenstand ruhen und der versicherten Forderung vorgehen, den Wert mindern. Wenn der Schiffswert 100000, die Schiffshypothek 80000 und eine Bodmereischuld 50000 beträgt, deckt das Schiff zwar die Hypothek nur für 50000, beträgt also auch der Wert des gewöhnlichen Forderungsinteresses nur 50000. Aber der Hypothekengläubiger hat noch für 30000 ein schwebendes, ein durch den Wegfall der Bodmereischuld bedingtes und demgemäß gleichfalls versicherbares Interesse. Würde er die Hypothekenforderung nur für 50000 versichern, so würde die Versicherung Unterversicherung sein (§ 6 Anm. 7). — Wie im übrigen und nach welchem Orte der „Wert" des Deckungsgegenstandes zu bemessen ist, ist nicht besonders bestimmt. Der Wert des Schiffes wird nach § 70, der Wert der Güter nach § 90, der Wert der Fracht nach § 107 Abs. 1 zu bestimmen sein (§§ 79, 99), natürlich immer für den Zeitpunkt, in dem die Forderungsversicherung beginnt (§ 110 Abs. 1 Satz 2; vgl. auch ASVB § 28 Abs. 1: „Für den Umfang der Ersatzpflicht des Versicherers bildet der Versicherungswert der zur Sicherheit dienenden Sache . . . das Maß"). — Über den Beginn der Versicherung: § 112. — Daß der Wert des Deckungsgegenstandes sich später ändert, ist ohne Bedeutung. Wenn die Forderung gegen das Schiff 100000, die Versicherungssumme auch 100000 beträgt, das Schiff 80000 wert ist, der Versicherungswert also 80000 beträgt, der Wert des Schiffes auf 100000 steigt und das Schiff total verlorengeht, hat der Versicherer der Forderung nur 80000 zu zahlen. Wenn Forderungs-, Schiffs- und Versicherungswert 100000 betragen, der Schiffswert auf 80000 sinkt und das Schiff total verlorengeht, hat der Versicherer der Forderung doch 100000 zu zahlen. Das Gesetz läßt auch hier wiederum im Stich (vgl. jedoch Prot. 3404). Aber es ergibt sich aus dem System des Seeversicherungs-Rechts, in dem der Grundsatz, daß der Zeitpunkt des Beginns der Versicherung für den Versicherungswert maßgebend ist, fest verankert ist. — Der Versicherer muß im Streitfall beweisen, daß der Deckungsgegenstand einen geringeren Wert hatte. Das folgt aus dem Verhältnis der beiden Sätze des § 110 Abs. 1 und ergibt sich übrigens, wenn eine Versicherungssumme vereinbart ist, aus dem Wesen dieser Vereinbarung als einer Vereinbarung (auch) über den Wert des versicherten Interesses (§ 6 Anm. 10). Ebenso auch ME § 28 Abs. 1 (wo freilich das Umgekehrte von dem, was gesagt ist, gemeint ist: wie ME 77 ergibt, soll im Zweifel nicht etwa „angenommen werden, daß die Höhe der Forderung dem Versicherungswert der als Sicherheit dienenden Sache gleichkommt", sondern vielmehr, daß der Wert der Sache dem der Forderung gleich ist). § 110

Der Versicherungswert der Forderung kann taxiert werden (§ 6 Abs. 2). Die (nicht erheblich übersetzte) Taxe ist aber nur maßgebend, soweit sie den Wert des Schiffes oder den Wert der Güter betrifft. Nicht, soweit sie den Wert der Fracht betrifft (anal. § 107 Abs. 3). Und auch nicht, soweit sie den Wert der Forderung betrifft; denn der dem § 793 Abs. 4 HGB, § 107 Abs. 3 ADS zugrunde liegende Rechtsgedanke muß bei ähnlicher Interessenlage auch hier wirksam sein. Anders, wenn „es besonders bedungen ist" (HGB § 793 Abs. 4, ADS § 107 Anm. 16).

3. **Abs. 2. Der Versicherer hat die Versicherungssumme zu zahlen, soweit der Deckungsgegenstand infolge eines dem Versicherer zur Last fallenden Unfalls zur Deckung nicht ausreicht.** Anm. 5

a) Abs. 2 hat, deutlich erkennbar, nur den Fall eines „Teilschadens" vor Augen, nur den Fall, daß der Deckungsgegenstand noch da ist, aber nicht ganz (verb. „soweit") zur Deckung ausreicht, den Fall z. B., daß das für 100000 hypothekenbelastete Schiff infolge einer Beschädigung nur noch 50000 wert ist. Die Fälle des Totalverlustes (§§ 71, 91), der Verschollenheit (§§ 72, 91), der Festhaltung durch Verfügung von Hoher Hand usw. (§§ 73, 91), der Kondemnation des Schiffes (§ 77), des Verkaufs der Güter (§ 96 Abs. 2) sind durch die §§ 79, 99 geordnet (näheres: Anm. zu §§ 71, 72, 77; unrichtig Ulrich 227: Alle diese Fälle würden im § 110 Abs. 2 behandelt). Geht insbesondere das hypothekenbelastete Schiff total verloren, so kann der Hypothekenversicherte ohne weiteres nach § 71 die Versicherungssumme verlangen. Der Unterschied ist übrigens ohne große Bedeutung. Denn der Versicherungsnehmer muß

§ 110 sich ja auch nach § 71 Abs. 1 Gerettetes anrechnen lassen, und was nicht gerettet ist, würde auch nach § 110 Abs. 2 von der Versicherungssumme nicht abzuziehen sein. Nur für die Beweislast kommt in Betracht, daß § 71 Abs. 1 und nicht § 110 Abs. 2 anzuwenden ist. — Anders, wenn Schiff und Güter zur Deckung dienen. Dann können die §§ 71 und 91 nur angewendet werden, wenn beide, Schiff und Güter, total verlorengehen. Gehen nur das Schiff oder nur die Güter total verloren, so ist § 110 Abs. 2 anzuwenden. — Wenn aber nur Schiff und Fracht als Deckung dienen, ist § 71 entsprechend anzuwenden. Der Versicherungsnehmer kann ohne weiteres die Versicherungssumme verlangen, wenn das Schiff total verlorengeht (§ 79 Anm. 11, § 105 Anm. 8). Nicht auch, wenn nur die Güter total verlorengehen und infolgedessen der Frachtversicherte ohne weiteres die Versicherungssumme verlangen könnte (§ 105 Anm. 8). Denn das Schiff ist noch da und § 110 Abs. 2 anzuwenden.

Anm. 6 b) Die Unzulänglichkeit des Deckungsgegenstandes muß die „Folge eines dem Versicherer zur Last fallenden Unfalls" sein. Damit verläßt § 110 Abs. 2 das Gebiet der Schadensregulierung und begibt sich auf dasjenige der Haftungsbestimmung. Ohne Grund. Man ist sich dessen bei Abfassung der Bedingungen wohl bewußt gewesen (vgl. E 1910 § 109 Abs. 2, der die angeführten Worte nicht enthält) und hat die Worte nur zur Klarstellung eingefügt. Die Worte haben keine selbständige Bedeutung. Es versteht sich von selbst, daß der Versicherer der Forderung nur haftet, wenn der Deckungsgegenstand einen Schaden erleidet, für den der Versicherer des Deckungsgegenstandes haften würde (soweit nicht etwa im Vertrag über die Forderungsversicherung die Haftung des Versicherers erweitert oder beschränkt ist). Dies bringen auch die §§ 79, 99 zum Ausdruck. Der Versicherer der Forderung haftet z. B. insoweit nicht, als der Kaskoversicherer nach den Kaskoversicherungs-Vorschriften, der Güterversicherer nach den Güterversicherungs-Vorschriften, der Frachtversicherer nach den Frachtversicherungs-Vorschriften nicht haften würde. Er haftet, umgekehrt, wenn Schiff und Fracht nicht ausreichen, weil sie mit Havariegrosse-Beiträgen belastet sind (§ 29), oder weil sie mit einer Kollisionsschuld belastet sind (§ 78). Daß es nicht der Versicherungsnehmer (der Bodmereigläubiger usw.), sondern ein anderer (der Reeder usw.) ist, der „den einem Dritten entstandenen Schaden zu ersetzen hat" (§ 78) oder den Havariegrosse-Beitrag „zu entrichten" hat (§ 29), kommt hier so wenig in Betracht, wie etwa im Falle einer Unterfracht-Versicherung in Betracht kommt, daß nicht der Unterverfrachter und Versicherte, sondern der Reeder der Kollisionsschuldner ist, oder auch im Falle einer Kaskoversicherung, daß nicht der Reeder und Versicherte, sondern der Ausrüster der Kollisionsschuldner ist.

Anm. 7 c) Nach den §§ 857, 880 HGB haftet der Versicherer auch dafür, daß der Deckungsgegenstand nicht infolge von „Verbodmungen oder sonstigen Belastungen", die „durch Unfälle herbeigeführt" werden, zur Deckung gar nicht oder nicht mehr ganz ausreicht. Damit kann nur ausgedrückt sein, daß der Versicherer von Bodmereigeldern usw. dann zu zahlen hat, wenn der Versicherer des Deckungsgegenstandes für die Verbodmung oder die sonstige Belastung haftet (abw. RG 47. 178). Für die ADS ergibt sich dies ohne weiteres aus den §§ 28, 79, 99. Der Versicherer haftet für Verbodmung oder sonstige Belastung des Deckungsgegenstandes nur in den durch die ADS bestimmten Fällen, also insbesondere im Falle der Belastung mit Havariegrosse-Beiträgen (§ 29) oder Kollisionsschulden (§ 78) und im Falle der Belastung der Güter zum Zwecke der Fortsetzung der Reise (§ 81). Wird das verbodmete Schiff zum zweiten Male verbodmet, so geht der zweite Gläubiger vor. Das versicherte Interesse (des ersten Bodmereigläubigers) fällt also ganz oder teilweise weg (oder wird schwebend), wie das Interesse des Kaskoversicherten durch die erste Verbodmung weggefallen (oder schwebend geworden) ist (§ 1 Anm. 106). Soweit die Deckung durch den zweiten Bodmereifall unzulänglich geworden ist, haftet der Bodmereigelder-Versicherer. Soweit die etwa trotz des zweiten Bodmereifalls übrig gebliebene Deckung infolge weiterer Unfälle unzulänglich wird, haftet er auch. Soweit die durch den zweiten Bodmereifall beeinträchtigte Deckung durch Verwendung der zweiten Bodmereigelder wieder aufgefüllt ist (vgl. § 71 Anm. 21), durch die zweite Bodmereiforderung nicht in Anspruch genommen wird und infolge des weiteren Unfalls nicht ausreicht, haftet er gleichfalls. Hierüber hinaus haftet er nicht. Wenn der Wert des Schiffes und die versicherte Bodmereiforderung 100000 betragen, das Schiff für 10000 beschädigt, zum zweiten Male für 10000 verbodmet und vorläufig ausgebessert wird und das Schiff nun 95000 wert ist, haftet der Versicherer nur für 10000, so daß der Versicherte (der erste Bodmereigläubiger) im ganzen nur 95000 erhält, nämlich 10000 vom Versicherer und 85000 (95000 minus die zweite Bodmereischuld) aus dem Schiffe, — ebensoviel, wie, wenn das Schiff nicht mit der ersten Bodmereischuld belastet gewesen wäre, der Kaskoversicherte erhalten haben würde, dessen Interesse ja auch der Bodmereigläubiger übernommen hat (§ 1 Anm. 106). Geht das Schiff nach der Ausbesserung unter, so würde der Versicherungsnehmer 10000 und so viel erhalten, wie die zweite Verbodmung von seinem Interesse übrig gelassen hat, also noch 85000, im ganzen wieder 95000. **§ 110**

d) Wieweit der Deckungsgegenstand nicht ausreicht, muß der Versicherungsnehmer beweisen. § 74 ist nicht gemäß § 79 entsprechend anzuwenden. Denn § 110 Abs. 2 bestimmt besonderes und hätte deshalb auch, hätte man die Feststellung des Unterschiedes zwischen Versicherungssumme und Deckungswert auf dem Wege des § 74 gewollt, dies besonders bestimmen müssen. Ebendeshalb sind auch die §§ 92, 93 nicht anwendbar. Anm. 8

4. **Abs. 3.** Die seerechtliche Forderungsversicherung ist keine bloße Ausfallversicherung (vgl. auch Kisch 3. 103). Der Versicherer haftet nicht nur für den Ausfall, den der Versicherungsnehmer dadurch erleidet, daß der Schuldner wegen des Versicherungsschadens die Mittel nicht mehr besitzt, um den Versicherungsnehmer ganz oder teilweise zu befriedigen: „Der Versicherte ist nicht verpflichtet, die ihm gegen den Schuldner zustehenden Rechte geltend zu machen, bevor er den Versicherer in Anspruch nimmt". Diese Vorschrift des § 805 Abs. 2 HGB ist in die ADS nicht übernommen, weil der darin ausgedrückte Grundsatz sich nach kreditversicherungs-rechtlichen Regeln von selbst versteht (vgl. § 1 Anm. 119, 120) und überdies in seiner notwendigen Folgeerscheinung, dem Übergang der Forderung auf den entschädigenden Versicherer, im § 110 Abs. 3 angedeutet ist. Anm 9

a) **Soweit der Versicherer zahlt, geht die Forderung auf ihn über,** und zwar ebenso wie Ersatzansprüche gegen Dritte auf ihn übergehen: **die §§ 45, 46 finden entsprechende Anwendung.** Der Versicherungsnehmer hat also die Forderung nicht abzutreten (so auch HGB § 805 Abs. 1). Die Forderung geht vielmehr ohne weiteres über, zwar nicht kraft Gesetzes, wohl aber auf Grund zulässiger, im § 110 Abs. 3 getroffener Vereinbarung (vgl. auch § 31 Abs. 2 und dazu § 31 Anm. 9). — Die Forderung geht auch nicht erst über, nachdem der Versicherer (alle) „seine Verpflichtungen erfüllt hat" (so nach HGB § 805 Abs. 1), sondern, wie nach § 45 der Ersatzanspruch gegen den Dritten, „soweit" er zahlt. — Näheres über den Übergang: § 45 Anm. 14ff., § 46 Anm. 3ff. Insbesondere: Anm. 10

b) Nach § 28 Abs. 4 ASVB sollte, wenn die Forderung nur teilweise gedeckt ist und Versicherter und Versicherer „in der Rechtsverfolgung gegen den Schuldner konkurrieren", dem Versicherten „für den nicht gedeckten Teil das Vorgangsrecht an dem zu erlangenden Ergebnis gebühren". Das ergibt sich aus kreditversicherungs-rechtlichen Grundsätzen von selbst (Gierke Versicherungsforderung 150, Molt 139, Ritter LZ 1907. 255). Beispielfälle: Anm. 11

§ 110 1. Wenn der Schiffswert beim Versicherungsbeginn 100000, die Bodmereiforderung 50000, der Schadenswert des Schiffes 40000 beträgt, zahlt der Versicherer der Bodmereigelder 50000 — 40000 = 10000, rückt für 10000 in die Bodmereiforderung ein, muß aber natürlich dem Versicherungsnehmer die 40000 belassen. Seine Entschädigung ist ja nur unter der Voraussetzung vollständig, daß dem versicherten Bodmereigläubiger der Schadenswert verbleibt. Oder: was der Versicherer auf Grund der auf ihn übergegangenen Bodmereiforderung dem Reeder wegnehmen würde, müßte er dem Bodmereigläubiger ersetzen. Das ergibt sich überdies auch aus § 110 Abs. 1 und 2.

2. Wenn der Schiffswert beim Versicherungsbeginn 100000, die Schiffshypothek auch 100000, der Schadenswert des Schiffes 60000 beträgt, zahlt der Versicherer der Hypothek 100000 — 60000 = 40000, rückt für 40000 in die Pfandforderung ein, muß aber dem Versicherungsnehmer die 60000 belassen. Im übrigen, d. h. bei der Geltendmachung der Forderung in das übrige Vermögen des Hypothekenschuldners, konkurrieren Versicherungsnehmer und Versicherer unbeschränkt.

3. Wenn der Schiffswert beim Versicherungsbeginn 80000, die Schiffshypothek 100000, der Schadenswert des Schiffes 50000 beträgt, zahlt der Versicherer der Hypothek 80000 — 50000 = 30000, rückt für 30000 in die Pfandforderung ein, muß aber dem Versicherungsnehmer die 50000 belassen. Im übrigen müßten an und für sich Versicherungsnehmer und Versicherer unbeschränkt konkurrieren. Der Versicherungsnehmer könnte für die 100000 — 80000 = 20000 keinen Vorrang beanspruchen. Denn für diese 20000 ist die Versicherung mangels Interesses unwirksam (oben Anm. 3). Man wird aber wohl in Fällen dieser Art annehmen müssen, daß die vollständige Versicherung der Hypothek trotz etwa geringeren Sachwerts wenigstens die (zulässige) Bedeutung haben soll, daß der Versicherungsnehmer für den Unterschied, also für die 20000 den Vorrang haben soll (Molt 139, Ritter LZ 1907. 257, Voigt 168, mit verschiedener Begründung).

Anm. 12 c) E 1910 § 109 Abs. 3 bestimmte, daß der Übergang der versicherten Forderung auf den zahlenden Versicherer nicht zum Nachteil des Versicherungsnehmers geltendgemacht werden dürfe. Man hat diese Bestimmung gestrichen, um den Anschein zu vermeiden, als ob im Falle einer Unterversicherung der Versicherungsnehmer bei der Konkurrenz mit dem Versicherer auch für den nicht versicherten Teil des Interesses vorgehe. Beispielfälle:

1. Wenn der Schiffswert beim Versicherungsbeginn 100000, die nur zur Hälfte versicherte Bodmereiforderung 80000, der Schadenswert des Schiffes 50000 beträgt, zahlt der Versicherer (80000 — 50000):2 = 15000, rückt also für 15000 in die Bodmereiforderung ein, muß aber dem Versicherungsnehmer noch 40000 — 15000 = 25000 frei lassen, weil die Forderung für 40000 versichert ist. In den Rest des Schadenswerts von 50000 — 25000 = 25000 teilen sich Versicherungsnehmer und Versicherer im Verhältnis ihrer Forderungen (in LZ 1907. 257 unrichtig errechnet).

2. Wenn, umgekehrt, der Schiffswert beim Versicherungsbeginn 80000, die Bodmereiforderung 100000 beträgt, die Bodmereiforderung nur zur Hälfte, also mit 50000 versichert ist und der Schadenswert des Schiffes 40000 beträgt, zahlt der Versicherer $^5/_8$ von (80000 — 40000) = 25000, rückt also für 25000 in die Bodmereiforderung ein, muß aber dem Versicherungsnehmer noch 50000 — 25000 = 25000 frei lassen, weil die Forderung für 50000 versichert ist. In den Rest des Schadenswerts von 40000 — 25000 = 15000 teilen sich Versicherungsnehmer und Versicherer im Verhältnis ihrer Forderungen.

3. Wenn der Schiffswert beim Versicherungsbeginn 100000, die nur zur Hälfte versicherte Bodmereiforderung auch 100000, der Schadenswert des Schiffes 50000

beträgt, zahlt der Versicherer (100000 — 50000):2 = 25000, rückt also für 25000 in die Bodmereiforderung ein, muß aber dem Versicherungsnehmer noch 50000 — 25000 = 25000 frei lassen, weil die Forderung für 50000 versichert ist. In den Rest des Schadenswerts von 50000 — 25000 = 25000 rücken Versicherungsnehmer und Versicherer im Verhältnis ihrer Forderungen ein. **§ 110**

Obgleich die Bodmereigelder-Versicherung eine besondere Art der Versicherung des Eigentümer-Interesses ist (§ 1 Anm. 106), ergibt sich also ein bemerkenswerter Unterschied gegenüber der Kaskoversicherung. Wäre das Kasko im Werte von 100000 zur Hälfte versichert und ein Teilschaden von 50000 entstanden, so würde der Versicherer 50000:2 = 25000 zahlen müssen, — grundsätzlich wenigstens, d. h. wenn sich nicht aus der besonderen Feststellung des Teilschadens (§§ 74, 75) Abweichungen ergeben.

d) „Der Versicherte haftet für die Wahrheit der Forderung". So ausdrücklich ASVB § 28 Abs. 3. Es versteht sich von selbst. Zahlt der Forderungsversicherer und ergibt sich, daß keine Forderung, kein Interesse, keine wirksame Versicherung bestanden hat, oder daß die Forderung nichtig und aus diesem Grunde die Versicherung unwirksam ist, so kann der Versicherer kondizieren (vgl. aber auch § 1 Anm. 120). — Nach § 28 Abs. 3 ASVB hatte der Versicherte ferner „auf Verlangen des Versicherers" demselben gegen Empfang der Zahlung Kaution wegen dieser Verbindlichkeit zu leisten (vgl. dazu HGZ 1889. 305). Der Versicherer kann solche Kautionsleistung nicht mehr verlangen. Aber er kann, wie früher die Abtretung der Forderung, so jetzt den Nachweis der Forderung verlangen und, selbst wenn die Police die Klausel „Ohne weiteren Nachweis des Interesses oder der Taxe" enthält, wenigstens die Angabe der Forderung (OAG Lübeck Kierulff 3. 1016, HG u. OG Hamburg HH 614) und die nötigen Beweisurkunden sowie eine Urkunde über den Forderungsübergang (§ 45 Abs. 1). Anm. 13

5. § 110 gilt sinngemäß auch für die **Rückversicherung** (vgl. § 1 Anm. 136, § 6 Anm. 41, § 45 Anm. 28). Anm. 14

6. **Fremde Rechte.** Besondere Bestimmungen gleich denjenigen des § 110 fehlen. Anm. 15

Englisches Recht. Über bottomry und respondentia vgl. § 1 Anm. 107. Über die Versicherung von disbursements: § 1 Anm. 117. — The insurable value is the amount at the risk of the assured when the policy attaches, plus the charges of insurance (MIA § 16 Nr. 4, vgl. auch MIA § 13). Der Versicherer ersetzt im Falle des Totalverlustes, if the policy is a valued policy . . . the sum fixed by the policy, und, if the policy be an unvalued policy . . . the insurable value of the subject-matter insured (MIA §§ 67, 68). Aber the doctrine of constructive total loss (hierüber: § 71 Anm. 53) is not applicable to contracts of bottomry, nor to policies effected on bottomry loans. If the ship exist in specie, though in a state which would warrant an assured on ship to abandon . . . the assured on bottomry cannot recover; for the ship must be absolutely and totally destroyed in order to discharge the borrower (Arnould 1102 s. 1129). In diesen und anderen Schadensfällen erhält der Versicherungsnehmer Entschädigung unter entsprechender Anwendung der Vorschriften, die für die besonders geordneten Kasko-usw. -Versicherungen gelten (MIA § 75 Abs. 1). — Über Subrogation: § 71 Anm. 53.

Auch in Frankreich wendet man die für die Hauptversicherungs-Arten geltenden Grundsätze sinngemäß an. Über die Verteilung des Erlöses geborgener Gegenstände zwischen Hauptversicherer und Bodmereigläubiger vgl. C. de comm. Art. 331.

§ 111

Umfang der Haftung des Versicherers

Bei der Versicherung von Bodmereigeldern ist anzunehmen, daß Schiff, Fracht und Ladung verbodmet sind, und bei der Versicherung von Havereigeldern, daß Schiff und Fracht zur Deckung dienen.

Anm. 1 1. Vgl. HGB § 803 Abs. 2, ASVB § 26 Abs. 2, § 42 Abs. 1, BSVB § 50 Abs. 1, § 51 Abs. 1.

Anm. 2 2. Je größer und vielseitiger die Deckung der versicherten Forderung, um so kleiner die Schadensaussichten. **Im Falle der Versicherung von Bodmereigeldern** liegt es nahe, anzunehmen, daß Schiff, Fracht und Ladung verbodmet sind. Denn in Havariegrosse-Fällen wird der Kapitän die benötigten Gelder regelmäßig am billigsten erhalten, wenn er möglichst viel verbodmet (vgl. HGB § 539). Und im Falle einer Partikularhavarie kann er zwar auch Schiff und Fracht allein, muß er aber regelmäßig, wenn er die Ladung verbodmet, Schiff und Fracht mit verbodmen (vgl. HGB §§ 540, 680). Deshalb **soll angenommen werden, daß Schiff, Fracht und Ladung verbodmet sind,** sollen Bodmereigelder auf Schiff, Fracht und Ladung als versichert angesehen werden.

Anm. 3 a) Die Bestimmung gibt sich also wie eine gesetzliche Auslegungsregel über das versicherte Interesse (ähnlich wie z. B. § 105 Abs. 3, vgl. § 105 Anm. 26). Sie gilt also (schon) dann nicht, wenn sich aus den Umständen ein abweichender Wille der Parteien ergibt, wenn insbesondere der Versicherer weiß, daß nur das Schiff oder nur die Ladung usw. verbodmet ist und der Versicherungsnehmer mit dieser Kenntnis rechnet, — was der Versicherungsnehmer beweisen muß.

Anm. 4 b) Sind, der Annahme zuwider, nicht Schiff, Fracht und Ladung verbodmet, so kann sich nach § 803 Abs. 2 Satz 2 HGB „hierauf nur der Versicherer berufen". Das versteht sich nicht vollständig von selbst (wie Begr. z. E 1910 §§ 109—111 meint). Zwar kann sich der Versicherungsnehmer nicht darauf berufen, daß das allein verbodmete, unversehrt gebliebene Schiff im Werte von 100000 die versicherte Bodmereiforderung von 110000 nicht deckt, sie aber mit der verlorengegangenen Ladung und der verlorengegangenen Fracht gedeckt haben würde, um vom Versicherer der Bodmereigelder 10000 als Entschädigung zu verlangen. Denn für diese 10000 fehlt das versicherte Interesse, ist also die Versicherung unwirksam. Auch kann sich der Versicherungsnehmer grundsätzlich nicht auf § 111 berufen, um einen entsprechenden Teil der Prämie zu retten. Aber er kann sich zu diesem Zwecke auf § 111 berufen, wenn der Versicherer wußte, daß nur das Schiff verbodmet war (§ 2 Abs. 2); freilich findet in diesem Falle § 111 regelmäßig überhaupt keine Anwendung (oben Anm. 3). Und er braucht für die durch das Schiff nicht gedeckte Summe gemäß § 3 nur die Ristornogebühr zu zahlen, wenn er bei der Schließung des Versicherungsvertrags nicht wußte und nicht zu wissen brauchte, daß die Bodmereigelder nur durch das Schiff gedeckt waren (was freilich kaum vorkommen wird).

Anm. 5 c) Natürlich kann der Versicherer nur damit rechnen, daß Fracht insoweit mit verbodmet ist, als die Verbodmung zulässig ist (vgl. HGB § 680 Abs. 4). Andererseits aber auch damit, daß sie im ganzen zulässigen Umfang versichert ist (vgl. HGB § 680 Abs. 5).

Anm. 6 3. **Havereigelder-Forderungen** können auch die Ladung belasten oder betreffen (§ 1 Anm. 116). Aber das ist nicht die Regel. Deshalb soll zu ungunsten des Versicherers von Havereigeldern **angenommen** werden, **daß sie die Ladung nicht mit belasten** oder betreffen. Dies würde sich auch ohne die Bestimmung ergeben haben. — Dagegen darf der Versicherer damit rechnen, daß nicht nur das Schiff, sondern **auch die Fracht** zur Deckung dient. Deshalb soll dies zu seinen Gunsten angenommen werden. — Über die Natur dieser Bestimmung als einer Auslegungsregel vgl. oben Anm. 3. — Der Havereigelder-Versicherte kann sich also darauf berufen, daß die Ladung nicht als Deckung dient. Der Versicherer kann sich nicht darauf berufen, daß tatsächlich auch die Ladung zur Deckung dient. Reichen im Versicherungsfall Schiff und Fracht zur Deckung nicht aus, so muß er entschädigen und kann nur gemäß § 110 Abs. 3 seinerseits sich an der Ladung schadlos halten. § 111

4. § 111 gilt nicht, wenn das Schiff in Ballast fährt. Über diesen Fall vgl. § 63 Anm. 11. Anm. 7

5. § 111 gilt sinngemäß auch für die **Rückversicherung** (§ 1 Anm. 136). Anm. 8

6. **Fremde Rechte.** Besondere Bestimmungen gleich derjenigen des § 111 fehlen. Anm. 9

§ 112

Dauer der Versicherung

Bei der Versicherung von Bodmerei- oder Havereigeldern beginnt die Versicherung mit dem Zeitpunkt, in dem der Versicherungsnehmer sich zur Gewährung der Gelder verpflichtet. Hat der Versicherungsnehmer selbst die Havereigelder aufgewendet, so ist der Zeitpunkt der Aufwendung maßgebend.

1. Vgl. HGB § 826, ASVB § 75. Anm. 1

2. **Es beginnt:** Anm. 2

a) **die Versicherung von Bodmereigelder- und Havereigelder-Forderungen, wenn der Versicherungsnehmer sich zur Gewährung der Gelder verpflichtet.** Mit der bloßen Verpflichtung entsteht aber noch keine Forderung, die anders als höchstens bedingt versicherbar wäre (vgl. Molt 86). Es hätte deshalb bei der Vorschrift des § 826 HGB (ebenso E 1910 § 111) bewenden sollen, nach der die Versicherung beginnt, wenn die Gelder „vorgeschossen" oder „gezahlt" sind. Insbesondere darf aus § 112 natürlich nicht abgeleitet werden, daß der Versicherungsnehmer die Gelder zahlen darf, wenn die Umstände sich verändert haben und er infolge hiervon ganz oder teilweise von der Zahlungspflicht frei geworden ist, wenn z. B. das Schiff, das verbodmet werden soll, zwischen der Verpflichtung aus dem Vorvertrag und dem Zahlungstermin untergeht oder sonst Schaden nimmt, der den (künftigen) Bodmereigläubiger von seiner Zahlungspflicht befreit.

b) die Versicherung von sonstigen Forderungen (der Natur der Sache nach), wenn gezahlt und außerdem, falls es sich um die Versicherung einer dinglich zu sichernden Forderung (z. B. einer Schiffs-Pfandforderung) handelt, die dingliche Sicherung bewirkt ist (Molt 86), im übrigen natürlich gemäß §§ 79, 99, 66, 88, 106. Anm. 3

c) **die Versicherung von Havereigeldern, denen keine Forderung zugrunde liegt** (vgl. § 1 Anm. 111), **wenn die Gelder aufgewendet werden.** Das ist nicht genau. Wenn z. B. Kosten für neue Schiffsausrüstungs-Gegenstände als Havereigelder versichert werden, kann natürlich keine Rede davon sein, daß der Versicherer der Havereigelder haftet, wenn die Ausrüstungsgegenstände noch am Lande gestohlen werden oder verbrennen. Es kommt immer auf den Einzelfall an. Näheres: § 1 Anm. 111ff. Anm. 4

3. Die Versicherung von Bodmereigelder- oder Havereigelder-Forderungen endigt, wenn die Versicherung der Deckungsgegenstände geendigt haben würde. Anm. 5

§ 112 So E 1910 § 111 Satz 2 im Anschluß an § 826 HGB. Diese Bestimmung ist wegen der §§ 79, 99 gestrichen. Nun ergibt sich aus den §§ 79, 99 das nämliche; soweit die Fracht als Deckung dient, ist § 106 sinngemäß anzuwenden. Bei der Versicherung von Bodmereigeldern endigt z. B. die Versicherung nicht ohne weiteres mit dem Ende der Bodmereireise. Insbesondere über die Anwendbarkeit des § 67: § 67 Anm. 19. — Die Versicherung von sonstigen Forderungen endigt ebenfalls gemäß §§ 79, 99, 106. — Die Versicherung von Havereigeldern, denen keine Forderungen zugrunde liegen, ebenso.

Anm. 6 4. Über den Begriff des Beginns, der Dauer und des Endes der Versicherung vgl. § 66 Anm. 2.

Anm. 7 5. § 112 gilt sinngemäß auch für die **Rückversicherung** (§ 1 Anm. 136).

Anm. 8 6. **Fremde Rechte.** Besondere Bestimmungen gleich denjenigen des § 112 fehlen.

DRITTER ABSCHNITT

Besondere Vereinbarungen (Klauseln)

Vorbemerkung. Literatur: Gobert HRZ 1922. 409 (Kursklauseln im Seeversicherungsrecht). Heim VersN 1955. 13, 27, 41, 58, 69 (Die Klauseln in der Seeversicherung). Hochgräber ITVMitt 1928. 82 (Die „Bailee"-Klausel), NeumannZ 1937. 582 (Die Schwesterschiffklausel), ITVMitt 1938. 2, 33 (Die Schwesterschiffklausel). Kreutziger Die Kommandobrücke 1963. 303 (DTV-Ausbesserungsklausel). Möller JRPV 1930. 261 (Über die Bedeutung der Hinteranhangs- und Schwesterschiffklausel). Weimar DVersZ 1953. 225 (Die Ausschlußklauseln und Erweiterungen in der Seeversicherung). Werneburg OestRev 1917. 118 (Klauseln im Seeversicherungsrecht). Winkler, Die den Umfang der Gefahr beschränkenden Klauseln des Seeversicherungsvertrages, Diss. 1916.

Die „Klausel" ist ein unentbehrlicher Behelf des Handelsverkehrs. Im Seeversicherungs-Verkehr kam sie auf, als man erkannte, daß der Grundsatz der allgemeinen Gefahrendeckung nur als Grundsatz, als Regel gelten kann und Ausnahmen nötig sind. Begünstigt wurde das Klauselwesen durch die Prämientarife, die einander möglichst ähnliche Risiken voraussetzen. Heute kann man feste, bewegliche und wilde Klauseln unterscheiden. Feste Klauseln, d. h. die durch Gesetz oder Bedingungen bestimmten Klauseln. Bewegliche Klauseln, d. h. die von den Assekuradeurvereinen bestimmten, den jeweiligen Verhältnissen sich anschmiegende Klauseln. Wilde Klauseln, d. h. Klauseln, die den Umständen des Einzelfalls angepaßt sind, vielfach freilich auch Konkurrenz- und Phantasiebedürfnissen entspringen.

Die Zusatzbestimmungen zu den ADS für die Güterversicherung (1947) sind hinter § 127 wiedergegeben worden.

Feste Klauseln sind insbesondere die in den §§ 113—124 ADS behandelten Klauseln. An beweglichen Klauseln kommen namentlich die Klauseln des DTV in Betracht, und zwar insbesondere:

1. DTV-Kaskoklauseln

Januar 1961

Reise

1. **Tenderklausel.** Nach Entstehung eines Teilschadens kann der Versicherer verlangen, daß der Versicherungsnehmer Angebote auf die Ausbesserung des Schiffes einholt, die Ausbesserung ihm überläßt, das Schiff einer Notausbesserung unterzieht

und es zum Zwecke der endgültigen Ausbesserung an einen anderen Ort bringt; oder der Versicherer kann auch solche Angebote selbst einholen. Für die Zeit, welche bei Anwendung dieses Verfahrens dem Versicherungsnehmer durch Warten auf Reparaturofferten tatsächlich verlorengegangen ist, ist der Versicherer verpflichtet, demselben eine Entschädigung zu leisten bis zur Höhe von 30% p. a., berechnet auf den versicherten Wert des Schiffes. — Entspricht der Versicherungsnehmer dem Verlangen des Versicherers nicht, so mindert sich die Entschädigung um 15%.

2. **Kollisionsklausel.** § 78 ADS findet im Falle eines Zusammenstoßes des Schiffes mit anderen schwimmenden Gegenständen aller Art entsprechende Anwendung.

3. **Teilungsklausel.** Schiffskörper, maschinelle Einrichtung und Schiffszubehör gelten für die Feststellung, ob ein Schaden den Betrag erreicht, unter dem der Versicherer nicht haftet, zugunsten des Versicherungsnehmers als besonders versichert. Findet keine Einigung darüber statt, welche Teile des Versicherungswertes auf diese Gegenstände entfallen, so muß das nach § 74 Abs. 5 ADS zu erstattende Gutachten auch eine Schätzung der Teile enthalten.

4. **Schwesterschiffklausel.** Im Falle von Bergung, Hilfeleistung und Zusammenstoß sowie in sonstigen Fällen, in denen Schäden durch diese Police gedeckt werden, sollen mehrere Schiffe und andere Gegenstände, die dem Versicherten gehören, als fremdes Eigentum gelten.

5. **Beendigungsklausel.** Die Versicherung endigt, wenn Ladung oder Ballast nicht zu löschen ist, mit dem Ablauf des fünfzehnten Tages nach dem Tage, an dem das Schiff am gehörigen Orte die Anker hat fallen lassen oder befestigt ist.

6. **Interesseklausel.** Die Verpflichtung zur Zahlung im Totalschadensfalle ist davon abhängig, daß die gesamten außer der Kasko-Versicherung seitens des Reeders oder für dessen Rechnung abgeschlossenen Interesse-Versicherungen (behaltene Fahrt, disbursements) — einerlei, ob selbständig oder als Eventualversicherungen — richtig aufgegeben werden.

Die Versicherer dieser Police genehmigen, daß seitens des Reeders oder für dessen Rechnung

> bis 20% der Kaskotaxe auf Interesse in Verbindung mit Fracht und
> bis 15% der Kaskotaxe auf Interesse (behaltene Fahrt, disbursements), selbständig und/oder als Eventualversicherung in Verbindung mit anderen Versicherungen, z. B. Ausrüstung,

versichert werden.

Sind im Totalschadensfall höhere Beträge auf „Interesse usw.“ versichert, so verringert sich die Ersatzpflicht der Kasko-Versicherer um die auf „Interesse“ usw. zuviel gedeckten Beträge.

7. **Schiffswertklausel bei Kollisionsfällen.** Als Schiffswert im Sinne des § 78 Abs. 2 ADS gilt die Gesamt-Kaskotaxe unbeschadet der Teilhaftungsklausel, soweit sie vereinbart ist.

8. **Kursklausel.** Leistung und Gegenleistung aus dieser Police sind in der Währung der Police zu bewirken.

Von einem die Police treffenden Schaden, bei dem der Versicherungsnehmer voraussichtlich Verpflichtungen in anderer Währung als D-Mark zu erfüllen hat, ist dem Versicherer unverzüglich Mitteilung zu machen. Der Versicherungsnehmer hat die erforderlichen Maßnahmen unverzüglich zu treffen und dabei die Weisungen des Versicherers zu befolgen und, wenn die Umstände es gestatten, solche Weisungen einzuholen. Im übrigen gilt § 41 ADS.

9. **Ballastschiffklausel.** Fährt das Schiff ohne Ladung, so haften die Versicherer für Schäden, die dem Schiffe zum Zwecke der Errettung aus einer der versicherten

Vor §113 Gefahren von dem Schiffer oder auf dessen Geheiß vorsätzlich zugefügt werden, sowie für die durch solche Maßregeln ferner verursachten Schäden und Kosten, die zu demselben Zweck aufgewendet werden, insbesondere für Schlepplöhne, Hilfslöhne und Bergelöhne, nur bis zur Höhe der Versicherungssumme. Auch haften die Versicherer für solche Aufwendungen, falls der Wert des Schiffes am Ende der Reise größer ist als die Versicherungssumme nur im Verhältnis der Versicherungssumme zu dem Wert, den das Schiff in dem Zustande am Ende der Reise hat. Dieser Wert ist durch Sachverständige gemäß § 74 ADS festzustellen. Kost- und Monatsgelder im Nothafen werden nicht ersetzt. Für Aufopferungen wird nach der Teilhaftungsklausel, soweit diese vereinbart ist, gehaftet. Durch diese Bestimmungen wird die Vorschrift des § 63 ADS nicht aufgehoben.

Falls ausschließlich Güter des Reeders verladen sind, finden die für Havarie-grosse geltenden Bestimmungen Anwendung.

10. **Schärenfahrtklausel.** Fährt das Schiff durch die norwegischen Schären, so ist eine Haftung der Versicherer für einen Schaden, der sich während der Schärenfahrt ereignet, nicht gegeben, wenn Reeder oder Kapitän es an der erforderlichen Sorgfalt hinsichtlich der Bestellung von Lotsen haben fehlen lassen. Hierbei ist davon auszugehen, daß bei länger als 12 Stunden dauernder Schärenfahrt zwei Lotsen verwendet werden sollen, abgesehen von der Zeit ab 1. Mai bis 1. September, in welcher ein Lotse genügt, und abgesehen von den Fällen, in denen besondere Umstände die Verwendung nur eines Lotsen rechtfertigen. Die verwendeten Lotsen müssen ein amtliches Lotsenzertifikat haben!

11. **Ausbesserungsklausel.** Der Anspruch des Versicherten auf Ersatz eines Teilschadens ist — unbeschadet der Vorschrift des § 75 Abs. 5 ADS — bedingt durch die Ausführung der Ausbesserung.

Erhält das versicherte Schiff nach einer Beschädigung, mit oder ohne Not- oder Teilreparatur, von der zuständigen Klassifikationsbehörde ein Seefähigkeitsattest für weitere Fahrten, so kann in Änderung des § 75 Abs. 1 ADS die sofortige Reparatur unterbleiben, falls der Schaden am Schiff unverzüglich festgestellt wird, jedoch nicht über den Ablauf der Police hinausgehend. Eine etwaige Mehrbelastung infolge der späteren Ausführung der Reparatur geht nicht zu Lasten dieser Versicherung. § 40 ADS bleibt in Kraft.

Etwaige für die Seefähigkeit notwendige vorläufige Ausbesserungen (Teilreparaturkosten) werden von den Versicherern erstattet insoweit, als dadurch die Kosten der endgültigen Reparatur verringert werden. In diesem Umfang werden Teilreparaturkosten auch dann ersetzt, wenn das Schiff vor der Ausführung der endgültigen Reparatur verlorengeht.

§ 32 Abs. 1 Ziff. 1 ADS bleibt unberührt.

12. **Prämienzahlungsklausel.** Wird die Prämie oder eine Prämienrate nicht innerhalb einer Frist von 15 Tagen nach dem Fälligkeitstage an den Versicherer bezahlt, endigt die Versicherung mit Ablauf der vorstehenden Frist unter Aufhebung der Bestimmungen der §§ 66 und 67 ADS, frühestens jedoch fünf Werktage nach Zustellung einer auf die Rechtsfolgen dieser Klausel hinweisenden Benachrichtigung durch eingeschriebenen Brief seitens des führenden Versicherers an den Versicherungsnehmer, es sei denn, daß die Versicherung auf Grund der Police oder aus einem anderen Grunde schon vorher endigt. Sofern die Versicherung endigt, ist der Versicherungsnehmer verpflichtet, die Prämie sofort zu bezahlen. § 17 ADS bleibt aufrechterhalten.

Eine Wiederinkraftsetzung der Versicherung kann nur mit schriftlicher Genehmigung jedes Versicherers für seinen Anteil erfolgen.

Eine Zahlung an einen Versicherungsmakler gilt nicht als Zahlung an den Versicherer.

Eine Aufrechnung mit noch nicht fälligen Forderungen des Versicherungsnehmers aus gleichviel welchem Grunde gegen die Prämienforderung des Versicherers kann nur erfolgen, falls der Versicherer vor Ablauf der 15tägigen Frist schriftlich zustimmt. § 16 Abs. 2 Satz 2 ADS wird insoweit aufgehoben. **Vor §113**

Die Versicherer sind berechtigt, fällige Schäden gegen die nächste fällig werdende Prämienrate zu verrechnen.

13. **Schadensnachweis-Klausel.** Zu den Schadensnachweisen im Sinne des § 43 ADS gehört in den Fällen des Totalverlustes und der Verschollenheit eines Schiffes auch der Seeamtsspruch mit Begründung, wenn eine Seeamtsverhandlung über den Schadensfall stattfindet.

14. **Erz-Klausel.** Für die Beladung des versicherten Schiffes mit einer einheitlichen Erzladung sind Belade-Empfehlungen der Klassifikations-Gesellschaft des betreffenden Schiffes vom Reeder oder Ausrüster einzuholen und dem Kapitän zur Beachtung vorzuschreiben. Der Kapitän ist anzuweisen, die Belade-Empfehlungen zu den Schiffspapieren zu nehmen. Wenn der Kapitän aus von ihm für wichtig erachteten Gründen glaubt, von dieser Empfehlung abweichen zu müssen, so ist er befugt, dieses zu tun, hat aber dann diesen Tatbestand unverzüglich nach Abgang vom Ladehafen im Schiffstagebuch unter Angabe seiner Gründe festzuhalten.

15. **Enteignungsklausel.** Der Versicherer haftet nicht für einen Schaden, der dadurch verursacht wird, daß das Schiff in Ausführung von Waffenstillstands- oder Friedensverträgen zwischen Deutschland und fremden Mächten enteignet oder ausgeliefert wird.

16. **Beschlagnahmeausschlußklausel.** Die Versicherung deckt nicht die Gefahr der Beschlagnahme oder sonstiger Entziehung durch Verfügung von Hoher Hand, unbeschadet § 36 ADS.

17. **Kriegsgefahrausschlußklausel.** Der Versicherer trägt nicht die Kriegsgefahr (§ 35 ADS).

18. **Minenausschlußklausel.** Die Versicherung deckt nicht die Gefahr der Beschädigung oder des Verlustes, verursacht durch Minen, Torpedos, Bomben und andere Kriegswerkzeuge jeglicher Art, gleichgültig ob diese Gegenstände anläßlich eines Krieges von den kriegführenden oder neutralen Mächten verwendet werden oder ob aus ihrem Vorhandensein im Frieden der Schaden entsteht.

19. **Kernenergie-Klausel.** Die Versicherung deckt nicht die Gefahren der Kernenergie und Radioaktivität. Die Versicherer haften demnach nicht für Schäden, die unmittelbar oder mittelbar durch eine dieser Gefahren verursacht sind.

2. DTV-Kaskoklauseln

Januar 1961

Zeit

Für europäische Fahrten

1. **Tenderklausel.** Nach Entstehung eines Teilschadens kann der Versicherer verlangen, daß der Versicherungsnehmer Angebote auf die Ausbesserung des Schiffes einholt, die Ausbesserung ihm überläßt, das Schiff einer Notausbesserung unterzieht und es zum Zwecke der endgültigen Ausbesserung an einen anderen Ort bringt; oder der Versicherer kann auch solche Angebote selbst einholen. Für die Zeit, welche bei Anwendung dieses Verfahrens dem Versicherungsnehmer durch Warten auf Reparaturofferten tatsächlich verlorengegangen ist, ist der Versicherer verpflichtet, demselben

Vor §113 eine Entschädigung zu leisten bis zur Höhe von 30% p. a., berechnet auf den versicherten Wert des Schiffes. — Entspricht der Versicherungsnehmer dem Verlangen des Versicherers nicht, so mindert sich die Entschädigung um 15%.

2. **Kollisionsklausel.** § 78 ADS findet im Falle eines Zusammenstoßes des Schiffes mit anderen schwimmenden Gegenständen aller Art entsprechende Anwendung.

3. **Liegeklausel.** Wenn das Schiff mehr als 14 aufeinanderfolgende Tage in einem Hafen ohne Ladung unbeschäftigt liegt (ausgenommen wegen einer diese oder eine frühere Police treffenden Havarie), so mindert sich die Prämie auf $^1/_{20}$% der Versicherungssumme für die ersten 15 Tage und auf einen diesem Verhältnis entsprechenden Betrag für die spätere Zeit. Ist die Prämie in Raten fällig, so werden die Prämienveränderungen wegen Stilliegens für jedes Quartal berechnet und in Abzug gebracht, soweit die Stilliegetage vom Versicherungsnehmer innerhalb einer Woche nach Ablauf des Abrechnungs-Quartals angezeigt werden. Bei nicht rechtzeitiger Anzeige erfolgt die Abrechnung im darauffolgenden Quartal. Auf die Entrichtung von Zuschlagsprämien findet die Regelung über Rückgaben für Stilliegen keine Anwendung.

4. **Teilungsklausel.** Schiffskörper, maschinelle Einrichtung und Schiffszubehör gelten für die Feststellung, ob ein Schaden den Betrag erreicht, unter dem der Versicherer nicht haftet, zugunsten des Versicherungsnehmers als besonders versichert. Findet keine Einigung darüber statt, welche Teile des Versicherungswertes auf diese Gegenstände entfallen, so muß das nach § 74 Abs. 5 ADS zu erstattende Gutachten auch eine Schätzung der Teile enthalten.

5. **Schwesterschiffklausel.** Im Falle von Bergung, Hilfeleistung und Zusammenstoß sowie in sonstigen Fällen, in denen Schäden durch diese Police gedeckt werden, sollen mehrere Schiffe und andere Gegenstände, die dem Versicherten gehören, als fremdes Eigentum gelten.

6. **Interesseklausel.** Die Verpflichtung zur Zahlung im Totalschadensfalle ist davon abhängig, daß die gesamten außer der Kasko-Versicherung seitens des Reeders oder für dessen Rechnung abgeschlossenen Interesse-Versicherungen (behaltene Fahrt, disbursements) — einerlei, ob selbständig oder als Eventualversicherungen — richtig aufgegeben werden.

Die Versicherer dieser Police genehmigen, daß seitens des Reeders oder für dessen Rechnung

bis 20% der Kaskotaxe auf Interesse in Verbindung mit Fracht und

bis 15% der Kaskotaxe auf Interesse (behaltene Fahrt, disbursements), selbständig und/oder als Eventualversicherung in Verbindung mit anderen Versicherungen, z. B. Ausrüstung,

versichert werden.

Sind im Totalschadensfall höhere Beträge auf „Interesse" usw. versichert, so verringert sich die Ersatzpflicht der Kasko-Versicherer um die auf „Interesse usw." zuviel gedeckten Beträge.

7. **Schiffswertklausel bei Kollisionsfällen.** Als Schiffswert im Sinne des § 78 Abs. 2 ADS gilt die Gesamt-Kaskotaxe unbeschadet der Teilhaftungsklausel, soweit sie vereinbart ist.

8. **Abweichungsklausel.** Soweit während der Versicherungsperiode Reisen ausgeführt worden sind, die eine Verrechnung von Zulagen notwendig machen, ist über die ausgeführten Reisen und die eingenommenen Ladungen nach Ablauf eines jeden Quartals Aufgabe zu machen. Den Versicherern ist auf Anfrage jederzeit Auskunft zu erteilen. Die Abrechnung und Bezahlung der Zulagen erfolgt zusammen mit der Quartalsabrechnung.

Einer prämienzulagepflichtigen Reise wird das Schleppen und Geschlepptwerden von Fahrzeugen, Seenotfälle und ortsübliches Geschlepptwerden ausgenommen, gleichgestellt.

9. **Kursklausel.** Leistung und Gegenleistung aus dieser Police sind in der Währung der Police zu bewirken.

Von einem die Police treffenden Schaden, bei dem der Versicherungsnehmer voraussichtlich Verpflichtungen in anderer Währung als D-Mark zu erfüllen hat, ist dem Versicherer unverzüglich Mitteilung zu machen. Der Versicherungsnehmer hat die erforderlichen Maßnahmen unverzüglich zu treffen und dabei die Weisungen des Versicherers zu befolgen und, wenn die Umstände es gestatten, solche Weisungen einzuholen. Im übrigen gilt § 41 ADS.

10. **Ballastschiffklausel.** Fährt das Schiff ohne Ladung, so haften die Versicherer für Schäden, die dem Schiffe zum Zwecke der Errettung aus einer der versicherten Gefahren von dem Schiffer oder auf dessen Geheiß vorsätzlich zugefügt werden, sowie für die durch solche Maßregeln ferner verursachten Schäden und Kosten, die zu demselben Zweck aufgewendet werden, insbesondere für Schlepplöhne, Hilfslöhne und Bergelöhne, nur bis zur Höhe der Versicherungssumme. Auch haften die Versicherer für solche Aufwendungen, falls der Wert des Schiffes am Ende der Reise größer ist als die Versicherungssumme, nur im Verhältnis der Versicherungssumme zu dem Wert, den das Schiff in dem Zustande am Ende der Reise hat. Dieser Wert ist durch Sachverständige gemäß § 74 ADS festzustellen. Kost- und Monatsgelder im Nothafen werden nicht ersetzt. Für Aufopferungen wird nach der Teilhaftungsklausel, soweit diese vereinbart ist, gehaftet. Durch diese Bestimmungen wird die Vorschrift des § 63 ADS nicht aufgehoben.

Falls ausschließlich Güter des Reeders verladen sind, finden die für Havarie-grosse geltenden Bestimmungen Anwendung.

11. **Schärenfahrtklausel.** Fährt das Schiff durch die norwegischen Schären, so ist eine Haftung der Versicherer für einen Schaden, der sich während der Schärenfahrt ereignet, nicht gegeben, wenn Reeder oder Kapitän es an der erforderlichen Sorgfalt hinsichtlich der Bestellung von Lotsen haben fehlen lassen. Hierbei ist davon auszugehen, daß bei länger als 12 Stunden dauernder Schärenfahrt zwei Lotsen verwendet werden sollen, abgesehen von der Zeit ab 1. Mai bis 1. September, in welcher ein Lotse genügt, und abgesehen von den Fällen, in denen besondere Umstände die Verwendung nur eines Lotsen rechtfertigen. Die verwendeten Lotsen müssen ein amtliches Lotsenzertifikat haben!

12. **Fahrtbegrenzungsklausel** (in der Fassung der DTV-Kasko-Fahrtbegrenzungsklausel Zeit. Für europäische Fahrten, Januar 1965).

a) Ausgeschlossen sind Fahrten nach und von
   1. außereuropäischen Gewässern und Plätzen mit Ausnahme von am Mittelmeer oder Schwarzem Meer gelegenen asiatischen und afrikanischen Orten bis Casablanca einschließlich,
   2. isländischen und grönländischen Gewässern und Plätzen,
   3. Gewässern und Plätzen nördlich 70° nördlicher Breite und alle anderen Fahrten, bei denen 70° nördlicher Breite überschritten wird, mit Ausnahme von
      aa) direkten Fahrten nach und von Kirkenes und Murmansk,
      bb) Fahrten nach und von dem Weißen Meer, wenn Honningsvaag auf der Hinreise nicht vor dem 10. Mai passiert und die Rückreise vom letzten Hafen des Weißen Meeres nicht nach dem 31. Oktober angetreten wird.

Vor §113 b) Ausgeschlossen sind Fahrten mit Schüttladungen, die während der Reise breiartig werden können, wie z. B. Schlammkohle oder Creolit. Die Beförderung ist jedoch zugelassen, wenn Längsschotten angebracht sind, die an Einrichtungen befestigt werden, die im Schiffskörper eingebaut sind.

Überschreitungen der in der Police festgelegten Fahrtgrenzen sind, soweit durch die Klasse erlaubt, ohne Unterbrechung des Risikos gegen von Fall zu Fall zu vereinbarende Prämienzulage mitversichert. Sie sind dem Versicherer unverzüglich anzuzeigen. Im übrigen gilt die Abweichungsklausel (Ziffer 8 der DTV-Kasko-Klauseln).

13. **Ausbesserungsklausel.** Der Anspruch des Versicherten auf Ersatz eines Teilschadens ist — unbeschadet der Vorschrift des § 75 Abs. 5 ADS — bedingt durch die Ausführung der Ausbesserung.

Erhält das versicherte Schiff nach einer Beschädigung, mit oder ohne Not- oder Teilreparatur, von der zuständigen Klassifikationsbehörde ein Seefähigkeitsattest für weitere Fahrten, so kann in Änderung des § 75 Abs. 1 ADS die sofortige Reparatur unterbleiben, falls der Schaden am Schiff unverzüglich festgestellt wird, jedoch nicht über den Ablauf der Police hinausgehend. Eine etwaige Mehrbelastung infolge der späteren Ausführung der Reparatur geht nicht zu Lasten dieser Versicherung. § 40 ADS bleibt in Kraft.

Etwaige für die Seefähigkeit notwendige vorläufige Ausbesserungen (Teilreparaturkosten) werden von den Versicherern erstattet insoweit, als dadurch die Kosten der endgültigen Reparatur verringert werden. In diesem Umfang werden Teilreparaturkosten auch dann ersetzt, wenn das Schiff vor der Ausführung der endgültigen Reparatur verlorengeht.

§ 32 Abs. 1 Ziff. 1 ADS bleibt unberührt.

14. **Prämienzahlungsklausel.** Wird die Prämie oder eine Prämienrate nicht innerhalb einer Frist von 15 Tagen nach dem Fälligkeitstage an den Versicherer bezahlt, endigt die Versicherung mit Ablauf der vorstehenden Frist unter Aufhebung der Bestimmungen der §§ 67 und 68 ADS, frühestens jedoch fünf Werktage nach Zustellung einer auf die Rechtsfolgen dieser Klausel hinweisenden Benachrichtigung durch eingeschriebenen Brief seitens des führenden Versicherers an den Versicherungsnehmer, es sei denn, daß die Versicherung auf Grund der Police oder aus einem anderen Grunde schon vorher endigt. Sofern die Versicherung endigt, ist der Versicherungsnehmer verpflichtet, die Prämie pro rata bis zum Tage der Beendigung der Versicherung und die Ristornogebühr gemäß § 18 ADS sofort zu bezahlen. § 17 ADS bleibt aufrechterhalten.

Eine Wiederinkraftsetzung der Versicherung kann nur mit schriftlicher Genehmigung jedes Versicherers für seinen Anteil erfolgen.

Eine Zahlung an einen Versicherungsmakler gilt nicht als Zahlung an den Versicherer.

Eine Aufrechnung mit noch nicht fälligen Forderungen des Versicherungsnehmers aus gleichviel welchem Grunde gegen die Prämienforderung des Versicherers kann nur erfolgen, falls der Versicherer vor Ablauf der 15tägigen Frist schriftlich zustimmt. § 16 Abs. 2 Satz 2 ADS wird insoweit aufgehoben.

Die Versicherer sind berechtigt, fällige Schäden gegen die nächste fällig werdende Prämienrate zu verrechnen.

15. **Charterklausel.** Wird das versicherte Schiff auf Bareboat-Charter abgegeben oder wird es auf Zeitcharterbasis oder im Wege der Recharter in einer Charter für drei Monate oder länger einem Ausländer überlassen, so ist dies dem Versicherer anzuzeigen. Der Versicherer ist berechtigt, eine Prämienzulage zu verlangen, wenn dies dem Grund und der Höhe nach angemessen ist. Wenn hierüber (nach Grund und Höhe) eine Eini-

gung nicht erzielt wird, kann das Vertragsverhältnis von beiden Teilen unter Einhaltung einer einwöchigen Frist gekündigt werden.

Vercharterungen im obigen Sinne zum Zwecke der Beförderung von Truppen oder Kriegsmaterialien nach Kriegsschauplätzen sind nicht gestattet.

16. **Schadensnachweis-Klausel.** Zu den Schadensnachweisen im Sinne des § 43 ADS gehört in den Fällen des Totalverlustes und der Verschollenheit eines Schiffes auch der Seeamtsspruch mit Begründung, wenn eine Seeamtsverhandlung über den Schadensfall stattfindet.

17. **Erz-Klausel.** Für die Beladung des versicherten Schiffes mit einer einheitlichen Erzladung sind Belade-Empfehlungen der Klassifikations-Gesellschaft des betreffenden Schiffes vom Reeder oder Ausrüster einzuholen und dem Kapitän zur Beachtung vorzuschreiben. Der Kapitän ist anzuweisen, die Belade-Empfehlungen zu den Schiffspapieren zu nehmen. Wenn der Kapitän aus von ihm für wichtig erachteten Gründen glaubt, von dieser Empfehlung abweichen zu müssen, so ist er befugt, dieses zu tun, hat aber dann diesen Tatbestand unverzüglich nach Abgang vom Ladehafen im Schiffstagebuch unter Angabe seiner Gründe festzuhalten.

18. **Enteignungsklausel.** Der Versicherer haftet nicht für einen Schaden, der dadurch verursacht wird, daß das Schiff in Ausführung von Waffenstillstands- oder Friedensverträgen zwischen Deutschland und fremden Mächten enteignet oder ausgeliefert wird.

19. **Beschlagnahmeausschlußklausel.** Die Versicherung deckt nicht die Gefahr der Beschlagnahme oder sonstiger Entziehung durch Verfügung von Hoher Hand, unbeschadet § 36 ADS.

20. **Kriegsgefahrausschlußklausel.** Der Versicherer trägt nicht die Kriegsgefahr (§ 35 ADS).

21. **Minenausschlußklausel.** Die Versicherung deckt nicht die Gefahr der Beschädigung oder des Verlustes, verursacht durch Minen, Torpedos, Bomben und andere Kriegswerkzeuge jeglicher Art, gleichgültig ob diese Gegenstände anläßlich eines Krieges von den kriegführenden oder neutralen Mächten verwendet werden oder ob aus ihrem Vorhandensein im Frieden der Schaden entsteht.

22. **Kernenergie-Klausel.** Die Versicherung deckt nicht die Gefahren der Kernenergie und Radioaktivität. Die Versicherer haften demnach nicht für Schäden, die unmittelbar oder mittelbar durch eine dieser Gefahren verursacht sind.

3. DTV-Kaskoklauseln

Januar 1961

Zeit

Für europäische und außereuropäische Fahrten

Die Klauseln haben den gleichen Wortlaut wie die unter Nr. 2 aufgeführten. Lediglich lautet Ziff. 12 wie folgt:

12. **Fahrtbegrenzungsklausel** (In der Fassung der DTV-Kasko-Fahrtbegrenzungsklausel Zeit für europäische und außereuropäische Fahrten Januar 1965).

a) Ausgeschlossen sind Fahrten nach und von Gewässern, Häfen, Plätzen, Flüssen und vorgelagerten Inseln

I. an der atlantischen Küste von Nordamerika

1. nördlich 52° 10′ nördlicher Breite, soweit westlich 50° westlicher Länge,

Vor §113

2. südlich 52° 10′ nördlicher Breite im Gebiet innerhalb der Linien Battle Harbour / Pistolet Bay; Cape Ray / Cape North; Port Hawkesbury / Port Mulgrave und Baie Comeau / Matane in der Zeit vom 1. Dezember bis zum 30. April b. T. e.,
3. westlich der Linie Baie Comeau / Matane (aber nicht westlicher als Montreal) in der Zeit vom 16. November bis zum 15. Mai b. T. e.,
4. in den Großen Seen oder dem St.-Lorenz-Seeweg westlich von Montreal.

II. an der pazifischen Küste von Nordamerika nördlich 54° 30′ nördlicher Breite oder westlich 130° 50′ westlicher Länge.

b) Ausgeschlossen sind Fahrten nach und von

1. isländischen und grönländischen Gewässern und Plätzen,
2. dem Bering-Meer,
3. ostasiatischen Gewässern nördlich 46° nördlicher Breite und Sibirien mit Ausnahme von Wladiwostok und/oder Nakhodka,
4. Gewässern und Plätzen nördlich 70° nördlicher Breite und alle anderen Fahrten, bei denen 70° nördlicher Breite überschritten wird, mit Ausnahme von
   aa) direkten Fahrten nach und von Kirkenes und Murmansk,
   bb) Fahrten nach und von dem Weißen Meer, wenn Honningsvaag auf der Hinreise nicht vor dem 10. Mai passiert und die Rückreise vom letzten Hafen des Weißen Meeres nicht nach dem 31. Oktober angetreten wird,
5. den Kerguelen, Crozet-Inseln und Prinz-Edward-Inseln sowie Fahrten südlich 50° südlicher Breite.
   Diese Beschränkung gilt nicht für Fahrten nach südlich 50° südlicher Breite gelegenen Häfen und/oder Plätzen Argentiniens und/oder Chiles und/oder den Falkland-Inseln sowie für solche Fahrten, bei denen 50° südlicher Breite nach Süden auf der Reise nach und von Häfen und/oder Plätzen des erlaubten Fahrtgebietes überschritten wird.
6. dem Amazonas oberhalb Manaos.

c) Ausgeschlossen sind Fahrten mit indischer Kohle als Ladung

1. zwischen dem 1. März und 30. Juni b. T. e. generell,
2. zwischen dem 1. Juli und 30. September b. T. e. mit Ausnahme von Fahrten nach Häfen Asiens, nicht westlich von Aden oder östlich von oder jenseits Singapore.

d) Ausgeschlossen sind Fahrten mit Schüttladungen, die während der Reise breiartig werden können, wie z. B. Schlammkohle oder Creolit.

Die Beförderung ist jedoch zugelassen, wenn Längsschotten angebracht sind, die an Einrichtungen befestigt werden, die im Schiffskörper eingebaut sind.

Überschreitungen der in der Police festgelegten Fahrtgrenzen sind, soweit durch die Klasse erlaubt, ohne Unterbrechung des Risikos gegen von Fall zu Fall zu vereinbarende Prämienzulage mitversichert. Sie sind dem Versicherer unverzüglich anzuzeigen. Im übrigen gilt die Abweichungsklausel (Ziffer 8 der DTV-Kasko-Klauseln).

4. Klein-Kaskoklauseln

für

Fracht-Motorschiffe und Fracht-Segelschiffe mit oder ohne Motor

von 300 BRT und weniger

Kasko-Police auf Grund der Allgemeinen Deutschen Seeversicherungs-Bedingungen

Januar 1961

1. **Tenderklausel.** Nach Entstehung eines Teilschadens kann der Versicherer verlangen, daß der Versicherungsnehmer Angebote auf die Ausbesserung des Schiffes einholt, die Ausbesserung ihm überläßt, das Schiff einer Notausbesserung unterzieht und es zum Zwecke der endgültigen Ausbesserung an einen anderen Ort bringt; oder der Versicherer kann auch solche Angebote selbst einholen. Für die Zeit, welche bei Anwendung dieses Verfahrens dem Versicherungsnehmer durch Warten auf Reparaturofferten tatsächlich verlorengegangen ist, ist der Versicherer verpflichtet, demselben eine Entschädigung zu leisten bis zur Höhe von 30% p. a., berechnet auf den versicherten Wert des Schiffes. — Entspricht der Versicherungsnehmer dem Verlangen des Versicherers nicht, so mindert sich die Entschädigung um 15%.

2. **Kollisionsklausel.** § 78 der Allgemeinen Deutschen Seeversicherungs-Bedingungen findet im Falle eines Zusammenstoßes des Schiffes mit anderen schwimmenden und festen Gegenständen aller Art entsprechende Anwendung. In Ausdehnung des § 78 ADS ist vereinbart, daß er auch für diejenigen Fälle gilt, in denen der Versicherte für Schäden infolge indirekter Kollision, Dünung und/oder Sog aufzukommen hat.

3. **Liegeklausel.** Wenn das Schiff 30 aufeinanderfolgende Tage oder länger in einem Hafen ohne Ladung unbeschäftigt stilliegt (ausgenommen wegen einer diese Police oder eine frühere Police treffenden Havarie), so mindert sich die Prämie auf 1‰ des Versicherungswertes für die ersten 30 Tage und auf einen diesem Verhältnis entsprechenden Betrag für die spätere Zeit. Der Betrag, um den sich die Prämie mindert, wird jedoch erst bei der Beendigung der Versicherung vergütet. Die Stilliegezeiten sind an Hand amtlichen Materials (Journale, Klarierungsnachweise u. dgl.) zu belegen.

4. **Teilungsklausel.** Schiffskörper, maschinelle Einrichtungen und Schiffszubehör gelten für die Feststellung, ob ein Schaden den Betrag erreicht, unter dem der Versicherer nicht haftet, zugunsten des Versicherungsnehmers als besonders versichert. Findet keine Einigung darüber statt, welche Teile des Versicherungswertes auf diese Gegenstände entfallen, so muß das nach § 74 Abs. 5 der Allgemeinen Deutschen Seeversicherungs-Bedingungen zu erstattende Gutachten auch eine Schätzung der Teile enthalten.

5. **Enteignungsklausel.** Der Versicherer haftet nicht für einen Schaden, der dadurch verursacht wird, daß das Schiff in Ausführung von Waffenstillstands- oder Friedensverträgen zwischen Deutschland und fremden Mächten enteignet oder ausgeliefert wird.

6. **Schwesterschiffklausel.** Im Falle von Bergung, Hilfeleistung und Zusammenstoß sowie in sonstigen Fällen, in denen Schäden durch diese Police gedeckt werden, sollen mehrere Schiffe und andere Gegenstände, die dem Versicherten gehören, als fremdes Eigentum gelten.

7. **Schärenfahrtklausel.** Fährt das Schiff durch die norwegischen Schären, so ist eine Haftung der Versicherer für einen Schaden, der sich während der Schärenfahrt ereignet, nicht gegeben, wenn Reeder oder Kapitän es an der erforderlichen Sorgfalt hinsichtlich der Bestellung von Lotsen haben fehlen lassen. Hierbei ist davon auszugehen, daß bei länger als 12 Stunden dauernder Schärenfahrt zwei Lotsen verwendet werden

 sollen, abgesehen von der Zeit ab 1. Mai bis 1. September, in welcher ein Lotse genügt, und abgesehen von den Fällen, in denen besondere Umstände die Verwendung nur eines Lotsen rechtfertigen. Die verwendeten Lotsen müssen ein amtliches Lotsenzertifikat haben.

8. **Ausschluß von Kriegs- und Minengefahr und Beschlagnahme.** Gemäß ADS § 35 trägt der Versicherer nicht die Kriegsgefahr. Die Versicherer haften nicht für Beschlagnahme oder sonstige Entziehung durch Verfügung von Hoher Hand (unbeschadet § 36 ADS). Die Versicherung deckt nicht die Gefahr der Beschädigung oder des Verlustes, verursacht durch Minen, Torpedos, Bomben und andere Kriegswerkzeuge jeglicher Art, gleichgültig ob diese Gegenstände anläßlich eines Krieges von den kriegführenden oder neutralen Mächten verwendet werden oder ob aus ihrem Vorhandensein im Frieden der Schaden entsteht.

9. **Charterklausel.** Wird das versicherte Schiff auf Bareboat-Charter abgegeben oder wird es auf Zeitcharterbasis oder im Wege der Recharter in einer Charter für drei Monate oder länger einem Ausländer überlassen, so ist dies dem Versicherer anzuzeigen. Der Versicherer ist berechtigt, eine Prämienzulage zu verlangen, wenn dies dem Grund und der Höhe nach angemessen ist. Wenn hierüber (nach Grund und Höhe) eine Einigung nicht erzielt wird, kann das Vertragsverhältnis von beiden Teilen unter Einhaltung einer einwöchigen Frist gekündigt werden.

Vercharterungen im obigen Sinne zum Zwecke der Beförderung von Truppen oder Kriegsmaterialien nach Kriegsschauplätzen sind nicht gestattet.

10. **Schadensnachweisklausel.** Zu den Schadensnachweisen im Sinne des § 43 ADS gehört in den Fällen des Totalverlustes und der Verschollenheit eines Schiffes auch der Seeamtsspruch mit Begründung, wenn eine Seeamtsverhandlung über den Schadensfall stattfindet.

11. **Interesseklausel.** Die Verpflichtung zur Zahlung im Totalschadensfall ist davon abhängig, daß die gesamten außer der Kasko-Versicherung seitens des Reeders oder für dessen Rechnung abgeschlossenen Interesse-Versicherungen (behaltene Fahrt, disbursements) — einerlei ob selbständig oder als Eventualversicherungen — richtig aufgegeben werden.

Die Versicherer dieser Police genehmigen, daß seitens des Reeders oder für dessen Rechnung

bis zu 20% der Kasko-Taxe auf Interesse in Verbindung mit Fracht und bis 15% der Kasko-Taxe auf Interesse (behaltene Fahrt, disbursements), selbständig und/oder als Eventualversicherung in Verbindung mit anderen Versicherungen, z. B. Ausrüstung,

versichert werden.

Sind im Totalschadensfalle höhere Beträge auf „Interesse usw." versichert, so verringert sich die Ersatzpflicht der Kasko-Versicherer um die auf „Interesse usw." zuviel gedeckten Beträge.

12. **Schiffswertklausel bei Kollisionsfällen.** Als Schiffswert im Sinne des § 78, 2 ADS gilt die Gesamt-Kaskotaxe, unbeschadet der Teilhaftungsklausel.

13. **Kursklausel.** Leistung und Gegenleistung aus dieser Police sind in der Währung der Police zu bewirken. Von einem die Police betreffenden Schaden, bei dem der Versicherungsnehmer voraussichtlich Verpflichtungen in anderer Währung als D-Mark zu erfüllen hat, ist dem Versicherer unverzüglich Mitteilung zu machen. Der Versicherungsnehmer hat die erforderlichen Maßnahmen unverzüglich zu treffen und dabei die Weisungen des Versicherers zu befolgen und wenn die Umstände es gestatten, solche Weisungen einzuholen. Im übrigen gilt § 41 ADS.

14. **Ballastschiffklausel.** Fährt das Schiff ohne Ladung, so haften die Versicherer für Schäden, die dem Schiffe zum Zwecke der Errettung aus einer der versicherten Gefahren von dem Schiffer oder auf dessen Geheiß vorsätzlich zugefügt werden, sowie für die durch solche Maßregeln ferner verursachten Schäden und Kosten, die zu demselben Zweck aufgewendet werden, insbesondere für Schlepplöhne, Hilfslöhne und Bergelöhne nur bis zur Höhe der Versicherungssumme. Auch haften die Versicherer für solche Aufwendungen, falls der Wert des Schiffes am Ende der Reise größer ist als die Versicherungssumme, nur im Verhältnis der Versicherungssumme zu dem Wert, den das Schiff in dem Zustande am Ende der Reise hat. Dieser Wert ist durch Sachverständige gemäß § 74 ADS festzustellen. Kost- und Monatsgelder im Nothafen werden nicht ersetzt. Für Aufopferungen wird nach der Teilhaftungsklausel gehaftet. Durch diese Bestimmungen wird die Vorschrift des § 63 ADS nicht aufgehoben. **Vor §113**

Falls ausschließlich Güter des Reeders verladen sind, finden die für Havarie-grosse geltenden Bestimmungen Anwendung.

15. **Teilhaftungsklausel.** Für jeden Schaden einschl. Aufwendung, Havarie-grosse, mittelbaren Kollisionsschaden haftet der Versicherer nur im Verhältnis der Versicherungssumme zum Werte des Schiffes.

Als solcher gilt:

a) wenn das Schiff unbeschädigt ist, der Wert im unbeschädigten Zustande vor dem Schadensereignis,

b) wenn das Schiff beschädigt ist, der Wert im beschädigten Zustande am Ort und zur Zeit der endgültigen Reparatur zuzüglich der Reparaturkosten. Die Werte sind durch Sachverständige gemäß § 74 ADS festzustellen.

16. **Schwerterklausel.** Eine Beschädigung von Schwertern geht nicht zu Lasten der Police.

17. **Motoren nur im Strandungsfall.** Die Motoren gelten nur zur Bedingung „Frei von Beschädigung, außer im Strandungsfalle" versichert.

18. **Abzüge bei Motorenschäden.** § 76 Absatz 5 der ADS wird wie folgt geändert:

Bei Motorschäden wird, wenn der Motor nicht über 3 Jahre alt ist, nichts, wenn er nicht über 6 Jahre alt ist, $^1/_3$, wenn er nicht über 9 Jahre alt ist, $^2/_3$ abgezogen. Für Motorschäden wird, wenn der Motor älter als 9 Jahre ist, nicht gehaftet.

19. **Befähigungsnachweis für Kleinmotorführer.** Für die Gültigkeit der Versicherung ist es erforderlich, daß für die Motorwartung ein besonders bestellter, mit Befähigungsnachweis versehener Kleinmotorführer an Bord ist, sofern nicht durch die Verordnung über die Besetzung deutscher Kauffahrteischiffe mit Kapitänen und Schiffsoffizieren vom 25. Juli 1925 eine höhere Anzahl vorgeschrieben ist.

20. **Explosionen in den Motoren.** Eine dem Strandungsfall nach § 114 ADS gleichzuachtende Explosion liegt nicht vor, wenn die Explosion in den Motoren stattfindet und in ihrer Wirkung auf Maschine und Zubehör beschränkt bleibt. Schäden durch solche Explosion an Maschine und Zubehör werden nicht ersetzt.

21. **Prämienzahlungsklausel.** Bei Jahresversicherungen ist die Prämie in vier gleichen Raten zahlbar.

Die Zahlung muß jeweils bis zur Mitte des Quartals (15. 2., 15. 5., 15. 8., 15. 11.) erfolgt sein, andernfalls die Versicherung mit Ankunft im nächsten Hafen automatisch erlischt.

Im Totalverlustfalle ist die volle Jahresprämie fällig.

Eine Zahlung an einen Versicherungsmakler gilt nicht als Zahlung an den Versicherer.

Die Versicherer sind berechtigt, fällige Schäden gegen die nächste fällig werdende Prämienrate zu verrechnen.

Vor §113 **22. Seetüchtigkeit, Ladung, Abzüge.** Eine Aufhebung oder Abänderung des § 58 und des Absatzes 1 des § 60 der ADS ist unzulässig. Desgleichen ist es unzulässig, die Absätze 1—4 sowie die Absätze 7 und 8 des § 76 der ADS aufzuheben oder abzuändern.

23. Ausbesserungsklausel. Der Anspruch des Versicherten auf Ersatz eines Teilschadens ist — unbeschadet der Vorschrift des § 75, 5 ADS — bedingt durch die Ausführung der Ausbesserung.

Erhält das versicherte Schiff nach einer Beschädigung mit oder ohne Not- oder Teilreparatur, von der zuständigen Klassifikationsbehörde ein Seefähigkeitsattest für weitere Fahrten, so kann in Änderung des § 75 Abs. 1 ADS die sofortige Reparatur unterbleiben, falls der Schaden am Schiff unverzüglich festgestellt und taxiert wird, jedoch nicht über den Ablauf der Police hinausgehend. Eine etwaige Mehrbelastung infolge der späteren Ausführung der Reparatur geht nicht zu Lasten dieser Versicherung. § 40 ADS bleibt in Kraft.

Etwaige für die Seefähigkeit notwendige vorläufige Ausbesserungen (Teilreparaturkosten) werden von den Versicherern erstattet insoweit, als dadurch die Kosten der endgültigen Reparaturen verringert werden. In diesem Umfang werden Teilreparaturkosten auch dann ersetzt, wenn das Schiff vor der Ausführung der endgültigen Reparatur verlorengeht.

§ 32 Abs. 1 Ziffer 1 ADS bleibt unberührt.

24. Fahrtgrenzenklausel. Diese Police gilt für Fahrten, wie in den schriftlichen Bedingungen ausdrücklich festgelegt.

Fahrtausdehnungen unterliegen in jedem Falle der Genehmigung durch den Versicherer. Für Unfälle, die sich außerhalb der Fahrtgrenzen ereignen, haftet der Versicherer nicht.

25. Eisklausel. Die nachstehenden Eisklauseln sind zugrunde zu legen.

Sofern in denselben Bestimmungen für weitergehende Fahrtgrenzen als laut Police zulässig vorgesehen sind, gelten die Bestimmungen für die weitergehenden Grenzen nur dann, wenn für die Police eine ausdrückliche Genehmigung nach Ziffer 24 eingeholt ist.

Eisklausel für die Versicherung von Fracht-Segelschiffen mit oder ohne Motor und Fracht-Motorschiffen (Kasko, Fracht und Interesse), die mindestens die Klasse 100 A 4, 100 A 4 K, 100 A 4 k im Germanischen Lloyd besitzen, oder in der höchsten Klasse fremder Klassifikationsgesellschaften klassifiziert sind.

1. Bei Reisen und/oder Aufenthalt nach, von oder in den Gebieten diesseits und einschließlich der Linie Gefle/Abo resp. Helsingfors/Reval trägt der Versicherte von jedem Schaden (Verlust, Beschädigung, Havariegrosse-Beitrag, Aufwendungen und Kosten), der auf Eis zurückzuführen ist (Eisschaden),

a) eine feste Summe von DM 10,— per BRT,

b) einen Anteil von $33^1/_3\%$ des Betrages, der sich nach Abzug der vorstehenden DM 10,— von dem auf die Policen-Taxe zu dispachierenden Schaden ergibt.

Eine anderweitige Versicherung oder Verteilung der unter a) und b) angeführten Anteile am Schaden ist nicht gestattet. Sie befreit den Versicherer vom Ersatz jeden Eisschadens.

2. Für Reisen und/oder Aufenthalt nach, von oder in den Gebieten jenseits der Linie Gefle/Abo und jenseits der Linie Helsingsfors/Reval, einerlei, wo sich der Schaden ereignet hat, sind die Versicherer von der Verpflichtung zur Leistung frei, wenn ein Schaden im Sinne dieser Klausel auf Eis zurückzuführen ist (Eisschaden).

3. Ergibt sich ein Zweifel, worauf der Schaden zurückzuführen ist, so wird Eisschaden weder primär angenommen, noch nicht angenommen, noch trifft eine Partei die Beweislast; es ist vielmehr auf Grund des Tatbestandes festzustellen, ob die überwiegende Wahrscheinlichkeit für oder gegen Eisschaden spricht. Ist ersteres der Fall, ist der Versicherer, sofern nach dieser Klausel eine Befreiung vorgesehen ist, von der Leistung frei; ist letzteres der Fall, tritt die Befreiung nicht ein. Falls die Lösung des Zweifels im vorstehenden Sinne unter den Parteien nicht möglich ist, entscheidet unter Ausschluß des ordentlichen Rechtsweges

entweder*)

das Seeschiedsgericht

oder*)

ein Schiedsgericht, bestehend aus einem Reeder, einem Transportversicherer und einem gemeinsam zu wählenden Obmanne. Erfolgt eine Einigung über die Wahl des Obmannes nicht, so ist derselbe von der Handelskammer desjenigen Ortes, an dem das Schiff beheimatet ist, zu ernennen.

4. Die Versicherer sind von der Verpflichtung zur Leistung nicht frei, wenn das Schiff sich infolge von Umständen, die der Versicherte oder im Falle einer Vercharterung auch der Charterer weder voraussah noch voraussehen mußte, in den Gebieten:

jenseits der Linie Gefle/Abo (Torku)
und jenseits der Linie Helsingfors (Helsinki) / Reval (Tallin)

befand.

5. Der Versicherer haftet nicht für Eisschäden, die sich im Herbst und im Winter (Kalenderdaten) beim Anlaufen eines Hafens, der amtlich wegen Eises geschlossen erklärt ist, oder beim Auslaufen aus einem Hafen, wenn das Schiff diesen Hafen erst nach der amtlichen Schließung verlassen hat, ergeben. Diese Bestimmung greift nicht Platz, wenn trotz der Schließung des Hafens der Verkehr ohne Eisbrecherhilfe möglich ist.

Für das Befahren des folgenden Gebietes während der angegebenen Zeit sind (außer etwaiger in der Police und in den Tarifen bereits vorgesehenen Zulagen) folgende Zulagen auf die Versicherungssummen zu zahlen:

Nördlich und östlich der Linie Sandham/Dagerort (Dagö)/Hundsort/Westküste Oesel/Lyserort, jedoch nicht jenseits der Linie Gefle/Abo—Helsingfors/Reval:

Zeit: 1. Januar bis 31. März:

für jede Ein- oder Ausreise . . . . ½%
für jede Ein- und Ausreise 1%

Für Frachtversicherungen ist die Hälfte, für Interesse-Versicherungen ein Drittel der vorstehenden Sätze zu zahlen.

Die Zulage-Prämien sind nicht zu zahlen, wenn das Schiff sich infolge von Umständen, die der Versicherte oder im Falle einer Vercharterung auch der Charterer weder voraussah noch voraussehen mußte, während der Sperrzeiten in den Sperrzonen befand.

Für die Berechnung der Zulagen ist maßgebend, ob sich das Schiff innerhalb der Sperrzeit in dem betreffenden Gebiet befunden hat. Die Zulagen sind jeweils nach Beendigung einer Reise zu verrechnen. Der Versicherte ist verpflichtet, von jeder zulagepflichtigen Reise nach deren Beendigung dem Versicherer Anzeige zu erstatten.

*) Nicht Gewünschtes ist zu durchstreichen; das Wahlrecht ist bei Abschluß der Police auszuüben.

Vor §113

Eisklausel ohne höchste Klasse

Für die Versicherung von Schiffen (Kasko, Fracht und Interesse), die den Voraussetzungen vorstehender Eisklausel nicht entsprechen, gilt folgendes:

„Eisschäden im Sinne der oben genannten Eisklausel werden vom Versicherer mangels anderweitiger Vereinbarung nicht ersetzt."

26. Kernenergie-Klausel. Die Versicherung deckt nicht die Gefahren der Kernenergie und Radioaktivität. Die Versicherer haften demnach nicht für Schäden, die unmittelbar oder mittelbar durch eine dieser Gefahren verursacht sind.

5. Fischerei-Fahrzeug-Klauseln

für in der Küstenfischerei beschäftigte Fahrzeuge

1. Fahrtgrenzenklausel. Die Grenzen, in denen das Fahrzeug versichert sein soll, sind bei Abschluß der Versicherung festzulegen.

2. Teilungsklausel. Schiffskörper, maschinelle Einrichtungen, Schiffszubehör usw. gelten für die Feststellung, ob ein Schaden die Franchise erreicht, zu Gunsten des Versicherungsnehmers als besonders versichert, vorausgesetzt, daß Einzeltaxen für die einzelnen Teile des Versicherungswertes vor Eintritt des Schadens vereinbart worden sind.

3. Teilhaftungsklausel. Für jeden Schaden einschl. Aufwendung, Havarie-grosse, mittelbaren Kollisionsschaden haftet der Versicherer nur im Verhältnis der Versicherungssumme zum Werte des Schiffes.

Als solcher gilt:

a) wenn das Schiff unbeschädigt ist, der Wert in unbeschädigtem Zustande vor dem Schadensereignis,

b) wenn das Schiff beschädigt ist, der Wert in beschädigtem Zustande am Ort und zur Zeit der endgültigen Reparatur zuzüglich der Reparaturkosten. Die Werte sind durch Sachverständige gemäß § 74 ADS festzustellen.

4. **Enteignungsklausel.** Der Versicherer haftet nicht für einen Schaden, der dadurch verursacht wird, daß das Schiff in Ausführung von Waffenstillstands- oder Friedensverträgen zwischen Deutschland und fremden Mächten enteignet oder ausgeliefert wird.

5. **Tenderklausel.** Nach Entstehung eines Teilschadens kann der Versicherer verlangen, daß der Versicherungsnehmer Angebote auf die Ausbesserung des Schiffes einholt, die Ausbesserung ihm überläßt, das Schiff einer Notausbesserung unterzieht und es zum Zwecke der endgültigen Ausbesserung an einen anderen Ort bringt; oder der Versicherer kann auch solche Angebote selbst einholen. Für die Zeit, welche bei Anwendung dieses Verfahrens dem Versicherungsnehmer durch Warten auf Reparaturofferten tatsächlich verlorengegangen ist, ist der Versicherer verpflichtet, demselben eine Entschädigung zu leisten bis zur Höhe von 30% p. a., berechnet auf den versicherten Wert des Schiffes. — Entspricht der Versicherungsnehmer dem Verlangen des Versicherers nicht, so mindert sich die Entschädigung um 15%.

6. **Ausbesserungsklausel.** Der Anspruch des Versicherten auf Ersatz eines Teilschadens ist bedingt durch die Ausführung der Ausbesserung, unbeachtet der Vorschrift des § 75 Absatz 5 ADS.

Erhält das versicherte Schiff nach einer Beschädigung mit oder ohne Not- oder Teilreparatur, von der zuständigen Klassifikationsbehörde ein Seefähigkeitsattest für weitere Fahrten, so kann in Änderung des § 75 Abs. 1 ADS die sofortige Reparatur unterbleiben, falls der Schaden am Schiff unverzüglich festgestellt und taxiert wird, jedoch nicht über den Ablauf der Police hinausgehend. Eine etwaige Mehrbelastung infolge der späteren Ausführung der Reparatur geht nicht zu Lasten dieser Versicherung. § 40 ADS bleibt in Kraft.

Etwaige für die Seefähigkeit notwendige vorläufige Ausbesserung (Teilreparaturkosten) werden von den Versicherern erstattet insoweit, als dadurch die Kosten der endgültigen Reparatur verringert werden. In diesem Umfang werden Teilreparaturkosten auch dann ersetzt, wenn das Schiff vor der Ausführung der endgültigen Reparatur verlorengeht.

§ 32 Abs. 1 Ziffer 1 ADS bleibt unberührt.

7. **Interesseklausel.** Die Verpflichtung zur Zahlung im Totalschadensfalle ist davon abhängig, daß die gesamten außer der Kasko-Versicherung seitens des Reeders oder für dessen Rechnung abgeschlossenen Interessenversicherungen (behaltene Fahrt) richtig aufgegeben werden.

Die Versicherer dieser Police genehmigen, daß seitens des Reeders oder für dessen Rechnung bis zu 15% der Gesamttaxe pro Fahrzeug auf behaltene Fahrt oder ähnliche Interessen selbständig versichert werden.

Sind im Totalschadensfalle höhere Beträge versichert, so verringert sich die Ersatzpflicht der Kasko-Versicherer um die zuviel gedeckten Beträge.

8. **Netzklausel.** Netze und andere Fischereigeräte sind nur für Totalverlust mit dem Schiffe und gegen Feuersgefahr an Bord versichert. Darüber hinaus ersetzen die Versicherer die auf die geretteten Netze und Fischereigeräte entfallenden anteiligen Bergungskosten oder Havarie-grosse-Beiträge, jedoch unter Ausschluß jeglicher Vergütung für geopferte Netze und Fischereigeräte.

Im Falle des Totalverlustes des Schiffes bezahlt der Versicherer die volle versicherte Summe, ohne Rücksicht darauf, ob sich Fang, Netze, Tonnen, andere Fischereigeräte, Salz und Proviant an Bord befanden oder nicht. Das gleiche gilt im Falle von Reparaturunwürdigkeit oder Reparaturunfähigkeit (§ 77 ADS), sowie in dem Falle, daß der Fischdampfer infolge nach § 78 ADS bzw. dessen Ausdehnung gedeckten Schadens abandonniert wird.

9. **Ausrüstungsklausel.** Die Ausrüstung (Kohlen, Oel, Proviant, Salz) gilt, falls verpackt, zu der Bedingung „frei von Beschädigung, außer im Strandungsfalle", unverpackt „nur gegen Totalverlust mit dem Schiff" versichert.

10. **Fangklausel.** Falls ein wertmäßig bestimmter Teil der Kaskotaxe auf Fang gilt, ist dieser „nur gegen Totalverlust mit dem Schiffe und für Havarie-grosse-Beiträge" versichert.

11. **Kollisionsklausel.** § 78 Abs. 1 ADS findet entsprechende Anwendung auf jeden Schaden, den der Versicherte dadurch erleidet, daß er außer im Falle des Zusammenstoßes von Schiffen den einem Dritten infolge nautischen Verschuldens irgendwelcher Art entstandenen Schaden zu ersetzen hat. Jeder Schaden an Dritte wird ohne Franchise voll vergütet.

Als Schiffswert im Sinne des § 78 Abs. 2 ADS gilt der Versicherungswert.

12. **Schwesterschiffklausel.** Im Falle von Bergung, Hilfeleistung und Zusammenstoß sowie in sonstigen Fällen, in denen Schäden durch diese Police gedeckt werden, sollen mehrere Schiffe und andere Gegenstände, die dem Versicherten gehören, als fremdes Eigentum gelten.

Auf die Entscheidung von Streitigkeiten über Grund und Höhe des Anspruchs auf Berge- oder Hilfslohn oder auf Ersatz des mittelbaren Kollisionsschadens finden die Bestimmungen des § 75 Abs. 6 ADS entsprechende Anwendung.

13. **Schifferklausel.** Der Versicherer hat ein Einspruchsrecht gegen Anstellung von Kapitän und Steuermann.

14. **Stoßklausel.** Die Haftung des Versicherers für eine Beschädigung der maschinellen Einrichtungen gemäß § 65 der ADS wird auf die im § 114 Abs. 3 angeführten Fälle ausgedehnt mit Ausnahme von Beschädigung durch Eis.

15. **Explosionsklausel.** Wenn eine Explosion in dem Motor stattfindet und in ihrer Wirkung auf den Motor und dessen Zubehör beschränkt bleibt, werden durch solche Explosion am Motor und dessen Zubehör entstandene Schäden nicht ersetzt.

16. **Motorenschädenklausel.** § 76 Abs. 5 ADS wird wie folgt geändert:

Bei Motorenschäden wird, wenn der Motor nicht über 3 Jahre als ist, nichts, wenn er nicht über 6 Jahre alt ist, $^1/_3$, wenn er nicht über 9 Jahre alt ist, $^2/_3$ abgezogen. Wenn der Motor älter ist als 9 Jahre, werden Motorenschäden nicht ersetzt.

Es ist unzulässig, die Motore anders als zur Bedingung „frei von Beschädigung außer im Strandungsfalle" zu versichern.

17. **Schwerterklausel.** Eine Beschädigung von Schwertern geht nicht zu Lasten der Police.

18. **Ballastschiffklausel.** Fährt das Schiff ohne Ladung, so haften die Versicherer für Schäden, die dem Schiffe zum Zwecke der Errettung aus einer der versicherten Gefahren von dem Schiffer oder auf dessen Geheiß vorsätzlich zugefügt werden, sowie für die durch solche Maßregeln ferner verursachten Schäden und Kosten, die zu demselben Zwecke aufgewendet werden, insbesondere Schlepplöhne, Hilfslöhne und Bergelöhne nur bis zur Höhe der Versicherungssumme. Auch haften die Versicherer für solche Aufwendungen, falls der Wert des Schiffes am Ende der Reise größer ist als die Versicherungssumme, nur im Verhältnis der Versicherungssumme zu dem Wert, den das Schiff in dem Zustande am Ende der Reise hat. Dieser Wert ist durch Sachverständige gemäß § 74 ADS festzustellen. Kost- und Monatsgelder im Nothafen werden nicht ersetzt. Für Aufopferungen wird nach der Teilhaftungsklausel gehaftet. Durch diese Bestimmungen wird die Vorschrift des § 63 ADS nicht aufgehoben.

19. **Aufliegeklausel.** Wenn das Schiff mehr als 30 aufeinanderfolgende Tage in einem Hafen ohne Ladung unbeschäftigt liegt (ausgenommen wegen einer diese oder eine frühere Police treffende Havarie), so mindert sich die Prämie auf $^1/_8$% des Versicherungswertes für die ersten 30 Tage und auf einen diesem Verhältnis entsprechenden Betrag für die spätere Zeit. Der Betrag, um den sich die Prämie mindert, wird jedoch erst bei Beendigung der Versicherung vergütet. Auf die Entrichtung von Zuschlagsprämien findet die Regelung über Rückgaben für Stilliegen keine Anwendung.

Bei einem vor Ablauf der Versicherung eintretenden Totalverlust werden keine Rückgaben gewährt.

20. **Verbotsklausel.** Eine Aufhebung oder Abänderung des § 58 und des Absatzes 1 des § 60 der ADS ist unzulässig. Desgleichen ist es unzulässig, die Absätze 1—4 sowie die Absätze 7 und 8 des § 76 der ADS aufzuheben oder abzuändern.

21. **Eisklausel.**

1. Von jedem Schaden (Verlust, Beschädigung, Havarie-grosse-Beitrag, Aufwendungen und Kosten), der auf Eis zurückzuführen ist (Eisschaden) einerlei, wo sich der Schaden ereignet hat, trägt der Versicherte:

a) sämtliche Schäden an der Schraube, an der Welle und an der Sternbüchse,
b) einen Anteil von 25% des Betrages, der sich nach Abzug der vorstehend unter a) bezeichneten Schäden von dem auf die Policentaxe zu dispachierenden Schaden ergibt.

Eine anderweitige Versicherung oder Verteilung der unter a) und b) angeführten Anteile am Schaden ist nicht gestattet. Sie befreit den Versicherer vom Ersatz jeden Eisschadens. **Vor § 113**

2. Ergibt sich ein Zweifel, worauf der Schaden zurückzuführen ist, so wird Eisschaden weder primär angenommen, noch nicht angenommen, noch trifft eine Partei die Beweislast; es ist vielmehr auf Grund des Tatbestandes festzustellen, ob die überwiegende Wahrscheinlichkeit für oder gegen Eisschaden spricht. Ist ersteres der Fall, ist der Versicherer, sofern nach dieser Klausel eine Befreiung vorgesehen ist, von der Leistung frei; ist letzteres der Fall, tritt die Befreiung nicht ein. Falls die Lösung des Zweifels im vorstehenden Sinne unter den Parteien nicht möglich ist, entscheidet unter Ausschluß des ordentlichen Rechtsweges

entweder*)

das Seeschiedsgericht

oder*)

ein Schiedsgericht, bestehend aus einem Reeder, einem Transportversicherer und einem gemeinsam zu wählenden Obmanne. Erfolgt eine Einigung über die Wahl des Obmannes nicht, so ist derselbe von der Handelskammer desjenigen Ortes, an dem das Schiff beheimatet ist, zu ernennen.

3. Der Versicherer haftet nicht für Eisschäden, die sich im Herbst und im Winter (Kalenderdaten) beim Anlaufen eines Hafens, der amtlich wegen Eises geschlossen erklärt ist, oder beim Auslaufen aus einem Hafen, wenn das Schiff diesen Hafen erst nach der amtlichen Schließung verlassen hat, ergeben. Diese Bestimmung greift nicht Platz, wenn trotz der Schließung des Hafens der Verkehr ohne Eisbrecherhilfe möglich ist.

22. **Klausel für Kasko-Versicherung mit Minderauszahlung im Totalverlustfalle.**

1. Falls das Schiff total verloren ist oder der Versicherungsnehmer im Falle der Verschollenheit (§ 72 ADS) einen Anspruch gegen die Versicherer erhebt, ist die Leistung der Versicherer auf   (über 100% der Kaskotaxe gerechnet) beschränkt.

2. Die Leistungspflicht der Versicherer beschränkt sich in gleicher Weise im Falle der Reparaturunfähigkeit bzw. der Reparaturunwürdigkeit nach § 77 ADS, wenn der Versicherungsnehmer von dem ihm nach § 77 ADS zustehenden Recht Gebrauch macht; die gleiche Beschränkung gilt, wenn der Versicherungsnehmer nach § 75 Abs. 5 ADS die Ausbesserung des Schiffes nicht vornimmt.

3. Die Haftung der Versicherer für Schadensersatz an Dritte wird durch die vorstehenden Bestimmungen nicht berührt.

4. Falls ein Schaden vorgenannter Art durch die Eisklausel erfaßt wird und sich auf Grund derselben eine niedrigere Totalverlustsumme ergibt, treten die Bestimmungen der Eisklausel ein. Eine Berechnung nach Satz 1 erfogt dann nicht.

23. **Prämienzahlungsklausel.** Bei Jahresversicherungen ist die Prämie in vier gleichen Raten zahlbar.

Die Zahlung muß jeweils bis zur Mitte des Quartals (15. 2., 15. 5., 15. 8., 15. 11.) erfolgt sein, andernfalls die Versicherung mit Ankunft im nächsten Hafen automatisch erlischt.

Im Totalverlustfalle ist die volle Jahresprämie fällig.

Eine Zahlung an einen Versicherungsmakler gilt nicht als Zahlung an den Versicherer.

*) Nicht Gewünschtes ist zu durchstreichen; das Wahlrecht ist bei Abschluß der Police auszuüben.

Vor §113 Die Versicherer sind berechtigt, fällige Schäden gegen die nächste fällig werdende Prämienrate zu verrechnen.

24. **Dispacheklausel.** Im Falle einer großen Haverei ist die Dispache in Bremen oder Hamburg aufzumachen. Boden-, Ruder- oder Stevenschäden im Zusammenhang mit Abbringungsversuchen gelten nicht als große Haverei.

25. **Minenausschlußklausel.** Die Versicherung deckt nicht die Gefahr der Beschädigung oder des Verlustes, verursacht durch Minen, Torpedos, Bomben und andere Kriegswerkzeuge jeglicher Art, gleichgültig ob diese Gegenstände anläßlich eines Krieges von den kriegführenden oder neutralen Mächten verwendet werden oder ob aus ihrem Vorhandensein im Frieden der Schaden entsteht.

26. **Beschlagnahmeausschlußklausel.** Die Versicherung deckt nicht die Gefahr der Beschlagnahme oder sonstiger Entziehung durch Verfügung von Hoher Hand, unbeschadet § 36 ADS.

27. **Kriegsgefahrausschlußklausel.** Der Versicherer trägt nicht die Kriegsgefahr (§ 35 ADS).

28. **Charterklausel.** Wird das versicherte Schiff auf Bareboat-Charter abgegeben oder wird es auf Zeitcharterbasis oder im Wege der Recharter in einer Charter für drei Monate oder länger einem Ausländer überlassen, so ist dies dem Versicherer anzuzeigen. Der Versicherer ist berechtigt, eine Prämienzulage zu verlangen, wenn dies dem Grund und der Höhe nach angemessen ist. Wenn hierüber (nach Grund und Höhe) eine Einigung nicht erzielt wird, kann das Vertragsverhältnis von beiden Teilen unter Einhaltung einer einwöchigen Frist gekündigt werden.

Vercharterungen im obigen Sinne zum Zwecke der Beförderung von Truppen oder Kriegsmaterialien nach Kriegsschauplätzen sind nicht gestattet.

29. **Schadensnachweis-Klausel.** Zu den Schadensnachweisen im Sinne des § 43 ADS gehört in den Fällen des Totalverlustes und der Verschollenheit eines Schiffes auch der Seeamtsspruch mit Begründung, wenn eine Seeamtsverhandlung über den Schadensfall stattfindet.

30. **Kernenergie-Klausel.** Die Versicherung deckt nicht die Gefahren der Kernenergie und Radioaktivität. Die Versicherer haften demnach nicht für Schäden, die unmittelbar oder mittelbar durch eine dieser Gefahren verursacht sind.

6. Fischerei-Fahrzeug-Klauseln

für in der Hochseefischerei beschäftigte Schiffe

1. **Teilungsklausel.** Schiffskörper, maschinelle Einrichtungen, Kajüts-Inventar usw. gelten für die Feststellung, ob ein Schaden die Franchise erreicht, zu Gunsten des Versicherungsnehmers als besonders versichert, vorausgesetzt, daß Einzeltaxen für die einzelnen Teile des Versicherungswerts vor Eintritt des Schadens vereinbart worden sind.

2. **Teilhaftungsklausel.** Für jeden Schaden einschließlich Aufwendung, Havariegrosse, mittelbaren Kollisionsschaden haftet der Versicherer nur im Verhältnis der Versicherungssumme zum Werte des Schiffes. Als solcher gilt:

a) wenn das Schiff unbeschädigt ist, der Wert im unbeschädigten Zustande vor dem Schadensereignis,

b) wenn das Schiff beschädigt ist, der Wert im beschädigten Zustande am Ort und zur Zeit der endgültigen Reparatur zuzüglich der Reparaturkosten. Die Werte sind durch Sachverständige gemäß § 74 ADS festzustellen.

3. **Tenderklausel.** Nach Entstehung eines Teilschadens kann der Versicherer verlangen, daß der Versicherungsnehmer Angebote auf die Ausbesserung des Schiffes

einholt, die Ausbesserung ihm überläßt, das Schiff einer Notausbesserung unterzieht und es zum Zwecke der endgültigen Ausbesserung an einen anderen Ort bringt, oder der Versicherer kann auch solche Angebote selbst einholen. Für die Zeit, welche bei Anwendung dieses Verfahrens dem Versicherungsnehmer durch Warten auf Ausbesserungsangebote tatsächlich verlorengegangen ist, ist der Versicherer verpflichtet, demselben eine Entschädigung zu leisten bis zur Höhe von 30% p. a., berechnet auf den versicherten Wert des Schiffes. — Entspricht der Versicherungsnehmer dem Verlangen des Versicherers nicht, so mindert sich die Entschädigung um 15%. **Vor §113**

4. **Netzklausel.** Netze und andere Fischereigeräte sind nur für Totalverlust mit dem Schiffe und gegen Feuersgefahr an Bord versichert. Darüber hinaus ersetzen die Versicherer die auf die geretteten Netze und Fischereigeräte entfallenden anteiligen Bergungskosten oder Havarie-grosse-Beiträge, jedoch unter Ausschluß jeglicher Vergütung für geopferte Netze und Fischereigeräte.

Im Falle des Totalverlustes des Schiffes bezahlt der Versicherer die volle versicherte Summe, ohne Rücksicht darauf, ob sich Fang, Netze, Tonnen, andere Fischereigeräte, Salz und Proviant an Bord befanden, oder nicht. Das gleiche gilt im Falle von Reparaturunwürdigkeit oder Reparaturunfähigkeit (§ 77 ADS), sowie in dem Falle, daß der Fischdampfer infolge nach § 78 ADS bzw. dessen Ausdehnung gedeckten Schadens abandonniert wird.

5. **Ausrüstungsklausel.** Die Ausrüstung (Kohlen, Oel, Proviant, Salz) gilt, falls verpackt, zu der Bedingung „frei von Beschädigung, außer im Strandungsfalle", unverpackt „nur gegen Totalverlust mit dem Schiff" versichert.

6. **Kollisionsklausel.** § 78 Abs. 1 ADS findet entsprechende Anwendung auf jeden Schaden, den der Versicherte dadurch erleidet, daß er außer im Falle des Zusammenstoßes von Schiffen den einem Dritten infolge nautischen Verschuldens irgendwelcher Art entstandenen Schaden zu ersetzen hat. Jeder Schaden an Dritte wird ohne Franchise voll vergütet.

Als Schiffswert im Sinne des § 78 Abs. 2 der ADS gilt der Versicherungswert.

7. **Schwesterschiffklausel.** Im Falle von Bergung, Hilfeleistung und Zusammenstoß sowie in sonstigen Fällen, in denen Schäden durch diese Police gedeckt werden, sollen mehrere Schiffe und andere Gegenstände, die dem Versicherten gehören, als fremdes Eigentum gelten.

Auf die Entscheidung von Streitigkeiten über Grund und Höhe des Anspruchs auf Berge- oder Hilfslohn oder auf Ersatz des mittelbaren Kollisionsschadens finden die Bestimmungen des § 75 Abs. 6 ADS entsprechende Anwendung.

8. **Dispacheklausel.** Im Falle einer großen Haverei ist die Dispache in Bremen oder Hamburg aufzumachen. Boden-, Ruder- oder Stevenschäden im Zusammenhang mit Abbringungsversuchen gelten nicht als große Haverei.

9. **Schifferklausel.** Der Versicherer hat ein Einspruchsrecht gegen Anstellung von Kapitän und Steuermann.

10. **Motorenklausel.** Für die Gültigkeit der Versicherung ist es erforderlich, daß für die Motorenwartung ein besonders bestellter, mit Befähigungsnachweis versehener Kleinmotorführer an Bord ist, sofern nicht durch die Verordnung über die Besetzung deutscher Kauffahrteischiffe mit Kapitänen und Schiffsoffizieren vom 29. Juni 1931 eine höhere Anzahl vorgeschrieben ist.

11. **Stoßklausel.** Die Haftung des Versicherers für eine Beschädigung der maschinellen Einrichtungen gemäß § 65 der ADS wird auf die im § 114 Abs. 3 angeführten Fälle ausgedehnt mit Ausnahme von Beschädigung durch Eis.

Vor §113 12. **Explosionsklausel.** Wenn eine Explosion in dem Motor stattfindet und in ihrer Wirkung auf den Motor und dessen Zubehör beschränkt bleibt, werden durch solche Explosion am Motor und dessen Zubehör entstandene Schäden nicht ersetzt.

13. **Motorenschädenklausel.** § 76 Abs. 5 ADS wird wie folgt geändert:

Bei Motorenschäden wird, wenn der Motor nicht über 3 Jahre alt ist, nichts, wenn er nicht über 6 Jahre alt ist, $^1/_3$, wenn er nicht über 9 Jahre alt ist, $^2/_3$ abgezogen.

Wenn der Motor älter ist als 9 Jahre, werden Motorschäden nicht ersetzt.

14. **Ballastschiffsklausel.** Fährt das Schiff ohne Ladung, so haften die Versicherer für Schäden, die dem Schiffe zum Zwecke der Errettung aus einer der versicherten Gefahren von dem Schiffer oder auf dessen Geheiß vorsätzlich zugefügt werden, sowie für die durch solche Maßregeln ferner verursachten Schäden und Kosten, die zu demselben Zwecke aufgewendet werden, insbesondere Schlepplöhne, Hilfslöhne und Bergelöhne nur bis zur Höhe der Versicherungssumme. Auch haften die Versicherer für solche Aufwendungen, falls der Wert des Schiffes am Ende der Reise größer ist als die Versicherungssumme, nur im Verhältnis der Versicherungssumme zu dem Wert, den das Schiff in dem Zustande am Ende der Reise hat. Dieser Wert ist durch Sachverständige gemäß § 74 ADS festzustellen. Kost- und Monatsgelder im Nothafen werden nicht ersetzt. Für Aufopferungen wird nach der Teilhaftungsklausel gehaftet. Durch diese Bestimmungen wird die Vorschrift des § 63 ADS nicht aufgehoben.

15. **Ausbesserungsklausel.** Der Anspruch des Versicherten auf Ersatz eines Teilschadens ist bedingt durch die Ausführung der Ausbesserung, unbeschadet der Vorschrift des § 75 Abs. 5 ADS.

Erhält das versicherte Schiff nach einer Beschädigung, mit oder ohne Not- oder Teilreparatur, von der zuständigen Klassifikationsbehörde ein Seefähigkeitsattest für weitere Fahrten, so kann in Änderung des § 75 Abs. 1 ADS die sofortige Reparatur unterbleiben, falls der Schaden am Schiff unverzüglich festgestellt und taxiert wird, jedoch nicht über den Ablauf der Police hinausgehend. Eine etwaige Mehrbelastung infolge der späteren Ausführung der Reparatur geht nicht zu Lasten dieser Versicherung. § 40 ADS bleibt in Kraft.

Etwaige für die Seefähigkeit notwendige vorläufige Ausbesserungen (Teilreparaturkosten) werden von den Versicherern erstattet insoweit, als dadurch die Kosten der endgültigen Reparatur verringert werden. In diesem Umfang werden Teilreparaturkosten auch dann ersetzt, wenn das Schiff vor der Ausführung der endgültigen Reparatur verlorengeht.

§ 32 Abs. 1 Ziff. 1 ADS bleibt unberührt.

16. **Gefahränderungsklausel.** Gefahränderungen sind durch die Versicherung gedeckt, wenn sie den Versicherern unverzüglich angezeigt werden, gegen Regulierung der Prämie nach Billigkeit.

17. **Klausel für Kasko-Versicherungen mit Minderauszahlung im Totalverlustfalle.**

1. Falls das Schiff total verloren ist oder der Versicherungsnehmer im Falle der Verschollenheit (§ 72 ADS) einen Anspruch gegen die Versicherer erhebt, ist die Leistung der Versicherer auf   (über 100% der Kasko-Taxe gerechnet) beschränkt.

2. Die Leistungspflicht der Versicherer beschränkt sich in gleicher Weise im Falle der Reparaturunfähigkeit bzw. der Reparaturunwürdigkeit nach § 77 ADS, wenn der Versicherungsnehmer von dem ihm nach § 77 ADS zustehenden Recht Gebrauch macht; die gleiche Beschränkung gilt, wenn der Versicherungsnehmer von dem ihm nach § 75 Abs. 5 ADS zustehenden Recht Gebrauch macht und die Ausbesserung des Schiffes nicht vornimmt.

3. Die Haftung der Versicherer für Schadensersatz an Dritte wird durch die vorstehenden Bestimmungen nicht berührt. **Vor § 113**

4. Falls ein Schaden vorgenannter Art durch die Eisklausel erfaßt wird und sich auf Grund derselben eine niedrigere Totalverlustsumme ergibt, treten die Bestimmungen der Eisklausel ein. Eine Berechnung nach Satz 1 erfolgt dann nicht.

18. **Prämienzahlungsklausel.** Wird die Prämie oder eine Prämienrate nicht innerhalb einer Frist von 15 Tagen nach dem Fälligkeitstage an den Versicherer bezahlt, endigt die Versicherung mit Ablauf der vorstehenden Frist unter Aufhebung der Bestimmungen der §§ 67 und 68 ADS, frühestens jedoch 5 Werktage nach Zustellung einer auf die Rechtsfolgen dieser Klausel hinweisenden Benachrichtigung durch eingeschriebenen Brief seitens des führenden Versicherers an den Versicherungsnehmer, es sei denn, daß die Versicherung auf Grund der Police oder aus einem anderen Grunde schon vorher endigt. Sofern die Versicherung endigt, ist der Versicherungsnehmer verpflichtet, die Prämie pro rata bis zum Tage der Beendigung der Versicherung und die Ristornogebühr gemäß § 18 ADS sofort zu bezahlen. § 17 ADS bleibt aufrechterhalten.

Eine Wiederinkraftsetzung der Versicherung kann nur mit schriftlicher Genehmigung jeden Versicherers für seinen Anteil erfolgen.

Eine Zahlung an einen Versicherungsmakler gilt nicht als Zahlung an den Versicherer.

Eine Aufrechnung mit noch nicht fälligen Forderungen des Versicherungsnehmers aus gleichviel welchem Grunde gegen die Prämienforderung des Versicherers kann nur erfolgen, falls der Versicherer vor Ablauf der 15tägigen Frist schriftlich zustimmt. § 16 Abs. 2 Satz 2 der ADS wird insoweit aufgehoben.

Die Versicherer sind berechtigt, fällige Schäden gegen die nächste fällig werdende Prämienrate zu verrechnen.

19. **Eisklausel.** Für Fangreisen nach, in und von der Ostsee östlich der Linie Lindesnes—Hanstholm gilt folgende Klausel:

1. Von jedem Schaden (Verlust, Beschädigung, Havarie-grosse-Beitrag, Aufwendungen und Kosten), der auf Eis zurückzuführen ist (Eisschaden), einerlei, wo sich der Schaden ereignet hat, trägt der Versicherte:

a) sämtliche Schäden an der Schraube und an der Welle und an der Sternbüchse,

b) einen Anteil von 25% des Betrages, der sich nach Abzug der vorstehend unter a) bezeichneten Schäden von dem auf die Policentaxe zu dispachierenden Schaden ergibt.

Eine anderweitige Versicherung oder Verteilung der unter a) und b) angeführten Anteile am Schaden ist nicht gestattet. Sie befreit den Versicherer vom Ersatz jeden Eisschadens.

2. Ergibt sich ein Zweifel, worauf der Schaden zurückzuführen ist, so wird Eisschaden weder primär angenommen, noch nicht angenommen, noch trifft eine Partei die Beweislast; es ist vielmehr auf Grund des Tatbestandes festzustellen, ob die überwiegende Wahrscheinlichkeit für oder gegen Eisschaden spricht. Ist ersteres der Fall, ist der Versicherer, sofern nach dieser Klausel eine Befreiung vorgesehen ist, von der Leistung frei; ist letzteres der Fall, tritt die Befreiung nicht ein. Falls die Lösung des Zweifels im vorstehenden Sinne unter den Parteien nicht möglich ist, entscheidet unter Ausschluß des ordentlichen Rechtsweges

entweder*) das Seeschiedsgericht oder*)

ein Schiedsgericht, bestehend aus einem Reeder, einem Transportversicherer und einem

*) Nicht Gewünschtes ist zu durchstreichen; das Wahlrecht ist bei Abschluß der Police auszuüben.

Vor §113 gemeinsam zu wählenden Obmanne. Erfolgt eine Einigung über die Wahl des Obmannes nicht, so ist derselbe von der Handelskammer desjenigen Ortes, an dem das Schiff beheimatet ist, zu ernennen.

3. Der Versicherer haftet nicht für Eisschäden, die sich im Herbst und im Winter (Kalenderdaten) beim Anlaufen eines Hafens, der amtlich wegen Eises geschlossen erklärt ist, oder beim Auslaufen aus einem Hafen, wenn das Schiff diesen Hafen erst nach der amtlichen Schließung verlassen hat, ergeben. Diese Bestimmung greift nicht Platz, wenn trotz der Schließung des Hafens der Verkehr ohne Eisbrecherhilfe möglich ist.

20. **Minenausschlußklausel.** Die Versicherung deckt nicht die Gefahr der Beschädigung oder des Verlustes, verursacht durch Minen, Torpedos, Bomben und andere Kriegswerkzeuge jeglicher Art, gleichgültig, ob diese Gegenstände anläßlich eines Krieges von den kriegführenden oder neutralen Mächten verwendet werden oder ob aus ihrem Vorhandensein im Frieden der Schaden entsteht.

21. **Enteignungsklausel.** Der Versicherer haftet nicht für einen Schaden, der dadurch verursacht wird, daß das Schiff in Ausführung von Waffenstillstands- oder Friedensverträgen zwischen Deutschland und fremden Mächten enteignet oder ausgeliefert wird.

22. **Beschlagnahmeausschlußklausel.** Die Versicherung deckt nicht die Gefahr der Beschlagnahme oder sonstiger Entziehung durch Verfügung von Hoher Hand, unbeschadet § 36 ADS.

23. **Kriegsgefahrausschlußklausel.** Der Versicherer trägt nicht die Kriegsgefahr (§ 35 ADS).

24. **Charterklausel.** Wird das versicherte Schiff auf Bareboat-Charter abgegeben oder wird es auf Zeitcharterbasis oder im Wege der Recharter in einer Charter für drei Monate oder länger einem Ausländer überlassen, so ist dies dem Versicherer anzuzeigen. Der Versicherer ist berechtigt, eine Prämienzulage zu verlangen, wenn dies dem Grund und der Höhe nach angemessen ist. Wenn hierüber (nach Grund und Höhe) eine Einigung nicht erzielt wird, kann das Vertragsverhältnis von beiden Teilen unter Einhaltung einer einwöchigen Frist gekündigt werden.

Vercharterungen im obigen Sinne zum Zwecke der Beförderung von Truppen oder Kriegsmaterialien nach Kriegsschauplätzen sind nicht gestattet.

25. **Schadensnachweisklausel.** Zu den Schadensnachweisen im Sinne des § 43 ADS gehört in den Fällen des Totalverlustes und der Verschollenheit eines Schiffes auch der Seeamtsspruch mit Begründung, wenn eine Seeamtsverhandlung über den Schadensfall stattfindet.

26. **Kernenergie-Klausel.** Die Versicherung deckt nicht die Gefahren der Kernenergie und Radioaktivität. Die Versicherer haften demnach nicht für Schäden, die unmittelbar oder mittelbar durch eine dieser Gefahren verursacht sind.

Besondere Klauseln für Fischdampfer und Kutter

27. **Fahrtgrenzenklausel.**

1. **Für Fischdampfer:** Für die Fischerei in der Nordsee und der Barentsee, nach den Bäreninseln, Island, den Gewässern um Spitzbergen und im Atlantischen Ozean nicht über 30. Grad westlicher Länge (Grönland und russische Gewässer ausgeschlossen) sowie in der Ostsee bis zum 20. Grad östlicher Länge und 58. Grad nördlicher Breite;

2. **für Fischkutter:** Für die Fischerei in der Nordsee bis zum 62. Grad nördlicher Breite einschl. Orkney- und Shetland-Inseln, sowie in der Ostsee bis zum 20. Grad östlicher Länge und 58. Grad nördlicher Breite.

28. **Interessenklausel.** Die Verpflichtung zur Zahlung im Totalschadensfalle ist davon abhängig, daß die gesamten außer der Kaskoversicherung seitens des Reeders oder für dessen Rechnung abgeschlossenen Interessenversicherungen (behaltene Fahrt) richtig aufgegeben werden. Vor §113

Die Versicherer dieser Police genehmigen, daß seitens des Reeders oder für dessen Rechnung

a) für Fischdampfer bis zu 40% b) für Kutter bis zu 25%

der Gesamttaxe pro Fahrzeug auf behaltene Fahrt oder ähnliche Interessen selbständig versichert werden.

Sind im Totalschadensfalle höhere Beträge versichert, so verringert sich die Ersatzpflicht der Kasko-Versicherer um die zuviel gedeckten Beträge.

29. **Fangklausel.** Falls ein wertmäßig bestimmter Teil der Kaskotaxe auf Fang gilt, ist dieser „nur gegen Totalverlust mit dem Schiffe und für Havarie-grosse-Beiträge" versichert.

30. **Aufliegeklausel.** Wenn das Schiff mehr als 14 aufeinanderfolgende Tage in einem Hafen ohne Ladung unbeschäftigt liegt (ausgenommen wegen einer diese oder eine frühere Police treffende Havarie), so mindert sich die Prämie auf $^1/_{20}$% des Versicherungswertes für die ersten 15 Tage und auf einen diesem Verhältnis entsprechenden Betrag für die spätere Zeit. Der Betrag, um den sich die Prämie mindert, wird jedoch erst bei Beendigung der Versicherung vergütet. Auf die Entrichtung von Zuschlagsprämien findet die Regelung über Rückgaben für Stilliegen keine Anwendung.

Bei einem vor Ablauf der Versicherung eintretenden Totalverlust werden keine Rückgaben gewährt.

31. **Schärenfahrtklausel.** Fährt das Schiff durch die norwegischen Schären, so ist eine Haftung der Versicherer für einen Schaden, der sich während der Schärenfahrt ereignet, nicht gegeben, wenn der Reeder oder Kapitän es an der erforderlichen Sorgfalt hinsichtlich der Bestellung von Lotsen haben fehlen lassen. Hierbei ist davon auszugehen, daß bei länger als 12 Stunden dauernder Schärenfahrt zwei Lotsen verwendet werden sollen, abgesehen von der Zeit ab 1. Mai bis 1. September, in welcher ein Lotse genügt, und abgesehen von den Fällen, in denen besondere Umstände die Verwendung nur eines Lotsen rechtfertigen. Die verwendeten Lotsen müssen ein amtliches Lotsenzertifikat haben.

Besondere Klauseln für Heringslogger

32. **Zeitklausel.** Die Versicherung gilt jeweils auf ein Jahr vom 1. April bis 1. April mittags 12 Uhr. Das Schiff darf nach dem 15. Dezember nicht mehr auf den Fang in See gehen. Nach Beendigung der letzten Fangreise gilt die Versicherung nur gegen Reviergefahr. Rückgaben für Stilliegen findet nicht statt.

33. **Fahrtgrenzenklausel.** Die Versicherung umfaßt alle Fahrten des Schiffes zum Zwecke der Heringsfischerei in der Nordsee und im englischen Kanal, sowie Fangreisen nach den Hebriden und nach dem Fanggebiet südlich der Hebriden bis zur Irischen Küste. Das Schiff hat Freiheit, den Fang an allen geeigneten Plätzen abzusetzen.

34. **Interessenklausel.** Die Verpflichtung zur Zahlung im Totalschadensfalle ist davon abhängig, daß die gesamten außer der Kaskoversicherung seitens des Reeders oder für dessen Rechnung abgeschlossenen Interesseversicherungen (behaltene Fahrt) richtig aufgegeben werden.

Die Versicherer dieser Police genehmigen, daß seitens des Reeders oder für dessen Rechnung bis zu 25% der Gesamttaxe pro Fahrzeug auf behaltene Fahrt oder ähnliche Interessen selbständig versichert werden.

Sind im Totalschadensfalle höhere Beträge versichert, so verringert sich die Ersatzpflicht der Kasko-Versicherer um die zuviel gedeckten Beträge.

35. **Zusatz zu Klausel 4 (Netzklausel).** Für die Zeit des Stilliegens ist das Risiko des Versicherers beschränkt auf den auf Kasko, Maschine und Kajüteneinrichtung versicherten Betrag, abzüglich des Wertes der an Land befindlichen Segel, Tauwerk und sonstigen Ausrüstung, sowie auf den Wert der etwa an Bord verbliebenen Netze, Tonnen, Salz und sonstige Fischereigeräte.

36. **Fangklausel.** Die Versicherung auf Fang (unverpackt) gilt „nur gegen Totalverlust mit dem Schiffe und für Havarie-grosse-Beiträge", jedoch gilt für Fang in Fässern die Bedingung „frei von Beschädigung und/oder Diebstahl, außer im Strandungsfalle; jedes Faß eine Taxe".

Innerer Verderb ist nur insoweit gedeckt, als dieser durch eine Beschädigung der Fässer verursacht und diese Beschädigung nach vorstehender Bedingung gedeckt ist.

37. **Transportklausel.** Der Transport von Ausrüstung vom Lager der Reederei an Bord des Loggers und umgekehrt, sowie der Transport des Fanges von Bord des Schiffes zum Lager der Reederei ist durch diese Versicherung eingeschlossen. Jeder dabei entstehende Schaden wird, sofern er policenmäßig trifft, ohne Franchise voll vergütet.

7. Kernenergie-Einschluß-Klausel A

In die Versicherung sind im Rahmen der Bedingungen dieser Police eingeschlossen:

1. Schäden, verursacht durch solche an Bord befindlichen Stoffe, deren Beförderung nach § 7 (1) der Ersten Strahlenschutzverordnung vom 24. Juni 1960 ohne Genehmigung zulässig ist,
2. Schäden am versicherten Schiff selbst, verursacht durch solche an Bord des versicherten Schiffes befindlichen Stoffe, deren Beförderung nach Klasse IVb der Verordnung über gefährliche Seefrachtgüter vom 4. Januar 1960 zulässig ist.
   Schäden am Schiff selbst sind insbesondere nicht:
   Kollisionsersatz an Dritte (§ 78 ADS mit eventuellen Erweiterungen), Personenschäden, Reinigungskosten sowie Schäden an der eigenen Ladung des Schiffes.
   Voraussetzung ist, daß sich an Bord des versicherten Schiffes von dem Versicherer approbierte Strahlungsmeßgeräte befinden und daß die Schiffsführung in ihrer Bedienung ausgebildet ist.

Voraussetzung für den Versicherungsschutz gemäß Ziffer 1. und 2. ist die Einhaltung der für den Umgang mit den genannten Stoffen (Verladung und Beförderung etc.) erlassenen behördlichen Vorschriften und Gesetze, insbesondere der vorstehend angeführten Verordnungen. Insoweit gelten § 60 ADS und eventuelle in der Police vereinbarte Abänderungen nicht.

Diese Einschlüsse gelten nicht für Schäden, für die kraft nationaler Atomgesetzgebung ein Dritter oder ein Staat ausschließlich haftet.

Die Kriegsgefahr-Ausschußklausel und die Minen-Ausschlußklausel der DTV-Kasko-Klauseln finden auf diese Versicherung Anwendung.

8. Kernenergie-Einschluß-Klausel B

Gegen Zahlung einer Prämienzulage von ¼‰ p. a. sind in die Versicherung im Rahmen der Bedingungen dieser Police eingeschlossen Schäden am versicherten Schiff selbst, verursacht durch:

1. Unfall oder Durchgehen von Kernanlagen und Reaktoren, die sich nicht an Bord des versicherten Schiffes befinden,

2. Radioaktive Stoffe jeder Art und Kernbrennstoffe, die sich nicht an Bord des versicherten Schiffes befinden.

Schäden am Schiff selbst sind insbesondere nicht:

Kollisionsersatz an Dritte (§ 78 ADS mit eventuellen Erweiterungen), Personenschäden, Reinigungskosten sowie Schäden an der eigenen Ladung des Schiffes.

Diese Einschlüsse gelten nicht für Schäden, für die kraft nationaler Atomgesetzgebung ein Dritter oder ein Staat ausschließlich haftet.

Die Kriegsgefahr-Ausschlußklausel und die Minen-Ausschlußklausel der DTV-Kasko-Klauseln finden auf diese Versicherung Anwendung.

9. Versicherung von Reederei-Interessen gegen Minengefahr

(excl. Fischereifahrzeuge und Baggereifahrzeuge und -Geräte)

Juli 1965

Es gilt folgende Minenklausel:

1. Diese Versicherung deckt Schäden, entstanden durch Minen, treibende oder gesunkene Torpedos und treibende, gesunkene oder versenkte Kriegsmunition, unter Ausschluß solcher Kriegswerkzeuge, die während einer neuen, zur Zeit des Schadens noch nicht beendeten Kriegsführung oder während eines neueingetretenen noch bestehenden kriegsähnlichen Zustandes von den kriegsführenden oder neutralen Mächten verwendet werden. Gedeckt sind ferner Schäden, entstanden durch Zusammenstoß mit Sperren oder anderen Hindernissen, die anläßlich eines Krieges oder eines kriegsähnlichen Zustandes verwendet wurden und nach beendeter Kriegsführung noch nicht beseitigt sind.

2. Diese Versicherung ist jederzeit unter Einhaltung einer Frist von zwei Tagen kündbar. Die Kündigung kann rechtswirksam an den vermittelnden Makler erfolgen. Die Versicherung endet auch ohne Kündigung zwei Tage nach Ausbruch eines Krieges zwischen mindestens zwei der Großmächte Frankreich, Großbritannien, Vereinigte Staaten von Nordamerika, Sowjetrußland, Volksrepublik China.

3. Hat das versicherte Schiff vor Zugang der Kündigung oder vor Ausbruch des im vorstehenden bezeichneten Krieges oder kriegsähnlichen Zustandes eine Reise ordnungsmäßig angetreten, so endet die Versicherung mit Erreichung des nächsten angelaufenen Hafens.

4. Ein Streit über die Anwendung dieser Klausel im Einzelfall soll hinsichtlich der Beweislast nach dem Grundsatz überwiegender Wahrscheinlichkeit der Schadensursache entschieden werden.

I. Mit der Maßgabe des jederzeitigen Widerrufes seitens der Versicherer wird für den Einschluß der Minengefahr auf Grund vorstehender Minenklausel eine Minenprämie nicht erhoben, soweit nicht nachfolgend etwas anderes bestimmt ist und solange die Versicherungssummen für Seegefahr und Minengefahr in der Police übereinstimmen.

II. Der prämienfreie Einschluß gilt nicht für das Fahrtgebiet, das mit A bezeichnet und nachfolgend besonders bestimmt ist.

III. Die Versicherer können jederzeit erklären, daß der Einschluß der Minengefahr nicht für Schäden gilt, die sich in einem zu bezeichnenden Gebiet (Sperrzone) ereignen. Eine solche Erklärung wirkt für dieses Gebiet (Sperrzone) wie eine Kündigung. Die Erklärung kann rechtswirksam an den vermittelnden Makler erfolgen.

 IV. Für Fahrzeuge im Spezialeinsatz in nicht geräumten Minengebieten sind Prämien und Bedingungen von Fall zu Fall zu vereinbaren.

V. Die auf Grund der Minenklausel versicherten Gefahren gelten nur insoweit versichert, als keine andere Versicherung diese Gefahren deckt.

Zu II: Das **Fahrtgebiet A** wird durch nachfolgende Grenzen bestimmt:

Reisen zwischen Häfen des europäischen Kontinents (ausschließlich Mittelmeer, Schwarzes Meer und Atlantische Küste zwischen Gibraltar und Cap St. Vincent), Großbritanniens mit Inseln, Irlands, Islands, Fahrten im Nordmeer.

Die Prämie beträgt für Fahrten in diesem Gebiet:

a) Zeitversicherung einschließlich Mannschaftseffekten .... 1‰ p. a.

Die Prämie ist pro rata wie nachstehend zu berechnen, sie beträgt jedoch mindestens .... $^1/_8$‰.

Eine Reise außerhalb des Fahrtgebietes A beginnt mit der Beladung des Schiffes, auch wenn die Beladung im Fahrtgebiet A erfolgt oder bei Ballastreisen mit dem Reisebeginn des Schiffes im Ausgangshafen.

Die außerhalb des Fahrtgebietes A ausgeführte Reise endet mit der vollständigen Entlöschung des Schiffes in demjenigen Hafen, den das Schiff, von außerhalb des Fahrtgebietes A kommend, im Fahrtgebiet A zuletzt anläuft.

Falls das Schiff während der Zeitversicherung Reisen im Fahrtgebiet A und außerhalb desselben ausführt, wird die Prämie nach Maßgabe der Dauer der im vorigen Absatz beschriebenen Reisen im Fahrtgebiet A oder außerhalb desselben berechnet.

Falls die Kaskoversicherung die Minengefahr einschließt, wird für die Neben-Risiken (Fracht, Interesse, behaltene Fahrt, behaltene Ankunft, Ausrüstung, Excedenten, Assekuranz-Prämie) eine Minenprämie nicht erhoben.

Rückgaben für Stilliegen werden nicht gewährt.

b) Reiseversicherung .... Prämie zu vereinbaren, jedoch auf Kasko und Mannschaftseffekten mindestens .... $^1/_8$‰.

c) Ablieferungs- und Werftprobefahrten auf der Bau-Police .... $^1/_8$‰.

Zu III: Das nachfolgende Gebiet ist zur Sperrzone erklärt worden, so daß für dieses Gebiet die Minenversicherung außer Kraft getreten ist:

a) Küste von Ostasien zwischen Shanghai und Hongkong (diese beiden Häfen ausgenommen),
b) Formosa einschließlich der Straße von Formosa,
c) Nord-Korea,
d) Kuba,
e) Nord- und Süd-Vietnam.

Weitere Erklärungen zu III bleiben vorbehalten.

10. Versicherung von Fischereifahrzeugen gegen Minengefahr

Juli 1965

Es gilt folgende Minenklausel:

1. Diese Versicherung deckt Schäden, entstanden durch Minen, treibende oder gesunkene Torpedos und treibende, gesunkene oder versenkte Kriegsmunition, unter Ausschluß solcher Kriegswerkzeuge, die während einer neuen, zur Zeit des Schadens noch nicht beendeten Kriegsführung oder während eines neueingetretenen noch bestehenden kriegsähnlichen Zustandes von den kriegsführenden oder neutralen Mächten

verwendet werden. Gedeckt sind ferner Schäden, entstanden durch Zusammenstoß mit Sperren oder anderen Hindernissen, die anläßlich eines Krieges oder eines kriegsähnlichen Zustandes verwendet wurden und nach beendeter Kriegsführung noch nicht beseitigt sind. **Vor § 113**

2. Diese Versicherung ist jederzeit unter Einhaltung einer Frist von zwei Tagen kündbar. Die Kündigung kann rechtswirksam an den vermittelnden Makler erfolgen. Die Versicherung endet auch ohne Kündigung zwei Tage nach Ausbruch eines Krieges zwischen mindestens zwei der Großmächte Frankreich, Großbritannien, Vereinigte Staaten von Nordamerika, Sowjetrußland, Volksrepublik China.

3. Hat das versicherte Schiff vor Zugang der Kündigung oder vor Ausbruch des im vorstehenden bezeichneten Krieges oder kriegsähnlichen Zustandes eine Reise ordnungsmäßig angetreten, so endet die Versicherung mit Erreichung des nächsten angelaufenen Hafens.

4. Ein Streit über die Anwendung dieser Klausel im Einzelfall soll hinsichtlich der Beweislast nach dem Grundsatz überwiegender Wahrscheinlichkeit der Schadensursache entschieden werden.

Die Prämien betragen:

a) volle Bedingungen und Versicherung auf Mehrwert sowie auf Mannschaftseffekten .... 1‰ p. a.

b) Versicherung nach § 113 ADS .... ¾‰ p. a.

Die Prämie ist pro rata zu berechnen, beträgt aber mindestens ..... ⅛‰.

Rückgaben für Stilliegen werden nicht gewährt.

Falls die Kaskoversicherung und die Mehrwertversicherung die Minengefahr einschließen, wird für die Nebenrisiken (Interesse, behaltene Fahrt, behaltene Ankunft, Ausrüstung, Excedenten, Assekuranzprämie) eine Minenprämie nicht erhoben.

Es ist Voraussetzung, daß die Versicherungssummen für Seegefahr und Minengefahr in der Police übereinstimmen.

Für Reiseversicherungen und für Fischereifahrzeuge im Spezialeinsatz in nicht geräumten Minengebieten sind Prämien und Bedingungen von Fall zu Fall zu vereinbaren.

Die auf Grund der Minenklausel versicherten Gefahren gelten nur insoweit versichert, als keine andere Versicherung diese Gefahren deckt.

Sperrzone:

Die Versicherer können jederzeit erklären, daß der Einschluß der Minengefahr nicht für Schäden gilt, die sich in einem zu bezeichnenden Gebiet (Sperrzone) ereignen. Eine solche Erklärung wirkt für dieses Gebiet (Sperrzone) wie eine Kündigung. Die Erklärung kann rechtswirksam an den vermittelnden Makler erfolgen.

Das nachfolgende Gebiet ist zur Sperrzone erklärt worden, so daß für dieses Gebiet die Minenversicherung außer Kraft getreten ist:

a) Küste von Ostasien zwischen Shanghai und Hongkong (diese beiden Häfen ausgenommen),
b) Formosa einschließlich der Straße von Formosa,
c) Nord-Korea,
d) Kuba,
e) Nord- und Süd-Vietnam.

Weitere Erklärungen bleiben vorbehalten.

Vor §113

11. Versicherung von Baggerei-Fahrzeugen und -Geräten auf Binnengewässern und im Wattgebiet gegen Minengefahr

Juli 1965

Es gilt folgende Minenklausel:

1. Diese Versicherung deckt Schäden, entstanden durch Minen, treibende oder gesunkene Torpedos und treibende, gesunkene oder versenkte Kriegsmunition, unter Ausschluß solcher Kriegswerkzeuge, die während einer neuen, zur Zeit des Schadens noch nicht beendeten Kriegsführung oder während eines neueingetretenen noch bestehenden kriegsähnlichen Zustandes von den kriegsführenden oder neutralen Mächten verwendet werden. Gedeckt sind ferner Schäden, entstanden durch Zusammenstoß mit Sperren oder anderen Hindernissen, die anläßlich eines Krieges oder eines kriegsähnlichen Zustandes verwendet wurden und nach beendeter Kriegsführung noch nicht beseitigt sind. Von der Versicherung ausgeschlossen sind die zum Transport, zum Bergen oder zu sonstigen Arbeiten, welche Kriegsmunition oder Hindernisse im Sinne vorstehender Bestimmung betreffen, eingesetzten Geräte. Schäden durch unabsichtlich aufgebaggerte Kriegsmunition oder Hindernisse sind jedoch mitversichert.

2. Diese Versicherung ist jederzeit unter Einhaltung einer Frist von 2 Tagen kündbar. Die Kündigung kann rechtswirksam an den vermittelnden Makler erfolgen. Die Versicherung endet auch ohne Kündigung 2 Tage nach Ausbruch eines Krieges zwischen mindestens zwei der Großmächte Frankreich, Großbritannien, Vereinigte Staaten von Nordamerika, Sowjetrußland, Volksrepublik China.

3. Hat das versicherte Schiff vor Zugang der Kündigung oder vor Ausbruch des im vorstehenden bezeichneten Krieges oder kriegsähnlichen Zustandes eine Reise ordnungsmäßig angetreten, so endet die Versicherung mit Erreichung des nächsten angelaufenen Hafens.

4. Ein Streit über die Anwendung dieser Klausel im Einzelfall soll hinsichtlich der Beweislast nach dem Grundsatz überwiegender Wahrscheinlichkeit der Schadensursache entschieden werden.

Die Prämien betragen:

a) für alle Risiken einschl. Neben-Risiken, es sei denn, daß diese nur gegen Totalverlust versichert werden .... 3‰ p. a.

b) Nebenrisiken nur gegen Totalverlust .... 1 ½‰ p. a.

Die Prämie ist pro rata zu berechnen, sie beträgt jedoch mindestens in einer Versicherungsperiode von 3 Monaten ab Risikobeginn

zu a) .... ¼‰

zu b) .... ⅛‰

Es ist Voraussetzung, daß die Versicherungssummen für Seegefahr und Minengefahr in der Police übereinstimmen.

Für Überführungen über See sowie für Fahrzeuge im Spezialeinsatz in nicht geräumten Minengebieten sind Prämien und Bedingungen von Fall zu Fall zu vereinbaren.

Die auf Grund der Minenklausel versicherten Gefahren gelten nur insoweit versichert, als keine andere Versicherung diese Gefahren deckt.

Sperrzone:

Die Versicherer können jederzeit erklären, daß der Einschluß der Minengefahr nicht für Schäden gilt, die sich in einem zu bezeichnenden Gebiet (Sperrzone) ereignen.

Eine solche Erklärung wirkt für dieses Gebiet (Sperrzone) wie eine Kündigung. Die Erklärung kann rechtswirksam an den vermittelnden Makler erfolgen. **Vor § 113**

Das nachfolgende Gebiet ist zur Sperrzone erklärt worden, so daß für dieses Gebiet die Minenversicherung außer Kraft getreten ist:

a) Küste von Ostasien zwischen Shanghai und Hongkong (diese beiden Häfen ausgenommen),
b) Formosa einschließlich der Straße von Formosa,
c) Nord-Korea,
d) Kuba,
e) Nord- und Süd-Vietnam.

Weitere Erklärungen bleiben vorbehalten.

12. Rabattklausel für Prämienvorauszahlung bei Zeitversicherungen
Ganzjährige Vorauszahlung

Für diese Versicherung wird für die Vorauszahlung der vollen Jahresprämie ein Rabatt von 9,5% gewährt. Voraussetzung ist, daß die Prämie im voraus, spätestens innerhalb von 10 Tagen nach Beginn der Zeitversicherung, von dem Versicherungsnehmer bezahlt worden und bei den Versicherern eingegangen ist.

Wird die Zahlung über den die Versicherung vermittelnden Makler geleitet, so muß sie innerhalb der in Absatz 1 festgesetzten Frist bei dem Makler eingegangen sein und von diesem unverzüglich weitergeleitet werden, spätestens aber innerhalb weiterer 7 Tage bei den Versicherern eingegangen sein.

Ist die Prämie nicht innerhalb der vorstehend genannten Fristen eingegangen, so entfällt der Rabatt.

Der Versicherer hat das Recht, die Versicherung mit einer Frist von 5 Tagen zu kündigen. Wird dieses Kündigungsrecht nicht innerhalb von 15 Tagen nach Ablauf der im Absatz 1 festgelegten Zahlungsfrist von 10 Tagen ausgeübt, so wird der Versicherungsvertrag automatisch dahin geändert, daß die Prämie bis zum Ablauf der Zeitversicherung in vierteljährlichen Raten postnumerando zu entrichten ist. Das Recht der Versicherer, Sicherheitsleistung gemäß § 16 Abs. 3 ADS zu verlangen, bleibt hiervon unberührt.

Die Rechtsfolgen der nicht rechtzeitigen Prämienzahlung treten nicht ein, wenn innerhalb von 10 Tagen nach Beginn der Zeitversicherung die Umstellung des Vertrages auf Vierteljahres-Vorauszahlung vereinbart worden ist. In diesem Falle gelten rückwirkend die Bestimmungen der Rabattklausel für Vierteljahres-Vorauszahlung.

Ist die automatische Änderung des Versicherungsvertrages auf Prämienzahlung in vierteljährlichen nachträglich zahlbaren Raten erfolgt, so kann während der Dauer des Versicherungsvertrages eine erneute Umstellung auf Vorauszahlung nicht mehr stattfinden.

Soweit im Vorstehenden nichts Abweichendes bestimmt ist, gilt die Prämienzahlungsklausel der DTV-Kasko-Klauseln.

Ist als Folge eines Totalverlustes die volle Jahresprämie fällig geworden, so ist der vor Schadenseintritt noch nicht vorausgezahlte Teil derselben ohne Abzug eines Rabattes, jedoch unter Abzug policenmäßig zu gewährender Rückgaben, zu bezahlen.

13. Rabattklausel für Prämienvorauszahlung bei Zeitversicherungen
Vierteljahres-Vorauszahlung

Für diese Versicherung wird für die Vorauszahlung der Prämie für je 3 Monate ein Rabatt von 7,5% gewährt. Voraussetzung ist, daß die Prämie der fälligen Rate im vor-

Vor § 113 aus, spätestens innerhalb von 10 Tagen nach Beginn der Drei-Monatsperiode, von dem Versicherungsnehmer bezahlt worden und bei den Versicherern eingegangen ist.

Wird die Zahlung über den die Versicherung vermittelnden Makler geleitet, so muß sie innerhalb der in Absatz 1 festgesetzten Frist bei dem Makler eingegangen sein und von diesem unverzüglich weitergeleitet werden, spätestens aber innerhalb weiterer 7 Tage bei den Versicherern eingegangen sein.

Ist die Prämie innerhalb der vorstehend genannten Fristen nicht eingegangen, so entfällt der Rabatt vom Beginn der Drei-Monatsperiode an, bei der die Verzögerung eingetreten ist. Der Versicherer hat das Recht, die Versicherung mit einer Frist von 5 Tagen zu kündigen. Wird dieses Kündigungsrecht nicht innerhalb von 15 Tagen nach Ablauf der im Absatz 1 festgelegten Zahlungsfrist von 10 Tagen ausgeübt, so wird der Versicherungsvertrag automatisch dahin geändert, daß die Prämie bis zum Ablauf der Zeitversicherung in vierteljährlichen Raten postnumerando zu entrichten ist. Das Recht der Versicherer, Sicherheitsleistung gemäß § 16 Abs. 3 ADS zu verlangen, bleibt hiervon unberührt.

Ist die automatische Änderung des Versicherungsvertrages auf Prämienzahlung in vierteljährlichen nachträglich zahlbaren Raten erfolgt, so kann während der Dauer des Versicherungsvertrages eine erneute Umstellung auf Vorauszahlung nicht mehr stattfinden.

Soweit im Vorstehenden nichts Abweichendes bestimmt ist, gilt die Prämienzahlungsklausel der DTV-Kasko-Klauseln.

Ist als Folge eines Totalverlustes die volle Jahresprämie fällig geworden, so ist der vor Schadenseintritt noch nicht vorausgezahlte Teil derselben ohne Abzug eines Rabattes, jedoch unter Abzug policenmäßig zu gewährender Rückgaben, zu bezahlen.

14. Prämien-Rückgabe-Klausel

Prämienrückgaben werden nur für bedingungsgemäße Aufhebung der Versicherung gewährt. Alle Bestimmungen, die im Widerspruch zu dieser Vereinbarung stehen, einschließlich solcher, die sich auf Stilliegen oder Aufliegen beziehen, sind hierdurch aufgehoben.

15. Hypotheken-Klausel A

Die Versicherer bestätigen, daß die ....

....

die Beleihung des versicherten Schiffes angezeigt hat.

Demgemäß gelten die Bestimmungen des Gesetzes über Rechte an eingetragenen Schiffen und Schiffsbauwerken vom 15. November 1940 (RGBl. I S. 1499) und der dazu erlassenen Durchführungsverordnungen mit folgenden Abänderungen bzw. Ergänzungen:

....

....

Die im § 34 Abs. 1 des vorbezeichneten Gesetzes vorgesehene Kündigungsfrist muß der Bank gegenüber mindestens zwei Wochen betragen. Wird der Versicherungsvertrag vor Eintritt des Versicherungsfalles infolge einer Anfechtung nichtig, so ist § 34 Abs. 2 a. a. O. entsprechend anzuwenden. Bei Anfechtung nach Eintritt des Versicherungsfalles gilt § 36 Abs. 1 Satz 2 entsprechend. Die Veräußerung des Schiffes gilt als Tatsache, welche die vorzeitige Beendigung des Versicherungsverhältnisses zur Folge hat.

Im Sinne des § 35 des vorgenannten Gesetzes ist führender Versicherer:

....

....

....

Sind die Versicherer der Bank gegenüber im Laufe der Versicherung zu einer Mitteilung verpflichtet, so gilt die Benachrichtigung des führenden Versicherers an die Bank für alle Versicherer, ebenso wirkt die Erklärung der Bank an den führenden Versicherer gegen alle Versicherer. Bei Aufhebung oder Abänderung des IV. Abschnittes der Steueränderungs-Verordnung vom 20. August 1941 (RGBl. I S. 511) verliert dieser Absatz der Hypothekenklausel seine Wirksamkeit.

Die Verrechnung fälliger Prämien gegen Schäden soll durch diese Abtretung nicht ausgeschlossen sein.

16. Hypotheken-Klausel B

Die Versicherer bestätigen, daß die ....

....

die Beleihung des versicherten Schiffes angezeigt hat.

Demgemäß gelten die Bestimmungen des Gesetzes über Rechte an eingetragenen Schiffen und Schiffsbauwerken vom 15. November 1940 (RGBl. I S. 1499) und der dazu erlassenen Durchführungsverordnungen mit folgenden Abänderungen bzw. Ergänzungen:

....

....

Die Versicherer verpflichten sich, der genannten Bank gegenüber Einwendungen daraus, daß das Schiff in nicht fahrtüchtigem (seetüchtigem) Zustand oder nicht gehörig ausgerüstet oder bemannt die Reise angetreten hat (vgl. § 36 Abs. 2 Nr. 2 a. a. O.), hinsichtlich der zugunsten der Bank im Schiffsregister eingetragenen Schiffshypothek in Höhe von zur Zeit:

DM ....

nebst vertraglichen Zinsen und Nebenforderungen nicht zu erheben.

Die im § 34 Abs. 1 des vorbezeichneten Gesetzes vorgesehene Kündigungsfrist muß der Bank gegenüber mindestens zwei Wochen betragen. Wird der Versicherungsvertrag vor Eintritt des Versicherungsfalles infolge einer Anfechtung nichtig, so ist § 34 Abs. 2 a. a. O. entsprechend anzuwenden. Bei Anfechtung nach Eintritt des Versicherungsfalles gilt § 36 Abs. 1 Satz 2 entsprechend. Die Veräußerung des Schiffes gilt als Tatsache, welche die vorzeitige Beendigung des Versicherungsverhältnisses zur Folge hat.

 Im Sinne des § 35 des vorgenannten Gesetzes ist führender Versicherer:

....

....

Sind die Versicherer der Bank gegenüber im Laufe der Versicherung zu einer Mitteilung verpflichtet, so gilt die Benachrichtigung des führenden Versicherers an die Bank für alle Versicherer, ebenso wirkt die Erklärung der Bank an den führenden Versicherer gegen alle Versicherer. Bei Aufhebung oder Abänderung des IV. Abschnittes der Steueränderungs-Verordnung vom 20. August 1941 (RGBl. I S. 511) verliert dieser Absatz der Hypothekenklausel seine Wirksamkeit.

Die Verrechnung fälliger Prämien gegen Schäden soll hierdurch nicht ausgeschlossen sein.

17. Gewässerschaden-Klausel

Hinsichtlich der Gefahr, daß der Versicherungsnehmer einem Dritten für den durch Verschmutzung von Gewässern oder Wasserstraßen herbeigeführten Schaden Ersatz zu leisten hat, gilt im Rahmen der Haftung für Ersatz an Dritte folgendes:

Der Versicherungsschutz ist beschränkt auf den Ersatz desjenigen Schadens, der als Folge eines Zusammenstoßes von Schiffen oder von Schiffen mit schwimmenden oder festen Gegenständen oder als Folge einer Strandung eines anderen als des versicherten Schiffes entstanden und vom Versicherungsnehmer wegen Verschuldens einer Person der Schiffsbesatzung als solcher zu ersetzen ist.

Vereinbarungen, die im Widerspruch zu den Bestimmungen dieser Klausel stehen, gelten als aufgehoben.

Alle Streitigkeiten über Grund und Höhe von Ansprüchen aus dieser Klausel werden unter Ausschluß des ordentlichen Rechtsweges

entweder*)

durch das Deutsche Seeschiedsgericht

oder*)

durch ein Schiedsgericht, bestehend aus einem Reeder, einem Transportversicherer und einem gemeinsam zu wählenden Obmann, entschieden.

Erfolgt eine Einigung über die Wahl des Obmannes nicht innerhalb einer Frist von vier Wochen, so ist dieser auf Antrag einer der Parteien von dem Präsidenten desjenigen Oberlandesgerichts zu ernennen, das für Streitigkeiten aus der Police zuständig ist.

Der Obmann muß dem Richterstand angehören.

18. DTV-Kriegsklausel 1955 für Gütertransporte zur See

(siehe die Wiedergabe im Anhang zu §§ 121, 122)

19. DTV-Kriegsklausel
für Postsendungen im Verkehr mit dem Ausland

I. Umfang der Deckung

1. Die Versicherung deckt die Gefahren des Krieges, des Bürgerkrieges und kriegsähnlicher Ereignisse. Auf diesen Gefahren beruhen zum Beispiel Schäden, verursacht

*) Nichtgewünschtes ist durchzustreichen; das Wahlrecht ist bei Abschluß der Police auszuüben.

durch Handlungen kriegerischer Art, insbesondere durch das Einsetzen der bewaffneten Macht, durch Blockade oder andere Sperren, sowie durch Beschlagnahme oder sonstige durch den Krieg veranlaßte den versicherten Gegenstand betreffende Maßnahmen einer anerkannten oder nicht anerkannten Macht.

2. Die Versicherung deckt außerdem die Gefahren, die sich unabhängig vom Kriegszustand aus der Verwendung oder dem Vorhandensein von Minen, Torpedos, Bomben oder anderen Kriegswerkzeugen ergeben.

3. Die Versicherung ist beschränkt auf solche Posttransporte, bei denen die Beförderung auf dem Luftweg oder ganz oder zum Teil über See durchgeführt wird.

II. Beginn und Ende der Versicherung

Die Versicherung beginnt mit der Übergabe des versicherten Gutes an die Postanstalt und endet mit seiner Ablieferung durch die Post an den Adressaten.

III. Ausschluß von Schäden

1. Von der Versicherung ausgeschlossen sind Schäden, die durch die natürliche Beschaffenheit der Güter, namentlich durch inneren Verderb, Schwinden, Rost, Schimmel, gewöhnliche Leckage, gewöhnlichen Bruch, Selbstentzündung sowie durch mangelhafte Verpackung der Güter verursacht werden.

2. Ausgeschlossen sind ferner Schäden, verursacht durch Beschlagnahme oder sonstige behördliche Maßnahmen auf Grund von zur Zeit des Beginns der Versicherung geltenden Gesetzen oder Verordnungen.

IV. Grundlage der Bedingungen

1. Auf diese Versicherung finden die Bestimmungen des Versicherungsvertragsgesetzes ergänzend Anwendung.

2. Soweit sich in der Police Vorschriften befinden, die im Widerspruch zu den Bestimmungen dieser Klausel stehen, sollen sie insoweit als gestrichen gelten.

V. Kündigung

Die Versicherung der in Ziffer I bezeichneten Gefahren ist mit 2tägiger Frist vor Beginn der Versicherung (Ziffer II) jederzeit kündbar.

20. DTV-Maschinenklausel
(Zusatzbedingungen für die Transportversicherung von Maschinen und Apparaten)

1. Versicherungswert

Versicherungswert ist

a) bei neuen Maschinen und Apparaten der gemeine Handelswert und in dessen Ermangelung der gemeine Wert am Versandort,

b) bei gebrauchten Maschinen und Apparaten der Neuwert am Versandort im Zeitpunkt des Beginns der Versicherung unter Hinzurechnung etwaiger nach den Policenbedingungen mitversicherter Kosten.

2. Schadenersatz

Der Versicherer ersetzt einen Schaden

a) bei neuen Maschinen und Apparaten im Verhältnis der Versicherungssumme zum Fakturenwert, dem zuzurechnen sind: Fracht, Versicherungskosten, Zoll und sonstige öffentliche Abgaben bis zum Ablieferungsort;
bei Gegenständen, die keinen Fakturenwert haben, tritt an dessen Stelle der

gemeine Handelswert und in dessen Ermangelung der gemeine Wert am Ablieferungsort;
Höchstbetrag der Entschädigung ist die Versicherungssumme;

b) bei gebrauchten Maschinen und Apparaten im Verhältnis der Versicherungssumme zum Neuwert am Versandort, dem zuzurechnen sind: Fracht, Versicherungskosten, Zoll und sonstige öffentliche Abgaben bis zum Ablieferungsort; Höchstbetrag der Entschädigung ist der Zeitwert am Ablieferungsort oder die Versicherungssumme, falls diese niedriger ist.

Bei der Feststellung der Werte gemäß a) und b) ist ein etwaiger Veräußerungsgewinn des Empfängers nicht zu berücksichtigen.

Vom Schaden betroffene Gegenstände können dem Versicherer nicht zur Verfügung gestellt werden; ihr Verkauf ist nur im Einvernehmen mit dem Versicherer zulässig. Sie werden mit dem Erlös eines genehmigten Verkaufes, sonst mit dem Restwert auf die Ersatzleistung angerechnet.

3. Schadenersatz bei Beschädigung und Teilverlust

Im Rahmen der Ziffer 2. ersetzt der Versicherer bei Beschädigung oder Verlust einzelner Teile des versicherten Gegenstandes nur die notwendigen Kosten der Reparatur und/oder des Ersatzes des vom Schaden betroffenen Teiles zuzüglich der erforderlichen einfachen Fracht-, Lager- und sonstigen Transportkosten.

Nicht ersetzt werden außerordentliche Mehrkosten irgendwelcher Art, entstanden z. B. durch Feiertags- und/oder Überstundenarbeit, durch Entsendung von Monteuren sowie durch Luftfracht- oder Luftpostbeförderung.

Ein Abzug „neu für alt" erfolgt nicht. Tritt jedoch durch die Einfügung eines neuen Teilstückes eine Werterhöhung des ganzen Gegenstandes ein, so wird der zu berechnende Betrag des Mehrwertes von den aufgewendeten Kosten abgezogen.

4. Obliegenheiten

Der versicherte Gegenstand ist unverzüglich nach seiner Ankunft auf Schäden zu untersuchen. Jeder unter die Police fallende Schaden muß umgehend unter Hinzuziehung des Versicherers oder seines Beauftragten festgestellt werden.

Der Versicherungsnehmer oder der Versicherte haben bei der Reparatur und der Ersatzbeschaffung auch das Interesse des Versicherers wahrzunehmen und alles zu tun, um den Schaden so niedrig wie möglich zu halten.

Im Einvernehmen mit dem Versicherer oder seinem Beauftragten ist zu ermitteln, ob das beschädigte oder fehlende Stück am Ablieferungsort repariert oder ersetzt werden kann oder ob die Rücksendung des versicherten Gegenstandes oder eines Teilstückes zum Versandort oder einem anderen für die Reparatur geeigneten Ort nötig ist.

Die Verletzung einer oder mehrerer der vorstehenden Obliegenheiten befreit den Versicherer von der Verpflichtung zur Leistung, es sei denn, daß die Verletzung nicht auf Verschulden beruht.

5. Besondere Ausschlüsse

Unbeschadet der zugrunde liegenden Police-Bedingungen sind in jedem Fall Schäden ausgeschlossen, verursacht durch mangelhafte oder unsachgemäße Verladeweise bei Selbstverladung durch den Versicherungsnehmer oder den Versicherten, ferner Schäden infolge ungenügender oder unzweckmäßiger Verpackung oder Markierung der Verpackung sowie Schäden infolge von Konstruktions-, Fabrikations- oder Materialfehlern.

Sämtliche mittelbaren Schäden und Nachteile (insbesondere durch Zeitverlust) sowie Wertminderungsansprüche aller Art sind ebenfalls von der Versicherung ausgeschlossen.

21. Export-Schutzklausel

1. Diese Versicherung ist eine Schutzversicherung (Subsidiärversicherung) für ab Werk-, frei Grenze-, fas-, fob- und c. & f.-Lieferungen und deckt lediglich das eigene Interesse des Versicherungsnehmers; sie kann für einen gemäß den Bedingungen der Police gedeckten Schaden (Verlust, Beschädigungen, Havarie-grosse) nur von ihm und nur insoweit in Anspruch genommen werden, als er hierfür die Zahlung des fälligen Kaufpreises oder die Vergütung der etwa von ihm geleisteten Havarie-grosse-Zahlung nicht erzwingen kann.

2. Versicherungswert ist der Netto-Fakturenwert.

3. Eine Abtretung der Rechte aus dieser Versicherung ist unzulässig, außer an diejenige Bank, welche den Gegenstand der Versicherung bevorschußt hat. In diesem Fall gelten die nachstehenden Verpflichtungen des Versicherungsnehmers in gleichem Umfang für die Bank.

4. Der Versicherungsnehmer ist verpflichtet, außer der bevorschussenden Bank, keinem Dritten von dieser Versicherung Kenntnis zu geben; eine Verletzung dieser Bestimmung befreit den Versicherer von seiner Verpflichtung zur Leistung. Die auf den Versicherer infolge Schadenzahlung übergegangenen Rechte sind vom Versicherungsnehmer im eigenen Namen, aber im Einvernehmen mit dem Versicherer, geltend zu machen.

22. CIF-Schutzklausel

(Importe)

1. Diese Versicherung deckt nach Maßgabe der Allgemeinen Deutschen Seeversicherungs-Bedingungen (ADS) nebst den „Zusatzbestimmungen zu den ADS für die Güterversicherung (1947)“ als Schutzversicherung ausschließlich das eigene versicherbare Interesse des Versicherungsnehmers dieser Police und ist von diesem nicht übertragbar mit Ausnahme einer Übertragung an diejenige Bank, welche den Gegenstand der Versicherung bevorschußt hat, oder einer Veräußerung gemäß § 49 ADS.

2. Voraussetzung der Versicherung ist, daß die Güter, auf welche sich diese Schutzversicherung bezieht, gemäß CIF-Kaufvertrag bereits anderweitig versichert sind. Diese Schutzversicherung gilt nur hilfsweise (subsidiär), so daß Dritte (mit Ausnahme der in Ziffer 1 genannten Berechtigten) keine Rechte aus dieser Versicherung herleiten können.

3. Dem Versicherungsnehmer dieses Vertrages oder seinem Rechtsnachfolger im Sinne der Ziffer 1 gegenüber haben die Versicherer dieser Schutzversicherung im Falle von Verlust oder Beschädigung im Rahmen der Bedingungen dieser Police den Schaden so zu bezahlen, als ob die auf Grund des CIF-Kaufvertrages anderweitig abgeschlossene Versicherung nicht bestünde. Der Versicherungsnehmer ist verpflichtet, alle Rechte gegenüber den Versicherern dieser anderweitigen CIF-Police nach deren Bestimmungen zu wahren und das Inkasso des unter der CIF-Police zu zahlenden Schadensbetrages nach den Weisungen der Versicherer dieses Vertrages entweder selbst vorzunehmen oder durch Dritte vornehmen zu lassen. Kosten, die durch die notwendige und im Einverständnis mit den Versicherern erfolgte Einschaltung Dritter entstehen, werden von den Versicherern dieses Vertrages übernommen. Der von den CIF-Versicherern einkassierte Schadensbetrag ist den Versicherern dieser CIF-Schutz-Police unverzüglich nach Eingang zur Verfügung zu stellen.

4. Für diese Schutzversicherung ist vorläufig die volle Prämie zu berechnen, als ob es sich um eine gewöhnliche Transportversicherung handele. Die Prämie kann bei Vorlage der gemäß CIF-Kaufvertrag abgeschlossenen Originalpolice (CIF-Police) unter

Vor §113 Berücksichtigung des hierdurch gewährten Deckungsumfangs und der Höhe der Versicherungssumme nach Billigkeit ermäßigt werden.

Auf die Kriegsprämie erfolgt keine Prämienrückgabe.

23. Klassifikations-Klausel

Die Prämiensätze dieser Police gelten nur für Verladungen mit eisernen oder stählernen Linienschiffen (ausgenommen Charterschiffe im Liniendienst), sowie für andere eiserne oder stählerne Schiffe (einschließlich Charterschiffe im Liniendienst), die nicht über 20 Jahre alt und ohne Einschränkung wie folgt klassifiziert sind:

Germanischer Lloyd	100 A 4
Lloyd's Register	100 A 1
American Bureau of Shipping	✠ A 1
British Corporation	B S
Bureau Veritas	✠ I 3/3 L 1.1.
Japanese Marine Corporation	NS*
Norske Veritas	✠ 1 A 1
Registro Italiano	★ 100 A 1.1. Nav. L

Verladungen mit anderen Schiffen sind ebenfalls versichert; eine Zulageprämie hierfür ist von Fall zu Fall zu vereinbaren.

24. DM-Klausel für Warenversicherungen in fremder Währung

Bei den in fremder Währung geschlossenen Versicherungen erfolgt in Abänderung der Klausel 25 der Zusatzbestimmungen zu den ADS für die Güterversicherung (1947) oder anderer entgegenstehender Bestimmungen die Prämienzahlung zum Gegenwert in Deutscher Mark.

Die Umrechnung erfolgt nach dem letzten vom DTV bekanntgegebenen Briefkurs der Hamburger Börse zum Zeitpunkt des Eingangs der im üblichen Geschäftsgang abgesandten definitiven Deklaration.

Diese Vereinbarung kann von jedem Vertragspartner für noch nicht deklarierte Risiken jederzeit durch einseitige formlose Erklärung aufgehoben werden.

25. Klausel für Exporte nach der U. d. S. S. R., der chinesischen Volksrepublik (sowie Macao) und den von diesen abhängigen Staaten

Die Gültigkeit dieser Versicherung ist dadurch bedingt, daß für die versicherten Güter die erforderliche Ausfuhrgenehmigung des Bundesamtes für gewerbliche Wirtschaft Frankfurt a. M. bzw. der Zentralen Genehmigungsstelle (ZGSt) Berlin vorliegt.

26. Klauseln für Bau-Risiken

(Endwert)

§ 1

Versichert sind der Neubau und dessen Zubehör, ferner die für den Neubau und dessen Zubehör bestimmten Gegenstände, welche Bestandteil des Neubaues oder des Zubehörs werden sollen (Konstruktionsteile), Zubehör und Konstruktionsteile jedoch nur dann, wenn sie bereits für den Neubau verbucht sind. Zubehör und Konstruktionsteile sind auf dem Werftgelände oder bei der Lagerung in von der Werft verwandten Fahrzeugen, die an den Werftanlagen liegen, und während des Transportes in Fahrzeugen von einem Teil des Werftgeländes zum andern versichert. Werden Zubehör oder Konstruktionsteile durch Seeschiffe angebracht und an die Werft mittels Schuten oder Leichter geliefert, so sind sie auch während dieses Schuten- oder Leichtertransportes durch die Versicherung gedeckt, wenn die Werft im Verhältnis zum Lieferanten die Gefahr während des Schuten- oder Leichtertransportes trägt. **Vor §113**

Neubau, Zubehör und Konstruktionsteile sind gegen Beschädigung und Verlust versichert. Die Versicherung deckt in Gemäßheit der Bestimmungen der ADS alle Gefahren (vgl. § 8); auch Schäden, die durch Arbeiter der Werft verursacht wurden, sind zu ersetzen. Ferner sind zu ersetzen der Werft zur Last fallende Kosten, welche mit oder ohne Erfolg aufgewendet werden, um den infolge eines Versicherungsfalles beschädigten Versicherungsgegenstand zu heben, zu beseitigen oder zu vernichten.

§ 2

Werftanlagen sind nach den folgenden Bestimmungen durch diese Versicherung gedeckt.

Als Werftanlagen gelten alle dem Betrieb der Werft dienenden beweglichen und unbeweglichen Gegenstände auf dem Werftgelände, also dauernde Einrichtungen und zum Verbrauch im Werftbetrieb bestimmtes Material. Ausgenommen sind: der Helgen, Pallungshölzer, Stapel- und Stellagehölzer, Laufbohlen, Gerüststangen und dergleichen, ferner Hilfseinrichtungen, z. B. Heftschrauben, Dampfleitungen, elektrische Leitungen, Preßluftschläuche, Heizanlagen (über Einschluß in die Versicherung vgl. § 3).

Die vorstehend bezeichneten Werftanlagen sind gegen Beschädigung und Verlust versichert, falls der Schaden durch körperliche Einwirkung des auf dem Werftgelände befindlichen Neubaues, seines Zubehörs oder der Konstruktionsteile auf die Werftanlagen verursacht wird, und zwar auch, wenn die Einwirkung durch vorsätzliches oder fahrlässiges Verhalten der Arbeiter der Werft verursacht ist.

Zu ersetzen sind Kosten der Aufräumungsarbeiten; im Falle eines Schadens durch Feuer jedoch nur im Verhältnis eines der Police zur Last fallenden Schadens zum Gesamtschaden.

§ 3

Auf Antrag des Versicherungsnehmers können die beim Bau verwendeten Pallungshölzer, Stapel- und Stellagehölzer, Laufbohlen, Gerüststangen und dergleichen versichert werden.

Die Versicherung erfolgt zu den Prämien und Bedingungen der Police. Die Versicherung beginnt mit dem Aufbau der Hölzer am Schiffsneubau oder der sonstigen tatsächlichen Verwendung der Hölzer beim Bau. Die Versicherung endet mit dem Abbau der Hölzer oder dem Aufhören sonstiger Verwendung der Hölzer beim Bau.

Schäden, welche sich als gewöhnliche Folge der Verwendung der Hölzer beim Bau darstellen, insbesondere Abnutzung, Fortschwimmen beim Stapellauf oder Hochwasser, sind von der Versicherung ausgeschlossen. — Ein etwaiger Teilschaden wird in Gemäßheit § 93 ADS (Beschädigung) berechnet.

Die Hölzer sind in ihrer Gesamtheit separat zu taxieren.

§ 4

Während des Stapellaufes, der daran anschließenden Verholung des Neubaues zur Werft und beim Liegen und Weiterbau an der Werft ist der Neubau auf dem Wasser ebenso versichert wie auf dem Werftgelände (§ 1). Eine Beschädigung des Helgens beim Stapellauf ist durch die Versicherung mitgedeckt. Beim Mißlingen des Stapellaufes sind die durch den erneuten Stapellauf erforderten Aufwendungen vom Versicherer zu tragen.

Beim Ablauf des Schiffes vom Helgen und während der daran anschließenden Verholung des Neubaues zur Werft haften die Versicherer auch für einen Schaden, den die Werft dadurch erleidet, daß sie im Falle eines Zusammenstoßes des Neubaues mit Schiffen, festen oder schwimmenden Gegenständen den einem Dritten dadurch entstandenen Schaden zu ersetzen hat. Das gleiche gilt im Falle eines nautischen Verschuldens ohne Zusammenstoß beim Verholen des Neubaues, für welches die Werft einem Dritten verantwortlich ist, und für einen Schaden, entstanden durch Sog oder die Flutwelle, welche der vom Helgen ablaufende Neubau verursacht. Eigene Anlagen oder Fahrzeuge der Werft gelten als fremdes Eigentum. Ausgenommen sind Schadensersatzansprüche der auf dem Neubau und den zum Bugsieren des Neubaues benutzten Schleppern befindlichen Personen sowie Schadensersatzansprüche von Angestellten und Arbeitern der Werft.

§ 5

Die Versicherer haften, falls die Probefahrt mitversichert wird, während der Probefahrt mit oder ohne Ladung gemäß ADS (vgl. §§ 6—8), jedoch gilt die Bestimmung des § 58 ADS über Seeuntüchtigkeit, soweit die Seeuntüchtigkeit auf das Schiff selbst oder sein Zubehör zurückzuführen ist, als aufgehoben; dagegen tragen die Versicherer nicht die Kosten, die zur Beseitigung der Seeuntüchtigkeit des Schiffes oder eines sonstigen Konstruktionsfehlers aufzuwenden sind, und nicht etwaige Schadensersatzansprüche der Ladung.

In Änderung des § 65 ADS (Kajüts- und Maschinenschäden) werden Kajüts- und Maschinenschäden, wie Schäden am Schiffsrumpf, ersetzt.

§ 78 ADS (Mittelbarer Kollisionsschaden) wird auf Zusammenstoß mit festen oder schwimmenden Gegenständen ausgedehnt, dabei gelten eigene Anlagen oder Fahrzeuge der Werft als fremdes Eigentum. Desgleichen wird die Haftung für nautisches Verschulden ohne Zusammenstoß durch die Versicherung gedeckt. Für Tod oder Verletzung von Personen, die sich an Bord des die Probefahrt ausführenden Schiffes befinden, haften die Versicherer nicht. § 59 ADS (Abnutzung, Alter usw.) und § 76 ADS (Unterschied zwischen neu und alt) werden aufgehoben.

§ 6

In Änderung des § 34 ADS (Schaden von weniger als 3 %) wird bestimmt, daß die Schäden, die durch ein Schadensereignis entstanden sind und 1 pro Mille der Versicherungssumme nicht erreichen, von den Versicherern nicht zu ersetzen sind, es sei denn, daß der Schaden mehr als DM 1000 beträgt. Für Schäden, die während der Probefahrt durch verschiedene Schadensereignisse verursacht werden, wird eine Trennung nach Schadensereignissen nicht vorgenommen.

§ 7

Für Schäden an den versicherten Gegenständen und den Werftanlagen zusammengerechnet können die Versicherer nicht mit einem höheren Betrage als dem Wiederherstellungswert des Neubaues, des versicherten Zubehörs und der versicherten Konstruktionsteile zur Zeit des Schadensereignisses in Anspruch genommen werden. Auch haften die Versicherer nicht über die Versicherungssumme hinaus. Ausgenommen sind die gemäß § 1 Absatz 2, letzter Satz zu ersetzenden Kosten, für welche die im vorstehenden bestimmte Haftungsgrenze des Wiederherstellungswertes um 25% überschritten werden kann. Nach einem Schadensereignis ergänzt sich die Versicherungssumme um den als Schaden bezahlten Betrag.

Während des Stapellaufes und der daran anschließenden Verholung zur Werft ist die Haftung der Versicherer für alle Schäden gemäß § 37 ADS (Grenze der Haftung) durch den Wiederherstellungswert des versicherten Neubaues, des versicherten Zubehörs und der versicherten Konstruktionsteile zur Zeit des Schadensereignisses begrenzt.

Während der Probefahrt ist die Haftung der Versicherer für alle Schäden gemäß § 37 ADS (Grenze der Haftung) durch die Versicherungssumme begrenzt.

§ 8

Für diese Versicherung sind die Allgemeinen Deutschen See-Versicherungs-Bedingungen maßgeblich, soweit nicht Gegenteiliges bestimmt ist.

Allgemein ausgenommen von der Versicherung sind Schäden, die sich als eine Folge der Bearbeitung der versicherten Gegenstände im vorgeschriebenen oder üblichen Arbeitsgange darstellen oder auf ein Verschulden der Werftleitung*) zurückzuführen sind. Ausgenommen sind ferner Schäden, verursacht durch Krieg, Verfügung von Hoher Hand, angemaßte Gewalt und bewaffneten Aufstand.

Im Falle eines Streikes, einer Aussperrung oder sonstiger Arbeitsruhe sind Schäden an den versicherten Gegenständen, welche ohne ein besonderes schadenstiftendes Ereignis entstehen, z. B. Verderb infolge fehlender Bearbeitung während eines Streiks, durch diese Versicherung nicht gedeckt.

§ 9

Enteignungsklausel

Der Versicherer haftet nicht für einen Schaden, der dadurch verursacht wird, daß das Bauobjekt in Ausführung von Waffenstillstands- oder Friedensverträgen zwischen Deutschland und fremden Mächten enteignet oder ausgeliefert wird.

§ 10

Minenausschlußklausel

Die Versicherung deckt nicht die Gefahr der Beschädigung oder des Verlustes, verursacht durch Minen, Torpedos, Bomben und andere Kriegswerkzeuge jeglicher Art, gleichgültig ob diese Gegenstände anläßlich eines Krieges von den kriegführenden oder neutralen Mächten verwendet werden oder ob aus ihrem Vorhandensein im Frieden der Schaden entsteht.

§ 11

Kernenergie-Klausel

Die Versicherung deckt nicht die Gefahren der Kernenergie und Radioaktivität. Die Versicherer haften demnach nicht für Schäden, die unmittelbar oder mittelbar durch eine dieser Gefahren verursacht sind.

*) Unter Werftleitung ist zu verstehen:

bei einer	A. G.	sämtliche Vorstandsmitglieder,
,, ,,	G. m. b. H.	sämtliche Geschäftsführer,
,, ,,	o. H. G.	sämtliche Gesellschafter,
,, ,,	K. G.	sämtliche unbeschränkt haftenden und alleingeschäftsführenden Gesellschafter,
,, ,,	Einzelfirma	der Inhaber.

Vor §113

27. Klauseln für Bau-Risiken

(Staffelsystem)

Die Klauseln haben in den §§ 1—5 den gleichen Wortlaut wie die unter Nr. 26 aufgeführten. Ab § 6 lauten sie wie folgt:

§ 6

In Änderung des § 34 ADS (Schaden von weniger als 3%) wird bestimmt, daß die Schäden, die durch ein Schadensereignis entstanden sind, und 1 pro Mille der für die Zeit des Schadensereignisses gültigen Versicherungssumme nicht erreichen, von den Versicherern nicht zu ersetzen sind, es sei denn, daß der Schaden mehr als DM 1000 beträgt. Für Schäden, die während der Probefahrt durch verschiedene Schadensereignisse verursacht werden, wird eine Trennung nach Schadensereignissen nicht vorgenommen.

§ 7

Für Schäden an den versicherten Gegenständen und den Werftanlagen zusammengerechnet können die Versicherer nicht mit einem höheren Betrage als der für die Zeit des Schadensereignisses gültigen Versicherungssumme in Anspruch genommen werden; ausgenommen sind die gemäß § 1 Abs. 2 letzter Satz zu ersetzenden Kosten, für welche über 100% der Versicherungssumme hinaus bis zu weiteren 25% der Versicherungssumme gehaftet wird.

Während des Stapellaufes und der daran anschließenden Verholung zur Werft oder während der Probefahrt ist die Haftung der Versicherer für alle Schäden gemäß § 37 ADS (Grenzen der Haftung) durch die für die betreffende Versicherung in Betracht kommende Versicherungssumme begrenzt.

§ 8

Für diese Versicherung sind die Allgemeinen Deutschen See-Versicherungs-Bedingungen maßgeblich, soweit nicht Gegenteiliges bestimmt ist.

Allgemein ausgenommen von der Versicherung sind Schäden, die sich als eine Folge der Bearbeitung der versicherten Gegenstände im vorgeschriebenen oder üblichen Arbeitsgange darstellen oder auf ein Verschulden der Werftleitung*) zurückzuführen sind. Ausgenommen sind ferner Schäden, verursacht durch Krieg, Verfügung von Hoher Hand, angemaßte Gewalt und bewaffneten Aufstand.

Im Falle eines Streikes, einer Aussperrung oder sonstiger Arbeitsruhe sind Schäden an den versicherten Gegenständen, welche ohne ein besonderes schadenstiftendes Ereignis entstehen, z. B. Verderb infolge fehlender Bearbeitung während eines Streiks, durch diese Versicherung nicht gedeckt.

§ 9

Wird die Arbeit an einem Neubau vorübergehend eingestellt und ruht dieselbe während dieser Zeit nicht nur am Neubau selbst, sondern auch am Zubehör und an den Konstruktionsteilen vollständig, so gelangt auf Antrag, während der Zeit der Bauruhe,

*) Unter Werftleitung ist zu verstehen:

bei einer	A. G.	sämtliche Vorstandsmitglieder,
„ „	G. m. b. H.	sämtliche Geschäftsführer,
„ „	o. H. G.	sämtliche Gesellschafter,
„ „	K. G.	sämtliche unbeschränkt haftenden und alleingeschäftsführenden Gesellschafter,
„ „	Einzelfirma	der Inhaber.

eine Prämie von ½ pro Mille pro Monat für die Fortdauer der übernommenen Gefahren, zur Verrechnung, falls bei Beginn der Bauruhe Anzeige erstattet ist.

Die Bestimmung, daß im Schadensfalle der letzte gemeldete Betrag als Versicherungssumme gilt, bleibt in Kraft. Wird seitens des Versicherten eine Änderung gewünscht, ist Anzeige zu erstatten.

§ 10

Enteignungsklausel

Der Versicherer haftet nicht für einen Schaden, der dadurch verursacht wird, daß das Bauobjekt in Ausführung von Waffenstillstands- oder Friedensverträgen zwischen Deutschland und fremden Mächten enteignet oder ausgeliefert wird.

§ 11

Minenausschlußklausel

Die Versicherung deckt nicht die Gefahr der Beschädigung oder des Verlustes, verursacht durch Minen, Torpedos, Bomben und andere Kriegswerkzeuge jeglicher Art, gleichgültig ob diese Gegenstände anläßlich eines Krieges von den kriegführenden oder neutralen Mächten verwendet werden oder ob aus ihrem Vorhandensein im Frieden der Schaden entsteht.

§ 12

Kernenergie-Klausel

Die Versicherung deckt nicht die Gefahren der Kernenergie und Radioaktivität. Die Versicherer haften demnach nicht für Schäden, die unmittelbar oder mittelbar durch eine dieser Gefahren verursacht sind.

28. Endwert-Tarif

für Versicherungen, die anfangen, sobald das Risiko für die Werft beginnt

September 1964

I.

Mindest-Prämien-Tarif

für

Versicherung von Bau- und Ausrüstungsrisiken von auf Seeschiffswerften im Bundesgebiet gebauten Schiffen und sonstigem schwimmendem Material jeder Größe

Gültig an allen deutschen Zeichnungsstellen für direktes und indirektes Geschäft.

Allgemeine Bedingungen

Zugrunde gelegt gelten der Versicherung **die ADS-Bedingungen, die Klauseln für Baurisiken** (Endwert) sowie folgende Bedingungen:

Bedingungen für Überwachungs- und Feuerlöschmaßnahmen

I. Unbeschadet der dem Versicherungsnehmer und/oder Versicherten sonst obliegenden Sorgfalt ist der Versicherungsnehmer und/oder der Versicherte verpflichtet, den Neubau und/oder Umbau und/oder das zur Reparatur übergebene Schiff und die

Vor §113 übrigen versicherten Sachen sorgfältig zu beaufsichtigen. Es sind insbesondere nach Ermessen der Werft den jeweiligen Bauverhältnissen entsprechende Wachen zu stellen, und zwar auch an Bord der Neubauten und/oder Umbauten, wenn dieselben sich auf dem Wasser oder im Dock befinden und auch vorher auf den Helgen, sobald mit den Holzarbeiten für die Einrichtung begonnen ist. Diese Wachen sind durch eine oder mehrere vom Versicherungsnehmer und/oder Versicherten zu ernennende Vertrauenspersonen zu kontrollieren. Bei Neubauten und/oder Umbauten von Schiffen, die einen Tonnengehalt im fertigen Zustand von mehr als 10000 Tonnen haben, sind außerdem Kontrolluhren anzubringen.

II. Der Versicherungsnehmer und/oder der Versicherte hat stets Sorge zu tragen, daß unter Berücksichtigung der besonderen Verhältnisse auf der in Betracht kommenden Werft Feuerlöschvorrichtungen und ausgebildete Bedienungsmannschaften vorhanden sind.

Bei Schweiß- und Brennarbeiten sind an der Rückseite der Schweiß- und Brennstellen je nach Sachlage ein oder mehrere Sicherheitsposten oder Sicherheitswachen aufzustellen, wenn dort brennbare Materialien (Holzverkleidungen oder Verschalungen, brennbare Isolierungen, elektrische Kabelbündel und dergl.) eingebaut sind. Feuerlöschgeräte resp. Sand müssen an solchen gefährdeten Stellen sofort einsatzbereit zur Hand sein. Nicht mehr benötigte Stellagen, Persennige, Abfälle, besonders ölhaltiger Twist, sind unverzüglich von Bord zu entfernen. Durch eine oder mehrere vom Versicherungsnehmer und/oder Versicherten zu ernennende Vertrauensperson(en) ist die Beachtung der Vorschriften zu kontrollieren.

III. Stellt sich im Schadensfalle heraus, daß der Versicherungsnehmer und/oder Versicherte seinen Verpflichtungen bezügl. Bestellung und Kontrolle der Wachen sowie Einrichtung und Überwachung der Feuerlöscheinrichtungen sowie der bei Schweiß- und Brennarbeiten vorgesehenen besonderen Sicherungsmaßnahmen nicht nachgekommen ist, so sind die Versicherer von der Verpflichtung zur Leistung frei. es sei denn, daß die Nichterfüllung der Verpflichtungen nicht auf einem Verschulden der Werftleitung*) beruht.

Es darf keine Mantelpolice ohne Festsetzung eines Maximums abgeschlossen werden.

Als Taxe der Bauversicherung gilt die zwischen dem Bauherrn und der Werft vereinbarte Bausumme des ursprünglichen Bauvertrages und alle weiteren den Bau betreffenden Zusatzvereinbarungen. Die Versicherungssumme erhöht sich ohne weiteres auf den Betrag der Taxe, soweit das Maximum der Police nicht überschritten wird.

Soweit das Policenmaximum durch Erhöhung der Versicherungstaxe nach Maßgabe vorstehender Bestimmungen überschritten wird, ist Ersatz von Schäden und Aufwendungen, soweit sie über das Maximum der Police hinausgehen, ausgeschlossen, jedoch sind Schäden und Aufwendungen bis zur Höhe der Maximalversicherungssumme ohne Berücksichtigung des Unterschiedes zwischen Taxe und Maximalversicherungssumme voll zu bezahlen.

Zusatzvereinbarungen zum ursprünglichen Bauvertrag sind innerhalb 2 Wochen nach Abschluß der betreffenden Vereinbarung vom Versicherten den Versicherern anzuzeigen, wenn damit eine Änderung der Bausumme verbunden ist. Wird diese

*) Unter Werftleitung ist zu verstehen:

bei einer A. G.	sämtliche Vorstandsmitglieder,
„ „ G. m. b. H.	sämtliche Geschäftsführer,
„ „ o. H. G.	sämtliche Gesellschafter,
„ „ K. G.	sämtliche unbeschränkt haftenden und alleingeschäftsführenden Gesellschafter,
„ „ Einzelfirma	der Inhaber.

Anzeigefrist nicht innegehalten und tritt ein Schadensfall ein, bevor die Erhöhung der Bausumme angezeigt ist, so haften die Versicherer nicht über die ihnen bis dahin bekannte Bausumme hinaus, jedoch sind Schäden und Aufwendungen bis zur Höhe der bekannten Bausumme ohne Berücksichtigung des Unterschiedes zwischen Taxe und bekannter Bausumme voll zu bezahlen. **Vor §113**

Den Versicherern ist in allen Fällen die Prämie auf den vollen Betrag der Taxe zu vergüten, und zwar ist die rückwirkend zu bezahlende Mehrprämie auf nachträgliche Werterhöhung bei der Schlußabrechnung des betreffenden Neubaues zu belasten.

Prämien

Die Prämie, zahlbar auf die Bausumme, siehe oben, beträgt:

Bei einer Bauzeit bis zu 6 Monaten 2,2 pro Mille

mit 0,2‰ Zulage für jeden angefangenen Monat längerer Bauzeit, ÷ 0,2‰ für jeden vollen Monat kürzerer Bauzeit.

Auf diese Prämien werden folgende Aufschläge erhoben:

a) 25% für Schiffe mit Kühleinrichtung.
Falls die Isolierung nur aus Alfol und/oder Iporka und/oder anderem von dem VHA oder VBS zu approbierendem unbrennbarem Material besteht, entfällt der Zuschlag für Kühleinrichtungen.
Im übrigen gilt der Zuschlag für alle Fahrzeuge einschließlich Fischereifahrzeuge.

b) 25% für Schiffe mit Passagiereinrichtung für mehr als 40 Passagiere (also 50% für Schiffe mit Kühl- und Passagiereinrichtung [wie oben]).

Für Bauobjekte mit einer Bausumme von über 40 Millionen Deutsche Mark bis 50 Millionen Deutsche Mark einschließlich ist auf die Tarif-Prämien und Zulagen ein Aufschlag von 25% zu zahlen.

Für Fahrzeuge, deren Bausumme 50 Millionen Deutsche Mark übersteigt, ist die Prämie von den örtlichen Kommissionen von Fall zu Fall festzusetzen.

Falls die Maschinenanlage ganz oder zum Teil nicht auf der Bauwerft erbaut wird, darf auf die nach den vorstehenden Bestimmungen sich ergebende Endprämie dann ein Nachlaß von 10% gewährt werden, wenn der Wert der außerhalb der Werft gebauten Maschinen mindestens 20% des Gesamtbauwertes beträgt **und** die Maschinen erst in der zweiten Hälfte der Versicherungsdauer auf der Werft eintreffen.

Die Voraussetzung, daß die Maschinen erst in der zweiten Hälfte der Versicherungsdauer eintreffen, muß, falls die ursprünglich festgesetzte Versicherungsdauer verlängert wird, nicht nur auf die ursprüngliche, sondern auch auf die ganze Versicherungsdauer zutreffen. Der Nachlaß kann auch auf Prämienzulagen für Verlängerung gewährt werden.

Der Prämiennachlaß ist bei Beginn der Versicherung unter Aufgabe des für die auswärts gebauten Maschinen in Frage kommenden Wertes zu beantragen. Die Versicherung für die auswärts gebauten Maschinen tritt auch dann erst mit Beginn der zweiten Hälfte der Versicherungsdauer in Kraft, falls trotz gewährten Prämiennachlasses die Maschinen schon früher auf dem Werftgelände eintreffen, es sei denn, daß vor dem früheren Eintreffen Anzeige erstattet und für die ganze Versicherung die volle tarifmäßige Prämie bezahlt wird.

Obige Prämien schließen Probefahrten innerhalb eines Radius von 150 Seemeilen vom Erbauungsort ein; findet die Ablieferung an einem anderen als dem Erbauungsorte statt, ist Deckung nur gegeben, falls dieses ausdrücklich in der Police vereinbart ist; in diesem Fall ist für die Überführungsfahrt eine Prämienzulage zu erheben.

Vor §113 Rückgaben für Ausschluß des Risikos des Stapellaufs und/oder der Probefahrten sind unzulässig, jedoch kann auf die Grundprämie ein Nachlaß von $\frac{1}{4}$‰ gewährt werden, falls der Neubau im Trockendock erstellt wird.

Die Prämienzahlung geschieht wie folgt:

Die Gesamtprämie wird vorläufig auf Grund der geschätzten Bauzeit und Bausumme verrechnet; der Betrag ist in vierteljährlichen Raten zu zahlen. Die erste Zahlung erfolgt am Schlusse des ersten Kalendervierteljahres nach Risikobeginn.

Die Schlußabrechnung erfolgt nach Beendigung des Risikos.

Für Vorauszahlung der Gesamtprämie bei Risiken von nicht unter 12 Monaten Dauer ist ein Rabatt von 5% zulässig.

Die Prämien des Tarifes (einschließlich Zulagen und Ermäßigungen) und die Bedingungen einschließlich der Klauseln für Baurisiken können von den Versicherern jederzeit, auch wenn Mantel-Policen abgeschlossen sind, gekündigt werden. Von einer evtl. Kündigung sind jedoch ausgeschlossen Bauten, deren Risiko bei Zustellung der Kündigung bereits begonnen hat, oder Bauten, für die bei Zustellung der Kündigung seitens der Werft bereits Offerten abgegeben sind.

II.

Prämien-Tarif für Baurisiko-Versicherungen
für
Marine-Neubauten und vorbehaltene Lieferungen

1. Neubau-Police

a) Für Marinefahrzeuge wird die Prämie nach dem Endwert-Tarif berechnet. Mit dieser Prämie sind Probefahrten abgegolten, die in den Deklarationsmonat fallen, in dem die erste Probefahrt beginnt.
Der Beginn der ersten Probefahrt ist anzuzeigen.

b) Nach Beendigung des policemäßig berechneten Monats, in dem die erste Probefahrt begonnen hat, beträgt für alle folgenden policemäßigen Monate die Prämie 0,45‰ pro Monat. Mit dieser Prämie sind die Verlängerung des Vertrages und die Probefahrten in den betreffenden Monaten abgegolten.

2. Vorbehaltene Lieferungen

a) Die Prämien betragen für die ersten drei Monate je $\frac{3}{4}$‰ und für jeden weiteren Monat je $\frac{1}{4}$‰, Probefahrten sind in diesen Prämien nicht enthalten.

b) Die Prämie für die Probefahrten beträgt $\frac{1}{2}$‰ für den ersten Monat nach Beginn der ersten Probefahrt und je 0,25‰ für jeden weiteren policemäßigen Monat, ohne Rücksicht darauf, ob Probefahrten stattfinden oder nicht.
Die vorstehenden Prämien für die vorbehaltenen Lieferungen gelten für die Deckung der Verschuldenshaftung der Werft dem Bund gegenüber sowie für Bergungskosten und Ersatz an Dritte. Bei Erweiterung der Deckung über Verschuldenshaftung hinaus ist die Zulageprämie von Fall zu Fall mit der Kasko-Kommission zu vereinbaren.
Die Prämienberechnung bezüglich der vorbehaltenen Lieferungen erfolgt auf den Endwert aller vorbehaltenen Lieferungen und beginnt mit dem Einbau der ersten Teile, die zu den vorbehaltenen Lieferungen gehören. Für die Zeit der Lagerung auf dem Werftgelände zwischen Ankunft und Beginn des Einbaues kann die Werft ihre Haftpflicht als Verwahrer zu einer Prämie von $\frac{1}{2}$‰ pro Monat, jeweils berechnet auf den Wert der tatsächlich vorhandenen Teile, versichern.

3. Bei Neubauten von Unterseebooten erstreckt sich der Versicherungsschutz nicht auf: **Vor §113**

Druckproben im Druckdock oder in der Druckkammer sowie Erprobungen am Kran und/oder unter Wasser, es sei denn, daß ein Einschluß derartiger Risiken vor Risikobeginn gegen eine angemessene Prämienzulage mit der Kasko-Kommission vereinbart worden ist.

Mitversichert sind jedoch im Rahmen der Police Erprobungen auf Dichtigkeit im Trocken- oder Schwimmdock.

4. Allgemeines

a) Wird die Prämie für eine Risikodauer von mindestens 12 Monaten vorausbezahlt, so ist ein Rabatt von 5% zulässig. Wird der vorausbezahlte Zeitraum überschritten, so ist ein Vorauszahlungsrabatt für diese Zeit nur zulässig, wenn wieder für 12 Monate vorausbezahlt wird.

b) Ein Maschinenrabatt ist nur auf die Prämien für das reine Baurisiko nach oben Ziffer 1 a) zulässig.

c) Dieser Tarif gilt für Neubauten mit einer Endwertsumme (einschließlich vorbehaltener Lieferungen) bis zu 75 Millionen Deutsche Mark.

d) Im übrigen gelten die Bestimmungen des Endwert-Tarifes. Es wird besonders darauf hingewiesen, daß die obengenannten Prämien Probefahrten nur innerhalb eines Radius von 150 sm um den Erbauungsort einschließen.

29. Staffel-Tarif
für Versicherungen, die anfangen, sobald das Risiko für die Werft beginnt
Mindest-Prämien-Tarif
für
Versicherung von Bau- und Ausrüstungsrisiken von auf Seeschiffswerften im Bundesgebiet gebauten Schiffen und sonstigem schwimmendem Material jeder Größe

Gültig an allen deutschen Zeichnungsstellen für direktes und indirektes Geschäft.

Allgemeine Bedingungen

Zugrunde gelegt gelten der Versicherung **die ADS-Bedingungen, die Klauseln für Baurisiken** (Staffelsystem) sowie folgende Bedingungen:

Bedingungen für Überwachungs- und Feuerlöschmaßnahmen

I. Unbeschadet der dem Versicherungsnehmer und/oder Versicherten sonst obliegenden Sorgfalt ist der Versicherungsnehmer und/oder der Versicherte verpflichtet, den Neubau und/oder Umbau und/oder das zur Reparatur übergebene Schiff und die übrigen versicherten Sachen sorgfältig zu beaufsichtigen. Es sind insbesondere nach Ermessen der Werft den jeweiligen Bauverhältnissen entsprechende Wachen zu stellen, und zwar auch an Bord der Neubauten und/oder Umbauten, wenn dieselben sich auf dem Wasser oder im Dock befinden und auch vorher auf den Helgen, sobald mit den Holzarbeiten für die Einrichtung begonnen ist. Diese Wachen sind durch eine oder mehrere vom Versicherungsnehmer und/oder Versicherten zu ernennende Vertrauenspersonen zu kontrollieren. Bei Neubauten und/oder Umbauten von Schiffen, die einen Tonnengehalt im fertigen Zustand von mehr als 10000 Tonnen haben, sind außerdem Kontrolluhren anzubringen.

Vor §113 II. Der Versicherungsnehmer und/oder der Versicherte hat stets Sorge zu tragen, daß unter Berücksichtigung der besonderen Verhältnisse auf der in Betracht kommenden Werft Feuerlöschvorrichtungen und ausgebildete Bedienungsmannschaften vorhanden sind.

Bei Schweiß- und Brennarbeiten sind an der Rückseite der Schweiß- und Brennstellen je nach Sachlage ein oder mehrere Sicherheitsposten oder Sicherheitswachen aufzustellen, wenn dort brennbare Materialien (Holzverkleidungen oder Verschalungen, brennbare Isolierungen, elektrische Kabelbündel und dergl.) eingebaut sind. Feuerlöschgeräte resp. Sand müssen an solchen gefährdeten Stellen sofort einsatzbereit zur Hand sein. Nicht mehr benötigte Stellagen, Persennige, Abfälle, besonders ölhaltiger Twist, sind unverzüglich von Bord zu entfernen. Durch eine oder mehrere vom Versicherungsnehmer und/oder Versicherten zu ernennende Vertrauensperson(en) ist die Beachtung der Vorschriften zu kontrollieren.

III. Stellt sich im Schadensfalle heraus, daß der Versicherungsnehmer und/oder Versicherte seinen Verpflichtungen bezügl. Bestellung und Kontrolle der Wachen sowie Einrichtung und Überwachung der Feuerlöscheinrichtungen sowie der bei Schweiß- und Brennarbeiten vorgesehenen besonderen Sicherungsmaßnahmen nicht nachgekommen ist, so sind die Versicherer von der Verpflichtung zur Leistung frei, es sei denn, daß die Nichterfüllung der Verpflichtungen nicht auf einem Verschulden der Werftleitung*) beruht.

Es darf keine Mantelpolice ohne Festsetzung eines Maximums abgeschlossen werden.

Als Versicherungswert gilt der **volle** im Risiko befindliche Betrag des Neubaues und des für den Neubau gebuchten Zubehörs und der gebuchten Konstruktionsteile (Wiederherstellungswert).

Als Versicherungssumme gilt derjenige Betrag, den der Versicherte periodisch, nach Wahl wie oft, dem Versicherer als Versicherungssumme anzeigt.

Prämien

Die Prämie wird monatlich belastet auf den Höchstdeklarationsbetrag des Monats; sie beträgt:

1‰ pro angefangenen Monat, zuzüglich

½‰ auf den letzten, vor Beginn des Stapellaufs angezeigten Betrag sowie zuzüglich

½‰ auf den vor der Probefahrt angezeigten Betrag.

Folgende Aufschläge werden auf nebenstehende Prämien erhoben:

a) 25% für Schiffe mit Kühleinrichtung; falls die Isolierung nur aus Alfol und/oder Iporka und/oder anderem von dem VHA oder VBS zu approbierendem unbrennbarem Material besteht, kann auf Antrag von Erhebung des Zuschlages Abstand genommen werden; im übrigen gilt der Zuschlag für alle Fahrzeuge, einschließlich Fischereifahrzeuge.

b) 25% für Schiffe mit Passagiereinrichtung für mehr als 40 Passagiere.

(Also 50% für Schiffe mit Kühl- und Passagiereinrichtungen (wie oben).)

*) Unter Werftleitung ist zu verstehen:

bei einer	A. G.	sämtliche Vorstandsmitglieder,
„ „	G. m. b. H.	sämtliche Geschäftsführer,
„ „	o. H. G.	sämtliche Gesellschafter,
„ „	K. G.	sämtliche unbeschränkt haftenden und alleingeschäftsführenden Gesellschafter,
„ „	Einzelfirma	der Inhaber.

Für Bauobjekte mit einer Bausumme von über 40 Millionen Deutsche Mark bis 50 Millionen Deutsche Mark einschließlich ist auf die Tarif-Prämien und Zulagen ein Aufschlag von 25% zu zahlen. Vor §113

Für Fahrzeuge, deren Bausumme 50 Millionen Deutsche Mark übersteigt, ist die Prämie von den örtlichen Kommissionen von Fall zu Fall festzusetzen.

Die Prämie von ½‰ schließt Probefahrten innerhalb eines Radius von 150 Seemeilen vom Erbauungsort ein; findet die Ablieferung an einem anderen als dem Erbauungsorte statt, ist Deckung nur gegeben, falls dieses ausdrücklich in der Police vereinbart ist; in diesem Fall ist für die Überführungsfahrt eine Prämienzulage zu erheben.

Für Vorauszahlung der Gesamtprämie bei Risiken von nicht unter 12 Monaten Dauer ist ein Rabatt von 5% zulässig.

Die Prämien des Tarifes (einschließlich Zulagen) und die Bedingungen einschließlich der Klauseln für Baurisiken können von den Versicherern jederzeit, auch wenn Mantel-Policen abgeschlossen sind, gekündigt werden. Von einer evtl. Kündigung sind jedoch ausgeschlossen Bauten, deren Risiko bei Zustellung der Kündigung bereits begonnen hat, oder Bauten, für die bei Zustellung der Kündigung seitens der Werft bereits Offerten abgegeben sind.

Prämienzuschläge für Kriegsfahrzeuge bleiben vorbehalten.

30. Bau-Risiken-Tarif
für mit Stapellauf beginnende Versicherungen
Mindest-Prämien-Tarif

für

Versicherung von Bau- und Ausrüstungsrisiken von auf Seeschiffswerften im Bundesgebiet gebauten Schiffen und sonstigem schwimmendem Material jeder Größe

Gültig an allen deutschen Zeichnungsstellen für direktes und indirektes Geschäft.

Allgemeine Bedingungen

Zugrunde gelegt gelten der Versicherung **die ADS-Bedingungen, die Klauseln für Baurisiken** (Endwert) sowie folgende Bedingungen:

Bedingungen für Überwachungs- und Feuerlöschmaßnahmen

I. Unbeschadet der dem Versicherungsnehmer und/oder Versicherten sonst obliegenden Sorgfalt ist der Versicherungsnehmer und/oder der Versicherte verpflichtet, den Neubau und/oder Umbau und/oder das zur Reparatur übergebene Schiff und die übrigen versicherten Sachen sorgfältig zu beaufsichtigen. Es sind insbesondere nach Ermessen der Werft den jeweiligen Bauverhältnissen entsprechende Wachen zu stellen, und zwar auch an Bord der Neubauten und/oder Umbauten, wenn dieselben sich auf dem Wasser oder im Dock befinden und auch vorher auf den Helgen, sobald mit den Holzarbeiten für die Einrichtung begonnen ist. Diese Wachen sind durch eine oder mehrere vom Versicherungsnehmer und/oder Versicherten zu ernennende Vertrauenspersonen zu kontrollieren. Bei Neubauten und/oder Umbauten von Schiffen, die einen Tonnengehalt im fertigen Zustand von mehr als 10000 Tonnen haben, sind außerdem Kontrolluhren anzubringen.

Vor §113 II. Der Versicherungsnehmer und/oder der Versicherte hat stets Sorge zu tragen, daß unter Berücksichtigung der besonderen Verhältnisse auf der in Betracht kommenden Werft Feuerlöschvorrichtungen und ausgebildete Bedienungsmannschaften vorhanden sind.

Bei Schweiß- und Brennarbeiten sind an der Rückseite der Schweiß- und Brennstellen je nach Sachlage ein oder mehrere Sicherheitsposten oder Sicherheitswachen aufzustellen, wenn dort brennbare Materialien (Holzverkleidungen oder Verschalungen, brennbare Isolierungen, elektrische Kabelbündel und dergl.) eingebaut sind. Feuerlöschgeräte resp. Sand müssen an solchen gefährdeten Stellen sofort einsatzbereit zur Hand sein. Nicht mehr benötigte Stellagen, Persennige, Abfälle, besonders ölhaltiger Twist, sind unverzüglich von Bord zu entfernen. Durch eine oder mehrere vom Versicherungsnehmer und/oder Versicherten zu ernennende Vertrauensperson(en) ist die Beachtung der Vorschriften zu kontrollieren.

III. Stellt sich im Schadensfalle heraus, daß der Versicherungsnehmer und/oder Versicherte seinen Verpflichtungen bezügl. Bestellung und Kontrolle der Wachen sowie Einrichtung und Überwachung der Feuerlöscheinrichtungen sowie der bei Schweiß- und Brennarbeiten vorgesehenen besonderen Sicherungsmaßnahmen nicht nachgekommen ist, so sind die Versicherer von der Verpflichtung zur Leistung frei, es sei denn, daß die Nichterfüllung der Verpflichtungen nicht auf einem Verschulden der Werftleitung*) beruht.

Es darf keine Mantelpolice ohne Festsetzung eines Maximums abgeschlossen werden.

Als Taxe der Bauversicherung gilt die zwischen dem Bauherrn und der Werft vereinbarte Bausumme des ursprünglichen Bauvertrages und alle weiteren den Bau betreffenden Zusatzvereinbarungen. Die Versicherungssumme erhöht sich ohne weiteres auf den Betrag der Taxe, soweit das Maximum der Police nicht überschritten wird.

Soweit das Policenmaximum durch Erhöhung der Versicherungstaxe nach Maßgabe vorstehender Bestimmungen überschritten wird, ist Ersatz von Schäden und Aufwendungen, soweit sie über das Maximum der Police hinausgehen, ausgeschlossen, jedoch sind Schäden und Aufwendungen bis zur Höhe der Maximalversicherungssumme ohne Berücksichtigung des Unterschiedes zwischen Taxe und Maximalversicherungssumme voll zu bezahlen.

Zusatzvereinbarungen zum ursprünglichen Bauvertrag sind innerhalb 2 Wochen nach Abschluß der betreffenden Vereinbarung vom Versicherten den Versicherern anzuzeigen, wenn damit eine Änderung der Bausumme verbunden ist. Wird diese Anzeigefrist nicht innegehalten und tritt ein Schadensfall ein, bevor die Erhöhung der Bausumme angezeigt ist, so haften die Versicherer nicht über die ihnen bis dahin bekannte Bausumme hinaus, jedoch sind Schäden und Aufwendungen bis zur Höhe der bekannten Bausumme ohne Berücksichtigung des Unterschiedes zwischen Taxe und bekannter Bausumme voll zu bezahlen.

Den Versicherern ist in allen Fällen die Prämie auf den vollen Betrag der Taxe zu vergüten, und zwar ist die rückwirkend zu bezahlende Mehrprämie auf nachträgliche Werterhöhung bei der Schlußabrechnung des betreffenden Neubaues zu belasten.

*) Unter Werftleitung ist zu verstehen:

bei einer	A. G.	sämtliche Vorstandsmitglieder,
,, ,,	G. m. b. H.	sämtliche Geschäftsführer,
,, ,,	o. H. G.	sämtliche Gesellschafter,
,, ,,	K. G.	sämtliche unbeschränkt haftenden und alleingeschäftsführenden Gesellschafter,
,, ,,	Einzelfirma	der Inhaber.

Prämien

Die Prämie, zahlbar auf die Bausumme, siehe oben, beträgt:

Stapellauf einschl. 2 Monate auf dem Wasser 2 ¼‰ + 0,4‰ für jeden angefangenen Monat längerer Dauer	Folgende Aufschläge werden auf nebenstehende Prämien erhoben: a) 25% für Schiffe mit Kühleinrichtung; falls die Isolierung nur aus Alfol und/oder Iporka und/oder anderem von dem VHA oder VBS zu approbierendem unbrennbarem Material besteht, kann auf Antrag von Erhebung des Zuschlages Abstand genommen werden; im übrigen gilt der Zuschlag für alle Fahrzeuge, einschließlich Fischereifahrzeuge. b) 25% für Schiffe mit Passagiereinrichtung für mehr als 40 Passagiere. (Also 50% für Schiffe mit Kühl- und Passagiereinrichtungen (wie oben).)

Für Bauobjekte mit einer Bausumme von über 40 Millionen Deutsche Mark bis 50 Millionen Deutsche Mark einschließlich ist auf die Tarif-Prämien und Zulagen ein Aufschlag von 25% zu zahlen.

Für Fahrzeuge, deren Bausumme 50 Millionen Deutsche Mark übersteigt, ist die Prämie von den örtlichen Kommissionen von Fall zu Fall festzusetzen.

Obige Prämien schließen Probefahrten innerhalb eines Radius von 150 Seemeilen vom Erbauungsort ein; findet die Ablieferung an einem anderen als dem Erbauungsorte statt, ist Deckung nur gegeben, falls dieses ausdrücklich in der Police vereinbart ist; in diesem Fall ist für die Überführungsfahrt eine Prämienzulage zu erheben.

Rückgaben für Ausschluß des Risikos des Stapellaufs und/oder der Probefahrten sind unzulässig.

Die Prämien des Tarifes (einschließlich Zulagen und Ermäßigungen) und die Bedingungen einschließlich der Klauseln für Baurisiken können von den Versicherern jederzeit, auch wenn Mantel-Policen abgeschlossen sind, gekündigt werden. Von einer evtl. Kündigung sind jedoch ausgeschlossen Bauten, deren Risiko bei Zustellung der Kündigung bereits begonnen hat, oder Bauten, für die bei Zustellung der Kündigung seitens der Werft bereits Offerten abgegeben sind.

Prämienzuschläge für Kriegsfahrzeuge bleiben vorbehalten.

Wilde Klauseln,

deren Auslegung streitig geworden ist:

„Abänderung der Reise und/oder der Beladungsweise ist eingeschlossen gegen seiner Zeit nach Billigkeit zu regulierende Prämie“: HGZ 1909. 265.

„Abandon ausgeschlossen“: HGZ 1917. 205, 1918. 125.

„Abandon ist erst zulässig nach erfolgloser Reklamation durch Amerikaner oder schwedische Empfänger“: HGZ 1917. 213.

„Ab Bord Sewastopol nach Crechowo“: HGZ 1894. 261, 1898. 1.

„Abweichungen oder Veränderungen von der versicherten Reise sind mitgedeckt gegen Prämien-Regulierung nach Billigkeit“: HGZ 1885. 159, 1887. 139.

„Abweichungen von der obigen Reise und/oder andere Bestimmung des Schiffes und/oder sonstige Veränderung des Risikos sind stillschweigend und ohne Unterbrechung des Risikos hier mitgedeckt gegen eventuelle Prämienregulierung nach Billigkeit": RG 13. 87.

„Abweichungen von der Reise sowie Änderungen des Risikos irgendwelcher Art, auch eventuelle Vor- resp. Nachreisen, sind stets genau so hier mitgedeckt wie laut Originalversicherung, eventuell gegen Prämienregulierung nach Billigkeit": Bolze 11 Nr. 432.

„Abweichungen von der Reise und/oder sonstige Veränderungen des Risikos sind stillschweigend mitgedeckt gegen eventuelle Prämienregulierung nach Billigkeit": HGZ 1895. 165, 300.

„Alle und jede Abweichung von der Reise und/oder Ladung und/oder andere Bestimmung des Schiffes und/oder sonstige Veränderungen des Risikos bleiben stillschweigend und ohne Unterbrechung gegen eventuell nach Billigkeit zu regulierende Prämie stets mitgedeckt": HGZ 1907. 205, 1908. 261.

„Als Versicherungswert des Schiffes gilt der Wert, den das Schiff beim Beginn der Versicherung hat . . . Der Versicherer ist jedoch berechtigt, im Schadensfall den Wert von Sachverständigen feststellen zu lassen; in diesem Falle gilt der so ermittelte Wert als Versicherungswert": RG 102. 209.

„Anderweite Versicherung schadet nicht": RG 44. 32, HGZ 1899. 133.

„Anderweitige Versicherungen präjudizieren nicht und sind erst im Schadensfalle aufzugeben": RG 35. 48, HGZ 1894. 97.

„Anderweitige Versicherung präjudiziert nicht": HGZ 1891. 170.

„Anlaufen anderer Plätze präjudiziert nicht": HGZ 1892. 225, 1893. 272; ähnlich: HGZ 1894. 281.

„Attest zweier Kaufleute bringt vollen Beweis": HGZ 1877. 43.

„Auch für Minengefahr": § 35 Anm. 25.

„Auf Baumwolle, welche den Herren (Gewinn- und Mehrwert-) Versicherten am Bestimmungsplatz beschädigt geliefert wird, soll für Beschädigung derselbe Prozentsatz vergütet werden, welcher von den Versicherern der Ware selbst zu bezahlen ist": HGZ 1892. 161.

„Auf behaltene Fahrt und/oder Nettofracht-Gelder des Schiffes E d i t h M a r y. Sobald durch Einnahme von Ladung Nettofracht-Gelder zur Tracht kommen, überträgt sich der Risiko stillschweigend von behaltene Fahrt auf Nettofracht-Gelder und, was solche Nettofracht-Gelder weniger als die versicherte Summe betragen sollten, dafür bleibt der Risiko für behaltene Fahrt in Kraft": HGZ 1892. 177, 1893. 57.

„Auf behaltene Fahrt und/oder Nettofracht-Gelder des Segelschiffes M a g e l l a n von Ymuiden in Ballast nach Newcastle on Tyne und von dort mit Kohlen und/oder anderer Ladung nach Santos — alles einschließlich beliebigen Aufenthalts an allen Häfen und/oder Plätzen ohne Unterbrechung des Risikos . . . Das Schiff ist am 8. Februar gesegelt, mit welchem Tage das Risiko dieser Versicherung für die volle versicherte Summe begonnen hat, und bleibt die versicherte Summe für jede Reise voll in Kraft, gleichviel ob das Schiff leer liegt oder in Ballast und/oder mit Ladung fährt oder liegt. Anlaufen beliebiger Plätze in und außer der Route und gleichviel zu welchem Zweck ist gestattet und mitversichert. Jegliche Veränderung des Risikos und/oder der angegebenen Reise sind stillschweigend und unter allen Umständen gegen nach Billigkeit zu regulierende Prämie eingeschlossen. Sobald durch Einnahme von Ladung Nettofracht-Gelder zur Tracht kommen, überträgt sich das Risiko stillschweigend von behaltener Fahrt auf Nettofracht-Gelder und, was solche Nettofracht-Gelder weniger als die versicherte Summe betragen sollten, dafür bleibt das Risiko für behaltene Fahrt in Kraft. Im Falle von Totalverlust des Schiffes oder Kondemnation desselben, gleichviel aus welchem Grunde dieselbe erfolgt, ist die hier versicherte Summe als

Totalschaden zum Vollen zu bezahlen unter Aufhebung der §§ 131, 137 ASVB. Eventuell der Reederei zu Händen kommende Distanzfracht verbleibt stets zugunsten der Herren Versicherer": HGZ 1894. 281. **Vor §113**

„Auf die behaltene Ankunft bzw. den behaltenen Zustand des Schiffes von Rio Grande do Sul, einschließlich des Aufenthalts daselbst, nach Santos und des Aufenthalts dort bis zur Beladung, wobei mit gegenseitiger Übereinkunft das Interesse auf 50000 M taxiert wird, ohne daß dafür ein weiterer Beweis als diese Police oder eine Aufgabe des Interesses gefordert werden kann": HGZ 1903. 41, 227.

„Auf die behaltene Ankunft des Schiffes am Ladeplatz": RG 36. 130, HGZ 1895. 256.

„Auf die behaltene Ankunft des Schiffes zu Akyab für die dann gesicherte Ladung Reis, für die das Schiff ... gechartert ist. Im übrigen valediert die Versicherung ohne weiter zu führenden Beweis des Interesses, so daß, falls das Schiff Akyab nicht in der Art behalten erreicht, um laden zu können, die Versicherung als Totalschaden zu bezahlen ist": Ullrich Nr. 301.

„Auf die behaltene Ankunft und Entlöschung des Schiffes": RG 47. 174, HGZ 1888, 253, 1900. 176.

„Auf die behaltene Ankunft und Landung von ca. 2800 tons Reis mit dem D. Tetartos": HGZ 1885. 102.

„Auf die behaltene Fahrt und Entlöschung des Segelschiffs San Carlos im Endbestimmungshafen": HGZ 1894. 77.

„Auf Frachtgelder und/oder behaltene Fahrt, einerlei ob die Fracht gemacht wird oder nicht, und ob dieselbe durch bereits abgeschlossene Verträge gesichert ist oder nicht": RG 71. 393.

„Auf Grundlage gegenseitiger Vereinbarung ohne weiteren Beweis": RG 11. 11.

„Auf Inhaber für Rechnung, wen es angeht": HH 739.

„Auf Interesse auf Kasko. Diese Versicherung valediert lediglich gegen Totalverlust des Dampfers und ist im Schadensfall ohne weiteren Nachweis des Interesses und der Taxe als diese Police als Totalschaden mit 100% zu bezahlen": HGZ 1908. 217.

„Auf Nettofracht-Gelder und/oder Vorschußgelder und/oder behaltene Ankunft. Sobald durch Einnahme von Ladung Frachtgelder zur Tracht kommen, überträgt sich der Risiko stillschweigend von behaltener Ankunft usw. auf Nettofracht-Gelder und was solche Nettofracht-Gelder weniger als die versicherte Summe betragen sollten, dafür bleibt der Risiko auf behaltene Ankunft usw. in Kraft": HGZ 1889. 238.

„Auf Waren aller Art ... von Häfen Europa's direkt oder indirekt nach Arica und weiter zu Lande nach Tacna": HGZ 1888. 169.

„Auf Waren ... in Schuten ... geschleppt, fahrend oder liegend, mit oder ohne Bewachung, während des Transports von und nach allen Stadtteilen ... Der Risiko des Stilliegens der Schuten unter alleiniger Aufsicht des Wachtschiffs ... ist eingeschlossen": HGZ 1904. 169, 1905. 81.

„Bco. ℔ 1600, welche mit 100% bezahlt werden, wenn das Schiff wegen See-Unglück den letzten Bestimmungshafen nicht erreicht oder kondemniert wird": Seebohm 378.

„Bei Abweichungen von obiger Bestimmung sowie auch für die folgende Reise bleibt das Schiff im Anschluß an den aufhörenden Risiko dieser Police versichert gegen nach Billigkeit zu regulierende Prämie": RG 4. 47.

„Bei nach Bremen bestimmten Waren soll der Risiko bis zur Empfangnahme abseiten des Käufers oder Versicherten an den städtischen Löschplätzen usw. innerhalb 10 Tagen fortdauern": HGZ 1894. 105.

„Bei nach Bremen bestimmten Waren soll der Risiko bis zur Empfangnahme daselbst abseiten des Käufers oder des Versicherten am Bahnhof und/oder städtischen

Vor §113 Löschplätzen innerhalb 10 Tagen fortdauern, es sei denn, daß während dieser Frist die Ware bereits durch anderweitige Versicherung gedeckt ist": HGZ 1894. 79.

„Bis in die Lagerräume des Empfängers": HGZ 1920. 165.

„Bloße Versehen sollen hierbei (bei der Deklaration laufend versicherter Güter) nicht präjudizieren": RG 4. 18, HGZ 1880. 207.

Bremer Brandklausel für Tabakladungen von Brasilien: „Brand (innerer Verderb) wird von den Versicherern selbst dann nicht vergütet, wenn derselbe auch nicht in den versicherten, sondern in anderen, mit demselben Schiffe verladenen Packen Tabak entstanden ist usw.": HGZ 1878. 286.

„Das Interesse dieser Police ist als erwiesen anerkannt und bedarf es im Schadensfall keines weiteren Nachweises als dieser Police": HGZ 1916. 94.

„Das Interesse gilt als erwiesen und diese Police ist mit 100% zu bezahlen, falls das Schiff infolge Seeschadens seinen Bestimmungsort nicht erreicht": HGZ 1894. 77.

„Das Interesse wird auf 50000 M taxiert, ohne daß dafür ein weiterer Beweis als diese Police oder eine Angabe des Interesses gefordert werden kann": HGZ 1903. 41.

„Das Risiko dauert ohne Unterbrechung bis zur völligen Beendigung des Krieges fort": HGZ 1921. 253.

„Das Risiko der Feuersgefahr während der Transporte und während der durch Ein-, Aus- und Umladungen etwa bedingten Lagerung ist bis zur Dauer von 14 Tagen franko includiert": HGZ 1893. 253, 1894. 83.

„Das Risiko dieser Versicherung beginnt mit dem Augenblick, in welchem die vorhergehende Seeversicherung endigt im unmittelbaren Anschluß an dieselbe": HGZ 1917. 204.

„Das Risiko dieser Versicherung valediert ausdrücklich auf die behaltene Ankunft der Ware mit dem oben genannten Schiffe": HGZ 1897. 13.

„Das Schiff bleibt auch für die folgende Reise im Anschluß an den aufhörenden Risiko dieser Police versichert, gegen nach Billigkeit zu regulierende Prämie": HGZ 1879. 266, 1881. 93.

„Das Schiff darf alle Fahrten in der Ost- und Nordsee machen": HGZ 1881. 9.

„Das Schiff hat Freiheit, in Ballast zu segeln": HGZ 1907. 205, 1908. 261.

„Das Schiff ist am 28. November 1913 in Frederikstad angekommen, und deckt diese Versicherung die Hafen- und Reviergefahr daselbst . . . Dock- und Sliprisiko irgendwelcher Art sowie die Gefahren des Verholens innerhalb des oben genannten Reviers gelten eingeschlossen": RG 89. 278, HGZ 1916. 247.

„Deckladungen von England nach Rotterdam sind mitversichert, jedoch gelten sie nur gegen Wurf und Spülen und frei von Partikularschäden gedeckt": Rspr. 14. 388.

„Dem Versicherer fällt kein Schaden zur Last, wenn loses Schüttgut als namentlich Getreide, Saat usw. in Mengen über 750 Kilo per Netto Reg.-Ton verladen sind, ohne daß das Schiff bei solcher Ladung mit nach Seemannsgebrauch eingerichteten Längsschotten versehen ist": HGZ 1903. 141.

„Dem Versicherten, welcher sein Schiff selbst führt, soll jedoch die fehlerhafte Führung desselben unpräjudizierlich sein (es sei denn, daß ihm eine bösliche Handlungsweise zur Last fällt), sofern er für die betreffende Fahrt ein Patent besitzt oder ihm die Schiffsführung behördlich gestattet ist": RG 72. 171, HGZ 1908. 282.

„Der Bagger soll durch den Dampfer »Papenburg« oder »Graf Moltke« oder einen anderen Dampfer an den Ort seiner Bestimmung gebracht werden": HGZ 1896. 231.

„Der Dampfer ist anderweitig gegen Seegefahr versichert und valediert diese Versicherung gegen Wegnahme, Beschädigung und Vernichtung des Dampfschiffs und Zubehör durch Kriegsschiffe, Minen, Torpedos, sowie durch Forts usw. und ferner die

Kosten einer etwaigen Reklamierung, welche seitens der Rheder zu geschehen hat“: HGZ 1916. 97. **Vor §113**

„Der durch die Police versicherte Betrag soll stets voll gedeckt bleiben und mit 100% als Totalschaden bezahlt werden, falls der Dampfer total verlorengeht oder . . . wegen Seeschadens kondemniert wird“: RG 83. 166, HGZ 1913. 52, ähnlich HGZ 1866. 176.

„Der etwa mehr als wirkliche Nettofracht versicherte Betrag . . . valediert auf die behaltene Ankunft und Entlöschung des Dampfers an seinen jedesmaligen Bestimmungsplätzen und ist im Schadensfall ohne weiteren Nachweis des Interesses und der Taxe als diese Police als Totalschaden mit 100% zu bezahlen“: HGZ 1908. 217.

„Derjenige Teil der Versicherungssumme, welcher nicht als Nettofracht für die betreffende Reise nachgewiesen werden kann, soll als taxiert auf die behaltene Ankunft des Schiffes im nächsten Bestimmungshafen valedieren“: HGZ 1883. 312.

„Der Risiko dieser Police beginnt mit dem Moment, in welchem die Güter die Lokalitäten der resp. Absender in den . . . Bezugsplätzen verlassen, und endigt, nachdem die Güter die Lokalitäten der resp. Empfänger erreicht haben, jedoch sind eventuelle Vorreisen nur insoweit includiert, als solche nicht durch Special- oder Pauschalpolicen anderweit gedeckt sind“: HGZ 1897. 74.

„Der Risiko dieser Versicherung bleibt nach Ankunft und Entlöschung des Schiffes am Endbestimmungsort, falls keine neue Versicherung genommen ist, noch 15 Tage in Kraft“: RG 13. 87.

„Der Rückversicherer hat im Schadensfall pro rata seines gezeichneten Anteils ohne Verzögerung und ohne irgendwelchen Einspruch zu zahlen, wie der Rückversicherte bezahlt hat und solches durch Quittung des Versicherten nachweist“: HGZ 1876. 157, 1877. 117.

„Der Rückversicherer muß die von dem Vorversicherer vorgenommenen Schadensregulierungen bedingungslos anerkennen und die ihm zur Last fallenden Schadenanteile innerhalb drei Tagen remittieren“: RG 91. 83, HGZ 1918. 177.

„Der Transport von Emmerich nach der Fabrik auf der Station Kuppersteg bei Deutz ist includiert“: HGZ 1875. 90.

„Der Versicherer ist berechtigt, im Schadensfall den Wert (der versicherten Sachen) von Sachverständigen feststellen zu lassen; in diesem Falle gilt der so ermittelte Wert als Versicherungswert“: RG 102. 209.

„Der Versicherer verzichtet auf jeden weiteren Nachweis der Taxe und des Interesses“: RG 15. 84.

„Der versicherte Betrag soll mit 100% als Totalschaden bezahlt werden, falls der Dampfer total verlorengeht oder (unter Aufhebung der §§ 131, 137 ASVB von 1867) nach den Bestimmungen des ADHGB wegen Seeschadens kondemniert wird oder auch ohne Kondemnation die Reparaturkosten 75% der Versicherungstaxe der Hamburger Kaskopolice übersteigen“: HGZ 1904. 243, 1905. 160, 1906. 25.

„Die eingefüllte Prämie gilt für Konnossemente bis 15. Oktover incl.; für eventuelle spätere findet Prämienregulierung nach Billigkeit statt“: HGZ 1881. 19.

„Die Ersatzpflicht des Versicherers soll sich auf alle Fälle erstrecken, in denen der Eigentümer oder Interessent des Schiffes für einen durch eine Person der Schiffsbesatzung . . . einem Dritten zugefügten Schaden vertraglich oder außervertraglich, sei es aus welchem Rechtsgrunde oder in welcher Eigenschaft immer, haften muß“: HGZ 1900. 117.

„Die Fracht ist erst nach Rückkunft im Löschhafen der Rückladung zahlbar, weshalb bis dahin das ganze Risiko valediert“: Seebohm 479.

„Die Gefahr der Beschädigung oder des Todes, incl. des natürlichen Todes an Bord, eingeschlossen“: HGZ 1892. 297.

Vor §113 „Die Gefahr der Selbstentzündung oder deren Folgen sind includiert": RG 31. 131, HGZ 1893. 105.

„Die Gültigkeit der Versicherung hängt davon ab, daß der Herr Versicherte auf Verlangen der Gesellschaft ein Stauattest der Besichtiger des Newyorker Board of Underwriters für die versicherte Ladung vorlegt": RG 19. 226.

„Die hier verzeichnete Summe von 20000 M gilt laut Übereinkunft als wirkliche Nettofracht festgestellt und taxiert, obgleich dieselbe über $^2/_3$ der noch restierenden Bruttofracht beträgt": HGZ 1884. 253.

„Die Kontrahenten . . . genehmigen im voraus alle Klauseln und Bedingungen der Originalpolice, billigen jedwede gütliche Schadensregulierung oder Bezahlung nach Dispache und verpflichten sich, ihren Pro-rata-Anteil an allen Ristorni, Schäden, Havarie-Einschüssen auf nicht regulierte Schäden, ferner ihren Anteil an Kosten bei Abmachungen durch Vergleich oder an sonstigen Kosten gegen einfache Vorlage der Quittungen der Originalversicherten oder sonstiger genügender Belege zu vergüten": RG 55. 89.

„Die Maschine nebst Zubehör valedieren frei von Beschädigung außer im Falle von Stranden, Stoßen, Kollision, Kentern, Sinken und/oder Explosion mit oder ohne Brand": HGZ 1891. 261.

„Die Police deckt nur von 5% bis 10% Beschädigung": HGZ 1875. 228.

„Die Police erstreckt sich auch auf die Zweigniederlassung der Firma X in Y, und zwar sowohl auf die eigenen als auch auf diejenigen Versicherungen, zu deren Deckung die Niederlassungen von europäischen oder chinesischen Geschäftsfreunden Auftrag erhalten. Nach einem Schadensfall ist indessen die Annahme eines Versicherungsauftrags nicht zulässig": RG 89. 35.

„Die Police soll als alleiniger Beweis des Interesses sowie der Höhe desselben dienen": HGZ 1885. 102.

„Die Prämie ist für die Zeit, während welcher sich das Schiff im Winterlager befindet, bis es wieder auf dem Zoll ausdeklariert wird, zurückzugeben": Ullrich Nr. 29.

„Die Prämie ist gegen Auslieferung der Police bar zu zahlen": HRZ 1921. 703.

„Die Risiken der Konfiskation, Nehmung, Beschädigung, Vernichtung und Plünderung durch kriegführende Mächte, Kriegsschiffe usw., solange sich die Ware am Bord des Seedampfers befindet, eingeschlossen": HGZ 1920. 141, 1921. 71.

„Die Rückversicherung valediert nach den Bedingungen der Originalversicherung und bedarf es im Schadensfalle zur Einkassierung der Rückentschädigung nur der Quittung des Versicherten über von der hier rückversicherten Versicherungsgesellschaft erhaltenen Ersatz": HGZ 1874. 349.

„Diese Police allein genügt als Beweis des vorhandenen Interesses sowohl wie der Taxe, welche beide als erwiesen angesehen werden": Kierulff 3. 998, HGZ 1866. 201.

„Diese Police deckt insbesondere alle auf der Werft befindlichen Fahrzeuge gegen alle Gefahren, welchen diese stilliegend oder beim Verholen im Werftrevier inclusive Dock-, Slip- und Helgenrisiko ausgesetzt sind": HGZ 1918. 157.

„Diese Police . . . ist mit 100% zu bezahlen, im Falle das Schiff wegen Seeschadens seinen Bestimmungsort nicht erreicht, kondemniert wird oder vor gänzlicher Entlöschung verlorengehen sollte. Unter Aufhebung der §§ 38 und 39, 131 und 137 ASVB": HGZ 1888. 253.

„Diese Police valediert, soweit nicht schriftlich abweichende Bedingungen stipuliert sind, zu Originalconditionen": HGZ 1892. 305.

„Diese Police wird ohne weiteres als Totalschaden mit 100% bezahlt, wenn das Schiff während der versicherten Zeit verunglücken sollte oder wegen Seeschadens kondemniert werden, wobei der § 41 AllgPlan 1847 keine Anwendung findet": Kierulff 3. 998.

„Diese Rückversicherung valediert wie die Originalpolice; im Schadensfall genügt zur Einkassierung der Beweis, daß auf die Originalpolice gesetz- und usancemäßig bezahlt ist“: HGZ 1870. 94. **Vor §113**

„Diese Rückversicherung valediert zu den Bedingungen der Originalpolice“: HGZ 1909. 265.

„Diese Rückversicherung von Rückversicherung valediert nach den Bedingungen der Originalpolice resp. der ersten oder der ferneren Rückversicherung“: HGZ 1881. 19.

„Diese Versicherung deckt alle Schäden, für welche der Absender oder Empfänger der Waren den Herrn Versicherten in seiner Eigenschaft als Frachtführer verantwortlich zu machen berechtigt ist“: HGZ 1911. 131.

„Diese Versicherung deckt alle Schäden, für welche der Absender oder Empfänger die Herren Versicherten verantwortlich zu machen berechtigt ist, und zwar inclusive Gerichtskosten und Anwaltsgebühren, soweit sie zur Feststellung des Schadens erforderlich sind“: HGZ 1904. 169, 1905. 81.

„Diese Versicherung deckt auch die Folgen der unmittelbaren Kriegsgefahr, bestehend in Wegnahme, Beschädigung oder Zerstörung der versicherten Ware durch feindliche Mächte, insbesondere durch Zerstörung des Bahnkörpers und dadurch entstehende Schäden, Vernichtung oder Beschädigung durch Geschosse, auch solche von Luftfahrzeugen herrührend, und sonstige direkte Beschädigungen oder Zerstörungen durch Feindeshand. Ausgeschlossen bleiben indirekte, nur mittelbare Schäden und Nachteile aus der Kriegsgefahr, wie insbesondere Schäden und Minderung infolge Reiseverzögerung, alle Kosten und Verluste, die durch freiwilligen oder gezwungenen Aufenthalt der Ware oder durch Zurückhaltung des Eisenbahnzugs oder Flußschiffs, durch Blockierung von Häfen oder Plätzen, durch Einlagerung des Gutes oder anderweitige Dispositionen über dieses wegen der Kriegsgefahr, ferner durch Extrazölle, Extrafrachten usw. entstehen können“: HGZ 1919. 121.

„Diese Versicherung deckt die Folgen der unmittelbaren Kriegsgefahr, bestehend in Wegnahme, Beschädigung oder Zerstörung des beschädigten Schiffes nebst Zubehör durch feindliche Mächte, sowie Vernichtung oder Beschädigung durch Minen oder Geschosse, auch solche von Luftfahrzeugen herrührend, und sonstige direkte Beschädigungen oder Zerstörungen durch Feindeshand; ebenso ist völkerrechtswidrige Wegnahme gedeckt“: HGZ 1921. 253.

„Diese Versicherung gilt . . . inklusive jeder Leichter-, Schuten-, Eisenbahn-, Kai- und Umladungsgefahr“: HGZ 1878. 79.

„Diese Versicherung gilt stets in durchstehendem Risiko vom Absendeplatz, bis die richtigen Empfänger am schließlichen Bestimmungsplatz in ihren Lagerräumen in den Besitz der Ware gekommen sind“: HGZ 1898. 166.

„Diese Versicherung gilt nur für die behaltene Ankunft des Schiffes . . . und ist mit 100% als Totalschaden zu bezahlen, falls der Dampfer den Bestimmungshafen nicht erreicht. Obige Summe gilt als Versicherungswert laut gegenseitiger Übereinkunft und gilt das Interesse der Höhe und dem Grunde nach als erwiesen“: § 120 Anm. 29.

„Diese Versicherung valediert auf Bco. ℔ 22000, so taxiert auf die behaltene Ankunft des Schiffes, ohne daß im Schadensfall ein anderer Beweis des Interesses, als nur allein diese Police zu producieren ist . . . Mithin ist die Versicherung falls das Schiff nicht zu Dünkirchen ankommen sollte, als Totalschaden zu bezahlen“: Nolte 1. 245.

„Diese Versicherung valediert auf die behaltene Ankunft der Ware mit dem zu nennenden Dampfer am Bestimmungsort und Entlöschung derselben daselbst bis an Land“: HGZ 1892. 282, 1893. 102.

„Diese Versicherung valediert bis zur Entlöschung des Schiffes am letzten Bestimmungsplatz der Ausreise von der Westküste Afrika's“: HGZ 1885. 181.

Vor §113 „Diese Versicherung valediert einschließlich . . . Eisschaden, auch für die Maschine, Zubehör usw.“: HGZ 1892. 23.

„Diese Versicherung valediert gegen Wegnahme, Beschädigung und Vernichtung des Dampfschiffs und Zubehör durch Kriegsschiffe, Minen, Torpedos, sowie durch Forts usw. und ferner die Kosten einer etwaigen Reklamierung, welche seitens der Rheder zu geschehen hat. Im Falle, daß Deutschland aktiv an einem Kriege beteiligt ist oder wird, hat das Schiff sofort nach Ausbruch eines solchen einen neutralen Hafen anzulaufen und/oder dort zu verbleiben; die dadurch entstehenden Kosten bleiben zu Lasten der Versicherten“: HGZ 1916. 97, 1917. 18, 125, 217, 1918. 12, 145, HRZ 1921. 420.

„Diese Versicherung valediert lediglich gegen Totalverlust des Dampfers und ist im Schadensfalle ohne weiteren Nachweis des Interesses und der Taxe als diese Police als Totalschaden mit 100% zu bezahlen“: HGZ 1908. 217.

„Diese Versicherung valediert nach englischen Conditionen“: HGZ 1869. 231, 240, 1870. 357.

„Diese Versicherung valediert zu denselben Bedingungen, zu denen ein Teil des Kaskos bei Lloyd's in London gedeckt ist, und verpflichten sich demgemäß die Versicherer, etwaige Havarien in gleicher Weise zu regulieren, wie Lloyd's in London den dort gedeckten Teil des Kaskos reguliert haben“: HGZ 1904. 50, 1905. 132.

„Die Summe von 20000 M gilt laut Übereinkunft als wirkliche Nettofracht festgestellt und taxiert, obgleich dieselbe über $^2/_3$ der noch restierenden Bruttofracht beträgt“: HGZ 1884. 253.

„Die unterzeichneten auswärts beteiligten Gesellschaften verpflichten sich bezüglich etwaiger Schäden auch für ihren pro-rata-Anteil ebenso zu bezahlen, wie die in Hamburg beteiligten Assekuradeure bezahlt haben, gleichviel ob laut Dispache oder durch Regulierung à l'amiable“: HGZ 1905. 160.

„Die Verladepapiere dürfen keine Namen deutscher oder österreichischer Staatsangehöriger enthalten“: HGZ 1916. 209, 1917. 93.

„Die Verladungen finden im Raum und/oder auf Deck . . . statt. Für Verladungen auf Deck ist das Risiko des Überwerfens und Spülens includiert“: HGZ 1864. 316.

„Die Versicherer verzichten . . . auf die Beibringung der Verklarung“: HGZ 1882. 69.

„Die Versicherung beginnt mit Anfang der Beladung“: HGZ 1895. 79.

„Die Versicherung deckt . . . die Risiken der Konfiskation, Nehmung, Beschädigung, Vernichtung und Plünderung durch kriegführende Mächte, Kriegsschiffe und Kaper, mögen diese kriegführenden Mächte völkerrechtlich anerkannt oder nicht anerkannt sein, bezw. mögen diese Kriegsschiffe und Kaper völkerrechtlich anerkannten oder nicht anerkannten Mächten angehören, einschließlich Minen- und Torpedogefahr“: RG 89. 35, 68, HGZ 1916. 145, 268.

„Die Versicherung deckt nur die direkte Kriegsgefahr, und zwar die Wegnahme, Beschädigung und Zerstörung der versicherten Ware durch Kriegsschiffe, Korsaren, Torpedos und Seeminen. Infolgedessen haftet der Versicherer nicht für die Kosten des Aufenthalts der Ware infolge von Kriegsgefahr, durch Zurückhaltung von Schiff oder Ladung usw.“: RG 90. 325, LZ 1916. 348.

„Die Versicherung valediert während der Zeit und bis das Schiff von dort (vom Fang bei Grönland) zurückgekommen, nur auf die behaltene Rückkunft des Schiffes“: Seebohm 358.

„Die Vorschußgelder sind als Totalschaden zu bezahlen, wenn das Schiff wegen eines Seeschadens den Hamburger Hafen nicht erreicht“: HH 180.

„Die Ware ist amerikanisches Eigentum“: HGZ 1916. 292.

„Die Zeichnung der in dem zu dieser Police gehörigen Beibuch deklarierten Beträge, die Verrechnung und Zahlung der darauf entfallenden Prämien und die dementsprechende Stempelung der Police findet nach Übereinkunft bei Ablauf eines jeden Vierteljahres statt": HGZ 1917. 111.

„Direkt oder indirekt": HGZ 1887. 293, 1888. 25, 171, APV 1906 II. 72.

„Dock- und Sliprisiko irgendwelcher Art sowie die Gefahren des Verholens innerhalb des obengenannten Reviers gelten eingeschlossen": RG 89. 278, HGZ 1916. 247.

„Eine Kondemnation ist auch ohne die in § 131 ASVB angeführten Ursachen zulässig und als Seeschaden anzusehen": HGZ 1876. 118.

„Eine verspätete Aufgabe darf im Schadensfall nicht präjudizieren": HGZ 1878. 151.

„Eingeschlossen gilt . . . die Gefahr des inneren Verderbs, letztere jedoch lediglich hervorgerufen durch einen Seeunfall": § 86 Anm. 8.

„Einschließlich der Gefahr des Werfens und Überbordspülens, jedoch frei von Beschädigung oder Bruch außer im Strandungsfall": RG 89. 145, HGZ 1916. 188.

„Einschließlich des Risikos des Werfens und Überbordspülens": HH 308.

„Einschließlich jeden Mankos": § 34 Anm. 8.

„Einschließlich Kriegsgefahr laut anhängender Kriegsklausel des VHA[1]), einschließlich Beschlagnahme, ohne Abandon": Hans. 1919. 94, 170.

„Einschließlich Kriegsgefahr laut angehefteter Klausel D des VHA[1]), welche Klausel für diese Versicherung sinngemäße Anwendung findet, sowie des Lagerrisikos und aller anderen in Betracht kommenden Gefahren bis zum Abgang von Syrakus": RG 96. 310.

„Einschließlich Nachreise": § 97 Anm. 49.

„Ein Viertel bleibt unversichert": HGZ 1897. 19.

„Entweder frei von 3% Beschädigung oder frei von Beschädigung außer im Strandungsfall": HGZ 1895. 37.

Escalenklausel: „Dem Schiffe soll frei stehen, Apia und einen oder mehrere Plätze und/oder Reeden der Südseeinseln, gleichviel in welcher Reihenfolge und eventuell nach bereits verlassenen Plätzen zurückkehrend, anzulaufen, mit der Freiheit, überall auf den Inseln zu löschen und zu tauschen und/oder andere Güter zuzuladen, sowie eventuell in Ballast von einem nach dem anderen Platze zu versegeln": RG 3. 144, HGZ 1879. 89.

„Es präjudiziert nicht, falls diese Rückversicherung von Rückversicherung erste oder fernere Rückversicherung von Rückversicherung ist": HGZ 1881. 19.

„Es präjudiziert nicht, wenn auf obige Ware schon anderweitig imaginärer Gewinn versichert ist": RG 15. 84.

„Es präjudiziert nicht, wenn das Schiff andere Häfen anläuft": HGZ 1872. 186.

„Es steht den beiden Kontrahenten frei, ihre Bücher und Skripturen gegenseitig . . . einsehen zu lassen, soweit dieselben sich auf Versicherungen beziehen, die den vorstehenden Vertrag berühren": RG 4. 15, HGZ 1880. 202.

„Etwaige Abänderung der Reise oder Beladungsweise ist ohne Unterbrechung des Risikos durch diese Versicherung gedeckt, gegen seiner Zeit nach Billigkeit zu regulierende Prämie": HGZ 1909. 265.

„Etwaige Abweichungen von obigen Reisen oder gänzliche Veränderungen derselben sollen nicht präjudizieren; die Versicherung soll vielmehr vorkommenden Falles in Kraft bleiben gegen Prämienregulierung nach Billigkeit, sobald definitive Nachrichten eingehen": RG 3. 142, HGZ 1879. 98, 251.

---

1) Wortlaut dieser Klausel: § 121 Anm. 2.

Vor §113 „Etwaige Reiseveränderungen und/oder Abweichungen von der Reise sollen nicht präjudizieren; vielmehr sind solche stets gegen nach Billigkeit zu regulierende Prämie stillschweigend durch diese Police mitgedeckt": HGZ 1899. 8.

„Etwaiger Ristorno geschieht franco": RG 23. 88, HGZ 1888. 245.

„Etwaige Umladungen an verschiedenen Stationen in andere Dampfböte präjudiziert nicht": HGZ 1872. 84.

„Eventuell der Rhederei zu Händen kommende Distanzfracht verbleibt stets zugunsten der Herren Versicherer": HGZ 1884. 281.

„Eventuelle Abänderungen des Risikos, wenn solche auf der Originalversicherung genehmigt werden, sind ebenfalls durch diese Rückversicherung gegen Prämienregulierung nach Billigkeit mitgedeckt": HGZ 1881. 19.

„Eventuelle Rückgaben und Verbesserungen laut Originalpolice": HGZ 1895. 165, 300.

„Eventuell mit Umladung": APV 1906. II. 72.

„Exclusive Zoll zu dispachieren": HGZ 1899. 21.

„Falls das Schiff wegen Seeschaden und/oder Kondemnation seinen Bestimmungsplatz nicht erreicht, ist die versicherte Summe als ein Totalschaden mit 100% zu bezahlen, unter Aufhebung des § 131 ASVB": RG 47. 174, HGZ 1900. 176.

„Falls das Schiff wegen Seeschadens und/oder Kondemnation seinen Bestimmungsplatz nicht erreicht, ist die versicherte Summe als ein Totalschaden mit 100% zu bezahlen, unter Aufhebung der §§ 131 und 137 ASVB; jedoch valediert eine eventuelle Distanzfracht lediglich zugunsten der Versicherer": HGZ 1886. 30, 1887. 141.

„Falls der Dampfer England freiwillig nicht anläuft, ist die halbe Prämie zurückzugeben": HGZ 1916. 192.

„Falls die Ware durch Strandungsfall des Schiffes oder dergl. beschädigt am Bestimmungsort ankommt, ist die vorstehende Versicherung wie die Ware selbst zu behandeln": RG 77. 306, HGZ 1910. 281.

„Falls infolge kriegerischer Ereignisse auf Anordnung der Behörde oder der Eisenbahnverwaltung die Waggons entleert werden müssen und die Ware (Eier) dadurch unterwegs lagert, oder falls die Ware auf Anordnung im Waggon bleibt und nicht weiterbefördert wird, geht ein hierdurch entstandener Schaden irgendwelcher Art zu Lasten der Versicherung. Ein durch eine derartige Um- oder Ausladung entstandener Schaden soll gleichfalls zu Lasten der Versicherung gelten; jedoch haftet der Versicherer nicht für einen Schaden, entstanden durch inneren Verderb, wenn die Ware policengemäß von der Abgangsstation abgeht und glatt den Bestimmungsort erreicht": HGZ 1918. 68, 183.

„Falls infolge Seeschadens oder einer Kondemnation oben bezeichneter Dampfer seinen Bestimmungsort nicht erreicht, ist die (für das Interesse an der Einnahme der Ladung am Bestimmungsort) versicherte Summe als Totalschaden mit 100% zu bezahlen": RG 36. 130, HGZ 1895. 256.

„Frachtgelder . . . , einerlei, ob die Fracht gemacht wird oder nicht, und ob dieselbe durch bereits abgeschlossene Verträge gesichert ist oder nicht": RG 71. 395.

„Frei von Beinbruch und natürlichem Tod": Seebohm 278, 329, 597.

„Frei von 3% Beschädigung und/oder Leckage unter Aufhebung der dem entgegenstehenden Bestimmungen des § 106 ASVB": HGZ 1898. 150.

„Frei von 5% Leckage": HGZ 1874. 149, 1875. 171.

„Frei von Havarie grosse und particulière": RG 83. 166, HGZ 1913. 52.

„Für alle Abladungen, welche von Inlandplätzen der Ver. Staaten von Nordamerika nach den betreffenden Häfen, wo die Schiffe für Europa laden, befördert werden, ist das Risiko bis an Bord des Seeschiffes ohne Unterbrechung in dieser Versicherung eingeschlossen, gegen übliche Prämienzulage": HGZ 1893. 137, 211.

„Für alle Fahrten und Unternehmungen, in denen die Fahrzeuge im Laufe des versicherten Zeitraums beschäftigt werden, etwaiges Liegen auf den Flüssen, in Häfen, Revieren, Drydocks, auf Slips, Helgen und wo und in welcher Lage sie sich sonst befinden möchten, eingeschlossen": HGZ 1919. 12.

„Für alle und jede Gefahr, Risiko von Sterben, Beinbruch und jeder anderen Beschädigung, Seuche usw.": HGZ 1868. 130.

„Für diese Rückversicherung gelten die Klauseln und Bedingungen der Originalversicherung . . . Die auf der Originalversicherung getroffenen und ferner zu treffenden Abmachungen und Vereinbarungen werden als maßgebend für diese Rückversicherung anerkannt": HGZ 1892. 221.

„Für eine jede Serone Tabak, welche wegen Seeschadens im Bestimmungsort nicht zur Ablieferung kommt, oder welche in einem fremden Hafen wegen Seeschadens verkauft werden muß, wird der versicherte imaginäre Gewinn, taxiert auf M 5, als Totalschaden bezahlt": HGZ 1876. 176.

„Für jeden Ballen (gewinn- und mehrwertversicherter) Baumwolle, der etwa Seeunfalls wegen seinen Bestimmungsort nicht erreicht oder den Herren Versicherten nicht geliefert wird, wird der pro rata darauf versicherte Betrag als Totalverlust vergütet": HGZ 1902. 160.

„Für nach Bremen bestimmte Abladungen bleibt diese Versicherung bis zu 10 Tagen nach Landung der Ware in Kraft": RG 35. 48, HGZ 1894. 97.

„Für Rechnung verschiedener auswärtiger Firmen und, repräsentiert eine jede Marke eine besondere Firma": HGZ 1866. 116, 277.

„Für Zwischenreisen in den ostindischen und/oder chinesischen Gewässern sind $^3/_8$% pro Monat als Prämienverbesserung zu bezahlen": HGZ 1867. 125.

„Gegen alle und jede Gefahr inclusive natürlichen Tod oder Unfall": HGZ 1875. 27.

„Gegen Feuers-, Hafen- und Reviergefahr inclusive Kriegsrisiko": HGZ 1917. 205, 1918. 124.

„Gegen Wegnahme, Beschädigung und Vernichtung der Fahrzeuge und Zubehör durch Kriegsschiffe, Minen, Torpedos, sowie durch Forts usw. und ferner die Kosten einer etwaigen Reklamierung, welche seitens des Rheders zu geschehen hat": HGZ 1919. 12.

„Glückliche Ankunft des Schiffes im Abgangshafen vorbehalten": Ashers Rechtsfälle 1834 II. 197, 1835 I. 75.

„Hinterhangsfahrzeuge, welche Eigentum des Herrn Versicherten sind, sollen in allen durch diese Police gedeckten Fällen so betrachtet werden, als wenn es sich um Fahrzeuge dritter Personen handelt": RG 47. 169, HGZ 1900. 241.

„Im Falle das Schiff in einen Nothafen einläuft und daselbst Schulden halber verkauft werden sollte, sind die durch diese Police versicherten M 10000 ohne ferneren Nachweis mit 100% zu bezahlen": ZfVW 1906. 597.

„Im Falle partikulärer Haverei bedarf es keiner Verklarung. Attest zweier Kaufleute bringt vollen Beweis": HGZ 1877. 43.

„Im Falle von Totalverlust des Schiffes ist die versicherte Summe zum Vollen zu bezahlen": HGZ 1892. 178.

„Im Falle von Totalverlust des Schiffes oder Kondemnation desselben, gleichviel aus welchem gesetzlichen Grunde dieselbe erfolgt, ist die hier versicherte Summe als Totalschaden zum Vollen zu bezahlen, unter Aufhebung der §§ 131 und 137 ASVB von 1867": HGZ 1892. 177, 1893. 57, 1894. 281.

„Im Falle von Totalverlust des Schiffes oder Kondemnation, zu beurteilen nach dem deutschen HGB, wird die auf behaltene Ankunft etwa geltende Summe als Totalschaden zum Vollen vergütet unter Aufhebung der §§ 131 und 137 ASVB": HGZ 1889. 247, 302.

Vor §113 „Im Schadensfall bedarf es keines weiteren Nachweises des Interesses als nur dieser Police": HGZ 1893. 10, 189, 1897. 13.

„Im Schadensfall bedarf es zur Einkassierung der Rückentschädigung nur der Quittung über den geleisteten Ersatz": ROHG 24. 393, HGZ 1869. 292, 1874. 348, 1876. 156, 1877. 116, 1878. 81, 229, 1881. 19.

„Im Schadensfall gilt der Betrag der wirklichen Fracht laut Konnossement zur Regulierung einer etwaigen Havariegrosse": HGZ 1867. 17.

„Im Schadensfall gilt diese Police als alleiniger Beweis des Interesses und der stattgefundenen Verladung": HGZ 1884. 145.

„Im Schadensfall gilt diese Police als alleiniger Nachweis des Interesses und der Versicherungssumme, welche mit 100% zu bezahlen ist, falls die Ladung nicht mit demselben Schiffe ganz oder teilweise ihre Bestimmung erreichen sollte": HGZ 1893. 169.

„Im Schadensfall ist hier zu bezahlen, wie auf die Originalpolice gesetz- und usancemäßig bezahlt ist": HH 9.

„Im Schadensfall ist nur der Beweis der gesetz- und usancemäßigen Zahlung beizubringen": Seebohm 607.

„Im Schadensfall partizipiert diese Versicherung jedoch nicht an einem eventuellen Provenü": RG 77. 308.

„Im Schadensfall richtet sich diese Reassekuranz ganz nach der holländischen Police, sodaß hier pro rata ersetzt wird, was auf jene bezahlt ist": HGZ 1868. 161.

„Im Schadensfall soll die Police als alleiniger Beweis des Interesses gelten": HH 141.

„Im Schadensfall soll fehlende Verklarung nicht präjudizieren": HGZ 1882. 65.

„Im Schadensfall sowie in allen anderen Fällen schließen sich die unterzeichneten Gesellschaften den Maßnahmen der Nord-Deutschen Versicherungs-Gesellschaft in Hamburg stillschweigend an und akzeptieren solche Maßnahmen und Vereinbarungen auch ohne vorherige Anfrage des Herrn Versicherten. Demgemäß verpflichten sich die unterzeichneten Gesellschaften bezüglich etwaiger Schäden auch für ihren pro-rata-Anteil ebenso zu bezahlen, wie die Nord-Deutsche Versicherungs-Gesellschaft in Hamburg bezahlt hat, gleichviel ob laut Dispache oder à l'amiable": HGZ 1911. 233, 1912. 213.

„Im Schadensfall Taxen der verschiedenen Arten vorbehalten": HGZ 1869. 269, 317.

„In Ballast oder mit Ladung gleichviel welcher Art": HGZ 1876. 105.

„Including all risk of craft": HGZ 1915. 181.

„Including the risk to Warehouse or R. R. Station at port of discharge": HGZ 1904. 261.

„Inclusive Fracht und/oder Spesen und/oder imaginären Gewinn, gleichviel wie hoch": HGZ 1917. 241.

„Inclusive jeder Leichter-, Schuten-, Eisenbahn-, Kai- und Umladungsgefahr": HGZ 1878. 80.

„Inclusive imaginären Gewinn, gleichviel wie hoch": RG 44. 21.

„Inclusive natürlichen Tod oder Unfall": HGZ 1875. 27.

„Inclusive Prämie, Kosten und imaginären Gewinn": HGZ 1864. 220.

„Inclusice Prämie, Kosten und imaginären Gewinn, gleichviel wie hoch": HH 462.

„In durchstehendem Land- und Wassertransport-Risiko vom Lager des Holzes, Umladung jeglicher Art und beliebiger Aufenthalt überall eingeschlossen, bis zur Ablieferung an den Empfänger am endgültigen Lagerplatz des Bestimmungsorts". HGZ 1893. 169.

„In durchstehendem Risiko, die Feuersgefahr in den bonded stores in Newyork eingeschlossen": HGZ 1875. 373.

„In Schadensfällen soll die den rückversicherten Gesellschaften erteilte Quittung als Beweis der an die Versicherten geschehenen gesetz- und usancemäßigen Zahlung dienen": HGZ 1866. 52.

„Interesse durch Mehrwert des Kasko und/oder sonstiges Interesse gleichviel welcher Art ohne weiteren Beweis als die Police": HGZ 1913. 52.

„Interesse erwiesen": RG 43. 143.

„Ist in Seehäfen die Gefahr der Beförderung des Gutes in Leichterschiffen bereits durch Seeversicherung oder sonstwie gedeckt, so erstreckt sich die Versicherung der Gesellschaft hierauf nicht": HGZ 1908. 158.

„Jeder Deckrisiko ist includiert und wird dafür die dreifache Prämie belastet": HGZ 1884. 107.

„Jeder Risiko, auch Feuersgefahr, während etwaigen Lagerns und Aufenthalts am Lande . . . ist includiert": HGZ 1882. 194.

„Jeder Schaden, selbst über 100%, ist zu ersetzen": HGZ 1868. 15, 133.

„Jedwede Havariegrosse ist zu vergüten": HGZ 1868. 121, 1869. 294, 1882. 76.

„Jedwede und außergewöhnliche Schuten- und Leichtergefahr ist eingeschlossen, auch zwischen Hamburg-Altona, gleichviel von wo die Güter an Bord resp. wohin sie an Land gebracht werden, auch wenn sie bei Tag oder Nachtzeiten in Fahrzeugen bis zur Übernahme in die etwa noch nicht ladebereit oder noch nicht anwesenden Schiffe liegen bleiben (sog. Überliegen), auch bei Wiederabnahme vom Kai oder Kaispeicher; auch ist die Feuersgefahr daselbst, soweit solche nicht staatsseitig gedeckt, eingeschlossen . . . Das Gut gilt versichert im ununterbrochenen Risiko vom ersten Abgangsort (Speicher, Lagerraum etc.) bis zum Endbestimmungsort zu Händen des richtigen Empfängers, gleichviel mit welcher Gelegenheit befördert . . . Der Risiko beginnt, sobald die Ware hier am Bahnhof anlangt; demnach ist auch Feuersgefahr daselbst includiert": HGZ 1878. 331.

„Jegliche Leichtergefahr vom Bord des Dampfers ist eingeschlossen": HGZ 1885. 102.

„Jegliche Umladung, Transport zu Wasser und/oder zu Lande und Aufenthaltsgefahr ist einbegriffen": HGZ 1919. 76, 90.

„Kompensation in Prämien darf nicht stattfinden": HGZ 1922. 270.

„L'assurance est consentie franc d'avarie particulière aux conditions du Lloyd Anglais sous franchise de 3% en cas d'avarie générale": HRZ 1921. 179.

„Leichtergefahr auf der Newa während 30 Tage eingeschlossen": LZ 1914. 294.

„Leichtergefahr jeglicher Art eingeschlossen": HGZ 1875. 294.

„Maschine und Zubehör valedieren frei von Beschädigung außer im Falle von Stranden, Stoßen, Kollision und/oder Explosion mit oder ohne Brand": HGZ 1892. 109.

„Mit Erlaubnis, beliebige Plätze in und außer der Route und gleichviel zu welchem Zwecke anzulaufen": RG 13. 87. Ähnlich HGZ 1889. 8.

„Mit Ladung gleichviel welcher Art . . . Sollte die Ladung aus Stückgut, also nicht aus Getreide oder ähnlichem bestehen, findet eine Prämienermäßigung nach Billigkeit statt": HGZ 1872. 380, 393 (im Falle einer Frachtversicherung).

„Mit oder ohne Auftrag": Gerhards Praxis 2. 237.

„Mit Segel- und/oder Dampfschiffen gleichviel welcher Art": Mat 1. 340.

„Nach allen Bestimmungen und Bedingungen der Originalpolice": HGZ 1866. 52.

„Nach allen Plätzen der Erde direkt oder indirekt mit Umladung": HGZ 1918. 150.

„Nähere Aufgabe und Taxen laut Originalversicherung vorbehalten": HGZ 1892. 241, 305.

„Nähere Aufgabe vorbehalten": Wunderlich 1. 441.

„Neutrale Verladepapiere": HGZ 1916. 107.

Vor §113 „Nur für einen Totalverlust des Schiffes infolge von Schiffbruch, Feuer oder Seeräuberei und für eine das Schiff gänzlich unschiffbar machende Strandung an Land und Bruch": HGZ 1883. 268.

„Nur für Minengefahr": § 35 Anm. 25.

„Ohne Nachweis des Interesses abseiten der Versicherungsnehmer": HGZ 1896. 309.

„Ohne Präjudiz, daß das Datum der Originalversicherung nicht angegeben ist": HGZ 1875. 342.

„Ohne Präjudiz, falls bereits abgegangen": RG 43. 143, HGZ 1898. 296.

„Ohne Präjudiz, falls das Schiff gesegelt ist": HGZ 1877. 49.

„Ohne Präjudiz, falls das Schiff schon gesegelt sein sollte": HGZ 1889. 7.

„Ohne weiteren Beweis als die Police": RG 83. 166.

„Ohne weiteren Nachweis des Interesses": RG 25. 79, HGZ 1889. 261, 1890. 83, 1895. 79.

„Ohne weiteren Nachweis des Interesses und der Taxe": HH 614.

„Ohne weiteren Nachweis des Interesses und der Taxe als diese Police": HGZ 1908. 217.

„Ohne weiteren Nachweis hinsichtlich der Taxe": HGZ 1872. 32, 382.

„§ 116 ASVB wird dahin geändert, daß anstelle der dort sub 2 bestimmten Fristen eine Frist von zwei Monaten gesetzt wird, gerechnet von dem Tage, an welchem dem Versicherer die Anzeige gemacht ist, daß die freie Verfügung über das versicherte Interesse dem Versicherten entzogen ist": HGZ 1918. 2, 17, 1919. 26.

„§ 131 der ASVB von 1867 wird aufgehoben": HGZ 1891. 268.

„Per vessel or vessels and/or steam or other conveyances, covering risks of lighterage and transhipment. Also covering all risks incident to the liberty and power allowed to the vessel by the charterparty and/or the bills of lading": HGZ 1895. 19.

Quarantäneklausel: „Alle diejenigen Schäden resp. Kosten sind voll zu ersetzen, welche dem Versicherten durch Quarantänemaßregeln und/oder Einfuhrverbote erwachsen, deren Ursache in Besorgnis vor Einschleppung ansteckender Krankheiten liegt, namentlich in dem Falle, daß Güter in Brasilien nicht gelandet werden dürfen, resp. daß verfügt wird, daß dieselben zu vernichten sind, oder daß dieselben zufolge Dauer von Quarantäne verderben sollten. Die durch solche Umstände verlorenen Frachten, resp. die Rückfrachten, Assekuranz- und andere Kosten für zurückbeorderte oder infolge von Quarantäne zurückgesandte Güter sind gleichfalls zu ersetzen. . . . Etwa zur Abwendung verhängter Maßregeln betreffs Zurückweisung usw. von Gütern in Brasilien aufgewendete Kosten oder Vergütungen sind gleichfalls von den Versicherern zu tragen": HGZ 1894. 303, 1895. 151.

„Quai risk in Europe in no case to be covered excepting on cotton in transit to interior": HGZ 1895. 19.

„Ristorno franko": RG 23. 88, HGZ 1888. 245.

„Schaden an der Maschine . . . wird nur ersetzt, wenn solcher durch Stranden, Kentern, Sinken, Kollision mit Schiffen oder anderen Fahrzeugen oder durch Feuer verursacht worden ist. Dasselbe gilt von Beschädigung an den Kesseln, der Welle und dem Propeller": HGZ 1891. 261.

„Separattaxen: Kasko, Maschine, Zubehör . . . vorbehalten. Etwaige Havarie particulière ist auf Kasko, Maschine und Zubehör separat oder über das Ganze nach Wahl der Rhederei zu dispachieren": RG 90. 366, HGZ 1917. 89.

„7500 M taxierte Frachtgelder . . . Was der Frachtbetrag eventuell weniger ausmachen wird als der versicherte Betrag, valediert auf behaltene Ankunft des Schiffes und ist ohne weiteren Nachweis des Interesses mit 100% zu bezahlen, falls das Schiff wegen Seeschadens seinen Endbestimmungsplatz nicht erreicht oder kondemniert wird": HGZ 1899. 261.

„Sind die versicherten Gegenstände noch anderswo versichert, so wird der Schaden pro rata vergütet“: RG 35. 48, 44. 32, HGZ 1894. 97.

„Sofern der Dampfer im Laufe des versicherten Zeitraumes verkauft werden sollte, erlischt die Versicherung mit dem Zeitpunkt des Eigentumswechsels gegen pro-rata-Rückgabe für die nicht gelaufene Zeit, es sei denn, daß eine Vereinbarung getroffen wird betreffs Übertragung der Versicherung auf den Erwerber“: RG 95. 227, HGZ 1917. 117, 1919. 95.

„Sofern der Dampfer verkauft oder aus irgendeinem Grunde, ausgenommen wegen Totalverlusts, seine Fahrten einstellen sollte, steht es dem Versicherten frei, diese Versicherung ganz aufzuheben gegen pro-rata-Prämienrückgabe für die nicht abgelaufene Zeit“: HGZ 1906. 49.

„Solange als die Ware sich an Bord des Seedampfers befindet, deckt die Versicherung auch die Risiken der Konfiskation, Nehmung, Beschädigung, Vernichtung und Plünderung durch kriegführende Mächte, Kriegsschiffe usw.“: HGZ 1920. 141, 1921. 71.

„Sollte infolge Seeschadens oder Kondemnation der Dampfer seine Bestimmung nicht erreichen, so ist der deklarierte Betrag als Totalschaden mit 100% zu bezahlen“: HGZ 1889. 284.

Tabakbrand-Klausel: „Brand (innerer Verderb) wird von den Versicherern selbst dann nicht vergütet, wenn derselbe nicht in den versicherten, sondern in anderen mit demselben Schiffe verladenen Packen Tabak entstanden und von diesen auf die versicherten Packen übertragen worden sein sollte“: HGZ 1878. 286.

„Taxen auf Faktura-Basis inclusive imaginären Gewinn, gleichviel wie hoch, sowie inclusive hiesiger Spesen und etwa bezahlter Seefracht später und selbst nach Ankunft der Ware aufzugeben“: HGZ 1878. 150.

„Taxiert zu M 8000 ohne weiteren Beweis“: HGZ 1895. 95.

„Taxiert zu M 10000 als Versicherungswert geltend, auf Basis gegenseitiger Übereinkunft ohne weiteren Beweis“: RG 36. 131, HGZ 1895. 257.

„Taxiert zu M 12000 ohne weiteren Nachweis des Interesses und Betrags“: HGZ 1911. 297.

„This insurance covers also Country damage and a risk at and from the port of destination to the point of destination in the interior“: HGZ 1904. 261.

„This policy covers also . . . all consequences of hostilities or warlike operations, whether before or after declaration of war“: HGZ 1916. 113.

„To port or ports in the United Kingdom and/or on the Continent of Europe, direct or otherwise“: HGZ 1895. 19.

„Umladung jeglicher Art und beliebiger Aufenthalt überall eingeschlossen“: HGZ 1893. 169.

„Um- und Überladungen und Anlaufen beliebiger Häfen präjudizieren nicht“: HGZ 1870. 94.

„Unter der ausdrücklichen Bedingung, daß der Transport durch ein taugliches Fahrzeug geschehe“: Kierulff 5. 608.

„Verlust infolge eines durch Kriegsgefahr verursachten Aufenthalts ist ausgeschlossen“: RG 104. 127.

„Versichert ist zum Marktwert am Bestimmungsort ohne Abzug für ersparte Fracht und Unkosten“: § 90 Anm. 15.

„Verspätete Aufgabe darf im Schadensfall nicht präjudizieren“: HGZ 1878. 151.

„Von Tromsoe auf den Fang nach dem Eismeer, Novaja Semlja usw. und retour nach Tromsoe“: ROHG 4. 83, HGZ 1870. 340, 1871. 119.

„Von Tromsoe nach dem Eismeer auf den Fang und retour für behaltene Zurückkunft“: HGZ 1870. 399.

Vor §113 „Vorläufig gegen eine Prämie von 1 ½%": HGZ 1892. 305.

„Vor- und Nachreisen überall und unter allen Umständen eingeschlossen": HGZ 1916. 126.

„Während der ganzen Dauer dieser (Oberfrachtvorschuß-) Versicherung valediert stets dasjenige, was im eventuellen Schadensfall nicht auf Frachtvorschuß valediert, als taxiert auf behaltener Ankunft und/oder auf Interesse gleichviel welcher Art ohne weiteren Nachweis des Interesses und des versicherten Betrags, welche beide als erwiesen angesehen werden, weshalb im eventuellen Schadensfall ein Nachweis derselben nicht gefordert werden darf, so daß die Versicherungssumme als Totalschaden unter Aufhebung der §§ 131, 137 und 102 ASVB mit 100% zu bezahlen ist, falls das Schiff infolge Seeschadens den Endbestimmungsort nicht erreicht, verlorengeht oder kondemniert wird. Im Falle eines Totalverlustes auch im Endbestimmungshafen valedieren die etwa zu machenden Abzüge ebenfalls auf Interesse gleichviel welcher Art und/oder auf behaltene Ankunft und sind demgemäß voll zu bezahlen. Jeder im Falle von Stranden, Kollision, Stoßen oder des Einlaufens in einen Nothafen infolge Seeschadens herbeigeführte Ausfall an dem versicherten Frachtvorschuß wird vergütet": HGZ 1908. 73.

„Waren für fremde Rechnung gelten durch diese Police nur insoweit versichert, als auf dieselben Gegenstände nicht bereits von anderer Seite Versicherung genommen ist": HGZ 1891. 170.

„Warranted free from particular average, unless the ship . . . be stranded, sunk on fire, or in collision . . . but to pay landing, warehousing, forwarding, and special charges, if insured; also partial loss arising from transhipment . . .": HGZ 1906. 9, 288.

„Was der Frachtbetrag eventuell weniger ausmachen wird als der versicherte Betrag, valediert auf behaltene Ankunft des Schiffes und ist ohne weiteren Nachweis des Interesses mit 100% zu bezahlen, falls das Schiff wegen Seeschadens seinen Endbestimmungsplatz nicht erreicht oder kondemniert wird": RG 25. 78, HGZ 1889. 261.

„Was von den versicherten 12000 M nicht auf Effekten und Proviant valediert, soll ohne irgendwelchen Nachweis auf die behaltene Ankunft und Entlöschung des Dampfers taxiert gelten und als Totalschaden mit 100% bezahlt werden, falls der Dampfer infolge Seeschadens seinen Bestimmungsort nicht erreicht, vor gänzlicher Entlöschung verlorengeht oder kondemniert wird": HGZ 1911. 297.

„Wenn das Schiff eine andere Bestimmung bekommen möchte, als hier oben umschrieben, nehmen wir an den Risiko zu bleiben durchlaufend; doch soll alsdann die Prämie durch gegenseitiges Übereinkommen oder nötigenfalls durch arbiters reguliert werden": HGZ 1868. 162.

„Wenn das Schiff im Winterlager oder aus anderen Gründen (ausgenommen wegen einer dieser Versicherung zur Last fallenden Havarie) während aufeinander folgender 15 oder mehr Tage in einem Hafen unbeschäftigt still liegt, und auf Grund voraufgegangener Kündigung die Versicherung während der Zeit des Stilliegens gänzlich aufgehört hat, so wird für den Zeitraum solchen Stilliegens der verhältnismäßige Teil der Stammprämie zurückvergütet. Soll diese Versicherung dagegen während des Stilliegens fortbestehen, so wird für den Zeitraum desselben von obiger Rückgabe $^{2}/_{10}$% für 15 Tage und im Verhältnis für mehr Tage in Abzug gebracht": RG 95. 228, HGZ 1917. 105, 117.

„Werden über einzelne Deklarationen Versicherungszertifikate ausgestellt, so ist solches im Beibuch zu vermerken. Mit Zeichnung derselben seitens der Versicherer gehen alle Rechte auf Schadensersatz ausschließlich auf die Inhaber solcher Zertifikate über. Der Versicherer ist berechtigt, aber nicht verpflichtet, die Rechtmäßigkeit der Inhaberschaft zu prüfen": HGZ 1909. 255.

„Werden Waren in andere Dampfer oder Segler, als aufgegeben, verladen, so soll das, wie unabsichtlich gemachte Fehler, nicht präjudizieren; doch sind Versehen nach ihrer Entdeckung richtig zu stellen": HGZ 1888. 286.

„Zertifikate von Lloyd's Agenten werden anerkannt": HGZ 1874. 220.

„Zu englischen Lloyd's-Conditionen, Schaden durch Kollision eingeschlossen": HGZ 1897. 1.

„Zur Einkassierung der Rückentschädigungen genügt allein die Vorlage der Quittung über den geleisteten Ersatz": RG 55. 89, HGZ 1881. 19.

„Zu und von Antwerpen nach San Francisco . . . zu und von dort zurück": HGZ 1909. 265.

„Zu und von Manzanillo und einem oder mehreren Häfen der Westküste Mexiko's . . . nach einem . . . Hafen Europa's": HGZ 1885. 2.

„Zu vollen englischen Bedingungen, frei von 3% Beschädigung, jedes Collo eine Taxe": HGZ 1892. 9, 193.

Über die Auslegung beweglicher und wilder Klauseln vgl. Vorb. vor § 1 Anm. 13, 14, 16.

§ 113

„Frei von Beschädigung"

Der Versicherer haftet nicht für eine Beschädigung und bei einer Versicherung, die sich auf die Güter bezieht, auch nicht dafür, daß die Güter infolge der Beschädigung verlorengehen, insbesondere in ihrer ursprünglichen Beschaffenheit zerstört werden. Er haftet jedoch für Aufopferungen, die in einer Beschädigung bestehen.

1. Vgl. ASVB § 87 Abs. 2, § 103, BSVB § 23. — **Literatur:** Vorb. vor § 113, Fricke NeumannsZ 1930. 925, 1247 (Warenrückdeckung zu f. p. a. — Bedingungen). Hagen SVR 39—44. Ritter ZfVW 1923. 269 (Von der Seeversicherungs-Klausel „Frei von Beschädigung"). Anm. 1

2. Ob eine Beschädigung vor oder während oder nach der Versicherungszeit, ob sie durch ein Gefahrereignis oder durch ein versicherungsfreies Ereignis, ob sie durch die gewöhnliche Abnutzung oder durch die natürliche Beschaffenheit der versicherten Sache entstanden ist, ist oft zweifelhaft, die Neigung des Versicherungsnehmers, dem Versicherer jede Beschädigung zur Last zu legen, begreiflich, die hierdurch und durch die oft leichte Behandlung der Beweisgrundsätze begründete Gefahr, daß dem Versicherer auch versicherungsfreie Schäden zur Last gelegt werden, nicht gering. Hierdurch erklärt sich die mannigfache vertragsmäßige Beschränkung des Beschädigungsrisikos (vgl. insbesondere §§ 64, 82—86, 105 Abs. 1). Hierdurch die häufige (nunmehr durch § 82 Abs. 1 für die Güterversicherung allgemein getroffene) Vereinbarung der Klausel „Frei von Beschädigung außer im Strandungsfall" und die seltenere Vereinbarung der Klausel **„Frei von Beschädigung"**, teilweise auch die noch seltenere Vereinbarung der Klausel „Nur für Totalverlust" (vgl. Mot. z. PreußE 351, HGZ 1900. 95, OG Hamburg, OAG Lübeck HambS 1. 628). Die beiden ersten Klauseln wurden Ende des 18. Jahrhunderts aus England eingeführt, „um den unaufhörlichen Zänkereien zwischen Versicherern und Versicherten über die Ursache der Beschädigung einer versicherten Ware vorzubeugen" (Kiesselbach 146, Benecke 3. 287, Glashoff 1. 31, 2. 24, Pöhls 4. 326, Trummer AfHR 2. 62, Voigt 546, 604 und NAfHR 4. 268). Freilich hatte man gegen die „Zänkereien" dieser Art „häufige Verwirrungen Anm. 2

§ 113 und Streitigkeiten" eingetauscht, welche die „neu erfundenen Klauseln in den Policen anstifteten" (Glashoff 2. 24). Der englische Ursprung der Klausel „Frei von Beschädigung" zeigt sich auch darin, daß sie noch heute vielfach nach den Anfangsbuchstaben der englischen Klausel „free from particular average" die f. p. a.-Klausel genannt wird. Gegensatz ist die w. p. a.-Klausel = with particular average. Siehe OLG Frankfurt JW 1929. 1600.

Anm. 3 3. **Der Versicherer haftet nicht für Beschädigung.** Das Risiko des Versicherers ist durch den Vertrag nach der Art des Schadens objektiv beschränkt.

a) Beschädigung ist ein Schaden bestimmter Art, ein Zustand von bestimmter nachteiliger Art, die stoffliche Verschlechterung der Sache (§ 28 Anm. 39). In diesem Sinne wird der Ausdruck auch im § 113 gebraucht. Anders HGB § 851: Der Versicherer haftet nicht für einen „Schaden, der aus einer Beschädigung entsteht", insbesondere nicht für die aus einer Beschädigung entstehende „Wertsverringerung". Hier bedeutet „Wertsverringerung", was man sonst gewöhnlich unter „Beschädigung" versteht, und „Beschädigung" vielmehr das den Schaden, die Beschädigung, herbeiführende Ereignis (RG JW 1927. 175 [Anm. Ritter] = Sasse Nr. 17, RG 56. 402: „Schadenbringende Ursache", HG Hamburg HGZ 1869. 232: „jedes an und für sich nur beschädigende Ereignis"). Der Unterschied, der insoweit zwischen dem HGB und den ADS besteht, betrifft nicht nur die Fassung, sondern auch den Inhalt der Bestimmungen (vgl. unten Anm. 6).

Anm. 4 b) Beschädigung im Sinne des § 113 ist also die Beschädigung im gewöhnlichen Sinne, der Beschädigungsschaden. Welche Ursache dieser Schaden hat, ist ohne Bedeutung (Ausnahme: § 113 Satz 2). Ob Maschinenteile dadurch beschädigt werden, daß sie bei der Löschung in den Laderaum zurückstürzen und dabei etwa verbogen werden, oder dadurch, daß Seewasser in das Schiff eindringt und die Maschinenteile infolgedessen rosten, gilt gleich (HGZ 1899. 114). Der Versicherer haftet im einen Falle so wenig wie im anderen. Er haftet insbesondere auch dann nicht, wenn die Beschädigung durch das Verschulden der Schiffsbesatzung, namentlich des Kapitäns, herbeigeführt ist (vgl. § 28 Anm. 33, auch die, freilich nicht bedenkenfreien, Entscheidungen HGZ 1885. 21). — Unrichtig HG Hamburg Seebohm 119: „Verlorengegangene und (beschädigt) wieder geborgene Güter könnten nicht als bloß beschädigt in dem Sinne, in welchem dieser Ausdruck im Assekuranzrecht verstanden werde, betrachtet werden", sondern müßten als verloren gelten (vgl. aber auch § 71 Anm. 14, 16).

Anm. 5 4. Die beschädigte Sache kann infolge der Beschädigung verlorengehen.

a) Der Versicherer haftet nach § 851 HGB auch nicht für einen Verlust, der „aus einer Beschädigung entsteht", durch ein beschädigendes Ereignis verursacht ist. Es kommt also auf die Ursache des Verlustes an. Ist die Ursache ein Verlustereignis, so haftet der Versicherer. Ist die Ursache des Verlustes ein Beschädigungsereignis, so haftet der Versicherer nicht. — Nun beginnt fast jeder Verlust (wenigstens jeder Verlust durch Vernichtung) mit einer Beschädigung (§ 28 Anm. 39). Würde also der Versicherer für keinen Verlust haften, der mit einer Beschädigung beginnt, so würde er so ziemlich überhaupt nicht haften. Die Klausel kann also nicht die Bedeutung haben, daß der Versicherer für keinen Verlust haftet, der mit einer Beschädigung beginnt. Der Versicherer haftet jedenfalls, wenn die Beschädigung unmittelbar und adäquat zum Verlust führt, wenn es sich, wie Voigt (599, folgend RG 56. 403, LG Hamburg HGZ 1899. 113) sich ausdrückt, handelt um die „Wirkungen . . . solcher Unfälle, welche den versicherten Gegenstand oder doch einzelne Teile desselben in deren Existenz bedrohen und bei ungehemmtem Effekt vernichten". Man kann in solchem Falle kaum noch von einem ursächlichen Zusammenhang zwischen Beschädigung und Verlust sprechen. Wenn das versicherte Schiff mit einem anderen Schiffe zusammenstößt, ein Leck erhält und alsbald unrettbar sinkt, sind in einem einzigen, untrennbaren Geschehen Beschädigung und Verlust miteinander verbunden, stellt sich das Ganze ausschließlich als Verlust dar. — Anders, wenn der Verlust die adäquate Folge mehrerer Ursachen sein kann und diese dann in dem durch die seeversicherungs-rechtliche Regel causa proxima, non remota spectatur gekennzeichneten Kausalzusammenhang stehen (vgl. § 28 Anm. 17ff.). Wenn etwa das Schiff ein Leck erhält, die Pumpen unklar werden und das Schiff schließlich nicht mehr über Wasser gehalten werden kann, würde der Versicherer gemäß § 851 HGB nicht haften. Anders, wenn das Schiff ein Leck erhält, der Kapitän in der (irrigen) Meinung, daß das Schiff nicht zu halten sei, es auf den Strand setzt und das Schiff dabei verlorengeht. Der Versicherer haftet, — wenn auch nicht für den Beschädigungsschaden, so doch für das, was verlorengegangen ist. **§ 113**

b) Anders nach § 113 ADS. Der Versicherer haftet bei Versicherungen, die sich auf das Schiff beziehen, nur nicht für Beschädigung, dagegen immer für Verlust, für Verlust also auch dann, wenn er „aus einer Beschädigung entstanden ist". Allerdings hat man bis zu den ADS immer für selbstverständlich gehalten, daß der Versicherer auch nicht für einen Verlust hafte, der „aus einer Beschädigung entstanden ist". Denn der Versicherer haftet niemals für die adäquaten und wahrscheinlichsten Folgen versicherungsfreier Ereignisse (§ 28 Anm. 21). Demgemäß beschränkte sich z. B. auch noch § 93 AllgPlan 1847 auf die Bestimmung, daß der Versicherer für Beschädigung nicht hafte. Nur um „Ungewißheit und Streit" (Voigt NAfHR 4. 268) vorzubeugen, bestimmen § 851 HGB, § 103 ASVB ausdrücklich, daß der Versicherer nicht haftet „für einen Schaden, der aus einer Beschädigung entsteht, ohne Unterschied, ob der Schaden in einer Wertsverringerung oder in einem Verlust besteht". Deshalb würde auch an und für sich nach § 113 ADS anzunehmen sein, daß der Versicherer nicht nur nicht für eine Beschädigung, sondern auch nicht für einen Verlust haftet, der die adäquate und nächste Folge einer Beschädigung bildet. Aber § 113 ADS bestimmt ausdrücklich nur für die Versicherungen, die sich auf die Güter beziehen, daß der Versicherer auch nicht für den Verlust haftet, der die adäquate und nächste Folge einer Beschädigung ist. Daraus folgt unabweisbar, daß der Versicherer bei einer Versicherung, die sich auf das Schiff bezieht, für jeden, auch für den Verlust haftet, der die adäquate und nächste Folge einer Beschädigung ist. Anm. 6

c) Der Versicherer haftet also bei Versicherungen, die sich auf das Schiff beziehen, für jeden Verlust. Für Totalverlust, wie für Teilverlust. Insbesondere ist Diebstahl als solcher Verlust, nicht Beschädigung (HGZ 1887. 295, 1888. 28, 170, 1895. 203). Haben die Diebe nicht nur gestohlen, sondern auch beschädigt, so haftet der Versicherer nur für den Diebstahlsschaden, nicht für den Beschädigungsschaden. Werden aus der versicherten Motorbarkasse Zubehörstücke der Maschine gestohlen und die nach § 65 nur „Frei von Beschädigung außer im Strandungsfall" versicherte Maschine dabei beschädigt, so haftet der Versicherer nur für die gestohlenen Sachen, nicht für die Beschädigung der Maschine (HGZ 1900. 23, § 114 Anm. 28). Solcher Teilverlust kann auch Beschädigung des Ganzen sein (§ 28 Anm. 38, 39). Auch für solche Beschädigung haftet der Versicherer nicht. — Über den Begriff des Verlustes, des Totalverlustes, des Teilverlustes vgl. § 28 Anm. 38, § 71 Anm. 5ff., oben Anm. 5. Der Kaskoversicherer haftet also z. B. unbeschränkt, wenn das Schiff angerannt wird, ein Leck erhält und alsbald unrettbar sinkt; er kann den durch das Leck, die „Beschädigung" entstandenen Schaden nicht etwa abziehen. Er haftet ebenfalls, wenn das Schiff ein Leck erhält, sich aber gleichwohl über Wasser halten könnte, dann aber die Pumpen sich verstopfen und das Schiff infolgedessen wegsinkt, oder wenn das Leck gestopft wird und das Schiff von einem zweiten Gegensegler in den Grund gebohrt wird, — aber er haftet nicht für Anm. 7

§ 113 den durch die erste Beschädigung entstandenen Schaden, sondern nur für den Schaden, der durch den Verlust des beschädigten Schiffes entsteht.

Anm. 8 d) **Im Falle einer Versicherung, die sich auf die Güter bezieht, haftet der Versicherer auch nicht dafür, daß die Güter infolge der Beschädigung verlorengehen.** Natürlich (vgl. oben Anm. 6).

1. Beschädigung ist auch hier Beschädigung im gewöhnlichen Sinne, der durch das Beschädigungsereignis herbeigeführte nachteilige Zustand, nicht das Beschädigungsereignis (vgl. oben Anm. 3). § 113 ADS weicht also auch hier von § 851 HGB, § 103 ASVB ab. Aber die Abweichung betrifft hier nur die Fassung, nicht den Inhalt der Bestimmungen. Der Verlust, der die Folge des Beschädigungszustandes ist, muß notwendig auch die Folge des Beschädigungsereignisses sein. Und der Verlust, der die Folge des Beschädigungsereignisses ist, muß (jedenfalls im Sinne des § 851 HGB, § 103 ASVB) auch die Folge des Beschädigungszustandes, des Beschädigungsschadens sein.

Anm. 9 2. Der Verlust muß die adäquate und nächste Folge der Beschädigung sein (vgl. oben Anm. 5). Hiervon kann keine Rede sein, wenn Beschädigung und Verlust im unmittelbaren Zuge aufeinanderfolgen, wenn die versicherten Decksgüter von der ersten Sturzsee beschädigt, von der zweiten über Bord gespült werden (vgl. HansOLG HGZ 1926 Nr. 66 = HRZ 1927. 214 = JRPV 1926. 235 = Sasse Nr. 356, Schlegelberger SVR Bem. 1 zu § 113 ADS). Das Ganze ist nur Verlust und Verlustschaden. Der Versicherer kann den durch die erste Sturzsee verursachten Beschädigungsschaden nicht abziehen (vgl. oben Anm. 7, § 28 Anm. 39). Anders, wenn Wasser in das Schiff dringt und der versicherte Salpeter nach und nach schmilzt (vgl. Prot. 3323, HG u. OG Hamburg Ullrich Nr. 211), wenn die versicherten Ölfässer von einer Sturzsee beschädigt werden und der Inhalt nach und nach ausleckt (vgl. RG 56. 402, 69. 240, HGZ 1900. 96, HansOLG HGZ 1926 Nr. 66 = HRZ 1927. 214 = JRPV 1926. 235 = Sasse Nr. 356; § 28 Anm. 39), wenn die Schiffsbesatzung die versicherten Weinfässer anbohrt und der Inhalt nach und nach ausleckt (Sieveking 151; vgl. auch Voigt 599 und NAfHR 3. 375 ohne besondere Begründung: „Zu unterscheiden sei zwischen den Wirkungen beschädigender, d. h. die Beschaffenheit des versicherten Gegenstandes zunächst nur angreifender oder ihn vermindernder, bei längerer Dauer vielleicht zerstörender Ereignisse, und denjenigen solcher Unfälle, welche den versicherten Gegenstand oder doch einzelne Teile desselben direkt in deren Existenz bedrohen und bei ungehemmtem Effekt vernichten"). Der Versicherer haftet nicht, — nicht für die Beschädigung und nicht für den Verlust. — Anders wieder, wenn der Verlust nicht die nächste, sondern nur eine adäquate Folge der Beschädigung, die Beschädigung also die causa remota des Verlustes ist. Der Fall wird nicht oft vorkommen. Man denke etwa an den Fall, daß die versicherten Güter durch Seewasser beschädigt sind, und der Kapitän in der (irrigen) Meinung, sie würden völlig verderben und die Sicherheit des Schiffes gefährden, sie über Bord wirft oder unterwegs verkauft. Der Versicherer haftet, — wenn auch natürlich nicht für den Beschädigungsschaden, so doch für das, was übriggeblieben ist.

Anm. 10 3. Nach der Regel causa proxima, non remota spectatur bestimmt sich auch die Folge der Unterbrechung des Kausalzusammenhangs. Wenn die versicherten Ölfässer durch eine Sturzsee beschädigt sind und als adäquate Folge ihr Inhalt ausgelaufen wäre, bevor das Schiff den Bestimmungshafen erreicht haben würde, haftet der Versicherer auch dann nicht, wenn das Schiff vorher angerannt wird und sinkt, das Öl aber in diesem Zeitpunkt erst zur Hälfte ausgeleckt ist. Dagegen haftet der Versicherer, wenn die Ölfässer beschädigt werden, ihr Inhalt zur Hälfte ausleckt, das Schiff mit der anderen Hälfte den Bestimmungshafen erreicht haben würde, ihn aber nicht erreicht, sondern mit einem anderen Schiffe zusammenstößt und sinkt; aber er haftet natürlich nur für die durch den Zusammenstoß, nicht für die durch die Beschädigung verlorene Hälfte. Vgl. § 28 Anm. 23, 24, RG 89. 147, RG HGZ 1919. 14, HGZ 1900. 96, OAG Lübeck SA 11 Nr. 170, HG u. OG Hamburg HGZ 1877. 59, 136, 312; nicht bedenkenfrei: HGZ 1920. 291. **§ 113**

4. Der Versicherer haftet **insbesondere nicht dafür, daß die Güter infolge der Beschädigung in ihrer ursprünglichen Beschaffenheit zerstört werden** (über diesen Begriff vgl. § 91 Anm. 7, auch Rechtsbank Amsterdam ITVMitt 1922. 172: Frei von Beschädigung versichertes Eis schmilzt infolge stürmischen Wetters und eindringenden Seewassers). Anm. 11

„Insbesondere“: Es handelt sich nur um einen Beispielfall des Verlustes (RG 56. 403, HGZ 1903. 263). Auch § 851 HGB führt nur als Beispiel eines Verlustes an, „daß die versicherten Güter gänzlich verdorben und in ihrer ursprünglichen Beschaffenheit zerstört den Bestimmungshafen erreichen“. Ob die Güter den Bestimmungshafen überhaupt erreichen, ob sie ihn zwar vollständig, aber zerstört erreichen, ob sie ihn nur mit kümmerlichen Resten erreichen, ist grundsätzlich ohne Bedeutung (HGZ 1903. 263). — § 851 HGB führt noch als weiteres Beispiel eines Verlustes infolge Beschädigung den Fall an, daß „die versicherten Güter während der Reise wegen Beschädigung und drohenden Verderbs verkauft worden sind“. Natürlich haftet der Versicherer auch nach § 113 ADS nicht, insbesondere nicht, wenn der Kapitän verkauft hat. Er würde nicht haften, wenn der Kapitän schadenabwendungsweise verkauft hat, — denn der Kapitän würde zur Minderung nicht von Versicherungsschaden, sondern von versicherungsfreiem Schaden verkauft haben (vgl. auch OG Hamburg HambS 3. 93; zu eng: HGZ 1903. 263; abw. für § 851 HGB Burchard BaumgartnersHdwbuch 669). Er würde nicht gemäß § 96 Abs. 2 haften, — denn der Kapitän würde nicht infolge eines Gefahrunfalls verkauft haben. Er würde nicht gemäß § 81 haften, — denn der Kapitän würde nicht zur Fortsetzung der Reise verkauft haben. Er würde nur haften, wenn der Kapitän unberechtigt (etwa weil er, irrtümlich, die beschädigten Güter für dem Verderb geweiht ansieht) verkaufen würde, — zwar nicht für den Beschädigungsschaden, wohl aber für den Verlust desjenigen, was sonst nicht verloren gewesen wäre (vgl. § 33 Anm. 45; dahingestellt von HGZ 1903. 263).

5. Über den Begriff der Versicherung, die „sich auf die Güter bezieht“, vgl. § 33 Anm. 32, § 99 Anm. 2. Anm. 12

5. Insbesondere Bruch. a) Wie sich unter den Ausdrücken Verlust und Beschädigung sowohl das Verlust oder Beschädigungsereignis als auch der Verlust oder Beschädigungsschaden verstehen läßt, so kann man unter dem Ausdruck Bruch sowohl das Bruchereignis als auch den Bruchschaden verstehen. Wie man aber unter den Ausdrücken Verlust und Beschädigung im Rechtsverkehr gewöhnlich den Verlust- oder Beschädigungsschaden versteht, so versteht man auch unter dem Ausdruck Bruch gewöhnlich den Bruchschaden (vgl. oben Anm. 3). Anm. 13

b) Bruch kann Verlust und kann Beschädigung sein (vgl. z. B. HGB § 459 Nr. 4, ADS § 86 Abs. 1). Wenn eine Kette bricht, von Holz- oder Porzellanwaren ein Stück ab- oder ausbricht, Leder oder Pappe bricht (vgl. ME 253), wird es sich regelmäßig um Beschädigung handeln. Wenn Glas- oder Porzellanwaren oder Maschinenteile zerbrechen, wird es sich regelmäßig um Verlust handeln. Ebenso, wenn Ölfässer von einer Sturzsee zerschlagen werden und sich entleeren. Ist Bruch Verlust, so entstehen im allgemeinen die Rechtsfolgen des Verlustes; insbesondere sind Bruchschäden nach den für den Fall des Verlustes geltenden Grundsätzen zu regulieren (vgl. §§ 71, Anm. 14

§ 113 74, 91, 92). Ist Bruch Beschädigung, so entstehen im allgemeinen die Rechtsfolgen der Beschädigung; insbesondere sind Bruchschäden nach den für den Fall der Beschädigung geltenden Grundsätzen zu regulieren (vgl. §§ 74, 93).

Anm. 15 c) Nun ist Bruchverlust in der Regel ursprünglicher Verlust, d. h. wenn überhaupt Beschädigung, so doch eine unmittelbar zum Verlust führende Beschädigung, also eine Beschädigung, die als solche rechtlich nicht in Betracht kommt. Wenn versichertes Steingut bei der Löschung in den Laderaum zurückstürzt und vollständig zerbricht, ist das Steingut verloren, nicht beschädigt. Ebenso, wenn Ölfässer zertrümmert werden und sich ihres Inhalts sofort entleeren. Steingut und Fässer sind insbesondere nicht „infolge der Beschädigung verlorengegangen" (ADS § 113). Ihr Verlust ist nicht „aus einer Beschädigung entstanden" (HGB § 851; LG Hamburg HGZ 1899. 113). Als die Klauseln „Frei von Beschädigung" und „Frei von Beschädigung außer im Strandungsfall" im deutschen Seeversicherungs-Verkehr aufkamen, war man sich hierüber offenbar nicht klar. Dieselben Gründe, die für die Beschränkung der Haftung des Versicherers im Falle der Beschädigung sprachen, sprachen für die Beschränkung der Haftung des Versicherers im Falle des Bruchs, und zwar eines Bruchs jeder Art, einer Bruchbeschädigung sowohl wie eines Bruchverlustes, der aus einer Beschädigung entsteht, wie eines reinen oder ursprünglichen Bruchverlustes. Aber man erkannte nicht, daß ursprünglicher Bruchverlust bloßer Verlust und in keinem Sinne Beschädigung ist. Man glaubte, daß ursprünglicher Bruchverlust immer aus Beschädigung entstandener Verlust sei. Und man glaubte schließlich gar, daß ursprünglicher Bruchverlust überhaupt kein Verlust, sondern Beschädigung sei, daß immer „Bruch eine Art der Beschädigung" oder „eine besondere Art der Beschädigung sei", daß „Beschädigung" der weitere, „Bruch" der engere Begriff sei. So erklärt sich die Ordnung des Stoffes in §§ 851, 852 HGB, §§ 103, 104 ASVB; die „Frei-von-Bruch"-Klausel wird hier, deutlich erkennbar, nur als eine gegenüber der „Frei-von-Beschädigung"-Klausel beschränktere Klausel behandelt (vgl. auch AllgPlan 1847 § 93, ASVB § 87). So erklärt sich, daß nach § 49 ASVB (= ADS § 84) die Versicherung beschädigt abgeladener Güter als „Frei von Beschädigung" gelten sollte, und daß nach § 50 ASVB (= ADS § 83 Abs. 1) die Versicherung von Vorreise-Gütern als „Frei von Beschädigung außer im Strandungsfall" gelten sollte, — man hat niemals daran gezweifelt, daß der Versicherer auch „Frei von Bruch" oder „Frei von Bruch außer im Strandungsfall" war.

Anm. 16 d) Man wird die Erklärung dieser auffallenden Erscheinung in der früheren Überspannung der Regel causa proxima, non remota spectatur erblicken dürfen (vgl. dazu § 28 Anm. 21). Wenn man diese Regel mit der älteren englischen Rechtslehre und Rechtsprechung, die ja auf die deutsche Rechtsentwicklung abgefärbt hatten, nur beim Worte, nicht bei ihrem vernünftigen Sinne nahm, wenn man das Wesen der causa-proxima-Regel in den Satz zusammenfaßte: where there is a succession of causes which must have existed in order to produce the result, the last cause only must be looked to and the others rejected, although the result would not have been produced without them, mochte man allerdings, wenn eine Kiste mit Porzellanwaren aus der Schlinge fiel und das Porzellan sich in einen Haufen Scherben verwandelte, der Auffassung gewesen sein, daß nicht die Lösung der Schlinge, nicht die mangelhafte Befestigung der Kiste, sondern erst die Beschädigung des Porzellans beim Sturz die versicherungsrechtlich maßgebende Ursache der Zerstörung und des Verlustes gewesen sei. Die Rechtsprechung hat sich jedenfalls dieser Meinung angeschlossen. Sie hat angenommen, daß Bruchschaden in jedem Falle Beschädigungsschaden, insbesondere unmittelbarer Bruchverlust aus einer Beschädigung entstandener Bruchschaden, und hierüber hinaus auch, daß Bruch immer, also selbst wenn die Sache unmittelbar zerstört wird, Beschädigung sei, daß sich die Klausel „Frei von Bruch" zur Klausel „Frei von Beschädigung" etwa wie

„die Spezies zum Genus zu verhalten scheine" (OAG Lübeck HambS 3. 101), daß z. B. Maschinen in einer Kiste, die bei der Löschung in den Schiffsraum zurückstürzen, zerbrechen und vollständig zerstört werden, nicht etwa total verloren, sondern nur beschädigt seien (RG HGZ 1899. 190, HGZ 1899. 114; dagegen Sieveking 153), daß Bierflaschen in Kisten, die dadurch, daß das Schiff auf Grund stößt, zerbrechen, „durch Bruch beschädigt" seien (HG u. OG Hamburg, ROHG HGZ 1874. 27, 385), daß Honigfässer, die im Sturm „gänzlich zertrümmert und zu einem förmlichen Brei zusammengedrückt" sind, nicht verloren, sondern nur beschädigt seien (HG u. OG Hamburg HGZ 1870. 98, 144), daß ein Faß Wein, von dem nach verhängnisvollem Sturm „nur noch die losen Stäbe vorhanden" sind, noch nicht ganz „zugrunde gegangen", sondern nur beschädigt sei (LG Hamburg HGZ 1887. 186), daß Öl- oder Weinfässer, die durch Sturzseen vollständig zertrümmert und ihres Inhalts beraubt werden, nur beschädigt seien, daß es sich in solchem Falle um ein „Ereignis handle, das sich typisch als Beschädigung darstelle" (RG 89. 146; zustimmend Sieveking 150; dagegen Burchard BaumgartnersHdwbuch. 669: „Richtiger sei es, von einem Totalverlust zu reden, für den der Versicherer auf Grund der Klausel nicht hafte"). Im Falle RG 56. 400, HGZ 1903. 261 waren von 143 Tierces Schmalz 57 infolge eines Sturmes „vollständig zertrümmert" und „ausgelaufen". Die Entschädigungsklage des Versicherten wurde abgewiesen. Aber nicht deshalb, weil der Schaden ursprünglicher Bruchverlust sei, die „Frei-von-Beschädigungs"-Klausel aber den Versicherer der Verkehrsauffassung nach auch gegen ursprünglichen Bruchverlust schütze. Auch nicht deshalb, weil es nach der Wortauslegung der causa-proxima-Regel nicht auf den Sturm, sondern auf die Beschädigung der Fässer als die Ursache der Zerstörung und des Verlustes ankomme. Sondern, indem man einen besonderen „assekuranzrechtlichen Begriff der Beschädigung" (HGZ 1899. 114) konstruierte, der den ursprünglichen Bruchverlust mitumfaßt. Dieser „assekuranzrechtliche Begriff der Beschädigung" steht indessen mit der Welt der Tatsachen in verhängnisvollem Widerspruch. Was verloren ist, ist verloren. Die Begriffsjurisprudenz bringt es nicht zurück und macht keine Beschädigung daraus. Man sollte anerkennen, daß es verloren ist, und sich damit bescheiden, daß der Versicherer trotzdem nach altem, an der Hand zu wörtlicher Auslegung der causa-proxima-Regel geleitetem Herkommen nicht haftet. Sonst gerät man nur in die Enge. Wenn versicherte Schmalzfässer „völlig zertrümmert", nur noch „Trümmer", Holz und Brei, übrig sind, und der Versicherer auch für Beschädigung haftet, würde man den Schaden nach den Grundsätzen regulieren müssen, die für den Beschädigungsfall gelten, — was unmöglich ist. **§ 113**

e) Die ADS haben (ausgesprochenermaßen: Begr. z. E 1910 §§ 113—115) den alten Brauch nicht beseitigen wollen und gemäß dem Zwecke der §§ 82—84, 113, 114 usw. ADS, der „ratio legis", auch nicht beseitigen können. Was früher „praeter legem", neben den ASVB Rechtens war, muß daher auch neben den ADS Rechtens bleiben. Der Versicherer haftet für keine Art von Bruchverlust (§ 113) oder doch nur im Strandungsfall (§ 114). Er haftet nicht allein nicht, wenn etwas ab- oder ausbricht, sondern auch nicht, wenn etwas zerbricht, nicht nur nicht, wenn der Bruchschaden bloße Beschädigung oder die adäquate und nächste Folge einer Beschädigung ist, sondern auch nicht, wenn er ursprünglicher Verlust ist, z. B. nicht, wenn „eine Kiste Porzellanwaren durch Sturz in den Schiffsraum in einen Haufen Scherben verwandelt wird" (abw. Sieveking 53). Er haftet insbesondere in den Fällen der §§ 82 Abs. 1, 83, 84 für Bruchverlust ebensowenig wie für Bruchbeschädigung (vgl. auch § 59 Anm. 14). Wenn Ölfässer und dergl. brechen, würde er übrigens gemäß § 86 Abs. 2 auch nur im Strandungsfall haften, weil selbst die vollständige Entleerung der Fässer infolge Bruchs als (außergewöhnliche) Leckage angesehen wird (§ 86 Anm. 13). Anm. 17

§ 113 Anm. 18 6. Nach § 113 Satz 1 in Verbindung mit § 29 Abs. 1 Satz 2 würde der Versicherer für Havariegrosse-Aufopferungen nur insoweit haften, als durch die Aufopferung kein Beschädigungsschaden abgewendet werden sollte. Der Versicherer würde hiernach zunächst nicht für den Verlustschaden haften, der um eine Beschädigung abzuwenden, im Havariegrosse-Fall angerichtet ist. Das würde indessen dem Zwecke und der ihm zu entnehmenden Bedeutung der Klausel widersprechen. Die Klausel will verhindern, daß dem Versicherer Beschädigungen zur Last gelegt werden, für die er nach allgemeinen Grundsätzen nicht haftet, insbesondere Schäden, die durch die natürliche Beschaffenheit der Güter entstehen, aber als solche bei manchen Gütern oft schwer festzustellen sind. Bei Havariegrosse-Schäden besteht diese Gefahr nicht. Man hat daher auch immer den Versicherer für die Havariegrosse-Beiträge haften lassen, die für den im Havariegrosse-Fall entstandenen Verlustschaden zu entrichten waren, mochte der Verlustschaden zur Abwendung eines Verlustes oder eines Beschädigungsschadens zugefügt sein (ausdrücklich: HGB § 851 Abs. 3). Dasselbe gilt von Havariegrosse-Kosten, die zur Abwendung (auch) eines Beschädigungsschadens der versicherten Sache entstehen (ausdrücklich: HGB § 851 Abs. 3). Dagegen ist streitig, ob der Versicherer für Havariegrosse-Beiträge haftet, die wegen einer Havariegrosse-Beschädigung der versicherten Sache zu entrichten sind. Dafür Prot. 3545, Heck 505, Lewis 2.410, Sieveking 128, 151, Winkler 49, HGZ 1892. 162, HG u. OG Hamburg HGZ 1868. 122, Seebohm 500 und NAfHR 1. 323. Dagegen Voigt 546, NAfHR 2. 301 und Erläuterungen 1863. 44, HGZ 1882. 76; auch OLG Hamburg HRZ 1920. 37 (freilich ohne sich der Bedeutung der Frage bewußt zu sein); ausdrücklich anders: ASVB § 87 Abs. 2 (dagegen Heck 505). Aus denselben Gründen, aus denen der Versicherer im Havariegrosse-Fall für Verlustschaden haftet, muß er auch für Havariegrosse-Beiträge haften, die für eine Beschädigung der versicherten Sache zu entrichten sind. Hinzukommt, daß der Versicherungsnehmer zu beweisen hat, daß die Beschädigung, für die er Ersatz verlangt, Havariegrosse-Beschädigung ist (HGZ 1882. 76). Aus den ADS hätte indessen die Auffassung abgeleitet werden können, daß der Versicherer für Havariegrosse-Beschädigungen der versicherten Sache nicht haftet. Denn nach § 31 haftet der Versicherer ja für eine zur großen Haverei gehörende Beschädigung der versicherten Sache nach den für seine Haftung im Falle einer besonderen Haverei, also einer gewöhnlichen Beschädigung geltenden Grundsätzen. Deshalb bestimmt § 113 Satz 2: **Der Versicherer haftet jedoch für Aufopferungen, die in einer Beschädigung bestehen,** für Beschädigungen, die durch eine Aufopferung entstehen (übrigens im Gegensatz zum E 1910 § 112 und zu den ASVB § 87 Abs. 2).

Aber die Tragweite dieser Bestimmung reicht weiter. Aufopferungen und Havariegrosse-Aufopferungen sind keine gleichbedeutenden Ausdrücke (vgl. § 29 Anm. 12, § 34 Anm. 9). Aus dem Umstand, daß der Ausdruck im § 31 nur im Sinne von Havariegrosse-Aufopferungen gebraucht ist, ist nicht zu schließen, daß der Ausdruck im § 113 in demselben Sinne gebraucht ist. Aufopferungen sind vielmehr nach allgemeinem Sprachgebrauch Verluste, Beschädigungen und Aufwendungen, die zur Rettung von Personen oder Sachen gemacht werden. Beschädigungen, die zu solchen Aufopferungen gehören, dem Versicherer nicht zur Last zu legen, besteht auch dann kein Grund, wenn die Klausel „Frei von Beschädigung" vereinbart ist. Deshalb legt § 113 solche Beschädigungen dem Versicherer allgemein zur Last (abw. Ulrich 232: nur „Havariegrosse-Opfer"; wie hier Schlegelberger SVR Bem. 3 zu § 113 ADS). Vgl. HansOLG JRPV 1930. 84 = Sasse Nr. 398, RG JRPV 1930. 114 = Sasse Nr. 46: Beschädigung eines Motors durch Überanstrengung bei einem Abbringungsversuch. Solche Beschädigungen fallen daher dem Versicherer insbesondere auch dann zur Last, wenn die Aufopferung deshalb keine Havariegrosse-Aufopferung ist, weil nicht beide,

Schiff sowohl wie Ladung, ganz oder teilweise gerettet sind (vgl. HGB § 703), oder weil das Schiff keine Ladung fährt (vgl. § 29 Anm. 29ff.). **§ 113**

Anm. 19 7. Aufwendungen zur Schadensabwendung oder Schadensminderung und Schadenfeststellungs-Kosten fallen dem Versicherer insoweit nicht zur Last, als sie einen Schaden betreffen, für den der Versicherer nach § 113 nicht haftet (§ 32; vgl. HGB § 851 Abs. 3, Prot. 3323, Begr. z. E 1910 § 112). Anders, wenn die Aufwendungen zur Schadensabwendung oder Schadensminderung in Aufopferungen, die Aufopferungen in Beschädigungen bestehen (oben Anm. 18).

Anm. 20 8. Beweislast. Ist die versicherte Sache beschädigt, so muß der Versicherungsnehmer beweisen, daß der Versicherer (ausnahmsweise: § 113 Satz 2) gleichwohl haftet (vgl. auch oben Anm. 18). — Sind die versicherten Güter verlorengegangen, so muß der Versicherer beweisen, daß sie infolge einer Beschädigung verlorengegangen sind, wenn dies nicht ohne weiteres feststeht, der Versicherungsnehmer beweisen, daß diese Beschädigung, ausnahmsweise, dem Versicherer zur Last fällt (vgl. auch HansOLG HGZ 1927 Nr. 130 = HRZ 1927. 939 = Sasse Nr. 373, HansRGZ 1928 B 787). — Behauptet der Versicherer, daß vor dem ihm zur Last fallenden Verlust eine ihm nicht zur Last fallende Beschädigung entstanden ist, so muß er es beweisen (HGZ 1900. 96).

Anm. 21 9. **Fremde Rechte.** a) Englisches Recht. Die entsprechende Klausel kommt, wie die deutsche, im allgemeinen nur mit der Ausnahme des Strandungsfalls vor (§ 114 Anm. 36; vgl. aber auch § 120 Anm. 31). Im übrigen weicht sie von der deutschen erheblich ab (irrtümlich anders: RG 69. 241, OG Hamburg NAfHR 1. 324). Sie lautet: Warranted free from particular average (kurz: F. P. A.) oder auch: Warranted free from average, unless general (Lloyd's Police). Die Bedeutung beider Klauseln ist gleich (RCP 13). The assured cannot recover for a loss of part, other than a loss incurred by a general average sacrifice (MIA § 76 Abs. 1); aber the insurer is nevertheless liable for salvage charges, and for particular charges and other expenses properly incurred pursuant to the provisions of the suing and labouring clause in order to avert a loss insured against (MIA § 76 Abs. 2; vgl. dazu MIA § 64 Abs. 2 Satz 2, RCP 13, auch Voigt 604, und NAfHR 3. 375, Sieveking 152, HG u. OG Hamburg HGZ 1869. 232, 240). Der Versicherer haftet also nur für Totalverlust, Havariegrosse-Schaden und Schadenabwendungs-Kosten, für letztere in den üblichen Grenzen (vgl. § 32 Anm. 33). Er haftet insbesondere nicht für Teilverlust (anders irrtümlich: RG 69. 241). Anders natürlich, wenn der Teil als besonders versichert gilt und total verlorengeht (vgl. ADS § 7); if the contract be apportionable, the assured may recover for a total loss of any apportionable part (MIA § 76 Abs. 1). Die Praxis hat eine Konzession machen müssen. Auch wenn der Teil nicht besonders versichert ist, haftet der Versicherer für den Totalverlust des Teiles, wenn die Police, zusammenfassend, mehrere selbständige, verschiedenartige Gegenstände (z. B. Seemannseffekten oder Auswandererhausrat) deckt und einzelne solche Gegenstände total verlorengehen oder gar nur einzelne Gegenstände gerettet werden (Duff v. Mackenzie 1857, Wilkinson v. Hyde 1858 bei Arnould 1049 s. 1076; derselbe Fall im deutschen Rechtsverkehr: HG u. OG Hamburg Seebohm 117; vgl. auch § 91 Anm. 11). Andererseits haftet der Versicherer, wenn die Güter, sei es auch infolge einer Beschädigung, in ihrer ursprünglichen Beschaffenheit zerstört werden, sie in specie nicht mehr vorhanden sind (Arnould 1041 s. 1069; über den Begriff species: Arnould 1044 s. 1069, 1070), und zwar auch dann, wenn sie in dieser Verfassung den Bestimmungsort erreichen (über früher abweichende, der deutschen Auffassung entsprechende Meinungen vgl. Arnould 1040 s. 1065, 1044 s. 1070; ebenso die amerikanische Rechtsprechung bei Arnould 1041 s. 1066). — Über Versuche, die englischen Klauseln nach Deutschland zu verpflanzen vgl. ÄndVorschl. Stettiner zu § 98, ME § 103 und S. 253. Vgl. auch die im Falle Rspr 14. 388 unzweckmäßiger-

§ 113 weise benutzte Klausel: „Deckladungen von England nach Rotterdam sind mitversichert, jedoch gelten sie nur gegen Wurf und Spülen und frei von Partikularschäden gedeckt", und dazu OLG Karlsruhe unrichtig: „Der Sinn des Ausdrucks »Partikularschaden« sei keinesfalls unbedingt feststehend; es sei überhaupt kein seeversicherungstechnischer Ausdruck . . . , nach dem Wortlaut habe ihn der Versicherungsnehmer dahin verstehen dürfen, daß er sich lediglich auf teilweise Beschädigung der einzelnen versicherten Gegenstände, nicht aber auf das gänzliche Leerlaufen der zu nahezu wertlosen Stücken zertrümmerten Fässer habe beziehen sollen".

Anm. 22 b) Französisches Recht. Die entsprechende Klausel „franc d'avaries" affranchit les assureurs de toutes avaries, soit communes, soit particulières, excepté dans les cas, qui donnent ouverture au délaissement et l'exercise d'action d'avarie (C. de comm. Art. 409). Der Versicherer haftet auch im Havariegrosse-Fall nicht für Teilverlust oder Beschädigung; aber er kann, wie überhaupt, so auch trotz der Klausel nach C. de comm. Art. 369 abandonnieren en cas de perte ou détérioration des effets assurés, si la détérioration ou la perte va au moins à trois quarts (näheres: Ripert Nr. 2662; vgl. aber auch § 71 Anm. 54, § 91 Anm. 15). Der Kapitän des franc d'avaries versicherten Schiffes ist also stark versucht, aus einer Partikularhavarie einen Totalverlust zu machen. Um ihn dieser Versuchung zu entziehen, bestimmt die Kaskopolice (Art. 27 Abs. 1), daß en cas d'échouement, suivi de remise à flot, ainsi que d'assistance au navire en détresse et de sauvetage en mer, tous les frais exposés pour le renflouement, l'assistance et le sauvetage seront remboursés sans franchise au prorata des sommes assurées même dans les assurances souscrites franc d'avaries (vgl. auch Ripert et Audouin Revue int. du droit mar. 30. 147).

§ 114

„Frei von Beschädigung außer im Strandungsfall"

(1) Der Versicherer haftet für eine Beschädigung nur im Falle einer Strandung. Eine Beschädigung, die durch die Strandung entstanden sein kann, gilt im Zweifel als durch sie verursacht. Im übrigen finden die Bestimmungen des § 113 entsprechende Anwendung.

(2) Eine Strandung liegt vor, wenn das Schiff auf Grund gerät und nur durch außergewöhnliche Maßregeln abgebracht werden kann; als außergewöhnliche Maßregel gilt es insbesondere, wenn die Masten gekappt oder Güter gelöscht oder geworfen werden oder ungewöhnlich hohe Flut abgewartet wird, dagegen nicht, wenn das Schiff auf seinen Ankern windet, die Segel backgestellt werden oder die Schraube rückwärtsschlägt. Als eine Strandung ist es auch anzusehen, wenn das Schiff kentert, sinkt, scheitert, mit anderen Fahrzeugen zusammenstößt oder beschossen wird oder wenn auf dem Schiffe ein Brand oder eine Explosion stattfindet.

(3) Bei einer Versicherung, die sich auf die Güter bezieht, ist es als eine Strandung anzusehen, wenn das Schiff auf Grund stößt oder auf Grund festgerät oder mit anderen Sachen zusammenstößt oder durch Eis beschädigt wird oder wenn einer der im Absatz 2 Satz 2 bezeichneten Fälle vorliegt. Der Versicherer haftet jedoch nur, wenn der Schiffskörper infolge des Unfalls so erheblichen Schaden gelitten hat, daß die Beschädigung der Güter durch den Unfall verursacht sein kann. Ist streitig, ob ein Brandschaden durch Selbstentzündung der Güter verursacht ist, so trifft die Beweislast den Versicherungsnehmer.

1. Vgl. HGB §§ 851, 853, ASVB §§ 87 Abs. 2, AlteGP Zusatz zu ASVB §§ 104, 105 (Mat 2. 101), BSVB §§ 15, 16. **§ 114** Anm. 1

2. **Literatur:** Vorb. vor § 113, § 113 Anm. 1. Cropp Heise u. Cropp 1. 54 (Vom Stoßen im Sinne der Pläne der Assecuranzcompagnien), 1. 65 (Vom Strandungsfall im Sinne der Pläne usw.). Girtanner AssJB 3. 305 („Frei von Beschädigung außer im Strandungsfall"). Glashoff Sammlung 2. 26 (Was ist unter einem Strandungsfall zu verstehen?), 3. 5 (Bestimmung des Begriffs Strandung). Kreutziger VersR 1963. 798 (Zum erweiterten Strandungsfall). Prien, Die sogenannte Strandungsklausel im Weltverkehr, 1890. Trummer AfHR 2. 60 (Über den Begriff von Strandung in der Klausel: Frei von Beschädigung außer im Strandungsfall). Anm. 2

3. **Abs. 1 Satz 1 und 3, Abs. 2. Der Versicherer haftet nicht für Beschädigung.** Er haftet **bei einer Versicherung, die sich auf die Güter bezieht, auch nicht dafür, daß die Güter infolge der Beschädigung verlorengehen,** insbesondere in ihrer ursprünglichen Beschaffenheit zerstört werden. Näheres hierüber: § 113 Anm. 3—17. — **Der Versicherer haftet** ausnahmsweise **für Aufopferungen,** die in einer Beschädigung bestehen. Näheres hierüber: § 113 Anm. 18, 19. — Der Versicherer haftet **ferner** ausnahmsweise allgemein: Anm. 3

a) **im Falle der Strandung.** Man hat sich indessen mit diesem Ausdruck nicht begnügt. Denn man hat mit ihm schlechte Erfahrungen gemacht. „Nach der neueren Bedeutung (des Ausdrucks) . . . konnte eigentlich nie ein Strandungsfall existieren", wird überliefert („Einige Bemerkungen" zum Plan 1800 Nr. 22, Trummer AfHR 2. 62, OG Hamburg HambS 1. 628). Man hat sich zunächst darauf beschränkt, den Begriff der Strandung festzustellen (Plan 1800 Nr. 22, AllgPlan 1847 § 93), später in immer größerem Umfang dem Strandungsfall Fälle gleichgestellt, die mit einer Strandung nichts zu tun haben; und zwar ohne die althergebrachte Bezeichnung der Klausel zu ändern. Über die Mißhelligkeiten, die aus der Beschränkung der Klausel auf den eigentlichen Strandungsfall entstanden waren, und die mehr oder minder gewaltsamen Versuche der Rechtsprechung, sie zu beheben, vgl. insbesondere Benecke 3. 294, Cropp Heise u. Cropp 1. 65, Glashoff 3. 5, Kiesselbach 147, Pöhls 4. 252, 328, Trummer AfHR 2. 71, Voigt 606 und NAfHR 4. 268, HG u. OG Hamburg OAG Lübeck HambS 1. 627, 3. 96, Wunderlich 1. 111, Seebohm 117, HH 148). — **Gestrandet ist das Schiff** nach § 114 Abs. 2, wenn es zwei Voraussetzungen erfüllt: Anm. 4

1. **wenn es auf Grund gerät.** § 853 HGB sagt: wenn es auf den Grund „festgerät". Ein sachlicher Unterschied besteht nicht. Denn die Art, wie das Schiff auf Grund geraten sein muß, ergibt sich im einen wie im anderen Falle erschöpfend aus der zweiten Voraussetzung, daß das Schiff nur durch außergewöhnliche Maßregeln abgebracht werden kann (vgl. auch die Ausdrucksweise im Abs. 3 Satz 1). — Ob das Schiff auf einen „Strand" oder auf eine Sandbank, eine Klippe usw. gerät, gilt gleich (Cropp Heise u. Cropp 1. 75, HG u. OG Hamburg, OAG Lübeck Heise u. Cropp 1. 76, 83, HambS 1. 627, Ullrich Nr. 274). Ebenso, ob es unmittelbar auf Grund gerät oder auf einen am Grunde befindlichen Gegenstand, z. B. auf ein Wrack (Sieveking 154). Ebenso ist, vom Standpunkt der Klausel aus wenigstens, ohne Bedeutung, ob das Schiff unversehens auf Grund gerät oder ob es vom Versicherungsnehmer oder von der Besatzung oder von Dritten, Seeräubern oder Dieben, auf Grund gesetzt wird (HG u. OG Hamburg HGZ 1877. 59, 136, 311; abw. HGZ 1910. 23). Wenn insbesondere das leck gewordene Schiff vom Kapitän auf Grund gesetzt wird, um zu verhüten, daß das Schiff unrettbar sinkt und total verlorengeht, und nur zur Flutzeit vom Wasser überspült wird, ist es regelmäßig überflüssig, zu fragen, ob das Schiff im Sinne des § 14 Abs. 2 Satz 2 „gesunken" sei und aus diesem Grunde ein strandungs- Anm. 5

§ 114 ähnlicher Fall vorliege (so RG 10. 15, HGZ 1882. 131, und zwar wegen BSVB § 16 mit Recht). Das Schiff ist gestrandet. Fraglich kann nur sein, ob der durch das Leck, nicht durch die Strandung, verursachte Schaden zu ersetzen ist (unten Anm. 27, 28). — Nach § 853 HGB muß das Schiff „unter nicht gewöhnlichen Verhältnissen der Seeschiffahrt" auf Grund geraten sein (vgl. schon Plan 1800 Nr. 22: „durch gewaltsame Umstände, nicht etwa auf einen durch Ebbe entstehenden Grund festzusitzen kommen"). Das liegt schon im Begriff des Auf-den-Grund-Geratens und ist deshalb nicht besonders ausgesprochen (vgl. Begr. z. E 1910 § 113; abw. Burchard BaumgartnersHdwbuch 675). Das Schiff „gerät" nach der Anschauung des Seeverkehrs nicht auf Grund, wenn es etwa im Hafen liegt und bei Ebbe den Grund berührt. Wenn es unter solchen Umständen beschädigt wird, bricht oder durch Gegenstände beschädigt wird, die am Grunde liegen, oder sich schräg legt, voll Wasser läuft und nur durch außergewöhnliche Maßregeln wieder auf die Beine gestellt werden kann, ist das Schiff nicht „gestrandet", haftet der Versicherer nicht (abw. Sieveking 154). So insbesondere auch, wenn es zu stark oder unzweckmäßig beladen ist, deshalb am Grunde festsitzt und Güter gelöscht werden müssen. Anders, wenn das Schiff sich auf Pfähle setzt, die im Flußbett zu Korrektionszwecken angebracht sind und festgerät (Arnould 848 s. 884, 850 s. 886).

Anm. 6 2. **und wenn es nur durch außergewöhnliche Maßregeln abgebracht werden kann.** Vorausgesetzt ist, daß es überhaupt abgebracht werden kann. Daß es als gestrandet betrachtet werden muß, wenn es „nicht wieder flott wird" (so ausdrücklich HGB § 853), versteht sich von selbst. — Natürlich kommt es nicht darauf an, ob das Schiff tatsächlich durch außergewöhnliche Maßregeln abgebracht wird, sondern darauf, daß es „nur durch außergewöhnliche Maßregeln abgebracht werden kann". Die bloße Tatsache, daß das auf Grund geratene Schiff sich (etwa zufällig sich darbietender) fremder Hilfe bedient, um abzukommen, beweist nicht, daß es solcher Hilfe bedarf und nicht durch eigene Kraft abkommen kann (Burchard BaumgartnersHdwbuch 675, HG u. OG Hamburg, OAG Lübeck HambS 2. 548). Im übrigen richtet sich nach den Umständen des Falles und seemännischer Erfahrung, ob „das Schiff nur durch außergewöhnliche Maßnahmen abgebracht werden kann". Aber Gesetz und ADS ordnen einzelne Rechtsvermutungen an, zwar nicht dafür, in welchen Fällen ein Schiff „nur durch außergewöhnliche Maßnahmen abgebracht werden kann", aber doch wenigstens dafür, was jedenfalls als „außergewöhnliche Maßregel" angesehen werden soll, und was nicht:

Anm. 7 α) Als **außergewöhnliche Maßregel** soll angesehen werden:

αα) **wenn die Masten gekappt werden.**

ββ) **wenn Güter gelöscht oder geworfen werden.**

γγ) **wenn ungewöhnlich hohe Flut,** insbesondere Springflut (vgl. jedoch auch PreußE Art. 648 Abs. 2: „ungewöhnlich hohe Springflut"), **abgewartet wird.** Wird das Schiff durch den Strom vom Anker getrieben, von der Ebbe auf eine Klippe gesetzt und von der Flut wieder abgebracht, so haftet der Versicherer nicht (OG Hamburg, OAG Lübeck HambS 1. 630). — Nach HGZ 1896. 184 sind die Fälle, daß das Schiff infolge ungewöhnlich hoher Flut abkommt, und die Fälle, in denen das Schiff sonstwie durch außergewöhnliche Maßregeln abgebracht wird, dadurch unterschieden, daß in den letzteren Fällen „dem Schiffe oder der Ladung vorsätzlich ein erheblicher Schaden zugefügt oder Kosten verursacht werden". Für solche Annahme besteht (und bestand) kein Grund. — Nach § 853 Nr. 2 HGB gilt es auch als Strandung, wenn das Schiff ohne außergewöhnliche Maßregel, aber, „nachdem es durch das Festgeraten einen erheblichen Schaden am Schiffskörper erlitten hat", wieder flott wird. Anders nach § 114 ADS. Der Umstand, daß das Schiff Schaden genommen hat, wird nur bei der Güterversicherung und auch bei dieser in anderem Sinne gewertet (§ 114 Abs. 3). **§ 114**

β) Als außergewöhnliche Maßregel soll **nicht** angesehen werden: Anm. 8

αα) **wenn das Schiff auf seinen Ankern windet.**

ββ) **wenn die Segel backgestellt werden** oder, was die entsprechende Maßregel bei Dampfschiffen ist:

γγ) **wenn die Schraube rückwärts schlägt.** Denn Maschinenschäden (für die der Kaskoversicherer nach § 65 nur im Strandungsfall haftet) werden leicht auf rückwärts schlagende Schrauben zurückgeführt (HGZ 1896. 181).

Diese Maßregeln gelten auch dann nicht als außergewöhnlich, wenn sie es nach den Umständen des Falles und nach seemännischer Erfahrung tatsächlich sind. Also auch etwa dann nicht, wenn die Schraube in Sand und Schlamm rückwärts schlägt oder stößt (vgl. HGZ 1896. 182). Auch dann nicht, „wenn man sich dabei bewußt ist, der Maschine mehr zuzumuten, als sie leisten kann, mit anderen Worten, wenn man mit Sicherheit oder Wahrscheinlichkeit eine Beschädigung derselben hiervon erwartet" (anders nach § 16 Abs. 1 BSVB, die aber gerade deshalb geändert sind: HGZ 1896. 185). Denn diese Maßregeln gelten nicht nur „im Zweifel", sondern überhaupt als gewöhnlich; die Parteien haben sie als solche vereinbart. Aber sie können bei der Beurteilung anderer Maßregeln mit berücksichtigt werden (OAG Lübeck HambS 2. 554). Anm. 9

Eine außergewöhnliche Maßregel ist es, wenn das Schiff, nachdem es sechs Stunden auf einer Klippe festgesessen hat, leck geworden ist und Warpanker und Warptrosse gebrochen sind, mit der Flut flott wird und die Ankerketten gekappt werden müssen (HG u. OG Hamburg Ullrich Nr. 87), oder wenn die Passagiere das Schiff, um es zu erleichtern, verlassen müssen (HG u. OG Hamburg Ullrich Nr. 274). Dagegen nach HG Hamburg Ullrich Nr. 114 nicht, wenn das Schiff (an der norwegischen Küste) auf Grund gerät, der Kapitän sofort fremde Hilfe vom Lande holt und das Schiff nach acht bis neun Stunden und dem Eintritt der Flut abgebracht wird. Anm. 10

b) in anderen, der Strandung gleichgestellten, Fällen, nämlich: Anm. 11

1. **wenn das Schiff kentert, sinkt oder scheitert.** — Gekentert ist das Schiff, wenn es umgeschlagen ist, kieloben liegt oder doch so flach auf der Wasser-Oberfläche, daß es einstweilen nicht weiterbefördert werden kann (Winkler 53). Gekentert ist das Schiff noch nicht, wenn es sich auf die Seite gelegt und Wasser übernommen hat (OG Hamburg HH 149). — Gesunken ist das Schiff noch nicht, wenn es, etwa infolge eines Lecks, Wasser aufgenommen und infolgedessen einen größeren Tiefgang hat als gewöhnlich (RG 10. 16, HGZ 1882. 131). Aber auch nicht erst, wenn es ganz gesunken oder „unrettbar gesunken" (§ 71 Abs. 2) ist; sondern schon dann, wenn es „infolge seiner allzu großen Schwere seine Schwimmfähigkeit, d. h. die Fähigkeit, von dem das Schiff umgebenden Wasser getragen zu werden, in dem Maße verliert, daß es mit dem ganzen Schiffsrumpf einschließlich des Verdecks unter die Oberfläche des Wassers gerät" (RG 10. 17; vgl. ferner HG u. OG Hamburg HGZ 1870. 95, 263); daß bei Ebbezeit das Verdeck des Schiffes über den Wasserspiegel hervorragt, ist ohne Bedeutung (RG 10. 17). Natürlich ist das Schiff nicht gesunken, wenn nur die Ladung im Schiff infolge eines Lecks unter Wasser steht (HG u. OG Hamburg HGZ 1875. 158, 1876. 9). — Gescheitert ist das Schiff, wenn es auf den Grund gerät und nicht sitzen bleibt, sondern zerbricht (abw. Pöhls 4. 256, wohl um den Ausdruck mit dem Wortlaut der Klausel abzustimmen: wenn das Schiff strande, sitzen bleibe und zerschlagen

§ 114 oder stark beschädigt werde). Nicht, wenn es sonstwie mit festen Gegenständen, z. B. mit einer Kaimauer zusammenstößt und zerbricht (vgl. auch § 114 Abs. 3 Satz 1).

Anm. 12 2. **wenn das Schiff mit anderen Fahrzeugen zusammenstößt** (vgl. auch AlteKZP und AlteKRP Mat 2. 104, 108). Das Wort „Fahrzeug" (d. h. hier natürlich „Wasser-Fahrzeug") wird im allgemeinen für den weiteren, das Wort „Schiff" für den engeren Begriff gebraucht. Die Bedeutung der Unterscheidung ist indessen nicht erheblich. Denn Fahrzeuge sind, dem Sprachgebrauch nach, wie Schiffe, Werkzeuge, die dazu bestimmt sind, sich auf dem Wasser zu bewegen oder bewegt zu werden (§ 1 Anm. 23), und zwar nicht, wie Schiffe, solche von bestimmter Größe, sondern solche von jeder Größe (§ 1 Anm. 23). Also werden auch z. B. Wracks nicht zu den Fahrzeugen zu rechnen sein. — Das Schiff ist nicht mit einem anderen Fahrzeug zusammengestoßen, wenn es auf den ausgebrachten oder verlorenen Anker eines anderen Schiffes stößt (vgl. § 78 Anm. 7). Der Versicherer haftet nicht. Erst recht nicht, wenn das Schiff mit eigenen Teilen oder Zubehörstücken, z. B. die Schraube des Fischdampfers mit dem Scheerbrett des Netzes in Berührung kommt (vgl. HGZ 1904. 37). Schäden infolge sachwidriger Maßnahmen bei einem Zusammenstoß fallen nicht unter die Bestimmung (OLG Hamburg HansRGZ 1930 B 115 = Sasse Nr. 399). Siehe die bei Kreutziger VersR 1963. 798 angeführte Klausel: „Dem Strandungsfall sind in Ausdehnung des § 114 Abs. 2 und 3 ADS gleichzuachten: Kollision oder Berührung mit Schiff, schwimmenden, freitreibenden und/oder festen Gegenständen aller Art, Unklarwerden der Schraube durch Fremdkörper aller Art, Grundberührung, Aufgrundliegen, Brand, Explosion, Blitzschlag sowie Erdbeben, Seebeben oder Beschädigung durch Eis . . ." Der Verlust eines Festmachedrahts, der bei der Abfahrt des Schiffes am Grund des Hafenbeckens festhakte und ausrauschte, fällt nach dieser Klausel dem Versicherer nicht zur Last (Kreutziger a. a. O.).

Anm. 13 3. **wenn das Schiff beschossen wird.** Nur im Ausdruck abweichend HGB § 851 Abs. 4: „Eine Beschädigung, die durch Beschießen entstanden ist, wird als eine solche Beschädigung, von welcher der Versicherer durch die Klausel befreit wird, nicht angesehen". — Für Schaden durch Beschießung haftet im allgemeinen natürlich nur der Kriegsversicherer; der „Frei-von-Kriegsgefahr"-Versicherer z. B. auch nicht für den Schaden, der dadurch entsteht, daß Wasser durch das vom Beschießen entstandene Leck eindringt (§ 28 Anm. 21). — Wenn das Schiff torpediert wird, wird es „beschossen". Anders, wenn es auf eine Mine aufläuft. — Beschießen ist nicht dasselbe wie Schießen. Das Schiff muß beschossen werden. Schießen auf dem Schiff selbst genügt nicht oder doch nur, wenn das Schiff gleichzeitig beschossen wird.

Anm. 14 4. **wenn auf dem Schiffe ein Brand entsteht.** Nur im Ausdruck abweichend HGB § 851 Abs. 4: „Eine Beschädigung, die durch Feuer entstanden ist, wird als eine solche Beschädigung, von welcher der Versicherer durch die Klausel befreit wird, nicht angesehen".

α) Die Bezeichnung „Brand" ist mit Rücksicht auf § 82 VVG gewählt (vgl. dazu Domizlaff ZfVW 1911. 527). Die Bezeichnung scheint besser zum Ausdruck zu bringen, daß ein bestimmungsmäßiges Feuer nicht in Betracht kommt. Auch wünschte man für § 114 Abs. 2 und für § 124 Abs. 2 von der durch § 82 VVG veranlaßten Klärung des Begriffs durch Wissenschaft und Rechtsprechung Nutzen zu ziehen. Ob der Verbrennungsprozeß, um einen „Brand" darzustellen, groß oder klein, mit oder ohne Flamme, bestimmungsgemäß oder bestimmungswidrig oder gar in Form bloßer Wärmeentwicklung, durch äußere oder innere Umstände hervorgerufen, verlaufen muß, ist Gegenstand hoffnungslosen Streites unter den führerlos taumelnden Meinungen gewesen (vgl. z. B. Domizlaff ZfVW 1911. 527, Ehrenzweig OestZ 1911. 546, Gierke VSR II 268 und ZHR 71. 327, Hagen 2. 8, ZfVW 1910. 226, DJZ 1910. 581, Heine OestZ 1916. 227, Helmer, Der Brandbegriff, 1930, Josef OestZ 1915. 424, Recht 1911. 85, Moldenhauer LZ 1911. 584, Petersen ZfVW 1914. 276, Pincus ZfVW 1910. 760, Plaß NeumannsZ 1911. 143, OestRev 1911. 72, Werneburg AssJB 37. 77 und die dort angeführte umfangreiche Rechtsprechung der unteren Gerichte). Das Aufsichtsamt (APV 1910. 272) hat unter zutreffender Berufung auf den (durch den Streit verschlackten, aber darum zu reinigenden) Sprachgebrauch den Brand als „ein außergewöhnliches Vorkommnis bezeichnet, bei dem die zerstörende Gewalt des Feuers die Gefahr unabsehbarer, vom einzelnen nicht mehr beherrschbarer, Folgen in sich birgt"; ähnlich JW 1908. 168 unter Berufung auf den allgemeinen Sprachgebrauch: Die Sache müsse „vom Feuer derart ergriffen sein, daß das Feuer ohne die Einwirkung neuen Zündstoffs sich fortzuentwickeln vermöge"; kurz und treffend Wolff 447: „flammendes (nicht nur sengendes oder glassprengendes) Schadenfeuer (nicht Nutzfeuer)". Auf einem offenbaren Mißverständnis beruht das gegen APV 1910. 272 erhobene Bedenken: „Man denke z. B., daß in einem feuersicheren Raum ein Lager Baumwolle oder auf freiem Feld ein Strohschober abbrennt; will man hier behaupten, es läge kein Brandereignis vor, weil die Gefahr eines unbeherrschbaren Weitergreifens nicht besteht?" (Moldenhauer LZ 1911. 586). Das Aufsichtsamt hat natürlich als Brand nicht nur ein Feuer bezeichnen wollen, das die Welt in Brand zu stecken vermag. Wenn Baumwolle in einem feuersicheren Raum, ein Strohschober auf freiem Felde zu brennen beginnt, besteht „die Gefahr unabsehbarer, vom einzelnen nicht beherrschbarer, Folgen", natürlich nur insoweit, als die Gefahr der vollständigen Vernichtung des Strohschobers oder des Baumwoll-Lagers besteht; insoweit aber besteht sie auch. Vgl. auch Prot. 3342. Seit 1930 hat in die Allgemeinen Feuer-Versicherungs-Bedingungen eine Festlegung des Brandbegriffs Aufnahme gefunden, die sich weitgehend mit der gesetzlichen deckt und auch der herrschenden Auffassung in Schrifttum und Rechtsprechung entspricht. Danach ist Brand „ein Feuer, das ohne einen bestimmungsgemäßen Herd entstanden ist oder ihn verlassen hat und sich aus eigener Kraft auszubreiten vermag". **§ 114**

β) Nach § 851 Abs. 4 HGB kommt nur ein Feuer in Betracht, das nicht durch Selbstentzündung entstanden ist. Man hat dabei nur an die Güterversicherung gedacht (vgl. HGB § 851 Abs. 1: „die versicherten Güter"; vgl. auch ADS § 86 Abs. 1). Aber auch bei der Schiffsversicherung wird die Klausel „Frei von Beschädigung außer im Strandungsfall" verwendet, und für gewisse Schäden haftet der Kaskoversicherer überhaupt nur im Strandungsfall (§ 65). Bei der Versicherung, die sich auf das Schiff bezieht, ist es aber ohne Bedeutung, ob der Brand durch innere oder äußere Umstände verursacht ist; der Versicherer haftet z. B. auch für den Schaden, der durch Selbstentzündung von Maschinenbedürfnissen oder Bunkerkohlen entstanden ist. Er haftet auch dann, wenn Maschinenbedürfnisse oder Bunkerkohlen mit dem Schiffe (oder in der Fracht) versichert sind und sich selbst entzünden (vgl. § 1 Anm. 36, § 70 Anm. 3, 4). Anm. 15

5. **wenn auf dem Schiffe eine Explosion stattfindet.** D. h. eine Explosion, die keinen Brand hervorruft; denn dieser Fall wird ohnehin wie ein Strandungsfall behandelt (vgl. auch VVG § 82 und bereits AlteKZP und AlteKRP Mat 2. 104, 108). — Explosion ist eine plötzliche und unbegrenzte Vergrößerung des Volumens eines Körpers (vgl. aus dem älteren Schrifttum Wolfram ZfVW 1911. 225, Henne ZfVW 1910. 23, 1917. 573, Werneburg MasiusRundschau 1920. 281, aus dem Anm. 16

§ 114 neueren Vossen VW 1957 H 13 Sonderbeilage; s. auch Prölß Anm. 3 zu § 82 VVG). Von den Feuerversicherern in Verbindung mit dem Verein Deutscher Ingenieure ist der Begriff als Niederschlag der heutigen wissenschaftlichen Ergebnisse (vgl. Prölß a. a. O.) wie folgt festgelegt worden: „Explosion ist eine auf dem Ausdehnungsbestreben von Gasen oder Dämpfen beruhende, plötzlich verlaufende Kraftäußerung. Eine Explosion eines Behälters (Kessel, Rohrleitungen u. a.) liegt nur vor, wenn seine Wandung in einem solchen Umfang zerrissen wird, daß ein plötzlicher Ausgleich des Druckunterschiedes innerhalb und außerhalb des Behälters stattfindet. Wird im Innern eines Behälters eine Explosion durch chemische Umsetzung hervorgerufen, so ist ein dadurch am Behälter entstehender Schaden auch dann zu ersetzen, wenn seine Wandung nicht zerrissen ist." Siehe Ziff. 20 der Klein-Kaskoklauseln für Fracht-Motorschiffe und Fracht-Segelschiffe mit oder ohne Motor von 300 BRT und weniger: „Eine dem Strandungsfall nach § 114 ADS gleichzuachtende Explosion liegt nicht vor, wenn die Explosion in den Motoren stattfindet und in ihrer Wirkung auf Maschine und Zubehör beschränkt bleibt. Schäden durch solche Explosion an Maschine und Zubehör werden nicht ersetzt."

Anm. 17 4. **Abs. 3 Satz 1.** § 114 Abs. 2 betrifft scheinbar jede Art der Versicherung, in Wirklichkeit aber nicht die Versicherungen, die sich auf die Güter beziehen. Für diese Versicherungen bestimmt § 114 Abs. 3 besonders (über den Begriff der Versicherung, die „sich auf die Güter bezieht", vgl. § 33 Anm. 32, § 99 Anm. 2). — **Für Versicherungen, die sich auf die Güter beziehen,** gilt:

Anm. 18 a) **Gestrandet ist oder als gestrandet gilt das Schiff:**

1. **wenn es auf Grund stößt.** — Die Sorge, ihnen möchte auch die ordentliche Slitage zur Last gelegt werden, veranlaßte die Kaskoversicherer in der ersten Hälfte des achtzehnten Jahrhunderts, auch die Haftung für die sogenannte außerordentliche Slitage abzulehnen, wenn nicht das Schiff den Grund berührt und davon Erschütterungen erlitten hatte (Kiesselbach 145). Ende des achtzehnten ließen sie sich herbei, wenigstens die Hälfte zu zahlen, „wenn ein Schiff nicht stößt" (Plan 1800 Nr. 6; vgl. auch Benecke 3. 43, Cropp Heise u. Cropp 1. 56, Pöhls 4. 331, OAG Lübeck Heise u. Cropp 1. 61). — Von der Kaskoversicherung ging der Begriff des Stoßens in die Güterversicherung über. Außergewöhnliche Leckage ersetzte der Versicherer nach AllgPlan 1847 § 99 nur, „wenn das Schiff durch Stoßen auf den Grund eine heftige Erschütterung erfahren" hatte (ähnlich schon Plan 1800 Nr. 20), und nach ASVB § 106 nur dann, „wenn das Schiff durch Stoßen eine heftige Erschütterung erfahren" hatte. Die AlteGP „stellte dem Strandungsfall Stoßen (auf Grund oder gegen ein anderes Schiff, einen Kai, Pier, eine Brücke, oder gegen einen anderen festen oder im Wasser treibenden Gegenstand) gleich" (Mat 2. 101). — Der Begriff des bloßen Stoßens war streitig. Insbesondere war streitig, ob darunter nur das Stoßen auf Grund oder auch das Stoßen auf andere Gegenstände (z. B. auf Eis) zu verstehen sei (HGZ 1892. 110 gegen HGZ 1891. 263; vgl. auch HG Hamburg AfHR 2. 572) oder gar auch das Stampfen des Schiffes (Pöhls 4. 255). Dieser Streit ist für die ADS ohne Bedeutung. Das Stoßen spielt für die Seeversicherung im allgemeinen überhaupt keine Rolle mehr (§ 114 Abs. 2), und für die Versicherung, die sich auf die Güter bezieht, ist das umgekehrte der Fall, kommt nämlich jedes Stoßen in Betracht, sowohl das Stoßen auf Grund wie das Zusammenstoßen mit anderen (festen oder beweglichen) Gegenständen, insbesondere auch das Zusammenstoßen mit Eisschollen. „Stoßen" (in der vom § 114 Abs. 2 verwendeten intransitiven Form) ist im übrigen eine mit gewisser Heftigkeit sich vollziehende Bewegung. Wenn die mit versicherten Weinfässern beladene Schute im natürlichen Verlauf der Dinge beim Ablaufen des Wassers auf

Grund kommt und dabei ein Faß Wein zerspringt, haftet der Versicherer nicht (HG Hamburg Ullrich Nr. 124). **§ 114**

2. **wenn das Schiff auf Grund festgerät.** Stoßen auf Grund bedeutet, den Grund (mit einer gewissen Heftigkeit) berühren, ohne festzugeraten. Deshalb ist dieser Fall des Festgeratens besonders erwähnt. Deshalb ist auch nicht der im Abs. 2 benutzte Ausdruck „auf Grund gerät" gewählt (vgl. oben Anm. 5). — Ob das Schiff durch gewöhnliche oder nur durch außergewöhnliche Maßregeln oder überhaupt nicht abgebracht werden kann, ist ohne Bedeutung. Anm. 19

3. **wenn das Schiff mit anderen Sachen zusammenstößt,** sei es mit beweglichen, sei es mit unbeweglichen Sachen (vgl. oben Anm. 12). Anm. 20

4. **wenn das Schiff durch Eis beschädigt wird** (vgl. AlteGP Mat 2. 101; über Bedenken dagegen, daß dieser Fall dem Strandungsfall gleichgestellt wird: Winkler 55). Wenn die Schiffsschraube gegen Eisstücke schlägt, hat das Schiff „gestoßen", ist es „mit anderen Sachen zusammengestoßen". Der Fall steht also schon deshalb dem Strandungsfall gleich (vgl. aber auch unten Anm. 28). Hier kommt etwa in Betracht, daß das Schiff vom Eise durchschnitten wird, was man gemeinhin nicht als Zusammenstoß bezeichnet (vgl. HG u. OG Hamburg HGZ 1875. 158, 1876. 9). Anm. 21

b) Dem Strandungsfall stehen gleich die Fälle, daß **das Schiff kentert, sinkt, scheitert, mit anderen Fahrzeugen zusammenstößt** (was sich schon daraus ergibt, daß es als Strandungsfall angesehen werden soll, wenn das Schiff mit anderen „Sachen" zusammenstößt: oben Anm. 20) oder **beschossen wird,** oder daß auf dem Schiffe ein **Brand** oder eine **Explosion** stattfindet. Der Versicherer haftet z. B., wenn Glaswaren infolge der durch einen Brand verursachten Hitze springen (Prot. 3342). Näheres: oben Anm. 11—16. Siehe über die Explosion versicherter Zündhütchen KG JRPV 1929. 319 = Sasse Nr. 396. Anm. 22

c) **Der Schiffskörper muß infolge eines der** oben unter a und b bezeichneten **Unfälle so erheblichen Schaden erlitten haben, daß die Beschädigung der Güter** (oder der Bruchverlust: § 113 Anm. 13—17) **durch den Unfall verursacht sein kann.** Hat der Schiffskörper gar keinen Schaden erlitten, so fehlt eine Voraussetzung für die Haftung des Versicherers; der Versicherer haftet auch dann nicht, wenn feststeht, daß die Beschädigung der Güter durch einen der Unfälle verursacht ist. Hat der Schiffskörper so erheblichen Schaden erlitten, daß der Güterschaden durch den Unfall verursacht sein kann, so gilt der Güterschaden im Zweifel als durch den Unfall verursacht (§ 114 Abs. 1 Satz 2; näheres: unten Anm. 29ff.). — Über den Begriff des Schiffskörpers (oder Rumpfes: ASVB § 104 Abs. 2) vgl. § 1 Anm. 35; Mat 1. 363. Hat das Schiff z. B. infolge des Grundstoßes oder infolge der Abbringungsversuche nur eine Schraube verloren oder die Kolbenstange gebrochen, so haftet der Versicherer nicht. — Ob die Beschädigung des Schiffskörpers so erheblich ist, daß die Beschädigung der Güter durch den Unfall verursacht sein kann, ist Tatfrage. Die Beschädigung des Schiffskörpers kann sehr erheblich, z. B. so erheblich sein, daß das Schiff einen Nothafen anlaufen muß, und doch auch so, daß die Beschädigung der Güter durch den Unfall nicht verursacht ist oder sein kann (Burchard BaumgartnersHdwbuch. 676). Anm. 23

d) § 851 Abs. 1 HGB hebt besonders hervor, daß der Versicherer nicht nur haftet, wenn das Schiff, sondern auch dann, wenn „das Leichterfahrzeug, in welchem sich die versicherten Güter befanden, gestrandet ist". Eine Vorschrift gleich dieser (vgl. darüber Prot. 4366, 4377, Voigt 605) ist unnötig. Denn auch „Leichterfahrzeuge" sind Schiffe (§ 1 Anm. 23). Daß „das Schiff", das gestrandet usw. sein muß, damit der Güterversicherer haftet, dasjenige Schiff sein muß, „in welchem sich die versicherten Güter befanden", versteht sich auch von selbst. Anm. 24

§ 114 Anm. 25 e) Der Strandung ist im § 86 Abs. 2 Satz 3 auch der Fall gleichgestellt, daß infolge eines dem Versicherer zur Last fallenden Unfalls das Schiff einen Nothafen anläuft und die versicherten Güter ausgeladen werden. Hierüber hinaus war im hansestädtischen Versicherungsverkehr für laufende Versicherungen eine Nothafen-Klausel üblich, die auch für den jetzt in § 114 geregelten Fall das Einlaufen in einen Nothafen der Strandung gleichstellte. Siehe jetzt die Nothafenklausel Ziff. 17 in den Zusatzbestimmungen zu den ADS für die Güterversicherung (1947): „In Ausdehnung von § 114 ADS soll es auch als Strandung angesehen werden, wenn infolge eines dem Versicherer zur Last fallenden Unfalls das Schiff einen Nothafen anläuft und unter Deck verladene Güter gelöscht werden." Ohne solche Klausel darf der Fall, daß das Schiff einen Nothafen anlaufen muß, dem Strandungsfall nicht gleichgeachtet werden (Mat 1. 362, ROHG 18. 412, unten Anm. 26). Über den Begriff des Nothafens vgl. § 86 Anm. 26.

Anm. 26 5. Die im § 114 bezeichneten Fälle der Strandung und anderer Ereignisse sind zwar nicht willkürlich, aber immerhin aus einer großen Anzahl möglicher Fälle ausgewählt (vgl. auch HansOLG HansRGZ 1930 B 115 = Sasse Nr. 399). Andere Fälle mögen ebenso bedeutsam oder wichtiger sein, als die im § 114 bezeichneten, und die gleiche Berücksichtigung verlangen. So etwa der Fall, daß der Rumpf des Schiffes zerbricht oder das Schiff reparaturunfähig wird (vgl. HGB § 851 Abs. 1 und Voigt 609), oder daß ein kalter Blitzstrahl Schiff oder Güter beschädigt, oder daß das versicherte Schiff mit einer Kaimauer zusammenstößt (Mat 1. 363), oder daß das Schiff auf Grund stößt und nicht der Schiffskörper, sondern nur die Maschine und die versicherten Güter erheblich beschädigt werden (vgl. oben Anm. 23), oder daß das Schiff leck wird, auf den Strand gesetzt werden muß, und zwar nicht infolge der Strandung, wohl aber infolge des Lecks die versicherten Güter beschädigt werden. Man hat gleichwohl kein Recht, diese Fälle den im § 114 bezeichneten „im Wege der Analogie" gleichzustellen (vgl. Burchard BaumgartnersHdwbuch 674, Voigt 607 und die dort angeführten älteren, untereinander abweichenden Entscheidungen HG u. OG Hamburg, OAG Lübeck HambS 1. 627, Wunderlich 1. 111, ferner HG u. OG Hamburg, OAG Lübeck Ullrich Nr. 133, 345, Seebohm 120, 587, 621, HambS 3. 96, LG Berlin JRPV 1929. 207). Es handelt sich um eine Bestimmung, deren gesamter Inhalt sich nicht etwa ohne weiteres aus der Interessenlage der Beteiligten ergibt, sondern um eine solche, deren Inhalt aus einer Reihe von Möglichkeiten positiv ausgewählt ist. Bei dieser Auswahl war man sich auch darüber ganz klar, daß „eine Regelung des Verkehrs nach prinzipiell richtigen Sätzen doch nicht erreichbar sei", daß „eine Abweichung von den fest begründeten Ansichten des Verkehrs . . . die verderblichsten Folgen haben müsse", und daß nur (für die Fälle des Kenterns, Sinkens, Scheiterns, Zusammenstoßens usw.) „einzelnen Härten, die zwar nur selten vorkommen würden, dann aber um so greller hervorträten, vorgebeugt werden müsse", womit man freilich glaubte, „die alte irrationelle Spur des Verkehrs" zu verlassen, „einer rationelleren Auffassung Bahn zu brechen und die Klausel auf ihr Prinzip zurückzuführen" (Prot. 3342, 4365). Jede Ergänzung des Fallverzeichnisses durch Analogie oder Interessenabwägung ist daher unstatthaft. Der Versicherer haftet für Beschädigung (und was ihr gleichsteht) „nur" in den im § 114 bezeichneten Fällen, nur unter den hier angegebenen Voraussetzungen. Anders auch nicht Bolze 22 Nr. 478, eine Entscheidung, die Brodmann 212 deshalb ohne Grund mit einem Fragezeichen versieht; wenn in diesem Falle der Strandung noch andere Ereignisse gleichgestellt wurden, so nur deshalb, weil ausdrücklich vereinbart war, daß „der Strandung unter anderem jeder Seeunfall gleichgestellt werden solle, wodurch eine Entlöschung des Schiffes unter fremder Hilfe infolge gezwungenen Aufenthalts stattfinde".

6. Kausalzusammenhang. a) Früher (vgl. Plan 1800 Nr. 22, AllgPlan 1847 § 93) war streitig, ob der Versicherer, wenn sich ein Strandungsfall ereignet, schlechthin haftete oder nur für den durch den Strandungsfall verursachten Schaden (vgl. Benecke 3. 301, Cropp Heise u. Cropp 1. 86, Pöhls 4. 329, Voigt NAfHR 4. 270, HG u. OG Hamburg, OAG Lübeck Heise u. Cropp 1. 87, Wunderlich 1. 111, Ullrich Nr. 104, Seebohm 584). Das Prinzip, nach dem der Versicherer, wenn sich ein Strandungsfall ereignet, schlechthin haftet, mag der Schaden mit dem Strandungsfall zusammenhängen oder nicht, vorher, dabei oder später entstanden sein, ist das verstandes- und geschäftsmäßigere und ist dasjenige des englischen Rechtes. Das andere Prinzip ist das vernunftmäßigere und dasjenige des deutschen Rechtes. Der Versicherer haftet nur für eine „Beschädigung, die infolge eines solchen Seeunfalls entstanden ist, nicht aber für eine sonstige Beschädigung". So ausdrücklich HGB § 851. Hierin hat nichts geändert werden sollen (Begr. z. E 1910 § 113). Es ergibt sich schon daraus, daß der Versicherer „nur im Falle einer Strandung" haftet. Denn wenn ein Versicherer „nur im Falle eines Brandes", „nur im Falle eines Einbruchs", „nur im Falle eines Krieges" haftet, versteht es sich auch von selbst, daß er nur für den durch Brand, Einbruch, Krieg verursachten Schaden und für keinen anderen Schaden haften will und soll. § 114 bringt aber diesen Gedanken noch besonders, und zwar an nicht weniger als drei Stellen zum Ausdruck. Einmal dadurch, daß im Abs. 1 Satz 2 bestimmt wird, es solle eine Beschädigung, die durch eine Strandung entstanden sein könnte, im Zweifel als durch sie verursacht gelten. Zweitens dadurch, daß im Abs. 3 Satz 2 bestimmt wird, es solle der Güterversicherer nur haften, wenn der Schiffskörper so erheblichen Schaden erlitten habe, daß die Beschädigung der Güter durch den Unfall verursacht sein könne. Und drittens dadurch, daß im Abs. 3 Satz 3 bestimmt wird, im Falle eines Brandschadens müsse der Versicherungsnehmer beweisen, daß der Schaden nicht durch Selbstentzündung der Güter verursacht sei. **§ 114** Anm. 27

b) Der Versicherer haftet für den Schaden, der die adäquate Folge der Strandung usw. ist (vgl. Anm. 17ff. zu § 28), sofern die Strandung nicht etwa ihrerseits die adäquate Folge eines versicherungsfreien Ereignisses (z. B. eines durch das Verschulden des Versicherungsnehmers herbeigeführten Ereignisses) ist. Kommen zwei Ursachen in Betracht, so kommen die Grundsätze der causa-proxima-Lehre zur Anwendung. Der Versicherer haftet also z. B., wenn ein Brand auf dem Schiffe ausbricht, für den Löschungsschaden (oben Anm. 14). Der Versicherer haftet, wenn das Schiff nach der Strandung usw. einen Nothafen anläuft, der durch die Strandung usw. verursachte Beschädigungsschaden an den versicherten Gütern dabei auf weniger als 3% festgestellt wird, das Schiff die Reise fortsetzt, am Bestimmungsort ein Beschädigungsschaden von mehr als 3% festgestellt wird und der Mehrschaden die adäquate Folge des unmittelbaren Strandungsschadens ist (oder doch sein kann und der Versicherer nicht das Gegenteil beweist: Abs. 1 Satz 2); vgl. HG u. OG Hamburg HGZ 1876. 114. Der Versicherer haftet nicht, wenn das „Frei von Kriegsgefahr" versicherte Schiff, vom Feinde verfolgt, auf den Strand gesetzt wird (§ 35 Anm. 13, § 28 Anm. 23). Der Versicherer haftet nicht, wenn die mit der Nothafen-Klausel versicherten Kohlen wegen drohender Gefahr der Selbstentzündung in einen Nothafen gebracht und bei der Entlöschung beschädigt werden oder im Nothafen verkauft werden müssen; aber er haftet, wenn die drohende Gefahr der Entzündung die adäquate Folge des Eindringens von Seewasser ist, oder wenn zwar reine Selbstentzündug droht, die Kohlen aber auch mit der Selbstentzündungs-Klausel versichert sind (vgl. oben Anm. 15, § 86 Anm. 7, 16, § 96 Anm. 32). Der Versicherer haftet nicht, wenn die versicherten Güter infolge eines Lecks wasserbeschädigt werden und das Schiff infolge schweren Sturms auf den Strand gesetzt werden muß, für den vor der Strandung entstandenen Schaden (HG u. OG Hamburg Anm. 28

§ 114 HGZ 1877. 58, 136, 311). Wenn der mit den versicherten Gütern beladene Leichter leck auf Grund gesunken ist und hier vom Eise durchschnitten wird oder mit anderen Schiffen zusammenstößt, würde der Versicherer für den durch die Eis- oder Kollisionsbeschädigung entstandenen Schaden nicht haften, wenn nicht die Fälle der Eisbeschädigung und des Zusammenstoßes im § 114 Abs. 3 Satz 2 dem Strandungsfall gleichgestellt wären, oder doch etwa nur, wenn die Beschädigung des Leichters durch Eis oder Zusammenstoß die adäquate oder auch nächste Folge der Strandung wäre (HG u. OG Hamburg HGZ 1875. 159, 1876. 9). Der Versicherer haftet nicht, wenn das Schiff mit versicherten Petroleumfässern strandet, die Petroleumfässer in ein anderes Schiff umgeladen, mit diesem weiterbefördert und auf der Weiterreise beschädigt werden (HRZ 1921. 180), oder wenn das Schiff mit versichertem Dachschiefer strandet, beschädigt wird, abgebracht wird, infolge der Strandung und der Beschädigung einen Nothafen anläuft und der Schiefer bei der Löschung, Lagerung und Wiedereinladung beschädigt wird; denn die Strandung ist dann nicht die causa proxima der Beschädigung (ROHG 18. 411, ROHG HGZ 1876. 165, OG Hamburg HGZ 1875. 121; abw. HG Hamburg HGZ 1874. 295). Wenn das Schiff strandet, abgebracht, in einen Nothafen gebracht und ausgebessert wird, und die versicherten Güter (Brot und Zwieback) infolge der durch die Strandung unvermeidlich verursachten Reiseverzögerung verderben, würde der Versicherer nach dem Kausalitätsgesetz der nächsten Ursache und nach § 851 Nr. 3 HGB haften; anders nach § 86 Abs. 1 (HG u. OG Hamburg Seebohm 484; näheres: § 86 Anm. 6). Wenn die gestohlene Motorbarkasse auf den Strand läuft und die Diebe, um die Barkasse abzubringen, den Motor „demolieren", also Mittel anwenden, die man unter gewöhnlichen Verhältnissen nicht angewendet hätte, haftet der Kaskoversicherer für die Beschädigung des Motors nicht, weil die Strandung zwar die Ursache der „Demolierung" ist, aber diese weder unmittelbar durch die Strandung verursacht noch auch die adäquate Folge der Strandung ist und vielmehr das rechtswidrige Verhalten der Diebe zur nächsten Ursache hat (im Ergebnis ebenso HGZ 1910. 23, jedoch mit der unhaltbaren Begründung: „Ein Strandungsfall liege nicht vor, weil die Strandung hier nicht als Unfall, sondern nur als schadenverringernder Zufall in Betracht komme").

Anm. 29 7. **Abs. 1 Satz 2, Abs. 3 Satz 2 und 3.** Beweislast (vgl. auch § 113 Anm. 20). Ist die Sache, auf welche die Versicherung sich bezieht, beschädigt, so muß der Versicherungsnehmer an und für sich beides beweisen: daß ein Strandungsfall vorliegt, und daß die Beschädigung durch den Strandungsfall verursacht ist (HGZ 1882. 68, 1914. 78). Der Beweis des Kausalzusammenhangs ist aber erleichtert; insoweit nähert sich das deutsche Recht dem englischen: **Wenn die Beschädigung durch die** (nachgewiesene oder unstreitige) **Strandung verursacht sein kann, gilt sie** im Zweifel **als durch die Strandung verursacht** (Abs. 1 Satz 2).

Anm. 30 a) Der Versicherungsnehmer braucht also nur zu beweisen, daß die Beschädigung durch die Strandung verursacht sein kann. Nach allgemeiner Beweisregel müßte er beweisen, daß die Beschädigung durch die Strandung verursacht ist, müßte er die Wahrscheinlichkeit erbringen, die im gewöhnlichen Leben als Gewißheit hingenommen wird (vgl. z. B. RG 15. 339, JW 1898. 577, Bolze 1 Nr. 1918, 15 Nr. 218, RG HGZ 1895. 6, 1897. 156, OLG Hamburg LZ 1908. 715, HGZ 1896. 195, 1897. 51, 74; vgl. auch § 28 Anm. 28, § 72 Anm. 6, § 83 Anm. 11). Nach § 114 Abs. 1 Satz 2 braucht er nur die Möglichkeit zu erbringen, daß die Beschädigung durch die Strandung verursacht ist (siehe dazu HansOLG HansRGZ 1930 B 115 = Sasse Nr. 399). Insbesondere ist die Beweislage auch für den Fall erleichtert, daß auf dem Schiffe ein Brand entsteht (anders HGB § 851 Abs. 2, 4, vgl. dazu Prot. 4368).

b) Aber nur **im Zweifel** ist eine möglicherweise durch die Strandung verursachte Beschädigung als wirklich durch sie verursacht anzusehen. Auch das Gesetz (HGB § 851 Abs. 2 Satz 2) bestimmt keine unwiderlegbare Rechtsvermutung, sondern nur eine tatsächliche Vermutung, eine bloße Beweisregel. Der Versicherer kann beweisen, daß die Beschädigung nicht durch die Strandung verursacht ist, und natürlich erst recht auch den Gegenbeweis führen, daß die Beschädigung nicht durch die Strandung verursacht sein kann. Der dem Versicherer obliegende Beweis ist aber natürlich nicht geführt, wenn nur bewiesen ist, daß die Beschädigung auch durch einen anderen als einen Strandungsfall verursacht sein kann (OAG Lübeck HambS 2. 552). Der Beweis ist dagegen z. B. geführt, wenn festgestellt ist, daß das Schiff auf den Grund geraten, wieder abgekommen und nach einem Nothafen gefahren ist, und die versicherten Güter hier besichtigt und unbeschädigt befunden sind, mögen sie auch nach Vollendung der Reise im Bestimmungshafen beschädigt eingetroffen sein (HG u. OG Hamburg HGZ 1876. 114, Seebohm 485; vgl. aber auch oben Anm. 28). **§ 114** Anm. 31

c) Im Falle einer Versicherung, die sich auf die Güter bezieht, tritt diese Beweiserleichterung nicht ein, wenn ein Brand auf dem Schiffe ausgebrochen ist und der Versicherer behauptet, der Brand sei durch Selbstentzündung der Güter (auf welche die Versicherung bezieht) verursacht, er hafte deshalb gemäß § 86 nicht. Oder richtiger: Die durch § 114 Abs. 1 Satz 2 bestimmte Beweisverteilung bleibt unberührt, aber die aus § 86 sich ergebende Beweisverteilung wird geändert. Während im allgemeinen der Versicherer zu beweisen hat, daß der Schaden durch die natürliche Beschaffenheit der Güter, insbesondere durch Selbstentzündung, entstanden ist, muß, wenn die Güter mit der Klausel „Frei von Beschädigung außer im Strandungsfall" versichert sind, der Versicherungsnehmer beweisen, daß der Brand (und damit die Beschädigung) nicht durch Selbstentzündung entstanden ist. Dies ist die Bedeutung des § 114 Abs. 3 Satz 3: **Bei einer Versicherung, die sich auf die Güter bezieht, trifft die Beweislast den Versicherungsnehmer, wenn streitig ist, ob der Brandschaden durch Selbstentzündung der Güter verursacht ist.** So schon ASVB § 104 Abs. 4: „Eine Beschädigung . . . , welche erweislich ohne Selbstentzündung durch Feuer . . . entstanden ist, wird als ein Schaden, von welchem der Versicherer durch die Klausel . . . befreit wird, nicht angesehen". Ebenso ADHGB Art. 855 Abs. 4; doch hat man im Jahre 1897 bei der Änderung des HGB das Wort „erweislich" gestrichen, und zwar in der irrigen Meinung, damit keine „sachliche Änderung" vorzunehmen (vgl. HGB § 851 Abs. 4 und Denkschrift z. HGB vom 22. 1. 1897. 288). — Ein innerer Grund für die verschiedene Verteilung der Beweislast, je nachdem ob es sich um „Frei von Beschädigung außer im Strandungsfall" versicherte Güter oder um „Frei von 3%" versicherte Güter handelt, dürfte kaum zu finden sein. Anm. 32

d) Im Falle einer Versicherung, die sich auf die Güter bezieht, muß der Versicherungsnehmer noch ein drittes beweisen: daß nämlich der Schiffskörper so erheblichen Schaden gelitten hat, daß die Beschädigung der Güter durch die Strandung (oder was ihr gleichsteht) verursacht sein kann (Abs. 3 Satz 2; vgl. oben Anm. 23). — Ist das Schiff schon vorher auf andere Weise schwer beschädigt worden, so genügt nicht der Nachweis, daß das Schiff auch bei der Strandung erheblich beschädigt ist; es muß bewiesen werden, daß trotz des früheren Schadens die Beschädigung durch die Strandung und den Strandungsschaden verursacht sein kann (vgl. HG Hamburg HH 11). — Daß das Hinterdeck des Schiffes über dem Maschinenraum durch Eis beschädigt ist, genügt nicht, um anzunehmen, daß die Wasserbeschädigung der im Vorderraum verstauten Güter durch den Eisschaden des Schiffes verursacht sein kann (HGZ 1895. 153). Anm. 33

§ 114 Anm. 34 8. Die Klausel ist nach § 65 auch für die Frachtversicherung von Bedeutung. Geht infolge einer Beschädigung der Maschine Fracht verloren, so haftet der Frachtversicherer nur gemäß § 114 Abs. 1, 2 (§ 65 Anm. 7, § 105 Anm. 14). — Ist die Klausel im Falle einer Frachtversicherung besonders vereinbart, so ist auch § 114 Abs. 3 anwendbar. Denn die Frachtversicherung bezieht sich sowohl auf das Schiff wie auf die Güter. Würden z. B. Güter zerbrechen, verlorengehen und deshalb gemäß § 617 HGB keine Fracht zu zahlen haben, so würde der Frachtversicherer nur haften, wenn der Bruchverlust durch eines der im § 114 Abs. 3 bezeichneten Ereignisse verursacht ist.

Anm. 35 9. **Besondere Vereinbarungen.** Ist außer der Klausel „Frei von Beschädigung außer im Strandungsfall" vereinbart: „Diese Versicherung gilt inclusive jeder Leichter-, Schuten-, Eisenbahn-, Kai- und Umladungsgefahr", so haftet der Güterversicherer nach HG Hamburg HGZ 1878. 80 im Umfang dieser besonders bezeichneten „Gefahr" auch für Beschädigung ohne Strandungsfall, also z. B., wenn die Güter bei der Umladung vom Leichter in das Seeschiff ins Wasser fallen und beschädigt werden. Eine Entscheidung, die ebenso bedenklich ist, wie ihre Begründung schwach („Die additionelle Übernahme jeder Leichter-, Schuten- und Umladungsgefahr weise darauf hin, daß der Versicherte für alle diejenigen Unfälle nicht nur auf der Eisenbahn und dem Kai, sondern auch im Hafen usw., für welche der Versicherer nach allgemeinen Grundsätzen zu haften habe, gedeckt sein wollte und nicht nur für die der Strandung . . . im Effekt gleichstehenden schweren Unfälle"). Die beiden Klauseln sind gut mit einander vereinbar. Wäre die Entscheidung des HG Hamburg richtig, so würde der Güterversicherer, der für Beschädigung nur im Strandungsfall haften will und soll, z. B. auch nach den ADS ohne weiteres für alle Beschädigungen haften, die bei der nach § 89 zulässigen Leichterbeförderung entstehen. Vgl. auch § 125 Anm. 6. — Ist außer der Klausel „Frei von Beschädigung außer im Strandungsfall" vereinbart: „Diese Versicherung valediert mit englischen Konditionen", so gilt nach HG u. OG Hamburg HGZ 1869. 232, 240, 1870. 358 die englische Klausel free of average, unless general, or the ship be stranded in der ihr nach der englischen Verkehrsauffassung zukommenden Bedeutung als vereinbart. Vgl. jedoch hierzu Vorb. vor § 1 Anm. 16. — Gemäß Klausel 17 der Zusatzbestimmung zu den ADS für die Güterversicherung (1947) soll es in Ausdehnung des § 114 auch als Strandung angesehen werden, wenn infolge eines dem Versicherer zur Last fallenden Unfalles das Schiff einen Nothafen anläuft und unter Deck verladene Güter gelöscht werden. Siehe über die Bedeutung der Klausel „ausschließlich Explosionsgefahren" bei der Versicherung von Zündhütchen KG JPV 1929. 319 = Sasse Nr. 396. Siehe über die Bedingung „Frei von Beschädigung, außer im Strandungsfall, gemäß § 114 ADS einschließlich Diebstahl, Teildiebstahl und/oder Abhandenkommen" OLG Düsseldorf VersR 1958. 285 = Sasse Nr. 480: Der Begriff des Abhandenkommens in der Seeversicherung ist identisch mit dem in § 935 BGB verwendeten Begriff. Der Versicherungsnehmer genügt seiner Nachweispflicht hinsichtlich des Abhandenkommens, wenn er beweist, daß die versicherten Gewichtsmengen zeitlich und örtlich in den Schutzbereich der Versicherung gelangten, daß sie am Ablieferungsort nicht angelangt sind und daß der Grund ihres Verlusts nicht aufzuklären ist. Dem Versicherer liegt dann ob, zu versuchen, den Verlustgrund zu ermitteln und damit zu beweisen, daß ein Versicherungsfall nicht vorliegt.

Anm. 36 10. **Fremde Rechte.** Englisches Recht. Lloyd's Police enthält für die sogenannten Memorandum-Artikel (hierüber: § 82 Anm. 2) die Klausel: Warranted free from average, unless general, or the ship be stranded (über die F. P. A.-Klausel: § 113 Anm. 21; Gegenklausel: Average only). The term „stranding" is very badly choosen (Arnould 848 s. 884). Die Meinungen gehen deshalb auseinander (Arnould a. a. O.; vgl. auch OAG Lübeck SA 11 Nr. 171). Es genügt nicht, daß das Schiff den Grund usw.

nur berührt; es muß einige Zeit festgesessen haben (Arnould 848 s. 884). Ob es beschädigt ist oder nicht, gilt gleich. Wenn das Schiff im gewöhnlichen Verlauf der Dinge (z. B. im Hafen bei Ebbe) auf Grund kommt, ist es nicht gestrandet; anders, wenn es, obwohl im gewöhnlichen Verlauf der Dinge, doch unter ungewöhnlichen Umständen auf Grund kommt, das Schiff z. B. sorgfaltswidrig an unsicherer Stelle an einen Pier gebunden wird, bei Ebbe das Tau bricht und das Schiff auf die Seite fällt (Arnould 850 s. 886). Strandung des Leichters ist nicht zu Lasten des Güterversicherers (Arnould 847 s. 883; vgl. aber auch unten). — Kausalzusammenhang zwischen Strandung und Schaden wird nicht verlangt. Auch vor oder nach der Strandung entstandene Schäden werden ersetzt (Arnould 846f. s. 882; vgl. auch HRZ 1921. 181). Where the ship has stranded, the insurer is liable for the excepted losses, although the loss is not attributable to the stranding, provided that when the stranding takes place the risk has attached and, if the policy be on goods, that the damaged goods are on board (RCP 14). — Auch in England mußte man dem Strandungsfall nach und nach andere Fälle gleichstellen. Üblich wurde z. B. die Klausel: Warranted free from average (under three pounds per cent.) unless general, or the ship be stranded, sunk or burnt. Vgl. dazu Arnould 852 s. 888 und IVC und ITC: Warranted free from particular average under 3 per cent. but nevertheless, when the Vessel shall have been stranded, sunk, on fire, or in collision with any other Ship or Vessel, Underwriters shall pay the damage occasioned thereby, and the expense of sighting the bottom after stranding shall be paid if reasonably incurred, even if no damage be found, aber: Grounding in the Panama Canal, Suez Canal or in the Manchester Ship Canal or its connections, or in the River Mersey above Rock Ferry Slip, or in the River Plate (above Buenos Ayres) or its tributaries, or in the Danube, Demerara, or Bilbao River or on the Yenikale or Bilbao Bar, shall not be deemed to be a stranding: IVC, ITC a. a. O. Ähnlich die Güterklausel, die jedoch bezüglich des Kausalzusammenhangs hinter der Kaskoklausel zurückbleibt: Warranted free from Particular Average unless the vessel or craft be stranded, sunk, or burnt, but notwithstanding this warranty the Assurers are to pay the insured value of any package or packages which may be totally lost in loading, transhipment or discharge, also for any loss of or damage to the interest insured which may be reasonably be attributed to fire, collision or contact of the vessel and/or craft and/or conveyance with any external substance (ice included) other than water, or to discharge of cargo at port of distress, also to pay landing, warehousing, forwarding and special charges if incurred for which Underwriters would be liable under a policy covering Particular Average (vgl. auch die HGZ 1897. 1 erwähnte Klausel: F. P. A. unless caused by the ship being stranded). § 114

§ 115

„Frei von Bruch"

Der Versicherer haftet nicht für eine Beschädigung infolge Zerbrechens. Im übrigen finden die Bestimmungen des § 113 entsprechende Anwendung.

1. Vgl. ASVB § 87 Abs. 2, § 103. — **Literatur:** Vorb. vor § 113, § 113 Anm. 1. Anm. 1

2. Bruch kann Bruchbeschädigung oder Bruchverlust sein (§ 113 Anm. 14). Anm. 2
Der Versicherer haftet nach der Klausel „Frei von Beschädigung" weder für Bruchbeschädigung noch für Bruchverlust (§ 113 Anm. 15—17). **Der Versicherer haftet** nach der Klausel „Frei von Bruch" **nicht für Beschädigungen infolge Zerbrechens.** „Zerbrechen" kann Beschädigung sein. Es kann auch keine Beschädigung, sondern

§ 115 Verlust sein (§ 113 Anm. 14). Der Versicherer haftet weder für Beschädigung noch für Verlust infolge Zerbrechens. Die Fassung des § 115 („Beschädigung infolge Zerbrechens") ist also nicht genau. Ebensowenig, wie die Bezeichnung der Klausel genau ist. Denn der Versicherer ist nicht vollständig „Frei von Bruch". Er haftet für Bruchbeschädigung, die keine „Beschädigung infolge Zerbrechens" ist, z. B. für Bruch von versichertem Leder oder Papier (vgl. ME 253). —

Anm. 3 3. **Im übrigen findet § 113 entsprechende Anwendung.** Vgl. daher § 113 Anm. — Wenn Behälter zerbrechen und der Inhalt ausläuft und verlorengeht, haftet der Versicherer auch nicht für diesen Verlust. Der Verlust ist die adäquate Folge des Zerbrechens (§ 113 Satz 1). — Wenn Schienen verbogen werden, sind sie nicht zerbrochen. Soweit sie aber beim Wiedergeradebiegen zerbrechen müssen, würde der Versicherer frei sein (vgl. Schiedsgericht Antwerpen ZfVW 1914. 123).

§ 116

„Frei von Bruch außer im Strandungsfall"

Der Versicherer haftet für eine Beschädigung infolge Zerbrechens nur im Falle einer Strandung. Im übrigen finden die Bestimmungen des § 114 entsprechende Anwendung.

Anm. 1 1. Vgl. HGB §§ 852, 853, ASVB § 87 Abs. 2, § 104, AlteGP Zusatz zu ASVB §§ 104, 105 (Mat 2. 101).

Anm. 2 2. Näheres: Anm. zu §§ 114, 115. Vgl. auch die Bruchklausel: Vorb. vor § 113.

§ 117

„Frei von gewissen Prozenten"

Die Bestimmungen des § 34 über die Haftung des Versicherers im Falle eines 3% des Versicherungswerts nicht erreichenden Schadens finden entsprechende Anwendung.

Anm. 1 1. Vgl. HGB § 847, ASVB §§ 99, 105 Abs. 2, BSVB §§ 12, 14. — **Literatur:** § 34 Anm. 2. Heise AfHR 1. 21 (Von der ... Bedingung: „Frei von 10% Beschädigung").

Anm. 2 2. Die Klausel ist besonders bei der Güterversicherung in Verbindung mit der Klausel „Frei von Beschädigung" üblich (Mat 1. 365). So z. B. wird Tabak regelmäßig „Frei von 10% Beschädigung" versichert. In solchen Fällen ist § 117 nur in der Beschränkung auf Beschädigungsschaden und daneben § 113 anzuwenden. Der Versicherer haftet z. B., wenn 9% gestohlen werden (vgl. HGZ 1900. 95). Er haftet nicht, wenn 9% infolge einer Beschädigung verlorengehen, insbesondere in ihrer ursprünglichen Beschaffenheit zerstört werden. — Werden nur 2% gestohlen, so haftet der Versicherer nach § 34 nicht. Denn die Klausel „Frei von 10% Beschädigung" kann im allgemeinen nur dahin ausgelegt werden, daß § 34 geändert werden soll, soweit die Haftung des Versicherers für Beschädigungsschaden in Betracht kommt, nicht dahin, daß § 34 überhaupt durch die Klausel ersetzt werden soll. Die Umstände oder die Verkehrsanschauung können etwas anderes ergeben. Aber sie ergeben nichts anderes, wenn die Klausel (wie dies regelmäßig der Fall sein wird) nur vereinbart ist, weil der Versicherer gemäß § 82 Abs. 2 Nr. 2 für Beschädigung auch in anderen als Strandungsfällen haften soll (vgl. ÄndVorschl. Stettiner zum E 1864 § 98). Sind z. B. Maschinen, für deren

Beschädigung der Versicherer nach § 82 Abs. 1 nur im Strandungsfall haftet, mit der Klausel „Frei von 3% Beschädigung" versichert, so haftet der Versicherer, wenn der Beschädigungsschaden 3% erreicht, gemäß § 82 Abs. 2 Nr. 2 auch dann, wenn kein Strandungsfall vorliegt, wenn etwa die Maschinen bei der Löschung in den Schiffsraum zurückstürzen und zerbrechen (näheres: § 82 Anm. 4). — Verlust, für den der Versicherer unbeschränkt (d. h. nur mit der gewöhnlichen Franchise des § 34) haftet, und Beschädigung, für die der Versicherer nach der Klausel „Frei von 10% Beschädigung" nicht haftet, werden nicht zusammengerechnet (Voigt 598; vgl. ASVB § 105 Abs. 2, ÄndVorschl. Stettiner zum E 1864 § 98). Sind 2% gestohlen, 9% beschädigt, so haftet der Versicherer überhaupt nicht. Sind 8% gestohlen, 9% beschädigt, so haftet der Versicherer nur für die 8%, nicht für 17%. Anders, wenn „Frei von 10% Beschädigung außer im Strandungsfall" versichert und die Beschädigung durch einen Strandungsfall verursacht ist; sind 2% gestohlen, 9% beschädigt, so haftet der Versicherer für 11%; sind 8% gestohlen, 9% beschädigt, so haftet er für 17%. **§ 117**

3. Näheres: § 34 Anm. Insbesondere über die Klausel umgekehrten Inhalts: „Einschließlich jeden Mankos": § 34 Anm. 8. Anm. 3

§ 118

„Frei von gewissen ersten Prozenten"

Der Versicherer haftet für einen Schaden nur, soweit dieser die im Vertrage bestimmten Prozente des Versicherungswerts übersteigt.

1. Vgl. ASVB § 105 Abs. 3, BSVB §§ 13, 14. — **Literatur:** § 34 Anm. 2. Anm. 1

2. Die Klausel bestimmt die sog. erste Franchise, Exzedentenfranchise oder Decortfranchise (§ 34 Anm. 3). Sie kommt bei der Güterversicherung hin und wieder in Verbindung mit der Klausel „Frei von Beschädigung" vor. So z. B. galten nach § 17 BSVB rohe und halb oder ganz fabrizierte Tabake im allgemeinen als „Frei von den ersten 10% Beschädigung", Tabakstengel als „Frei von Beschädigung, wenn unter 10% und dann mit Abzug der ersten 5% des Versicherungswerts der beschädigten Fässer für innere oder Landbeschädigung" versichert (vgl. auch HGZ 1900. 95: Tabak „Frei von den ersten 10% Beschädigung"). Bei der Kaskoversicherung hat die Klausel insbesondere den Zweck, den Reeder, namentlich den Reederschiffer, zur Anwendung größerer Sorgfalt zu veranlassen (deshalb z. B. in Italien allgemein üblich und von Hougen ITVMitt 1912. 34 zur allgemeinen Verwendung empfohlen). Anm. 2

3. **Der Versicherer haftet nur,** wenn und **soweit der Schaden die Freiprozente übersteigt.** Wenn „Frei von den ersten 10%" versichert ist und der Schaden 15% beträgt, haftet der Versicherer für 5%. Anm. 3

a) Nach E 1910 § 117 Abs. 2 sollten „im übrigen die Bestimmungen des § 37 (= ADS § 34) . . . mit Ausnahme des Abs. 2 Satz 3 entsprechende Anwendung finden". Die Folgen einer solchen Bestimmung wären gewesen:

α) Der Versicherer hätte für Havariegrosse-Beiträge und Aufopferungen auch insoweit gehaftet, als diese die Freiprozente nicht überstiegen hätten (§ 34 Abs. 2 Satz 1).

β) Der Versicherer hätte ebenso für Schadenabwendungs-Kosten sowie für die Umladungs- usw. Kosten des § 95 Abs. 3 unbeschränkt gehaftet (§ 34 Abs. 2 Satz 2).

γ) Bei der Berechnung der Freiprozente wären gewöhnliche Schäden, Havariegrosse-Beiträge und Aufopferungen, indirekter Kollisionsschaden und Kosten zusammenzurechnen gewesen (weil § 34 Abs. 2 Satz 3 nicht angewendet werden sollte).

§ 118 δ) Bei einer auf das Schiff sich beziehenden Versicherung wäre für jede Reise besonders zu ermitteln gewesen, ob Schäden und Kosten die Freiprozente überstiegen hätten (§ 34 Abs. 3).

Anm. 4 b) Nach Ansicht der HK Frankfurt „erschien E 1910 § 117 unklar" (Mat 1. 366). Die Ansicht war grundlos. E 1910 § 117 war auch im allgemeinen folgerichtig und billig. Aber sie widersprach freilich dem Herkommen. Nach § 105 Abs. 3 ASVB sollten „die Unkosten . . . dem Betrag" des Schadens „hinzugefügt werden und eine Vergütung so weit geschehen, wie die hieraus sich ergebende Gesamtsumme die ausgenommenen Prozente des Versicherungswerts resp. der Taxe" überstieg (ähnlich BSVB § 13). Zu diesem Herkommen hat man zurückkehren wollen. Deshalb ist E 1910 § 117 Satz 2 gestrichen worden (Mat 1. 367). Es ergibt sich also:

Anm. 5 α) Der Versicherer haftet nur, soweit der Schaden die Freiprozente übersteigt. Schäden sind Nachteile aller Art, nicht nur Substanzschaden, sondern auch sonstiger Schaden; die Ursache des Schadens ist ohne Bedeutung (näheres: § 28 Anm. 34). Der Versicherer haftet also in allen Fällen nur, wenn und soweit die Freiprozente überschritten werden, mag es sich um Verlust oder Beschädigung, um Havariegrosse-Beiträge, Aufopferungen oder indirekten Kollisionsschaden, mag es sich um den Verkauf des Schiffes nach § 77 oder um den Verkauf der Güter nach § 96, mag es sich um Schadenabwendungs- oder Schadenfeststellungs-Kosten oder um Kosten des § 95 Abs. 3 handeln. Wenn die Güter „Frei von den ersten 10%" versichert sind und der Beschädigungsschaden 6%, Schadenabwendungs- und Schadenfeststellungs-Kosten 7% betragen, haftet der Versicherer für 3%. Wenn der Beschädigungsschaden 80%, Schadenabwendungs- und Schadenfeststellungs-Kosten 35% betragen, haftet der Versicherer für 80 + 35 = 115 — 10 = 105% (§ 37).

Anm. 6 β) Mehrere Versicherungsschäden, die während der Versicherung entstehen, werden zusammengerechnet (vgl. auch § 34 Anm. 6; teilw. abw. ohne Begründung Ulrich 237). Wenn die Güter „Frei von den ersten 10%" versichert sind, zunächst nur 7% Havariegrosse-Kosten oder Schadenabwendungs-Kosten entstehen, später ein Beschädigungsschaden von 6% entsteht, haftet der Versicherer für 3%.

Anm. 7 γ) Versicherungen, die sich auf das Schiff beziehen, werden nicht, wie nach § 34 Abs. 3, in Franchisereisen aufgeteilt. Wenn das „Frei von den ersten 10%" für ein Jahr versicherte Schiff während des Versicherungsjahres fünf verschiedene Schäden erleidet und jeder Schaden 3% beträgt, haftet also der Versicherer für 15 — 10 = 5%.

Anm. 8 4. Wenn die Klausel mit der Klausel „Frei von Beschädigung" verbunden ist, ist § 118 nur in der Beschränkung auf Beschädigungsfälle und daneben § 113 anzuwenden. Wenn die Klausel „Frei von den ersten 10% Beschädigung" vereinbart ist und 15% gestohlen werden, ersetzt der Versicherer für 15% (HGZ 1900. 95). Wenn 15% infolge einer Beschädigung verlorengehen, insbesondere in ihrer ursprünglichen Beschaffenheit zerstört sind, haftet der Versicherer nur für 5%. Verlust, für den der Versicherer unbeschränkt haftet, und Beschädigung, für die der Versicherer nicht haftet, werden nicht etwa zusammengerechnet (Voigt 598). Wenn die Klausel „Frei von den ersten 10% Beschädigung" vereinbart ist, 8% gestohlen und 7% beschädigt werden, haftet der Versicherer nur für die 8%, nicht noch für 15 — 10 = 5% Beschädigung. Näheres: § 117 Anm. 2.

Anm. 9 5. **Fremde Rechte:** § 34 Anm. 14.

§ 119

„Frei von Kriegsmolest"

Der Versicherer ist von der Verpflichtung zur Leistung frei, wenn die Gefahr eines Krieges Einfluß auf die Reise zu üben beginnt, insbesondere wenn der Antritt oder die Fortsetzung der Reise durch Kriegsschiffe, Kaper, Minen oder Blockade behindert oder infolge der Kriegsgefahr aufgeschoben wird oder wenn infolge der Kriegsgefahr das Schiff vom Wege abweicht oder der Kapitän die freie Führung des Schiffes verliert.

1. Vgl. HGB § 848, ASVB § 100, BSVB § 20. — **Literatur:** § 35 Anm. 2. Anm. 1

2. Die Molestklausel („Frei von Kriegsbelästigung", „Frei von Kriegsmolestationen", „Frei von Kriegsmolest") kommt schon um die Wende des 16. Jahrhunderts vor (vgl. Langenbeck 397: „Frey von aller Christlichen Potentaten Molestien, Confiscation und Unkosten"). Ihre Bedeutung hat geschwankt. Nach Plan 1800 Nr. 23 sollte „der Risiko des Versicherers aufhören, sobald das Schiff von einer kriegführenden Macht in Besitz genommen wird". Nach anderen Bedingungen ruhte die Versicherung in solchem Falle nur bis zur Freilassung (näheres: Benecke 3. 339, Kiesselbach 148, Pöhs 4. 374). Anm. 2

3. Der Versicherer trägt nach § 35 Abs. 1 nicht die Gefahr eines Krieges. § 35 Abs. 1 gilt natürlich auch (erst recht), wenn die Klausel „Frei von Kriegsmolest" vereinbart ist (vgl. daher § 35 Anm. 6—30). Dagegen ist § 35 Abs. 2—4 durch die Klausel wegbedungen. Hierdurch wird insbesondere die vorvertragliche Anzeigepflicht des Versicherungsnehmers stark beeinflußt (anders nach § 35: § 35 Anm. 29). Anm. 3

4. Infolge der Kriegsgefahr können „die übrigen Gefahren" geändert werden. Entweder unabhängig vom Willen des Versicherungsnehmers oder mit seinem Willen (§ 35 Anm. 29). Im ersten Falle würde die Änderung an und für sich auf die Versicherung keinen Einfluß haben. Im zweiten würde sie an und für sich bewirken, daß der Versicherer frei würde. Nach der Klausel „Frei von Kriegsmolest" gilt für beide Fälle dasselbe und noch mehr: **Der Versicherer ist frei, wenn die Kriegsgefahr Einfluß auf die Reise zu üben beginnt;** im Falle einer Vergangenheitsversicherung: wenn die Kriegsgefahr Einfluß auf die Reise zu üben begonnen hat. Anm. 4

a) Ob die Kriegsgefahr Einfluß auf die Reise zu üben begonnen hat, ist Tatfrage. Es „muß etwas geschehen sein, was ohne die Kriegsgefahr nicht geschehen wäre" (Prot. 3305). Der Einfluß braucht nicht „erheblich" gewesen zu sein (Sieveking 139; abw. Köhler 62, v. Liebig 132, Voigt 584, Winkler 22). § 119 enthält keine, dem § 29 VVG entsprechende, Bestimmung, daß nur unerhebliche Beeinflussungen nicht in Betracht kommen sollen. Insbesondere befreien Reiseverzögerungen und Abweichungen vom Reiseweg, die durch die Kriegsgefahr verursacht sind, den Versicherer auch dann, wenn sie nur unerheblich sind; denn auch an Bestimmungen gleich denjenigen des § 23 Abs. 2 Nr. 1 und 2 fehlt es hier. — Ob das Schiff sich mit Recht oder Unrecht hat beeinflussen lassen, gilt gleich. Es genügt, daß die Kriegsgefahr Beweggrund oder einer der Beweggründe für die vom Schiffe getroffene Maßnahme gewesen ist (Voigt 584). — Der Versicherungsnehmer kann sich auch nicht darauf berufen, daß zwar die Kriegsgefahr auf die Reise Einfluß geübt hat, daß dies aber auf den Eintritt des Versicherungsfalls keinen Einfluß hat üben können (Köhler 60; vgl. § 24 Abs. 2). Anm. 5

b) Der Versicherer ist also nicht schon dann frei, wenn ein Kriegsereignis einen Schaden verursacht (für den er nicht haftet), wenn z. B. das versicherte Schiff Anm. 6

§ 119 „von einem verfolgenden Kriegsschiff oder einer Strandbatterie aus durch eine Kugel getroffen ist, aber dennoch ohne Kursveränderung die Reise in der früheren Weise (also insbesondere auch ohne eine durch den Schaden verursachte Gefahrerhöhung) fortsetzt" (Prot. 3306). Den Versicherer auch für einen solchen Fall zu befreien, besteht kein Grund. Er soll nur befreit werden und die Klausel „Nur für Kriegsmolest" ist nur gerechtfertigt mit Rücksicht auf die „tatsächliche Schwierigkeit bzw. Unmöglichkeit, festzustellen, ob eine eingetretene reine Seegefahr das Schiff betroffen haben würde, wenn die Reise nicht durch Einwirkung eines Kriegsereignisses modifiziert worden wäre" (Prot. 3306), richtiger: mit Rücksicht auf die oft nicht geringe Schwierigkeit der Feststellung des versicherungsrechtlichen Kausalzusammenhangs zwischen Kriegsereignis und Schaden.

Anm. 7 c) Der Versicherer ist ohne weiteres frei. Insbesondere, ohne daß es einer entsprechenden Erklärung gegenüber dem Versicherungsnehmer bedarf. Bei der laufenden Versicherung ist der Versicherer nur für die Einzelversicherung frei, auf die der Krieg Einfluß zu üben begonnen hat.

Anm. 8 d) Der Versicherer ist aber nicht überhaupt frei. § 119 wird aus § 24 Abs. 1 zu ergänzen sein. Der Versicherer ist nur frei, wenn „später", nachdem der Krieg Einfluß zu üben begonnen hat, der Versicherungsfall eintritt (vgl. HGB § 848: „Die Gefahr endet ... mit dem Zeitpunkt, in welchem die Kriegsgefahr auf die Reise Einfluß zu üben beginnt", Schlegelberger SVR Bem. 11 zu § 35 ADS). Ist der Versicherungsfall vorher eingetreten, so muß der Versicherer entschädigen (vgl. § 23 Anm. 4, 8).

Anm. 9 e) Der Versicherer bleibt frei, auch wenn der Einfluß der Kriegsgefahr auf die Reise aufhört, wenn z. B. das infolge der Kriegsgefahr vom Reiseweg abgewichene Schiff ohne Verzögerung den alten Weg wieder aufnimmt (Köhler 61).

Anm. 10 f) Der Versicherer kann auf die Befreiung, auf sein Einwendungsrecht verzichten. Er kann im voraus verzichten. Solche Vorausverzichte kommen hier aber im allgemeinen nicht in Betracht, weil sie mit der Vereinbarung der Klausel in Widerspruch stehen oder doch eine Änderung der Klausel bedeuten würden. Insbesondere wird der Versicherer gemäß § 119 auch dann frei, wenn dem Versicherungsnehmer (etwa auf Grund von Gefahränderungsklauseln) erlaubt ist, die Gefahr zu ändern, z. B. vom Reiseweg abzuweichen, die Reise zu verändern usw. (vgl. § 23 Anm. 72, § 24 Anm. 6, Köhler 62, Sieveking 139). — Der Versicherungsnehmer kann auch später verzichten. Ausdrücklich oder stillschweigend. Aber Verzichte sind nicht zu vermuten (näheres: § 24 Anm. 6).

Anm. 11 g) Der Versicherungsnehmer ist nicht frei. Er muß insbesondere die ganze Prämie zahlen. Auch dann, wenn die Versicherung für die Zukunft genommen ist und die Kriegsgefahr bereits Einfluß auf die Reise übt, wenn die Versicherung beginnt (anders, wenn die versicherte Unternehmung und deshalb die Versicherung wegen des Krieges überhaupt nicht beginnt: anal. § 4 Abs. 1). — Der Versicherungsnehmer ist auch von seinen sonstigen Verbindlichkeiten nicht frei, von seiner Verpflichtung, die Gefahr nicht zu ändern, Schaden zu verhüten usw. Aber diese Verbindlichkeiten werden doch durch die Befreiung des Versicherers von der Entschädigungspflicht vielfach beeinflußt. Soweit nämlich von ihrer Erfüllung die Entschädigungspflicht des Versicherers abhängt, werden sie mit dem Wegfall der Entschädigungspflicht gegenstandslos (vgl. ROHG 8. 232). — Der Versicherungsnehmer muß insbesondere auch im Falle der laufenden Versicherung die Prämie zahlen. Aber doch nur, wenn die Einzelversicherung begonnen hat (§ 97 Anm. 25), also insbesondere nicht, wenn die Einzelversicherung wegen des Einflusses der Kriegsgefahr nicht beginnen kann.

Anm. 12 5. Beispielfälle von Beeinflussungen der Reise durch die Kriegsgefahr (verb. „**insbesondere**"):

a) Der Versicherer ist z. B. frei, **wenn der Antritt oder die Fortsetzung der Reise durch Kriegsschiffe, Kaper, Minen oder Blockade behindert wird.** — Über Antritt und Fortsetzung der Reise vgl. § 35 Anm. 33, 34. — Über Kriegsschiffe vgl. Lehrb. des Völkerrechts, ferner Perels IntöffSeerecht 54, Schramm Prisenrecht 269, Wehberg Seekriegsrecht 64, Abkommen über die Umwandlung von Kauffahrteischiffen in Kriegsschiffe vom 18. 10. 1907. — Über Kaperei vgl. Perels IntöffSeerecht 171, Schramm Prisenrecht 267, Pariser Dekl. Nr. 1. — Über Minen vgl. § 35 Anm. 21, 25. — Über Blockade vgl. § 35 Anm. 23. § 119

b) Der Versicherer ist z. B. frei, wenn der Antritt oder die Fortsetzung der Reise **infolge der Kriegsgefahr aufgeschoben** wird. D. h. wenn die Reise mit dem Willen des Versicherungsnehmers, „zur Vermeidung der Kriegsgefahr" (HGB § 848), verzögert wird. Reiseverzögerungen, die ohne den Willen des Versicherungsnehmers eintreten, sind natürlich auch Reisebeeinflussungen, die, wenn sie durch Kriegsereignisse verursacht sind, den Versicherer befreien. Anm. 13

c) Der Versicherer ist z. B. frei, **wenn infolge der Kriegsgefahr das Schiff vom Wege abweicht.** Über Abweichung vom Reiseweg vgl. § 23 Anm. 47—54. Anm. 14

d) Der Versicherer ist z. B. frei, wenn **infolge der Kriegsgefahr der Kapitän die freie Führung des Schiffes verliert.** Insbesondere durch Nehmung, die kein Totalverlust ist (§ 35 Anm. 11), oder durch Aufbringung (§ 35 Anm. 16) oder durch Verweisung in einen Hafen. Die bloße Anhaltung bedeutet wohl eine Beschränkung, aber noch keinen Verlust der freien Führung des Schiffes (abw. Nolte 2. 291) und, wenn sonst nichts weiter erfolgt, auch keine sonstige Beeinflussung der Reise.

6. Beweislast. Der Versicherungsnehmer, der Entschädigung verlangt, muß beweisen, daß der Schaden während der Dauer der Versicherung entstanden ist, der Versicherer, daß der Schaden durch ein Kriegsereignis entstanden ist (näheres: § 28 Anm. 8, 9, 31, § 35 Anm. 47). — Behauptet der Versicherer, von der Entschädigungspflicht frei geworden zu sein, weil die Kriegsgefahr auf die Reise Einfluß geübt habe, so muß er dies beweisen (ebenso natürlich gegebenenfalls auch, daß die Klausel „Frei von Kriegsmolest" vereinbart ist). Anm. 15

7. § 119 ist nicht nur bei Reiseversicherungen, sondern auch bei Zeitversicherungen anwendbar (vgl. auch § 23 Anm. 52, 58, 69). Der Versicherer ist aber wohl nur für diejenige Reise frei, auf welche die Kriegsgefahr Einfluß zu üben begonnen hat. Also freilich auch für die Zeit, während welcher die Reise wegen des Einflusses der Kriegsgefahr nicht angetreten werden kann. Weitergehend wohl HGB § 848, wonach „die Gefahr endet", also die Versicherung erlischt, wenn die Kriegsgefahr auf die Reise Einfluß zu üben beginnt. Anm. 16

8. Der Klausel fehlt die Gegenklausel. Wer „Frei von Kriegsmolest" Versicherung genommen hat und „Nur für Kriegsgefahr" Versicherung nehmen würde, wäre nicht im selben Umfang gedeckt, wie derjenige, der „Frei von Kriegsgefahr" Versicherung genommen hat und „Nur für Kriegsgefahr" Versicherung nimmt (vgl. §§ 35, 121, 122). Auch eine Versicherung „Nur für Kriegsmolest" oder „Für Kriegsmolest" würde ihm nur dann die erwünschte vollständige Deckung verschaffen, wenn aus den Umständen klar erhellte, daß der Versicherer alle Gefahren der Seeschiffahrt übernehmen soll und will, die durch die Klausel „Nur für Kriegsmolest" ausgeschlossen sind; so z. B. wenn die Versicherung bei demselben Versicherer genommen würde, bei dem „Frei von Kriegsmolest" versichert ist (Köhler 63). Kriegspolicen erhalten daher auch wohl den Zusatz: „Sollte die anderweit genommene Seeversicherung ‚Frei von Kriegsmolest' lauten, so deckt gegenwärtige Police nach Maßgabe ihrer Bedingungen auch die Seegefahr von dem Augenblick an, wo sie aufhört, durch die erste Police gedeckt zu sein" (Köhler 76). — Über die holländische Molestklausel (Molesteinschluß-Klausel): Kracht 120. Anm. 17

§ 120

„Für behaltene Ankunft". „Für behaltene Fahrt"

(1) Die Versicherung endigt mit dem Zeitpunkt, in dem das Schiff im Bestimmungshafen am gehörigen Orte den Anker hat fallen lassen oder befestigt ist.

(2) Bei einer Versicherung, die sich auf das Schiff bezieht, haftet der Versicherer nur, wenn das Schiff vor dem im Absatz 1 bestimmten Zeitpunkte total verlorengeht oder gemäß § 72 oder § 73 abandonniert oder gemäß § 77 versteigert wird.

(3) Bei einer Versicherung, die sich auf die Güter bezieht, haftet der Versicherer nur, soweit die Güter den Bestimmungsort nicht erreichen.

(4) Der Versicherer haftet nicht für Beiträge zur großen Haverei und Aufopferungen sowie für die im § 32 und im § 95 Abs. 3 bezeichneten Aufwendungen und Kosten.

Anm. 1 1. Vgl. HGB § 850, ASVB § 102, BSVB § 22, § 36 Abs. 2—4, § 58.

Anm. 2 2. **Literatur:** Vorb. vor § 113. Bolze ZHR 42. 42 (Versicherung imaginären Gewinns auf behaltene Ankunft einer Ware mit einem bestimmten Schiffe). Burchard BaumgartnersHdwbuch. 571 (Behaltene Ankunft). Hagen SVR 44—46. F. Sieveking ZfVW 1906. 592—606 (Beitrag zur Lehre von der Versicherung auf behaltene Ankunft eines Schiffes). Suckau HGZ 1906. 273 (Auslegung der Policenklausel: „Der versicherte Betrag soll als Totalschaden bezahlt werden . . . ").

Anm. 3 3. Der Eigentümerinteressent will durch die Versicherung möglichst vollständig und möglichst lange gedeckt sein. Je vollständiger und länger die Versicherung ist, desto teurer ist sie. Will der Eigentümer weniger anlegen, so kann er auch nur eine geringere Deckung erhalten. Die zweckmäßige Vereinbarung geringerer Deckung setzt die genaue Kenntnis des Versicherungsrechts und sorgfältige Überlegung voraus. Man kann low-middling-Baumwolle oder good-average-Santoskaffee kaufen, aber nicht low-middling- oder good-average-Versicherung nehmen. Man kann andererseits beim Reeder oder Ladungsbeteiligten keine genaue Kenntnis des Versicherungsrechts voraussetzen. Deshalb bietet ihm die Versicherung „Für behaltene Ankunft" (d. h. „Für wohlbehaltene Ankunft": HGZ 1896. 309, sur bonne arrivée: Nolte 1. 245, „Auf wohl oder übel behaltene Ankunft": HG Hamburg Seebohm 359) den Typus einer geringeren Deckung zu geringerer Prämie. Das sind Ursache und Ursprung der Klausel „Für behaltene Ankunft". Die Klausel ist anscheinend um die Wende des 17. Jahrhunderts im hansestädtischen Verkehr aufgekommen (vgl. Grasmeyer 28). Offenbar zunächst in der Schiffsversicherung (vgl. auch die „Amsterdamer Casco-Police auf behaltene Ankunft" bei Nolte 2. 487 und Anhang 28). So spricht z. B. der Auffm Ordt'sche Entwurf eines AllgPlans von 1843 von der „Versicherung eines Schiffes nur für behaltene Ankunft" (§ 39). AllgPlan 1847 § 41 handelt schon von der „Versicherung ‚für behaltene Ankunft' a) auf das Casco oder die Fracht . . . b) auf Waren, imaginären Gewinn, Provision oder Courtage".

Anm. 4 4. Die Klausel hätte sich jedoch nicht eingebürgert, wenn sie nur ein Bedürfnis der Kasko- und der Güterversicherung zu befriedigen gehabt hätte. Denn die Hauptinteressen wiegen zu schwer, als daß die Beteiligten nicht möglichst vollständige Deckung zu suchen bestrebt sein müßten. Die Kaskoversicherung „Für behaltene Ankunft" kam daher im allgemeinen nur vor, wenn das Schiff zu schlecht war, um die gewöhnliche

Kaskodeckung zu finden (Tecklenborg System 279). Aber für die Versicherung § 120 von Nebeninteressen, Ausrüstungskosten, Vorschußgeldern, Schiffsgewinn, Befrachtersfracht, sonstiger Güterversendungs-Kosten, Güter-Mehrwert drüben und ähnlichem bot die billigere Versicherung „Für behaltene Ankunft" ein geeignetes und viel benutztes Deckungsmittel (Prot. 3671). In den letzten Jahrzehnten ist sie für die Deckung von Kasko-Mehrwert und Güter-Mehrwert besonders beliebt geworden (vgl. § 70 Anm. 12ff., § 90 Anm. 21ff., auch Kracht 121). Für die Versicherung solcher Nebeninteressen kam ein weiterer Umstand hinzu, der die Einführung der Klausel in den Versicherungsverkehr begünstigte. Die Versicherer von Nebeninteressen nehmen an gewissen Nachteilen, die dem Versicherer des Hauptinteresses zur Last fallen, regelmäßig nicht Teil. Havariegrosse-Schäden, Schadenabwendungs-Kosten, Schadenfeststellungs-Kosten, Güterumladungs-Kosten usw. sind regelmäßig Nachteile, die nur der Kasko- und der Güterversicherer, nicht der Mehrwert-, Gewinn-, Provisions- usw. Versicherer gutzumachen hat (vgl. § 32 Anm. 16, § 95 Anm. 34). Die Nebeninteressen zur gewöhnlichen Prämie zu versichern, wäre deshalb regelmäßig unwirtschaftlich; der Versicherer würde in der Regel die bezeichneten Vorteile bei der Bemessung der Prämie nicht in Rechnung stellen können. Hier bot sich in der Versicherung „Für behaltene Ankunft" das Mittel zur Prämienersparnis. Daß die Gestaltung der Versicherung „Für behaltene Ankunft" hierdurch wesentlich beeinflußt ist, zeigen § 850 HGB und § 120 ADS deutlich: Havariegrosse-Schäden, Schadenabwendungs-Kosten, Schadenfeststellungs-Kosten, Umladungskosten usw. sollen dem Versicherer nicht zur Last fallen, — nicht so sehr deshalb nicht, weil sie ihm ohne die Klausel zur Last fallen würden, als vielmehr deshalb nicht, weil sie ihm in der großen Mehrzahl der Fälle, in denen „Für behaltene Ankunft" versichert wird, auch ohne die Klausel nicht zur Last fallen würden.

5. Im Versicherungsvertrag muß sein wesentlichster Gegenstand, das Interesse, Anm. 5
seiner Art nach richtig bezeichnet sein (§ 1 Abs. 2). Sonst ist es in der Regel nicht versichert (§ 1 Anm. 177, 183). Aber schon früh wurde für gewisse Fälle (ein gutes Beispiel aus neuerer Zeit: HGZ 1889. 237, 301) das Bedürfnis nach einer leichteren Auffassung dieses Grundsatzes empfunden. Man behalf sich zunächst mit den Interessenklauseln habeat vel non habeat, participet vel non participet oder kurz: habeat vel non (Bensa 66; vgl. auch § 2 Anm. 12). In England befriedigt § 26 MIA das Bedürfnis:

1. The subject-matter insured must be designated in a marine policy with reasonable certainty.

2. The nature and extent of the interest of the assured in the subject-matter insured need not be specified in the policy.

3. Where the policy designates the subject-matter insured in general terms, it shall be construed to apply to the interest intended by the assured to be covered.

Der deutsche Versicherungsverkehr hat das Bedürfnis durch die Klausel „Für behaltene Ankunft" zu befriedigen gesucht. Im Laufe der Zeit entstand der „weitverbreitete Brauch, daß bei Versicherungen auf behaltene Ankunft der Versicherte von der Verpflichtung, beim Abschluß des Vertrags das versicherte Interesse zu bezeichnen, . . . dispensiert" wurde (HGZ 1889. 284; Voigt 19, ROHG 8. 67, HGZ 1892. 71, 179), — anscheinend schon bald nach der Entstehung der Klausel, denn schon die Materialien Grasmeyer's bestimmen: „Assekuranzen auf behaltene Ankunft setzen ein wirkliches, noch unversichertes Interesse voraus; wobey man etwa die Beschaffenheit der Objecte nicht weiß, oder auf imaginären Gewinn, ungedeckte Premie oder Kosten Hinsicht nimmt. Kann der Versicherte dieses gehabte, oder mit würklichem Rechte vermutete Interesse nicht beweisen, so findet . . . kein Ristorno statt, sondern die Premie ist verdient" (§ 57). Die Versicherung „Für behaltene An-

§ 120 kunft" wird daher im Verkehr auch kurz „Interessenversicherung" genannt. Der Ausdruck ist in den achtziger Jahren des 19. Jahrhunderts von der Kopenhagener Schiffahrtsbörse zunächst nach den westlichen, später nach den Ostsee-Häfen Deutschlands gekommen und wird insbesondere für die Versicherung der Interessen verwendet, die in England als disbursements warranted free from all average oder against total loss only versichert werden (vgl. auch § 1 Anm. 117). Übrigens kommen Interessenversicherungen auch ohne die Klausel „Für behaltene Ankunft" vor (vgl. HGZ 1895. 79 und unten Anm. 29). Immer aber muß klar sein, daß die Parteien das Interesse (einstweilen) im Dunkeln lassen wollen. Denn dieses Institut, das Institut der Interessenversicherung, ist es, das dazu dient, „die Wirksamkeit der Versicherung . . . von der Art des Interesses unabhängig zu stellen", — nicht das Institut der Versicherung für Rechnung, wen es angeht (wie man wohl behauptet hat).

Anm. 6 6. Diese beiden Funktionen der Versicherung „Für behaltene Ankunft" — die Kennzeichnung der Versicherung als einer nach Haftungsumfang und Haftungsdauer nur beschränkten Deckung und die Kennzeichnung der Versicherung unbenannter oder nur unvollständig benannter Interessen — sind scharf zu unterscheiden (was nicht immer geschehen ist, vgl. z. B. LG Hamburg HGZ 1883. 312; siehe auch OLG Hamburg HRZ 1926. 535). Insbesondere ist nicht etwa jede Versicherung „Für behaltene Ankunft" ohne weiteres eine Interessenversicherung. Der Versicherungsnehmer kann das Interesse ungenannt lassen, er kann es bezeichnen, er kann es teilweise bezeichnen. Die Versicherung des Schiffes „Für behaltene Ankunft" ist eine Versicherung des Kaskointeresses „Für behaltene Ankunft" des Schiffes. Die Versicherung der Güter „Für behaltene Ankunft" ist eine Versicherung des Gütereigentümer-Interesses „Für behaltene Ankunft" der Güter. Die Versicherung imaginären Gewinns „Für behaltene Ankunft" ist die Versicherung imaginären Gewinns „Für behaltene Ankunft" der Güter (auch wenn die Versicherung „auf extraimaginären Gewinn . . . und auf behaltene Ankunft der Ware" genommen ist, ist sie nur die Versicherung des Gewinns, nicht noch außerdem oder eventuell die Versicherung eines anderen, ungenannten Güterinteresses: HGZ 1892. 71). Die Versicherung der Fracht „Für behaltene Ankunft" ist die Versicherung der Fracht „Für behaltene Ankunft" des Schiffes und der Güter (was LG Hamburg HGZ 1883. 312 verkannt hat). In allen diesen Fällen handelt es sich nicht um „Interessenversicherungen", sondern um Versicherungen gewöhnlicher Art, aber mit den aus § 120 sich ergebenden Beschränkungen der Haftung des Versicherers nach Umfang und Zeit.

Anm. 7 a) Anders, wenn nur Versicherung genommen ist, „Für behaltene Ankunft" des Schiffes. Sie ist die Versicherung irgendeines Schiffsinteresses, irgendeine Versicherung, die sich auf das Schiff bezieht (natürlich nicht auch eine Versicherung, die sich auf die Güter bezieht; HG u. OG Hamburg HGZ 1872. 31, 382). Sie kann das Kaskointeresse decken. Sie kann aber auch jedes andere Schiffsinteresse decken, Schiffsmakler-Provision, Schiffsgewinn, Ausrüstungskosten usw. Auch Fracht, doch würde sie das Frachtinteresse nur unvollständig decken, weil das Frachtinteresse von der Ankunft auch der Güter abhängt (vgl. den Fall ROHG 8. 63, in dem „Auf behaltene Fahrt" des Schiffes eine Versicherung genommen war, welche die Fracht decken sollte). Wer als Kommissionär von der Ankunft der mit einem Schiffe verladenen Güter Verkaufsprovision erwartet, kann nicht „Für behaltene Ankunft" des Schiffes Versicherung nehmen (HG u. OG Hamburg HGZ 1872. 31, 381). Wer dagegen von dem Verkauf der Güter Provision erwartet, die mit dem nach dem Abladehafen fahrenden Schiffe verladen werden sollen, kann „Für behaltene Ankunft" des Schiffes im Abladehafen Versicherung nehmen (HG u. OG Hamburg HGZ 1872. 159; vgl. auch RG 36. 130, HGZ 1895. 256: Versicherung „auf zu verdienende Kommission und/oder imaginären

Gewinn und/oder sonstiges Interesse der . . . in einem Hafen der Ostküste Nord-amerika's einzunehmenden Ladung Phosphat . . . auf die behaltene Ankunft des Schiffes am Ladeplatz"). **§ 120**

b) Anders auch, wenn die Versicherung genommen ist „Für behaltene Ankunft" der Güter. Sie deckt jedes Güterinteresse, sowohl das Interesse des Gütereigentümers wie jedes andere. Die Versicherung ist eine Versicherung, die sich auf die Güter bezieht; natürlich nicht auch eine Versicherung, die sich auf das Schiff bezieht. Wenn die Versicherung genommen ist „auf das Interesse der Herren Versicherten an der Ladung Blauholz, nach § 104 ASVB valedierend, des unten bezeichneten Schiffes", so deckt sie natürlich nur ein Güterinteresse, nicht, wie HGZ 1895. 80 annimmt, ein Schiffsinteresse; sie sollte auch ein Güterinteresse decken, nämlich das Interesse des Verkaufskommissionärs an der Ankunft der Güter mit einem bestimmten Schiffe, und deckte es freilich nicht, weil die Ankunft der Güter mit einem vertragsfremden Schiffe nicht als Versicherungsfall vereinbart war (näheres: § 1 Anm. 48—51). Anm. 8

c) Die Versicherung kann schließlich auch reine Interessenversicherung sein, also nicht einmal andeuten, ob sie sich auf das Schiff oder auf die Güter bezieht. Sie kann „Für behaltene Ankunft" des Schiffes oder der Güter genommen werden. Anm. 9

d) Die Versicherung „Für behaltene Ankunft" deckt also in den Grenzen, in denen sie das Interesse offen läßt, mithin Interessenversicherung ist, jede Art von Interesse und alle Interessen jeder Art. Auch das sogenannte Zeitinteresse, das Interesse daran, daß Schiff oder Güter zur erwarteten Zeit am Bestimmungsort eintreffen. Aber sie deckt, wie jedes andere offen gebliebene Interesse, so auch das Zeitinteresse natürlich nur in den allgemeinen, der Entschädigungspflicht des Versicherers gesteckten, Grenzen. Wer „Für behaltene Ankunft" des Schiffes am Ladeplatz des Bestimmungsorts der Zureise versichert hat, kann, wenn das Schiff unterwegs total verlorengeht, Entschädigung für den Gewinn verlangen, der ihm dadurch entgeht, daß das Schiff den Bestimmungsort der Zureise, den Abladehafen, nicht erreicht und die Güter nicht eingenommen hat, von deren Beförderung sich der Versicherungsnehmer Gewinn versprach, kann auch für die Höhe des Gewinns sich darauf berufen, daß er mit der Ankunft des Schiffes zu einer bestimmten Zeit gerechnet habe und habe rechnen dürfen. Aber er kann natürlich nicht, wenn das Schiff den Ladeplatz erreicht, Entschädigung verlangen, weil das Schiff den Ladeplatz infolge eines Unfalls so spät erreicht (oder weil es ihn so beschädigt erreicht), daß die Güter nicht eingenommen werden können (vgl. auch HG Hamburg Ullrich Nr. 301). — Wer „Für behaltene Ankunft" der Güter versichert hat, kann, wenn die Güter wegen eines Totalverlustes oder aus anderen, dem Versicherer zur Last fallenden, Gründen den Bestimmungsort nicht erreichen, Entschädigung für den ihm entgangenen Gewinn verlangen (§§ 103 Abs. 1, 99, 91), kann sich für die Höhe des ihm entgangenen Gewinns auch darauf berufen, daß er mit der Ankunft der Güter zu einer bestimmten Zeit gerechnet habe und „möglicherweise" habe rechnen dürfen (§ 100 Abs. 2). Aber er kann natürlich nicht, wenn die Güter den Bestimmungsort erreichen, Entschädigung verlangen, weil die Güter den Bestimmungsort später erreicht haben, als er erwartet hatte und erwarten durfte. Für keine Art von Interessen wird dieser Fall als Versicherungsfall bestimmt. Will der Versicherungsnehmer auch gegen die Verzögerung der versicherten Reise Versicherung nehmen, so mag er es tun, muß es aber auch tun. Die Versicherung „Für behaltene Ankunft" allein deckt solches Interesse nicht. In diesem Sinne richtig HGZ 1892. 77: „Die Klausel ‚Für behaltene Ankunft' bezeichne nicht selbst bestimmte versicherte Interessen". Näheres: § 1 Anm. 48—50. Anm. 10

e) Welches Interesse im übrigen durch die Interessenversicherung gedeckt ist, muß sich im Versicherungsfall ergeben, soweit es sich nicht etwa schon aus dem Ver- Anm. 11

§ 120 sicherungsvertrag ergibt. Vgl. über die Klauseln „Auf behaltene Fahrt und/oder Nettofrachtgelder des Schiffes . . . “: HGZ 1892. 177, 1893. 57, 1894. 281, „Was der Frachtbetrag eventuell weniger ausmachen wird als der versicherte Betrag, valediert auf behaltene Ankunft des Schiffes“: RG 25. 76, HGZ 1889. 261, „Derjenige Teil der Versicherungssumme, welcher nicht als Nettofracht für die betreffende Reise nachgewiesen werden kann, soll als taxiert auf die behaltene Ankunft des Schiffes im nächsten Bestimmungshafen valedieren“: LG Hamburg HGZ 1883. 312, „Der etwa mehr als wirkliche Nettofracht versicherte Betrag . . . valediert auf die behaltene Ankunft und Entlöschung des Dampfers an seinen jedesmaligen Bestimmungsplätzen“: HGZ 1890. 217, „Auf Nettofrachtgelder und/oder Vorschußgelder und/oder behaltene Ankunft“: HGZ 1889. 238. Siehe die bei Argyriadis 125 angeführte Klausel: „Die aufgegebene Versicherungssumme gilt bindend als Taxe ununterbrochen während der ganzen versicherten Zeit ohne Abzüge zur vollen Höhe, gleichviel ob das Schiff zur Zeit eines Unfalles mit ganzer oder teilweiser Ladung irgendwelcher Art und/oder in Ballast fährt, resp. still- oder aufliegt, wobei stets derjenige Teil, welcher nicht als gefährdete Fracht nachgewiesen wird, als Interesse auf die behaltene Ankunft des Schiffes im nächsten Bestimmungshafen bzw. auf den behaltenen Zustand des Schiffes valediert, ohne weiteren Nachweis des Interesses und der Taxe, und Verzicht auf alle evtl. Rechte der Anfechtung“. Das Interesse muß aber auch im Falle der Interessenversicherung bei der Schließung des Versicherungsvertrags bestanden haben, sei es auch nur als Erwartung eines von der Ankunft abhängigen Gewinns. Die Versicherung eines bloß künftigen Interesses wird auch durch eine Versicherung „Für behaltene Ankunft“ des Schiffes oder der Güter nur gedeckt, „wenn die Versicherung für ein künftiges Interesse genommen ist“ (§ 4 Abs. 1, § 2 Anm. 6; anscheinend ebenso Sieveking 142).

Anm. 12 f) Über alles dies, über die Funktion der Versicherung „Für behaltene Ankunft“ als der Kennzeichnung einer Interessenversicherung, gibt weder § 850 HGB noch § 120 ADS Auskunft. Es ergibt sich nur aus dem „Brauch“ (oben Anm. 5). Gesetz und ADS beschäftigen sich nur mit der zweiten Funktion der Klausel, der vertragsmäßigen Beschränkung der Haftung des Versicherers nach Umfang und Zeit.

Anm. 13 7. Die Klausel „Für behaltene Fahrt“ oder „Für behaltene oder sichere Fahrt“ (BSVB § 22) hat sich erst später eingebürgert als die Klausel „Für behaltene Ankunft“. Sie hat dieselbe Bedeutung, wie diese (HGZ 1892. 179, 1894. 78; vgl. nunmehr auch Überschrift über § 120).

Anm. 14 8. **Abs. 1.** Die Versicherung beginnt, auch wenn sie „Für behaltene Ankunft“ genommen ist, nach den für das versicherte Interesse geltenden Grundsätzen. Sie beginnt also, wenn sie sich auf das Schiff bezieht, im allgemeinen gemäß § 66 Abs. 1 Satz 1, § 79, wenn sie sich auf die Güter bezieht, gemäß §§ 88 Abs. 2, 89, 99, wenn sie sich auf die Fracht bezieht, gemäß § 106.

Die Versicherung „Für behaltene Ankunft“ endigt dagegen nach besonderen Regeln. Sie **endigt, wenn das Schiff im Bestimmungshafen am gehörigen Orte den Anker hat fallen lassen oder befestigt ist.** Ob die Versicherung sich auf das Schiff oder auf die Güter oder auf beide bezieht, gilt gleich. Sie endigt stets, wie die Kaskoversicherung endigt, wenn Ladung oder Ballast nicht zu löschen ist (§ 66 Abs. 1 Satz 2). Deshalb näheres: § 66 Anm. 9. Die Versicherung des Schiffes wird insbesondere auch nicht gemäß § 67 verlängert (vgl. auch § 67 Anm. 19). — Die Versicherung endigt spätestens, wenn das Schiff den Anker hat fallen lassen oder befestigt ist. Sie kann natürlich auf außergewöhnliche Weise schon früher endigen. So etwa, wenn der Versicherungsnehmer die versicherte Unternehmung aufgibt, wenn die Güter, auf die sich die Versicherung bezieht, mit einem anderen als dem im Versicherungsvertrag bestimmten Schiffe befördert werden (§ 95 Abs. 1), usw.

Für sehr zweckmäßig wird man diese Regelung nicht halten können. Warum z. B. die Güterversicherung „Für behaltene Ankunft" einerseits schon beginnen soll, wenn der Verfrachter die Güter zur Beförderung annimmt, andererseits schon endigen soll, wenn das Schiff im Bestimmungshafen den Anker hat fallen lassen oder befestigt ist, ist nicht einzusehen, wenn man nicht etwa dem Wortlaut der Klausel zu große Bedeutung beimißt. **§ 120**

9. **Abs. 2. Versicherungen, die sich auf das Schiff beziehen** (über diesen Begriff: § 79 Anm. 2, 3, auch § 33 Anm. 32). **Der Versicherer haftet nur** (natürlich auch immer nur, wenn ein Gefahrereignis die adäquate oder, bei mehreren adäquaten Ursachen, die nächste Ursache des Schadens ist): Anm. 15

a) **wenn das Schiff total verlorengeht.** Als total verloren gilt das Schiff auch, wenn es dem Versicherungsnehmer ohne Aussicht auf Wiedererlangung entzogen oder in seiner ursprünglichen Beschaffenheit zerstört ist (§ 71 Abs. 2). Das macht keine Schwierigkeiten, wenn das Schiff dem Versicherungsnehmer als dem Eigentümer „entzogen" werden kann. Wer „Für behaltene Ankunft" des Schiffes versichert, ist aber oft jemand, dem nichts entzogen werden kann, etwa der provisionsversicherte Schiffsmakler oder der das Schiff erwartende Verlader. In solchen Fällen kommt es darauf an, ob das Schiff dem Verfügungsberechtigten ohne Aussicht auf Wiedererlangung entzogen ist. Näheres: § 71 Anm. 47. Vgl. RG 115. 397 = HRZ 1927. 180 = JRPV 1927. 41 = JW 1927. 1685 (Anm. Sebba) und die Vorentscheidung HansOLG HRZ 1926. 375 = JRPV 1926. 108 = Sasse Nr. 352. Siehe kritisch zu der Entscheidung Hagen SVR 44. — Es genügt also insbesondere nicht, daß nur ein Teil des Schiffes „total" verlorengeht (vgl. auch § 92 Anm. 3). Anders, wenn der Teil besonders taxiert ist und deshalb als besonders versichert gilt, wenn z. B. die maschinellen Einrichtungen des „Für behaltene Ankunft" versicherten Dampfers besonders taxiert sind und „total verlorengehen" (vgl. § 7 Anm. 9). Zwar spricht § 120 Abs. 2 nur vom Totalverlust des „Schiffes". Aber für den Fall der besonderen Versicherung der Maschine usw. „Für behaltene Ankunft" muß natürlich § 120 Abs. 2 sinngemäß angewendet werden. — Das Schiff muß **„vor dem im Absatz 1 bezeichneten Zeitpunkt"** verlorengegangen sein, also bevor es im Bestimmungshafen am gehörigen Orte den Anker hat fallen lassen oder befestigt ist. Diese Art der zeitlichen Beschränkung des Risikos schließt sich an die Vorschrift des § 850 Abs. 2 Nr. 1 HGB an, wonach der Versicherer für den Fall, daß das Schiff wegen Reparaturunfähigkeit oder Reparaturunwürdigkeit verkauft wird, nur haftet, wenn dies „vor Erreichung des Bestimmungshafens" geschieht. § 120 Abs. 2 ADS erstreckt diese Vorschrift ihrem wesentlichen Inhalt nach auf den Fall des Totalverlustes (und des Abandons). Mag auch das Gefahrereignis eingetreten sein, bevor das Schiff im Bestimmungshafen am gehörigen Orte den Anker hat fallen lassen usw., mag dies Ereignis auch den Totalverlust zur adäquaten und unvermeidlichen Folge gehabt haben, mag also auch das Schiff bei Beendigung der Versicherung bereits den „Todesstoß" erhalten haben, — der Versicherer haftet nicht, wenn der Totalverlust erst nach der Beendigung der Versicherung eintritt. Die Regel causa proxima, non remota spectatur, ist also hier durchbrochen (vgl. hierzu § 28 Anm. 27ff.).

b) **wenn das Schiff** vor der Beendigung der Versicherung gemäß § 72 oder § 73 **abandonniert wird.** Hier entstehen dieselben Schwierigkeiten, wenn der Versicherungsnehmer nichts zu abandonnieren hat: § 72 Anm. 23, § 71 Anm. 47. Vgl. ferner oben unter a.

c) **wenn das Schiff** vor der Beendigung der Versicherung **gemäß § 77 versteigert wird.** Auch hier entstehen dieselben Schwierigkeiten, wenn der Versicherungsnehmer über das Schiff nicht verfügen kann: § 77 Anm. 47. Vgl. ferner oben unter a und § 77 Anm. 44.

§ 120 Der Versicherer des „Für behaltene Ankunft“ versicherten Schiffes haftet „nur“ in diesen Fällen. Er haftet also z. B. nicht gemäß § 78 für indirekten Kollisionsschaden (RG 33. 69, HGZ 1893. 42). Er haftet für indirekten Kollisionsschaden natürlich auch dann nicht, wenn das versicherte Schiff später, nachdem infolge des indirekten Kollisionsschadens das versicherte Interesse teilweise oder ganz weggefallen (oder schwebend geworden) ist, total verlorengeht oder abandonniert oder versteigert wird.

Anm. 16 10. **Abs. 3. Versicherungen, die sich auf die Güter beziehen** (über diesen Begriff: § 99 Anm. 2, auch § 33 Anm. 32). **Der Versicherer haftet nur,** wenn und **soweit die Güter den Bestimmungsort nicht erreichen.**

a) „Nur“: Die Haftung des Versicherers wird beschränkt. Sie wird nicht etwa erweitert: Der Versicherer haftet nicht etwa auch immer dann, wenn er zwar ohne die Klausel nicht gehaftet haben würde, wenn aber die Güter den Bestimmungsort nicht erreichen (anscheinend abw. Burchard BaumgartnersHdwbuch 576). Wenn die Güter, also das gewöhnliche Gütereigentümer-Interesse, mit der Klausel „Für behaltene Ankunft“ versichert sind und die Güter unterwegs infolge eines Gefahrereignisses liegenbleiben, nicht weiterbefördert werden können und deshalb den Bestimmungsort nicht erreichen, haftet der Versicherer nicht (vgl. § 91 Anm. 6, § 96 Anm. 26). Ob der Versicherer haftet, richtet sich vielmehr nach den für das versicherte Interesse geltenden Grundsätzen. Ist also imaginärer Gewinn oder Provision versichert, so haftet der Versicherer freilich schon ohne weiteres, wenn und weil die Güter den Bestimmungsort nicht erreichen, — aber nur deshalb, weil für die Gewinn- und Provisionsversicherung besonders bestimmt ist, daß die Güter auch dann als verloren gelten sollen, wenn sie aus einem anderen Grunde als demjenigen des Totalverlustes den Bestimmungsort nicht erreichen (§§ 103 Abs. 1, 104). Sind die Güter, auf die sich die Versicherung bezieht, auf Deck verladen, so haftet der Versicherer nicht, wenn sie aus anderen als den im § 85 Abs. 1 bezeichneten Gründen verlorengehen und deshalb den Bestimmungsort nicht erreichen (HGZ 1892. 70). Wenn die Güter unterwegs verkauft werden müssen und deshalb den Bestimmungsort nicht erreichen, haftet der Versicherer gemäß §§ 96 Abs. 2, 99 (ausdrücklich: HGB § 850 Abs. 2 Nr. 2).

Anm. 17 b) Die Haftung des Versicherers ist beschränkt. Er haftet nur, wenn die Güter den Bestimmungsort nicht erreichen. Wenn sie den Bestimmungsort erreichen, haftet er nicht. Er haftet also insbesondere nicht für Beschädigungsschaden, wenn die Güter den Bestimmungsort erreichen (wohl aber, wenn sie infolge eines Gefahrereignisses unterwegs liegen bleiben müssen, also nicht zum Bestimmungsort weiterbefördert werden können). § 850 Abs. 2 Nr. 2 HGB bestimmt ausdrücklich: „Erreichen die Güter den Bestimmungshafen, so haftet der Versicherer weder für eine Beschädigung noch für einen Verlust, der die Folge einer Beschädigung ist“. Nach der Begr. z. E 1910 § 119 versteht sich dies von selbst, ist es nur die Kehrseite der Vorschrift, daß der Versicherer „nur“ haftet, soweit die Güter den Bestimmungsort nicht erreichen. Diese Auffassung des Urhebers der ADS ist für die Haftung des Versicherers für gewöhnlichen Beschädigungsschaden natürlich richtig. Im übrigen ist sie nicht ohne jedes Bedenken. Man könnte einwenden, daß, wenn die Güter beschädigt werden, infolge hiervon in ihrer ursprünglichen Beschaffenheit zerstört werden und in diesem Zustand den Bestimmungsort erreichen, nicht die Güter, sondern etwas anderes, ihre Trümmer es sind, die den Bestimmungsort erreichen, die Güter vielmehr vor Erreichung des Bestimmungsorts verlorengegangen sind. Indessen gebietet schon die Achtung vor der ausgesprochenen Absicht des Urhebers der ADS und vor der Auffassung der an der Herstellung der ADS beteiligten Verkehrskreise die Annahme, daß als „Güter“ im Sinne des § 120 Abs. 3 auch beschädigte, in ihrer ursprünglichen Beschaffenheit zerstörte Güter zu verstehen sind, wie, ganz ähnlich, unter dem „Schiffe“ im Sinne des

§ 71 Abs. 3 das frühere Schiff, dasjenige, was vom Schiffe noch übriggeblieben ist, das in seiner Beschaffenheit zerstörte Schiff verstanden werden muß (vgl. auch Prot. 4363). **§ 120**

c) Erreichen die Güter teilweise den Bestimmungsort, so haftet der Versicherer nur für den Teil, der den Bestimmungsort nicht erreicht (verb. „soweit"; ausdrücklich HGB § 850 Abs. 2 Nr. 2; vgl. dazu Prot. 3670, 4362). Anm. 18

11. **Abs. 4. Der Versicherer haftet nicht** (HGB § 850 Abs. 3: „in keinem Falle": mag die Versicherung sich auf das Schiff oder auf die Güter beziehen, mag der Versicherer nach den vorhergehenden Bestimmungen haften oder nicht): Anm. 19

a) **für Havariegrosse-Beiträge,** die der Versicherungsnehmer zu entrichten hat (vgl. § 29);

b) **für** Havariegrosse-**Aufopferungen:** Vgl. § 29 Anm. 12.

c) **für die Schadenabwendungs- und Schadenfeststellungs-Kosten des § 32.**

d) **für die Umladungs-, Lagerungs-und Weiterbeförderungs-Kosten des § 95 Abs. 3.**

Die Versicherung „Für behaltene Ankunft" deckt ja regelmäßig Nebeninteressen und der Versicherer von Nebeninteressen hat ja, regelmäßig wenigstens, keine Havariegrosse-Beiträge und keine Kosten zu ersetzen. Deshalb wird der Versicherer „Für behaltene Ankunft" in Bausch und Bogen von der Haftung für Havariegrosse-Beiträge, Aufopferungen und Kosten befreit (vgl. auch ME 343, wonach „zweifellos die allgemeine Anschauung dahin geht, daß der Versicherer, der nur gegen Totalverlust gedeckt habe, nicht für Havariegrosse-Schäden hafte"). Auch der Versicherer des Schiffes haftet also für Beiträge, Aufopferungen und Kosten nicht, wenn das Schiff „Für behaltene Ankunft" versichert ist. Er haftet z. B. nicht, wenn das Schiff von der Besatzung verlassen und von einem anderen Schiffe geborgen wird, für die Bergungskosten (OG Hamburg Seebohm 361; abw. HG Hamburg, OAG Lübeck Seebohm 360, 365, weil nach AllgPlan 1847 § 41 der Versicherer die Reklamekosten zu ersetzen hatte und diese Bestimmung analog anzuwenden sei; hiergegen mit Recht Voigt 591). Aber er haftet, wenn das Schiff, auf das sich die Versicherung bezieht, Eis forciert, um Totalverlust abzuwenden, und dabei reparaturunfähig wird (vgl. § 61). Oder, wenn das Schiff, auf das sich die „Auch-für-Kriegsgefahr"-Versicherung bezieht, seeuntüchtig in See gesandt wird, um nicht vom Feinde genommen zu werden, und dabei reparaturunfähig wird (vgl. § 58 Anm. 23).

Auf die Schadenabwendungspflicht des Versicherungsnehmers hat die Befreiung des Versicherers von den Schadenabwendungs-Kosten usw. keinen (wenigstens keinen versicherungsrechtlichen) Einfluß (§ 41 Anm. 33). Wenn „auf das Interesse der . . . in einem Hafen der Ostküste Nordamerika's einzunehmenden Ladung Phosphat . . . auf die behaltene Ankunft des Schiffes am Ladeplatz" Versicherung genommen ist, die Versicherung das Interesse an der Einnahme und Beförderung des zur Erfüllung eines Kaufvertrags bestimmten Phosphats deckt und das Schiff auf der Reise zum Abladehafen total verlorengeht, ist zwar der Versicherungsfall eingetreten. Aber der Versicherungsnehmer muß den Schaden zu mindern trachten, andere Beförderungsgelegenheit suchen und erhält keine Entschädigung, wenn er diese Pflicht verletzt, und ebenfalls nichts, wenn er sie erfüllt und es ihm gelingt, den Phosphat anderweit zu befördern und so den Kaufvertrag zu erfüllen (ebenso im Ergebnis, aber mit unrichtiger Begr. RG 36. 133; abw. HGZ 1895. 259). Anm. 20

12. Der angebliche „Sinn" der Klausel „Für behaltene Ankunft", daß der Versicherer „entweder die ganze Versicherungssumme oder gar nichts" zu zahlen haben solle (so LG Hamburg HGZ 1896. 291 im Anschluß an Prot. 3319, 4364), erklärt natürlich nichts, insbesondere nicht die Erscheinung, daß der Versicherer nicht für Anm. 21

§ 120 Schadenabwendungs-Kosten usw. haftet. Überdies ist jenes nicht der „Sinn" der Klausel. Denn der Versicherer hat z. B. einen Teil der Versicherungssumme zu zahlen, wenn ein Teil der Güter verlorengeht, bevor er den Bestimmungsort erreicht (oder genauer: bevor die Versicherung gemäß § 120 Abs. 1 beendigt ist).

Anm. 22 13. Die Parteien **vereinbaren** oft **Abweichendes** oder **Besonderes**; z. B.:

a) Versicherung „Für behaltene Ankunft der Güter mit einem bestimmten Schiffe". Näheres hierüber: § 1 Anm. 48, § 103 Anm. 6, auch oben Anm. 8. — Enthält in solchem Falle die Police ferner die Klausel: „Umladung jeglicher Art und beliebiger Aufenthalt eingeschlossen", so kann sich doch der Gewinnversicherer hierauf nicht berufen, wenn die Güter nicht mit dem bestimmten Schiffe, sondern mit einem anderen Schiffe den Bestimmungsort erreichen; die Klausel betrifft nur Aus- und Wiedereinladung im Nothafen, Umladung vom Flußschiff in's Seeschiff usw. (HGZ 1893. 170).

Anm. 23 b) Versicherung „Auf die glückliche Ankunft des Dampfers mit der Ladung Getreide" (HGZ 1896. 309). Die Klausel ist das Gegenstück zu der Anm. 22 bezeichneten Klausel, kommt aber im allgemeinen nicht vor und wird auch vom LG Hamburg HGZ 1896. 309 nicht als das genaue Spiegelbild der Klausel „Für behaltene Ankunft der Güter mit einem bestimmten Schiffe" behandelt. Wie diese eine Versicherung bezeichnet, die sich (nur) auf die Güter bezieht, bezeichnet jene eine Versicherung, die sich (nur) auf das Schiff bezieht (HGZ 1896. 311).

Anm. 24 c) Versicherung „Von Tromsoe nach dem Eismeer auf den Fang und retour für behaltene Zurückkunft". Sie ist eine den besonderen Umständen angepaßte, im übrigen gewöhnliche Versicherung „Für behaltene Ankunft" (HG Hamburg HGZ 1870. 399; ähnlich: HG Hamburg Seebohm 359).

Anm. 25 d) Versicherung „Auf die behaltene Ankunft bzw. den behaltenen Zustand des Schiffes von Rio Grande do Sul, einschließlich des Aufenthalts daselbst, nach Santos und des Aufenthalts dort bis zur Beladung" (HGZ 1903. 41, RG HGZ 1903. 227). Das Schiff sollte in Santos Kaffee laden. Gedeckt war das Interesse des Ladungsbeteiligten und Charterers an der glücklichen Ankunft des Schiffes in Santos zur Einnahme und Beförderung der Ladung. Das Schiff wurde auf dem Wege nach Santos schwer beschädigt, nach Montevideo gebracht und hier vom Reeder verkauft. Der Versicherer haftet nicht. Das Schiff war nicht total verloren (§ 71 Anm. 5, 47), auch nicht kondemniert (vgl. § 77 Anm. 47). Die Worte „auf den behaltenen Zustand" erstrecken nur die Dauer der Versicherung (vgl. ADS § 120 Abs. 1) auf den Aufenthalt des Schiffes in Rio Grande do Sul und seinen Aufenthalt in Santos bis zur Beladung und erweitern nicht den Umfang der Haftung des Versicherers; insbesondere haftet der Versicherer natürlich nicht dafür, daß der „Zustand" des Schiffes sich infolge eines Gefahrereignisses verschlechtert.

Anm. 26 e) Versicherung „Auf die behaltene Fahrt und Entlöschung des Segelschiffs San Carlos im Endbestimmungshafen" (HGZ 1894. 77; ähnlich: HGZ 1908. 217). Auch diese Klausel erstreckt nur die Dauer der Versicherung über die gewöhnlichen Grenzen. — Ebenso die kürzere Klausel „Auf die behaltene Ankunft und Entlöschung des Schiffes" (RG 47. 174, HGZ 1888. 253, 1900. 176). Ebenso die Klausel „Auf die behaltene Ankunft des Schiffes am Ladeplatz" (RG 36. 130, HGZ 1895. 256). — Die Klausel „Auf die behaltene Ankunft der Ware . . . am Bestimmungsort und Entlöschung derselben daselbst bis an Land" (HGZ 1892. 282, 1893. 102; ähnlich HG u. OG Hamburg HGZ 1876. 138) erstreckt die Dauer der Versicherung gleichfalls über den im § 120 Abs. 1 ADS bestimmten Zeitpunkt hinaus, aber nicht schlechthin bis zu dem im § 88 Abs. 3 ADS bestimmten Zeitpunkt, sondern eben nur, bis die Güter an Land gelangen oder, wenn der Versicherungsnehmer die Löschung ungebührlich verzögert, bis zu dem Zeitpunkt, in dem die Güter ohne solche Verzögerung an Land gelangt wären (anal. ADS § 88 Abs. 3 Satz 2). Ebenso die Klausel „Auf die behaltene Ankunft und Landung" der Güter (HGZ 1885. 102). **§ 120**

f) Versicherung „Auf die behaltene Ankunft des Schiffes zu Akyab für die dann gesicherte Abnahme einer Ladung Reis ...; falls das Schiff Akyab nicht in der Art behalten erreicht, um laden zu können, ist die Versicherung als Totalschaden zu bezahlen" (HG Hamburg Ullrich Nr. 301). Der Versicherer haftet, auch wenn das Schiff den Bestimmungsort erreicht, aber infolge eines Gefahrereignisses in ladeunfähigem Zustand. Anm. 27

g) Die Klausel „Für behaltene Ankunft" wird durchweg mit einer Interessenbeweis-Klausel verbunden, z. B. mit der Klausel: „Das Interesse gilt als erwiesen" oder „Ohne weiteren Beweis des Interesses als diese Police". Erklärlich genug. Denn es handelt sich meist um die Versicherung von Nebeninteressen, die durch Vertragsverhältnisse der verschiedensten Art begründet sind und nicht immer gern aufgedeckt werden. — Über die Bedeutung solcher Beweisklauseln vgl. § 43 Anm. 35—37. — Die Bedeutung der Klausel „Für behaltene Ankunft" wird durch die Beweisklausel nicht berührt. Anm. 28

h) An die mit der Klausel „Für behaltene Ankunft" verbundene Interessenbeweis-Klausel schließt sich regelmäßig bei der Versicherung von Schiffsinteressen eine andere Klausel an, die in den mannigfaltigsten Fassungen auftritt. Z. B.: Anm. 29

„Das Interesse gilt als erwiesen und ist diese Police mit 100% zu bezahlen, falls das Schiff infolge Seeschadens seinen Bestimmungsort nicht erreicht" (HGZ 1894. 77).

„Diese Police ... ist mit 100% zu bezahlen, im Falle das Schiff wegen Seeschadens seinen Bestimmungsort nicht erreicht, kondemniert werden oder vor gänzlicher Entlöschung verloren gehen sollte. Unter Aufhebung der §§ 38 und 39, 131 und 137 ASVB" (HGZ 1888. 253).

„Sollte infolge Seeschadens oder Kondemnation der Dampfer seinen Bestimmungsort nicht erreichen, so ist der deklarierte Betrag als Totalschaden mit 100% zu bezahlen" (HGZ 1889. 284).

„7500 M taxierte Frachtgelder ... Was der Frachtbetrag eventuell weniger ausmachen wird als der versicherte Betrag, valediert auf behaltene Ankunft des Schiffes und ist ohne weiteren Nachweis des Interesses mit 100% zu bezahlen, falls das Schiff wegen Seeschadens seinen Endbestimmungsort nicht erreicht oder kondemniert wird" (RG 25. 78, HGZ 1889. 261; vgl. auch HGZ 1908. 73).

„Der etwa mehr als wirkliche Nettofracht versicherte Betrag ... valediert auf die behaltene Ankunft und Entlöschung des Dampfers an seinen jedesmaligen Bestimmungsplätzen und ist im Schadensfall ohne weiteren Nachweis des Interesses und der Taxe als diese Police als Totalschaden mit 100% zu bezahlen" (HGZ 1908. 217).

„Bco. ℳ 1600, welche mit 100% bezahlt werden, wenn das Schiff wegen See-Unglück den letzten Bestimmungshafen nicht erreicht oder kondemniert wird" (HG u. OG Hamburg Seebohm 378).

„Falls infolge Seeschadens oder einer Kondemnation oben bezeichneter Dampfer seinen Bestimmungsort nicht erreicht, ist die versicherte Summe als Totalschaden mit 100% zu bezahlen" (RG 36. 130, HGZ 1895. 256).

„Die Versicherungssumme ist ohne weiteren Nachweis des Interesses und der Taxe als Totalschaden mit 100% zu bezahlen, wenn das Schiff wegen Seeschadens seinen Bestimmungsort nicht erreicht oder kondemniert wird" (HG u. OG Hamburg HH 614; ähnlich HH 159, HGZ 1911. 297).

„Die Versicherungssumme ist zu bezahlen, wenn das Schiff Seeschadens halber seinen Bestimmungsort nicht erreicht" (HGZ 1868. 3).

§ 120 „Falls das Schiff wegen Seeschadens und/oder Kondemnation seinen Bestimmungsplatz nicht erreicht, ist die versicherte Summe als ein Totalschaden mit 100% zu bezahlen unter Aufhebung des § 131 ASVB" (RG 47. 174, HGZ 1886. 30, 1887. 141, 1900. 176).

„Auf die behaltene Ankunft des Schiffes zu Akyab für die dann gesicherte Abnahme einer Ladung Reis, für die das Schiff . . . gechartert ist. Im übrigen valediert die Versicherung ohne weiter zu führenden Beweis des Interesses, so daß, falls das Schiff Akyab nicht in der Art erreicht, um laden zu können, die Versicherung als Totalschaden zu bezahlen ist" (HG u. OG Hamburg Ullrich Nr. 301).

„Die versicherte Summe ist voll und ganz zu bezahlen, falls der Dampfer mit der Ware seinen Bestimmungsort nicht erreicht. Diesem entgegenstehende Bestimmungen der ASVB von 1867 werden hiermit aufgehoben" (HGZ 1896. 309).

„Im Falle der Nichtankunft wegen Seeschadens mit 100% zu bezahlen" (Voigt 595).

„Diese Police wird ohne weiteres als Totalschaden mit 100% bezahlt, wenn das Schiff während der versicherten Zeit verunglücken sollte oder wegen Seeschadens kondemniert wird, wobei der § 41 des Plans von 1847 keine Anwendung findet" (HG u. OG Hamburg, OAG Lübeck Kierulff 3. 998, HGZ 1866. 201).

„Im Falle von Totalverlust oder Kondemnation, zu beurteilen nach dem deutschen HGB, wird die auf behaltene Ankunft etwa geltende Summe als Totalschaden zum Vollen vergütet unter Aufhebung der §§ 131 und 137 ASVB" (HGZ 1889. 247, 302).

„Der durch die Police versicherte Betrag soll . . . mit 100% als Totalschaden bezahlt werden, falls der Dampfer total verlorengeht oder . . . wegen Seeschadens kondemniert wird" (RG 83. 166, HGZ 1913. 52; ähnlich: HG u. OG Hamburg, OAG Lübeck HGZ 1866. 176, 1869. 242, 439).

„Im Falle das Schiff in einen Nothafen einläuft und daselbst Schulden halber verkauft werden sollte, sind die durch diese Police versicherten 10000 M ohne ferneren Nachweis mit 100% zu bezahlen" (ZfVW 1906. 597).

„Im Falle von Totalverlust des Schiffes oder Kondemnation desselben, gleichviel aus welchem gesetzlichen Grunde dieselbe erfolgt, ist die hier versicherte Summe als Totalschaden zum Vollen zu bezahlen, unter Aufhebung der §§ 131 und 137 ASVB von 1867" (HGZ 1892. 177, 1893. 57, 1894. 281).

„Der versicherte Betrag soll mit 100% als Totalschaden bezahlt werden, falls der Dampfer total verlorengeht oder (unter Aufhebung der §§ 131, 137 ASVB von 1867) nach den Bestimmungen des ADHGB wegen Seeschadens kondemniert wird, oder auch ohne Kondemnation die Reparaturkosten 75% der Versicherungstaxe der Hamburger Kaskopolice übersteigen" (HGZ 1904. 243, 1905. 160; vgl. dazu Suckau HGZ 1906. 253). Und schon im Jahre 1848:

„Diese Versicherung valediert auf Bco. ℔ 22000, so taxiert auf die behaltene Ankunft des Schiffes, ohne daß im Schadensfall ein anderer Beweis des Interesses als nur allein diese Police zu produzieren ist. Mithin ist die Versicherung, falls das Schiff nicht zu Dünkirchen ankommen sollte, als Totalschaden zu bezahlen" (Nolte 1. 245).

Welche Bedeutung solche Klauseln, die den Versicherer für den Fall, daß das Schiff den Bestimmungsort nicht erreicht, zur Zahlung verpflichten, in Verbindung mit der Klausel „Für behaltene Ankunft" haben, könnte zweifelhaft sein, wenn die Klauseln im wesentlichen auf einen bestimmten, feststehenden Wortlaut abgestimmt wären, etwa auf denjenigen der Klausel: „Die Versicherungssumme ist mit 100% zu bezahlen, falls das Schiff wegen Seeschadens seinen Bestimmungsort nicht erreicht" (HGZ 1894. 77). Es läge dann nämlich die Annahme nicht zu fern, daß die Erreichungsklauseln beabsichtigten, den Umfang der Haftung des Versicherers über die durch § 850 HGB, § 120 ADS gezogenen Grenzen zu erweitern, d. h. ihn in ähnlicher Weise

haften zu lassen, wie der Gewinnversicherer nach § 103 Abs. 1 ADS haftet, insbesondere § 120
auch für den Fall, daß das Schiff, auf das die Versicherung sich bezieht, unterwegs beschädigt wird und umkehren muß oder aus anderen als den versicherungsrechtlichen Kondemnationsgründen verkauft wird, also auch für den Fall des sog. loss of voyage. Die Annahme verbietet sich schon deshalb, weil, wie die obige Aufzählung von Beispielfällen ergibt, die Klausel in den verschiedenartigsten Formen vorkommt und insbesondere durchaus nicht immer den Versicherer zur Zahlung der Versicherungssumme gerade für den Fall verpflichtet, daß das Schiff seinen Bestimmungsort „nicht erreicht". Die Annahme verbietet sich, weil die Klausel in der ganz überwiegenden Mehrzahl ihrer Fassungen als den Hauptzweck offenbar den verfogt, für den Kondemnationsfall, in dem die Lage des versicherten Nebeninteressenten schwierig sein kann, dem Versicherungsnehmer eine Erleichterung zu verschaffen (näheres: § 77 Anm. 47; vgl. auch den Fall HGZ 1876. 118, in dem die Klausel nur lautete: „Eine Kondemnation ist auch ohne die im § 131 ASVB angeführten Ursachen zulässig und als Seeschaden anzusehen"). Sie verbietet sich, weil die Klausel im Falle der Zeitversicherung, für den § 120 nicht bestimmt ist, eine besondere Funktion zu erfüllen hat (unten Anm. 30). Sie verbietet sich, weil die Klausel auch bei der Versicherung von Güterinteressen vorkommt, die Interessenversicherung in solchem Falle auch imaginären Gewinn oder Provision decken kann und, wenn sie es tut, die Klausel nach § 103 Abs. 1 die ihrem Wortlaut entsprechende Bedeutung hat (vgl. den Fall HGZ 1884. 138: „Diese Assekuranz ist mit 100$^{0}/_{0}$ zu bezahlen, falls die Ware wegen Seeschadens ihren Bestimmungsort nicht erreicht", auch den oben Anm. 8 angeführten Fall HGZ 1895. 79: Versicherung „auf das Interesse der Herren Versicherten an der Ladung Blauholz" mit der, der Versicherung von Schiffsinteressen entlehnten, Klausel: „Die hier versicherte Summe ist laut Übereinkunft ohne weiteren Nachweis des Interesses mit 100% zu bezahlen, falls das Schiff wegen Seeschadens seinen Endbestimmungsplatz nicht erreicht oder kondemniert wird", — eine Versicherung, die übrigens ohne die Klausel „Für behaltene Ankunft" genommen, aber nichtsdestoweniger eine Interessenversicherung war). Die Annahme, daß die Erreichungsklauseln den Umfang der Haftung des Versicherers erweitern, verbietet sich, weil sie ohnedies eine verständige, der Interessenlage entsprechende Bedeutung haben. Diese Bedeutung kann freilich nicht in die wenigen Worte zusammengefaßt werden, mit denen HGZ 1900. 176 sie darstellt: Die Klauseln könnten nur bedeuten, daß die Versicherungssumme zu zahlen sei, „falls das Schiff durch Seeschaden untergehe und deshalb nicht ankomme, oder falls es infolge Seeschadens kondemniert werde und deshalb nicht ankomme". Die Bedeutung ist vielmehr die: Der Versicherungsnehmer kann ohne weiteres Zahlung der Versicherungssumme verlangen, wenn das Schiff den Bestimmungsort nicht erreicht; der Versicherer muß einwenden und beweisen, daß es nicht total verlorengegangen ist, nicht abandonniert und nicht kondemniert werden kann (oder daß Versicherungsschaden nicht entstanden, oder daß die Versicherungssumme, die als Taxe wirkt, erheblich übersetzt ist; vgl. § 6 Anm. 22, § 43 Anm. 38).

Siehe auch die „Interesseklauseln" in den DTV-Kaskoklauseln: „Die Verpflichtung zur Zahlung im Totalschadensfalle ist davon abhängig, daß die gesamten außer der Kasko-Versicherung seitens des Reeders oder für dessen Rechnung abgeschlossenen Interesse-Versicherungen (behaltene Fahrt, disbursements) — einerlei, ob selbständig oder als Eventualversicherungen — richtig aufgegeben werden. Die Versicherer dieser Police genehmigen, daß seitens des Reeders oder für dessen Rechnung bis 20% der Kaskotaxe auf Interesse in Verbindung mit Fracht und bis 15% der Kaskotaxe auf Interesse (behaltene Fahrt, disbursements) selbständig und/oder als Eventualversiche-

§ 120 rung in Verbindung mit anderen Versicherungen, z. B. Ausrüstung, versichert werden. — Sind im Totalschadensfall höhere Beträge auf „Interesse usw." versichert, so verringert sich die Ersatzpflicht der Kasko-Versicherer um die auf „Interesse usw." zuviel gedeckten Beträge."

Anm. 30 14. Die Klausel „Für behaltene Ankunft" (d. h. nach einer Reise oder Zureise) oder „Für behaltene Fahrt" (d. h. eine Reise) ist, wenigstens nach ihrer Bezeichnung und nach der Bestimmung des § 120 Abs. 1, nur für Reiseversicherungen geeignet, nicht für **Zeitversicherungen.** Sie stammt eben aus einer Zeit, in der die Reise-Kaskoversicherung überwog. Das ist heute anders. Die Zeit-Kaskoversicherung überwiegt. Aber auch für Zeitversicherungen, die sich auf das Schiff beziehen, besteht das Bedürfnis nach einer Art der Versicherung, die den Reeder nicht zur Angabe des Interesses nötigt, die Haftung des Versicherers beschränkt und für eine geringere Prämie zu haben ist. Dies Bedürfnis wurde durch die Totalschaden- und Kondemnationsklauseln befriedigt, von denen oben Anm. 29 die Rede ist. Es kann nunmehr durch die Klausel „Nur für Totalverlust" (§ 123) befriedigt werden. Diese Klausel hätte deshalb auch hinter § 120 ihren Platz finden und auf die Bestimmungen des § 120 Abs. 2—4 beschränkt werden sollen. — Übrigens kommen hin und wieder auch Zeitversicherungen „Für behaltene Ankunft" vor. Vgl. RG 89. 22: Versicherung „Auf die behaltene Ankunft des Dampfers Okawango . . . für die Dauer von 12 Monaten", HRZ 1919. 480: Versicherung „Auf Nettofracht und/oder behaltene Ankunft für die Zeit vom 24. Februar 1909 bis zum 24. Februar 1910".

Anm. 31 15. **Fremde Rechte.** Dem englischen Versicherungsverkehr ist eine Klausel gleich der Klausel „Für behaltene Ankunft" unbekannt. Man nimmt es in England eben mit der Bezeichnung des Interesses im Versicherungsvertrag nicht so genau (oben Anm. 5). Im übrigen befriedigen die Klauseln free from particular average (§ 113 Anm. 21) und against total loss only (§ 123 Anm. 9) das Bedürfnis. — No claim to attach hereto unless the vessel be at total loss constructive or absolute. — Auch in Frankreich ist die Klausel „Für behaltene Ankunft" unbekannt. Ein Bedürfnis nach Interessenversicherungen scheint nicht hervorgetreten zu sein. Und das Bedürfnis nach beschränkter und billigerer Haftung des Versicherers wird durch die Klausel franc d'avaries befriedigt (§ 113 Anm. 22).

§ 121

„Nur für Kriegsgefahr"

(1) Der Versicherer trägt nur die Gefahren eines Krieges. Er haftet insbesondere für einen Schaden, der durch eine durch den Krieg veranlaßte Maßnahme einer, sei es anerkannten, sei es nicht anerkannten, kriegführenden Macht, namentlich für einen Schaden, der dadurch verursacht wird, daß die versicherte Sache angehalten, aufgebracht, genommen, zurückgehalten, angefordert, beschlagnahmt oder durch die in Anlaß des Krieges gelegten Minen oder infolge anderer Maßnahmen beschädigt oder vernichtet wird; den Maßnahmen einer kriegführenden Macht stehen diejenigen einer anderen Macht gleich, wenn diese binnen sechs Monaten nach der Maßnahme in den Krieg eintritt.

(2) Im übrigen finden die Bestimmungen, die im Falle einer die Kriegsgefahr ausschließenden Versicherung gelten, mit den aus den Absätzen 3 bis 7 sich ergebenden Maßgaben entsprechende Anwendung.

(3) Der Versicherer haftet nicht für Kosten, die dadurch entstehen, daß infolge der Kriegsgefahr das Schiff die Reise nicht antritt oder nicht fortsetzt oder einen Hafen anläuft oder die Güter ausgeladen, gelagert und anderweit weiterbefördert werden, und zwar auch nicht insoweit, als sie zur großen Haverei gehören. **§ 121**

(4) Die Verpflichtung des Versicherers zur Leistung bleibt in den Fällen des § 35 Abs. 2 und 3 bestehen, jedoch unbeschadet der Verringerung seiner Haftung im Falle des § 35 Abs. 3 Satz 2.

(5) Bei einer Versicherung, die sich auf das Schiff bezieht, haftet der Versicherer nicht für einen Schaden, der dadurch verursacht wird, daß sich Bannware an Bord befindet. Die Haftung des Versicherers bleibt jedoch bestehen, wenn der Versicherungsnehmer weder wußte noch wissen mußte, daß sich Bannware an Bord befand. Bleibt die Haftung bestehen, so gebührt dem Versicherer eine Zuschlagsprämie.

(6) Als total verloren gilt das Schiff gemäß § 71 Abs. 2 insbesondere, wenn es für gute Prise erklärt wird. Die Bestimmungen des § 72 über die Verschollenheit des Schiffes finden gemäß § 73 insbesondere dann Anwendung, wenn das Schiff von einer kriegführenden Macht oder einer anderen ihr nach Absatz 1 Satz 2 gleichstehenden Macht angehalten, aufgebracht, genommen, zurückgehalten, angefordert oder beschlagnahmt wird; jedoch tritt an die Stelle der im § 73 Satz 2 bezeichneten Frist eine solche von sechs Monaten.

(7) Ist die Versicherung auf Güter aller Art genommen, so bezieht sie sich nicht auf Sachen, die zur Zeit des Beginns der Versicherung Bannware sind. Dies gilt insbesondere im Falle einer laufenden Versicherung. Die Haftung des Versicherers bleibt jedoch bestehen, wenn der Versicherungsnehmer weder wußte noch wissen mußte, daß die Ware Bannware ist. Bleibt die Haftung bestehen, so gebührt dem Versicherer eine Zuschlagsprämie.

1. Vgl. HGB § 854, ASVB §§ 54—56, 109, AlteKZP, AlteKRP, AlteGP Zusatz zu §§ 54—56 ASVB (Mat 2. 100, 103, 107), BSVB § 25. — **Literatur:** § 35 Anm. 2. Ferner: Hochgräber NeumZ 1938. 228 (Die „Deutsche Kriegsklausel 1938"), ZfVW 1939. 278 (Die Seekriegsversicherung im Auslande: England, Frankreich, Dänemark), Deutsche Versicherung 1943. 59 (Zur Kriegsversicherung), ebendort 97 (Die deutschen Kriegsversicherungsklauseln), Schackow Hansa 1943 Nr. 26/27 (Die Neuordnung auf dem Gebiet der See-Kaskoversicherung, Erläuterung zum Juni-Abkommen 1943), Wehberg Verkehrs-Rundschau 1925. 301 (Das Kriegsrisiko bei der Seeversicherung). Rechtsvergleichend s. v. Stritzki HansRGZ 1942 A 1 (Die Bedingungen der Güter-Kriegsversicherung in Belgien, Chile, Dänemark, England, Finnland, Frankreich, Holland, Italien, Japan, Norwegen, Schweden, Schweiz, Spanien, Türkei, USA). Anm. 1

2. Die frühere Kriegsklausel des VHA (SVJB 1914. 179; ähnlich die frühere bremische Kriegsklausel: Bremer Tarif 1914. 160) lautete: Anm. 2

„Die Police deckt (auch) die durch die Klausel „Nur für Seegefahr" ausgeschlossenen Gefahren, jedoch haftet der Versicherer nicht:

1. für Kosten (auch nicht für die als Havariegrosse umgelegten Kosten), welche entstehen aus dem freiwilligen Aufenthalt wegen Kriegsgefahr, aus der Anhaltung, der Blockade des Aufenthaltshafens, der Zurückweisung von einem blockierten Hafen, der Ausladung, Lagerung und Weiterbeförderung der Güter wegen Kriegsgefahr;

§ 121 2. für die nachstehenden Folgen eines durch Kriegsgefahr verursachten Aufenthalts: Verderb und Verminderung der Güter, sowie andere Schäden, die während dre Ausladung und Lagerung der Güter eintreten, soweit solche Schäden durch die Klausel „Nur für Kriegsgefahr" (§ 101 ASVB nebst Zusatz) gedeckt sind bzw. gedeckt werden können. Die der ersten Bestimmung entgegenstehenden Vorschriften des § 70 sub 3 ASVB werden aufgehoben;

3. für die Auferlegung von Zöllen und Kontributionen sowie daraus entstehende Kosten.

§ 116 ASVB wird dahin geändert, daß an Stelle der dort sub 2 bestimmten Fristen eine Frist von 2 Monaten gesetzt wird, gerechnet von dem Tage, an welchem dem Versicherer die Anzeige gemacht ist, daß die freie Verfügung über das versicherte Interesse dem Versicherten entzogen ist."

Für laufende Versicherungen bestimmte eine „Zusatz"-Klausel:

„Sind Güter aller Art ohne spezielle Angabe ihrer Gattung versichert, so sollen die von den in Krieg begriffenen Mächten als Kontrebande behandelten Gegenstände nur gegen besondere Vereinbarung eingeschlossen sein, im übrigen jedoch sind die Bestimmungen der §§ 54 und 55 ASVB als aufgehoben zu betrachten.

Beiden Teilen steht das Recht zu, für alle nicht deklarierten Abladungen, deren Risiko nach Ablauf von einem Monat — vom Kündigungstag an gerechnet — beginnt, die obige den Einschluß der Kriegsgefahr betreffende Vereinbarung zu kündigen. Die Kündigung kann rechtswirksam auch an den vermittelnden Makler erfolgen."

Zur Auslegung der früheren Kriegsklausel vgl. insbesondere Köhler 70, Pauly Kriegsklausel, RG HGZ 1918. 71, 1919. 170, HGZ 1917. 234, 1918. 117, 1919. 95. — Die Klausel bezweckte insbesondere, dem Irrtum entgegenzutreten, der Kriegsversicherer hafte für Kosten über die allgemeinen Regeln hinaus; dem Irrtum, der Versicherer hafte auch für Zölle und ähnliche Abgaben oder gar für die durch die Anschaffung von Zollbeträgen entstehenden Kosten (vgl. § 28 Anm. 10, 34); gleichzeitig mit dem „Zusatz" zum § 101 ASVB auch dem Irrtum, der Kriegsversicherer, nicht der „Nur-für-Seegefahr"-Versicherer, trage im Falle der Ausladung der versicherten Güter infolge der Kriegsgefahr „das gesamte mit der Lagerung der Güter verbundene und während der letzteren verlaufende Risiko" (näheres: § 35 Anm. 28, 44). Die Klausel bezweckte ferner, den Kriegsversicherer von der Haftung für gewisse Kosten zu befreien, deren Höhe nicht übersehbar und deren Ausgleich in der Prämie deshalb nicht zu bestimmen ist, sowie von der Haftung für gewisse Schäden, die mit längerem Kriegsaufenthalt leicht verbunden sind. — Frühere binnenländische Kriegsklauseln: SVJB 1914. 179. — Siehe die DTV-Kriegsklausel 1955 für Gütertransporte zur See im Anhang zu §§ 121, 122.

Anm. 3 3. § 121 ist das Gegenstück zum § 35. Es galt, die Kriegsversicherung so zu gestalten, daß die Versicherung für Kriegsgefahr und die Versicherung für die übrigen Gefahren zusammen eine vollständige Deckung gegen „alle Gefahren, denen das Schiff oder die Güter während der Dauer der Versicherung ausgesetzt sind" (§ 28), ergeben, und daß Doppelversicherung vermieden wird. Beide Ziele sind erreicht; das erste mit der aus der Eigentümlichkeit der Kriegsgefahr sich ergebenden Einschränkung. — § 121 enthält daher auch keine eigentliche „Klausel", keine Nebenberedung. Seinen Inhalt bilden die allgemeinen Bedingungen eines Kriegsversicherungs-Vertrags. — Vgl. zu der Frage, ob der Cif-Verkäufer bei Eintritt der Möglichkeit oder Wahrscheinlichkeit eines Krieges verkehrsüblich als seitens des Cif-Käufers zur Deckung der Versicherung gegen Kriegsgefahr stillschweigend beauftragt gilt, RG 104. 409 = HRZ 1923. 21.

4. **Abs. 1 Satz 1. Der Versicherer trägt nur die Kriegsgefahr.** Näheres: § 35 Anm. 7ff. Insbesondere muß der Versicherungsnehmer, der Entschädigung verlangt, beweisen, daß der Schaden durch ein Kriegsereignis verursacht ist (vgl. § 35 Anm. 47, Scherzberg 103). Zum Kausalzusammenhang vgl. auch RG 104. 217, das, wenngleich unausgesprochen, die causa-proxima-Regel anwendet: Der gegen Kriegsgefahr, aber mit der Klausel „Verlust infolge eines durch Kriegsgefahr verursachten Aufenthalts ausgeschlossen", für die Reise von Düsseldorf nach Chatelineau versicherte Waggon Seildraht hatte im Oktober 1918 in Walkenraedt Aufenthalt gehabt und war bei der Besetzung Walkenraedts durch feindliche Truppen von diesen weggenommen. Der Versicherer haftet, weil die Wegnahme die nächste Ursache des Verlustes war. **§ 121** Anm. 4

5. **Abs. 1 Satz 2** wiederholt in positiver Form den § 35 Abs. 1 Satz 2. Der Kriegsversicherte soll damit ein ungefähres Bild vom Umfang der Haftung des Versicherers erhalten und nicht auf § 35 verwiesen zu werden brauchen. Näheres deshalb: § 35 Anm. 14ff. Anm. 5

6. **Abs. 2. Auf die Kriegsversicherung finden die für die „Frei-von-Kriegsgefahr"-Versicherung geltenden Bestimmungen entsprechende Anwendung,** d. h. insoweit Anwendung, als sich nicht daraus, daß die Versicherung die Kriegsgefahr deckt, etwas anderes ergibt, und natürlich nur, **soweit nicht im § 121 Abs. 3—7 besonders bestimmt ist.** So z. B. finden die Bestimmungen über die vorvertragliche Anzeigepflicht und über die Gefahrstandspflicht des Versicherungsnehmers Anwendung. Richtet das Schiff z. B. die versicherte Reise nach einem anderen als dem angegebenen Bestimmungsort, weil dieser durch ein Erdbeben oder durch Feuer zerstört ist, so ist der Kriegsversicherer gemäß § 24 frei. Wird das versicherte Schiff durch einen Sturm verschlagen und vom Reiseweg abgetrieben, so wird der Kriegsversicherer nicht frei; wird infolge der Abweichung die Kriegsgefahr erhöht, so erhält er gemäß § 25 eine Zuschlagsprämie. Anm. 6

7. **Abs. 3.** Nach Abs. 2 finden die für die „Frei von Kriegsgefahr" geltenden Bestimmungen entsprechende Anwendung. Der Kriegsversicherer würde also im Kriegsversicherungs-Fall nicht nur für Substanzschäden, sondern auch gemäß § 32 für Schadenabwendungs-Kosten, gemäß § 95 Abs. 3 für Umladungs-, Lagerungs- und Weiterbeförderungs-Kosten, gemäß § 29 für Havariegrosse-Beiträge haften. Er haftet auch dafür. Aber die unbeschränkte Haftung wäre unerträglich, die Prämie nicht zu bemessen. Deshalb soll **der Kriegsversicherer nicht haften** Anm. 7

a) **für Kosten, die dadurch entstehen, daß infolge der Kriegsgefahr das Schiff die Reise nicht antritt oder nicht fortsetzt oder einen Hafen anläuft.** So etwa, wenn das vom Feinde gejagte Schiff in einem Nothafen Zuflucht sucht. Näheres: § 35 Anm. 32ff.

b) für Kosten, die dadurch entstehen, daß infolge der Kriegsgefahr **die Güter ausgeladen, gelagert und anderweit weiterbefördert werden;** also insbesondere, wenn infolge eines Kriegsereignisses die kriegsversicherten Güter mit einem anderen als dem vertragsmäßigen Schiffe oder zu Lande befördert werden, oder infolge eines Kriegsereignisses sonstwie die Beförderung geändert oder die Reise des Schiffes aufgegeben wird (§ 95 Abs. 3).

c) **für Havariegrosse-Beiträge, soweit in ihnen solche Kosten enthalten sind.** Zu diesen Kosten gehören insbesondere die Aufenthaltskosten, die dadurch entstehen, daß das Schiff infolge der Kriegsgefahr nach Einnahme der Ladung die Reise nicht antritt oder nicht fortsetzt (HGB §§ 635, 733).

Werden die mit solchen Kosten verbundenen Maßregeln im Einverständnis mit dem Versicherer getroffen, so müssen die Umstände des Falles ergeben, ob

§ 121 sich der Versicherer damit auch zum Ersatz der Kosten hat verpflichten wollen (was See- u. HG Kopenhagen ITVMitt 1918. 44 ohne weiteres annimmt, weil „es demoralisierend sei, wenn ein Kaufmann, der in voller Übereinstimmung mit seinem Versicherer große Aufwendungen daran wende, um die Ware vor der Beschlagnahme zu retten, diese Ausgaben nicht erstattet erhalten sollte, wogegen ihm sonst, wenn er gar nichts dazu getan hätte, die volle Versicherungssumme erstattet worden wäre", — offenbar derselbe Irrtum, der zu der Annahme geführt hat, es verstoße gegen Treu und Glauben, zu vereinbaren, daß der Versicherungsnehmer zwar Versicherungsschaden abwenden müsse, aber Ersatz der Schadenabwendungs-Kosten nicht verlangen könne: § 120 Anm. 19). — „Infolge der Kriegsgefahr": § 35 Anm. 32. Ob das Kriegsereignis selbst verursacht, daß das Schiff die Reise nicht antritt oder nicht fortsetzt usw. (etwa nach „Anhaltung" oder wegen „Blockade des Aufenthaltshafens" oder wegen „Zurückweisung von einem blockierten Hafen": frühere Kriegsklausel, oben Anm. 2), oder ob der Versicherungsnehmer, durch die Kriegsgefahr genötigt, die Reise nicht antritt usw. („freiwilliger Aufenthalt wegen Kriegsgefahr": frühere Kriegsklausel, oben Anm. 2), ist natürlich ohne Bedeutung (über den unfruchtbaren Streit, ob Ausladung, Lagerung usw. der kriegsversicherten Güter im Sinne der früheren Kriegsklausel „freiwillig" oder „erzwungen" sein müßten, vgl. RG HGZ 1918. 70, HGZ 1917. 234). — Schief Hagens ZHR 1918. 736: § 121 Abs. 3 sei „zu ergänzen aus der allgemeinen Bestimmung des § 28, wonach der Versicherer nicht hafte für Schaden, der durch eine Verzögerung der Reise verursacht werde". Der Versicherer haftet für Kosten überhaupt nur, soweit die ADS ihm solche Haftung ausdrücklich auferlegen, und der Kriegsversicherer haftet für einen Teil auch dieser Kosten nicht (§ 28 Anm. 34, 35).

Anm. 8 8. **Abs. 4.** Natürlich wird der Kaskoversicherer nicht frei, wenn das Schiff infolge der Kriegsgefahr die Reise nicht antritt oder nicht fortsetzt oder einen Hafen anläuft (§ 35 Abs. 2), der Güterversicherer nicht, wenn die Güter infolge der Kriegsgefahr ausgeladen werden (§ 35 Abs. 3). **Der Kriegsversicherer bleibt in den Fällen des § 35 Abs. 2 und 3 verpflichtet.** Das folgt schon aus § 121 Abs. 1. § 121 Abs. 4 spricht es nur noch einmal aus, um anzufügen, daß auch der Kriegsversicherer **nach zweimonatigem Aufenthalt der ausgeladenen versicherten Güter für Beschädigung und Leckage nur noch im Strandungsfall haftet,** also z. B. wenn das Schiff nach Wiedereinladung der Güter „beschossen" wird. Während sich die Güter an Land befinden, sind gemäß § 121 Abs. 2 in „entsprechender" Anwendung des § 114 dem Strandungsfall diejenigen Fälle gleichzuachten, die für den Fall der Versicherung einer kombinierten See- und Binnenreise (§ 125) als Strandungsfälle, die Kriegsereignisse darstellen, zu behandeln sind. Dem Strandungsfall würde es also z. B. gleichzuachten sein, wenn der feindliche Befehlshaber das Lagerhaus, in dem die ausgeladenen Güter sich befinden, in Brand stecken ließe; der Kriegsversicherer würde haften, wenn dadurch die Güter beschädigt würden (vgl. auch § 125 Anm. 6). § 35 Abs. 2 und 3 findet überhaupt keine, insbesondere auch keine „entsprechende" Anwendung. Bei einer Versicherung, die sich auf das Schiff bezieht, ist der Kriegsversicherer also nicht ohne weiteres frei, wenn infolge eines der ungedeckten Gefahren das Schiff die Reise nicht antritt usw. (§ 35 Abs. 2); bei einer Versicherung, die sich auf die Güter bezieht, nicht, wenn die Güter infolge einer der ungedeckten Gefahren ausgeladen werden (§ 35 Abs. 3). Denn die Bestimmungen des § 35 Abs. 2 und 3 sind nicht Ausflüsse eines allgemeinen Rechtsgedankens. Vielmehr gelten die allgemeinen Grundsätze, die auch im Falle einer „Frei-von-Kriegsgefahr"-Versicherung gelten würden, wenn § 35 Abs. 2 und 3 nicht wäre. Eine Gefahränderung, die mit dem Willen des Versicherungsnehmers und wegen einer der ungedeckten Gefahren erfolgt, macht also den Kriegsversicherer gemäß § 24 frei.

9. **Abs. 5.** Der Kaskoversicherer, der die Kriegsgefahr übernommen hat, braucht sich nicht gefallen zu lassen, daß das Schiff Bannware befördert. Er darf erwarten, daß das Schiff mit Gütern beladen wird, die nicht wegen ihrer besonderen Natur das Schiff in besonderem Maße gefährden, es insbesondere der Gefahr der Aufbringung oder Beschlagnahme und der entschädigungslosen Einziehung aussetzen, und, wenn es doch geschieht, die Gefahr als geändert und sich als frei oder doch gemäß § 58 das Schiff als „seeuntüchtig" und seine Haftung als beschränkt betrachten. In diese Lage greift aber (ähnlich, wie § 60 in eine ähnliche Lage: § 60 Anm. 2) § 121 Abs. 5 ein. Er geht als besondere Bestimmung derjenigen des § 58 vor (vgl. HGZ 1903. 143). Auf die besondere Gefährdung des Schiffes durch Bannware kann der Versicherer sich nur unter den besonderen Voraussetzungen des § 121 Abs. 5 berufen. Der Versicherer kann sich auch nicht auf die §§ 23, 24 berufen. Zwar hat der Versicherungsnehmer, der die Beförderung von Bannware kennt und sie nicht verhindert oder wieder beseitigt, die Gefahr geändert. Aber gerade für diesen Sachverhalt bestimmt § 121 Abs. 5 besonderes, und die besondere Bestimmung geht der allgemeinen vor (vgl. auch § 23 Anm. 35, aber auch unten Anm. 10). Der Versicherer kann sich dagegen auf die §§ 19, 20 berufen, wenn der Versicherungsnehmer bei der Schließung des Versicherungsvertrags verschwiegen hat, daß das Schiff Bannware fährt oder fahren soll (§ 19 Anm. 26; vgl. aber auch unten Anm. 10). Der Versicherer ist nicht etwa darauf beschränkt, einzuwenden und nachzuweisen, daß der Schaden durch die Zuwiderhandlung verursacht ist. **§ 121** Anm. 9

a) Fährt das versicherte Schiff Bannware, so kann dies unter verschiedenen Voraussetzungen und mit verschiedenen Folgen geschehen (näheres: § 1 Anm. 16ff.). Anm. 10

α) Das Bannware-Verbot ist vom Versichererstaat erlassen. Bezweckt der Versichrungsvertrag den Schutz der Bannware-Beförderung, so ist er nach § 138 BGB nichtig (§ 121 Abs. 5 ADS also unanwendbar). Weiß nur der Versicherungsnehmer, nicht der Versicherer, daß das Schiff Bannware fährt oder fahren soll, so ist der Vertrag nach § 2 unwirksam; erfährt der Versicherungsnehmer nach Vertragschluß davon, ohne es zu verhindern, so wird der Vertrag nach § 4 unwirksam (§ 121 Abs. 5 ist also wiederum unanwendbar). In den übrigbleibenden Fällen (insbesondere also, wenn auch der Versicherungsnehmer — etwa wegen falscher Bezeichnung der Güter — den Sachverhalt nicht kennt) ist § 121 Abs. 5 anwendbar. — § 121 Abs. 5 ist also kein Freibrief für den Versicherungsnehmer, Bannware mit der einzigen Einschränkung des § 121 Abs. 5 Satz 1 zu fahren (vgl. auch § 58 Anm. 19, § 60 Anm. 4).

β) Das Bannware-Verbot ist nicht vom Versichererstaat (sondern von einem anderen Staate) erlassen. Solche Verbote binden nicht (§ 1 Anm. 19). § 121 Abs. 5 ist also anwendbar. Der Versicherer kann sich auch auf die §§ 19, 20 berufen (oben Anm. 9).

b) **Bei einer Versicherung, die sich auf das Schiff bezieht, haftet der Versicherer nicht für den Schaden, der dadurch verursacht wird, daß sich Bannware an Bord befindet.** Anm. 11

1. Über den Begriff der Versicherung, die „sich auf das Schiff bezieht" vgl. § 79 Anm. 2, 3.

2. „Bannware" ist Kriegskonterbande. Kriegskonterbande sind Gegenstände, die nach ihrer Art für Kriegszwecke geeignet und für eine kriegführende Macht bestimmt sind, und deren Zufuhr deshalb verboten ist, — absolute Kriegskonterbande Gegenstände, bei denen die Bestimmung für das feindliche Gebiet genügt, um sie als Kriegskonterbande erscheinen zu lassen (Londoner Seekriegsrechts-Erkl. Art. 22, 23, 30), — relative Kriegskonterbande Gegenstände, für die bewiesen werden muß, daß sie für den Gebrauch der Streitmacht oder der Ver-

§ 121 waltungsstellen des feindlichen Staates bestimmt sind (Londoner Seekriegsrechts-Erkl. Art. 24, 25, 33, 34), insbesondere Gegenstände, die von einer kriegführenden Macht als Kriegskonterbande erklärt und als solche den neutralen Mächten bekannt gegeben werden (Londoner Seekriegsrechts-Erkl. Art. 23, 25), soweit die neutralen Mächte nicht mit Erfolg widersprechen (Perels a. a. O. 234, Schramm a. a. O. 204; vgl. übrigens auch Pariser Dekl. Nr. 2, 3). Für Deutschland galt im Zweiten Weltkrieg die Prisenordnung vom 28. 8. 1939 (RGBl. I 1629) mit Änderungen in RGBl. 1939 I 1571 und 1940 I 1629, ferner die Bek. über bedingtes Banngut vom 12. 9. 1939 (RGBl. I 1752). Aber wie der völkerrechtliche und der versicherungsrechtliche Begriff des Krieges sich nicht decken (nämlich versicherungsrechtlich dem Kriege der kriegsähnliche Zustand gleichzuachten ist: § 35 Anm. 7), so müssen auch versicherungsrechtlich, der Interessenlage gemäß, der Kriegskonterbande schlechthin alle Gegenstände gleichgestellt werden, die eine kriegführende Macht tatsächlich als Kriegskonterbande betrachtet und behandelt (so ausdrücklich: ASVB § 54). Aus demselben Grunde wird auch die sogenannte uneigentliche oder analoge Kriegskonterbande (Militärpersonen, Truppenabteilungen, Nachrichten mit feindlicher Bestimmung) der eigentlichen Kriegskonterbande gleichzustellen sein (vgl. Londoner Seekriegsrechts-Erkl. Art. 45). Vgl. auch See- u. HG Kopenhagen ITVMitt 1919. 19: Es könne nicht darauf ankommen, ob das Urteil des Prisengerichts richtig oder unrichtig sei; die Police könne nur so verstanden werden, daß die Versicherung nicht gelte, wenn das Prisengericht die Ware für Bannware erkläre.

Anm. 12 3. Der Versicherer haftet nicht. Das Risiko des Versicherers ist durch den Vertrag beschränkt. Es sollte nach E 1910 § 120 Abs. 3 objektiv beschränkt sein (wie es nach ASVB § 54 Abs. 1 objektiv beschränkt war). Das war folgerichtig. Denn ein kriegsversichertes Schiff mit Bannware an Bord ist im Sinne des § 58 „seeuntüchtig“ (vgl. § 58 Anm. 18). Man hat aber darauf Rücksicht genommen, daß das Vorhandensein von Bannware leicht verborgen bleibt. Die Haftung des Versicherers ist deshalb (wie für die Fälle des § 60) nur subjektiv beschränkt: **Der Versicherer haftet gleichwohl, wenn der Versicherungsnehmer weder wußte noch wissen mußte, daß sich Bannware an Bord befand.**

Anm. 13 α) Über die Begriffe des Wissens und des Wissenmüssens: § 5 Anm. 19, 20, § 19 Anm. 39. — Der Versicherungsnehmer muß gewußt oder fahrlässig nicht gewußt haben, daß „sich Bannware an Bord befand“. Es scheint also nicht darauf anzukommen, ob er auch gewußt oder fahrlässig nicht gewußt hat, daß die an Bord befindliche Ware Bannware ist. Der Versicherer würde hiernach nicht haften, wenn der Versicherungsnehmer zwar die allgemeinen Eigenschaften der an Bord befindlichen Ware gekannt oder fahrlässig nicht gekannt hat, aber nicht wußte und nicht zu wissen brauchte, daß die Ware Bannware ist. Aber die gegenteilige, ausdehnende und mit dem Wortlaut noch vereinbarte Auslegung entspricht der Auffassung der Beteiligten (Mat 1. 370) und wird deshalb maßgebend sein müssen (vgl. freilich auch § 121 Abs. 7 und § 60 Anm. 8). — § 121 Abs. 5 bestimmt nicht besonders darüber, zu welcher Zeit der Versicherungsnehmer gewußt oder fahrlässig nicht gewußt haben muß. Aus dem Verhältnis der beiden ersten Sätze des Abs. 5 würde zu folgern sein, daß der Zeitpunkt der Verursachung des Schadens entscheidet. Aber diese Folgerung würde der Bedeutung der Bestimmung nicht entsprechen. Diese Bestimmung ist ein an den Versicherungsnehmer gerichtetes Gebot, legt dem Versicherungsnehmer die Verpflichtung auf, dafür zu sorgen, daß sich keine Bannware an Bord befindet. Von dem Zeitpunkt an, in dem diese Verpflichtung nicht mehr erfüllt werden kann, kann auch das Wissen oder Wissenmüssen des Versicherungsnehmers nicht mehr in Betracht kommen. Maßgebend wird also sein müssen, ob der Versicherungsnehmer zu einer Zeit wußte oder wissen mußte, wo die Ware noch zurückgewiesen, wieder ausgeladen oder sonstwie entfernt werden konnte. Dabei kommt in Betracht, daß Waren, die das Schiff gefährden, schlimmstenfalls über Bord geworfen werden dürfen (vgl. HGB §§ 564, 673, SeemG § 111 Abs. 3). — Hiermit ist auch als wesentliche Bedeutung des § 121 Abs. 5 erkannt: Der Versicherungsnehmer ist dem Versicherer gegenüber verpflichtet, keine Bannware an Bord zu haben; schuldlose Verletzung dieser Verpflichtung verpflichtet den Versicherungsnehmer zur Zahlung einer Zuschlagsprämie; schuldhafte Verletzung befreit den Versicherer von der Verpflichtung zum Ersatz des durch die Verletzung verursachten Schadens. Wenn die Ware an Bord kommt und der Versicherungsnehmer nunmehr erst vom Sachverhalt Kenntnis erlangt (und/oder erlangen müßte), wird der Versicherer gleichwohl haften müssen, bis die Ware wieder ausgeladen ist oder ohne schuldhaftes Zögern ausgeladen sein würde (vgl. auch § 60 Anm. 8). **§ 121**

Anm. 14 β) Der Versicherungsnehmer muß gewußt oder fahrlässig nicht gewußt haben. Über den Begriff des Versicherungsnehmers: § 3 Anm. 4. Über den Fall, daß mehrere Versicherungsnehmer beteiligt sind: Vorb. VI vor § 1. Sind insbesondere Miteigentümer beteiligt, so schadet das Wissen oder Wissenmüssen des einen nicht ohne weiteres auch den anderen. — Ist der Versicherungsnehmer gesetzlich vertreten, so wird es regelmäßig nur auf das Wissen oder fahrlässige Nichtwissen des gesetzlichen Vertreters ankommen; der Versicherungsnehmer muß aber in den Grenzen seiner Verantwortlichkeit auch eigenes Wissen oder fahrlässiges Nichtwissen vertreten (Vorb. vor § 1 Anm. 61). Er muß auch das Wissen oder fahrlässige Nichtwissen Dritter gegen sich gelten lassen, die mit der Erfüllung seiner Pflicht zur Fernhaltung oder Beseitigung von Bannware betraut sind (Vorb. VIII vor § 1, oben Anm. 13). Insbesondere das Wissen oder Wissenmüssen des Kapitäns. Der Versicherungsnehmer kann sich nicht darauf berufen, daß er nach § 33 Abs. 3 das Verhalten des Kapitäns als solchen nicht zu vertreten brauche (näheres: § 60 Anm. 9). — Im Falle der Versicherung für fremde Rechnung ist auch der Versicherte verpflichtet (vgl. § 52 Anm. 8).

Anm. 15 γ) Der Versicherer haftet nicht für den durch das Vorhandensein von Bannware verursachten Schaden. — Über den Begriff des Schadens: § 28 Anm. 36. Der Versicherer hat insbesondere keinen Havariegrosse-Schaden zu ersetzen, der durch das Vorhandensein von Bannware verursacht ist (§ 29 Abs. 1 Satz 2), und keine Aufwendungen, die durch Abwendung, Minderung oder Feststellung eines dadurch entstandenen (oder davon drohenden) Schadens verursacht sind (§ 32). — Über den Kausalzusammenhang vgl. § 28 Anm. 17ff.

Anm. 16 δ) Der Versicherer, von dem Entschädigung verlangt wird, muß beweisen, daß Bannware sich an Bord befand und der Schaden hierdurch verursacht ist (§ 60 Anm. 11). Er braucht nicht zu beweisen, daß der Versicherungsnehmer um das Vorhandensein von Bannware wußte oder wissen mußte. Der Versicherungsnehmer muß beweisen, daß er (oder der Dritte), dessen Wissen oder Wissenmüssen er gegen sich gelten lassen muß, insbesondere der Kapitän, nicht gewußt hat und nicht zu wissen brauchte. Satz 1 und Satz 2 des § 121 Abs. 5 verhalten sich zu einander, deutlich erkennbar, wie die Regel zur Ausnahme.

Anm. 17 ε) Wissen und Wissenmüssen des Versicherers sind grundsätzlich ohne Bedeutung (vgl. aber auch oben Anm. 10). Der Versicherungsnehmer kann insbesondere nicht einwenden, daß der Versicherer bei der Schließung des Vertrags gewußt habe oder habe wissen müssen, daß Bannware, sich an Bord befinde oder

§ 121 mit dem Schiffe befördert werden solle. Der Versicherer, der weiß, daß Bannware sich an Bord befindet oder mit dem Schiffe befördert werden soll, mag die Versicherung nur unter Ausschluß der Haftung für den dadurch verursachten Schaden haben übernehmen wollen. Nur unter besonderen Umständen könnte aus dem Wissen des Versicherers geschlossen werden, daß der Versicherer auch die Haftung für den durch die Bannware verursachten Schaden hat übernehmen wollen (soweit dies überhaupt zulässig ist: oben Anm. 10).

Anm. 18 c) **Bleibt die Haftung** des Versicherers gemäß § 121 Abs. 5 Satz 2 **bestehen, so gebührt dem Versicherer eine Zuschlagsprämie**, d. h. eine der höheren Gefahr entsprechende höhere Prämie (§ 20 Abs. 3; näheres: § 60 Anm. 13, § 25 Anm.). — Schadensersatz-Ansprüche gegen Ladungsbeteiligte (HGB § 563), Reisende (HGB § 673), Schiffer (HGB § 515), Seeleute gehen gemäß § 45 auf den entschädigenden Versicherer über.

Anm. 19 d) § 54 ASVB beschränkte auch die Haftung des Güterversicherers für den Fall, daß der Versicherte um das Vorhandensein von Bannware wußte oder wissen mußte. Die ADS haben den, seltenen, Fall nicht besonders geregelt. Es bewendet also bei den allgemeinen Grundsätzen, insbesondere über die vorvertragliche Anzeigepflicht und die Verpflichtung des Versicherungsnehmers, die Gefahr nicht zu ändern.

Anm. 20 e) Der Umstand, daß Bannware sich an Bord befindet, ist natürlich auch für eine die Kriegsgefahr ausschließende Versicherung des Schiffes von erheblicher Bedeutung. Denn Schiffe mit Bannware können aufgebracht, durch die Aufbringung können die übrigen Gefahren geändert, kann insbesondere der Reiseweg verlassen und die Reise erheblich verzögert werden (näheres: § 19 Anm. 26). Nach § 54 ASVB sollte deshalb auch die Versicherung, mochte sie „Nur für Seegefahr" oder mit Einschluß der Kriegsgefahr genommen sein, als „Frei von Kriegsmolest" gelten, wenn „in Kriegszeiten nicht angezeigt sei, daß . . .Konterbande . . .verladen" sei (in Friedenszeiten kann natürlich von Konterbande keine Rede sein). Doch hat man im Jahre 1881 in einem „Zusatz" zu den §§ 54—56 ASVB „zur Beseitigung erhobener Zweifel" erklärt, daß die im § 54 ASVB „angeordnete besondere Anzeigepflicht nur für solche Versicherungsfälle bestehe, in welchen auch Kriegsgefahr von den Versicherern übernommen werde"; sie bestehe „also dann nicht, wenn ‚nur für Seegefahr' Versicherung geleistet worden sei" (bei Voigt 278). Nach der AlteKZP, Alte KRP bestimmt der „Zusatz" nur, daß „die besondere Anzeigepflicht nur für solche Versicherungsfälle bestehe, in welchen gegen Kriegsgefahr Versicherung geleistet werde" (Mat 2. 103, 107). Es war hier also auch der Fall berücksichtigt, daß „Nur für Kriegsgefahr" Versicherung genommen war; nur in diesem Falle und im Falle einer „Auch-für-Kriegsgefahr"-Versicherung sollte die Versicherung bei Verletzung der „besonderen" Anzeigepflicht des § 54 ASVB als „Frei von Kriegsmolest" gelten (was freilich für den ersten Fall eine mindestens ungewöhnliche Kennzeichnung des völligen Haftungsausschlusses bedeutete). Der „Zusatz" scheint auf dem Irrtum zu beruhen, daß die Verladung von Konterbande für die „Frei-von-Kriegsgefahr"-Versicherung ohne Bedeutung ist. Er hat die bedenkliche Folge gehabt, daß man den Versicherungsnehmer für den Fall der „Frei-von-Kriegsgefahr"-Versicherung von der Verpflichtung befreit hat, „Angaben über ihm bekannte Umstände zu machen, durch welche der zu versichernde Gegenstand im Kriegsfalle (gemeint ist: durch Ereignisse des bereits ausgebrochenen Krieges) gefährdet werden könnte" (Voigt 280; vgl. auch HGZ 1908. 221: „Es könne unmöglich der ‚Nur-für-Seegefahr'-Versicherte ungünstiger gestellt werden als der Versicherungsnehmer, der auch gegen Kriegsgefahr mitversichert habe, was aber geschehen würde, wenn man für ersteren die allgemeine Anzeigepflicht mit dem Präjudiz der Ungültigkeit der Versicherung im Falle unterlassener Anzeige erheblicher Umstände, wozu auch die Verladung von Konterbande zu rechnen sei, bestehen lassen wolle, während die unterlassene Anzeige bei dem gegen Kriegsgefahr Versicherten nur die Folge haben würde, daß die Versicherung als ‚Frei von Kriegsmolest' geschlossen gelte"). — Die ADS regeln den Fall nicht. Es bewendet also auch insoweit bei den allgemeinen Grundsätzen über die vorvertragliche Anzeigepflicht, die Gefahrstandspflicht, die Schadenverhütungs- und die Schadenabwendungs-Pflicht des Versicherungsnehmers. **§ 121**

f) Auch der Fall, daß das Schiff selbst Kriegskonterbande ist, ist nicht geregelt. Auch insoweit bewendet es also bei der Anzeigepflicht usw. Dasselbe gilt von den sonstigen Umständen, die nach den §§ 54—56 ASVB „besonders" anzuzeigen waren. Über die gehörige Ausstattung des Schiffes mit Ausweispapieren (ASVB § 54): § 58 Anm. 18. Über die Ausstellung von Orderkonnossementen in Kriegszeiten (ASVB § 54): RG HGZ 1917. 93, HGZ 1916. 107, 210. Über die Bedeutung der neutralen Eigenschaft der versicherten Sache (ASVB §§ 54, 55) vgl. MIA § 36 (express warranty of neutrality), dazu § 23 Anm. 74; auch MIA § 37: There is no implied warranty as to the nationality of a ship, or that her nationality shall not be changed during the risk (die Nationalität und ihr Wechsel müssen aber, wenn gefahrerheblich, angezeigt werden: Hutchinson & Co. v. Aberdeen Sea Ins. Co. 1876 bei Arnould 530 s. 560). Anm. 21

10. **Abs. 6 Satz 1. Als total verloren** (d. h. hier: als durch ein Kriegsereignis total verlorengegangen) **gilt das Schiff** (auf das sich die Kriegsversicherung bezieht) **gemäß § 71 Abs. 2 insbesondere, wenn es für gute Prise erklärt** (kondemniert, konfisziert, eingezogen: § 35 Anm. 22) **wird.** — „Insbesondere". Es handelt sich also um einen Beispielfall. Aber nicht nur darum (vgl. auch § 19 Anm. 35). Ist das Schiff (selbstverständlich rechtskräftig: Prot. 3355) für gute Prise erklärt, so „gilt" es im Versicherungsverhältnis als total verloren. Verlangt der Versicherungsnehmer gemäß § 71 die Versicherungssumme, so kann der Versicherer sich nicht darauf berufen, daß trotz der Kondemnation noch „Aussicht auf Wiedererlangung" besteht (vgl. Prot. 3347: „Sei das genommene Schiff rechtskräftig kondemniert und dem Versicherten dadurch das Eigentum am Schiffe genommen, so könne es nicht mehr darauf ankommen, ob vielleicht noch Aussicht bestehe, daß das Schiff im Gnadenweg wieder freigegeben oder daß es wiedergenommen werde"; vgl. auch Wittmaack ZHR 76. 400, 404). Anders nur, wenn das kondemnierte Schiff tatsächlich wieder freigegeben wird, bevor der Versicherungsnehmer die Versicherungssumme verlangt hat (§ 71 Anm. 14, 20). — Ebenso, wenn die Güter, auf die sich die Versicherung bezieht, für gute Prise erklärt werden (§ 91 Abs. 1). — In anderen Fällen gewaltsamer Inbesitznahme und Zurückhaltung kann und muß es darauf ankommen, ob Aussicht auf Wiedererlangung besteht. § 121 Abs. 6 will so wenig wie § 851 HGB aussprechen (und spricht so wenig wie § 851 HGB aus), daß der Versicherungsnehmer im Wegnahmefall die Versicherungssumme gemäß § 71 erst dann verlangen kann, wenn das Schiff (rechtskräftig) für gute Prise erklärt ist. Sondern eben nur, daß das Schiff jedenfalls, spätestens, als dem Versicherten ohne Aussicht auf Wiedererlangung entzogen angesehen werden soll, wenn es rechtskräftig kondemniert ist. Das Schiff kann schon vorher dem Versicherungsnehmer ohne Aussicht auf Wiedererlangung entzogen sein, insbesondere durch eine Nehmung gleich derjenigen in den Fällen Romulus und Santa Catharina (näheres: § 35 Anm. 11). — Wird die Sache, auf die sich die Versicherung bezieht, gegen Entschädigung eingezogen, so gebührt diese dem Versicherer, bei dem das Interesse, für das die Entschädigung gewährt wird, versichert ist, auch wenn ein öffentlichrechtlicher oder privatrechtlicher Anspruch des Beteiligten auf die Entschädigung nicht anzuerkennen wäre (§ 45 Anm. 5). — Über die, versicherungsrechtlich belanglose, Anm. 22

§ 121 Frage, ob die Kondemnation deklaratorisch oder konstitutiv wirkt, vgl. RG 67. 257, 89. 320 und dort angeführte Literatur und Rechtsprechung.

Anm. 23 11. **Abs. 6 Satz 2. Beispiele von Verfügungen von Hoher Hand** (über diesen Begriff s. § 73 Anm. 5): **Anhaltung** (§ 35 Anm. 15), **Aufbringung** (§ 35 Anm. 16), **Nehmung** (§ 35 Anm. 17), **Zurückhaltung** (§ 35 Anm. 18), **Anforderung** (§ 35 Anm. 19), **Beschlagnahme** (§ 35 Anm. 20). — Nach § 91 Abs. 2 gilt § 121 Abs. 6 Satz 2 auch für die Güterversicherung (oben Anm. 22). — Enteignungsentschädigung gebührt nach § 45 dem Versicherer (oben Anm. 22). Wird für die Dauer des Gebrauchs Entschädigung gewährt, so gebührt dem Versicherer die auf die Zeit nach dem Eigentumsübergang (§ 72 Abs. 3 Satz 1) entfallende Entschädigung; denn diese Entschädigung wird dem Eigentümer als solchem gewährt (nicht, wie die Miete, dem bei der Begründung des Rechtsverhältnisses Beteiligten). Vgl. den Fall Aubert v. Gray 1862 (bei Arnould 790 s. 830ff.): Beschlagnahme eines spanischen Schiffes durch den spanischen Staat zur Beförderung nach Marokko. — Die **Abandonfrist** beträgt statt zwei (§ 73) **sechs Monate,** und zwar nicht nur in den beispielsweise angeführten Fällen, sondern in allen Fällen kriegsmäßiger Verfügung von Hoher Hand. Über die Berechnung der Frist vgl. § 73 Anm. 6.

Anm. 24 12. **Abs. 7. Die Versicherung von Gütern aller Art bezieht sich nicht** (auf die im § 80 bezeichneten Güter und außerdem nicht) **auf Bannwaren.** Das versteht sich von selbst, wenn der Versichererstaat das Bannware-Verbot erlassen hat. Der Versicherungsvertrag wäre nach § 138 BGB nichtig (oben Anm. 10). Wenn das Bannware-Verbot von einem anderen Staate erlassen ist, gilt regelmäßig nicht dasselbe (§ 1 Anm. 19). Es versteht sich auch nicht etwa von selbst, daß die Versicherung von Gütern aller Art sich auf solche Bannware nicht bezieht. Es kann insbesondere nicht ohne weiteres als stillschweigend vereinbart gelten, daß die Versicherung sich auf solche Bannware nicht bezieht, weil die Bannwaregefahr etwa so groß ist, daß sie sich auch zu ungewöhnlich hoher Kriegsprämie nicht würde decken lassen. Denn dies kann zwar der Fall sein, braucht aber nicht der Fall zu sein. Wenn zwischen Japan und den VerSt. von Amerika Krieg ausbricht, wird für Reisen in der Ostsee überhaupt keine Bannwaregefahr bestehen. Deshalb würde, wenn nichts darüber bestimmt wäre, ob die Versicherung von Gütern aller Art sich auch auf Bannware bezieht, dasselbe gelten müssen, was gilt, wenn eine bestimmte Ware kriegsversichert ist, ein Krieg ausbricht und die Ware infolge hiervon die Eigenschaft einer Bannware annimmt. Es würde also auf die Umstände des Falles ankommen (vgl. auch unten Anm. 27). Deshalb bestimmte eben auch die frühere Kriegsklausel des VHA ausdrücklich und allgemein, daß in die laufende Versicherung „die von den in Krieg befindlichen Mächten als Kontrebande behandelten Gegenstände nur gegen besondere Vereinbarung eingeschlossen sein sollten" (oben Anm. 2). Deshalb bestimmte auch E 1910 § 120 Abs. 5 lediglich, daß die Versicherung von Gütern aller Art keine Bannware umfasse. Deshalb bestimmt auch § 121 Abs. 7 ADS dasselbe; aber auf den Wunsch der Kaufmannschaft (Mat 1. 375—384) mit der wesentlichen Einschränkung des § 121 Abs. 7 Satz 3.

Anm. 25 a) Über die Versicherung von Gütern aller Art: § 80 Anm. 2. Die üblichste Versicherung von Gütern aller Art ist die laufende Versicherung. Deshalb gilt § 121 Abs. 7 Satz 1 **insbesondere im Falle einer laufenden Versicherung.** — Natürlich gilt § 121 Abs. 7 auch, wenn sich die Versicherung, insbesondere die laufende Versicherung, nicht auf Güter aller Art, sondern bestimmter Arten bezieht (vgl. § 80 Anm. 2).

Anm. 26 b) Über den Begriff der Bannware: oben Anm. 11.

Anm. 27 c) Die Versicherung bezieht sich nicht auf Sachen, die **zur Zeit des Beginns der Versicherung** Bannware sind. Genauer: zu der Zeit, in der die Versicherung beginnen würde, wenn sie sich auf die Sachen bezöge. Auch diese Zeitbestimmung ist auf den Wunsch der Kaufmannschaft eingefügt (Mat 1. 380). Die Bestimmung ist für den Fall ohne Bedeutung, daß der Versichererstaat zwar erst nach dem Beginn der Beförderung, aber zu einer Zeit, wo der Versicherungsnehmer die Beförderung oder Weiterbeförderung noch verhindern kann, das Bannware-Verbot erläßt. Denn für solchen Fall können die Parteien keinen Versicherungsschutz vereinbaren (oben Anm. 10, 24). Im übrigen muß der Beginn der Versicherung allerdings maßgebend sein. Die Versicherung bezieht sich also auch dann auf die Sachen, wenn diese erst nach dem Beginn der Versicherung, insbesondere nachdem sie vom Verfrachter übernommen, aber bevor sie verladen sind (vgl. § 88 Abs. 2), für Bannware erklärt werden. Der Versicherungsnehmer darf aber natürlich die versicherten Güter nicht in ihr sicheres Verderben schicken. Der Erlaß des Bannware-Verbots ist ein Gefahrereignis, das den Versicherungsnehmer besonders veranlaßt, sich seiner Gefahrstandspflicht (§ 23), gegebenenfalls sich seiner Schadenverhütungs-Pflicht (§ 33) zu erinnern (vgl. auch § 97 Anm. 80). Der Versicherungsnehmer muß zu verhindern suchen, daß die Güter dem Bannware-Verbot zum Opfer fallen. Ebenso, wie er hierzu im Falle einer besonderen Versicherung der Güter verpflichtet wäre, ist er im Falle einer Versicherung von Gütern aller Art, insbesondere im Falle einer laufenden Versicherung, welche die Güter umfaßt, dazu verpflichtet. — Über den Beginn der Versicherung: § 88 Abs. 2. **§ 121**

d) **Die Haftung des Versicherers bleibt jedoch bestehen** (genauer: Die Versicherung bezieht sich jedoch auf die Sachen, die zur Zeit des Beginns der Versicherung Bannware sind), **wenn der Versicherungsnehmer weder wußte noch wissen mußte, daß die Ware Bannware ist.** Anm. 28

1. Über den Begriff des Wissens und des Wissenmüssens: § 5 Anm. 19, 20, § 19 Anm. 39. — § 121 Abs. 7 bestimmt nicht besonders darüber, zu welcher Zeit der Versicherungsnehmer gewußt oder fahrlässig nicht gewußt haben muß, daß die Ware Bannware ist. Aus dem Verhältnis des ersten und des dritten Satzes im § 121 Abs. 7 wird aber gefolgert werden müssen, daß es auf den Zeitpunkt des Beginns der Versicherung ankommt. Wenn der Versicherungsnehmer erst später erfährt (und zu erfahren braucht), daß die Ware Bannware ist, wird die Ware von der Versicherung umfaßt. Der Versicherungsnehmer darf aber die Ware nicht den Gang des Verderbens gehen lassen, sondern muß die Entstehung von Versicherungsschaden zu verhüten suchen (oben Anm. 27). — Auf den Zeitpunkt des Beginns der Versicherung kommt es auch dann an, wenn der Versicherungsnehmer zwar in diesem Zeitpunkt wußte (oder wissen mußte), aber so spät von der Bannwaren-Eigenschaft der Güter erfährt (oder erfahren haben würde), daß er den Beginn der versicherten Unternehmung nicht mehr aufzuhalten vermochte. Denn der Zeitpunkt des Beginns der Versicherung ist nicht so sehr nach der Interessenlage, als vielmehr mehr oder minder willkürlich bestimmt und muß deshalb schlechthin maßgebend sein.

2. Der Versicherungsnehmer muß gewußt oder fahrlässig nicht gewußt haben. Über den Begriff des Versicherungsnehmers: § 3 Anm. 4. — Über den Fall, daß mehrere Versicherungsnehmer beteiligt sind: Vorb. VI vor § 1. Sind insbesondere Miteigentümer beteiligt, so schadet das Wissen oder Wissenmüssen des einen nicht ohne weiteres auch den anderen. Anm. 29

3. Der Versicherungsnehmer muß in gewissen Grenzen auch das Wissen oder Wissenmüssen Dritter vertreten. Es wäre insbesondere unerträglich, wenn der Versicherungsnehmer, der seine Geschäfte durch Dritte führen läßt, also nicht weiß und nicht zu wissen braucht, ob die Ware Bannware ist, sich hinter den Dritten sollte verstecken dürfen. Wie der Kaskoversicherte verpflichtet ist, die Verladungsvorschriften der Bundesrepublik Deutschland usw. zu befolgen (§ 60 Anm. 8) und Anm. 30

§ 121 keine Bannware zu fahren (oben Anm. 13, 14), oder der Güterversicherte verpflichtet ist, nicht der übermäßigen Beladung mit Massengütern zuzustimmen (§ 80 Anm. 6) oder nicht der Verladung der Güter auf Deck zuzustimmen (§ 85 Anm. 13), so ist der Güterversicherte auch verpflichtet, keine Bannware befördern zu lassen. Hieran ändert nichts, daß die Verletzung dieser Verpflichtung (ebenso, wie im Falle des § 80 Nr. 3) die besondere Rechtsfolge hat, daß die Güter als nicht versichert gelten. Der Versicherungsnehmer muß deshalb das Wissen oder Wissenmüssen seines gesetzlichen Vertreters und Dritter, die er die Beförderung besorgen läßt, gemäß § 278 BGB gegen sich gelten lassen. Demgemäß darf auch bei der Versicherung für fremde Rechnung weder der Versicherungsnehmer noch der Versicherte gewußt oder fahrlässig nicht gewußt haben (vgl. § 52 Anm. 8).

Anm. 31 4. Wissen und Wissenmüssen des Versicherers sind grundsätzlich ohne Bedeutung. Wenn aber der Versicherer, der weiß, daß die laufende Versicherung sich auf die deklarierte Bannware nicht bezieht, die Deklaration entgegennimmt oder ihren Empfang bescheinigt, wird sein Schweigen regelmäßig als Zustimmung dazu anzusehen sein, daß die Versicherung sich auf die Ware beziehen soll (§ 97 Anm. 16).

e) **Bleibt die Haftung des Versicherers** gemäß § 121 Abs. 7 Satz 3 **bestehen**
Anm. 32 (genauer: Bezieht sich die Versicherung ausnahmsweise auf die Bannware), **so gebührt dem Versicherer eine Zuschlagsprämie,** d. h. eine der höheren Gefahr entsprechende höhere Prämie (§ 20 Abs. 3; näheres: § 60 Anm. 13, § 25 Anm.).

Anm. 33 f) Der Versicherer, von dem Entschädigung verlangt wird, muß beweisen, daß die Ware Bannware ist. Er braucht nicht auch zu beweisen, daß der Versicherungsnehmer beim Beginn der Versicherung die Eigenschaft der Ware gekannt hat oder hat kennen müssen. Der Versicherungsnehmer muß beweisen, daß er (oder der Dritte, dessen Kenntnis usw. er gegen sich gelten lassen muß) nicht gewußt hat und nicht zu wissen brauchte (vgl. auch oben Anm. 16). Wenn der Versicherer Zuschlagsprämie verlangt, muß er beweisen, daß die Ware Bannware ist und der Versicherungsnehmer nicht wußte und nicht zu wissen brauchte. Hat der Versicherungsnehmer die Ware deklariert, so hat er damit freilich eingeräumt, nicht gewußt usw. zu haben.

Anm. 34 g) Der Umstand, daß die Ware Bannware ist, ist natürlich auch für die besondere Kriegsversicherung der Ware und ebenso für die „Frei-von-Kriegsgefahr"-Versicherung der Ware von erheblicher Bedeutung. Es bewendet aber insoweit bei den allgemeinen Grundsätzen über die vorvertragliche Anzeigepflicht, die Gefahrstandspflicht, die Schadenverhütungs- und Schadenabwendungs-Pflicht des Versicherungsnehmers (vgl. auch oben Anm. 20).

Anm. 35 13. Versicherungsvertreter, die allgemein ermächtigt sind, Seeversicherungs-Verträge zu schließen, sind im Zweifel auch ermächtigt, Kriegsversicherungen zu übernehmen (RG 88. 231). Die Beschränkung der Ermächtigung auf den Abschluß von reinen Seeversicherungs-Verträgen brauchen Dritte nur gegen sich gelten zu lassen, wenn sie die Beschränkung kannten oder kennen mußten (HGB § 54 Abs. 3).

§ 122

„Auch für Kriegsgefahr"

(1) Der Versicherer trägt auch die Gefahr eines Krieges.

(2) Liegen die Voraussetzungen, unter denen der Versicherer wegen einer Verletzung der Anzeigepflicht oder wegen einer Gefahränderung von der Verpflichtung zur Leistung frei ist, nur in Ansehung der Kriegsgefahr vor, so trägt

der Versicherer die übrigen Gefahren (§ 35), liegen sie nur in Ansehung dieser vor, so trägt er die Kriegsgefahr (§ 121), wenn nicht anzunehmen ist, daß er diese Gefahren allein unter den gleichen Bestimmungen nicht übernommen haben würde. **§ 122**

(3) Im übrigen finden die Bestimmungen des § 121 entsprechende Anwendung, jedoch mit der Maßgabe, daß die Bestimmung des § 35 Abs. 4 über eine Zuschlagsprämie im Falle einer Änderung der Gefahr infolge einer Kriegsgefahr unberührt bleibt.

1. Vgl. HGB § 854, ASVB §§ 54—56, 109, AlteKZP, AlteKRP, AlteGP, Zusatz zu §§ 54—56 ASVB (Mat 2. 100, 103, 107), BSVB § 25. — **Literatur:** § 35 Anm. 2. Anm. 1

2. **Abs. 1. Der Versicherer trägt auch die Gefahr eines Krieges.** § 122 ist eine „Kriegseinschluß-Klausel". Näheres: § 121 Anm. 4; über die Bedeutung der Klausel für die Rückversicherung vgl. auch § 1 Anm. 163, 164. — Ist zunächst Versicherung „Frei von Kriegsgefahr" genommen und später „Versicherung in vollem Umfang" vereinbart, so kann dies im Zweifel nur bedeuten, daß die Kriegsgefahr eingeschlossen sein soll (KG bei Hasselmann 39). — Versicherungsvertreter, die allgemein ermächtigt sind, Seeversicherungs-Verträge zu schließen, können auch die Kriegsgefahr einschließen (§ 121 Anm. 35). Anm. 2

3. **Abs. 2.** Ist die vorvertragliche Anzeigepflicht oder die Gefahrstandspflicht verletzt, so ist der Versicherer grundsätzlich ganz frei. Von diesem Grundsatz macht § 27 eine Ausnahme. § 122 macht eine zweite: **Wenn** die Versicherung „Auch für Kriegsgefahr" genommen ist und **die Verletzung der Anzeigepflicht oder der Gefahrstandspflicht nur die Kriegsgefahr betrifft, trägt der Versicherer** gleichwohl **die übrigen Gefahren,** gilt die Versicherung also „Frei von Kriegsgefahr" (§ 35); **betrifft die Verletzung nur die übrigen Gefahren, so trägt der Versicherer** gleichwohl **die Kriegsgefahr,** gilt also die Versicherung „Nur für Kriegsgefahr" (§ 121). Anm. 3

a) Die Verletzung der Anzeigepflicht oder der Gefahrstandspflicht muß ausschließlich die Kriegsgefahr oder eine (oder mehrere) der übrigen Gefahren betreffen. Betreffen sie beide, so ist § 122 Abs. 2 unanwendbar. Die Verletzung der Anzeigepflicht oder der Gefahrstandspflicht, welche die übrigen Gefahren betrifft, wird oft nicht auch die Kriegsgefahr betreffen (vgl. aber auch § 121 Anm. 6). Die Verletzung der Anzeigepflicht oder der Gefahrstandspflicht, welche die Kriegsgefahr betrifft, wird meist auch die übrigen Gefahren betreffen (vgl. § 35 Anm. 29, auch § 121 Anm. 20, 34). Anm. 4

b) Die Versicherung wird aber nur dann geteilt, **wenn nicht anzunehmen ist, daß der Versicherer die unberührten Gefahren allein** überhaupt nicht oder jedenfalls **nicht unter den gleichen Bestimmungen übernommen haben würde.** Ob dies anzunehmen oder nicht anzunehmen ist, müssen die Umstände des Falles und die Verkehrsanschauung, aber auch die besonderen Verhältnisse (insbesondere die geschäftlichen Grundsätze) gerade dieses Versicherers ergeben (näheres: § 27 Anm. 7). Anm. 5

c) Der Versicherungsnehmer muß beweisen, daß die Verletzung der Anzeigepflicht oder der Gefahrstandspflicht nur die Kriegsgefahr oder nur die übrigen Gefahren betrifft; der Versicherer, daß er die unberührten Gefahren allein unter den gleichen Bestimmungen nicht übernommen haben würde (näheres: § 27 Anm. 8). Anm. 6

d) Nach § 27 Satz 2 ist der Versicherungsnehmer, wenn die Verletzung der Anzeigepflicht oder der Gefahrstandspflicht nur einen Teil der versicherten Gegenstände betrifft, aber der Versicherer, ausnahmsweise, ganz frei ist, seinerseits von der Verpflichtung zur Zahlung des auf die unberührten Gegenstände entfallenden Teiles der Prämie frei. Eine entsprechende Bestimmung ist in den § 122 Abs. 2 (absichtlich) nicht aufgenommen. Der Versicherungsnehmer wird in keinem Falle frei. Anm. 7

§ 122 **4. Abs. 3. Im übrigen findet § 121 entsprechende Anwendung.**

Anm. 8 a) Insbesondere also § 121 Abs. 7. Die laufende Versicherung umfaßt also keine Bannware. Auch nicht, soweit sie „die übrigen Gefahren" betrifft. Die Teilung der Versicherung, wie sie in den §§ 27, 122 Abs. 2 angeordnet ist, ist hier nicht gestattet. Denn die §§ 27, 122 Abs. 2 bilden Ausnahmebestimmungen. Zwar sind auch Ausnahmebestimmungen von der analogen Anwendung nicht ausgeschlossen. Aber hier ist auch die Interessenlage eine andere, als in den Fällen der §§ 27, 122 Abs. 2. Denn wenn auch die laufende Versicherung, die nur „die übrigen Gefahren" deckt, also die laufende „Frei-von-Kriegsgefahr"-Versicherung, Bannware umfaßt, so ist doch auch für sie die Eigenschaft der Ware als Bannware regelmäßig von erheblicher Bedeutung.

Anm. 9 b) Der „Frei-von-Kriegsgefahr"-Versicherer erhält die Zuschlagsprämie des § 35 Abs. 4, der „Nur-für-Kriegsgefahr"-Versicherer diejenige des § 25 (§ 121 Anm. 6). Der „Auch-für-Kriegsgefahr"-Versicherer müßte an und für sich keinerlei Zuschlagsprämie erhalten. Dies würde jedoch auf praktische Schwierigkeiten stoßen. Die gewöhnliche Prämie läßt sich für die „Frei-von-Kriegsgefahr"-Versicherung nicht berechnen und würde, wenn doch, mit der Weltmarkt-Prämie nicht in Einklang zu bringen sein, wenn dem Versicherer die Aushilfsprämie des § 35 Abs. 4 versagt bliebe. Die Folge der Versagung würde deshalb sein, daß die Assekuradeure sich nur noch auf getrennte Versicherungen einlassen würden. Deshalb bestimmt § 122 Abs. 3 schließlich, daß **§ 35 Abs. 4 unberührt** bleibt, daß also dem Versicherer, obwohl er auch die Kriegsgefahr trägt, die Zuschlagsprämie des § 35 Abs. 4 gebührt. Vgl. hierzu auch RG 88. 244, LG Hamburg HGZ 1915. 58.

Anhang zu §§ 121, 122

DTV-Kriegsklausel 1955 für Gütertransporte zur See

I. Umfang der Deckung.

(1) Die Versicherung deckt die Gefahren des Krieges, des Bürgerkrieges und kriegsähnlicher Ereignisse. Auf diesen Gefahren beruhen zum Beispiel Schäden, verursacht durch Handlungen kriegerischer Art, insbesondere durch das Einsetzen der bewaffneten Macht, durch Blockade oder andere Sperren, sowie durch Beschlagnahme oder sonstige durch den Krieg veranlaßte, den versicherten Gegenstand betreffende Maßnahmen einer anerkannten oder nicht anerkannten Macht.

(2) Die Versicherung deckt außerdem die Gefahren, die sich unabhängig vom Kriegszustand aus der Verwendung oder dem Vorhandensein von Minen, Torpedos, Bomben oder anderen Kriegswerkzeugen ergeben.

II. Beginn und Ende der Versicherung.

(1) Die Versicherung beginnt, wenn die versicherten Güter am Verschiffungsort zur Beförderung für die versicherte Reise an Bord des Seeschiffes gebracht sind, und endet, wenn die Güter am Bestimmungsort vom Bord des Seeschiffes scheiden, spätestens aber für den noch nicht entlöschten Teil der Ladung mit Ablauf des fünfzehnten Tages nach Ankunft des Seeschiffes am Bestimmungsort.

(2) Falls der Frachtvertrag für die versicherten Güter an einem anderen Ort als dem im Frachtvertrag genannten Bestimmungsort endet, gilt dieser Ort als Bestimmungsort. Werden die Güter jedoch später zur Beförderung nach dem im Frachtvertrag genannten oder einem anderen Bestimmungsort weiterverladen, so ist auch diese Weiterreise versichert unter der Bedingung, daß eine entsprechende Anzeige vor Beginn

der Weiterreise gemacht ist und eine Zuschlagsprämie bezahlt wird. Diese Versicherung beginnt mit der Verladung der Güter in dem weiterbefördernden Seeschiff. Auf die Versicherung der Weiterreise finden im übrigen die Bestimmungen dieser Klausel Anwendung.

(3) Werden die Güter während der versicherten Reise aus einem Seeschiff in ein anderes Seeschiff umgeladen, so gilt die Versicherung auch für den Zeitraum zwischen Löschung und Wiedereinladung. Die Versicherung ruht jedoch nach Ablauf des fünfzehnten Tages nach Ankunft des Schiffes im Löschhafen; sie tritt wieder in Kraft, wenn die Güter an Bord des zur Weiterbeförderung bestimmten Seeschiffes gebracht sind. Während des versicherten Zeitraumes sind Lagerungen und etwa erforderlich werdende Transporte mit Transportmitteln aller Art zum Ladeplatz oder Ladehafen, auch wenn dieser vom Löschhafen verschieden ist, in die Versicherung eingeschlossen.

(4) Als Seeschiff im Sinne dieser Klausel gilt dasjenige Schiff, welches die versicherten Güter befördert, falls ein Teil seiner Reise über See zurückzulegen ist. Das Seeschiff ist angekommen, wenn es am Bestimmungsort sicher verankert oder am Kai vertäut worden ist. Die Fristen beginnen mit Ablauf des Ankunftstages des Seeschiffes.

(5) Gegen die Gefahren, verursacht durch Minen oder treibende bzw. gesunkene Torpedos, wird die Versicherung während der Beförderung zu Wasser wie folgt ausgedehnt. Die Versicherung beginnt am vereinbarten Abladungsort mit der Einladung der versicherten Güter in das für ihre Beförderung zum Seeschiff bestimmte Binnenschiff und endet, falls die versicherten Güter nach Ausführung der Seereise zu Wasser weiterbefördert werden, mit der Ausladung aus dem Binnenschiff am vereinbarten Bestimmungsort.

III. Ausschluß von Schäden und Kosten.

(1) Von der Versicherung ausgeschlossen sind Beschaffenheits-Schäden, vgl. § 86 ADS. Der Versicherer haftet ferner nicht für Kosten, die dadurch entstehen, daß infolge der Kriegsgefahr

a) das Schiff die Reise nicht antritt, die Reise nicht fortsetzt, einen Hafen anläuft oder
b) die Güter ausgeladen, gelagert und anderweitig weiterbefördert werden (z. B. Lagergelder und Nothafenkosten),

es sei denn, daß solche Kosten nach den York-Antwerp-Regeln zur großen Haverei gehören.

(2) Ausgeschlossen sind ferner Schäden, verursacht durch Beschlagnahme oder sonstige behördliche Maßnahmen aufgrund von zur Zeit des Beginns der Versicherung geltenden Gesetzen oder Verordnungen.

IV. Grundlage der Bedingungen.

(1) Auf diese Versicherungen finden die Bestimmungen der Allgemeinen Deutschen Seeversicherungs-Bedingungen und der Zusatzbestimmungen zu den ADS für die Güter-Versicherung (1947) mit folgenden Änderungen entsprechende Anwendung:

a) An die Stelle der im § 73 bezeichneten Frist tritt eine solche von sechs Monaten,
b) dem Versicherer ist eine Zulage zu zahlen, falls die versicherten Gefahren sich infolge einer Änderung der Reise erhöhen.

(2) Soweit sich in der Police Vorschriften befinden, die im Widerspruch zu den Bestimmungen dieser Klausel stehen, sollen sie insoweit als gestrichen gelten.

V. Kündigung.

Die Versicherung der in Ziffer I und Ziffer II (5) bezeichneten Gefahren ist mit zweitägiger Frist vor Beginn der Versicherung (Ziffer II) jederzeit kündbar.

Anhang 121,122 Anm. 1 1. Schrifttum siehe Anm. 2 zu § 35. Von ihm ist insbesondere hervorzuheben Scherzberg, Die Kriegsklausel in der Seeversicherung, 1954 (Heft 23 der Überseestudien).

Anm. 2 2. Nach Beendigung des Ersten Weltkriegs waren die Fragen der Kriegsversicherung vorläufig in den Hintergrund getreten. Das Kriegsrisiko wurde üblicherweise unentgeltlich und vorübergehend auch ohne Kündigungsmöglichkeit oder mit längeren Kündigungsfristen in die laufenden Policen eingeschlossen (Scherzberg 23). Das änderte sich erst wieder in den Jahren vor dem Zweiten Weltkriege mit den chinesisch-japanischen Kämpfen, dem spanischen Bürgerkrieg und dem italienisch-abessinischen Kriege (Hochgräber NeumZ 1937. 1279, Scherzberg 23). Unter dem 30. November 1937 erließ die Fachgruppe 2 der Wirtschaftsgruppe Privatversicherung die Verfügung betr. Einschluß des Kriegsrisikos in die Transportversicherung. Am 23. Februar 1938 erfolgte durch die Fachgruppe die Bekanntmachung der Deutschen Kriegsklausel 1938 (siehe Hochgräber NeumZ 1938. 228). Sie gab von § 121 abweichende Definitionen des Krieges und der Kriegsgefahr und beschränkte das Kriegsrisiko auf den eigentlichen Seetransport unter Ausschluß des Landtransports (Scherzberg 23). An ihre Stelle trat später die Deutsche Kriegsklausel 1942, der wiederum die DTV-Kriegsklauseln 1949, 1951 und 1955 für Gütertransporte zur See folgten.

Anm. 3 3. Die DTV-Kriegsklausel betrifft nur **Gütertransporte zur See.** Durch sie werden also nur solche Schäden gedeckt, die dem Ladungsbeteiligten, nicht dem Reeder entstehen, vornehmlich Verlust oder Beschädigung der Ladungsgüter. Siehe über Schäden, die nach der DTV-Kriegsklausel nicht oder nur mit Einschränkungen ersetzt werden, unten Anm. 6.

Anm. 4 4. Die DTV-Kriegsklausel hat die Bestimmung des § 121 Abs. 1 Satz 2 nicht übernommen, daß den Maßnahmen einer kriegführenden Macht diejenigen einer anderen Macht gleichstehen, wenn diese binnen sechs Monaten nach der Maßnahme in den Krieg eintritt. Doch kann nicht angenommen werden, daß mit der bisherigen Rechtsauffassung bezüglich der vor Kriegsbeginn im Sinne des Völkerrechts vorgenommenen feindseligen Maßnahmen gebrochen werden sollte. Vielmehr sollte lediglich die Möglichkeit gewährt werden, einen durch feindselige Handlung herbeigeführten Schaden auch dann als Kriegsschaden zu betrachten, wenn die Handlung längere Zeit als sechs Monate vor Beginn des Krieges mit der betreffenden Macht erfolgte, sofern diese ihre feindselige Absicht durch Unterstützung der Feinde und durch ihr sonstiges Verhalten zum Ausdruck gebracht hat (Scherzberg 40f., Plaas 35).

Anm. 5 5. Da die Aufzählung der Kriegsereignisse in Abs. 1 zu allgemein gehalten ist, um stets einen sicheren Maßstab dafür zu geben, ob ein solches gegeben ist, sind die Worte „zum Beispiel" eingefügt worden, die in der Deutschen Kriegsklausel 1938 noch nicht enthalten waren, woraus RGZ 169. 1 gefolgert hatte, die Aufzählung sei erschöpfend (anders schon für die damalige Rechtslage Hochfeld NeumannsZ 1942. 241, Möller „Die Bank" 1942. 353, Scherzberg 64 Anm. 239). Eindeutige Kriegsereignisse sind Angriffs- und Verteidigungshandlungen im engeren Sinne (Scherzberg 65), insbesondere die Einwirkung von Granaten, Torpedos, Bomben, Minen, Netzsperren, und zwar auch dann, wenn sie von den eigenen Streitkräften ausgehen (Anm. 14 zu § 35, Scherzberg 66f.). Verteidigungsmaßnahmen sind auch dann Kriegsereignisse, wenn sie sich gegen einen nur vermeintlichen, tatsächlich nicht vorhandenen Gegner richten (vgl. auch Anm. 12 zu § 35, Scherzberg 66). Siehe allerdings auch die norwegische Entscheidung „Solglimt" (NeumannZ 1940. 538, Scherzberg 66), wo die Besatzung das Schiff auf hoher See verlassen und sich in den Booten an die Küste begeben hatte, weil sie glaubte, mit Sicherheit die Blasenbahnen zweier gegen das Schiff gerichteter Torpedos wahrgenommen zu haben, während es tatsächlich zweifelhaft war, ob solche auf das Schiff abgeschossen waren. Das norwegische Gericht verurteilte den Seeversicherer. Eine vermeintliche Kriegsgefahr könne nicht angenommen werden, vielmehr sei als Hauptursache anzusehen, daß die Besatzung ohne gehörige Befugnis das Schiff verlassen habe. **Anhang §§ 121, 122**

6. Durch die DTV-Kriegsklausel werden folgende Schäden **nicht oder nur mit Einschränkungen** gedeckt: Anm. 6

a) **Beschaffenheitsschäden** (siehe III (1) der Klausel. Vgl. § 86 und Scherzberg 110).

b) **Verzögerungsschäden** (III (1) der Klausel). Der Versicherer haftet danach nicht für solche Kosten, die dadurch entstehen, daß infolge der Kriegsgefahr das Schiff die Reise nicht antritt, die Reise nicht fortsetzt, einen Hafen anläuft oder die Güter ausgeladen, gelagert und anderweitig weiterbefördert werden (z. B. Lagergelder und Nothafenkosten), es sei denn, daß solche Kosten nach den York-Antwerp-Regeln zur großen Haverei gehören. Auch wenn das der Fall ist, fallen sie indessen nur dann dem Kriegsversicherer zur Last, wenn das Schiff unmittelbar vom Feind bedroht war, weil die Leistungspflicht des Kriegsversicherers stets ein Kriegsereignis voraussetzt. Es genügt also auch für die nach den York-Antwerp-Regeln zur großen Haverei gehörenden Kosten nicht, daß z. B. der Kapitän aus Furcht, sein Schiff könne wegen des Kriegszustandes dem Feind in die Hände fallen, die Reise nicht antritt oder einen Nothafen anläuft (Hochgräber NeumannsZ 1939. 951, Scherzberg 111). Die York-Antwerp-Regeln berücksichtigen nicht die Kosten, die entstehen, wenn das Schiff infolge eines Kriegsereignisses im Sinne der DTV-Klausel die Reise nicht antritt oder von einem Zwischenhafen aus nicht fortsetzt (anders §§ 635 Satz 1, 629 Ziff. 2 HGB, die eine Verteilung über Schiff, Fracht und Ladung nach den Grundsätzen der großen Haverei vorsehen). Anders die Nothafenkosten: Nach Regel X a—c YAR gehören zur großen Haverei die Kosten des Anlaufens und des Auslaufens sowie die Kosten des Entlöschens der Ladung und des Wieder-an-Bord-bringens, wenn die Ladung vorübergehend gelöscht werden muß, um die zur sicheren Fortsetzung der Reise erforderlichen Ausbesserungen von Schäden zu ermöglichen, welche das Schiff durch Opfer oder Unfälle erlitten hatte. Gleiches gilt nach Regel XI für die dem Schiffer, den Schiffsoffizieren und der Schiffsmannschaft für die Zeit des Nothafenaufenthaltes gebührende Heuer sowie für die während der gleichen Zeit entstehenden Kosten ihres Unterhalts. Weiterbeförderungskosten gehören nach den York-Antwerp-Regeln nicht zur großen Haverei (siehe wegen einer Ausnahme Regel X d YAR).

c) Nach III (2) der Klausel sind ausgeschlossen ferner Schäden, die durch **Beschlagnahme oder sonstige behördliche Maßnahmen aufgrund von zur Zeit des Beginns der Versicherung geltenden Gesetzen oder Verordnungen verursacht sind.**

7. Über die Versicherung von **entgangenem Gewinn** sind in der Klausel keine einschränkenden Bestimmungen enthalten, so daß sie seine Deckung zuläßt (siehe dazu Scherzberg 113 über die Rechtslage nach den englischen Institute War Clauses). Anm. 7

8. **Beginn, Ende und Ruhen des Versicherungsschutzes nach der DTV-Klausel.** Anm. 8

a) **Beginn und Ende.** Nach II (1) der Klausel beginnt die Versicherung, wenn die versicherten Güter am Verschiffungsort zur Beförderung für die versicherte Reise an Bord des Seeschiffes gebracht sind, und endet, wenn die Güter am Bestimmungsort vom Bord des Seeschiffes scheiden, spätestens aber für den noch nicht gelöschten Teil der Ladung mit Ablauf des fünfzehnten Tages nach Ankunft des Seeschiffes am Bestimmungsort. Es ist also nicht möglich, die Seegüterversicherung nach der DTV-Kriegsklausel mit der Vereinbarung „Von Haus zu Haus“ abzuschließen. Anderseits wird der Versicherungsschutz nicht erst vom Beginn der Schiffsreise an gewährt, sondern beginnt bereits mit der durchgeführten Verladung der Güter auf das Schiff. Einer Festlegung des Zeitpunktes des Beginns der Schiffsreise, die schwierig sein kann (vgl. Scherzberg 117) ist also nicht erforderlich. Wenn es in II (1) heißt, die Versicherung beginne, wenn die versicherten Güter am Verschiffungsort zur Beförderung für die versicherte Reise an Bord des Seeschiffes gebracht seien, so ist damit, wenn die versicherten Güter in mehreren Stücken nach und nach an Bord des Seeschiffes gebracht werden, der Augenblick für jedes Stück der Ladung gemeint, sobald es sich auf dem Schiff befindet. Nicht etwa kommt es auf den Augenblick an, an welchem sich alle zusammengehörenden Güter an Bord befinden (so zutreffend Scherzberg 117). Klarer indessen in dieser Hinsicht die Kriegsklauseln 1938 und 1942, wo es hieß „die Versicherung beginnt, wenn und soweit die versicherten Güter am Verschiffungsort zur Beförderung für die versicherte Reise an Bord des Seeschiffes gebracht sind". Doch war, wie Scherzberg a. a. O. hervorhebt, mit der Textänderung eine sachliche Änderung nicht beabsichtigt, vielmehr nur eine Vereinfachung des Textes, die er mit Recht nicht für sehr glücklich hält. — Nach II (4) ist ein Seeschiff im Sinne der Klausel dasjenige Schiff, welches die versicherten Güter befördert, wenn ein Teil seiner Reise über See zurückzulegen ist, wobei es nicht darauf ankommt, ob der Teil der Reise über See den wesentlichen oder auch nur einen ganz geringen Bruchteil der Gesamtreise ausmacht. Ausnahmsweise wird durch die Kriegsklausel auch die Beförderung während einer reinen Binnenreise geschützt, indem dann gleichzeitig der Versicherungsschutz zeitlich über den in II (1) genannten Umfang ausgedehnt wird. Nach II (5) deckt die Kriegsklausel die durch Minen oder treibende bzw. gesunkene Torpedos verursachten Gefahren während der Beförderung zu Wasser derart, daß die Versicherung am vereinbarten Abladungsort mit der Einladung der versicherten Güter in das für ihre Beförderung zum Seeschiff bestimmte Binnenschiff beginnt und endet, falls die versicherten Güter nach Ausführung der Seereise zu Wasser weiterbefördert werden, mit der Ausladung aus dem Binnenschiff am vereinbarten Bestimmungsort. — Wie sich schon aus den obigen Ausführungen ergibt, entspricht das Ende des Kriegsversicherungsschutzes nach der Klausel den für den Beginn festgelegten Normen. Doch kommt hinzu die Beendigung für den noch nicht entlöschten Teil der Ladung spätestens mit dem Ablauf des fünfzehnten Tages nach Ankunft des Seeschiffes am Bestimmungsort, eine Bestimmung, die verhüten soll, daß das Seeschiff längere Zeit am Bestimmungsort liegt, ohne gelöscht zu werden. Siehe dazu Ziff. II (4) Satz 2 der Klausel, nach welcher das Seeschiff als angekommen gilt, wenn es am Bestimmungsort sicher verankert oder am Kai vertäut worden ist. Die an die Ankunft geknüpften Fristen beginnen nach Ziff. II (4) Satz 3 dann mit Ablauf des Ankunftstages des Seeschiffes. — Nach Ziff. II (2) Satz 1 gilt, falls der Frachtvertrag für die versicherten Güter an einem anderen Orte als dem im Frachtvertrag genannten Bestimmungsort endet, dieser Ort als Bestimmungsort. Wenn jedoch die Güter später zur Beförderung nach dem im Frachtvertrag genannten oder einem anderen Bestimmungsort weiterverladen werden, so soll auch diese Weiterreise versichert sein, allerdings nur unter der Bedingung, daß einmal eine entsprechende Anzeige vor Beginn der Weiterreise gemacht ist und zum anderen eine Zuschlagprämie gezahlt wird (Ziff. II (2) Satz 2). Für die Weiterreise gelten die Bestimmungen der Kriegsklausel. Doch beginnt die Versicherung der Weiterreise erst mit der Verladung der Güter in das weiterbefördernde Seeschiff.

Anm. 9 b) **Ruhen.** Nach Ziff. II (3) Satz 1 gilt die Versicherung, wenn die Güter während der versicherten Reise aus einem Seeschiff in ein anderes Seeschiff umgeladen werden, auch für den Zeitraum zwischen Löschung und Wiedereinladung. Sie ruht jedoch gemäß Ziff. II (3) Satz 2 nach Ablauf des fünfzehnten Tages nach Ankunft des Schiffes im Löschhafen, tritt jedoch wieder in Kraft, wenn die Güter an Bord des zur Weiterbeförderung bestimmten Seeschiffes gebracht sind. Soweit hiernach der Zeitraum zwischen Aus- und Wiedereinladung mitversichert ist, sind Lagerungen und etwa erforderlich werdende Transporte mit Transportmitteln aller Art zum Ladeplatz oder Ladehafen, auch wenn dieser vom Löschhafen verschieden ist, in die Versicherung eingeschlossen. **Anhang §§ 121, 122**

9. Die Regelung, die Beginn, Ende und Ruhen des Versicherungsschutzes in der DTV-Kriegsklausel gefunden haben, geht auf das kurz vor Weihnachten 1937 von den englischen Seeversicherungsgesellschaften geschlossene „Waterborne Agreement" zurück. Sein Grundgedanke war, die Versicherung von Gütern gegen Kriegsgefahr nur während der eigentlichen Seereise zu decken, nachdem etwa zu dem gleichen Zeitpunkt auch in den USA die Kriegsversicherung von Gütern durch die Neufassung der War Risk Clauses auf die Seereise beschränkt war (vgl. Scherzberg 115, Hochgräber NeumannZ 1938. 37 und 661). Unter den modernen Kriegsverhältnissen war das Risiko für die noch im Hafen lagernden Waren zu groß geworden, weil hier bei Luftangriffen die Möglichkeit der Vernichtung sehr großer Warenbestände bei einem Luftangriff bestand. Der Text der englischen Institute War Clauses trägt dem Waterborne Agreement Rechnung. Anm. 10

§ 123

„Nur für Totalverlust"

Der Versicherer haftet nur dafür, daß die Sache, auf die sich die Versicherung bezieht, total verlorengeht, verschollen ist oder durch Verfügung von Hoher Hand angehalten oder durch Seeräuber genommen wird, und bei einer Versicherung, die sich auf das Schiff bezieht, auch in den Fällen der Reparaturunfähigkeit oder Reparaturunwürdigkeit des Schiffes. Er haftet nicht für Beiträge zur großen Haverei und Aufopferungen sowie für die im § 32 und im § 95 Abs. 3 bezeichneten Aufwendungen und Kosten. Bei einer Versicherung, die sich auf die Güter bezieht, haftet er auch nicht dafür, daß die Güter infolge einer Beschädigung verlorengehen, insbesondere in ihrer ursprünglichen Beschaffenheit zerstört werden.

1. Vgl. BSVB § 24. Anm. 1

2. Die Klausel „Nur für Totalverlust" kann verschiedenen Zwecken dienen. Anm. 2

a) Die Klausel kann lediglich bezwecken, das Risiko zur Prämienersparnis zu teilen, die Haftung des Versicherers auf einige besonders schwere Schadensfälle, in der Hauptsache den Fall des Totalverlustes, zu beschränken (über einen solchen Fall: HGZ 1908. 222; vgl. auch HG Hamburg HGZ 1879. 219). Sie kann insbesondere im Rückversicherungs-Vertrag bezwecken, die Haftung für solche schweren Schäden auf den Rückversicherer abzuwälzen. Für diesen Zweck wäre etwa zu bestimmen gewesen, daß der Versicherer nur haftet für Totalverlust, für den Fall der Verschollenheit, für den Fall der vollständigen Wegnahme durch Verfügung von Hoher Hand oder durch Seeräuber und für den Fall, daß das versicherte Schiff reparaturunfähig oder reparaturunwürdig wird, sowie für die Havariegrosse- und sonstigen Aufwendungen, die zur Abwendung solcher Schäden gemacht werden, und für die Kosten, die durch die Feststellung solcher Schäden entstehen. Auf diesem Standpunkt stand offenbar AllgPlan 1847 § 42, der sich freilich auf die Bestimmung beschränkte, daß der „Nur-für-Totalverlust"-Versicherer nur zu zahlen habe, wenn der Schaden 98% des Versiche-

§ 123 rungswerts übersteigt (ebenso PreußE Art. 647, aber mit der richtigeren Wendung: „schon dann, wenn der Schaden nur 98% des Wertes oder der Taxe übersteigt"; vgl. hierzu Mot. z. PreußE 351, Prot. 3678). Auf diesem Standpunkt stand auch § 24 BSVB: Der Versicherer haftete für die wesentlichen Fälle des Totalverlustes und ähnliche schwere Schäden sowie für die „außerordentlichen Unkosten", die zur „Verhütung" des Totalverlustes aufgewendet sind. Von diesem Standpunkt aus unbegründet LG Hamburg HGZ 1896. 290 (folgend Brodmann 201, 210, Sieveking 83): Wenn lediglich vereinbart sei, daß das Schiff „Nur gegen Totalverlust" versichert sein solle, könne der Versicherungsnehmer nicht Ersatz der Kosten verlangen, die er zur Abbringung des sonst sicherem Totalverlust ausgesetzten Schiffes verwendet habe; mit der bedenklichen Erläuterung: Der Versicherer brauche nur die Kosten zu erstatten, „die der Versicherte zur Abwendung der schädigenden Folgen eines Unfalls" aufwende, nicht aber die Kosten, die er „zur Abwendung des Unfalls selbst" aufwende, und, da als ein solcher Unfall hier nicht die Strandung in Betracht komme, „weil gegen diesen Unfall keine Versicherung gegeben" sei, sondern nur der Totalverlust, so könnte der Versicherte Ersatz der zur Abwendung dieses Totalverlustes aufgewendeten Kosten nicht verlangen. Wäre dies richtig, so würde auch etwa der Versicherer, wenn die „Frei von 3%" versicherten Güter einen Seewasser-Schaden von 2% erlitten haben und mit Trocknungskosten vor weiterem Schaden oder gar vor gänzlichem Verlust bewahrt worden sind, diese Kosten nicht zu erstatten haben (vgl. hierzu § 34 Anm. 6, 9). Vgl. auch § 32 Anm. 13.

Anm. 3 b) Die Klausel kann auch bezwecken, das Risiko zur Prämienersparnis zu teilen und gleichzeitig zu verhüten, daß dem Versicherer Schäden zur Last gelegt werden, die aus der gewöhnlichen Abnutzung oder der natürlichen Beschaffenheit der Sache entstehen. Das wäre derselbe Zweck, dem auch die Klausel „Frei von Beschädigung" dient (§ 113 Anm. 2). Demgemäß wäre nur zu bestimmen gewesen, daß der Versicherer nur für Totalverlust und ähnliche Schäden haftet, daß er auch für Aufwendungen zur Abwendung oder Minderung solcher Schäden haftet, daß er dagegen nicht haftet für einen Totalverlust, der durch eine Beschädigung, und zwar insbesondere dadurch entsteht, daß die Güter in ihrer ursprünglichen Beschaffenheit zerstört werden. § 24 BSVB stand auf diesem Standpunkt; die Totalverlustfälle waren dort so ausgewählt, daß der Versicherer vor der Unterschiebung versicherungsfreier Schäden möglichst bewahrt wurde. Unter solchen Umständen würde sich freilich die „Nur-für-Totalverlust"-Klausel von der „Frei-von-Beschädigung"-Klausel kaum unterschieden haben, wäre deshalb auch nicht einzusehen gewesen, warum dem Verkehr neben der einen noch die andere zur Verfügung gestellt wäre (vgl. OAG Lübeck HambS 3. 101).

Anm. 4 c) Die Klausel kann schließlich auch ähnlichen Zwecken dienen, wie (teilweise wenigstens) die Klausel „Für behaltene Ankunft" (§ 120), nämlich Versicherungen angepaßt werden, bei denen es regelmäßig nicht so sehr darauf ankommt, wie die Sache am Bestimmungsort eintrifft, sondern vielmehr darauf, daß sie eintrifft. Dann muß sie natürlich im wesentlichen ebenso bestimmt werden, wie die Klausel „Für behaltene Ankunft". Dies haben die ADS getan. Sie haben dem Verkehr für denselben Zweck zwei Klauseln von wesentlich derselben Bedeutung zur Verfügung gestellt und damit getan, was das HGB absichtlich vermieden hat, insbesondere auch der Klausel „Nur für Totalverlust" einen Sinn untergelegt, „wie er im kommerziellen Verkehr bei Anwendung der fraglichen Klausel bisher nicht üblich war" (Prot. 3672; über immerhin beträchtliche Unterschiede für die Güterversicherung: unten Anm. 6, 7). — „Bisher": Die Entwicklung des Versicherungsverkehrs hat seither mit der Zunahme der Zeitversicherung von Schiffen eine Wendung genommen, die eine Totalverlust-Klausel

der im § 123 behandelten Art neben der Klausel „Für behaltene Ankunft" rechtfertigt **§ 123**
und sogar notwendig macht. Die Klausel „Für behaltene Ankunft" ist für Zeitversicherungen nicht geeignet und nicht bestimmt (§ 120 Anm. 30). Man mußte sich deshalb für Zeitversicherungen anderweit behelfen und nahm (wie etwa in dem HGZ 1904. 241, wenngleich nur ungenügend, berichteten Falle) Versicherung „für 100000 M auf Interesse durch Mehrwert des Kaskos und/oder sonstiges Interesse gleichviel welcher Art" in Verbindung mit einer Totalschaden- und Kondemnations-Klausel der im § 120 Anm. 29 bezeichneten Art (vgl. auch den Fall Romulus HGZ 1908. 217: „Diese Versicherung valediert lediglich gegen Totalverlust des Dampfers und ist im Schadensfall ohne weiteren Nachweis des Interesses und der Taxe als diese Police als Totalschaden mit 100% zu bezahlen"). Die Aufgabe dieser letzteren Klausel übernimmt die „Nur-für-Totalverlust"-Klausel des § 123. Der Versicherer kann Versicherung übernehmen auf „Interesse am Schiffe Paula nur für Totalverlust". — Für den Güterversicherungsverkehr ist § 123 freilich neben § 120 (und trotz der Unterschiede: unten Anm. 6, 7) ohne praktische Bedeutung.

3. **Der Versicherer haftet nur:** Anm. 5

a) **bei einer Versicherung, die sich auf das Schiff bezieht** (über diesen Begriff: § 79 Anm. 2, 3, auch § 33 Anm. 32):

1. **wenn das Schiff total verlorengeht.** Näheres: § 71 Anm., § 120 Anm. 15.
2. **wenn das Schiff gemäß den §§ 72, 73 abandonniert wird.** Näheres: § 72 Anm., § 73 Anm., § 120 Anm. 15. — Daß im § 123 Satz 1 nur von der „Anhaltung", nicht auch von der „Zurückhaltung" des Schiffes (vgl. § 73) die Rede ist, beruht auf einem unbeachtlichen Redaktionsversehen.
3. **wenn das Schiff gemäß § 77 versteigert** wird. Näheres: § 77 Anm., § 120 Anm. 15. — Ebenso für das Seeversicherungs-Recht im allgemeinen: Voigt 640 und NAfHR 4. 183; anders Sieveking 156, HG u. OG Hamburg HH 241.

b) **bei einer Versicherung, die sich auf die Güter bezieht** (über diesen Anm. 6
Begriff: § 99 Anm. 2; auch § 33 Anm. 32): **wenn die Güter total verlorengehen oder gemäß §§ 91, 72, 73 abandonniert werden** (vgl. auch § 91 Anm. 5). Der Versicherer haftet insbesondere nicht, wenn ein Teil der Güter „total" verlorengeht (näheres: § 91 Anm. 11, § 92 Anm. 3). Anders, wenn der Teil besonders taxiert ist und deshalb gemäß § 7 als besonders versichert gilt. — **Der Versicherer haftet auch nicht dafür, daß die Güter infolge einer Beschädigung verlorengehen, insbesondere in ihrer ursprünglichen Beschaffenheit zerstört werden.** § 123 hat sich insoweit an § 113 angeschlossen. Indessen haftet der Versicherer auch nach § 120 (trotz der von § 123 abweichenden Fassung) dann nicht, wenn die Güter in ihrer ursprünglichen Beschaffenheit zerstört den Bestimmungsort erreichen (§ 120 Anm. 17). Im übrigen decken sich freilich die §§ 120 und 123 keineswegs. Insbesondere haftet der Versicherer nach § 120 auch für Teilverlust und, wenn die Güter den Bestimmungsort nicht erreichen, auch für Beschädigung (vgl. auch unten Anm. 7).

4. **Der Versicherer haftet nicht** (mag die Versicherung sich auf das Schiff oder Anm. 7
auf die Güter beziehen):

a) **für Havariegrosse-Beiträge,** die der Versicherungsnehmer zu entrichten hat (vgl. § 29).
b) **für Havariegrosse-Aufopferungen.** Vgl. § 29 Anm. 12.
c) **für die Schadenabwendungs- und Schadensfeststellungs-Kosten des § 32.**
d) **für die Umladungs-, Lagerungs- und Weiterbeförderungs-Kosten des § 95 Abs. 3.** Vgl. auch § 120 Anm. 19, 20.

§ 123 Die Aufzählung ist unvollständig. Da der Versicherer „nur" in den Fällen des § 123 Satz 1 haften soll, haftet er z. B. auch nicht für Teilverlust oder Beschädigung; sind insbesondere Schiff oder Güter zunächst beschädigt worden, später total verlorengegangen, so haftet der „Nur-für-Totalverlust"-Versicherer nicht für den Beschädigungsschaden, sondern nur für das später total Verlorengegangene (§ 28 Anm. 24, § 71 Anm. 21; Prot. 4361). Der Versicherer des „Nur für Totalverlust" versicherten Schiffes haftet auch nicht für den indirekten Kollisionsschaden des § 78. Sind die Güter „Nur für Totalverlust" versichert, so haftet der Versicherer nicht nach § 96 Abs. 2, wenn die Güter unterwegs infolge eines Gefahrunfalls verkauft werden müssen; aber wenn die Güter zur Abwendung des Totalverlustes verkauft werden müssen, haftet er für den Verkauf, wie für einen Totalverlust (vgl. § 32 Anm. 8, auch § 91 Anm. 5, § 96 Anm. 17, 24). Der Versicherer kann regelmäßig andererseits nicht nach § 96 Abs. 1 verlangen, daß der Versicherungsnehmer die Güter verkaufe (vgl. § 96 Anm. 35).

Anm. 8 5. Über die Klausel „Nur für einen Totalverlust des Schiffes infolge von Schiffbruch, Feuer oder Seeräuberei und für eine das Schiff gänzlich unschiffbar machende Strandung an Land und Bruch": LG u. OLG Hamburg, RG HGZ 1883. 265.

Anm. 9 6. **Fremde Rechte.** Die Klausel ist auch dem englischen Versicherungsverkehr geläufig (against total loss only). Unless a different intention appears from the term of the policy, an insurance against total loss includes a constructive, as well as an actual, total loss (MIA § 56 Abs. 3). Die Klausel kommt hauptsächlich in Rückversicherungs-Verträgen vor, um den Rückversicherer von allen Teilschäden, Havariegrosse-Schäden und Aufwendungen freizuhalten. The re-insurer will then be exempt from all average claims, particular or general, and also from salvage charges, but will be liable for a constructive, as well as for an actual, total loss (Arnould 860 s. 896). Im übrigen ist die Klausel von geringer Bedeutung (vgl. auch den Fall ITVMitt 1919. 48: Eine Liverpooler Lagerhausgesellschaft hatte „Nur gegen Totalverlust, wenn das Schiff, gleichviel aus welchem Grunde, den Bestimmungsort nicht erreicht", versichert und verlangte Entschädigung, weil sie an der Lagerung der Ladung nach Ankunft ein Interesse gehabt habe, — ohne Erfolg, weil dieses Interesse nicht genügend bezeichnet und deshalb nicht versichert sei). Man behilft sich vielmehr in England wie in Frankreich im allgemeinen mit den Klauseln free from particular average und franc d'avaries (§ 113 Anm. 21, 22).

§ 124

„Von Haus zu Haus"

(1) Die Versicherung beginnt mit dem Zeitpunkt, in dem die Güter am Abladungsorte zum Zwecke der Beförderung auf der versicherten Reise von der Stelle, an der sie bisher aufbewahrt wurden, entfernt werden.

(2) Die Versicherung endigt mit dem Zeitpunkt, in dem die Güter am Ablieferungsort an die Stelle gebracht werden, die der Empfänger zu ihrer Aufbewahrung bestimmt hat. Sie endigt jedoch in Ansehung eines durch Brand, Explosion, Blitzschlag oder Erdbeben entstehenden Schadens spätestens mit dem Ablaufe des zehnten Tages nach dem Tage der Löschung; das Gleiche gilt in Ansehung eines anderen Schadens, es sei denn, daß die Beförderung der Güter an die für sie bestimmte Stelle nicht verzögert wird.

(3) Im übrigen finden, soweit die Beförderung der Güter auf Binnengewässern oder zu Lande ausgeführt wird, diese Bedingungen entsprechende Anwendung.

1. Vgl. AlteGP Zusatz zu § 73 ASVB (Mat 2. 100). — **Literatur:** S . . . t DTVMitt 1922. 190 (Versicherung von Haus zu Haus). Brandt ITVMitt 1930. 85—86 (Klausel von Haus zu Haus). Fricke HRZ 1925. 761 (Die Versicherung von Haus zu Haus und die neue Klausel). Kluge, Die von Haus-zu-Haus Klausel in der Seeversicherung, Diss. Hamburg 1959. Martin JRPV 1924. 5 (Die Versicherung „von Haus zu Haus" nach den Allgemeinen Deutschen Seeversicherungs-Bedingungen von 1919). Ritter Hans RGZ 1939 A 41 (Die Hausklausel in der Seeversicherung). Sieg Betrieb 1966. 2010 (Die Haus zu Haus-Klausel in der Seegüterversicherung).

In Ziff. 5 der **Zusatzbestimmungen zu den ADS für die Güterversicherung (1947)** hat die Klausel folgenden Wortlaut erhalten:

„Beginn der Versicherung

Die Versicherung beginnt mit dem Zeitpunkt, in dem die Güter am Abladungsorte zum Zwecke der Beförderung auf der versicherten Reise von der Stelle, an der sie bisher aufbewahrt wurden, entfernt werden.

Ende der Versicherung

Die Versicherung endigt mit dem Zeitpunkt, in dem die Güter am Ablieferungsort an die Stelle gebracht werden, die der Empfänger zu ihrer Aufbewahrung bestimmt hat (Ablieferungsstelle):

a) Seeplatz.
Wenn der aufgegebene Ablieferungsort ein Seeplatz ist, endigt die Versicherung spätestens mit Ablauf des 20. Tages nach Landung der Güter am Ablieferungsort

b) Binnenplatz.
(1) Wenn der aufgegebene Ablieferungsort ein Binnenplatz ist, endigt die Versicherung spätestens mit Ablauf des 10. Tages nach Entlassung der Güter aus dem anbringenden Beförderungsmittel am Ablieferungsort.
(2) Falls eine Verzögerung in der Beförderung der Güter nach Landung am Seeplatz bis zum Eintreffen am Ablieferungsort durch den Versicherten bzw. den Empfänger veranlaßt wird oder zu vertreten ist, endigt die Versicherung bereits mit Beginn der Verzögerung, jedoch nicht vor Ablauf der unter den jeweiligen Umständen normalen Reisedauer.

Die Feststellung eines Schadens hat unverzüglich zu erfolgen.

Zusatz zu a) und b).

Dem Versicherer ist Zulage nach Vereinbarung zu zahlen, wenn sich das Anlandbringen der versicherten Güter nach Entlöschung aus dem Seeschiff außergewöhnlich verzögert.

Ausdehnung der Fristen bzw. der Versicherung.

Gegen zu vereinbarende Prämienzulage für die Ausdehnung der Fristen unter Berücksichtigung von Gefahren, welche in der Hauptversicherung besonders eingeschlossen sind (z. B. Bruch, Leckage), können ausgedehnt werden

1. die in a) und b) bestimmten Fristen,
2. die Versicherung für den Fall der Verzögerung (b Satz 2) nach Landung am Seeplatz bis zum Eintreffen am Ablieferungsort,

und zwar bei der Deklaration und in außergewöhnlichen Fällen nach der Deklaration, jedoch nur vor Ablauf der deklarierten Frist.

Innerhalb dieser Fristen, jedoch ohne Überschreitung derselben, darf der Empfänger die Beförderung des Gutes verzögern."

§ 124 Anm. 2 2. Lagergüter sind regelmäßig feuerversichert, oft auch diebstahlversichert. Diese Versicherungen decken aber nicht die Beförderung der Güter vom Lager des Abladers zum Verfrachter, vom Verfrachter zum Lager des Empfängers, wenigstens regelmäßig nicht. Überdies würden sie sonstige Beförderungsgefahren nicht decken. Der Kaufmann müßte deshalb für die regelmäßig kurze Beförderung vom Lager zum Verfrachter und vom Verfrachter zum Lager besondere Transportversicherung nehmen (vgl. auch § 88 Anm. 7, 15). Deshalb wird die Seeversicherung oft mit der Klausel „Von Haus zu Haus" genommen.

Anm. 3 3. **Abs. 1. Die Versicherung beginnt, wenn die Güter am Abladungsort zur Beförderung auf der versicherten Reise von der Stelle, an der sie bisher aufbewahrt wurden, entfernt werden.** Die versicherten Güter natürlich oder die Güter, auf die sich sonstwie „die Versicherung bezieht".

a) „Am Abladungsort" (siehe dazu auch HansOLG HGZ 1927 Nr. 130 = HRZ 1927. 939 = Sasse Nr. 373). Damit kommt der Gegensatz zur durchstehenden Versicherung (§ 125) zum Ausdruck (vgl. auch OLG Düsseldorf VersR 1958. 295 = Sasse Nr. 480). Vorreisen sind nicht mit gedeckt, auch wenn sie noch so klein sind (vgl. auch OLG Hamburg Sasse Nr. 476). Sollen solche Vorreisen mitgedeckt werden, so muß durchstehende Versicherung genommen werden. Soll die Versicherung beginnen, wenn die Güter an dem Orte, wo die Güter die mitversicherte Vorreise antreten sollen, von der bisherigen Aufbewahrungsstelle entfernt werden, so muß durchstehende Versicherung „Von Haus zu Haus" genommen werden. — Im übrigen haben die Worte „am Abladungsort" keine Bedeutung. Gemeint ist hier (wie unausgesprochen im § 88) der Ort, wo die versicherte Reise angetreten werden soll (§ 88 Anm. 10).

Anm. 4 b) Die Versicherung beginnt mit der Entfernung, der Fortbewegung der Güter von der bisherigen Aufbewahrungsstelle. Wer die Güter fortbewegt, ob der Versicherungsnehmer selbst, Leute des Versicherungsnehmers, der Verfrachter oder seine Leute oder Dritte, gilt gleich. Ebenso, mit welchem Beförderungsmittel die Güter fortbewegt werden. Aber die Beförderungsmittel müssen natürlich verkehrsmäßig sein. Sonst beginnt die Versicherung nicht gemäß § 124 Abs. 1, sondern erst gemäß § 88 Abs. 2 (vgl. § 89 Anm. 10 unter b).

Anm. 5 c) „Zum Zwecke der Beförderung auf der versicherten Reise" müssen die Güter entfernt sein. Die Entfernung muß den Anfang der versicherten Reise bilden. Wenn die Güter von einem Speicher zum anderen befördert werden, um von diesem aus die versicherte Reise anzutreten, beginnt die Versicherung (noch) nicht. Aber die Beförderung vom Speicher zur Kaianstalt (oder einer ihr gleichstehenden Anstalt) ist gedeckt, auch wenn die Kaianstalt nicht vom Verfrachter betrieben wird. Denn die Kaianstalt gilt nach § 88 Abs. 2, der auch in diesem Zusammenhang seine Bedeutung behält, als Vertreter des Verfrachters. Werden die Güter zum Verfrachter (oder zur Kaianstalt) gebracht, nicht damit sie in verkehrsmäßiger Frist befördert werden, also auch nicht damit der Verfrachter sie in nur „einstweilige Verwahrung" (§ 88 Abs. 2) nimmt, so beginnt die Versicherung (noch) nicht; denn die Güter sind (zunächst) zur Lagerung, nicht zur Beförderung entfernt (vgl. auch § 88 Anm. 8). Wenn Kaffee von einem Hafen Guatemalas nach Hamburg mit „Vorreise aus dem Innern" versichert ist, der Kaffee von der Plantage zur Kaffeeschälerei in Samoyoa befördert wird, um hier geschält, gesackt, gemarkt, gewogen und dann über einen Hafen nach Hamburg befördert zu werden, sind die Güter nicht zur Beförderung auf der versicherten Reise, sondern zunächst zur Bearbeitung nach Samoyoa gebracht worden, hat also die Versicherung mit der Beförderung des Kaffees nach Samoyoa noch nicht begonnen (unrichtig HGZ 1916. 127: Die Versicherung habe „mit dem Scheiden des Kaffees von der Plantage begonnen", sei aber „auf der Schälerei unterbrochen worden").

4. **Abs. 2. Die Versicherung endigt:** § 124
a) **wenn die Güter am Ablieferungsort an die Stelle gebracht werden** Anm. 6
(richtiger: gebracht worden sind), **die der Empfänger zu ihrer Aufbewahrung bestimmt hat.**

α) Über den Begriff des Ablieferungsorts vgl. § 88 Anm. 11. — Mit den Worten „am Ablieferungsort" kommt wieder, wenn auch der Ablieferungsort nicht notwendig der Bestimmungsort zu sein braucht, der Gegensatz der „Von-Haus-zu Haus"-Versicherung zur durchstehenden Versicherung zum Ausdruck. Nachreisen sind nicht gedeckt (vgl. oben Anm. 3). Zur Deckung auch von Nachreisen muß die durchstehende Versicherung benutzt werden (§ 125).

β) Die Stelle, die der Empfänger zur Aufbewahrung der Güter bestimmt hat (Ablieferungsstelle), bildet den Endpunkt der Versicherung. Ob die Anm. 7
Güter an dieser Stelle verzollt oder unverzollt oder unter Zollverschluß lagern, ist natürlich ohne Bedeutung. Aus einem außergerichtlich erledigten Falle: Die „Von Haus zu Haus" versicherten Güter wurden am Bestimmungsort Coquimbo am 6. November 1922 gelöscht, am 8. November unter Zollverschluß auf das Lager des Empfängers gebracht, am 10. November, vor Öffnung des Zollverschlusses, durch ein Seebeben beschädigt. Der Versicherer haftete natürlich nicht. — Die „Bestimmung zur Aufbewahrung" ist das Motiv für die Beförderung der Güter an die Stelle (ähnlich etwa, wie nach § 813 Abs. 3 HGB „der Entschluß, die Reise nach einem anderen Bestimmungshafen zu richten", das Motiv für die Handlung ist, die eine Reiseveränderung bedeutet und den Versicherer befreit). Das Motiv kann zu bestehen aufhören und verliert dann seine Bedeutung. Anders, wenn das Motiv die Handlungen des Empfängers bereits geleitet hat. Wenn der Empfänger eine Stelle „bestimmt" hat und die Güter an diese Stelle gebracht sind, kann der Empfänger nicht mehr „bestimmen", daß die Güter an eine andere Stelle gebracht werden (vgl. HansOLG HansRGZ 1928 B 483 = HRR 1928 Nr. 2125 = Sasse Nr. 386). Hat der Empfänger die Beförderung der Güter nach einem Speicher bestimmt, so ist nicht noch die Weiterbeförderung nach einem anderen Speicher gedeckt. Auch dann nicht, wenn der Empfänger (auch) den anderen Speicher schon früher zur Aufbewahrung der Güter bestimmt haben würde. — Ob der Empfänger die Stelle zur endgültigen oder zur nur vorläufigen Aufbewahrung bestimmt hat, gilt gleich (vgl. auch oben Anm. 5). Die Kaianstalt kommt auch hier, bei der Ablieferung, im allgemeinen nur als Durchgangsstation in Betracht (vgl. oben Anm. 5). Aber wenn der Empfänger sie zur (sei es auch nur vorläufigen) Aufbewahrung der Güter bestimmt hat, endigt die Versicherung, wenn die Güter in der Kaianstalt an die für sie bestimmte Stelle gebracht sind (§ 88 Anm. 14). Wenn der Empfänger die „Von Haus zu Haus" versicherten Güter im Zollhaus des Ablieferungsorts Montevideo nicht a dispacho-directo, sondern a deposito beläßt, hat er das Zollhaus „zu ihrer Aufbewahrung bestimmt", es sei denn, daß er gleichwohl beabsichtigt, die Güter unmittelbar nach der Zollrevision anderweit einzulagern (HGZ 1920. 166). — Wer die Güter und wie er die Güter an die bestimmte Stelle gebracht hat, ist grundsätzlich ohne Bedeutung. Aber die Beförderungsmittel müssen verkehrsmäßig sein (oben Anm. 4). Sonst wird die versicherte Unternehmung umgestaltet, fällt die Gefahr weg, wird der Versicherer frei (vgl. § 89 Anm. 10 unter c). — Empfänger ist regelmäßig derjenige, an den das Schiff die Güter abzuliefern hat (§ 33 Anm. 29; vgl. aber auch HansOLG HansRGZ 1943 B 64 = Sasse Nr. 461, auch die Vorentscheidung LG Hamburg HansRGZ 1942 B 201 = Sasse Nr. 726). Wenn die Güter nicht an den Empfänger, sondern an einen Nicht-Empfangsberechtigten abgeliefert werden und keine Aussicht besteht, sie wiederzuerlangen, ist freilich die

§ 124 Versicherung vielleicht auch beendigt, ist nämlich das Interesse vielleicht weggefallen; aber die Güter sind auch „verlorengegangen“ (§ 91 Anm. 3).

Anm. 8 b) für den Fall, daß sich ein Ablieferungshindernis ergibt: wenn die Güter rechtmäßig hinterlegt oder verkauft werden (§ 124 Abs. 3, § 88). Näheres hierüber: § 88 Anm. 18.

Anm. 9 c) **spätestens mit Ablauf des zehnten Tages nach dem Tage der Löschung.** Näheres hierüber: § 88 Anm. 19—23. Insbesondere kann der Versicherungsnehmer die zehntägige Frist ausnutzen, der Versicherer sich nicht darauf berufen, daß der Empfänger verkehrsgemäß früher als geschehen die Güter hätte entgegennehmen müssen, also „die Vollendung der Reise erheblich verzögert“ und demgemäß die Gefahr geändert, erhöht habe (§ 88 Anm. 20). Anders natürlich, wenn mit der Verzögerung eine Gefahrerhöhung anderer Art verbunden ist. Aus dem oben Anm. 7 berichteten Falle: In Coquimbo ankommende Güter müssen unverzollt gegen Zollkaution sofort nach dem Lager des Empfängers gebracht werden, weil sie sonst wegen der Beschränktheit der Zollräume im Freien lagern müßten und dabei der dringenden Gefahr der Beraubung und der Beschädigung durch Regen- und Seewasser ausgesetzt wären. Würde unter solchen Umständen der Empfänger die Güter gleichwohl während der zehn Tage im Freien lagern lassen, so würde er die übliche und demgemäß als vereinbart geltende, versicherte Unternehmung geändert haben und der Versicherer gemäß §§ 23, 24 frei sein. — Die zehntägige Frist des § 124 ist in Ziff. 5 der Zusatzbestimmungen (siehe die Wiedergabe oben Anm. 2) abgeändert worden: Wenn der aufgegebene Ablieferungsort ein Seeplatz ist, endigt die Versicherung spätestens mit Ablauf des 20. Tages nach Landung der Güter am Ablieferungsort, wenn dies dagegen ein Binnenplatz ist, spätestens mit Ablauf des 10. Tages nach Entladung der Güter aus dem anbringenden Beförderungsmittel am Ablieferungsort.

Anm. 10 α) Die Versicherung endigt, ausnahmsweise, mit Ablauf des zehnten Tages **nicht, wenn die Beförderung der Güter an die für sie bestimmte Stelle nicht verzögert wird.** Das bedeutet in Kürze: wenn der Empfänger nicht die Bestimmung der Aufbewahrungsstelle verzögert und die Beförderung an die von ihm bestimmte Stelle nicht verzögert wird (vgl. Mat. 1. 390). Der Versicherungsnehmer ist beweispflichtig (verb. „es sei denn“). Anders Ziff. 5 der Zusatzbestimmungen: Falls der aufgegebene Ablieferungsort ein Binnenplatz ist und falls eine Verzögerung in der Beförderung der Güter nach Landung am Seeplatz bis zum Eintreffen am Ablieferungsort durch den Versicherten bzw. den Empfänger veranlaßt wird oder zu vertreten ist, endigt die Versicherung bereits mit Beginn der Verzögerung, jedoch nicht vor Ablauf der unter den jeweiligen Umständen normalen Reisedauer. — „Verzögerung“ ist nicht „Verzug“ (BGB § 285). Der Ausdruck „Verzögerung“ bedeutet einen nur objektiven Sachverhalt (vgl. HGB § 601 Abs. 1, BSchG § 36 Abs. 4, VVG § 131 Abs. 2). Wo auf die subjektiv vertretbare Verzögerung abgestellt ist, haben Gesetz und ADS dies besonders zum Ausdruck gebracht (vgl. BGB § 121 Abs. 1: „schuldhaftes“ Zögern, HGB § 622 Abs. 4: Verzögerung „ohne Verschulden“, HGB § 814 Abs. 1, § 823 Abs. 2, § 824 Abs. 2, VVG § 138 Abs. 1, ADS § 66 Abs. 1, § 88 Abs. 3: „ungebührliche“ Verzögerung). Verzögerung ist das Nicht-sofort-handeln; nicht handeln, obgleich zu handeln möglich ist (RG 49. 395; unrichtig S . . . t DTVMitt 1922. 191: verschuldete Verzögerung). Vgl. OLG Hamburg HansRGZ 1932 B 570: Verzögerung der Weiterbeförderung durch unregelmäßige Gestellung von Eisenbahnwagen; auch KG JRPV 1927. 110: willkürliche, durch besondere Verfügungen der Beteiligten hervorgerufene Änderungen und Verlängerungen der ursprünglich versicherten Reise; siehe ferner OLG Hamburg HansRGZ 1935 B 615 und dazu Hochgräber NeumannZ 1936. 12. Die Haftung des Versicherers ist durch den Vertrag der Zeit nach objektiv beschränkt. Ohne Bedeutung ist auch, ob die Verzögerung erheblich oder nur unerheblich ist (vgl. § 23 Abs. 2 Nr. 1). — Wird die Beförderung während der ersten neun Tage der Zehntage-Frist nicht, aber am zehnten Tage verzögert, so endigt die Versicherung mit dem Ablauf der Frist. Auch dann, wenn die Güter ohne die Verzögerung innerhalb der Zehntage-Frist an die für sie bestimmte Stelle nicht hätten befördert werden können. Wenn die Beförderung erst nach Ablauf der Zehntage-Frist verzögert wird, wird der Versicherer gemäß §§ 23, 24 frei. **§ 124**

β) Diese Ausnahme gilt (nach § 124, indessen nicht nach Ziff. 5 der Zusatzbestimmungen) jedoch nicht **für Schäden, die durch Brand, Explosion, Blitzschlag oder Erdbeben entstehen** (ähnlich schon AlteGP Zusatz zu ASVB § 73, Mat 2. 100). Insoweit **endigt die Versicherung jedenfalls nach zehn Tagen seit der Löschung** (schief HGZ 1898. 168: „Das Einstehen des Versicherers ruhe nur in Bezug auf die Feuersgefahr während der provisorischen Lagerung vom zehnten Tage derselben an"). — Über die Begriffe des „Brandes" und der „Explosion": § 114 Anm. 14, 16. — Seebeben sind auch Erdbeben. — Der Schaden muß, um versicherungsfrei zu sein, durch den Brand usw. verursacht sein. Brand usw. und Schaden müssen im versicherungsrechtlichen Kausalzusammenhang stehen. Der Versicherer haftet also nicht mehr für den unmittelbar durch Brand usw. entstehenden Schaden und nicht mehr für die adäquaten Schadensfolgen eines Brand- usw. Ereignisses (§ 28 Anm. 21). Die durch die Erdbeben von San Francisco (18. 4. 1906) und Valparaiso (18. 8. 1906) in den Vordergrund gerückte Frage, wieweit der Feuerversicherer für die durch Erdbeben verursachten Feuerschäden haftet (vgl. z. B. Geschäftsbericht des Aufsichtsamts APV 1907. 93, Denkschrift der Feuer-Rückversicherer NeumannsZ 1906. 280, Gerhard 389, Hagen Hdb. 2. 13, DJZ 1906. 741, Köhnke ZfVW 1908. 1, LG Hamburg APV 1907 II. 68) ist hier ohne unmittelbare Bedeutung; denn der Seeversicherer haftet nach § 124 Abs. 2 Satz 2 für Brandschäden so wenig wie für Erdbebenschäden. Aber auch Diebstahlschäden können die adäquate Folge eines Brandes oder eines Erdbebens sein; so etwa, wenn infolge des Erdbebens die öffentliche Ordnung nicht mehr aufrecht erhalten werden kann. Anm. 11

d) für den Fall, daß die Löschung vom Versicherungsnehmer ungebührlich verzögert wird: spätestens nach zehn Tagen, nachdem die Güter ohne die Verzögerung gelöscht worden wären (§ 124 Abs. 3, § 88 Abs. 3). Näheres hierüber: § 88 Anm. 24, 25. Anm. 12

5. **Abs. 3. Im übrigen finden, soweit die Güter auf Binnengewässern oder zu Lande befördert werden, die ADS entsprechende Anwendung.** Das versteht sich im allgemeinen (vgl. jedoch auch oben Anm. 8 und 12) von selbst, — ebenso, wie es sich von selbst versteht, daß die ADS sinngemäß anzuwenden sind, wenn die Versicherung ohne die „Von-Haus-zu-Haus"-Klausel geschlossen ist, die Beförderung der Güter auf Binnengewässern oder zu Lande aber gleichwohl gedeckt ist (vgl. § 95 Anm. 21), oder wenn nur eine Binnenreise unter Zugrundelegung der ADS versichert ist. Näheres über die „entsprechende" Anwendung: § 125 Anm. Anm. 13

6. **Fremde Rechte.** a) Englisches Recht. Unter den ICC ist auch eine Warehouse to warehouse clause, die in der Fassung von 1958 lautet: „This insurance attaches from the time the goods leave the warehouse at the place named in the policy for the commencement of the transit and continues until the goods are delivered to the Consignee's or other final warehouse at the destination named in the policy. In no case however shall the period of cover after completation of discharge overside of the goods from the oversea vessel at the final port of discharge extend beyond 60 days." Anm. 14

b) Französisches Recht: Siehe Güterpolice Art. 9 und § 88 Anm. 3.

VIERTER ABSCHNITT

Schlußbestimmungen

§ 125

See- und Binnenreise

Ist die Versicherung für eine Reise genommen, die teils zur See, teils auf Binnengewässern oder zu Lande ausgeführt wird, so finden diese Bedingungen auf die Versicherung, soweit sie die Reise auf Binnengewässern oder zu Lande betrifft, entsprechende Anwendung.

Anm. 1 1. Vgl. VVG § 147, AlteGP Zusatz zu §§ 60, 61 ASVB (Mat 2. 100).

Anm. 2 2. **Literatur:** Voigt Zum See- u. Versicherungsrecht 59 (Versicherung des Gesamtrisikos durchgehender Güter). Vgl. zum Durchfrachtkonnossement die Schrifttumsangaben bei Schaps-Abraham II. 621.

Anm. 3 3. Wenn jemand Güter über eine Strecke befördern lassen will, über die ein einziger Unternehmer sie nicht befördern kann oder will, müssen die Güter von mehreren Unternehmern befördert, muß deswegen, regelmäßig noch dazu durch Vermittlung eines Dritten, eines Spediteurs usw., mit mehreren Unternehmern verhandelt werden. Das ist lästig und teuer. Das Bedürfnis nach Vereinfachung und Verbilligung trat zunächst im innerstaatlichen und zwischenstaatlichen Bahngüter-Verkehr hervor und wurde hier, insbesondere dank der zunehmenden Verstaatlichung des Bahnverkehrs-Wesens, verhältnismäßig leicht in der „durchgehenden" Beförderung und in der Beförderung mit durchgehendem Frachtbrief befriedigt. — Als in der zweiten Hälfte des 19. Jahrhunderts der Schiffslinienverkehr die wilde Fahrt verdrängte, war auch für den Seeverkehr der Boden für eine ähnliche Entwicklung geebnet (Kiesselbach 91, Pappenheim Seerecht 2. 73, 380, Schilling Durchfrachtvertrag 6, Schlodtmann ZHR 21. 385, Voigt Zum See- und Versicherungsrecht 7, Wüstendörfer Studien 82). Sie trat im Durchfracht-Vertrag und im Durchkonnossement oder durchgehenden, durchstehenden, direkten, Durchfracht-, Durchgangs-, Durchfuhr-Konnossement (through bill of lading, connaissement direct) in die Erscheinung. — Dem Durchfrachts-Vertrag folgte die „kombinierte" oder durchstehende Versicherung, dem Durchkonnossement die durchgehende oder durchstehende Police.

Anm. 4 4. Der einheitlichen Behandlung des Durchfracht-Rechts bereiten die verschiedenartigen Regelungen des Beförderungs-, insbesondere des Haftungsrechts große Schwierigkeiten. Auf die durchstehende Versicherung hat man dagegen immer Seeversicherungs-Recht angewendet (vgl. AlteGP Mat 2. 100, RG 48. 12, 64. 21, RG HGZ 1895. 19, 1909. 214, 1918. 125, HGZ 1894. 106, OLG Hamburg APV 1908 II. 106). Während der Vorbereitung des VVG drohte auch der durchstehenden Versicherung die Gefahr, mehreren verschiedenen Rechtsordnungen, dem Seeversicherungs- und dem Binnenversicherungs-Recht, unterworfen zu werden. Solcher Unterwerfung hätte man zwar in der Hauptsache durch die Versicherungsbedingungen begegnen können. Aber einzelne Unterschiede würden durch die Vereinbarung seeversicherungs-rechtlicher Grundsätze für die Gesamtreise nicht oder nicht völlig auszugleichen gewesen sein (vgl. HGB § 793 Abs. 2 und ADS § 100 Abs. 2, HGB § 859 und ADS § 71 Abs. 3, HGB § 868 und ADS §§ 72 Abs. 3, 73, HGB § 888 und ADS § 55, HGB § 898 und ADS § 47, HGB § 905 und ADS § 48, ferner VVG §§ 12, 13, 40 Abs. 3, 67 Abs. 2 und Begr. z. VVG § 147). Dieser Erwägung und einem Antrag Hamburgs verdankt

§ 147 VVG (= § 125 ADS) sein Dasein: **Ist die Versicherung für eine Reise genommen, die teils zur See, teils auf Binnengewässern oder zu Lande ausgeführt wird, so finden die ADS auf die Versicherung, soweit sie die Reise auf Binnengewässern oder zu Lande betrifft, entsprechende Anwendung.** Ohne den Rückhalt des § 147 VVG würde § 125 ADS nur teilweise wirksam sein. Nunmehr ist erreicht, daß für die durchstehende Versicherung nur Seeversicherungs-Recht, für die nach den ADS genommene durchstehende Versicherung nur die ADS gelten. Auf Reisen, die teils auch mit Luftfahrzeug ausgeführt werden, kann § 147 VVG (= § 125 ADS) keine Anwendung finden (so auch Prölß Anm. 1 zu § 129 VVG, Anm. 1 zu § 147 VVG, Schlegelberger Anm. 2 zu § 125 ADS; für entsprechende Anwendung Möller, Deutsche Landesreferate zum VII. Internationalen Kongreß für Rechtsvergleichung in London 1950, 1950. 589, Rechtsbegriff der Transportversicherung, Festschrift für Ehrenzweig, 1955. 170). — Solche einheitliche Behandlung der durchstehenden Versicherung nach seeversicherungs-rechtlichen Gesichtspunkten ist um so notwendiger, als das Seeversicherungs-Recht selbst auf die Binnenbeförderung und insbesondere auf die Landbeförderung angewendet sein will. Nicht nur, daß das Seeversicherungs-Recht nicht sowohl gegen die Gefahren der See, als vielmehr gegen die Gefahren der „Seeschiffahrt", also auch gegen die Gefahren auf den Zufahrtswegen zur See schützt (§ 1 Anm. 30), daß die Seeversicherung bereits beginnt, bevor von Seegefahren die Rede sein kann (HGB §§ 823—826), erst endigt, wenn bereits von Seegefahren nicht mehr die Rede sein kann (HGB §§ 823—831), und, ohne die Eigenschaft der Seeversicherung zu verlieren, noch früher und sogar schon auf dem Lande beginnen und noch später endigen darf (ADS §§ 88, 124). Der Seeversicherer haftet auch dann ausschließlich nach seeversicherungs-rechtlichen Grundsätzen, wenn die Güter unterwegs an Land gebracht (HGB § 827 Abs. 2), und sogar dann, wenn die Güter zu Lande weiterbefördert werden müssen (HGB § 828; vgl. ADS § 95 Abs. 2). Auch in allen diesen Fällen müssen die Vorschriften des Seeversicherungs-Rechts gerade so, wie im Falle einer durchstehenden Versicherung, wenn sie keine unmittelbare Anwendung finden können, „entsprechende", sinngemäße, analoge Anwendung finden (§ 95 Anm. 22). „Nur insofern wird man hier eine sich aus der Natur der Sache ergebende Einschränkung zu machen haben, als diejenigen in den Allgemeinen Seeversicherungs-Bedingungen enthaltenen Bestimmungen, die nach ihrem Inhalt auf den Landtransport auch nicht entsprechend angewendet werden können, auch nur auf die Versicherung des Seetransports Bezug haben können" (OLG Hamburg APV 1908 II. 106), — was sich freilich von selbst versteht, da die Anordnung der sinngemäßen Anwendung einer Vorschrift eben bedeutet, daß diese Vorschrift unmittelbar angewendet werden soll, soweit die unmittelbare Anwendung möglich ist, nur ihrem Grundgedanken nach angewendet werden soll, soweit nur eine solche mittelbare Anwendung möglich ist, und überhaupt nicht angewendet werden soll, soweit auch eine solche bloß mittelbare Anwendung nicht möglich ist. Vgl. übrigens auch den Grasmeyer'schen Entwurf eines Versicherungsplans von 1809, der im § 381, wohl schon im Hinblick auf die Kombination einer See- und einer Binnenbeförderung und -versicherung, bestimmte: „Bey Versicherungen auf Versendungen zu Lande oder auf Flüssen, finden alle, in diesem allgemeinen Plan auseinandergesetzten, Bedingungen der Assecuradeurs für Seegefahr Statt, mit den aus der Natur des Geschäfts fließenden Abänderungen". Ähnlich schon früher PreußSeerecht VI. 34: „Obwohl vorstehende sämtliche Articuli fürnemlich die Versicherung zur See angehen, so sollen selbige dennoch auch, in so weit sie zu appliciren sind, als dann statt haben, . . . wann jemand wegen dergleichen Güter und Waren, so über die Ströhme oder zu Lande versendet werden, Versicherung schließen wolte . . . " (vgl. auch AHO 1731 I. 3 und Anhang dazu). § 125

§ 125 5. Die „entsprechende" Anwendung der ADS macht im allgemeinen keine Schwierigkeiten. Insbesondere:

Anm. 5 a) Der Versicherer haftet nicht nur dann, wenn die Klausel „Frei von Beschädigung" (§ 113) oder „Frei von Bruch" (§ 115) vereinbart ist, sondern auch gemäß § 84 ohne weiteres nicht für Beschädigung, insbesondere nicht für Bruch. Selbstverständlich haftet der Versicherer gemäß §§ 84, 125 auch für keine Beschädigung, die auf einer mitversicherten Reise auf Binnengewässern oder zu Lande entsteht (Voigt 328 und Zum See- und Versicherungsrecht 70).

Anm. 6 b) Der Versicherer haftet nicht nur dann, wenn die Klausel „Frei von Beschädigung außer im Strandungsfall" (§ 114) oder „Frei von Bruch außer im Strandungsfall" (§ 116) vereinbart ist, sondern in vielen Fällen ohne weiteres für Beschädigung, insbesondere für Bruch, nur im Strandungsfall (§ 35 Abs. 3, § 82 Abs. 1, § 83, § 86 Abs. 2), also nur, wenn das Schiff auf Grund stößt, auf Grund festgerät, mit anderen Sachen zusammenstößt, durch Eis beschädigt wird, kentert, sinkt, scheitert, beschossen wird, oder wenn auf dem Schiffe ein Brand oder eine Explosion stattfindet (§ 114 Abs. 3). Diese Bestimmungen sind unmittelbar anwendbar, wenn die Güter mit einem Binnenschiffe befördert werden (HG Hamburg HH 145). Werden sie zu Lande befördert, so können sie nur „sinngemäß" angewendet werden. Anders freilich ROHG 13. 139, OG Hamburg HGZ 1873. 344 und, folgend, Gerhard 550, Sieveking 152, Winkler 56, LG Hamburg HGZ 1887. 294, auch HG Hamburg HGZ 1878. 80 (sogar im Falle nur einer „additionellen Übernahme jeder Leichter-, Schuten- und Umladungsgefahr", vgl. dazu auch § 114 Anm. 35). Getreide in Säcken sollte in durchgehendem Transport von Finnland zur See nach Lübeck und von hier mit der Eisenbahn nach Hamburg reisen. Der Gesamttransport war nach den ASVB mit der Klausel „Frei von Beschädigung außer im Strandungsfall" versichert. Das Getreide wurde in Lübeck am Kai gelöscht, hier im November 1872 von einer Überschwemmung betroffen und schwer beschädigt. Der Versicherte weigerte sich, zu entschädigen, weil die Überschwemmung einem Strandungsfall nicht gleichzuachten sei. HG Hamburg trat dieser Auffassung bei (HGZ 1873. 268). OG Hamburg und ROHG waren anderer Ansicht, — freilich nicht etwa der Ansicht, daß die Überschwemmung einem Strandungsfall gleichzuachten sei, wohl aber der Ansicht, daß die Klausel „Frei von Beschädigung außer im Strandungsfall" für den Landtransport überhaupt nicht gelte. Die Versicherung sei, soweit sie sich auf den Landtransport beziehe, „nach den Naturalien des Landtransport-Versicherungsvertrags zu beurteilen". Denn die Klausel „Frei von Beschädigung außer im Strandungsfall" „passe weder der Ratio, noch dem Zwecke noch der Anwendung nach auf die Landtransport-Versicherung", weil „keiner der Fälle, in welchen die Versicherer eine durch außerordentliche Ereignisse verursachte Beschädigung tragen zu wollen erklärt hätten, bei dem Landtransport denkbar sei", der Versicherte auch gerade „der Notwendigkeit einer besonderen Landtransport-Versicherung überhoben" sein wolle. Gegen diese Entscheidung schon Voigt 328 und Zum See- u. Versicherungsrecht 69. Und mit Recht. Denn der Standpunkt des ROHG läßt nicht nur alle Folgerichtigkeit, sondern auch alle Rücksicht auf die Verkehrsauffassung vermissen. Nach der Klausel haftet der Versicherer, durchweg aus ganz bestimmten Gründen, nicht für Beschädigung — außer in gewissen ganz bestimmten Ausnahmefällen. Wenn es also richtig wäre, daß diese oder „entsprechende" Fälle sich auf einer Landreise überhaupt nicht ereignen können, so wäre natürlich die notwendige Folge, daß der Versicherer während der Landreise für Beschädigung überhaupt nicht haftet, aber doch gewiß nicht die Folge, daß der Versicherer, der grundsätzlich für Beschädigung nicht haften will und soll, für — jede Beschädigung haftet. Die entgegengesetzte Auffassung wäre auch ganz verkehrswidrig. Die Deckung von Vor- und

Nachreisen wird vom Versicherer regelmäßig gegen verhältnismäßig nur geringe Vergütung mitübernommen. Daran, daß er während solcher Vor- und Nachreisen anders, in weiterem Umfang als während der Seereise, haftet, denkt niemand. Die verschiedenartige Haftung wäre die Quelle jener Streitigkeiten, die gerade durch die durchstehende Versicherung vermieden werden sollten. Der Versicherungsnehmer würde in der Regel behaupten, daß die Beschädigung auf der Vor- oder Nachreise, der Versicherer, daß sie auf der Seereise entstanden sei, die Feststellung des Einen oder des Anderen meist recht zweifelhaft, oft überhaupt nicht möglich sein. Dieser Auffassung gegenüber kann die Erwägung, daß man die Seeversicherung auf den Landtransport erstreckt habe, um keine besondere Landtransport-Versicherung nehmen zu müssen, daß die Landtransport-Versicherung ihre eigenen „Naturalien" habe, und daß nach diesen der Landtransport-Versicherer im allgemeinen für jede Beschädigung hafte, natürlich nicht verschlagen. Dieser Auffassung entspricht es vielmehr, daß durchstehende Policen hin und wieder die Klausel enthalten, daß der Versicherer während des Landtransports für Beschädigung auch in anderen als Strandungsfällen haften soll (ME 261). Überdies hat die Landtransport-Versicherung, wie ein Blick auf ihre Allgemeinen Bedingungen lehrt, zahllose „Naturalien" (insbesondere „Naturalien" zuungunsten des Versicherungsnehmers), die im Falle einer durchstehenden, vom Seeversicherungs-Recht beherrschten Versicherung keine Anwendung finden und vom Versicherer der durchgehenden Beförderung zum Teil schmerzlich vermißt werden. Und ebenso hat die Flußversicherung ihre „Naturalien", ohne daß jemals jemand auf den Gedanken gekommen wäre, daß der Versicherer, der für keine Beschädigung außer im Strandungsfall haften will und soll, während der Beförderung der durchstehend versicherten Güter auf Binnengewässern für jede Beschädigung haftet (LG Hamburg HGZ 1887. 294). Dagegen hat man wohl erwogen, ob der Seeversicherer, während die Güter nach ihrer Ausladung im Zwischenort in einem Lagerhaus lagern, nicht etwa nur für Feuerschaden hafte, weil für solche Lagerung „am Lande eine Versicherung nur gegen Feuersgefahr als das naturale erscheine" (HG Hamburg HGZ 1875. 374), — eine Erwägung freilich, die sich offenbar ebenso sehr verbietet, wie die Naturalien-Auffassung des ROHG. Allgemein wird anerkannt, daß der Katalog der Strandungsfälle, den § 851 Abs. 1 HGB (= § 114 Abs. 3 ADS) enthält, nicht durch Aufnahme „entsprechender" Fälle bereichert werden darf (§ 114 Anm. 26). Denn § 851 Abs. 1 HGB und § 114 Abs. 3 ADS stellen den dort angeführten Fällen nicht noch in einer Generalklausel „entsprechende" Fälle gleich. In allen denjenigen Fällen, in denen das Gesetz den Versicherer auch zu Lande haften läßt, muß die Klausel „Frei von Beschädigung außer im Strandungsfall" natürlich ihrem Grundgedanken nach angewendet werden, wenn anders der Versicherer überhaupt für Beschädigung haften soll (so auch OG Hamburg HGZ 1873. 344). Und dasselbe muß erst recht gelten, wenn die Parteien es bei den Vorschriften des Gesetzes nicht haben bewenden lassen, also nur in den vom Gesetz bestimmten Fällen die Versicherung während eines Landtransports fortdauern lassen wollen, sondern vielmehr einen Landtransport-Versicherungsvertrag geschlossen und dabei vereinbart haben, daß der Versicherer für Beschädigung nicht, außer im Strandungsfall, haften soll. — Wie dem aber auch sei, die Frage ist nunmehr durch § 147 VVG und § 125 ADS endgültig beantwortet. Die Vorschriften des Seeversicherungs-Rechts — darunter diejenigen, welche sich über die Bedeutung der Klausel „Frei von Beschädigung außer im Strandungsfall" verhalten — sollen „entsprechend" angewendet werden. Der Versicherer haftet für Beschädigung in denjenigen Fällen, die den „Strandungsfällen" des § 114 Abs. 3 „entsprechen". Daß es solche „entsprechenden" Fälle gibt, daß die mittelbare Anwendung der § 114 Abs. 3 möglich ist, ist nicht zweifelhaft. Ihre Feststellung macht bei der sehr erheblichen Ausdehnung des Kreises der „Strandungsfälle" § 125

§ 125 auch keine großen Schwierigkeiten. Ein „Strandungsfall" ist es zunächst, wenn das Transportmittel (Eisenbahnwagen, Fuhre) mit anderen Sachen zusammenstößt, umstürzt, beschossen wird, oder wenn auf dem Transportmittel ein Brand oder eine Explosion stattfindet. Fälle, die den sonstigen „Strandungsfällen" entsprechen, also den Fällen, daß das Schiff auf Grund stößt, auf Grund festgerät, durch Eis beschädigt wird, sinkt oder scheitert, werden sich freilich kaum vorstellen lassen (am ehesten noch der Fall des Scheiterns, der aber hier meist mit demjenigen des Zusammenstoßes zusammentreffen wird). Der Fall der Überschwemmung gehört jedenfalls nicht dazu. E 1910 § 123 hatte zwar als Strandungsfall „insbesondere auch den Zusammenbruch von Beförderungsmitteln und Gebäuden sowie Lawinenstürze" bezeichnet und „Überschwemmungen . . . dann, wenn sie nicht die unmittelbare Folge von Regen- oder Schneefällen sind". Der E 1910 war damit einem verständigen Rate Voigts (329 und Zum See- und Versicherungsrecht 77) und dem Beispiel der französischen Güterpolice gefolgt. Aber man hat sich über die Beispielfälle der „Strandung" zu Lande nicht einigen können (Mat 1. 391), das Kind mit dem Bade ausgeschüttet und alle Beispielfälle gestrichen.

Anm. 7 c) Nach § 83 Abs. 1 haftet der Versicherer für Beschädigung auch dann nur im Strandungsfall, wenn die Güter in das zur Ausführung der mitversicherten Binnen-Vorreise bestimmte Transportmittel im Anschluß an eine unversicherte Schiffsreise übergeladen sind oder werden sollen. — Nach § 83 Abs. 2 haftet er ebenso, wenn die Güter vom Bestimmungsort aus zunächst eine mitversicherte Binnenreise zu machen haben. — Nach § 84 haftet er für Beschädigung überhaupt nicht und im Falle des Verlustes nur für den wirklichen Versicherungswert, wenn die Güter eine mitversicherte Binnenreise in beschädigtem Zustand antreten.

Anm. 8 d) Sind die Güter auf Deck eines Binnenschiffes verladen, so ist § 85 unmittelbar anwendbar (HG Hamburg HH 144; zweifelnd Arnould 244 s. 276: inasmuch as the reason for the rule, viz., the increased hazard when goods are carried on deck, does not exist, — eine Erwägung, die offenbar nur teilweise richtig ist). Im übrigen und insbesondere in den Fällen des Landtransports ist § 85 nur sinngemäß anzuwenden. Also etwa, wenn die Güter in offenen Binnenschiffen oder oberlästig, oder wenn sie in offenen Eisenbahnwagen befördert werden.

Anm. 9 e) Der Versicherer haftet auch während der Binnen-, insbesondere der Landreise nicht für den durch die natürliche Beschaffenheit der Güter entstehenden Schaden (§ 86 Abs. 1; vgl. VVG § 131 Abs. 2). — Er haftet nach § 86 Abs. 2 für außergewöhnliche Leckage nur im „Strandungsfall". Hierüber oben Anm. 6. Als Strandungsfall soll es aber nach § 86 Abs. 2 auch angesehen werden, wenn infolge eines Gefahrunfalls das Schiff einen Nothafen anläuft und die Güter ausgeladen werden. Werden die Güter zu Lande befördert, so wird es als „Strandungsfall" anzusehen sein, wenn die Güter unterwegs infolge eines Gefahrunfalls aus dem Transportmittel ausgeladen werden.

Anm. 10 f) Die Anwendung des § 87 ist einfach, wenn der Reeder auch die Binnenbeförderung übernimmt. Ebenso, wenn mehrere Unternehmer die Gesamtbeförderung gemeinschaftlich übernehmen. Dies ist indessen nicht die Regel. Regelmäßig übernimmt der Reeder die Beförderung der Güter auf seiner Strecke und nur die Besorgung der Beförderung auf der anderen Strecke. In diesem Falle darf auch in den mit den übrigen Beförderern vereinbarten Bedingungen die gesetzliche Haftung des Beförderers nicht über das verkehrsübliche Maß eingeschränkt oder ausgeschlossen werden.

Anm. 11 g) Die Anwendung der §§ 88, 89 kann keine Schwierigkeiten bereiten (vgl. auch VVG § 134 und ADS § 88; für das frühere Recht vgl. HGZ 1893. 137, RG HGZ 1893. 212 und dazu § 88 Anm. 4). Natürlich umfaßt die durchstehende Versicherung auch die Beförderung der Güter von einem vertragsmäßigen Transportmittel zum andern.

Wenn Pferde von Grimsby „via Hamburg nach . . . Hannover“ versichert sind und während ihrer „Beförderung“ vom Seeschiff zur Bahn zu Schaden kommen, haftet der Versicherer (LZ 1907. 762). Die Parteien können natürlich auch etwas anderes vereinbaren, werden dabei aber mit besonderer Vorsicht zu Werke gehen müssen. Ist vereinbart „Mit Dampfschiffen von Havanna nach New York und weiter mit Dampfschiffen nach Hamburg in durchstehendem Risiko, die Feuersgefahr in den bonded stores von New York einbegriffen“, so kann man der Meinung sein, daß der Versicherer während der Lagerung der Güter in den bonded stores nur die Feuersgefahr tragen soll (so HG Hamburg HGZ 1875. 374), und ebensowohl der Meinung, daß der Versicherer auch während der Lagerung in den bonded stores alle Gefahren tragen soll, nämlich nur „zur Beseitigung möglicher Zweifel der Feuersgefahr in den bonded stores noch ausdrücklich Erwähnung geschehen ist“ (so OG Hamburg HGZ 1875. 375). — Nach § 147 VVG soll die Vorschrift des § 135 VVG „unberührt bleiben“. Nach § 135 VVG fällt auch die Beförderung zur Eisenbahn und die Beförderung von der Eisenbahn zum Empfänger unter die Transportversicherung, wenn sie durch die Eisenbahnverwaltung oder unter ihrer Verantwortlichkeit erfolgt. Man hielt die entsprechenden Vorschriften des Seeversicherungs-Rechts für keine geeignete Grundlage zur Regelung des Verhältnisses (Begr. z. VVG § 147). Mit Recht. Denn nach § 824 HGB beginnt die Güterversicherung, wenn die Güter „vom Lande scheiden“, und endigt, wenn sie „wieder an das Land gelangen“. Das würde für den Bahntransport bedeutet haben, daß die Versicherung mit der Verladung der Güter beginnt und mit ihrer Ausladung endigt. Und dies würde, insbesondere für den Stückgut-Verkehr, den berechtigten Interessen des Versicherungsnehmers nicht entsprochen haben. Nach § 88 Abs. 2 ADS beginnt aber die Versicherung schon, wenn die Bahn die Güter zur Beförderung oder zur einstweiligen Verwahrung angenommen hat, und, falls der Versicherungsnehmer die Güter an eine zur Güterannahme dienende Zwischenanstalt abliefert, wenn diese sie angenommen hat. Und sie endigt nach § 88 Abs. 3 ADS erst mit der Ablieferung am Ablieferungsort. Damit ist dem Bedürfnis genügt. Wenn die Bahn die Güter beim Absender abholt oder durch Rollfuhr-Unternehmer abholen läßt (vgl. EVO § 63 Abs. 8), oder wenn sie die Güter dem Empfänger zurollt oder zurollen läßt (vgl. EVO § 77), fallen nach § 88 regelmäßig auch diese Abschnitte der Beförderung ohnehin unter die Versicherung (Begr. z. E 1910 § 123). Des im § 147 VVG zugunsten des § 135 VVG gemachten Vorbehalts bedurfte es nicht mehr, nachdem § 88 ADS sich den Vorschriften des § 134 VVG über Beginn und Ende der Versicherung angeschlossen hatte. Freilich deckt die gewöhnliche Seeversicherung nicht die Ab- und Zurollung der Güter vom Ablader zum Schiffe und vom Schiffe zum Empfänger. Denn sie deckt zwar die Güter schon von der Annahme an und bis zur Ablieferung, aber die Beförderung der Güter nur, wenn die Güter mit dem vertragsmäßigen Schiffe oder dem ortsüblichen Leichter befördert werden (§§ 88, 89, 95, § 88 Anm. 7, 15). Die durchstehende Versicherung deckt indessen mehr, deckt auch Land- und Flußreisen und deckt deshalb auch die Beförderung zur Eisenbahn und von der Eisenbahn, wenn die Beförderung durch die Eisenbahnverwaltung oder unter ihrer Verantwortlichkeit erfolgt. — Nach § 147 VVG soll schließlich auch die Vorschrift des § 134 Abs. 2 VVG über Beginn und Ende der Versicherung „unberührt bleiben“. Auch dieses Vorbehalts bedurfte es nicht, weil § 88 Abs. 2, 3 ADS im wesentlichen mit § 134 Abs. 2 VVG übereinstimmt. **§ 125**

h) Die §§ 90—94 sind im allgemeinen unmittelbar anwendbar. Ebenso die §§ 97—99. — Über den Fall, daß die Güter verschollen sind, vgl. jedoch § 91 Anm. 9. Anm. 12

i) § 95 Abs. 1 ist anwendbar, wenn die Seereise mit einem im Versicherungsvertrag bestimmten Schiffe erfolgen soll. § 95 Abs. 1 ist sinngemäß anwendbar, wenn die mit der Seereise verbundene Binnenreise mit einem im Versicherungsvertrag be- Anm. 13

§ 125 stimmten Beförderungsmittel ausgeführt werden soll. Ebenso § 95 Abs. 2, 3. Wenn z. B. die Güter nach dem Versicherungsvertrag auf der Binnenreise mit der Bahn befördert werden sollen, aber infolge eines Gefahrunfalls mit einem Binnenschiff befördert werden, ist der Versicherer gemäß § 95 Abs. 2 nicht frei (vgl. den Fall HRZ 1921. 455, 1922. 547 und dazu § 35 Anm. 29). — Regelmäßig wird aber im Falle der durchstehenden Versicherung ein bestimmtes Seeschiff oder ein bestimmtes Beförderungsmittel für die Binnenreise im Vertrag nicht bestimmt. Dann ist § 95 Abs. 2, 3 entsprechend anzuwenden, wie im Falle der laufenden Versicherung (§ 95 Anm. 22, 30), — wie denn die durchstehende Versicherung oft auch laufende Versicherung ist. In diesem Falle muß der Versicherungsnehmer das Seeschiff deklarieren, in das die Güter verladen sind oder verladen werden sollen (§ 97 Abs. 6), mag die Seereise Vor- oder Nachreise sein. Das Binnenschiff usw. braucht der Versicherungsnehmer nach der Verkehrsauffassung nicht mitzuteilen. — Wie § 95 Abs. 2, 3, ist auch § 96 Abs. 1 und Abs. 2 Satz 1 anzuwenden. § 96 Abs. 2 Satz 2 ist unmittelbar anwendbar. — Über die entsprechende Anwendung des § 97 Abs. 7 vgl. § 97 Anm. 72. Der für das Seeschiff vereinbarte Höchstwert kann aber nicht ohne weiteres für Flußschiffe und noch weniger für Landtransportmittel maßgebend sein. Deshalb werden für Flußschiffe und Landtransportmittel durchweg besondere Höchstwerte vereinbart.

Anm. 14 k) Der Versicherer trägt gemäß § 35 die Kriegsgefahr auch während der Dauer des Binnentransports nicht (RG HGZ 1909. 214, OLG Hamburg APV 1908 II. 106). Der seltsame Gedanke, daß der Versicherer nach der Klausel „Nur für Seegefahr" zwar während des Seetransports nur die Seegefahr, nicht die Kriegsgefahr trage, daß dies aber eben nur für den Seetransport gelte und der Versicherer deshalb während des Binnentransports auch die Kriegsgefahr trage (vgl. HGZ 1887. 294, 1888. 26, 170), kann nach § 35 nicht mehr aufkommen. Schon die AlteGP hatte ihn abgewehrt, die Klausel „Nur für Seegefahr" nämlich durch die Worte „d. h. mit Ausschluß der Kriegsgefahr s. § 101 ASVB" erläutert.

Anm. 15 l) Nach § 147 VVG soll die Vorschrift des § 133 Abs. 2 Satz 2 VVG „unberührt bleiben", wonach im Falle der großen Haverei die §§ 835—839 HGB entsprechende Anwendung finden sollen und eine vom Schiffer aufgestellte Dispache für den Versicherer nur verbindlich sein soll, wenn er solcher Aufstellung zugestimmt hat. Solchen Vorbehalts bedurfte § 125 nicht (Begr. z. E 1910 § 123). Denn aus den §§ 125, 30 ADS ergibt sich ohne weiteres, daß die vom Schiffer aufgestellte Dispache nicht genügt. Zwar ist die Dispache nach § 30 Abs. 2 ADS von einer nach dem Gesetz dazu berufenen Person aufzumachen, und § 87 Abs. 1 BSchG beruft den Schiffer zur Aufstellung der Dispache. Aber § 30 Abs. 2 ADS handelt von der seerechtlichen Dispache und diese ist nicht vom Schiffer, sondern von Dritten, Sachverständigen, Dispacheuren aufzumachen (HGB § 729). Nach dem E 1910 konnte hierüber freilich überhaupt kein Zweifel sein. Denn nach E 1910 § 34 Abs. 2 war die Dispache „von einem ein für allemal amtlich bestellten oder von dem Versicherer anerkannten Dispacheur und in Ermangelung eines solchen von einem anderen geeigneten Dispacheur aufzumachen". Aber auch so kann die „entsprechende", also sinngemäße, Anwendung des § 30 Abs. 2 ADS nur zu dem Ergebnis führen, daß die Binnendispache wie die Seedispache aufzumachen ist. Denn „der Dispache sind weittragende Wirkungen gegen den Versicherer beigelegt", und „das Verhältnis, in welchem der Schiffer zu dem Schiffseigner und zu den Ladungsbeteiligten steht, gestattet nicht", diese Wirkungen „ohne weiteres auch auf die von dem Schiffer aufgemachte Dispache zu übertragen" (Begr. z. VVG § 133).

Anm. 16 6. Wie die Reise kombiniert ist, ob die Seereise oder die Binnenreise Vorreise oder Nachreise ist oder der Seereise eine Binnenreise sowohl voraufgeht wie nachfolgt, ist grundsätzlich ohne Bedeutung. Es kommt in jedem Falle darauf an, welche Reisen versichert sind. Beispiel: Versicherung für die Jahre 1884 und 1885 auf „sämtliche Abladungen von Waren aller Art in Dampf- und Segelschiffen von Häfen Europas direkt oder indirekt nach Arica und weiter zu Lande nach Tacna und/oder Mollendo und weiter zu Lande nach Arequipa“ (HGZ 1887. 293). Versichert sind in solchem Falle nur Reisen über Arica nach Tacna und über Mollendo nach Arequipa, z. B. nicht auch eine Nachreise von Arica nach Arequipa (HGZ 1888. 26, RG HGZ 1888. 169, vgl. auch § 97 Anm. 22). Ist Salpetersäure für die Wasserreise von Hamburg über Amsterdam nach Emmerich versichert und vereinbart: „Der Transport von Emmerich nach der Fabrik auf der Station Küppersteg bei Deutz ist includiert“, so umfaßt die Versicherung nicht die Wasserreise, sondern die Bahnreise von Emmerich nach Küppersteg (OG Hamburg HGZ 1875. 90). § 125

7. Ob die durchgehende Reise auf Durchfracht-Vertrag und Durchkonnossement oder sonstwie ausgeführt wird, gilt grundsätzlich ebenfalls gleich. Der Versicherungsvertrag mag, wo nötig, unterscheiden. Die AlteGP (Mat 2. 100) unterschied, ob die Güter „auf durchgehende Connossemente verladen“, oder ob sie „für kombinierte Reisen ohne durchgehendes Connossement verladen“ waren. Im ersten Falle sollten die Güter „in allen für den Transport eingeschlagenen Richtungen, gleichviel auf welchen Wegen, zu Wasser oder zu Lande, sie transportiert werden mögen, bis zur Ablieferung am Destinationsplatz für Gefahr der Versicherer“ reisen. Im zweiten Falle sollten die Versicherer „auch die Gefahr der Zwischentransporte und des Verweilens in den Zwischenplätzen tragen“, die Gefahr des Verweilens in den Zwischenplätzen „jedoch nur für den Zeitraum, während dessen ein Verweilen der Güter nicht durch willkürliche Verfügungen der Versicherten oder deren Vertreter ungebührlich verlängert“ wurde. Eine besondere Bedeutung hatte diese Unterscheidung nicht, wenn man nicht etwa annehmen will, daß im Falle der Einzelversicherung angezeigt, im Falle der laufenden Versicherung deklariert werden mußte, ob die Güter mit oder ohne Durchkonnossement reisten, oder daß es nur darauf ankam, auszusprechen, was im dritten Absatz des Zusatzes zu den §§ 60, 61 ASVB ausgesprochen war: daß nämlich immer, wenn „die Versicherung ungeachtet einer Vergrößerung oder Veränderung der Gefahr und ungeachtet einer Verzögerung des Antritts oder der Vollendung der Reise in Wirksamkeit bleibe, die Bestimmungen des § 60 Abs. 4 ASVB Anwendung finden“ sollten, d. h. der Versicherte jede Änderung usw. anzeigen und eine Zuschlagsprämie zahlen sollte. Der Versicherungsnehmer braucht im allgemeinen weder anzuzeigen noch zu deklarieren, daß die versicherte durchgehende Reise auf oder ohne Durchfracht-Vertrag oder Durchkonnossement ausgeführt werden soll oder wird. Im einen wie im anderen Falle darf er Gefahränderungen, insbesondere Reiseverzögerungen, insbesondere „das Verweilen in den Zwischenplätzen“ weder veranlassen noch gestatten (§ 23 Anm. 54). Sind z. B. „Waren aller Art von und nach europäischen und außereuropäischen Häfen und Plätzen“ durchstehend versichert und Korkabfälle mit der Bestimmung für Deutschland von Algier nach Antwerpen geschickt worden, so ist zwar die durchgehende Reise von Algier nach dem deutschen Bestimmungsort versichert. Wenn aber der Versicherungsnehmer die Korkabfälle in Antwerpen wochenlang liegenläßt, hat er die Reise erheblich verzögert, ist der Versicherer mithin gemäß § 24 Abs. 1 frei (teilw. abw. HGZ 1911. 238, RG HGZ 1912. 237, Sieveking 80; näheres: § 97 Anm. 19). Anders, wenn etwa der Versicherer sich auf die bedenkliche Klausel eingelassen hat: „Umladung jeglicher Art und beliebiger Aufenthalt überall eingeschlossen“ (vgl. jedoch auch HGZ 1893. 170, wo diese Klausel in einer durchstehenden Police über die Versicherung von Gütern für die behaltene Ankunft mit einem bestimmten Schiffe immerhin auf den Fall der Umladung der Güter beim Beginn und am Ende der Seereise beschränkt wird). Wenn Kleesaat „im durchstehenden Risiko Anm. 17

§ 125 von Chicago bis Bingen inclusive Eisenbahnrisiko von Chicago bis zum Dampfer, inclusive Leichterrisiko zum und vom Dampfer und inclusive aller vorkommenden Umladungen . . . für die Reise von Chicago via Antwerpen bis Bingen inclusive Flußrisiko" versichert ist, und der Rheinkahn über Bingen hinaus nach Mainz weiterfährt, um die Kleesaat auf der Rückfahrt in Bingen zu löschen, ist die Gefahr geändert; aber der Versicherer haftet gleichwohl, wenn der Versicherungsnehmer die Änderung nicht veranlaßt oder gestattet hat (RG 48. 12). Wenn aber Kaffee für die Reise vom Innern Guatemalas über einen Hafen dieses Landes durchstehend nach Hamburg versichert ist, zunächst von der Plantage nach einem anderen Orte Guatemalas befördert wird, um hier geschält usw. zu werden, ist die Reise nicht verzögert und der Versicherer nicht gemäß § 24 frei; die durchstehende Versicherung hat noch gar nicht begonnen, weil die Güter nicht zur Beförderung auf der versicherten Reise, sondern zur Bearbeitung nach der Schälerei gebracht sind (§ 124 Anm. 5). Wenn Güter für die Reise von Mersey nach einem Hafen der Westküste Spaniens und von hier ins Innere Spaniens versichert sind und nach einem Hafen der Ostküste Spaniens abgeladen werden, um von dort nach Madrid zu reisen, ist zwar die versicherte Unternehmung geändert, beginnt die Versicherung aber gleichwohl, wird der Versicherer erst frei, wenn die Reise den nicht versicherten Verlauf zu nehmen beginnt (anders nach HGB § 813 Abs. 3 und nach englischem Recht: MIA § 45 Abs. 2; vgl. auch § 23 Anm. 64, 67, 70).

Anm. 18 8. § 147 VVG, § 125 ADS sind nur auf die Versicherung von Güterinteressen gemünzt. Aber sie unterscheiden nicht, ob die durchstehende Versicherung sich auf die Güter oder auf das Schiff bezieht. § 147 VVG, § 125 ADS gelten also auch für durchstehende Versicherungen, die sich auf das Schiff beziehen, z. B. für die durchstehende Versicherung eines Seeleichters, der vor oder nach der Seereise eine Flußreise machen soll (vgl. jedoch auch § 1 Anm. 30). Hier wird § 147 VVG (wenn auch nicht praktisch, so doch rechtlich) besonders bedeutsam. Denn er befreit die durchstehende Schiffsversicherung von den im VVG für die Schiffsversicherung bestimmten Beschränkungen der Vertragsfreiheit (§ 1 Anm. 24). Insbesondere gilt § 125 auch für die durchstehende Frachtversicherung. So, wenn der Reeder, der die durchgehende Beförderung übernommen hat, die Gesamtfracht durchstehend versichert. Wenn die Schlußreise eine Seereise ist und der Reeder der Schlußreise den Vormann endgültig auszahlt, versichert er die Gesamtfracht nur für die Schlußreise und muß dabei besonders angeben, daß er nicht nur seine Fracht, sondern auch die Auslage versichert wissen will (z. B. wenn die unmittelbare Vorreise eine Ozeanreise war: „Auf Ozeanfracht usw. taxiert auf M 10000 a/400 Ballen Baumwolle ex Dampfer Jrack im Dampfer Condor, gehend von Bremen nach Reval": Ritter ArchBürgR 36. 108). Wenn die Schlußreise eine Binnenreise ist und der Unternehmer dieser Reise die Binnenfracht und außerdem die von ihm endgültig bezahlte Vorfracht versichert, ist die Versicherung natürlich lediglich Binnenversicherung. — Vgl. auch AuswG §§ 26 Abs. 2, 30 Abs. 2, 32, wonach der Unternehmer unter Umständen zur Sicherstellung seiner Verpflichtung, die Auswanderer vom überseeischen Ausschiffungshafen aus weiterzubefördern, Versicherung nehmen muß (näheres über die Auswandererversicherung: § 1 Anm. 105, § 109 Anm. 7).

Anm. 19 9. § 125 ADS (und § 147 VVG) handelt nur von dem Falle, daß die Versicherung für eine (durchgehende) Reise genommen ist. § 125 ADS ist aber auf Zeitversicherungen, die Reisen betreffen, welche teils zur See, teils auf Binnengewässern usw. ausgeführt werden sollen, sinngemäß anzuwenden. Und selbst im Falle einer Zeitversicherung, die der Hauptsache nach Seereisen, nebenher auch (selbständige) Binnenreisen umfaßt, wird man § 125 ADS (und § 147 VVG) singemäß anwenden müssen. Nicht als ob die ADS nicht auch dann anzuwenden wären, wenn die Zeitversicherung der Hauptsache nach Binnenreisen, nebenher auch Seereisen umfaßt und die ADS dem Versicherungsvertrag zugrunde gelegt sind. Aber Zeitversicherungen dieser Art, die sich auf das Schiff beziehen, würden den zwingenden Vorschriften des VVG unterworfen sein (§ 1 Anm. 24). **§ 125**

10. Hin und wieder wird übrigens der Ausdruck „durchstehende Versicherung" auch bei der Kaskoversicherung mehrerer Seereisen gebraucht. Vgl. z. B. HGZ 1907. 205: „Von Bristol nach Callao und zurück mit Salpeter usw. nach einem oder mehreren Plätzen des United Kingdom oder des Kontinents ... oder nach den Vereinigten Staaten von Nordamerika oder nach Westindien in durchstehendem Risiko". Anm. 20

11. Die durchstehende Güterversicherung ist regelmäßig laufende Versicherung. Die Prämien werden üblicherweise tarifmäßig für Haupt-, Vor- und Nachreisen besonders bestimmt, und zwar für Vor- und Nachreisen in der Form einer Zulage zur Hauptprämie. Anm. 21

12. § 125 gilt sinngemäß auch für die **Rückversicherung** (§ 1 Anm. 136). Ob (auch) die Rückversicherung für durchgehende Reisen genommen ist, muß natürlich der Rückversicherungs-Vertrag ergeben (vgl. die Verträge § 1 Anm. 130—132). Anm. 22

13. **Fremde Rechte.** a) Englisches Recht. A contract of marine insurance may, by its express terms, or by usage of trade, be extended so as to protect the assured against losses on inland waters or on any inland risk which may be incidental to any sea voyage (MIA § 2 Abs. 1). Vgl. auch MIA § 2 Abs. 2: Where ... any adventure analogous to a marine adventure, is covered by a policy in the form of a marine policy, the provisions of this Act, in so far as applicable, shall apply thereto ... Anm. 23

b) Dem französischen Gesetzesrecht fehlt eine Vorschrift gleich derjenigen des § 147 VVG. Anm. 24

§ 126

Anwendbarkeit des deutschen Rechts und der Vorschriften über die Transportversicherung

Für das Versicherungsverhältnis ist das deutsche Recht maßgebend. Jedoch finden die Vorschriften über die Transportversicherung insoweit, als sie durch Vertrag abgeändert werden können, keine Anwendung.

1. **Literatur:** Adam ZfV 1962. 405 (Prinzipien des internationalen Versicherungsvertragsrechts). Basedow, Le droit international privé des assurances, 1939. Bruck VVG 39—48, Zwischenstaatliches Versicherungsrecht, 1924. Bruck-Möller, VVG Einl. Anm. 86—91. Griese VerWissArch 1959. 129—170 (Internationales Seeversicherungsrecht). Josef, Zeitschr. f. Int. Recht 25. 492 (Internationales Recht im Versicherungsverkehr). Prölß, VVG Vorbem. V, Zwischenstaatliches Rückversicherungsrecht, 1942, Zeitschrift für ausländisches und internationales Privatrecht 1951. 203 (Das Statut der Zweigniederlassung im internationalen Versicherungsrecht). Rothe, Über deutsches internationales Privatversicherungsrecht, Diss. Leipzig 1934. Ryser, Der Versicherungsvertrag im internationalen Privatrecht, 1957. Schneider, ZfVW 1907. 413 (Verhältnis zwischen deutschem und außerdeutschem Versicherungsrecht). Wörner, Zeitschr. für Int. Recht 13. 366 (Kollisionsnormen zum Versicherungsvertrag). Ulrich, Bestrebungen der International Law Association, betr. Ausgleich der wesentlichsten Verschiedenheiten im Seeversicherungsrecht usw. Siehe auch Bewes, Transactions of the International Law Association 1873 to 1924, 1925. 116—121. Anm. 1

§ 126
Anm. 2

2. § 126 behandelt nicht die Frage der Anwendbarkeit der ADS. Die ADS sind Geschäftsbedingungen, die ausdrücklich oder stillschweigend zum Bestandteil des Seeversicherungsvertrages gemacht werden müssen, wenn sie gelten sollen (siehe dazu im einzelnen Vorb. Anm. 10). § 126 sagt vielmehr nur darüber aus, welches staatliche Recht internationalprivatrechtlich ergänzend zur Anwendung kommen soll, wenn die Geltung der ADS ausdrücklich oder stillschweigend vereinbart worden ist. Es ist für das deutsche internationale Privatrecht allgemein anerkannt, daß die Parteien hierüber eine ausdrückliche Vereinbarung treffen können, der grundsätzlich der Vorrang vor anderen Anknüpfungsmöglichkeiten zu geben ist (vgl. z. B. RG 120. 72, JW 1938. 1175, BGH NJW 1952. 541, Palandt-Lauterbach, Vorb. vor Art. 12 EGBGB, Griese 138). Das ist im Falle der Geltung der ADS in Gestalt des § 126 geschehen, indem § 126 Satz 1 besagt, daß **für das Versicherungsverhältnis das deutsche Recht maßgebend** sein soll. § 126 ist als gültige Vereinbarung deutschen Rechts anerkannt worden, und auch bei Beteiligung ausländischer Kontrahenten an dem den ADS unterstellten Vertrage (RG 130. 47, Griese 138). Natürlich ist § 126 Satz 1 nur insoweit maßgebend, wie ein Vertrag die Maßgeblichkeit einer bestimmten Rechtsordnung anordnen kann. Jeder Rechtsordnung ist insbesondere mehr oder minder der Grundsatz des internationalen Privatrechts eigentümlich, daß ausländische Gesetze nicht anzuwenden sind, wenn die Anwendung gegen die guten Sitten oder gegen den Zweck eines heimischen Gesetzes verstoßen würde (vgl. EG z. BGB Art. 30). § 126 Satz 1 kann natürlich nicht hindern, daß der ausländische Richter diesen Grundsatz auch auf einen Versicherungsvertrag anwendet, der auf der Grundlage der ADS und damit des § 126 Abs. 1 geschlossen ist, daß etwa der englische Richter einen auf der Grundlage der ADS geschlossenen Versicherungsvertrag für a gaming or wagering contract und für void erklärt, weil der Vertrag die Klausel „Ohne weiteren Beweis des Interesses als die Police" (without further proof of interest than the policy itself) oder die Klausel „Ohne Anspruch des Versicherers auf Gerettetes" (without benefit of salvage to the insurer) enthält (vgl. MIA § 4, auch § 2 Anm. 12, 27).

Wegen der ausdrücklichen Bestimmung des § 126 Satz 1 bedarf es für die ADS keiner Erörterung, ob auch ohne eine solche das deutsche Recht als ergänzendes anzusehen wäre, etwa auf Grund hypothetischen Parteiwillens, oder als Recht des Erfüllungsorts oder als Betriebsstatut (für dieses mangels ausdrücklichen oder hypothetischen Parteiwillens Bruck-Möller VVG Einl. Anm. 91 mit weiteren Angaben, OLG Hamburg MDR 1957. 679). Mit Recht meinte Ritter in der 1. Aufl. dieses Kommentars, es sei „unbedenklich, . . . Unterwerfung des Versicherungsnehmers unter das Gesetz, das am Sitze der Gesellschaft gelte, anzunehmen" (vgl. dazu auch ROHG 9. 374, RG 53. 138, 60. 56, HansOLG HGZ 1916. 113). Solche Maßgeblichkeit entspreche der Natur der Sache. Die ADS seien „auf dem Boden des deutschen Rechts entstanden und in erster Linie im Zusammenhang mit den Vorschriften des deutschen Rechts zu wirken bestimmt" (Begr. z. E 1910 § 124; ähnlich Josef Zeitschr. für Int. Recht 25. 505 und AssJB 37. 37), nur im Zusammenhang mit diesen Vorschriften recht zu verstehen (vgl. RG 19. 34, 39. 67). Aber sicher sei das beim Fehlen einer Bestimmung wie der des § 126 nicht. Siehe wegen des ergänzend anzuwendenden Rechts auch KG JRPV 1930. 208 = Sasse Nr. 408 (Die Anwendung deutschen Rechts gilt mangels klar dagegensprechender Umstände als vereinbart, wenn deutsche Gesellschaften einen in Deutschland zu erfüllenden Versicherungsvertrag abgeschlossen haben, auch wenn der Vertragsabschluß in der Türkei erfolgt ist), HansOLG HRZ 1923. 495, KG JRPV 1928. 123 und 140 = Sasse Nr. 382 u. 383 (Englisches Recht wurde als vereinbart angesehen, wenn die Policen in englischer Sprache abgefaßt sind, auf englische Klauseln verweisen und auf Anschauungen des englischen Seeversicherungsrechts beruhen). Doch soll nach HansOLG HansRGZ 1930 B 424 = Sasse Nr. 410 die Tatsache allein, daß sich der Vertrag an die MIA anlehnt, noch nicht unbedingt für die Vereinbarung englischen Rechts sprechen. **§ 126**

3. Die ADS wollen (ebenso wie die ASVB, aber anders als die BSVB) eine erschöpfende Ordnung auf dem Gebiet des Seeversicherungs-Rechts sein (Begr. z. E 1910 § 124). Nicht als ob sie sich einbildeten, ein für alle Fälle ausreichender Vorrat von Bestimmungen zu sein, in den man nur, sei es unmittelbar, sei es mit den Mitteln der juristischen Konstruktion, der Auslegung, des Analogieschlusses, der Deduktion usw., hineinzugreifen braucht, um die richtige Entscheidung herauszuholen. Auch die ADS sind nur „rissiges, brüchiges, armseliges Menschenwerk" (Ehrlich AfcP 115. 261), das gleich jedem Gesetz der Ergänzung durch interessenabwägende und damit schöpferische, rechtsetzende Tätigkeit bedarf. Erschöpfen sollen die ADS den Gegenstand nur, soweit es auch ein Gesetz vermag, nur an Stelle des Gesetzes. Das heißt: Das deutsche **Transportversicherungs-Recht**, insbesondere das Seeversicherungs-Recht des HGB und des § 147 VVG (gegebenenfalls, — wenn nämlich die ADS einem Binnenversicherungs-Vertrag zugrunde gelegt sind — auch die sonstigen Transportversicherungs-Vorschriften des VVG) sollen neben den ADS **keine Anwendung** finden (§ 126 **Satz 2**). Wiederum nicht, als ob nicht für die Ermittlung des Verständnisses der ADS die Vorschriften des Gesetzes zu Hilfe genommen werden dürften, insbesondere in denjenigen Fällen, in denen Gesetz und ADS übereinstimmen, die bei der Auslegung des Gesetzes gewonnenen Ergebnisse nicht auch bei der Auslegung der ADS zu verwerten wären. Es soll nur verhindert werden, daß Vorschriften des gesetzlichen Versicherungsrechts angewendet werden, obgleich die ADS sie nicht übernommen haben, z. B. diejenige des § 868 Abs. 4 HGB, wonach der Frachtversicherer für den Frachtverlust haftet, der dadurch entsteht, daß der Kaskoversicherte abandonniert und der Kaskoversicherer einen Teil der Fracht erhält (vgl. § 72 Anm. 20, Begr. z. E 1910 § 124). Deshalb ist der Grundsatz, daß das gesetzliche Transportversicherungs-Recht keine Anwendung finden soll, nur mit zwei Einschränkungen zu verstehen, von denen § 126 wiederum nur die erste erwähnt. Anm. 3

a) Zwingende Gesetzesvorschriften, **Vorschriften, die durch Vertrag nicht abgeändert werden können,** sollen **Anwendung** finden, — weil sie eben Anwendung finden wollen. Dazu gehören z. B. die Vorschriften über die Versicherbarkeit von Interessen. Dazu gehören für den Fall, daß die ADS einem Binnenversicherungs-Vertrag zugrunde gelegt werden, die zwingenden Kaskoversicherungs-Vorschriften des VVG (vgl. VVG § 188). Dazu gehört teilweise auch § 905 HGB (§ 48 Anm. 11; über den Einfluß von Notverordnungen über die Verlängerung der Verjährung für Ansprüche aus einer nach den ADS genommenen Versicherung: KG HRZ 1923. 339; vgl. auch § 17 Anm. 14). Anm. 4

b) Andere Gesetzesvorschriften, Vorschriften, die durch Vertrag abgeändert werden können, sollen „keine Anwendung finden". Solche anderen Vorschriften bilden einerseits Vorschriften, die etwas bestimmen, was auch durch Vertrag bestimmt werden kann. Solche anderen Vorschriften bilden andererseits Vorschriften, die etwas bestimmen, was nicht oder jedenfalls nicht so durch Vertrag bestimmt werden kann. Von diesen letzten Vorschriften sind aber auch einige in die ADS übergegangen. So etwa die Bestimmung, daß Doppelversicherer untereinander auszugleichen haben (§ 10 Abs. 2), die Bestimmung, daß die Ersatzansprüche des Versicherungsnehmers gegen Dritte auf den entschädigenden Versicherer übergehen (§ 45 Anm. 14), die Bestimmung, daß mit der Veräußerung der versicherten Sache der Veräußerer aus dem Versicherungsverhältnis austritt und der Erwerber eintritt (§ 49 Anm. 20), die Bestimmung, daß der Versicherungsnehmer die Police im Konkurse des Versicherten zurückhalten kann, Anm. 5

§ 126 bis er befriedigt ist (§ 55 Anm. 7), die Bestimmung, daß der Versicherungsnehmer sich aus der Entschädigung vor den Konkursgläubigern des Versicherten befriedigen kann (§ 55 Anm. 14), die Bestimmung, daß für die Bemessung des Versicherungswerts der Wert maßgebend ist, den das Versicherte Interesse beim Beginn der Versicherung hat (§ 70 Anm. 7), die Bestimmung, daß die versicherten Rechte mit der Entschädigung auf den Versicherer übergehen (§ 71 Anm. 38) oder auch bereits mit dem Abandon (§ 72 Anm. 16). Alle solche Bestimmungen haben natürlich nicht etwa deshalb an Kraft verloren, weil nach § 126 ADS die ihnen zugrunde liegenden gesetzlichen Vorschriften „keine Anwendung finden" sollen. Denn in jedem Falle, in dem die ADS eine gesetzliche Vorschrift übernommen haben, haben sie zu erkennen gegeben, daß insoweit etwas anderes, daß insoweit die gesetzliche Vorschrift doch gelten soll (vgl. auch Vorb. vor § 1 Anm. 9).

Anm. 6 4. Den gesetzlichen Vorschriften über die Transportversicherung stehen sogenannte gewohnheitsrechtliche natürlich an und für sich gleich (vgl. EG z. BGB Art. 2, Begr. z. E 1910 § 124). Aber gegen die ADS können sich Gewohnheitsrechts-Sätze der Natur der Sache nach nicht bilden (HGZ 1893. 188; vgl. auch Vorb. vor § 1 Anm. 10), und Gewohnheitsrechts-Sätze, die neben den ADS hergehen, nur zu ihrer Ergänzung dienen, würden schon als Verkehrssitten, als Handelsgebräuche zu berücksichtigen sein. Gewohnheitsrechts-Sätze schließlich, die bestimmen, was ein Vertrag gar nicht bestimmen könnte, etwa ein Gewohnheitsrechts-Satz, wonach Heuerforderungen entgegen dem § 780 HGB versicherbar sind, haben, gleich entsprechenden neuen Vorschriften des Gesetzesrechts, ebenfalls neben den ADS Geltung, soweit nicht die ADS wirksamerweise etwas anderes bestimmen (vgl. auch KG HRZ 1923. 339 und oben Anm. 4).

Anm. 7 5. § 126 gilt sinngemäß auch für die **Rückversicherung** (§ 1 Anm. 136). Ist also für das Vorversicherungs-Verhältnis gemäß § 126 das deutsche Recht maßgebend, so ist es auch für das Rückversicherungs-Verhältnis maßgebend (vgl. aber auch § 97 Anm. 96).

§ 127

Gerichtsstand

Für die Entscheidung von Streitigkeiten, die aus dem Versicherungsverhältnis entstehen, ist ausschließlich das Gericht zuständig, bei dem der Versicherer seinen allgemeinen Gerichtsstand hat. Ist jedoch der Vertrag durch einen Vertreter des Versicherers von einer gewerblichen Niederlassung aus geschlossen, die der Versicherer oder der Vertreter an einem zum Bezirke des bezeichneten Gerichts nicht gehörenden Orte hatte, so ist auch das Gericht dieses Ortes zuständig.

Anm. 1 1. Der Gerichtsstand, d. h. in diesem Falle die örtliche Zuständigkeit der Gerichte, wird durch Vorschriften bestimmt, die dem öffentlichen Rechte angehören und deshalb an und für sich unnachgiebig sind. Doch kann die Zuständigkeit eines an sich unzuständigen Gerichts vereinbart werden (ZPO § 38). Das Gesetz gestattet nicht auch ausdrücklich, daneben die Zuständigkeit eines an sich zuständigen Gerichts durch Vereinbarung auszuschließen. Doch ergibt sich dies aus der Zulässigkeit einer Vereinbarung der Zuständigkeit eines unzuständigen Gerichts von selbst. Von dieser Befugnis macht § 127 Gebrauch. Denn es ist nicht wünschenswert, daß Streitigkeiten aus Seeversicherungs-Verhältnissen von Gerichten behandelt werden, die auf dem besonderen Wirtschafts- und Rechtsgebiet der Seeversicherung nicht zuhause sind. Zwar muß der Versicherungsnehmer regelmäßig ohnehin im Gerichtsstand des Versicherers klagen

(ZPO §§ 12, 13, 17, 29, BGB §§ 269, 270 Abs. 3). Aber der Versicherer müßte, insbesondere auf Zahlung der Prämie, im Gerichtsstand des Versicherungsnehmers klagen. **§ 127**

2. **Satz 1. Das Gericht, bei dem der Versicherer seinen allgemeinen Gerichtsstand hat,** dem er im allgemeinen für die gegen ihn bestehenden Rechtsstreitigkeiten unterworfen ist, **ist für die Entscheidung von Streitigkeiten, die aus dem Versicherungsverhältnis entstehen, ausschließlich zuständig.** Und zwar, wie der Zusammenhang ohne weiteres ergibt, für beide Teile. Anm. 2

a) Der allgemeine Gerichtsstand des Versicherers wird durch seinen Wohnsitz bestimmt (ZPO § 13). Nicht durch seine Niederlassung (vgl. ZPO § 21). Gehören also Wohnsitz und Niederlassung zu den Bezirken verschiedener Gerichte, so würde das Gericht des Wohnsitzes, nicht dasjenige der Niederlassung zuständig und damit freilich der Zweck des § 127 verfehlt sein. Indessen sind tatsächlich die Versicherer so gut wie ausnahmslos Gesellschaften oder Vereine, die als solche verklagt werden können, und diese haben ihren allgemeinen Gerichtsstand an ihrem Sitze (ZPO § 17).

b) Das Gericht ist ausschließlich zuständig (Ausnahme: § 127 Satz 2). Die besonderen Gerichtsstände, die Gerichtsstände einzelner Sachen (ZPO §§ 20—34), kommen, soweit sie für Versicherungsverhältnisse überhaupt von Bedeutung sind, nicht in Betracht. Insbesondere nicht der Gerichtsstand des Niederlassungsorts (ZPO § 21) und derjenige des Erfüllungsorts (ZPO § 29). Freilich ist die Vereinbarung über den Gerichtsstand unzulässig, wenn für die Klage ein ausschließlicher Gerichtsstand begründet ist (ZPO § 40 Abs. 2). Aber ein solcher ausschließlicher Gerichtsstand würde hier nur im Falle des § 146 KO in Betracht kommen. Anm. 3

c) Das Gericht ist für die Entscheidung von Streitigkeiten, die aus dem Versicherungsverhältnis entstehen, zuständig. Ob Versicherer, Versicherungsnehmer oder Versicherter klagt, gilt gleich. Ebenso, ob die Streitigkeiten Hauptverpflichtungen (Prämienzahlung, Entschädigung) oder Nebenverbindlichkeiten betreffen. Nach dem erkennbaren Zwecke des § 127 muß ebenfalls ohne Bedeutung sein, ob die Streitigkeiten unmittelbar oder nur mittelbar aus dem Versicherungsverhältnis entstanden sind, ob sie, wenn sie nur „aus dem Versicherungsverhältnis" entstanden sind, den Versicherungsvertrag oder eine unerlaubte Handlung (vgl. insbesondere BGB § 826; abw. für künftige unerlaubte Handlungen: BayObLG, OLG Bamberg Rspr 1. 240) oder ungerechtfertigte Bereicherung (vgl. BGB § 812) zum Grunde haben. Das Gericht ist auch dann zuständig, wenn die Versicherung „unwirksam" oder der Versicherer „von der Verpflichtung zur Leistung frei" ist, und zwar nicht nur, wenn die Unwirksamkeit usw. streitig ist, der Versicherungsnehmer z. B. Entschädigung verlangt und der Versicherer die Unwirksamkeit usw. einwendet, sondern auch, wenn die Unwirksamkeit unstreitig ist, aber gleichwohl noch „aus dem Versicherungsverhältnis" Ansprüche oder Verpflichtungen übriggeblieben sind, der Versicherer z. B. die Ristornogebühr verlangt. Anders, wenn der Versicherungsvertrag nichtig ist. Mit dem Versicherungsvertrag ist auch die im § 127 enthaltene Nebenberedung der Zuständigkeit des Gerichts nichtig. Zwar können die Parteien im Versicherungsvertrag vereinbaren, daß auch über die Gültigkeit und Nichtigkeit des Vertrags ein bestimmtes Gericht entscheiden soll (JW 1901. 285). Aber solche Vereinbarung kann dem § 127 nicht entnommen werden. Damit würde freilich unter Umständen der Zweck des § 127 verfehlt sein. Die Lücke ist indessen ohne große praktische Bedeutung. Denn wenn der im Gerichtsstand des § 127 Verklagte die Nichtigkeit des Versicherungsvertrags und damit die Unzuständigkeit des Gerichts einwendet, muß das Gericht die Gültigkeit oder die Nichtigkeit des Vertrags feststellen und im ersten Falle seine Zuständigkeit annehmen, im zweiten Falle die unbegründete Klage abweisen. Anm. 4

§ 127 d) Der jeweilige allgemeine Gerichtsstand des Versicherers entscheidet. Nicht
Anm. 5 der Gerichtsstand, den der Versicherer zur Zeit der Schließung des Vertrags hatte (vgl. auch § 75 Anm. 46 und unten Anm. 7).

Anm. 6 e) Der Gerichtsstand des Versicherers entscheidet auch im Arrest- und Verfügungsverfahren. Gericht der Hauptsache im Sinne der §§ 919, 937 ZPO ist ausschließlich das Gericht, bei dem der Versicherer seinen allgemeinen Gerichtsstand hat. Aber daneben ist das in den §§ 919, 942 ZPO örtlich bestimmte Amtsgericht zuständig. Der Arrestkläger hat die Wahl (ZPO § 35).

Anm. 7 3. **Satz 2. Ist der Versicherungsvertrag durch einen Vertreter des Versicherers von einer gewerblichen Niederlassung des Versicherers oder des Vertreters aus geschlossen, so ist auch das Gericht des Niederlassungsorts zuständig.** Denn auch an Orten, an denen der Versicherer vertreten ist, pflegen Seeversicherungs-Sachen den Gerichten geläufig zu sein. — Ob die Niederlassung eine (Zweig-)Niederlassung des Versicherers oder eine (Haupt-)Niederlassung des Vertreters, etwa des Agenten, ist, gilt gleich. — Der Vertreter muß aber Vertreter im Rechtssinn gewesen sein, den Vertrag „geschlossen", im Namen des Versicherers gehandelt haben (vgl. BGB § 164 Abs. 1). Es genügt nicht, daß der „Vertreter" den Abschluß des Versicherungsvertrags vermittelt hat (anders VVG § 48 Abs. 1). — Nicht der Ort der jeweiligen Niederlassung ist maßgebend. Sondern der Ort, an dem der Versicherer oder sein Vertreter die Niederlassung „hatte"; das kann nach dem Zusammenhang und dem Zwecke der Bestimmung nur bedeuten: zur Zeit der Schließung des Vertrags hatte (vgl. auch VVG § 48 Abs. 1 und oben Anm. 5). — Der Gerichtsstand der Niederlassung ist auch im Arrest- und Verfügungsverfahren wirksam (näheres: oben Anm. 6).

Anm. 8 4. Unter den beiden nach § 127 zuständigen Gerichten hat der Kläger die Wahl (ZPO § 35). Er übt die Wahl durch Erhebung der Klage aus. Nicht schon durch Anbringung des Arrestgesuchs für die Hauptsache.

Anm. 9 5. § 127 gilt sinngemäß auch für die **Rückversicherung** (§ 1 Anm. 136).

Anm. 10 6. **Fremde Rechte.** Besondere Bestimmungen gleich derjenigen des § 127 fehlen.

Zusatzbestimmungen zu den ADS für die Güterversicherung (1947)

Vorbemerkung

Diese Zusatzbestimmungen sollen grundsätzlich auf alle Versicherungen Anwendung finden, die auf Basis der ADS abgeschlossen werden. Jede Police, die für eine nach den ADS geschlossene Güterversicherung ausgestellt wird, soll folgenden Text enthalten: „Auf die Versicherung finden die Allgemeinen Deutschen Seeversicherungsbedingungen (ADS) nebst den „Zusatzbestimmungen zu den ADS für die Güterversicherung (1947)" Anwendung". Vgl. Jahrbuch des Deutschen Transport-Versicherungs-Verbandes 1965, 353.

1. Kriegs-Ausschlußklausel

§ 35 Abs. 1 der ADS wird durch folgende Bestimmung ersetzt:

„Die Versicherung deckt nicht die Gefahren des Krieges, des Bürgerkrieges und kriegsähnlicher Ereignisse. Auf diesen Gefahren beruhen zum Beispiel Schäden, verursacht durch Handlungen kriegerischer Art, insbesondere durch das Einsetzen der bewaffneten Macht, durch Blockade oder andere Sperren, sowie durch Beschlagnahme oder sonstige durch den Krieg veranlaßte den versicherten Gegenstand betreffende Maßnahmen einer anerkannten oder nicht anerkannten Macht. Die Versicherung deckt außerdem nicht die Gefahren, die sich unabhängig vom Kriegszustand aus der Verwendung oder dem Vorhandensein von Minen, Torpedos, Bomben und anderen Kriegswerkzeugen ergeben."

2. Beschlagnahme-Ausschlußklausel

Die Versicherung deckt nicht die Gefahren der Beschlagnahme oder sonstiger Entziehung durch Verfügung von Hoher Hand, unbeschadet § 36 ADS.

3. Diebstahl-Ausschlußklausel

Der Versicherer haftet, mangels anderer Vereinbarung, für einen durch Diebstahl verursachten Schaden nur im Strandungsfall (§ 114 ADS und Nothafenklausel).

4. Minen-Einschlußklausel

(Außer Anwendung)

5. Von Haus zu Haus-Klausel

Beginn der Versicherung

Die Versicherung beginnt mit dem Zeitpunkt, in dem die Güter am Abladungsorte zum Zwecke der Beförderung auf der versicherten Reise von der Stelle, an der sie bisher aufbewahrt wurden, entfernt werden.

Ende der Versicherung

Die Versicherung endigt mit dem Zeitpunkt, in dem die Güter am Ablieferungsort an die Stelle gebracht werden, die der Empfänger zu ihrer Aufbewahrung bestimmt hat (Ablieferungsstelle):

a) Seeplatz.

Wenn der aufgegebene Ablieferungsort ein Seeplatz ist, endigt die Versicherung spätestens mit Ablauf des 20. Tages nach Landung der Güter am Ablieferungsort.

b) Binnenplatz.

1. Wenn der aufgegebene Ablieferungsort ein Binnenplatz ist, endigt die Versicherung spätestens mit Ablauf des 10. Tages nach Entladung der Güter aus dem anbringenden Beförderungsmittel am Ablieferungsort.

2. Falls eine Verzögerung in der Beförderung der Güter nach Landung am Seeplatz bis zum Eintreffen am Ablieferungsort durch den Versicherten bzw. den Empfänger veranlaßt wird oder zu vertreten ist, endigt die Versicherung bereits mit Beginn der Verzögerung, jedoch nicht vor Ablauf der unter den jeweiligen Umständen normalen Reisedauer.

Die Feststellung eines Schadens hat unverzüglich zu erfolgen.

Zusatz zu a) und b).

Dem Versicherer ist Zulage nach Vereinbarung zu zahlen, wenn sich das Anlandbringen der versicherten Güter nach Entlöschung aus dem Seeschiff außergewöhnlich verzögert.

Ausdehnung der Fristen bzw. der Versicherung.

Gegen zu vereinbarende Prämienzulage für die Ausdehnung der Fristen unter Berücksichtigung von Gefahren, welche in der Hauptversicherung besonders eingeschlossen sind (z. B. Bruch, Leckage), können ausgedehnt werden

1. die in a) und b) bestimmten Fristen,

2. die Versicherung für den Fall der Verzögerung (b Satz 2) nach Landung am Seeplatz bis zum Eintreffen am Ablieferungsort,

und zwar bei der Deklaration und in außergewöhnlichen Fällen nach der Deklaration, jedoch nur vor Ablauf der deklarierten Frist.

Innerhalb dieser Fristen, jedoch ohne Überschreitung derselben, darf der Empfänger die Beförderung des Gutes verzögern.

6. Optionsklausel

Hat der Versicherungsnehmer dem Reeder gegenüber laut Konnossement oder Vereinbarung das Recht, unter mehreren Bestimmungsorten zu wählen, so gilt es für die Versicherung der Transportgefahren (nicht der Kriegsgefahr) nicht als Gefahränderung, wenn die Güter unterwegs in einem Zwischenhafen oder, vor Ausübung des Wahlrechts, an einem der Bestimmungsorte gelöscht und in den Räumen einer Kaianstalt oder einer Zollbehörde zu Lager genommen werden und wenn hierdurch die Vollendung der Reise verzögert wird.

Die Versicherung endigt, falls der Versicherungsnehmer den Löschungsort als Bestimmungsort wählt, spätestens mit Ablauf des 30. Tages nach Landung der Güter.

Die Wiederverladung der Güter ist dem Versicherer unverzüglich anzuzeigen.

Wird die Beförderung nach anderen als deutschen Nordseehäfen und holländischen Seehäfen durchgeführt, so ist dafür eine Prämienzulage zu bezahlen.

Bei mehrmaliger Umladung gebührt dem Versicherer für jede weitere Umladung eine Zuschlagsprämie.

Wenn die Lagerung länger als 30 Tage dauert und der Versicherungsnehmer nicht vor Ablauf dieser Frist erklärt, daß die Versicherung fortdauern soll, so endigt die Gefahr nach Ablauf dieser Frist. Soll die Versicherung fortdauern, so gebührt dem Versicherer eine Zuschlagsprämie. Die Gesamtdauer der Lagerung bis zur Ausübung des Wahlrechts ist auf zwei Monate beschränkt.

7. Gefahränderungsklausel

Der Versicherungsnehmer darf die Gefahr ändern, insbesondere erhöhen und die Änderung durch einen Dritten gestatten. Dem Versicherer gebührt im Falle einer Änderung eine Zuschlagsprämie, wenn er nach den ADS mit Rücksicht auf die Änderung von der Verpflichtung zur Leistung frei sein würde.

8. Deckladungsklausel

Verladung auf Deck ist anzeigepflichtig. Für auf Deck verladene Güter trägt der Versicherer auch die Gefahr des Überbordspülens und -werfens, er haftet jedoch für eine Beschädigung nur im Falle einer Strandung im Sinne des § 114 ADS und der Nothafenklausel.

9. Deklarationsklausel

Etwa unterlassene, verzögerte oder fehlerhafte Deklarationen können nachgeholt bzw. berichtigt werden, und sind dann für die Versicherer verbindlich, wenn der Versicherungsnehmer die Sorgfalt eines ordentlichen Kaufmannes nicht außer acht gelassen hat.

10. Rostklausel

Der Versicherer haftet im Strandungsfall (§ 114 ADS und Nothafenklausel) auch für eine durch Rost oder Oxydierung verursachte Beschädigung.

Güter, für deren Beschädigung der Versicherer nicht nur im Strandungsfall (§ 114 und Nothafenklausel) haftet, gelten ferner versichert für Schäden durch Rost oder Oxydierung, verursacht durch See-, Süßwasser, Beiladung oder Beschädigung der äußeren Verpackung.

11. Bruch- und Leckage-Klausel

Abgesehen vom Strandungsfall (§ 114 und Nothafenklausel) sind die nachgenannten Gefahren nur bei besonderer Vereinbarung und gegen zu vereinbarende Prämie mitversichert:

1. die Gefahr der Beschädigung des Gutes durch Bruch,
2. die Gefahr der Beschädigung oder des Teilverlustes bei in Fässern oder in Säcken verpackten Gütern infolge von Bruch oder Zerreißen der Verpackung, es sei denn, daß der Unfall, der den Schaden verursacht hat, vom Versicherten nachgewiesen und durch die Versicherung gedeckt ist,
3. die Gefahr des Auslaufens bei flüssigen Waren über den durch § 86 Abs. 2 ADS gegebenen Haftungsumfang hinaus.

12. Klausel betreffend Versicherung flüssiger Güter einschließlich Leckage

Wenn die Versicherung flüssiger Güter einschließlich Leckage frei von gewissen Prozenten oder frei von gewissen ersten Prozenten genommen ist, findet auf einen Schaden, der in Verlust durch Leckage besteht, § 86 Abs. 1 ADS keine Anwendung.

13. Wiederherstellungsklausel

Im Falle von Beschädigung oder Verlust eines Teiles oder von Teilen des versicherten Gegenstandes soll nach Wahl des Versicherten entweder der Schaden gemäß § 93 ADS durch Abschätzung seitens Sachverständiger festgestellt werden oder es sollen die beschädigten bzw. verlorenen Teile wieder angeschafft werden. In letzterem Falle vergütet der Versicherer die entstandenen Kosten, jedoch mit der Beschränkung, daß die Kosten nicht über die Versicherungssumme hinaus und nur im Verhältnis der Versicherungssumme zum Gesundwert des versicherten Gegenstandes im Sinne des § 93 Abs. 1 ADS vergütet werden.

Diese Klausel gilt nicht bei Versicherung von Maschinen und Maschinenteilen (s. Klausel Nr. 14).

14. Klausel für Maschinen und Maschinenteile

Bruchschäden im Strandungsfall und solche Schäden, die laut Police auch in anderen Fällen mitgedeckt sind, müssen unverzüglich nach Ankunft und Öffnung der Kisten unter Hinzuziehung des in der Police aufgeführten Havarie-Kommissars festgestellt werden. Die Versicherer haften nur für die Kosten der Reparatur oder des Ersatzes des zerbrochenen oder abhanden gekommenen Teils der Maschine, jedoch nicht über die Versicherungssumme hinaus und nur im Verhältnis der Versicherungssumme zum Gesundwert des versicherten Gegenstandes im Sinne des § 93 Abs. 1 ADS. Der beschädigt oder abhanden gekommene Teil ist am Bestimmungsort zu reparieren oder zu ersetzen.

Sollte dieses nicht angängig oder mit unverhältnismäßigen Kosten verbunden sein, ist Ersatz durch Nachsendung von der Fabrik zu beschaffen.

Ein Verkauf der zerbrochenen Teile oder der ganzen Maschine ist nur im Einvernehmen mit dem Versicherer gestattet.

15. Skimming-Klausel

Ist Kaffee oder Kakao gegen Beschädigung und mit der Bedingung: „Jeder Sack eine Serie" versichert, so erfolgt im Falle der Beschädigung am Bestimmungsort die Schadensfeststellung durch Abnehmen des Beschädigten vom Gesunden. Mangels Vereinbarung mit dem Versicherten wegen Übernahme des Beschädigten gilt folgendes:

Das Beschädigte ist zu verkaufen; der Bruttoerlös gilt als Krankwert. Durch Berechnung des Verhältnisses vom Krankwert zum Gesundwert auf die Versicherungssumme des beschädigten Teiles des versicherten Gutes wird der zu ersetzende Schaden bestimmt. § 34 Abs. 1 ADS (Franchise) ist aufgehoben. Die Kosten der Bearbeitung und des Verkaufs trägt der Versicherer.

16. Leichterklausel

Im Falle der Benutzung von Leichterfahrzeugen gelten die in einem Leichterfahrzeug verladenen Güter zugunsten des Versicherten als besonders versichert.

17. Nothafenklausel

In Ausdehnung von § 114 ADS soll es auch als Strandung angesehen werden, wenn infolge eines dem Versicherer zur Last fallenden Unfalls das Schiff einen Nothafen anläuft und unter Deck verladene Güter gelöscht werden.

18. Havarie-grosse-Klausel

Ist der Beitragswert in anderer Währung angegeben als die Versicherungssumme, so wird die zum Vergleich des Beitragswertes mit dem Versicherungswert gemäß § 30, 8 ADS erforderliche Umrechnung des Beitragswertes in die Währung des Versicherungsvertrages zum Kurs des Tages vorgenommen, an dem Schiff und Ladung sich trennten.

19. Zoll-Fracht-Klausel

Falls vereinbart, sind auch Aufwendungen, die sich für die Güter am Ablieferungsort ergeben, insbesondere Aufwendungen für Zoll, Fracht und dergleichen, mitzuversichern, soweit der Versicherungswert sie nicht bereits umfaßt. Im Falle der Mitversicherung gebührt dem Versicherer eine Prämie auf den Betrag der Werterhöhung, welche sich wie folgt berechnet:

Es sind zu zahlen die vollen Zuschlagsprämien für Einschluß von Sonder-Risiken, z. B. Diebstahl, Bruch, Leckage und außerdem

1. für Güter, für deren Beschädigung der Versicherer nur im Strandungsfalle haftet, 25% der reinen Seeprämie,
2. für andere Güter 50% der reinen Seeprämie.

20. Frachtführer-Klausel

Die Versicherung gilt nicht zugunsten eines Verfrachters (Reeders), eines Frachtführers oder Lagerhalters, welcher hinsichtlich des versicherten Gutes im Dienst des Versicherungsnehmers oder Versicherten bzw. deren Vertreter steht.

Die Abtretung von Ansprüchen aus dem Versicherungsvertrage im ordnungsmäßigen kaufmännischen Verkehr ist durch die vorstehende Bestimmung nicht ausgeschlossen.

21. Schadensfeststellungsklausel

Falls in der Police oder im Policen-Zertifikat Schadensfeststellung durch einen bestimmten Havarie-Kommissar vorgeschrieben ist, ist dieser Havarie-Kommissar unverzüglich hinzuzuziehen.

22. Drogenklausel

Es wird vereinbart, daß auf Grund dieser Police kein Schaden an Drogen, auf welche die verschiedenen Internationalen Abkommen betreffend Opium und andere gefährliche Drogen Anwendung finden, bezahlt wird, es sei denn, daß

1. die Drogen ausdrücklich als solche in der Police deklariert sind und der Name des Landes, von dem sie abgesandt und nach dem sie bestimmt sind, besonders in der Police angegeben ist, und
2. den Schadensunterlagen entweder ein Erlaubnisschein, ein Zertifikat oder eine Ermächtigung beigefügt ist, ausgestellt von der Regierung des Landes, nach dem die Drogen bestimmt sind, des Inhalts, daß die Einfuhr der betreffenden Sendung in jenes Land von dessen Regierung genehmigt worden ist, oder ein Erlaubnisschein, ein Zertifikat oder eine Ermächtigung, ausgestellt von der Regierung des Landes, aus dem die Drogen abgesandt sind, des Inhalts, daß die Ausfuhr der betreffenden Sendung nach dem angegebenen Bestimmungsort von jener Regierung genehmigt worden ist und
3. der Reiseweg, auf dem die Drogen befördert wurden, gebräuchlich und üblich ist.

23. Verzugsklausel

Wird ein Streit zwischen Versicherer und Versicherten durch gerichtliches oder schiedsgerichtliches Verfahren erledigt oder wird die Zahlung seitens des Versicherers aus einem anderen Grunde verzögert, so hat der Versicherer — abgesehen von den gesetzlichen Zinsen — dem Versicherten einen Schaden wegen Verzuges nicht zu ersetzen, es sei denn, daß der Versicherer die Zahlung grobfahrlässig oder vorsätzlich verzögert hat.

24. Kursklausel für Güterversicherung

Wortlaut bleibt vorbehalten.

25. Devisenklausel

Bei den in fremden Währungen geschlossenen Versicherungen sind Leistung und Gegenleistung in der Währung der Versicherungssumme zu bewirken.

26. Kündigungsklausel (Aufruhr usw.)

Soweit die Gefahren des Aufruhrs, der Plünderung, politischer Gewalthandlungen oder sonstiger bürgerlicher Unruhen nicht als Kriegsgefahren im Sinne des § 35 ADS anzusehen sind, können diese Gefahren vom Versicherer unter Einhaltung einer Kündigungsfrist von 2 Tagen vor Risikobeginn gekündigt werden. Bei lagernden Gütern (Zwischenlagerung ausgenommen) kann auch nach Risikobeginn gekündigt werden, jedoch bleibt die Versicherung nach Ablauf der Kündigungsfrist bis zum deklarierten nächsten Ablaufstermin, aber nicht länger als einen Monat in Kraft.

27. Kündigungsklausel (Kriegszustand)

Falls die unter laufender Versicherung gedeckte Beförderung von Gütern oder deren Lagerung ein Land betrifft, das sich im Kriegszustand oder in einem kriegsähnlichen Zustand befindet, können beide Parteien die Versicherung jederzeit unter Einhaltung einer einwöchigen Frist kündigen, und zwar entweder die ganze Versicherung oder denjenigen Teil, der sich auf das durch die kriegerischen Ereignisse betroffene Land bezieht.

28. Kündigungserklärungsklausel

Jede Kündigung seitens der Versicherer kann auch dem Makler für den Versicherungsnehmer erklärt werden, ausgenommen Kündigung und Aufhebung der Versicherung laut § 17 der ADS wegen Nichtbezahlung der Prämie.

29. Einzelhaftungs-Klausel

Bei Versicherungen, die von mehreren Versicherern übernommen sind, haften diese stets nur anteilig, nicht solidarisch, auch wenn die Policen oder die Zertifikate von einem Versicherer für sich selbst und in Vollmacht für die Mitversicherer gezeichnet sind.

30. Anschlußklausel

Die von dem Anfänger der Police mit dem Versicherungsnehmer oder dem Versicherten getroffenen Vereinbarungen sind für die Mitversicherer verbindlich, insbesondere gilt dies zugunsten des Versicherten für die Schadensregulierung, jedoch ist der Anfänger der Police ohne Zustimmung der Mitversicherer, von denen jeder einzeln zu entscheiden hat, nicht berechtigt

a) zur Erhöhung des Policen-Höchstbetrages,
b) zum Einschluß der Kriegsgefahr,
c) zum Einschluß der Beschlagnahmegefahr,
d) zur Änderung der Policen-Währung,
e) zur Änderung der Kündigungsbestimmungen.

Bei einer Änderung des Anfängers der Police, die den mitbeteiligten Versicherern unverzüglich schriftlich anzuzeigen ist, hat jeder mitbeteiligte Versicherer das Recht, unter Einhaltung einer zweiwöchigen Frist den Versicherungsvertrag zu kündigen.

Das Kündigungsrecht erlischt, wenn es nicht innerhalb eines Monats nach Erhalt der schriftlichen Mitteilung über die Änderung des Anfängers der Police ausgeübt wird.

Anm. Aus der obigen Anschlußklausel (Anfängerklausel) ergibt sich die Vollmacht, die die Mitversicherer dem Anfänger der Police erteilt haben. Sie regelt also das Außenverhältnis gegenüber dem Versicherungsnehmer. Im Innenverhältnis zwischen dem Anfänger und den Mitversicherern ist ein Geschäftsbesorgungsvertrag gegeben. Der Anfänger hat mit der Sorgfalt eines ordentlichen Versicherers die Interessen der Mitversicherer zu wahren, einmal bei der Verwaltung der Police und sodann bei der Schadensabwicklung. Die Mitbeteiligten sind verpflichtet, dem Anfänger auf dessen Wunsch hin ihre Ansichten zu vorgelegten Fragen zu äußern. Insbesondere gehört es zu den Sorgfaltspflichten des Anfängers, das Einverständnis der Mitbeteiligten einzuholen 1. vor wesentlichen

Veränderungen der Vertragsgrundlage sowie allen Veränderungen, die rückwirkend Platz greifen sollen; 2. bei der Regulierung von zweifelhaften Schäden, soweit ihr Umfang das Ergebnis der Police wesentlich beeinflussen würde; 3. bei der Übernahme von nicht ersatzpflichtigen Schäden (Kulanzzahlungen), soweit es sich nicht um sogenannte Bagatellschäden handelt. Das Einverständnis der Mitbeteiligten gilt als erteilt, wenn die beiden Mitbeteiligten mit den höchsten Anteilen ihr Einverständnis erklärt haben. Kommt ein Einverständnis zwischen diesen drei Beteiligten nicht zustande, so hat der Anfänger die übrigen Mitbeteiligten zu befragen, um die Ansicht der Mehrheit festzustellen (so Jahrbuch des Deutschen Transport-Versicherungs-Verbandes 1965. 353f.).

Anhang

1. Reise- und Zeit-Police

(Für Versicherung von Kasko, Fracht oder anderen auf das Schiff sich beziehenden Interessen)

Die Unterzeichneten haben, ein jeder für den hierunter bei seinem Namen angegebenen Anteil, Versicherung übernommen gegenüber

Herr ....

auf ....

taxiert auf DM ....

des....................schiffes ....

geführt vom Schiffer ....

für die Reise von ....

nach ....

zur Prämie von ....

Auf die Versicherung finden die „Allgemeinen Deutschen Seeversicherungs-Bedingungen" (ADS) Anwendung. Der Versicherer trägt insbesondere **nicht** die **Kriegsgefahr** (§ 35 ADS).

Beschlagnahme-Ausschluß-Klausel

Die Versicherung deckt nicht die Gefahr der Beschlagnahme oder sonstiger Entziehung durch Verfügung von Hoher Hand, unbeschadet § 36 ADS.

Minen-Ausschluß-Klausel

Die Versicherung deckt nicht die Gefahr der Beschädigung oder des Verlustes, verursacht durch Minen, Torpedos, Bomben und andere Kriegswerkzeuge jeglicher Art, gleichgültig ob diese Gegenstände anläßlich eines Krieges von den kriegführenden oder neutralen Mächten verwendet werden, oder ob aus ihrem Vorhandensein im Frieden der Schaden entsteht.

Hamburg, den..........ten....................196....

Geschlossen durch

2. Zeit-Police

(Für Versicherung von Kasko, Fracht oder anderen auf das Schiff sich beziehenden Interessen)

Die Unterzeichneten haben, ein jeder für den hierunter bei seinem Namen angegebenen Anteil, Versicherung übernommen gegenüber

Herr ....

auf ....

taxiert auf ....

des ....

Klasse: .... Baujahr: .... BRT: ....

Seefähigkeitsatteste anerkannter Klassifikationsbehörden sind der Klasse gleichzusetzen.

für die Zeit vom.............................. bis zum....................

zur Prämie von ....

Auf die Versicherung finden die „Allgemeinen Deutschen Seeversicherungs-Bedingungen" (ADS) Anwendung. Der Versicherer trägt insbesondere **nicht** die **Kriegsgefahr** (§ 35 ADS).

Beschlagnahme-Ausschluß-Klausel

Die Versicherung deckt nicht die Gefahr der Beschlagnahme oder sonstiger Entziehung durch Verfügung von Hoher Hand, unbeschadet § 36 ADS.

Minen-Ausschluß-Klausel

Die Versicherung deckt nicht die Gefahr der Beschädigung oder des Verlustes, verursacht durch Minen, Torpedos, Bomben und andere Kriegswerkzeuge jeglicher Art, gleichgültig ob diese Gegenstände anläßlich eines Krieges von den kriegführenden oder neutralen Mächten verwendet werden, oder ob aus ihrem Vorhandensein im Frieden der Schaden entsteht.

Hamburg, den..........ten...................196....

Geschlossen durch

3. Güter-Police

Die Unterzeichneten haben, ein jeder für den hierunter bei seinem Namen angegebenen Anteil, Versicherung übernommen gegenüber
für Rechnung „wen es angeht"

Schaden zahlbar an den Inhaber dieser Police.

auf ....

taxiert zu ....

per..

für die Reise von...

nach ....

zur Prämie von ....

Auf die Versicherung finden die „Allgemeinen Deutschen Seeversicherungs-Bedingungen" (ADS) nebst den „Zusatzbestimmungen zu den ADS für die Güterversicherung (1947)" Anwendung. Für den Zahlungsverkehr gelten die Bestimmungen der Richtlinien Nr. 2 der Hamburger Versicherungsbörse für den Abschluß von Transportversicherungen.

Versicherungs-Bedingungen:

Schadensfeststellung — auch bei Diebstahl und anderem Teilverlust, falls mitversichert — durch
ohne dessen Havarie-Zertifikat kein Schadensanspruch anerkannt wird.

Diese Police ist......fach ausgefertigt; erfolgt Schadenszahlung gegen eine Ausfertigung, wird/werden die andere(n) ungültig.

Hamburg, den..........ten....................196....

Geschlossen durch

Von Haus zu Haus Klausel

Ziffer 5 der Zusatzbestimmungen zu den ADS für die Güterversicherung (1947)

Beginn der Versicherung

Die Versicherung beginnt mit dem Zeitpunkt, in dem die Güter am Abladungsorte zum Zwecke der Beförderung auf der versicherten Reise von der Stelle, an der sie bisher aufbewahrt wurden, entfernt werden.

Ende der Versicherung

Die Versicherung endigt mit dem Zeitpunkt, in dem die Güter am Ablieferungsort an die Stelle gebracht werden, die der Empfänger zu ihrer Aufbewahrung bestimmt hat (Ablieferungsstelle):

a) Seeplatz.

Wenn der aufgegebene Ablieferungsort ein Seeplatz ist, endigt die Versicherung spätestens mit Ablauf des 20. Tages nach Landung der Güter am Ablieferungsort.

b) Binnenplatz.

(1) Wenn der aufgegebene Ablieferungsort ein Binnenplatz ist, endigt die Versicherung spätestens mit Ablauf des 10. Tages nach Entladung der Güter aus dem anbringenden Beförderungsmittel am Ablieferungsort.

(2) Falls eine Verzögerung in der Beförderung der Güter nach Landung am Seeplatz bis zum Eintreffen am Ablieferungsort durch den Versicherten bzw. den Empfänger veranlaßt wird oder zu vertreten ist, endigt die Versicherung bereits mit Beginn der Verzögerung, jedoch nicht vor Ablauf der unter den jeweiligen Umständen normalen Reisedauer.

Die Feststellung eines Schadens hat unverzüglich zu erfolgen.

Zusatz zu a) und b).

Dem Versicherer ist Zulage nach Vereinbarung zu zahlen, wenn sich das Anlandbringen der versicherten Güter nach Entlöschung aus dem Seeschiff außergewöhnlich verzögert.

Ausdehnung der Fristen bzw. der Versicherung.

Gegen zu vereinbarende Prämienzulage für die Ausdehnung der Fristen unter Berücksichtigung von Gefahren, welche in der Hauptversicherung besonders eingeschlossen sind (z. B. Bruch, Leckage), können ausgedehnt werden

1. die in a) und b) bestimmten Fristen,
2. die Versicherung für den Fall der Verzögerung (b Satz 2) nach Landung am Seeplatz bis zum Eintreffen am Ablieferungsort,

und zwar bei der Deklaration und in außergewöhnlichen Fällen nach der Deklaration, jedoch nur vor Ablauf der deklarierten Frist.

Innerhalb dieser Fristen, jedoch ohne Überschreitung derselben darf der Empfänger die Beförderung des Gutes verzögern.

4. Laufende Police

Die Unterzeichneten haben, ein jeder für den hierunter bei seinem Namen angegebenen Anteil, Versicherung übernommen gegenüber

für Rechnung, wen es angeht,

auf ....

für Reisen von ....

nach ....

Transportmittel: ....

Höchstbetrag DM ....

Laufzeit ....

Auf die Versicherung finden die „Allgemeinen Deutschen Seeversicherungs-Bedingungen“ (ADS) nebst den „Zusatzbestimmungen zu den ADS für die Güterversicherung (1947)“ Anwendung.

Für den Zahlungsverkehr gelten die Bestimmungen der Richtlinien Nr. 2 der Hamburger Versicherungsbörse für den Abschluß von Transportversicherungen.

Hamburg, den..........ten....................196....

Geschlossen durch

5. Versicherungszertifikat (Einzelpolice)

Versicherungssumme Ausfertigungsort und -tag Exemplare General-Police-Nr./ Zertifikat-Nr.

Wir bescheinigen hiermit, daß wir auf Grund der obengenannten General-Police

Versicherung übernommen haben gegenüber

für Rechnung wen es angeht, auf nachstehend näher bezeichnete Güter

für folgende Reise (Transportmittel, Reiseweg):

von Haus zu Haus gemäß der umseitig abgedruckten Klausel 5 der Zusatzbestimmungen zu den Allgemeinen Deutschen Seeversicherungsbedingungen (ADS) für die Güterversicherung (1947).

Bedingungen:

1. Allgemeine Deutsche Seeversicherungsbedingungen (ADS) nebst Zusatzbestimmungen zu den ADS für die Güterversicherung (1947)
2. Bedingungen der obengenannten General-Police
3.

Schäden zahlbar an den Inhaber dieses Zertifikates. Mit Schadenzahlung gegen eine Ausfertigung werden die anderen ungültig.

Wesentliche Vorschriften über das Verhalten im Schadenfall siehe Rückseite.

Havariekommissar

Prämie bezahlt.

Entsprechend der Regelung der ADS ist im Schadenfall folgendes besonders zu beachten:

(Bei Nichtbeachtung kann die Leistungspflicht des Versicherers entfallen)

Güter sofort auf Schäden untersuchen.

Schon bei Verdacht eines Schadens keine reine Empfangsquittung geben, es sei denn unter schriftlichem Protest.

Ersatzansprüche gegen Dritte sicherstellen.

Bei äußerlich erkennbaren Beschädigungen und Verlusten vor Abnahme des Gutes,

Bei äußerlich nicht erkennbaren Beschädigungen und Verlusten unverzüglich nach Entdeckung:

Reederei, sonstige Beförderer, Lagerhalter, Zoll- und Hafenbehörden

➔ zu gemeinsamer Schadenbesichtigung auffordern

➔ um Bescheinigung des Schadens ersuchen

➔ schriftlich haftbar machen.

Reklamationsfristen einhalten.

Erkundigen Sie sich schon vor Abnahme der Güter nach den Reklamationsfristen (bei Seetransporten beträgt die Reklamationsfrist z. B. drei Tage nach Entlöschung).

Unverzüglich den Havarie-Kommissar der Versicherer hinzuziehen!

(Auch bei der Reklamation lassen Sie sich vom Havarie-Kommissar beraten!)

Abgesehen von der Feststellung von Schäden ist der Havariekommissar nicht ermächtigt, Erklärungen mit Wirkung für den Versicherer abzugeben oder entgegenzunehmen. Durch die Benennung des Havariekommissars wird für diesen keine persönliche Berechtigung oder Verpflichtung zur Auszahlung von Schäden begründet.

Ausschließlicher Gerichtsstand — auch bei Vereinbarung einer Schadenzahlung durch einen Zahlagenten — ist der Ausstellungsort dieses Zertifikates oder Sitz der Hauptniederlassung des Versicherers.

Von Haus zu Haus Klausel

Ziffer 5 der Zusatzbestimmungen zu den ADS für die Güterversicherung (1947)

Beginn der Versicherung

Die Versicherung beginnt mit dem Zeitpunkt, in dem die Güter am Abladungsorte zum Zwecke der Beförderung auf der versicherten Reise von der Stelle, an der sie bisher aufbewahrt wurden, entfernt werden.

Ende der Versicherung

Die Versicherung endigt mit dem Zeitpunkt, in dem die Güter am Ablieferungsort an die Stelle gebracht werden, die der Empfänger zu ihrer Aufbewahrung bestimmt hat (Ablieferungsstelle):

a) Seeplatz.

Wenn der aufgegebene Ablieferungsort ein Seeplatz ist, endigt die Versicherung spätestens mit Ablauf des 20. Tages nach Landung der Güter am Ablieferungsort.

b) Binnenplatz.

(1) Wenn der aufgegebene Ablieferungsort ein Binnenplatz ist, endigt die Versicherung spätestens mit Ablauf des 10. Tages nach Entladung der Güter aus dem anbringenden Beförderungsmittel am Ablieferungsort.

(2) Falls eine Verzögerung in der Beförderung der Güter nach Landung am Seeplatz bis zum Eintreffen am Ablieferungsort durch den Versicherten bzw. den Empfänger veranlaßt wird oder zu vertreten ist, endigt die Versicherung bereits mit Beginn der Verzögerung, jedoch nicht vor Ablauf der unter den jeweiligen Umständen normalen Reisedauer.

Die Feststellung eines Schadens hat unverzüglich zu erfolgen.

Zusatz zu a) und b).

Dem Versicherer ist Zulage nach Vereinbarung zu zahlen, wenn sich das Anlandbringen der versicherten Güter nach Entlöschen aus dem Seeschiff außergewöhnlich verzögert.

Ausdehnung der Fristen bzw. der Versicherung.

Gegen zu vereinbarende Prämienzulage für die Ausdehnung der Fristen unter Berücksichtigung von Gefahren, welche in der Hauptversicherung besonders eingeschlossen sind (z. B. Bruch, Leckage), können ausgedehnt werden

1. die in a) und b) bestimmten Fristen,
2. die Versicherung für den Fall der Verzögerung (b Satz 2) nach Landung am Seeplatz bis zum Eintreffen am Ablieferungsort,

und zwar bei der Deklaration und in außergewöhnlichen Fällen nach der Deklaration, jedoch nur vor Ablauf der deklarierten Frist.

Innerhalb dieser Fristen, jedoch ohne Überschreitung derselben, darf der Empfänger die Beförderung des Gutes verzögern.

6. Lloyd's S. G. Policy

Be it known that...
as well in...own name as for and in the Lloyd's S. G. name and names of all and every other person or persons to whom the same doth, may, or shall appertain, in part or in all doth make assurance or shall appertain, in part or in all doth make assurance and cause..................
..................................and them, and every of them, to be insured lost or not lost, at and from..
Upon any kind of goods and merchandises, and also upon the body, tackle, apparel, ordnance, munition, artillery, boat, and other furniture, of and in the good ship or vessel called the..............................whereof is master under God, for this present voyage,..............................or whosoever else shall go for master in the said ship, or by whatsoever other name or names the said ship, or the master thereof, is or shall be named or called; beginning the adventure upon the said goods and merchandises from the loading thereof aboard the said ship,..........................upon the said ship, etc..........................
and so shall continue and endure, during her abode there, upon the said ship, etc. And further, until the said ship, with all her ordnance, tackle, apparel, etc., and goods and merchandises whatsoever shall be arrived at...............................
upon the said ship etc. until she hath moored at anchor twenty-four hours in good safety; and upon the goods and merchandises, until the same be there discharged and safely landed. And it shall be lawful for the said ship, etc., in this voyage, to proceed and sail to and touch and stay at any ports or places whatsoever...................
......................without prejudice to this insurance. The said ship, etc., goods and merchandises, etc., for so much as concerns the assured by agreement between the assured and assurers in this policy, are and shall be valued at.................
Touching the adventures and perils which we, the assurers, are contented to bear and to take upon us in this voyage: the are of the seas, men of war, fire, enemies, pirates, rovers, thieves, jettisons, letters of mart and countermart, surprisals, takings at sea, arrests, restraints, and detainments of all kings, princes, and people, of what nation, condition, or quality soever, barratry of the master and mariners, and of all other perils, losses and misfortunes, that have or shall come to the hurt, detriment, or damage of the said goods, and merchandises, and ship, etc., or any part thereof. And in case of any loss or misfortune it shall be lawful to the assured, their factors, servants and assigns, to sue, labour, and travel for, in and about the defence, safeguards, and recovery of the said goods and merchandises,

Sue and labour

clause

and ship, etc., or any part thereof, without prejudice to this insurance; to the charges whereof we, the assurers, will contribute each one according to the rate and quantity of his sum herein assured. . . . .

Waiver clause

And it is especially declared and agreed that no acts of the insurer or insured in recovering, saving, or preserving the property insured shall be considered as a waiver, or acceptance of abandonment. And it is agreed by us, the insurers, that this writing or policy of assurance shall be of as much force and effect as the surest writing or policy of assurance heretofore made in Lombard Street, or in the Royal Exchange, or elsewhere in London. And so we, the assurers, are contented, and do hereby promise and bind ourselves, each one for his own part, our heirs, executors, and goods to the assured, their executors, administrators and assigns, for the true performance of the premises, confessing ourselves paid the consideration due unto us for this assurance by the assured, at and after the rate of.

In Witnes whereof we, the assurers, have subscribed our names and sums assured in London.

Memorandum

N. B. — Corn, fish, salt, fruit, flour, and seed are warranted free from average, unless general, or the ship be stranded — sugar, tobacco, hemp, flax, hides, and skins are warranted free from average, under five pounds per cent., and all other goods, also the ship and freight, are warranted free from average, under three pounds per cent., unless general, or the ship be stranded.
. . . .

Rules for Construction of Policy

The following are the rules referred to by this Act for the construction of a policy in the above or other like form, where the context does not otherwise require:

1. Lost or not lost. — Where the subject-matter is insured "lost or not lost", and the loss has ocurred before the contract is concluded, the risk attaches unless, at such time, the assured was aware of the loss, and the insurer was not. . . . .
2. From. — Where the subject-matter is insured "from" a particular place, the risk does not attach until the ship starts on the voyage insured. . . . .
3. At and from — (Ship) — (a) Where a ship is insured "at and from" a particular place, and she is at that place in good safety when the contract is concluded, the risk attaches immediately. . . . .
(b) If she be not at that place when the contract is concluded, the risk attaches as soon as she arrives there in good safety, and, unless the policy otherwise provides, it is immaterial that she is covered by another policy for a specified time after arrival. . . . .
Freight — (c) Where chartered freight is insured "at and from" a particular place, and the ship is at that place in good safety when the contract is concluded, the risk attaches immediately. If she be not there when the contract is concluded, the risk attaches as soon she arrives there in good safety. . . . .
(d) Where freight other than chartered freight, is payable without special conditions. . . . . and is insured "at and from" a particular place, the risk attaches pro rata as the goods or merchandise are shipped; provided that if there be cargo on readiness which belongs to the shipowner, or which some other person has contracted with him to ship, the risk attaches as soon as the ship is ready to receive such cargo. . . . .

4. From the loading thereof. — Where goods or other moveables are insured "from the loading thereof", the risk does not attach until such goods or moveables are actually on board and the insurer is not liable for them while in transit from the shore to the ship..

5. Safety landed. — Where the risk on goods or other moveables continues until they are "safety landed", they must be landed in the customary manner and within a reasonable time after arrival at the port of discharge, and if they are not so landed the risk ceases..

6. Touch and stay. — In the absence of any further license or usage, the liberty to touch and stay "at any port or place whatsoever" does not authorise the ship to depart from the course of her voyage from the port of departure to the port of destination..

7. Perils of the seas. — The term "perils of the seas" refers only to fortuitous accidents or casualties of the seas. It does not include the ordinary action of the winds and waves..

8. Pirates. — The term "pirates" includes passengers who munity and rioters who attack the ship from the shore..

9. Thieves. — The term "thieves" does not cover clandestine theft, or a theft committed by any one of the ship's company, whether crew or passengers......

10. Restraint of princes. — The therm "arrests, etc., of kings, princes, and people" refers to political or executive, acts, and does not include a loss caused by riot or by ordinary judicial process..

11. Barratry. — The term "barratry" includes every wrongful act wilfully committed by the master or crew to the prejudice of the owner, or, as the case may be, the charterer..

12. All other perils. — The term "all other perils" includes only perils similar in kind to the perils specifically mentioned in the policy........................

13. Average unless general. — The term "average unless general" means a partial loss of the subject-matter insured other than a general average loss, and does not include "particular charges"..

14. Stranded. — Where the ship has stranded, the insurer is liable for the excepted losses, although the loss is not attributable for the stranding, provided that when the stranding takes place the risk has attached and, if the policy be on goods, that the damaged goods are on board..

15. Ship. — The term "ship" includes the hull, materials and outfit, stores and provisions for the officers and crew, and, in the case of vessels engaged in a special trade, the ordinary fittings, requisite for the trade, and also, in the case of a steamship, the machinery, boilers, and coals and engine stores, if owned by the assured..

16. Freight. — The term "freight" includes the profit derivable by a shipowner from the employment of his ship to carry his own goods or moveables, as well as freight payable by a third party, but does not include passage money.........

17. Goods. — The term "goods" means goods in the nature of merchandise, and does not include personal effects or provisions and stores for use on board. In the absence of any usage to the contrary, deck cargo and living animals must be insured specifically, and not under the general denomination of goods. ....

Imprimé du 1er décembre 1941
mis à jour le 1er janvier 1955

7. POLICE FRANÇAISE D'ASSURANCE MARITIME SUR CORPS DE TOUS NAVIRES

à l'exclusion des navires de pêche, de plaisance, des voiliers et des navires à moteur auxiliaire

N°
Courtier:
Assuré:
Navire:
Durée des risques:

CONDITIONS GENERALES

I. — RISQUES COUVERTS

Article premier

Sont aux risques des assureurs, dans les conditions ci-après déterminées, les dommages et pertes qui arrivent au navire assuré par tempête, naufrage, échouement, abordage, jet, feu, explosion, pillage et généralement par tous accidents et fortunes de mer.

Ces risques demeurent couverts même en cas de changement forcé de route ou de voyage, ainsi qu'en cas de baraterie de patron, faute du capitaine, des gens de mer ou des pilotes.

Sont également aux risques des assureurs, dans les mêmes conditions, les dommages et pertes causés au navire par des fautes des préposés terrestres de l'assuré, à condition que ces fautes n'aient pas le caractère d'un dol ou d'une fraude, ainsi que ceux provoqués par un vice caché du corps ou des appareils moteurs, pourvu que ces dommages et pertes ne soient pas le résultat d'une faute caractérisée des armateurs, ou de l'un d'eux, de leurs directeurs, chefs d'agences, capitaines d'armement ou chefs du service technique. Il est toutefois spécifié qu'en aucun cas le remplacement ou la réparation des pièces affectées d'un vice caché ne sera à la charge des assureurs.

Article 2

Recours de tiers

Sont à la charge des assureurs, même dans les cas prévus à l'alinéa 3 de l'article premier, les risques de recours de tiers, autres que ceux exceptés par les paragraphes 6 et 7 de l'article 4-A, exercés contre le navire assuré pour abordage de celui-ci avec un autre navire ou heurt du navire assuré contre des bâtiments flottants, digues, quais, estacades ou autres corps fixes, mobiles ou flottants.

Il en sera de même, et dans les mêmes conditions, des recours de tiers exercés contre le navire assuré pour dommages occasionnés par ses ancres et chaînes, en tant qu'elles sont reliées au navire.

Article 3

Chargement

Il est permis d'embarquer des hommes, des cheveaux, du matériel, des munitions, des matières inflammables, explosibles ou corrosives, et généralement toutes facultés quelconques, tant dans la cale que sur le pont, dans les conditions prévues par les règlements, les usages reconnus du commerce ou par une autorisation de l'autorité compétente.

II. — RISQUES EXCLUS

Article 4

Article 4. — A) Les assureurs sont exempts, par exception et dérogation en tant que de besoin à ce qui a été dit à l'article premier quant à la garantie de la baraterie de patron:

1° Des faits de dol et de fraude du capitaine;

De tous événements quelconques résultant de violation de blocus, de contrebande ou de commerce prohibé ou clandestin;

Le tout, à moins que le capitaine n'ait été changé sans l'agrément de l'armateur ou de son représentant et remplacé par un autre que par le second;

2° Des dommages et pertes provenant de vice propre ou de vétusté, sauf ce qui est dit à l'article premier au sujet du vice caché;

3° De la piqûre des vers sur les parties du navire non protégées par un doublage métallique;

4° De tous frais d'hivernage, de quarantaine et de jours de planche;

5° De toutes les conséquences qu'entraînent, pour le navire, les faits quelconques du capitaine ou de l'équipage à terre;

6° De tous recours exercés par qui que ce soit, et pour une cause quelconque à raison de dommages ou préjudices relatifs au chargement et aux engagements du navire assuré;

7° De tous recours exercés pour faits de mort ou de blessures et pour tous accidents ou dommages corporels.

B) Il est expressément convenu que les assureurs sont et demeurent étrangers:

1° Aux primes des emprunts à la grosse contractés, ainsi qu'aux commissions de consignation et d'avances de fonds payées en tous autres lieux que dans un port de relâche;

2° A la saisie et vente du navire dans quelque lieu et pour quelque cause que ce soit, ainsi qu'aux frais de la caution qui pourrait être fournie pour le libérer de cette saisie;

3° Aux effets de toutes déterminations de l'armateur à l'égard des créanciers, prises en vertu de l'article 216 du Code de Commerce.

Article 5

Risques de guerre

Les assureurs sont affranchis des dommages et pertes provenant de guerre civile ou étrangère, d'hostilités, représailles, captures, arrêts saisies, contraintes, molestations ou détentions par tous gouvernements et autorités quelconques, d'explosion de torpilles, de mines sous-marines, et généralement de tous accidents et fortunes de guerre, ainsi que de piraterie, et d'actes de sabotage ou de terrorisme ayant un caractère politique ou se rattachant à la guerre.

Article 6

Risques de grève

Les assureurs sont également affranchis des dommages et pertes provenant d'émeutes, mouvements populaires, grèves, lock-out, et autres faits analogues.

III. — DUREE DES RISQUES

Article 7

Détermination du voyage

Les risques de l'assurance au voyage courent du moment où le navire a démarré ou levé l'ancre et cessent au moment où il a été ancré ou amarré au lieu de sa destination. Toutefois, s'il a reçu des marchandises à bord, les risques courent dès le moment où il a commencé à embarquer la marchandise et cessent aussitôt le débarquement terminé, sans excéder un délai de quinze jours après l'arrivée au lieu de destination, à moins qu'il n'ait chargé dans ce lieu des marchandises pour un autre voyage avant l'expiration de ce délai, auquel cas les risques cesseront aussitôt.

Le contrat ne peut produire aucun effet au profit de l'assuré pour toute assurance au voyage dont les risques n'auraient pas commencé dans le mois de la date de sa souscription, à moins qu'un autre délai n'ait été expressément convenu.

Article 8

Quarantaine

La quarantaine est considérée comme faisant partie du voyage qui y donne lieu; néanmoins, si le navire assuré au voyage va faire quarantaine ailleurs qu'au point de destination, les assureurs ont droit à une augmentation de prime de trois quarts pour cent par mois, depuis le jour du départ pour la quarantaine jusqu'à celui du retour.

La même augmentation de prime est applicable au cas où le navire assuré au voyage, trouvant son port de destination bloqué, séjourne devant ce port ou relève pour d'autres. Dans ce cas, les assureurs continuent de couvrir les risques pendant tous séjours et relèvements, sans cependant que cette prolongation puisse être de plus de six mois à dater de l'arrivée devant ce port bloqué; mais ils ne répondent d'aucuns frais ni augmentations de dépenses résultant de ces relèvements et séjours.

L'assuré peut toujours faire cesser les risques à son gré avant les six mois.

En cas d'assurance à prime liée, il est accordé, sans augmentation de prime, quatre mois de séjour à partir du moment où le navire aura abordé au premier port où il doit commencer ses opérations. Si le séjour dure plus de quatre mois, il sera dû aux assureurs une augmentation de deux tiers pour cent par chaque mois supplémentaire.

Article 9

Prolongation éventuelle

Dans les assurances à terme, les risques des assureurs cesseront à la date prévue dans la police pour son expiration, époque fixe quel que soit, à cette date, le lieu où se trouvera le navire.

Toutefois, si, à ce moment, le navire fait l'objet de réparations pour cause d'avaries à la charge des assureurs, ou se trouve, au cours d'un voyage, en état d'avaries à leur charge, les risques couverts par la présente police seront prolongés, dans le premier cas, jusqu'à l'achèvement complet des réparations, certifié par les experts, et, dans le second, jusqu'à l'achèvement du voyage, le tout, moyennant surprime calculée par jour supplémentaire de risques. En cas de perte sous l'empire de cette prolongation, la prime d'une nouvelle période de six mois sera acquise aux assureurs.

IV. — ETENDUE ET LIMITES DE L'ASSURANCE

Article 10

Il est permis au navire d'entrer ou de se faire remorquer dans les ports, rades, rivières et canaux, et d'en sortir sans pilote. Il lui est également permis de naviguer, soit à la voile, soit avec ses appareils moteurs, ensemble ou séparément; de faire tous remorquages et sauvetages, et de prêter toutes assistances, étant entendu que les avaries éprouvées au cours de ces opérations de remorquage, de sauvetage et d'assistance ne seront à la charge des assureurs qu'autant que l'assuré n'aura pu en recouvrer le montant.

Le navire est également couvert pendant ses réparations, son séjour dans les docks, sur le gril et dans les cales sèches, sur le slip et généralement en quelque lieu que ce soit, dans les limites de navigation prévues par la police.

Article 11

Navigations spéciales

Les navigations ci-après sont interdites, même lorsqu'elles sont comprises dans les limites dans lesquelles le navire est assuré, mais elles peuvent être couvertes sous réserve de déclaration préalable, et moyennant surprime.

Toutefois, si le navire assuré se trouve dans l'obligation de pénétrer dans les zones interdites, par force majeure ou pour prêter assistance ou entreprendre un sauvetage, il sera tenu couvert moyennant surprime à arbitrer:

1° Eaux situées au Nord du 70° de latitude Nord, eaux baignant la Russie du Nord et eaux du Groenland;

2° Mer de Behring, Est asiatique au Nord du 46° de latitude Nord, tous points de la Côte de Sibérie sauf Nakhodka et Vladivostok;

3° De ou pour tout port ou lieu de la Côte Atlantique de l'Amérique, ses fleuves et îles voisines au Nord du 43° 40′ de latitude Nord (Halifax et les opérations de charbonnages à Louisburg et à Sidney étant couverts en tous temps sans surprime);

Cependant, le navire assuré peut toucher ou quitter tout port ou place de la Côte Atlantique de l'Amérique du Nord, ses rivières et îles adjacentes au Nord du 43° 40′ de latitude Nord et au Sud du 52° 10′ de latitude Nord, mais pas à l'Ouest de Montréal, à condition qu'en aucun moment, entre le 1er novembre et le 31 mai (ces deux jours inclus), le navire soit dans cette zone à l'Ouest du 50° de longitude Ouest;

4° Tous ports ou lieux des Grands Lacs;

5° De ou pour tout port ou lieu de la Côte Pacifique de l'Amérique, ses fleuves et îles avoisinantes au Nord du 54° 30′ de latitude Nord ou à l'Ouest du 130° 50′ de longitude Ouest;

6° De ou pour les îles Kerguelen ou Crozet ou au Sud du 50° de latitude Sud, excepté les ports ou places de Patagonie, du Chili ou des îles Falkland; mais faculté est accordée de pénétrer dans les eaux au Sud du 50° de latitude Sud, si c'est seulement pour gagner les ports ou places non exclus par la présente clause ou en revenir;

7° Dans la mer Baltique, au Nord d'une ligne reliant Mö (63° 33′ latitude Nord) à Vasa (63° 20′ latitude Nord) entre le 1er novembre et le 20 mai (ces deux jours inclus); au Nord de la ligne Stockholm-Reval (Tallinn) entre le 21 novembre et le 5 mai (ces deux jours inclus), ou au Nord du 56° de latitude Nord — sauf le port de Carlshamm — entre le 15 décembre et le 15 avril (ces deux jours inclus), excepté les eaux au Sud du 59° latitude Nord et à l'Est du 22° longitude Est, qui sont interdits entre le 1er décembre et le 15 mai (ces deux jours inclus);

8° Lorsque le navire appareille avec une cargaison de charbon indien, entre le 1er mars et le 30 septembre (ces deux jours inclus); néanmoins, entre le 1er juillet et le 30 septembre (ces deux jours inclus), le navire est couvert pour les voyages à destination des ports asiatiques situés entre Aden et Singapour.

V. — DETERMINATION DE LA VALEUR D'ASSURANCE

Article 12

Valeur agréée

La valeur agréée du navire est fixée telle quelle et à forfait, les parties renonçant réciproquement à toute autre estimation, sauf en cas de majoration anormale et sous réserve de ce qui est dit au premier paragraphe de l'article 26 et à l'article 27.

Elle comprend indivisément le corps et les appareils moteurs, ainsi que tous les accessoires du navire, notamment les victuailles, avances à l'équipage, armement et toutes mises dehors, à moins qu'il ne puisse être justifié que certaines de ces dépenses concernaient un intérêt distinct de celui de la propriété du navire.

A défaut de cette justification, les assureurs du navire seront en droit, en cas de délaissement, de réduire sa valeur agréée du montant de toutes assurances faites séparément sur victuailles, avances à l'équipage, armement ou mises dehors, avant ou après l'assurance du navire.

Article 13

Assurances complémentaires

L'assuré s'interdit expressément:

1° Les assurances sur bonne arrivée du navire;

2° Les assurances des excédents d'avaries communes;

3° Les assurances sur fret excédant 30% du fret à justifier.

Toute assurance faite par le ou les propriétaires du navire, par leur ordre ou pour leur compte, contrairement aux prescriptions du présent article, réduit d'autant, en cas de perte totale ou de délaissement, la somme assurée sur le navire.

VI. — DROITS ET OBLIGATIONS DE L'ASSURE

Article 14

Primes, taxes, droits et impôts

§ 1er. — Dans l'assurance au voyage, la prime est payable comptant, les risques des assureurs ne commençant en aucun cas à courir avant son complet paiement.

§ 2. — Dans l'assurance à terme, la prime est payable à trente jours de la prise des risques.

Toutefois, si l'assurance est faite pour douze mois, l'assuré aura la faculté, mais à la condition d'avoir opté pour ce mode de libération avant le commencement des risques, de payer la prime en quatre quarts, à savoir:

— le premier quart, à trente jours de la prise des risques;
— le deuxième quart, à trois mois de la prise des risques;
— le troisième quart, à six mois de la prise des risques;
— le quatrième quart, à neuf mois de la prise des risques.

En cas de non-paiement à l'une quelconque des échéances prévues au présent paragraphe, les risques seront, sans qu'il soit besoin d'aucune sommation ni mise en demeure, automatiquement suspendus jusqu'au lendemain zéro heure de la date du paiement de la prime en retard. En conséquence, pour tout sinistre survenu pendant cette suspension des risques, les assureurs n'auront aucune indemnité à payer, tous leurs droits contre l'assuré, en exécution du contrat, et en particulier leur droit au recouvrement de la prime entière stipulée, demeurant néanmoins expressément réservés. Toutefois, dans l'assurance faite pour douze mois, le non-paiement à l'échéance du deuxième, troisième ou quatrième quart de la prime n'entraînera la suspension prévue au présent paragraphe que si la date de l'échéance a été, au moins huit jours à l'avance, rappelée, même par une simple lettre, à l'assuré, soit par les assureurs, par leurs représentants, par l'apériteur ou par la personne ou l'organisme prévu au paragraphe 5 du présent article, soit par le courtier. Si ce rappel a été adressé à l'assuré moins de huit jours avant l'échéance, ladite suspension n'interviendra qu'à zéro heure, le neuvième jour suivant celui du rappel. Dans le cas prévu à l'alinéa 2 du paragraphe 2 de l'article 19, le rappel pourra être adressé au domicile élu chez le courtier.

§ 3. — En cas de perte totale ou de délaissement à leur charge, la prime acquise aux assureurs qui auront payé la totalité du sinistre leur incombant, sera, dans l'assurance à terme, quelle qu'en soit la durée, la prime de douze mois de navigation. Si la perte ou le cas de délaissement n'est pas à leur charge, la prime leur demeurant acquise sera seulement celle afférente à la période comprise entre la prise des risques et la fin du trimestre au cours duquel le sinistre aura eu lieu.

Dans l'assurance au voyage, la prime entière sera toujours acquise aux assureurs, sauf dans le cas prévu au dernier alinéa du présent paragraphe.

Il sera fait, sans frais, ristourne de la prime en cas de perte totale avant le commencement des risques; mais si le contrat est rompu avant ce moment pour toute cause autre que la perte totale du navire, les assureurs auront droit à l'indemnité prévue à l'article 349 du Code de Commerce, à condition que cette indemnité ne soit pas supérieure à la prime stipulée.

§ 4. — Le coût de la police et les taxes, droits et impôts existants ou pouvant être établis, sont à la charge de l'assuré. Ils sont toujours payables en totalité comptant et sans aucune déduction lors ressortie de la prime.

§ 5. — La prime, le coût de la police et les taxes, droits et impôts sont payables dans le lieu de la souscription de l'assurance et entre les mains des assureurs ou, à la demande de l'assuré, à telle personne ou à tel organisme désigné par les assureurs.

Article 15

Séjour au port dans les assurances à terme

§ 1er. — Si, au commencement de la période assurée, le navire séjourne quinze jours consécutifs au moins dans un port, il sera fait une ristourne de 1/24 (un vingt-quatrième) de la prime de navigation annuelle sous déduction de la prime fixée dans la police pour séjour au port. Si le séjour se prolonge au-delà de quinze jours, les périodes de ristourne seront réglées, comme il est dit ci-dessus, par chaque quinze jours consécutifs après les premiers quinze jours.

§ 2. — Si, au cours de la période assurée, le navire séjourne trente jours consécutifs au moins dans un port, il sera fait pour cette période de trente jours — le navire restant aux risques des assureurs — une ristourne de 1/12 (un douzième) de la prime de navigation annuelle, sous déduction de la prime fixée dans la police pour le séjour au port. Si le séjour se prolonge au-delà de trente jours, les périodes de séjour seront réglées proportionnellement par chaque quinze jours consécutifs après les premiers trente jours.

Toutefois, si, pendant le séjour au port, il est effectué des réparations à la charge des assureurs, le nombre de jours nécessités par ces réparations seront toujours, pour la détermination des périodes ouvrant droit à ristourne, déduit du total des journées de séjour.

Il est précisé que le solde de ces nombres de journées devra, pour donner lieu à ristourne, atteindre les minima de durée prévue à l'alinéa ci-dessus.

Si des travaux sont effectués en même temps pour compte des assureurs et pour compte des assurés, la durée exacte de chaque catégorie de réparations sera déterminée à dire d'experts désignés d'accord avec les assureurs.

§ 3. — Les jours d'arrivée et de départ, ainsi que les jours de commencement et de fin des travaux, ne seront pas comptés comme jours donnant droit à ristourne.

§ 4. — Les remises prévues aux paragraphes 1 et 2 ci-dessus ne sont acquises à l'assuré que si le navire n'a pas fait l'objet d'un règlement en perte totale ou en délaissement. Elles ne seront décomptées qu'après l'expiration de chaque semestre d'assurance.

Article 16

Mesures conservatoires et préventives

§ 1er. — En cas d'événement pouvant donner lieu à recours contre les assureurs, et tous droits réciproquement réservés, l'assuré doit et les assureurs peuvent prendre ou requérir toutes les mesures de conservation ou de sauvetage que comporte la situation. L'assuré doit fournir aux assureurs tous documents ou renseignements en son pouvoir pour aider à l'exécution des mesures conservatoires. Il doit également, en cas de pertes ou dommages imputables à des tiers, prendre toutes mesures nécessaires pour conserver, au profit des assureurs, le recours en responsabilité que la loi peut lui accorder contre ces tiers et leur prêter son concours sans réserve pour engager éventuellement les poursuites nécessaires.

L'assuré est responsable de sa négligence à prévenir les assureurs ou leurs représentants, à prendre lui-même les mesures de conservation, ou à donner à son capitaine les instructions nécessaires à cet effet, ainsi que des obstacles qu'il apporterait à l'action des assureurs.

§ 2. — Les assureurs s'engagent à payer les frais nécessités par toute mesure préventive prise dans l'intérêt commun et, exception faite pour le cas d'impossibilité justifiée, d'accord avec eux ou leurs représentants.

Article 17

Renonciation au recours

Les assureurs n'exerceront des recours personnels contre le capitaine ou toute personne dont l'assuré serait civilement responsable à qui serait imputée une faute, que si l'assuré faisait cause commune avec eux.

Article 18

Hypothèques

Toute hypothèque maritime, grevant l'intérêt assuré au moment de la signature de la police ou contractée pendant la durée des risques, doit, sous peine de nullité de l'assurance, être declarée aux assureurs et la prime payée immédiatement à moins que les prêteurs hypothécaires n'en garantissent le paiement à l'échéance.

Toutefois, la nullité prévue au présent article ne sera pas encourue si l'hypothèque non déclarée aux assureurs a été contractée après la signature de la police, mais à condition que le montant de cette hypothèque, augmenté, le cas échéant, de celui des autres hypothèques pouvant exister sur le navire, soit inférieur à 50% de la valeur agréée du navire; dans ce cas, l'assuré devra aux assureurs, à titre d'indemnité forfaitaire, une somme égale à la moitié de la prime convenue, s'il n'a pas déclaré l'hypothèque aux assureurs dans les quinze jours de son inscription.

Article 19

Nullité ou résiliation de l'assurance

§ 1er. — Par application de l'article 365 du Code de Commerce, l'assuré et les assureurs sont toujours présumés avoir reçu connaissance immédiate des nouvelles concernant le navire et qui sont parvenues par un moyen quelconque au lieu où ils se trouvent respectivement, même à des tiers inconnus d'eux.

En conséquence, toute assurance, même sur bonnes ou mauvaises nouvelles, est nulle s'il est justifié que la nouvelle de l'arrivée du navire, ou d'un sinistre le concernant, était connue, soit au lieu où se trouvait l'assuré avant l'ordre d'assurance donné, soit sur la place de la souscription des risques avant la signature de la police, sans qu'il soit besoin d'administrer aucune preuve directe de connaissance acquise de la nouvelle par l'assuré ou l'assureur.

Quiconque, après avoir donné de bonne foi un ordre d'assurance, apprend un sinistre concernant le navire, avant d'être avisé de l'exécution, est tenu de donner aussitôt contrordre, même par le télégraphe ou le téléphone, à peine de nullité de la police, laquelle sera maintenue si le contrordre ainsi donné n'arrive qu'après l'exécution.

Il est entièrement dérogé aux articles 366 et 367 du Code de Commerce.

§ 2. — En cas de faillite, de liquidation judiciaire ou de suspension notoire de paiements de l'assuré, ou en cas de non-paiement d'une prime échue, les assureurs peuvent résilier la police par une simple notification, même par une lettre recommandée à la poste. La résiliation produit ses effets à l'expiration d'un délai de quinze jours à dater de sa notification, les assureurs renonçant à la prime proportionnellement à la durée des risques qui restait à courir.

L'assuré, le syndic de faillite ou le liquidateur judiciaire résidant hors de France continentale sont présumés, lorsque l'assuré aura traité par l'entremise d'un courtier, avoir élu domicile chez ce courtier, et toute notification de résiliation pourra être valablement effectuée à ce domicile élu.

En cas de faillite, de liquidation judiciaire ou de suspension notoire de paiements d'un assureur, l'assuré a la réciprocité des mêmes droits à l'égard de cet assureur, mais avec faculté de lui notifier la résiliation de la police sans délai.

§ 3. — La vente publique du navire fait cesser de plein droit l'assurance du jour de la vente.

L'assurance continue de plein droit en cas de vente privée s'appliquant à moins de moitié de l'intérêt assuré.

En cas de vente privée s'appliquant à moitié au moins de l'intérêt assuré, l'assurance de l'intérêt vendu ne continue que si l'acquéreur l'a demandé, aux assureurs, a été agréé par eux et s'engage à payer la totalité de la prime, si elle n'a pas été déjà réglée.

Dans le cas où l'assurance de l'intérêt vendu ne continue pas, les assureurs ont droit à un minimum de prime de trois mois.

En cas de location du navire, l'assurance continue ses effets de plein droit, mais moyennant surprime s'il y a lieu.

§ 4. — Dans les assurances à terme, la police pourra être résiliée d'un commun accord avant l'expiration du temps assuré, moyennant remise proportionnelle de prime pour chaque quinzaine non commencée; toutefois, la prime nette, qui deviendra alors exigible, ne pourra être inférieure à la moitié de celle fixée pour la durée des risques.

Elle pourra être résiliée par les assureurs, sous préavis d'un mois, pour une date quelconque à partir de la fin du premier trimestre, si le prix des réparations en France a augmenté de plus de 20% par rapport aux prix en vigueur lors de la souscription de la police; il sera fait, dans ce cas, ristourne de la prime proportionnellement au temps non couru. Le coefficient d'augmentation des prix sera, en cas de contestation, arbitré par la Chambre Syndicale des Constructeurs de Navires.

Article 20

Fin de non-recevoir

Seront irrecevables toutes réclamations à la charge des assureurs qui leur seraient présentées après l'expiration du délai maximum de quinze mois à dater de l'accident, à l'exception des réclamations pour avaries communes ou assistance, ainsi que de celles afférentes à des recours de tiers exercés contre le navire assuré.

Seront également irrecevables toutes demandes de ristourne de prime pour séjour au port après l'expiration du délai maximum de douze mois à dater de la fin de la période assurée.

VII. — REGLEMENT DES INDEMNITES

Article 21

Règlement distinct par voyage

§ 1er. — Dans les assurances à terme ou à prime liée, chaque voyage est l'objet d'un règlement distinct et séparé; chaque règlement est établi comme s'il y avait autant de polices distinctes que de voyages.

§ 2. — Il y a voyage distinct dans la traversée que fait un navire sur lest pour aller prendre chargement.

S'il prend charge pour un ou plusieurs ports, il y a un seul voyage depuis le commencement du chargement jusqu'à la fin du débarquement, en tant toutefois que la durée de ce débarquement n'excédera pas le délai de quinze jours après l'arrivée au lieu de destination.

§ 3. — Pendant le séjour du navire dans un port en dehors des limites d'un voyage, telles qu'elles sont définies ci-dessus, chaque événement à la charge des assureurs est l'objet d'un règlement distinct.

Article 22

Délaissement

Par dérogation expresse au Code de Commerce, le délaissement ne peut être fait que pour les seuls cas:

1° De disparition ou destruction totale du navire.

Le délaissement pour défaut de nouvelles pourra être fait: au long cours, après trois mois; au cabotage, après deux mois.

Les délais se comptent d'après le lieu de destination du dernier voyage entrepris, et de la date des dernières nouvelles reçues.

L'assuré est tenu de justifier de la non-arrivée.

La perte sans nouvelles, en tant qu'elle concerne les assureurs de la présente police, sera réputée s'être produite à la date des dernières nouvelles.

2° D'innavigabilité résultant de l'un des risques prévus à l'article premier des Conditions Générales.

Si le montant total des réparations d'avaries, établi conformément à l'article 23, paragraphes 1 et 2 (déduction faite de la valeur des vieux matériaux, ainsi que des réductions pour différence du vieux au neuf), atteint ou dépasse la valeur agréée, et si, par suite, la condemnation du navire est prononcée, il est réputé innavigable à l'égard des assureurs et peut leur être délaissé.

Ne devront entrer en ligne de compte dans le calcul du montant total des réparations, que les réparations d'avaries résultant d'un risque prévu à l'article premier des Conditions Générales et prescrites par les experts pour la remise du navire en bon état de navigabilité. Il ne pourra, notamment, y être compris aucun chiffre pour dépenses imprévues, gages et vivres d'équipages, primes de grosse, frais d'expertise, de procédure ou de sauvetage, etc., non plus que pour réparations provisoires.

Si le navire, effectivement réparé, est parvenu à destination, le délaissement n'est point recevable, quoique le coût des réparations ait atteint ou dépassé la valeur agréée. Dans ce cas, l'action d'avaries est seule ouverte à l'assuré sous les franchises et réductions prévues par les articles 23 et 24, et la même action est ouverte à l'assuré franc d'avaries.

Est pareillement réputé innavigable, et peut être délaissé aux assureurs, le navire condamné faute de moyens matériels de réparations, mais seulement s'il est établi que le navire ne pouvait pas relever avec sécurité, au besoin après allégement ou en remorque, pour un autre port où il eût trouvé les ressources nécessaires, et, de plus, que les armateurs ne pouvaient pas faire parvenir, au lieu de la relâche, les pièces de rechange indispensables qui y feraient défaut.

Ne pourra, au contraire, être réputé innavigable, ni être délaissé aux assureurs, le navire qui aura été condamné, en raison seulement du manque de fonds nécessaires au paiement des dépenses de réparation ou autres.

3° Dans tous les cas donnant lieu à délaissement, les assureurs, auxquels auront été délaissés les objets assurés, auront toujours la faculté d'opter entre l'acceptation du délaissement et le règlement en perte totale sans transfert de propriété. Ils devront toutefois faire connaître leur décision à l'assuré dans les trente jours de la date à laquelle celui-ci leur aura signifié le délaissement, sans que ce délai puisse être inférieur à trente jours à dater du jour où il leur aura été fait remise complète des pièces justificatives de son droit au délaissement.

En cas de délaissement, les assureurs du navire n'ont pas droit au fret sauvé (loi du 12 août 1885), non plus qu'aux subventions de l'Etat.

Les gages et vivres qui pourront être dus par l'armement à l'équipage, ainsi que tous rapatriements, vivres supplémentaires ou autres frais de l'équipage, ne seront jamais supportés par les assureurs du navire dans la liquidation de sauvetage; s'ils ont été prélevés sur les produits du navire ou de ses débris, ils seront répétés contre les assurés.

Il en sera ainsi alors même qu'il n'y aurait ni fret sauvé, ni fret payé d'avance, ni subvention de l'Etat.

Article 23

Avaries particulières

§ 1er. — Il n'est admis dans les règlements d'avaries que le coût, justifié par des factures acquittées, des remplacements et réparations reconnus nécessaires par les experts pour remettre le navire en bon état de navigabilité, l'assuré ne pouvant prétendre à aucune autre indemnité, ni pour dépréciation, ni pour chômage, ni pour une autre cause quelconque.

§ 2. — Les assureurs ont le droit d'exiger que ces remplacements et réparations soient exécutés par voie d'adjudication ou de soumission.

§ 3. — Au cas où l'assuré passerait outre à cette exigence, il sera déduit 25% sur le montant total des remplacements et réparations, sans préjudice des franchises et réductions prévues tant aux paragraphes suivants du présent article qu'à l'article 24.

§ 4. — Pendant de délai qui s'écoulera entre la date de l'établissement du cahier des charges et celle de l'adjudication, et à la condition toutefois que ce délai dépasse trois jours, les assureurs prendront à leur charge les vivres et gages d'équipage, et la prime, dans les assurances à terme, cessera de courir.

§ 5. — Dans les règlements d'avaries particulières, les vivres et gages d'équipage ne sont, en aucun cas, à la charge des assureurs, sauf ce qui est dit au paragraphe 4 du présent article et à l'article 25.

§ 6. — Les frais de recotation du navire au *Véritas* ou à tout autre registre de classification ne sont, en aucun cas, à la charge des assureurs.

§ 7. — Les avaries particulières ne seront remboursées que sous la retenue des franchises ci-après toujours prélevées sur la valeur agréée du navire:

— 2%, si la navire n'a pas plus de 20 ans;
— 3%, s'il a de 20 à 25 ans;
— 4%, s'il a de 25 à 30 ans;
— 5%, s'il a plus de 30 ans.

L'âge du navire compte de la date de son premier permis de navigation ou, à défaut de justification de cette date, du 1er janvier de l'année de sa construction, jusqu'au jour de son entrée au port où s'effectuent les réparations.

§ 8. — Les primes des emprunts à la grosse contractés dans un port de relâche, commissions d'avances de fonds, intérêts ou tous autres frais proportionnels sont ventilés et ne sont supportés par les assureurs que proportionnellement à l'indemnité nette à leur charge, établis d'après les conditions de la police.

Si l'emprunt à la grosse a été contracté pour un terme plus éloigné que celui du voyage en cours, la prime est réduite à ce qu'elle eût été pour le terme dudit voyage en cours, suivant appréciation à faire par amis communs.

Article 24

Différence du vieux au neuf

§ 1er. — Sur toutes dépenses autres que celles qui sont spéciales à la carène et au doublage, il est opéré, pour différence du vieux au neuf, les réductions suivantes:

Pour les navires construits en bois:

— pendant la première année de la construction, pas de réduction;
— pendant la deuxième année, réduction de 1/5;
— au-delà de deux ans, réduction de 1/3.

Pour les navires construits en fer ou en acier:

— pendant la première et la deuxième année de la construction, pas de réduction;
— pendant la troisième et la quatrième années, réduction de 10%;
— après 4 ans jusqu'à 15 ans, 15%;
— après 15 ans jusqu'à 20 ans, 20%;
— après 20 ans jusqu'à 25 ans, 25%;
— au-delà de 25 ans, 1/3.

Pour ces navires, les remplacements et réparations spéciaux à la voilure et au gréement subissent les réductions prévues pour les navires en bois.

Pour tous navires, la réduction sur les ancres et chaînes-câbles n'est jamais supérieure à 15%.

§ 2. — Sur les dépenses spéciales à la carène et au doublage, il sera opéré à forfait une réduction de moitié.

§ 3. — Dans tous les cas où il y a lieu à la réduction, en sont seuls exceptés les frais de pilotage, de remorquage, de port, d'expertises, frais judiciaires ou consulaires, et le remplacement des vivres perdus. La réducation n'a pas lieu non plus sur les dépenses de réparations provisoires qui n'auront pas profité au navire, lorsqu'il a relevé pour compléter ses réparations. La réduction est opérée sur toutes autres dépenses, même celles de location d'apparaux, pontons, grils, chantiers ou bassins, totalisés comme si la réparation avait été adjugée à forfait et à l'entreprise, mais sous la déduction du produit net des vieux doublages et autres débris.

§ 4. — Lorsque, sur l'avis des experts, des membrures, tôles ou autres pièces avariées du navire auront été simplement écarvées, sectionnées, redressées ou réparées, au lieu d'être intégralement remplacées, les réparations ainsi faites ne subiront, par dérogation à ce qui précède, aucune réduction pour différence du vieux au neuf.

Article 25

Voyages pour réparations

Lorsque le navire a éprouvé des avaries à la charge des assureurs et qu'il se trouve dans un port où les réparations seraient impossibles ou trop dispendieuses, le capitaine, sur l'avis conforme du représentant des assureurs, ou, à défaut, du Consul de France, devra s'y borner aux réparations jugées indispensables, et aller, au besoin, en remorque, les compléter au port le plus convenable où elles pourraient s'effectuer avec économie.

Pendant les trajets ainsi faits, et à condition qu'ils soient en dehors des opérations commerciales du navire, la prime ne court pas dans les assurances à terme; les vivres et gages d'équipage et les frais de remorquage sont à la charge des assureurs.

Le capitaine devra également ne point faire doubler ou caréner son navire au port où il se trouve en avaries s'il est reconnu par les experts que cette dépense peut être ajournée à un moment plus opportun.

Si le navire séjourne dans un port de relâche en attendant des pièces de rechange, qui lui sont envoyées d'ailleurs et sans lesquelles il ne pourrait continuer son voyage, les vivres et gages d'équipage sont également à la charge des assureurs, et la prime, dans les assurances à terme, cesse de courir pendant la durée de cette attente.

Article 26

Avaries communes

§ 1er. — La contribution du navire aux avaries communes est remboursée par les assureurs sans déduction de franchise; toutefois, elle ne leur incombe que proportionnellement à la valeur assurée, déduction faite, s'il y a lieu, des avaries particulières à leur charge, la responsabilité des assureurs étant limitée à la somme obtenue par application du taux de la contribution à la valeur assurée, ainsi réduite, le cas échéant, sans que cette somme puisse excéder le montant incombant à l'assuré.

§ 2. — Les réductions pour différence du vieux au neuf, fixées à l'article 24, s'appliquent également aux réparations du navire qui auraient été admises en avaries communes.

§ 3. — Les règlements d'avaries communes pourront être établis conformément à la loi française ou aux Règles d'York et d'Anvers, si cette convention est stipulée au contrat d'affrètement. Dans le cas contraire, ils devront être établis conformément aux lois et usages du port de destination.

Le présent paragraphe ne déroge en rien aux dispositions du présent contrat en ce qui concerne le règlement entre assureurs et assuré, et, en conséquence, les règlements d'avaries communes seront, le cas échéant, redressés en conformité desdites dispositions, eu égard, notamment, aux indemnités qui pourraient être classées en avaries communes au profit du navire pour dépréciation ou pour chômage.

§ 4. — Le capitaine et l'assuré sont autorisés à ne pas procéder à un règlement de répartition pour les avaries du navire ou les frais ayant le caractère d'avaries communes, et dont l'importance ne dépasserait pas 1% de la valeur agréée sur corps et machines sans toutefois que le total de ces dépenses puisse être supérieur à deux millions cinq cent mille francs (2.500.000 francs).

Article 27

Dépenses d'assistance et de sauvetage

En cas d'échouement suivi de remise à flot, ainsi que d'assistance au navire en détresse et de sauvetage en mer, tous les frais exposés pour le renflouement, l'assistance et le sauvetage seront remboursés sans franchise au prorata des sommes assurées, même dans les assurances souscrites franc d'avaries.

Il en est de même lorsque des objets du navire ont été sacrifiés au cours de ces opérations, mais leur remplacement subira les réductions prévues par l'article 24.

Lorsque le navire a un chargement à bord, les assureurs ne devront, au prorata des sommes assurées et dans les limites fixées par l'article 26, paragraphe 1er, que la part contributive incombant au navire dans les frais et sacrifices ci-dessus.

Les dispositions du présent article ne s'appliqueront pas aux échouages résultant du jeu normal des marées, non plus qu'aux échouements survenus soit dans les canaux maritimes, soit dans les fleuves et rivières en amont des points atteints par les marées.

Article 28

Recours de tiers

Le montant des recours de tiers à la charge des assureurs sera remboursé sous déduction d'une franchise de un pour cent (1%), calculée sur la valeur agréée du navire.

Article 29

Collision ou assistance entre navires du même assuré

Au cas où le navire assuré entrerait en collision avec un autre navire appartenant à l'assuré, ou en recevrait assistance, il est expressément convenu que le règlement aura lieu comme si les navires appartenaient à des armateurs différents; les questions de responsabilité de la collision ou d'indemnité pour services rendus seront fixées, à l'égard des intéressés sur corps, par un arbitre unique qui sera désigné d'accord entre les assureurs et l'assuré, ou, à défaut d'accord, par ordonnance du Président du Tribunal de Commerce compétent rendue sur simple requête, et qui ne statuera qu'en premier ressort.

Il en sera de même dans le cas où le navire assuré heurterait un corps fixe, mobile ou flottant appartenant à l'assuré.

Article 30

Paiement des pertes et avaries

§ 1er. — Toutes pertes et avaries à la charge des assureurs sont payées comptant, trente jours après la remise complète des pièces justificatives, au porteur de ces pièces et de la présente police, sans qu'il soit besoin de procuration.

§ 2. — Lors du remboursement d'une perte ou d'une avarie, toutes primes, échues ou non, dues par l'assuré, sont, en cas de faillite ou de suspension de paiements, compensées, et les billets acquittés donnés et reçus pour comptant.

S'il n'y a pas faillite ni suspension de paiements, les assureurs n'ont droit de compenser que la prime, même non échue, de la police, objet de la réclamation, et toutes autres primes échues.

Article 31

Limitation des engagements des assureurs

Dans tous les cas entraînant la responsabilité des assureurs, chacun d'eux n'est engagé qu'au prorata de la somme par lui souscrite, laquelle forme, pour chaque voyage, la limite de ses engagements; il en peut jamais être tenu de payer au-delà, à quelque titre et pour quelque cause que ce soit.

Toutefois, le capital assuré se reconstituera automatiquement après chaque événement, et il sera dû, sur le montant nécessaire à cette reconstitution, une surprime proportionnelle qui sera calculée par jour sur le temps nécessaire pour terminer le voyage après l'événement; pendant les séjours prévus au paragraphe 3 de l'article 21, la surprime se calculera par quinzaine commencée sur la durée du séjour restant à courir après l'événement. La surprime prévue au présent alinéa ne pourra, en aucun cas, être inférieure, pour chaque reconstitution du capital assuré, à quarante centimes pour cent francs (0,40%) du montant nécessaire à cette reconstitution.

Article 32

Assurance de plusieurs navires sur une même police

La souscription de chacun des assureurs, exprimée par rapport au capital total assuré, est répartie au prorata sur chacun des capitaux partiels.

L'assurance est considérée comme faisant l'objet d'une police distincte sur chaque navire.

VIII. — COMPETENCE

Article 33

§ 1er. — Par dérogation à toutes dispositions contraires des lois relatives à la compétence, les assureurs ne peuvent être assignés que devant le Tribunal de Commerce du lieu où le contrat a été souscrit, ou, au choix de l'assuré, si le contrat a été souscrit par un agent ou mandataire, devant le Tribunal de Commerce du siège de la Compagnie ou du domicile de l'assureur.

§ 2. — Toutefois, si plus de la moitié de la valuer agréée du navire est souscrite sur un même lieu, l'assuré peut assigner devant le Tribunal de Commerce de ce lieu, déjà saisi d'un litige, les autres assureurs pour faire juger à leur égard le même litige.

§ 3. — L'assuré, même non commerçant, pourra toujours être assigné par les assureurs devant le Tribunal de Commerce du lieu où le contrat a été souscrit, l'assureur y faisant élection de domicile.

8. POLICE FRANÇAISE D'ASSURANCE MARITIME SUR FACULTES

CONDITIONS GENERALES

(Imprimé du 17 août 1944, modifié le 1er janvier 1947)

CHAPITRE PREMIER

OBJET ET ETENDUE DE L'ASSURANCE

Article premier

Transports assurés

La garantie de la présente police s'applique aux facultés faisant l'objet d'un transport maritime et éventuellement d'un transport terrestre, fluvial ou aérien, accessoire d'un transport maritime couvert par cette police. Le contrat est régi, dans son ensemble, par les principes qui gouvernent l'assurance maritime et par les dispositions qui suivent.

Article 2

1° *Principaux modes d'assurance.* — Les facultés couvertes par la présente police peuvent être assurées soit aux conditions «Tous risques», soit aux conditions «Franc d'avaries particulières sauf (F. A. P. sauf)». *A défaut de stipulation expresse accordant la garantie «Tous risques», elles sont assurées aux conditions «F. A. P. sauf».*

2° *Assurances «Tous risques».* — Dans l'assurance «Tous risques», sont aux risques des assureurs, dans les conditions déterminées par la présente police, les dommages et pertes matériels, ainsi que les pertes de poids ou de quantités causés aux objets assurés tant par un des événements énumérés au paragraphe 3 du présent article que, généralement, par fortunes de mer ou événements de force majeure.

3° *Assurance «F. A. P. sauf».* — Dans l'assurance «F. A. P. sauf», sont aux risques des assureurs, dans les conditions déterminées par la présente police, les dommages et pertes matériels, ainsi que les pertes de poids ou de quantités causés aux objets assurés par un des événements figurant dans l'énumération limitative ci-après:

Abordage, échouement ou naufrage de l'embarcation ou du navire transporteur; heurt de ce navire ou de cette embarcation contre un corps fixe, mobile ou flottant, y compris les glaces; voie d'eau ayant obligé le navire à entrer dans un port de relâche et à y décharger les trois quarts au moins de sa cargaison; incendie; explosion; chute du colis assuré lui-même pendant les opérations maritimes d'embarquement, de transbordement ou de débarquement; déraillement, heurt, renversement, chute ou bris du véhicule de transport; écroulement, de bâtiments ponts, tunnels ou autres ouvrages d'art; chute d'arbres; rupture de digues ou de conduites d'eau; éboulement; avalanche; foudre; inondation; débordement de fleuves ou de rivières; débâcle des glaces; raz-de-marée, cyclone ou trombe caractérisés; éruption volcanique et tremblement de terre.

4° *Dispositions communes aux deux modes d'assurance.* — Sont également aux risques des assureurs les frais exposés par suite d'un risque couvert en vue de préserver les objets assurés d'un dommage ou d'une perte matériels garantis par la police.

Les assureurs garantissent, en outre, la contribution des objets assurés aux avaries communes ayant pour origine un événement quelconque autre qu'un risque expressément exclu.

Les risques à la charge des assureurs demeurent couverts dans les mêmes conditions, même en cas de relâche forcée ou de changement forcé de route, de voyage ou de navire, ainsi qu'en cas de baraterie de patron.

Toutes les autres dispositions des conditions générales de la police sont, sauf indication contraire, également communes aux deux modes d'assurance.

5° Les parties demeurent libres de convenir de tout autre mode d'assurance.

Article 3

Chargements sur le pont

Les facultés chargées sur le pont ou dans les superstructures ne sont couvertes qu'aux conditions «F. A. P. sauf». Elles sont couvertes, en outre, moyennant surprime, contre les pertes de quantité provenant de jet à la mer ou d'enlèvement par la mer, à charge par l'assuré de faire connaître ce mode de chargement aux assureurs dès qu'il en aura eu connaissance.

Article 4

Facultés non couvertes

La présente police ne couvre pas les envois de billets de banque, coupons, titres, valeurs, espèces monnayées, métaux précieux, perles, pierres précieuses, bijouterie fine, orfèvrerie, à moins qu'ils n'aient été nommément désignés et qu'ils n'aient fait l'objet d'une acceptation spéciale.

Les colis postaux, même avec valeur déclarée, ne sont couverts que moyennant convention et primes spéciales.

Article 5

Facultés chargés sans connaissement

Lorsque les objets assurés ont été chargés sans connaissement ou sans lettre de voiture ou qu'il ne figurent pas au manifeste, les assureurs renoncent à se prévaloir de ce fait en cas de sinistre, mais il devra être justifié de leur expédition par tous autres moyens déterminants, notamment par la production des livres et de la correspondance de l'expéditeur et de l'assuré et par une attestation du transporteur.

Article 6

Clauses du titre de transport

Les assureurs acceptent les conséquences des clauses des connaissements, récépissés et lettres de voiture, en tant qu'elles sont reconnues valables par la loi, mais à l'exception de celles de ces clauses qui se référeraient à des risques non couverts par la présente police, et de celles qui auraient pour effet d'exonérer les transporteurs, en tout ou en partie, de leur responsabilité légale en raison d'une déclaration sciemment inexacte de l'assuré, de l'expéditeur ou de leurs représentants ou ayants droit quant à la nature ou à la valeur de la marchandise.

CHAPITRE II

RISQUES EXCLUS

Article 7

Risques exclus dans tous les cas

Les assureurs sont affranchis de toutes réclamations pour les causes suivantes ou pour leurs conséquences:

a) Amendes; confiscations; mises sous séquestre; réquisitions; violations de blocus; contrebande; commerce prohibé ou clandestin; dommages-intérêts; saisies conservatoires, saisies-exécution ou autres saisies, les assureurs demeurant également étrangers à la caution qui pourrait être fournie pour libérer de ces saisies les objets assurés.

b) Vice propre de l'objet assuré; vers et vermines; mesures sanitaires ou de désinfection; influence de la température; piquage des liquides en fûts, sauf s'il est établi qu'il résulte d'un des risques couverts par la police.

c) Faits ou fautes de l'assuré, de l'expéditeur, du destinataire ou de leurs préposés, représentants ou ayants droit; insuffisance ou mauvais conditionnement des emballages.

d) Retards dans l'expédition ou l'arrivée des objets assurés; différence de cours; frais quelconques de quarantaine, d'hivernage ou de jours de planche ou de surestaries; frais de magasinage, de séjour ou tous autres frais, sauf ceux qui sont indiqués à l'article 2; préjudices résultant de prohibition d'exportation ou d'importation, ainsi que de tous obstacles apportés à l'exploitation ou à l'opération commerciale de l'assuré, ou de ses représentants ou ayants droit.

Article 8

Risques exclus à moins de stipulation contraire

Sauf convention et primes spéciales, les assureurs sont également affranchis des risques suivants et de leurs conséquences:

a) Guerre civile ou étrangère; hostilités; représailles; captures; saisies; arrêts, contraintes, molestations ou détentions par tous gouvernements et autorités quelconques; explosion de torpilles, mines, bombes ou autres engins de guerre, et généralement tous accidents et fortunes de guerre, ainsi que piraterie et actes de sabotage ou de terrorisme ayant un caractère politique ou se rattachant à la guerre.

b) Emeutes; mouvements populaires; grèves; lock-out et autres faits analogues.

c) Risques de vol en général et de pillage; disparition de tout ou partie des objets assurés, à moins qu'elle ne provienne d'un risque couvert.

CHAPITRE III

TEMPS ET LIEU DES RISQUES ASSURES

Article 9

1° *Durée des risques.* — Les risques des assureurs commencent au moment où les facultés assurées, conditionnées pour l'expédition, quittent les magasins au point extrême de départ du voyage assuré et finissent au moment où elles entrent dans les magasins du destinataire ou de ses représentants ou ayants droit au lieu de destination dudit voyage. Sont considérés comme magasins du destinataire, de ses représentants ou ayants droit tout endroit, leur appartenant ou non, où ils font déposer les facultés à leur arrivée.

Toutefois, au lieu de destination, la garantie des assureurs dans les entrepôts, docks publics ou privés, magasins sous douane ou à quai, ne pourra pas, sauf convention et surprimes spéciales, excéder un délai de trente jours à compter du moment où les facultés assurées auront été déchargées du navire transporteur ou autre véhicule de transport; ce délai est réduit à quinze jours lorsque le lieu de destination est un point de l'intérieur.

2° *Ports de La Plata.* — Pour les marchandises débarquées dans les ports de La Plata, le risque d'incendie cessera à l'arrivée des facultés assurées en magasins, entrepôts, docks publics ou privés, douanes, etc., et, au plus tard, dans les dix jours de la mise à terre dans lesdits ports, si l'entrée dans ces différents endroits n'a pas eu lieu dans ce délai.

Article 10

Prise de livraison anticipée

Toute prise de livraison des objets garantis effectuée par l'assuré, par l'expéditeur, par le destinataire ou par leurs représentants ou ayants droit, avant le moment où les risques doivent se terminer normalement aux termes du présent chapitre, fait cesser les risques pour les assureurs.

Article 11

Prolongation de la durée du voyage assuré

Les risques assurés demeurent couverts dans les mêmes conditions, sans surprime en cas d'escales directes, et éventuellement avec surprime en cas de toutes autres escales, déviations ou transbordements, ainsi qu'en tous cas de prolongation de la durée normale du voyage assuré. Aucune surprime ne sera due lorsque ces faits auront pour cause un risque couvert par la police.

CHAPITRE IV

VALEURS ASSUREES

Article 12

1° *Quotités de surévaluation autorisées.* — Nonobstant toutes valeurs aggréées, les assureurs peuvent, lors de toute réclamation pour dommages ou pertes, demander la justification de la valeur réelle et, en cas d'exagération, réduire le montant de la valeur assurée à celui de la valeur réelle majorée de 20%.

La valeur réelle est déterminée par la facture d'achat (ou, à défaut, par les prix courants des objets assurés aux temps et lieu de l'expédition), ainsi que par tous les frais, primes d'assurances comprises, afférents à l'expédition assurée.

2° *Valeur à destination.* — Si, toutefois, le réclamateur établit que la valeur réelle des facultés assurées, telle qu'elle est définie au paragraphe précédent, est inférieure à leur valeur au lieu de destination du voyage assuré, c'est au montant de cette valeur à destination, sans aucune majoration, sous quelque forme que ce soit, que sera réduite la valeur d'assurance.

La valeur à destination est déterminée par les cours fixés, à la date de l'arrivée ou, à défaut, à celle de la perte, par les Pourvoirs Publics ou les Groupements qualifiés ou, à défaut, par les courtiers assermentés.

3° *Facultés vendues.* — Si l'assuré établit que les facultés ont été vendues par lui, c'est à la valeur déterminée par les obligations résultant de son contrat de vente que sera fixée la valeur d'assurance.

4° *Déclaration définitive de valeur après sinistre.* — Lorsque la déclaration définitive de valeur n'aura été faite qu'après sinistre, la valeur qui sera prise pour base du règlement en vertu des trois paragraphes ci-dessus, ne pourra en aucun cas être supérieure à celle qui résultera de l'application du mode de calcul habituellement adopté par l'assuré pour les expéditions antérieures de même nature.

CHAPITRE V

OBLIGATIONS DE L'ASSURE

Article 13

Prime

La prime entière est acquise aux assureurs dès que les risques ont commencé à courir. Elle est payable comptant entre les mains des assureurs au lieu de la souscription de l'assurance, au moment de la remise à l'assuré ou à ses représentants ou ayants droit de l'acte dans lequel elle est ressortie. Elle est valablement payée entre les mains du courtier-juré.

Faute de paiement dans les huit jours au plus tard de cette remise, les risques auxquels est afférente la prise non payée seront, sans qu'il soit besoin d'aucune sommation ni mise en demeure, automatiquement suspendus jusqu'au lendemain zéro heure de la date du paiement de la prime en retard. En consé-

quence, pour tout sinistre survenu pendant cette suspension des risques, les assureurs n'auront aucune indemnité à payer, tous leurs droits contre l'assuré, en exécution du contrat, et, en particulier, leur droit au recouvrement de la prime entière stipulée, demeurant néanmoins expressément réservés.

Les dispositions du deuxième alinéa du présent article ne sont pas applicables aux polices d'abonnement.

Article 14

Taxes, droits et impôts

Les taxes, droits et impôts existant ou pouvant être établis, ainsi que le coût de la police, sont à la charge de l'assuré et sont payables dans les mêmes conditions que la prime.

Article 15

Renseignements relatifs à l'expédition

L'assuré est tenu de communiquer aux assureurs tous renseignements utiles relatifs à l'expédition.

Il doit notamment leur faire connaître le voyage assuré, le nom du ou des navires transporteurs et leur déclarer la somme en risque sur chaque navire, lequel doit remplir les conditions prévues au premier paragraphe de l'article 35, les expéditions par navires visés aux autres paragraphes dudit article étant exclues de la garantie, à moins de convention contraire expresse, et sous réserve de ce qui est dit à cet article 35 pour les polices d'abonnement.

Article 16

Mesures conservatoires, sauvetage, recours

1° Tous droits réciproquement réservés, l'assuré doit et les assureurs peuvent prendre, provoquer ou requérir toutes mesures conservatoires, veiller ou procéder au sauvetage des objets assurés, sans qu'on puisse opposer aux assureurs d'avoir fait acte de propriétaire ou d'avoir reconnu le principe de leur responsabilité.

Les assureurs peuvent, notamment, procéder à toutes recherches, exercer tous recours et, en cas de perte ou d'innavigabilité du navire, pourvoir euxmêmes à la réexpédition des objets assurés à leur destination, l'assuré devant leur prêter son plein concours, notamment en leur fournissant tous documents et renseignements utiles en son pouvoir pour aider à l'exécution de ces mesures.

2° L'assuré doit également prendre, en temps utile, toutes mesures nécessaires pour conserver, éventuellement au profit des assureurs, ses droits et recours contre le transporteur et tous autres tiers responsables, et prêter aux assureurs son concours sans réserve pour engager, le cas échéant, les poursuites nécessaires.

3° L'assuré est responsable, dans la mesure du préjudice causé aux assureurs, de sa négligence ou de celle de l'expéditeur, du destinataire, de leurs préposés, représentants ou ayants droit, à prendre les mesures conservatoires prévues au présent article.

4° Toute indemnité reçue de toute personne responsable et devant profiter à l'assuré, à l'expéditeur, au destinataire ou à leurs représentants ou ayants droit, viendra en déduction des sommes dues par les assureurs, dans la proportion des intérêts respectifs de chacun.

Article 17

Subrogation

Les assureurs qui ont payé l'indemnité d'assurance sont subrogés dans tous les droits et recours de l'assuré contre toutes personnes responsables. L'assuré s'engage, si les assureurs le lui demandent, à réitérer cette subrogation dans la dispache ou la quittance d'indemnité d'assurance ou par acte séparé. Cette subrogation vaut jusqu'a concurrence de l'indemnité d'assurance payée.

CHAPITRE VI

CONSTATATION DES DOMMAGES ET PERTES

Article 18

Constatations contradictoires

Les réceptionnaires sont tenus de s'adresser, pour les constatations, aux Commissaires d'avaries du Comité cen'ral des Assureurs Maritimes et, à leur défaut, à ceux du Lloyd's de Londres ou à ceux de l'Union Internationale d'Assurance Transports, aux fins d'une expertise amiable ou judiciaire. A défaut de Commissaires d'avaries, ils sont tenus de s'adresser au Tribunal de Commerce dans les ports français, ou au Consul de France dans les ports étrangers; à leur défaut, à l'autorité locale compétente.

Les assureurs sont en droit de rejeter la réclamation lorsque les constatations n'ont pas été faites comme il est dit à l'alinéa précédent.

Les constatations effectuées, d'accord avec le réceptionnaire, par le Commissaire d'avaries ou par l'expert désigné par eux ont, entre les parties, la portée d'une expertise amiable contradictoire, dont le but est de déterminer la nature, la cause et l'importance des dommages et pertes.

Les parties ont le droit de demander, dans les quinze jours qui suivent l'expertise, une contre-expertise amiable ou judiciaire, à laquelle il devra être procédé contradictoirement entre elles.

L'intervention du Commissaire d'avaries a toujours lieu sous réserve des clauses et conditions de la police. Ses frais et honoraires, ainsi que ceux de l'expert, sont réglés par le réceptionnaire et remboursés intégralement par les assureurs si les dommages et pertes constatés proviennent en tout ou en partie d'un risque couvert et ce, alors même qu'ils seraient tenus de payer, du fait de ces frais et honoraires, une somme supérieure à la valeur assurée.

Article 19

Délais pour les constatations

Les réceptionnaires sont tenus, *sous peine d'irrecevabilité de la réclamation,* de provoquer les constatations prévues au premier alinéa de l'article 18 dans les trente jours à compter du moment où les facultés assurées auront été déchargées, à destination, du navire transporteur ou autre véhicule de transport. Ce délai est réduit à quinze jours lorsque le lieu de destination est un point de l'intérieur.

Cependant, lorsque, exceptionnellement, le séjour à destination aura été couvert pour une durée supérieure à ces délais de trente ou de quinze jours, le délai prévu pour les constatations sera prolongé jusqu'à l'expiration du délai assuré.

Les délais prévus aux deux alinéas qui précèdent seront prolongés de trois jours pour les dommages et pertes survenus moins de trois jours avant leur expiration.

CHAPITRE VII

REGLEMENT DES DOMMAGES ET PERTES

Article 20

Modes de règlement

Dans tous les cas donnant lieu à recours contre les assureurs, le règlement sera établi séparément sur chaque colis, qu'il fasse ou non partie d'un fardeau, sauf pour les facultés chargées en vrac, sur lesquelles il sera établi par cale et par pour-compte.

Article 21

Détermination du montant incombant aux assureurs

1° L'importance des avaries, constatées ainsi qu'il est dit à l'article 18, est déterminée par comparaison entre la valeur qu'auraient eue les objets assurés à l'état sain au lieu de destination et leur valeur en état d'avarie, le taux de dépréciation ainsi obtenu devant être appliqué sur leur valeur d'assurance.

La valeur des objets avariés peut également être déterminée au moyen d'une vente publique décidée d'accord entre les parties.

Dans l'un et l'autre cas, la comparaison entre les valeurs à l'état sain et les valeurs en état d'avarie doit être faite sur la base de ces valeurs, à l'entrepôt si la vente ou l'expertise a eu lieu à l'entrepôt, à l'acquitté si la vente ou l'expertise a eu lieu à l'acquitté.

2° Lorsque le montant du fret n'a pas été compris dans la valeur d'assurance des objets assurés, mais a fait l'objet d'une assurance séparée, le montant incombant aux assureurs au titre de cette dernière assurance sera déterminé, en tant que le fret aura été payé, par l'application à la valeur assurée sur fret du taux de dépréciation des objets assurés, déterminé comme il est dit au paragraphe précédent.

3° Au cas où les objets contenus dans un ou plusieurs colis composent un même tout, et où les assureurs utile de renvoyer aux lieux de fabrication tout ou partie de ces objets, avariés ou non, les risques de retour et de réexpédition, ainsi que les frais de transport et de réparation sont à la charge des assureurs, si les avaries constatées sont elles-mêmes à leur charge, alors même qu'ils seraient tenus de payer, tant pour frais que pour avaries, une somme supérieure à la valeur assurée du tout, et ce, par dérogation à l'article 27 ci-après. Il n'est pas dérogé aux autres dispositions de la police, ni à la règle proportionnelle, dans le cas où les objets seraient assurés pour une somme inférieure à leur valeur réelle.

Article 22

Franchise

La franchise est toujours indépendante du coulage ordinaire, déchet ou freinte de route, tels qu'ils sont fixés par le contrat de vente ou, à défaut, par l'usage et qui ne sont jamais à la charge des assureurs.

Elle est calculée sur la valeur d'assurance servant de base au règlement conformément à l'article 20.

Sauf convention contraire, les avaries particulières matérielles seront réglées sous déduction d'une franchise de cinq pour cent (5%). Toutefois, celles qui résultent d'un des événements énoncés au paragraphe 3 de l'article 2 seront réglées sans franchise sur tous colis autres que ceux qui contiennent des liquides. Seront également réglées sans franchise les avaries particulières en frais et les contributions d'avarie commune.

Article 23

Contributions d'avarie commune

1° Les contributions d'avarie commune incombent aux assureurs proportionnellement à la valeur assurée par eux, déduction faite, s'il y a lieu, des avaries particulières à leur charge, la responsabilité des assureurs étant limitée à la somme obtenue par l'application du taux de contribution d'avarie commune à la valeur assurée, ainsi réduite, s'il y a lieu, sans que cette somme puisse dépasser la somme versée par l'assuré à titre de contribution.

2° Les contributions provisoires d'avarie commune seront remboursées par les assureurs dans les conditions prévues par le paragraphe précédent sur la seule production de la quittance y afférente, endossée en blanc par la personne qui en aura effectué le versement, étant entendu que la situation des assureurs devra demeurer finalement la même que s'ils avaient attendu l'établissement du règlement d'avarie commune pour ne rembourser que les contributions définitives. En conséquence, l'assuré et le tiers-porteur auquel les contributions provisoires auront été remboursées par les assureurs s'engagent solidairement à leur en restituer le montant intégral s'il n'y a pas lieu à règlement d'avarie commune ou si, pour une raison quelconque, ce règlement n'a pas été établi, et à leur verser la différence entre les contributions définitives et les contributions provisoires, telle qu'elle ressort du règlement, si les contributions définitives sont inférieures aux contributions provisoires.

Article 24

Délaissement

1° Le délaissement des facultés assurées ne peut être fait que dans les seuls cas qui suivent:

a) En cas de perte sans nouvelles: au long cours, après trois mois pour les navires à vapeur ou propulsés uniquement à l'aide de moteurs, après six mois pour les navires à voiles ou à moteur auxiliaire; au cabotage, après deux mois pour les navires à vapeur ou propulsés uniquement à l'aide de moteurs, après quatre mois pour les navires à voiles ou à moteur auxiliaire.

Ces délais courent de la date des dernières nouvelles et la perte, en tant qu'elle concerne les assureurs de la présente police, sera réputée s'être produite à la date de ces nouvelles.

L'assuré est tenu de justifier de la date du départ du navire transporteur et de sa non-arrivée.

S'il est apporté par les circonstances obstacle à la transmission normale des nouvelles, les délais ci-dessus ne courront pas et le délaissement ne sera pas recevable tant que durera cet empêchement.

b) Dans le cas de vente pour cause d'avaries matérielles des objets assurés par suite d'un événement couvert, ordonnée ailleurs qu'au point ou au port de départ ou de destination de la marchandise, à moins que le navire transporteur, après avoir quitté le port de départ, n'ait été contraint d'y rentrer en relâche.

c) Dans le cas où, par suite d'un événement couvert, le navire transporteur serait reconnu hors d'état de continuer son voyage si, passé les délais fixés ci-après, les objets assurés n'ont pas pu être transportés à destination, ou, tout au moins, n'ont pas commencé à être rechargés à cet effet sur un autre navire ou un autre véhicule de transport.

Ces délais sont: de quatre mois, si l'événement a eu lieu sur les côtes ou îles d'Europe, ou sur le littoral de l'Asie ou de l'Afrique bordant la Méditerranée ou la Mer Noire, ou enfin sur les côtes ou îles de l'Atlantique hors d'Europe; de six mois, si l'événement a eu lieu sur les autres côtes ou îles.

Les délais courent du jour de la notification de l'innavigabilité faite par l'assuré aux assureurs.

Si l'événement est survenu en un point où la navigation a été interrompue par la glace ou par une autre cause quelconque, les délais ci-dessus seront prolongés du temps pendant lequel l'accès de ce lieu aura été notoirement empêché.

d) Dans le cas où, indépendamment de tous frais quelconques, le montant à la charge des assureurs des dommages ou pertes matériels résultant d'un événement couvert et déterminés comme il est dit aux articles 18 à 21, atteint au moins les trois quarts de la valeur assurée.

2° Dans tous les cas donnant lieu à délaissement, les assureurs, auxquels auront été délaissés les objets assurés, auront toujours la faculté d'opter entre l'acceptation du délaissement et le règlement en perte totale sans transfert de propriété.

Article 25

1° *Paiement de l'indemnité d'assurance.* — Les indemnités dues par les assureurs sont payables comptant, trente jours, au plus tard, après la remise complète des pièces justificatives, au porteur de ces pièces, sans qu'il soit besoin de procuration, et contre remise de l'original de la police ou de l'avenant d'application, ou après mention du paiement sur ces documents.

2° *Compensation avec les primes.* — Lors du paiement des sommes incombant aux assureurs, toutes primes dues par l'assuré sont compensées avec l'indemnité due par eux.

Toutefois, lorsque la police ou l'avenant d'application aura été transmis à un tiers porteur de bonne foi en vertu d'un titre antérieur au sinistre, les assureurs ne pourront compenser que la prime afférente à cette police ou à cet avenant.

Article 26

Prescription

1° Il est convenu que les actions dérivant du présent contrat d'assurance seront prescrites dans les délais ci-après, sans qu'en aucun cas ces délais puissent dépasser le délai prévu à l'article 432 du Code de Commerce.

L'action d'avaries particulières et l'action en délaissement prévue à l'alinéa *d*) du paragraphe 1er de l'article 24 seront prescrites un an après la date du certificat d'expertise ou de contre-expertise ou, à défaut, de toute autre pièce justificative.

Dans les cas prévus aux alinéas *a*) et *c*) du paragraphe 1er de l'article 24, l'action en délaissement sera prescrite un an après l'expiration des délais, qui y sont indiqués et, dans le cas de alinéa *b*) du même paragraphe, un an après la vente.

L'action en remboursement d'une contribution d'avarie commune sera prescrite un an après le versement de cette contribution par l'assuré ou par ses représentants ou ayants droit.

Toute action dérivant du contrat d'assurance sera prescrite dans les conditions de l'article 432 du Code de Commerce.

2° Le délai d'un an stipulé au paragraphe qui précède sera interrompu par la remise aux assureurs, avant son expiration, des pièces justificatives de la réclamation de l'assuré;

il commencera alors à courir le jour où les assureurs auront fait savoir à l'assuré, ou à ses représentants ou ayants droit, ou au courtier, la suite qu'ils entendent donner à cette réclamation.

Il est dérogé à l'article 435 du Code de Commerce, mais uniquement en ce qui concerne l'action de l'assuré contre les assureurs.

Article 27

Limitation des engagements des assureurs

Il n'existe aucune solidarité entre assureurs, chacun d'eux n'étant engagé, sur le montant de l'indemnité leur incombant, qu'au prorata de la somme par lui couverte sur les objets assurés, laquelle forme, dans tous les cas, la limite de ses engagements.

Sous la seule réserve de ce qui est dit au dernier alinéa de l'article 18 et paragraphe 3 de l'article 21, l'assureur ne peut pas être tenu de payer au-delà et il en est ainsi, sauf pour les polices d'abonnement, alors même que la valeur d'assurance n'aurait été indiquée par l'assuré qu'à titre provisoire.

CHAPITRE VIII

NULLITE OU RESILIATION DE L'ASSURANCE

Article 28

Risques non commencés dans les deux mois

Le contrat ne peut produire aucun effet après deux mois de la date de sa souscription pour toute assurance dont les risques n'auraient pas commencé dans ce délai, à moins qu'un autre délai n'ait été convenu expressément.

Cette disposition n'est applicable aux polices d'abonnement que pour le premier aliment.

Article 29

1° *Suspension notoire de paiements. — Non-paiement d'une prime échue.* — En cas de suspension notoire de paiements de l'assuré ou en cas de non-paiement d'une prime échue, les assureurs peuvent, après mise en demeure infructueuse faite à l'assuré, ou à son domicile connu par les assureurs, d'avoir à payer dans les vingt-quatre heures, suspendre ou résilier sans délai la police.

La police suspendue reprend, pour l'avenir, ses effets le lendemain, zéro heure, du jour où la prime arriérée et, s'il y a lieu, les frais, auront été payés aux assureurs.

Nonobstant cette suspension, les assureurs pourront toujours résilier sans délai la police tant que la prime arriérée et, s'il y a lieu, les frais, ne leur auront pas été payés.

La mise en demeure et la suspension ou la résiliation sont valablement notifiées par lettres recommandées et peuvent faire l'objet d'une seule et même notification.

2° *Faillite ou liquidation judiciaire.* — En cas de faillite ou de liquidation judiciaire de l'assuré, toute assurance dont la prime, même non échue, n'a pas été payée est, de plein droit, annulée, à moins que, dans les quarante-huit heures du jugement déclaratif de faillite ou de liquidation judiciaire, le syndic ou le liquidateur judiciaire ne se soit engagé au paiement de cette prime comme dette de la masse.

Toutefois, la police d'abonnement subsiste au profit de la masse des créanciers pour toutes applications faites postérieurement au jugement déclaratif de faillite ou de liquidation judiciaire, la masse devenant débitrice directe envers les assureurs du montant des primes y afférentes, sans préjudice du droit, pour les assureurs, comme pour la masse, de résilier sans délai la police, même par lettre recommandée.

3° *Election de domicile.* — L'assuré, le syndic de faillite et le liquidateur judiciaire résidant hors de France continentale sont présumés, lorsque l'assuré aura traité par l'entremise d'un courtier, avoir élu domicile chez ce courtier, et toutes notifications de mise en demeure et de suspension ou de résiliation pourront être valablement effectuées à ce domicile élu.

4° *Effets de la suspension et de la résiliation.* — La suspension et la résiliation prévues au présent article produisent leurs effets pour toute assurance en cours, ainsi que pour toute police d'abonnement souscrite au nom de l'assuré, les assureurs renonçant, sans préjudice de tous dommages-intérêts, à la prime du risque en cours et à toutes applications ultérieures. Il n'est pas dérogé aux dispositions du 2e alinéa de l'article 13 et, en conséquence, la prime afférente au risque automatiquement suspendu en vertu desdites dispositions demeure acquise aux assureurs.

5° *Réciprocité des mêmes droits.* — En cas de faillite, de liquidation judiciaire ou de suspension notoire de paiements d'un assureur, l'assuré a, à l'égard de cet assureur, la réciprocité des droits conférés aux assureurs par les paragraphes qui précèdent.

6° *Tiers de bonne foi.* — La suspension ou la résiliation notifiée par les assureurs demeure sans effet à l'égard du tiers de bonne foi, auquel la police ou l'avenant d'application aura été transmis en vertu d'un titre antérieur au sinistre et à la notification de la suspension ou de la résiliation. Il en est de même de l'annulation prévue au premier alinéa du paragraphe 2 du présent article, si le titre est antérieur au sinistre et au jugement déclaratif de faillite ou de liquidation judiciaire. Dans l'un comme dans l'autre cas, les assureurs ont droit à la prime afférente à la police ou à l'avenant transmis au tiers de bonne foi. Il n'est pas dérogé aux dispositions du deuxième alinéa de l'article 13.

Article 30

Présomption de connaissance immédiate des nouvelles concernant les objets assurés

Par application de l'article 365 du Code de Commerce, l'assuré et les assureurs sont toujours présumés avoir reçu connaissance immédiate des nouvelles concernant soit les objets assurés, soit le navire ou le véhicule transporteur, et qui sont parvenues, par un moyen quelconque, au lieu où ils se trouvent respectivement, même à des tiers inconnus d'eux.

En conséquence, toute assurance, même stipulée faite sur bonnes ou mauvaises nouvelles, est nulle s'il est justifié que la nouvelle de l'arrivée des objets assurés ou d'un sinistre concernant ces objets ou le navire ou le véhicule transporteur était connue, soit au lieu où se trouvait l'assuré avant l'ordre d'assurance donné, soit sur la place de la souscription des risques, sans qu'il soit besoin d'administrer aucune preuve directe de connaissance acquise de la nouvelle par l'assuré ou par l'assureur.

Quinconque, après avoir donné de bonne foi un ordre d'assurance, apprend un sinistre concernant les objets assurés ou le navire ou le véhicule transporteur avant d'être avisé de l'exécution de cet ordre, est tenu de donner aussitôt contrordre, même par le télégraphe ou le téléphone, à peine du nullité de la police, laquelle sera maintenue si le contrordre ainsi donné n'arrive qu'après l'exécution de l'ordre d'assurance.

Il est entièrement dérogé aux articles 366 et 367 du Code de Commerce.

Le présent article ne s'applique à la police d'abonnement que pour les aliments en risques au moment de sa souscription et pour les aliments prévus à l'alinéa *b*) du premier paragraphe de l'article 32.

CHAPITRE IX

COMPETENCE

Article 31

1° Par dérogation à toutes dispositions contraires des lois relatives à la compétence, les assureurs, même en cas de pluralité des défendeurs ou d'actions en garantie, ne peuvent être assignés que devant le Tribunal de Commerce du lieu où le contrat a été souscrit. Toutefois, la Compagnie qui a souscrit le contrat par un agent ou un mandataire peut être également assignée devant le Tribunal de Commerce du lieu de son siège social.

2° Si plus de la moitié de la valeur d'assurance des objets assurés a été souscrite sur un même lieu, l'assuré peut assigner devant le Tribunal de Commerce de ce lieu déjà saisi d'un litige, les autres assureurs pour faire juger à leur égard le même litige.

3° L'assuré, même non-commerçant, pourra toujours être assigné par les assureurs devant le Tribunal de Commerce du lieu où le contrat a été souscrit, l'assuré y faisant élection de domicile.

CHAPITRE X

DISPOSITIONS SPECIALES AUX POLICES D'ABONNEMENT

Article 32

Fonctionnement de la police

1° L'assuré s'oblige à déclarer en aliment aux assureurs, et les assureurs s'obligent à accepter, pendant la durée de la police, et en tant qu'elles y sont applicables:

a) Toutes les expéditions faites pour son compte ou en exécution d'un contrat d'achat ou de vente mettant à sa charge l'obligation d'assurer. Ces expéditions sont couvertes automatiquement à partir du moment où elles sont exposées aux risques garantis, à la condition formelle que la déclaration d'aliment en soit faite aux assureurs dans les huit jours au plus tard de la réception des avis nécessaires; ce délai est réduit à trois jours (dimanches et jours fériés non compris) pour les voyages au cabotage français;

b) Toutes les expéditions faites pour le compte de tiers qui auraient régulièrement donné à l'assuré mandat de pourvoir à l'assurance, à la condition que l'assuré soit intéressé à l'expédition comme commissionaire, consignataire ou autrement. Ces expéditions ne sont couvertes qu'en vertu de la déclaration d'aliment aux assureurs.

2° L'intérêt de l'assuré qui ne consisterait que dans l'exécution d'un ordre d'assurance confié par un tiers ne donne pas droit d'application à la police.

3° Faute par l'assuré de se conformer aux obligations qui lui incombent aux termes du présent article et en considération desquelles la police d'abonnement est souscrite, toute réclamation produite sous l'empire de la police sera de plein droit irrecevable, quelle que soit la date à laquelle s'est produit le sinistre qui en fait l'objet, et les assureurs pourront résilier sans délai la police, sans préjudice du droit pour eux d'exiger le paiement des primes afférentes aux expéditions non déclarées, ainsi que le remboursement des sommes réglées par eux pour des sinistres survenus postérieurement à l'inobservation par l'assuré desdites obligations.

4° Les assureurs pourront toujours exiger la production des livres et de la correspondance de l'assuré pour vérifier s'il s'est conformé à ses obligations.

Article 33

Trajets par chemins de fer préliminaires au voyage maritime

L'assuré est dispensé de déclarer les trajets par chemin de fer du premier point de départ des facultés assurées à leur premier port d'embarquement sur le navire transporteur, lorsque ces trajets s'effectuent à l'intérieur de la France, de l'Algérie, de la Tunisie, du Maroc français, de l'Allemagne, de la Belgique, de la Hollande, de l'Italie, du Royaume-Uni ou de la Suisse.

Article 34

Accumulation des objets assurés

Sans préjudice de ce qui est dit à l'article 27, le plein maximum souscrit par expédition et par navire constitue la limite des engagements des assureurs. En cas d'accumulation des objets assurés, pour quelque cause que ce soit, même par force majeure, dans un lieu quelconque avant l'embarquement au port de départ ou après le débarquement au port final de destination, les assureurs ne peuvent être responsables pour une somme supérieure à ce plein maximum.

Les facultés qui, à l'insu de l'assuré, seraient chargées sur un navire autre que le navire désigné au connaissement, ou qui seraient transbordées soit avant, soit après le départ du navire, demeureront valablement assurées, alors même que, de ce fait, le plein maximum éconcé par navire se trouverait dépassé; il en sera de même en cas d'accumulation, à l'insu de l'assuré, dans tout autre lieu que les lieux prévus à l'alinéa précédent.

Article 35

Navires transporteurs

1° Les taux de prime fixés d'autre part ne s'appliquent, en ce qui concerne les trajets maritimes, qu'aux chargements sur navires en fer ou en acier, naviguant à la vapeur ou exclusivement à l'aide de moteurs, qui appartiennent aux lignes privilégiées désignées par le Syndicat des Compagnies d'Assurances Maritimes et Transports, ou sur navires en fer ou en acier naviguant à la vapeur ou exclusivement à l'aide de moteurs, âgés de moins de vingt ans et cotés comme suit à l'un des Registres ci-après:

— Bureau Veritas 3/3 I. I.
— Lloyd's Register 100 A. I.
— American Record A. I.
— British Corporation B. S.
— Germanischer Lloyd 100 A.
— Japanese Corporation N. S.
— Norske Veritas I. A. I.
— Registro Italiano 100 A. I. I.,

à la condition que tous ces navires effectuent la navigation pour laquelle ils ont été cotés lors de leur construction.

2° Des primes spéciales sont à fixer pour tous navires, même affrétés, n'entrant pas dans les conditions ci-dessus, de même que pour tous navires de nationalité argentine, brésilienne, chilienne, grecque, panaméenne, péruvienne, turque ou uruguayenne, quels que soient leur cote ou leur âge, à moins qu'il ne s'agisse de navires appartenant à un armement agrée par les assureurs et remplissant en outre les conditions prévues au premier alinéa du présent article.

Il en est de même pour les navires ayant battu pavillon grec et quel que soit le pavillon sous lequel ils naviguent, s'ils appartiennent à des armateurs grecs ou sont gérés par des personnes de nationalité grecque.

3° Les chargements sur navires en bois, sur voiliers et sur navires à moteur auxiliaire ne seront couverts que moyennant convention spéciale.

Article 36

Durée de la police

Sauf stipulation contraire, la police est souscrite pour une durée d'un an et se renouvellera d'année en année par tacite reconduction.

L'assuré et les assureurs se réservent la faculté réciproque de la résilier à tout moment, par simple lettre, sous préavis qui, sauf convention contraire, sera d'un mois, ce délai commençant à courir le jour de l'envoi de la lettre. La police ne produira alors son effet qu'à l'égard des facultés dont les risques assurés auraient commencé à courir avant l'expiration de ce délai.

Lorsque l'assuré aura traité par l'entremise d'un courtier, les assureurs pourront valablement notifier la résiliation à ce courtier.

Article 37

Polices à alimenter

Les polices à alimenter sont régies par les mêmes dispositions que les polices d'abonnement.

Police N° .... *du* .... *Frs*

Assuré: ....

Police

Courtier: ....

Taxe Unique d'Assurances

Navire: ....

Total Frs

Voyage: ....

9. Clauses modifiant la police française d'assurance maritime sur facultés et à insérer dans tous les contrats

(Imprimé du 28 mai 1953)

EMBALLAGES

Les emballages ne sont assurés que «F. A. P. Sauf» et à la condition qu'ils aient fait l'objet d'une assurance distincte de celle du contenu.

FACULTES SUJETTES A COULAGE, FONTE, FACULTES EN SACS OU EXPEDIEES DANS DES RECIPIENTS SUSCEPTIBLES DE SE CASSER

Dans le cas où il s'agit de facultés sujettes au coulage ou à la fonte, de facultés en sacs ou de facultés expédiées dans des récipients susceptibles de se casser, la garantie «Tous Risques» ne peut être acordée que si les risques de vol partiel sont couverts suivant la clause additionnelle prévue.

Inversement, sur les mêmes facultés, les risques de vol, partiel ne peuvent être couverts que si la garantie «Tous Risques» a été accordée.

SURPRIMES DE NAVIRES

Les surprimes prévues à l'article 35 pour les chargements sur navires âgés de plus de vingt-cinq ans ou ne bénéficiant pas des cotes prévues au premier alinéa dudit article 35 ne sont applicables que dans le cas où les navires transporteurs n'appartiennant pas à des lignes régulières. (On entend par navires de lignes régulières ceux qui sont mis à la disposition des usagers suivant des itinéraires et à des dates fixés à l'avance.)

Il est entendu que le bénéfice de l'exception ci-dessus n'est pas applicable aux navires affrétés, même si ceux-ci appartiennent à des lignes régulières.

Par ailleurs, les chargements sur navires d'une jauge brute inférieure à 500 tonneaux donnent lieu à surprimes à fixer par les Assureurs.

RISQUES DITS «ATOMIQUES»

Sont exclus de la présente police les pertes et/ou dommages occasionnés directement ou indirectement par une modification de structure des atomes ou par une force radioactive.

10. Modes d'assurance

(Imprimé du 28 mai 1953)

Clause 1. — *Perte totale et délaissement*

Par dérogation à toutes dispositions contraires des Conditions Générales, la présente assurance est limitée à la perte totale des marchandises consécutive à la perte totale du navire et aux cas de délaissement prévus aux alinéas *a*) et *c*) du premier paragraphe de l'article 24.

Clause 2. — *Avaries communes*

Par dérogation à toutes dispositions contraires des Conditions Générales, la présente assurance est limitée à la contribution des marchandises aux avaries communes suivant les conditions prévues à l'article 23.

Clause 3. — *Perte totale, délaissemment et avaries communes*

Par dérogation à toutes dispositions contraires des Conditions Générales, la présente assurance est limitée à la perte totale des marchandises consécutive à la perte totale du navire, aux cas de délaissement prévus aux alinéas *a*) et *c*) du premier paragraphe de l'article 24 et à leur contribution aux avaries communes suivant les conditions prévues à l'article 23.

Clause 4. — *F. A. P. Sauf*

L'assurance est souscrite «F. A. P. Sauf» conformément aux paragraphes 3 et 4 de l'article 2.

Clause 5. — *Tous Risques* (polices au voyage)

L'assurance est souscrite à «Tous Risques» conformément aux paragraphes 2 et 4 de l'article 2, sous réserve qu'il ne s'agisse pas de facultés réexpédiées ou usagées et que lesdites facultés n'aient pas été chargées sur le pont ou dans les superstructures du navire.

Clause 6. — *Tous Risques* (polices d'abonnement)

L'assurance est souscrite à «Tous Risques» conformément aux paragraphes 2 et 4 de l'article 2, sous réserve qu'il ne s'agisse pas:

— de facultés réexpédiées ou usagées;
— de facultés chargées sur le pont ou dans les superstructures du navire;
— de facultés qu'il n'est pas d'usage d'assurer à «Tous Risques».

Clause 7. — *Tous Risques, mais à l'exclusion des pertes de poids ou de quantités*

(polices au voyage)

L'assurance est souscrite à «Tous Risques» conformément aux paragraphes 2 et 4 de l'article 2, sous réserve qu'il ne s'agisse pas de facultés réexpédiées ou usagées et que lesdites facultés n'aient pas été chargées sur le pont ou dans les superstructures du navire.

Toutefois, les pertes de poids ou de quantités sont exclues de la garantie ainsi que les dépréciations sur ramassis, à moins que ces pertes ou dépréciations ne soient causées par l'un des événements énumérés au paragraphe 3 de l'article 2.

Clause 8. — *Tous Risques, mais à l'exclusion des pertes de poids ou de quantités*

(polices d'abonnement)

L'assurance est souscrite à «Tous Risques» conformément aux paragraphes 2 et 4 de l'article 2, sous réserve qu'il ne s'agisse pas:

— de facultés réexpédiées ou usagées;
— de facultés chargées sur le pont ou dans les superstructures du navire;
— de facultés qu'il n'est pas d'usage d'assurer à «Tous Risques».

Toutefois, les pertes de poids ou de quantités sont exclues de la garantie ainsi que les dépréciations sur ramassis, à moins que ces pertes ou dépréciations ne soient causées par l'un des événements énumérés au paragraphe 3 de l'article 2.

DUREE DES RISQUES

Clause 9. — *Cessation des risques à la mise à bord*

Par dérogation aux dispositions contraires de l'article 9, les risques cessent au moment où les facultés sont mises à bord du navire de mer.

Clause 10. — *Prise des risques à bord*

Par dérogation aux dispositions contraires de l'article 9, les risques ne commencent qu'au moment où les facultés sont à bord du navire de mer.

Clause 11. — *Risques « Waterborne»*

Par dérogation aux dispositions contraires de l'article 9, les risques commencent au moment où les facultés assurées sont mises à bord du navire de mer et cessent au moment où elles quittent le bord dudit navire de mer pour être déchargées au port de destination.

Clause 12. — *Risques «Quai à quai»*

Par dérogation aux dispositions contraires de l'article 9, les risques commencent au moment où les facultés quittent la terre pour être embarquées au port maritime de chargement indiqué dans l'ordre d'assurance et cessent au moment où elles touchent terre au port maritime de déchargement indiqué dans l'ordre d'assurance.

Les délais de constatation prévus à l'article 19 sont ramenés à quarante-huit heures.

RISQUES DE VOL

Clause 13. — *Garantie des risques de vol, de pillage et de disparition*

Par extension aux Conditions Générales, le vol total ou partiel, le pillage et la disparition totale d'un colis — contenant et contenu — sont aux risques des assureurs, à moins qu'ils ne proviennent d'un des risques exclus par les alinéas *a*) et *b*) de l'article 8.

Toutefois, le manquant de tout ou partie d'un colis n'est à la charge des assureurs que s'il est justifié que ce colis porte des traces non équivoques d'effraction constatées dans les conditions prévues au chapitre VI.

Par dérogation à l'article 22, les pertes partielles couvertes aux termes de la présente clause seront remboursées sans franchise, sauf sur les facultés sujettes au coulage, à la casse et à la fonte et sur les facultés en sacs; sur toutes ces facultés, la franchise sera celle qui est prévue pour les avaries particulières matérielles.

La disparition totale d'un colis — contenant et contenu — sera toujours réglée sans franchise.

Clause 14. — *Garantie des risques de disparition*

Par extension aux Conditions Générales, la disparition totale d'un colis — contenant et contenu — est couverte et sera réglée sans franchise, à moins qu'elle ne provienne d'un des risques exclus par les alinéas *a*) et *b*) de l'article 8.

CONDITIONS DE REGLEMENT

Clause 15. — *Franchise atteinte*

Par dérogation aux dispositions contraires de l'article 22, les pertes et avaries particulières matérielles autres que celles qui résultant d'un des événements énoncés au paragraphe 3 de l'article 2 sont réglées sans autre déduction que celle de la freinte dès que la franchise de...............est atteinte.

Clause 16. — *Règlement sans franchise*

Par dérogation aux dispositions contraires de l'article 22, les pertes et avaries particulières matérielles sont réglées sans autre déduction que celle de la freinte.

SURPRIMES DE NAVIRES

Clause 17. — *Navires en bois, voiliers, navires à moteur auxiliaire*

En application de la faculté laissée aux parties par le paragraphe 3 de l'article 35, les chargements sur navires en bois, voiliers ou navires à moteur auxiliaire sont couverts moyennant l'application de surprimes à fixer par les assureurs.

Clause 18. — *Contribution provisoire d'avaries communes* (clause de substitution)

Par dérogation aux dispositions contraires de l'article 23 des Conditions Générales, en cas d'événement pouvant donner lieu à un règlement d'avaries communes, les Compagnies soussignées se substitueront à l'assuré sur sa demande pour verser la contribution provisoire demandée ou pour fournir la caution en garantie de paiement de la contribution d'avaries communes, à charge pour l'assuré de prévenir les assureurs et de leur fournir tous les éléments nécessaires à l'exécution de cette convention; l'obligation pour les assureurs de se substituer à l'assuré ne vaut toutefois que dans la mesure où les circonstances particulières de temps et de lieu n'empêcheront pas les assureurs de s'y conformer.

Si, du fait de cette substitution, les assureurs se trouvent amenés à verser une contribution provisoire supérieure à celle qui leur incombe en application de l'article 23 des Conditions Générales ou à fournir caution pour un montant supérieur à leur engagement défini par ledit article, l'assuré sera tenu de leur rembourser sans délai l'excédent de contribution qu'ils auront ainsi avancé ou de se substituer à eux pour la fraction de caution dépassant leur engagement.

Clause 19. — *Assurances en devises étrangères* (polices au voyage)

Conformément à la réglementation en vigueur et par dérogation à l'article 339 du Code de Commerce, les primes seront ressorties et payées et les sinistres réglés, dans la monnaie indiquée dans l'ordre d'assurance.

Tout paiement effectué dans des conditions autres que celles prescrites par la circulaire du Ministère des Finances n° 23.3838 du 2 novembre 1948 n'est pas libératoire pour les assureurs.

Clause 20. — *Assurances en devises étrangères* (polices d'abonnement)

Les aliments appliqués à la présente police pourront être assurés en devises étrangeres dans la mesure où ces assurances seront autorisées par les lois et règlements en vigueur.

Pour l'application des pleins maxima fixés dans la police en francs français, les devises seront converties en francs français d'après le cours du jour d'envoi de la déclaration d'aliment. Les aliments ainsi appliqués demeureront ensuite couverts pour le montant assuré en devises étrangères, quelles que soient les variations de change pouvant intervenir.

Conformément à la réglementation en vigueur, et par dérogation à l'article 338 du Code de Commerce, les primes seront ressorties et payées, et les sinistres réglés dans la monnaie qui aura été indiquée dans la déclaration d'aliment.

Tout paiement effectué dans des conditions autres que celles prescrites par la circulaire du Ministère des Finances n° 23. 3838 du 2 novembre 1948 n'est pas libératoire pour les assureurs.

Clause 21. — *Colis postaux et paquets-poste*

En application de la faculté laissée aux parties par l'article 4, les colis postaux et les paquets-poste clos et recommandés sont couverts. Toutefois, et par dérogation aux dispositions contraires de l'article 9, les risques commencent lors de la prise en charge des marchandises par l'Administration de transport et cessent au moment où décharge lui est donnée par le destinataire ou son ayant droit.

Clause 22. — *Incendie à terre*

Par dérogation aux dispositions contraires des Conditions Générales, la garantie des assureurs en cas d'incendie, tant dans les magasins à l'intérieur qu'au port d'embarquement, de transbordement ou de débarquement, n'entrera en jeu qu'après épuisement de la responsabilité des assureurs garantissant contre l'incendie les magasins ou les marchandises et de celle des propriétaires, locataires ou exploitants des lieux.

Clause 23. — *Expéditions pour le compte de tiers dans la police d'abonnement*

Par dérogation à l'alinéa *b*) du premier paragraphe de l'article 32 des Conditions Générales, les expéditions faites pour le compte de tiers, dans les conditions prévues audit alinéa, seront couvertes en vertu de la réception par l'assuré de l'ordre d'assurance donné par le tiers, mais à la condition formelle que la déclaration d'aliment aux assureurs ait été faite dans les délais prévus à l'alinéa *a*) du même paragraphe.

Clause 24. — *Droits de douane*

Sur demande de l'assuré, les droits de douane à acquitter au lieu de destination peuvent faire l'objet d'une assurance separée de celle de la marchandise.

Cette assurance spéciale est consentie aux mêmes conditions que l'assurance de la marchandise, la responsabilité des assureurs n'étant encourue que si elle l'est pour la marchandise et si les droits de douane, malgré les dommages ou pertes dont a souffert la marchandise, ont dû être acquittés intégralement ou n'ont bénéficié que d'une réduction proportionnellement inférieure à l'importance des dommages et pertes. Les assureurs régleront alors dans la proportion où leur responsabilité est engagée pour la marchandise, mais sous déduction de l'abattement qui aura pu être consenti par la Douane.

Les primes pour cette assurance sont fixées à la moitié des primes de base stipulées pour les risques ordinaires de la marchandise jusqu'au point où doit avoir lieu de dédouanement. Si le voyage doit continuer au-delà de ce point, la somme couverte sur droits de douane sera incorporée dans la valeur d'assurance de la marchandise, et les surprimes éventuellement prévues pour le trajet restant ainsi à acomplir seront dues intégralement sur l'ensemble des valeurs assurées.

Dans l'assurance des droits de douane, les surprimes spéciales afférentes aux risques de vol seront toujours dues intégralement pour la totalité du voyage assuré.

Aucune ristourne de prime ou de surprime ne sera consentie pour perte de la marchandise avant son arrivée au point où devait avoir lieu le dédouanement.

Clause 25. — *Risques de grèves, lock-out, émeutes et mouvements populaires*

Aux clauses et conditions de la police n° du les Assureurs, par dérogation au paragraphe *b*) de l'article 8 des Conditions Générales et de l'Imprimé de la Police Française d'Assurance Maritime sur Facultés, couvrent:

Article premier. — Les risques de grèves, lock-out, émeutes, mouvements populaires, étant précisé que cette garantie est strictement limitée aux seuls dommages et pertes matériels, vol ou pillage survenant aux intérêts assurés et qui résulteraient directement de l'action de grévistes, ouvriers frappés de lock-out ou de personnes prenant part à des conflits du travail, des émeutes ou mouvements populaires.

Toutefois, les risques ci-dessus ne seront pas garantis s'ils ont pour origine la guerre civile ou étrangère.

Art. 2. — Les Assureurs sont exonérés de toute responsabilité provenant de vice propre de la marchandise assurée, de tout dommage ou perte résultant d'un retard dans l'expédition ou l'arrivée des facultés assurées même si ceux-ci ont été occasionnés par un risque couvert, de toute dépense et/ou frais résultant d'un retard, à l'exception de ceux qui auraient été récupérables sous l'empire de la police si les risques de grèves n'avaient pas été couverts, ainsi que de perte de marché.

Il est en outre convenu que le dernier alinéa de l'article ONZE ainsi libellé: «Aucune surprime ne sera due lorsque ces faits auront pour cause un risque couvert par la police» n'est pas applicable lorsque la prolongation de la durée normale du voyage assuré résulte de faits couverts par les présentes conditions particulières.

Art. 3. — Les réclamations pour perte ou dommage dans les limites de ces clauses seront payables intégralement.

Art. 4. — Cette couverture est accordée moyennant la prime en vigueur au moment de la prise d'effet des risques garantis; cette prime est à fixer par le Comité de Tarification sur Facultés; elle sera acquise dans tous les cas aux assureurs et aucune ristourne ne pourra être faite sur cette prime pour quelque cause que ce soit.

Art. 5. — Les Assureurs auront la faculté de résilier cette couverture spéciale en tout temps, sous simple préavis de quarante-huit heures notifié, même par simple lettre, à l'Assuré ou à son Courtier. Ce délai ne commence à courir que du jour de la réception de la lettre d'avis (dimanches et jours fériés non compris). Toutefois, dans tous les cas où la lettre d'avis de résiliation ne sera pas parvenue au destinataire, même pour cause de force majeure ou de cas fortuit, cinq jours après celui de son envoi (dimanches et jours fériés compris), la résiliation de cette couverture spéciale deviendra effective à partir de ce cinquième jour.

Pour les marchandises ou facultés dont les risques n'auraient pas commencé avant l'expiration des délais prévus à l'alinéa précédent, les Assureurs sont exempts de toute responsabilité.

MARCHANDISES EN VRAC

Clause 26. — *Pertes de quantités sur marchandises en vrac*

L'assuré ne peut se prévaloir des poids figurant au connaissement pour réclamer la différence entre lesdits poids et les poids constatés à l'arrivée, sauf si la perte provient de l'un des événements prévus au paragraphe 3 de l'article 2.

Ces manquants ne sont jamais considérés comme provenant de vol et doivent être réglés comme pertes de quantités sous déduction de la franchise prévue.

MARCHANDISES EN SACS

Clause 27. — *Pertes de quantités sur marchandises en sacs*

Il est convenu que les pertes de quantités seront déterminées par la différence entre le poids des sacs en vidange — augmenté le cas échéant de celui des ramassis — et le poids qu'auraient dû peser ces mêmes sacs s'ils étaient arrivés sains, ce poids étant calculé d'après la moyenne des poids des sacs sains (pleins ou non) à destination. Elles seront alors réglées sans autre déduction que celle de la franchise prévue.

Clause 28. — *Excédents*

Dans le cas où serait chargée à bord du navire, pour un même assuré, une marchandise destinée à être débarquée dans des ports différents, mais pour le compte d'un même réceptionnaire, il est convenu que le compte définitif des poids sera établi par l'assureur lorsqu'il aura connaissance exacte des quantités déchargées dans ces différents ports.

CIMENTS

Clause 29. — *Réensachage*

L'assuré s'engage à joindre à chaque expédition un lot de sacs vides égal à 10% au moins du nombre de sacs pleins assurés, ces sacs devant faire l'objet d'un connaissement séparé de celui de la marchandise.

Par ailleurs, sur le ciment réensaché aux frais des assureurs, la dépréciation devra toujours être déterminée par expertise.

CACAOS ET PALMISTES

Clause 30. — *Cessation des risques*

Par dérogation aux dispositions contraires de l'article 9, les risques cessent dès la remise des facultés aux destinataires au port de débarquement du navire de mer, sans toutefois que la garantie du séjour à terre dans ce port puisse excéder quinze jours.

COTONS

Clause 31. — *Cotons achétés «F. O. B.»*

Par dérogation aux dispositions contraires des Conditions Générales et/ou des clauses additionnelles, les risques des assureurs commencent sur les seuls cotons achetés F. O. B. à partir du moment où les cotons ont fait l'objet d'un connaissement maritime

Clause 32. — *Risques depuis quai*

Par dérogation aux dispositions contraires de l'article 9, les primes commencent au moment où les cotons quittent la terre au port maritime pour être chargés sur le navire de mer.

Clause 33. — *Cessation des risques au port de déchargement*

Par dérogation aux dispositions contraires de l'article 9, les risques cessent au port de débarquement dans un délai de quinze jours après le déchargement, délai qui peut être cependant prolongé sur demande de l'assuré et moyennant paiement d'une surprime à fixer par les assureurs.

Clause 34. — *Cotons en provenance des U. S. A., du Mexique, du Brésil de l'A. O. F., de l'A. E. F. et du Congo belge* (voyages préliminaires inclus)

Par dérogation aux dispositions contraires de l'article 9, les risques commencent au moment où les cotons bruts, devenus la propriété de l'assuré, quittent les lieux de production.

En conséquence, les assureurs couvrent, pendant un délai de trois mois, les risques de séjour en tous lieux, notamment pendant les opérations d'égrenage et d'emballage, les risques de transport par tous moyens quelconques jusqu'au port maritime d'embarquement et les risques d'embarquement. Le délai de trois mois peut cependant être prolongé sur demande de l'assuré et moyennant paiement d'une surprime à fixer par les assureurs.

Clause 35. — *Cotons en provenance d'Alexandrie*

Par dérogation aux dispositions contraires de l'article 9, les risques commencent au moment où les cotons, devenus la propriété de l'assuré, quittent la presse ou les magasins à Alexandrie pour être embarqués.

Clause 36. — *Cotons en provenance du Soudan anglo-égyptien*

Par dérogation aux disposition contraires de l'article 9, la garantie pendant séjour au port d'embarquement est limitée à quinze jours.

Clause 37. — *Cotons en provenance de Bassorah ou de Syrie*

Par dérogation aux dispositions contraires de l'article 9, les risques commencent au moment où les cotons, devenus la propriété de l'assuré, quittent la presse.

Clause 38. — *Cotons en provenance de Mombassa (Kenya)*

Par dérogation aux dispositions contraires de l'article 9, les risques commencent au moment où les cotons, devenus la propriété de l'assuré, sont pris en charge par le premier transporteur, le séjour au port d'embarquement étant limité à quinze jours.

Clause 39. — *Cotons en provenance d'Algérie ou du Maroc*

Par dérogation aux dispositions contraires de l'article 9, les risques commencent au moment où les cotons, devenus la propriété de l'assuré, sont pris en charge par le premier transporteur.

Clause 40. — *Risques de «Country Damage» sur cotons des Etats-Unis*

Les risques de «Country Damage» sont couverts sur les cotons en provenance des Etats-Unis.

LAINES

Clause 41. — *Laines en provenance d'Australie, Angleterre, Nouvelle-Zélande, Le Cap*

Par dérogation aux dispositions contraires de l'article 9, les risques commencent depuis la chute du marteau, à la condition que, dès ce moment, l'identification soit rendue possible d'après les marques, nombre de balles et numéros imprimés aux catalogues de vente.

Clause 42. — *Laines en provenance de Nouvelle-Zélande* (option)

Par dérogation aux dispositions contraires de l'article 9, les risques commencent dupuis la date du paiement de la laine, même si celle-ci a été achetée en vente publique.

Clause 43. — *Laines en provenance du Cap* (option), *des Etats-Unis, de La Plata, des Indes anglaises, d'Arabie (port de chargement Aden), de Syrie-Liban, du Pérou*

Par dérogation aux dispositions contraires de l'article 9, les risques commencent depuis le moment de la sortie des balles des magasins du port.

Clause 44. — *Laines en provenance du Cap* (deuxième option) *et de Patagonie*

Par dérogation aux dispositions contraires de l'article 9, les risques commencent depuis le moment où les laines deviennent la propriété de l'assuré.

Clause 45. — *Laines en provenance d'Algérie, de Tunisie, du Maroc et de l'A. O. F.*

Par dérogation aux dispositions contraires de l'article 9, les risques commencent depuis le moment où les laines sont prises en charge par le premier transporteur.

Clause 46. — *Séjour avant embarquement*

Si le séjour avant embarquement excède un mois, il sera perçu une surprime à fixer par les assureurs.

Clause 47. — *Fin des risques*

Dans le cas où le séjour à terre au port de débarquement excéderait les délais prévus à l'article 9, les assureurs consentent à prolonger leur garantie, sous les conditions expresses que, d'une part, cette extension de la durée des risques ne soit en aucun cas la conséquence d'un fait de l'assuré lui-même et, d'autre part, que la prolongation de l'assurance ait fait l'objet d'une demande expresse avant l'expiration des trente jours, et donné lieu au paiement d'une surprime à fixer par les assureurs.

Clause 48. — *Chargement en pontée*

Par dérogation aux dispositions de l'article 3, les balles de laine chargées en pontée sont assurées aux conditions Tous Risques, moyennant le paiement d'une surprime à fixer par les assureurs.

Clause 49. — *Assurance forfaitaire*

Par dérogation aux dispositions contraires de l'article 9, les risques commencent soit dès l'achat des laines — celui-ci étant justifié par la remise d'un «delivery order» ou de toute autre confirmation de mise à la disposition — soit en magasin, au moment où les balles pressées, cerclées, marquées et numérotées sont devenues la propriété de l'assuré ou des acheteurs opérant sur ses ordres ou encore des banquiers finançant l'opération pour son compte jusqu'au paiement effectif.

Les risques cessent à l'arrivée des laines à l'établissement destinataire qui doit ouvrir les balles.

Sont garantis tous les risques de séjour, y compris aux ports d'embarquement, de transbordement et de débarquement, mais à la condition que ces séjours ne soient en aucun cas la conséquence d'un fait de l'assuré. La réexpédition par toutes voies, à condition qu'il ne soit délivré qu'un seul titre de transport, est également garantie.

Clause 50. — *Liquides en fûts ou containers*

Les assureurs sont affranchis de toutes réclamations pour dommages ou pertes provenant du vice de fûts, de piquage ou d'altération quelconque des liquides. Ils répondent toutefois du piquage sur les vins contenus dans des fûts en coulage à la suite d'un des événements prévus au paragraphe 3 de l'article 2, mais à la condition que le vin y séjourne plus de huit jours à compter de l'événement.

Les assureurs répondent également de l'altération des vins ou huiles à la suite d'incendie ou de l'introduction d'un liquide ou corps étranger dans les fûts consécutive à l'un des événements prévus au paragraphe 3 de l'article 2.

Le délaissement ne peut être effectué que dans les cas prévus aux paragraphes *a*), *b*) et *c*) du premier alinéa de l'article 24 des Conditions Générales, le paragraphe *d*) étant abrogé.

Par dérogation aux dispositions contraires de l'article 9, les risques commencent au moment de la prise en charge des marchandises par le transporteur maritime et cessent au port de débarquement du navire de mer à la fin de l'expertise du lot assuré, sans que le délai dans lequel doit s'effectuer cette expertise puisse excéder quinze jours à compter de la date du complet déchargement dudit navire.

Ce délai peut être prolongé sur déclaration préalable de l'assuré et moyennant le paiement d'une surprime à fixer par les assureurs.

Par dérogation aux dispositions contraires de l'article 22, les franchises fixées pour le liquide comprennent le creux ordinaire de route.

Il est entendu que les différences de poids constatées à l'arrivée sur des fûts ou containers sains ne sauraient en aucun cas être mises à la charge des assureurs.

Clause 51. — *Liquides en vrac*

Les assureurs sont affranchis de toutes réclamations pour dommages ou pertes provenant de vice du contenant, de piquage ou d'altération quelconque des liquides. Ils répondent toutefois du piquage sur les vins contenus dans des citernes en coulage à la suite d'un des événements prévus au paragraphe 3 de l'article 2 des Conditions Générales, mais à la condition que le vin y séjourne plus de huit jours à compter de l'événement ou encore qu'il soit transbordé à la suite dudit événement sur allège ou sur un autre navire de mer.

Les assureurs répondent également de l'altération des vins ou huiles à la suite d'incendie ou de l'introduction d'un liquide ou corps étranger dans les citernes consécutives à l'un des événements prévus au paragraphe 3 de l'article 2.

La garantie des risques de pompage, tant à l'embarquement qu'au débarquement, est limitée aux pertes de poids ou de quantités résultant d'une rupture de canalisation, les assureurs demeurant cependant affranchis des faits ou fautes de l'assuré.

L'assuré ne saurait se prévaloir des poids figurant au connaissement pour réclamer la différence entre lesdits poids et les poids constatés à l'arrivée, les pertes de quantités n'étant à la charge des assureurs que s'il est justifié par des experts qualifiés qu'elles se sont bien produites au cours du transport et si leur montant a été également déterminé par eux.

Les manquants de tout ou partie du contenu d'une citerne ne sont jamais considérés comme provenant de vol; ils doivent être réglés comme pertes de quantités sous déduction de la franchise prévue.

Par dérogation aux dispositions contraires de l'article 9, les risques commencent au moment où le liquide quitte les cuves, camions, citernes ou fûts, à terre au port d'embarquement, et cessent au moment où il pénètre dans les cuves, camions, citernes ou fûts, à terre au port de débarquement.

Par dérogation aux dispositions contraires de l'article 22 des Conditions Générales, la franchise est fixée à:

....................sur l'ensemble,

.... par citerne,

et comprend le creux ordinaire de route.

Les pertes de quantités dues à une rupture de canalisation garantie sont réglées sans franchise.

Si le lot assuré est mélangé dans les cuves du navire avec d'autres lots de provenance ou de destinations quelconques et que le dommage couvert par la police ne puisse être déterminé que par rapport à l'ensemble des lots, les assureurs n'interviennent qu'au prorata des quantités qu'ils assurent.

11. POLICE RISQUES DE GUERRE

Imprimé du 1er janvier 1947
(Autorisé par le Service des Assurances de guerre.)

Conditions particulières (transports maritimes)

N. B. — Le présent imprimé doit être annexé à l'imprimé de la police française d'assurance maritime sur marchandises ou facultés.

Police n° .... du ....

Navire: ....

Voyage: ....

aux Conditions Générales qui précèdent, en tant qu'elles ne sont point contraires aux clauses particulières qui suivent, et moyennant la prime de........................

Article Premier. — La présente assurance a pour objet exclusif de garantir les marchandises ou facultés assurées, sous réserve des exceptions et précisions ci-après, contre les dommages et pertes provenant:

a) De guerre civile ou étrangère, d'hostilités, représailles, captures, saisies, arrêts, contraintes, molestations ou détentions par tous gouvernements et autorités quelconques, d'explosion de torpilles, de mines sous-marines ou d'autres engins de guerre, et généralement de tous accidents et fortunes de guerre, ainsi que de piraterie et d'actes de sabotage ou de terrorisme ayant un caractère politique ou se rattachant à la guerre;

b) D'émeutes, de mouvements populaires, de grèves et de lock-out.

Art. 2 — Les assureurs demeurent, toutefois, affranchis de tous arrêts, contraintes, molestations, détentions, captures, saisies, ou leurs conséquences, ordonnés par les autorités françaises ou par l'un de leurs alliés, étant en outre entendu que les marchandises ou facultés assurées ne sont pas, ou ne seront pas, à un moment quelconque du voyage, la propriété d'un gouvernement, d'une société ou d'un individu ennemis de la France ou de ses alliés, alors même que cette société ou cet individu aurait sa résidence ou son domicile en territoire neutre. Les assureurs demeurent, de plus, affranchis de toutes réquisitions, quel que soit le gouvernement ou l'autorité qui les ait ordonnées.

Art. 3. — Les assureurs demeurent affranchis de toutes conséquences quelconques de violation de blocus déclaré par les autorités françaises ou par des autorités alliées à la France, ainsi que de contrebande et de commerce prohibé ou clandestin.

Art. 4. — Par dérogation en tant que de besoin aux conditions générales et particulières qui précèdent, il est convenu ce qui suit en ce qui concerne la durée des risques:

a) La garantie des assureurs ne commence qu'après la mise des marchandises ou facultés assurées à bord du navire de mer;

b) Elle cesse à leur débarquement du navire de mer. Elle ne peut, en aucun cas, se prolonger, même à bord de ce navire, au-delà d'un délai de quinze jours à compter de minu du jour où le navire de mer aura mouillé ou se sera amarré dans le port final de déchargement;

c) En cas de transbordement sur un autre navire de mer, la garantie des assureurs cessera à l'expiration d'un délai de quinze jours à compter de minuit du jour où le premier navire étant arrivé au port de transbordement, y aura mouillé ou s'y sera amarré, ladite garantie ne reprenant effet que lorsque l'intérêt assuré aura été mis à bord du navire de mer sur lequel s'effectue le transbordement. Pendant le délai précité de quinze jours, l'intérêt assuré demeure couvert, tant à bord du premier navire que sur allèges, le séjour à terre continuant à être exclu dans tous les cas;

d) Dans le cas où l'armateur ou l'affréteur terminerait le voyage dans un port ou lieu autre que celui prévu, ce port ou lieu sera réputé port final de déchargement et les risques des assureurs prendront fin comme il est spécifié ci-dessus;

e) L'expression «navire de mer», employée dans les alinéas précédents du présent article, s'entend du navire qui transporte l'intérêt assuré d'un port ou lieu à un autre port ou lieu lorsque le voyage comporte un trajet maritime effectué par ce navire.

Sont exclus de la présente police les pertes et/ou dommages occasionnés directement ou indirectement par une modification de structure des atomes ou par une force radioactive.

Art. 5. — Il est précisé qu'en dehors de la capture et de la saisie, les assureurs garantissent seulement les dommages et pertes matériels et les avaries communes résultant des événements couverts.

Ils sont, dans tous les cas, affranchis de toute responsabilité pour retards dans l'expédition ou l'arrivée des marchandises ou facultés, pour différences de cours, pour frais de magasinage, frais de séjour ou autres, pour préjudices résultant de prohibitions d'exportation ou d'importation, ainsi que, généralement, de tous obstacles apportés à l'exploitation ou à l'opération commerciale des assurés ou de leurs ayants droit.

Art. 6. — En cas de capture ou de saisie dont ils répondent, les assureurs sont responsables du fait même de la dépossession résultant de cette capture ou saisie. Le délaissement peut alors leur être fait si les marchandises ou facultés n'ont pas été mises à la disposition des assurés ou de leurs représentants ou ayants droit dans les trois mois qui suivent le jour où la nouvelle de la capture ou de la saisie a été notifiée par eux aux assureurs, à la condition que cette notification ait été accompagnée de toutes les pièces justificatives de la réclamation.

A partir du jour où la faculté de délaissement sera ainsi ouverte aux assurés en vertu du présent article, ceux-ci auront un délai de six mois pour signifier aux assureurs le délaissement, lequel ne sera cependant plus recevable si, au moment de cette signification, les marchandises ou facultés ont déjà été remises à leur disposition ou à celle de leurs représentants ou ayants droit. Ce délai passé, toute réclamation pour dépossession sera prescrite.

Art. 7. — Dans tous les cas garantis par la présente police, le remboursement aura lieu sans franchise.

Art. 8. — Sous les réserves ci-dessus spécifiées, toutes escales sur route sont couvertes sans surprime et tous transbordements et déviations moyennant surprimes à fixer.

Il est précisé que l'exonération des assureurs de toute responsabilité pour retards s'applique même aux dommages et pertes matériels résultant de ces retards.

Art. 9. — La garantie résultant des dispositions ci-dessus n'est valable que si les marchandises ou facultés sont mises à bord du navire de mer au plus tard dans un délai de trente jours à dater de la souscription.

Le taux de prime, fixé lors de la souscription, reste valable si les marchandises ou facultés assurées sont mises à bord du navire dans les sept jours de cette souscription. Passé ce délai, il y aura lieu d'appliquer le taux fixé par le Service des Assurances de Guerre et en vigueur lors de la mise à bord du navire.

La prime ressortie pour l'assurance des risques couverts par la présente police, ainsi que tous droits, impôts et taxes, sont payables comptant lors de la souscription de ces risques, et le contrat ne pourra en aucun cas produire ses effets avant ce paiement, sauf en ce qui concerne les risques couverts par une police d'abonnement.

La prime sera, dans tous les cas, acquise aux assureurs, et aucune ristourne ne pourra être faite sur cette prime pour quelque cause que ce soit.

Dispositions spéciales aux polices d'abonnement

Art. 10. — Il est convenu que les assureurs auront le faculté de résilier la présente police en tout temps, sous simple préavis de quarante-huit heures notifié, même par simple lettre, à l'assuré ou à son courtier. Ce préavis ne commence à courir que du jour de la réception de la lettre d'avis (dimanches et jours fériés non compris).

Toutefois, dans tous les cas où la lettre d'avis de résiliation ne sera pas parvenue au destinataire, même pour cause de force majeure ou de cas fortuit, cinq jours après celui de son envoi (dimanches et jours fériés compris), la résiliation de la police deviendra effective à partir de ce cinquième jour.

Pour les marchandises ou les facultés dont les risques n'auraient pas commencé avant l'expiration des délais prévus au présent article, les assureurs seront exempts de toute responsabilité.

Les dispositions du présent article relatives à la résiliation de la police ne dérogent en rien aux dispositions de l'article 9 relatives au délai de validité tant de la garantie accordée que du taux de la prime.

Alphabetisches Wortverzeichnis

Abkürzungen

V = Versicherung
Vsr = Versicherer
Vt = Versicherter
VN = Versicherungsnehmer
VffR = Versicherung für fremde Rechnung
Besch = Beschädigung
Hg = Havariegrosse
LV = Laufende Versicherung
Strf = Strandungsfall
vt = versichert

Zahlen bedeuten Seiten

Hamburger Rechtsstudien

Herausgegeben von Mitgliedern der Rechtswissenschaftlichen Fakultät der Universität Hamburg

---

Der Begriff des Versicherungsfalles in der Seeversicherung. Von F. A. Bene. 75 Seiten. 1928. (Heft 1)

Die Bedeutung des Interesses für die Veräußerung der versicherten Sache. Von Hermann Heinrich Elkan. 58 Seiten. 1928. (Heft 2)

Der Konnossement-Teilschein. Von Heinz Behlert. 79 Seiten. 1930. (Heft 5)

Die Order-Police. Von Alex. N. Tsirintanis. 95 Seiten. 1930. (Heft 6)

Reine Konnossemente gegen Revers. Von Robert Lion. 78 Seiten. 1930. (Heft 7)

Versicherung für Rechnung wen es angeht. Von Helmuth Embden. 39 Seiten. 1930. (Heft 8)

Die Versicherung der Havarie-grosse-Schäden. Von Hans Cramer. 55 Seiten. 1932. (Heft 12)

Die Staatshaftung für den Hamburger Hafenlotsen. Von Erwin Mumssen. 100 Seiten. 1932. (Heft 13)

Kostfrachtgeschäft und laufende Versicherung. Von Detlev Himer. 42 Seiten. 1933. (Heft 17)

Die Risikobeschränkungen. Von Harald Lötsch. 69 Seiten. 1935. (Heft 27)

Summen- und Einzelschaden. Beiträge zur Erneuerung der Schadenslehre vom Wirtschaftsrecht aus. Von Hans Möller. 154 Seiten. 1937. (Heft 30)

Grenzen der Freizeichnung des Spediteurs - § 41 AdSp. Von Christian Hootz. 94 Seiten. 1954. (Heft 44) DM 10,—

Liefermöglichkeit nach Maßgabe der Bestände. Preise auf Anfrage.

CRAM, DE GRUYTER & CO · HAMBURG

GROSSKOMMENTARE DER PRAXIS

SCHAPS—ABRAHAM

Das deutsche Seerecht

Kommentar und Materialsammlung

3 Bände, Register- und Ergänzungsband · Lexikon-Oktav · Rund 5450 Seiten · 1959/1967
Halbleder DM 1428,— · Wird nur komplett abgegeben · Weitere Nachträge sind geplant

Begr. von Reichsgerichtsrat Dr. Georg Schaps,
fortgeführt von Senatspräsident Dr. Max Mittelstein
und Rechtsanwalt Dr. Julius Sebba

Dritte, umgearbeitete und erweiterte Auflage
von Dr. jur. Hans Jürgen Abraham,
ord. Professor an der Universität Frankfurt

Der erste Band enthält Allgemeine Einleitung, Völkerrechtliche Lage der See, Rechtslage des Schiffes

Der zweite Band umfaßt Seehandelsrecht, das vierte Buch des HGB §§ 474—555

Der dritte Band behandelt das See-Arbeitsrecht, Das öffentliche Seestraßen- und Seehafenrecht und enthält Ergänzungen und Berichtigungen für alle drei Bände

Der Registerband ermöglicht dem Benutzer das schnelle Auffinden der einschlägigen Kommentierungen auch bei der Bearbeitung selten vorkommender Spezialfragen durch erschöpfende Ausführlichkeit und übersichtliche Aufgliederung

Der Ergänzungsband bringt für alle drei Bände die Nachträge aus Gesetzgebung, Rechtsprechung und Schrifttum für die Zeit vom 16. Juli 1963 bis zum August 1966

Der Schaps-Abraham ist für Juristen, Reeder und Außenhandelsfirmen wohl geradezu unentbehrlich. Besonders angenehm berührt, daß immer wieder die Praxis herangezogen wird ...

Wie aus dem Untertitel des Werkes hervorgeht, handelt es sich beim **Schaps-Abraham** nicht nur um einen Kommentar, sondern auch um eine Materialsammlung. Beim dritten Band liegt der Akzent auf dem zweiten Punkt ... Trotzdem fehlt es auch in diesem Bande keineswegs an der notwendigen Kommentierung, die besonders beim Seemannsgesetz, bei der Strandungsordnung, beim Gesetz über die Untersuchung von Seeunfällen, beim Gesetz über das Seelotsenwesen und bei der Seeschiffahrtsstraßen-Ordnung sehr feinsinnig und tiefschürfend ist. **Wer eine umfassende Zusammenstellung der deutschen und der mit ihnen zusammenhängenden internationalen seearbeitsrechtlichen und seeverkehrsrechtlichen Bestimmungen sowie die notwendigen juristischen Analysen wünscht, dem sei der Schaps-Abraham empfohlen.**

Internationale Transport-Zeitschrift, Basel

... this will probably be one of the most comprehensive works on shipping law in the world, for it will cover international and German public and private law, and it will also give a lead to those in search of corresponding provisions in other laws. The modern Law-Review, London

---

WALTER DE GRUYTER & CO · BERLIN

Allgemeine Deutsche Seeversicherungs-Bedingungen / ADS / nebst Anhang Zusatzbestimmungen für die Güterversicherung (1947). Im Jahre 1919 herausgegeben von den deutschen Seeversicherern nach Beratungen mit deutschen Handelskammern und Fachverbänden unter Vorsitz der Handelskammer Hamburg. 35.—37. Tausend. Berichtigter Abdruck. Oktav. 67 Seiten. 1967. DM 5,—

General Rules of Marine Insurance. 3., durchgesehene Auflage. Neudruck 1965. Oktav. 76 Seiten. Kartoniert DM 7,80 — Englische Ausgabe der ADS.

Hamburgisches Hafen- und Schiffahrtsrecht. Mit 1 Karte des Hamburger Hafens von Dr. Karl Küster. Oktav. 316 Seiten. 1957. Ganzleinen DM 14,50

Die Seeversicherungs-Police. Leitfaden für die Praxis der Güterversicherung nach den Allgemeinen Deutschen Seeversicherungsbedingungen. Von Bernhard Becker. Oktav. 271 Seiten. 1965. Kartoniert DM 9,80

Die Anwendung des EWG-Vertrages auf Seeschiffahrt und Luftfahrt. Zur Auslegung des Art. 84 Abs. 2 des Vertrages. Von Jürgen Erdmenger. Oktav. XVI, 163 Seiten. 1962. Ganzleinen DM 28,—

Das Abladegeschäft. 4., völlig neu bearbeitete und erweiterte Auflage. Von Dr. Hans Haage. Oktav. XX, 238 Seiten. 1958. Ganzleinen DM 18,—

Schiffsmakler-Kompaß. Zusammengestellt von Konsul F. Guido Caulier-Eimbcke. 4., berichtigte und ergänzte Auflage von Günter Caulier-Eimbcke. Oktav. Etwa 180 Seiten mit 3 Formularen und 5 Bildern auf 8 Kunstdrucktafeln. 1968. Halbleinen etwa DM 12,80

Grundriß des Sachenrechts bei Schiffen und Schiffsbauwerken. Von Herbert Wolff. Groß-Oktav. 103 Seiten. 1949. Kartoniert DM 4,—

Die Geschäftsbedingungen des Waren-Vereins der Hamburger Börse e. V. (Mathies-Grimm-Sieveking). Auf Grund der Rechtssprechung seines Schiedsgerichts und der Handelsbräuche seines Bereichs erläutert von Dr. Robert Sieveking. 3., grundlegend neu bearbeitete Auflage des von Dr. Otto Mathies begründeten und von Dr. Walter Grimm fortgeführten Kommentars. Oktav. XII, 199 Seiten. 1967. Ganzleinen DM 38,—

Hafen Hamburg / Bildband. Photographie Jürgen Wiechmann. Text und Gestaltung Claus Lafrenz. Quart. 2., erweiterte Auflage. 136 Seiten mit 121 Bildern auf 88 Tafeln. 1964. Ganzleinen DM 19,80

CRAM, DE GRUYTER & CO · HAMBURG

Das Seerecht. Ein Grundriß mit Hinweisen auf die Sonderrechte anderer Verkehrsmittel, vornehmlich das Binnenschiffahrts- und Luftrecht. 2., ergänzte und erweiterte Auflage von Professor Dr. jur. HANS JÜRGEN ABRAHAM. Oktav. XII, 195 Seiten. 1960. Ganzleinen DM 22,— (LEHRBÜCHER UND GRUNDRISSE DER RECHTSWISSENSCHAFT 21)

Schiffahrtsrecht. 2 Bände, herausgegeben von Rechtsanwalt Dr. WERNER VAHLDIEK (enthaltend Seerecht und Binnenschiffahrtsrecht). Oktav. XVI, 743 Seiten. 1953. Halbleinen DM 29,70 (ENTSCHEIDUNGEN DES REICHSGERICHTS IN ZIVILSACHEN, SAMMLUNG DER NOCH WICHTIGEN ENTSCHEIDUNGEN. GRUPPE III: HANDELSRECHT, NEBENGESETZE)

Handelsrecht und Schiffahrtsrecht von Professor Dr. JULIUS VON GIERKE. 9. Auflage von Professor Dr. GÜNTHER BEITZKE und Dr. OTTO SANDROCK. In Vorbereitung (LEHRBÜCHER UND GRUNDRISSE DER RECHTSWISSENSCHAFT 6)

Internationales Signalbuch 1931. Amtliche Deutsche Ausgabe. Herausgegeben vom Bundesministerium für Verkehr, Bonn. Quart. Band I. SIGNALBUCH. 6. Auflage unter Berücksichtigung der bis zum 1. November 1956 eingetretenen Änderungen. VII, 789 Seiten mit 10 Flaggentafeln. 1957. Kaliko DM 64,—; Band II. FUNKVERKEHRSBUCH. 5. Auflage. Unter Berücksichtigung der bis zum 31. August 1957 eingetretenen Änderungen. XX, 1015 Seiten. 1958. Kaliko DM 76,—; Nachtrag zu I/II. 8 Seiten mit 2 Flaggentafeln. 1962. DM 5,—

Amtliche Liste der Seeschiffe mit Unterscheidungssignalen, Funkrufzeichen der Bundesrepublik Deutschland als Anhang zum Internationalen Signalbuch, abgeschlossen am 15. 12. 1963 mit Nachtrag bis 31. 12. 1963, hrsg. vom Bundesministerium für Verkehr. Oktav. IV, 142 Seiten. 1964. Halbleinen DM 16,—

Die Beschränkung der Reederhaftung. Eine rechtshistorische und rechtsvergleichende Studie von Rechtsanwalt Dr. PANAYOTIS K. SOTIROPOULOS. Oktav. XXVIII, 422 Seiten. 1962. DM 45,— (ÜBERSEE-STUDIEN ZUM HANDELS-, SCHIFFAHRTS- UND VERSICHERUNGSRECHT 30)

Der Beginn der Liegezeit nach See- und Binnenschiffahrtsrecht unter Berücksichtigung gebräuchlicher Charterformulare von Rechtsanwalt Dr. RAINER PETERS, Hamburg. Oktav. XIX, 188 Seiten. 1964. DM 28,— (ÜBERSEE-STUDIEN ZUM HANDELS-, SCHIFFAHRTS- UND VERSICHERUNGSRECHT 32)

Der Passagiervertrag auf See. Eine rechtsvergleichende Darstellung. Von ISMENE DIMITRIADES-ANDROULIDAKIS. Oktav. XXXVI, 258 Seiten. 1967. DM 44,— (ÜBERSEE-STUDIEN ZUM HANDELS-, SCHIFFAHRTS- UND VERSICHERUNGSRECHT 33)

Binnenschiffahrts- und Flößereirecht. (VORTISCH-ZSCHUCKE). Kommentar. 3., ergänzte Auflage von Rechtsanwalt und Notar OTTO VORTISCH. Oktav. XIX, 631 Seiten. 1964. Ganzleinen DM 72,— (SAMMLUNG GUTTENTAG 36)

Das Recht des Schiffskredits unter besonderer Berücksichtigung des Schiffsregisterwesens. Zusammengestellt und erläutert von Rechtsanwalt Dr. FRITZ PRAUSE. 2. Auflage. 1968. Im Druck (SAMMLUNG GUTTENTAG 242)

WALTER DE GRUYTER & CO · BERLIN

Bei Fragen zur Produktsicherheit wenden Sie sich bitte an:
If you have any questions regarding product safety,
please contact:

Walter de Gruyter GmbH
Genthiner Straße 13
10785 Berlin
productsafety@degruyterbrill.com